Kurt Flasch · Nikolaus von Kues

D1666573

Kurt Flasch

Nikolaus von Kues

Geschichte einer Entwicklung

Vorlesungen zur Einführung in
seine Philosophie

KlostermannRoteReihe

Bibliographische Information der Deutschen Nationalbibliothek

Die Deutsche Nationalbibliothek verzeichnet diese Publikation in der
Deutschen Nationalbibliographie; detaillierte bibliographische Daten sind
im Internet über *http://dnb.d-nb.de* abrufbar.

3. Auflage 2008
Sonderausgabe 2001
© Vittorio Klostermann GmbH · Frankfurt am Main · 1998
Gedruckt auf alterungsbeständigem Papier ⊚ ISO 9706
Druck und Bindung: Hubert & Co., Göttingen
Printed in Germany
ISSN 1865-7095
ISBN 978-3-465-04059-0

Für Ruedi Imbach

INHALT

ZWEITER TEIL

SÜDLICHES LICHT – „DIE WAHRHEIT SCHREIT AUF DEN STRASSEN"

Erster Abschnitt: 1450 bis 1453

Zweiter Abschnitt: 1458 bis 1464

EINLEITUNG

I.

Dieses Buch versucht, das Denken des Nikolaus von Kues aus den Quellen darzustellen. Die Quellen zeigen es nicht als „System", sondern als ein Denken in Entwicklung. Was man „die Philosophie des Nikolaus von Kues" zu nennen sich gewöhnt hat, ist ein Denkweg mit Sackgassen und mehreren neuen Ansätzen. Ihre vereinheitlichende Präsentation beruht auf einer Reihe fragwürdiger Vorannahmen, zunächst einmal auf einer Bevorzugung der Schrift *De docta ignorantia*, die sich historisch und sachlich nicht begründen läßt.

Denkwege verlaufen in Raum und Zeit. Philosophie sucht zwar streng-verbindliche Argumente, aber sie wählt ihre Themen im Blick auf die Bedürfnisse der Zeit, und sie bewertet ihre Ergebnisse nach den kontingenten Kriterien einer Epoche. Sie reflektiert denkend geschichtliche Umstände. Nicht, als bilde sie äußere Geschichtsereignisse ab. Nicht, als sei sie ableitbar aus abstrakten Epochenbezeichnungen der Historiographie des 19. Jahrhunderts (wie „Mittelalter" oder gar „Renaissance"), aber sie bezieht sich auf eine geschichtliche Welt, indem sie sagt, was in dieser gedacht werden sollte, auch wenn es de facto nicht gedacht und noch weniger verwirklicht wird. Sie wird mitbestimmt von kontingenten Tatsachen, z. B. von der Zugänglichkeit oder Unzugänglichkeit bestimmter Texte, weiterhin von Vorannahmen, vom terminologischen Vorrat und von den Interessen ihrer Rezipienten. *Beides* soll hier sichtbar werden: der strikt philosophische Ductus originalen Denkens *und* das Spiel der Zufälle. Radikales Philosophieren, das sich weigern muß, die bloß bewahrende Fortsetzung einer Schulkultur zu sein, nimmt – in der Weise des Denkens – faktische Raumkonstellationen und Zeiterfahrungen auf.

„Raum" bedeutet hier nicht abstrakten, mathematisierten Raum, sondern die kulturelle Erstreckung, sagen wir: zwischen Köln und Rom. Das Geschichtsfeld, in dem das Denken des Cusanus sich bewegte, lag zwischen Rhein, Eisack, Arno und Tiber. Das Denken des Cusanus – das ist eine deutsch-italienische Wechselwirkung des 15. Jahrhunderts. Ich will Cusanus mitdenkend begleiten auf seinem Weg von Cues nach Todi in

Umbrien, wo er 1464 starb. Verschiedene kulturelle Räume öffnen sich unserem Blick: Heidelberg, Padua, Köln, Basel, Byzanz, Florenz, Brixen und Rom. In ihnen machte er seine Erfahrungen; hier lernte er, was an der Zeit war. Es geht um seine Philosophie, um ihre Argumente und um ihren Weltgehalt. Aber diese entwickelte sich in geographisch festzumachenden Bildungszonen, und die waren vielfältig-bunt bis zur Unvereinbarkeit.

Nicht, als wäre das Denken des Cusanus das „Produkt" dieser Umgebungen. Die divergierenden Bildungsfelder prägten sein Denken gerade auch dann, wenn er sich von ihnen abstieß und einen neuen Weg suchte. Negationen bestimmen ein Denken mit.

Denkwege verlaufen in der Zeit. Ich will ein Denken darstellen, wie es sich zwischen 1430 und 1464 hat entwickeln können. Diese Lebensspanne ermöglicht und begrenzt das Denken des Cusanus. Ich zeichne sein Denken als Gegenüber und als Element einer geschichtlichen Welt. Dies begründet und begrenzt zugleich mein Interesse an seiner Biographie: *Cusanus in seinem Jahrhundert*, hätte man früher gesagt. Die Formel klingt ein bißchen zu sehr nach der alten „Kulturgeschichte", welche die Geschichte des Wissens von sich ausschloß; die altmodische Wendung verdeckt leicht das spekulativ „Überstiegene", das ausgedacht Irreale des *Denkens*, um das es mir ebenso geht wie um seine lokale und zeitliche Bedingtheit. Ferner suggeriert sie, die Welt, in der Cusanus dachte, sei *einheitlich* gewesen. Cusanus hat in *verschiedenen* geschichtlich-landschaftlichen-kulturellen Welten gelebt; er hat sie denkend durchschritten. Da gab es die Heidelberger Welt der späten Scholastik. Jenseits der Alpen faszinierte bereits die literarisch-humanistische und die archäologische Suche nach der Antike; dort blühte die juristische, die philosophische und medizinische Kultur Paduas. Cusanus trat ein in die Kämpfe um Kirchenreform und um die Herausbildung von „Nationalkirchen"; er warf sich in den Konflikt zwischen Konzil und Papst. Er mußte entscheiden, was mit einer Frau geschehen sollte, die öffentlich ihrer Verbindung mit dem Teufel entsagte. Wenn ihm als dem päpstlichen Legaten unterwegs ein zum Tode Verurteilter begegnete, der zur Richtstätte geführt wurde, war der Verbrecher begnadigt. Dies waren unterschiedliche Welten, die sich nur teilweise durchdrangen. Sie waren von 1430 bis 1464 in rasanter Entwicklung. In die Lebenszeit des Cusanus fielen umwälzende Entwicklungen. Ich nenne nur einige Beispiele:

Die Wahlfreiheit der Kurfürsten bei der Kaiserwahl wurde ab 1448 de facto eingeschränkt auf das Haus Habsburg, und diese Festlegung galt bis zum Ende des Kaiserreiches;

der Abschluß der französisch-englischen Kriege, 1453, machte definitiv den Weg zu den Nationalstaaten frei;

die Hussitenkriege, 1412 – 1436;

die Eroberung Konstantinopels durch die Türken, 1453;

der Sieg des Papsttums über den Konziliarismus, prinzipiell ausgesprochen 1458;

die Entfaltung der florentinischen Kultur unter Cosimo de' Medici, die nicht nur literarisch und künstlerisch eine neue Zeit heraufführte, sondern auch die Entdeckung Amerikas gefördert hat.

Alle diese Bewegungen haben Cusanus berührt; an einigen war er aktiv beteiligt. Eine reine, eine abgezogen-akademische Theorie verschmähte er; seine *Zeit* hat sein Denken ermöglicht und mitbestimmt. Dies möchte ich en detail zeigen.

II.

Aus dieser Zielsetzung ergaben sich die Regeln meines Vorgehens. Ausgangspunkt sind Analysen der einzelnen Texte des Cusanus. Sie legen den Aufbau des Buches fest. Sie beschränken meine historischen Rückblicke und Ausblicke. Ich habe es mit Texten zu tun; Spekulationen über die Allerweltsphrase, Cusanus stehe auf der Schwelle zwischen Mittelalter und Neuzeit, begegne ich mit nominalistischer Skepsis. Was wir haben, sind die einzelnen Schriften; deren philosophische Argumentation will ich, jeweils einzeln, herausarbeiten, um die Bücher dann untereinander zu vergleichen und historisch zu plazieren. Die faktisch belegten Argumentationen des Cusanus, nicht „Intuitionen" geschichtlicher Entitäten wie „Humanismus" oder „Scholastik", sind rein herauszuarbeiten und genetisch zu analysieren.

Dabei ist das Buch so angelegt, daß der *erste Teil* in einem bewußt langsam gewählten Rhythmus die Denkentwicklung des Cusanus von 1430 bis 1449 beschreibt; die ersten drei Kapitel haben vorbereitenden Charakter; sie führen ein in die genetische Analyse, erklären die damit gestellten Probleme und die hinfort verwendete Terminologie. Die entwicklungsgeschichtliche Untersuchung setzt mit Kapitel IV ein. Der Abschnitt „Jahrhundertmitte" verläßt die unmittelbare Textarbeit und weitet den Blick auf die geschichtliche Welt der Zeit um 1450. Daß es sich nur um eine Skizze handeln kann, versteht sich. Daß sie im Buch retardierend wirkt, ist beabsichtigt; dadurch tritt die im *zweiten Teil* beschriebene Folge von Innovationen mit der Dynamik hervor, die ihr eigen war. Soweit ich es selbst beurteilen kann, liegt im zweiten Teil der wichtigere Beitrag zum Verständnis des Cusanus.

Was eine *genetische Analyse* ist und was sie nicht ist, das präzisiert sich im Laufe der Untersuchung von jeweils verschiedenen Seiten her. Nur für diejenigen Rezensenten, deren Beruf oder deren Abneigung es ihnen nicht erlaubt, das Buch als ganzes, besonders seinen zweiten Teil, durchzuarbeiten, schicke ich hier summarisch voraus:

1. Eine genetische Analyse ist keine *Ableitung* von Theoremen aus sonstwoher bekannten geschichtlichen Umständen oder „Quellen"; sie bricht allerdings mit der ungeschichtlichen Phantasievorstellung, eine bedeutende Philosophie sei, ein für allemal vollendet, aus dem Himmel der Zeitlosigkeit herabgefallen;

2. Sie *reduziert* nicht Theorien auf biographische Umstände; sie bricht allerdings mit der Mißachtung der Biographie durch „Problemhistoriker";

3. Sie setzt keineswegs voraus, es habe sich innerhalb der 34 Jahre, für die wir das Denken des Cusanus überschauen, also zwischen 1430 und 1464, *alles* verändert. Sie weiß, daß es nicht möglich ist, daß *alles* sich entwickelt hätte, und sie weist faktisch nach, daß dies nicht der Fall ist, denn sie ist an Konstanten ebenso interessiert wie an Neuerungen; sie bricht allerdings mit der einseitigen Bevorzugung der unleugbaren Kontinuitätsmomente durch die „Problemhistorie";

4. Sie nimmt nicht *ein* Entwicklungsstadium, sei es auch das letzte, als innere Norm. Sie interpretiert „Entwicklung" also *nicht* als einen *teleologisch gesteuerten Prozeß*. Sie bricht allerdings mit der Insinuation, philosophisches Denken sei der ruhige Ausbau eines ein für allemal erworbenen Besitzes oder einer sonstwo kodifizierten Wahrheit.

Mit einem Wort: Was ich *genetische Analyse* nenne, das ist aufzufassen von der Forschungs- und Darstellungspraxis dieses Buches her, nicht von fremden ideologischen Positionen oder methodologischen Debatten. Schon gar nicht läßt es sich aus der bloßen Wortbedeutung deduzieren.

III.

Dies ist mein zweiter Versuch, bei der Darstellung der Philosophie des Cusanus philosophische und historische Forschung zu verbinden. Mein erster Versuch, vor über dreißig Jahren unternommen, führte zu dem Buch: *Die Metaphysik des Einen bei Nikolaus von Kues. Problemgeschichtliche Stellung und systematische Bedeutung*, Leiden 1973. Der Untertitel zeigt schon, daß ich vor der selbstgestellten Aufgabe zurückgewichen bin; ich habe mich damals in einem *zweiten* Arbeitsstadium bei der Ausarbeitung des genannten Buches zurückgezogen auf die Problemgeschichte und auf die philosophische Systematik. Dies hielt ich damals schon für eine Mischung von schriftstellerisch-taktischer Klugheit und deutsch-philosophischer Befangenheit. Ich habe nie aufgehört, mein *altes* Vorhaben weiter zu verfolgen: die philosophische mit der eigentlich historischen (also eben nicht *problem*geschichtlichen) Untersuchung zu verbinden. Ich habe das Konzept der Problemgeschichte dann auch aus rein theoretischen Gründen aufgegeben und damit, wie ich glaube, eines der Hindernisse beseitigt, das ehedem meinen Plan, der im Januar 1962 explizit gefaßt war, zur Unausführbarkeit verurteilt hatte.

Andere Umstände sind hinzugekommen, die heute eine genetische Darstellung der Philosophie des Cusanus erleichtern. Vier seien hier schon genannt:

Da ist erstens die neue Edition der *Sermones*. Die seit 1970 kritisch edierten Texte zusammen mit verfeinerten Angaben zur Chronologie und zu ihren Quellen erlauben es, den Denkweg des Cusanus genauer darzustellen. Natürlich konnte ich sie nicht alle im einzelnen analysieren; für das philosophische Interesse behalten ohnehin die *Schriften* einen gewissen Vorrang; aber die Ausgabe der *Sermones* hat zusätzlich dazu angeregt, eine Entwicklungsgeschichte des Cusanischen Denkens zu versuchen.

Zweitens: Als Josef Koch 1972 die Schrift des Nikolaus *De coniecturis* edierte und 1956 zur Vorbereitung seiner Edition deren Entstehung untersuchte, erzwang er geradezu eine genetische Betrachtung der Philosophie des Cusanus, zumindest für die Jahre 1438 – 1442/3. Kochs Analyen bewiesen, grob gesagt, daß die Philosophie des Cusanus in *De coniecturis* eine andere ist als in *De docta ignorantia*. Sie verbieten es, fortan von *De docta ignorantia* als *dem* Hauptwerk des Cusanus zu sprechen. Wie, wenn Cusanus sich nach *De coniecturis* ähnlich weiterentwickelt hätte? Jedenfalls legte Kochs Ergebnis eine Untersuchung nahe, die das Denken des Cusanus in Entwicklung zeigt. Ich stand in den sechziger Jahren mit Josef Koch in Verbindung und konnte daher diesen wichtigen Einschnitt in der Cusanusforschung in meinem 1973 (fünf Jahre nach der Abfassung) erschienenen Buch berücksichtigen. Diesmal will ich in der historisierenden Analyse weiterkommen.

Drittens haben wir nun die *Acta Cusana,* herausgegeben von Erich Meuthen. Sie sind noch nicht bis 1464 gediehen, erlauben aber eine präzisere Plazierung von Ereignissen und Umständen des Cusanischen Lebenswegs bis 1452.

Viertens hat sich das Bild des 15. Jahrhunderts insgesamt durch eine Reihe von Forschungen bereichert und verdeutlicht. Ich selbst durfte über viele Jahre an Forschung und Lehre von Eugenio Garin und Cesare Vasoli (Florenz) Anteil nehmen; ich habe versucht, von ihnen zu lernen und mit ihnen die Welt des Quattrocento zu erforschen. Dies ergab neue Perspektiven für die Lektüre des Nikolaus von Kues.

IV.

Um eine genetische Analyse textnah durchzuführen und in einem gerade noch zumutbaren Umfang darzustellen, mußte ich auf viele Assoziationen verzichten, zum Beispiel auf Hinweise zu antiken und mittelalterlichen Quellen oder zur Wirkungsgeschichte. Nicht, als seien diese beiden Forschungsrichtungen bereits erschöpft oder gar entbehrlich. Ich habe mich selbst an ihnen beteiligt durch meine Arbeiten zu Dietrich von Freiberg und Berthold von Moosburg sowie durch meine Studie über Cusanus und Giovanni Pico della Mirandola. Es ist, meine ich, wichtig zu sehen, was Bruno von Cusanus übernommen hat und daß in Leibnizens Schrift *Principes de la Nature et de la Grace fondés en Raison* im dritten Abschnitt der Cusanische Vergleich der Monade mit einem lebendigen Spiegel, *doué d'action interne, représentatif de l'univers,* wiederkehrt. Aber seit der ersten Arbeit von Raymond Klibansky, *Ein Proklos-Fund und seine Bedeutung, Heidelberg 1929,* ist sowohl auf dem Gebiet der Quellenanalyse wie auf dem der Wirkungsgeschichte viel gearbeitet worden; ich verweise für den neueren Stand der Fontes-Studien auf die Arbeiten von Raymond Klibansky, Josef Koch und Rudolf Haubst, von Eusebio Colomer und Charles Lohr, von Herbert Wackerzapp, Karl Bormann und Hans Gerhard Senger, von Giovanni Santinello und Paolo Lucentini, von F. Edward Cranz und Jasper Hopkins, deren Werke ich bei ihrer ersten Zitierung genau angebe; ich erinnere nicht zuletzt an den Quellenapparat der kritischen Ausgabe, den ich dankbar benutze. Für die Wirkungsgeschichte verweise ich wiederum auf Raymond Klibansky, auf Werner Beierwaltes und auf Stefan Meier-Oeser.

Ich kam nicht ganz aus ohne historische Rückblicke, besonders auf Platon und Aristoteles, auf Proklos und Dionysius Areopagita, auf Thierry von Chartres, auf Albertus Magnus und seine deutsche Schule, auf Augustinus und Thomas von Aquino, auf Eckhart und Lull; aber mein Beweisziel lag diesmal nicht in dieser Richtung. Außerdem konnte ich mich dabei kurz fassen im Hinblick auf folgende Vorarbeiten:

K. Flasch, *Augustin. Einführung in sein Denken*, 2. Auflage, Stuttgart 1994,

ders., *Das philosophische Denken im Mittelalter. Von Augustin zu Machiavelli*, Zweite, revidierte und erweiterte Ausgabe, Stuttgart 2000,

ders., *Einführung in die Philosophie des Mittelalters*, Darmstadt 1987, mehrere Neuauflagen.

ders., *Was ist Zeit? Augustinus von Hippo, Das Elfte Buch der Confessiones*, Frankfurt 1993.

Ferner verweise ich auf meine Einleitungen zu den Werkausgaben Dietrichs von Freiberg und Bertholds von Moosburg im Rahmen des CORPUS PHILOSOPHORUM TEUTONICORUM MEDII AEVI, Hamburg 1977ff. und auf meine Studien zu Meister Eckhart:

ders., Die Intention Meister Eckharts, in: Sprache und Begriff. Festschrift für B. Liebrucks, Meisenheim 1974, S. 292–S. 318;

ders., Meister Eckhart, Expositio sancti Evangelii secundum Ioannem, in: K. Flasch (Hg.), Interpretationen. Hauptwerke der Philosophie. Mittelalter, Stuttgart 1998, S. 370 – S. 390;

ders., Meister Eckhart, Predigt Beati pauperes spiritu, übersetzt und erklärt, in: G. Steer – L. Sturlese, Lectura Eckhardi, Stuttgart 1998, S. 163–S. 199;

ders., Converti ut imago – Rückkehr als Bild. Eine Studie zur Theorie des Intellekts bei Dietrich von Freiberg und Meister Eckhart, in: La philosophie d'Albert le Grand et sa réception au Moyen Age Tardif, ed. F. Cheneval, R. Imbach – Th. Ricklin, Festschrift für Zeno Kaluza, Fribourg 1998.

Wie man sieht, interessieren mich die Quellen und die Wirkungen des

Cusanus. Doch im vorliegenden Buch ziehe ich sie zwar hilfsweise heran, aber mein Hauptinteresse gilt der internen Bewegtheit seines Denkens.

V.

Vielleicht sollte ich noch ein Wort zur Vorlesungsform sagen. Vor didaktischen Turnübungen habe ich mich gehütet; Wiederholungen zu Beginn der einzelnen Stunden habe ich frei gesprochen; sie fehlen also hier. Sonst habe ich am Stil nicht viel geändert. Ich denke, auch der Leser weiß es zu schätzen, daß ich mich – selbst bei schwierigen Erörterungen – bemüht habe, den Bezug auf interessierte Zuhörer wachzuhalten. Ich wollte klar und anschaulich an die Grenze der Klarheit und des Anschaulichen führen. Lateinische Zitate waren bei der Art meiner Untersuchung nicht zu vermeiden, aber ich komme dem Leser entgegen, indem ich sie regelmäßig paraphrasiere oder ihren Inhalt charakterisierend auf Deutsch wiedergebe, ohne sie freilich immer wörtlich zu übersetzen.

Cesare Vasoli (Florenz) danke ich für viele freundschaftliche Unterhaltungen über das italienische Quattrocento. Sie sind, hoffe ich, vor allem dem Rundblick zur „Jahrhundertmitte" zugute gekommen. Ruedi Imbach (Fribourg), Burkhard Mojsisch und Udo Reinhold Jeck (beide Bochum) haben mein Manuskript sorgfältig korrigiert. Gespräche mit ihnen haben mein Vorhaben geklärt. Dafür bin ich ihnen verbunden.

Vittorio Klostermann hat die Entstehung des Buches freundschaftlich begleitet. Ich danke ihm für sein intensives, tätiges Interesse. Dadurch kam die außergewöhnliche Lektoren-Kompetenz von Frau Helke Voß (Mainz) dem Text zugute. Beiden sei herzlich gedankt.

Danken möchte ich auch dem Rektor des St. Nikolaus-Hospitals in Kues, Herrn Otto Berberich, und der Bibliothekarin der Cusanus-Bibliothek, Frau Gabriele Neusius, für freundliche Aufnahme und große Hilfsbereitschaft. Es ist eine Freude, unter den verbesserten Arbeitsbedingungen in Kues mit den Handschriften des Kardinals zu arbeiten.

Am meisten habe ich Ruedi Imbach zu danken – nicht nur dafür, daß er zu diesem Buch den letzten Anlaß geboten hat.

Gaeta, im Juni 1997
Mainz, im Januar 1998   Kurt Flasch.

ABKÜRZUNGEN

AC	Acta Cusana. Quellen zur Lebensgeschichte des Nikolaus von Kues, hg. von Erich Meuthen und Hermann Hallauer, Band 1 in drei Lieferungen, Hamburg 1976 – 1996
Beiträge	Beiträge zur Geschichte der Philosophie des Mittelalters, hg. von C. Baeumker, Münster 1891ff.
c.	capitulum
CC	Corpus Christianorum. Continuatio Medievalis. Turnhout
DBI	Dizionario biografico degli Italiani, Rom
DW	Meister Eckhart, Deutsche Werke, Stuttgart 1936ff.
fol.	folio
h	Nikolaus von Kues, Opera omnia, im Auftrag der Heidelberger Akademie der Wissenschaften, Leipzig 1932ff.
H	Nikolaus von Kues, Werke in deutscher Übersetzung im Rahmen der Philosophischen Bibliothek bei Meiner, Leipzig 1936ff.
LW	Meister Eckhart, Lateinische Werke, Stuttgart 1936ff.
Marx	J. Marx, Verzeichnis der Handschriften-Sammlung des Hospitals zu Cues, Trier 1905, von mir besorgter Nachdruck: Frankfurt 1966
MF	Mitteilungen und Forschungsbeiträge der Cusanus-Gesellschaft, Mainz, dann Trier 1961ff.
n.	numerus, Textabschnitt in der Heidelberger Cusanus-Ausgabe
P	Nicolai de Cusa Opera omnia, Paris 1514, von mir besorgter Nachdruck: Frankfurt 1962
p.	pagina
PL	J.P. Migne, Patrologia Latina, Paris 1844ff.
TRE	Theologische Realenzyklopädie, Berlin – New York 1977ff.
Vansteenberghe	E. Vansteenberghe, Nicholas de Cues, Paris 1920
Vansteenberghe, Autour	E. Vansteenberghe, Autour de la docte ignorance, Baeumkers Beiträge XIV, 2–4, Münster 1915

ERSTER TEIL

ERSTE EINSICHTEN – „EHER IM DUNKELN"
1430 BIS 1449

I.
ERSTE SÄTZE

Wie fängt man an? Mit dem Anfang, werden Sie antworten, aber wo liegt der Anfang? Ich werde mit dem ältesten Text anfangen, den Cusanus für die Veröffentlichung bestimmt hat; ich werde die Chronologie respektieren und seinen *Sermo* 1 zugrunde legen – die Weihnachtspredigt für das Jahr 1430. Es besteht eine geringe Unsicherheit bezüglich des Datums; die Predigt könnte bereits 1428 gehalten worden sein.

Ich fange mit *Sermo* 1 an, denn ich möchte damit den Fehler vermeiden, zuerst den „Grundgedanken" des Cusanus abstrakt zu definieren und dann festzusetzen, was das erste wichtige unter den Werken des Cusanus sei und eine entsprechende Stelle auswählen. So ist man oft verfahren und hat mit *De docta ignorantia* begonnen. Aber ich werde mit einem Text anfangen, der zehn Jahre älter ist; ich werde – quasi – mit dem *zeitlichen* Anfang beginnen. – Aber ich warne zugleich vor der Illusion, wir hätten damit den faktischen, den wirklichen Anfang in Händen. Cusanus hatte 1425 sich die Skizze einer astrologisch gedeuteten Weltgeschichte angelegt, die von Adam bis zur Christenverfolgung unter Kaiser Gallienus reicht und die nicht zufällig noch ungedruckt in der Handschrift Nr. 212 (Vorblatt c, recto et verso) der Bibliothek des Kardinals ruht.[1] Fingen wir mit ihr an, käme ein anderes Gesamtbild zustande. Aber schon bevor ein Autor die ersten Sätze *zur Publikation* niederschreibt, hat er viele Sätze geschrieben und noch mehr Sätze gehört; seine *ersten* Sätze sind nicht die ersten. Sie sind historisch wichtig, weil es die ersten veröffentlichten Sätze sind; wir gehen von ihnen aus, aber sie sind auch schon ein Produkt, sie sind kein reiner Anfang.

Doch nun zum Text des Cusanus. Es handelt sich um eine Weihnachtsansprache vor dem Trierer Kurfürsten und seinem Hof. Der Hof weilte – wahrscheinlich – in Koblenz; dort hatte das – im Vergleich zu Köln und Mainz – abgelegene Trier die Verbindung zur Welt; die Wassserwege waren bequemer als die zu Land. Cusanus war noch nicht zum Priester ge-

---

[1] Marx, S. 203; AC I 1 Nr. 22 p. 8.

weiht; er, der Jurist, sprach in der Weihnachtsmesse am Tag, und Cusanus
wählte als Thema: *In principio erat verbum.*

Auf diesen Vers aus dem Johannesprolog hatte schon Augustin sich
berufen, um die Nähe von Philosophie und Christentum zu beweisen.
Die Neuplatoniker, schrieb er im VII. Buch der *Bekenntnisse*, hätten fast
mit denselben Worten *genau dasselbe (omnino idem)* gelehrt wie der
Evangelist: Die Einheit Gottes, die Göttlichkeit des Logos, die Welterschaffung durch den Logos, die Erleuchtung und Beseligung des Menschen durch den Logos. Allein die Menschwerdung Gottes und die Erlö-
sung durch den Kreuzestod hätten ihnen gefehlt.[2] Cusanus zitiert in der
Predigt diese Überlegungen Augustins, aber er *wiederholt* nicht Augustin. Die Predigt des Neunundzwanzigjährigen bringt Neues:

Sie akzentuiert die negative Theologie, also das Abstreifen aller Bestimmungen von Gott, und verbindet sie mit einem auffälligen Interesse
an der Vielfalt der Völker, der Zeiten und Religionen. Gottes Name,
schreibt Cusanus, ist unbekannt, aber die Menschen haben auf die verschiedensten Weisen versucht, das Unaussprechliche auszusprechen:

*Nominatur humanis diversis vocibus, diversis linguis diversarum na-
tionum, licet nomen suum sit unicum, summum, infinitum, ineffabile
et ignotum.*[3]

Gottes Name ist unaussprechlich und unbekannt; dies ist die einfache
Formel für die negative Theologie, deren genauer Sinn sich noch präzisieren wird. Cusanus nennt im einzelnen die verschiedenen Namen Gottes; er zählt auf, wie im Türkischen und im Slavischen, im Lateinischen
und im Tartarischen, im Griechischen und im Deutschen das Wort für
„Gott" heißt, und folgert dann: Die verschiedenen Völker haben Gott
nach seinen verschiedenen Attributen je anders benannt, ihn, der selbst
einer ist, einer, der alles in allem ist.[4]

Diese Stelle bewahrt uns von Anfang an vor Biographismus. Sie zeigt,
daß Cusanus nicht erst nach Byzanz reisen und nicht erst als Bischof und
Kardinal in die Leitung der Römischen Kirche eintreten mußte, um die
Vielfalt der Völker und der Religionen sich zum Thema zu machen.
Schon der frühe Cusanus *suchte* die Vielheit der Stimmen für die *eine*
Wahrheit; er griff mit aktuellem Interesse die mittelalterliche und dann

---

[2]   Augustinus, *Confessiones* VII 9, 13–14, CC 27 Verheijen p. 99–100.
[3]   Cusanus, *Sermo* 1 n. 3, 3–5 h XVI p. 4.
[4]   ib. n. 5, 1–13 p. 6.

erst recht humanistische Tradition auf, die behauptete, es gebe eine sich durchhaltende, eine ursprüngliche Weisheit aller Völker, eine *prisca theologia*. Er deutete in diesem Sinne das *Alte Testament:* Adam und Abel, predigte Cusanus, diese ersten Menschen, waren nicht Primitive, sondern sie waren Denker; sie waren die Lehrer der Menschheit, und sie waren Schriftsteller. Alles Wesentliche, die Magie ausdrücklich eingeschlossen, fuhr der Prediger fort, hätten sie erfaßt. Allerdings hätten Schreibunkundige den Reichtum dieser Weisheit verdorben. Deswegen würden magische Texte heute zu recht verurteilt.[5]

Historiker des mittelalterlichen Denkens sind gewohnt, den Vorrang der negativen Theologie in Verbindung zu bringen mit Dionysius Areopagita und Moses Maimonides. Überraschenderweise beruft sich die frühe Predigt nur auf letzteren[6], aber sie gibt dessen Lehre, wenn man so sagen darf, eine ethnologische, eine historische, kurz: eine vielheitsfreudige Wendung: Weil der wahre Name Gottes unbekannt ist, weitet sich der Blick auf die Verschiedenheit der Völker und Epochen und findet in ihren Gottesnamen je einen wahren Inhalt.

Cusanus erklärt den Anfang des Johannesprologs. Er hebt seine Übereinstimmung mit der allgemein-menschlichen Weisheitstradition hervor. Nicht nur die Neuplatoniker hätten, wie Augustin bezeugt, Gott als den Logos erkannt, schon Hermes Trismegistus habe, *nescio quo modo*, fast die ganze Wahrheit erfassend, Macht und Majestät des göttlichen Verbum beschrieben, *virtutem maiestatemque verbi saepe descripsit.*[7]

Die hermetischen Schriften sind, wie wir heute wissen, spätantiken Ursprungs. Aber dem Cusanus galten sie als uralte Weisheit, aus der Moses und die Platoniker geschöpft hätten. Wer den Dom von Siena betritt, sieht gleich am Eingang auf dem Fußboden eine Marmorintarsie, die diese Überzeugung darstellt: Hermes Trismegistus übergibt Moses und Platon die Uroffenbarung.[8] Die Überzeugung war, diese Weisheit liege der

---

[5]   ib. n. 4, 16 p. 6. Vgl. Daniel P. Walker, The Ancient Theology. Studies in Christian Platonism from the Fifteenth to the Eighteenth Century, London 1972.

[6]   ib. n. 4, 16 p. 6.

[7]   ib. n. 11, 39–42 p. 10.

[8]   Vgl. *Corpus Hermeticum*, übersetzt und kommentiert von Jens Holthausen, 2 Bände, Stuttgart 1996; Apuleius, *Opera quae supersunt*, ed. Paulus Thomas, Stuttgart 1970; zu Siena vgl. Friedrich Ohly, Die Kathedrale als Zeitenraum. Zum Dom von Siena. Frühmittelalterliche Studien 6, Berlin – New York 1972, S. 94–158. Zu Cusanus und Hermes vgl. A. Minazzoli, L'héritage du Corpus hermétique dans la philosophie de Nicolas de Cues, in: La Ciudad di Dios, Madrid 205 (1992) S. 101–S. 122.

ganzen Vielfalt der Menschheitsgeschichte zugrunde; alle auseinanderlau-
fenden Ansichten stammten aus einer einheitlichen Quelle, daher sei es
möglich, ihre Konvergenz aufzudecken.

Diese frühe Predigt eignet sich noch aus einem anderen Grund als
Ausgangspunkt für eine besonnen-genetische, (d.h. eine biographisch in-
formierte, aber nicht biographistisch-reduktive) Darstellung des Cusanischen Denkens. Sie argumentiert, philosophisch, für die Trinitätslehre,
und zwar auf folgende Weise:

Bei jeder Tätigkeit finden wir, daß sie hervorgeht aus einem Tätigen
und aus einem, wie wir heute sagen würden, bewirkbaren Objekt, *ex
agente et agibili*. In jedem Wesen, das auf vollkommene Weise handle,
fänden wir diese drei Momente – Tätiges, Objekt und Tätigkeit – untrennbar vereint; sie bildeten eine notwendige Korrelation von *agens, agi-
bile* und *actio*. Ich muß hier die lateinische Terminologie einführen; wir
brauchen sie für die philosophiehistorische Plazierung der Predigt. Festzuhalten ist, daß, Cusanus zufolge, diese drei Momente sich mit Notwendigkeit vereint finden, *necessario reperiuntur*.[9] Auf diese *Notwendigkeit* kommt es an. Sie bedeutet, daß Cusanus mit seinem Argument
beansprucht, die Trinität als Denknotwendigkeit *bewiesen* zu haben. Die
Trinität sei wißbar, sie sei ein notwendiger Denkinhalt, dies hatte schon
Anselm von Canterbury gegen den Einspruch seines Lehrers Lanfrank
gelehrt. Aber die Spuren weisen von unserer Predigt her nicht unmittelbar auf Anselm. Sehen wir uns die Beweisführung näher an:

Unser Prediger läßt sich auf eine subtile philosophische Argumentation ein und sagt: In Gott als einem vollkommenen Wirkenden müssen
wir notwendigerweise folgende Momente als Einheit denken: Erstens der
Hervorbringende, der die Gottheit „macht", also der *deificans*, zweitens
der Hervorzubringende, der zu machende Gott, *deificabilis*, und drittens
die tatsächliche Handlung des Hervorbringens, also das *deificare*. Was ist
Gott? Er ist die Einheit des Gottmachenden, des *deificans*, des machba-
ren Gottes, des *deificabile*, und des Gottmachens, des *deificare*.

Gott kann nicht als untätig gedacht werden. Er *muß* tätig sein und
folglich die Merkmale vollkommenen Handelns tragen. Daher *ist* Gott
die genannten drei Korrelativa.

Diese eigenartige Terminologie beweist die Herkunft dieser Überlegung: Das Argument stammt von Raimundus Lullus (1232 – 1316). Cusa-

---

[9]   ib. n 6, 10 p. 7.

nus kannte also schon 1430 den *vir phantasticus* aus Mallorca und hielt seine Gedanken für so wichtig, daß er sie in der Weihnachtspredigt dem Erzbischof vortrug. Charles Lohr glaubt Hinweise zu haben, daß Cusanus nicht erst seit seiner Parisreise 1428, sondern schon seit seinem Studienaufenthalt in Padua, also zwischen 1416 und 1422, mit Raimundus Lullus bekannt geworden sei. Jedenfalls setzte die Gegenwart Lulls im Denken des Cusanus früh ein und hielt an. Wir haben in Kues noch große Teile der Bibliothek des Cusanus; von keinem anderen Autor besitzt die Bibliothek mehr Handschriften als von Raimundus Lullus. Cusanus studieren, das heißt, sich mit Lull vertraut machen. Für das riesige Werk des Raimundus gibt es keine bessere Einführung als die Exzerpte, die Cusanus sich daraus angefertigt und die Eusebio Colomer 1961 ediert hat.[10]

Entscheidend für Lulls Philosophieren war die Dynamisierung des Substanzkonzepts und die Gleichberechtigung der drei genannten Momente. Sie bedeutet, daß die Analyse der Tätigkeit nicht nur auf den Tätigen hin orientiert ist – die Machbarkeit ist ein gleichwesentliches Element – und daß wir die Tätigkeit nicht länger als ein Akzidens an der Substanz des Tätigen einordnen und damit unterbewerten. Lull hat das Verhältnis von Substantia und Beziehung prinzipiell neu bestimmt.

Dies hat eine Reihe von Konsequenzen. Sie laufen auf eine Kritik der Ontologie des Aristoteles hinaus. Sie bedeuten aber auch, daß Cusanus mit Lull die Dreieinigkeit für philosophisch beweisbar hielt. Dies war auch die Überzeugung des Anselm von Canterbury. Thomas von Aquino hat diese Möglichkeit bekanntlich bestritten, und das Kölner Provinzialkonzil von 1860 und das Erste Vaticanum haben gegen Anton Günther verboten, diesen Weg zu gehen. Ich muß hier genauer sein: Die Philosophie des Cusanus ist von Anfang an eine Korrelativenlehre und damit Tri-

---

[10] E. Colomer, Nikolaus von Kues und Raimund Lull, Berlin 1961; R. Haubst, Der junge Cusanus war im Jahre 1428 zu Handschriften-Studien in Paris, in: MF 14 (1980) S. 198– S. 205, dazu E. Colomer in MF 15 (1982) S. 57–S. 70; Ch. Lohr, Die Exzerptensammlung des Nikolaus von Kues aus den Werken Ramon Lulls, in: Freiburger Zeitschrift für Philosophie und Theologie 30 (1983) S. 40–S. 64; Th. Pindl-Büchel, Nicholas of Cusa and the Lullian Tradition in Padua, in: American Cusanus Society Newsletter V. 2 (1988) S. 35–S. 37; ders., Cusanus-Texte III. Marginalien. 3. Raimundus Lullus. Die Exzerpte und Randnotizen des Nikolaus von Kues zu den Schriften des Raimundus Lullus. Extractum ex libris meditaticionum Raymundi, Heidelberg 1990; ders., Die Exzerpte des Nikolaus von Kues aus dem Liber contemplationis Ramon Lulls, Frankfurt 1992; Vgl. auch M. Thomas, Der Teilhabegedanke in den Schriften und Predigten des Nikolaus von Kues (1430 – 1450), Trier 1996.

nitätsphilosophie. Diese Position ist – ebenso wie diejenige Anselms und Lulls – unvereinbar mit der neuscholastischen Theorie, die Trinität sei ein dem Verstand prinzipiell unerreichbares Geheimnis, ein *mysterium strictissime dictum.* Vom neuscholastischen Standpunkt aus konnte man die Trinitätsphilosophie des Cusanus nur entweder ignorieren oder verwerfen. Dies hat man getan. Dann kam Rudolf Haubst, dessen Verdienste um Cusanus niemand geringschätzt, und beraubte die Cusanische Trinitätsphilosophie so lange ihres argumentativen Gehaltes und ihres *philosophischen* Anspruchs, indem er sie als „Theologie" im Sinne von „Glaubenswissenschaft" auffaßte, bis etwas Vatikanisches dabei herauskam.[11]

Ich werde auf die *Sermones* noch zurückkommen, wenn es um die Vorgeschichte von *De docta ignorantia* geht. Diese Ansprachen darf man sich nicht zu einheitlich vorstellen; sie differieren nach Anlage und Entstehungszeit. Wenn wir die von Martin Bodewig und Werner Krämer unter Leitung von Rudolf Haubst erarbeitete neue Chronologie zugrunde legen, ergeben sich, grob gesprochen, im Hinblick auf die Genese des Cusanischen Denkens vier Gruppen von *Sermones*:

> Die *Sermones* 1 bis 11 entstanden zwischen Weihnachten 1430 und Ostern 1431, bilden also einen relativ kompakten Block aus der frühen Zeit;
>
> die *Sermones* 12 bis 18 sind etwa ein Jahr jünger. Sie lassen sich nicht exakt datieren, stammen aber wahrscheinlich aus der Zeit zwischen Ostern 1432 und dem 6. Januar 1433,
>
> die *Sermones* 19 bis 21 sind deutlich später entstanden, nämlich zwischen Weihnachten 1438 und Januar 1440; sie sind zusammen mit der Entstehung von *De docta ignorantia* zu betrachten.
>
> Die *Sermones* 22 bis 23 und die mittelfränkische Vater-Unser-Erklärung (*Sermo* 24) gehören in die Zeit zwischen *De docta igorantia* und *De coniecturis,* etwa zwischen 1440 und 1443.

Hier geht es zunächst einmal um die ersten *Sermones*. Sie dokumentieren den Cusanus, der noch nicht als Schriftsteller an die Öffentlichkeit getreten ist. Insofern sind sie eine unschätzbare Quelle. Sie zeigen, wie Cusanus seinen Weg gesucht hat. Oft lehnt er sich an Autoritäten an, an Albert

---

[11] Vgl. R. Haubst, Das Bild des Einen und Dreieinen Gottes in der Welt nach Nikolaus von Kues, Trier 1952; ders., Die Christologie des Nikolaus von Kues, Freiburg 1956; ders., Streifzüge in die Cusanische Theologie, Münster 1991.

und Bonaventura, an Bernhard oder an spätmittelalterliche Erbauungs-schriftsteller. Er paraphrasiert; er exzerpiert. Oft spricht nicht er selbst, sondern irgendeine brauchbare Autorität. Keineswegs hält er sich immer auf der Höhe der negativen Theologie; er spricht naiv die kirchliche Sprache des 15. Jahrhunderts; theatralisch malt er die interne Diskussion der drei göttlichen Personen aus, die darüber diskutieren, wie mit dem Menschen zu verfahren ist, nachdem er rebellisch geworden ist – die Erlösungsabsicht siegt. Er hat keine Bedenken gegen die Augustinische Erbsündenlehre; lebhaft spricht er vom Teufel und seinen Versuchungen; er erzählt Wundergeschichten vom Fegefeuer; er teilt problemlos die Transsubstantiationslehre; er empfiehlt die monastisch-klerikale Ethik; er preist die Jungfäulichkeit. Die spekulativen Themen – Trinitätsphilosophie nach Lull, negative Theologie nach Maimonides – sind aufs ganze gesehen eher die Ausnahme, und es ist nicht einzusehen, wie die Unbekanntheit Gottes mit dem spätscholastisch-dogmatischen Apparat zusammenpaßt. Gelegentlich kann Cusanus sogar die *distinctio formalis* des Johannes Duns Scotus zur Erklärung der Dreieinigkeit gebrauchen.[12] Wir finden also 1430/32 ein unkoordiniertes Nebeneinander zahlreicher Motive; die intellektuelle Atmosphäre ist 1430 deutlich anders als 1440; sie wird sich, wie ich zeigen werde, 1450 noch einmal charakteristisch verändern.

Doch übertreiben wir auch nicht die *Wandlungen* im Denken des Cusanus: Wir finden schon in der ersten Predigt die lullistische Trinitätsphilosophie und die negative Theologie; von Anfang an tritt Cusanus aus der engen Schulkultur hinaus in die Verschiedenheit der Völker, der Sprachen und der Religionen und bemüht sich um Konkordanz. Aber wie soll Übereinstimmung denkend hergestellt werden, wenn sich die Kontrahenten widersprechen? Dies kann Cusanus 1430 nicht erklären; es fehlt die Idee der Koinzidenz.

Werfen wir noch einen Blick auf die zweite Predigt. Er hat sie am 6. Januar 1431 gehalten. Es ist Dreikönig, und Cusanus behandelt das Thema: *Ibant magi.* Er erklärt seinen Zuhörern, was „Magier" seien. Und wieder ist sein kulturhistorisches Interesse auffällig:

Graeci eorum sapientes philosophos, Hebraei scribas, Latini sapientes, Persi magos nominant a magnitudine praesertim scientiae astronomicae.[13]

---

[12] *Sermo* 11 n. 4, 1–5 p. 224.
[13] *Sermo* 2 n. 2, 1–4, doch vgl. dazu Ludolf von Sachsen, *Vita Jesu Christi*, pars 1, c. 11 ed. L.M. Rigollot und A. Clovis Bolard, Paris – Rom 1864, p. 49 a.

Die heiligen drei Magier waren Philosophen, trieben natürliche Theologie des einen und dreieinen Gottes. Sie werden Könige genannt, weil nach Seneca im Goldenen Zeitalter die Weisen die Regenten waren. Sie haben mit dem Licht der Vernunft die göttliche Einheit gesucht. Wiederum unter Berufung auf Augustinus, *Confessiones* VII 9, 13–14, hält Cusanus fest: Platon entdeckte nicht nur die Einheit Gottes; er sprach auch vom göttlichen Verbum, ja er fand, wie Augustin bezeugt, fast das ganze Evangelium, mit Ausnahme der Menschwerdung, *paene totum Evangelium, ut scribit idem Augustinus, usque ibi: ,Fuit homo missus a Deo'.*[14] Cusanus füllt die Trinitätsphilosophie der antiken Philosophen inhaltlich aus durch die lullistischen Ternare:

> *intellegens, intellegibile, intellegere,*
> *amans, amabile* und *amare.*

Cusanus stützt sich zusätzlich auf Eusebius, der die Trinitätsphilosophie der Antike bezeuge, *scilicet philosophos etiam de Trinitate locutos.*[15]

Cusanus hat in den fünfziger Jahren seine *Sermones* für eine Werkausgabe durchgesehen, und an dieser Stelle, nach dem Verweis auf Eusebius und die heidnischen Trinitätsphilosophen, fügte er folgende Bemerkung ein:

Die antiken Philosophen, die Gott und sein Wesen erforschten, erreichten Erkenntnisse von einer gewissen Sicherheit, aber ihre Beweise gelangten nicht zu solcher „Genauigkeit" (*praecisio*), daß sie die göttliche Wesenheit umgriffen hätten. Also *certitudo* hatten sie, aber keine *praecisio*; es blieb immer ein Abstand, immer ein Unbegriffenes. Und der Cusanus der fünfziger Jahre (1455) fährt fort:

> *Licet unus plus appropinquavit ad eum, ‹ita est›, sicut circulus per figuras angulares numquam demonstrative mensuratur. Licet aliquae propinquiores sint plus ad rotunditatem tendentes, adhuc tamen semper infinite angulus distat a rotundo.*[16]

Die Beweise der antiken Philosophen waren Beweise, aber sie verhalten sich wie die Vielecke, die immer verändert werden können zum Kreis, ohne diesen je ganz zu erfassen; sie sind nicht „genau", d.h. umfassend, ausmessend, vollständig. Der Vergleich: Vieleck-Kreis anerkennt die Tri-

---

[14] *Sermo* 2 n. 3, 12–17 p. 22.
[15] ib. n. 4, 1–19 p. 22.
[16] ib. n. 4, 20–29 p. 22.

nitätsphilosophie der Antiken und unterstellt sie zugleich der negativen Theologie.

In einer anderen Selbstkorrektur von 1455 setzt Cusanus seine frühere Predigt in Anführungszeichen, wonach Maria leiblich in den Himmel aufgenommen worden sei. Jetzt schreibt er nüchterner, es sei doch wohl kein Mensch außer Christus bislang auferstanden:

Mihi autem visum est excepto Christo nullum hominem ante generalem resurrectionem resurgere.[17]

Maria ist gestorben und begraben worden; man zeigt heute noch ihr Grab im Tale Josaphat, notierte der reifere Cusanus kritisch gegen seinen eigenen früheren Predigttext.[18] Die leibliche Aufnahme Mariens in den Himmel war der alten Kirche unbekannt; der Cusanus der fünfziger Jahre nimmt Exzesse der mittelalterlichen Marienfrömmigkeit zurück, die er 1430 noch geteilt hatte.

Cusanus zeichnet die uralte philosophische Gotteslehre nach, nicht als abstrakte Metaphysik, sondern als Wissen vom Weg der Menschheit. Die Menschheit entstammt dem Guten, aber ihr tatsächlicher Zustand stimmt damit nicht zusammen. Daher schlossen die antiken Denker auf einen Menschheitsfall; über den realen Zustand machten sie sich keine Illusionen; sie sahen, daß die Menschen zum Bösen geneigt sind; sie erkannten den „Fall":

viderunt pronitatem ad malum, intellexerunt naturae humanae lapsum.

Sie dachten, Gott, dessen Güte mit der Menschheitsgeschichte den Anfang gemacht habe, werde diese auch zu einem guten Ende führen:

Cogitaverunt quo modo deus, quia unus, unum creavit mundum, quia trinus, triplicem naturam: spiritualem, corporalem et mixtam. Ut ergo omnis creatura ad summum gradum exaltetur, uniet aliquando se ipse Deus creaturae communi, scilicet humanae naturae, ut recreetur, et sic homo ad finem perducatur.[19]

Dies ist keine spätere Einfügung; dies ist der Ton des Cusanus vom Januar 1431. Schon hat der Mensch eine zentrale Rolle; er ist *creatura communis*; er ist das *allgemeine Wesen*, an dem sich das Schicksal der Welt

---

[17] *Sermo* 8, n. 25, 57–59 p. 161.
[18] ib. n. 25, 75–76 p. 162.
[19] *Sermo* 2 n. 5, 11–17 p. 23.

erweist. Die antike Weisheit schloß eine metaphysisch-religiöse Zukunfts-
erwartung ein: Gott selbst wird sich der *creatura communis* verbinden;
er wird die Menschheit wiederherstellen und zu ihrem guten Endziel
führen. Cusanus fährt fort: Die einen stützten sich für diese Hoffnung
auf die Astrologie, die anderen hörten auf ihre Seher; die Römer hatten die neun Sibyllen, diese verehrungswürdigen Frauen, *venerandae mu-
lieres.*

Es gebe, predigt Cusanus, einen einheitlichen Strom der Urweisheit.
Er stamme von Adam und Eva, die, wie allgemein angenommen werde,
nicht zu den Verdammten, sondern zu den *electi* zählten. Sie hätten ihre
Sünde bereut und hätten die Weisheit, die sie von Gott direkt erhalten
haben, ihren Kindern und Enkeln vermittelt, die bekanntlich dreihundert
Jahre und länger lebten. So entstand eine Tradition der *maxima mysteria.*
Die Menschheit wird erlöst werden. Cusanus steigert seine Predigt zu
einem Hymnus auf die gemeinsame Weisheit der Menschheit:

*Creditur enim per universum mundum Christum Dei filium de virgine
natum. Hoc credunt Indi, hoc Machmetani, hoc Nestoriani, hoc Armeni,
hoc Jacobini, hoc Graeci, hoc Christiani occidentales, ut sumus nos. Hoc
Tartari non inficiunt, immo communiter credunt, licet non advertant. Et
nulla est hodie mundi natio, quin credat verum Messiam, quem expec-
tabant antiqui, venisse execeptis Judaeis, qui eum tantum credunt ventu-
rum. Est enim omnium viventium una communis fides, unius summi om-
nipotentis Dei et sanctae Trinitatis.*[20]

Es gibt in aller Welt nur *einen* gemeinsamen Glauben. Cusanus spricht,
als wäre die Welt voller anonymer Christen, auch wenn sie selbst es nicht
wissen, *licet non advertant.* Er redet, als stünden die Türken nicht vor der
Tür, als wäre die Einheit der Christen in Ost und West schon verwirklicht. Die größten Schwierigkeiten machen ihm die *Juden.* Schon in seiner
ersten Predigt hatte er davon gesprochen. Er erzählt dort ein interessan-
tes biographisches Detail: Er selbst habe mit jüdischen Weisen diskutiert.
Er habe gefunden, zur Trinitätslehre ließen sie sich wohl hinführen, aber
nicht dahin, daß Gott Mensch geworden sei. In diesem Punkt seien sie
verhärtet und wollten weder Vernunftgründe noch Prophezeiungen anerkennen.[21]

[20] ib. n. 8, 4–16 p. 25s.
[21] *Sermo* 1 n. 7, 27–31 p. 8.

Ich fürchte, ich habe mit meinen Zitaten aus den ersten beiden *Sermones* ein zu tiefsinniges Bild des Cusanus entworfen. Wie angedeutet, stehen den zitierten Passagen andere gegenüber, in denen der buchstäblichste Teufelsglaube in Blüte steht. Cusanus zeigt sich geängstigt durch allerhand Formen der *superstitio*; er will die *superstitiosi* nicht belehren, sondern ausrotten; sie haben die Todesstrafe verdient.[22] Der Teufel steht hinter ihren Praktiken. Was das Altarsakrament angeht, warnt Cusanus vor *curiositas* und erklärt: *ego per fidem ad te accedo.*[23] Es sei nicht zu verwundern, daß hier die Akzidentien ohne ihren normalen substantiellen Träger existierten, *species sine subiecto.* Das Altarsakrament rufe den Priester zu einem reinen Leben auf; zugleich aber mache es ihm seine *Macht* klar.[24]

Er schlägt noch härtere Töne an: Die Menschheit, predigt er, sei zu einem einheitlichen Kult verpflichtet. Wer gegen den einheitlichen Kult und den einheitlichen Glauben wirkt, ist mit Feuer und Schwert auszurotten, *error est igne et ferro exstirpandus.*[25] Es nutzt nicht viel, Cusanus – dem Vorkämpfer der Toleranz, wie man meint – zugute zu halten, daß er hier vom *Irrtum*, nicht von den Irrenden spricht. Gegen den abstrakten Irrtum braucht man nicht Feuer und Schwert. Hier spricht sich ein Bewußtsein von Bedrohung der Kirche aus, das mit der sonstigen Zuversicht – alle sind Christen – schwerlich harmoniert. Dies ist die Kehrseite des Interesses des Cusanus an Einheit, an einer Einheit im metaphysischen, im religionsphilosophischen und im ethischen Sinn. Gelegentlich beruft er sich dafür auf Dionysius, den ich in der ersten Predigt vermisse. Im Sinne des Dionysius ist insbesondere die Betrachtung, daß Gott gut sei und daß das Gute seiner Natur nach sich mitteile: *Boni est effluere.*[26]

Dionysisch und/oder proklisch inspiriert ist das Axiom: Gott ist das Eine, das aller Vielheit zugrunde liegt:

Omnis multitudo ab uno principiatur.[27]

Cusanus erörtert das Verhältnis von Sein und Einheit nicht weiter. Später wird Cusanus diese Frage mehrfach aufgreifen; das Problem blieb über

[22] *Sermo* 2 n. 13, 1–35 p. 29.
[23] *Sermo* 3 n. 24, 5 p. 53.
[24] *Sermo* 3 n. 27, 19–21 p. 56.
[25] *Sermo* 4 n. 16, 13–17 p. 62s.
[26] ib. n. 29, 13 p. 68.
[27] ib. n. 35, 1 p. 71.

Cusanus hinaus virulent; Pico schrieb sein Werk *De ente et uno*. In den Predigten von 1430/31 zeigt Cusanus kein Interesse an dem genauen Verhältnis von Sein und Einheit. In *Sermo* 4 n. 22, 1–3 p. 64 gilt das *Sein* Gottes als erste Grundlage, danach kommt Gottes Einheit, *quia omnis multitudo habet ante se unitatem*. Eine Diskussion über diese Reihung führt Cusanus noch nicht.

Ich gebe zu, daß ich mich von den frühen *Sermones* nur schwer trennen kann; sie bieten das herbstlich-bunte Bild eines Suchenden im späten Mittelalter. Der Prediger erörtert die Kaufmannsmoral, den gerechten Preis und vermerkt, Geschäftsverhandlungen könne man schwerlich führen, ohne dabei zu sündigen.[28] Cusanus wußte, wovon er redete; sein Vater war ein wohlhabender Kaufmann und Schiffsbesitzer gewesen; als Prediger teilte er die Distanz der Intellektuellen zur Kaufmannschaft. Die Reichen, sagt er, rechtfertigen ihre Habgier immer mit ihren Kindern, denen sie etwas zukommen lassen wollten; aber sie lügen.[29] Der Prediger bezieht sich auf Diskussionen über aktives und kontemplatives Leben; er teilt die spätmittelalterliche Heiligenverehrung, preist die Tugenden des heiligen Johannes des Täufers, er kritisiert eine Pariser Frau, die sich die Haare färbte. Er fordert für junge Männer: *aliquo exercitio semper vexandi sunt et domandi laboribus honestis.*[30] Cusanus befürwortet für sie eine Art Arbeitsdienst; er greift das spätmittelalterliche Problem auf, worin der wahre Adel bestehe – natürlich in der *virtus*; er warnt die Frauen, ihre Schönheit zur Verführung der Männer zu mißbrauchen.[31] Er malt Höllenqualen aus und die Schrecken des Sterbens[32]. Wenn er mit Augustin die Einkehr ins eigene Innere fordert[33], so dient dies der Ermahnung zur *humilitas*[34]; er entfaltet dabei keinen philosophischen Tiefsinn. Dieser würde auch verloren wirken neben seiner Erörterung der Erbsünde, bei der er der Interpretation Augustins von Römerbrief 5, 12 folgt, die philologisch bekanntlich falsch ist.[35] Ausdrücklich bestätigt er, die Sünde Adams werde *biologisch* vererbt. Als sei das nicht klar genug, fügt er hin-

---

[28] *Sermo* 9 n. 27, 8–9 p. 192.
[29] ib. n. 29, 15–16 p. 194.
[30] *Sermo* 5 n. 32, 32–36 p. 91.
[31] ib. n. 33 p. 92.
[32] ib. n. 36, 25–44 p. 93.
[33] ib. n. 39, 16 p. 95; *Sermo* 8 n. 16, 43–46 p. 155.
[34] *Sermo* 6 n. 28, 1–2 p. 113.
[35] ib. n. 5, 1–6 p. 101.

zu: *quoad culpam et quoad poenam*.[36] Dies ist die streng-augustinische Erbsündenlehre, die behauptet, nicht nur die Strafe, sondern vor allem die *Schuld* sei *vererbt* worden. Er weiß, daß das Paradies ein abgeschlossener Garten war; er empfiehlt die monastische Bewachung der Augen; von der Anschauung des sinnlich Schönen komme alle Verführung.[37] Er erklärt ausdrücklich, das Feuer im Fegefeuer und in der Hölle sei *körperliches* Feuer. Von der abgetrennten Seele behauptet er, *a corporali igne punitur*.[38] Er ignoriert die Probleme, die mittelalterliche Denker mit dieser Behauptung schon gehabt hatten. Sie hatten sich daraus ergeben, daß nur die Unabhängigkeit der Geistseele von körperlichen Prozessen ihre Unsterblichkeit einsichtig machte, daß aber körperliches Höllenfeuer nötig war und die Geistseele unter stofflichen Flammen leiden sollte.[39] Geweihten Jungfrauen ruft Cusanus zu, sie sollten den Schatz ihrer Jungfräulichkeit gut bewahren, es gebe in der ganzen Welt nichts Wertvolleres, *qui est omni thesauro mundi maior*.[40] Frauen, predigt er, seien von Kopf bis Fuß so beschaffen, daß kein Zoll an ihnen ohne Fallstricke sei; schon die Unterhaltung mit ihnen sei gefährlich.[41]

In dieser Atmosphäre klerikaler Vorurteile und kleinlicher Besorgtheit können sich die Gedanken Meister Eckharts nicht entfalten. Dies wird fühlbar, wenn Cusanus Eckhartsche Themen zurückhaltend und eher reduktiv behandelt, wie die Sohnesgeburt in der Seele, die geistige Armut oder das Motiv: *Jesus intravit in quoddam castellum*.[42]

---

[36] ib. n. 7, 1–2 p. 102.
[37] *Sermo* 7 n. 7, 29–37 p. 122.
[38] ib. n. 18, 22 p. 130.
[39] ib. n. 10–11 p. 124–126; *Sermo* 10 n. 24, 7–37 p. 213–214 mit Fegefeuerlegenden. In n. 28, 21–23 p. 216 behauptet Cusanus, der Papst könne seine Ablässe auch im Fegefeuer wirksam machen, obgleich viele dies bestritten: *licet multi contra*.
[40] ib. n. 12, 30–31 p. 126.
[41] ib. n. 16, 5–22 p. 128.
[42] castellum: *Sermo* 8 n. 5, besonders Zeile 44 p. 147; geistige Armut : *Sermo* 9 n. 30, 23–31, 6 p. 195–196; *Sermo* 10 n. 7 p. 203 und n. 12, 20–34 p. 206.

II.
LETZTE SÄTZE
ODER
RÜCKBLICK ANNO 1464

Gleich der erste *Sermo* des Cusanus zeigt, wohin man kommt, wenn man mit dem „Anfang" anfängt. Dieser *Sermo* belegt, wie anders das Wort „Anfang" schon aufgefaßt worden ist. Cusanus und eine Tradition, die von Augustin zu Eckhart reicht, verstanden darunter den Anfang, in dem Gott Himmel und Erde geschaffen hat, und erklärten, dieser „Anfang" sei der Logos, von dem die heidnischen Philosophen gesprochen hätten. In diesem göttlichen Logos sah unser Prediger den Anfang aller Dinge und allen Wissens. Das Verbum erklärte ihm die Gemeinsamkeit von Sachen und Erkenntnis.

Wir heute fassen das Wort „Anfang" wohl weniger spekulativ. Wir denken vielleicht, es gehe um den Beginn in der Zeit, um den Anfang einer individuellen Entwicklung. Aber auch so gesehen, zeigte sich der Anfang der Schriftstellerei des Cusanus als bewegtes Konglomerat. Diese ersten *Sermones* des Cusanus sind ein unausgegorenes Brodeln spätmittelalterlicher Motive; sie reichen von der höchsten Spekulation im Sinne des Proklos und des Areopagiten bis hin zu Fegefeuerlegenden. Bei diesem Nebeneinander konnte es nicht bleiben. Dieser polyphone „Anfang" macht die Abstoßungsbewegung des Cusanus begreiflich.

Niemand wird den Neunundzwanzigjährigen wegen der intellektuellen Gemengelage tadeln, in der er sich 1430 intellektuell befand. Oft sind es nur Konzepte, Material- und Zitatsammlungen. Wir wissen nicht einmal, wieweit er sich bewußt seinem Publikum angepaßt hat. Vielleicht war er selbst schon weitergekommen; die beiden ersten *Sermones* könnten darauf hindeuten. Sie sind merkwürdigerweise diejenigen, die dem späteren Cusanus am nächsten kommen. Dies ist – wiederum – eine Warnung, das Konzept „Entwicklung" nicht zu starr, zu einlinig und zu teleologisch zu fassen, als seien frühere Stadien immer die schwächeren. Spätere Stufen sind nicht immer die einzig sinnvolle, die sachlich notwendige Folge des „Anfangs" – wie es die Metapher der „Stufe" suggeriert. Wir können uns kaum dagegen wehren, die letzte Stufe als die oberste zu bewerten; ich verwahre mich hier ausdrücklich dagegen, fürchte aber, daß das wenig nutzt. Bilder und Mythen sind stärker als deren rationale Korrekturen. Doch bleiben wir bei den *Sermones* von 1430/31: Die *Sermones*, die auf die beiden ersten folgen, zeigen einen Abfall ins Anschauliche, in die Bildersprache der Volksreligion, in die Subtilitäten der spätmittelalterlichen Dogmatik und in die Phantasien päpstlicher Machtvollkommenheit, die selbst die Seelen im Purgatorium erreicht.

Cusanus als der Prediger von 1430/31 erwähnt keine geschichtlichen Ereignisse. Der Kurfürst, vor dem er sprach, mußte sich Gedanken machen über die politische Entwicklung. Wenn diese Predigten, was wahrscheinlich ist, tatsächlich Weihnacht/Epiphanie 1430/31 gehalten worden sind, war die Stellung des kurfürstlichen Zuhörers umstritten. Der letzte Trierer Erzbischof war Anfang 1430 gestorben. Das Domkapitel wählte Jakob von Sierck als Nachfolger. Zwei Stimmen erhielt Ulrich von Manderscheid. Beide suchten die Bestätigung durch den Papst, aber Martin V. ernannte einen dritten Kandidaten, den bisherigen Bischof von Speyer, Raban von Helmstadt. Ulrich gab nicht nach; er bemächtigte sich mit Truppen des einträglichen Erzbistums. Der Papst exkommunizierte ihn, und Nikolaus von Kues wurde der Rechtsvertreter Ulrichs auf dem Konzil zu Basel.[43]

Aber auch außerhalb des Erzstiftes Trier war die Lage bedrohlich, im Westen wie im Osten. Das Erzbistum Trier reichte bis weit ins heutige Frankreich. Dort standen die Engländer tief im Land; sie hatten die Jungfrau von Orleans gefangengenommen. Der Inquisitionsprozeß gegen sie lief. Kurz darauf wurde sie verbrannt, und König Heinrich VI. von England wurde in Paris zum König von Frankreich gekrönt. Im Osten tobten die Hussitenkriege. Der Prager Magister Hus war 15 Jahre zuvor trotz der Zusage freien Geleites verbrannt worden. Dieses Unrecht verletzte das Rechtsempfinden und reizte das tschechische Nationalgefühl; dies führte zu militärischen Invasionen.

Völlig unklar war die kirchliche Lage. Zwar war das Schisma, das große, 1417 mit der Wahl Martins V. zu Ende gegangen. Aber die Frage, ob der Papst oder das Konzil die Kirche repräsentiere, blieb unentschieden; man ging neuen Kämpfen entgegen. In dem bevorstehenden Jahr, 1431, wurde das Konzil von Basel eröffnet.

---

[43]   AC I 1 ab Nr. 80 p. 31ss.; vgl. Erich Meuthen, Nikolaus von Kues. 1401 – 1464. Skizze einer Biographie, 4. Auflage Münster 1979, S. 32–S. 33.

Als Cusanus im August 1464 in Todi in Umbrien starb, sah die europäische Szene anders aus. Nicht daß sie ruhiger geworden wäre nach dem Fall von Byzanz 1453. Aber es waren neue Konflikte, nicht die von 1430. Dies mag die Zeitspanne verdeutlichen, die zwischen 1430 und 1464 liegt. Für uns verlieren sich dreieinhalb Jahrzehnte leicht im „Mittelalter". Aber 35 Jahre, das ist, wie Dante sagt, der halbe Lebensweg. Gerade auch, wie wir sehen werden, für Cusanus. Deswegen versuche ich, diese Jahre ein wenig füllen:

Die Engländer waren seit 1453 bis auf Calais aus Frankreich vertrieben; in Bourges war 1456 der Prozeß zu Ende gegangen, der Jeanne d'Arc rehabilitierte. Mit den Böhmen hatte es schon 20 Jahre vorher einen Ausgleich gegeben. Der Konziliarismus war besiegt; das Papsttum hatte sich durchgesetzt, mit Nicolaus V. sich an die Spitze der neuen, der humanistischen Bewegung gestellt und hatte sie mit Pius II. zu integrieren versucht. Die Einheit mit Ostrom war hergestellt. Diese Erfolge der päpstlichen Politik waren prekär und vielfach bedroht, aber sie zeigen, wie innerhalb von 34 Jahren die Welt sich verändert hatte.

Vier Monate vor seinem Tod, Anfang April 1464, verfaßte Cusanus sein letztes Werk. Er nannte es: *Höchste Stufe der Einsicht* oder auch *Gipfel der Theorie, De apice theoriae.* Cusanus hielt es an der Zeit, auf seinen Denkweg zurückzublicken. Dabei skizzierte er seine intellektuelle Entwicklung und unterschied zwei Stadien, die er durchlaufen habe. Von dem Ausgangspunkt, den er gewonnen habe, schrieb er:

Iam annis multis viderim ipsam ultra omnem potentiam cognoscitivam ante omnem varietatem et oppositionem quaeri oportere.[44]

Der Satz bezieht sich auf die *quiditas*, das Wesen der Dinge. Von ihm sagt Cusanus, daß es immer gesucht wurde, immer gesucht wird und weiter gesucht werden wird. Diese Formulierungen machten jedem gebildeten Zeitgenossen klar: Cusanus spielt an auf den Anfang des siebten Buches der *Metaphysik*; er spricht von der *substantia* oder der *quiditas*, dem Gegenstand der Metaphysik des Aristoteles, den dieser, Cusanus zufolge, vergeblich gesucht habe. Cusanus berichtet, es sei ihm früh, „vor vielen Jahren", klar geworden: erstens, dieses bleibende Sein müßten wir *vor* jeder Verschiedenheit und Gegensätzlichkeit suchen; zweitens: Es stehe jenseits unserer Erkenntnisvermögen. Unsere Erkenntnis bleibt einge-

---

[44] Cusanus, *De apice theoriae* n. 4, 1–2 Klibansky – Senger h XIII p. 119.

schränkt auf das Vielfältige und Gegenwärtige. Das Gesuchte unterliege nicht den vier Gegensatzarten, die Aristoteles kennt. Der Satz sagt also: Wollte ich die Konkordanz der Welt-Ansichten herstellen, wollte ich das wahre Sein finden, dann mußte ich Abschied nehmen von der Metaphysik des Aristoteles. Ich mußte sie als gescheitert ansehen. Dies wurde mir vor vielen Jahren klar. Aber die dabei gewonnene Erkenntnis war negativ, unbestimmt, dunkel. Die *quiditas* rückte in unfaßbare Ferne. Die Gefahr der Skepsis, der Unsicherheit oder des Fideismus drohte. Zumindest schien alle bestimmte Gotteserkenntnis im Abgrund des Unendlichen, also Unbestimmten, zu versinken.

Doch dann kam der Umbruch. Die Dunkelheit lag hinter ihm. Jetzt heißt es, die Wahrheit sei offensichtlich und leicht:

Veritas quanto clarior tanto facilior.
Putabam ego aliquando ipsam in obscuro melius reperiri.
Magnae potentiae veritas est, in qua posse ipsum valde lucet.
Clamitat enim in plateis, sicut in libello De idiota legisti.
Valde certe se undique facilem repertu ostendit.[45]

Früher glaubte ich einmal, die Wahrheit sei eher im Dunkeln zu finden. Aber die Wahrheit ist von großer Macht. Das Können-selbst leuchtet hell in ihr auf. Sie schreit auf den Straßen. Du hast es ja in dem Buch De idiota gelesen. Mit großer Gewißheit zeigt sie sich, von überall her ist sie leicht zu finden.

Es liegt viel daran, zu sehen, wie Cusanus sein *erstes* Denkstadium charakterisiert. Ich glaube nicht, daß er sich damit auf die ersten *Sermones* bezieht. Cusanus gibt im Fortgang klare Hinweise:

Damals, fährt er fort, habe er *nicht* beachtet, daß das Wesen, das wahre Sein, der Bestand alles Bestehenden – ich vermeide das Wort „Substanz" – das Wesen aller Seienden ist. In dem frühen Stadium, das Cusanus jetzt, 1464, kritisiert, hielt er das Wesen der Dinge für verborgen, für weit weg. Ihm sei damals entgangen, daß es *in* den Dingen ist, uns also nahe ist. Später erst habe er eingesehen: Dieses immer gesuchte Wesen *zeigt* sich, es ist seinem Wesen nach ein Sich-Zeigen, sein Sich-Zeigen ist kein bloßer Schein, ist es doch notwendigerweise die Subsistenz von allem Bestehenden.

---

[45] ib. n. 5, 9–13 p. 120.

Cusanus kritisiert im Rückblick sein erstes Stadium; damals habe er die Transzendenz zu stark akzentuiert. Nun ist es eine banale Selbstverständlichkeit: Der Gott jedes Platonikers, jedes Juden und Christen ist transzendent. Transzendenz zu behaupten war kein besonderes Stadium der Ideenentwicklung des Cusanus; sie war seit Platon und Philo, seit Plotin und Augustin philosophisches Gemeingut. Die Transzendenz, deren ausschließliche Hervorhebung Cusanus an seinem früheren Denken kritisiert, war schärfer gefaßt; sie sagte, die wahre Wirklichkeit transzendiere alle unsere Erkenntnisvermögen, da diese auf Gegensätze aufbauen und sich in Gegensätzen bewegen.

Es geht in dem Rückblick des Cusanus und in dieser Selbstkritik nicht zunächst um die falsche oder die richtige Metaphysik, sondern um die rechte *Frageweise*. Cusanus hat, sagt er, im ersten Arbeitsstadium auf falsche Weise gesucht. Er hat dadurch verfehlt, was leicht zu finden gewesen wäre. Aber seine falsche Frageweise, seine Fehleinschätzung, die notwendigerweise zum Scheitern führen mußte, war mit einer bestimmten Ontologie verbunden. Cusanus tadelt, er habe in jenem ersten Stadium den Substanzen eine zu starke ontologische Selbständigkeit zugeschrieben; er habe nicht darauf geachtet, daß er ausgezogen war, das Wesen der Wesen, die Substanz der Substanzen, die Subsistenz der Subsistierenden zu suchen. Er hielt damals Schwierigkeiten, Dunkelheit, Verborgenheit für Anzeichen der Wahrheit. Er theologisierte sein Scheitern, das vorherzusehen war, statt es zu analysieren.

Im zweiten Stadium sah er, diesem Bericht zufolge, ein, das gesuchte Wesen sei das Sein in jedem Seienden. Er fand: Es war ihm näher, als er zuvor gedacht hatte; es war dem Erkenntnisvermögen proportioniert. Er wußte jetzt, daß sein Denken imstande war, über die Gegensätze hinauszudenken. Vorwegnehmend sage ich: Jetzt hatte er die *intellectus-ratio*-Differenz theoretisch entwickelt; ich werde diese Theorie eingehend vorstellen; ich empfehle, fürs erste nur die Vokabeln *ratio* und *intellectus* zu behalten und wende mich erst einmal dem Ergebnis der neuen Wende zu: Jetzt schreit die Wahrheit auf den Plätzen. Jeder findet sie leicht. Dies erfährt und dies erklärt der Löffelschnitzer auf dem Forum Romanum: Mitten im Geschäftstrubel legt der Laie seine überlegene Einsicht dar; er zeigt, daß sie die sterile Stubengelehrsamkeit ablöst. Cusanus datiert und lokalisiert die zweite Stufe seiner Entwicklung auf Rom 1450. Dort wird die Wahrheit „leicht" genannt; jeder kann sie finden. Gerade ein Laie, ein Nicht-Studierter, der nicht in Schulen befangen bleibt, entdeckt sie mit Gewißheit.

Die Datierung der ersten Stufe ist schwieriger. Der Beschreibung des Cusanus zufolge handelt es sich bereits um eine spezifische, um seine individuelle Theorie. Er sagt von diesem Stadium, er habe das Wesen als *vor jeder Gegensätzlichkeit* stehend gesucht. Dies bezieht sich offenbar auf *De docta ignorantia*. Die ersten *Sermones* enthielten diese präzise Theorie noch nicht. In ihnen gingen volkstümliche Bilder und spekulative Theologie (sofern diese überhaupt vorkommt) noch durcheinander. In *De docta ignorantia* hatte Cusanus dieses Gemenge sortiert. Die Dunkelheit, die Cusanus dieser Stufe zuschreibt, setzt voraus, daß der Vorrang der negativen Theologie durchgeführt war. Gilt, strikt genommen, deren Priorität, dann versinkt sogar die Trinität im Unbestimmten, im Unbestimmbaren. Diese Gefahr besteht in den ersten *Sermones* nicht, wohl aber in *De docta ignorantia*. Nach *De docta ignorantia*, also *nach* 1440 und *vor* 1450, erfolgte ein Bruch. In diesem Jahrzehnt, gibt Cusanus zu verstehen, verwandelte sich sein Begriff des nichtwissenden Wissens. Cusanus realisierte jetzt, daß das Wissen von der Dunkelheit nicht seinerseits dunkel ist. Das Interesse an handwerklicher Technik und an Kunst nahm zu; die sichtbare Welt gewann an Gewicht, aber gerade nicht im Sinne einer Substanzontologie, die selbständige Dinge vor sich zu sehen wähnt, sondern das Sichtbare *erweist* jetzt das Unsichtbare. Vielleicht ist hier ein literarisches Bild am Platz: Die nordisch-faustisch-spätmittelalterliche Studier- und Grübelstube, mit Urväter Hausrat vollgestopft, in der ein Gelehrter verzweifelt, daß wir nichts wissen können, weicht der südlichen piazza als dem Ort der Wahrheit. Die *docta ignorantia* verwandelt sich zu einem freudigen Ausschreiten nach allen Seiten im Endlichen und begegnet darin dem allesdurchwesenden *einen* Wesen; wir dürfen sie nicht, wie manche Interpreten es tun, festhalten auf der Stufe vagen Insuffizienzbewußtseins und des Lamentierens über die Schwäche menschlicher Erkenntnis.

Das Cusanuszitat mit der Selbstkritik stammt von Ostern 1464. Wir haben von den ersten *Sermones* her einen Sprung über 34 Jahre gemacht: Eine Entwicklung vom Dunkel zum Licht, von der Unbegreiflichkeit zur Allfaßbarkeit. Alles an diesem Wandel ist noch zu präzisieren; alles daran ist noch in seine geschichtlichen Welten zurückzuversetzen. Aber bevor ich damit beginne, muß ich zur Selbstkritik von 1464 noch zwei Bemerkungen nachtragen:

Erstens zum Wortlaut der Stelle in *De apice theoriae*. Die kritische Ausgabe von Klibansky-Senger bringt folgenden Text:

non attendi quiditatem in se subsistentem esse omnium substantiarum invariabilem subsistentiam.[46]

Der Codex Cusanus 219 bestätigt auf folio 107 r in der siebten Zeile von unten diese Lesart: *non attendi*. Aber in der lateinisch-deutschen Cusanus-Ausgabe von Leo Gabriel – Wilhelm Dupré, steht in Band II, Wien 1966, auf Seite 366 folgender Satz:

(Ich) richtete mein Augenmerk darauf, daß die in sich bestehende Washeit das unveränderliche Grundbestehen allen Grundbestandes ist.

Dupré hat also das *non* gestrichen und aus dem verneinenden Satz des Cusanus einen bejahenden gemacht. Er gibt für seinen Eingriff auch eine Begründung und schreibt:

Das non ist an dieser Stelle sinnlos, da das Nachfolgende von Cusanus von Anfang an immer wieder gesagt worden ist (II 364 Anm. 3).

Hätte der Übersetzer das *non* der Handschrift aus Flüchtigkeit übersehen, wäre es undelikat, an dieser Stelle zu insistieren. Aber Dupré verstieß in vollem Bewußtsein gegen die Regeln des philologischen Handwerks: Das *non* der Handschrift, schreibt er, sei hier sinnlos, weil Cusanus immer dasselbe gelehrt habe. Das Bewußtsein des Cusanus, sein Denken habe sich entwickelt, sei also falsch.

Der Vorgang ist der Analyse wert: Der dreiste Eingriff geschah in Wien gegen Mitte der sechziger Jahre. Bleierne Immobilität, unbeweglicher Tiefsinn, das war es, was gefragt war. Tradition mit großem T, integrale Festigkeit, Große Koalition aller mit allen nach Vertreibung der originellen Störenfriede, deren Namen allein die übrige Welt mit dem Titel „Wiener Philosophie" verbindet. Das Nähere darüber steht bei Thomas Bernhard. Die Streichung des „non" entspricht dem Widerwillen gegen individuelle, gegen variable und umwegige Erkenntnisgänge; die Bewunderung für einheitlich-starke Blöcke setzt sich damit *gegen* den Buchstaben des Autors durch. Wenn man restaurieren will, braucht man Monumente, nicht Menschen. Insofern ist dieser Eingriff denkwürdig. Ich wüßte auch nicht, daß ihn ein Aufschrei des philologischen Gewissens begleitet hätte. Nur der gelehrte Hans Gerhard Senger stellte in seiner empfehlenswerten lateinisch-deutschen Studienausgabe, Hamburg 1986, die Sache anmerkungsweise klar. Ich denke, es liegt viel daran, generell

---

[46] ib. n 4, 3–4 p. 119.

Distanz zu gewinnen zu einem solchen ahistorischen Umgang mit Geschichtlichem. Gegen diese Art von Vergewaltigung des Gewesenen setze ich den Titel: Geschichte einer Entwicklung.

Zweitens ist die Selbstcharakteristik des Cusanus zu präzisieren. Ich habe von zwei Stadien gesprochen. Ich nannte erstens die Stufe der Schrift *De docta ignorantia*, zweitens die Laienphilosophie von 1450. Aber Cusanus nennt in *De apice theoriae* eine dritte Stufe, die mit *De Possest* einsetze und die in *De apice theoriae* einen neuen Durchbruch ankündigt. Dieses dritte Stadium ist die Theorie des reinen Könnens. Cusanus charakterisiert diese dritte Reflexionsstufe durchaus als neu. Sie beruht auf einem einfachen Prinzip: Wenn ich eine Behauptung bestreite oder wenn ich etwas frage, benutze ich Bestimmungen, wie z. B. „Können", deren Realitätsgehalt ich voraussetze, auch wenn ich ihn für ein bestimmtes Können bestreite oder unsicher nach ihm frage. Wer also fragt: *Kann* der schwache Mensch Gott erkennen?, setzt voraus, „Können" sei eine Bestimmung, mit der sich die Frage angehen ließe. Er setzt dies auch dann voraus, wenn er geneigt ist, dem Sündenwurm nichts Gutes zuzutrauen. Dieses „Können" kann nicht unbekannt sein, denn mit seiner Hilfe fragen wir nach Unbekanntem. Es kann uns nicht fern sein, denn mit seiner Hilfe nähern wir uns anderen Sachverhalten. Es ist kein spezieller Glaubensinhalt; es ist nicht eingeengt auf bestimmte Gruppen. Es zu erfassen setzt keine besondere Anstrengung voraus. Wir müssen nur auf dieses Vorausgesetzte achten, und es beweist sich die Leichtigkeit der schwierigen Dinge. Jedes Kind schließt, indem es nachdenklich spricht, Welt und sich zusammen; es kennt also dieses Zusammenschließende. Dieses Zusammenschließende können wir *Wahrheit* nennen. Je inhaltsreicher diese Wahrheit, desto leichter ist sie. Jedes Kind kennt sie; jeder Zweifler setzt sie voraus. Sie muß nicht herbeibewiesen werden, etwa über bestimmte Eigenschaften von Naturdingen. Sie hängt nicht von einer bestimmten Physik ab. Diese könnte immer bestritten werden. Sie aber ist immer bei uns. Hier geht es nicht mehr um die Frage, ob Einzelsubstanzen selbständig oder die Erscheinung der Ursubstanz sind. Es geht um die Einsicht: Jeder, der behauptend, bestreitend oder fragend von „Können" spricht, hat sich bereits denkend mit der Wirklichkeit zusammengeschlossen. Dies ist die äußerste Vereinfachung des Philosophierens. Wir müssen darauf zurückkommen.

Für jetzt halte ich nur als Ergebnis fest:

Wir lernen Cusanus um 1430 als Denker kennen, der den Vorrang des

Einen vor dem Vielen sieht, der mit Hilfe dieser proklisch-dionysischen Einsicht das Christentum denken will, und zwar als Repräsentanz einer allgemein-menschheitlichen, uralten Weisheit. Die Trinität und die Menschwerdung als Vernunftinhalt und als gesamtmenschliche Überlieferung. Aber neben dieser philosophischen Theologie steht die Gebrauchspredigt des spätmittelalterlich-religiösen Alltags.

Dieses theorielose Nebeneinander endet um 1440. *De docta ignorantia* ist der erste zusammenfassende Denkentwurf. Er setzt voraus, die Wahrheit sei erfaßbar, aber unter seinen Voraussetzungen ist das nicht nachweisbar. Dieses Mißverhältnis trieb weiter zu gedanklichen Neubildungen; Cusanus präsentierte in der Laienphilosophie von 1450 ihre sichtbaren Ergebnisse. Welche Rolle dabei *De coniecturis* spielt, lasse ich vorerst offen; ich nenne hier nur noch mit Cusanus das letzte Stadium, die Könnens-Philosophie. Die Verminderung der Voraussetzungen erreicht jetzt einen äußersten Grad. Somit ergibt sich eine grobe und vorläufige Übersicht; dabei zeichnen sich folgende Stufen in der Denkentwicklung des Cusanus ab:

Erstens: Die unausgeglichene philosophische Nachdenklichkeit der ersten *Sermones* um 1430/32;

Zweitens: Die erste Systematisierung gegen 1440 in *De docta ignorantia*. Sie ist charakterisiert durch den Vorrang der Dunkelheit und Schwierigkeit. Es besteht ein Übergewicht der Transzendenz. Die Transzendenz ist schon spezifisch Cusanisch verstanden als Vorausliegen vor jeder Gegensätzlichkeit, aber hier noch als Vorausein vor *jeder* menschlichen Erkenntnisart;

Drittens: Die philosophische Neuorientierung in *De coniecturis*. Ich unterstelle sie vorerst. Wir werden sie später untersuchen und dabei auch das Verhältnis von *ratio* und *intellectus* klären. Vorläufig verweise ich auf Josef Koch und auf meine Analysen von 1973;

Viertens: Die göttliche Einheit ist wesentlich ein Sich-Zeigen. Deshalb wendet sich das Denken der sichtbaren Welt zu. Das Interesse an Kunst, Technik und Alltag, an Medizin und Naturforschung wächst. In der Laienphilosophie von 1450 geht es gegen alle Universitätsphilosophie um das Sichtbarmachen.

Fünftens: Die radikale Verringerung der Voraussetzungen in der Philosophie des reinen Könnens, in dem später zu erklärenden Stadium der letzten Vereinfachung von 1464.

Ich nehme diese Fünfteilung nur als erste Arbeitshypothese. Wir werden sie an den Texten prüfen, verändern und verfeinern, indem wir untersuchen: Welche Motive trieben diese Wandlungen an? Welche neuen Herausforderungen, welche neuen Anregungen haben neue Formulierungen erfordert? Neue Ereignisse und neue Texte führten zu neuen Fragen und neuen literarischen Formen; das philosophieimmanente Suchen nach Konsequenz und die ständige Revision der eigenen Voraussetzungen bilden mit jenen zusammen das entscheidende, in sich komplexe Movens der Entwicklung. „Entwicklung" bedeutet nicht das Herausarbeiten einer einfachen, prädeterminierten Form, die „lebend sich entwickelt". Faktische Zustände und kontingente Ereignisse treiben neben und mit der Suche nach Konsequenz des Denkens die ständige Umwälzung der Gedanken an. Theoretische und praktische Entscheidungen, die auch anders hätten ausfallen können, zeigen sich als mitkonstituierende Elemente. Dazu müssen wir uns vertiefen in die innere Problematik, in die immanenten Verwerfungen des Cusanischen Denkens. Die Schriften des Cusanus vor 1445 erfordern harte Arbeit. Für die spätere Zeit kann ich Erleichterungen in Aussicht stellen. Nach 1450 schrieb Cusanus für ein breiteres Publikum; er wurde anschaulicher. Wenn wir die Jahrhundertmitte erreicht haben, wird sich der Ausblick öffnen. Ich werde dann auch versuchen, das fünfzehnte Jahrhundert wie in einem Panorama vorzustellen. Damit sind unsere Schritte vorgeplant:

Zunächst führe ich Sie ein wenig spazieren am Abgrund der Koinzidenz. Sie sollen einen Vorbegriff bekommen, um was es sich da handelt. Ich bitte um Geduld; diese Überlegungen sind teilweise subtil. Wir brauchen eine Vor-Übung. Wir müssen uns das terminologische Instrumentarium erarbeiten und in erste Auslegungsdifferenzen Einblick nehmen, um dann, ab Kapitel IV, in die genetische Analyse der Schriften einzutreten.

Haben wir die Wende um 1450 erreicht, wird alles anschaulicher, denn dann treiben wir ein wenig Geschichte. Ich versuche zur Jahrhundertmitte ein Gemälde des 15. Jahrhunderts. Wir betreten die geschichtliche Welt des Cusanus. Bisher hat sie sich nur angedeutet, aber wir müssen sie uns näher ansehen. Er kommt als Denkender und als Handelnder von ihr her. Ohne Nachdenken über Koinzidenz bleiben seine Texte toter Stoff, ohne Anschauung seiner geschichtlichen Welt bleiben sie akademischer Schulkram.

III.
WAS IST KOINZIDENZ?

1. Nicht nur die Koinzidenz

Es gibt keine Kurzformel des Cusanischen Denkens. Und doch hat Cusanus sich mehrfach bemüht, seine Gedankenrichtung auf die einfachste Weise zusammenzufassen. Gehen wir zunächst einmal von solchen Selbstcharakteristiken aus. Nutzen wir sie als authentische Einführungen; sie werden uns zum Meditieren verleiten, aber auch dazu, kritische Fragen an die Koinzidenzlehre zu stellen. Später werden wir diese Selbstdarstellungen mit den einzelnen Entwicklungsstadien aus den Texten konfrontieren.

Diese Selbstdarstellungen des Cusanischen Denkens rücken die Idee der Koinzidenz in den Mittelpunkt. Und doch gibt es Gründe, daraus nicht ohne weiteres zu folgern, die Koinzidenztheorie sei das „Wesen" des Cusanischen Denkens. Andere Jahrhunderte setzten andere Schwerpunkte. Ältere Bibliotheken halten diesbezüglich Überraschungen bereit. In der frühen Neuzeit hatten zwei Texte Konjunktur, an denen Forscher, die auf die Idee der Koinzidenz konzentriert sind, wenig Interesse haben. Die *Coniectura de ultimis diebus mundi* ist bereits 1471 zusammen mit dem Tractatus *De victoria Christi* von Hugo de Novocastro gedruckt worden; ihre französische Übersetzung ist 1562 erschienen und wurde 1700 in Amsterdam und 1739 in Paris neu gedruckt; 1695 gab es eine englische, 1745 eine deutsche Übersetzung in Frankfurt.[47]

De staticis experimentis übersprang die Grenzen der Konfessionen; der Text erschien separat Straßburg 1543, dann noch einmal 1550 in der lateinischen Vitruv-Ausgabe; getrennt, z.T. verformt, erschien er 1547 und wiederum 1558 in Nürnberg, 1582 in Basel, auf deutsch 1614 zusammen mit der deutschen Vitruv-Ausgabe, ebenfalls in Basel, noch einmal deutsch in Marburg 1617.

Derartige Tatsachen können den an spekulativer Philosophie Interes-

---

[47] Vgl. D.D.Sullivan, Apocalypse tamed: Cusanus and the Traditions of Late Medieval Prophecy, in: Journal of Medieval History 9 (1983) S. 227–S. 236.

sierten, erst recht den Mystikfreund, enttäuschen. Denn sie bedeuten: Während Giordano Bruno die Philosophie der Koinzidenz weiterentwickelte, bestand ein überwiegendes Interesse an der Festlegung des Weltendes und – gleichzeitig – für das Programm einer Mathematisierung der Naturbetrachtung. Die Zeit vor 1700 suchte den Cusanus, der in der *Coniectura de ultimis diebus* über das Datum des jüngsten Tages spekulierte und ihn für das 18. Jahrhundert prognostizierte – darüber wollte man rechtzeitig informiert sein. Und sie befragte den Cusanus von *De staticis experimentis,* der Blut und Urin zu wiegen empfahl, der eine wiegende und rechnende Medizin vorschlug – dies war bis zur Durchsetzung der Physik des Galilei und Descartes eine wichtige Neuerung; nach 1617 erlosch dieses Interesse begreiflicherweise.

Eine ähnliche Sonderexistenz führte *De pace fidei.* Das Problem des Ausgleichs der Religionen war im Dreißigjährigen Krieg aktuell, unabhängig von der Koinzidenzlehre, und 1643 erschien eine deutsche Übersetzung der Cusanischen Friedensschrift; 130 Jahre später interessierte sich Lessing für sie. Sein Fürst hatte ihm nach dem Goeze-Streit religionsphilosophische Äußerungen verboten, und Lessing half sich, indem er den *Nathan* schrieb und eine Übersetzung von *De pace fidei* anregte. Sie ist kurz nach seinem Tod erschienen. Das waren Cusanus-Rezeptionen, die um die Koinzidenzlehre einen Bogen machten. Ich erinnere mich der leisen Empörung, um nicht zu sagen: Verachtung, mit der ich diese Bibliotheks-Fakten früher zur Kenntnis genommen habe: einen Cusanus ohne Koinzidenztheorie zu wollen, das schien mir schwächlich. War seine Naturbetrachtung oder gar seine sogenannte Toleranzidee ohne seine philosophische Zentralidee zu begründen? So muß man auch heute fragen; aber belehrender ist es, zu sehen: Alle Zeiten hatten ihre Vorbedingungen, ihre Interessen, ihre Themen und erst infolgedessen ihre Texte. Wir stehen nicht anders da als unsere Vorgänger. Und ohne die Philosophie Hegels, ohne ihre Kritik am Verstandesdenken und ohne die Hoffnung auf eine katholisch-theologische Verwertbarkeit wäre Cusanus nicht wiederentdeckt worden. Erst als Hegelsche Motive ins katholische Milieu der Tübinger Schule überschwappten, erst im Umkreis von Johann Adam Möhler, erwachte ein neues Interesse an Cusanus. Möhler schrieb 1831 eine Preisarbeit über Cusanus aus. Den Preis gewann ein Student namens Franz Anton Scharpf. Er war es, der die erste neuere Übersetzung ins Deutsche herausbrachte, Freiburg 1862.

2. Was ist Koinzidenz?

Die Koinzidenztheorie ist nicht der ganze Cusanus. Trotzdem hat Cusanus sich selbst vor allem als Denker der Koinzidenz charakterisiert. Folgen wir diesem Zug und lesen wir dazu drei Texte. Ich gebe sie in chronologischer Reihenfolge, doch geht es noch nicht um ihre genetische Analyse; dazu kommen wir später.

Erster Text: Er steht im Nachwort zum 3. Buch von *De docta ignorantia*. Zu Jahresbeginn 1440 faßt Cusanus sein Denken so zusammen:

All unsere geistige Anstrengung muß sich darauf richten, die einfache Einheit zu erreichen, in der die Widersprüche zusammenfallen, *ubi contradictoria coincidunt*.[48] Das Ziel unseres Denkens besteht darin, die unendliche Einheit als äußerste Einfachheit (*simplicitas*) zu denken. Die äußerste Einfachheit bietet keinerlei Anhalt für sachbegründete Unterscheidungen. Im 13. Jahrhundert konnte jemand sagen: Gott ist „einfach" zu nennen, sofern wir an das göttliche Wesen denken, und Gott heißt „vielfältig", sofern Gottes Denken die Vielheit der Ideen der Weltdinge begründet. Diese beiden „sofern" fallen in Gottes radikaler Einfachheit zusammen. Unsere Unterscheidungen fallen auf uns zurück.

Cusanus hebt hervor, sein Weg sei neu und ungewöhnlich, aber er gestatte, dorthin zu kommen, wohin die spätmittelalterlichen *viae* führen wollten, ohne daß sie dies Ziel erreichen konnten. Das Wort *viae* bedeutete im 15. Jahrhundert nicht einfach „Wege", sondern es bezeichnete die zerstrittenen Schulphilosophien, also die Albertisten, Thomisten und Nominalisten. Die Wege – das waren Universitätstheorien über die Universalienfrage, aber mit all den Konsequenzen für das Verhältnis von Vernunft und Welt, für die Möglichkeiten philosophischer Gottes- und Selbsterkenntnis, für die Begründbarkeit einer philosophischen Ethik, die seit Anselm von Canterbury ausgesprochen waren. 1440 zu schreiben, diese „Wege" hätten nicht zum Ziel geführt, bedeutete: Die Scholastik ist gescheitert; die Koinzidenztheorie ist die Diagnose ihres Zusammenbruchs und zugleich die Therapie des sich selbst mißverstehenden Denkens. Cusanus trägt dies vor im ausgeprägten Bewußtsein seiner Originalität. Sein Werk *De docta ignorantia*, schreibt er, enthalte Lehren, die

---

[48] Cusanus, *De docta ignorantia*, Epistola auctoris ad dominum Iulianum cardinalem, h I 163, 14–16: *debet autem in hiis profundis omnis nostri humani ingenii conatus esse, ut ad illam se elevet simplicitatem, ubi contradictoria coincidunt.*

früher nie da waren, *prius inaudita*[49]. Während Anselm sich zu zeigen
bemühte, er lehre nichts Neues, alles ergebe sich aus den Theorien Augustins, mit denen es, wie er sich diplomatisch ausdrückte, „kohäriere", weiß sich Cusanus in einer qualitativ neuen Situation, in der qualitativ Neues gesagt werden muß. Alle Nachweise über die „Quellen" des Cusanus müssen diese Originalitätsbehauptung im Auge behalten; sie müssen sie widerlegen oder bestätigen. Wir dürfen das Neuheitsbewußtsein des Cusanus keineswegs ignorieren. Es gibt ein traditionalistisches Sich-Räkeln in „Quellen"- Nachweisen. Die „Tradition" erscheint dann als zählebiger, übermächtiger Brei, dem entrinnen zu wollen keinen Sinn hat. Ich möchte dies noch etwas deutlicher sagen: Weder die Bestätigung des christlichen Platonismus – sei es derjenige Augustins oder der des Dionysius – noch der Glaube an das christliche Credo wären anno 1440 originell gewesen. Es gibt heute Cusanus-Interpetationen, die nahelegen, Cusanus sei ein Neuplatoniker oder ein Katholik wie viele andere gewesen. Andere, feinere Interpreten sagen, er habe Plotin wiederbelebt und er sei dem Dionysius gefolgt. Sie alle ebnen seine historische Besonderheit ein; sie reduzieren einen originellen Kopf auf etwas, das wir sonst schon kennen; sie unterstellen, der Aufwand des Cusanus sei überflüssig gewesen, da das Wahre längst vorhanden gewesen sei, und sie gehen an der ausdrücklichen Erklärung des Cusanus vorbei, seine Theorien hätten vorher nicht existiert.

Zweiter Text der Selbstauslegung: Wer seine verschiedenen Bücher lese, werde finden, schreibt Cusanus, er spreche häufiger (also nicht immer!) von der *coincidentia oppositorum* und habe sich bemüht, zu argumentieren aufgrund intellektueller Anschauung, die über die Verstandeskraft hinausgehe, *iuxta intellectualem visionem, quae excedit rationis vigorem, concludere.*[50]

Cusanus erklärt, er gewinne seine Erkenntnisse – eben die Einsicht in den Zusammenfall der Gegensätze –, indem er hinausgehe über die Kraft des Verstandes und sich erhebe zur *visio intellectualis.* Der Text ist 18 Ja-

---

[49] *De docta ignorantia* II 11 h I 99, 15. Dieser Originalitätsanspruch wird nicht widerlegt durch den bemerkenswerten Fund der Eichstätter Handschrift st 687 von M. J.F.M. Hoenen, „Ista prius inaudita" – eine neuentdeckte Vorlage der docta ignorantia und ihre Bedeutung für die frühe Philosophie des Nikolaus von Kues, in: Medioevo 21 (1996) 375–476. Doch verdient diese Entdeckung eine eingehendere Diskussion, als ich sie hier führen kann.
[50] *De beryllo* n. 1, 2–5, h XI, 1, 2. Auflage, p. 3.

hre jünger als unser erster aus *De docta ignorantia;* Cusanus hat ihn 1458 geschrieben, als er auf einer Burg seines Alpenbistums festsaß. Er blickt schon zurück auf sein philosophisches Leben. Er resümiert es. Er faßt seine philosophische Arbeit darin zusammen, daß er die Eigenart der Vernunfteinsicht oder der intellektuellen Anschauung (*visio intellectualis*) zur Geltung bringe gegenüber der Verstandesbetrachtung (*vigor rationis*). Er spricht nicht von einem einzelnen Text, sondern von seiner philosophischen Schriftstellerei insgesamt und sagt, er wolle mit Hilfe der intellektuellen Anschauung über die Verstandeseinsichten hinaus zur Einsicht in den Zusammenfall der Gegensätze führen. Cusanus spricht von *ratio* und *intellectus.* Es ist das zweite Mal, daß wir diese Doppelung antreffen, und wieder muß ich darum bitten, erst einmal diese Ausdrücke wie Fremdwörter festzuhalten, auch wenn ich anfange, sie notdürftig zu übersetzen, indem ich *ratio* als „Verstand" und *intellectus* als „Vernunft" wiedergebe. Dies entspricht – unter veränderten Gesamtbedingungen – der Unterscheidung von Verstand und Vernunft bei Kant und bei Hegel: Verstand ist das Vermögen des Bedingten, Vernunft das Vermögen des Unbedingten. Schopenhauer hat diese Sprachregelung als gewaltsam verspottet, aber sie hat sich durchgesetzt. Die Koinzidenztheorie ist nach der Stelle aus *De beryllo* die Sehweise der Vernunft, im Unterschied zur Arbeitsweise des Verstandes. Sie ist keine „Lehre", sondern eine Betrachtungsweise, eine „Brille", die der Vernunft zu sehen gestattet, was dem Verstand verschlossen bleiben muß. Die Koinzidenztheorie wäre die Anleitung, das bisher von allen verfehlte Verfahren anzuwenden, um sich zu jener „Einfachheit zu erheben, in der die Widersprüche zusammenfallen".

Dritter Text der Selbstauslegung: Vier Jahre später faßt Cusanus in *De venatione sapientiae,* das von Herbst bis Winter 1462/63 geschrieben wurde, seine wesentliche Einsicht folgendermaßen zusammen: Alle Jagdzüge meines Erkennens kommen darin zur Ruhe, daß es nur *einen* schöpferischen Urgrund für alles Werden gibt, daß dieser allem Werden zugrunde liegt und daß alles Werden in ihm seine Bestimmtheit hat.[51] Dieser Zielsetzung hätte jeder Neuplatoniker zugestimmt, auch wenn jeder den *schöpferischen* Charakter des Urgrundes verschieden ausgelegt hätte. Von

---

[51]   *De venatione sapientiae 7 n. 16, 3–5 h 17: Et in quo meae quiescunt venationum coniecturae, hoc est, quod non est nisi una omnium causa creatrix posse fieri omnium et quod illa omne posse fieri praecedat sitque ipsius terminus.*

Koinzidenz ist hier, dem Buchstaben nach, nicht die Rede. Cusanus sagt in der Sache: Jetzt ist zum Hauptinhalt meines Denkens geworden, was in den ersten *Sermones* eines von vielen Denkmotiven war: Das Eine ist vor dem Vielen. Die Stelle bezieht sich außerdem auf Aristoteles, *Metaphysik*, Klein-Alpha: Bei allen Bestimmungen kommen wir denkend auf ein Erstes, das der Grund dieser Bestimmungen ist. Danach ist die Philosophie des Cusanus wesentlich eine Philosophie der Einheit; sie weiß sich in der parmenideisch-platonischen Tradition, die auch im platonisierenden Buch Klein-Alpha der *Metaphysik* des Aristoteles gilt. Nehmen wir diese Selbsterklärung des Cusanus zusammen mit den beiden zuvor behandelten Texten, dann sagt sie: Die grundlegende Einsicht der Tradition, die Parmenides begründet hat, ist denkend nur einzulösen durch das Verfahren der Koinzidenz. Die Koinzidenz ist die einzige „Methode" (wenn man sie so nennen darf), die der unendlichen Einheit als ihrem „Gegenstand" (wenn man sie so nennen darf), angemessen ist. Die tradierte Theorie der unendlichen Einheit kann – in der Situation des fünfzehnten Jahrhunderts – erst mit Hilfe der Koinzidenztheorie sagen, was sie immer gemeint und immer verfehlt hat.

Überblicken wir noch einmal die drei Selbstauslegungen des Cusanus: Durchweg stellen sie den Zusammenfall der Gegensätze, ja der Widersprüche in den Mittelpunkt. Diese Einsicht erwächst der parmenideisch-neuplatonischen Tradition; sie ent-wächst ihr aber zugleich, denn sie fügt ihr Neues, Unerhörtes hinzu. Von nach-cartesianischen Denkgewohnheiten herkommend, wird man fragen: Ist die Koinzidenz das Charakteristikum der unendlichen Einheit selbst, sozusagen das Privileg Gottes, oder ist sie die Vernunftmethode, die uns erlaubt, die unendliche Einfachheit auf nicht-begreifende Weise intellektuell zu erfassen?

Ich entwickle hier vorläufig einige Konzepte, mit der wir die Philosophie des Cusanus angehen können. Ich versuche, diese Konzepte aus Cusanus selbst zu gewinnen, verlängere dann aber Linien über die gegebenen Texte hinaus, nicht, um diese Verlängerungen Cusanus zuzuschreiben, sondern um später diese Projektionen aus den Texten zu korrigieren. Sie sind Hilfsmittel, um zu erforschen, wie weit Cusanus tatsächlich gekommen ist. Wie bei allen Schriftstellern könnte es auch bei Cusanus geschehen, daß seine Selbstcharakterisierungen verfehlt sind. Es könnte sich aber auch zeigen, daß zwar *wir* fragen müssen, ob die Koinzidenzlehre eine spekulative Theologie *oder* eine Methode sei, daß *er* aber in dieser Weise nicht fragen konnte.

Aber noch sind wir nicht so weit. Wir sind noch in der Vorhalle, in der abstrakte Kennzeichnungen gehandelt werden. Solche Etikettierungen beeinflussen uns ohnehin beim Lesen; es ist besser, wir schauen sie uns näher an, als uns in dem Glauben zu wiegen, sie hätten für uns, da wir es mit Cusanus selbst zu tun haben, keine Bedeutung.

3. Drei Modelle der Interpretation

Sprechen wir also über Modelle der Interpretation der Koinzidenzlehre. Für unseren ersten Zweck, also um Fragestellungen für unsere Arbeit an den Texten zu gewinnen, genügt es, folgende drei Typen zu unterscheiden:

Erstens die mystische Interpretation. Sie versteht die Koinzidenzlehre als Anleitung zu oder als Beschreibung von mystischer Erfahrung. Diese wende sich, sagt sie, nicht als rationale Argumentation an alle Menschen; sie interpretiert auch nicht – wie die dogmatische Theologie, also die Theologie als Glaubenswissenschaft – den Glauben aller Christen, sondern sie führe zu Erlebnissen der Einung oder berichte von ihnen, die sich einer besonderen Begnadung verdanken.

Diese Interpretationsrichtung bringt folgende Argumente vor:

Cusanus eigne sich Ausdrücke der mystischen Tradition an. Er spreche vom *excessus mentis*; er rede von Schau, von *visio*, statt von Abstraktion; er fordere auf, den Verstand zu überschreiten; er kritisiere die Ansprüche des bloß rationalen Denkens auf dem Gebiet der unendlichen Einheit; er leite an, sich in den Abgrund göttlicher Finsternis zu werfen. Cusanus warne davor, seine Einsichten den Unvorbereiteten, den Nicht-Eingeweihten bekannt zu machen; er verstehe seine Weisheit als esoterisch.

Das zweite Argument der mystischen Interpretation beruft sich auf die *Quellen* des Cusanus: Der Einfluß Eckharts auf Cusanus war immer bekannt; ihn beweist schon der Codex 21 der Bibliothek des Cusanus; Cusanus hat in der *Apologia* ausdrücklich davon gesprochen. Die Studie von Herbert Wackerzapp, *Der Einfluß Meister Eckharts auf die ersten philosophischen Schriften des Nikolaus von Kues (1440 – 1450)*, Münster 1962, hat gezeigt, daß Eckhart bereits *vor* 1449 das Denken des Cusanus mitbestimmt hat. Aus diesen unbestreitbaren und wichtigen Tatsachen folgert die mystische Interpretation, Cusanus komme nicht von der

„Scholastik", sondern von der „Mystik" her. Dies werde noch deutlicher, da Cusanus mit höchster Anerkennung von Dionysius Areopagita spreche, dem Vater der mystischen Tradition des Abendlandes. Cusanus setze die Linie fort, die Dionysius mit seiner kleinen Schrift *De mystica theologia* gezogen habe. Der „mystische" Charakter dieses Denkens komme schon in deren Titel zum Ausdruck.

Nun ist es keineswegs das Vorrecht der „mystischen" Interpretation, den Bezug des Cusanus zu Dionysius und Eckhart zu sehen. Geht es um den historischen Zusammenhang mit Dionysius und Eckhart, haben wir es mit Beweisbarem zu tun und bewegen uns auf neutralem Boden. Bezeichnenderweise sind die Mystikfreunde mit diesem Zugeständnis nicht zufrieden. Aber sofern ihre Ansichten über die unbestreitbaren Quellennachweise hinausgehen, machen sie regelmäßig folgende Voraussetzungen:

1. Sie kümmern sich nicht um die genaue Wortbedeutung von „mystisch" bei Dionysius und in der mittelalterlichen Theologie. Sie unterschieben mehr oder weniger klar die moderne Wortbedeutung der alten Vokabel, die im Mittelalter fast immer die Bedeutung von „symbolisch", „auf allegorischer Deutung beruhend" hatte. Seit Philo und Origenes vermieden Juden und Christen einen Zusammenstoß zwischen Bibel und Philosophie durch „bildliche" Deutung, zum Beispiel des Spazierengehens Gottes im Paradiesgarten.

2. Sie übersehen, daß schon die Neuplatoniker – in gewissem Sinne schon Platon – Ausdrücke der Orphiker, der Mysterienreligionen philosophisch assimiliert haben. Hierhin gehört die Unterscheidung von esoterischer und exoterischer Weisheit; hierher gehört die Arkandisziplin. Nicht die *Herkunft* „mystischer" Bilder ist entscheidend, sondern die Rolle, die sie im *Kontext* einer Theorie spielen. Etwa bis 1930 sah man die „mystische" Tendenz der Neuplatoniker als orientalischen Einfluß an; spätestens seit 1928 kennen wir die philosophische Herkunft und philosophische Bedeutung der Vorrangstellung des Einen und der negativen Theologie.[52] Auch Dionysius ist vor diesem Hintergrund zu lesen; er wendet die Philosophie des Proklos zur Deutung der christlichen Urkunden und Rituale an. Zuletzt liegt eine bestimmte Interpretation des platonischen „Parmenides" zugrunde.

---

[52] E.R. Dodds, The Parmenides of Plato and the Origin of the Neoplatonic ‚One', in: Classical Quarterly 22 (1928) S. 129–S. 142.

3. Daß Cusanus von Eckhart herkommt – neben anderen „Quellen" – ist richtig, aber daß er deswegen von der „Mystik" herkomme, entspricht nur einer Gewohnheit des neunzehnten Jahrhunderts. Sie entspringt dem Forschungsstand *vor* der Entdeckung der lateinischen Schriften Eckharts; sie ignoriert die ausdrückliche Erklärung Eckharts zu Beginn seiner Johanneserklärung, er wolle eine Philosophie des Christentums entwickeln.

Der Begriff „Mystik" ist vage und dehnbar genug, so daß die „mystische" Interpretation der Koinzidenzlehre irgendwo doch recht behält. Die Konjunktur der „mystischen" Interpretation hängt auch ab von Verschiebungen im Begriff der Vernunft und der Philosophie seit dem Tod Hegels. Das Feld der Rationalität hat sich verengt. Jede Philosophie, die nicht Erkenntnistheorie oder logische Analyse ist, erscheint seitdem leicht als Mystik. Dann sind aber auch Spinoza und Platon, sogar Kant und Aristoteles „Mystiker". Der Begriff „Mystik" wird dadurch so allgemein und zerdehnt, derart „mystisch", daß er für den Philosophiehistoriker allen Wert verliert. Genau in dieser Unbestimmtheit erfüllt er seine kompensatorisch-ideologische Funktion.

Es bringt wenig, an einer neuen Definition von „Mystik" zu feilen. Es gibt allerdings auch keinen Grund, ein Etikett beizubehalten, dessen historische Kontingenz und dessen Vieldeutigkeit bewiesen ist. Es kommt darauf an, über die Sache nachzudenken, von der Plotin, Eckhart und Cusanus reden. Was Cusanus angeht, werden wir das eingehend tun. Doch ergibt sich schon aus der Bedeutung der gebrauchten Termini: Wenn Cusanus von erster Einheit, von unendlicher Einheit oder von der „Einfachheit" schlechthin, von der *simplicitas,* spricht, dann verbietet ein solcher Begriff allein schon die gedankenarme Vorstellung, der Betrachter stehe außerhalb der absoluten Einheit. Es liegt im Konzept der *absoluten* Einheit, daß sie *losgelöst* ist auch vom Gegensatz von Betrachter und Einheit. Wer das Unendliche denkt, wer also nicht nur davon *redet,* hat die Gedankenlosigkeit schon hinter sich, diese Einheit sei ein höchstes Objektives und ich sei ihr distanziert bleibender Betrachter. Mit dieser trennenden Vorstellung, die das Unendliche verendlicht, haben Plotin, Eckhart und Cusanus gebrochen. Wenn wir das Unendliche denken, kann nichts außerhalb seiner bleiben. Statt diesen einfachen Gedanken zu denken, halten Mystik-Interpreten an der Denkgewohnheit selbständiger und getrennter Instanzen fest und suchen nachträglich deren „mystische" Vereinigung. Sie ist „mystisch", weil sie im Widerspruch steht zu den eigenen Erstannahmen.

Über diese Erstannahmen ist nachzudenken. Die Philosophie Plotins und Eckharts ist aus den Quellen zu studieren. Über die mystische Interpretation der Koinzidenzlehre ist zu entscheiden, indem wir nachsehen, ob Cusanus wenigstens den Versuch gemacht hat, den Einwand auszuräumen, den seine Zeitgenossen bereits machten, es handle sich bei der Koinzidenz um einen irrationalen Einbruch in das argumentierende Denken und insofern um das Ende aller Wissenschaft. Das Etikett „Mystik" läßt sich durchaus auch gegen Cusanus verwenden, indem man einwendet, die Koinzidenz zerstöre alle Standards vernünftiger Rede.

Seit den Cusanus-Arbeiten von Rudolf Haubst ist die *theologische* Interpretation der Koinzidenz weit verbreitet.[53] Sie hat zwei Varianten. In der ersten sagt sie: Cusanus setze in seiner Koinzidenz-Argumentation den christlichen Glauben voraus. Er wolle dessen Inhalte nicht von Grund auf philosophisch gewinnen. Sein Philosophieren sei ein Verstehensversuch, ein nachträgliches Sich-Orientieren innerhalb der geglaubten Wahrheit.

Hier ist zunächst eine Unterscheidung nötig. Der christliche Glaube kann die psychologisch-faktische Voraussetzung eines Autors sein, muß aber deswegen noch nicht in seine Argumentation eingehen. Augustinus hat gelehrt, den Glauben eines anderen Menschen könne man nicht sehen. Ich halte mich an den Kirchenvater und sage, ich weiß nicht, ob Cusanus den christlichen Glauben als seine persönliche, psychologische Prädisposition gehabt hat; ich verschwende auch keinen Gedanken darauf, dies zu bestreiten. Ich sage aber: Selbst in den schon angeführten *Sermones* ist der christliche Glaube nicht durchgehend die *argumentative* Prämisse; an mehreren Stellen hebt Cusanus vielmehr hervor, antike Philosophen hätten durch Nachdenken „fast das ganze Evangelium" gefunden. Werfen wir nur einen ersten Blick in *De docta ignorantia*, so finden wir: Das Buch beginnt mit einer Analyse des Wissensbegriffs, es fährt fort mit einer Untersuchung, die im Begriff des Maximum das Minimum aufweist – aufweist für jeden, der dieser Argumentation folgt. Ein augenscheinlicher Gegenbeweis *gegen* die theologisierende Auslegung ist das zweite Buch von *De docta ignorantia*; es handelt vom Universum; es gibt eine spekulative Philosophie der Natur und Kosmologie. Gewiß, wird man einwenden, das zweite Buch spreche auch von der Trinität und das dritte Buch gebe eine Christologie. Die Frage aber ist, ob Cusanus argu-

---

[53] Vgl. seine oben in Anm. 11 zitierten Arbeiten.

mentativ – nicht psychologisch – die Bibel oder die Kirchenautorität als Voraussetzung genommen hat. Um hier schon *meine* Antwort auf diese Frage zu geben und sie später an den Texten zu modifizieren: Cusanus suchte, den christlichen Glauben psychologisch-faktisch voraussetzend, eine von dieser Tatsache unabhängig argumentierende Philosophie der Trinität und der Inkarnation, die im Prinzip allen Menschen einsichtig sein sollte. Er wollte nicht den vorhandenen Glauben plausibel machen, sondern seinen wahren, nämlich seinen intelligiblen Gehalt als vernunftnotwendig beweisen.

Es geht bei dieser Frage nicht um den Streit der Fakultäten. Es geht um die Historisierung eines bestimmten Konzeptes von Theologie. Schon der erste *Sermo* wies uns darauf hin, wie fremd Cusanus die thomistischen und schuldogmatischen Einteilungen von Wissen-Glauben, Natur-Übernatur, Philosophie-Theologie waren. Cusanus war gleichgültig gegen die thomistische Grenzziehung zwischen Philosophie und Theologie; noch weiter entfernt war er von Aufstellungen Kierkegaards oder gar Karl Barths. Statt neo-thomistische oder neo-protestantische Theologiekonzepte festzuhalten und so lange zu suchen, bis man einige Cusanusstellen findet, die sich mit ihnen – isoliert genommen – vereinbaren lassen, statt solcher „Interpretationen" sind all diese Vorstellungen methodisch zur Seite zu setzen. Worauf es Cusanus ankam, das möchte ich, weitere Analysen vorwegnehmend, zusammenfassen: Er wollte die *wahre theologia* argumentierend dahin entwickeln, daß sie sich nicht auf die Autorität – sei's der Bibel, sei's der Kirche – stützt, sondern daß sie sich zu dem Einen denkend erhebt, von dem her jede Tradition und jeder Text und jede Kirche als Mutmaßung, *coniectura,* der *einen* Wahrheit einsichtig wird, und zwar so, daß der Widerspruch verschwindet, in dem diese, wenn man sie wörtlich, nicht *als coniectura* nimmt, zu allen anderen Gestalten der Wahrheit steht.

Es gibt eine zweite Variante der theologischen Auslegung der Koinzidenz. Ihr zufolge ist Koinzidenz eine Eigentümlichkeit „Gottes". Diese Variante kann sich mit der ersten, der theologisch-dogmatischen, verbinden; sie kann sich auch auf einen philosophischen Theismus stützen. Sie sagt: Es ist Gottes Vorrang, daß die Vollkommenheiten, die sich bei uns verteilt und in Gegensätzen finden, in ihm zusammenfallen. Was an Vollkommenheiten bei uns vorkommt, aber verschieden ist, ist bei ihm identisch. Weltinhalte sind bei uns distinkt; es ist die Sonderstellung Gottes, daß das sonst Distinkte bei ihm zusammenfällt, koinzidiert.

Cusanus hat zwar etwas Ähnliches gesagt, aber die Koinzidenztheorie behauptet etwas anderes. In ihr geht es nicht um die Vokabel „Gott" der religiösen Umgangssprache, sondern sie handelt, genau genommen, vom Maximum, das zugleich das Minimum sei. Nachträglich weist sie nach, daß es das ist, was der religiöse Glauben *meint*, wenn er über die ihm immer auch innewohnende Tendenz zum Aberglauben und zur Buchstabenverehrung hinauswächst. Das Cusanische Maximum ist keine „besondere Substanz". Es ist das, in dem alle Distinktheit ihren Grund hat, also aufhört. Die Koinzidenzlehre ist nicht etwa eine andere, eine subtilere Formel, die den gewöhnlichen Theismus ausdrücken soll, der seinen Gott als distinkte Substanz versteht. Sie ist die denkende Korrektur dieses Theismus.

Wäre es überhaupt denkbar, daß die Koinzidenz in Gott allein wäre?

Diese Frage wird uns noch in verschiedenen Formen beschäftigen; aber bevor wir mit ihr näher an die Texte herantreten, empfiehlt es sich, sie einmal theoretisch zu stellen. Die Koinzidenz, die in Gott allein sein soll, sollen *wir* doch denken. Ist sie dann nicht auch irgendwie in uns? Dann hat die Koinzidenz nicht nur eine theologische Funktion, sondern sie sagt dann etwas über unser Wissen und über uns Menschen. Dann verschiebt sich das Gesamtbild der Koinzidenztheorie; ihre theologische Interpretation erweist sich als Einseitigkeit.

Die theologische Interpretation ist nicht einfach falsch. Sie kann sich selbst korrigieren, sofern sie das Wort „Theologie" im Sinne des Aristoteles als „erste Philosophie" auslegt und über das Konzept der Distinktheit nachdenkt. Sie kann auch Tatsachen für sich geltend machen, insbesondere die, daß Cusanus von Gott als dem Vater des Lichtes spricht, daß er immer wieder auf die Trinität und die Gottessohnschaft zu sprechen kommt. Ferner kann sie darauf verweisen, daß Cusanus zumindest in dem Sinne Theologe ist, als er die negative Theologie stark gemacht hat.

Dies sei nicht bestritten. Aber wir dürfen nicht unterstellen, Gott als Licht oder als Trinität zu denken, dies sei eo ipso „Theologie". Trinität und Gottessohnschaft können philosophische Inhalte sein. Johannes Eriugena, Anselm, Lull, aber auch Campanella, Hegel, Schelling und viele andere haben eine Trinitätsphilosophie entwickelt. Eckhart hat ausdrücklich gesagt, die Gottesgeburt sei mit der natürlichen Vernunft erkennbar, und Kant hat über die Gottesgeburt im Menschen philosophiert. Bei Schelling gibt es eine philosophische Christologie. Schon in seinem ersten *Sermo* behauptet Cusanus, wie wir gesehen haben, die großen Denker der Antike hätten die Trinität, ja fast das gesamte Evangelium philosophisch erfaßt. Ob diese Überzeugung historisch zu recht besteht, ist hier nicht die Frage. Es geht um die Selbsteinordnung des Cusanus. Und sie wird verfehlt, wenn man ihn zum „Theologen" stilisiert und dabei die Disziplinentrennungen voraussetzt, die sich seit dem späten Mittelalter entwickelt haben und die er hinter sich gelassen hat. Für Cusanus waren Platon und Proklos exemplarische „Theologen", und zum Ruhm des größten aller christlichen Theologen, des Dionysius, wußte er zu sagen, er sei Platon gefolgt.

Der Ausdruck „negative Theologie" ist vieldeutig. Ich habe diesen Begriff bisher unerklärt gelassen und schlage nun probeweise eine Definition der negativen Theologie vor. Bestimmen wir sie vorläufig als die Überzeugung, es sci wahrer, von der unendlichen Einheit oder von dem so verstandenen Gott alle Prädikate zu negieren als sie von ihm zu behaupten. Dann entstehen aber eine Reihe von Fragen:

Haben wir dann noch Gründe, die positiven Prädikate nur als *weniger wahr*, nicht aber als *falsch* anzusehen? Gehen sie nicht bei konsequenter Anwendung der *theologia negativa* völlig verloren? Im letzten Stadium radikaler Verneinung bleibt uns nur das gänzlich Unbestimmte. Ist es überhaupt noch „etwas" und nicht lieber nichts? Können wir es dann noch irgendwie qualifizieren? Ist es dann nicht in letzter Instanz weder seiend noch nicht-seiend, weder gut noch böse, weder Geist noch Stoff? Die konsequente negative Theologie fordert dies, aber müssen wir nicht aus der radikalen Bestimmungslosigkeit wieder herauskommen? Es sagt sich leicht daher, Cusanus sei es um die Unbegreiflichkeit Gottes gegangen. Aber Cusanus hat weiter gesehen und gefragt: Wie können wir die Unbegreiflichkeit *begreifen*? Das müssen wir doch können, wenn wir von ihr reden sollen. Und weiter: Wie können wir sie als die Unbegreiflichkeit des *Maximum*, das auch das Minimum ist, begreifen? Können wir die Unbegreiflichkeit Gottes noch unterscheiden von einem wilden Widerfahrnis eines unbegreiflichen Geschicks? Die negative Theologie kann doch nicht identisch sein mit der Beschreibung eines undefinierten Überwältigungserlebnisses.

Cusanus wiederholt nicht einfach die negative Theologie; er diskutiert sie philosophisch. Sie hat einen philosophischen Ursprung; sie ist entstanden im Zusammenhang mit der Auslegung des platonischen *Parmenides*, wahrscheinlich aus dessen produktivem Mißverständnis. Jedenfalls hat Cusanus sie en detail und in immer neuen Anläufen *untersucht*.

Er hat sich immer wieder mit ihrem Sinn und ihren Grenzen befaßt und hat deswegen die *Einheit von negativer und positiver Theologie* gesucht. Er hat es ausgesprochen, daß die positive Theologie ohne die negative zum Götzendienst führt; er hat gesehen, daß die radikal negative Theologie – ohne die positiven Prädikate – zum radikal Unbestimmten führt. Er hat darin ein Dilemma gesehen, aus dem er herauskommen wollte. Das ist etwas anderes als zur größeren Ehre Gottes zu behaupten, er sei unbegreiflich. Wie wir sehen werden, hat Cusanus zumindest phasenweise gelehrt, allein die Koinzidenzlehre biete einen Ausweg aus der aufgezeigten Aporie.

Es gibt einen dritten Typus der Interpretation der Koinzidenz. Er legt sie aus als Zusammenfall des Gegenüberstehenden, als *coincidentia contrariorum.*

Um zu zeigen, was das bedeutet, muß ich kurz die Terminologie erklären. Wenn Cusanus von Koinzidenz spricht, redet er oft vom Zusammenfall der Gegensätze, von der *coincidentia oppositorum.* Zuweilen sagt er Zusammenfall der Widersprüche – so im Epilog zu *De docta ignorantia* –, zuweilen *Zusammenfall der Entgegenstehenden,* also *coincidentia contrariorum.* Was bedeuten diese Ausdrücke?

Opposita ist der Oberbegriff für alles Gegenüberstehende. Es bedeutet: Gegensätzliches, ohne genauere Angabe der Arten der Entgegensetzung. Aristoteles hat in der *Metaphysik,* genau genommen im philosophischen Begriffsregister seiner *Metaphysik,* also im Buch Delta, dem fünften Buch der lateinischen Zählung, die Arten der Gegensätze genauer untersucht. Jeder Student kannte im 15. Jahrhundert seine Unterscheidungen. Sie können sich auf das studentische Niveau von 1440 erheben, indem Sie das zehnte Kapitel von *Metaphysik* Delta lesen und einen mittelalterlichen Kommentar dazu, zum Beispiel den des Thomas von Aquino.[54] Ich greife davon das heraus, was für das Verständnis des Cusanus unentbehrlich ist:

Aristoteles unterscheidet den *relativen*, den *konträren* und den *kontradiktorischen* Gegensatz. Der *relative* Gegensatz ist der mildeste: Zwei an sich nicht gegensätzliche Wesen stehen sich als Träger einer Beziehung gegenüber, z. B. Vater und Sohn. *Konträr* Entgegengesetzes bildet ein Ge-

---

[54] Aristoteles, *Metaphysik* V 10, 1018 a 20–1018 b 8; Thomas von Aquino, *In Metaphysicam,* Liber V, lectio 12, bes. nn. 922 bis 929, ed. Cathala, Turin 1935, p. 295–p. 296.

gensatzpaar, aber innerhalb einer gemeinsamen Wesensbestimmung. So sind „schwarz" und „weiß" konträre Gegensätze; sie haben gemeinsam, „Farbe" zu sein. *Kontradiktorisch* steht sich gegenüber, was sich nach dem Satz vom Widerspruch ausschließt.

Zu diesen minimalen Erklärungen der Terminologie möchte ich drei Bemerkungen machen:

1. Die Terminologie der Gegensatzlehre hat Aristoteles für das Griechische, Boethius für das Lateinische festgelegt. Cusanus scheut terminologische Festlegungen; daher könnte jemand zweifeln, ob er die Ausdrücke *oppositio, contraria, contradictoria* im selben Sinne verwendet hat. Ich habe dies in meinem Buch über die *Metaphysik des Einen* untersucht, mit dem Ergebnis: Cusanus hat sich an die überlieferte Terminologie gehalten. Er mußte dies auch tun, wenn er mit seiner neuen, mit seiner abweichenden Theorie verstanden werden wollte. Er wollte die Theorie des Gegensatzes verändern; dazu mußte er die Terminologie beibehalten; nur so wurde der polemische Bezug sichtbar.

2. Ich habe die Arten der Gegensätze aufgezählt; aber das scholastische Schulstück verbirgt Abgründe philosophischer Fragen. Denn ein moderner Leser würde doch einwenden: Gegensätze gibt es in der Natur, also z. B. heiß und kalt. Aber *Widersprüche* gibt es nur bei Behauptungen, bei Aussagen, nicht in der Natur. Das Konträre, könnten Sie folgern, gehöre zum Sein, das Kontradiktorische gehöre zum Erkennen. Konträres, das gibt es wirklich; Kontradiktorisches ist real unmöglich; es bezieht sich nur auf einen Vergleich von Aussagen. Der Widerspruch gehört nicht in eine Ontologie des Gegensätzlichen; er gehört in die Logik oder die Wissenstheorie. Aber Aristoteles fand in seiner Aufzählung keinen Haken. Im Buch *Iota* der *Metaphysik*[55] vertiefte er seine Theorie der *opposita*. Sie gehört zu einer Analyse der Differenz. Was entgegengesetzt ist, ist am meisten verschieden. Daraus konnte Cusanus folgern: Wo die Distinktheit aufhört, sind auch die Gegensätze verschwunden. Sie sehen, wie rational man die Koinzidenzlehre entwickeln kann. Aber was darüber hinaus festzuhalten ist: Nach Aristoteles bildet die *antiphasis*, der Widerspruch, den äußersten Gegensatz, und die konträr Entgegengesetzten sind eine abgeschwächte Form des Widerspruchs.[56] Was *wir* als das Primäre, als den festen Naturbestand auszeichnen, das ist bei Aristoteles ein

---

[55]   Aristoteles, *Metaphysik* I 4, 1055 a 3–1055 b 29.
[56]   ib. 1055 a 38–1055 b 4.

durch Vorhandensein eines Gemeinsamen moderierter *Widerspruch.*
Thomas von Aquino drückte dies in seinem Kommentar so aus:

contradictio includitur in omnibus aliis tamquam prius et simplicius. Opposita enim secundum quodcumque oppositionis genus impossibile est simul existere. Quod quidem contingit ex hoc, quod alterum oppositorum de sui ratione habet negationem alterius. Sicut de ratione caeci est quod non est videns.[57]

Thomas redet, als sei die Wirklichkeit aus Gedanken gewoben. Ein realer Unterschied stammt demnach von der gedanklichen Negation. Und die reinste, die ursprüngliche, die ideale Form der Entgegensetzung ist die Kontradiktion; die Naturdinge mit ihren Gegensätzen sind Widersprüche mit abmilderndem Medium. Thomas verschiebt das Verhältnis von Sein und Erkennen; er drückt sich viel weniger „realistisch" aus, als man erwartet und als die Neuscholastiker ihm gestatten dürften. Hier ist die Abbildtheorie des Erkennens aufgegeben, bei Aristoteles und seinem Kommentator. Die Unterschiede von sehend und blind, also naturhafte Differenzen, erscheinen konstituiert durch die Kraft der Negation. Ein gedanklich rein Bestimmtes – wie der Widerspruch – ist der Ursprung der sogenannte Realität. Es ist als das Eindeutige auch das Seinsgebende. Thomas nennt es das „Frühere", d.h. das der Sache nach Vorausgehende, das Ursprüngliche, und das „Einfachere", d.h. das Unvermischte, das begrifflich Reine.

Verfolgten wir diese Spur bis zu ihrem Ende, gerieten wir mitten in die platonische Ideenlehre, die Aristoteles und sein Kommentator Thomas nie ganz verlassen haben. Für unseren Zusammenhang heißt das: Wir müssen von Anfang bis Ende die Frage wachhalten, wie Cusanus das Verhältnis von Denken und Sein gedacht hat, wenn schon Aristoteles und Thomas in dieser Frage nicht so „realistisch" gedacht haben, wie man zuweilen meint. Doch kommen wir zurück zur Koinzidenzlehre, um derentwillen ich die Liste der Arten der Gegensätze – vereinfachend – dargestellt habe.

3. Was fällt also gemäß der Koinzidenztheorie zusammen? Cusanus sagt, es seien die *opposita,* also alle Arten von Entgegengesetzten. Besonders die konträren und die kontradiktorischen Gegensätze fallen zusammen. Doch müssen wir die beiden Fälle einzeln betrachten:

---

[57] Thomas von Aquino, *In Metaphysicam,* lib. X n. 2041–2042 Cathala p. 580.

Contraria fallen zusammen, das heißt: Die entgegengesetzten Bestimmungen, wie „weiß" und „schwarz" (nach der alten Physik), die innerhalb eines gemeinsamen Oberbegriffs stehen, die also ein Medium haben, sind als Einheit zu denken. Das ist weiter keine Zumutung an das gewöhnliche Denken, denn in jedem Gattungsbegriff denken wir die Einheit der konträr Entgegengesetzten. Wir denken z. B. „weiß" und „schwarz" zusammen als „Farbe". Dies kennt der Alltagsverstand; darin ist er zuhause. Daher bestand in der Cusanusliteratur eine Zeitlang die Neigung, seine Koinzidenz als den Zusammenfall bloß der konträren, nicht auch der kontradiktorischen Bestimmungen zu deuten. In diesem Sinne sagten Interpreten dann zustimmend: Ja, in Gott fallen die Vollkommenheiten zusammen, die in der Welt konträr entgegengesetzt vorkommen. Neuscholastische Ausleger hoben gar zuweilen zur Ehre des Cusanus hervor, die _contradictoria_ habe er nicht übersteigen wollen; er habe am Widerspruchsprinzip festhalten wollen. Mit der Koinzidenzlehre, sagt man dann, habe Cusanus „nur" die einzigartige, alle Kontrarietäten der geschaffenen Welt umschließende Vollkommenheit Gottes herausstellen wollen.

Aber dagegen ist zunächst einmal philologisch festzustellen: Hätte Cusanus nur _dies_ sagen wollen, dann hätte er von einer _coincidentia contrariorum_ reden müssen. In Wahrheit gebraucht er aber den Oberbegriff für alle vier Gegensatzarten und sagt: _coincidentia oppositorum_. Will er die Spitze seiner Theorie hervorheben, fügt er hinzu: _contradictoriorum_. Er kannte die Schulterminologie; er wollte den Affront gegen den „gesunden Menschenverstand". Dies kann man ablehnen, aber abschwächen sollte man es nicht. In der Auslegung der Koinzidenz als einer Koinzidenz nur der _konträren_ Gegensätze siegt noch einmal, Cusanisch gesprochen, der Verstand über die Vernunft. Nur wenn wir die Koinzidenz auch als _Zusammenfall der Widersprüche_ verstehen, denken wir auch die Koinzidenz der konträren Vollkommenheiten so, wie Cusanus sie gedacht haben wollte. Nur dann denken wir das, wohin Thomas schon einen Anlauf gemacht hatte mit seinem Satz, der Widerspruch sei in allen konträren Gegensätzen „das Erste und das Einfachere", also das Grundlegende.

4. Probleme mit der Koinzidenz

Die Koinzidenztheorie hat vielerlei Aspekte und liegt in mehreren Versionen vor, deren Übereinstimmung nicht ohne weiteres unterstellt werden kann. Sie verlangt daher eine mikrologische Erörterung, die sich von Schrift zu Schrift durcharbeitet. Wir werden uns dieser Aufgabe widmen. Aber um uns dabei nicht im Detail zu verlieren, versuche ich jetzt einmal in freier Zusammenfassung – also zunächst ohne Belege zu geben und ohne auf die Lehrentwicklung des Cusanus einzugehen, auf die es mir insgesamt ankommt – die Idee der Koinzidenzlehre zu umreißen. Eine solche Vereinfachung hat vorläufigen Charakter; sie ist eine didaktische Hilfe und ein schriftstellerischer Handgriff. Die weitere Arbeit besteht darin, sie wieder aufzulösen.

Ich habe bisher den Ausdruck „Koinzidenzlehre" gebraucht, ohne ihn weiter zu rechtfertigen. Ich muß ihn auch weiterhin benutzen, doch hat er seine Nachteile: Er suggeriert, das Denken des Cusanus sei ein „System", aber die rückwirkende Anwendung des cartesianischen Systemkonzepts auf die ältere Philosophie war eine Hauptschwäche der älteren Historiographie der Philosophie. Cusanus selbst deutet mehrfach an, seine Betrachtungsweise könne und solle auf Gebiete ausgedehnt werden, die er selbst nicht behandelt habe. Er macht auf die offenen Ränder aufmerksam. Er sah das Koinzidenzdenken als ein *Verfahren* an – ich vermeide das Wort *Methode* –, von dem man beliebig kurze und beliebig lange Proben geben kann; die Schriften des Cusanus verstehen sich als die hinführende Vorstellung einzelner Proben, nie als philosophische Enzyklopädie. Wenn ich also weiterhin von „Koinzidenzlehre" spreche, dann bitte ich dieses essayistische oder auch manuduktorische Moment, dieses Bewußtsein, immer abbrechen zu können und immer neu anfangen zu müssen, mitzubedenken.

Doch nun zur Sache. Was ist die Koinzidenzlehre? Sie ist eine argumentierende Anleitung, mit deren Hilfe wir uns bewußt machen können, daß alles menschliche Denken und Handeln eine gegensatzlose Einheit voraussetzt. Vereinfacht ausgedrückt, sagt Cusanus: Diese Einheit umfaßt alles und erscheint in allem – wir sind sie folglich auch selbst –; sie ist in jedem sinnlichen, jedem rationalen und jedem intellektuellen Inhalt. Wir leben in ihr, aber, gelenkt von einer vom Widerspruchsprinzip bestimmten Philosophie, verkennen wir Menschen unseren anwesenden Lebensgrund. Wir werden zwar, sobald wir zu denken anfangen, darauf gelenkt; aber gegängelt von Denkformen, deren Entstehung wir nicht durchschauen und deren Tragweite wir folglich nicht abschätzen, legen wir die gesuchte Einheit einseitig aus. Wir erkennen dann, daß dies Einseitige nicht das Gesuchte sein kann, werfen uns auf die entgegengesetzte Einseitigkeit, durchschauen aber auch sie bald als unwahr und meinen schließlich, die Wahrheit sei uns unerreichbar. Wir geraten in Aporien, in Ausweglosigkeiten, und dann folgen wir Philosophen, die uns erklären, die Aporetik sei das Wesen der Philosophie. Schließlich halten wir das Lamento, die Wahrheit liege im Dunkeln, für den Nachweis von Tiefsinn. Aber das wäre es nur unter der Voraussetzung, wir seien umgeben vom „Gegebenen", wir stünden als „Subjekt" außerhalb der Wahrheit und müßten sie nun als das Andere suchen. Dies ist in der Tat unmöglich, denn jedes Andere ist nicht das Gesuchte.

Die Koinzidenzlehre leitet uns an, dieses Spiel der entgegengesetzten Vorstellungen zu durchschauen, unser Vertrauen in die Wahrheit dadurch wieder herzustellen, daß wir die erfahrene Enttäuschung nicht vergessen, sondern analysieren: Was ist uns Menschen, was ist der Philosophie da eigentlich passiert? Wir sind zum Opfer unserer eigenen Hervorbringungen geworden; wir haben Verstandes-Gestelle zwischen die Wirklichkeit und uns gestellt. Das Vertrauen in die Wahrheit wird wiederhergestellt, aber nicht als Einkuscheln in Willensentscheidungen. Es erweist sich im argumentierenden Mißtrauen gegen jeden sich aufspreizenden Standpunkt, gegen jede sich dogmatisch gebärdende, d.h. die Relativität ihres Ausgangspunktes vergessende Metaphysik. Die Koinzidenzlehre thematisiert das tatsächliche Scheitern der mittelalterlichen Metaphysik, aber nicht, um Platz zu bekommen für Dezisionismus, Intuitionismus, Fideismus oder Mystizismus, sondern um das Denken über sich selbst und sein Verhältnis zur unendlichen Einheit aufzuklären. Die Koinzidenzlehre beseitigt „Gestelle"; sie analysiert die gängigen Zurechtlegungen, welche die unendliche Einheit notwendig verfehlen.

Die Koinzidenzlehre ist denkende Reaktion auf die spätmittelalterliche Ideenentwicklung. Sie ist die Theorie des beschriebenen Scheiterns. Dies zeigt sich deutlich, wenn wir sie abgrenzen gegen die rhetorisch-humanistischen und die mystisch-praktischen Reaktionen auf die intellektuelle Situation um 1400:

Die Rolle des formal-logischen Denkens, der Einfluß dessen, was man damals „Dialektik" nannte, auf das spätantike und das mittelalterliche wissenschaftliche Denken ist kaum zu unterschätzen. Ich erinnere an das große Buch von Henri Irenée Marrou, *Saint Augustin et la fin de la culture antique*, 2. Auflage Paris 1948, aber auch an die Bemerkung von Marie Dominique Chenu, es bereite ihm Verlegenheit zu sehen, wie der heilige Thomas „nach der Art seiner Zeit einen Brief des heiligen Paulus zerlegt, abteilt, unterabteilt."[58] Eine „wissenschaftliche" Untersuchung eines Satzes der Bergpredigt bestand für Thomas darin, die Stellung einer Aussage in dem Schema: Obersatz, Untersatz, Schlußfolgerung zu bestimmen. Je weiter dieses Verfahren getrieben wurde, um so häufiger machte man die Erfahrung, daß menschliches Sprechen mit solchen Regeln nicht zu erfassen war. Geschichtserzählungen, politische Reden, Gedichte gehorchen anderen Regeln als den Gesetzen der aristotelischen Logik. So entstand ein Widerstand gegen die formal-logische Disziplinierung des Sprechens. Wir kennen dies auch aus anderen kulturellen Situationen. Pascal hat gegen den cartesianischen *esprit de géometrie* den *esprit de finesse* angerufen; er hat neben der *logique de la raison* eine *logique du cœur* gefordert. Auch die angelsächsisch-analytische Philosophie hat diesen Prozeß durchgemacht. In einer zweiten Phase hat sie sich bemüht, die Einengung des Blicks nur auf konstatierende Sätze und deren Verifikation zu überwinden; sie versuchte, auch die Bitte, den Befehl, das Gedicht und die Erzählung als eigene Sprache zu denken. Dies sind instruktive Parallelfälle: Ein Übermaß logischer Formalisierung führt zu Gegenströmungen.

Blicken wir nun ins 15. Jahrhundert, so finden wir: Jean Gerson forderte die Zulassung einer zweiten Logik, neben der ersten, streng formalen. Diese zweite Logik brauchen wir, Gerson zufolge, nicht erst zu erfinden. Sie existiert bereits; sie liegt vor in der Rhetorik. Dichter, Prediger und Politiker haben sie stets geübt; auch die biblischen Texte wollen nach ihr, nicht nach strengen Formalismen beurteilt werden. Die Bibel spricht Alltagssprache. Wenn es zum Beispiel heißt, „ganz Jerusalem" sei an den Jordan gekommen, um den Täufer zu hören, dann dürfen wir den Sinn des Wortes „ganz" nicht in dem Sinne pressen, daß wirklich *alle* Einwohner Jerusalems herausgekommen sind. Der biblische Satz will nicht behaupten, kein Bäcker in der Stadt habe weiter Brot gebacken und kein Kranker sei auf seinem Lager geblieben. Der Bibel geht es nicht um die

[58] M.D. Chenu, Das Werk des hl. Thomas von Aquin. Zuerst frz. Paris 1950, deutsch Heidelberg 1960, S. 89f.

Finessen rationaler Distinktionen; sie will bewegen, nicht im Sinne der Schullogik belehren. Diese Einsicht in die Nicht-Formalisierbarkeit der Alltagssprache war um 1420 nicht ganz neu. Neu ist, daß Gerson aus dieser Einsicht heraus der Schullogik selbstbewußt eine zweite Logik entgegensetzt, daß er die Rhetorik als eigene Art der Erkenntnis und der Rede aufwertet und daß er die zweite Logik der ersten nicht unterordnet. Die Rhetorik hat eine eigene Art der Wahrheit; dies war eine Neuentdeckung des 15. Jahrhunderts, vor allem in Italien, wie insbesondere Cesare Vasoli in seinem *La retorica e l'umanesimo* von 1968 gezeigt hat.

Doch müssen wir bei Gerson beachten: Die Wissenschaften gehorchen nur der ersten Logik. Da liegt der Unterschied zu Cusanus: Die Koinzidenztheorie entwickelt eine theoretisch-begründete zweite Logik; sie weiß, daß sie diese neu entwickeln muß, daß sie mit der Rhetorik nicht zu verwechseln ist; sie wendet sich nicht an den Willen, an das Gefühl – also nicht an das, was man den „ganzen Menschen" nennt, ohne zu beachten, daß man ihn gerade dadurch halbiert. Die Koinzidenzlehre ist eine Theorie höherer Ordnung, kein Appell.

Gerson starb, als Cusanus 28 Jahre alt war, anno 1429. Wenige Jahre zuvor, spätestens 1429, ist ein anderes Buch entstanden, das die mystisch-praktische Antwort auf das Überwuchern der Formalismen in der mittelalterlichen Wissenschaft ausspricht. Es geht als „Nachfolge Christi" unter dem Namen des Thomas von Kempen; es wurde übrigens auch Gerson zugeschrieben. Es gibt die einfachste Antwort auf die Kultursituation des 15. Jahrhunderts; es ruft auf zur Verachtung der Welt und der Wissenschaft. Wir sollen überflüssige Worte meiden; in der Schrift sollen wir den geistlichen Nutzen (*utilitas*) suchen, nicht die Feinheit der Distinktionen (*subtilitas*). Beim Lesen der Bibel sollen wir die eitle Neugier (*curiositas*) ablegen; sie hindert uns nur. Sie bringt uns dazu, durchschauen und diskutieren zu wollen, was da steht, statt in Einfachheit und Einfalt weiterzulesen, *cum volumus intelligere et discutere ubi simpliciter esset transeundum*. Was man „Wissenschaft" nennt, sollen wir nicht anstreben; es ist nichts Großes (I 5). Der Autor ruft uns zu: *Lies demütig, einfach, gläubig, lege humiliter, simpliciter et fideliter!* Dies ist auch eine Art, mit der intellektuellen Zerrissenheit des späten Mittelalters fertig zu werden. Sie ist schlicht; sie spricht religiös-pragmatisch. Auch die „Nachfolge Christi" kennt eine Art von Koinzidenz, eine ethisch-erbauliche: Viele jagen der Wissenschaft nach; sie wollen in ihr groß werden und werden dadurch nur eitel. *Wahrhaft groß ist, wer in sich klein ist, vere magnus est, qui in se parvus est.* Dieses *Wissen* ist bloße Praxis. Derjenige, heißt es, ist in ihm gelehrt, der den Willen Gottes tut und auf seinen Eigenwillen verzichtet (I 3). Das Größte ist klein, das Kleinste ist groß – das von der Schullogik sich emanzipierende Sprechen kann sich Paradoxien erlauben. Sie sehen der Koinzidenztheorie ähnlich; auch Cusanus sagt von seinem Maximum, es sei das Minimum. Aber die Nähe in der Formulierung zeigt die Ferne der Ideen: Die Koinzidenzlehre stellt sich solchen Paradoxien theoretisch. Sie will zeigen, wie sie wißbar sind.

Ich bin dabei, die Koinzidenztheorie global zu charakterisieren. Ich kann dies nicht tun, ohne auf eine ihrer Voraussetzungen zurückzukommen, die mehrfach schon genannt wurde – den Vorrang des Einen vor dem Vielen. Die Koinzidenzlehre will zum Bewußtsein bringen, daß wir denkend und handelnd von der allumfassenden Einheit leben. Wo ein Vieles ist, liegt ein Eines zugrunde – diese These kennen wir von den ersten *Sermones* her. Es ist die These der parmenideisch-platonisch-neuplatonischen Tradition, die Cusanus aus Proklos und Eriugena, aus dem *Liber de causis* und der Schule von Chartres, aus Eckhart und auch aus Augustin kannte. Das Viele setzt das Eine voraus, diese Prämisse spricht die *Metaphysik* des Aristoteles ebenso aus wie Thomas von Aquino. Sie ist, wenn wir von den Skeptikern absehen, eine generelle Voraussetzung des europäischen Vernunftkonzeptes. Das heißt aber nicht, sie sei für Cusanus selbstverständlich gewesen. Alle Quellennachweise können nicht erklären, warum und wie Cusanus diese Tradition aufgegriffen und auf neue Weise aktualisiert hat. Wir Ideenhistoriker erwecken gar zu oft den Eindruck eines Mechanismus des Ideen-Transportes; wir sagen z. B., Cusanus „stehe" in der neuplatonischen Tradition. Er „steht" aber nicht in ihr; er trat in sie ein, er unterschied in ihr Entwicklungsfähiges vom Ballast; er stand vor *seinen*, also vor *neuen* Fragen und versuchte im Hinblick auf sie die Vergangenheit zu nutzen. Er *suchte* die Texte, die er zu verwenden gedachte; er setzte nicht einfach „die Tradition" fort. Überdies hielt diese Tradition selbst dazu an, zugunsten der ersten Einheit philosophierend zu argumentieren, sie also nicht bloß zu behaupten. Es ist auch keineswegs ausgemacht, daß es rein „theoretische" Gründe waren, die ihn zu dieser Tradition und zu keiner anderen gehen ließen; wir deutschen Philosophen erwecken gar zu oft den Eindruck, frühere Denker seien vorab Systembaumeister gewesen aus rein akademischen Motiven. Diesen Eindruck möchte ich nicht verstärken. Dies heißt aber nicht, das Interesse an Argumenten verlieren. Wir haben zunächst einmal das theoretische Gewicht der Einheitsspekulation abzuwägen. Fragen wir also: Wie sehen ihre Argumente aus, und wie sind sie zu beurteilen? Wir wollen sie – entgegen der frommen Mahnung der „Nachfolge Christi" – „einsehen und diskutieren". Um zu beweisen, daß wir unvermeidlich die erste Einheit voraussetzen, gab es vor allem folgende Argumente:

1. Alles, was wir in der Welt antreffen, treffen wir als *eines* an. Zerlegen wir es in Teile, so sind auch diese Teile je *einer*. Spezifische Bestimmungen werden durch die Teilung zerstört; so ist der zersägte Baum nicht mehr Baum. Aber jeder Ast ist *ein* Ast, jedes Blatt ist *ein* Blatt. Die Einheit wandert unvermeidlich mit; das Baumsein nicht. Einheit steht am Anfang wie am Ende jedes Prozesses.

2. Das Resultat jeden Denkens und jeden Handelns muß eine Einheit bilden. Wäre es kein Eines, könnten wir es nicht erkennen und nicht benennen. Was überhaupt eine begriffliche Bestimmung hat, ist dadurch als Einheit bestimmt. *„Denken"* heißt *„ein Eines Denken"*. Auch wenn wir etwas völlig Fremdes, noch Unentdecktes denken wollen, eilen wir jeder Detailbestimmung voraus und fassen das Unbekannte als *eines*.

3. Die erste Einheit ist nicht nur faktisch gegeben; sie ist *notwendig*. Dies ist eine qualitativ gesteigerte Aussage, und sie beweist sich dadurch, daß sich ihre Bestreitung als unmöglich, als widersprüchlich erweist. Es sage also jemand: „Die Einheit ist nicht."

Aber auch er setzt Einheit voraus, denn auch seine Bestimmung „ist nicht" ist eine einheitliche Bestimmung. Ob wir also sagen „die Einheit ist" oder ob jemand sagt „die Einheit ist nicht", wir setzen unvermeidlich Einheit voraus.

4. Jedes menschliche *Handeln* setzt Einheit voraus. Indem wir handeln, schließen wir uns mit etwas zu einer Einheit zusammen. Auch wenn wir uns von etwas oder von jemandem trennen, geschieht dies, um unsere Einheit zu fördern oder zu bewahren. „Einheit" verstehen wir dabei nicht wertfrei. Wir wollen nicht die Tautologie ausdrücken, daß jedes Etwas auch ein Eines sei. Dies ergäbe nur einen formalen Begriff von Einheit. Wir reden jetzt von der Einheit, die ein Wesen als seinen vollendeten Zustand anerkennen kann. Einen solchen qualitativen, einen axiologisch unterfütterten Begriff von Einheit voraussetzend, können wir sagen: Die Einheit ist zugleich das Gute; jedes Wirkliche sucht seine Einheit zu wahren oder zu steigern.

5. Der Vorrang der Einheit zeigt sich deutlicher, indem wir ihn von der negativen Seite her entwickeln: Es ist nicht so, daß wir erst einzelne Dinge kennen, sie zuerst zu kleineren, dann zu größeren Klassen zusammenfassen, um dann zuletzt – als äußerste Abstraktion – das Konzept der Einheit zu bilden. Diese Erklärungsweise, also eine Abstraktionstheorie des Einheitsbegriffs, scheitert. Denn wenn wir von einem Gegenstand, den wir der Abstraktion zugrunde legen wollen, sagen, er sei *ein* Gegenstand, dann setzen wir schon den Gebrauch eines Begriffs von Einheit voraus, selbst wenn wir dieses Wort vermeiden. Schon um ihn als Ding, gar als Fall einer bestimmten *Klasse* von Dingen der sog. Abstraktion zugrunde zu legen, muß ich ihn als *einen* denken. Im Blick darauf hat man gesagt, Einheit sei ein *apriorischer Begriff* oder eine *Idee.*

Ich bin bislang den einheitsphilosophischen Argumenten referierend gefolgt. Ich verhehle nicht, daß ich sie problematisch finde. Aber ich anerkenne sie als Argumente; sie sind keine Intuitionen oder mystische Erfahrungen; und wir müssen sie kennen, denn die Koinzidenz steht in diesem Kontext.

Als Argumente verdienen sie, nach ihrem Für und Wider bedacht zu werden. Selbst wenn sie nicht wahr sind, enthüllen sie doch Grundlagen des europäischen Begriffs von Vernunft in seinem Ringen mit dem Skeptizismus.

Durchdenken wir die theoretischen Chancen dieser Philosophie der Einheit. Nehmen wir einmal an, es werde eingewendet, wir träfen in der Wirklichkeit nur einzelne Dinge an. Das hieße: Wir werfen konstruierend und spekulierend, sozusagen willkürlich unsere Einheitsschemata über sie. Doch wer dies einwendet, setzt immerhin voraus, er treffe wirklich, nicht nur für sich, unsere Einheitsschemata; sie wären objektiv, der Sache nach metaphysische Projektionen. Setzt er dann nicht noch einmal realitätshaltige Einheitssetzung voraus? Nimmt nicht auch er eine Einheit in Anspruch, die nicht bloß tautologisch ist und nicht bloß eine Begriffserklärung bietet?

Er kann sich auf seinen Skeptizismus zurückziehen, aber wenn er diesen begründen will, fällt er wieder in den Anspruch zurück, objektive Bedeutungseinheiten zu wissen.

Dies braucht nicht das Ende des philosophischen Skeptizismus sein, denn dieser kann sich darauf beschränken, Urteilsenthaltung gegenüber vorgetragenen Ansichten zu üben.

Die Argumentation zugunsten der Einheitsphilosophie beweist, wie stark unsere Sprache auf Vereinheitlichung zielt. Wie viele Details fassen wir zusammen, wenn wir z. B. „zittern" sagen oder „Schiff" und „Brücke". Andererseits dient die Sprache keinem rein theoretischen Zweck. Sie steht im pragmatischen Lebenszusammenhang und kompensiert ihre theoretischen Mängel durch pragmatische Effizienz. Ferner nimmt die Sprache nicht nur Vereinheitlichungen vor, sondern ebenso Vervielfältigungen, Differenzierungen. Wenn es richtig ist, daß sie sich im Element der Einheit bewegt, dann ist es ebenso richtig, daß sie sich in der Vielfalt und Vielheit bewegt. Von der Sprache her gesehen, erscheint die Absolutsetzung des Momentes der Einheit geradezu als das Heraustretenwollen aus dem Kontext der Sprache und ihrer Bewegung auf Vielheit *und* Einheit.

Die Argumente zugunsten der Einheitsphilosophie machen ferner deutlich: Sie meint „Einheit" immer nur im Zusammenhang menschlicher Welterfahrung. Sie behauptet, wir Menschen müßten in Denken und Handeln solche Einheit voraussetzen; sie sagt nicht, es gebe, rein objektiv, auch wenn es keine Menschen gäbe, nur ein einziges kosmisches System. Die Einheit, von der hier allein die Rede ist, bezieht sich auf den menschlichen Geist; wir könnten auch sagen, wir selbst *seien* diese Einheit. Dies ist das Erbe des Parmenides, das wir uns als Hintergrund der Koinzidenztheorie gegenwärtig halten müssen: Wenn wir vom Vielen sagen, „es ist" oder auch „es ist das Viele", belegen wir das Viele mit einer einheitlichen Denkbestimmung. Gerade glaubten wir, denkend zum Vielen hinausgetreten zu sein, und schon haben wir es als Einheit denken müssen. Wir haben vom Vielen gesprochen, sofern es in einheitlicher, in begrifflich einheitlich bestimmter Form in unserem Denken vorkommt. Widerspruch konstituiert Differenzen – als *spreche* die Natur, als begründe Negation, ein sprachlicher Vorgang also, ihre Unterschiede. Auch wenn wir vom Vielen behaupten, ihm komme doch auch „Sein" zu, ist dieses „Sein" nicht dingliches Vorhandensein, das wir denkend *abbilden* würden – dieses sinnliche Viele erwies sich als *Schein* –, sondern dieses Sein ist definiert als Korrespondenz zum Denken, genauer: Denken und Sein sind dasselbe. Dies ist die Voraussetzung der gesamten Konzeption, und Parmenides hat sie klar ausgesprochen.

Was geschieht in dieser Konzeption mit dem Vielen? Es ist Schein, sagt Parmenides; unser sinnliches Sehen, dieses „blicklose Auge" gaukelt es uns als wirklich vor. Aber Selbstbesinnung zeigt, daß es nur simuliertes

Sein ist; es ist vergänglich und offenbart seinen Schein-Charakter. Die Philosophen werden das Viele nicht los, indem sie es als Schein zur Seite setzen. Müssen wir nicht vom Schein sagen, daß er *ist*? Dann kehrt das Viele zurück, und wir müßten sagen: Wenn das Eine Voraussetzung des menschlichen Denkens und Handelns ist, dann ist es das Viele ebenso. Dann aber wird das Eine ein Eines neben dem Vielen; seine Sonderstellung geht verloren. Doch war das Sein des Einen nicht argumentativ gut gesichert? Kehrte dieser argumentative Aufweis des *einen* Grundes nicht von Parmenides bis in die Gegenwart immer wieder?

Cusanus erkennt die genannten Einheits-Argumente an, aber er entwickelt die Koinzidenzlehre als ihre unvermeidliche Korrektur. Die Koinzidenztheorie ist die Umformung des in der europäischen Philosophie latenten Parmenideismus. Sie sagt:

Ihr redet vom Einen; dieses Eine soll allumfassend sein, dann muß es auch das Viele umfassen. Das Eine ist nur dann das Eine, wenn es den Gegensatz zum Vielen verliert, nicht indem es ihn als nicht-seiend behauptet. Noch härter im Sinne der Koinzidenzlehre formuliert: Ihr denkt das Eine erst dann wirklich als das Eine, wenn ihr einseht, daß ihr es ebenso gut „das Viele" nennen könnt. Nur dann *denkt* ihr, was ihr *meint*. Ihr meint doch wohl das Eine, jenes Eine, das ihr als eure Voraussetzung wißt, sowohl wenn ihr von etwas sagt, es sei ein Eines, wie wenn ihr von ihm sagt, es sei Vieles, was ja auch eine Gedankenbestimmung ist. Ihr müßt *das Eine* in alles Viele übergegangen denken; sonst begrenzt das Viele euer *Eines*. Dann stellt ihr das Eine in eine Reihe mit dem Vielen. Selbst wenn ihr es an den Anfang der Reihe stellt, verendlicht ihr es. Erst wenn euer *Eines* die Grenze zum Vielen beseitigt hat, wenn es zum Vielen übergegangen ist, denkt ihr „Unendlichkeit". Oft stellt ihr sie euch nur vor, als die Leere, die zurückbleibt, wenn man von allem Endlichen absieht. Dann behielte das Endliche seine Selbständigkeit, nur beachtet ihr sie nicht. Aber eine solche Unendlichkeit ist bloß phantasiert; sie ist endlich. Ihr wäre die bunte Vielfalt des Lebens vorzuziehen. Doch dagegen sprechen die Argumente zugunsten der Einheitsphilosophie. Sie beseitigen das vermeintlich konkretere Modell von Erkenntnis, das davon ausgeht: Zuerst ist ein selbständiges Ding da, es beeindruckt und veranlaßt mich, abstrakte, allgemeine Gedanken zu bilden. Aber dieses Modell besteht aus lauter allgemeinen Gedanken: Ding, Eindruck, Abstraktionsprozeß – dies sind allgemeine Gedankenbestimmungen; sie sind nicht das unmittelbare Leben, wie ihr wohl meint.

Das Ergebnis dieser Überlegung ist: Um die These des Parmenides als wahr denken zu können, müssen wir sie umbrechen. Solange wir an ihrem Ende ein *Eines* denken, welches das Viele neben sich beläßt, sei es als *Schein*, erfüllen wir nicht die Intention des Parmenides. Die Koinzidenzlehre ist die denkende Einlösung der Einsicht des Eleaten, indem sie ihren Umbruch bildet.

Wir könnten lange fortfahren, auf diese Weise die Grundlagen der Koinzidenzspekulation meditierend zu durchdenken. Aber es wird Zeit, zur konkreten Textarbeit überzugehen. Nur noch einen letzten Gesichtspunkt möchte ich zu bedenken geben:

Parmenides sagte von seinem einzigen Einen, es sei das Sein. Denken, Sein, Eines sind bei ihm dasselbe. Aber müßte man nicht weitergehen und sagen: Die wirklich gedachte Einheit steht vor der Alternative von Sein und Nicht-Sein. Denn beide Bestimmungen, Sein wie Nicht-Sein, sind je eine. Wir dürfen die Einheit nicht auf eine der beiden Seiten festlegen, sie sozusagen herunterziehen. Wir haben doch gerade gelernt, daß sie das Sein wie das Nicht-Sein durchwandert. Wenn wir fragen, ob es die unendliche Einheit gibt, oder ob es sie vielleicht nicht gibt, beweisen wir nur, daß wir nicht zu sagen gelernt haben, was wir meinen. Dies hat schon Plotin gesehen; die Koinzidenzlehre ist ein erneuerter Versuch, uns hierüber zu verständigen. Wir sollen jene Einheit denken lernen, die vor der Alternative von Sein und Nicht-Sein steht.

Cusanus hat sich, wie man sieht, mit seiner Koinzidenzlehre in schwierige Probleme verwickelt. Die Grübeleien, die ich vorgetragen habe, lagen nicht auf der Straße; sie schrieen nicht in Rom auf der Piazza. Ich habe längst nicht alle Probleme genannt. Einigen werden wir noch begegnen; alle kann ich nicht nennen. Und doch läßt sich jetzt schon ermessen, welche Gedankenarbeit und welche neue Entwicklung nötig waren, um die Koinzidenzlehre als die *leichteste* aller Einsichten zu empfehlen. Mit diesem Denkweg müssen wir uns befassen. Die Koinzidenz wird 1464 anders, sie wird leichter, sinnlicher aussehen als 1440. Doch vorerst müssen wir mit Cusanus eintreten in die schwierige Phase ihrer Ausarbeitung und ersten Verwandlung.

IV.
KONKORDANZ 1432 – 1435

1. Wer die Entwicklung eines Denkens untersucht, tut gut daran, sich immer auch an die Konstanten zu erinnern. Daher erinnere ich jetzt, da ich mit der genaueren genetischen Analyse beginne, an eine Reihe von Motiven im ersten Block der *Sermones*, die in den späteren Schriften des Cusanus wiederkehren werden:

der Vorrang des Einen vor dem Vielen;
die Unbekanntheit des Namens Gottes, also die *theologia negativa;*
die lullistische Lehre von den Korrelativen – und damit der Entwurf einer Trinitätsphilosophie;
die Betrachtung der Welt als Hervorgang aus dem einen Ursprung und ihr Weg über den Menschheitsfall zur höheren Vereinigung des göttlichen Ursprungs mit dem Menschen, dem als einem Allgemein-Wesen eine Schlüsselstelle im Weltprozeß zukommt – und damit der Entwurf einer *Philosophie der Inkarnation*, die das 3. Buch von *De docta ignorantia* fortentwickeln wird;
die Verteidigung des Rechtes der Vielheit der Namen, Gedanken, Theorien über das Eine – und damit zugleich der Impuls, denkend die Konkordanz aufzuzeigen, voraussetzend die Einheit der Weisheit der Menschheit, die von Adam überliefert ist, wobei Hermes Trismegistus eine besondere Vermittlung zukommt.

Es steht, wie sich gezeigt hat, viel in diesen ersten *Sermones*, aber eine Antizipation der Philosophie von *De docta ignorantia* sind sie nicht. Dies zeigt sich bereits an dem unausgeglichenen Nebeneinander traditioneller Motive. Siegt die Furcht vor Aberglauben oder die negative Theologie? Werden die Mariologie und die klerikale Moral dominieren oder die Lehre von Gott als *deificans, deificabile* und *deificare*?

Auffälliger noch als diese theoretische Unentschiedenheit ist das völlige Fehlen folgender Zentralmotive des späten Cusanus:

Es fehlt die mathematisch-metaphysische Beweisart, also das Schlußfolgern aus geometrischen Figuren, das beim ersten Blättern in *De docta ignorantia* in die Augen springt; es fehlt die Idee der Koinzidenz.

Die Funktion der negativen Theologie bleibt ungeklärt: Ist sie Vorbereitung der positiven Theologie oder behält sie dieser gegenüber das letzte Wort?

Das Verhältnis von Glauben und Wissen wird nicht näher beschrieben, aber wie kann die christliche Offenbarung so alt sein wie die Menschheit?

Ich finde schließlich auch keine Spuren einer philosophischen Kosmologie, wie sie das 2. Buch von *De docta ignorantia* entwickelt.

Während der folgenden Jahre war Cusanus mit anderen Fragen beschäftigt als mit der Klärung der Ideen seiner ersten Reihe von *Sermones*. Er vertrat im Streit um das Erzbistum Trier die Interessen Ulrichs von Manderscheid; er wurde am 29. Februar 1432 in das Konzil von Basel inkorporiert. Den Anspruch Ulrichs konnte er nicht durchsetzen – dieser mußte sich mit einer Abfindung zufriedengeben –, aber er wuchs in die allgemeinen Aufgaben des Konzils hinein, und er vertiefte seine internationalen, vor allem seine italienischen Beziehungen[59]. Priester war er immer noch nicht; er agierte als Jurist und Diplomat; er vertiefte seine Beziehung zu dem Konzilspräsidenten Giuliano Cesarini, den er aus Padua kannte. Er nahm auf Seiten der Konziliaristen an den Debatten über den Vorrang des Konzils über den Papst teil. Im April/Mai 1433 schrieb er den antipäpstlichen Traktat *De maioritate auctoritatis sacrorum conciliorum supra auctoritatem papae*. Er wurde beauftragt, mit den Hussiten zu verhandeln und verfaßte seinen Traktat *De usu communionis*.[60] Die Großzügigkeit, mit der Cusanus als Prediger von den Tartaren gesprochen hatte, die an die Inkarnation glauben, auch wenn sie es nicht wissen, ließ der Polemiker den Böhmen nicht zukommen. Keine Spur von Ökumenismus oder von symbolischer Religionsphilosophie; er denunziert die Ansichten der Hussiten als „Irrlehre". Er sagt ihnen, was sie im Jenseits zu erwarten haben: Sie enden in der Hölle. *Non vitam, sed mortis iudicium expectatis.*[61]

---

[59] AC I 1 ab Nr. 102 p. 50ss.

[60] P II 2 fol. 5 r–13 v, gedruckt als Ep. 2 und 3. – Von hier an sind immer zu beachten: H.G. Senger, Die Philosophie des Nikolaus von Kues vor dem Jahre 1440. Untersuchungen zur Entwicklung einer Philosophie in der Frühzeit des Nikolaus (1430 – 1440). Beiträge Neue Folge Band 3, Münster 1971; U. Offermann, Christus – Wahrheit des Denkens. Eine Untersuchung zur Schrift De docta ignorantia, Beiträge N.F. 33, Münster 1998; A. Dahm, Die Soteriologie des Nikolaus von Kues. Ihre Entwicklung von seinen frühen Predigten bis zum Jahr 1445, Beiträge N.F. 48, Münster 1997.

[61] ib. fol. 5 r. Zum geschichtlichen Zusammenhang einige Hinweise bei H. Hallauer, Das Glaubensgespräch mit den Hussiten, in: MF 9 (1971) S. 53–S. 56.

Cusanus betont, nur im Zusammenhang mit der *cathedra Petri* könnten die Ungewißheiten, die auch für den Gläubigen bleiben, überwunden werden. Der Konziliarist Nicolaus empfiehlt den Hussiten die Unterwerfung unter die Gebräuche der Kirche. Auf die Einheit komme es an, nicht auf Einzelheiten des Ritus. Cusanus weiß, daß die alte Kirche die Eucharistie unter zwei Gestalten gefeiert hat. Er verteidigt die neuere römische Tradition, im Bewußtsein, daß die Kommunion unter nur einer Gestalt eine spätere kirchliche Festlegung war. Er spricht von der Kelchfrage, die den Hussiten so wichtig war, weil sie die Laien wie den Priester behandelt sehen wollten, nicht als sei sie gleichgültig, wohl aber, als stehe sie zur Disposition kirchlicher Regelung, wenn nur die Einheit gewahrt werde. Eine Korrektur der als sekundär erkannten Tradition im Namen der Bibel habe keinen Sinn; eine Revision des mittelalterlich-kirchlichen Christentums im Namen des neu gelesenen Neuen Testaments verwirft Cusanus. Es sei Anmaßung zu glauben, die eigene Auslegung der göttlichen Gebote sei wahrer als die Lehre der Kirche. Ich kann mich nicht entschließen, ein Schreiben dieser Tonart ein „Glaubensgespräch mit den Böhmen" zu nennen. Ein gewisses Entgegenkommen zeigt der Verfasser zwar, wenn er den Böhmen als prinzipiell möglich zugesteht, daß es regionale Unterschiede im Ritus geben könne, *in eadem quidem ecclesia remanente unitate varium posse ritum esse sine periculo nemo dubitat.*[62] Die Bedingung für die Duldung eines abweichenden Ritus ist die Einheit mit der Kirche. Cusanus spricht, als wisse er nicht, mit welcher Strenge, bis hin zu Militäreinsätzen, die römische Kirche den Einheitsritus seit Gregor VII. durchgesetzt hat. Er argumentiert: Die Hussiten wollen die wahre Kirche auf das kleine Land Böhmen einengen; – das geht nicht. Die Kirche, argumentiert Cusanus, hat ihre Beurteilung des Eigentums geändert; schließlich stehe im Neuen Testament, wer nicht auf alles verzichte, was er besitze, könne Jesu Jünger nicht sein. Die Kirche habe die christliche Ethik den Zeitumständen angepaßt; folglich sei es auch nicht verwunderlich, daß sie Riten und Sakramentenverwaltung mit den Zeiten verändert habe. Die Schriftauslegung müsse sich diesem Wandel anpassen:

Certe hoc te non moveat, quod diversis temporibus alius et alius ritus sacrificiorum et etiam sacramentorum stante veritate invenitur scripturasque esse ad tempus adaptatas et varie intellectas,

---

[62] ib. fol. 6 v.

*ita ut uno tempore secundum currentem universalem ritum exponerentur,
mutato ritu iterum sententia mutaretur.* [63]

Die Bibel soll also, lehrt Cusanus, nach Zeitumständen und je nach herr-
schendem Ritus verschieden ausgelegt werden. Cusanus redet, als sehe er
alle Religionstreitigkeiten der beginnenden Neuzeit voraus; er warnt vor
biblischem Fundamentalismus. Das Urchristentum ist für uns keine
Norm, denn wir stehen zeitlich dem Antichrist näher als Christus. Die Bibel kann nicht die Glaubensgrundlage sein; die Kirche legt die evangeli-
schen Gebote nach Zeiten verschieden aus. Dies sollen wir hinnehmen,
denn die Auslegung sei von demselben Geist inspiriert, der die Texte inspiriert habe. Widersprechen die Originaltexte der kirchlichen Auslegung,
dann gilt die Kirchenlehre, nicht das biblische Original. Diese Überzeugung sei die Grundlage des Selbstverständnisses aller Konzilien gewesen.
Die Bibel könne nur eine sekundäre Rolle spielen. Dies gehe schon daraus
hervor, daß, bevor die neutestamentlichen Texte aufgeschrieben worden
seien, die Apostel mündlich das Credo als das Wesentliche überliefert hätten. Es zeige sich ferner daran, daß ein Tyrann des Antichrists alle Bibeln
der Welt verbrennen könne; in diesem Falle würde die Kirche weiter existieren; der Besitz von verbrennbaren Bibeln gehöre nicht zum Wesen der
Kirche; das Apostolische Glaubensbekenntnis als der Kern der Botschaft
genüge. Die Bibeltexte seien bei der Verschiedenheit der Menschen verschieden auslegbar; da sei Unsicherheit unvermeidbar: *Ubi erit solidum
refugium peregrinantium? Certe in alio nullo quam in militantis ecclesiae
usu atque approbatione.*[64] Die Kirche ist der feste Fels; durch sie kommen
wir zur Schrift, nicht durch die Schrift zur Kirche. Nicht die Worte verpflichten uns, sondern der erfahrene Sinn der Kirche. Die Böhmen, fährt
Cusanus fort, werden vielleicht kritisch zurückfragen: Sollen die Gebote
Christi vielleicht nur dann gelten, wenn es der Kirche paßt? Ich antworte,
schreibt Cusanus, es gibt keine anderen Gebote Christi als diejenigen, die
die Kirche als solche anerkennt. Es gibt kein glückseliges Leben außerhalb
der Kirche. Sie ist der Fels, auf den alles gebaut ist; die universale Kirche
ist an die *cathedra* des Petrus gebunden, und diese Kirche besitzt alle Gewalt. Sie besitzt die Gewalt ihres Herrn selbst: *Haec est una quae tenet
omnem sponsi sui et domini potestatem.*[65] Daher sei christliche Wahrheit

---

[63] ib. fol. 7 r.
[64] ib. fol. 7 r.
[65] ib. fol. 7 v.

nur das, was die Kirche je nach Zeitbedingungen als vernünftig, als *rationabile*, zu glauben vorlegt und zu tun gebietet. Willst du wissen, ob du in der wahren Kirche bist, dann frage dich, ob du der *cathedra* des römischen Bischofs anhängst.[66]

Dies sind für einen Konziliaristen erstaunliche Sätze. Aber schon in den ersten *Sermones* hat Cusanus die geistliche Gewalt – nicht den Jurisdiktionsprimat, nicht die Unfehlbarkeit aus eigener Vollmacht, *ex sese, non ex consensu ecclesiae*, wie es im 1. Vatikanum hieß – des römischen Bischofs verteidigt und gleichzeitig vermerkt, viele bestritten ihm eine solche Vollmacht, ins Fegefeuer einzuwirken. Rom ist die Säule der Wahrheit, aber Rom muß sich dessen bewußt bleiben, daß es zugleich mit dem Erbe des Petrus das Erbe des Paulus weiterzutragen hat. Rom ist nur dann unfehlbar, wenn es mit der Gesamtkirche einig geht. Cusanus glaubt,

ex mutua adhaerentia exurgere infallibilitatem... primatus amplectitur ecclesiam, sine qua non est.. ut ex ipsis tamquam materia et forma constituatur infallibilis illa ecclesia catholica... de potentia ecclesiae educitur ille primatus... ex mutuo complexu ecclesiae et primatus veritatem ecclesiae persistere.[67]

Für den Konflikt mit den Böhmen bedeutet dies: Es gibt kein göttliches Gebot, das Abendmahl *nur* mit Brot oder mit Brot *und* Wein zu feiern; die Kirche, die Gesamtkirche, hat die Vollmacht, solche offenen Fragen zeitbedingt zu regeln, die Böhmen sollen sich unterwerfen.

Der Text von 1433 ist bemerkenswert. Er überrascht durch die Hervorhebung der päpstlichen Autorität. Cusanus gab die konziliaristische Position nicht auf; er bekräftigte sein konziliaristisches Engagement durch die Anfang 1434 verfaßte Schrift *De auctoritate praesidendi in concilio generali*. Ein päpstlicher Absolutismus im Sinne Pius IX. liegt außerhalb des Gesichtskreises des Cusanus. Das Konzil wollte dem spätmittelalterlichen Aufstand der Verschiedenheiten Stimme verleihen und ihn moderieren; jetzt steht es vor der theologisch-militärischen Hussitenfrage. Cusanus plädiert für den status quo; er sieht die Sprengkraft, die in der Berufung auf die Bibel liegt. Individuelle und regionale Differenzen müssen sein, aber sie haben nur innerhalb der Einheit ein Anrecht.

---

[66] ib. fol. 8 v: *si scire velis an in ecclesia existas, hac investiges ratione, si cathedrae romani pontificis adhaereas.*
[67] ib. fol. 9 r.

Außerhalb dieser gibt es nur den Tod und die Zerstörung. Bevor die Berufung auf die persönliche Bibelinterpretation ihre weltgeschichtlichen Folgen gezeitigt hat, erklärt Cusanus sie für zerstörerisch. Ein starkes Bewußtsein der Verschiedenheit der Menschen, der Zeiten und der Interpretationsweisen hatte er ohnehin; dies macht die Bindung an eine faktische Entscheidungsinstanz plausibel, die nie aus dem Bischof von Rom allein bestehen könnte. Weitere philosophische Erörterungen wären in der Kriegssituation nicht am Platz.

Andrerseits: Neuere Bearbeiter des Themas, oft in ihrem Urteil beeinträchtigt von den ökumenischen Begeisterungstürmen des 2. Vatikanischen Konzils, neigen zuweilen dazu, den Ökumenismus, gar die „Toleranzidee" bei Cusanus zu überzeichnen. Daher erinnere ich, zumindest für die Zeit des Böhmenkonfliktes, an die Beschreibung, die Cusanus in *De usu communionis* fol. 8 v von früheren Unionsbestrebungen der Römischen mit der Kirche von Byzanz gibt:

Die Römische Kirche blieb immer die Säule der Wahrheit. Die Zahl der Getrennten blieb immer kleiner als die Zahl der Treubleibenden. Und dann fährt Cusanus fort, wer sich in eitler Überhebung von Rom abgetrennt habe – wie die Kirche von Byzanz –, der sei schließlich doch zum Gehorsam unter die römische Kirche zurückgekehrt:

huius stabilis veritatis exempla plura legimus: quoties aliae ecclesiae maxime Constantinopolitana a fide erraverit *et se ab ipsa Romana* fatua praesumptione se absciderit, *et demum ad unitatem ipsius et* oboedientiam *reducta sit.*

Dies bezieht sich auf das sog. Unionskonzil von Lyon 1274. Cusanus spricht nicht von Dialog und erwünschter Vielstimmigkeit, sondern von der verwerflichen Anmaßung der Abweichler, vom Sieg Roms und von der Niederlage der Ostkirche.

2. Im Winter 1433/34 vollendete Cusanus seine *Concordantia catholica*. Das Buch erörtert im konziliaristischen Sinn die Fragen der Kirchenreform und der Reichsreform. Cusanus versucht, die konziliare Idee mit der Vorrangstellung des Bischofs von Rom zu verbinden. Motive des Marsilius von Padua wirken nach; Cusanus nennt die Zustimmung der Betroffenen als Bedingung dafür, daß Rechtsvorschriften gültig sind.

Das Verlangen nach *Concordia* kennen wir schon aus den *Sermones* von 1431; jetzt sucht Cusanus die Eintracht zwischen episkopal-lokalem, ansatzweise auch laikalem Selbstbewußtsein und römisch-monarchischem Primat; er will Reichsreform und Kirchenreform. Er behandelt diese Probleme nicht in einsamer Reflexion; er wendet sich an Kaiser Siegmund (Sigismund) und an den Konzilspräsidenten Giuliano Cesarini, dem er später *De docta ignorantia* widmen wird.[68] Das Wissen, das Cusanus sucht, ist nicht zu verwechseln mit dem Universitätswissen des 15. Jahrhunderts; es soll eingreifen in die Politik. Cusanus hat es zweimal, 1428 und 1435, abgelehnt, als Professor für Kirchenrecht nach Louvain zu gehen.[69] Er wollte in der Politik bleiben.

Das umfangreiche Buch, das erste „Hauptwerk" des Cusanus, bezieht sich auf eine konkrete kulturelle Situation. Cusanus artikuliert sein Bewußtsein, in der „Renaissance" zu leben. Er hebt hervor, *jetzt* bestehe ein Eifer, sich anzueignen, was die Antike geleistet habe – in den freien wie in den mechanischen Künsten. Heute freuten sich viele an den Inhalten und an der schönen literarischen Form antiker Autoren: *Videmus omnes delectari, maxime quidem Italos*[70]. Die Italiener seien inzwischen dabei, sich auch den Gedanken- und Formenschatz *Griechenlands* anzueignen. Wir Deutsche, fährt Nicolaus fort, seien unter abweichenden Sternen geboren. Wir haben nicht die Leichtigkeit des Stils und der Form der Italiener. Wir müssen einer widerstrebenden, einer schwerfälligen Natur Gewalt antun, um gut Lateinisch zu reden. Wir stehen ihnen aber an Begabung auch nicht so sehr nach, daß wir nicht doch etwas Nützliches tun könnten. Eine Probe gebe er hier mit seiner politisch motivierten Archivarbeit, die unbeachtete, ungehörte Zeugen zutage bringe. Cusanus rühmt seine archivalische Wühlerei:

Originalia enim multa longo abusu perdita per veterum coenobiorum armaria non sine magna diligentia collegi.[71] In alten Klosterarchiven liegen die Zeugnisse einer Zeit, die durch langen Mißbrauch in Vergessenheit geraten ist. Dabei denkt Cusanus nicht in erster Linie an die heidnische Antike, deren Kenntnis er zuvor schon durch das Auffinden einer Reihe von Plautus-Komödien bereichert hatte[72], sondern an das christliche Altertum, ferner an die Geschichte der Kaiser und der Konzilien der

---

[68] *De concordantia catholica*, Praefatio n. 2, 27–28 Kallen h XIV, 1 p. 3.
[69] AC I 1 Nr. 64 p. 23; Nr. 235 p. 161.
[70] ib. Praefatio n. 2, 10 Kallen h XIV, 1 p. 2.
[71] ib. n. 2, 19–20 Kallen p. 3.
[72] Über das italienische Echo dieser Funde und über die Erwartungen der Humanisten an den Handschriftensucher Cusanus unterrichten uns die Briefe des Poggio Bracciolini, AC I 1 Nr. 48 p. 18; Nr. 62 und 63 p. 22; Nr. 66 p. 23; Nr. 66 p. 25; Nr. 70 p. 26.

karolingischen und der ottonischen Zeit. Cusanus erklärt, einzig solche Quellenstudien verschafften uns Abstand von der neueren papalistischen Literatur, die schmeichelnd den Primat des Bischofs von Rom übertreibe. Dazu müßten wir die Originale studieren; die Handbücher täuschten nur. Schärfer läßt sich der humanistische Ruf *ad fontes* nicht formulieren. Dieses Programm ist nicht mehr „scholastisch"; es ist „humanistisch" im Sinne des um fünf Jahre jüngeren Lorenzo Valla, dessen persönliche Verbindung zu Cusanus allerdings erst 1450 belegbar ist.[73]

Ich will ein Beispiel dieser neuartigen Sucharbeit anführen, das Cusanus selbst bringt: Die Kirchengeschichte beweist, daß Päpste Schismatiker wurden. Cusanus nennt die Päpste Liberius und Honorius. Wenn Päpste Häretiker werden können, dann, so folgert Cusanus, kann die Wahrheit des Glaubens nicht bei einer einzigen Person aufgehoben sein:

iudicium fidei non est semper in nutu unius Romani pontificis diffinibile.[74]

Es geht hier nicht um die historische Korrektheit dieses Urteils. Die Rechtgläubigkeit des Papstes Honorius ist bis in die Gegenwart viel diskutiert worden. Für uns kommt es darauf an zu sehen, wie Cusanus am Werk ist, nicht als abstrakter Theoretiker, sondern als Philologe und Historiker, der bewußt den Bezug auf die Probleme seiner Zeit sucht. Er war sich seiner provinziellen Grenzen bewußt; er verteidigte nicht den kulturellen und kirchlichen status quo von Köln oder von Heidelberg; er weitete ihn aus. Er sah, daß es in Italien Neues gab – Neues in Theorie und Technik, Neues auch bezüglich der Geschichte der Kirche.

3. Das Werk *De concordantia catholica* umfaßt in der allerdings spendablen Druckfassung des Meiner-Verlages 474 Seiten; es enthält viele lange Zitate aus Rechtsquellen und Konzilsakten; es ist eine Sammlung von Texten, aber auch ein politisches Buch mit der Tendenz, den Konzilsteilnehmern von Basel eine konziliaristische Sicht der Kirche, der Konzile und des Reiches zu geben und ihnen die zugehörige Dokumentation zu liefern; es ist schwer zu resümieren. Das brauche ich auch nicht zu versuchen; ich gebe nur einige Elemente zu einer genetischen Analyse.

Das Werk zeigt Spuren der Überarbeitung; ein Vorverweis im ersten auf das dritte Buch ist nach Ausweis der Handschriften später eingefügt;[75]

---

[73]   AC I 2 Nr. 932 p. 644–645.
[74]   ib. I 15 n. 61, 25 Kallen p. 77. Der Verweis auf Liberius und Honorius ib. I 14 n. 58, 1 Kallen p. 77.
[75]   *De concordantia catholica* I c. 10 n. 47, 13–14 Kallen p. 67.

das zweite Buch endet mit einer Zusammenfassung, die nahelegt, das dritte Buch – es handelt vom Imperium – sei erst in einer zweiten Arbeits-
phase entstanden, als feststand, daß Kaiser Siegmund (Sigismund) nach
Basel kam. Am Ende des zweiten Buches, erklärt Cusanus, er habe Marsilius von Padua erst kennengelernt, nachdem er seine *Collectio* schon
vollendet habe[76]; im dritten Buch benutzt er die Quellenzusammenstel-
lungen aus Aristoteles, aus Cicero und anderen Autoren, die Marsilius
ihm bot.

Das Buch gliedert sich in drei Bücher von sehr verschiedener Tonart.
Alle drei handeln sie von der konkreten Einheit des Volkes der Gläubigen, also von der Christenheit oder auch von der lebendigen christlichen
Kirche. Das erste Buch handelt von der Gesamtheit der Kirche, der sichtbaren wie der unsichtbaren. Cusanus setzt die philosophische Dreiteilung von Geist, Seele und Körper voraus; er vergleicht die irdische Christenheit mit einem beseelten Körper. Das zweite Buch handelt von der
Seele, die diesen Körper belebt, nämlich vom Priestertum, das dritte vom
„*Leib*" dieser Einheit, also vom Imperium.

Das Werk beginnt mit einem Hymnus auf die Harmonie des Universums, des geistigen wie des körperlichen: Vom unendlichen König der
Konkordanz „fließt" die Harmonie stufenweise, hierarchisch geordnet,
über alle Wesen. Die Weltwesen sind entweder rein geistige oder rein körperliche oder aus beiden vermischte – wir kennen diese Dreiteilung aus
den *Sermones* –, und die Kirche hat die Bestimmung, diese Vielheit zu
ihrem einen Ursprung zurückzuführen, in abgestufter Einheit, eben in
Konkordanz.[77] In der Harmonie der Tugenden und wechselseitiger
Dienstleistungen führt sie Menschen und reine Geister zu ihrem *einen*
Haupt, das Christus ist, zurück. Die Konkordanz überwindet die Differenz; sie schließt die Verschiedenen zur Einheit zusammen.

Dies klingt nach einer christologischen oder ekklesiologischen Konzeption des Traktates; aber sogleich meldet sich die metaphysische Spekulation als grundlegend an. Cusanus erklärt, das Universum gehe aus
höchster Konkordanz hervor und führe zu ihm zurück. Konkordanz ist
ihm nicht bloß ein christlich-ethisches Gebot oder ein utopischer
Wunsch, sondern, Cusanus zufolge, wird jedes Sein und alles Leben
durch Konkordanz konstituiert. Die göttliche Wesenheit, in der Leben

[76] ib. II . 34 n. 256, 1–2 Kallen p. 297.
[77] De *concordantia catholica,* I 1 n. 4–5 Kallen p. 29–30.

und Sein in höchster Gleichheit eins sind, existiert als höchste und unendliche Konkordanz. Denn wo das Leben ewig ist, da weist es keine
Gegensätzlichkeit auf, *quoniam ibi nulla contrarietas locum habere potest, ubi aeternitas vita est.*[78] Concordia setzt Verschiedenheit voraus, aber
je geringer die *contrarietas,* die Gegensätzlichkeit, ist, um so stärker zeigt
sich die Concordia, um so kräftiger und dauernder ist das Leben. Von
diesem metaphysischen Ausgangspunkt aus, sagt Cusanus, erfassen wir –
den Glauben psychologisch voraussetzend, aber dann in selbständiger
Argumentation[79] – mit den Augen des Intellektes, *oculis intellectus,* die
Trinität: In der höchsten Konkordanz ist die höchste Wahrheit; bei ihr
gibt es keine *contrarietas,* sondern eine höchste Konkordanz, weil die
Einheit in Dreieinheit und die Dreieinheit in Einheit lebt.[80] Die höchste
Einheit ergießt sich über Stufen ihres Bildes, über Theophanien, *figurae*
und *similitudines,* bis herab zum Schatten; sie begründet eine Stufenfolge
vom Unendlichen zum Nichts; sie trägt die Dreiteilung in Geist, Seele,
Körper und damit den Aufbau des Werkes.

Wie die Terminologie zeigt, steht die Überlegung unter der Einwirkung des Dionysius Areopagita; auch an den *Liber de causis* und den
Kommentar Alberts dazu ist zu denken. Der Gedanke ist: Alle Wesen
bilden die Trinität ab. Das Universum gliedert sich in die großen Berei-
che Geister, Körper, Mischwesen. Jede der drei Realitätsstufen zerfällt in
drei mal drei Sphären, so stufen sich die reinen Geister ab in die neun
Chöre der Engel, die Körperwelt in das *primum mobile,* die sieben Stern-
schalen und die Erde. Der Mensch ist die Sinnbestimmung der gesamten
Natur, *quasi finis naturae.* Die Philosophen, sagt Cusanus, wissen mehr
über diese Konkordanz des Universums, über diese bewunderungswürdige Zusammenstellung der Wesen, *naturarum combinatio,* und ihre einheitliche Zielbestimmung: Die Kirche, verstanden als Konkordanz der
Menschen und Engel, bildet auf *ihre* Weise die Trinität ab und wiederholt
den Aufbau des Universums, und nur davon soll in diesem Buch die Rede
sein.[81]

Das Buch beginnt meditativ. Einleitend schlägt es den Hauptton der
Harmonie und Konkordanz an; es beruhigt in der Gewißheit kosmischer
Abbildungsverhältnisse und eines gesicherten Weltlaufs: Durch konkor-

[78] ib. I 1 n. 6, 1–4 Kallen p. 31.
[79] ib. I 3 n. 17 und 18 Kallen p. 41–p. 42 und c. 4 n. 24–25 Kallen p. 45.
[80] I 1 n. 7 Kallen p. 32.
[81] ib. c. 2 n. 9–12 Kallen p. 33–p. 36. Mensch als *quasi finis naturae* ib. c. 2 n. 15 p. 40.

dante Hierarchien vom Einen zum Einen zurück, dies ist das Weltgesetz. Gott ist das Licht, dessen Strahl sich in den harmonisch abgestimmten Stufen und Funktionen bunt bricht.[82] Ordnung, süße Harmonie, Kontinuität, herzlich-einvernehmliche Verbundenheit, *concordialis conexio,* bestimmen das Gesamtbild.[83] Der Leser ahnt noch nicht, was an Bruchbewußtsein und Umsturzanleitung – im Sinne einer konservativen Revolution – auf ihn zukommt. Cusanus weitet hier noch nicht – wie in *De docta ignorantia* – die Gegensatzlosigkeit auf die Widersprüche aus. Dies würde den Zweck der Schrift auch nur stören. Cusanus gibt seine Sicht von Kirche, Konzil und Reich.

Die Berufung auf die Hierarchien des Dionysius bedeutet keine einseitige Abhängigkeit aller Wesen von der Hierarchie, sondern gerade deren Angewiesenheit auf das Ganze. Die römische Hierarchie ist auf die byzantinische verwiesen; Hierarchien sind nur zu begreifen aus der Vielheit ihrer Glieder. Ohne deren Ordnung und Konkordanz kann keine Hierarchie bestehen.[84] Cusanus unterfaßt sozusagen das Hierarchiedenken des Dionysius und zeigt ihm seine Abhängigkeit von den Teilhabern einer Ordnung. Die höchste Einheit steht erhaben über den Hierarchien und kann deshalb in allen sein; aber die Hierarchien sind Weltmitglieder; sie stehen in einem Lebenszusammenhang, in dem allein sie eine Funktion haben. Das Hierarchiedenken des Dionysius hat, auf die Kirche angewandt, zusätzlich den Vorzug, daß in ihm dem Bischof von Rom kein Primat zukommt. Den Primat hat bei Dionysius allein das göttliche Eine, und die Bischöfe sind seine kirchliche Darstellung. Cusanus konterkariert das strenge Hierarchiekonzept mit dem Gedanken, die Kirche sei einvernehmliches Zusammensein, konstituiert durch Brüderlichkeit, *ipsa ex fraternitate constituitur.*[85]

Auch die Kirche ist Bildverweis, sie zeigt in ihrer dreifachen Gestalt die Trinität. Sie ist triumphierende Kirche, kämpfende Kirche und schlafende Kirche. Cusanus bezeichnet die Seelen im Fegefeuer als *schlafend* und drängt damit den Strafcharakter und die Seelenpeinigung zurück.[86]

---

[82] ib. I 7 n. 40 und 41 Kallen p. 60 und 61.
[83] ib. n. 40, 9 Kallen p. 60.
[84] ib. c. 4 n. 19 Kallen p. 43–44.
[85] ib. I 5 n. 27, 3 Kallen p. 48. Ausdrücklicher Bezug auf Dionysius in I 6 n. 34, 4–6 Kallen p. 54: *hierarchia est ordinata a pontificatu summo usque in laicum, quemadmodum magnus Dionysius ecclesiasticam hierarchiam describit,* wobei *summus pontificatus,* nicht *summus pontifex* eine diplomatische Formel ist.
[86] ib. I 5 n. 30–31 Kallen p. 51–52.

Doch bleiben wir bei der kämpfenden Kirche und ihrer Hierarchie: Ihre
obersten Hierarchien sind die Bischöfe, im Plural. Sie sind der Ranghöhe
und ihrem Bischofsamt nach gleich, auch wenn es unter ihnen eine Rang-
stufung *nach Funktionen* gibt. So hatte Petrus eine Sonderaufgabe, eine
praesidentialis cura. Er stand insofern ranghöher, als er einen besonderen
Bezug zur Einheit in der Konkordia hatte.[87] Daraus ergebe sich, schließt
Cusanus, daß auch heute alle christlichen Bischöfe notwendigerweise die
Einheit mit der *cathedra Petri* wahren müssen. Die kämpfende Kirche sei
wie ein Heer, das sich einen Anführer gesetzt hat, in dem sich dann der
consensus aller verkörpert.[88] Das Heer hat sich einen Anführer gesetzt,
exercitus sibi captitaneum constituit. Dies ist ein Hieronymus-Zitat. Es
spielt auf römische Heere an, die einen Imperator ausrufen. Entscheidend
hier ist: Er ist nicht eigenen Rechtes, ohne das Heer. Das Heer und dessen
Konsens ist in ihm; er ist die *Gestalt der Zustimmung* des Heeres. Dies,
schreibt Cusanus, sei Grundlage seiner gesamten Konzeption:

*haec est radix una propositi nostri, quod ecclesia est in episcopo per uni-
onem. Et sic episcopus eos figurat et repraesentat.*[89]

Später wird Cusanus klarstellen, dies gelte auch für alle weltliche Herrschaft. Sie hat ihren Rechtfertigungsgrund nur im Consensus der Bürger.
Die Autoritäten haben ihr Recht und ihre Grenzen darin, daß sie die Bürger darstellen und repräsentieren. Damit ist keine kraftlose Ehrenstellung
gemeint, sondern eine wirksame Zurückführung der Vielen zu ihrem
einen Ziel. Und dies gilt auch für den Bischof von Rom. Rom ist das
Haupt der Welt.[90] Die kirchlichen Strukturen sind in Anlehnung an die
politischen entstanden. So figuriert und repräsentiert der Bischof von
Rom alle Bischöfe der Welt, aber nicht ohne deren Konsens. Er hat die
Schlüsselgewalt, zu binden und zu lösen.[91] Aber nachdem dies feststeht,
holt Cusanus aus zu einer Darstellung der Ekklesiologie der Kirchenväter,
insbesondere Augustins. Sie alle hielten Petrus für den Repräsentanten, die
figura, der Kirche[92]. Es gebe nur *eine cathedra* des Petrus, und *cathedra*

---

[87] ib. I 6 n. 35 Kallen p. 55–56.
[88] ib. I 6 n. 36 Kallen p. 56.
[89] ib. I 6 n. 37, 16–18 Kallen p. 58.
[90] ib. I 10 n. 47, 11 Kallen p. 66.
[91] ib. c. 10 n. 48, 1–5 Kallen p. 67; ib. c. 11 n. 51, 1–10 Kallen p. 68.
[92] ib. I 14, n. 56, 2–4 Kallen p. 74, doch vgl. schon c. 11 n. 50, 5 Kallen p. 67 und c. 12 n. 53,
4 Kallen p. 70.

bedeute: Regierungsfunktion, Leitungsgewalt in der Kirche.[93] Aber nach altchristlicher Auffassung hätten die Bischöfe von Alexandria und Antiochia Anteil an dieser Leitung: Auf der Cathedra Petri sitzen diese drei Bischöfe, auch wenn der römische Bischof unter ihnen einen Vorrang hat.[94] Dieser Vorrang Roms blieb auch dann erhalten, wenn einzelne Päpste Schismatiker waren, wie Liberius, Honorius *et alii*.[95] Die Mehrheit der Kirche bleibt immer in der Wahrheit; dies ist nach Cyprian der Sinn der Infallibilität.[96] Petrus repräsentiert die Kirche; er spricht in ihrem Namen. Aber nicht ohne Rückbindung. Was ist also die wahre Kirche?

illi ecclesiam veram fidelium constituunt, qui inter Christi fidem se habere putantes maiorem partem constituunt et se suo pastori Petro coadunant et eius cathedrae.[97]

Diese Definition der wahren Kirche ist ein Drahtseilakt. Cusanus will vermeiden, daß sich die Böhmen als die wahre Kirche ansehen. Zu glauben, man habe den wahren Glauben, das reicht nicht. Es muß die Majorität entscheiden. Aber nicht irgendeine Majorität, sondern die, die mit Rom verbunden ist. Rom bleibt kraft geschichtlicher und göttlicher Einsetzung der Mittelpunkt.[98] Aber der Papst kann nicht allein von sich aus entscheiden. Auf seinem Stuhl sitzen unsichtbar mitentscheidend die ehrwürdigen Bischöfe der alten Kirche, von Alexandria und Antiochia. Auch Konstantinopel hat Anspruch auf einen zweiten Platz. Diese Patriarchen hatten in der Antike den Titel *Papa*, und den Bischof von Rom kann man auch *patriarcha* nennen.[99] Der Papst kann in Glaubensdingen irren, daher untersteht er genau in dem, was seines Amtes ist, also in Glaubensentscheidungen, dem Konzil der Gesamtkirche:

haereticus esse potest… immo in illo iudicio fidei, in quo principatus eius consistit, concilio catholico ecclesiae subest.[100]

Wir können „Rom" auch „die Kirche" nennen, aber nur, weil der Papst sie *repräsentiert*. Die Unfehlbarkeit gehört der Gesamtkirche; dies ist die

[93] ib. I 14 n. 57, 1–2 Kallen p. 75.
[94] ib. I 14 n. 57, 3–4 und 23–24 Kallen p. 76.
[95] ib. I 14 n. 58, 1–3 Kallen p. 77.
[96] ib. I 14 n. 58, 15–17 Kallen p. 77.
[97] ib. I 14 n. 59, 3–6 Kallen p. 78.
[98] ib. I 16 n. 66 Kallen p. 88.
[99] ib. I 16 n. 62, 30–32 Kallen p. 83.
[100] ib. I 15 n. 61, 25–27 Kallen p. 81.

höchste und wahre Unfehlbarkeit, abgestuft kommt sie auch der römischen Kirche zu, _quia universalis ecclesia quasi totaliter sub patriarchatum Romanum est redacta._[101]

4. Das zweite Buch von _De concordantia catholica_ zieht aus diesen Grundlagen die Konsequenzen. Das Wesen des Konzils ist die Eintracht. Aber zur Eintracht der Universalkirche gehören alle Christen. Die ersten acht altchristlichen Versammlungen waren von dieser Universalität. Die fünf alten Patriachate waren vertreten, und die Konzilsakten bezeugen, daß die Kaiser die Konzilien einberiefen und daß sie in der Versammlung saßen. Was später „Konzil" hieß, das waren Patriarchalsynoden des Patriarchen von Rom. Nicht, als sollten die Konzilien ohne den Papst stattfinden, aber er ist nicht ihr Herr. Sein Amt bleibt auf die Konzilien bezogen. Bei Konzilien ist die Freiheit des Wortes so wichtig wie die Zahl der Versammelten. Was von allen und nach freier Beratung und geordnet beschlossen ist, allein von dem kann gelten, daß es der Heilige Geist inspiriert habe. Nur was aus Concordia hervorgegangen ist, trägt das Zeichen des Heiligen Geistes, der ein Geist des Friedens und der Concordia ist. Auf _concordia_ kommt es insbesondere an bei Entscheidungen in Glaubensdingen: denn je einvernehmlicher geurteilt wird, um so höher ist die Unfehlbarkeit, die übrigens Grade zuläßt. Wie Cusanus die Ekklesiologie der Kirchenväter aufbot, um sein Kirchenverständnis gegen die Schmeichelredner der päpstlichen Allgewalt zu setzen, so studierte er ab II c. 5 die antiken Konzilsakten, um die höchste Autorität der Konzilien zu beweisen und die historische Rolle des Bischofs von Rom und der Kaiser zu präzisieren. Sein Ergebnis ist:

Im christlichen Altertum haben die Kaiser, nicht die Päpste die Konzilien zur Erörterung von Glaubensfragen zusammengerufen.[102] Er zitiert seitenweise, um zu beweisen, daß ein Kaiser Konzile einberufen und auf bestimmte Erörterungen drängen kann, deren Inhalt er freilich frei lassen muß. Der Papst persönlich spielte bei ihnen keine Rolle: _In octo universalibus conciliis non invenio papam per se interfuisse._[103] Die Autorität des universalen Konzils hing nach Ausweis der alten Kirchengeschichte weder vom Papst noch vom Kaiser ab: Seine Kraft bezog es allein aus dem einvernehmlichen Konsens, _non ex papa nec capite concilii, sed ex unico_

---

[101] ib. I 17 n. 68, 1–4 Kallen p. 89.
[102] ib. II 6 n. 85, 3–5 Kallen p. 113: _universalia concilia de consensu Romani pontificis ac aliorum patriarcharum per imperatores super articula fidei congregabantur._
[103] ib. II 8 n. 97, 13–14 Kallen p. 130.

concordanti consensu.[104] Dies braucht Cusanus für sein Beweisziel: Das Konzil von Basel ist das Konzil des Kaisers Siegmund, und der Kaiser hat in Notzeiten auf Reform der Kirche zu drängen. Je mehr antike Dokumente Cusanus aufgeführt hat, um so lebhafter, um so polemischer wird er. *Hodie autem, quia universalis ecclesia, heu, ad solum patriarchatum Romanum redacta est.*[105] Was heute an Vollmachten dem Papst zugeschrieben wird, das hätte die antike Kirche niemals geduldet.[106] Die altkirchlichen Urkunden bewiesen unbezweifelbar, daß der römische Bischof allmählich einen ungeheuren Machtzuwachs erworben hat. Die Dokumente der alten Kirche widerlegten die Schmeichler, *adulatores*, die dem Bischof von Rom eine konsens-unabhängige, konzilsüberlegene *plenitudo potestatis* zusprechen.[107] Insbesondere sei es falsch, die Autorität der Bischöfe vom Papst abzuleiten.[108] „Petrus" heiße zwar „der Fels", aber der Fels, den Petrus „figuriere", das sei die Kirche. Der Papst beziehe seine Autorität von der Wahl, was nicht ausschließe, daß ihn auf diesem Wege Gott berufe und autorisiere.[109] Er ist erster Bischof, aber nicht Gesamtbischof.

Wir sind, so scheint es, mitten in einer konziliaristischen Streitschrift. Aber Cusanus ist doch nicht nur Polemiker und Historiker des Kirchenrechts; er ist auch Philosoph, und er bringt das Naturrecht ins Spiel. Was dem Naturrecht widerspricht, kann keine Gültigkeit besitzen. Das Naturrecht hat seinen Ort in der Vernunft, deswegen gehört jedes rechte Gesetz dem Menschen.[110] Daher hängt jedes Gesetz und jede Herrschaft zuletzt allein von der Zustimmung der Betroffenen ab, *a sola concordantia et consensu subiectivo.* Ein Gesetz muß, kraft Naturrechts, vernünftig und realisierbar sein, den tatsächlichen Umständen entsprechen und von den Betroffenen akzeptiert werden; daher kann kein einzelnes Kirchenmitglied kirchliche Rechtssätze aufstellen.[111] Es widerspreche der alten kirchlichen Tradition und dem Naturrecht, daß alles Recht wäre, was dem Römischen Bischof gefiele. Nicht, als könne das Konzil den Papst *verur-*

[104] ib. II 8 n. 100, 1–3 Kallen p. 135.
[105] ib. II 20 n. 190, 4–5 Kallen p. 232.
[106] ib. II 13 n. 121 Kallen p. 137.
[107] ib. II 12 n. 111 Kallen p. 146.
[108] ib. II 13 n. 115 Kallen p. 150.
[109] ib. II 13 n. 117 Kallen p. 153.
[110] ib. II 14 n. 127 Kallen p. 162.
[111] ib. II 14 n. 130–131 Kallen p. 164–165.

teilen; so lange er rechtgläubig ist, bleibt er das Haupt. Aber wenn er häretisch wird, können wir ihm den Gehorsam entziehen und ihn absetzen;
die Kirchengeschichte beweise, die Päpste Liberius und Marcellinus seien
abgesetzt worden.[112] Ein universales Konzil kann auch in anderen Fällen
als dem der Häresie einen Papst absetzen, und das ist auch vorgekommen.[113] Zum Beispiel: *quando inutilis est*.[114] Der Papst sei dem universalen Konzil Gehorsam schuldig. Es könne ihn bestrafen.[115] Die römischen
Bischöfe der alten Kirche hätten sich nicht so wie die mittelalterlichen
(der Ausdruck „mittelalterlich" ist hier von mir) ihrer Macht gerühmt;
sie hätten sich demütig vor ihrer Synode entschuldigt.[116] Cusanus resümiert. Aus allem ergebe sich: Das universale Konzil repräsentiert die universale Kirche und ist dem Papst und der Kurie in jeder Hinsicht überge-
ordnet.[117] Und alle Gewalt geht vom Volke aus:

> *Et pulchra est haec speculatio, quomodo in populo omnes potestates tam
> spirituales in potentia latent quam etiam temporales et corporales.*[118] Wir

erinnern uns: Schon in *De usu communionis* lehrte Cusanus, die Autorität werde *ex potentia materiae* eduziert. Dies schließe die Wirkung Gottes nicht aus, sondern *ein*.[119]

Ich kann von dem umfangreichen Buch keinen hinreichenden Bericht
geben. Es quillt über von kirchenrechtlichen- und kirchengeschichtlichen
Zitaten. Cusanus arbeitet als Historiker. Er äußert den methodischen
Grundsatz, wir müßten beim Lesen der Dokumente die Zeitumstände
kennen und sie mit diesen zusammenhalten.[120] Er will der *reformatio* der
Kirche dienen.[121] Zur Kirche gehört für ihn auch das Reich, der Körper
der Christenheit. Die Kirche ist im Verfall – durch die Hypertrophie der
Römischen Macht, durch die Vermischung von Weltlichem und Geistli-
chem. Wie groß, ruft er aus, war in der alten Kirche die Angst vor einer
Vermischung von weltlich und geistlich.[122] Er beklagt die ständige finan-

---

[112] ib. II 17 n. 143 Kallen p. 178.
[113] ib. II 17 n. 161, 1–6 Kallen p. 197.
[114] ib. II 18 n. 161, 16 Kallen p. 198.
[115] ib. II 20 n. 171, 1–9 Kallen p. 208.
[116] ib. II 20 n. 174, 1–4 Kallen p. 213.
[117] ib. II 17 n. 148, 11–14 Kallen p. 184.
[118] ib. II 17 n. 168, 1–3 Kallen p. 205.
[119] ib. II 19 n. 167, 9–21 Kallen p. 204.
[120] ib. III c 2 n. 308, 1–9 Kallen p. 335.
[121] ib. II 26 n. 208, l Kallen p. 250.
[122] ib. II 29 n. 224, 13–16 Kallen p. 266.

zielle Ausbeutung durch die Kirche: *Hic mundus clamat de quaestu Romanae curiae*.[123] Die Dienste der Kurie und der Metropoliten müssen kostenlos geboten werden. Der Klerus ist zu üppig, und er ist zu zahlreich. Die Ausstattung der Kirche mit reichen Ländereien hat ihren früheren Sinn verloren.[124] Cusanus sieht die Böhmen vor der Tür. Ihnen gegenüber hebt er die freie Gestaltungskompetenz der kirchlichen, der konziliaren Autorität hervor.[125] Aber eine Reform ist nötig; vom Papst ist sie nicht zu erwarten, also wendet er sich an den Kaiser. Aber auch das Reich liegt danieder. Und wie Cusanus die Ekklesiologie der Kirchenväter und die Akten der acht alten Konzilien durchsuchte, so machte er sich im dritten Buch an die Reichsgeschichte, um den Verfall der Kaisermacht seit dem 11. Jahrhundert historisch zu belegen. Die Partikulargewalten haben sich zunehmend auf Kosten des Ganzen verselbständigt. Die Heeresverfassung dient nur noch den Interessen der Territorialherren; der Kaiser verliert seine Zuchtgewalt und seine Autorität. Die römische Kirche hat dem Reich, das sie unter den Ottonen und Heinrich III. noch zur Reform angetrieben hat, das Selbstbewußtsein geraubt und das Geld weggenommen; sie hat sich über das Reich eine Autorität angemaßt, die sie vor dem elften Jahrhundert nicht hatte. Zu diesem Zweck erfanden die Papalisten zwei Legenden, die Konstantinische Fälschung und die Sage, der Papst habe das Kaisertum den Griechen weggenommen und es den Franken gegeben.

In Kirche und Reich gehe es jetzt darum, „das alte Recht" wiederherzustellen. *Ius antiquum*, das ist die Formel.[126] Sie bedeutet je etwas anderes für die Römische Kirche und für das Römische Reich. Beide sind zerfallen, beide sind wiederherzustellen, nicht gegen den Papst, nicht gegen den Kaiser, aber mit dem Kaiser und dem Konzil gegen reformfeindliche und machtgierige Päpste, die mit der Konstantinischen Schenkungslegende und mit der erfundenen Reichsübertragungstheorie ihre Macht zu steigern verstanden haben. Er habe in Köln einen alten Codex mit der Korrespondenz Karls des Großen mit Papst Hadrian gefunden und durchgearbeitet; danach wußte Karl nichts von der *translatio Imperii*.[127]

---

[123] ib. II. 30 n. 226, 2 Kallen p. 268.
[124] ib. II 30 ganz Kallen p. 267–269.
[125] ib. II 26 n. 211 Kallen p. 252–253.
[126] ib. II 21 n. 191, 2 Kallen p. 233.
[127] ib. III 2 n. 316, 11–15 Kallen p. 340.

Auch das Wahlrecht der Kurfürsten wurde ihnen nicht vom Papst verliehen; sie wählen kraft eigner Autorität und bedürfen nicht der päpstlichen Bestätigung. Die feierliche Kaiserkrönung durch den Papst ist rechtlich ohne Bedeutung (III c. 4 ganz).

Ich sprach eingangs vom „Renaissancebewußtsein" dieser Schrift. Es bedeutet: Quellenstudium der antiken Kirchengeschichte und mittelalterlicher Reichs- und Papstgeschichte zum Zweck der Wiederherstellung des alten Rechtes. Aufforderung zur *concordia*, vor allem zur *concordia* von Kaiser und Bischöfen, damit Kirche und Reich reformiert werden. Es bedeutet Abstandsbewußtsein von der mittelalterlichen Entwicklung in Kirche und Reich, aber immer noch bezogen auf die mittelalterlichen Instanzen von Papst und Kaiser. Die kirchlichen Mißstände und der Verfall des Reiches führen zu einer Befremdung gegenüber dem status quo. Dadurch ist ein neuer Blick in die Vergangenheit entstanden, denn es fragt sich, wo und warum der Niedergang begonnen hat. Diese Suche hat nun ein neues Instrument: das genaue, das philologische und historische Studium der Texte. Insofern beschritt Cusanus mit *De concordantia* einen Weg, dessen Ende er nicht überschauen konnte. Wie, wenn man die gesamte Kirchengeschichte so las? War nicht auch die scholastische Theologie unter angebbaren Bedingungen entstanden? Hatte nicht auch das christliche Dogma eine Geschichte?

Indem Cusanus an der Legende festhielt, das *Apostolische Glaubensbekenntnis* sei die mündliche Lehre der Apostel, setzte er seiner Legendenstürmerei eine inhaltliche Grenze. Wie, wenn diese fiele?

5. Zu Beginn des dritten Buches vertieft Cusanus noch einmal die naturrechtliche Grundlage seiner Argumentation; er bedient sich jetzt ausführlich des *Defensor Pacis* des Marsilius von Padua. Er beruft sich auf Cicero und dessen Konzept von Naturrecht: Jedes Wesen will sein Sein und sein Leben erhalten. Es will Schaden von sich fernhalten und will sich das Lebensnotwendige besorgen. Was ihm notwendig ist, dafür hat es einen Sinn oder einen Instinkt; dieser ist in der Mehrheit der Fälle verläßlich. Deswegen ist ein Gesetz nur dann gültig, wenn es dem Gesetz entspricht, das in unserer Vernunft eingegraben ist. Deswegen gelte der Rechtsspruch: *quod omnes tangit, ab omnibus approbari debet.*[128] Es braucht eine kraftvolle Autorität, die Einheit und Frieden wahrt, aber

---

[128] ib. III Prooemium n. 276, 3 Kallen 318. Doch ist das *Prooemium* als ganzes grundlegend wichtig.

diese Autorität muß ihren Grund in der freien Wahl der Bürger haben. Cusanus erörtert die Staatsformen und erklärt die Wahlmonarchie als diejenige Verfassung, die dem Naturrecht am meisten entspreche. Zugleich wendet er seine Philosophie der *res publica* ins Christliche: Christus ist die Weisheit, und der gewählte Monarch ist die *figura*, die sichtbare Vertretung Christi, und so verwandelt sich sein Buch passagenweise in einen Fürstenspiegel des christlichen Herrschers.

Daneben steht die scharfe Kritik an den Papstfälschungen. Sie sind schon deshalb zu verwerfen, weil alle Macht von Gott ist, ohne Vermittlung des Papstes. Sonst wären die vorchristlichen Könige keine Herrscher gewesen. Die Rechtfertigung des Kaisertums liegt in seiner Verpflichtung auf Einheit, Ordnung und Frieden. Mit schöner Ironie wundert sich Cusanus, wieso die Schriftsteller der Antike nichts von der Konstantinischen Schenkung wüßten. Sie berichteten doch auch, wieviel Kerzen und Weihrauch der Kaiser dem Papst geschenkt habe, aber von der Schenkung des Patrimonium Petri wüßten sie offenbar nichts.[129] Er habe die angebliche Schenkungsurkunde genau untersucht und gefunden, an der Schrift selbst ergäben sich Gründe für ihre Unechtheit; doch diese Untersuchung würde hier zu weit führen.[130] Die Geschichtsquellen widerlegten die Silvesterlegende. Konstantin sei nicht von Papst Silvester getauft worden, er habe seine Frau Fausta und seinen Sohn Crispus grausam umgebracht und sei erst kurz vor seinem Tod von Bischof Eusebius getauft worden. Außerdem sei er Arianer gewesen.[131] Rom habe einen berechtigten Vorrang, aber wozu habe es diese Legenden und Fälschungen nötig? Und hat nicht ein Papst, Anastasius, dem damaligen Kaiser geschrieben, der Kaiser sei Vicarius Christi?[132]

6. Ich kann die Betrachtung von *De concordantia* abschließen mit wenigen Bemerkungen zum Charakter dieses Buches und zu seiner genetischen Stellung:

Das Thema der Konkordanz kennen wir bereits aus den ersten *Sermones*. Aber jetzt entfaltet Cusanus es breit; er gibt ihm die philosophisch-theologische Grundlegung durch eine doppelte Operation: Er schreibt die Hierarchie-Konzeption des Dionysius im Sinne der Konsensustheorie um, und er greift auf die Naturrechtskonzeption Ciceros in der Ak-

---

[129] ib. III c. 2 bes. n. 295 Kallen p. 329.
[130] ib. III c. 2 n. 301 Kallen p. 332.
[131] ib. III c. 2 n. 304, 1–4 Kallen p. 333.
[132] ib. III c. 5 n. 341, 1–10 Kallen p. 354.

zentuierung des Marsilius von Padua zurück. Die Konzepte von Recht, Vernunft, Weisheit, Herrschaftslegitimation durch Zustimmung und freie Wahl der Bürger – dies sind allgemein-menschliche Einsichten der philosophischen Tradition; sie sind nichts spezifisch Christliches. Sie sind es, die den philosophischen Grundriß der Rechtsphilosophie des Cusanus abgeben. Cusanus bedauert, die staatsphilosophischen Schriften Platons und Ciceros seien nicht zugänglich oder verloren. Hier können wir einmal zusehen, wie sich die philosophische Reflexion in Handschriftensuche umwandelte. Später besaß Cusanus ein Exemplar von Platons „Staat"; es steht heute noch in Brixen. Die philosophische Grundlegung des Rechtes rekonstruierte sich Cusanus aus Ciceros *De officiis*; er verweist insbesondere auf die Naturrechtsdarlegung in *De officiis* I 4.[133] Die stoische Naturrechtslehre, die Philosophie der *inclinationes naturales* gab dem Vernunftbegriff der Stoiker einen konkreten Inhalt. Ohne diesen bliebe die Rede, das gute Handeln sei das vernünftige Handeln, vage. Schon die Kirchenväter adaptieren sich das stoische Ideal der Weisheit *(sapientia)*; Cusanus zitiert in der Vorrede zum dritten Buch Ambrosius als Zeugen für die stoische Konzeption der Weisheit.[134] Thomas von Aquino nutzte in der *Summa theologiae* I–II, 94, 2 den Vorzug der stoischen Lehre von den naturhaften Neigungen, den Vernunftbegriff material zu füllen; im Frühhumanismus des 14. Jahrhunderts erlangte diese stoisierende Betrachtungsweise neue Aktualität; sie diente der Grundlegung einer allgemein-menschlichen, einer nicht nur spezifisch-christlichen Moral. Thomas nennt Cicero nicht beim Namen; aber er steht auf dessen Schultern, ebenso wie Cusanus. Dilthey und seine Nachfolger haben die Rolle der stoischen Vernunft- und Naturrechtsphilosophie im konfessionellen Zeitalter gesehen und in die Geschichte der Aufklärung eingeordnet. Aber es gibt schon zwischen dem 13. und dem 15. Jahrhundert ein ähnliches Bedürfnis für das Naturrechtsdenken Ciceros. Ich verweise auf Buridans Ethikkommentar und auf die Rede Pampineas in der Einleitung des *Decameron*.

Doch hier ist das Thema des Cusanus die Konkordanz der Christen. Dies genau sagt der Titel des Buches. Ging es in den ersten *Sermones* um die Konkordanz aller Religionen und Philosophien, so geht es 1433/34

---

[133] Cusanus zitiert die Stelle als I 3. Der Text als I 4 in Cicero, *Scripta quae manserunt omnia*, Fasc. 48, ed. C. Atzert, Leipzig 1958, p. 6–8. In der Neuausgabe: Cicero, *De officiis*, ed. M. Winterboom, Oxford 1994, p. 5–7.
[134] *De concordantia catholica* III Prooemium n. 272, 1–10 Kallen p. 315.

um die Eintracht der zerstrittenen Christen. Sie ist ohne Klarstellung der geschichtlichen Stellung von Papst, Konzil und Kaiser nicht zu fördern. Daher verwandelt sich die Rechtsspekulation in ein Handbuch der Rechts-, der Kirchen- und der Reichsgeschichte. Zugleich hat das Buch adhortativen Charakter; es gibt einen christlich-ethischen Fürstenspiegel für den Kaiser, die Kurfürsten, für Bischöfe und Päpste.

Konkordanz wurde zum Hauptthema; von Koinzidenz spricht Cusanus noch nicht. Zwar sagt er, das göttliche Wesen stehe oberhalb aller *contrarietas*. Aber er vertieft dieses Dictum nur in Richtung auf Konkordanz- und Trinitätsphilosophie; er fragt nicht nach unserer Möglichkeit, denkend die Gegensätzlichkeit zu übersteigen. Wir müssen zur Erfassung des Über-Gegensätzlichen imstande sein. Sonst könnten wir die göttliche Konkordanz nicht zum Muster politischen, kirchlichen und privat-ethischen Handelns machen. Aber in *De concordantia catholica* erfahren wir noch nicht, wie das möglich wäre. In dieser Lücke lag ein Antrieb zur gedanklichen Weiterarbeit.

7. Aber zunächst bedrängten ihn konkretere Fragen. Er erzählt in *De concordantia*, er habe eine Anleitung zu Parlamentsreden geschrieben; der Text ist verloren, wenn es ihn gab. An anderer Stelle beruft er sich auf eine Abhandlung über das Weltende, eine ebenfalls nicht erhaltene Vorform der *Coniectura de ultimis diebus* von 1446. Das Interesse für das nahe Weltende war eine Vorgabe, die ihm das späte Mittelalter stellte; dieses Thema hat ihn auch im *Sermo* 23 vom 1. Januar 1441 beschäftigt; hier tritt er geradezu als Prophet auf, der seinen Zuhörern verkündet, welche Weltstunde geschlagen hat. Seine Berechnungen beruhten darauf, daß jedem Jahr im Leben Jesu 50 Jahre in der Geschichte der Kirche entsprächen; daraus ergab sich – bei kleineren Unsicherheiten, je nachdem, ob man die Kirchenzeit mit dem Tod oder der Geburt Jesu beginnen ließ – die Zeit um 1700 als das Ende der Weltgeschichte. In dieser Predigt mischen sich Einheitsphilosophie, negative Theologie und apokalyptische Prognose aufs seltsamste; als Cusanus diese Predigt später durchging, milderte er die Vorhersagesicherheit deutlich ab.[135] Ausgeführt hat er, noch zu Anfang des Jahres 1434, also praktisch gleichzeitig mit *De concordantia catholica*, einen Traktat über das Vorrecht, Präsident der Konzilssitzungen zu sein, *De auctoritate praesidendi in concilio generali*. Es

---

[135] *Sermo* 23 n. 13 h XVI p. 366. Vgl. dort auch p. 380–383 die wertvollen Erläuterungen von R. Haubst.

geht auch hier um den Gegensatz von papalistischen und konziliaristischen Ansprüchen.[136]

Aber zu den Reformprojekten des Konzils gehörte auch die Kalender-
verbesserung. Sie ist erst unter Gregor XIII., also gegen Ende des sech-
zehnten Jahrhunderts, zustande gekommen, aber Cusanus hat sich mit
ihr befaßt. Ihr galt sein nächstes kleines Buch von 1436: *De reparatione
calendarii*. Ich verstehe zu wenig davon, um es sachlich zu würdigen; ich
hebe nur hervor, daß Cusanus immer auch ein empirisches Interesse bewiesen hat. In *De concordantia catholica* gibt es nicht nur *historische* De-
tailarbeit; es gibt in III 6 auch einen Ausflug in die Geographie, um die
Grenzen des Imperium zu beschreiben. Jetzt also, bei der Kalenderre-
form, zeigt sich das Interesse an Astronomie und an rationaler Zeitord-
nung.

Nach der Kalenderschrift tritt für fünf Jahre eine Pause in den Veröffentlichungen des Cusanus ein. Er wechselt die Partei, übernimmt diplomatische Aufgaben, geht 1437 nach Byzanz, begleitet den Patriarchen
zum Konzil von Ferrara-Florenz, reist in diplomatischer Mission durch
Deutschland und arbeitet in Ruhepausen an *De docta ignorantia*.

Ich brauche nicht zu entscheiden, warum Cusanus die Partei gewechselt hat.[137] Die rechtlichen und die historischen Argumente von *De concordantia catholica* waren nicht widerlegt. Die gemeinsame Politik von
Konzil und Kaiser litt unter der Schwäche des Kaisertums, die Cusanus
unbarmherzig analysiert hatte. Manche Cusanusforscher begründen den
Parteiwechsel damit, das Konzil sei zu zerstritten gewesen und allein das
Papsttum habe die Kirchenunion mit Byzanz herstellen können. Aber
die Union mit den Griechen gehörte zu den Konzilsprojekten, und die
Konziliaristen wollten sie keineswegs *gegen* den Partriarchen von Rom
verwirklichen. Schließlich hatte auch die päpstlich herbeigeführte Union
keinen Bestand, und das keineswegs nur wegen der Eroberung von Konstantinopel durch die Türken. Die Vereinigung war in Byzanz theologisch nicht ausdiskutiert; sie war ein Strohhalm in der Not.

Cusanus begleitet den Patriarchen auf der Reise von Konstantinopel
über Venedig nach Ferrara. Auf der Rückfahrt, im Winter 1437/1438,
auf dem Schiff, erzählt er im Epilog zu *De docta ignorantia*, sei ihm die

---

[136] Den Text hat G. Kallen ediert in: Cusanus-Texte. II. Traktate. 1. *De auctoritate praesidendi in concilio generali*, Heidelberg 1935.
[137] Vgl. J.E. Biechler, Nicholas of Cusa and the End of the Conciliar Movement: A Humanist Crisis of Identity, in: Church History 44 (1975) S. 5–S. 21.

Erleuchtung gekommen, die alle bisherigen Probleme in neues Licht
setzt.

Dies ist eine erneute Einladung, die chronologischen Differenzen nicht
zu unterschätzen. Unsere Analysen haben ihn bestätigt: Die ersten *Sermones* und die *Concordantia catholica* zeigen eine deutlich andere intellektuelle Orientierung als *De docta ignorantia*. In den Texten von 1430
bis 1435 blieben die Probleme ungelöst, deren Lösung die Koinzidenzphilosophie bringen will.

Zuweilen liest man, Cusanus habe auf dem Schiff ein mystisches Erlebnis gehabt und dadurch habe sich seine Aufmerksamkeit von der Kirchenpolitik auf die spekulative Mystik verschoben; *De docta ignorantia*
sei der Versuch, die mystische Erfahrung irgendwie rational zu fassen.
Sollte dies der Fall sein, was niemand wissen kann, hat Cusanus sein Erlebnis unterkühlt-konventionell ausgedrückt. Gott ist das Licht; jede
gute Gabe und erst recht jede wahre Erkenntnis stammen, wie die Bibel
sagt, von ihm, dem Vater des Lichtes – das war in der religiösen Sprache
des 15. Jahrhunderts kein auffälliger Akzent; dies konnte auch ein Jurist
sagen, der die Lösung eines verwickelten Problems gefunden hatte. Wir
haben keinen Grund, die Meereserfahrung naturalistisch, sentimentalpsychologisierend – die Einsamkeit, der unendliche Horizont und so –
auszuschmücken oder eine fromme Floskel als Stütze einer verfehlten
Cusanusauslegung zu forcieren.

Martin Honecker, Raymond Klibansky, Rudolf Haubst und H. Lawrence Bond haben die näheren Umstände der Entstehung von *De docta
ignorantia* untersucht.[138] Dabei ergibt sich für unsere Fragestellung folgendes:

[138] M. Honecker, Die Enstehungszeit der „Docta ignorantia" des Nikolaus von Cues, in:
Historisches Jahrbuch der Görresgesellschaft (1940) S. 124–S. 141; R. Klibansky, Zur Geschichte der Überlieferung der Docta ignorantia, in: Nikolaus von Kues, Die belehrte Unwissenheit III, hg. von Hans Gerhard Senger, Hamburg 1977, S. 207–S. 236; R. Haubst, Das
Neue in De docta ignorantia, in: MF 20 (1992) S. 27–S. 53; H. Lawrence Bond, Nicholas of
Cusa from Constantinople to „Learned Ignorance": The Historical matrix for the Formation of De docta ignorantia, in: G. Christianson – Th.M. Izbicki, Nicholas of Cusa on Christ
and the Church. Essays in Memory of Chandler McCuskey Brooks, Leiden 1996, S. 135–
S. 163.

Doch vgl. im folgenden immer auch H. Wackerzapp, Der Einfluß Meister Eckharts auf
die ersten philosophischen Schriften des Nikolaus von Kues (1440 – 1450), hg. von J. Koch,
Beiträge Band 39 Heft 3, Münster 1962; H.G. Senger, Die Philosophie des Nikolaus von
Kues vor dem Jahre 1440. Untersuchungen zur Entwicklung einer Philosophie in der Frühzeit des Nikolaus (1430 – 1440). Beiträge Neue Folge Band 3, Münster 1971.

Cusanus hat notiert, daß er *De docta ignorantia* am 12. Februar 1440 in Kues abgeschlossen hat. Er war Ende November 1437 von Konstantinopel abgereist und war erst nach schwieriger Winterreise am 8. Februar 1438 in Venedig angekommen. Er begleitete den Kaiser Johannes VIII. Paleologus und den Patriarchen Joseph II. nach Ferrara und erstattete dem Papst und Cesarini Bericht. Eugen IV. sandte ihn im April 38 nach Deutschland. Dort hatten im März die Kurfürsten erklärt, sie wollten im Streit zwischen Papst und Konzil neutral bleiben; die päpstliche Politik mußte dringend reagieren. Der Papst rief ihn nach wenigen Wochen zurück, beauftragte ihn aber bereits am 6. Juni mit einer neuen Reise. Er sollte den Bund der schwäbischen Reichsstädte dazu bewegen, sich von Basel abzuwenden und der päpstlichen Seite beizutreten. Cusanus hatte an der Konzilsarbeit kaum direkten Anteil; er hat wohl nur an den ersten Sitzungen in Ferrara teilgenommen. Hier in Ferrara übergab er Ambrogio Traversari das griechische Exemplar der proklischen *Theologia Platonis,* das er aus Byzanz mitgebracht hatte. Traversari konnte die Übersetzung nicht vollenden; er starb im Oktober 1439 und Cusanus bekam erst 1462 die Übersetzung von Pietro Balbi; doch spricht einiges für die Vermutung, er habe einzelne Teile der begonnenen Übersetzung bei seinem Florenzaufenthalt im März und April 1440 zu sehen bekommen. Darauf werde ich später noch einmal zurückkommen.

Das Ferrareser Gelehrtenidyll, wenn es denn überhaupt eines war, währte nicht lange; Cusanus war ab Juni 1438 ständig unterwegs, ständig in heftige Auseinandersetzungen zwischen Konziliaristen und Papalisten verwickelt. Viele nahmen ihm den Parteiwechsel übel. Er war jetzt der Gesandte des Papstes; auf dem Reichstag in Nürnberg griff er die Basler scharf an. Im Winter 1438/39 hielt er sich in Koblenz auf; dies bedeutete eine Ruhe- und Reflexionspause etwa von Dezember 1438 bis Februar

Fast alle Bücher über Cusanus bringen eine Interpretation von *De docta ignorantia.* Vgl. R. Falckenberg, Grundzüge der Philosophie des Nicolaus Cusanus mit besonderer Berücksichtigung der Lehre vom Erkennen, Breslau 1880 E. Cassirer, Individuum und Kosmos in der Philosophie der Renaissance, Leipzig-Berlin 1927; J. Ritter, Docta ignorantia. Die Theorie des Nichtwissens bei Nicolaus Cusanus, Leipzig 1927; M. de Gandillac, Nikolaus von Cues. Studien zu seiner Philosophie und philosophischen Weltanschauung, Düsseldorf 1953; K.H. Volkmann-Schluck, Nikolaus Cusanus, Frankfurt 1957; K. Jacobi, Die Methode der Cusanischen Philosophie, Freiburg-München 1969; G. Santinello, Indroduzione a Niccolò Cusano, 2. Aufl, Bari 1987; T. Borsche, Was etwas ist. Fragen nach der Wahrheit der Bedeutung bei Platon, Augustin, Nikolaus von Kues und Nietzsche, München 1990, S. 171–S. 244; K.-H. Kandler, Nikolaus von Kues. Denker zwischen Mittelalter und Neuzeit, Göttingen 1995.

1439. Im März und April 1439 war er auf einem Treffen europäischer Diplomaten in Mainz. Der Konflikt wurde immer schärfer; Ende Juni hatten die Basler den Papst für abgesetzt erklärt. Am 25. Juli 1439 traf Cusanus in seinem Haus in Koblenz den Kanzler des Mainzer Erzbischofes zusammen mit Vertretern der anderen Kurfürsten. Er berichtete brieflich Cesarini am 4. August über diese Unterredung, seine Briefe wurden von der Konzilspartei abgefangen und dem Kurfürstentag in Mainz präsentiert mit der Bitte, Cusanus zu verhaften. Darauf ließen sich die Kurfürsten nicht ein, Cusanus agierte bis Ende August in Mainz. Von September bis Oktober 1439 hatte er wieder eine Ruhepause, aber ab November war er erneut in Mainz, auch wohl in Frankfurt und bei einem Lahnsteiner Treffen der Kurfürsten. In den folgenden Wintermonate 1439/40 schloß Cusanus das Manuskript von *De docta ignorantia* ab.[139]

8. Ich habe schon angekündigt: Die *Sermones* geben Einblick in die Entstehungszeit von 1438 bis 1440; es sind die *Sermones* 19 bis 21 (in der neuen Zählung). Vor allem *Sermo* 19 von Weihnachten 38 lädt zur vergleichenden Betrachtung ein. Wiederum predigt Cusanus über *Verbum caro factum est*, wie 8 Jahre zuvor, übrigens wiederum in Koblenz. Jetzt fällt die intensive Berufung auf Dionysius auf; die Rang- und die Reihenfolge der Zitierten ist jetzt: Paulus, Dionysius, Augustin.[140] Von Dionysius geprägt ist die Erörterung der Namen Gottes, besonders in *Sermo* 20, und die Hierarchiekonzeption der Kirche, besonders in *Sermo* 21. Doch nie folgt Cusanus schlicht dem Areopagiten. Wenn es um kirchliche Hierarchien geht, stellt er jetzt den Papst an oberste Stelle[141]; die Spekulation über die göttlichen Namen ergänzt er durch Verweise auf die Kabala[142]; aber wie in den früheren Predigten wiederholt er mittelalterlich-konventionelle Motive; er redet z. B. davon, daß die erlösten Menschen die Plätze der gefallenen Engel einnehmen werden.[143] Gegenüber der älteren Predigt haben sich die dogmatisch-scholastischen Formeln verstärkt. Jetzt hält Cusanus als Stichworte fest: die „distinkte Eigentümlichkeit und Personalität" des Verbum im Verhältnis zu Gott Vater, die „effektive Kausalität" der Erschaffung. Ich stelle mir vor, er hat diese Wendungen sich notiert zur Ab-

[139] Vgl. besonders R. Klibansky (vorige Anmerkung) S. 212–S. 214 und H.L. Bond (vorige Anmerkung) bes. S. 146–S. 154.
[140] *Sermo* 19 nn. 2–3 p. 292.
[141] *Sermo* 21 n. 71–74 p. 323. Vgl. Sermo 21 n. 7, 22–25 p. 323.
[142] *Sermo* 20 n. 7, 4–12 p. 305.
[143] *Sermo* 21 n. 4, 12–14 p. 320.

klärung seiner Gedanken, nicht um sie als Predigt direkt vorzutragen.
Aber wir sehen dem Text an, daß Cusanus jetzt aus komplizierten theologischen Debatten kommt.[144] Auch 1438 knüpft er an die Platoniker und an
Augustins Bericht über ihre Erkenntnisse in *De Civitate Dei* X und in den
Confessiones an, aber diesmal will er auch klarstellen, was diese Denker
nicht erreicht haben, nämlich die Einsicht in den Personcharakter des Verbum; sie haben den Logos als Gesamtheit der Ideen gefaßt, aber sie kamen
nicht bis zum Begriff der Person.[145] Diese Distanzierung, verbunden mit
teilweiser Berufung auf das *Compendium* des hl. Thomas[146], hätte Cusanus zur Aufgabe des Konzeptes der Trinitätsphilosophie führen können,
aber davon ist er weit entfernt. Jetzt, sagt er, nachdem wir den Glauben an
die Trinität haben, ist es ein Leichtes, die Vernunftgründe für sie zu entwickeln, und dies hätten Anselm und Augustinus, Richard von Sankt Viktor, Johannes Damascenus und andere (wir denken an Lull und Eckhart,
die Cusanus nicht nennt) getan. Hätten diese Denker den Glauben nicht
gehabt, hätten sie ihre Vernunftgründe nicht entdeckt, aber nachdem sie
entwickelt sind, haben sie ihr eigenes intellektuelles Gewicht.[147] Aber die
drei Predigten entwickeln dieser Gründe nicht weiter; sie stehen – wenn
wir von den genannten Motiven absehen – der intellektuellen Welt von *De
docta ignorantia* relativ fern; sie sind kirchliche Gebrauchsprosa, in der
Cusanus Wundergeschichten im Sinne des Papstes Gregor erzählt[148] und
vor der Astrologie warnt. Die Predigt 21 verwandelt einige Motive aus *De
concordantia catholica*; sie nimmt soviel davon auf, wie für einen neube-
kehrten Übergänger zur Papstpartei möglich war; jetzt ist aber mehr von
Gehorsam und Ordnung die Rede als von *consensus*. Erstaunlicherweise
kommen weder die *docta ignorantia* noch die Koinzidenz, noch die Mathematico-Theologie vor; auch Lullistische Motive sehe ich diesmal nicht.
Es ist, als trenne Cusanus, zumindest zeitweise, seine Predigtarbeit ab von
der intellektuellen Schriftstellerei für den Freund Cesarini. De facto prak-
tiziert er hier eine Zweiteilung, die er in der *Apologia* theoretisch begründen wird: Man kann nicht allen alles Wahre sagen.

Wenden wir uns *De docta ignorantia* zu.

---

[144] ib. n. 4, 8–15 p. 293.
[145] ib. n. 6, 1–12, besonders 11–12: *ita a longe aliquid sentiebant, non tamen pervenerunt ad
notitiam personae.*
[146] ib. n. 9 p. 297.
[147] ib. n. 6, 13–22 p. 296.
[148] *Sermo* 21 n. 14, 40–44 p. 328.

V.
NICHT-WISSEN ALS WISSEN 1439 – 1440

De docta ignorantia ist kein Frühwerk. Cusanus hat es am 12. Februar 1440 in Kues abgeschlossen – als reifer Mann. Ein zu recht berüchtigter Nachteil der genetischen Betrachtungsweise ist es, die frühere Stufe zugunsten einer anderen abzuwerten – aber dies entspringt nicht dem entwicklungsgeschichtlichen Verfahren, sondern seiner ungeschickten Handhabung. Nehmen wir also *De docta ignorantia* nicht als bloße Vorstufe zu etwas anderem. Josef Koch hat zwar geurteilt, die Kunst der *docta ignorantia* sei „im Sinne des Autors... die Vorbereitung auf die *ars coniecturalis*".[149] Aber selbst wenn nachweisbar wäre, daß Cusanus eine solche Finalisierung in *De docta ignorantia* mitgedacht hätte, müßten wir uns nicht an sie binden.

Lesen wir *De docta ignorantia* selbst. Ich übersetze zuerst einmal den Titel: *Wissen des Nicht-Wissens.* Übersetzt jemand: *belehrte Unwissenheit*, so klingt das nach Belehrung durch andere Personen oder gar durch einen offenbarenden Gott; aber hier klärt sich das Wissen selbst über seine Grenzen auf; es gewinnt an Wissenszuwachs, indem es aus Gründen sagt, was es alles nicht weiß. Das Wort „gelehrt" gehört überhaupt nicht hierher; es liegt seit dem 19. Jahrhundert innerhalb der semantischen Unterscheidung von „Denken, Wissen" einerseits und Gelehrtheit andererseits; diese moderne Zweiteilung werden wir Cusanus nicht ansinnen. Der entscheidende Punkt scheint mir: Die Einsicht in unser Nicht-Wissen ist Wissen. Deswegen könnten wir interpretierend übersetzen: *Nicht-Wissen als Wissen.*

Doch kommen wir zum Text; ich gebe zuerst einmal einen groben Überblick:

Das Buch beginnt mit der Erklärung, es gehe darum, das größte menschliche Wissen zu erforschen. Cusanus wendet sich also nicht direkt dem Maximum zu, sondern dem maximalen *Wissen.* Er will von ihm zeigen, es sei zugleich das minimale Wissen, also ein Nichtwissen. Um dies sichtbar zu machen, muß er den maximalen Inhalt des maximalen Wis-

---

[149] Josef Koch, Die ars coniecturalis des Nikolaus von Kues, Köln – Opladen 1956, S. 12.

sens untersuchen, nämlich das absolute Maximum. Von ihm ist zu beweisen, daß es auch das Minimum ist. Das Argument ist: Auch das Minimum
ist ein Maximum, nämlich ein Maximum an Kleinheit. Das *erste Buch*
untersucht, was aus diesem Ansatz für unser maximales Wissen und seinen Inhalt, das absolute Maximum, folgt. Es ist ein Nicht-Wissen, das
sich erkennt und dadurch seine Grenzen erweitert.

Ich widerspreche hiermit jener Charakteristik von *De docta ignorantia*, nach der das Wesentliche in ihr die Erfahrung des Abstandes von
menschlichem Denken und göttlicher Wirklichkeit ist. Die Weisheit Gottes übersteigt unsere Weisheit, aber der entscheidende Punkt hier ist, daß
in dieser Erkenntnis eine Erweiterung unserer Selbsterkenntnis liegt.
Manche Ausleger hören aus dem Buch des Cusaners nur das Thema der
ignorantia heraus, während es um den Gewinn an Einsicht geht, der aus
dem *Wissen* des Nichtwissens erwächst. Wir kommen der Wahrheit näher, je deutlicher wir unser Nichtwissen wissen: *quanto in hac ignorantia
profundius docti fuerimus, tanto magis ipsam accedimus veritatem.*[150] Dieser *bestimmte* Erkenntnisgewinn wird oft verkannt. Er liegt, schematisch
gesagt, in der Einsicht

– primär – in die Grenzen des vom Widerspruchsprinzip beherrschten
  Verstandesdenkens, also in der Lehre von der Koinzidenz der Widersprüche, die das Neue und Wesentliche bei Cusanus ist, keine bloße Zu-
  spitzung oder rhetorische Verstärkung längst vorhandener Doktrinen;
– folgeweise – in das Zusammenfallen der verschiedenen Aspekte der
  Kausalität (effiziente, formale, finale, materiale), die schon bei Albertus Magnus und Heimericus a Campo koinzidental gedacht waren;
– sekundär folgeweise – in den zirkulären Charakter der Gottesprädikate; diese Einsicht hatte schon Lull zu dem Programm einer *theologia
  circularis* geführt.[151]

Charakteristisch für das erste Buch ist die Mathematico-Theologie. Sie
sucht die Trinität philosophisch argumentierend zu beweisen; sie beschränkt sich nicht auf den unverbindlichen Aufweis von „Analogien"
der Dreieinigkeit, sondern sie versucht zu zeigen, das ins Unendliche ver-
größerte Dreieck koinzidiere mit dem Punkt und der Linie, dem Kreis
und der Kugel. Sie denkt die Trinität nicht als christlichen Sonderbesitz
oder als „Urgeheimnis", sondern sie sieht sich im Zusammenhang mit der

---

[150] *De docta ignorantia* I 3 p. 9, 26–28.
[151] ib. I 21 p. 44, 4.

Tradition des Hermes und des Neuplatonismus, dem Augustin beschei-
nigt hatte, die Trinität philosophisch erfaßt zu haben.[152]
Das *zweite Buch* versucht zu beweisen, daß auch das Universum ein
Maximum ist. Es ist ein begrenztes Maximum; es schöpft nicht alle Möglichkeiten aus und unterscheidet sich insofern vom schlechthin Unendlichen; aber seine Limitation ist eine metaphyische, keine kosmologische;
sie hindert nicht, daß es zu gleicher Zeit unendlich ist.Wir können seine
Grenzen nicht bestimmen. Im Universum zeigt sich die für das Unendliche charakteristische Dreieinigkeit, nicht als bloße Analogie, sondern in
harter Argumentation, die etwa so verläuft:
Was immer ist, muß zunächst einmal *möglich* sein. Alle Wirklichkeit
setzt ihre *Möglichkeit* voraus. Sie muß aber zweitens in sich bestimmt
sein. Bestimmung – das heißt rationale Struktur, aber nicht als bloße Konstruktion, sondern als Gemeinsamkeit von Denken und Realität. Bestimmung und Bestimmtes müssen – drittens – verbunden gedacht werden.
Sie sind nicht wirklich, wenn sie nicht durchdrungen sind und sich wechselseitig bestimmen. Später, 1458, wird Cusanus in *De Beryllo* Aristoteles
vorwerfen, er habe dieses dritte Prinzip, das der Verbindung, verkannt.[153]
Er hielt also sein Trinitätsdenken nicht für eine Besonderheit der Christen, sondern für eine Einsicht, die er einem konsequenten Denker wie
Aristoteles abverlangen konnte. Und wie das absolute Maximum vor jeder Opposition steht – denn das Maximum ist seiner Definition nach das,
dem nichts gegenübersteht –, so geht auch das Universum allen Gegensätzen voraus. Es umfaßt sie; es wird von ihnen nicht aufgerieben. Das
zweite Buch untersucht, was aus diesem Ansatz für die Philosophie der
Natur und die Kosmologie folgt. Die Annahme getrennt existierender
Prinzipien fällt zusammen in der koinzidental gedachten Drei-Einheit.
Cusanus will beweisen: Die Trinität erfüllt die in der Antike getrennt gedachten Funktionen – erstens einer selbständigen Materie, zweitens selbständig existierender Ideen, drittens einer distinkten Weltseele als bewegenden Prinzips. Cusanus nimmt dabei Theorien und Termini von
Thierry von Chartres auf.[154] Er will philosophierend zeigen: Die Trinität
ist ineins der Ursprung, das Urbild und das Ziel der Weltdinge; sie ist
ineins Stoff, Form, Verbindung beider. Diese neuen Lehren, *prius inau-*

[152] Augustinus, *Confessiones* VII 9, 13–14, CC 27 Verheijen p. 101–102.
[153] *De beryllo*, n. 40, 1–10, h XI,1, 2. Auflage, p. 46.
[154] N.M. Häring (Ed.), Commentary on Boethius by Thierry of Chartres, Toronto 1971.

dita, sah Cusanus nicht als Ahnungen, Metaphern oder Anmutungen, sondern als Beweisergebnis der *docta ignorantia.*[155] In diesem Zusammenhang trägt Cusanus seine berühmt gewordenen Lehren vor,

> das Universum habe keine auffindbaren Grenzen, *non potest concipi finitus, cum terminis careat;*[156]
> die Erde befinde sich nicht im Mittelpunkt der Welt; *terra non est centrum mundi;*[157]
> die Erde könne sich nicht in völliger Ruhe befinden. *Manifestum est terram moveri;*[158] der gegenteilige Augenschein täusche;
> die Erde sei nicht von geringerer Qualität als die Sterne; sie sei selbst ein edler Stern: *terra stella nobilis.*[159]

Der genaue Wert dieser Thesen wird zuweilen übertrieben. Cusanus hat nicht die kopernikanische Wende vorweggenommen, geschweige denn an Modernität übertroffen. Seine Argumentation war metaphysisch, nicht astronomisch. Sie lief darauf hinaus, das Weltall sei grenzenlos, aber nicht im vollen Sinne des Wortes „unendlich" (Cusanus nannte dies Prädikat Gottes: „negativ unendlich", das Universum hingegen „privativ unendlich"), und nichts in der sinnlichen Welt verwirkliche einen reinen Gegensatz – Ruhe oder Stillstand. In der empirischen Welt kommen diese reinen Gegensätze immer nur vermischt vor. Überdies wußte Cusanus, daß es in der Antike Astronomen gegeben hatte, die – anders als Aristoteles – die Erde als einen bewegten Stern angesehen hatten. Cusanus hat für seine Neuerungen nicht empirisch argumentiert. Es ging ihm, wie der Zusammenhang zeigt, auch nicht primär um das theologische Motiv, die Allgegenwart und Allwirksamkeit Gottes zu zeigen, sondern er philosophierte über die weltliche *Koexistenz* der Gegensätze, die in reiner, in idealer Gestalt nur im Unendlichen vorkommen und dort *koinzidieren.* Darin lag auch eine Ent-Hierarchisierung des Kosmos. Der bewundernde Aufblick galt nicht mehr nur den Sternen. Das Rütteln am Geozentrismus hat keineswegs, wie man oft meint, den Rang der Erde erniedrigt, sondern erhöht. Die Erde war bei Cusanus nicht mehr das Letzte und

---

[155] *De docta ignorantia* II 11 p. 99, 15–16.
[156] ib. II 11 p. 100, 13–14.
[157] ib. p. 100, 17.
[158] ib. p. 102, 9.
[159] ib. II 12 p. 105, 23.

Unterste im Universum. Im geozentrischen Denken galt das Wohnen des Menschen auf der Erde nicht als ein Zeichen seiner Zentralstellung im Universum, sondern als Beweis seiner Niedrigkeit.[160]

Vielleicht darf ich an dieser Stelle einen Rat geben zur Lektüre des zweiten Buches von *De docta ignorantia*: Sich nicht durch Einzelfragen der Kosmologie ablenken lassen von der philosophischen Einsicht, die vor allem im fünften Kapitel vorgetragen wird, daß nämlich alles in jedem Einzelwesen ist. Um es selbst sein zu können, „kontrahiert" jedes Wesen das Gesamt der Realität in sich. Wer dies durchdenkt, verändert das Konzept von „Natur" (als bloß außermenschlichen Seins) und von „Mensch" (als der Natur entgegengesetztes Sein); er durchbricht die traditionelle Engführung des Blicks auf die Einzelsubstanz als auf das „Wesen"; er sieht sich und jeden „Gegenstand" zugleich in Verbundenheit und Differenz; er denkt Einheit und Vielheit nicht mehr als sich ausschließend, sondern als sich rhytmisch durchdringend. Modern ausgedrückt: Cusanus entwickelt einen „holistischen" Begriff von Wirklichkeit und Wahrheit: Nur wer das Ganze im Einzelnen sieht, erkennt das Einzelne, aber auch nur dann, wenn er das Einzelne zugleich im Ganzen denkt. „Im Stein ist alle Realität als Stein". Wer dies durchdenkt – verspricht Cusanus – sieht, wie Einheit und Vielheit, Unterschied und Zusammenstimmen aller Dinge *entspringen*. Ich habe Schwierigkeiten mit einem solch umfassenden Anspruch, aber er ist für Cusanus charakteristisch, und er kann für sich geltend machen, daß er die modernen Trennungen von „Ausdehnung" und „Denken", von „Natur" und „Kultur" hinter sich läßt. Cusanus will zeigen, wie die Welt zu denken sei, nämlich nicht als Konglomerat selbständiger „Substanzen", sondern als Präsenz der Allnatur in jedem Einzelding und als Insein der Einzeldinge im Universum, und dies nicht als starre Aufstellung von Dingen im Raum, sondern als Prozeß wechselseitiger Durchdringung von Gegensatzpaaren. Es ist dies die Seite im Denken des Cusanus, die vor allem Giordano Bruno aufgegriffen hat und die Herder, Goethe und Schelling weiter entwickelt haben.

Das *dritte Buch* entwickelt eine neue Philosophie der Inkarnation. Schon Eckhart und Lull hatten für alle Wahrheiten des Christentums, also insbesondere für die Trinität und die Inkarnation, philosophische Ar-

---

[160] Vgl. Ch. T. Ely, Nicholas of Cusa and Medieval Cosmology: An Historical Reassessment, in: Patristica et Medievalia 11 (1986) S. 83–S. 90; R. Brague, Geozentrismus als Demütigung des Menschen, in: Internationale Zeitschrift für Philosophie 1 (1994) S. 2–S. 25.

gumente vorgebracht. In dieser Linie, nicht in der Schultheologie des
15. Jahrhunderts oder auch der Folgezeit, bewegte sich die Inkarnationsphilosophie des Cusanus, die den christlichen Glauben zwar psychologisch-faktisch, aber nicht argumentativ voraussetzen wollte:

In dem Gottmenschen Jesus vereinten sich das absolute Maximum und
das *Maximum contractum*, also das Universum, das in der menschlichen
Gattung und nur in ihr – nicht in den Engeln oder den Tieren – seine Einheit findet. Wir kennen dies aus dem ersten *Sermo:* Die unendliche Einheit
verbindet sich mit dem Menschen als der „allgemeinen Natur"; eine größere Einheit kann nicht gedacht werden. Denn die menschliche Natur faßt
in sich die sinnliche und die geistige Welt zusammen.[161] Christus ist der
Mensch, wie er vollkommener nicht sein könnte, *homo maximus*.[162] Er ist
die Totalität der Species; er steht daher jedem Einzelnen näher als dessen
Bruder oder Freund. Die Menschwerdung ist kein vereinzeltes, bloß faktisch hinzunehmendes Ereignis; sie offenbart den Sinn der Menschheit.
Cusanus postuliert die *Realität* der idealen Menschheit; antike Denker
hatten sie vorweggenommen. Sie ist kein Glaubensgeheimnis, sondern
konnte von den Weisen vernünftigerweise vorhergedacht werden.[163] Die
denkende Bemühung um die Einsicht in die Inkarnation argumentiert genuin philosophisch, sie ist keine philosophische Propädeutik zum Glauben. Sie hat nicht den Charakter einer „Vorüberlegung", sondern sie löst
den *intellectus fidei* ein. Sie mag in den meisten Fällen – nicht in allen, wie
das Beispiel des Hermes Trismegistus belegt – den Glauben de facto,
psychologisch gesehen, voraussetzen; sie ist, argumentativ gesehen, sui generis, auch wenn de facto unter unseren Bedingungen gilt, daß, wo kein
wahrer Glaube besteht, es zu keiner wahren Einsicht kommt.[164] Der
Grundgedanke ist also der: Die Menschheit Jesu ist die maximale *humanitas* und umfaßt alle Menschen; in ihm hat die Menschheit selbst gelitten
und wurde auferweckt. Das Buch endet dann mit einigen Reflexionen
über die Kirche. Sie sind aber so allgemein gehalten, daß sie den schwe-
benden Konflikt von Papst und Konzil nicht einmal erwähnen.

Einige Motive, das zeigt schon dieser erste Überblick, sind uns aus früheren Schriften des Cusanus vertraut: Gott ist Inhalt des Wissens, nicht al-

---

[161] *De docta ignorantia* III 3 p. 126, 18–28.
[162] ib. III 5 p. 133, 9.
[163] ib. III 5 p. 135, 19–27.
[164] ib. III 11 p. 152, 6.

lein des Glaubens. Der volkssprachliche Ausdruck „Gott" meint die absolute Einheit, die vor jedem Gegensatz steht. Der Mensch ist die universale Kreatur, die Geistiges und Stoffliches verbindet; daher findet das Universum in der menschlichen Natur seine Einheit. Es gibt antik-philosophische Argumente dafür, daß sich Gott dem Menschen als dem Universalgeschöpf verbinden wird.

Neu gegenüber den früheren Schriften ist der Ausgang vom menschlichen Wissen. Dies ist eine Besonderheit, die wir nicht vergessen oder überspringen dürfen, etwa mit der Begründung, es gehe doch um das Maximum als um den Inhalt des Wissens. Genau dies ist das Charakteristische: Vom Maximum ist hier die Rede, sofern es Inhalt des maximalen Wissens ist. Wenn das Wissen der Ausgangspunkt wird, muß zur Sprache kommen, wie *wir* Übergegensätzliches wissen können. Wir wissen es, indem wir wissen, daß wir es nicht wissen. Aber dieser Gedanke verfliegt nicht zu einer vagen Skepsis. Er ändert konkret und auf inhaltsreiche Weise unseren Begriff vom Wissen, von Gott, von der Welt, vom Christentum. Dies möchte ich zeigen, wenn auch nur in Umrissen. Denn der Text ist zwar nicht, wie immer noch gesagt wird, *das* Hauptwerk des Cusanus, aber er ist einer der reichsten der philosophischen Literatur; ich kann ihn nicht umfassend erörtern; ich hebe nur drei Hauptthemen hervor, die für eine genetische Analyse unerläßlich sind. Dazu stelle ich drei Fragen:
1. Was heißt hier, genau genommen, *coincidentia oppositorum*?
2. Welche Rolle spielt, genau genommen, die negative Theologie in diesem Text?
3. In welcher Beziehung sieht sich unser Autor, genau genommen, zur vorangegangenen Philosophie?

1. Koinzidenz in De docta ignorantia

Die Neuscholastiker der älteren Generation, also bis etwa 1930, haben die Cusanische Koinzidenz als Widersinn, als pantheistisch, als „skeptisch" und „neuzeitlich" verworfen. Aber *nach* Albert Stöckl (1823 bis 1895)[165], Michael Glossner (1837 bis 1909)[166] und Edmond Vansteen-

---

[165] Albert Stöckl, Geschichte der Philosophie des Mittelalters, 3. Band, Mainz 1866.
[166] Michael Glossner, Nicolaus von Cues und Marius Nizolius als Vorläufer der neueren Philosophie, Münster 1891.
Diese Art von Cusanus-Kritik wurde fortgeführt von B. Jansen, Zum Nikolaus-Cusa-

berghe, der 1920 seine immer noch wichtige Biographie des Cusanus vor-
legte, *nach* diesen neuscholastischen Kritikern des Cusanus trat eine neue
Generation der Cusanusausleger auf, die sich abmühte zu beweisen, die
Koinzidenztheorie der Schrift *De docta ignorantia* behaupte nichts anderes als „die Scholastik". Sie lehre wie der heilige Thomas die Einheit der
göttlichen Attribute, vielleicht mit einer etwas schärferen Akzentuierung
der Einheit der *konträren* Attribute. Paul Wilpert und Josef Stallmach,
Carlo Giacon und manch anderer betrachteten die Cusanische Koinzidenz der Gegensätze als eine gewagte Version der aristotelischen Theorie
des reinen Aktes, der in sich allen möglichen Reichtum enthalte und folglich auch die Vollkommenheiten in sich vereine, die sich in unserer Erfahrungswelt als Gegensätze finden, z. B. Gerechtigkeit und Barmherzigkeit.
Diese Interpretation schien zunächst den Vorteil zu bieten, die kantiani-
sierenden Modernismen zu vermeiden, die bei Interpreten aufgetreten
waren, die, wie Richard Falckenberg und Ernst Cassirer vor allem an der
Geschichte des *Erkenntnisproblems* interessiert waren. Ein Kardinal,
dachte man, müsse ja etwas Theologisches gewollt haben, zumal er noch
im Mittelalter stehe. Außerdem erlaubte diese Version den katholischen
Bewunderern des Nicolaus, ihn von dem Vorwurf des Pantheismus zu
reinigen. Denn Gott als reiner Akt unterscheidet sich von allem Welthaften, bei dem Akt und Potenz immer vermischt sind. Dies waren Vorteile,
die dieser Interpretation in der Nachkriegszeit für einige Jahrzehnte das
Überleben sicherte, aber in Wirklichkeit war diese Operation eine Angleichung des Cusanus an den Neuthomismus. Sie dachte „Cusanus auf
den Spuren des Thomas von Aquin". Wo Stöckl und Glossner den Gegensatz gesehen hatten, schufen die neuen Ausleger Konkordanz.

    Waren die alten Neuthomisten verbissen hart in ihrer Ablehnung, so
sprachen sie doch klar; die neuen Neuthomisten suchten Annäherung,
aber ihnen verschwamm alles, zumal sie ihre dogmatischen Thesen noch
dadurch kaschierten, daß sie Zettelkästen mit Zitaten darüber ausstülpten.
Aber auch wenn sie gelehrt waren, ließ ihre abflachende Interpretation genau das verschwinden, was für das Denken des Cusanus charakteristisch
ist; sie vernachlässigte eine Reihe von Texten, die beweisen, daß die Koin-
zidenzheorie mehr enthält, und zwar mindestens unter zwei Aspekten:

nus-Problem, in: Philosophia perennis. Festgabe für J. Geyser, Band 1, Regensburg 1930,
S. 267–S. 287; ders., Nicolaus Cusanus Philosophus antinomiarum, in: Gregorianum 11
(1930) S. 380–S. 397; J. Neuner, Das Gottesproblem bei Nikolaus von Kues, in: Philosophisches Jahrbuch 46 (1933) S. 331–S. 343.

Erstens: Nicolaus erklärt offen, daß das Zusammenfallen nicht allein die in der Welt entgegengesetzt auftretenden Vollkommenheiten betrifft, sondern auch die Widersprüche. Dies sagt er in *De docta ignorantia* gleich zu Beginn[167]. Die Cusanische Theorie ist keine friedliche Explikation des christlichen Aristotelismus des 13. Jahrhunderts; sie ist dessen Kritik. Sie bezweifelt, ob das Verbot, widersprechende Aussagen bezüglich desselben zu machen, in einer radikal-denkenden Philosophie als negatives Kriterium der Wahrheit dienen kann.

Und zweitens enthält *De docta ignorantia* mehr als nur eine neue philosophische Theologie im Sinne des thomistischen Traktates *De Deo uno*. Sie redet vom Maximum menschlichen Wissens. Sie untersucht die Notwendigkeit, die absolute Einheit als Dreieinheit zu denken. Sie leitet uns an, über Maxima überhaupt nachzudenken, sei das Maximum das absolute Maximum oder das Universum oder die menschliche Gattung. In allen drei Fällen, nicht nur, wenn wir von Gott reden, haben wir es mit einem Unendlichen zu tun, von dem wir nichts aussagen können, ohne uns in Widersprüche zu verwickeln. Jedes dieser Maxima ist zugleich ein Minimum. Keines von ihnen, wenn wir es nur als unendlich denken, bietet einen Anhaltspunkt für Unterscheidungen, die in ihm, nicht in uns begründet wären. Keines von ihnen erlaubt es, irgendwo einen Nagel einzuschlagen, an den wir die Kette unserer Schlußfolgerungen aufhängen könnten, so daß sie von Widerspruch frei blieben.

Ich muß hier etwas genauer reden. Aristoteles hat in seiner *Metaphysik* Regeln aufgestellt, um sophistisches Reden vom philosophischen zu unterscheiden. Er sprach dabei nicht nur gegen die Sophisten, sondern auch gegen Heraklit. Verantwortliches Sprechen, lehrte er, dürfe nicht von derselben Sache in derselben Hinsicht widersprüchliche Aussagen machen. Finden wir einen widersprüchlichen Satz, wollen aber annehmen, der Sprechende habe dabei verantwortlich gesprochen, dann müssen wir eine *Unterscheidung* treffen. Je nach der angegebenen *Hinsicht* ist der eine der beiden widersprechenden Sätze wahr oder falsch. Hören wir einen widersprüchlichen allgemeinen Satz, dessen Wahrheit wir retten wollen, dann erfinden wir eine Unterscheidung. Aristoteles praktizierte diese Regel. Heraklit hatte gesagt: *Der Weg hinauf ist der Weg hinab.*[168]

---

[167] I 4 h I p. 11, 12–14.
[168] Heraklit, Fragment B 60 bei H. Diels – W. Kranz, Die Fragmente der Vorsokratiker, Band 1, 10. Auflage Berlin 1961, S. 164.

Aristoteles erklärte das so: Ja, Heraklit hat recht, der Weg von Athen nach Megara ist ebensoweit wie der Weg von Megara nach Athen. Dies zeigt: Die Regel des Aristoteles ist auch eine Kunst des Vorbeihörens und des Banalisierens. Der Satz, den Aristoteles aus Heraklit herausholt, ist *klar*, er bezieht sich auf die Messung von Sichtbarem und gibt weiter keinen Anlaß zu Diskussionen. Wir brauchen die Strecke noch nicht einmal nachzumessen. Aber in der Heraklit-Deutung des Aristoteles verschwindet der Tiefsinn Heraklits, der uns verbietet, unseren anschaulichen Richtungssinn überall durchsetzen zu wollen. Andererseits hat das Aufgeben der Regel des Aristoteles seine Tücken: Damit verlieren wir die Kontrolle über unsere Reden; dann könnte jeder willkürlich behaupten, was ihm nur eben einfällt. Dann wären alle Wissenschaft und alle Philosophie zerstört. Aber, könnte Cusanus erwidern, wenn wir von der unendlichen Einheit reden, verlieren wir jeden sachlichen Grund, eine Unterscheidung zu treffen. Wir können immer ein „Sofern" erfinden, das uns den Widerspruch vermeiden läßt. Die Scholastiker waren darin groß, vor allem Johannes Duns Scotus mit seiner *distinctio formalis*, die weder willkürlich noch von der Sache erzwungen ist. Wir sind der *distinctio formalis* in einer frühen Predigt begegnet; Cusanus kannte diese Kunst der Widerspruchsvermeidung. Aber jetzt hat er anderes im Sinn. Jetzt sagt er: Wenn wir von der unendlichen Einheit irgendein Prädikat behaupten, dann steht sie vor *jeder* Entgegensetzung, auch vor der Entgegensetzung von Ja und Nein. Dann aber gibt es keinen besseren Grund, der unendlichen Einheit ein bestimmtes Prädikat zuzusprechen, als es von ihr zu verneinen.

Supra omnem oppositionem est. Das Maximum steht vor jedem Gegensatz. In dieser unspezifizierten Form stand das schon in *De concordantia catholica*. Aber jetzt treibt Cusanus den Gedanken weiter: Das Unendliche steht auch über dem Gegensatz von Bejahung und Verneinung. Dann aber müssen wir eingestehen, daß wir jedes Prädikat von ihm ebensogut bejahen wie verneinen müssen: *Omne id quod concipitur esse* (es, das *Maximum) non magis est quam non est.*[169] Die Philosophen des 13. Jahrhunderts hatten ihre Aufgabe darin gesehen, vernünftige Wege zu ersinnen, um mit dem Satzsubjekt „Deus" bestimmte Prädikate zu verbinden, welche die entgegengesetzten Prädikate *ausschlossen*. Jetzt kommt Cusanus und sagt ihnen: Eure Verknüpfung eines Prädikates war

---

[169] *De docta ignorantia* I 4 p. 10, 27 und besonders p. 11, 1–5.

nicht besser begründet als seine Bestreitung. Ihr konntet dadurch eurer philosophischen Gotteslehre eine „wissenschaftliche" Form geben, aber das war ganz euer Menschenwerk; das absolute Maximum bietet dazu keinen Anhalt.

Cusanus sagt klar, was sich aus der Sache selbst ergibt: Seine Überlegung tangiert den Grundsatz, daß zwei widersprechende Sätze über dieselbe Sache (zur selben Zeit, in derselben Hinsicht) nicht beide wahr sein können. Wenn es keinen besseren Grund gibt, Gott ein Prädikat *zu*zusprechen als es ihm *ab*zusprechen, dann ist das Aristotelische Prinzip vom ausgeschlossenen Widerspruch aufgehoben. Cusanus:

Hoc autem omnem nostrum intellectum transcendit, qui nequit contradictoria in suo principio combinare via rationis, quoniam per ea quae nobis a natura manifesta sunt ambulamus.[170]

Der Satz ist schwierig, um nicht zu sagen, er ist verbaut. Eine Vereinigung widersprechender Aussagen übersteigt all unsere Einsicht, all unsere Vernunft, *omnem nostrum intellectum*, denn sie kann Widersprechendes nicht miteinander verbinden. Aber dann schränkt Cusanus diesen Satz auffallend ein: Sie, die Vernunft oder der *intellectus*, kann das nicht, sofern er auf dem Wege des Verstandes vorgeht, *via rationis*. Denn als Verstand, *ratio*, ist er auf die Wahrnehmung oder auf das, was uns Menschen offenbar ist, angewiesen. Cusanus macht also einen Unterschied von *intellectus* und *ratio*, aber das verbessert, zumindest diesem Satz zufolge, sein Ergebnis nicht: Wir können das Widersprechende nicht denken. Cusanus sagt hier nicht, der *intellectus* könne es, nur die *ratio*, da auf die Ordnung des Sichtbaren festgelegt, könne es nicht. Das Resultat bleibt insgesamt negativ. Zu denken gibt, daß *ratio* hier als eine Funktion des *intellectus* erscheint. Sie ist nicht ein anderes Seelenvermögen, keine tiefere „Schicht" des Erkennens.

2. Die Rolle der negativen Theologie in De docta ignorantia

Doch sehen wir noch genauer hin:

Mehrfach kehrt in *De docta ignorantia* das Motiv wieder: Die vollkommene Wahrheit, ihre *praecisio,* können wir nicht erreichen. *Praecisio*

---

[170] ib. I 4 p. 11, 12–14.

hat hier mehr den Sinn von „Vollkommenheit" und von „ideal-exakter Entsprechung" als von „Genauigkeit" im modernen Wortsinn. Denn jede Untersuchung geht vergleichend vor.[171] Aber alle Sinnesdinge, die wir vergleichen wollen, sind in ständigem Wandel. Sie zeigen immer, wenn wir sie vergleichen, ein Darüberhinausgehen oder ein Dahinterzurückbleiben, so daß im genauen Sinne nichts vergleichbar ist. Am wenigsten sind es die stets „ungenauen", d.h. objektiv unbestimmten Erfahrungsinhalte. Wohin wir blicken, finden wir Verschiedenheit.[172]

Wenn alles immer verschieden ist, gibt es keine genaue Übereinstimmung, also keine Wahrheit im qualifizierten Sinn. Diese Überlegung könnte jemand als den Versuch deuten, das Allgemeine aus seiner traditionellen Vorrangstellung zurückzudrängen zugunsten eines neu bewerteten Individuellen. Wenn alles je anders ist, muß das wohl so sein. Dann ist das nicht nur ein Nachteil; wir brauchen nur das unmögliche Ideal einer allgemeinen, einer „genauen" Wissenschaft aufzugeben und uns unserer individuellen Perspektive zu erfreuen. Aber in diesem Ton trägt Cusanus seinen Gedanken hier nicht vor. Was er will, ist eine Selbstbegrenzung des menschlichen Wissens. Was ist es, das es nicht erfassen kann? Es ist das Genaue der Individuen; sie sind immer verschieden und variieren dauernd die Differenzen. Ferner aber und vor allem: Weil unser Wissen auf Vergleichen beruht, kann es das Maximum oder das Unendliche nicht erfassen, denn dieses ist per definitionem unvergleichbar. Das „Unendliche", das war aber – keineswegs von jeher, sondern etwa von Duns Scotus an – eine bevorzugte philosophierende Umschreibung für „Deus". Dann hieß die These des Cusanus: Gott als Unendlicher kann von uns nicht erkannt werden.[173] Gott ist nur durch das göttliche Wort und nur dem göttlichen Wort bekannt.[174] Das Wort ist unendlich, daher ist einzig es dem Unendlichen adäquat. Mit einer paulinischen Wendung heißt es vom Maximum, es wohne im unzugänglichen Licht.[175]

Das dritte Kapitel des Buches ist ganz dem Mißverhältnis gewidmet, das besteht zwischen

---

[171] ib. I 1 p. 5, 15: *comparativa igitur est omnis inquisitio.*
[172] ib. I 3 p. 9, 3.
[173] ib. I 6 p. 6, 1.
[174] ib. I 24 p. 49, 23.
[175] ib. II 13 p. 113, 15–16.

finitum und *infinitum,*
mensura und *mensurata,*
der unteilbaren Einheit der Wahrheit und dem Intellekt, „der nicht die Wahrheit ist".

Die Wahrheit ist die *absolutissima necessitas*; unser *intellectus* (von *ratio* hier kein Wort!) ist ihr gegenüber die bloße Möglichkeit, *possibilitas,* nicht *potentia,* schon gar nicht *actus agens.* Daher hat kein Philosoph das Wesen der Dinge finden können, wie es ist. Vom Wahren wissen wir nur: So wie es ist, ist es uns unerreichbar. Je mehr wir dieses unser Nichtwissen einsehen, um so näher treten wir der Wahrheit.[176]
Dies klingt, als sei das wissende Nichtwissen vor allem ein Lamento darüber, daß wir die Präzision der Wahrheit, daß wir Gott nicht wissen können. Aber das wäre eine einseitige Auslegung. Wir erfahren bei der Analyse der genannten Disproportionen etwas über *unser Wissen.* Wir kommen dabei der Wahrheit näher. Wir „berühren" sie auf nichtberührende Weise, *incomprehensibiliter attingimus*[177], nicht in aparten Erlebnissen, sondern durch Einsicht in die Natur menschlichen Wissens. Dann haben wir doch eine geistige Erkenntnis, die kein Vergleichen ist, sondern eben ein „Berühren". Es sieht danach so aus, als erschöpfe das Vergleichen, dessen Grenzen nun deutlich geworden sind, nicht alle unsere intellektuellen Möglichkeiten. Dies um so mehr, als Cusanus inhaltlichbestimmte Erkenntnisse aus der Berührung des unbegreiflichen Maximum mitbringt. Er erzählt nicht von einem Erlebnis; er sagt uns begrifflich, was wir (nicht er, als Subjekt eines „Erlebnisses", gar eines mystischen) „*gesehen*" haben: Wir sehen:

Das Maximum, das er auch die „Großheit" oder das „Großsein" nennt, *maximitas,* ist unendlich;
ihm steht nichts gegenüber; es hat also keinen Gegensatz;
es fällt mit dem Allerkleinsten zusammen.[178]

Es bestätigt sich die schon in *De concordantia catholica* behauptete Einsicht, das Maximum habe keinen Gegensatz, wir müßten es definieren als *id, cui nihil opponitur.* Mit dem „Berühren" sind eine Reihe von Einsichten über unser „maximales" Wissen gewonnen. So müssen wir vom Ma-

---

[176] ib. I 3 p. 9 ganz.
[177] ib. I 4 p. 10, 6.
[178] ib. I 4 p. 11, 16–18.

ximum weiter sagen, daß es Einheit ist, denn es umfaßt alles.[179] In den frühen *Sermones* hieß es von ihm, es sei *seiend* und auch *eines*. Jetzt wird geklärt: Wenn wir von ihm sagen, es sei das *Sein*, dann schränken wir es schon ein. Wenn wir ihm Existenz zuschreiben, engen wir es ein; wir benennen damit seine *contractio*.[180] Warum ist es nicht die höchste Ehre, vom Maximum zu sagen, es sei das *Sein*? Es ist wichtig zu sehen, daß Cusanus das *begründet* und daß er damit sich, neoplatonisierend, von einer bestimmten Tradition philosophischer Gotteslehre trennt. Sein Argument lautet nicht: Ich brauche über das Sein Gottes nicht zu reden, weil ich Gott im Glauben bereits erfaßt habe und sein Dasein voraussetze. Seine Überlegung sagt nicht: Weil ich seiner kraft mystischer Berührung gewiß bin. Sein Argument ist, fast könnte man sagen, formaler Natur: Vom Maximum zu sagen, es *ist*, führt den Denkenden vom Maximum weg, weil das Maximum definiert ist als das, das keinen Gegensatz hat; dem Sein steht aber das Nicht-Sein gegenüber.

Wie in den beiden *Summen* des heiligen Thomas stellt sich Cusanus am Anfang seines Buches das Problem der Beweisbarkeit der Existenz des Maximum. Führt Cusanus einen Gottesbeweis?

Alles kommt darauf an, was wir bei dieser Frage unter „Beweis" verstehen, und wie Cusanus das „Berühren" verstanden hat.

Josef Koch hat behauptet, Cusanus wolle in *De docta ignorantia* keinen „rationalen Beweis für das Dasein Gottes ... liefern. Alles das setzt er voraus. Seine Frage ist erkenntnistheoretisch".[181]

Das wissende Nicht-Wissen ist ein *Sehen*. Es sieht *apertissime*, mit Klarheit, mit Sicherheit, mit Notwendigkeit. Es geht zurück auf die ersten Voraussetzungen und legt sie offen; nichts setzt es voraus. Das neukantianische Konzept der „Erkenntnistheorie" gehört nicht hierher. Cusanus treibt Wissensanalyse als Metaphysik des Unendlichen und erbringt dabei den Erweis für die Existenznotwendigkeit des Maximum als ein absolut sicheres Nebenergebnis: Wir sehen, daß ein solches Maximum schlechthin und notwendigerweise sein muß. Das sechste Kapitel beweist das Existieren des Maximum – aber nicht aus der Natur, nicht aus dem religiösen Apriori, nicht aus dem Glauben, sondern indem es zeigt, daß es dem reinen Denken auf alle Weise unvermeidlich sei. Die Überlegung des Cusanus liegt der Alternative von Metaphysik oder Erkenntnistheo-

---

[179] ib. I 2 p. 7, 5.
[180] ib. I 6 p. 14, 1–6.
[181] Josef Koch, Die ars coniecturalis (wie Anm. 149), S. 12.

rie voraus. Cusanus sagt, wir „sehen" die Notwendigkeit des Maximum, und zwar sehen wir es, wenn wir folgende Denkmöglichkeiten durchgespielt haben:

> Existiert es oder existiert es nicht;
> existiert es und existiert es zugleich nicht;
> gilt von ihm, daß es weder existiert noch nicht existiert, und weiter, daß es andere Möglichkeiten nicht gibt. [182]

Die genannten Möglichkeiten treffen auf das Maximum nicht zu. Dies *sehen* wir, wenn wir begriffen haben, daß das Maximum keinen Gegensatz hat, denn zumindest die ersten beiden Alternativen beruhen auf Gegensätzen. Dies kann jeder *sehen*, der die Ausgangsbestimmung begriffen hat: Das Maximum ist das, zu dem es keinen Gegensatz gibt. Dies ist kein Gottesbeweis im traditionellen Sinn; es ist die Darlegung von Voraussetzungen derartiger Überlegungen. Cusanus zeigt, daß diese sich in unangemessenen Alternativen bewegten; ihr Vorgehen stand im Gegensatz zu ihrer Beweisabsicht. Dies zu sehen, ist der bestimmte Ertrag des Sehens und des Berührens. Das nichtwissende Wissen ist keineswegs ein kreatürliches Erblinden im überhellen Licht des Maximum. Es deckt Prämissen auf, innerhalb derer sich sowohl die Behauptung wie die Bestreitung eines Maximum bewegen müssen. Es sieht, daß das wirkliche, d.h. das wirklich begriffene Maximum von Alternativen nicht „berührt" wird. Auf den Ausdruck „berühren, attingere" muß ich noch zurückkommen.

Cusanus kann freilich dieser Einsichtsweise keinen befriedigenden theoretischen Status geben. Er unterscheidet als Erkenntnisweisen die Sinne, den Verstand und die Vernunft, *sensus, ratio* und *intellectus*. Aber wenn er von dem Sehen spricht, das dem Intellekt zukommt, dann schließt er dieses Sehen in die Charakteristika der Schwächen des Verstandes, der *ratio*, ein. [183]

Cusanus nimmt die Unterscheidung von *ratio* und *intellectus* aus der Tradition auf. Diese lateinische Terminologie hatten Augustin und Boethius geprägt. Cusanus bedient sich der tradierten Unterscheidung, [184] entwickelt sie aber nur in rudimentärer Weise; er spricht von ihr, als wisse jeder, was das ist. Er ortet *ratio* und *intellectus;* er sagt zum Beispiel, der

---

[182] ib. I 6 p. 14, 7–10.
[183] ib. I 1 p. 6, 9–14, I 2 p. 8, 9–17, I 3 p. 9, 14, I 4 p. 10, 6–10 und p. 11, 12–13.
[184] ib. I 10 p. 21, 14–25 und p. 20, 4–10, I 14 p. 27, 23–25, I 19 p. 38, 22–23, I 21 p. 43, 18–20.

motus rationis stehe weit *unter* dem Intellekt;[185] nur der Intellekt, nicht die *ratio* oder die *imaginatio*, erreichten die Wahrheit.[186]

Im zweiten und dritten Buch erfahren wir mehr vom hohen Rang des *intellectus*:

> *intellectus omnia ambit,* III 8 p. 145, 19;
> er ist *quoddam divinum, separatum, abstractum,* III 4 p. 131, 14–27;
> er umfaßt aus seiner eigenen Natur die Ideen, die *formae incorruptibiles,* III 10 p. 49, 23.

Damit ist viel gesagt. Erstens: Der Intellekt weiß, daß er alles umfaßt. Er muß seiner Natur nach unterstellen, daß es außerhalb seiner keine Realität geben kann, weder Gott noch irgendein Naturding. Zweitens: Der Intellekt *sieht*. Er *hört* nicht; er *gehorcht* nicht; er sieht *sich*, aber nicht als einen Komplex psychischer Zustände, sondern als Ort der Ideen. Er sieht also auch die Ideen. Wenn also von „Berühren" die Rede ist, dann sagt uns hier Cusanus, was der Intellekt „berührt": Es sind die reinen Wesenheiten oder die *formae incorruptibiles.*

Im zweiten Buch ist von *mens* die Rede, doch dabei geht es Cusanus darum, die *mens* sei keine kosmologische Zwischeninstanz, kein Weltgeist oder eine Weltseele im Sinne der Neuplatoniker. Alles, was derartige Zwischeninstanzen der antiken Philosophen leisten sollten, will er zurückführen auf die neu verstandene Trinität.[187]

Wir betreten hier ein wichtiges, aber zerklüftetes Feld. Denn: Wenn der *intellectus alles* umfaßt, dann übergreift er die Gegensätze und erliegt ihnen nicht. Dann ist er göttlich und selbst die Koinzidenz. Aber die genaue Funktion des *intellectus* im Unterschied zur *ratio* beschreibt Cusanus nicht ausdrücklich in dieser Richtung. Der *intellectus* bleibt in *De docta ignorantia* unterbestimmt. Cusanus sagt zum Beispiel, der *intellectus* müsse die *ratio* beherrschen und leiten. Aber wie soll er das tun? Durch Glauben, *fides*.[188] Dies paßt zu der These, Gott allein oder das Maximum stehe über den Gegensätzen, auch den Widersprüchen.[189] Der *intellectus* kann die Widersprüche nicht übersteigen. Daß er dies *via rationis* nicht kann, wie es I 4 p. 11, 12–13 heißt, bleibt eine unklare Posi-

---

[185] ib. I 24 p. 49, 6.
[186] ib. II 9 p. 92, 3–4.
[187] ib. II 9 ganz, besonders p. 94, 21–22 und 97, 9.
[188] ib. III 6 p. 136–137.
[189] ib. II 4 p. 73, 8–11.

tion. Klar wird es dann, wenn Cusanus II 2 p. 66, 14 schreibt, der Intellekt könne die widersprüchlichen Sätze nicht überschreiten: *intellectus, qui nequit transilire contradictoria.*

Cusanus nennt den Intellekt, aristotelisch-konventionell, „losgelöst" und „göttlich", *abstractum* und *divinum*. Aber im Unterschied zu späteren Texten, die ich vorlegen werde, bezeichnet ihn Cusanus hier noch nicht als *absolutus*, sondern schlicht als „endlich", *finitus*, ohne Einschränkung.[190]

Ich versuche, ein Resultat zu ziehen:

Die Koinzidenz liegt in *De docta ignorantia* jenseits von sowohl *ratio* als auch *intellectus*. Es besteht ein Mißverhältnis von Wahrheit und Erkenntnis. Cusanus interpretiert diese Disproportion auch hier schon als den Anreiz, unsere Versuche zu vermehren und dadurch die Annäherung zu verbessern. Aber insgesamt besteht ein Vorrang der negativen Theologie, die alle Prädikate abstreift, vor der positiven.[191] Nur die negative Theologie denkt Gott als unendlich.[192] Sie allein bewahrt uns vor Götzendienst; sie tritt jeder Verwechslung des Unendlichen mit seinen Bildern entgegen. Sie denkt Gott allein als unendlich. Sie denkt ihn, wie es ausdrücklich heißt, *nicht* als Geist oder als Trinität.[193] Um es klar zu sagen: Das Maximum als unendliches ist weder Vater noch Sohn, noch Heiliger Geist. Alle Unterschiede ertrinken im Unendlichen. Das Meer des Maximum hat keine rationalen Balken; Unterscheidungen bleiben unter ihm; sie sind Formen der Einschränkung und der Verendlichung, die, wenn wir sie mit dem Maximum selbst verwechseln, zur Idolatrie führen. Die Koinzidenz ist der unbegreifliche Abgrund des Unendlichen.

Ein trauriges Ergebnis? Cusanus schreibt einmal, wir könnten aus seiner Betrachtung eine *magna dulcedo contemplationis* schöpfen.[194] Aber diese Erkenntnisfreude ergibt sich nicht beim Nachdenken über das absolute Maximum. Sie stellt sich ein, wie Cusanus sagt, wenn wir sehen, daß Harmonien in unserem Geist sind, die sich in Musik und Astronomie, also in der Weltzuwendung, entfalten lassen.

---

[190] ib. I 3 p. 9, 10.
[191] ib. I 24 p. 50, 26–27.
[192] ib. I 26 p. 54, 15–16.
[193] ib. I 26 p. 55, 1–8.
[194] ib. II 1 p. 62, 18–19.

Ich weiß, daß ich dunkle Zusammenhänge vorlege. Ich versuche einen neuen Anlauf, um das Verhältnis von Wissen und Nicht-Wissen, von positiver und negativer Theologie in *De docta ignorantia* zu klären:

I 25 enthält im Umriß folgende Überlegung: Die Heiden gaben dem Maximum Namen, die vom Endlichen her genommen waren. Sieht man sie näher an, so zeigen sie alle, daß zwischen dem Endlichen und dem Unendlichen keine Proportion besteht. Sie verhalten sich wie das *finitum* zum *infinitum*. Die Juden, fährt Cusanus fort, dachten ihren Gott als das reine Unendliche. Sie hielten sich nicht an die welthafte Ausfaltung Gottes, an die *explicatio,* sondern sie dachten ihn als reine Welt-Zusammenfaltung, *complicatio.*

Genau an dieser Stelle bricht der Gedanke ab. Man möchte erwarten, Cusanus fahre fort: Die *Christen* denken die *Ausfaltung und* die *Einfaltung zugleich.* Dies sagt Cusanus hier nicht. Zwar lehrt das dritte Buch, wir sollten Jesus verstehen als *unitas maximi absoluti* und *maximi contracti,* als Einheit von Gott und Universum und Menschheit. Aber das hat keine Rückwirkung auf das im ersten Buch behandelte Verhältnis von affirmativer und negativer Theologie. Eine solche Rückwirkung *kann* auch nicht eintreten. Wie sollte der *intellectus,* der Widersprüchliches nicht vereinen kann, über den Gegensatz von affirmativer und negativer Theologie hinauskommen? Das absolute Maximum steht *über* diesem Gegensatz, *wir* aber nicht. *De docta ignorantia* als ganzes statuiert das Scheitern menschlicher Gotteserkenntnis, erklärt dieses Scheitern aus der Disproportion von Endlichem und Unendlichem, beansprucht mit innerer Konsequenz, dies Scheitern führe zu einem Sehen des Nicht-zu-Sehenden. Das Wissen, das sich begrenzt, lernt etwas über sich und sein Verhältnis zur Wirklichkeit. Doch was Cusanus ausführt, ist eher die Einsicht in die Unmöglichkeit des Sehens als die Theorie des daraus resultierenden Sehens, obwohl er sagt, was dieses Sehen alles sieht. Er sieht in der *docta ignorantia* ein Vorgehen, das viel verspricht. Verzagtheit ist nicht ihr Ergebnis. Cusanus preist die *mirabilis potestas doctae ignorantiae.*[195] Aber wiederum denkt er dabei an ihre Fruchtbarkeit für die Naturforschung. Im kosmologischen Gebrauch, nicht in der spekulativen Theologie, erlebt die *docta ignorantia* ihre Freuden. Sie wendet sich dem farbigen Abglanz zu.

Dies können wir uns noch einmal von einer anderen Seite her klarma-

---

[195] ib. II 1 p. 63, 22.

chen, von der Rolle der Trinität. Die Trinitätsphilosophie gewinnt im zweiten Buch an Kontur – mit der Ideen- und Logoslehre, mit der Reduktion der Weltseele auf das dreieinige Maximum. Dennoch liegt über dieser Trinitätsphilosophie ein merkwürdiges Dunkel. Cusanus hat sie in I 10 p. 20, 18 auf die Weise plausibel gemacht, die wir aus seinem ersten *Sermo* kennen; er griff zur lullistischen Korrelativenlehre von *intellectus, intellegibile, intellegere*. Aber gleich daneben steht, im Maximum sei die *distinctio* zugleich *indistinctio*. Er gewinnt eine Differenz und läßt sie gleich wieder fallen. Damit träte die Trinität in eine Reihe mit der Vielheit der Attribute. Zu zählen gibt es bei ihr sowieso nichts, also auch keine drei Personen. Cusanus zitiert für diese Kühnheit Augustin: *Wo du anfängst zu zählen, da fängst du an zu irren.* Aber dieses Zitat findet sich bei Augustin nicht. So bleiben nur die quasi-geometrischen Beweise für die Trinität übrig, und zuletzt hören wir, alles über die Trinität Gesagte gehöre der affirmativen Theologie an, und deren Wahrheit sei die negative Theologie.

Ich fasse entwicklungsgeschichtliche Studien so, daß sie die einzelne Stufe als kostbare Eigenheit, nicht bloß als Übergang denken. Entwicklung kann ja gar nicht bedeuten, daß „alles" sich ändert; der Begriff selbst impliziert auch Konstanten. So nenne ich einige bleibende Aspekte der Koinzidenzlehre, die in *De docta ignorantia* hervorgetreten sind:

1. Sie zerstört einen kompakten Dingbegriff. Eine Seite des aristotelischen Denkens, besonders in der isoliert gelesenen Schrift über die Kategorien, hatte die Neigung, im sinnlichen Dieses-da den Anhalt des Denkens zu suchen; seit dem 11. Jahrhundert hat die aristotelisierende Tradition diese Tendenz verstärkt. Dagegen sieht die Koinzidenzlehre das Einzelding als *Resultat*; es ist ein Knotenpunkt im Beziehungsgeflecht des Universums. Das Universum wird nicht zur Sonne und nicht zum Mond, aber in der Sonne ist das Universum anwesend und wirksam als Sonne, im Mond als Mond.[196] Das Einzelding kann nicht das Ganze, das Universum sein, es zieht, sozusagen zur Kompensation, das Ganze in sich hinein:

cum quodlibet non possit esse actu omnia, cum sit contractum, contrahit omnia, ut sint ipsum.[197]

[196] ib. II 4 p. 74, 19–20.
[197] ib. II 5 p. 76, 11–13.

Daher sind denn alle Dinge im Stein. Sie sind dort als Stein.[198] Frühere Philosophen hielten den Nachdenkenden an, ein Ding nach seinem Wesen zu betrachten. Aber für Cusanus kann die Subsumtion eines Dinges unter eine Wesensbestimmung nicht das Ende der denkenden Betrachtung sein. Für Cusanus sucht die eindringende Analyse immer zugleich die Differenz der Individuen – niemals kann es zwei völlig gleichartige geben[199] – *und* die Spiegelungen des Kosmos, die in ihm, dem Ding, auf dessen Weise sind.

2. Folgende Leitbegriffe bestimmen die Einteilung von *De docta ignorantia* in drei Bücher:

> *maximum absolutum – Deus;*
> *maximum contractum – Universum;*
> *unio maximi absoluti et maximi contracti* – Jesus.

Diese Schlüsselbegriffe verlieren in den Schriften *nach De docta ignorantia* ihre leitende Funktion. Aber andererseits enthält das Buch ein Geflecht von Bestimmungen, das in der Folgezeit maßgebend bleiben wird. Vor allem das Schema:

> *unitas – aequalitas – conexio*
> *alteritas – inaequalitas – (disgregatio).*

Sehen wir uns dieses Schema näher an. Dann zeigen sich Größe und Problematik der Stufe von *De docta ignorantia*:

Nach Cusanus können wir Einheit *(unitas)* nicht denken, ohne sie zugleich als präziseste Gleichheit *(aequalitas)* mit allem und als die bewegende Kraft der Verbindung *(conexio)* zu denken. Dies ergibt die Cusanische Trinitätslehre, jetzt im Anschluß an Thierry von Chartres.

Aber diese Einsichten stehen unter den Generalbedingungen von *De docta ignorantia*: Die über „Einheit" hinausgehenden Bestimmungen ergeben sich aus dem Hinblick auf die Geschöpfe; sie gehören folglich der affirmativen Theologie an und teilen das Schicksal von deren Aussagen, nämlich daß zuletzt nur die Einheit als Einheit, als reine Unendlichkeit übrig bleibt. Bei näherem Zusehen löst sich das Geflecht der im Schema repräsentierten Bestimmungen auf, und zwar nicht nur die der zweiten Zeile, sondern auch die der ersten.

---

[198] ib. II 5 p. 77, 19.
[199] ib. II 11 p. 99, 20–21.

Es fragt sich auch, wie die Bestimmungen der zweiten Zeile zu denen der ersten stehen. Die in der zweiten Zeile genannten Prinzipien sind die Negation derer in der ersten Zeile, und sie stehen zu diesen im Verhältnis unilateraler Abhängigkeit. Jede Ungleichheit (*inaequalitas*) verweist notwendig auf die zugrundeliegende Gleichheit (*aequalitas*), aber nicht umgekehrt.[200] Es handelt sich also um einseitige Prioritäten und einlinige Begründungsverhältnisse. Das gilt auch für das Paar Einfaltung – Ausfaltung, *complicatio – explicatio*. Sie sollen sich wechselseitig nicht mit Notwendigkeit fordern. Ist die Einfaltung, also die *complicatio*, gesetzt, folgt daraus nicht die Existenz der Ausfaltung, der *explicatio*. Nur wenn die Ausfaltung, die *explicatio*, gesetzt ist, folgt daraus die Existenz der Einfaltung, der *complicatio*.[201] *De docta ignorantia* zufolge treffen wir in jedem empirischen Ding Gegensätze in je individuellen Vermischungsgraden an. Aber wenn wir zum Maximum kommen, hören Gegensätze und Bezüglichkeiten wie die der genannten Grundbestimmungen auf. Der späte Platon war in der Analyse der Wechselseitigkeit von Grundbestimmungen weitergekommen. Er hat gezeigt, daß wir das Eine nicht denken können ohne das Viele, das Identische nicht ohne das Andere, die Ruhe nicht ohne die Bewegung – und jeweils umgekehrt. Wird Cusanus, der Denker der Gegensätze und ihrer Verbindung, sich ihm annähern?

3. In *De docta ignorantia* herrscht einerseits der Kontrast von reinem Unendlichem und Endlichem, *contractum*. Es ist der augustinische Kontrast von Schöpfer und Geschöpf, und selbst der Intellekt gehört, obwohl er *divinus*, göttlich, heißt, umstandslos zu den Geschöpfen. Aber andererseits soll dem *maximum* nichts gegenüberstehen. Es soll auch das Minimum sein. Als solches ist es zugleich jedes Einzelne; es ist von ihm nicht verschieden, *non aliud aut diversum*.[202] Es ist in allem Seienden dessen wahres Sein; es ist seine *entitas*.[203] Es ist umfassende, von allen Gegensätzen losgelöste und in diesem wörtlichen Sinne ab-solute Einheit. Eben deshalb ist es Koinzidenz; eben deshalb umfaßt es alles, auch die *contraria* und die *contradictoria*.

Aber wie weit will Cusanus damit gehen? Kann man statt „gut" das Maximum auch „böse" nennen? Cusanus erörtert das nicht. Er führt bestehende Konzepte der philosophischen Theologie an ihre Grenze und

---

[200] ib. I 7 p. 15, 13: II 3 p. 70, 4–16.
[201] ib. I 22 p. 45, 2.
[202] ib. I 4 p. 10, 11.
[203] ib. II 4 p. 73, 26, vgl. II 3 p. 69, 9.

bleibt ihnen eben dabei vielfach verhaftet. Die Ungleichheit, *inaequalitas*, erhält bei ihm niemals dieselbe metaphysische Rangstelle wie die Gleichheit, *aequalitas*. Cusanus war zuversichtlich, er könne die philosophische Theologie erneuern. Sein Buch enthalte, sagte er, die Prinzipien, aus denen die ganze *theologia* entwickelt werden könne.[204] Er versprach von dem Inhalt, den die bisherige philosophische Theologie intendierte, aber aufgrund ihres verfehlten Vorgehens niemals erreichte, eine „gewissere Erkenntnis".[205] Er suchte eine *simplicissima intellectio*, eine einfachste Vernunfteinsicht, die alle Vorstellungsbilder und alle Verstandesinhalte ausspuckt.[206] Aber wenn sie Verstandeskategorien über Bord wirft, bleibt das Problem, wie künftig noch Argumente sollen geprüft werden können, wenn das Prinzip vom ausgeschlossenen Widerspruch bei der Erkenntnis des Absoluten und des Universums außer Kraft gesetzt wird. Dazu steht in *De docta ignorantia* nichts.

3. Stellung des Autors zur philosophischen Tradition

Ich muß noch versuchen, die letzte Frage zu beantworten, die ich in unserem Zusammenhang an *De docta ignorantia* stellen möchte: Welches Verhältnis zur philosophischen Tradition spricht sich in diesem Text aus?

Gewisse Analogien zu Anselms *Monologion* fallen auf: Anselmianisch ist das Konzept des Maximum sowie die Voraussetzung, die Wertstufen seien endlich.[207] Bei Cusanus kommt hinzu die aristotelische Überzeugung von der Endlichkeit der Reihe der Naturursachen und der Erkenntnisbedingungen.

Wie in Anselms *Monologion* c. 1–4 gibt es bei Cusanus einen Vorrang der Identität und herrscht die Gewißheit, alles Mannigfaltige müsse auf ein *Unum* reduziert werden. Beide setzen voraus, reines Denken habe Realitätsgehalt.

Anselm hatte die scholastische Form noch nicht; Cusanus hat sie nicht mehr. Im Prinzip zerstört Cusanus die Regelsysteme zur Erstellung der Reihe der richtigen Aussagen über Gott, an deren Aufrichtung Anselm gearbeitet hatte. Insofern denkt er anti-anselmianisch. Aber er fährt doch

---

[204] ib. I 16 p. 30, 19ss.
[205] ib. I 13 p. 27, 19.
[206] ib. I 10 p. 21, 11–13.
[207] ib. III 1 p. 119, 20–22.

in ähnlicher Weise wie Anselm fort. So zeigt die Argumentation in *De docta ignorantia* I 6 Ähnlichkeit mit der Beweisart in *Monologion* c. 3. Cusanus beweist wie Anselm die Trinität philosophisch, aber nicht mit Anselms Argumenten, also nicht mit Hilfe der Ternare Augustins, sondern lullistisch und geometrisch-symbolisch; ferner bedient er sich der chartrensischen Theorie des notwendigen Zugleich von *unitas, aequalitas* und *conexio*. Anders als Anselm zeigt er hier schon eine Lust an terminologischer Neuerfindung; so spricht er z. B. von *unitas, iditas* und *identitas*.

Doch Cusanus bezieht sich selbst nicht primär auf die Autoren des Mittelalters. Ich spreche hier, in diesem Abschnitt, nur von ausdrücklichen Bezugnahmen. Sie sind auffallend selten. Dies erklärt sich aus dem Bewußtsein, er trage unerhörte und neue Sachen vor, *rara quidem etsi monstra sint.*[208] Wir erinnern uns seiner abschließenden Bemerkung, er habe lange vergeblich gesucht, bis er auf dem Rückweg von Byzanz die Lösung gefunden habe *supra philosophorum communem viam*; jetzt begreife er das Scheitern der spätmittelalterlichen *viae*.

Aber nicht nur die mittelalterlichen Schulen haben versagt. Auch die großen Denker der Antike hatten daran ihre Grenze, daß sie die Koinzidenz nicht denken konnten. Bei Gelegenheit der Erdbewegung, also bei einem nicht im engeren Sinne „theologischen" Thema, notiert er distanziert:

Ad ista ... (daß die Erde sich bewegt) *veteres non attigerunt, quia in docta ignorantia defecerunt.*[209]

Wir haben eine längere Periode der dogmatisch-theologisierenden Auslegungsperiode von *De docta ignorantia* hinter uns. Daher müssen wir festhalten: Cusanus empfiehlt seine *docta ignorantia* gerade auch deswegen, weil er mit ihrer Hilfe imstande war, die Erdbewegung zu entdecken. Cusanus sagt nicht, diese Alten waren Heiden und haben deswegen die Wahrheit nicht erkannt. Nein, ihnen fehlte die rechte Art des Herangehens an die kosmologischen Fragen. Sie blieben hängen in der traditionellen Alternative von Ruhe oder Bewegung. Sie konnten deren Zugleichsein nicht denken.

Dies alles sieht danach aus, als lebe Cusanus einseitig in dem Bewußtsein eines *Bruches* mit dem Denken der Vergangenheit. Ein Neuanfang

---

[208] ib. *Ad Iulianum* p. 2, 4.
[209] ib. II 12 p. 103, 12–13.

ist zweifellos nötig, aber gerade die Einsicht in die Aporien des bisherigen Denkens eröffnet auch einen neuen Zugang zur Vergangenheit. Dafür hat Cusanus in *De concordantia catholica* schon ein hervorragendes Beispiel gegeben. Wie er dort zum „alten Recht" zurückkehren wollte, dies aber nur durch präzise und harsche Kritik an der mittelalterlichen Entwicklung darlegen konnte, so ist er hier nahe daran, seine Philosophie als das Wiederaufnehmen des Denkens des Pythagoras vorzustellen. Pythagoras, sagte er, sei dem Namen und der Sache nach der erste aller Philosophen, *primus et nomine et re philosophus,* I 11 p. 23, 8. Indem Cusanus den Namen des Pythagoras beschwor, kündigte er an, er wolle weit zurückgreifend hinter das Mittelalter und hinter Aristoteles, die Zahlenhaftigkeit der Welt zeigen; er wollte seine geometro-metaphysische Spekulation empfehlen. Er wollte die Welt als Einheit und ihre Gestalten als *Zahl,* d.h. als Ergebnis ideenhafter Proportionen, denken.

Cusanus will noch einen anderen Denker neu entdecken; es ist Dionysius vom Areopag. Nicolaus zitiert insgesamt auffallend wenig, aber er zitiert Dionysius häufiger als Augustin: fünf gegen vier Zitate. Ich spiele mit der Zahl von Zitaten noch ein wenig weiter, immer nur auf *De docta ignorantia* bezogen:

> Hermes Trismegistus, den wir schon aus der ersten Predigt kennen, zweimal gegen einmal Boethius;
> Albertus Magnus und Thomas von Aquino fehlen völlig;
> Anselm wird einmal zitiert, Moses Maimonides zweimal, immer im Zusammenhang mit dem Vorrang der negativen Theologie, in I 24 und 26.

Ich bin weit davon entfernt, dieses Zitatenspiel und selbst die ausdrücklichen Zitate in ihrer Bedeutung zu überschätzen. Es ist Spiel und es ist Diplomatie in diesen Verweisen. Nie erwähnt Cusanus Thierry von Chartres, niemals Lull und niemals Meister Eckhart, also seine wichtigsten Autoren. Erst neun Jahre später, in der *Apologia,* wird er es für geboten halten, sie zu erwähnen. Die offenen Zitate haben daher einen fast ironischen Charakter. Es war auch nicht tunlich, einen verurteilten Autor wie Eckhart und einen umstrittenen Außenseiter wie Lull zu nennen. Die Gefahr, daß Cusanus zugleich als Ex-Konziliarist *und* als Eckhartist verschrieen würde, war unübersehbar. Die genannten Autoren – Pythagoras, Hermes, Dionysius, Moses Maimonides – spielen tatsächlich eine wichtige Rolle, aber vor einem Hintergrund, der jetzt noch im Dunkeln bleibt und von dem Cusanus erst später sprechen wird.

VI.
WESENHAFTER TAG
WEIHNACHTEN 1440

Wahrscheinlich sind bei meiner Erörterung des Buches *De docta igno-rantia* eine Reihe von Fragen offengeblieben. Vielleicht ging es auch bei meinem Überblick über dieses schwierige Buch ein wenig zu schnell. So-dann habe ich das Wort „Trinitätsphilosophie" gebraucht, das nicht üb-lich ist; ich habe zwar einige Anläufe gemacht, es aus *De docta ignorantia* argumentativ zu füllen, aber Sie werden einwenden, die Trinität gehöre in die christliche Dogmatik, nicht in die Philosophie. Ich habe gar von „In-karnationsphilosophie" geredet und knapp den Inhalt des dritten Buches referiert, aber die Menschwerdung Gottes, werden Sie einwenden, sei christliches Sondergut, eben ein Glaubensinhalt, der, wie Cusanus in sei-nem ersten *Sermo* es ausspricht, stärker noch als die Trinitätslehre das Christentum scharf vom Islam und vom Judentum trennt: Wie kann er zum Merkmal einer Philosophie werden, die sich um rationale Argumen-te bemüht und sich an *alle* Menschen wendet? Darf sie die Überzeugun-gen einer bestimmten Menschengruppe voraussetzen? Hat Cusanus Philosophie und Theologie vermengt? Hat er nicht dadurch beide ver-dorben? Jedenfalls ist hier etwas zu klären.

Auch ein methodisches Bedenken liegt nahe. Manche Cusanus-Deuter reden von Cusanus und suchen sich aus der Textmasse ein paar Stellen heraus, die ihre Vorannahmen bestätigen. Es gibt Cusanus-Darstellun-gen, in denen von Cusanus wenig steht, weil sie die Leitbegriffe von ir-gendeinem modernen Philosophen oder aus irgendeinem Katechismus übernehmen und ihre Cusanustexte danach auswählen und reihen. Was ist dagegen zu tun?

In letzter Instanz werden wir die Befangenheit nicht los, daß jeder Le-ser mit *seinen* Augen und mit *seinen* Konzepten liest. Aber diese Unüber-springbarkeit der Subjektivität wird heute zu schamlos in Anspruch ge-nommen. Es gibt methodische Vorkehrungen, wenigstens das Schlimmste zu vermeiden. Es gibt handwerkliche Regeln, die Willkür zu reduzieren. Ich nenne einige:

1. Wer über Cusanus spricht, sollte die wichtigsten Stellen genau ange-

ben, damit wir ihren Originalton hören oder sie wenigstens nachlesen und kontrollieren können.

2. Die Schriften des Cusanus sind eine Serie historischer Daten; wir müssen sie zunächst einmal als solche auffassen. Daher ist strikte Einhaltung der Chronologie zu verlangen. Wir müssen wissen, wo wir in der Zeit stehen. Es muß klar sein, daß wir im Augenblick mit unserer Analyse den Februar 1440 erreicht haben. Das vielfach übliche Nebeneinander-Herzitieren von Aussagen, die verschiedenen Zeitabschnitten angehören, werden wir vermeiden, obwohl das fleißig und gelehrt aussieht.

3. Nicht alle Texte des Cusanus sind gleich verläßlich ediert. Daher bedarf es der Aufmerksamkeit auf die editorische Qualität der Texte – ich erinnere an das „non", das Gabriel-Dupré sich zu streichen erlaubt haben.

4. Niemand kann über *alle* Texte des Cusanus mit gleicher Intensität handeln, aber dies rechtfertigt nicht eine bloß subjektive, rhapsodische Auswahl der zu erörternden Stellen. Es bedarf vielmehr einer Einordnung der herausgehobenen Passagen ins Textganze. Das Verhältnis von zur Seite gedrängten und von nach vorne geholten Texten soll überschaubar bleiben.

5. Selbstinterpretationen des Autors, sofern sie vorhanden sind, sollten aufgesucht und beachtet werden. Wir brauchen ihnen nicht immer zustimmen, aber übergehen dürfen wir sie keinesfalls.

6. Wir werden versuchen, Theoreme ideengeschichtlich einzuordnen. Dabei hat die dokumentierte Selbsteinordnung des Autors methodisch einen Vorrang. Wir brauchen ihr nicht immer zuzustimmen, aber wir müssen sie zum Ausgangspunkt nehmen. Beim weiteren Vorgehen werden wir uns vor mechanistischen Konzeptionen des „Einflusses" und der „Quellen" hüten; wir werden insbesondere die Hypostasierungen der „Tradition", ihre Verräumlichung und Verdinglichung zu vermeiden suchen. Die Sprache bringt es an den Tag: Eine Vergröberung liegt schon darin, daß ein Historiker von seinem Autor sagt, er „stehe in" einer bestimmten Tradition. In dieser Hinsicht ist besonders in den fünfziger und sechziger Jahren in Deutschland naiv gesündigt worden. Gadamer hat den Traditionsbegriff zusätzlich stabilisiert und substanziiert. Hier ist eine Neubesinnung wünschenswert.

7. Besitzen wir glücklicherweise zeitlich eng benachbarte Äußerungen eines Autors zum selben Thema, dann sollten wir diese Chance nutzen. Wenn ein Autor zweimal dasselbe sagt, dann sagt er nicht dasselbe; er gibt uns authentische Hilfen an die Hand. Wir können sie nicht arglos

übernehmen; der Autor könnte taktisch vorgehen und einen in der Öffentlichkeit entstandenen Eindruck durch einen nachgeschickten Paralleltext korrigieren wollen. Es ist auch nicht gleichgültig, welchen Maßstab wir anlegen, um von zwei Texten zu sagen, sie seien zeitlich „eng benachbart". Oft genügen Wochen, um einen Philosophen auf neue Ideen zu bringen. Wir werden also Gemeinsamkeiten *und* Unterschiede zweier Texte sorgfältig unterscheiden.

Für eine Untersuchung dieser Art haben wir an der Stelle im Cusanischen Entwicklungsgang, die wir jetzt erreicht haben, einen präzisen Anlaß. Cusanus hat seine Inkarnationsphilosophie im dritten Buch von *De docta ignorantia,* also im Winter 39/40, entwickelt, und er hat für Weihnachten 1440 einen *Sermo* ausgearbeitet, der, wie es dem Festanlaß entsprach, dasselbe Thema behandelt. Es ist der *Sermo 22, Dies sanctificatus.* Nach neueren Untersuchungen ist er auf Weihnachten 1440, nicht, wie früher angenommen, auf 1439 zu datieren.[210] Cusanus hat diesen *Sermo* also *zehn* Jahre nach der ersten Weihnachtspredigt und etwa *ein* Jahr nach Abfassung des dritten Buches von *De docta ignorantia* geschrieben. Diese Konstellation lädt zu einer vergleichenden Betrachtung ein, zumal wenn wir die methodischen Bedenken nicht vergessen, von denen die Rede war. Ich gehe so vor, daß ich dem *Sermo 22* referierend folge und dabei auf Buch drei und auf *Sermo 1* zurückblicke, auch um die allzu kurze Behandlung von Buch drei in meinem Gesamtüberblick über *De docta ignorantia* zu kompensieren. Außerdem möchte ich einen Eindruck von einem integralen Text, eben von *Dies sanctificatus,* und seiner Argumentation geben.

Einleitend bezieht Cusanus sich auf einen Vers aus einem liturgischen Gesang der dritten Weihnachtsmesse: *Der geweihte Tag, Dies sanctificatus.* Dieser Tag sei Gott selbst, das reine Licht. Er ist *dies substantialis,* der substantielle, *der wesenhafte Tag.* An Weihnachten gedenken wir einer *dreifachen* Geburt – der ewigen Geburt des göttlichen Wortes, sodann der Menschwerdung, schließlich der Geburt Gottes in uns. Im ersten Teil, kündigt der Redner an, wende er sich an Menschen, die in der Erkenntnis fortgeschritten seien, um ihnen den Sinn des Johannesprologs zu erschließen; der Abschnitt über die Menschwerdung wende sich an

---

[210] Zuerst ediert von E. Hoffmann – R. Klibansky, in: Cusanus-Texte. I. Predigten. Heft 1, Heidelberg 1929; jetzt, mit der neuen Datierung, in h XVI, *Sermo* 22, p. 333–357.

die ganze Gemeinde, auch an die einfachen Leute; der dritte Abschnitt sei
für die Kontemplativen bestimmt.

Der *Sermo* 22 setzt mit der Erklärung ein, wir könnten Gott weder
mit der *ratio* noch mit der *imaginatio*, noch mit den Sinnen, sondern nur
im Glauben „berühren" (*attingitur*). Dies klingt, als kenne unser Prediger vier Erkenntnisstufen: Sinne, Vorstellungskraft, Verstand und Glauben. Als wolle er sagen, die ersten drei „natürlichen" Vermögen versagten
und nur der „übernatürliche" Glaube sei imstande, Gott zu „berühren".
Doch er fährt fort, der Glaube sei die Bedingung dafür, daß wir Einsicht
gewinnen; er beruft sich dafür auf das seit Augustin immer wieder zitierte, übrigens falsch übersetzte Wort aus Isaias 7, 9: „Wenn ihr nicht glaubt,
gewinnt ihr keine Einsicht". Die Abwertung von Sinneserkenntnis, Vorstellungskraft und Verstand entsprang nicht rein theologischen Absich-
ten; die kritische Ausgabe des *Sermo* weist nach, daß die Formel „*Nec
sensu, imaginatione aut rationali intelligentia deorum natura attingitur*"
bei Proklos steht und daß Cusanus sich schon früh diese Stelle herausge-
schrieben hat. Dies ergibt folgendes Gesamtbild: Sinne, Phantasie und
Verstand berühren die Gottheit nicht, der Glaube muß unseren Sinn auf
das Ewige richten, aber dann beginnt die Gedankenarbeit, das Geglaubte
zu begreifen. Oder Cusanischer: Die niederen Erkenntnisweisen versa-
gen, denn sie sind nach außen gewendet, der Glaube orientiert uns auf
das Ewige, aber er verwickelt sich in unlösbare Probleme, aus denen ihn
nur die *docta ignorantia* rettet; dies leiste allein das spezifisch-Cusanische
Denken, wie es in *De docta ignorantia* entwickelt wurde. Dies beginnt
Cusanus dann zu zeigen. Er insistiert: Wir glauben, daß Gott einer und
dreieiner ist, aber wir begreifen weder seine Einheit noch seine Dreiheit.
Zwar bekennen alle Völker, auch die Heiden, daß es ein *Optimum* gebe,
von dem alles herkomme; der Glaube an Gott ist Gemeingut der Menschheit. Dieses Interesse des Cusanus an der Übereinstimmung aller Völker
in der Annahme eines einzigen Gottes, der das Beste ist und von dem
alles herkommt, kennen wir schon aus dem ersten *Sermo*, n. 2–6. Dafür
brauchen wir den Glauben nicht, und Cusanus gibt selbst im *Sermo* dafür
ein philosophisches Argument: Nichts kann sich selbst hervorbringen.
Sonst wäre es, bevor es existierte. Dies zu denken, verbietet der Verstand,
die *ratio*, nicht der Glaube. Also ist es *notwendig*, nicht nur *de facto* wahr,
ein Erstes, ein Ewiges annehmen.[211] Dieser Aufstieg zum Einen ist Sache

---

der *ratio.* Sie sagt uns, daß es ein erstes Prinzip gibt und daß dieses Erste das ist, was wir in den Religionen „Gott" nennen. Cusanus untermauert dann – ähnlich wie zu Beginn des ersten Buches von *De docta ignorantia* (I 4) – diesen rationalen Aufstieg durch folgende philosophische, nicht offenbarungstheologische Überlegung:

Gott kann nicht als nicht-seiend gedacht werden. Also existiert er notwendigerweise.

Begründung:

Gleichgültig, ob jemand behauptet, Gott existiere oder er existiere nicht, in beiden Fällen behauptet er, seine These sei wahr. Er nimmt also an, daß Wahrheit existiere. Daß Wahrheit nicht existiere, kann daher nicht gedacht werden; sie ist wesentlich der Inhalt des Intellektes. Cusanus folgert aus diesem Ansatz die Koinzidenzlehre. Denn das Argument beweise, Gott stehe über jeder *oppositio* und über der *contradictio.* Ausdrücklich redet Cusanus hier, selbst in der Predigt, nicht nur von *konträren* Vollkommenheiten, sondern auch von *Widersprüchen.* Und sein Argument bezieht sich ausschließlich auf den *Widerspruch:* Gott existiert – Gott existiert nicht. Beide Sätze, auch wenn sie sich widersprechen, beweisen, daß Gott mit Notwendigkeit existiert.[212]

Cusanus redet seinen Zuhörer an: Willst du also mit der Erforschung des Wesens Gottes beginnen, so siehst du, daß du notwendigerweise dabei scheiterst. Denn Gott überragt alle Arten von Gegensatz. Daher kannst du dir bei dieser Erforschung weder mit Namen noch mit Verstandesgründen *(rationibus)* weiterhelfen. Unsere Vokabeln und unsere Verstandesinhalte beruhen auf Entgegensetzungen; Gott hat aber keinen Gegensatz; er steht unendlich über allen Gegensätzen. Dies sei auch die Lehre der *wirklichen* Theologen, *verorum theologorum.* Cusanus spielt die wahren Theologen gegen die bloßen Verstandestheologen aus. Zweifellos dachte er dabei an Dionysius; bei den Theologen, die sich diesen Namen nur anmaßen, dachte er an Dionysius-Ausleger, die Dionysius nach Verstandeshinsichten zurechtgelegt und damit abgeschwächt hatten.

Bemerkenswert ist, wie Cusanus die Koinzidenz argumentativ einführt. Sie ist weder ein offenbarungstheologisches Dictum noch die Wiedergabe einer mystischen Erfahrung; sie wird *bewiesen.* Sie wird selbst in einem *Sermo* durch philosophische Argumentation vorgeführt, und zwar

---

[212] ib. n. 9, 1–9 p. 336–337.

durch die Unvermeidlichkeit der Annahme, daß Wahrheit bei widersprechenden Aussagen existiere. Bei dieser Argumention – ich spreche von
Textabschnitt n. 9 p. 336–337 – spielt der *Glaube argumentativ* keine
Rolle. Diese Nuance ist zu beachten: Damit ist der Glaube als seelische
Disposition einzelner nicht ausgeschlossen, aber Argumente sind nun
einmal das, worauf es Philosophen ankommt. Auffällig ist übrigens:
Auch die *mathematico*-theologischen Argumente von *De docta ignorantia* I tauchen hier nicht auf. Cusanus hielt sie offenbar für entbehrlich,
während er, selbst im *Sermo*, eine *philosophische* Argumentation für unerläßlich hielt.

Hier haben wir eine Auslegung der Koinzidenzlehre durch deren Autor. Wir können die Nuancen seiner Selbstdarstellung nicht scharf genug
festhalten. Ich mache noch einmal darauf aufmerksam: Cusanus spricht
von rationalem Aufstieg zum *einen* Prinzip und legt alles darauf an, daß
es *notwendigerweise*, nicht *nur de facto*, existiere. Auch wie er sein Ergebnis zusammenfaßt, verdient unser Interesse: Gott steht *jenseits* aller
Gegensätze. Cusanus sagt nicht, er sei *nicht* deren Zusammenfall. Sein
Interesse liegt daran, zu zeigen: Widersprüchliche Aussagen über ihn lassen seine Erhabenheit überhaupt erst sehen.

Die Überlegung, die ich wiedergegeben habe, hat grundlegend-einlei-
tenden Charakter. Cusanus fährt fort und beschreibt das gewöhnliche rationale Argumentieren bezüglich Gottes. Nehmen wir an, sagt Cusanus,
du erforschst Gott mit dem Verstand, *via rationis inquirendo.* Was Cusanus dann als Mangel der Verstandesbetrachtung Gottes angibt, ist nicht
Mangel an Glauben oder an mystischer Erfahrung, sondern die rationale
Einseitigkeit, Gott als das höchste Gut zu bestimmen. Das „höchste
Gut", dies war für neoplatonisierende Christen wie Augustin, aber auch
für Anselm das leitende Prädikat Gottes. Cusanus sieht darin eine Verstandeseinseitigkeit und sagt seinem Zuhörer: Du behauptest dann weiter
von deinem höchsten Gut, es sei Wahrheit oder Gerechtigkeit oder Licht,
aber du negierst von Gott die entgegengesetzten Prädikate.[213] Damit be-
wegst du dich, ohne dir darüber klar zu werden, in der Region der Entgegensetzungen. Du *meinst* zwar von Gott zu reden, aber da Gott jenseits
aller Gegensätze steht, spricht du nicht wirklich von Gott. Was dich irre-
führt, ist nicht Mangel an Glauben, sondern das Fehlen der Koinzidenztheorie.

---

[213] ib. n. 10, 1–14 p. 337.

Du willst vom *einen* Prinzip reden, aber du fällst zurück in die Vielheit. Im Wesen der Gerechtigkeit liegt nicht, daß sie auch Wahrheit ist. Du nennst deinen Gott Wahrheit und Gerechtigkeit und Licht; damit gerätst du in Vielheit und Andersheit, denn Gerechtigkeit ist *etwas anderes* als Wahrheit. Du begreifst, daß deine Namen Vielheit und Gegensatz implizieren; sie sind Verstandesinhalte, die auf Ausschließung beruhen. Wenn du das erkennst, beginnst du zu sehen, daß die negativen Aussagen wahrer sind als die positiven. Denn Gott ist alles in allem; er kann nicht *dieses* sein und ein *anderes* nicht. Du meinst ja, alle Bestimmungen seien in Gott vereint.[214]

Cusanus greift auf die bereits im ersten *Sermo* zitierte Lehre zurück, daß alle Wesen nur sind, sofern sie *eines* sind. Für diesen Grundsatz konnte er sich auf Aristoteles berufen, aber ebenso auf Augustin und Boethius; dieser Satz war fast so etwas wie eine Allgemeinüberzeugung der philosophischen Tradition (wobei wir die Skeptiker gern vergessen); er findet sich bei Thierry von Chartres wie bei Thomas von Aquino. Aber Cusanus gibt dieser These sofort eine spezifische Wendung: Wenn du von Gott redest, dann redest du von der Einheit, die zugleich das wahre Sein, die *entitas*, ist. Sie ist die *forma essendi*. Sie prägt alles Wirkliche; sie gibt ihm Wesen und Sein. Alle Weltstufen haben teil an ihr. Teilhaben bedeutet für sie: Sie sind nur aufgrund der Einheit das, was sie sind. Aber sie haben nicht alle Vollkommenheiten der allumfassenden Einheit in sich. Sie teilen deren Reichtum sozusagen auf. Dabei unterscheidet Cusanus drei Modi des Teilhabens –

als *intelligentia*,
als *ratio*,
als Sinnenwelt, *sensibilia*.[215]

Wenn wir uns die Hauptformen der Teilhabe einmal fürs erste schematisch vorstellen, ergeben sich insgesamt vier Realitätsweisen:

Unendliche Einheit
intelligentia
ratio
sensibilia.

---

[214] ib. n. 10, 14–24 p. 337–338.
[215] ib. n. 11, 3–9 p. 339.

Cusanus gibt keinen Anlaß, solch ein Schema zu bilden. Aber für unsere kommenden Analysen wird es nützlich sein; wir werden ihm bald wieder begegnen. Wir lassen vorerst offen, was *intelligentia* und was *ratio* genau bedeuten; wir halten nur fest, worauf es Cusanus hier ankommt: In der Einheit oder in der *entitas absoluta* kann es keine Vielfalt geben; aber sie ist deswegen nicht leer oder arm, sondern sie faltet alles in sich ein (*complicat omnia*); sie teilt sich allen Dingen mit, und deswegen ist sie ihrer Natur nach zugleich das Gutsein, das allem die Prägung des Seins verleiht, ohne dabei zu verlieren.

Cusanus gerät keinen Augenblick in die Gefahr des Pantheismus. Er folgt hier Thierry von Chartres. Von ihm stammt das wichtige Konzept von der *„Einheit, die auch Seinsheit"* ist, ebenso das Schema von *Einfaltung* und *Ausfaltung*. Cusanus gebraucht seine Philosophie, um, wie er sagt, die „Schrift zu öffnen". Er will mit der Überlegung Thierrys die Wahrheit der Schrift beweisen, die sagt: *„Ich bin, der ich bin"* (Exodus 3, 13) und *„Gott ist einer"* (Deuteronomium 6, 4). Zu zeigen, daß die Bibel die Wahrheit sagt, das nennt Cusanus „die Schrift öffnen". Er gebraucht dieses Bild häufiger: Die Bibel ist ohne philosophische Erhebung zu Gott *verschlossen*. Sie muß *geöffnet* werden. Ob wir das „Theologie" nennen, ist gleichgültig. Wichtig ist zu sehen, wie Cusanus tatsächlich vorgeht: Er gibt die Beweise für die Einheit des Prinzips und erklärt dann, sie zeigten, wie wahr die Bibel sei. Ihre Wahrheit läßt sich auch dahin formulieren, daß Gott das Sein ist. Cusanus erläutert dies: Das Sein selbst faltet alles in sich ein. Aber er treibt diese tradierte Erkenntnis sofort weiter und sagt: Das Sein selbst enthält in sich eingefaltet auch das Nicht-Sein. Nicht-Sein und Nichts sind nicht außerhalb seiner. Warum? Außerhalb seiner kann weder Sein noch Nicht-Sein gedacht werden. Deshalb ist in ihm, dem Sein, alles, nicht nur die konträren Vollkommenheiten, sondern auch alles, was behauptet und was negiert werden kann. Als unendlich gedacht, faltet die absolute Einheit alles in sich ein. Alles ist in ihr sie selbst, alles, was ist, und alles, was nicht ist.[216]

Diese Position entwickelt die Einheitsthese des Parmenides weiter, radikalisiert sie aber durch die Koinzidenzlehre. Sie läßt das Nicht-Sein und das Nichts nicht einfach unbeachtet. Sie erklärt es nicht für Schein. Sie lehrt, koinzidental, das wahre Sein als die Einheit von Sein und Nicht-Sein zu begreifen. Dies ist keine überschwengliche Spekulation; es ist

---

[216] ib. n. 13 p. 340.

schlicht die Einsicht, daß „Sein" wie „Nicht-Sein" einheitliche Bestimmungen sind. Sie setzen Einheit überhaupt voraus, eine Einheit, die von dem Gegensatz von Sein und Nicht-Sein *abgelöst* und in diesem Sinne „absolut" ist.

Von dieser Erkenntnis sagt Cusanus, sie sei ein *Sehen*. Ein Sehen, das nur dem Intellekt möglich ist. Es ist kein Glauben, kein bloßes Vermuten. Es ist ein Sehen. Aber dieses Sehen sieht zugleich, warum menschliche Erkenntnisweisen an der unendlichen Einheit scheitern: weil sie auf Entgegensetzungen beruhen, über welche die unendliche Einheit erhaben ist. Damit erklärt Cusanus seinen Eingangssatz: Gott wird weder mit den Sinnen noch mit der Vorstellung, noch mit dem Verstande berührt. Der Glaube berührt ihn, gerät aber bei der Verstandesbetrachtung des *einen* Grundes der Welt in Aporien, die nur die *docta ignorantia* vermeiden kann. Daraus entspringt eine Einsicht, welche die unendliche Einheit vor aller Entgegensetzung *sieht u*nd daher begreift, warum die gewöhnliche menschliche Erkenntnis scheitern muß. Dieses Sehen bedeutet eine inhaltlich bestimmte Erkenntnis. Denn es erkennt:

Die unendliche Einheit ist auch die Form des Seins,
alles Entgegengesetzte, auch die widersprechenden Aussagen, ist in ihr
sie selbst,
sie ist Ursprung von allem,
zeitlos allem vorgeordnet,
sie ist das Medium, in dem alles sich bewegt,
sie ist das Ziel, auf das hin alles hingeordnet ist.[217]

Sie ist weder überall noch nirgendwo, weil diese Bestimmungen Gegensätze einschließen.[218]

Wir sehen Cusanus auf dem Weg, die dreifache Gottesgeburt zu erklären. Als Grundlage von allem dient ihm die Philosophie der Einheit: Alles, was ist, ist insofern, als es *eines* ist. Dies ist die Basis auch für die Eröffnung der Bibel und für die Anleitung, widersprechende Sätze koinzidental zu verbinden und zugleich einzusehen, warum der Verstand die unendliche Einheit verfehlt und nur der Intellekt sie erfaßt. Er *berührt,* ja er *sieht,* was alles zusammenhält, und sieht zugleich die Mängel des Verstandesdenkens.

---

[217] ib. n. 14 p. 340.
[218] ib. n. 15 p. 341.

Ich fürchte, ich muß noch einmal daran erinnern: Wir reden von einer Weihnachtspredigt. Wann und wie kommt Cusanus zur Trinität und zur Menschwerdung? Doch halten wir vorerst fest: Wie *Sermo* 1 geht *Sermo* 22 vom Vorrang des *Unum* aus; wie *De docta ignorantia* leitet *Sermo* 22 uns an, die unendliche Einheit auch in widersprüchlichen Aussagen zu sehen. Diese sind in ihr sie selbst. Zugleich sagt Cusanus, sie stehe unendlich über aller *oppositio*. Diese Hervorhebung geht im Akzent, nicht in expliziter Erörterung über *De docta ignorantia* hinaus, in der die unendliche Einheit der Zusammenfall der Gegensätze *war*. Andere neue Forschungen kündigen sich an, so

> die klare Absetzung von *intellectus* und *ratio*
> und die sich abzeichnende Stufung von
> unitas absoluta -
> intellectus –
> ratio –
> sensibilia,

die Cusanus voraussetzt, aber nicht entwickelt.

Die Philosophie des Thierry von Chartres ist in *Sermo* 22 ähnlich präsent wie in *De docta ignorantia*. Verstärkt hat sich der Einfluß des Proklos. Unüberhörbar ist auch der Hinweis auf die *wahren* Theologen, also auf Dionysius. Die Stellung der negativen Theologie ist, n. 10, 25–31 zufolge, stark, aber die Betrachtung geht doch über sie hinaus, *endet* also nicht – wie das erste Buch von *De docta ignorantia* – mit ihr. Die argumentative Stelle, an der sie auftritt und ihr Recht erhält, ließe sich so auslegen, als sei sie die zweite, die nur *relativ* höhere Betrachtung der Verstandestheologie, die sich zum intellektualen Sehen noch nicht erhoben hat. Doch lehrt dies Cusanus hier nicht ausdrücklich. Lassen wir die Sache offen. Folgen wir seinem Gedankengang; er kommt endlich zur Trinität:

Von der Trinität dürfen wir keineswegs so reden, als sei in Gott die Dreieinigkeit der Einheit entgegengesetzt. Wir müssen die göttliche Dreieinheit *abstractissime et elevatissime* denken. Diese Ausdrücke sind bei Cusanus nicht neu. Auch Eckhart konnte so reden. *abstractum* steht für das griechische *choristón*, das Aristoteles vom Geist, vom *nus*, gebraucht hat. Es heißt: *abgelöst, losgelöst*. In seinen deutschen Schriften nannte Eckhart dies „ledic". Die Trinität *abstractissimme* denken, das bedeutet, sie gänzlich als *absolutum* denken, rein in Gedanken, herausgelöst aus den Gegensätzen, wie der Verstand sie braucht. Du mußt die göttliche Dreieinheit nicht als rationale Dreieinheit denken. Sie wird nicht aus mehreren verschiedenen, jeweils anderen Wesen zusammengestellt. Bei ihr wird nicht ein Einzelnes mehrfach genommen. Dies sind Verstandesvorstellungen, die wir hinter uns lassen müssen. Folglich müssen wir auch alle Vokabeln hinter uns lassen. Denn Vokabeln entstammen der vergleichenden Sehweise des Verstandes. Deswegen gibt es kein Zeichen, keine sichtbare Gestalt, kein Reden, das die Trinität berühren könnte. Es bestand in der christlichen Malerei das Problem, ob die Trinität überhaupt und wie sie dargestellt werden könne. Cusanus hält sie für nicht darstellbar. Dies klingt, wie schon der Eingang seiner Predigt, nach Skepsis. Aber wir können in reinem Denken erfassen, daß Gott einer und dreieinig ist, daß beide Sätze nicht *zwei* Wahrheiten, sondern *eine* sind.[219] Wenn wir uns darüber im klaren bleiben, daß alle unsere Vokabeln aus der Beziehung Gottes zur Welt stammen, dann führt die philosophierende Betrachtung der Welt zur Erkenntnis der Trinität. Und jetzt entwickelt Cusanus seine Trinitätsphilosophie, indem er argumentiert:

Wir finden in allen Wesen untrennbar folgende drei Momente: Sie bilden in sich eine Einheit; sie unterscheiden sich von anderen und stehen zugleich mit ihnen in Verbindung. Dies „beobachten" wir nicht in der sinnlichen Welt; dies müssen wir in reinem Denken als allumfassende ontologische Regel denken:

Videmus in quolibet, quod est res una, discreta et conexa; haec enim reperiuntur in essentia omnis esse.[220]

Wo immer wir „Sein" denken, müssen wir zuvor Einheit denken. Diese Einheit erweist sich aber als intern gegliedert; sie ist immer zugleich Ungeteiltheit, Unterschied setzend und Verbundenheit. Sie ist nicht der bloße Verstandesgedanke der Einheit, und mit Zahl (im gewöhnlichen Sinn dieses Wortes) hat sie zunächst nichts zu tun. Sie bildet einen Rhythmus aus den drei Momenten *unitas, discretio, conexio*. Dies kennen wir schon aus *De docta ignorantia* I 10 p. 20, 26–27. Cusanus faßt hier seine früheren Einsichten vereinfachend zusammen; er läßt zum Beispiel die lullistische Korrelativenlehre weg, die wir aus *Sermo* 1 kennen und der wir in *De docta ignorantia* I 10 p. 20, 17–18 begegnet sind. Cusanus hat sie nicht

---

[219] ib. n. 16 p. 341–342.
[220] ib. n. 17, 4–6 p. 342.

aufgegeben; aber hier will er die Trinität zunächst einmal prinzipientheo-
retisch oder metaphysisch beweisen. Sein Ergebnis ist: Die unendliche
Einheit erkennen wir aus kontrakten Einheiten transsumptiv als dreieine. Sie ist Ungeteiltheit, aber zugleich ist sie unendliche Unterscheidung
und damit präzise Gleichheit mit allem, dessen Wesensstruktur sie bestimmt; sie ist schließlich die unendliche Verbindung. Weil sie – erstens –
unendliche Ungeteiltheit ist, ist jedes Ding ein ungeteiltes. Weil sie –
zweitens – unendliche Unterscheidung, *discretio*, ist, ist jedes Ding durch
seine Wesenheit inhaltlich bestimmt; es hat sein ontologisches Maß. Als
unendliche Unterscheidung ist sie die genaue Gleichheit mit allem, während aus *unseren* Unterscheidungen nur Differenzen entspringen, zwischen denen es keine genaue Gleichheit geben kann. Weil sie – drittens –
unendliche Verbindung ist, besteht in der Welt Zusammenhang; diese
Verbindung ist die Konstitution des Universums.[221]

Cusanus resümiert dann, was er gewonnen hat: Wir sind denkend von
der kontrahierten Einheit zur absoluten Einheit aufgestiegen. Aber alle
Bestimmungen, die wir der unendlichen Einheit zugeschrieben haben –
Ungeteiltheit, Unterscheidung, Verbindung –, haben wir aus unserer
Welterfahrung hergenommen. Sie bestimmen die unendliche Einheit, sofern wir sie als Grund der Dinge denken müssen; sie bestimmen sie nicht
in ihrem An-sich. In sich ist die unendliche Einheit nichts als absolute
Unendlichkeit. In sich ist sie auch nicht Trinität. Hier siegt wiederum die
negative Theologie. Doch dies entwertet nicht den denkenden Aufstieg
zur absoluten Einheit. Cusanus häuft jetzt die Argumente. Überall sehen
wir Dreieinheiten: Wir finden die Dinge als Dreieinheit von Sein, Können
und Wirken, sagt Cusanus im Anschluß an Dionysius (und Eriugena, den
er nicht nennt); er verweist auf die augustinische Dreieinheit in allen Dingen als *modus*, *species* und *ordo*. Im Sinne der Cusanischen Überlegung
könne man auch die Dreiergruppe von „Maß, Zahl und Gewicht" verstehen, die aufgrund des Buches der Weisheit (11, 20) seit Augustin eine
wichtige Rolle gespielt hatte; auch die Dreieinheit von *Einheit, Wahrheit*
und *Gutheit*, die ebenfalls augustinisch ist, gehöre hierher.[222]

An dieser Stelle verweist Cusanus mitten in der Predigt auf seine ausführlicheren Darstellungen. Es wird nicht klar, ob er dabei auf *De docta
ignorantia* zurück- oder auf *De coniecturis* vorverweist. Die *Sermones*

[221] ib. n. 17, 12–35 p. 343.
[222] ib. n. 18, 9–18 p. 343–344.

wurden lange Zeit vielleicht zu wenig gelesen – allerdings hat Raymond Klibansky schon 1929 unseren Text ediert und übersetzt, Ernst Hoffmann hat ihn kommentiert, Josef Koch hat andere *Sermones* intensiv untersucht –, aber dies berechtigt uns nicht, die *Sermones* von den philosophischen Hauptschriften abzulösen und Cusanus als Glaubenszeugen, als Seelsorger oder Landpfarrer zu stilisieren. Er ist auch in den Predigten Religionsphilosoph und Koinzidenzdenker; er will beweisen; er philosophiert; er verweist in ihnen auf seine ausführlicheren philosophischen Bücher. Der sachliche Punkt, um den es dabei geht: Er zeige dort, wie die höhere Einsicht, *intelligentia elevata*, etwas „berühren" könne. Cusanus legt sein Werk nicht als Resignation oder Skepsis aus. Wenn er zuerst sagte, wir könnten nichts berühren, so redet er jetzt von einer anderswo ausführlich dargestellten, von einer korrigierten Erkenntnis, die sehr wohl etwas „berührt". Er unterscheidet „höhere Einsicht" von bloß „rationaler Einsicht", also *intelligentia elevata* von *intelligentia rationalis*. Letztere ist auf Vielheit und Größe festgelegt. Sie treibt Mathematik, aber doch nicht nur Mathematik, denn sie schließt von der Vielheit, in der sie zuhause ist, auf die Einheit als auf deren Grund; sie sieht, daß körperliche Größe, mit der sie es zu tun hat, dreidimensional ist und schließt daraus mit Notwendigkeit, daß aller Größe ein drei-einer Grund vorausliegt.[223]

Überall hat es der Verstand mit Vielheit und Größe zu tun. Aber wir dürfen Vielheit und Größe nicht trennen. Die Vielheit ist *in* der Größe, die Größe ist in der Vielheit. Dies sind Koinzidenzspuren in der sichtbaren Welt. Sie leiten uns an, die absolute Einheit jenseits aller Gegensätze zu denken. Sie lehren uns, die Drei-Einheit in der Einheit und die Einheit in der Drei-Einheit jeweils zugleich zu denken.[224]

Cusanus muß endlich auf das Weihnachtsthema kommen; er beginnt damit, indem er von der ewigen Geburt des Logos in der Trinität spricht. Dazu müßten wir wissen, sagt er, wie Augustin die Trinität mit Hilfe *mathematischer Bezeichnungen* erkläre, indem er Gott als *Einheit, Gleichheit* und *Verbindung* bezeichne. Uns überrascht hier der Ausdruck „mathematisch". Aber das griechische Wort *mathesis* hatte eine allgemeinere Bedeutung als unsere „Mathematik". Boethius hatte die Mathematik immer auch als Philosophie der *Größe und der Vielheit* konzipiert, und

[223] ib. n. 19, 1–20 p. 344.
[224] ib. n. 19, 21–28 p. 344–345.

bereits Thierry von Chartres hatte die Überlegungen Augustins zu Einheit, Gleichheit, Verbindung eine „mathematische" Argumentation genannt, vermutlich, weil sie sich nicht aus der sinnlichen Anschauung ergeben, sondern aus einer rein begrifflichen, oder sagen wir besser: aus einer rein prinzipientheoretischen Analyse. Sie beantwortet die Frage: Was liegt im Begriff der Einheit? Die Antwort lautet:

> Sie ist der Grund der Vielheit und der Andersheit;
> sie ist als Gleichheit der Grund der Ungleichheit, die ebenfalls ohne Andersheit nicht sein kann;
> sie ist als Verbindung der Grund aller Trennung, denn Trennung kommt von Andersheit.

Cusanus geht von einer Unterscheidung aus, die er dann weiter differenziert. Er kennt Einheit und Andersheit. Beide haben je drei Momente: Die Einheit ist zugleich Einheit, Gleichheit und Verbindung; die Andersheit ist zugleich Zweiheit und Vielheit; sie ist ferner Ungleichheit und Teilung. Cusanus braucht zur Beschreibung des Weltbestandes diese sechs Prinzipien, die er bei Thierry von Chartres verbunden vorfand. Mit „Einheit" allein kommt der Denker nicht aus. Cusanus gibt keinen Hinweis zur Entstehung der Andersheit; sie folgt aus der Einheit, sagt er, aber wieso und warum? Müßte er nicht auch die Sechsergruppe von Prinzipien noch einmal zusammenfassen und sagen: Das wahre Eine, das nicht bloß mathematische Eine, sei die gegensatzlose Einheit dieser sechs Momente?

Ich möchte das Wort des Predigers nicht pressen. Er will von der Geburt des ewigen Wortes sprechen. Aber „Geburt" und „Sohn" sind biologische Metaphern. Sie sind, erklärt Nikolaus, weniger zutreffend als die „mathematischen" Bestimmungen, aber in „unserer Tradition" hat man sich darauf festgelegt, die Einheit „Vater", die Gleichheit „Sohn" und die Verbindung „Heiliger Geist" zu nennen. Cusanus läßt keinen Zweifel, daß er diese Vokabeln für „weniger eigentlich" hält. Das war im 15. Jahrhundert ein starker Ausdruck; wir kennen ihn schon aus *De docta ignorantia* I 24. Cusanus korrigiert die Bibel, indem er sie „öffnet". Die biologischen Metaphern der Bibel meinen *eigentlich*: Einheit, Gleichheit und Verbindung. Sie haben aber den Nutzen, mehr auf das *Hervorgehen* hinzuweisen; sie legen nahe, daß die Einheit die Gleichheit *er-zeugt* und daß die Verbindung von der Einheit und der Gleichheit zugleich *ausgeht*.[225]

---

[225] ib. n. 22, 1–15 p. 346.

Cusanus erklärt genauer, warum der „Sohn" auch das „Wort" heißt. Das Wort ist die Ähnlichkeit des Intellektes, der es spricht. Es ist die *ratio*, der ideale Wesensgrund der Dinge; es ist *ratio* und *forma* aller Dinge, in ideenhafter Voraushabe. Deshalb können wir es auch *ars*, Kunst, nennen. Das Wort ist unendliche Kunst. Es hält alle seine Hervorbringungen, also die Welt, eingefaltet in sich, auf einfache, ungeteilte, nicht-entfaltete Weise. Das Verbum, fügte Cusanus später in seinen Text von 1440 ein, ist die *archetypische Welt*. Es ist die Kunst, aus der alles geworden ist, in der als in geistigem Leben alle Dinge sind; es ist der Wesensgrund und die Weisheit, die jeden Menschen erleuchtet, der in diese Welt kommt; Cusanus erklärt auf den Spuren Augustins und Eriugenas, Dionysius' und Eckharts die Verse 3 bis 5 des Johannesprologs.[226] Er setzt die christliche Rezeption des Logos-Gedankens fort, die der Verfasser des Johannesprologs begonnen hatte.

Soviel zur ewigen Geburt des Logos, also zur Trinitätsphilosophie. Nun wendet sich Cusanus der zeitlichen Geburt zu, also der Menschwerdung. Er eröffnet seine Inkarnationsphilosophie mit der Frage: Warum war die Menschwerdung nötig?[227] Indem Cusanus die Frage einleitend auf diese Weise stellt, kann er sich sogleich mit dem *metaphysischen* Sinn der Inkarnation befassen, ohne das Faktische des geschichtlichen Vorgangs herauszustellen. Sein Argument für die Notwendigkeit der Inkarnation lautet: Das Schöpfungswerk gewönne nicht die Gott allein angemessene Vollkommenheit, würde das Universum nicht auf die vollkommenste Weise an ihn zurückgebunden. Cusanus kommt auf das Axiom zurück, das wir aus *De docta ignorantia* I 3 kennen: Zwischen dem Endlichen und dem Unendlichen besteht keine Proportion. Hier dient dieser Spruch dazu, uns zu zeigen: Die bloße Erschaffung wäre eine weniger vollkommene Lösung des Weltproblems, als wenn sich Gott mit der Welt vereinigt. Auch in *De docta ignorantia* beginnt das dritte Buch damit, die unaufhebbare Eingeschränktheit endlicher Wesen zu betonen: Die göttliche Natur kann nicht in eine endliche verwandelt werden, und die Eingeschränktheit des Endlichen kann nicht radikal aufgehoben werden.[228] Die Weltbegründung ist nur

---

[226] ib. n. 23–29 p. 347–350. Zur Herkunft der „archetypischen Welt" vgl. die Anmerkung zu n. 28, 3 p. 349s.
[227] ib. ab n. 31 p. 351.
[228] *De docta ignorantia* III 1 p. 119, 24–27.

dann von jener Vollkommenheit, wie sie dem vollkommensten Schöpfer ansteht, wenn es zu einer vollkommenen Weltrückbindung kommt. Diese ist zur Vollkommenheit des Gotteswerkes unerläßlich notwendig. Sie gehört zur konkreten Definition eines gottgeschaffenen Universums, derart, daß Cusanus sagt, ohne sie existierte das Universum überhaupt nicht.

Der Gedanke geht deduktiv vor: Ist Gott der vollkommenste Weltgrund, dann muß er seine Weltbegründung, die wegen der Disproportion von Endlich und Unendlich immer einen Abstand läßt, durch die vollkommenste Lösung der Finalität krönen. Vielleicht werden Sie kritisch einwenden, Cusanus steigere zunächst – entgegen seiner sonstigen Denkweise, die Gott alles in allem sein läßt – den Abstand zwischen Endlich und Unendlich, um ihn schließlich wunderbarerweise überwinden zu lassen. Eine gewisse argumentative Strategie ist unverkennbar, aber sie ist subtil. Die Inkarnationsphilosophie setzt sich zusammen aus drei Komplexen:

Sie erhebt erstens das Postulat, ein vollkommener Weltgrund finde auch für die finale Rückorientierung des Universums die optimale Lösung.

Zweitens: Unter endlichen, also „kontrakten", eingeschränkten Wesen gibt es kein vollkommenes Exemplar einer Species. Alles, was wir vorfinden, kann besser sein, als es ist; es kann aber nicht das reine Maximum erreichen. Gäbe es aber einen Gottmenschen, dann wäre er zugleich absolut und kontrakt; er wäre ein exzellenter „Fall" für Koinzidenz. An ihm müßte das Verstandesdenken eminent scheitern, aber die Koinzidenztheorie könnte dieses Scheitern an einem Parade-Exemplum erklären.

Eine dritte Komponente der Inkarnationsphilosophie ist die Anerkennung der kosmischen Sonderstellung des Menschen. Der Mensch, nur als Mensch, verbleibt immer innerhalb der Grenzen seiner Species; er kann sich nicht in ein Maximum verwandeln. Er bleibt in der Verschränktheit seiner Singularität. Und doch nimmt die menschliche Singularität im Universum einen zentralen Platz ein. Daher ist die vollkommene, die zu postulierende Gott-Universum-Einheit nur durch den Menschen möglich. Denn nur der Mensch vereint in sich aufgrund seiner Allgemeinheit alle Wesen, körperliche und geistige. Der Mensch als die *universale* Natur, dies kennen wir schon aus den ersten *Sermones*. In *De docta ignorantia* III 3 hat Cusanus dieses Theorem ausgebaut: Der Mensch ist Mikrokosmos. Im *Sermo* 22 argumentiert Cusanus ganz entsprechend: Nur indem Gott sich mit der menschlichen Natur als der Universalkreatur vereint, vollendet sich der Sinn des Universums. Alle Dinge haben ihr Ziel im Menschen, aber der Mensch hat sein Ziel nicht in sich selbst. Daher gibt er auch keine Ruhe, bis er sich mit Gott substantiell, *hypostatice*, vereint. Daher war es notwendig, daß Gott Mensch wurde. Nur so erreicht die Weltveranstaltung ihr Ziel.[229]

Dies ist sozusagen die *Idee der Inkarnation*. Sie ergibt sich als notwendig aus einer Art Perfektionslogik: Gott ist gut; er teilt sich neidlos mit; sein Werk ist daher das Beste. Was sich als das Beste dem Denken zeigt, das müssen wir als wirklich annehmen, wenn Gott, der neidlos Gute, der Grund der Welt ist. Nur wer Gott leugnet oder wer bestreitet, daß er gut ist, kann sich dieser *vernünftigen Einsicht* entziehen.[230] Cusanus zweifelt nicht, daß die Menschwerdung de facto stattgefunden hat, daß Jesus in der Zeit von der Jungfrau Maria geboren wurde. Aber er argumentiert im *Sermo* nicht weiter dafür; während er in *De docta ignorantia* III 4 p. 130 auf die Verläßlichkeit der Augenzeugen, auf die Wunder und die ethische Größe Jesu verwiesen hatte. Sein Hauptinteresse gilt dem kosmologischen Sinn und damit der vernünftig aufweisbaren Notwendigkeit der Vereinigung von Gottheit und Menschheit:

Wenn Gott sich der Menschheit vereine, geschehe dies für die ganze Menschheit und mit der ganzen Menschheit. Aber es mußte in einem vereinzelten Menschen geschehen. Ein solches gottmenschliches Wesen wäre dann zugleich absolut und kontrakt; es wäre die Koinzidenz. In ihm fielen die kleinsten, die größten und die mittleren Wesen zusammen. Es wäre zugleich ein *maximum contractum* und ein *maximum absolutum;.* es wäre also eine *Konzidenz von Koinzidenzen*. Von ihm nähme alle Kontraktion ihren Ausgang; nur durch ein solches Wesen fänden alle eingeschränkten Wesen den Rückweg zu ihren Ursprung.[231]

Von Sünde und Erbschuld, von Versöhnung des Vaters war bislang nicht die Rede. Cusanus drückt sich so aus, als sei es nur *unsere zeitgebundene Vorstellung*, die uns nötigt, Christus als *nach* Abraham, also in zeitlicher Fixierung, vorzustellen. Mit dem Ausspruch Jesu: „Bevor Abraham ward, bin ich" (Johannesevangelium 8, 58) führt er den Gedan-

---

[229] *Dies sanctificatus* n. 33 p. 352.
[230] *De docta ignorantia* III 3 p. 128, 16–17: *Nemo nisi aut Deum aut ipsum optimum negans ab istis rationalibiliter poterit dissentire*. Vgl. dort auch den Text bis Zeile 23.
[231] *De docta ignorantia* III 1 p. 127, 7–21.

ken zurück zur ewigen Idee der Inkarnation. Der Intellekt hat es nicht
mit Zeitlichem, sondern mit Ewigem zu tun.[232]

Ein solches Axiom zeigt, wie Cusanus die christliche Offenbarung im
Licht philosophischer Vorannahmen gelesen hat. Cusanus denkt folglich
die Inkarnation als die maximale Vereinigung bei unaufhebbarer Kontraktion; sie ist ein Koinzidenzphänomen; sie ist die zeitliche *Erscheinung*
der zeitlosen Gottesidee von der Vollendung des Kosmos:

> *Hic autem ordo non temporaliter considerari debet, quasi Deus in tempo-*
> *re praecesserit primogenitum creaturae.*[233]

Einzig die Lehre von der Koinzidenz soll imstande sein, von der besonderen Art des Gottmenschen und seiner kosmischen Funktion Rechenschaft zu geben:

> *Supra omnem intellectualem nostram comprehensionem quasi in docta*
> *ignorantia hanc personam concipiamus.*[234]

Um die Paradoxie herauszuarbeiten: Da alles kontrakt ist, bleibt es un-
aufhebbar endlich. Daher kann es keinen Menschen geben, der das Po-
tential der Gattung in sich voll realisiert. Es kann normalerweise keinen
maximus homo geben. Aber die ideale Verknüpfung von kontraktem
Maximum, also dem Universum, mit dem absoluten Maximum, also
Gott, fände sich nur in einem *maximus homo*. Die biblischen Zeugen
berichten glaubhaft von einem *maximus homo*;[235] daher ist es Aufgabe
der Koinzidenzspekulation zu zeigen, daß sich genau dies aus der Natur
des absoluten Maximum als des Vollkommensten ergibt. Zu ihm gehört
ein vollkommenes Universum und die vollkommene Verbindung des
durch Kontraktion bleibend geprägten Universums mit seinem Ursprung und Ziel. Christus koinzidiert mit dem Wesen der Menschheit.[236]
Dies hat gewiß auch ethische Aspekte, die besonders in *De docta ignorantia* III hervortreten. Dennoch finde ich in *Dies sanctificatus* nicht bestätigt, was Ernst Hoffmann zur Inkarnationsphilosophie dieses *Sermo*

---

[232] ib. III 6 p. 156, 6–10. Besonders auch III 12 p. 161, 2–4: *Propter hoc intellectus, cum sit
naturae convertibilis ad intelligibile, non intelligit nisi universalia et incorruptibilia et per-
manentia.*
[233] ib. III 4 p. 129, 9–10.
[234] ib. III 4 p. 130, 23–24.
[235] ib. III 4 p. 130, 2–22.
[236] *Dies sanctificatus* n. 37, 12 p. 354.

schreibt: „Der philosophische Sinn der Fleischwerdung liegt auf ethischem Gebiet."[237] Dies heißt am Spezifischen der Koinzidenzlehre vorbeigehen. Hoffmann verkennt die kosmologische, die intellekttheoretische und die religionsphilosophische Funktion der Inkarnationsphilosophie, die kraft der koinzidental erneuerten Einheitsphilosphie die Bibel *öffnet*.

Die Vereinigung von Gott und Mensch sollen wir nicht als die *Vermischung* ihrer Naturen denken. Die menschliche Natur existiert *in* der göttlichen, *hypostatice,* wie die dogmatische Formel lautet.[238] Cusanus betont zugleich die Individualität der Vereinigung von Gott und Mensch wie ihre kosmische Rolle, die in der Verbindung Gottes mit der Menschheit überhaupt liegt: Die Menschheit Christi ist die Menschheit aller Menschen: *Non est alia humanitas Christi quam cuiusque hominis.*[239] Christi Menschsein ist das Menschsein *jedes* Menschen; es ist dessen genauestes Maß. Wer daher Christus anhängt, hängt seinem *eigenen* wahren Wesen an, nicht einem Fremden, denn der Gottmensch ist die wesenhafte Intimität eines jeden Menschen.[240]

Im Gottmenschen *spricht* der verborgene Gott zu den Menschen. Er ist sein Wort, wie der Lehrer seine Gedanken durch seine Worte versinnlicht, ohne ihren geistigen Inhalt aufzugeben. In ihm wollte Gott, da er unendlich gut war, uns alle Schätze seiner Weisheit und seines Wissens mitteilen.[241]

Die Weihnachtsrede des Cusanus hat noch einen dritten Teil. Er handelt von der Geburt Christi in jedem Gläubigen, also von der Gottessohnschaft der Menschen, von der *filiatio Dei.* Dieser Teil über die Gottwerdung des Menschen, *deificatio,* ist wenig ausgeführt; das Eckhartsche Motiv entfaltet sich nicht recht. Cusanus kommt etwas hastig zum Schluß, indem er die Bedeutung der Kirche hervorhebt. Als er später seine Predigt durchsah, schleuste er an dieser Stelle ein Bekenntnis zu Petrus ein, dem Gott das Geheimnis zuerst offenbart habe.[242]

---

[237] E. Hoffmann, in Cusanus-Texte I. *Dies sanctificatus* (wie in der ersten Anm. des vorliegenden Abschnitts), S. 53.
[238] *Dies sanctificatus* n. 35, 20–25 p. 353.
[239] ib. n. 37, 7–8.
[240] ib. n. 37, 23 und n. 38, 1–9 p. 354.
[241] *De docta ignorantia* III 5 p. 133, 27–134, 23 und *Dies sanctificatus* n. 39, 2–12 p. 355.
[242] ib. n. 42, 10–12 p. 356.

Blicken wir noch einmal auf den Sermo über den wesenhaften Tag zurück. Von der Reihe der ersten *Sermones* unterscheidet diese Predigt sich
vor allem durch das vollentwickelte Motiv der Koinzidenz. Sie bezieht
die Koinzidenz auf Widersprüche, nicht nur auf konträre Vollkommenheiten; sie skizziert eine Reform des Verstandesdenkens, das den Widersprüchen erliegt. Dieser *Sermo* empfiehlt die Koinzidenzlehre als den
Weg,

> die Einheit zugleich als Gleichheit und Verbindung, also drei-einheit-
> lich zu denken,
> die Perfektionslogik der Inkarnation zu entwickeln und Jesus als indi-
> viduell-überindividuelle Einheit von Gott und Universum zu begrei-
> fen.

Grundlage der Überlegung ist, Gott als Einheit zu denken, die keinen
Gegensatz hat, die also alles umfaßt, ohne mit irgendeinem Ding identisch zu sein. In diesem Sinne also ein christlicher Parmenideismus, der
die Spannung von Absolut und Kontrakt in sich eingeschrieben hat. Das
platonische Motiv der Teilhabe hält diese Spannung aufrecht und moderiert sie zugleich. Zuweilen urgiert Cusanus die Differenz zwischen Endlich und Unendlich, aber nur, um seine Inkarnationstheorie vorzuberei-
ten, die aus der grenzenlosen Vollkommenheit des Weltprinzips folgert,
es werde auch die Heimführung des Universums auf die intimste Weise
regeln. Die Inkarnation ist notwendig, nicht weil das Universum sie
fordert, sondern weil sie aus der Natur des Weltgrundes folgt, über den
hinaus nichts Neidloseres und nichts Vereinigungsfreudigeres gedacht
werden kann. Die Inkarnation muß *Mensch*werdung sein, weil nur der
Mensch das Zentralwesen des Universums ist.

Diese Folgerungszuversicht, die sich Leibnizens *lex melioris* nähert,
steht im Kontrast zu wiederholten Erklärungen über die Schwäche
menschlicher Welt- und Gotteserkenntnis, aber sie bezieht sich auf den
Intellekt, dessen Stellung in der Reihe der Erkenntnisstufen *ratio – fides –
intellectus* jetzt gegenüber *De docta ignorantia* eher gestärkt erscheint.
Sein Inhalt ist die absolute Einheit, die auch das Sein selbst ist. Doch kontrahiert sich die absolute Einheit, ohne ihre Absolutheit zu verlieren. Gerade im Zusammenhang der Inkarnationsphilosophie erklärt Cusanus,
daß kein Eingeschränktes, Kontrahiertes oder Kontraktes, die volle Po-
tentialität einer Art ausschöpft, daß die Singularität ein Weltgesetz ist, zu
dem gehört, daß es keine zwei Dinge geben kann, die sich vollkommen

glichen. Dies ist eine philosophische Einsicht, die sich wie nebenbei auf das Universalienproblem bezieht, indem sie festhält, die *genera* existierten nur in den *species* und die *species* nur in den Individuen; real und aktual gebe es allein die Individuen.[243] Doch zugleich macht diese Einsicht die besondere Stellung Christi deutlich; er ist ein Mittleres zwischen dem reinen Absolutum und dem reinen Kontraktum.[244] Er ist singuläres Individuum und doch die ganze Species, so daß die Argumentation gilt: Wenn Christus auferstanden ist, werden alle Menschen auferstehen.[245] In Christus ist die gesamte *Menschheit* mit dem absoluten Maximum verbunden.

Bei der Bewertung der Cusanischen Trinitäts- und Inkarnationsphilosophie hängt viel davon ab, welches Konzept von Philosophie dabei vorausgesetzt wird. Unter neuscholastischen und neukantianischen Prämissen kann sie nur als verfehlt beurteilt werden. Um den Konflikt zu umgehen, lenkt man auf die Erkenntnistheorie (Ernst Cassirer), auf die Wiedergewinnung eines genuinen Platonismus (Ernst Hoffmann) oder auf katholische Dogmen (Rudolf Haubst) ab. Aber in einer historischen Betrachtung sind solche Einseitigkeiten vermeidbar.

Die Trinitätsphilosophie vermeidet die ungeheuren Subtilitäten, die Theologen seit dem 13. Jahrhundert produziert hatten, um Vernunft und Trinitätsdogma in Harmonie zu bringen. Sie verhindert den offenen Bruch zwischen christlichem Glauben und Philosophie, der sich im Namen des Dreieinigkeitsdogmas betreiben ließ. Sie behebt außerdem systematische Schwächen des Parmenideismus; sie ist Philosophie, kein bloßes Instrument, um ein christlich tolerables Ergebnis zu erreichen; zugleich ist sie die philosophisch-historische Ermöglichung eines christlichen Frühhumanismus.

Die Inkarnationsphilosophie bietet größere Schwierigkeiten als die Philosophie der Dreieinheit. Sie schafft zweifellos neue Komplikationen, zumal Cusanus sich bemüht, die genauen dogmatischen Formeln spekulativ zu begründen; dies geht von der hypostatischen Union bis hin zu der mittelalterlich-dogmatischen Lehre, Maria sei nicht nur *vor* der Geburt Jesu (ante partum), sondern auch *bei* der Geburt (in partu) und *nach* der Geburt (post partum) Jungfrau gewesen. Hier wäre weniger vielleicht mehr gewesen. Aber diese intellektuelle Anstrengung des Cusanus hatte unter den Bedingungen des 15. Jahrhunderts das geschichtliche Verdienst,

---

[243] *De docta ignorantia* III 1 p. 120, 4–6.
[244] *De docta ignorantia* III 7 p. 141, 19–20.
[245] ib. III 8 p. 143, 2–7 und *Dies sanctificatus* n. 38, 17–18 p. 355.

das Übergewicht des Omnipotenzdenkens zurückzudrängen, das sich insbesondere des Motivs der Menschwerdung bemächtigt hatte; sein Gott hätte nicht ebenso gut ein Esel wie ein Mensch werden können. Die Inkarnationsphilosophie macht noch weitergehende Erstannahmen als die Trinitätsmetaphysik; sie bezieht sich auf einen kulturellen status quo, in dem es keine historische Kritik an den Evangelien gab. Cusanus zeigt sich wenig daran interessiert, die Faktizität der Inkarnation zu beweisen; er nahm sie als allgemein anerkannt an. Dagegen sprach zwar die immer spürbarere Annäherung der Türken, aber er hielt den Islam 1440 für absurd und materialistisch, also leicht zu widerlegen. Die Muslime galten ihm als verblendet; sie können das ewige Heil unmöglich erlangen. Mehr störten Cusanus auch hier die Juden; er erklärte, sie seien durch Teufelseinwirkung verblendet.[246] Doch wenn wir einmal davon ausgehen, daß in bestimmten Kulturen gewisse faktische Annahmen zugrunde liegen – wie bei uns der Glaube an Wirtschaftswachstum –, dann war es eine philosophische Aufgabe, die Kraft des reinen Denkens auch dadurch zu erproben, daß es ihm gelang, ein solches – angebliches oder wirkliches – Faktum denkerisch zu integrieren und vernunftfeindliche Interpretationen desselben abzulösen durch eine menschenfreundliche Auslegung. Und dies, scheint mir, ist Cusanus mit seiner Inkarnationsphilosophie gelungen. Einen weitergehenden Anspruch werden wir mit ihr ohnehin nicht verknüpfen. Wir können interessiert zusehen, wie sich ihre drei Komponenten in der Geschichte der neueren Philosophie getrennt fortentwickelt haben.

---

[246] ib. III 8 p. 144, 2–20.

VII.

MUTMASSUNGEN 1442

Das Bild, das wir von dem Buch der *Mutmaßungen* haben, hat sich in den letzten Jahrzehnten entscheidend verändert, ohne daß Cusanus-Darstellungen – und selbst die globalen Charakteristiken des Cusanischen Denkens bei den Spezialisten – daraus immer schon die Konsequenzen ziehen. Als Josef Koch in den fünfziger Jahren die kritische Ausgabe von *De coniecturis* vorbereitete, machte er eine Reihe von Entdeckungen:

1. Cusanus hatte das Buch in *De docta ignorantia* mehrfach angekündigt und vorwegnehmend charakterisiert, aber keiner der Vorverweise ließ sich verifizieren. Das Buch wurde offenbar anders ausgeführt als zuerst geplant. Alle Vorverweise betreffen die Prinzipientheorie und die philosophische Kosmologie; sie gehen vom zweiten Buch von *De docta ignorantia* aus, nicht vom ersten oder dritten.

2. Zuerst sollte das Buch drei Teile haben wie *De docta ignorantia*; in der definitiven Form hat es zwei. Eine Trierer Handschrift aus dem Besitz des Kardinals zeigt den Text in der dreiteiligen Form und mit inhaltlichen Abweichungen.

3. *De coniecturis* enthält eine ausdrückliche Kritik an *De docta ignorantia*. Sie betrifft keine Nebensache; sie bezieht sich auf den zentralen Punkt, die Lehre von der Koinzidenz.

Koch zog aus diesen Tatsachen die Konsequenz: Die Konzeption und Umarbeitung des großen Buches muß Jahre gedauert haben. Das Buch ist vor 1444 abgeschlossen, denn es ist wie *De docta ignorantia* Giuliano Cesarini gewidmet, der 1444 in der Schlacht gegen die Türken gefallen ist. Koch vermutete zunächst, die letzte Fassung stehe dem *Ende* des Zeitraums 1440 bis 1444 näher als dessen Beginn. Später präzisierte er seine Datierung des Abschlusses auf Ende 1441/ Anfang 1442.[247] Seine entscheidende Einsicht hat er damit nicht zurückgenommen: *De coinecturis* ist kein *Zusatz* zum Hauptwerk; es ist ein drittes Hauptwerk, und zudem eines, das von *De docta ignorantia* abrückt.

---

[247] Vgl. die Notiz von J. Koch, in: Theologische Revue 68 (1972) 472, dazu R. Haubst, in: MF 10 (1973) 235.

Koch fand, das neue Buch gehöre einem anderen intellektuellen Kontext
an: Der Bruch mit der Schulphilosophie ist härter und ausdrücklicher.
Jetzt – sagen wir: im Winter 1441/1442 – kritisiert Cusanus eine für die
Scholastik so fundamentale Form wie die *Quaestio*. *De coniecturis* zufolge ist die *Quaestio* keine geeignete Weise, die Wahrheit zu finden.[248] Warum? Sie unterstellt, von zwei widersprechenden Antworten könne nur
eine wahr sein. Dieser Einwand lag auch der Argumentationsweise von
De docta ignorantia I 6 p. 14, 7–12 zugrunde, wie wir gesehen haben.
Aber damals fehlte die polemische Spitze gegen das Verfahren der *quaestio* überhaupt. Jetzt, in *De coniecturis*, sagt Cusanus, wogegen er sich
wendet. Er wiederholt, daß er Neues bringen werde, aber diesmal fügt er
hinzu, wegen der Mängel der Tradition, *ob ineptitudinem traditionis*,
müsse dies wohl so sein.[249]

Josef Koch hat noch einen anderen wichtigen Differenzpunkt festge-
stellt. Die beiden Bücher geben die Wesensgründe, aus denen die sichtbare Welt hervorgehe, auf verschiedene Weisen an. Beide teilen die Welt-
sphären in vier Ränge. Doch wenn wir diese Welteinteilungen genauer
besehen, werden die Unterschiede immer größer. In *De docta ignorantia*
II h 79, 3–18 unterschied Cusanus vier Einheiten:

Deus
Universum
Kategorien
Genera und Species.

Sie sollten sich verhalten wie die Zahlen

1
10
100
1000.

In *De coniecturis* sieht die Hierarchie folgendermaßen aus:

unum, unitas absoluta
intellectus
anima, ratio,
sinnliche Welt.

---

[248] *De coniecturis*, ed. Koch – Bormann – Senger I c. 5 n. 20, 1–4 h III p. 25.
[249] ib. *Prologus* n. 4, 10 p. 5.

Diese neue Einteilung steht offenbar Proklos und dem *Liber de causis* näher als die ältere. Nehmen wir nur als Beispiel einen der Gliederungspunkte heraus: Die Kategorien gelten in *De docta ignorantia* als objektive, naturhaft vorgegebene Einheits-Instanz wie bei den Aristotelikern; ab *De coniecturis* sind sie Einteilungen, die der Geist schafft.[250] Koch sah daran, daß es sich um zwei verschiedene Philosophien handelte, und er bezeichnete die Philosophie von 1439 als „Seinsmetaphysik", die von 1442 als „Einheitsmetaphysik". Diese Unterscheidung hatte Koch zuvor schon gebraucht, um die Philosophie Augustins von derjenigen des Dionysius Areopagita abzusetzen. Ich glaube gezeigt zu haben, daß sie für diese Differenzierung nicht gerade glücklich ist[251]; Koch hatte für die philosophische Charakterisierung eines Textes nicht die gleiche Qualifikation wie für dessen philologische Erfassung; er meinte ja auch, was Cusanus in *De docta ignorantia* treibe, das sei „Erkenntnistheorie". Wir müssen von seinen Textbeobachtungen profitieren und die Analyse neu beginnen. Ich beschränke mich auf wenige Bemerkungen:

1. Ich beginne, indem ich mich frage, ob sich die Spezialisten je für die literarische Form der Werke des Cusanus, für ihren Wandel vom Traktat zum Dialog und insbesondere für die Stilisierung von *De coniecturis* interessiert haben. Denn gerade unter diesem Gesichtspunkt besteht ein deutlicher Unterschied zwischen *De docta ignorantia* und *De coniecturis:* *De docta ignorantia* ist durchgängig als eine allgemeine Abhandlung stilisiert; es hat die Form eines Traktates, gewiß nicht eines scholastischen, aber doch von lehrhafter Abstraktheit. Der Traktat richtet sich nicht an alle, nicht an die universitäre Öffentlichkeit, sondern an den hochgestellten Freund. Aber dies drücken nur die beiden Widmungsbriefe an Giuliano aus, die am Anfang und am Ende des Werkes stehen. Hingegen hat *De coniecturis* durchgängig die Form eines langen Briefes. Ein individueller Denker, genauer: ein Denker, der sein Denken als individuell weiß, schreibt an einen individuellen Denker. Der Text ist gefaßt als die Anleitung für eine einzelne Person, eben für Giuliano, über sich selbst und über eine neue Erkenntnisweise, vor allem in der Naturforschung, nachzudenken. Der Autor weiß, daß er andere Leser finden wird; er redet im *Prolog* n. 4, 1 p. 5 von den „Jüngeren", die einer Einführung bedürfen;

---

[250] Vgl. *De mente* c. 11 n. 135–136 h V, p. 188–189.
[251] K. Flasch, Die Metaphysik des Einen bei Nikolaus von Kues, Leiden 1973, S. 236.

ihm stehen also auch andere Leser vor Augen, aber er erinnert ständig an die persönliche, ja freundschaftliche Beziehung zu Giuliano; er macht aus ihr ein Stilelement. Nun könnte dies gewiß nur eine literarische Neuerung ohne philosophische Bedeutung sein. Aber es gibt Hinweise, die nahelegen, darin das Zeichen eines Wandels der philosophischen Position zu sehen:

Während in *De docta ignorantia* das Bewußtsein stets bleibender Differenz zu der Überzeugung führte, eine „präzise" Erkenntnis der Wahrheit bleibe uns für immer verschlossen, schafft eben dieses Bewußtsein in *De coniecturis* eine neue, eine individualisierte Konzeption der Wahrheit. Ein monadologischer Wahrheitsbegriff kündigt sich an: Die Welt als ganze spiegelt sich in jedem Individuum auf dessen je verschiedene Weise. Es gibt keinen Ausgleich der Wahrheiten in einem „objektiv" Dritten. Aber diese Einsicht führt nicht zur Resignation, sondern zum Austausch und zur Weiterarbeit, in dem neuen Bewußtsein, die absolute Wahrheit nie zu erreichen. Dieser Wahrheitsentwurf verbindet sich mit der Idee der unendlichen Perfektibilität der menschlichen Gattung.

Ich wehre mich gegen jede Art der Rückdatierung und Aktualisierung älterer Philosopheme. Cusanus ist nicht Leibniz, auch wenn er den Terminus „Monade" benutzt; ich muß daher genauer sagen, inwiefern hier – auch bei skrupulös historistischem Vorgehen – von einem monadologischen Wahrheitskonzept gesprochen werden darf.

Ein monadologischer Wahrheitsbegriff liegt vor, wenn das Bewußtsein immer weiter verbleibender Differenz nicht nur zu immer weiterer Tätigkeit antreibt, sondern auch zu einer Neubesinnung auf „Wahrheit" führt. Schon in *De docta ignorantia* führte das Bewußtsein unserer Wissensgrenzen zu der Forderung, wir sollten das Vieleck unserer Entwürfe dem Kreis der Wahrheit einschreiben, um uns ihm immer mehr anzunähern. Aber jetzt folgt aus diesem Differenzbewußtsein die Aufforderung, Giuliano solle die individuelle Weise, die Wahrheit zu sehen, nicht nur als Defekt bewerten. Die individuellen Perspektiven auf die Welt sind unersetzbar. Wir werden sie nicht los, auch wenn wir sie bedauern. Mehr noch: Sie haben produktiven Sinn. Es liegt an der unendlichen Einheit selbst, daß wir auf sie angewiesen sind.

Cusanus spitzt das Bewußtsein der Individualität des Denkens derart zu, daß ihm das „Verstehen" anderer Menschen zum Problem wird. Er spricht gleich zu Beginn, schon im *Prolog* (n. 3, 4–5 p. 4–5) davon: Wie können wir wissen, was ein anderer Mensch denkt? Wie können wir wissen, daß er den Zeichen, die er uns mitteilt, dieselbe Bedeutung gibt wie wir? Die Konjekturen der verschiedenen Personen sind einander „improportionabel", wie Cusanus sagt. Das heißt ja wohl: Sie sind unübersetzbar. Wie können wir uns dann noch verständigen? Augustin hatte in seinem Dialog *De magistro* diese Frage zu beantworten versucht; er führte das göttliche Verbum ein als den inneren Lehrer, der uns allein lehren kann, anläßlich der Zeichen, die ein anderer aussendet, dasselbe zu denken wie dieser Sender. Während bei Augustin die Anwesenheit des göttlichen Verbum die Identität der Bedeutung unserer Vokabeln garantiert, braucht auch Cusanus dieses Verbum, aber nicht, um die Wortbedeutung zu garantieren – diese existiert, Nikolaus zufolge, einzig als Resultat der Tätigkeit unseres Verstandes –, sondern um die Individuen zu ermutigen, sich zu begreifen und zu verhalten als der einzige Ort der Wahrheit, nicht *trotz* der Differenzen, die bleiben, sondern eben *wegen* dieser Differenzen. *De coniecturis* beginnt mit einer Reflexion, welche die traurige Entdeckung unausrottbarer Differenzen verwandelt in die Einladung, die Ausdrucksformen unserer Gedanken nicht nur zu vermehren, wie schon in *De docta ignorantia*, sondern weiter zu individualisieren. Aufmerksam zu sein auf die Tatsache, daß mein Wissen meine eigene Handlung ist und daß es von generischen, spezifischen und individuellen Determinationen abhängt und auf die Gesamtheit aller Denkenden verweist – dieses Bewußtsein konstituiert das, was der Autor eine *coniectura* nennt. Dieses Wort war im älteren Latein nicht ungebräuchlich; Augustin hatte es benutzt. Aber Cusanus gab ihm terminologische Bedeutung innerhalb seiner Theorie von Einheit und Andersheit. Er definierte *coniectura* und sagte, sie sei

positiva assertio
in alteritate
veritatem, uti est,
participans.[252]

Was die *coniectura* ausmacht, ist nicht ein psychologischer Begleitumstand wie Unsicherheit. Sie ist Teilhabe an der Wahrheit, wie sie in sich ist, aber in bleibender, individueller Differenz. Sie ist eine Behauptung. Wir behaupten etwas, und wir behaupten dabei uns. Wir bleiben dabei

---

[252] *De coni.* . I 11 n. 57, 10 p. 58. Vgl. D. Nardelli, Il De coniecturis nell' epistemologia di N. Cusano, in: Annali della Facoltà di lettere e filosofia dell' Università di Bari 25/26 (1983 – 1983) S. 323–S. 371.

Individuen, ja wir stabilisieren dabei unsere Individualität – jeder die seine, also in bleibender Andersheit vom anderen und von der Sache, die wir
behaupten. Dies ist unsere Art des Bezugs zur Wahrheit, unsere Teilhabe
an der Wahrheit in unaufhebbarer Andersheit. Wir sind Individuen, auch
wenn wir denken. Jeder von uns sieht und denkt anders. In *De docta
ignorantia* war die Individualität eher das Hindernis und die Grenze der
Wahrheit, auch wenn es einmal hieß, die Befangenheit in der individuellen Perspektive, das Sich-Wohlfühlen in der individuellen, lokalen und
nationalen Beschränktheit sei eine Veranstaltung der Vorsehung, um den
Frieden zu fördern.[253] Hier klingt schon der Gedanke an, die individuelle
Borniertheit sei eine List der Gottheit, die jeden mit sich zufrieden sein
läßt, um Konflikte zu mindern. Dann ist die Individualität keine bloße
Grenze mehr. In *De coniecturis* ist sie dies jedenfalls nicht mehr primär;
daher mußte Cusanus die literarische Form seines Buches ändern. Weil
die Wahrheit nur als absolute Einheit existiert und weil er sie jetzt auch
von dem Gegensatz von Allgemeinheit und Individualität absolut, d.h.
abgelöst, denkt, mußte er eine individualisierende Einführung schreiben.
Doch beachten wir: Der Denkende ist, der Analyse des Cusanus zufolge,
nicht *allein* durch die individuelle Perspektive bedingt. *In* seinen individuellen Bestimmungen sind die spezifischen und die generischen Bestimmungen enthalten. Und er ist Geist, kein Naturding, sondern, wie es
gleich zu Beginn heißt, „Bild" der allmächtigen *forma, imago omnipoten-
tis formae,* und er produziert seine Mußmaßungen in Parallele zur göttlichen Weltproduktion.[254] Unsere Mutmaßungen sind schon deswegen
nicht ganz willkürlich, weil sich in ihnen die menschliche *mens* als erhabene Spiegelung der göttlichen Fruchtbarkeit spiegelt. Ich nenne dies die
Parallelismusformel: Der menschliche Geist schafft Begriffe, wie der
göttliche Geist die Welt. Sie taucht hier zum ersten Mal auf und ist eines
von mehreren Theoriestücken, das Cusanus in *De coniecturis* erstmals
entwickelt hat und nicht mehr aufgeben wird; wir werden ihm bis in seine letzten Werke begegnen. Wenn diese Formel wahr ist, tritt das
Schlimmste nicht ein. Unsere Konzepte behalten dann Weltkontakt, irgendwie. Unser Denken ist eine Parallelaktion, wie auch immer.

Wir könnten gegen die Formel einwenden, sie setze, um die Skepsis zu
widerlegen, das Überwundensein des Skeptizismus schon voraus. Sie

---

[253] *De docta ignorantia* III 1 p. 123, 4–9.
[254] *De coni.* I 1 n. 5, 3–8 p. 7.

setzt in der Tat bereits das Wissen voraus, die Welt gehe aus der göttlichen Urform hervor und deswegen gebe es zwischen Denken und Wirklichkeit zwar keine direkte, wohl aber eine proportionale Einheitsform: Wir begründen die Begriffswelt, wie die erste Einheit die Realwelt.

Der Einwand wäre tödlich, hätte Cusanus hier eine „erkenntnistheoretische" Begründung des Begriffsrealismus geben wollen. Aber er entwirft hier einen prinzipientheoretischen oder auch metaphysischen Grundriß, der sagt, man dürfe über den Wert unserer Begriffe nicht befinden, ohne auf die hohe Rangstellung der *mens* zu achten. Sie sind nichts Erstes, sie sind die Produkte des Bildes des Ersten, also der *mens.* Sie haben, so fehlbar sie sein mögen, eine hohe Herkunft. Und von ihr, nicht von unseren Defekten ist auszugehen. Das ist ein anderer Ton als am Anfang von *De docta ignorantia.* Dort fing Cusanus an mit dem Mangel jedweder Proportion von Endlichem und Unendlichem; hier beginnt Cusanus mit der hohen Kraft der *mens* und mit der Proportionalität ihrer Hervorbringungen zu den Produkten der unendlichen Einheit. Das ist der Anfang einer anderen Philosophie. Es versteht sich, daß sie entwickelt wird aus Elementen, die wir aus *De docta ignorantia* kennen. Cusanus sagt von vornherein, *wie* sie entwickelt werden kann: Wir müssen uns vertiefen in das Wesen unserer *mens.*[255] In *De docta ignorantia* hatte Cusanus die Termini *complicatio* und *explicatio* aus der Spekulation des Thierry von Chartres aufgenommen und mit ihnen das Verhältnis *Gottes* zur Welt beschrieben; *De coniecturis* setzt ein mit der These, die *mens* sei Bild der produktiven Urform und sei die *complicatio* ihrer Begriffsbildungen. „Konjekturen" treten hier auf nicht so sehr als Signatur unserer Unfähigkeit, sondern als Explikationen einer erhabenen Instanz.[256] Dies kommt in der Definition der *coniectura* zum Ausdruck; sie ist Teilhabe an der „Wahrheit selbst", also an der Wahrheit im emphatischen Sinne als ideal-genauer Entsprechung.

Hier möchte ich darum bitten, auch das Wort *mens* als ein Fremdwort stehenzulassen, selbst wenn ich hinzufüge, daß man es normalerweise mit „Geist" übersetzt. Aber unser Wort „Geist" ist so vieldeutig, daß wir erst ermitteln müssen, welche seiner neueren Nuancen bei Cusanus gelten und welche nicht. Ich mache darauf aufmerksam, daß Cusanus auch innerhalb von *mens* Unterscheidungen kennt. So spricht er einmal von *un-*

---

[255] ib. I 1 n. 5, 17–20 p. 8.
[256] ib. I 1 n. 5, 1–20 p. 7–8.

serer mens, ein andermal von *mens* an sich, *mens ipsa,* von *mens selbst.*
Vor allem sollten Cusanusleser darauf achten, nicht instinktiv „Mensch"
einzusetzen, wo *mens* vorkommt. Es ist besser, dieses lateinische Wort als
fremd festzuhalten und es sich allmählich füllen zu lassen, statt es zu früh
ins Gewohnte einzugliedern. Wir haben inzwischen alle gelernt, was
„Software" ist. Prägen wir uns also diese drei – und nur drei – Fremdwörter ein: *mens, intellectus, ratio.*

2. Auch in *De docta ignorantia* hatte Cusanus die Hoffnung, durch weitere Erkenntnisbemühung und Vermehrung der Ansichten könnten wir
uns der Wahrheit nähern. Aber es überwog das Abstandsbewußtsein. Die
Individualität des Wissens erschien nicht als dessen Ermöglichung und
Quelle seines Reichtums, sondern als Mangel. Jetzt ist die Individualität
stärker akzentuiert, aber die Erkenntniszuversicht ist gewachsen; der Ton
liegt jetzt darauf: Unerschöpfliche Wissensvermehrung ist möglich.[257]
Was ermöglicht diese Neubewertung?
Die Antwort hat viele Gesichter. Gleich in den ersten Zeilen des Prologs hält Cusanus fest: Wenn wir die Wahrheit immer nur in Andersheit,
folglich als Konjektur, haben, dann können wir diese Andersheit nur dia-
gnostizieren, wenn wir auch die Wahrheit selbst kennen.[258] Um die Defizienz als solche bewerten zu können, müssen wir mit der Fülle vertraut
sein. Das Abstandsbewußtsein impliziert, daß es bereits überwunden ist;
dies ist das folgenreiche Neue in *De coniecturis.* Ein anderer Aspekt, der
zu wachsender Erkenntniszuversicht führt, ist die Ansicht des Cusanus,
er habe jetzt die rechte Methode zur Erforschung der sichtbaren Welt
entdeckt. Er stellt sein Wissen als eine *ars generalis* vor, als eine Wissenschaftswissenschaft, die wunderbare Entdeckungen erlauben wird. Er
verspricht nicht wenig: *Große und bislang verborgene Dinge werde ich
ans Licht zu bringen suchen.*[259] Er sagt seinem Leser, am Ende habe er
*alles Verborgene durchdrungen. Es bleibt kein Zweifel zurück, kein Hin-
dernis.*[260] Dies ist keine Selbstanpreisung des Autors, keine überströmen-
de Selbstzuversicht; Cusanus *begründet* sein Erkenntnisvertrauen: Sein
Wissen handelt nicht von etwas, das so und auch anders sein könnte. Es
geht auf die ersten Voraussetzungen zurück, die wir bei jeder Frage und

[257] ib. *Prologus* n. 2, 5 p. 4: *Non enim exhauribilis est adauctio apprehensionis veri.*
[258] ib. *Prologus* n. 2, 9–11 p. 4.
[259] ib. I 5 n. 17, 1–2 p. 21: *magna enim atque occulta in lucem ducere temptabo.*
[260] ib. I 5 n. 18, 17–18 p. 24.

in jedem Zweifel voraussetzen, ohne die wir weder fragen noch zweifeln können. Jeder suchende Geist arbeitet im Lichte der „präzisesten Gewißheit". Wenn er fragt, ob etwas wirklich existiere, dann weiß er doch, was „existieren" heißt.[261] Vollziehen wir mit Cusanus diesen Rückgang ins Unbestreitbare, immer schon Vorausgesetzte, achten wir auf das, was wir bei allen Zweifeln und Fragen immer schon voraussetzen, dann stehen wir nicht mehr im Dunkeln. Dann sehen wir die wichtigsten Dinge, die den meisten unbekannt bleiben, in klarem Licht, *maxima atque multis occultissima clarissima luce intueberis.*[262] Die Wahrheit selbst ist zugänglich, wenn sie auch auf kleinste Kreise beschränkt bleibt, was der literarischen Form des Quasi-Briefes entspricht.

Zuvor war *praecisio* das, was uns für immer unerreichbar bleiben wird. Jetzt, 1442, „besitzen" wir sie auch noch nicht, aber wir wissen: Wir können unsere Zweifel und Fragen nur haben, weil wir in ihrem Licht denken. Sie ist uns nahe.

Wie angedeutet, sah Cusanus mehrere Motive, die ihn zu einer Neubewertung des Erkenntnisdunkels von *De docta ignorantia* geführt haben. Das wichtigste Motiv ergab sich aus seiner Neufassung der Koinzidenz. Cusanus spricht es im folgenden Satz prägant aus:

Wir müssen das Wahre „intellectualiter" auffassen, und das heißt: Wir müssen sehen, daß es im gleichen Maße erfaßbar wie unerfaßbar ist:

Nam unitatem imparticipabilem pariter et participabilem intelligito et dictorum capacitatem subintrabis.[263]

Cusanus selbst hebt diesen Satz hervor; er bilde einen Schlüssel zum Ganzen. Wir sollen *intellectualiter*, nicht mit dem Verstand, sondern mit der Vernunft das Verhältnis von Wahrheitschance und Grenze bedenken: Die Erreichbarkeit der unerreichbaren Wahrheit fällt mit ihrer Unerreichbarkeit zusammen. Indem wir dies begreifen, treten wir ein ins Reich der Wahrheit. 1439 lag der Akzent auf der Unerreichbarkeit; jetzt, sagen wir 1442, lädt Cusanus ein, sowohl die Verborgenheit wie die Erkennbarkeit der Einheit zu bedenken, nicht als zwei verschiedene „Sachen", sondern als ein und dasselbe.

Das Verständnis des zitierten Satzes hängt ab von der Bedeutung des

---

[261] ib. I 5 n. 19, 1–12 p. 24–25.
[262] ib. I 10 n. 46, 1–2 p. 49.
[263] ib. II 6 n. 98, 4 p. 95

Wortes „*intellectualiter*". Dieses Wort kommt in *De docta ignorantia* nicht vor. Der gesamte Aufbau von *De coniecturis* spiegelt sich hingegen in diesem Wort, auch der Wandel in der Konzeption der Koinzidenz. Die Koinzidenz der Gegensätze wurde in *De docta ignorantia* konzipiert zwar nicht als Privileg des reinen Aktes, wohl aber als Charakteristikum der Unendlichkeit in ihren drei Hauptgestalten, der des absolut Unendlichen, der des begrenzt Unendlichen, also des Universums, und der Einheit dieser beiden Unendlichen; aber jetzt, in *De coniecturis,* erscheint sie als Charakteristikum des Intellekts; und dieser Intellekt ist *unser* Intellekt, der die Verstandesregeln hervorbringt und dadurch die Welt des Verstandes produziert, der seinerseits die Welt der Sinne ordnet. Der Intellekt produziert den Verstand und seine Welt; er setzt dabei nichts anderes voraus als die unbestimmbare Ersteinheit. Der Verstand, das ist die Operation des Intellektes, sofern er das Vermögen des Begrenzten ist. Der Ausdruck „Vermögen" ist hier nicht am Platze. So sagen wir besser: Der Verstand, das ist der Intellekt, sofern er sich im Unterschiedenen, im genau Bestimmbaren, im Limitierten bewegt. Cusanischer noch: sofern er dies abteilende und abgeteilte Wesen hervorbringt, *fabricat*. Nebenbei mache ich Sie darauf aufmerksam: In der Geschichte der Termini *fabricare, fabrizieren, fabrica, Fabrik* und *fabricator* spiegelt sich die Geschichte der neueren Zeit; sie beginnt nicht mit Cusanus, denn schon in der lateinischen Averroesübersetzung wurde *fabricare* für die Begriffsbildung gebraucht, aber Cusanus spielt in ihr eine Rolle. Der Verstand ist *fabricator*. Er ist die Kunst des Bestimmens, des Unterscheidens, des Auseinanderhaltens innerhalb vorgegebener Einheitsrahmen. Im Wirken des Verstandes sind nicht abstrakte Schemata vorausgesetzt – die bildet er selbst –, sondern Einsichten der Vernunft. Wir haben also:

> Die unbestimmbare Erst-Einheit,
> den Intellekt,
> den Verstand,
> die sinnliche Welt.

Das ist der Aufbau des Universums von Proklos. Proklische Motive waren im Mittelalter durch den *Liber de causis* bekannt; Wilhelm von Moerbeke hatte die *Elementatio theologica* und den *Parmenides-Kommentar* des Proklos ins Lateinische übersetzt. Doch kam es im Denken des Cusanus nach Abschluß von *De docta ignorantia* zu einer Verstärkung proklischer Ideen. Es ist wahrscheinlich, daß Cusanus nach der Fertigstellung von *De docta ignorantia*, also ab 1440, den *Parmenides-Kommentar* und Fragmente der *Theologia Platonis, besonders* I 3, gelesen hat, einen Text, um dessen Übersetzung er Ambrogio Traversari gebeten hatte. Traversari starb am 21. Oktober 1439. Cusanus war im Oktober und November 1440 in Florenz; es ist wahrscheinlich, daß er Teile der Proklos-Übersetzung damals bekommen hat.[264] Gewiß kannte er die *Elementatio theologia* des Proklos; wahrscheinlich hat er auch den riesigen Kommentar von Berthold von Moosburg dazu gelesen, von dem Nicolaus 1449 als von einem seiner Anreger sprechen wird und der die Lehre von der vierfachen *maneries rerum* des Dietrich von Freiberg aufgegriffen hat, die ebenfalls von Proklos herkommt. Keinesfalls kannte Cusanus Proklos nur durch Berthold. Sein Verweis auf Berthold zeigt Unsicherheiten; er verwechselt Namen und Herkunftsort, aber wie hier die Beeinflussung auch gegangen sein möge, in jedem Fall übernahm Cusanus ab 1440/41 den viergliedrigen proklischen Weltgrundriß.

3. Cusanus adaptierte die proklische Konzeption seinen eigenen Interessen, und zwar in mindestens drei Hinsichten: Erstens: Genau genommen spricht Nicolaus nicht von vier Stufen ontologischer Ordnung, sondern er beschreibt die Bewegung des Geistes.

Dabei ist folgende Finesse zu beachten: Wir müssen unterscheiden, ob Cusanus von unserer *mens* als von unserem *intellectus* spricht, der die *ratio* aus sich entläßt, oder ob er von *mens ipsa* redet, sagen wir vorläufig, von „Geist überhaupt", der ja nicht als eine der vier Stufen vorkommt, sondern, wenn ich so sagen darf, als das Prinzip aller Prinzipien, als Einheit der vier Einheiten. In einem überaus wichtigen Text, I 4 n. 12–14 p. 18–19 redet Cusanus von der *mens ipsa* und sagt von ihr, sie enthalte alle Realität; sie wisse das auch und könne daher auch niemals zugestehen, daß es irgend etwas gebe, was außerhalb ihrer existierte. Was zunächst als vierfach abgestufte Welt erschien, das ist, nach Cusanus, die *mens ipsa*, die sich anschaut und die sich einmal betrachtet als absolute Einheit oder als Gott, die sich zweitens sieht als die Wurzel des Verstandes, folglich als Intellekt, und die von sich weiß, daß sie das Ordnungsprinzip der Wahrnehmungswelt, daß sie also Verstand ist. Zuletzt weiß sie, daß sie auch die Explikation des Verstandes, also die sinnliche Welt ist.[265]

[264] Vgl. R. Haubst, Das Neue in De docta ignorantia, in: MF 20 (1992), S. 48–S. 51; ders., in: Theologische Revue 68 (1972) S. 473 und MF 10 (1973) S. 236.
[265] *De coni.* I 4 n. 14 p. 19.

Diese Theorie ist eigentümlich und neu; nichts erlaubt es uns, sie zu übergehen oder sie abzuschwächen. Sie ist, wie gesagt, zu unterscheiden von der Analyse des *intellectus* als einer der vier Regionen. Sie sagt, daß es die *mens ipsa* oder der Geist ist, der Gott und die gesamte Folgeordnung des Universums konstituiert. Es ist mir nicht gelungen, diese These bei Proklos aufzufinden. Cusanus hat sie einmal deutlich und an zentraler Stelle ausgesprochen, aber nicht weiter entwickelt; er ist nach *De coniecturis* auf diese Theorie nicht mehr zurückgekommen.[266] Dies war ein bedeutungsvoller Anlauf, den er nicht weiter verfolgt hat; Sie können auch von einer „Sackgasse" sprechen. Ein Cusanischer Holzweg, auf dem man lernt, daß wir weder von Holz noch von Vernunft noch von Gott reden können, wenn sie nicht alle Manifestationen von „Geist überhaupt" sind. Ich lasse das Problem hier liegen, mache nur noch darauf aufmerksam, daß das Universum hier als Meditation oder als Theorie gedacht ist, als ein Sich-Sehen des Geistes an sich, der sich anschaut als Gott, als Vernunft, als Verstand und auch als groben Stoff. Auch die Körper sind mentale Einheiten. Einen Versuch, diese Stelle zu interpretieren, finden Sie in dem Aufsatz von Burkhard Mojsisch über „Mutmaßungen" in dem Reclam-Band über *Hauptwerke der mittelalterlichen Philosophie*, zu denen *De coniecturis* zweifellos gehört.[267] Ich lasse die Frage offen, warum Cusanus diesen Anlauf nicht weiter verfolgt hat, alle Regionen des Universums, Gott eingeschlossen, als Einheiten der *mens ipsa* zu betrachten. Ich weiß nicht, ob das besonnen oder zu zaghaft von ihm war. Burkhard Mojsisch ruft Cusanus, dem Sinne nach, zu: „*Vergiß das Beste nicht*" und muß dann bedauern, Cusanus habe es vergessen. Ich bezeichne nur diese offene Stelle, und wenn in *De coniecturis* etwas über *mens* oder *intellectus* steht, bleibt immer noch zu prüfen, ob der Autor „unseren Geist" meint oder den „Geist an sich selbst". „Unser Geist" ist mächtig, erhaben gar, *alta dei similitudo*, und es kommt alles darauf an, sein Studium zu vertiefen, denn er wird oft vergessen, aber er ist nicht – des Geistes Geist. Diese ganze Spekulation ist nicht einfach Proklos-Tradition; sie ist radikal und neu. Sie erbrachte als bleibendes und durch Pico über Cusanus hinaus fortwirkendes Resultat eine Rangerhöhung des Menschen. Sie hat sich in *De docta ignorantia* II 2 p. 68, 14–30 angekündigt, wird aber jetzt

---

[266] Doch gibt es Nachklänge, besonders in *De coni.* II 14 und in *De quaerendo Deum* n. 45, 4–6 p. 31.
[267] K. Flasch (Hg.), Hauptwerke der mittelalterlichen Philosophie, Stuttgart 1997, S. 451 bis S. 470.

neu im Sinne der *mens-ipsa*-Spekulation von *De coniecturis* I 4 n. 12–14 p. 18–19 entfaltet: Das Menschsein ist eine Einheit, die alles umfaßt. Nichts kann der Macht dieser Einheit entgehen. Der Mensch enthält eingefaltet in sich alle Möglichkeiten; er unterstellt mit Recht, er könne sinnlich, rational oder intellektual erkennend sich zu allen Inhalten bestimmen, *ad omnia humaniter progredi posse supponit.* So kann er auf menschliche Weise Gott und alles andere werden. Der Mensch ist die Welt, auf seine Weise:

Homo enim deus est, sed non absolute, quoniam homo; humanus est igitur deus. Homo etiam mundus est, sed non contracte omnia, quoniam homo. Est igitur homo microcosmos aut humanus quidem mundus. Regio igitur ipsa humanitatis deum atque universum mundum humanali sua potentia ambit. Potest igitur homo esse humanus deus atque, ut deus, humaniter potest esse humanus angelus, humana bestia, humanus leo aut ursus aut aliud quodcumque. Intra enim humanitatis potentiam omnia suo existunt modo. [268]

Zweitens wandelte Cusanus die Philosophie des Proklos auch dadurch um, daß er den Intellekt interpretierte als die Herstellung der Besonderheiten des Verstandes, insbesondere als aktiven Ursprung der Widersprüche und Distinktionen. Die neue Analyse des Verhältnisses von *intellectus* und *ratio* dient zugleich als Erklärungsgrund für die Mängel der bisherigen Philosophie. Sie hat seit den Griechen oft „Vernunft" *gesagt*, aber „Verstand" *gedacht*. Der Intellekt als Erklärungsprinzip des Verstandes macht die Besonderheiten der Philosophie des Aristoteles und der spätmittelalterlichen Universitäten begreiflich; sie war die ausgearbeitete Sichtweise des Verstandes, und zwar in folgendem Sinne:

Der Verstand, die *ratio*, ist definiert als Kraft der Vereinigung der sinnlichen Eindrücke. Der Verstand ordnet die Wahrnehmungen und bringt sie unter vereinheitlichende Begriffe. Dies kann er nur, indem er unterscheidet. Die Instanzen, auf die er sich dabei bezieht, sind Gründe der Unterscheidung, die auf Ausschließung beruhen. Das Unterscheiden, das Einschließen und Ausschließen des Verstandes, beruht auf Negation. Weil die Sinne nicht negieren können, können sie nicht unterscheiden. Der Verstand kann es, aber er vermag es nur, indem er methodisch das

---

[268] *De coniecturis* II 14 n. 143 p. 143s. Die Ähnlichkeit mit der Rede Picos über die Würde des Menschen liegt auf der Hand.

Unendliche aus seiner Betrachtung ausschließt. Die Vernunft ist beim Unendlichen, indem sie dieses Negieren negiert. Sie hat es mit dem Ununterscheidbaren zu tun, das sich durch seine Nicht-Andersheit von allem Anderen unterscheidet. Der Verstand, der ordnet, indem er abteilt und unterscheidet, setzt den Intellekt voraus, der das Unabteilbare, das Nicht-Unterschiedene oder das Unendliche zum Inhalt hat. Das Unendliche ist das Grundlegende; auch mit dieser Wertung verläßt Cusanus Proklos. Der *intellectus* ist bei Cusanus ein polemisch-kritisches Prinzip. Es erklärt die Grenzen der Tradition. Das Wichtigste, was von ihr zu sagen ist: Sie sprach vom Unendlichen in der Art des Verstandes, der *ratio*, nicht in der einzig angemessenen Art der Vernunft, des *intellectus*. Diese Tradition sah nicht den Unendlichkeitsgehalt des Intellekts. Sie verwechselte ihn mit der Verstandeskraft, die sinnliche Daten koordiniert.

Die Verstandeskultur dominierte in der mittelalterlichen Theologie und Philosophie. Sie unterwarf, ohne dabei Arges zu denken, das Unendliche den Regeln des Verstandes. Die alten Theologen, besonders Dionysius, waren noch auf einer anderen Spur, aber in der mittelalterlichen Entwicklung – Cusanus sagt: *paene omnium modernorum via,* natürlich sind Thierry von Chartres und Eckhart, die er aber nicht nennt, auszunehmen – dominierte einseitig der Verstand. Diese Sichtweise des Verstandes machte viele Aussagen, aber wir wissen, daß sie im Licht der unendlichen Einheit zu *verneinen* sind.[269] Die breite Tradition war blind. Die bisherigen Philosophen und Theologen haben sich den Weg zu dieser Einsicht verschlossen, indem sie das aristotelische Prinzip vom auszuschließenden Widerspruch als negatives Kriterium der Wahrheit angenommen haben:

Ad quae philosophantes atque theologi ratiocinantes sibi sua positione principii primi ingrediendi viam praecluserunt.[270]

Nach der langen Vorherrschaft der Rationalphilosophie brauchen wir jetzt eine Intellektualphilosophie. Diese scharfe und ausdrückliche Distanzierung ist neu in *De coniecturis*. Sie sagt: Alle Philosophie und alle Theologie, die an unseren Universitäten gelehrt wird, ist die *Verstandesansicht von Vernunftinhalten*. Sie vermeidet ängstlich jeden Widerspruch, eben weil sie dieser Widerspruch *ist*, ohne es zu wissen.

---

[269] *De coni.* I 8 n. 34, 10–15 p. 40.
[270] ib. I 10 n. 53, 10–12.

Cusanus will den Verstand nicht verabschieden, wohl aber neu defi-
nieren und neu einordnen. Der Intellekt kann es nicht unterlassen, sich in
der Distinktionsarbeit des Verstandes zu entfalten; dies ist seine Natur.
Aber das Feld, auf dem der Verstand sich bewährt, sind die sinnlichen
Eindrücke, ist die Natur. Dadurch erhält bei Cusanus die empirische
Forschung, die der Verstand ausführt, ein neues Interesse; die Intellectus-
Spekulation verstärkt, sie schwächt nicht die methodische Durcharbeitung der sinnlichen Welt durch den unterscheidenden und verbindenden
Verstand. Wir haben schon in *De docta ignorantia* gesehen, wie die
Dominanz der negativen Theologie den Impetus erzeugt hat, sich dem
farbigen Abglanz des Lebens zuzuwenden. Die Spekulation der philosophischen Theologie im ersten Buch von *De docta ignorantia* endet so
trostlos negativ, daß Autor und Leser sich freudig dem Universum als
dem fruchtbareren Forschungsfeld zuwenden. Bitte beachten Sie: Trist
ist der Leser am Ende des ersten Buches, nicht am Ende des Gesamt-
werks. In *De coniecturis* gewinnt dieses empirische Interesse eine philosophische Legitimation. Jetzt präsentiert Cusanus seine Philosophie vom
Prologus an als eine *ars generalis.*[271] Dies war der Ausdruck Lulls, und
Cusanus versteht sie als Methodenlehre des empirischen Wissens, als
Fortschrittsmotor bei der zunehmenden Vermessung der sinnlichen Welt.
Er nennt sein Wissen jetzt eine *nova formula indagandarum artium.*[272]
Das bedeutet, die Theorie des Intellektes und seine bessere Unterschei-
dung von der *ratio*, von dem Verstand, wird zum neuen Bewegungsan-
trieb empirischer Studien – anthropologischer, geographischer und phy-
sikalischer. Ich bestreite nicht, daß Cusanus ein intensiver Leser Eckharts
war; aber wir haben uns auch vor spiritualistischen Abzweckungen des
Cusanus zu bewahren. *De coniecturis* zufolge haben wir die gesamte
empirische Welt neu durchzusehen und methodisch neu zu erschließen.
Ein unerhört frischer und positiver Welt-Elan meldet sich an.

Ein dritter Divergenzpunkt unterscheidet Cusanus von Proklos; er unterscheidet auch den Cusanus des Jahres 1442 von dem Denker des Buches *De Docta ignorantia*:

Jetzt ist der *Intellekt* die Region geworden, in der die Gegensätze zusammenfallen. Er faßt nicht nur alle konträren Vollkommenheiten zu-

---

[271] ib. *Prologus* n. 4, 10 p. 6.
[272] ib. n. 1, 11 p. 3.

sammen; er überwindet auch die *Widersprüche*. Dies zu können, wurde ihm in *De docta ignorantia* ausdrücklich bestritten. Cusanus beschreibt ihn nun, wie er die Tätigkeit des Verstandes und damit das Verbot, sich zu widersprechen, *begründet*. Cusanus zeigt, wie aus dem Verstand die logischen Regeln und Kategorien, alle Distinktionen der Scholastiker und alle auseinanderhaltenden Benennungen der Alltagssprache hervorgehen; sie haben in ihm ihren Ursprung, ihr Anrecht und ihre Begrenzung. Der Intellekt als das Prinzip, das die Welt der *ratio* begründet, unterliegt nicht deren Regeln – das ist die neue Konzeption der Lehre von der Koinzidenz. Die Koinzidenz – zuvor das Eigentümliche, nicht des reinen Aktes, wohl aber des Unendlichen in seinen drei Gestalten, wozu auch die sichtbare Welt gehörte – ist jetzt – als kompatible Konkordanz – das Charakteristikum des Intellektes als des Prinzips der *ratio*.

Koch hat richtig gesehen, daß Cusanus jetzt seine frühere Auffassung der Koinzidenz kritisiert. Die Selbstkritik lautet, er habe in *De docta ignorantia* von der unendlichen Einheit gesprochen, wie man vom Intellekt sprechen müsse.[273] Diese von Koch entdeckte Tatsache, daß es innerhalb weniger Jahre zu einer Selbstkritik des Cusanus an der Koinzidenzlehre von *De docta ignorantia* gekommen ist, ist eines der stärksten Argumente für eine genetische Betrachtung der Cusanischen Philosophie.

Der Wandel besagt, daß wir *selbst* die Koinzidenz *sind*, sofern wir *Intellekt* sind. Damit fällt der Hauptgrund weg, der in *De docta ignorantia* zu dem Primat der negativen Theologie und zu dessen einschneidenden Folgen auch für die Philosophie der Trinität geführt hat, nämlich die These, all unser Erkennen gehe vergleichend vor. Wenn wir denkend zusehen, wie der Verstand und seine Distinktionsfelder entstehen, gehen wir *nicht* vergleichend vor. Vergleichend vorgehen – das muß der Verstand, nicht die Vernunft. Die Vernunft sieht sich selbst, von ihren Mutmaßungen auf sich selbst zurückkommend, in einer Sehweise, die nicht vergleichend verfährt. Der Verstand muß abtrennen und vergleichen, vergleichen und abtrennen, denn er schließt per definitionem das Unendliche aus. Die Vernunft sieht sich selbst, sie sieht in sich ihr Prinzip, die absolute Einheit. Sie braucht diese erste Einheit nicht auf dem Umweg über die Physik erst zu erschließen; insofern, aber auch nur insofern, braucht sie keine Gottesbeweise der tradierten Art. Jetzt weiß die Vernunft sich

---

[273] ib. I 6 n. 24 p. 30.

als das intellektuelle Haben des Unendlichen und als Koinzidenz; ihr Sich-Sehen ist weder psychologisierende Introspektion noch mystische Schau mit dem inneren Auge, sondern ihr Sehen ist ein Zusehen, wie sie sich ausfaltet ins Rationale und damit ins Weltliche. Sie sieht: Indem sie hinausgeht, geht sie in sich zurück. Ihr Weg hinab ist ihr Weg hinauf. Ihre Bewegung ist immer schon am Ziel, ist also immer zugleich Stillstand.

Ich spiele hier keineswegs mit einem Heraklitzitat; ich gebe nur die Ideen des Cusanus wieder. Denn er betrachtete die vier Instanzen – unendliche Einheit, *intellectus, ratio, sensus* – nicht als „Schichten", nicht als Stufen. Er faßte sie als Knotenpunkte einer Bewegung ohne eindeutigen Richtungssinn. Wer nach „oben" blickt, wenn von unendlicher Einheit oder vom Intellekt die Rede ist, wer die Sinnenwelt „unten" vermutet, hat hier nichts begriffen. Die vier Modi sind Weisen der Selbstbetrachtung der *mens ipsa;* sie durchdringen einander; sie steigen auf; sie steigen ab; nur der Verstand will hier Ordnung schaffen; er unterscheidet oben und unten.

Gehen wir ruhig diese Himmelsleiter einmal von oben nach unten: Machen wir den unsinnigen Versuch, sie uns als Stufensystem *vorzustellen*: Dann kommen wir vom Verstand „herunter" zur Sinnenwelt, von ihr aus geht es nicht weiter. Aber wenn wir darüber nachdenken, womit wir es da bei den Körperdingen zu tun haben, dann sehen wir: Der Verstand hat sie gegliedert, er hat sie getrennt und wieder verbunden. Wir kamen bei unserem Experiment, dessen Scheitern allein uns belehren kann, vom Verstand zu den Sinnen, aber das Absteigen des Verstandes war doch bereits die rationale Gestaltung der Sinnenwelt; diese steigt also zugleich auf. Sie besteht nicht für sich. Beachten Sie dieses Umkehren: Die Vernunft entfaltet sich zum Verstand, der Verstand zur Sinnenwelt, aber diese Ausfaltung ist immer zugleich Einfaltung; der Abstieg ist Aufstieg. Der Sinn geht zurück in den Verstand, der Verstand in die Vernunft, die Vernunft geht zurück zur unendlichen Einheit. Diese ist Anfang und immer schon vollendeter Vollzug der Kreisbewegung.[274] Dies ist die Welt, die neue Weltsicht des Cusanus von 1441/42.

4. Das hierarchische Bild der Welt war schon in *De docta ignorantia* dadurch gestört, daß das Maximum das Minimum, das Höchste das Unterste und daß die Erde eine *stella nobilis* ist. Von Beseitigung der Hierarchi-

---

[274] ib. I 8 n. 36, 1–6 p. 41s.

en sollte man bei Cusanus nicht reden, aber Cusanus geht in seinem Un-
terlaufen der Stufenbilder jetzt weiter: Die Welt und ihr Ursprung, das
sind vierfache Weisen des Sich-selbst-Sehens der *mens ipsa*; Cusanus
nimmt die ordo-Phantasien zurück in eine Bewegung, die in die kontra-
ren Richtungen zugleich geht, die immer schon am Ziel angekommen *und*
immer noch bewegt ist.

Was wird unter diesen Bedingungen aus der negativen Theologie?
Auch ihre Rolle verwandelt sich. Nicht, daß Cusanus sie aufgäbe.[275] Die
absolute Einheit ist, wenn ich so sagen darf, gewissermaßen noch tran-
szendenter geworden, steht sie jetzt doch *vor* jeder Art der Verknüpfung
der Widersprüche und Gegensätze, wie der Intellekt sie vermag. Sie steht
jenseits der Koinzidenz. Als wir von ihr sagten, sie *sei* die Koinzidenz,
hatten wir noch Gegensätzliches im Sinn; wir *verbanden* nur die Gegensätze, z. B. Maximum und Minimum. Jetzt *negieren* wir von ihr jede *Negation*.

Ich beschreibe noch einmal, auf die Gefahr hin, mich zu wiederholen,
das Wesentliche an dem neuen Schritt in *De coniecturis:*

Unser Verstand unterscheidet „groß" und „klein". Er hält darauf, daß
diese Gegensätze nicht ineinander übergehen; er braucht sie getrennt. Er
sagt von Gott: Gott ist groß. Gott ist das Größte. Cusanus in *De docta
ignorantia* klärt ihn auf: Denkst du deinen Gott wirklich als das Größte,
dann mußt du ihn als das denken, worüber hinaus Größeres nicht gedacht werden kann; dann umfaßt er auch das Kleinste. Dann *ist* er auch
das Kleinste. Das Ergebnis dieser Verständigung über den Verstand ist:
Das Denken kommt zur Vernunft und *verbindet* gegen den Widerstand
des Verstandes die Bestimmungen: Größtes und Kleinstes. Cusanus sagt
dafür: Zuerst verteilte der Verstand die entgegengesetzten Prädikate auf
verschiedene Wesen, um den Widerspruch zu vermeiden; er behandelte
die widersprechenden Sätze *distributiv.* Im Vernunftstadium verbinden
wir die Entgegengesetzten; wir behandeln als Vernunftwesen, von *De
docta ignorantia* belehrt, die widersprechenden Sätze *kopulativ. De coniecturis* entwickelt einen weitergehenden Schritt und sagt: Du mußt das
Göttliche göttlich, nicht *intellectualiter* denken.[276] *Intellectualiter* – dies
Wort ist uns schon begegnet, aber im Zusammenhang des *Intellectus*, wo
es hingehört und die Vernunfttat der Verbindung (*copulatio*) der Gegen-

[275] Vgl. dazu I 15 n. 18, 12–18 p. 24.
[276] ib. I 6 n. 24, 1–6 p. 30s.

sätze bezeichnete. *Divinaliter* – das wäre die radikale Negation. Sie negiert die Verstandesverteilung der Gegensätze ebenso wie deren Vernunftverbindung, wenn sie von der absoluten Einheit redet. Und rückwärtsgewandt stellt Cusanus klar: In *De docta ignorantia* ging ich in der Negation nicht weit genug. Ich habe von Gott nur *intellectualiter*, nicht *divinaliter* gesprochen. Ich habe auch den Unterschied von intellektueller und rationaler Analyse nicht scharf genug bezeichnet: Der *intellectus* verhält sich zur *ratio* wie die unendliche Einheit zum Intellekt. Die Verstandesbegriffe erreichen den Intellekt nicht, der die Widersprüche in sich zusammenhält. Ich habe in *De docta ignorantia* von dem Scheitern des Verstandes an der absoluten Einheit gesprochen, wie man von seinem Scheitern an der Vernunft sprechen muß. Du mußt in Zukunft deine gewöhnlichen Begriffe, die auf Unterscheidung beruhen, zweimal korrigieren, zuerst, wenn du vernünftig von der Vernunft reden willst, die auch die Widersprüche in sich zusammenhält, und zweitens, wenn du *divinaliter* von der unendlichen Einheit sprechen willst, von der du auch noch die Verbindung der widersprechenden Aussagen negieren mußt.

Die neue, die radikale Reflexion von *De coniecturis* verändert die Funktion der negativen Theologie. Diese verliert ihren Vorrang. Sie ist eine wichtige, eine nicht zu überspringende Vorstufe; sie bleibt nicht das letzte Wort. Jetzt ist ihre Abhängigkeit von der Verstandesbetrachtung ausgeplaudert. Sie sinnt der unendlichen Einheit eine Verstandesalternative an. Sie stellt die absolute Einheit vor die Alternative, entweder bestimmt oder unbestimmt zu sein. Proklos hatte von der *imparticipabilitas* des Einen gesprochen. Cusanus greift das auf, aber er führt es fort. Die Unzugänglichkeit der Wahrheit ist nur die *eine* Seite der Sache; der Verstand hält sich an diese Einseitigkeit. Sonst schreitet er rüstig, in naiver Selbstzuversicht, zur Abgliederung der Weltdinge aus. Aber wenn er dieser Grenze gewahr wird, fängt er an zu jammern, die Wahrheit sei für ihn drüben, unerreichbar. Aber jetzt führt ihn die Schlüsselidee von *De coniecturis* zu neuen Ufern. Sie bringt den Verstand zur Vernunft; sie zeigt uns die überrationale, aber deswegen nicht mystische, sondern philosophierend zu entwickelnde *Identität der Unzugänglichkeit und der Zugänglichkeit* der Wahrheit:

Nam unitatem imparticipabilem pariter et participabilem intelligito et dictorum capacitatem subintrabis.[277]

[277] ib. II 6 n. 98, 4 p. 95.

Wer dieses Zugleich verfehlt, verfehlt das Entscheidende. Wer immer es sein mag – sei es der Verfasser von *De docta ignorantia* –, er verrennt sich in vermeidbaren Alternativen und kann dann den ergebnislosen Tiefsinn des *Primates* der negativen Theologie nicht mehr loswerden. Jetzt weiß das Cusanus. Jetzt sieht er zwei mögliche Fehlerquellen beim Reden von der absoluten Einheit: Man kann innerhalb der Verstandealternativen bleiben und von ihr die einen Prädikate verneinen, die anderen bejahen. Dies war die „wissenschaftliche" spekulative Theologie des Mittelalters. Sie hat Cusanus in *De docta ignorantia* hinter sich gelassen, indem er vom Maximum bewies, es sei das Minimum. Aber dann trat die zweite Gefahr auf, nämlich als die These, wir müßten die Verneinung als die wahrere Ansicht der Bejahung vorziehen.[278] Dies war eine Befangenheit im Verstandesdenken, die Cusanus jetzt kritisiert.

Blicken wir noch einmal zurück. Was ist 1442 aus der Koinzidenz geworden? Sie ist weder das Privileg des reinen Aktes – das war sie nie – noch ist sie das Charakteristikum des Unendlichen in seinen drei Gestalten – dies war sie in *De docta ignorantia*; jetzt ist sie die Wahrheit einer Region. Die Sinne negieren nicht; der Verstand ordnet kraft des Negierens, also des Unterscheidens; die Vernunft verknüpft Verneinung und Bejahung.

Doch dürfen wir die Auskunft nicht schulmäßig nehmen; wir dürfen nicht zurückfallen in die Vorstellung von *Stufen*. Cusanus spricht zwar selbst von Stufen und von Regionen, aber er erklärt sie auf die besprochene Weise, als Phasen der Universalbewegung Hinab und Hinauf. Der Intellekt weiß sich als Zugleich von Identisch und Nicht-Identisch, von Ruhe und Bewegung. Er nimmt sich aber nicht als fixierte „Stufe", sondern er schaut sich an als Abstieg zur verständigen Ordnung der Sinnenwelt und zugleich als Aufstieg zum absoluten Unum. Dies hat weitgehende Folgen.

Der Gott des Aristoteles muß unbewegt sein, um alles bewegen zu können. Er ist der *unbewegte* Beweger. Für Cusanus ist dies eine Verstandeskonstruktion. Cusanus löst sie auf, indem er ihr zuerst sagt: Gott ist zugleich Ruhe und Bewegung. Dies sagte Cusanus der Verstandestheologie schon in *De docta ignorantia*. In *De coniecturis* erklärt er das Zusammen von Ruhe und Bewegung als Charakteristikum der Vernunft. Hier können wir etwas behaupten, ohne dessen Gegenteil zu negieren.

---

[278] ib. I 5 n. 21, 4–6 p. 27.

Die Vernunft schließt eingefaltet in sich noch zusammen, was die Verstandesarbeit entfaltet. Für den Verstand ist Veränderung das Gegenteil von Stillstand. Aber unendliche Bewegung ist zugleich Stillstand und Bewegung. Wir können also weiter wie in *De docta ignorantia* von Gott sagen, daß er zugleich Ruhe und Bewegung ist, aber die wahre Erfahrung der Koinzidenz machen wir in uns als Vernunft. Wir erfahren uns als das Zugleich von Veränderung und Stillstand. Wenn wir denken, ohne uns an Verstandesalternativen zu binden, wissen wir, daß wir unsere Gedanken im selben Akt festhalten und erweitern, daß wir nur erweitern können, indem wir festhalten. Die Koinzidenz, ich wiederhole es, ist hier die Wahrheit einer Region. Aber dieses topologische Bild müssen wir denkend zurückversetzen in die Universalbewegung aller Realität, d.h. wir steigen, koinzidental erfahrend und denkend, zugleich auf und ab. Die Koinzidenz wird eine universale Betrachtungsweise; wir bringen sie mit hinauf; wir nehmen sie mit hinab. Dadurch wird sie *anschaulich.* Auch in der sinnlichen Welt entspricht ihr etwas. Sie wird – unter Bedingungen – darstellbar, welthaft erfahrbar, sinnlich. Das heißt: Es gibt Koinzidenz-*phänomene.* Die neu gedachte Koinzidenz ist nicht länger nur mit Verstandesargumenten *erschlossen.* Rationale Argumentation zu ihren Gunsten ist weiter möglich und nötig; diese behält immer ein regionales, also phasenhaftes Recht. Aber das Wesentliche, das darüber hinausgeht, ist, daß sie *erscheint.* Sie zeigt sich zum Beispiel in unserem Sprechen, wo unser Denken schon an das Ende des Satzes gekommen, dort zur – vorübergehenden – Ruhe gelangt ist, um die Bewegung der Wortabfolge sinnvoll zu steuern. Sehen Sie sich einen großen Pianisten an: Alles an ihm ist in Bewegung. Je bewegter sein Spiel ist, um so mehr *sehen* Sie zugleich, wie er in der musikalischen Form einen ruhigen Stand gefaßt hat. Der Verstand untersucht Sprechen und Klavierspielen unter Geltung des Satzes vom ausgeschlossenen Dritten. Aber, vom Cusanus in der Phase von *De coniecturis* angeregt, sehen wir den Zusammenfall der Gegensätze hier auf der Erde, sinnlich wahrnehmbar und durch Vernunftdenken freigesetzt.[279]

Die Koinzidenz als Vernunftselbstbewußtsein ist eine neue Art, in die Welt zu schauen. Nicht nur die gesamte Tradition tritt in neues, kritisches Licht; wir *blicken* anders. Von nun an wird Cusanus immer auch die sinn-

---

[279] Ich umschreibe hier frei die Analyse der Vernunftregion in *De coni.* I 6 n. 23 p. 29 bis n. 25 p. 33.

liche Präsentation der Koinzidenz suchen. Er gibt einen ersten Begriff davon, wie er sich dies denkt. Er schreibt: Von der Koinzidenztheorie aufgeklärt, werden wir auf Vermischungserfahrungen achten. Solange wir nur dem Verstand folgen, interpretieren wir sie auseinanderlegend, trennend. Jetzt aber sehen wir prägende Form und gestaltbare Stoffe sich gegenseitig bestimmen. Wir achten auf Gliederungsimpulse und strukturierbare Felder, auf Licht und Finsternis in ihrer rhythmischen Wechseldurchdringung.[280] *De coniecturis* brachte diese entscheidende Ausweitung des Koinzidenzdenkens; sie wurde verkannt unter der Vorherrschaft einer vorstellungsmäßig-fixierenden Verstandesphilosophie, die gerne zusammen auftrat mit einer buchstabenorientierten Theologisierung des Cusanischen Denkens.

---

[280] ib. I 10 n. 44–46 p. 48–49.

VIII.
KLEINE SCHRIFTEN 1445 – 1447

An dieser Stelle möchte ich in wenigen Worten die Ergebnisse meiner Analysen der kleinen Schriften zusammenfassen, die Cusanus zwischen 1445 und 1447 verfaßt hat. Es sind kurze Texte, ohne schwerfällige Grundsatzuntersuchungen. Die Hauptarbeit war mit *De coniecturis* getan. Jetzt geht es um Korrektur einzelner Motive und Verfahren. Aber sein Denken läuft auch jetzt nicht in ruhigen, vorsehbaren Bahnen. Es ereignet sich noch etwas. Aber nun schreibt Cusanus zusammenfassender und bunter, anschaulicher, sinnennäher; er ist freier im Ausdruck. Bisher war er ein entschlossener Reformer und ein Grübler, jetzt wird er ein Schriftsteller. Dieser Autor bangt nicht mehr um sein Ansehen. Es ist, als atmete Cusanus auf nach der harten Arbeit an den drei so verschiedenen Hauptwerken: *De concordantia catholica, De docta ignorantia, De coniecturis*. Bedenken wir beim Lesen dieser Bücher, daß Cusanus seit seiner Rückkehr von Konstantinopel ständig unterwegs war, vor allem in Deutschland. Im Dezember 1446 erhob ihn Eugen IV. nichtöffentlich (in petto) zum Kardinal.[281] 1448 machte der neue Papst, Nikolaus V., mit dem Cusanus lange schon befreundet war, die Kardinalsernennung öffentlich. Zu einer gewissen Ruhe kam er erst im Sommer 1450. Doch seit Januar 1451 reiste er, zunächst noch nicht als Legat, dann von März/ April 1452 als Legat durch Deutschland. Er kam am 5. März 1453 in Rom an.[282] Seit 1452 war er Bischof von Brixen. Dort geriet er ständig in Konflikte – mit dem Herzog Sigmund von Österreich, mit dem Klerus, mit den Klöstern. Die *Acta Cusana* zeichnen seinen Weg nach; sie nennen die Vielzahl seiner Sorgen und Entscheidungen. Er hatte den Auftrag, als Legat des Papstes die deutschen Fürsten und Stadtregimente zur päpstlichen Seite zu bewegen. Viele Rechtsstreitigkeiten waren liegengeblieben. Cusanus mußte seinen Parteiübertritt rechtfertigen. Und das mühseligste, vergeblichste Geschäft: immer wieder die Reform der Kirche.

---

[281] AC I 2 Nr. 727 p. 539.
[282] AC I 3 a Nr. 963 p. 669 bis Nr. 989 p. 684–685.

Doch nun zu den kleinen Schriften. Sie haben die Titel:

De Deo abscondito (1445),
De quaerendo Deum (1445),
De filiatione Dei (1445),
De dato patris luminum (1445/46),
De Genesi (1447).

Diese Liste ist nicht vollständig. Hinzu kommen zwei wichtige Texte aus der Zeit zwischen *De docta ignorantia* und *De coniecturis,* nämlich die Weihnachtsansprache von 1440, *Dies sanctificatus,* die früher auf 1439 datiert worden ist,[283] und der Brief an Rodericus Sancius de Arévalo von 1442, in dem Cusanus seine kirchenpolitische Position mit der Theorie von der *docta ignorantia* zu verbinden suchte.[284]

Aus der Zeit um 1445 stammen die *Sermones* Nr. 27 bis 56, die im Band 17 der Heidelberger Ausgabe erschienen sind. Besonders zu beachten ist Sermo 48, *Dies sanctificatus*, zu Epiphanie 1445 in Mainz gehalten.[285] Aber auch die geometrischen Arbeiten setzte Cusanus fort; theologisieren wir ihn nicht zu sehr: Um diese Zeit schrieb er die kosmologische Aufzeichnung in Codex Cusanus 211, fol. 55 v, außerdem *De geometricis transmutationibus* (1445)[286] und die schon erwähnte *Coniectura de ultimis diebus* (1446).[287]

Ich kann diese Texte nicht zu der Einheit eines Systems zusammenfassen. Dies hat noch niemand gekonnt. Diejenigen Interpreten, die auf einen „Grundgedanken" aus waren, haben entweder die einen oder die anderen Schriften schlicht auf sich beruhen lassen. Sie haben sich z. B. nicht darum gekümmert, daß Cusanus 1446 Marco Polo glossiert hat.[288] Ich halte ihre Anstrengung, eine Einheitssicht zu ermitteln, nicht für sinnvoll. Ich begnüge mich mit einigen Bemerkungen, immer im Blick auf die Entwicklung des Cusanischen Denkens.

---

[283] Ediert von E. Hoffmann – R. Klibansky, in: Cusanus-Texte. I. Predigten. Heft 1, Heidelberg 1929, jetzt in h XVI, *Sermo* 22, p. 333–357.

[284] Ediert nach dem Pariser Druck von 1514 durch G. Kallen, Cusanus-Texte. II. Traktate. Heft 1: *De auctoritate presidendi in concilio generali*, Heidelberg 1935, S. 106–112.

[285] Opera h XVII 2 p. 200–212.

[286] Zur Datierung vgl. AC I 2 Nr. 638–639 p. 500. – Die kosmologische Aufzeichnung im Cod. Cus. 211 fol. 550, zuerst ediert von F.J. Clemens, Giordano Bruno und Nicolaus von Cusa, Bonn 1847, S. 98–S. 99, in verbesserter Form, besorgt von R. Klibansky, in: E. Hoffmann, Das Universum des Nikolaus von Cues, Heidelberg 1930, S.44–S.45.

[287] Vgl. AC I 2 Nr. 703 p. 523.

[288] AC I 2 Nr. 150 p. 505.

De docta ignorantia behauptete, die Mathematik und ihre symbolische Transposition seien der einzige Weg, um zu sicheren Erkenntnissen, auch in Sachen der Philosophie und der Theologie, zu kommen. Wer sich an diese These erinnert, stellt beim Lesen der kleinen Schriften von 1445/47 erstaunt fest: Cusanus hat die Mathematiko-Theologie ersetzt durch eine philosophische Analyse eines anderen Typs, nämlich durch die Untersuchung des Verhältnisses von Sehkraft und Gesehenem. Diese Texte kommen immer wieder darauf zu sprechen, die Kraft des Sehens enthalte in sich alle gesehenen Dinge, der Verstand ordne die gesehenen Gegenstände, der Intellekt sei die Einsicht in die Beziehung zwischen Verstand, Sehkraft und gesehenen Dingen. Fragt man also Cusanus im Jahr 1445, wie wir Gott erkennen könnten, dann antwortet er: Analysiere den Intellekt als Grund des Verstandes, und du wirst Gott sehen als den Grund des Intellekts.[289] Cusanus hat immer um Vereinfachung gerungen, so auch auf die soeben gestellte Frage. Und seine kürzeste Antwort lautet: Willst du Gott erkennen, dann untersuche das Sehen. *Ad visum respiciamus*.[290] Hatte Cusanus in *De docta ignorantia* die Unerkennbarkeit Gottes oder jedenfalls die Schwierigkeit herausgearbeitet, so redet er jetzt von der Leichtigkeit, das Maximum zu finden. 1439 war die absolute Einheit schwer zu finden; 1445 wird es schwer, sie zu verfehlen:

Non potest non reperiri, si recte quaeritur, qui ubique est.[291] Alles kommt auf die richtige Frageweise an; dies galt schon in *De docta ignorantia*. Aber jetzt gilt eine andere Fragehaltung als die richtige, denn jetzt ist das Fragen selbst in Frage gestellt. Eckhartsche Motive verstärken sich: Gott teilt sich mit, als das Gute ist er, wie Dionysius schrieb, seinem Wesen nach neidlose Mitteilung. Da er unteilbar und absolut einfach ist, kann er, wenn er sich mitteilt, sich nur *ganz* mitteilen. Im Licht dieser Einsicht kritisiert Cusanus jetzt die Theorie des Proklos von der Nicht-Partizipierbarkeit des Einen.[292] Er sieht jetzt, daß er den Vorrang der negativen Theologie abbauen muß. Er gebraucht dafür eine Reihe von Wendungen.

Die neuplatonische Theorie vom Einen, das über alles erhaben ist und an dem es keine Teilhabe gebe, sei zwar feinsinnig, *subtilis,* aber sie dürfe nicht dazu führen, daß wir übersehen, daß das Eine, das Identität begrün-

[289] *De quaerendo Deum* II n. 36, 1–3 h V p. 25.
[290] ib. II n. 32, 5 p. 23.
[291] ib. I n. 31, 16 p. 22.
[292] *De Genesi* n. 148, 10 p. 108.

det, in allem Identischen anwesend und folglich auch zugänglich sei.[293]
Die Stichworte der Diskussion sind *unitas imparticipabilis* und *innomi-
nabilis*.[294] Sie bilden eine Auseinandersetzung mit Proklos. Dabei hebt
Cusanus die Macht des Intellektes hervor, der alles umgreife, auch Gott.[295]
Das Eine, das unberührbar ist, wird in allem Berührbaren berührt:

*illud ipsum unum, etsi inattingibile remaneat, est id ipsum unum, quod in
omnibus attingibilibus attingitur.*[296]

Die negative Theologie ist nicht mehr die letzte und die maßgebende
Gotteserkenntnis, sondern sie ist die Negation, deren Zusammenfall mit
der Affirmation durch die Koinzidenzlehre einleuchtend gemacht worden ist. In jeder menschlichen Rede wird das Unsagbare ausgesprochen:
omnis elocutio ineffabile fatur.[297] Es ist die Eigenart intellektualer Wesen,
an dem teilzuhaben, das alle Teilhabe ausschließt.[298] Sie erreichen diese
Teilhabe *intellectualiter*, d.h., indem sie sich über den Gegensatz von Bejahung und Verneinung erheben. Die Hervorhebung der Unsagbarkeit
war eine der vielen Weisen, in der die Menschen – Cusanus spricht im
Blick auf den platonischen Dialog *Parmenides* und nennt Zeno, Parmenides und Platon – das Unum zum Ausdruck gebracht haben. Aber daneben gibt es andere Ausdrucksweisen, und sie alle sind zu umfassen und
zu vereinen:

*Quamvis enim modi dicendi sint adversi et incompatibiles videantur, non
tamen nisi id ipsum unum super omnem contrarietatem inattingibiliter
collocatum modo quisquis suo hic affirmative, hic negative, hic dubie nisi
sunt explicare. Una est enim theologia affirmativa omnia de uno affirmans et negativa omnia de eodem negans et dubia neque negans neque
affirmans et disiunctiva alterum affirmans alterum negans et copulativa
opposita affirmative conectens aut negative ipsa opposita copulative penitus abiciens.*[299]

[293] ib. n. 148 p. 108.
[294] Vgl. dazu die Stellen in der Anmerkung zu *De filiatione Dei* c. 4 n. 77, 5 p. 56 und zu
       n. 78, 4 p. 57.
[295] *De filiatione Dei* c. 2 n. 59, 4–6: *Intellectus igitur illius secundum modum magisterii am-
       bit deum et omnia ita, ut nihil eum aufugiat aut extra ipsum sit, ut in ipso omnia sint ipse
       intellectus.* Vgl. auch *De quaerendo Deum* n. 45, 4–6 p. 31.
[296] *De filiatione Dei* c. 4 n. 72, 13–14 p. 53.
[297] ib. n. 73, 3–4 p. 54.
[298] ib. n. 80, 4: *intellectuales naturae imparticipabilem intellectualiter participant.*
[299] ib. c. 5 n. 83, 7–17 p. 59s.

Das heißt: Es ist einseitig, nur die Unaussprechlichkeit hervorzuheben, wie Proklos das tut. Die Koinzidenzlehre verbindet alle möglichen Ausdrucksweisen über das Unum, also auch die affirmative mit der negativen. Das Eine ist sowohl unaussprechbar wie aussprechbar.[300]

Historisch betrachtet heißt das: Cusanus distanziert sich respektvoll von Proklos mit Hilfe des Johannes Scotus Eriugena und Eckharts. Schon Paul Wilpert wies zu *De filiatione Dei* zahlreiche Eckhart-Anklänge nach; insbesondere erinnerte er an die These Eckharts, Moses, Christus und Aristoteles lehrten dasselbe, nur die Ausdrucksweisen seien verschieden.[301] Im Jahre 1444 besorgte Cusanus sich ein kostbares Manuskript, den Codex 21 seiner Bibliothek in Kues. Es enthält die lateinischen Schriften Meister Eckharts. Cusanus hat sie sorgfältig durchgearbeitet; die Kleinen Schriften beweisen die Präsenz des Verurteilten. Ich streite hier nicht um den Begriff der „Mystik". Wer ihn braucht, um ihn auf Eckhart und Cusanus anzuwenden, läßt sich durch gelehrte Einwände in seinem Genuß ohnehin nicht stören. Wichtig ist nur, daß Cusanus im Sinne Eckharts das Moment der Identität aufsucht, das zwischen unserer Erkenntnis Gottes und Gott bestehen muß. Dies bedeutet eine weitere Modifikation in der tatsächlichen Funktion der negativen Theologie. Diese Veränderung stützt sich auf das, was Cusanus in *De coniecturis* gewonnen hat. Die einfache Argumentation dafür lautet: Wenn es wahr ist, was wir von Gott sagen, dann sind wir nicht weit weg von der Wahrheit. Ich weiß nicht, was an dieser Lehre „mystisch" ist; sie setzt allerdings, platonisierend, voraus, daß es kein Wahres gebe ohne die Wahrheit und daß Wahrheit nicht bloß eine Eigenschaft von Sätzen ist. Fallen diese Voraussetzungen, dann fällt auch die Gewißheit des Cusanus. Er kann sie auch dahin formulieren: Wenn Gott das Unendliche ist, dem nichts entgegensteht, dann setzen unsere Grenzen ihm keinen Widerstand entgegen; dann wirkt er, der die Wahrheit ist, in uns, und wir können sagen:

Ipse intelligit in nobis.[302]

Jede wahre Erkenntnis ist eine Vergöttlichung, eine Divinisation. Dies war eine alberto-avverroistische These, gegen die, wie Zeno Kaluza gezeigt hat, Jean Gerson polemisiert hat. Cusanus hat sich Gersons Albertkritik nicht angeeignet. Er argumentierte: Sind wir Kinder Gottes, dann

---

[300] *De deo abscondito* n. 10 ganz, p. 7–8.
[301] Eckhart, *In Ioannem* n. 185, LW III, 155, 5 zu *De filiatione Dei* n. 83, 1ss. p. 59.
[302] *De quaaerendo Deum* II n. 36, 8 p. 26 und ib. III n. 38, 9 p. 27.

bleibt uns nichts verborgen. Die Gotteskindschaft, *filiatio Dei,* von der Cusanus redet, ist nicht das Privileg einiger Auserwählter: Nicolaus hebt in diesem Zusammenhang hervor, er rede hier nicht als Christ, sondern als Philosoph. Damit gibt er eine ausdrückliche Erklärung für das, was er seit seinem ersten *Sermo* weniger explizit, aber doch deutlich gesagt hatte. Ich empfehle, diese Stellen nachzulesen. Sie belegen, daß ein christliches Thema wie die Gotteskindschaft auch von einem Philosophen philosophisch behandelt werden konnte, unter Voraussetzung eines bestimmten, auch damals schon strittigen Konzeptes von Philosophie. Die wichtigen Stellen stehen in *De filiatione Dei* n. 59 p. 44–45, wo Cusanus lehrt, der *intellectus* umgreife *alles, ambit deum et omnia,* und zwar so, daß nichts ihm entgehe, vor allem in *De Genesi* n. 158, 15–17 p. 114. Hier spricht Cusanus davon, daß man glauben und die Gebote halten muß, um die Gottessohnschaft zu erlangen, und fährt dann fort, dies behaupte er nicht als Christ oder weil er nun einmal zu einer bestimmten Religion gehöre, sondern weil die Vernunft anders zu denken verbiete, *quia aliud sentire ratio vetat.* Cusanus sagt hier *ratio,* wo wir *intellectus* erwarten würden; er hält seine Terminologie ist nicht streng durch.

Meister Eckhart hat, wie ich 1972 mit Texten bewiesen habe[303], an weithin sichtbarer Stelle, gleich zu Beginn seines Kommentars zum Johannesevangelium, seine Intention dahin zusammengefaßt, er habe eine *Beweisabsicht* und er treibe in allen seinen Veröffentlichungen, *in omnibus suis editionibus,* Philosophie des Christentums. Genau dies hat Cusanus von seinem ersten *Sermo* an getan; jetzt, in der Mitte der vierziger Jahre, spricht er es ungeschützter aus. Weil Eckhart wörtlich sagte, in allen seinen Schriften die Wahrheit des Christentums *per rationes naturales philophorum* beweisen zu wollen, sah Cusanus sich durch ihn bestärkt in dem, was er von 1430 an nachweislich getan hat.

Doch hat Cusanus gleichzeitig ganz anderes getan. Ich habe schon auf die Schrift über die *geometrischen Umwandlungen* hingewiesen. *De transmutationibus geometricis* entstand fast gleichzeitig mit *De filiatione Dei* in dem Zeitraum von Juli bis Herbst 1445. Ich versuche, diese so verschiedenen Interessen zusammenzuhalten, um ein korrektes Bild von Cusanus und seinen verschiedenen kulturellen Umwelten zu geben. Bei den geometrischen Umwandlungen handelt es sich um die Quadratur des

---

[303] K. Flasch, Die Intention Meister Eckharts, in: Sprache und Begriff. Festschrift für Bruno Liebrucks, hg. von H. Röttges – B. Scheer, Meisenheim 1974, S. 292–S. 318.

Kreises. Ich kann nicht den Anspruch erheben, diese Schrift mathematik-historisch zu würdigen; aber achtlos an ihr vorbeigehen kann ich auch nicht; dafür war die Mathematik für Cusanus zu wichtig. Ihre Rolle und ihre Vorgehensweise hat sich konform zu seiner philosophischen Entwicklung *verändert*. Als Mathematik-Laie beschränke ich mich auf ein paar Hinweise. Sie betreffen die genetische Stelle der mathematischen Traktate, das prinzipielle Verhältnis von Mathematik und Cusanischer Philosophie und das kulturelle Umfeld dieser Schriften.

Insgesamt hat Cusanus elf Schriften zur Mathematik verfaßt, aber ob-wohl er sich von Anfang an für Mathematik interessiert und bereits 1428 eine Schrift Lulls über die Kreisquadratur eigenhändig abgeschrieben hat (Codex Cusanus 83, fol. 173 v–177 v), beschränkt sich seine mathematische Produktion auf die vierzehn Jahre zwischen 1445 und 1459. Ein auf-fallendes Faktum. 1438/39 integrierte Cusanus die Mathematik in seine koinzidental-spekulative Theologie, das heißt: Er zerdehnte die geometrischen Figuren ins Unendliche, so daß unendlicher Kreis und unendliches Dreieck identisch wurden, also die Mathematik verlassen war; *nach* 1459 betrieb er seine Philosophie abgelöst von der Mathematik. Die zunehmend klarere Unterscheidung von *ratio* und *intellectus,* wie er sie seit *De coniecturis*[304] entwickelt hat, enthielt die intellektuelle Motivation zur *Trennung* von Mathematik und Philosophie. Der Verstand muß seiner Definition nach die Koinzidenz der Widersprüche ausschließen; wer diese Einsicht aus *De coniecturis* festhielt, konnte die Mathematik nicht mehr unbefangen in Koinzidenzspekulation umwandeln. Das Verhältnis von Kreisdurchmesser und Quadratseite *muß* irrational sein, denn der Verstand muß seiner Natur nach das Gerade und das Gekrümmte ausein-anderhalten. Dies erklärt das Auseinandertreten der mathematischen und der philosophischen Schriftstellerei nach 1443; *nach* 1459 hat sich der Vorrang der Mathematik weiter relativiert, weil, wie ich zeigen werde, seine Philosophie sich gewandelt hat, und weil, wie ich vermute, Cusanus das innermathematische Problem durch eine geometrische Operation neuen Typus, die sich von *De docta ignorantia* charakteristisch unter-schied, für gelöst ansah. Diese Entwicklung ergab sich *auch* aus dem äußeren Gang der Diskussion: Nachdem Cusanus mit quasi-mathemati-schen Argumenten philosophiert hatte, verwickelte er sich in eine Dis-kussion mit den befreundeten Fachmathematikern, vor allem mit Paolo

---

[304] *De coniecturis,* besonders II 1 n. 79–II 2 n. 82, h III p. 72–80.

Toscanelli und Georg Peurbach. Bei diesem Argumentenaustausch blieb
für die symbolische Meta-Mathematik von *De docta ignorantia* kein
Platz; Cusanus mußte auf rein rationale, auf inner-mathematische Einwände mit inner-mathematischen Argumenten antworten. 1443 hatte die
philosophische Untersuchung ergeben, daß der Verstand die Koinzidenz
mathematischer Figuren verwerfen muß. Dennoch wollte Cusanus seine
Spekulation auch der Mathematik zugute kommen lassen, aber dies wurde dann ein anderes Projekt als die Geometrie-Transsumption von *De
docta ignorantia.* Johannes Uebinger hat geurteilt, es bestehe zwischen
der Geometrie, aber auch der Mathematikphilosophie von 1459 und der
von 1439 ein „himmelweiter Unterschied": „Symbolisch-mathematische
Phantasiegebilde dort, nüchterne Verstandesgebilde hier".[305] War in Bezug auf letztere von „Zusammenfall" die Rede, dann nahm das Wort
„Koinzidenz" eine neue Bedeutung an; Uebinger schlug vor, dann von
einem „Zusammentreffverfahren" innergeometrischer Größen zu sprechen; jetzt, 1458/59 mache Cusanus das Mathematisch-Kleine zum Ausgangspunkt seiner Überlegung, um im mathematischen Minimum das
mathematische Maximum zu suchen. Das heißt jetzt: Die kleinste Sehne,
die sich nicht zeichnen läßt, fällt mit dem kleinsten Bogen zusammen.
Dies ergab eine folgenreiche Aufwertung des unendlich Kleinen und den
Übergang zu einer funktionalen Betrachtung. Denn die Gleichheit zwischen Sehne und Bogen tritt nach *De perfectione mathematica* (Herbst
1458), die Cusanus für sein bestes mathematisches Buch hielt, in jenem
Kleinsten ein, das wir heute als das Infinitesimale bezeichnen. Nach
Uebinger besteht die Entwicklung des mathematischen Denkens des
Cusanus von 1439 zu 1459 in der allmählichen Findung einer Wechselbe-
ziehung, die auf reinlicher Scheidung von Mathematik und Philosophie
beruht. Hier zeigt sich ein weiteres Mal, wie die einseitige Bevorzugung
von *De docta ignorantia* die Untersuchung des Cusanischen Denkens
behindert.

Ich halte mich hier, mangels eigener Zuständigkeit, an die Autoritäten,
die mathematikhistorisch über Cusanus gearbeitet haben, also an Johannes Uebinger und Joseph Ehrenfried Hofmann. Auch Hofmann sieht die
entscheidenden Schritte in der erst 1457/59 erreichten funktionalen Betrachtung; bei dem jetzt gefundenen neuen Verfahren des Grenzüber-

---

[305] J. Uebinger, Die mathematischen Schriften des Nikolaus Cusanus, in: Philosophisches
Jahrbuch 9 (1896) S. 59.

gangs sei die *visio intellectualis* nicht mehr nötig: Die Näherung kann durch reine Verstandesarbeit erreicht werden. Hofmann resümierte: „In dieser Wendung von der transzendenten zur rationalen Schlußweise, die nicht durch Zufall am Ende der geistigen Entwicklung des Cusaners erscheint, liegt die wissenschaftsgeschichtliche Bedeutung des großen Denkers. Als Vertreter einer symbolhaften Ausdeutung der Mathematik hat er begonnen: im Ringen um ein schwieriges mathematisches Problem ist er mehr und mehr zum Fachwissenschaftler herangereift".[306]

Vielleicht liegt in diesem Lob des Fachwissenschaftlers noch zu viel Fortschrittsmetaphysik. Aber wenn irgendwo, dann wäre sie in der Mathematikhistorie erträglich. Doch auch dessen bin ich nicht sicher. Ich wiederhole daher auch nicht den Spruch, Cusanus sei der Vorläufer der Infinitesimalrechnung oder gar der nicht-euklidischen Geometrie. Was mir wichtig bleibt: Auch im Verhältnis Mathematik / Philosophie kommt es bei Cusanus *nach* 1440 zu den entscheidenden Entwicklungen.

Die Mathematikphilosophie des Cusanus hat sich charakteristisch verändert, und er hat dies auch ausgesprochen. Im 2. Kapitel des 2. Buches von *De coniecturis* vollzieht er – wieder einmal – eine Selbstkorrektur. Er erklärt, früher habe er einmal geglaubt, die Kreisquadratur *per rationem*, durch Verstandesverfahren, beweisen zu können, aber dann habe er begriffen, daß die Natur des Verstandes sie ausschließe. Es sei der Verstand selbst, der die Geometrie des Euklid ausmache; das Prinzip des Verstandes liege in der Koinzidenzvermeidung, und wer das begriffen habe, wisse auch, was in der Geometrie möglich und was unmöglich sei. Cusanus erläutert dies näher an der Quadratur des Kreises und beschließt diesen Abschnitt, indem er in Aussicht stellt, er werde diese Wurzel der Mathematik im Laufe seines Lebens noch genauer untersuchen, um auf diese Weise die Mathematik zu einem gewissen Abschluß zu bringen.[307]

---

[306] J.E. Hofmann, Einführung, zu: Nicolaus von Cues, Die mathematischen Schriften (= H 11), Hamburg 1952, S, XXXVI f.

[307] *De coniecturis* II 22 n. 82, 1–6 p. 79 und 20–23 p. 80:

Temptavi ego aliquando affirmans
quadraturam circuli per   diametri et circumferentie circuli
rationem   proportionem
inattingibilem atque inadmissibilem propter iam dictam coincidentiam vitandam et statim quid geometrice affirmandum quidve negandum vidi…
Temptabo hanc mathematicae radicem aliquando vita comite explicare, ut ipsam scientiam hac via ad sufficientiam quandam reducam.
    Die zweite Zeile dieses Textes gibt zuerst die Lesart des Trierer Codex l927/1426 wieder. Über diese Differenz, die genetisch nicht relevant zu sein scheint, vgl. die Anmerkung 33

Ich entnehme diesem Text: Cusanus blickt auf ein Stadium seiner Denkentwicklung zurück, in dem er, weil ihm die Natur der *ratio* noch nicht klar war, die Koinzidenz – die Kreisquadratur, die ganzzahlige Proportion von Durchmesser und Umfang – auch in der Geometrie durchzuführen versucht hat. Er sah dann, daß dies unmöglich ist, weil der Verstand keine andere als die Geometrie Euklids hervorbringen kann. Damit erkannte er zugleich, was inner-geometrisch mit Notwendigkeit ausgeschlossen werden muß – die Koinzidenz. Cusanus erklärt, er wolle später diese Wurzel der Mathematik noch genauer erforschen.

Cusanus hielt also das Problem auch noch nicht durch seine *ratiointellectus*-Analysen in *De coniecturis* für endgültig erledigt. Er kündigt weitere Untersuchungen an; er hat sie ab 1445 geführt; sie haben ihn, wie angedeutet, zu ganz anderen Resultaten geführt. Wichtiger noch ist der Rückblick des Cusanus: Er gesteht, er habe geometrische Koinzidenzen rational herzustellen versucht; er habe das *ratio*-Verfahren zerdehnt, weil er die Natur der *ratio* noch nicht richtig erkannt habe. Cusanus spricht

der Herausgeber p. 215. Ich versuche daher zunächst einmal, den wichtigen Eingangssatz n. 82, 1–6 ohne Rücksicht auf diese Variantendifferenz verdeutlichend zu übersetzen:

„Ich habe mich früher einmal auf die Weise der Affirmation an der Quadratur des Kreises mit dem Verfahren des Verstandes versucht, sah dann aber, daß sie wegen der bereits genannten zu vermeidenden Koinzidenz unerreichbar und unzulässig ist. Dabei habe ich zugleich gesehen, was geometrisch zu bejahen oder was zu verneinen ist."

Probleme habe ich mit der Übersetzung von n. 82, 1–6 durch J. Koch und W. Happ, Nicolai de Cusa *De coniecturis. Mutmaßungen*, Hamburg 2. Aufl. 1988, S. 93. Ich beziehe *affirmans* auf t*emptavi* und verstehe den Satz n. 82, 1–6 in folgendem Sinne:

Ich, Cusanus, hatte eine Periode, in der ich eine rationale Proportion zwischen Kreisdurchmesser und Umfang annahm und unter dieser inzwischen aufgegebenen Voraussetzung habe ich entsprechende Versuche zur Kreisquadratur unternommen (*temptavi ego aliquando*). Aber dann sah ich, daß dies unmöglich ist, weil die ratio ihrer Natur nach Widersprüche ausschließen muß.

Die Frage ist, auf welche Zeit sich das *aliquando* bezieht. Koch-Happ, S. 224 verweisen auf n. 50 in *De coniecturis*. Das scheint mir falsch. Eher hat J. Uebinger, Die mathematischen Schriften des Nikolaus Cusanus, in: Philosophisches Jahrbuch 8 (1895) S. 310 recht, es auf 1428 und die Beschäftigung mit Lulls Kreisquadrastur zu beziehen, wobei er allerdings davon ausging, *De coniecturis* sei 1440 geschrieben. Diese Voraussetzung hat Koch widerlegt. Cesarini, dem *De coni.* gewidmet ist, kannte *De docta ignorantia*, nicht das private Studium Lulls im Jahre 1428.

Cusanus spricht in *De transmutationibus geometricis*, c. 1 fol. 33 von zahllosen Versuchen (*post innumeros pene modos*), nicht von einem einzigen und sagt, beim neuerlichen Prüfen des Prinzips der Bücher *De docta ignorantia* (*ad principium quo in libris de docta ignorantia usus sum respiciens*) sei er nun, 1445, zu einer Lösung gekommen. Er sagt nicht, er sei in dem Buch *De docta ignorantia* zur Lösung gekommen.

Ich danke Burkhard Mojsisch für freundschaftliche Hilfe in dieser Frage.

nicht von einer früheren Stelle im selben Buch *De coniecturis,* sondern
von einer zeitlich zurückliegenden Entwicklungsphase. Da J. Uebinger
und J.E. Hofmann *De coniecturis* noch auf das Frühjahr 1440 datiert
haben, konnten sie diese Selbstkorrektur nicht auf *De docta ignorantia*
beziehen. J. Koch hat mit guten Gründen gezeigt, daß *De coniecturis*
später fertiggestellt worden sein muß. Dies gilt zumal für das zweite
Buch. Ich schlage vor, diese Selbstkritik des Cusanus – genau wie die in
De coniecturis I 6 n. 24 – auf das Verhältnis von Mathematik und Spekulation in *De docta ignorantia* zu beziehen. Auch wenn wir auf diese Hypothese verzichten würden, könnten wir der Stelle *De coniecturis* II 2
n. 82 entnehmen: Cusanus sah sich um 1442 nicht am Ende, sondern am
Anfang seiner Untersuchungen zur Philosophie der Mathematik, und
dies erklärt, daß ab 1445 separate mathematische Abhandlungen einsetzen, die nicht mehr unter den Prämissen von *De docta ignorantia* zu lesen sind.

Es ist bezeichnend, daß Cusanus die geometrico-theologischen Argumente in die philosophischen Opuscula der vierziger Jahre *nicht* aufnahm, während er gleichzeitig eine auf die geometrische Analyse sich beschränkende Abhandlung verfaßte. Hier tritt eine gewisse Separierung
ein. Ich lasse vorerst offen, ob diese Trennung für die gesamte Lebensarbeit des Cusanus gegolten hat; die Absonderung bedeutet auch keineswegs, daß die Mathematik nicht von der Koinzidenztheorie profitieren
sollte; ich sage nur, daß 1445 im Vergleich zu 1439 eine methodische Trennung vorliegt. Denn *De transmutationibus geometricis* hat keinerlei theologische Ambition; hier spricht ein Mathematiker zu einem Mathematiker, auch wenn Cusanus andeutet, ein Erfolg der Koinzidenzlehre bei der
Lösung eines bislang ungelösten mathematischen Problemes erleichtere
auch den Zugang zu höheren Einsichten und erweise sich als *introductio
ad altiora.* Diese Schrift aber soll ausschließlich das geometrische Problem lösen, das die antiken Mathematiker ungelöst hinterlassen haben:
Wie können wir aus einem Kreis ein flächengleiches Quadrat konstruieren? Es ging um das genaue Verhältnis von Kreisdurchmesser und Peripherie. Wir bezeichnen es heute durch die Zahl π, von der wir gelernt
haben, sie sei „transzendent". Daß zwischen Kreis und Quadrat kein einfaches, harmonisches Verhältnis bestehen sollte, das bildete für Cusanus
ein Problem, das er lösen wollte. Uns interessiert hier nicht, wie er dabei
im einzelnen vorgehen wollte, sondern wie er seine geometrische Forschung verstanden hat. Dazu gibt er einleitend Auskunft:

Er beginnt mit einem Lob der Antike. Es habe im Altertum hochbe-
gabte Forscher gegeben, die das Verborgene aufgedeckt und der Nachwelt bekannt gemacht hätten. Dies gelte für die wichtigsten und höchst-
rangigen *artes*, also für Wissenschaften und Künste. Cusanus denkt vor
allem an die Mathematik, konkret an Archimedes. Sie hätten Großes erreicht, aber auch noch manche Frage offengelassen. In antikisierender
Diktion sagt Cusanus, *optimus provisor universorum*, also die göttliche
Vorsehung, habe aber dafür gesorgt, daß uns die geistige Kraft nicht fehle
und daß sie durch Staunen immer wieder angeregt werde, das Unerkann-
te aufzudecken. Aber gerade das Dunkle reize unseren Geist zu heftiger
Bewegung, damit wir danach in um so größerer Ruhe uns an der Durch-
dringungskraft des Geistes erfreuen können.

Es wurde gelegentlich so dargestellt, als hätten die Gelehrten der sog.
„Renaissance" die Antike sklavisch nachgeahmt und ihre Gegenwartsauf-
gabe darüber vernachlässigt. Wer so redet, hat weder Cusanus noch Kopernikus gelesen; er kennt Valla nicht. Der Vorwurf mag zutreffen für
spätere Generationen, die, als der geistig-politische Bewegungsraum im
konfessionellen Zeitalter immer kleiner wurde, sich darauf beschränkten,
formale Stilerrungenschaften in kleiner Münze auszugeben und antike
Dekorationsmotive in ein vorgegebenes kulturelles System einzufügen,
aber die Künstler, Schriftsteller und Philosophen des 15. Jahrhunderts
haben ein ganzes geschichtliches System umgebaut; ihre Umwälzung be-
traf den Städtebau ebenso wie den Gottesbegriff und die Sprache. Ein
„Humanist" wie Vittorino da Feltre interessierte sich nicht nur für Gram-
matik und Rhetorik, sondern auch für die *Elemente* des Euklid. Gewiß
besteht ein geschichtlicher Zusammenhang zwischen der Pantheonkup-
pel und der Kuppel des Domes von Florenz, aber auch der Laie sieht sofort den Unterschied und das Neue. Alberti, Leonardo, Machiavelli und
Kopernikus wären ohne die Antike nicht möglich gewesen, aber sie gingen für jeden nachprüfbar über ihre antiken Vorbilder hinaus. Und genau
dieses Bewußtsein spricht Cusanus hier aus: Wir müssen anknüpfen an
die Antike, aber der Geist, der die antiken Meisterwerke hervorgebracht
hat, ist noch in uns lebendig. Wir müssen dort weitermachen, wo die antiken Genies stehengeblieben sind.

Zu den ungelöst gebliebenen Problemen gehöre, fährt Cusanus fort,
die Gleichheit des Geraden und des Krummen. Wie läßt sich das eine in
das andere umwandeln? Die ungeheure vergebliche Anstrengung, die dieser Frage schon gewidmet worden sei, habe die Meinung hervorgebracht,

die Natur selbst wehre sich gegen den Zusammenfall derart großer Gegensätze, *natura ipsam tantae oppositionis coincidentiam repellente.* Damit zeigt Cusanus, in welchem Zusammenhang er seine Bemühung um die Quadratur des Kreises sah. Er war so weit davon entfernt, die Koinzidenz der Gegensätze als das Privileg Gottes aufzufassen, daß er auch nach der Klärung des Verhältnisses von ratio und intellectus den Gegensatz von Kreis und Quadrat in der Geometrie, nun allerdings inner-geometrisch, zu überwinden suchte. Bisher habe man diese Gegensätze für unüberwindlich und naturgegeben gehalten, „ich aber", *ego vero,* „habe jede freie Stunde damit zugebracht, das Problem mit Hilfe einer neuen Kunst (*ars nova,* wie der lullistische Ausdruck lautet) zu lösen." Lull hatte auch an dieser Frage gearbeitet, aber Cusanus wird nicht müde, das Neue, bisher Unbekannte seiner Kunst hervorzuheben, einer Kunst, die zunächst die Geometrie vervollkommne und dann auch zu höheren Einsichten führe. Diese weiteren Aussichten eröffnet Cusanus aber nicht in dieser Schrift; er will zuerst einmal seine neue Entdeckung einem altbewährten Freund vorlegen, *probatissimo amico inventionem pandere,* damit dieser das wahre Gewicht der Cusanischen Theorie bestimme. Cusanus legt dem geliebten Freund in Florenz seine Studie vor und beschwört ihn bei ihrer alten Freundschaft, *ab annis iuventutis atque adolescentiae,* seinen Vorschlag zu prüfen und zu verbessern.

Er, Cusanus, habe auf unzähligen Wegen das Problem der Kreisquadratur zu lösen versucht, aber schließlich habe er den Grundgedanken von *De docta ignorantia* neu durchdacht, und dann erst glaube er einen gangbaren Weg gefunden zu haben. Wenn zwischen dem Geraden und dem Kreisförmigen schon keine rationale Proportion bestehe, dann glaube er das Geheimnis gelöst zu haben, indem er von der Koinzidenz der Extreme ausgehe.[308] Je größer wir das Vieleck machen, um so eher geht der Winkel in die Gerade über.

Die Schrift hat einen Anhang über die Zahlentheorie, *De arithmeticis complementis.* Auch sie ist dem Florentinischen Arzt Paolo gewidmet; auch sie versucht eine Theorie der Zahl π. Archimedes habe sie schon recht genau bestimmt und behauptet, daß wir uns ihr kontinuierlich immer mehr annähern können, aber über ihre *praecisio* hätten die antiken Mathematiker entweder nichts geschrieben, oder ihre Werke darüber seien nicht erhalten.[309]

---

[308] ib. c 1 fol. 33 v.
[309] *De arithmeticis complementis* c. 1, Opera II (Paris 1514) fol. 54 r.

Hier zeigt sich der Zusammenhang von humanistischer Textsuche und sachorientierter Forschung. Außerdem sehen wir die kulturellen Beziehungen des Cusanus, die sich aus seinem Studium in Padua ergeben haben. Sie haben sich schon angedeutet: Der Adressat der Schrift ist der alte Jugendfreund Paolo dal Pozzo Toscanelli (1397 – 1482), der 1417 bis 1422 in Padua Medizin studiert hatte.[310] Die Medizin in Padua war immer eng verbunden mit der aristotelischen Philosophie und mit deren Erklärer Averroes; sie verkörperte einen anderen Typus des Wissens als die theologisch dominierte Pariser Philosophie und die aufs Praktische gerichteten Interessen der Florentiner Kaufleute und Staatsmänner. Das Florenz der Jahrhundertmitte besaß zwar ein *Studio*, aber die universitäre Tradition beherrschte das kulturelle Leben nicht; das praktisch-merkantile und das artistische Interesse überwog. Erst in den letzten Jahrzehnten des Jahrhunderts konnten Ficino und Pico dem Platonismus in Florenz Raum verschaffen; die hohe Spekulation und der Versuch einer Versöhnung von Philosophie, Medizin, Naturwissen und Religion waren in der ersten Jahrhunderthälfte kein primäres Motiv der Florentiner Intellektuellen, und Paolo gehörte einer mächtigen florentinischen Familie an; er war mit den großen Künstlern Leon Battista Alberti und Philippo Brunelleschi befreundet. Er ist in die Weltgeschichte eingegangen (auch) durch den berühmten Brief, den er zehn Jahre nach dem Tod des Kardinals 1474 an den portugiesischen Kanonikus „Matim", das heißt: Martins de Roriz, schrieb, in dem er Gründe angab, daß China-Indien (Cathay) auf dem Seeweg nach Westen erreicht werden könne. Diesen Brief hat Columbus sich mit eigener Hand abgeschrieben, so daß man Toscanelli – mit etwas Übertreibung – als den Vorläufer des Columbus bei der Entdeckung Amerikas bezeichnet hat, um so mehr, als Toscanelli seinem Brief eine Seekarte beifügte.[311] Für uns ist wichtig zu sehen: Cusanus

---

[310] Die Acta Cusana dokumentieren die Beziehung des Cusanus zu Paolo Toscanelli: AC I Nr. 19 p. 6; ib. I 2 Nr. 573 p. 462: Toscanelli habe Cusanus die Dionysiusübersetzung des Ambrogio Traversari geschickt.

[311] G.E. Nunn, *The Columbus and Magellan Concepts of South American Geographycs*, Glenside 1932. Für weiterführende Literatur vgl. A. Prosperi – W. Reinhard (Ed.), *Il Nuovo Mondo nella coscienza italiana e tedesca del Cinquecento*, in: Annali dell' Istituto italo-germanico, Quaderno 33, Bologna 1992; H. Pietschmann, Christoph Kolumbus im deutschsprachigen Schrifttum – Eine Auswahlbibliographie, in: Historisches Jahrbuch 112 (1992), S. 157–S. 179. Vgl. A.-D. von den Brincken, Fines Terrae – Die Enden der Erde und der vierte Kontinent auf den mittelalterlichen Weltkarten. Monumenta Germaniae Historica, Schriften 36, Hannover 1992; W. Wehle (Hg.), Das Columbus-Projekt. Die Entdeckung

stand in engem Beziehungen zu dem Florenz der Frührenaissance; seine geistige Welt war nicht die der Pariser Hochschule und auch nicht nur die der transalpinen Reformklöster. Wie die befreundeten deutschen Mathematiker, der Wiener Professor Georg Peurbach (1423 – 1461) und dessen Schüler Johannes Müller, Regiomontanus, (1436 – 1476) blickte er nach Italien; er beteiligte sich an der Wiederentdeckung der Antike; er wollte das Problem lösen, an dem Archimedes gescheitert war. Diesem Kanonikus Martins werden wir übrigens noch begegnen; er wird einer der Unterredner im Dialog des Cusanus über *das Nicht-Andere* sein (1462). Es scheint, als habe der nüchterne Mathematiker und Physikus von Florenz die verschiedenen Kreisquadratur-Argumente des Cusanus nicht sehr hoch eingeschätzt; denn als Cusanus 1457 in Brixen den *Dialog über die Quadratur des Kreises* verfaßte, da gab er seinem Studienfreund aus den Paduenser Jahren die Rolle des Kritikers an seinem Buch über die *geometrischen Umwandlungen*. „Dunkle Bücher" seien das, vermerkte der Dialogpartner Toscanelli. Cusanus ließ sich von seinem Weg nicht abbringen. Immer wieder suchte er nach neuen, jetzt rein inner-geometrischen Argumenten, so 1453/54 in den beiden Büchern *De mathematicis complementis,* 1457 in dem schon erwähnten Dialog über die Kreisquadratur, im Herbst 58 mit der neuen Minimum-Analyse in *De mathematica perfectione* und zuletzt noch einmal mit seiner *Aurea propositio in mathematicis* vom August 1459.[312]

Aristoteles hatte gelehrt, Kreisbogen und Strecke stünden in keiner harmonischen Proportion.[313] Das hieß: Ihr Verhältnis lasse sich nicht in einer ganzen Zahl ausdrücken. Der „Kommentator", Averroes, hatte diese Theorie dahin zusammengefaßt und ontologisiert: Die Quantität von Bo-

---

Amerikas aus dem Geist des Mittelalters, München 1995 – ein Büchlein, gegen dessen Neigung zu vagen und allzu-medievalistischen Assoziationen ich manche Bedenken habe, wobei ich den Aufsatz von Frank-Rutger Hausmann (S. 13–S. 41) ausdrücklich ausnehme.

[312] Die mathematischen Schriften in der Ausgabe der Opera Paris 1514 enthalten nicht den *Dialogus de circuli quadratura.* Dieser ist zu lesen in Johannes Germanus = Johannes Müller aus Königsberg/Bayern, daher Regiomontanus, *De triangulis omnimodis libri V, accedunt Nicolai Cusae quaedam de quadratura circuli,* Nürnberg 1533. Vgl. J. E. Hofmann, Die mathematischen Schriften des Cusanus, (wie Anm. 300); ders., Die Quellen der Cusanischen Mathematik, I. Ramon Lulls Kreisquadratur, Heidelberg 1941/42; ders., Über Regiomontans und Butéons Stellungnahme zu Kreisnäherungen des Nikolaus von Kues, in: MF 6 (1967) S. 124–S. 154.
Näheres über Paolo del Pozzo Toscanelli bei E. Garin, Ritratti di umanisti, Florenz 1967, S. 41–67.

[313] Aristoteles, *Metaphysik* I 5, 986 a 25 und V 6, 1016 a 12.

gen und Linie gehören verschiedenen *Genera* an, zwischen denen es keine Gleichheit geben könne.[314] Es sprachen also die Hauptautoritäten gegen die Kreisquadratur. Dennoch wurde sie im späten Mittelalter mehrfach versucht, z. B. von Lull. Cusanus war gewiß auch von Lull angeregt, aber seine Adressaten waren andere; seine Mathematikphilosophie war entwikkelter, und seine Mathematik stand in einem neuen kulturellen Umfeld: Cusanus rang um die Zustimmung des florentinischen Kreises in den Jahren Cosimos. Er war überzeugt, die Koinzidenzlehre werde neue Verfahren inspirieren, auch in der Geometrie Probleme lösen, die bisher als unlösbar galten. Dies überrascht uns als Leser von *De coniecturis*, denn dort hat Cusanus den Verstand als das definiert, was den Widerspruch und damit das Unendliche aus seinen Betrachtungen ausschließen muß. Die Mathematik als das vorzügliche Werk des Verstandes kann demnach nicht die Koinzidenz zulassen. Doch dachte Cusanus dabei ab 1445 an spezifisch geometrische Operationen des reinen Verstandes und außerdem sah er, daß der Verstand aus der Vernunft hervorgeht; er glaubte im Werk des Verstandes – wie ja auch in der sinnlichen Erfahrung – die Vernunft aufleuchten zu sehen. Er wollte dem mathematischen Verstand beweisen, daß er den Widerspruch nur ausschließen kann, weil die Extreme, die er auseinanderhält, aus Koinzidenz hervorgehen. Insofern war es kein Widerspruch, wenn Cusanus die Koinzidenzlehre für die Geometrie, die als charakteristische Verstandesleistung die Koinzidenz der Widersprüche ausschließen muß, fruchtbar machen wollte: Kreis und Quadrat sah er als rationale Extreme, deren Gleichheit die Vernunft einsieht. Mit dieser These von 1445 geriet Cusanus aber in einen Prozeß, der sein Ausgangskonzept verschob: Die Mathematik hatte – verstärkt durch die Antikerezeption – eine so selbstbewußte fachliche Eigenständigkeit gewonnen, daß sie die Vermischung mit metaphysisch-theologischer Spekulation abweisen mußte. Johannes Müller, Regiomontanus, hat 1464, einen Monat vor dem Tod des Cusanus, dessen Idee von der Kreisquadratur angegriffen und diese Kritik mit einem Lob des großen Mathematikers und Mediziners Paolo Toscanelli verbunden; Cusanus, schrieb er ärgerlich, sei als Geometer eine lächerliche Figur; er habe aus Eitelkeit das Geschwätz in der Welt vermehrt.[315]

---

[314] Averroes, *Physica* VII, Comm. 29, Opera (Venedig 1562), Band IV 330 r C: *Et intendebat (Aristoteles) per hoc quod impossibile est de quantitatibus esse aequales nisi rectas tantum, aut circulares tantum, scilicet quae sunt eiusdem speciei, cum istae sibi superponantur.*
[315] I. Regiomontanus, *De triangulis omnimodis libri quinque*, ed. J. Schöner, Nürnberg 1533.

IX.
VERTEIDIGUNG 1449

1448 wurde Nicolaus – öffentlich – Kardinal. Zehn harte Jahre hatte er im Dienst der päpstlichen Diplomatie gestanden, fast immer auf Reisen. Sein Freund, der Humanist Tommaso Parentucelli, war im Jahr zuvor Papst geworden, mit dem Namen Nicolaus V. Es war dieser Papst, der aus Rom ein kulturelles Zentrum machte; das ganze Mittelalter hindurch war Rom das nicht gewesen. Es besaß keine Universität, nicht einmal eine nennenswerte Bibliothek.

Cusanus hatte den Höhepunkt seiner kirchlichen Laufbahn erreicht; er wußte sich mit dem befreundeten Papst darüber einig, eine neue Kulturpolitik zu betreiben. Von da an schrieb Cusanus keine Bücher mehr vom Umfang von *De coniecturis*. In dieser Situation griff Cusanus den Fehdehandschuh auf, den Jahre zuvor der Heidelberger Professor Johannes Wenck ihm hingeworfen hatte. Wenck hatte in seiner Schrift *De ignota litteratura* das Buch *De docta ignorantia,* in dessen Besitz er seit 1442/43 war[316], scharf angegriffen. Diese Schrift des Cusanus widerspreche dem christlichen Glauben; sie führe die Geister vom Gehorsam gegen Gott ab; sie verhindere die wahre, die christlich hingegebene Meditation und setze an ihre Stelle eine wissenschaftliche Sehweise, eine *visio scientalis*, die den Geist nur aufblähe. Das sei ein Wissen, wie es die Dämonen auch hätten. Unter trügerischem frommem Anschein täusche Cusanus die ungeübten Geister; er sei ein Pseudo-Apostel, der die Lehren der Waldenser, Eckharts und Wycliffs vortrage.[317]

---

[316] AC I 2 Nr. 512 p. 371.

[317] Der Text des Johannes Wenck wurde zuerst ediert von E. Vansteenberghe, Le „De Ignota Litteratura" de Jean Wenck de Herrrenberg contre Nicolas de Cuse. Bäumkers Beiträge VIII 6, Münster 1912. Verbessert bei Jasper Hopkins, Nicholas of Cusa's Debate with John Wenck, Minneapolis, 3. Auflage 1988, S. 97–118, der auch die Seiten der älteren Ausgabe einträgt; ich benutze den Text von Hopkins und verweise, Hopkins folgend, auf Vansteenberghe mit der Sigle n. und anschließender Zeilenangabe.

Zur Verteidigung Eckharts durch Cusanus vgl. R. Haubst, Nikolaus von Kues als Verteidiger und Interpret Meister Eckharts, in: U. Kern, Freiheit und Gelassenheit. Meister Eckhart heute, Mainz – München 1980, S. 75–S. 96. Vgl. ders., Studien zu Nikolaus von Kues und Johannes Wenck. Aus Handschriften der Vatikanischen Bibliohtek, Beiträge 38, 1,

Es ist wichtig für uns, zu sehen, was Zeitgenossen gegen *De docta ignorantia* einzuwenden hatten. Ich nenne die Hauptbedenken Wencks:
1. Cusanus verspricht ein *incomprehensibilia incomprehensibiliter comprehendere*, aber eine solche Super-Wissenschaft ist uns Menschen unmöglich. Cusanus wolle eine rein begrifflich-argumentierende, nicht an der sinnlichen Erfahrung orientierte neue philosophische Theologie. Wir sähen aber die göttlichen Dinge in Spiegel und Gleichnis, ausgehend von den sichtbaren Dingen. Cusanus will die für den Himmel reservierte Erkenntnis schon auf Erden; er respektiert nicht die Abhängigkeit all unseres Wissens von Anschauung und von Phantasiebildern.[318]

Er ist offenbar auch in der Logik nicht recht bewandert.[319] Er widerspricht sich auch darin, daß er einmal eine neue, höhere Erkenntnis verspricht und gleichzeitig behauptet, das Unendliche als das Unendliche bleibe uns unbekannt.[320] Insgesamt, gibt Wenck zu verstehen, überwiege bei Cusanus die wissenschaftszerstörerische, die skeptische Tendenz.

2. Wenck versteht die Koinzidenzlehre, als sage sie, Gott koinzidiere mit den Geschöpfen. Ihm zufolge bestreitet Cusanus die christliche Lehre, wonach Gott von jedem Geschöpf *verschieden* ist. Dies ist, mit den Worten des 15. Jahrhunderts, der Vorwurf des Pantheismus.[321] *Omnia cum Deo coincidunt.*[322]

Wenck ist erregt in seiner Abwehr; er fürchtet die Wiederkehr alter Irrtümer, die Alleinslehre, die Vermischung von Gott und Welt. Er ruft aus:

O quanta infirmitas intellectus, omnia asserere unum esse, et omnia essentialiter deificari, nec imaginem posse distinguere a suo exemplari![323]

Damit greife Cusanus die Lehre Eckharts wieder auf; er stimme mit den Begharden und Beginen von Straßburg überein, die der dortige Bischof

---

Münster 1955; K.D. Kühnekatt, Die Philosophie des Johannes Wenck von Herrenberg im Vergleich zu den Lehren des Nikolaus von Kues, Diss. Köln 1975.
    Ich bin auf Johannes Wenck an anderer Stelle näher eingegangen und fasse mich hier kurz. Vgl. K. Flasch, Einführung in die Philosophie des Mittelalters, 3. Auflage Darmstadt 1994. S. S. 181–S. 195.
[318] Hopkins n. 21, 11–19 p. 99.
[319] Hopkins n. 24, 14 p. 102.
[320] Hopkins n. 27, 4–7 p. 104.
[321] Hopkins p. 99, vgl. auch p. 98.
[322] Hopkins n. 24, 19 p. 102.
[323] Hopkins n. 30, 10–12 p. 107.

verurteilt habe, weil sie gelehrt hätten, Gott sei *formaliter* alles, was ist, und *sie* seien dem Wesen nach Gott ohne einen Unterschied.[324] Wenn Cusanus sage, das Maximum sei alles, was sein könne, dann entspreche dies der Lehre Eckharts, das Sein sei Gott, *Esse est Deus*.[325]

3. Cusanus zerstört jede wissenschaftliche Diskussion, indem er das Verbot aufhebt, widersprechende Sätze sogleich für wahr zu halten. Man kann ihn nicht widerlegen; er zerstört alle Wissenschaft und alle Möglichkeit, zugunsten des Glaubens unwiderlegliche Argumente vorzubringen.[326]

Er untergräbt außerdem die biblische Orientierung der Theologie durch seine anmaßenden Spekulationen. Cusanus verbreitet das Gift des Irrtums und der Gottlosigkeit: *O quantum spargitur hic venenum erroris et perfidiae!*, ruft Wenck entrüstet aus.[327]

4. Die neue Wissenschaft ist traditionsfeindlich. Ihr Autor kümmert sich nicht um Aristoteles und insbesondere nicht um dessen Begründung des Satzes vom zu vermeidenden Widerspruch im vierten Buch der *Metaphysik*.[328] Er bezieht seine Weisheit eher von Hermes Trismegistus, dem zufolge, *ob defectum discretionis*, es keine Unterscheidung gibt zwischen Gott und Welt. Für Hermes wie für Cusanus sei Gott die *universitas rerum*.[329]

5. Cusanus hebt das Sein der Geschöpfe auf, indem er es mit Gott zusammenfallen läßt; er hebt die Wesensgrenzen der Kreaturen auf, weil er das distinkte Sein aller Dinge vernichtet, da für ihn *alles in allem* ist.[330]

6. Cusanus ruiniert die philosophische Naturlehre durch seine unerhört neue Kosmologie, insbesondere durch die Aufwertung der Erde zur *stella nobilis*, d.h. durch die Beseitigung einer eigenen Physik der Himmelskörper.[331] Die Erdbewegung scheint Wenck nicht weiter gestört zu haben. Er hebt vielmehr darauf ab, Cusanus vernichte die mit der aristotelischen Physik wesentlich verbundene philosophische Gotteslehre, weil wir nach ihm von Gott gleichermaßen behauptet können, „er ist", wie „er

---

[324] Hopkins n. 24, 26–25 , 14 p. 102–103.
[325] Hopkins n. 26, 1–14 p. 103.
[326] Hopkins, p. 99.
[327] Hopkins n. 29, 15 p. 107.
[328] Hopkins p. 99.
[329] Hopkins, n. 24, 21–25 p. 102.
[330] Hopkins n. 36, 11–17 p. 113.
[331] Hopkins n. 37, 8–13 p. 114.

ist nicht".[332] So sagte er vom unbewegten Beweger, er sei *zugleich* Ruhe und Bewegung.[333]

7. Nach Cusanus fällt auch die Trinitätslehre dahin, weil es ihm zufolge keine *distinctio* in der Gottheit gibt. Er sagt ja, in der unendlichen Einheit sei die *distinctio* nichts anderes als die *indistinctio*.[334] Er lehrt, alle Gegensätze, *opposita*, auch die *relativen*, seien in der unendlichen Einheit zu verneinen.[335] Also fielen nicht nur Gott und die Geschöpfe zusammen, sondern auch die drei göttlichen Personen. Damit widerspreche Cusanus nicht nur dem christlichen Glauben, sondern auch sich selbst, da er mehrfach die Trinität zu beweisen versuche.[336]

8. Cusanus schreibe, Jesus vereinige in sich alle Kreaturen. Dies sei blind, glaubensfeindlich und es entehre Christus; Cusanus *universalisiere* den Gottmenschen.[337] Er schreibe der ganzen Menschheit zu, was nur der singulären Menschheit Jesu zukomme. Er rede vom Gottmenschen und vergotte dabei die Menschheit.[338]

Wenck zweifelt nicht, daß er es mit einer höchst gefährlichen, ketzerischen Schrift zu tun habe, die den Glauben wie die Philosophie und die Theologie zerstöre, wenn sie Gehör fände. Entsetzensrufe finden sich immer zwischen seinen klaren Resümees und Kritiken. Er fordert dazu auf, einen durch Unklarheit und Anmaßung verführerischen Irrlehrer zu bekämpfen. Sein Text ist etwa 1442/43 geschrieben; Cusanus ließ sich lange Zeit mit einer Antwort; ungefährlich waren die Themen und Thesen nicht, zu denen er Stellung nehmen mußte. Wenck hatte wirkliche Schwächen gesehen, auch wenn er gelegentlich etwas rasch und befangen gelesen hat. Wenck war Konziliarist geblieben, wie Cusanus es gewesen war; der Parteiwechsel des Cusanus wird zur Schärfe der Polemik beigetragen haben. Aber hüten wir uns, Wenck verächtlich zu behandeln. Er schrieb schulmeisterlich; er schlug nach Theologenart mit Bibelstellen auf seinen Gegner ein, aber er sah in vielem recht klar, und er glaubte seinen Glauben und seine Wissenschaft in Gefahr. In einer anderen kirchenpolitischen Situation hätte sein Aufschrei leicht das Ende des Cusanus sein

---

[332] Hopkins n. 29, 27–29 p. 107.
[333] Hopkins n. 37, 3–7 p. 114.
[334] Hopkins n. 33, 25–33 p. 111.
[335] Hopkins n. 34, 31 p. 112.
[336] Hopkins n. 25, 22–35 p. 103.
[337] Hopkins n. 38, 15 p. 115.
[338] Hopkins n. 40, 11–24 p. 117.

können; der Verweis auf Wycliff, Eckhart und auf die Straßburger Ketzer war überdeutlich.

Cusanus stilisiert seine späte Antwort auf antikisierende Eleganz und Gelassenheit. Schon der Titel *Apologia* war eine Anspielung auf Sokrates. Cusanus wußte sich außerhalb der Universitäten; Heidelberg lag weit hinter ihm. Aber er hielt es doch für geboten, auf die Vorwürfe einzugehen. Seine Selbstverteidigung ist wahrscheinlich im Oktober 1449, noch in Deutschland, verfaßt.

Für eine genetische Analyse enthält die *Apologia* eine Reihe von Hinweisen:

Cusanus verteidigt die Koinzidenzlehre, aber er stellt sie in der Form dar, die er ihr in *De coniecturis* gegeben hat. Er verweist auch auf dieses Buch als auf die gültige Erklärung.[339] Ob dies eine faire Verteidigung von *De docta ignorantia* ist, stehe dahin. Cusanus weicht in der Sache nicht zurück. Er bestätigt – kostbar für uns – in klarem Kontrast zu den neueren Neuscholastikern, daß die Koinzidenzlehre den Satz vom Widerspruch betrifft. Darin gesteht er Wenck zu, richtig gesehen zu haben, immerhin.[340] Er versucht, den Einwand Wencks zu entkräften, indem er das Widerspruchsprinzip aufgebe, zerstöre er alle Wissenschaften und alle Konsequenz im Denken und Handeln. Er antwortet: Wir müssen unterscheiden zwischen *intellectus* und *ratio*.

Docta enim ignorantia de alta regione intellectus existens sic judicat de ratiocinativo discursu..[341]

Die *docta ignorantia* gehört in die hohe Region des *intellectus*. Ihr kommt es zu, über Verstandesverfahren zu urteilen, also deren Grenzen zu zeigen. Schon der Ausdruck *regio* verweist auf *De coniecturis;* er fehlt in *De docta ignorantia.*[342] Cusanus verteidigt sich, als hätte Wenck die zweite Schrift und nicht die erste angegriffen. Auf den Vorwurf, er habe eine skeptische Tendenz vertreten, geht er nicht ein. Er hatte sie in der zweiten Schrift auch nicht mehr, aber die konnte Wenck noch nicht gesehen haben. Gewiß bleibt Cusanus auf der Linie von *De docta ignorantia,* wenn er sich gegen den Pantheismusvorwurf wehrt. Er erklärt, die Koinzidenz habe niemals sagen wollen, das Urbild falle mit dem Abbild zusammen.

---

[339] Cusanus, *Apologia doctae ignorantiae*, h II p. 15, 14.
[340] ib. p. 14 und p. 16.
[341] ib. p. 16, 5.
[342] ib. p. 16, 20 und 22, 7.

Der simple Pantheismus, der die Begriffe des gewöhnlichen Denkens auf Gott überträgt und sagt, er sei alles, war nie eine Gefahr für Cusanus. Energisch stellt er klar, niemals habe er, wie Wenck behaupte, geschrieben, Gott und die Welt fielen zusammen.[343] Aber der simple Theismus, der, an den Begriffen des gewöhnlichen Denkens festhaltend, dagegen setzt, Gott sei von der Welt *verschieden,* war Cusanus genau so fremd. Cusanus hat immer gelehrt, wir brauchten vor allem eine Kritik des Ausdrucks *distinctio;* er hat immer gesagt, Gott sei das Eine, das alles ist, da nichts ihm entgegensteht. Er wiederholt das gegen Wenck und nennt seinen Gott die *forma formarum.* Er erklärt dies dahin, Gott sei *weder dies noch das,* er sei weder Himmel noch Erde, er sei die Gestalt aller Gestalten; er sei die einfachste und vollkommenste *Forma.*[344] Gott sei das Sein von allem, ohne irgendein Ding zu sein.[345]

Cusanus notiert, es gebe „vulgäre Konzepte", die göttlichen Inhalten nicht angemessen sind. Dazu gehören die unkorrigierten Begriffe von „einzeln" und „allgemein", von „identisch" und „verschieden". Gott ist *singularis insingulariter;* bei ihm fällt die absolute Singularität mit der absoluten Allgemeinheit zusammen. „Vulgäre Begriffe", das sind Verstandesbegriffe, die ohne Korrektur, ohne das unentbehrliche Element der negativen Theologie, deren Patron Dionysius ist, auf das Unendliche übertragen werden. Nur nach der Korrektur durch die Koinzidenzlehre können wir die *distinctio* Gottes nicht-vulgär denken, ebenso seine Identität mit allem. Dann begreifen wir auch, wieso Gott zugleich als ruhend und als bewegt zu denken ist.

Dies sind Kontinuitätselemente, die zur Verteidigung der *Docta ignorantia* taugen mochten. Aber in der *Apologia* kommen mindestens drei zentrale Motive vor, die in *De docta ignorantia* fehlten und die Cusanus jetzt vorträgt, als hätten sie immer dazugehört:

1. Jetzt präsentiert Cusanus die *docta ignorantia* (nicht das Buch von 1439, sondern die fortdauernde Wahrheit desselben in der Auslegung von 1449), als sei sie die *Synthese* der positiven und der negativen Theologie. In *De docta ignorantia* stand davon nichts, und in *De coniecturis* stand darüber nur ein unklarer Satz.[346] Jetzt aber, 1449, die souveräne Formulierung:

---

[343] ib. p. 23, 7–8.
[344] ib. p. 8, 14–9, 10.
[345] ib. p. 17, 13–24.
[346] *De coniecturis* II 6 n. 98, 4–5 p. 95.

Ignorantia enim abicit,
intelligentia colligit,
docta vero ignorantia omnes modos, quibus accedi ad veritatem potest,
unit.[347]

Die *ignorantia,* von der die erste Zeile spricht, ist nicht das gewöhnliche Nichtwissen, sondern es ist die negative Theologie, die Prädikate wegwirft. Dies zeigt der Zusammenhang: Cusanus zitiert für diese Art der *ignorantia* nicht sich selbst, sondern Augustin, der gesagt habe, Gott werde eher durch *ignorantia* als durch Wissen berührt. Jetzt gilt ihm diese höhere Art des Nichtwissens nur als die erste von drei Stufen. Die zweite Stufe bringt das Gegenteil dieses Abwerfens der Prädikate; sie ist das Zusammenhalten auch der widersprüchlichen Bestimmungen. Die Instanz, die das leistet, ist der Intellekt; er faßt zum Beispiel die Bestimmungen „singulär" und „allgemein" zusammen, kopulativ, wie es in *De coniecturis* hieß. Vor allem erinnert an *De coniecturis:* Wir erfahren *in uns* selbst, daß wir die Koinzidenz sind von Bewegung und Ruhe. Wir erfassen als unser Leben, was Augustin für das Besondere Gottes hielt. Wer einmal dieses Zugleich in sich selbst begriffen hat, wird sich auch sonst leichter von dem Zwang befreien, Widersprüche für unübersteigbar zu halten.[348] Die Cusanische *docta ignorantia* vereint, dieser neuen Auslegung zufolge, sowohl die radikale negative Theologie wie die intellektive, koinzidentale Verbindung positiver und negativer Prädikate. Der Text beruht auf der Steigerung der drei geistigen Tätigkeiten: *abicit… colligit… unit…*

2. Cusanus behauptet, klarstellend, gegen Wencks Vorwurf die Differenz zwischen Urbild und Abbild. Aber sein Interesse liegt woanders. Er insistiert, daß wir, um das Abbild zu erkennen, das Urbild kennen müssen, um vom Abbild zu wissen, daß es das Abbild des wahren Urbildes ist.[349] Das ist ein neuer Aspekt, der alles in ein anderes Licht stellt: Wir können nicht sagen, wir seien unfähig, die Wahrheit präzise zu erfassen, ohne zu wissen, was die Wahrheit ist. Mit derart einfacher Sieghaftigkeit, mit vergleichbarer Zuversicht stand das nicht in *De docta ignorantia.* Inzwischen hat Cusanus die Theorie des Intellektes entwickelt, und dieser neu konzipierte *intellectus* kann über die diskursiven Aktivitäten urteilen, weil er die Kriterien kennt, die solche Urteile allein ermöglichen.

---

[347] *Apologia* p. 13, 1–2.
[348] ib. p. 15, 19–23.
[349] ib. p. 11, 11.

3. Wer die *Apologia* öffnet, findet sofort auf der ersten Seite eine scharfe Distanzierung von der veralteten Schulwissenschaft. Sie bleibe der Gewohnheit verhaftet, *inveterata consuetudo*. Was Cusanus lehrt, heißt es da, unterscheidet sich von den anderen Schulrichtungen *(ab aliis viis)* wie das Sehen vom Hören.[350] Ihm steht die veraltete Denkgewohnheit gegenüber, aber er bezeichnet die Gegner genauer: Sie hängen gewohnheitsmäßig an der aristotelischen Tradition. Die Menschen geben eher ihr Leben auf als ihre Denkgewohnheiten. Heute herrscht die „Aristotelische Glaubensrichtung" *(Aristotelica secta)*, und sie erklärt die Koinzidenz der Gegensätze für eine Häresie, obwohl sie in Wahrheit der Zugang zur *mystica theologia*, also zum Denken des Dionysius ist.[351]

In *De docta ignorantia* lobte Cusanus den Aristoteles wegen einer Nebensache, jetzt nennt er die aristotelische Tradition das Haupthindernis für die notwendige Reform des Denkens.

Jetzt, 1449, nennt Cusanus zum ersten Mal die Quellen, die er längst benutzt, aber verschwiegen hatte. Er zitiert und verteidigt Meister Eckhart. Wie er das tut, ist merkwürdig. Aus den öffentlichen Bibliotheken soll er entfernt werden; er ist nichts für die gewöhnlichen Studierten. Für dieses Volk *(vulgus)* weicht Eckhart zu sehr ab von den Gewohnheiten der anderen Lehrer.[352] Cusanus war offenbar nicht der Ansicht einiger neuerer Eckhartfreunde, man könne Eckharts Rechtgläubigkeit dadurch verteidigen, daß man zeige, er lehre nichts anderes als Augustins Logoslehre oder die Gnadentheorie des Thomas von Aquino. Nein, Eckhart lehrte Neues, Außergewöhnliches. Er ist voll von Weisheit, die aber esoterisch bleiben muß.[353] Cusanus lobt Thierry von Chartres für seine Trinitätsphilosophie, der zufolge es keine Differenz in der Gottheit geben kann. Er preist diesen Thierry als den vielleicht größten christlichen Denker.[354] Er spricht mit höchster Anerkennung von Hermes Trismegistus, den Wenck als Ketzervater betrachtet hatte; vor allem lädt er ein zum Studium des Dionysius. Beide, Hermes und Dionysius, hätten gewußt, daß wir die tiefste Wahrheit geheimhalten müssen.[355]

Cusanus inszeniert die Wenck-Debatte so, daß sie als ein Konflikt der

---

[350] ib. p. 1, 10–15.
[351] ib. p. 6, 1–12.
[352] ib. p. 24, 25–25, 17.
[353] ib. p. 22–24.
[354] ib. p. 24, 5–6: *vir facile omnium, quos legerim, ingenio clarissimus.*
[355] ib. p. 5, 19–23. Vgl. ib. p. 6, 13–7, 8.

aristotelischen Schuldenker gegen die platonisch-dionysische Überlieferung erscheint; er vergißt nicht zu erwähnen, Wenck sei anti-papalistisch
geblieben, und wie nebenbei weist er darauf hin, er benutze den Dionysius in der neuesten Übersetzung des Ambrogio Traversari; das Exemplar
habe ihm Papst Nicolaus persönlich geschenkt.[356] Dabei macht Cusanus
eine auffällige Bemerkung zur geschichtlichen Stellung des Dionysius.
Seit Anfang dieses Jahrhunderts steht fest, daß Dionysius oft wörtlich
abhängig ist von Proklos, daß er also um 500 nach Christus geschrieben
haben muß. Er selbst gibt sich als Schüler des Apostels Paulus aus. Cusanus sah die Proklos-Abhängigkeit auch, aber er legte sie in dem zitierten
Zusammenhang dahin aus, Dionysius habe Platons *Parmenides* so sehr
geschätzt, daß er reihenweise daraus abgeschrieben habe. Valla hatte seine
Zweifel darüber nicht zurückgehalten; er fand, Dionysius passe sprachlich und gedanklich nicht ins erste Jahrhundert; er gehöre geschichtlich
nicht in die Nähe des Apostels. Cusanus glättet diese philologische Bedenklichkeit, die sich auf dem Weg über Erasmus ausgebreitet und die
seit dem 18. Jahrhundert gesiegt hat. Cusanus braucht Dionysius als Patron gegen die aristotelische Schulwissenschaft. Cusanus beruft sich auf
die Tradition der Dionysiuserklärer: Maximus Confessor, Johannes Eri-
uigena, Hugo von S. Viktor, Robert Grosseteste.[357] Aber auch dies dürfen
wir nicht zu buchstäblich nehmen: Cusanus präsentiert sich als ein christlicher Sokrates, der die Spekulationen des Dionysius weitertreibt.[358]

Die *Apologia* des Buches *De docta ignorantia* lädt zum Rückblick ein.
Neun Jahre nach dem Abschluß des Buches sah Cusanus die Welt und
sein eigenes Werk von 1439/40 anders als damals. Er unterlegte ihm jetzt
die Resultate von *De coniecturis* und verteidigte es in deren Licht. Hat er
überzeugend argumentiert? Hat er Wencks Einwände widerlegt?

Wenck hatte in manchem recht; scharfsinnig hatte er gesehen, daß
Cusanus von Eckhart und Hermes Trismegistus herkam; dabei konnte
Wenck nicht wissen, daß Cusanus schon in seinem ersten *Sermo* Hermes
als seine Autorität genannt hatte.[359] Immerhin hat er Cusanus gezwun-

---

[356] ib. p. 10, 7–20.
[357] ib. p.20, 21–21, 4. Zu ergänzen durch p. 29, 15–30, 3, wo auch Marius Victorinus, David
von Dinant und der Prokloskommentar des Johannes von Mossbach = Berthold von Moosburg genannt sind.
[358] ib. p. 2, 8–15; 8, 9; 31, 10 -11.
[359] Zur hermetischen Tradition vgl. K.H. Dannenfeldt, Hermetica Philosophica, in: Catalo-
gus Translationum et Commentariorum: Medieval and Renaissance Latin Translations and

gen, sich zu Eckhart zu äußern, und die Äußerung war diplomatisch bis zum Verrat an Eckhart. Eckhart hatte keine äußeren Rücksichten gekannt, wenn er seinen Gedanken folgte. Cusanus empfahl dagegen eine Zwei-Stufen-Theologie, eine für die Gewöhnlichen, eine andere für die feineren Geister. Cusanus war auch in einer schwierigen Situation: Er konnte Papst Johannes XXII. nicht öffentlich Unrecht geben, der Eckhart verurteilt hatte. Er hielt andererseits Eckhart für einen unentbehrlichen Autor. So entstand seine kompromißlerische Empfehlung. 120 Jahre intellektueller Resignation sind in sie eingegangen. Die Verurteilung Eckharts 1329 und die halbherzige Rehabilitierung durch den Kardinal aus Kues 1449 bezeichnen einen Abschnitt in der Geschichte des christlichen Denkens und der europäischen Kultur. Sie markieren auch sein Ende. Übrigens kann ich mir keinen intelligenten Leser der *Apologia* denken, der daraufhin nicht anfinge, nach Texten Eckharts zu suchen.

Konnte Cusanus die Einwände Wencks widerlegen? Er zeigte, daß sie aus der Benutzung unkorrigierter Begriffe hervorgingen. Von der nötigen Umwandlung „gewöhnlicher Begriffe" in intellekt-konforme, koinzidentale Einsichten konnte er wenigstens einen ersten Eindruck verschaffen, indem er die Differenz *ratio – intellectus* forcierte. Damit mochte er glauben, auch den Vorwurf widerlegt zu haben, er zerstöre alle Argumentation und entziehe sich jeder Kritik, da er den Satz vom Widerspruch außer Kraft setze. Er gilt für die *ratio*, nicht für den *intellectus*, ist die Antwort, die noch vieles offen läßt, die aber fürs erste genügen konnte.

Damit ist prinzipiell die Koinzidenz gerettet, die Koinzidenz der konträren Attribute Gottes und der Zusammenfall widersprechender Sätze. Dadurch ist der schwerwiegende Pantheismusvorwurf beseitigt, nicht aber der Einwand, Cusanus maße sich eine höhere Erkenntnisweise an, als sie Menschen in diesem Leben vergönnt ist, auch nicht der Einwand, Cusanus schwanke in *De docta ignorantia* zwischen übertriebener Erkenntniszuversicht und Skepsis. Wenck hat, meine ich, tatsächlich gezeigt, daß Cusanus in *De docta ignorantia* bei der Zurücknahme philoso-

Commentaries, ed. P.O. Kristeller, Washington 1960, I, 137–157; P. Lucentini, L'edizione critica dei tesi ermetici latini, in: I moderni ausili all' Ecdotica, hg.v. V. Placella – S. Martelli, Neapel 1994, S. 265–285; R. Klibansky – F. Regen, Die Handschriften der philosophischen Werke des Apuleius. Ein Beitrag zur Überlieferungsgeschichte, Göttingen 1993; P. Lucentini, Glosae super Trismegistum. Un commento medievale all' Asceplius ermetico, in: Archives d'Histoire Doctrinale et Littéraire du Moyen Age 62 (1995) S. 283–S. 293.

phischer und kirchlich-dogmatischer Vorstellungen bis zu der Grenze gegangen ist, wo die philosophische Gotteslehre sich auflöst – weil man zu jedem Prädikat des Unendlichen mit gleichem Recht das entgegengesetzte hinzufügen kann – und wo die kirchlichen Dogmen als bloße Worthülsen vom Unendlichen abfallen. Noch in der *Apologia* wagt es Cusanus, die Zahlvorstellung von der Gottheit völlig fernzuhalten; es gibt hier nichts, wobei man bis Drei zählen könnte. *Si incipis numerare, incipis errare.*[360] Im Unendlichen als Unendlichem gibt es keine Differenzen. Dies war in *De docta ignorantia* so hart formuliert, daß es den „gewöhnlichen" Glauben an die Trinität herausfordern mußte. Die Unendlichkeit ist in ihrer Negativität festzuhalten, lehrt *De docta ignorantia*; im Unendlichen gibt es keinen Erzeugenden und keinen Erzeugten. Und das heißt im Blick auf die kirchliche Trinitätslehre:

Unde neque Pater est neque Filius neque Spiritus sanctus secundum hanc negativam theologiam, secundum quam est infinitus tantum.[361]

Dies ist kein Satz, den Wenck gegen Cusanus vorbringt; es ist die Stimme von *De docta ignorantia* selbst. Wenck hat richtig gesehen, daß diese Strenge der negativen Theologie, daß die Akzentuierung Gottes als des *Unendlichen* die kirchlichen Vorstellungen ruinieren muß. Die negative Theologie duldet in Gott keine Unterschiede und keine zählbaren Elemente oder Personen; sie sieht in Gott nichts als die unbestimmte Unendlichkeit: *Et non reperitur in Deo secundum theologiam negationis aliud quam infinitas.*[362] Diese Sätze sind Sätze des Cusanus; sie beenden sein erstes Buch von *De docta ignorantia*; sie sind das letzte Wort seiner philosophischen Theologie, und ausdrücklich hebt er dabei hervor, die negative Theologie sei wahrer als die positive. Die dogmatischen Formeln vom *einen* Gott in *drei* Personen waren eine vorläufige Sichtweise; wer die „gewöhnlichen Begriffe" hinter sich ließ, hielt sich denkend an das reine, an das unzählbare und unbestimmbare Unendliche. Dieser Gott ist namenlos; es ist, wie Cusanus selbst in *De docta ignorantia* I 24 p. 48, 13

---

[360] *Apologia*, p. 24, 8–9. Die Fehlleistung des Cusanus, diesen Satz als Augustinus-Zitat auszugeben, verlangt nach einer Erklärung. Ich schlage vor, keinen diplomatischen Trug zu vermuten, sondern anzunehmen, Cusanus habe folgende Wendung aus dem Kommentar Augustins zum Johannesevangelium unbewußt im Sinne seiner eigenen Philosophie umgewandelt: *Ubi cogitare coeperis, incipis numerare, In Joannem tract.* 39, 4 CC 36, 347, 18.

[361] *De docta ignorantia* I 26 p. 54, 24–55, 2.

[362] ib. I 26 p. 55, 25–56, 1.

sagte, der Gott, der die Gesamtheit aller Realität ist, der daher nicht zu benennen ist. Es ist der Gott des dreimal größten Hermes. Blickt man von Wencks Kritik her noch einmal auf die Schlußkapitel des ersten Buches von *De docta ignorantia* zurück, so stechen die distanzierten Zurücknahmen christlich-gebräuchlicher Gottesnamen ins Auge. Namen stammen aus dem Verstand; sie setzen Unterschiede, die bei der allumfassenden Einheit nicht gegeben sind; selbst Namen wie „Vater, Sohn, Heiliger Geist" sind „uneigentlich" zu nehmen, denn alle positiven Bezeichnungen beziehen sich auf Kreaturen. Die Namen „Vater, Sohn, Heiliger Geist" wurden im Hinblick auf Geschöpfe Gott gegeben.[363] Das Endresultat in *De docta ignorantia* von 1439/40 war, daß wir von Gott nichts sagen können: *Docuit nos sacra ignorantia Deum ineffabilem.*[364] So faßte Cusanus selbst 1439 sein Ergebnis zusammen. Er bewertete damit die „gewöhnliche" dogmatische Theologie als Eingangsstufe, die der spekulativen Korrektur bedürfe, um nicht in Götzendienst, d.h. in Buchstabenanbetung, zu versinken.

1449 ist aus dieser Art *ignorantia* die erste Stufe eines dreiteiligen Fortgangs geworden. Hier wird die Weiterentwicklung des Cusanischen Denkens greifbarer als sonst. Von dieser Entwicklungsstufe her gesehen, war *De docta ignorantia* noch nicht zum wahrhaft koinzidentalen Verfahren fortgeschritten. Das intellektuelle Vorgehen, das in der *Verbindung* der widersprechenden Sätze besteht, war zwar 1439 klar bezeichnet, aber Cusanus hatte es nicht angewendet auf das Verhältnis von positiver und negativer Theologie; daher das Übergewicht des Unbestimmten, der leerbleibenden Unendlichkeit. Dieser Primat mußte das religiöse Bewußtsein verletzen, sah es sich doch zur vulgären Vorstufe herabgesetzt. Dagegen protestierte Wenck mit Empörung.

Ich habe früher aufmerksam gemacht auf einen abbrechenden Gedankengang in *De docta ignorantia* I 25 über das Verhältnis von heidnischer und jüdischer Gotteserkenntnis: Die Heiden, hieß es, begnügten sich mit den Gottesnamen, die aus der Entfaltungswelt, der *explicatio*, der unendlichen Einheit stammen. Sie waren zufrieden mit den Gottesnamen, die sich aus dem Verhältnis der Gottheit zu den sichtbaren und menschlichen Dingen ergeben. Die Heiden verlachten die Juden, weil sie einen unendlichen und daher unbekannten Gott angebetet hätten. Aber der

---

[363] ib. I 24 p. 50, 26–28.
[364] ib. I 26 p. 54, 19.

jüdische Gottesbegriff der reinen Unbestimmtheit, der sich an die *complicatio* hielt und alles negierte, was aus der *explicatio* stammte, war der höhere; die antike Philosophie stand auf seiner Seite. Ich sagte zu diesem Text, er lasse eine dritte Stufe erwarten, eine Kombination von explicatio- und complicatio-Vorgang, eine „Synthese" (sit venia verbo!) aus positiver und negativer Theologie. Denn daß die Namen „Vater" und „Sohn" von der *explicatio*-Seite hergenommen sind, daß sie sozusagen auf heidnischer Stufe stehen, daran ließ Cusanus keinen Zweifel.

Nun also, in der *Apologia*, erscheint der jüdische und der antik-philosophische Tiefsinn, der alle welthaften Prädikate negiert, nur als die erste Stufe auf dem Weg der Erkenntnis. Es ist die Stufe der negativen *ignorantia*, für die Cusanus Augustinus zitierte und bei der wir an sein Entwicklungsstadium von 1439/40 denken müssen. Die erste Stufe bildet jetzt, 1449, also die Erfassung des Unendlichen als des Unendlichen, prädikatenlos, unaussprechlich, ineffabel. Sie glaubt, Gott eher im Dunkel zu finden; sie läßt alle bestimmten Inhalte, selbst die Namen „Vater", „Sohn" und „Geist" ins Unendliche hineinfallen. Die zweite bildet das ausgereifte intellektual-koinzidentale Verknüpfen widersprechender Prädikate. Das dritte Erkenntnisstadium, die *neugefaßte docta ignorantia, verbindet* die negative mit der positiven Theologie. Das heißt: Sie begreift das intellektuale Vorgehen als die Vereinigung der in der antiken Religion einerseits, in der jüdischen Religion und der antiken philosophischen Theologie *getrennt* gebliebenen Einsichten. Sie ist das gereinigte Selbstbewußtsein einer neuen christlichen Kultur. Sie versteht sich als die Vereinigung dessen, was Dionysius und Eckhart wußten, mit dem Selbstverständnis des Sokrates.

An der *Apologia* ist für die genetische Analyse das am interessantesten, was Cusanus an seinem Buch *De docta ignorantia* nicht rechtfertigen oder nur durch eine verschiebende Interpretation verteidigen konnte. Es ist vor allem das Mißverhältnis von Unendlichkeitspathos der negativen Theologie zu den bestimmten Inhalten des christlichen Glaubens. Dies gilt für die Trinität; es gilt auch für die Cusanische Philosophie der Inkarnation von 1439. Der Vorwurf, Cusanus *universalisiere* den Menschen Jesus auf die gesamte Menschheit hin, ist nicht von der Hand zu weisen. Wäre die Inkarnation, von der das dritte Buch von *De docta ignorantia* als von der Einheit von absolutem und von kontraktem Maximum (Universum) spricht, ein einmaliges, positives Faktum – im modernen Sinne

des Wortes: ein historisches Ereignis –, so könnte sie die erhabene kosmische, universalgeschichtliche Funktion nicht ausüben, die Cusanus schon
seit seiner ersten Weihnachtspredigt im Sinne der antiken Spekulation mit
ihr verband. Gottes Sohn, das müssen wir Menschen – im Prinzip: alle
Menschen – sein. Sonst erfüllt die Menschwerdung ihre kosmisch-metaphysische Rolle nicht.

So läuft die Kritik Wencks an Cusanus auf die Frage hinaus, wie Cusanus es, genau genommen, mit Eckhart halte. Will er mit Eckhart eine
Philosophie der Inkarnation oder nur eine faktische Bezeugung eines einmaligen geschichtlichen Vorganges? Gibt es, Cusanus zufolge, einen „gewöhnlichen Begriff" von der Inkarnation, wie es „gewöhnliche Begriffe"
von der Trinität gibt? Sieht er die Aufgabe der religionsphilosophischen
Reflexion in der Herausarbeitung angemessener, gereinigter Termini auch
für das Wissen von der Inkarnation? Dann müßte er sich klarer, nicht nur
diplomatisch-zweistufig, zu Eckhart äußern. Cusanus konnte in der *Apologia* den Pantheismusvorwurf abwehren, aber auch dabei blieb ein ungeklärter Rest. Stand Cusanus zu Eckhart, dem zufolge „Weisheit" nicht
etwas ist, was erschaffen werden konnte? Wenn Weisheit *ist*, dann ist sie
Gott, dann tritt der Mensch, der Weisheit erwirbt, in die Gottheit ein.
Denkt Cusanus das auch? Das wäre die Fortführung der Eckhartschen
Lehre von der Gottessohnschaft. Cusanus sah selbst, daß es da noch etwas zu klären galt. Sein erster Text, den er auf italienischem Boden im
Folgejahr, 1450, schreiben wird, trägt den Titel: *De sapientia*, Über die
Weisheit. Hier mußte sich zumindest die letzte Frage entscheiden. Wir
werden sehen.

JAHRHUNDERTMITTE
DIE WELT DES CUSANUS

I.
DIE GESCHICHTLICHE WELT UM 1450

Wir haben die Jahrhundertmitte erreicht; sie wurde im Leben wie im Schreiben des Cusanus zur Zäsur. Jetzt kam er zum ersten Mal in Italien zur Ruhe, für kurze Zeit, für Sommer und Herbst 1450. Doch dieser Ferienaufenthalt war eine Flucht; Nicolaus V., der um seine Gesundheit immer sehr besorgt war – mit Recht, wie sich fünf Jahre später zeigen sollte –, verlegte wegen der in Rom grassierenden Pest, mitten im Jubiläumsjahr, den päpstlichen Hof für ein paar Monate in die Marken, insbesondere nach Fabriano.[1]

Sommer 1450: Die theoretischen Konzepte des Kardinals sind nun ausgereift, aber er läßt sie nicht erstarren. Er bleibt auf der „Jagd". Er untersucht seine Voraussetzungen; er findet seine ersten großen Würfe unzureichend und arbeitet an ihrem Umbau; er wendet das Neugefundene auf neue Erfahrungen und Themenfelder an; er stellt sein Denken in freierer Form dar. Dialoge verdrängen die monologischen Traktate; andere Standpunkte und konkrete Situationen dringen in die Texte ein. Die Weltgeschichte kommt jetzt in ihnen vor. Die Eroberung Konstantinopels spielt hinein; er schreibt zwei Bücher, die eingreifen in die Debatte des christlichen Westens über den Islam und die Türken. Er denkt über Alltagserfahrungen des 15. Jahrhunderts nach, über Handwerk und Kunst, über Geld und quantitative Methoden in der Medizin; er hebt jetzt stärker die Kraft des menschlichen Geistes hervor, begrifflich und physisch ein neues Universum zu gestalten: die Begriffs- und die Kulturwelt; er verschärft seine Distanz zu Universitätstraditionen der Philosophie und der Naturforschung. Dem Kardinal stellt sich erneut das Problem der Kirchenreform, jetzt in der Form unmittelbarer Aktion.

Ich nehme diese neue Situation zum Anlaß, die individuelle Denkentwicklung des Mannes aus Cusa für eine Weile zu verlassen und um einen Blick zu werfen auf die geschichtliche Welt, in der er sich bewegt hat. In

[1] L. Pastor, Geschichte der Päpste seit dem Ausgang des Mittelalters, Band 1, 3. und 4. Auflage Freiburg 1901, S. 425–S. 426; E. Vansteenberghe, Le Cardinal Nicolas de Cues, Paris 1920 (hinfort abgekürzt: Vansteenberghe), S. 265 und S. 271.

ihr und für sie hat er intellektuelle Neuorientierung gesucht. Sein Denken bildete diese geschichtliche Welt nicht ab; aber es bezog sich auf sie.
Niemand wird es aus ihr *ableiten* wollen; aber noch weniger bewegte es
sich in den Schein-Ewigkeiten reiner „Probleme". Ich gebe also eine Skizze seines Umfelds, eine Art Panorama seiner Zeit, ohne Anspruch auf
Vollständigkeit. Die Namen und Daten, die im Zusammenhang der
Schriften des Cusanus zu nennen sind, sollen nur ein wenig geschichtliche Umgebung erhalten. Wer das Denken des Cusanus studieren will,
kommt ohne Geschichtsatlas und ohne eine chronologische Tafel wohl
nicht aus; dieser Zwischenteil bildet eine Anleitung zu deren Gebrauch.
Ich hatte überlegt, ob ich ihn an den Buchanfang stellen sollte, habe dies
aber verworfen; meine Untersuchung sollte auf Textarbeit aufbauen, und
ein einzelner *Sermo* des Cusanus bietet einen konkreteren Ausgangspunkt für die mitdenkende Analyse als eine noch so spannende Ge-
schichtserzählung. Ich wollte mich auf relativ sicherem Boden bewegen.
Denn: Spricht jemand vom „Spätmittelalter" oder von „Köln im 15. Jahrhundert", klingt das zwar konkreter, als wenn ich den Konjekturbegriff
im Brief an Rodrigo analysiere. Aber dabei entsteht leicht eine Täuschung
über die Natur geisteswissenschaftlicher Etiketten. Gerade weil sie anschaulich klingen, bieten sie Anlaß, über ihren Gewißheitsgrad noch einmal nachzudenken. Zuletzt haben wir doch nichts als Texte. „Heidelberg", „Köln" und „Padua", das klingt anschaulich und läßt sich durch
Erzählungen füllen, und doch bezeichnen diese Namen, wenn wir vom
15. Jahrhundert sprechen, nur konstruierte Super-Strukturen über Texten. Sie könnten uns verlocken, eine Bildungsgeschichte des Cusanus
schreiben zu wollen, also historische Bilder zu malen und sie dann auf die
Schriften des Cusanus anzuwenden. Solange die Cusanus-Biographen
glaubten, er habe seine Schulzeit in Deventer verbracht, fanden sie auch
in seinen Schriften den Geist der devotio moderna. Dabei war dies doch
nur eine sekundäre Übertragung. Ein derartiges Vorgehen bringt größere
Ungewißheiten mit sich als es scheint. Heidelberg, Köln und Padua, diese
biographischen Stationen des Cusanus existieren – in unserem Zusammenhang – nur soweit, als sie sich aus den Schriften des Cusanus zeigen
lassen, und dies ist nur in einem so bescheidenen Maße möglich, daß sich
die genannten Bildungszentren nicht als Gliederung für unsere Analysen
eignen. Wir wissen zu wenig, was sie für Cusanus wirklich bedeutet haben; daher müssen wir die Schriften des Cusanus und nicht seine Biographie als Leitfaden benutzen. Dies erzwingt eine Fixierung auf die Texte

des Cusanus, die vom lebensweltlich Selbstverständlichen nicht sprechen. Um diese Beschränkung etwas auszugleichen, unterbreche ich jetzt die Textarbeit und skizziere umrißhaft und stichwortartig seine geschichtliche Welt. Zugleich gebe ich bibliographische Hinweise zur Weiterarbeit, und zwar recht ausführliche, weil die meist italienische oder angelsächsische Literatur in Deutschland schwer zu finden oder nicht in dieser Zusammenstellung erreichbar ist; meine Angaben sind die Frucht regelmäßiger Arbeitsbesuche in ausländischen, vor allem italienischen Bibliotheken. Im zweiten Teil des Buches werde ich zur genetischen Analyse der Schriften des Cusanus zurückkehren.

1. Die ökonomische und soziale Situation

Cusanus ist 1401 geboren[2]; seine Lebenszeit umfaßte etwa zwei Drittel des fünfzehnten Jahrhunderts. Aber die Welt, in die Nicolaus hineingeboren wurde, hatte das Erbe des vierzehnten Jahrhunderts angetreten. Dessen biologische, soziale, politische, intellektuelle und kirchliche Krisen wirkten in ihr fort.[3]

Die gesamte Zeit zwischen 800 und 1500, die wir mit dem Wort „Mittelalter" grob zusammenfassen, dürfen wir uns nicht zu einheitlich vorstellen; es ereigneten sich innerhalb dieser sieben Jahrhunderte mächtige Verschiebungen. Seit dem Ende des 11. Jahrhunderts herrschte in Europa ein deutlicher demographischer und ökonomischer Aufschwung. Im Laufe des vierzehnten Jahrhunderts brach er ab; es kam zu harten Einbrüchen. Das Klima verschlechterte sich; es wurde kälter und feuchter; die Wein- und Weizenproduktion zog sich mehr nach Süden zurück. Wirtschaftskrisen und überregionale Hungersnöte, seit langem unbekannt, kehrten 1315 bis 1317 und 1342 wieder. Die Bodenrente sank; das Geld war entwertet, die Preise stiegen, nach der Großen Pest wurde die Handarbeit teurer. Im Winter wurden traditionelle Handelswege teilwei-

---

[2] Zum genauen Datum vgl. AC I 1 Nr. 1 p. 1.
[3] Eine geschichtliche Übersicht mit reichen Literaturangaben gibt E. Meuthen, Das 15. Jahrhundert. Oldenbourg Grundriß der Geschichte, München 1980. Der neueste Stand bei J. Favier (Ed.), XIVe et XVe siècles: Crises et genèses, Paris 1996. Vgl. auch F. Rapp, Les origines médiévales de l'Allemagne moderne, 1345 – 1519, Paris 1989 sowie Thomas A. Brady (Hg.), Handbook of European History, 1400 – 1600. Vol. 1: Late Middle Ages, Renaissance, Reformation, Leiden 1994. – Für die Kirchengeschichte vgl. besonders: M. Mollat du Jourdain – A. Vauchez (Ed.), Un temps d'Épreuves (1274 – 1449), Paris 1990.

se unpassierbar. Das wirtschaftliche und kulturelle Leben hatte sich aber seit dem 12. Jahrhundert auf internationale Verbindungen eingerichtet: In Florenz verarbeitete man die aus England importierte Wolle; in Frankfurt aß man Rindfleisch aus Ungarn. Der Fernhandel insgesamt war ausgebaut; die Welt des späten Mittelalters war weniger regional fixiert als viele glauben: Die Hocharistokratie heiratete über große Entfernungen hinweg; die Kirche, die Kurie und die Orden, hatten überregionale Verwaltungswege entwickelt; Händler und Bankiers verfügten über ein internationales Verbindungsnetz.

Die Wirtschaft war seit dem 11. Jahrhundert über das Stadium lokaler Selbstversorgung für Alltagsbedürfnisse hinausgewachsen; um so empfindlicher trafen sie die neuen Störungen. Der Einbruch blieb nicht einmalig und momentan; er wurde chronisch. Zu einer leichten, generellen (nicht nur lokalen) Erholung kam es erst gegen 1450.

1348 bis 1351 tobte in Europa die aus dem Osten eingeschleppte Pest. Sie vernichtete etwa ein Drittel der städtischen Bevölkerung. Sie blieb bis gegen 1700 eine beständig wiederkehrende Gefahr. Wie nachhaltig der demographische Einbruch des 14. Jahrhunderts anhielt, zeigt folgende Tatsache: Erst gegen 1560 war die Einwohnerzahl Europas wieder etwa auf dem Stand von 1320.

Wie bei allen Krisen gab es Profiteure, die lokale und regionale Sonderentwicklungen ausnutzten. Wenn in Westfalen der Wein nicht mehr gedieh, konnte ein Handelsherr aus Kues – wie der Vater des Cusanus – ein neues großes Haus bauen. Die Niederlande konnten sich dem allgemeinen Niedergang entziehen. Brügge entwickelte sich ungestört weiter; es wurde zum wichtigen Umschlagsplatz zwischen Süd- und Nordeuropa.

In Italien florierten Mailand und Florenz, besonders ab 1434 unter den Medici. Venedig wahrte, auch politisch, als Oligarchie, seine Sonderstellung. Neapel, Venedig und Florenz waren im 15. Jahrhundert Großstädte, mit 70 000 bis 100 000 Einwohnern. Köln blieb die größte Stadt in Deutschland, mit etwa 20 000 Einwohnern; im späteren Mittelalter gewannen Nürnberg und Frankfurt an Bedeutung. Sie waren freie Städte und konnten sich neuen Bedingungen besser anpassen als die Städte in den Territorialstaaten. Überdies verlagerten sich die Handelswege; davon profitierten Augsburg, Nürnberg und Frankfurt. Von Frankfurt führte der Weg nach Köln, nach Soest und Lübeck, aber jetzt auch häufiger nach Leipzig und Posen.

Die Hanse hatte ihre Sonderentwicklung. Ihre Schiffe wurden größer und seetüchtiger, die Navigation sicherer. Der Handel verlagerte sich schon *vor* der Entdeckung Amerikas auf den Atlantik, besonders von Spanien und Portugal nach Brügge, von dort nach England und in die Ostsee. Die vordringenden Türken hatten den Handelsweg nach Asien verlegt. Das östliche Mittelmeer blieb nicht länger der bevorzugte Wirtschaftsraum.

2. Die politische Situation: Frankreich

Werfen wir nun einen Blick auf die politischen Entwicklungen, die sich aus dem vierzehnten Jahrhundert herschrieben, immer bezogen auf den Lebenskreis des Cusanus. Sehen wir uns also die Lage in Frankreich an. *Frankreich* hat sich im 14. Jahrhundert national organisiert. Neben dem Flickenteppich des Reiches wirkte von nun an der französische Herrschaftsraum geschlossen und durchorganisiert,[4] doch blieb die Ostflanke auch nach dem Sieg über England zerrissen: Burgund mit Besançon und Flandern bildeten eine unabhängige Einheit. In die Lebenszeit des Cusanus fällt die Blüte Burgunds, die Johan Huizinga in seinem *Herbst des Mittelalters,* zuerst 1919, farbig beschrieben hat. Machen wir uns, wenn von „Frankreich" die Rede ist, klar: Autun und Dijon, Luxemburg, Brüssel, Antwerpen, Brügge waren burgundisch, und gerade jetzt entfalteten die Herzöge von Burgund ihre Macht und ihren Glanz.

Wenn wir sagen: Frankreich war ein früher Nationalstaat, dürfen wir nicht die Kategorien des 19. Jahrhunderts zurückdatieren. Um dies nur am Grenzverlauf zu illustrieren: Metz, Toul, Verdun gehörten zum Erzbistum Trier und zum Reich; in der Lebenszeit des Cusanus waren weder Amiens noch Lille, weder Nancy noch Dijon, weder Avignon noch Marseille französisch. Bis 1480/81 gehörten noch Anjou, die Provence und Neapel zusammen.

Dennoch gab es in Frankreich seit Philipp le Bel (+1314) eine „nationale" Konsolidierung. Karl V., (1364 – 1380), der Weise, *le Sage,* konnte sie fortführen, und es kam, wie sein Ehrenname sagt, zu einer kulturellen Blüte[5]; seine Nachfolger, Karl VI. (1380 – 1422, seit 1392 wahnsinnig)

[4] J. Ehlers – H. Müller – B. Schneidmüller, Die französischen Könige des Mittelalters, München 1996.
[5] Über ihn vgl. den instruktiven und schönen Ausstellungskatalog: Les Fastes du Gothique. Le siècle de Charles V, Paris 1981; neuerdings F. Autrand, Charles V., Paris 1994.

und Karl VII. (1422 – 1461), waren im wesentlichen mit dem französisch-englischen Krieg beschäftigt. Was man den „Hundertjährigen Krieg" nennt – er dauerte von ca. 1350 bis 1450 –, war ein Konflikt des dynastischen und des neuentstehenden nationalen Prinzips; es siegte das monarchisch-nationale.

1415 – 1420 flammte der Krieg wieder auf; die Engländer siegten bei Azincourt, Heinrich V. von England eroberte weite Teile Frankreichs und zog 1420 als Sieger in Paris ein. Kardinal Albergati sollte als päpstlicher Legat zwischen Frankreich und England vermitteln. Seit 1429 trat Jeanne d'Arc auf. Dies bedeutete die militärisch-politische Wende; aber Jeanne wurde gefangen und am 30. Mai 1431 in Rouen verbrannt. Die konsolidierte Königsmacht trieb nationale Kirchenpolitik und kodifizierte sie 1438 in der sog. Pragmatischen Sanktion von Bourges.[6] Das Papsttum machte widerstrebend Zugeständnisse, um den Konziliarismus zu schwächen; es duldete in Frankreich fast eine Nationalkirche. 1446/1453 gelang es den Franzosen, die Engländer aus Frankreich zu vertreiben. Calais blieb englisch. In einem der letzten Jahre des Konfliktes, 1451, sollte Cusanus als Diplomat vermitteln[7], aber England lud ihn aus, als er zu Verhandlungen kommen wollte. 1453 endete der Hundertjährige Krieg. Dies schuf die Voraussetzung für ruhigere nationale Entwicklungen diesseits und jenseits des Kanals; Frankreichs König Ludwig XI. (1461 – 1483) hatte den langen Kampf mit Burgund zu bestehen, der mit dem Sieg Frankreichs und der Eingliederung von Burgund endete. Allerdings fiel Burgund (zusammen mit den Niederlanden) später durch die Heirat Maximilians an Habsburg.

Gegen Ende des 15. Jahrhunderts kam es also in Frankreich zu einer nationalen Stabilisierung. England war erst jetzt ein Inselstaat und entwickelte sich ebenfalls zum Nationalstaat. Es hat ab etwa 1500 eine Art Sprachpolitik betrieben; am Königshof sprach man allerdings noch lange französisch.

Auf der iberischen Halbinsel konsolidierte sich das Königreich Kastilien; daneben Portugal, Aragon (mit Mallorca, Sardinien, Sizilien); 1492 fiel die muselmanische Restfestung Granada. Die moderne Staatsform

---

[6]　Text bei C. Mirbt – K. Aland, Quellen zur Geschichte des Papsttums und des Römischen Katholizismus, 6. Auflage, Band 1, Tübingen 1967, Nr. 772 S. 481–482. Fortan abgekürzt: Mirbt – Aland.

[7]　AC 3 a Nr. 1610 p. 1066; Nr. 1612 p. 1069; Nr. 1617 p. 1079–1080; Nr. 1664 p. 1097; ib. 3 b Nr. 2039 p. 1306–1307; Nr. 2088 p. 1353; Nr. 2098 p. 1358.

begann sich durchzusetzen – mit verschriftlichter Verwaltung, Steuerein-
ziehung auf der Basis der Geldwirtschaft, Herrschaft der Juristen, mit einer „abstrakteren" Heerespolitik und Militärtechnik.

Dies war der „moderne" Trend im 15. Jahrhundert: In Frankreich,
England und Spanien, bald auch im Kirchenstaat, griff eine einheitlichere
Gestaltung des politischen Lebens Platz. Die alten lokalen und feudalen
Rechte, Sonderbedingungen und Bindungen wurden unterdrückt oder
zur bloßen „Erscheinung" der *einen* Zentralgewalt herabgestuft; das
Zeitalter der Vielfalt, der lokalen Herrschaften und der kommunalen
Freiheiten ging zu Ende. Die Vielheit der Instanzen ließ sich nicht überall
abschaffen; aber sie wurde politisch, administrativ, juristisch und philosophisch neu bewertet – ein Prozeß, der im Denken des Cusanus eine
zunehmend rigorosere Entsprechung findet. Am Ende gab es für ihn nur
noch die *eine* metaphysische Zentralgewalt, die göttliche Weltmonarchie,
und ihre unselbständigen Erscheinungsformen.

Das Reich

Doch bleiben wir vorerst auf seiner heimatlichen Erde: Das *Reich* zeigte
sich immer zerklüfteter. Die Partikularisierung hatte sich seit dem Tode
Heinrichs VII. verstärkt – trotz der Gegenbewegung durch Ludwig den
Bayern und Karl IV. Im Gegensatz zu Frankreich, Spanien, England lief
die Entwicklung im Reich von 1250 bis 1800 zugunsten der kleinen Einheiten. Nur Italien – ich meine „Italien" als „geographischen Begriff" –
zeigte eine dem Reich analoge Entwicklung; aber intern betrieben seine
fünf Mittelmächte – Neapel, Kirchenstaat, Florenz, Mailand und Venedig
– ähnlich wie Frankreich eine Arrondierungspolitik und eine moderne
Administration mit Depotenzierung lokaler Gewalten.

Im Reich hatten die Territorialfürsten ihre Macht im Laufe des
14. Jahrhunderts gesteigert. Cusanus hat in *De concordantia catholica*
den Machtzerfall des Kaisertums präzis beschrieben. Die Goldene Bulle
hatte 1356 formal-juristisch die Kurfürsten installiert; die Wahlkapitula-
tionen schwächten die Zentralgewalt zunehmend. Es gab keine einheitliche Steuer- und Militärpolitik des Reiches; das Imperium verengte sich
zudem mehr und mehr auf Deutschland und die Niederlande. Eine gewisse Festigung der politischen Strukturen ergab sich durch die Festlegung auf Dynastien; sie schränkte die Wahlfreiheit der Kurfürsten ein:

Kaiser Karl IV. (1346 – 1370) und König Wenzel (1378 – 1400) waren
Luxemburger. 1400 entthronten die Kurfürsten König Wenzel und setzten Ruprecht von der Pfalz als König ein (bis 1410); er unterbrach also
die dynastische Reihe; sein Nachfolger Sigismund (König seit 1410, Kaiser: 1433 – 1437) war wieder Luxemburger. Seit 1438 lag die Kaiserwürde
bei den Habsburgern; aber die lange Herrschaft Friedrichs III. von 1440
bis 1493, „des heiligen Römischen Reiches Erzschlafmütze", brachte keine Stärkung der Zentralgewalt. Das Reich war ernsthaft bedroht durch
die Hussiten; sie kamen bis Bamberg, Leipzig und Berlin. Cusanus hat
mit ihnen verhandelt; Enea Silvio und er vermittelten beim Abschluß des
Wiener Konkordates von 1448.[8] Das Reich gab damit seine Neutralität in
der Konziliarismusfrage auf und ließ sich dieses Entgegenkommen durch
kirchenpolitische Zugeständnisse bezahlen, die im wesentlichen aber den
Territorialherren zugute kamen. Das Problem der Reichsreform blieb
ungelöst. Es gab Pläne zur Neugestaltung; es sollten zehn Reichskreise
gebildet werden. Aber die kleinen Herrschaften blieben bis 1803.

Dies war die Welt, in der Cusanus sich 1451 – 1452 auf seiner großen
Legationsreise als Vertreter der päpstlichen Politik bewegte, meist auf einem Maulesel reitend, ein Silberkreuz voran bei den feierlichen Einzügen
in die Städte, die ihn, wie die *Acta Cusana* zeigen, opulent bewirteten
und beschenkten. Am besten schauen Sie sich einmal den Reiseweg an,
etwa auf der Karte, die der Lieferung 3 a von Band 1 der *Acta Cusana*
beigegeben ist. Die längsten Aufenthalte nahm er in Salzburg, Nürnberg,
Bamberg, besonders aber in Mainz, Köln und Maastricht. Er war in Brüssel, Utrecht und Deventer; in Wilsnack, nördlich von Magdeburg, verbot
er den Kult blutender Hostien, von dem er sagte, er fördere nur die Geld-
gier des Klerus und verdunkle die geistige Auffassung des Altarsakra-
ments.[9] Er hielt sich relativ lange in Köln und Mainz auf; ich werde wegen Gutenbergs darauf zurückkommen.

---

[8]   Text bei Mirbt – Aland (wie Anm. 6), Nr. 777 S. 487–488.
[9]   Vgl. E. Meuthen, Das Itinerar der deutschen Legationsreise des Nikolaus von Kues, in:
Festschrift H. Jacobs, Köln 1995, S. 473–S. 502. Zu Wilsnack: H. Bookmann, Der Streit um
das Wilsnacker Blut, in: Zeitschrift für historische Forschung 9 (1982) S. 388–S. 408.

Die Türken

Ein entscheidender Machtfaktor für die Kirche und das Reich, zunächst für Italien, insbesondere aber für das Leben und das Denken des Cusanus, waren die *Türken*. Sie rückten immer näher. 1353 faßten sie erstmals in Europa Fuß; 1378 eroberten sie Adrianopel. Genau in diesem Jahr brach das große Schisma der lateinischen Kirche aus. 1382 waren die Türken in Sofia; 1389 besiegten sie die Serben. Byzanz war seit dem 14. Jahrhundert eine Insel im osmanischen Meer. 1402 milderte der Mongoleneinfall die Türkengefahr, aber nur vorübergehend; Bereits 1423 belagerten die Türken Konstantinopel, diesmal noch vergeblich. 1444 schlug der türkische Sultan Murad II. das christliche Heer bei Varna.

Kurz nach dieser Schlacht fiel Kardinal Cesarini, der Protektor des Cusanus, dem er *De docta ignorantia* und *De coniecturis* gewidmet hatte. Nicolaus hatte Giuliano Cesarini (1398 – 1444) in Padua kennengelernt. Giuliano war wie Nicolaus Jurist, wurde Diplomat der Kurie, 1426 Kardinal, 1431 agierte er als Legat gegen die Hussiten und war zugleich Präsident des Konzils von Basel; er versuchte zwischen Kurie und Konzil zu vermitteln, verließ dann das Konzil und übernahm die Mission in Byzanz. 1442 predigte er in Ungarn den Kreuzzug gegen die Türken. Er beeinflußte den König, den Krieg aufzunehmen, was zur Schlacht bei Varna in Bulgarien führte und damit zu Cesarinis Tod am 10. November 1444.

1453 eroberten die Türken Byzanz. Schon im Jahre darauf nahm Venedig neue Handelsbeziehungen auf. Die militärische Bedrohung bestand für Jahrhunderte weiter fort; sie beschäftigte nicht nur Militärs und Diplomaten; die Türkenangst beherrschte die Phantasie; der militärische Erfolg des Islam schuf den Christen intellektuelle Probleme und provozierte ein Gefühl des Bedrohtseins und der Spannung, das weit über die Reformationszeit hinaus anhielt. Unter den ersten Erzeugnissen der Druckkunst sind Ablaßbriefe Nikolaus V., der für die Finanzierung der Kriege gegen die Türken jenseitige Gnaden versprach; noch zu Lebzeiten des Cusanus druckte man Türkenkalender, die jeden Tag an die Gefahr erinnerten. Andere Frühdrucke unterrichteten Neugierige über Sitten und Religion des Eroberervolkes. Vorherrschend blieb das Erschrecken; astrologische und theologische Unglücksbilder waren verbreitet. Viele schauten aus nach dem Antichrist; die Apokalypse erhielt theologisch, psychologisch und in der Kunst neue Aktualität. Die gewachsene Unsicherheit des Westens entlud sich in anti-jüdischen Phantasien und Aktionen. Manche glaubten, die einheimischen Juden seien eine Art fünfter Kolonne des bedrohlichen Hauptfeindes und die Bekämpfung der Anti-Christen habe bei ihnen zu beginnen: *The Jew as the Ally of the Muslim.*[10]

Italien

In Italien arrondierten sich seit dem 14. Jahrhundert militärisch-außenpolitisch die schon genannten fünf Mittelmächte. Der Kirchenstaat dehnte sich bis Bologna aus, gewann Urbino hinzu und konsolidierte sich militärisch. Mantova, Genua, Lucca, Siena blieben beachtliche Mächte.

Das 15. Jahrhunderte zeigte die charakteristische Entwicklung von der Comune zur Signoria. Die zuvor freien Städte konnten ihre inneren Konflikte nicht mehr im Rahmen ihrer alten Verfassungsform lösen und wählten oder duldeten neue Herren. Es herrschten nun die Gonzaga in Mantua (1433), die Montefeltro in Urbino (1443) und die Este in Mantua (1452); 1434 wurde Cosimo de' Medici Stadtherr von Florenz; er starb übrigens im selben Jahr wie Cusanus, 1464.

Sobald jemand versucht, das Ergebnis dieser politischen Entwicklungen zusammenzufassen, springen immer auch Unterschiede der Regionen und der sozialen Hierarchien ins Auge. Unter dem Vorbehalt, daß regionale und Gruppenunterschiede zu beachten sind, läßt sich sagen: In der seit dem 14. Jahrhundert anhaltenden ökonomischen Krise verarmten der kleine Adel, die Bauern und die städtischen Massen. Selbst expandierende Gebiete litten unter blutigen sozialen Spannungen. Es kam zu blutigen Kämpfen, so zum französischen Bauernaufstand La Jacquerie (1358), zum Ciompi-Aufstand der Wollweber von Florenz (1378) und zur englischen Bauernrevolte (1381).

Teile des Bürgertums wurden reicher und glichen sich der Aristokratie an; sie veranstalteten Turniere und legten sich Wappen zu. In dieser Spannungssituation wurden die zentralen Gewalten – die Könige, der Papst (der Kaiser allerdings nicht – aus den genannten Gründen) selbst für die Benachteiligten immer wichtiger und gewannen auch dadurch an Macht.

[10] Ich spiele an auf den Buchtitel von Allan und Helen Cutler, The Jew as the Ally of the Muslim, Notre Dame, Indiana 1986.

Die neue Verwaltungs- und Militärtechnik (Artillerie) kamen ihnen zugute. Die Zeit der kleinen Herrschaften neigte sich dem Ende zu; die großen „mittelalterlichen" Mächte regenerierten sich, nahmen aber neue Formen an. Dies gilt insbesondere für das Papsttum, das sich nicht nur von der Schwächung erholte, die ihm die Zeit in Avignon, Schisma und Konziliarismus zugefügt hatten, sondern sich eine neue politische und kulturelle Form gab, als Papstmonarchie mit dem Anspruch auf kulturelle Führung.

3. Kirche und Konziliarismus

Es war die sich regenerierende Papstkirche, die seit 1437 den Lebensrahmen des Cusanus bildete. Der Katholizismus dieser wenigen Regenerationsjahrzehnte des 15. Jahrhunderts ist sorgfältig zu unterscheiden von dem der nachtridentischen Kirche. Der Kirchenhistoriker Franz Camille Overbeck notierte dazu:

„Der nachtridentische Katholicismus ist der durch den Protestantismus um seine ursprüngliche, gleichsam naturwüchsige Freiheit gebrachte Katholicismus. Der Protestantismus hat den Katholicismus aus einem sorglosen in einen mißtrauischen Despotismus verwandelt."[11] Das gilt für die Zeit nach 1550. Die Kirche um 1450 war noch anders; wir müssen sie ein wenig näher ansehen.

Noch prägte die Kirche die gesamte Zivilisation. Alles bewegte sich innerhalb ihrer: Wirtschaft, Recht, Kunst, Philosophie. Doch die Kirche hatte sich verändert; sie hatte sich im 14. und 15. Jahrhundert ausgegliedert und war zerklüftet; sie war nicht mehr wie im 12. und 13. Jahrhundert Sache des Klerus. Fürsten und Stadtregierungen nahmen die Religionsverwaltung teilweise in die Hand, beschränkten den weiteren Zuwachs des kirchlichen Grundbesitzes und der geistlichen Gerichtsbarkeit. Weltliche Herren protestierten gegen die Verhängung des Verdikts aus finanziellen Interessen, bei Zinsversäumnissen und Ausbleiben der Zehntzahlung. Das Selbstbewußtsein der Laien, auch das religiöse, hatte zugenommen. Doch übertreiben wir den Grad der Dissoziation nicht; für den Legaten Cusanus war es noch selbstverständlich, daß er den

---

[11] Ediert von Andreas Urs Sommer, Der Geist der Historie und das Ende des Christentums, Berlin 1997, S. 130f.

„weltlichen Arm" in Anspruch nehmen konnte, um, wenn nötig, seine Anordnungen auch rein kirchlicher Natur, z.b. die Vertreibung der Klerikerkonkubinen, durchzusetzen.

Immerhin, es gab lesende und schreibende Laien, sogar Frauen.[12] Viele sprachen es aus, der Klerus sei korrupt, ungebildet, zerstritten und geldgierig. Die Gereiztheit der Laien, des niederen Klerus gegen den hohen nahm zu. Zugleich wuchs das Mißtrauen gegen lesende Laien; Kaiser Karl IV. erließ 1369 ein Edikt an die Inquisitoren, volkssprachliche Bücher über religiöse Inhalte streng zu kontrollieren.[13] 1408 wurde in Oxford verboten, die Bibel ins Englische zu übersetzen.[14] Es gab ein selbstbewußt werdendes Klerikerproletariat mit minimaler Ausbildung. Jeder sah die Folgen der Pfründenhäufung und des Vertretersystems.

Die Pläne der päpstlichen Weltherrschaft waren seit Bonifaz VIII. gescheitert. Die gesamt-europäische politische Macht des Papsttums war sichtlich zurückgegangen. Immerhin, 1452 kam es zur letzten Kaiserkrönung in Rom. Das Papsttum hatte seit der Zeit von Avignon seine juristische und finanzielle Macht neu organisiert. Es betrieb Ablaßhandel als eine Art Zusatzsteuer. Es kassierte den Peterspfennig, die Türkensteuer, Kreuzzugsgelder und schuf neue Verstimmung. Die *Acta Cusana* strotzen von Dokumenten, die der Ablaßgewährung und dem Geldeinsammeln dienten.

Jedes kirchliche Amt mußte dem Papst bezahlt werden. Jubiläen, Ablässe, Pfründehandel, Amtsbestätigungs- und Palliengelder, Servitien, Annaten und Taxen – Boccaccio spottete über den Erfindungsreichtum der Kurie, immer neue Namen für ihre Gebühren und Abgaben zu ersinnen –, all das kam finanziell den Päpsten zugute. Die Kurie entwickelte einen bürokratischen, zentralistischen Verwaltungsapparat.

Als der Mainzer Erzbischof Jakob von Liebenstein starb, soll er gesagt haben, er bedaure seinen Tod vor allem deswegen, weil jetzt die Mainzer schon wieder für das Pallium aufkommen müßten. Es kam zu Debatten, ob der Zehnt göttlichen oder menschlichen Rechtes sei; der Anti-Klerikalismus nahm zu und wurde eine der Voraussetzungen des Erfolgs der

---

[12] Vgl. A. Vauchez, Les laïcs au Moyen Age. Pratiques et experiences religieuses, Paris 1988; R. Imbach, Laien in der Philosophie des Mittelalters. Hinweise und Anregungen zu einem vernachlässigten Thema, Amsterdam 1989; ders. Dante, la philosophie et les laïcs, Initiations à la philosophie médiévale 1, Fribourg 1996.
[13] Mirbt – Aland Nr. 763 S. 475–476.
[14] Mirbt – Aland Nr. 765 S. 477.

Reformation. Frankreich, England und Spanien waren als Nation besser organisiert und gegenüber finanziellen Forderungen aus Rom widerstandsfähiger. Dies hatte schon Cusanus ausgesprochen; es wurde zu einem Refrain der Gravamina der deutschen Nation.

Ich erinnerte bereits daran: Als die Zeit der Päpste in Avignon zu Ende ging, kam es zum Schisma (ab 1378). Apokalyptische Diagnosen und Prognosen häuften sich; die Kirchenspaltung erklärt – teilweise – den Erfolg des Konziliarismus.[15] Dieser verstand die Kirche nicht mehr als Monarchie, sondern als Oligarchie (Episkopalismus) oder mit demokratischen Elementen im Sinne einer Korporations-Idee, kurz: als eine konstitutionelle Monarchie. Der Konziliarismus war nicht nur eine Taktik oder eine Kampfideologie; die Konzile von Konstanz und von Basel erklärten ihn für eine Glaubenswahrheit.[16] Pierre d'Ailly äußerte 1420 in seinem Buch *De persecutionibus ecclesiae*, die Kirche werde gereinigt aus den Prüfungen hervorgehen.

Der Konziliarismus hatte intellektuell-rechtstheoretisch und kulturell tiefe Wurzeln. Da gab es den alten Rechtsspruch: Was alle angeht, muß von allen gebilligt werden. Die *consensus*-Philosophie des Marsilius von Padua, der wir in *De concordantia catholica* begegnet sind, hatte diese Position philosophisch, naturrechtlich ausgebaut. Gerson lehrte, wie jede Gemeinschaft könne auch die Kirche ihren Fürsten korrigieren und ihn, wenn er nicht zu korrigieren sei, absetzen.

Es gab Delegationstheorien: Die Kirche hat die *plenitudo potestatis* an den Papst delegiert und kann sie zurückfordern, so Pierre d'Ailly. Der Konziliarismus, den die Kirchenhistoriker des 19. Jahrhunderts je nach Konfession entweder als Zerfall oder als Vorzeichen der Reformation sahen, entsprach den Erfahrungen reformeifriger Kleriker zur Zeit des Schismas. Die Konzilspartei verlor dann allerdings gegen 1440 die Initiative, nicht nur, weil sie zerstritten, von nationalen und regionalen Sonderinteressen bestimmt war; sie unterlag vor allem dem diplomatischen Zusammenspiel von Kurie und Fürsten; sie retteten das monarchische Prinzip für die Kirche durch erhebliche Zugeständnisse der Kirche an die Territorialfürsten in den Konkordaten. Die Papstpartei gewann auch durch Bestechungen, von denen Enea Silvio mit bewunderungswürdiger christlicher Wahrhaftigkeit berichtet.[17]

[15] Vgl. die Dokumente bei Mirbt – Aland Nr. 767–768 S. 477.
[16] Mirbt – Aland Nr. 776 S. 487.
[17] Vgl. dazu L. Pastor, Geschichte der Päpste (wie Anm. 1), Band 2, S. 333 Anm. 2.

Die kulturelle Bedeutung der Konzilien ist schwer zu übertreiben; sie waren der Umschlagplatz neuer Ideen und Texte; sie konfrontierten die scholastische Bildung des Pariser Stils mit dem humanistischen Eifer der Italiener. In Konstanz traf man, wenn sie nicht gerade auf Büchersuche in deutschen Klöstern ausgeschwärmt waren, Poggio und Leonardo Bruni.[18] Konstanz und Basel setzten die großen Themen unübersehbar auf die Tagesordnung: Einheit und Vielheit, Konkordanz, Repräsentation und Konsens.[19]

Das Erscheinen der Griechen in Ferrara-Florenz, denen ein intensiver Botschafteraustausch vorangegangen war, vertiefte im Westen das Bewußtsein, daß es nicht nur *eine* christliche Kirche gab. Schon ihr prachtvolles Auftreten in Venedig hatte den Charakter einer Sensation; ihre fremdartige Kleidung, die Barttracht ihrer geistlichen Führer und ihre mitgebrachten liturgischen Geräte wurden bestaunt. Bei Gesprächen mit ihnen zeigte sich, daß sie sich als die Bewahrer der älteren christlichen Tradition verstanden, daß sie verächtlich auf die Neuerungen des Westens herabblickten – auf die Sonderstellung des Papstes, den Priesterzölibat, das ungesäuerte Brot beim Abendmahl, die Lehre vom Fegefeuer. Insbesondere störte sie, daß der Westen das *Filioque* in das Apostolische Glaubensbekenntnis eingefügt hatte, also jenen Zusatz, der lehrte, der Heilige Geist gehe im gleichen Maße vom Sohn wie von Gott Vater aus; sie bestritten dem Papst das Recht, das *Credo* zu verändern, und als der Papst vom Partriarchen von Konstantinopel den Fußkuß verlangte, verweigerten die Griechen diese Unterwerfung. Mit Überraschung nahmen sie

---

[18]   Vgl. P. Lehmann, Konstanz und Basel als Büchermärkte während der großen Kirchenversammlungen, in: ders., Erforschung des Mittelalters, I Stuttgart 1959, S. 253–S. 280; J. Miethke, Die Konzilien als Forum der öffentlichen Meinung im 15. Jahrhundert, in: Deutsches Archiv 37 (1981) S. 736–S. 773.

[19]   Aus der unübersehbaren Literatur nenne ich nur:

Zu Konstanz: H. Finke – H. Heimpel – J. Hollensteiner, Acta Concilii Constanciensis, 4 Bände, Münster 1896 – 1928; A. Franzen (Hg.), Das Konzil von Konstanz. Beiträge zur Geschichte und Theologie, Freiburg 1964; R. Bäumer, Concilium Constanciense, 1414 – 1418. Wege der Forschung, Darmstadt 1977; J. Miethke, Die Bedeutung der Ecclesiologie für die politische Theorie des späteren Mittelalters, in: A. Zimmermann (Hg.), Miscellanea Medievalia 12, 2, Berlin – New York 1980, S. 369–S. 388; A. Frenken, Die Erforschung des Konstanzer Konzils in den letzten hundert Jahren, Paderborn 1989; W. Brandmüller, Das Konzil von Konstanz. Band 1, Paderborn 1991; W. Baum, Kaiser Sigismund, Hus, Konstanz und Türkenkriege, Graz 1993; J. Miethke, Kirchenreform auf den Konzilien des 15. Jahrhunderts, in: Festschrift E. Meuthen, Band 1, 1994, S. 13–S. 42; Reform von Kirche und Reich, Konstanz 1996.

wahr, daß der Thronsessel des Papstes in der Konzilsaula viel höher war als der ihres Patriarchen.[20] Die Diskussionen über die Trinitätslehre förderten philosophische Untersuchungen zu diesem Theologenthema, denn auf die Bibel, das Glaubensbekenntnis und die ersten sieben ökumenischen Konzilien beriefen sich beide Parteien.[21] Die Griechen kannten den vollständigen Platon und viele neuplatonische Bücher; insbesondere in Florenz kam es zu Debatten über das Verhältnis Platon – Aristoteles.[22]

Die Konzilien waren ein kulturelles Phänomen ersten Ranges, doch idealisieren wir nicht den Konziliarismus. Er konnte die anstehenden Probleme nicht lösen. Sie nahmen gerade jetzt zu. Seit 1412 gab es Konflikte mit den Hussiten. Dies war die Zeit des Konzils von Konstanz

---

[20] Über die Eigenentwicklung von Byzanz und die Ereignisse rund um das Unionskonzil ist immer noch förderlich: L. Mohler, Kardinal Bessarion als Theologe, Humanist und Staatsmann. Band 1: Darstellung, Paderborn 1923. – Zu Byzanz allgemein vgl. K. Krumbacher, Geschichte der byzantinischen Literatur, 2. Auflage, München 1897; H.W. Haussig, Kulturgeschichte von Byzanz, München 1959; G. Ostrogorsky, Geschichte des Byzantinischen Staates, 3. Auflage, München 1963; H.G. Beck, Kirche und theologische Literatur im Byzantinischen Reich, München 1977; ders., Das byzantinische Jahrtausend, München 1978; Lexikon des Mittelalters, Band 2, München-Zürich 1983, Sp. 1169–1327.

[21] Die Akten, hg. vom Päpstlichen Institut für Orientalische Studien: Concilium Florentinum. Documenta et scriptores, 11 Bände, Rom 1944 – 1976. Daraus besonders: Band VII : Bessarion; Band X Fasc. 1: G. Cesarini. Vgl. J. Gill, The Council of Florence, Oxford 1959; ders., Personalities of the Council of Florence, Oxford 1964; V. Laurent, Les Mémoires de Sylvestre Syropoulos, Paris 1971 (kritische Darstellung eines griechischen Gegners der Einigung, der zu erklären sucht, warum er sie unterschrieben hat; dazu vgl. J.L. van Dieten, Zu den zwei Fassungen der Memoiren des Silvester Syropulos über das Konzil von Ferrara-Florenz, in: Archivium historicum Conciliorum 11 (1979), S. 367–S. 395) ; ein betrachtenswerter Bildband des ehemaligen Bürgermeisters von Florenz: P. Bargellini, Il concilio di Firenze e gli affreschi di Benozzo, Florenz 1961; J. Décarreaux, Les Grècs au Concile de l'Union Ferrara-Florence, Paris 1970; G. Alberigo (Ed.), Christian Unity. The Council of Ferrare – Florence, Louvain 1991; vgl. K. A. Fink, in: H. Jedin (Hrg,), Handbuch der Kirchengeschichte, III 2, Freiburg 1968, S. 490–S. 588 und S. 625–S. 675: Histoire du Christianisme, Band 6 (wie oben Anm. 3), S. 821–S. 839. Lit. bei Rossi, S. 188–189.

[22] Zur kulturellen Bedeutung des Konzils in Florenz vgl. P. Viti (Ed.), Firenze e il Concilio del 1439. Convegno di Studi 1989, Florenz 1994. Darin insbesondere C. Vasoli über die pax philosophica und S. Gentile über den Einfluß Plethons. Zu Debatten Platonismus-Aristotelismus vgl. E. Garin, Studi sul Platonismo medievale, Florenz 1958; ders., Rinascite e rivoluzioni. Movimenti culturali dal XIV al XVII secolo, Bari 1975; Platon et Aristote à la Renaissance. XVIe Colloque international de Tours, Paris 1976; E. Garin, Significato politico delle polemiche antiplatoniche, in: ders., Rinascite e rivoluzioni, Rom – Bari 1975, S. 113–S. 120; ders., Platonici italiani e platonici bizantini, in: Il Veltro 27 (1983) S. 197–S. 215; J. Hankins, Plato in the Italian Renaissance, 2 Bände, Leiden 1990; St. Toussaint, L'Esprit du Quattrocento. Le De Ente et Uno de Pic de la Mirandole, Paris 1995.

(1414/18). Das Konzil beschloß 1415 die Verbrennung von Hus: Es recht-
fertigte ausdrücklich den Bruch der Zusage freien Geleites: Hus, lehrte
das Konzil, habe als Ketzer keine Rechte mehr besessen, und wer das bestreite, müsse selbst als Häretiker behandelt werden.[23] Dieser Rechts-
bruch löste in Böhmen Empörung aus.

Das Konzil war konfrontiert mit der Wirkung Wyclifs (+ 1384). Von
ihm wurden im 15. Jahrhundert folgende Motive wirksam:

a. Die Kirche soll arm sein. Priesterliche Qualität ist an die Moral des
Menschen gebunden, zuletzt an Prädestination. Priester sind den bürger-
lichen Gesetzen unterworfen wie die Laien. Kirchengüter können besteu-
ert werden.

b. Die Sonderstellung des Klerus, seine politische Macht, muß aufhören. Sie ist biblisch nicht fundiert. Es gibt einen Gegensatz der Kirche der
Prädestinierten zur Kirche der Kleriker.

c. In Glaubensinhalten ist allein die Bibel maßgebend. Die Kirchen-
doktrin braucht eine Revision, besonders in der Lehre von der Eucharistie. Die Transsubstantiation widerspricht der Bibel und der Vernunft
(weil Akzidentien nicht ohne *subiectum* bleiben können).

d. Christliches Leben ist – wie die griechischen Christen beweisen –
auch ohne Verbindung mit dem römischen Papst möglich.

Eine Liste der Themen und Thesen von Wyclif und Hus stellte Papst
Martin V. im Februar 1418 zusammen[24]. Wir dürfen Hus aber nicht in zu
enge Verbindung mit Wyclif bringen; dies taten seine Gegner. Er war ein
Reformer, der den Gegensatz von sichtbarer und wahrer Kirche akzentu-
ierte; er war ein am Evangelium orientierter Moralist und ein Vorkämpfer
der tschechischen Nation. Er griff den reichen Klerus an, dem in Prag
53,6 % von Grund und Boden gehörte. Er war ein Unruhestifter, aber ich
glaube kaum, daß er – nach den Begriffen des 15. Jahrhunderts – Häretiker war. Er hat am Papstprimat gezweifelt, aber das tat das Konzil von
Konstanz ebenfalls. Er hat – anders als Wyclif – weder die Transsubstantiation bestritten noch den Ablaß prinzipiell verworfen, nur dessen Ver-
quickung mit den Geldgeschäften des Klerus.

Hieronymus von Prag, der entschiedenere Lehrer des Wyclifismus,
hatte in Paris und Oxford studiert; dort hatte er die Theorien Wyclifs
kennengelernt; er lehrte in Heidelberg und Prag, mit starker Wirkung auf

---

[23] ebda. Nr. 769 und 770, S. 478.
[24] Mirbt – Aland, S. 478–481 Nr. 771.

Polen und Rußland.[25] Das Konzil von Konstanz verurteilte auch ihn zum Tode; am 30. Mai 1416 wurde er verbrannt. Poggio Bracciolini gibt in einem seiner Briefe einen eindrucksvollen Bericht vom Feuertod des Prager Autors.

Die Anhänger von Hus bestanden aus zwei Gruppen: Die gemäßigten Utraquisten, die den Laienkelch forderten, daher auch Kalixtiner hießen, und die radikaleren Taboriten, die eine Sozialreform verlangten, anti-hierarchisch, anti-habsburgisch. Es kam zu den Hussitenkriegen; denn Hussiten drangen ab 1426 weit gegen Westen vor, 1431 besiegten sie Kardinal Cesarini bei Taus. Die Siege über Kaiser Siegmund (Sigismund) stärkten das tschechische Nationalgefühl. Die Hussitenkriege endeten 1436 mit den *Compactata* von Iglau. Es wurde ihnen der Laienkelch zugestanden, außerdem freie Predigt, aber nicht durch Laien; die säkularisierten Klostergüter blieben in weltlicher Hand.

Das Konzil in Konstanz erreichte zwar keine Reformen, wählte aber immerhin 1417 Martin V. Dies war das Ende des großen Schismas. Martin V. trieb im wesentlichen Politik für den Clan der Colonna, doch rief er auch die ersten Künstler der Frührenaissance nach Rom; der Humanist und Handschriftenentdecker Poggio Bracciolini arbeitete in seiner Kanzlei. Martin V. wählte bedeutende Persönlichkeiten als Kardinäle, die wir als Förderer des Cusanus kennen – Giuliano Cesarini, Niccolò Albergati und Domenico Capranica. Schon Martin V. schuf in Rom einen Kreis mächtiger Förderer der geistigen und kulturellen Erneuerung; zu ihm gehörte der Kardinal Giordano Orsini, in dessen Umkreis Cusanus seinen Aufstieg begann.

Cusanus war, wie gesagt, Teilnehmer des Konzils von Basel (1433 – 48). Dieses Konzil war nicht einfach eine Bischofsversammlung. Jeder, den die Generalversammlung inkorporierte, konnte teilnehmen; dies ergab einen großen Anteil von Universitätstheologen und Bettelmönchen. Das Konzil verfolgte drei Ziele, die Cusanus in *De concordantia catholica* II c. 20 n. 183 Kallen p. 223 folgendermaßen zusammengefaßt hat:

---

[25] Vgl. über ihn: V. Herold, Hieronymus von Prag und die Universität Köln. Ein Beitrag zur Geschichte der Differenzierung in der spätmittelalterlichen Philosophie, in: Miscellanea Medievalia, Band 20, hg. von A. Zimmermann, Berlin – New York 1989, S. 255–273; Z. Kaluza, Chronologie des premières discussions ecclésiologiques a Cracovie (1404 – 1407), in: Rivista di storia della filosofia 1 (1997) S. 111–S. 127; ders., La question de Jérôme de Prague disputée à Heidelberg. in: A. de Libera et al. (Ed.), Langage et philosophie. Hommage à Jean Jolivet, Paris 1997, S. 123–152.

exstirpatio haeresum, die Ausrottung der Häresien, konkret der Hussiten,

reformatio morum, Sittenreform, konkret bezog sich das auf das Konkubinat der Kleriker, auf das Pfründenwesen und die päpstlichen Finanzen,

pax christicolarum, Frieden zwischen Christen, konkret zwischen England und Frankreich.

Papst Eugen IV. (1431 - 47) versuchte das Konzil aufzulösen, erkannte es aber zwei Jahre später an, billigte dessen Dekrete gegen die Priesterehe und das Priesterkonkubinat, mißbilligte aber, daß es die päpstlichen Finanzen beschnitten und Verhandlungen mit der Ostkirche begonnen hatte; er verlegte es daher nach Ferrara und bald nach Florenz (ab 1437/8). In Florenz gelang die Union der östlichen mit der westlichen Kirche; sie war eine notgeborene Unterwerfung des Ostens unter den Westen, die keinen Bestand hatte.[26]

4. Philosophie und Theologie

Ich erinnerte schon an die neue Laienfrömmigkeit und an die literarische Produktion auch von Frauen; dies bedeutete Abstand zum akademischen Wissen und eine Tendenz zur Ablösung geistlicher Texte von der universitären Theologie und Philosophie. Es bedeutete auch einen neuen Typus religiöser Reformansätze. Die ältere Ansicht, Cusanus habe seine erste Ausbildung bei den von Gerhard Grote (+1384) gegründeten Brüdern vom gemeinsamen Leben, also im Zusammenhang der devotio moderna, erhalten, läßt sich nicht beweisen. Aber eine gewisse Interessengemeinsamkeit zeichnet sich ab: das Drängen auf eigene Erfahrung, Kritik am Bücherwissen, Hochschätzung der Laien.

Das Universitätswissen hatte an Prestige eingebüßt; es hatte einen hohen Grad formaler Disziplin erreicht, war aber immer komplizierter geworden und provozierte Proteste im Namen der Einfachheit und des frommen Ernstes. Der englisch-französische Krieg begünstigte die Regionalisierung der großen englischen und französischen Universitäten; dies traf insbesondere Paris und Oxford. Der scheinbare Fortschritt, daß die Zahl der Universitäten wuchs – statt der 15 studia generalia um 1300

---

[26] Vgl. die Bulle *Laetentur caeli* vom 6.7.1439 bei Mirbt-Aland Nr. 773 S. 482–484.

haben wir um 1500 deren 70 – bedeutete nicht nur eine Regionalisierung
der Kultur, die Vertreibung oder den Auszug der fremden Nationen – der
Engländer aus Paris, der Deutschen 1409 aus Prag –; sie war vor allem die
Umwandlung der alten Universität in eine Ausbildungsstätte zugunsten
kleiner Territorialfürstentümer.

Von überregionaler Bedeutung blieben Bologna und Padua. Auffallend ist die Ausdehnung der europäischen Universitätslandschaft nach
Osten: 1348 wurde die Universität Prag gegründet, 1364 Krakau und
1365 Wien. Cusanus hat 1417 in Heidelberg studiert, das der Kurfürst
von der Pfalz in Nachahmung des Königs von Böhmen 1385 anläßlich
des Schismas gegründet hatte. Wir treffen ihn 1425 wieder in Köln, schon
als doctor, also nicht als einfachen Studenten. Welche Funktion er in Köln
ausübte, wissen wir nicht. Aber wir können sagen, daß Heidelberg und
Köln in der ersten Hälfte des 15. Jahrhunderts unter vergleichbaren deutschen Städten die größte Zahl von Manuskriptbesitzern aufwiesen[27], daß
also diese Universitäten die größte literarische Produktivität entwickelten.

Im Laufe des späten Mittelalters wuchs die Zahl der Studierten. Der
Bedarf an Juristen und Ärzten war gestiegen; die fürstlichen und die
städtischen Verwaltungen forderten ausgebildetes Personal. Aber in der
philosophischen und theologischen Kreativität ließ sich die Zeit zwischen
1380 und 1430 nicht mehr mit der vorangegangenen vergleichen. Wir
müssen vorsichtig sein bei solchen Vergleichen: Vieles ist noch unbekannt. Ich sage nicht, es habe gar nichts von Belang gegeben. Es gab –
nach Nicolas Oresmes, Thomas Bradwardine und Buridanus – jetzt Marsilius von Inghen, der die Pariser Scholastik nach Heidelberg importierte;
Bologna und Padua setzten ihre Tradition der Aristotelesauslegung sowie der Nähe der Philosophie zu Medizin bzw. Jurisprudenz fort; es gab
in Wien namhafte Lehrer wie Heinrich von Langenstein; es gab in Italien
Biagio Pelacani da Parma; in Paris wirkte als Kanzler der Universität
Pierre d'Ailly bis 1395; sein Nachfolger wurde Jean Gerson, (+ 1429). In
Köln traf Cusanus Heimericus de Campo.[28] Es gab den Karthäuser Dionysius, dessen Riesenwerk heute kaum jemand überschaut; Cusanus
kannte ihn persönlich und animierte ihn, eine Widerlegung des Islam zu

---

[27] C. Bozzolo, La production manuscrite dans les pays rhénans au XVe siècle, in: Scrittura
e civiltà 18 (1994) S. 223.
[28] Vgl. AC I 1 Nr. 26 p. 9; Nr 200 a p. 129s.

schreiben.[29] Ohne diese Autoren zu unterschätzen – die Universitäten zeigen von 1380 bis 1430 eine ruhige Entwicklung, um nicht zu sagen: eine Stagnation.

5. Spätmittelalterliche „Wege"

Das vierzehnte Jahrhundert hatte vielfach neue Wege beschritten; dagegen standen die ersten Jahrzehnte des nordalpinen 15. Jahrhunderts im Zeichen schulmäßiger Verengung.[30] Regionale Unterschiede auch hier: Mittel- und Norditalien hatten seit Dante und Petrarca eine eigene Entwicklung eingeschlagen.[31] Das Konzil von Konstanz bot eine Plattform für diesen neuen, den „italienischen", Stil, der insbesondere nach Frankreich, aber auch nach England und Deutschland ausstrahlte.[32] In denselben ersten Jahrzehnten des Jahrhunderts nahm die transalpine Universitätswissenschaft eine Rückwendung zum 13. Jahrhundert vor; sie glaubte, die Zweifelsfragen des 15. Jahrhunderts lösen zu können und entwickelte bei dem Versuch, ihre Gegenwartsprobleme durch Rückwendung zu lösen, vor allem folgende drei Richtungen:

Erstens: Der einflußreiche Jean Gerson propagierte die Rückkehr zu größerer Einfachheit; er wollte das Denken Bonaventuras erneuern. Mit

---

[29] Vgl. Kent Emery Jr., Prolegomena zu Dionysii Cartusiensis Opera selecta, CC 121/121A, Turnhout 1991; E. Meuthen, Nikolaus von Kues und Dionysius der Kartäuser, in: EN KAI PLETHOS. Einheit und Vielheit. Festschrift K. Bormann, Würzburg 1993, S. 100–S. 120.

[30] Vgl. die instruktive Zusammenstellung bei J. Miethke, Rahmenbedingungen der politischen Philosophie im Italien der Renaissance, in: Quellen und Forschungen aus italienischen Archiven und Bibliotheken 63 (1983), S. 117 A. 78.

[31] Aus der Fülle der Literatur hebe ich nur hervor:
Petrarca, *Opera quae extant omnia*, Basel 1581; Opere latine, ed. A. Bufano, 2 Bände, Turin 1975; *Sine nomine*. Lettere polemiche e politiche, ed. U. Dotti, Rom – Bari 1974; *De vita solitaria*, ed. G. Ficara – M. Noce, Segrate 1992; P. De Nolhac, Pétrarque et l'humanisme, 2 Bände, Paris 1907; E.H.Wilkins, Life of Petrarch, Chicago-London 1961; C.H. Trinkaus, The Poet as a Philosopher: Petrarch and the Formation of Renaissance Consciousness, New York 1980; E. Luciani, Les Confessions de S. Augustin dans les Lettres de Pétrarque, Paris 1982; H. Baron, Petrarch's Secretum. Its Making and its Meaning, Cambridge, Mass., 1985; M. O'Rourke Boyle, Petrarch's Genius. Berkeley 1991; G. Billanovich, Petrarca e il primo umanesimo, Padua 1996.

[32] Vgl. AA. VV., Préludes à la Renaissance. Aspects de la vie intellectuelle en France au XVe siècle, Paris CRNS, 1992; R. Weiss, Humanism in England during the Fifteenth Century, Oxford, 2. Auflage 1957.

seinem Werk *Contre le traité de la Rose,* 1402, griff er einen der ersten Frühhumanisten Frankreichs an, Jean de Montreuil, der den Rosenroman verteidigt hatte. Dies war eine kulturpolitische Weichenstellung – ebenso wie die Polemik gegen Lull und selbst gegen Alberts Theorie des Intellekts[33].

Zweitens: Johannes de Nova Domo (de Maisonneuve) lehrte von 1395 bis 1418 in Paris und betrieb die Erneuerung des Albertismus, die auch in Köln erfolgreich war, wo Cusanus sie kennenlernte[34];

Drittens kam es zu einer Wiederaufnahme des Thomismus; Johannes Capreolus verteidigte in seinen *Defensiones theologiae divi Thomae Aquinatis* Thomas von Aquino gegen dessen Kritiker; auch diese Schule fand in Deutschland von Köln aus ihre Verbreitung.

Verglichen mit der lebhaften Ideenentwicklung des 14. Jahrhunderts trat nach dem Tode Eckharts, Ockhams und Marsilius' von Padua, nach deren amtlicher Verurteilung, nach der Verurteilung des Nicolaus von Autrecourt, nach dem Tod Oresmes, Bradwardines und Buridanus', Petrarcas und Boccaccios eine Verlangweiligung ein. Die Schulen (also die Moderni einerseits und die beiden Flügel der via antiqua andererseits, die Albertisten und die Thomisten) urgierten in einem bislang nicht gekannten Maß das Universalienproblem.[35] Sie fanden neue Streitpunkte: Makulisten (Dominikaner) fochten gegen Immakulisten (Franziskaner, die Duns Scotus folgten und die unbefleckte Empfängnis Mariä behaupte-

---

[33] Vgl. dazu die Texte bei E. Hicks (Ed.), Le Débat sur le Roman de la Rose. Edition critique, introduction, traduction, Paris 1977. Zur Albertkritik Gersons vgl. La philosophie d'Albert le Grand, s. o. Einleitung, S. 15.
   Zur Analyse der Gesamtsituation vgl. R. Imbach, Jean Capreolus en son temps (1380 – 1444), ed. G. Bedouelle – R. Cessario – K. White, Paris 1997, S. 13–S. 22.

[34] G. Meersemann, Geschichte des Albertismus, Band 1, Rom 1933; Z. Kaluza, Les querelles doctrinales à Paris, Bergamo 1988; A. de Libera, Albert le Grand et la philosophie, Paris 1990.

[35] Vgl. G. Ritter, Studien zur Spätscholastik I: Marsilius von Inghen und die Ockhamistische Schule in Deutschland, Heidelberg 1921; ders., Via antiqua und via moderna auf den deutschen Universitäten des 15. Jahrhunderts, Heidelberg 1922; ders., Die Heidelberger Universität. Ein Stück deutscher Geschichte. Erster Band: Das Mittelalter, Heidelberg 1936; A.L. Gabriel, Via antiqua and via moderna and the Migration of Paris Students and Masters to the German Universities in the Fifteenth Century, in: A. Zimmermann (Hg.), Antiqui und Moderni, Miscellanea Medievalia Band 9, Berlin – New York 1974, S. 439–483; A.B. Cobban. The Medieval Universities. Their Development and Organization, London 1975; W. Rüegg, Geschichte der Universität in Europa. Band I: Mittelalter, München 1993; A. Maierù, University Training in Medieval Europe, Leiden 1994; M.J.F.M. Hoenen et al. (Ed.), Philosophy and Learning. Universities in the Middle Ages, Leiden 1995.

ten); Konziliaristen standen gegen Papalisten. Seit der Mitte des Jahrhunderts wurde von Köln, teilweise auch von Heidelberg aus die Rückkehr zu Thomas oder zu Albert propagiert.[36] Diese Bewegung, die den genannten Pariser Anregungen folgte, setzte sich in Köln durch: Dort war nur die Via antiqua anerkannt, während in Erfurt, Freiburg, Wien, Basel die Via moderna überwog; in Basel erkämpfte die Via antiqua sich gleichen Einfluß. In Tübingen waren beide viae gleichberechtigt; die Moderni bewohnten den westlichen, die Realisten den östlichen Flügel des Hauses. Gabriel Biel war dort der angesehenste Lehrer; er schrieb eine einflußreiche Messeerklärung und einen Sentenzenkommentar im Sinne eines abgemilderten Ockhamismus.

Dies war die in sich zerrissene Welt der spätmittelalterlichen Wissenschaft. Cusanus hat sie an ihren besten deutschen Zentren kennengelernt; aber sie befriedigte ihn nicht. Er übernahm weder ihre Fragestellungen noch ihre Diktion, noch ihre literarischen Formen. Er sah: Ihre Vorgehensweise stand im Widerstreit zu ihrem Inhalt. Gelegentlich spielte er auf sie an: er wußte, daß ihre Denkweise weiterhin an der Macht war, nicht nur in Deutschland, aber mit seinem Gesamtwerk stieß er sich von ihr ab; er gehörte zu einer anderen kulturellen Welt.

---

[36] G. Meersemann, Geschichte des Albertismus. Band 2: Die ersten Kölner Kontroversen. Rom 1935; E. Meuthen, Kölner Universitätsgeschichte I: Die alte Universität, Köln 1988; A. Zimmermann (Hg.), Die Kölner Universität im Mittelalter. Miscellanea Medievalia 20, Berlin – New York 1989; G.R. Tewes, Die Bursen der Kölner Artistenfakultät bis zur Mitte des 16. Jahrhunderts, Köln 1993.

II.
DIE KULTURELLE WELT DES CUSANUS

1. *Cusanus und Italien*

Ab 1437 verbindet sich die Lebensgeschichte des Cusanus sowohl mit der Papstgeschichte wie mit der Entwicklung der italienischen Kultur aufs engste. Dies hängt zusammen mit dem Auftreten der Griechen in Ferrara und Florenz und indirekt mit der Kulturpolitik Cosimos. Um in dieses Geflecht wenigstens einen ersten Einblick zu geben, skizziere ich nun die Beziehungen des Cusanus zu Italien.[37]

Sie begannen mit dem Studium in Padua, 1417 – 1423. In Padua hatten Gasparini Barzizza, der von 1407 bis 1421 dort gewirkt hatte, und der Einfluß des Guarino den Eifer für die Antike, auch für das Griechische, entfacht.[38] Dort lebte der Humanist Vittorino da Feltre, bevor ihn 1423 die Gonzaga als Erzieher nach Mantua riefen. Von ihm gingen Impulse aus nicht nur zur Erneuerung des Lateinischen, sondern auch zum Studium des Griechischen.[39] In Padua lernte Cusanus die spätmittelalterliche

---

[37] Außer den klassischen Werken von Georg Voigt, Jacob Burckhardt, Francesco Fiorentino, Eugenio Garin, Paul Oskar Kristeller, Hans Baron und Cesare Vasoli vgl. Vittorio Rossi – Rossella Bessi, Il Quattrocento. Storia letteraria d'Italia, Padua 1992, – ein Buch, das auch wegen seiner Bibliographie unentbehrlich ist und das ich abgekürzt zitiere als: Rossi.

[38] Epistolario di Guarino Veronese, Venedig 1915ff.; G. Bertoni, Guarino da Verona fra letterati e cortigiani a Ferrare (1429 -1460), Genf 1921; R. Schweyen-Ott, Guarino Veronese, Philosophie und humanistische Pädagogik, München 1973.

[39] Zu Cusanus in Padua vgl. Vansteenberghe S. 9–13 und S. 17; A. Sottili, Studenti tedeschi e umanesimo italiano nell' Università di Padova durante il Quattrocento, Padua 1971; P. Sambin, Nicolò da Cusa, studente a Padova e abitante nella casa di Prodocimo Conti suo maestro, in: Quaderni per la storia dell' Università di Padova 12 (1979) S. 141–S. 145;

Zur philosophischen Kultur von Padua vgl. B. Nardi, Saggi sull' aristotelismo padovano dal secolo XIV al XVI, Florenz 1958; A. Poppi, Introduzione all' aristotelismo padovano, Padua 1970; C. Vasoli, Filosofia e scienza all' Università di Padova in età umanistica, in: M. Muraro (Ed.), La letteratura, la rappresentazione, la musica al tempo e nei luoghi di Giorgione, Rom 1987, S. 33–58. Weiteres bei Rossi S. 588–590.

Über Vittorino da Feltre vgl. E. Garin, Il pensiero pedagogico dell' Umanesimo, Florenz 1958, S. 504–S. 718; N. Giannetto, Vittorino da Feltre e la sua scola: umanesimo, pedagogia, arti, Florenz 1981, vor allem dort den Art. von C. Vasoli, Vittorino da Feltre e la formazione umanistica dell' uomo, ib. S. 13–S. 33; seine Bedeutung für Bussi behandelt M. Miglio, Prefazioni, p. XVIII – XIX; vgl. Rossi, S. 60–S. 62 und S. 116.

Kanonistik kennen; mit dem als höchst häretisch verurteilten *Defensor Pacis* des Marsilius von Padua wurde er erst später bekannt, aber vor der Abfassung des dritten Buches von *De concordantia catholica.* Nach den Forschungen von Charles Lohr gab ihm Padua die erste Anregung zum Studium Lulls. Als Cusanus in Padua studierte, lehrten dort der Mediziner Ugo Benzi aus Siena – Enea Silvio wird ihn später den ersten Mediziner seiner Zeit nennen und berichten, er habe anläßlich des Konzils in Ferrara mit den Griechen diskutiert, ob Platon oder Aristoteles den Vorrang habe –, der Naturphilosoph und Logiker Paolo Niccoletti aus Udine, der unter dem Namen Paulus Venetus zu den wichtigsten Autoren des 15. Jahrhunderts zählt, ferner der Mathematiker und Astronom-Astrologe Prosdocimo de' Beldomandi. In Padua schloß Cusanus lebenslange Freundschaft mit dem Arzt, Mathematiker und Physiker Paolo dal Pozzo Toscanelli, von dem bereits die Rede war und den wir bis zum Tode des Cusanus an dessen Seite sehen werden. Hier lernte er Giuliano Cesarini kennen, einen Studienfreund, der bald auch sein Lehrer wurde.

Cusanus hat ihm zwei seiner wichtigsten Werke gewidmet; er nannte ihn mit Respekt: *Magister semper metuende.* Cesarini, den ich schon vorgestellt habe, stand in enger Verbindung zu Ambrogio Traversari, der ihn im Griechischen unterrichtet hatte, und mit Enea Silvio, der ihn mit Nachrichten aus der Umgebung des Kaisers versorgte.[40]

Wer wie Cusanus um 1420 in Padua studierte, wer Vittorino da Feltre kennenlernte, sich mit Cesarini und Toscanelli anfreundete und mit ihnen in ständiger Verbindung blieb, der fand Anschluß an die große italienische Denk- und Lebensreform, die mit Dante, Petrarca und Boccaccio begonnen hatte. Sie suchte die praxisbezogene Öffnung zur Antike in ihrer Gesamtheit, also insbesondere zu den Griechen; sie brachte mehr als nur Philologie und Reform der Latinität; sie nahm Abschied vom schulmäßigen Stil der Scholastiker des 15. Jahrhunderts; sie verlagerte das Interesse auf Lebensfragen, auf Ethik, Politik, Kunst und praktische Tätigkeit; sie unternahm eine Revision des Denkens und Sprechens; sie thematisierte die Rolle der Sprache und ihr Verhältnis zur Welt; sie umfaßte

---

[40] Vgl. H. Fecher, Giuliano Cesarini bis zu seiner Ankunft in Basel am 9. September 1431, Berlin 1907; G. Christianson, Cesarini, the Conciliar Cardinal: the Basel Years, 1431 – 1438, St. Ottilien 1979.

auch das Naturwissen und die Mathematik.[41] Petrarca und Boccaccio hatten ein nicht nur antiquarisches Interesse an Platon; sie suchten mit seiner Hilfe Distanz zum Schularistotelismus; Petrarca kritisierte den Einfluß des Averroes; er dachte, Platon stehe mit seiner Lehre vom Gewordensein der Welt und von der Seelenunsterblichkeit dem Christentum näher als Aristoteles. Jedenfalls sollte ein neuer, ein freierer Bezug zur gesamten Tradition das abstrakte Universitätswissen ablösen und auch das Bild des Aristoteles erneuern. Coluccio Salutati, 1332 geboren, hatte noch mit Petrarca in Verbindung gestanden; er sammelte und erklärte nicht nur Bücher antiker Autoren; er zeigte, was mit einer Neuorientierung des Wissens zu machen wäre. Von 1375 (dem Todesjahr Boccaccios) bis zu seinem Tod, 1406, war er florentinischer Kanzler, und seine Briefe bedeuteten eine politisch-publizistische Macht; in seinen Schriften verteidigte er den Vorrang der Ethik, der Politik und des Rechtswissens.[42]

Leonardo Bruni (Aretino, +1444) und Poggio Bracciolini waren seine Schüler; sie verkörperten das Erbe der großen Florentiner Dante, Petrarca und Boccaccio in der kulturellen Welt Mittel- und Norditaliens, an die Cusanus seit seiner Studienzeit Anschluß gefunden hatte. Leonardo Bruni hatte Griechisch gelernt; das war schon vor dem Konzil von Ferrara-Florenz und vor dem Fall von Byzanz möglich, und zwar bei Manuel

---

[41] Dazu vgl. P.L. Rose, The Italian Renaissance of Mathematics: Studies on Humanists and Mathematics from Petrarch to Galileo, Genf 1975.

[42] F. Novati (Ed.), *Epistolario di* Coluccio Salutati, 4 Bände, Rom 1891 – 1911; *De nobilitate legum et medicinae*, ed. E. Garin, Florenz 1947; *De saeculo et religione*, ed. B.L. Ullmann, Florenz 1957; *De fato et fortuna*, ed. C. Bianca, Florenz 1985; *De nobilitate legum et medicinae*, lat.-deutsch, hg. von P.M. Schenkel, mit Einleitung von E. Grassi und E. Keßler, München 1990; Verzeichnis der Trakate und ihrer Editionen bei Rossi, S. 77. Besonders zu beachten: B.L. Ullmann, The Humanism of C. S., Padua 1963; P. Herde, Politik und Rhetorik in Florenz am Vorabend der Renaissance. Die ideologische Rechtfertigung der Florentiner Außenpolitik durch C. S., in: Archiv für Kulturgeschichte 47 (1965) S. 141–S. 220; E. Kessler, Das Problem des frühen Humanismus: Seine philosophische Bedeutung bei C.S., München 1968; R. Witt, Coluccio Salutati and his Public Letters, Genf 1976; D. de Rosa, C.S., il cancelliere e il pensatore politico, Florenz 1980; Convegno su C. S., Guggiano Castello. Giugno 1980, Buggiano 1981 (mit Beiträgen von Garin und Vasoli); R.C. Witt, Hercules at the Crossroads. Life, Works and Thought of C. S., Durham 1983; H. Langkabel, Die Staatsbriefe C. S.s Untersuchungen zum Frühhumanismus in der Florentiner Staatskanzlei und Auswahledition. Archiv für Diplomatik, Beiheft 3, Köln – Wien 1981. Vgl. Rossi, S. 77–S. 81.

Wichtige Texte zur Ideenentwicklung des Quattrocento vereinigt: E. Garin (Ed.), Prosatori latini del Quattrocento. La Letteratura Italiana. Storia e Testi Band 13, Mailand – Neapel 1952.

Chrysoloras, der von 1397 bis 1400 in Florenz lehrte und dem der Westen eine erste griechische Elementargrammatik, die sog. *Erotemata*, verdankte.[43] Leonardo übersetzte, von Coluccio angeregt, seit 1400 Platons *Apologie* und *Kriton*, den *Gorgias*, die *Briefe* und den *Phaidon*. Er fuhr fort mit einer neuen Aristotelesübersetzung, und es ist charakteristisch für den „politischen Humanismus" dieses Mannes, der seit 1427 Kanzler der Republik Florenz war, welche Schriften des Aristoteles er dafür auswählte: Die *Ökonomik*, die er Cosimo widmete; die *Ethik* und die *Politik*. Der Ausweitung des Traditionsbezugs auf die volle Breite der griechischen Antike diente auch seine Übersetzung des Demosthenes und des Plutarch. Die neuen Texte provozierten Debatten über Grundbegriffe des politisch-philosophischen Denkens – über das Gute, über die Lust, über den Wert der Dichtung, über das Gemeinwesen.[44]

Poggio Bracciolini (1380 bis 1459) verdankte seine erste Förderung Coluccio Salutati, ging aber 1403 nach Rom, trat in den Kanzleidienst der Päpste ein und besuchte die Konzilien von Konstanz und Basel. Er nutzte die Gelegenheit, um in den Klöstern St. Gallen, Weingarten und auf der Reichenau Klassikerhandschriften zu suchen und wurde dabei zum erfolgreichen Entdecker. Er fand Quintilians *Institutio oratoria*, entdeckte den Lukrez und eine Reihe bislang unbekannter Reden Ciceros; er regte Freunde zu weiterer Suche an: Der Bischof von Lodi fand in seiner Dombibliothek den *Brutus* des Cicero; der Sizilianer Giovanni Aurispa ging nach Byzanz, wurde dort Sekretär des Kaisers und kehrte mit einer Reihe griechischer Funde zurück.[45] Der reiche Kardinal Giovanni Orsini

---

[43] L. Martines, The Social World of the Florentine Humanists 1390 to 1460, Princeton 1963. Vgl. Rossi, S. 28–S. 29 und S. 83–84.

[44] H. Baron, Leonardo Bruni, Humanistisch-philosophische Schriften mit einer Chronologie seiner Werke und Briefe, Leipzig 1928; E. Garin (Ed.), *Dialogi ad Petrum Paulum Histrum* schon in: Prosatori latini (wie vorige Anm.), aber jetzt bei St.U. Baldassari (Ed.), *Dialogi ad Petrum Histrum*, Florenz 1994; H.M. Goldbrunner, Leonardo Brunis Kommentar zu seiner Übersetzung der pseudo-aristotelischen Ökonomik, in: A. Buck – O. Herding (Hg.), Der Kommentar in der Renaissance, Boppard 1975, S. 99–S. 118; G. Griffiths – J. Hankins – D. Thompson, The Humanism of L. Bruni. Selected texts. Binghampton N.Y., 1987; P. Viti (Ed.), Opere letterarie e politiche di L. Bruni, Turin 1996.

H. Gerl, Philosophie und Philologie. Leonardo Brunis Übertragung der Nikomachischen Ethik in ihren philosophischen Prämissen, München 1981; C. Vasoli im Dizionario biografico degli Italiani Band 14, Rom 1972, S. 618 b–S. 633 b; P. Viti (Ed.), Atti del Convegno su Leonardo Bruni, Florenz 1990; R. Fubini, All' uscita della scolastica medievale: Salutati, Bruni e i Dialogi ad Petrum Histrum, in: Archivio Storico Italiano 150 (1992) S. 1065–S. 1103. weitere Literatur bei Rossi, S. 94–98.

[45] Vgl. A. Franceschini, Giordano Aurispa e la sua biblioteca, Padua 1976.

erwarb 1429 eine Handschrift des 11. Jahrhunderts mit zwölf bislang unbekannten Plautuskomödien, die sein Sekretär, Nicolaus Cusanus, entdeckt hatte. In der Umgebung Orsinis konnte Cusanus die Bekanntschaft
Poggios und anderer Humanisten wie Antonio Loschi machen; ein Brief
Guarinos hatte schon 1426 auf ihn aufmerksam gemacht.[46]

Poggio war ein ironisch-polemisches Talent; seine Briefe und seine
Pamphlete gegen Valla und Filelfo kursierten unter den Gebildeten Europas; er stand fast 50 Jahre im Dienst der Kurie, aber theoretisch-philo-
sophische Fragen und Probleme der Kirche lagen ihm fern; er war ein
Humanist anderen Typs als Petrarca und Salutati, erst recht als Cusanus.
Es ist wichtig zu sehen, daß es nicht nur den philologischen und den literarischen Humanismus gab, sondern ebenso einen politischen, einen
philosophischen und einen kirchenreformatorischen.[47] Dies sind Differenzen, aber sie verlaufen nicht zwischen Cusanus und den Humanisten,
sondern innerhalb der Humanisten selbst. Niemand verdeutlicht dies
besser als Ambrogio Traversari, der gebildete Mönch, der 1400 nach Florenz kam und andere Mönche für die klassischen Studien begeisterte, so-

---

[46] Vansteenberghe, S. 18 und S. 20–21; R. Sabbadini, Le scoperte dei codici latini e greci nei
secoli XIV e XV, Florenz 1905; ders., Niccolò da Cusa e i conciliari di Basilea alla scoperta
dei codici, in: Rendiconti della R. Accademia dei Lincei, Classe di scienze morali, Serie V,
vol. 20 (1911) S. 3–40; E. König, Kardinal Giordano Orsini. Ein Lebensbild aus der Zeit der
großen Konzilien und des Humanismus, Freiburg 1906, S. 89–S. 96; G. Lombardi –
F. Onofri, La biblioteca di Giordano Orsini, in: M. Miglio (Ed.), Scrittura, biblioteche e
stampe a Roma nel quattrocento, Rom 1980, S. 341–S. 382. Über G. Orsini vgl. auch die
bibliographische Notiz bei Rossi, S. 93. Zur Entdeckung der Antike vgl. R. Weiss, The Renaissance Discovery of Classical Antiquity, New York – Oxford 1969.
[47] Poggio Bracciolini, *Opera omnia*, Basel 1538, nachgedruckt von R. Fubini, 4 Bände,
Turin 1962 – 1969; ders., *Facezie*, ed. M. Ciccuto, mit einem Essay von E. Garin, Mailand
1983, 2. Auflage 1994; P.W.G. Gordan (Ed,)., Two Renaissance Book Hunters. The Letters
of Poggio Bracciolini to Nicolaus de Niccolis, New York – London 1974; *De varietate
fortunae*, ed. O. Merisalo, Helsinki 1993. *Dialogus contra avaritiam* (De avaritia), ed.
G. Germano, Livorno 1994; H. Hardt (Ed.), Lettere, 3 Bände, Florenz 1984 – 1987. Cusa-
nus kommt in seinen Briefen häufig vor; ich erwähne aus Band 1 die Briefe Lettere, Hardt I
p. 77; p. 78–79; p. 104; p. 179; p. 184; p. 187; p. 189; p. 206 und p. 215.
Über ihn: E. Walser (Ed.), Poggius Florentinus, Leben und Werke, 1914; AA. VV., Poggio
Bracciolini. Nel VI centenario della nascita, Florenz 1982. Weitere Literatur bei Rossi,
S. 89–92.
Die enge Verbindung Cusanus – Poggio belegen die oben zitierten Briefe, vgl. AC I 1
Nr. 34 p. 12–13; Nr. 43 p. 16; Nr. 48 p. 18; Nr. 73 p. 27; Nr. 62 und 63 p. 22; Nr. 66 p. 23; Nr.
67 p. 25; Nr. 70 p. 26. Wichtig die Beziehung zu G. Orsini, vgl. dazu AC I 1 Nr. 34 p. 12–13;
Nr. 43 p. 16 ; Nr. 73 p. 27.
In der Bibliothek des Kardinals, Codex Cus. 157, 3 fol. 145–196 v steht Poggios *De varie-
tate fortunae*. Vgl. Marx S. 144.

fern diese der christlichen Antike galten. Er war ein Handschriftenjäger wie Poggio; aber was er suchte und was er fand, waren Homilien des Origenes und Briefe Cyprians. Er konnte gut griechisch, und er übersetzte Basilius, Chrysostomus, Ephräm den Syrer und – für Cusanus besonders wichtig – Dionysius Areopagita. Er hatte Skrupel, den Diogenes Laertius zu übersetzen, aber Cosimo drängte; er überwandt sich und erschloß dem Westen vor allem Epikur und eröffnete den Blick für die vorsokratische Philosophie. Er schuf damit, wie wir sehen werden, eine für Cusanus fruchtbare Gelegenheit der Reflexion. Traversari wirkte seit 1435 als päpstlicher Botschafter in Basel; er spielte eine entscheidende Rolle bei den Konzilsverhandlungen. Er war es, der in beiden Sprachen die Einigungsurkunde verfaßt hat. Kurz darauf starb er, 1439, dreiundfünfzigjährig.[48]

Es gibt viele Belege für die Verbindung des Cusanus zu Traversari und dessen Umgebung; ich möchte nur noch einen Beweis nennen, der bisher wenig beachtet wurde. Die Mainzer Stadtbibliothek besitzt eine Sammelhandschrift mit Albert-, Lull-, Gerson- Dionysius- und Cusanustexten, großenteils abgeschrieben von Marcellus Geist, den wir als Vermittler zwischen Cusanus und der Mainzer Karthause kennen.[49] (Hs. I 13). Die Handschrift trägt am Ende des Traktates *De mystica theologia* den Vermerk, diese Handschrift mit der Übersetzung des Traversari habe Cusanus durch Toscanelli bekommen:

Nota Ambrosius generalis Camaldunensium Florentinus hanc tranlacionem fecit qui 1440 decessit. Et magister Paulus magistri Dominici phisicus

[48] Seine Briefe sind zugänglich im Nachdruck, Bologna 1969. Vgl, auch E. Kessler (Hg.), L. Mehus, Historia litteraria Florentina. Vita Ambrosii Traversari, Nachdruck München 1968; C.L. Stinger, Humanism and the Church Fathers: Ambrogio Traversari and Christian Antiquity in the Italian Renaissance, Albany N.Y., 1977; A. Sottili, Il Laerzio latino e greco e altri autografi di A. Traversari, in: Vestigia. Studi in onore di G. Billanovich, Band 2, Rom 1984, S. 699–746; G.G. Garfagnini (Ed.), Ambrogio Traversari nel VI centenario della nascita, Florenz 1988; S. Frigerio (Ed.), A. Traversari, un monaco e un monastero nell' umanesimo fiorentino, Camaldoli 1988. Vgl. auch W. Rüegg – D. Wuttke, Ethik im Humanismus, Boppard 1979, und C. Ginzburg, Indagini su Piero, Turin 1981. Weitere Literatur bei Rossi, S. 98–100.
[49] Über ihn vgl. J. Koch – H. Teske, Cusanus-Texte I 6: Die Auslegung des Vaterunsers in vier Predigten, Heidelberg 1940, S. 188–194; G. List – G. Powitz, Die Handschriften der Stadtbibliothek Mainz, Wiesbaden 1990, S. 40.

*Florentinus magistro Nicolao de Cusza hos libros sic translatos 1443 trans-
misit.*[50]

Ob dieser Hinweis einer Mitteilung des Cusanus entstammt oder ob er
einem Codex des Cusanus entnommen ist, läßt sich nicht entscheiden;
aber der Satz beweist noch einmal die Verbindung zwischen Cusanus und
Traversari, dem Dionysiusübersetzer, sowie mit Paolo Toscanelli. Traversari war übrigens nicht, wie die Notiz besagt, 1440, sondern schon 1439
gestorben.

2. Cusanus und die Griechen

Gefördert von Cesarini trat Cusanus 1437 in wichtige Funktionen der
Papstkirche ein. Sie betrafen zuerst die Kirchenunion mit Byzanz, sodann die päpstliche Deutschlandpolitik.

In Byzanz, auf der Rückreise und in Ferrara verkehrte er mit den füh-
renden Gelehrten der Griechen. Er reiste gemeinsam, wahrscheinlich auf
demselben Schiff, mit dem dreiundachtzigjährigen Georgios Gemistos
Plethon, einem Laien, der den Kaiser als Berater begleitete; wegen widri-
gen Wetters dauerte die Fahrt ungewöhnlich lange, vom 24. November
1437 bis zum 8. Februar 1438. Plethons ehrwürdige Erscheinung und sein
Wissen beeindruckten die „Lateiner"; sie nannten ihn einen „zweiten Platon". Er hat das Interesse an Platon in Italien vertieft; eingeführt hat er es
nicht. Es war ein Irrtum älterer Schulbücher, das Mittelalter als „aristotelisch" zu charakterisieren, „die Renaissance" als „platonisch" und den
Umschwung zurückzuführen auf das Kommen der Griechen anläßlich
des Konzils und dann der Eroberung Konstantinopels. Es gab, wie insbesondere Raymond Klibansky gezeigt hat, einen Platonismus des Mittelalters, und in Italien hatte die Zuwendung zu Platon vor 1439 begonnen:
Petrarca, dem Platonlob bei Cicero und bei Augustin folgend, hatte auf
ihn hingewiesen; der Grieche Chrysoloras hat in Florenz Griechisch unterrichtet und Platons *Republik* ins Lateinische übersetzt; von dem Pla-
toninteresse Leonardo Brunis war schon die Rede. Das ältere Bild zweier
Epochen, die nach Aristotelismus und Platonismus zu unterscheiden wären, ist noch aus einem anderen Grund zu korrigieren: Es gab auch in der

---

[50] Handschrift I 13 der Mainzer Stadtbibliothek, fol. 121 v. Vgl. auch H. Schreiber, Die
Bibliothek der ehemaligen Mainzer Kartause, Leipzig 1927, S. 96.

„Renaissance" eine fortwirkende und erneuerte aristotelische Tradition, worauf insbesondere Paul Oskar Kristeller, Charles Lohr und Charles B. Schmitt hingewiesen haben.

Dennoch: Durch das Auftreten der Konzilsdelegation und insbesondere durch Plethon bekam die Beschäftigung mit Platon eine neue Qualität. Plethon hielt in Florenz Vorträge über Platon. Ficino berichtet, daß Cosimo sie hörte und so begeistert war, daß er die Stiftung der Platonischen Akademie beschloß und ihn zum Übersetzen Platons bestimmte.[51] Plethon brachte eine vollständige Kenntnis der Werke Platons mit, während der Westen bislang seine Schriften nur ausschnittsweise kannte; erst die Platonübersetzung Ficinos, die auf Cosimo und damit auf Plethon zurückzuführen ist, schuf hier einen Wandel. Plethon kannte Proklos und interpretierte Platon in der neuplatonischen Perspektive, ohne Platon prinzipiell vom Neuplatonismus zu unterscheiden; er konnte auf ein reicheres Instrumentarium der Auslegung zurückgreifen als die westlichen Gelehrten.

Plethon war kein Theologe, sondern Staatsmann; er intendierte eine Erneuerung Griechenlands mit Hilfe der erneuerten platonischen Philosophie; dies gab seinen Platonstudien eine neue Aktualität. Sein Projekt der Gesamtreform mit Hilfe der platonischen Philosophie verschmolz mit Lebensfragen des 15. Jahrhunderts, vor allem mit folgenden: Wie sollte man dem Islam begegnen? Wie war die gegnerische Religion zu bewerten? In welchem Verhältnis sollte das Christentum zur Philosophie stehen? Sollte bei einer Erneuerung des Denkens Platon oder Aristoteles den Vorrang haben? Ließ sich die Sonderlehre der Christen – besonders die Trinitätslehre – philosophisch beweisen? Konnte die verbesserte und aktualisierte Philosophie die Streitfragen zwischen Ost- und Westkirche klären? Half die Philosophie den Streitpunkt des *Filioque* zu entscheiden?

Cusanus blieb 1439 nur kurz in Florenz, aber er war in Byzanz, dann auf der Reise, zuletzt in Ferrara mit dem greisen Plethon und anderen

---

[51] M. Ficino, *In Plotini Epitome annotationes, Opera omnia*, Basel 1565, Band 2, p. 1537. Über die kulturellen, auch philosophischen Interessen Cosimos vgl. die Literatur bei Rossi, S. 102. Zur Situation vgl. auch E. Garin, Rinascite e rivoluzioni. Movimenti culturali dal XIV al XVIII secolo, Rom – Bari 1975. Vgl. auch C.S. Gutkind, Cosimo de' Medici, Pater Patriae, Oxford 1938; N. Rubinstein. The Government of Florence under the Medici, 1439 - 1449, Oxford 1966; A. Molho, Cosimo de' Medici, Pater patriae or Padrino?, in: Stanford Italian Review (1979) S. 5–S. 33.

griechischen Denkern zusammen. Georgios Gemistos Plethon, der 1450 (oder 1454, fast hundertjährig, wie Georg von Trapezunt berichtet) gestorben ist, versuchte Platon, die Neuplatoniker und die Lehre des Zoroaster zu einem universalen philosophischen Theismus zu verbinden. Seine Relativierung der Offenbarungsreligionen entsprach seinen Lebenserfahrungen: Er war 1380 am Osmanischen Hof in Brusa in Kleinasien gewesen und war dort zum Schüler des Juden Elissaios geworden, eines Anhängers der Kabbala. Als Elissaios wegen seiner Deutung der Religion zum Feuertod verurteilt wurde, verließ Plethon den Hof der Osmanen und siedelte sich in Mysithra (Mistra) auf dem Peloponnes an. In seinem Werk über *Die Gesetze* hatte er die platonischen Ideen vom Gemeinwesen zu erneuern versucht; er hatte insbesondere eine ethischphilosophische Staatsreform und ein neues Verständnis der Religionen vorgetragen. Das Buch erregte den Zorn der Orthodoxen und ist deswegen nur in Bruchstücken überliefert.[52] Plethon verfaßte 1439 in Florenz eine Schrift *Über den Unterschied von Platon und Aristoteles*. Das Buch enthielt eine scharfe Kritik an Aristoteles: Das Universale durch Abstrak-

[52] Georgios Gemistos Plethon, *Opera*, in: Patrologia Graeca, Band 160, ferner: *Über die Gesetze, Traité des lois*, ed. C. Alexandre, Paris 1882; B. Lagarde, Le ‚De differentiis' de Pléthon d'après l'autographe de la Marcienne, in: Byzantinion 43 (1973) S. 321–S. 343; ders., Des différences entre Platon et Aristote, 2 Bände, Paris 1976; E.V. Maltese edierte *Contra Scholarii pro Aristotele obiectiones*, Leipzig 1988; B. Tambrun Kraker edierte den Traktat über die Tugenden, Leiden 1988; Georgios Gemistos Plethon, Politik, Philosophie und Rhetorik im spätbyzantinischen Reich (1353 – 1452), übersetzt und erläutert von W. Blum. Bibliothek der griechischen Literatur, Band 25, Stuttgart 1988.
    Über ihn vgl. Fritz Schultze, Georgios Gemistos Plethon und seine reformatorischen Bestrebungen. Geschichte der Philosophie der Renaissance, Band 1, Halle 1864; F. Masai, Pléthon et le platonisme de Mistra, Paris 1956; A. Diller, The Autographs of Georgios Gemistus Plethon, in: Scriptorium 10 (1956) S. 27–S. 41; W.v. Löhneysen, Mistra. Griechenlands Schicksal im Mittelalter, Morea unter Franken, Byzantinern und Osmanen, München 1977; C.M. Woodhouse, Georgius Gemistus Pletho, The Last of the Hellenes, Oxford 1986. Dort die Differenzschrift englisch S. 192–S. 214. Zur Verbindung mit Cusanus vgl. P.O. Kristeller, A Latin Translation of Gemistos Plethon's De fato by Johannes Sophianos dedicated to Nicholas of Cusa, in: Niccolò Cusano agli inizi del mondo moderno. Atti del Convegno Bressanone 1964, Florenz 1970, S. 175–S. 193, ferner Fiorentino, S. 235–S. 238, Löhneysen, S. 196–197; Woodhouse S. 132, W. Blum, S. 81 Anm. 6; J.L. van Dieten, Nikolaus von Kues, Markos Eugenikos und die Nicht-Koinzidenz von Gegensätzen, in: Festschrift E. Meuthen, Band 1, München 1994, S. 355–S. 379. Vgl. Rossi, S. 158–S. 159 sowie S. 198–S. 199.
    Zur ideengeschichtlichen Stellung Plethons vgl. M. Jugie, La polémique de Georges Scholarios contre Pléthon, in: Byzantion 10 (1935) S. 517–S. 530; Th. Nikolaou, Georgios Gemistos Plethon und Proklos. Plethons „Neuplatonismus" am Beispiel seiner Psychologie, in: Jahrbuch der Österreichischen Byzantinistik 32 (1982) S. 387–S. 399.

tion erklären zu wollen, sei unmöglich; Aristoteles mißverstehe die platonischen Ideen; seine Theorie von der Ewigkeit der Welt verfehle den Weltbezug Gottes (die „Erschaffung"); er leugne die Providenz; seine Theorie der Seele gefährde die Seelenunsterblichkeit und untergrabe die Ethik; er bestimme schwankend das Lebensziel des Menschen; seine Theorie der Eudaimonie sei falsch und mit dem Christentum unvereinbar. Diese Platonbegeisterung löste schon in Ferrara, dann wieder in Florenz Diskussionen aus. Wie Enea Silvio berichtet, war es Ugo Benzi aus Siena, der Mediziner, Musikgelehrte und Philosoph, den Cusanus aus Padua kannte, der in Ferrara solche Diskussionen provozierte.[53] Und es war Cesarini, der die Diskutanten üppig bewirtete und an den Debatten teilnahm – jener Cesarini, dem Cusanus zur selben Zeit, im Norden reisend, *De docta ignorantia* widmete.

Ein prominentes Mitglied der griechischen Delegation war der Erzbischof von Nizea, Bessarion (1403 – 1472).[54] Er war Basilanermönch geworden, hatte bei Plethon studiert und hatte Einfluß gewonnen am Hof in Byzanz. Während Plethon der Kirchenunion distanziert gegenüberstand, war Bessarion einer ihrer Betreiber. Theoretisch war er insbesondere daran interessiert, das *Filioque* einsichtig zu machen. Eugen IV. belohnte seine Verdienste mit dem Kardinalshut. Bessarion wirkte fünf Jahre als päpstlicher Legat in Bologna; er warb auf den Reichstagen zu Nürnberg und Worms (1460) für den Türkenkreuzzug, lebte aber im wesentlichen in Rom, wo Cusanus mit ihm in Verbindung stand. Er übersetzte Xenophons *Memorabilien*, vor allem aber die *Metaphysik* des Aristoteles.

---

[53] Enea Silvio, *De Europa* LII, Text bei F. Fiorentino, Il risorgimento filosofico del Quattrocento, Neapel 1885, p. 247 Anm. 3.
[54] Werke: Patrologia Graeca Band 161 und bei L. Mohler, Kardinal Bessarion als Theologe, Humanist und Staatsmann. Funde und Forschungen. I. Darstellung. II. Bessarionis in Calumniatorem Platonis libri IV. III. Aus Bessarions Gelehrtenkreis. Paderborn 1923, 1927 und 1942; AA.VV., Il Cardinale Bessarione nel V Centenario della morte, 1472–1972. Conferenze di studio 7.–18. nov. 1972, Rom 1972, darin bes. S. 85–S. 108: G. di Napoli, Il Cardinale B. nella controversia fra Platonici ed Aristotelici; A. Hevia Ballina, Bessarion de Nicea, humanista cristiano, in: Stud. Ovetense 1 (1974) S. 7–S. 108; Miscellanea Marciana di Studi Bessarionei, Padua 1976; J. Monfasani, Bessarion latinus, in: Rinascimento 21 (1981) S. 165–S. 209. Das Istituto Italiano per gli studi filosofici in Neapel und die Biblioteca Marciana in Venedig haben einen ebenso schönen wie informativen Ausstellungskatalog veröffentlicht, a cura di G. Fiaccadori, Neapel 1994, der alle nötigen Literaturhinweise gibt. Ich danke Herrn S. Ricci, der an diesem Band mitgearbeitet hat, für das Geschenk eines Exemplares. Vgl. auch Rossi, S. 195–198 und jetzt J. Monfasani, Byzantine Scholars in Renaissance Italy: Cardinal Bessarion and Other Emigrés, London 1995.

Um seine Rolle in dem Streit über den Vorrang Platons oder Aristoteles' zu würdigen, müssen wir noch zwei andere, jüngere Griechen kennenlernen: Zur Delegation, die den Kaiser begleitete, gehörte der junge Georgios Scholarios mit dem Klosternamen Gennadios. Er war Aristoteliker; die Kirchenunion hat er zwar mit unterschrieben, aber später scharf bekämpft. Er stand in Verbindung zu Traversari; bei seinem Florenzaufenthalt wohnte er in dessen Konvent, in dem auch Cusanus verkehrte. Er veröffentlichte 1443 seine Verteidigung des Aristoteles gegen Plethon[55]. Nach Byzanz zurückgekehrt, wurde er 1453 gefangen genommen und eine Weile als Sklave gehalten, bis ihn der Sultan zum neuen Patriarchen von Konstantinopel erklärte; in dieser Funktion betrieb er die Vernichtung der Werke Plethons, doch zog er sich nach einigen Jahren von seinem Amt zurück und starb 1472. Im Westen zog sich die Platon-Aristoteles-Debatte hin. Der Wortführer der Anti-Platoniker wurde der Aristoteliker Georg von Trapezunt (1395 – 1484). Er war schon 1427, also vor dem Unionskonzil, nach Italien gekommen; er nahm teil an den Gesprächen mit Plethon. Er hat im Auftrag des Cusanus Platons Parmenides übersetzt[56], aber 1455 veröffentlichte er seine *Comparationes Philosophorum Aristotelis et Platonis.* Er hat dieses Buch in Latein, für den Westen, geschrieben; außer dieser Streitschrift hat Georg eine „Dialektik" verfaßt und weitere Übersetzungen geschaffen.[57]

Die Streitschrift Georgs ist ebenso gegen Platon wie gegen Plethon gerichtet. Es ist kein Zufall, daß sie 1455 geschrieben wurde: Plethon war gestorben; in Rom ging das Pontifikat Nikolaus V. zu Ende. Die Weichen konnten neu gestellt werden. Er selbst, berichtet Georg, habe mit anhören müssen, wie Plethon in Florenz erklärt habe, es gebe nur *eine* Religion: *Audiui ego ipsum Florentiae, uenit enim ad concilium cum graecis,*

[55] Gennade Scholarios, Œuvres complètes, ed. Petit – Sidéridès – Jugie, 4 Bände, Paris 1928 – 1936. Vgl. L. Mohler, Bessarion, S. 194–S. 198; C.J.G. Turner, The Career of George Gennadius Scholarius, in: Byzantion 39 (1969) S. 420–S. 455. Weitere Literatur bei Rossi, S. 199.

[56] J. Monfasani, Georg of Trebizond: A Biography and Study of his Rhetoric and Logik, Leiden 1976, 167–S. 170 datiert die Übersetzung auf 1458. Es handelt sich um den Codex 6201 der Biblioteca Guarnacci, Volterra; vgl. dazu K. Bormann in der Festschrift E. Meuthen, Band 1, München 1994, S. 331–340.

[57] *Comparatio Aristotelis et Platonis,* Venedig 1523, von mir besorgter Nachdruck: Frankfurt 1965; *De re dialectica,* Köln 1539, Nachdruck Frankfurt 1965.
J. Monfasani, George of Trebisond. A Biography and a Study of his Rhetoric and Logic, Leiden 1976; ders., Collectanea Trapezuntiana. Texts, Documents and Bibliographies. Binghamton, N.Y., 1984. Weiteres bei Rossi S. 194.

asserentem unam eandemque religionem. Plethon, an dessen Weisheit
und Frömmigkeit Georg nicht zweifelt, habe Platon mitsamt dessen polytheistischen Zugeständnissen wieder einführen wollen. Platon sei aber
schlimmer als Epikur, schlimmer als Mohamed. Plethon sei sein Sprachrohr, wenn er alle Religionen in eine philosophische Universalreligion
habe auflösen und damit den Widerstandswillen des Westens brechen
wollen. Georg verbindet ausdrücklich die Probleme des Türkenkriegs,
der Kirchenunion mit der Diskussion über die philosophische Orientierung an Aristoteles oder an Platon. Er ruft zur Vernichtung der Bücher
des Plethon auf, damit dieser „vierte Platon" nicht soviel Schaden anrich-
ten könne wie der zweite und der dritte Platon – also wie Epikur und
Mohamed. Der Platonismus begünstige die Sinnenlust; vor allem die
Theorie der Weibergemeinschaft hat es Georg angetan; sie führe zur Pro-
stitution, sie löse die Ehe auf und beweise die Nähe Platons zu Epikur
und zu den Paradiesversprechungen Mohameds. Was man „platonische
Liebe" nenne, sei verwerfliche Homosexualität. Auch wenn Platon die
Unsterblichkeit lehre, sei seine philosophische Argumentation doch
ungeordnet und chaotisch; Platon neige zur Seelenwanderungslehre; er
bestätige den Polytheismus der antiken Dichter. Hingegen stimme Aristoteles mit dem christlichen Glauben vollkommen überein; er sei Mono-
theist und habe sogar die Trinität philosophisch erkannt. Eine gute Trinitätsphilosophie zu haben, war also in der Mitte des 15. Jahrhunderts eine
Empfehlung; Georg trägt sie breit vor: Wir müßten, gut aristotelisch, mit
der Sinneserkenntnis beginnen, und Aristoteles habe aus dem Aufbau der
Körperdinge die Dreieinheit bewiesen, indem er gezeigt habe, die Ausdehnung (*magnitudo*) sei zuerst und ursprünglich die Linie, diese erzeu-
ge die Fläche und aus beiden gehe der Körper hervor, und alle drei seien
eins. Die strittige Trinitätsformel – das Hervorgehen aus Vater und Sohn
zugleich – ist in dieser geometrico-theologischen Argumentation leicht
wiederzufinden. Dies alles sollte beweisen: Aristoteles ist der Lehrer, den
die westlichen Christen jetzt brauchen. Er zögere nicht, erklärt Georg,
Aristoteles in die Liste der Heiligen aufzunehmen. *In cathalogo
sanctorum ego ipsum connumerare non dubito.* Schließlich habe Aristoteles so vielen Menschen den rechten Weg gewiesen, daß an seinem ewigen
Heil nicht zu zweifeln sei.

    Georgs Platonkritik war grob; seine Aristotelesauslegung war philolo-
gisch anfechtbar; es konnte bei dem extremen Nebeneinander der Platonbegeisterung Plethons und der Platonverunglimpfung Georgs nicht blei-

ben. In dieser Situation griff der Plethonschüler Bessarion noch einmal zur Feder; er verfaßte 1457/58 die Verteidigungsschrift für Platon gegen Georg von Trapezunt, dessen Platonübersetzungen er zuvor schon bei Nikolaus V. kritisiert hatte. Er schrieb seine Apologie auf griechisch, übersetzte sie aber selbst ins Lateinische und ließ sie unter dem Titel: *In calumniatorem Platonis* 1469 in Rom, das heißt: im Verlag von Giovanni Andrea dei Bussi, drucken. Dies verstärkte den Eindruck, die Editionen des Hauses Sweynheim-Pannartz-dei Bussi dienten der Erneuerung des Platonismus. Bessarions Buch erwähnt den Namen Georgs von Trapezunt nicht; er heißt nur einfach „der Verleumder". Bessarion wollte Harmonie herstellen zwischen Platon und Aristoteles. Besonnen weist er Georgs Vorwürfe zurück. Einen gewissen Vorrang sollte Platon behalten, aber für Physik und Logik sollte Aristoteles unentbehrlich sein. Es war diese Linie der unpolemischen Einordnung des Aristotelismus in das Ganze der platonisierenden Weisheit, die von Ficino[58] und Pico della Mirandola fortgesetzt werden sollte; wir werden an den Texten zu prüfen haben, wie sich Cusanus in diesen Debatten verhalten hat; jedenfalls war die anti-platonische Partei in Rom nicht verschwunden; sie speiste sich ihrerseits aus verschiedenen Quellen (strikte Orthodoxie, strenger Aristotelismus, erneuerter Thomismus); sie herrschte im lateinischen Westen, wie Bessarion bezeugt, um 1460 fast ausschließlich und hat sich später, insgesamt gesehen, durchgesetzt, insbesondere nach dem Mißerfolg von Patrizi, also gegen 1600.

Ich habe jetzt von den Beziehungen des Cusanus zu den Griechen gesprochen, aber ich muß daran erinnern: Sie verbanden sich eng mit seinen Beziehungen zu den Italienern. Auf der gemeinsamen Rückfahrt von Byzanz, dann in Venedig, Ferrara und Florenz erneuerte Cusanus alte Verbindungen aus Padua beziehungsweise Basel, wie die mit Cesarini und Paolo Toscanelli[59]; er knüpfte Beziehungen zu Cosimo de' Medici an. Wir wissen nicht genau, wann er Lorenzo Valla kennenlernte; Valla selbst berichtet, Cusanus habe ihn zu seinen philologischen Bibelstudien ermutigt[60]; Cusanus lebte von da an in ständiger Verbindung zu Tommaso Par-

[58] Ficino, *Opera omnia*, Basel 1565, p. 899 verweist in seinem Brief an Martinus Urianus von 1489 auf Cusanus, aber klar bleibt: Plethon, Cosimos Plethonbegeisterung und vor allem Bessarion waren wichtiger für ihn als Cusanus.
[59] Vgl. zu ihm auch AC I 1 Nr. 19 p. 6; ib. I 2 Nr. 573 p. 462.
[60] Cusanus und Lorenzo Valla: L. Valla, *Opera omnia* I p. 340. Vgl. Vansteenberghe S. 26 und AC I 2 Nr. 932 p. 644–645.

entucelli, dem späteren Papst Nicolaus V. und zu dem Literaten und Diplomaten Enea Silvio, dem späteren Papst Pius II., der als Sekretär des
Kaisers arbeitete und später als Cusanus die Konzilspartei verließ. Außer
zu Nicolò Albergati, Giuliano Cesarini, zu Tommaso Parentucelli und
Enea Silvio sind Beziehungen dokumentiert zu Pietro Balbi und Giovanni Andrea dei Bussi[61], denen wir in den Dialogen des Cusanus begegnen
werden. Cusanus war ein eigenwilliger Denker, der sich seiner Eigenart
bewußt war; aber er war nicht isoliert; durch Orsini und Cesarini, durch
Traversari und Parentucelli, durch Toscanelli und Enea Silvio war er mit
allen wichtigen Kulturvorgängen zwischen 1437 und 1464 verbunden; er
sah die Werke Ghibertis und Brunelleschis. Cosimo dei Medici unter-
stützte ihn[62]; der gelehrte Mailänder Erzbischof, Francesco Pizolpasso
korrespondierte mit ihm von Humanist zu Humanist, er redetete ihn an
als *doctissime vir, frater et amice dilectissime* und beriet sich mit ihm über
die Bedeutung eines griechischen Terminus.[63]

Dies ist nur eine Auswahl dessen, was belegt ist, und nicht alle Verbindungen sind belegt, da Cusanus mit mehreren dieser mächtigen Personen
(Giuliano Cesarini, Tommaso Parentucelli, Enea Silvio, Bessarion usw.)
jahrelang eng zusammengelebt hat, also keine Briefe schrieb oder erhielt.
Es ist so gut wie sicher, daß er Leon Battista Alberti kannte; er konnte Fra
Angelico, Donatello, Piero della Francesca und Paolo Ucello am Werk
sehen. Er hat die schöpferische Kraft des menschlichen Geistes bewundert, und es ist schwer vorstellbar, daß er an den Neuerungen vorbeige-
gangen wäre, die in Florenz und Rom mit diesen Namen verbunden
sind.[64]

---

[61] Zu ihm vgl. DIB 15, 1972, 565–572, aber auch AC I 2 Nr. 519 p. 375 und vor allem das
ausgezeichnete Werk von M. Miglio (Ed.), Giovanni Andrea Bussi, Prefazioni alle edizioni
di Sweynheym e Pannartz prototipografi romani, Mailand 1977, mit den Texten Bussis über
Cusanus, die Druckkunst, die platonische Tradition. – Zu N. Albergati vgl. G.v. Bredow,
Das Vermächtnis des Nikolaus von Kues. Der Brief an Nikolaus Albergati nebst der Predigt in Montoliveto (1463), Cusanus-Texte IV. Briefwechsel, Heidelberg 1955, S. 10f.

[62] AC I 2 Nr. 378 p. 248.

[63] A. Paredi, La biblioteca del Pizolpasso, Mailand 1961, S. 219. Paredi bringt eine gute
kurze Biographie, S. 3–65, bes. S. 53, (doch vgl. dazu R. Fubini, Tra umanesimo e concili.
Note e giunte a una pubblicazione recente su F. Pizolpasso, in: Studi medievali, 3. serie,
Band 7, S. 1–S. 48), und ediert Briefe an Cusanus, S. 198–202; S. 207; S. 219–223; AC I 1 Nr.
146 p. 85–88; Nr. 154 p. 91–92; Nr. 292 p. 196; ib. I 2 Nr. 297 p. 202–203; Nr. 349 p. 232.

[64] Vgl. P. Moffitt Watts, Nicolaus Cusanus. A Fifteenth-Century Vision of Man, Leiden
1982, S. 150 Anm. 69.

3. *Cusanus und die Kultur der „Renaissance"*

Ich muß mich mit Andeutungen begnügen zur künstlerischen und literarischen Kultur der Zeit. Es geht hier nur darum: Cusanus gehört nicht mehr in die scholastische Kultur von Heidelberg, Wien, Paris oder Oxford. Er gehört in eine kulturelle, auch kirchenpolitische Erneuerungsbewegung, die in Italien zuhause war und um 1420 begann, während Kultur und Kunst, nördlich der Alpen auch die Philosophie und die Theologie, in den Jahrzehnten zwischen 1380 und 1420/30 einen „Stillstand in der Mittelmäßigkeit" (R. Romano) zeigten.

Werfen wir zunächst einen Blick auf die Situation in der Kunst:

Rom fällt zwischen 1310 und 1420 als Zentrum ohnehin aus; neue urbanistische Initiativen zeigten sich erst ab 1450. Erst danach besitzen die Päpste eine größere Bibliothek; erst im letzten Jahrhundertdrittel zeigt sich der neue Baustil im Vatikan, mit der Sixtinischen Kapelle und mit dem Neubau der Peterskirche.

Die kulturelle Vorherrschaft lag zwischen dem Beginn des vierzehnten Jahrhunderts und etwa 1470 bei Florenz; der akademische Vorrang blieb bei Bologna und Padua, auch noch bei Paris und Oxford. Mailand war politisch mächtig, es bedrohte zwischen 1390 und 1410 sogar Florenz – insbesondere, weil es zeitweise Siena besaß, 1398/1402 war sogar Pisa in der Hand Mailands –, aber Mailand konnte kulturell nicht mit Florenz konkurrieren, das übrigens 1406 Pisa eroberte.

Künstlerisch und kulturell entschied sich alles in der Toscana, doch herrschte auch hier nach dem Tode von Giotto (+ 1337), von Simone Martini und Giovanni Pisano, die ebenfalls vor 1350 gestorben sind, bis gegen 1420 eine gewisse Stagnation. Es reichte nur zu einer entschärfenden Adaption des Erreichten; erst ab etwa 1420 ging die Entwicklung mit Masaccio, der 1425 die Brancacci-Kapelle ausmalt, stürmisch weiter. 1427 schuf er sein perspektivisches Trinitätsfresko in S. Maria Novella. 1430 malte Paolo Ucello dort im Kreuzgang seinen ersten Freskenzyklus, etwa zwanzig Jahre danach den zweiten Zyklus und um 1455 die Schlachtenbilder. Ab 1439 treffen wir den Mathematiker und Maler Piero della Francesca in Florenz; gleichzeitig malte Fra Angelico das Kloster S. Marco aus.

Cusanus, der 1424, 1427 und 1429 nach Rom gereist ist, konnte bei Aufenthalten in Florenz die neuen Meisterwerke kaum übersehen: Ghiberti hatte 1403 bis 1424 die Broncetür am Battistero in Florenz geschaffen; sein Paradiso war 1452 vollendet; Donatellos Hl. Markus und sein Hl. Georg standen am Or S. Michele.

Brunelleschi hatte 1417 sein erstes Modell der Domkuppel von Florenz entworfen, 1421 den Neubau von S. Lorenzo begonnen und dort 1428 die Alte Sakristei fertiggestellt. 1434 waren die Pazzi-Kapelle und S. Spirito[65], 1437 die Domkuppel vollendet. Auf Beziehungen des Cusanus zu dem Künstler und Schriftsteller Leon Battista Alberti (1404 – 1472) hat Giovanni Santinello aufmerksam gemacht[66]; ich begnüge mich mit dem Hinweis, daß in der Bibliothek zu Kues dessen lateinisch geschriebene „Elemente der Malerei" stehen[67] und füge nur hinzu, daß Cusanus in *De visione Dei* seinen Zeitgenossen Rogier van der Weyden (1399 – 1464) rühmt[68]; P. Thurmann sah Zusammenhänge mit Michael Pacher[69]; auf Entsprechungen der cusanischen Weltsicht zu Jan van Eyck, der 1432 den Genter Altar gemalt hat, macht Anita Albus aufmerksam.[70] Allerdings hat man Cusanus mit den verschiedensten Malern koordinieren wollen, auch mit Dürer.[71] Ich beteilige mich an diesen Assoziationen nicht; sie sind interessant und oft wahrscheinlich, aber schwer belegbar; meine Bemerkungen behaupten keine Einflüsse; sie verweisen nur auf das kulturelle Umfeld, in dem Cusanus gedacht hat.

[65] J. Behles, Das Gestaltungsprinzip Brunelleschis beim Bau von S. Spirito in Florenz, Frankfurt 1978, S. 24–S. 28 zieht Parallen zu Cusanus.

[66] G. Santinello, Il pensiero di Nicolò Cusano nella sua prospettiva estetica, Padua 1958.

[67] Codex Cusanus 112, 3 fol 67–73; vgl. Marx S. 110.
Der broschierte Band ist erst später zu der vorliegenden Form zusammengestellt worden; der Text Albertis, den der Autor als eine Kurzfassung des großen Werkes *De pictura* vorstellt, hat eine alte, eigene Paginierung.

[68] Dazu vgl. E. Panofsky, Facies illa Rogeri Maximi Pictoris, in: Late Classical and Medieval Studies in Honor of A.M. Friend, Princeton 1955, S. 392–S. 400.

[69] P. Thurmann, Symbolsprache und Bildcharakter. Michael Pacher, der Trinitätsgedanke und die Schriften des Nikolaus von Kues, Frankfurt/M. 1987.

[70] A. Albus, Die Kunst der Künste. Erinnerungen an die Malerei, Frankfurt 1997, S. 50ff.

[71] E. Hempel, Nikolaus von Cues in seinen Beziehungen zur bildenden Kunst, Berlin 1953; F. Juraschek, Das Rätsel in Dürers Gottesschau. Die Holzschnittapokalypse und Nikolaus von Cues, Salzburg 1955.

4. „Renaissancepäpste" vor 1464

Das Wort „Renaissancepäpste" hat, je nach Standpunkt, einen verwerfenden oder bewundernden Klang; aber der Ausdruck bezieht sich meist auf Päpste wie Julius II., Alexander VI. oder Leo X. und verdeckt dadurch die geschichtliche Sonderstellung der Päpste der andersgearteten Zeit um 1450. Wir kennen nun die kirchenpolitische Gruppe, die es mit ihren Ideen einer intellektuellen Erneuerung dem Papsttum ermöglicht hat, in den Jahren 1438 bis 1464 die kulturelle Führung der Wiedergeburtsbewegung an sich zu reißen. Die – scheinbaren – Erfolge bei der Griechenunion, geschickte politische Schachzüge mit dem französischen König und mit dem Kaiser führten zu einem Rückgang des Konziliarismus und – vorübergehend – zu einem erneuerten Prestige des Papsttums, dessen Vorrangstellung die Griechen auf dem Konzil von Florenz hatten anerkennen müssen. Die Macht des Papsttums war allerdings bereits im Kirchenstaat, erst recht aber außerhalb durch vielfache Faktoren gebrochen. Der ständige Wechsel der Personen im Amt des Papstes brachte Unsicherheit. Oft drängten sich die notdürftigsten Reformen in den Vordergrund; an eine „Kulturpolitik", wie sie im zentralistischen Verwaltungsstaat möglich wurde, war kaum zu denken. Dafür gibt es einen instruktiven Beleg: Im Jahr 1452 – Cusanus war in Deutschland – schickte Nicolaus V. Guillaume de Estoutville als Legaten nach Frankreich. Er sollte dort den Frieden mit England herstellen, die Rücknahme der Pragmatischen Sanktion erwirken und die Universität Paris reformieren. Die beiden ersten Ziele erreichte er gar nicht, und wie er das dritte Problem lösen konnte, zeigt sein Reformationsdokument der Universität Paris vom 1. Juni 1452. Es beweist, daß die einfachsten äußeren Regelungen zu treffen waren, um die Schuldisziplin wiederherzustellen, die Vorlesungen und die Prüfungen zu regeln. Von der Notwendigkeit, über den alten Zustand hinauszukommen, ist die Rede, aber dieses große kulturpolitische Ziel schlägt sich nicht in neuen *intellektuellen* Direktiven nieder; es bleibt bei Kleidervorschriften und dem herkömmlichen Aristotelesunterricht. Auch ein Reformeiferer mußte froh sein, wenn in Kriegszeiten das Nötigste gesichert war.[72]

---

[72] Das Dokument bei H. Denifle – A. Chatelain, Chartularium Universitatis Parisiensis, Band 4, Paris 1897, Nr. 2690 p. 713–734.

Ich versuche nun, mit wenigen Worten die Päpste zu charakterisieren, mit denen Cusanus zusammenarbeitete.[73]

Eugen IV., 1431 – 1447, verwickelt in römische Adelskämpfe, mußte 1434 aus Rom nach Florenz fliehen.[74] Die florentinische Atmosphäre beeinflußte ihn und mehr noch seine Sekretäre; er brauchte im Kampf mit den Konziliaristen Schriftsteller, welche die humanistischen Formen beherrschten; für Verhandlungen mit den Griechen benötigte er Gelehrte, die sowohl die griechische wie die westliche Tradition kannten; dies war die historische Stunde von Humanisten wie Ambrogio Traversari und Tommaso Parentucelli, vor allem von Bessarion, der 1439 die Einigungsurkunde in beiden Sprachen verfaßte. Von dieser Gruppe ausgehend, konvergierten – teilweise, zeitweise und mit wechselndem Geschick – die Erneuerung des Papsttums, die Leidenschaft für eine sprachliche, wissenschaftliche und künstlerische Wiedergeburt der Antike und Cosimos Kulturpolitik. Das Papsttum erneuerte sich als Kulturmacht im Bündnis mit den neuen Ideen des Humanismus, mit dem neuen florentinischen Stil und mit dem Geld der Medici. Mit Eugen IV., der selbst kein Humanist war und keiner wurde, aber Arbeiten an Ghiberti und Fra Angelico vergab, begannen die Päpste, die Erforschung des antiken Rom und des

---

[73] Stofflich immer noch unentbehrlich, wenn auch in der konfessionalistischen Perspektive auch von katholischen Historikern aufgegeben, sind die beiden ersten Bände von L. Pastor, Geschichte der Päpste im Zeitalter der Renaissance. Band 1, 3. und 4. Auflage Freiburg 1901, Band 2, Fünfte bis siebte, unveränderte Auflage Freiburg 1923. Neuere Perspektiven zur Papstgeschichte bei D. Hay, The Church in Italy in the Fifteenth Century, Cambridge 1977; M. Miglio, Storiografia pontificia del Quattrocento, Bologna 1975; K.M. Setton, The Papacy and the Levant. Band 2: The Fifteenth Century, Philadelphia 1978; B. Schimmelpfennig, Das Papsttum. Grundzüge seiner Geschichte von der Antike bis zur Renaissance, Darmstadt 1984.

Zur kulturellen Geschichte Roms im 15. Jahrhundert vgl. J.A.F. Thomson, Popes and Princes 1417 – 1517: Politics and Policy in the Late Medieval Church, London – Boston 1980; AA. VV., Scrittura, biblioteche e stampa, Band 1 und 2, Rom 1981; J.W. O'Malley, Rome and the Renaissance. Studies in Culture and Religion, London 1981; P.A. Ramsey (Ed.), Rome and the Renaissance. The City and the Myth, Binghamton, N.Y. 1982; J.F. D' Amico, Renaissance Humanism in Papal Rome, Baltimore – London 1983; F. Troncarelli (Ed.), La città dei segreti. Magia, astrologia e cultura esoterica a Roma, Mailand 1985; P. Prezzi et al., Umanesimo a Roma nel Quattrocento, Rom 1984; Ch.L. Stinger, The Renaissance at Rome, Bloomington, Indiana 1985; G. Holmes, Florence, Rome and the Origins of the Renaissance, Oxford 1986.

[74] Über ihn außer dem in der vorigen Anmerkung Genannten vgl. A.M. Corbo, Artisti e artigiani in Roma al tempo di Martino V e di Eugenio IV., Rom 1969; J.W. Stieber, Pope Eugenius IV., the Council of Basel and the Secular and Ecclesiastical Authorities in the Empire, Leiden 1978.

christlichen Altertums zu fördern; Flavio Biondo trat in Florenz in päpstliche Dienste und widmete Eugen IV. sein Werk mit dem charakteristischen Titel: *Roma instaurata,* das außer dem heidnischen auch das alte christliche Rom beschrieb.

Nicolaus V.

Die Päpste Nicolaus V. (1447 – 1455) und Pius II. (1458 – 1464) waren beide Freunde des Cusanus und angesehene Humanisten. Nikolaus V. hatte sich sein Studium als Hauslehrer in vornehmen florentinischen Familien verdient; er hatte in Bologna studiert und war dort in den Dienst des Niccolo d'Albergati getreten.[75] Als Papst gelang es ihm, 1449 die kirchliche Einheit wiederherzustellen; er rief 1450 als Jubiläums- und Ablaßjahr aus, das zur kirchlichen wie zur finanziellen Stabilisierung des Papsttums beitrug und das sich in den *Idiota*-Schriften des Cusanus spiegelt. Er erreichte die Verständigung mit Kaiser Friedrich III. (Wiener Konkordat); er war der letzte Papst, der einen deutschen Kaiser in Rom krönte (1452). Er schickte Cusanus nach Deutschland, um den Ablaß zu verkünden, Synoden abzuhalten und Klöster zu visitieren; Bessarion entsandte er nach Bologna, um die große Stadt dem Kirchenstaat zu erhalten. Seine letzten Regierungsjahre waren getrübt – durch den Fall von Konstantinopel, durch seine Krankheit und durch die Verschwörung des Porcaro, die er blutig unterdrückte. Dieser Aufstand war kein mutwilliger Zwischenfall, sondern eine durch das humanistische Freiheitsdenken

---

[75] Außer dem Genannten vgl. besonders C. Vasoli, Profilo di un papa umanista; Tommaso Parentucelli, in: Studi sulla cultura del Rinascimento, Manduaria 1968, S. 69–S. 121; ferner: K. Pleyer, Die Politik Nikolaus V., Stuttgart 1927; J.B. Toews, Formative Forces in the Pontificate of Nicholas V., in: The Catholic Historical Review 54 (1968) S. 261–S. 284; L. Onofri, Sacralità, immaginazione e proposte politiche: La vita di Nicolo V scritta da G. Manetti, in: Humanistica Lovaniensia, Journal of Neo-Latin Studies, 28 (1979) S. 27–S. 77; ders., Sicut fremitus leonis et regis ira: temi neoplatonici e culto solare nell' orazione funebre per Nicolo V di Jean Jouffroy, in: Humanistica Lovaniensia 31 (1982), S. 1–S. 28; E. Schrötter, Der Vatikan als Hügel Apollons und der Musen, in: Römische Quartalschrift für christliche Altertumskunde 75 (1980) S. 208–S. 240; C.W. Westfall, L'invenzione della città. La strategia urbana di Niccolò V e Alberti nella Roma del '400, zuerst englisch 1974, doch enthält die italienische Übersetzung, Rom 1984, wertvolle Korrekturen durch Manfredo Tafuri; AA. VV., Roma capitale, 1447 – 1527, Pisa 1994; A.A. Strnad, Nikolaus V., in: TRE 24 (1994) S. 543–545.

gestärkte Erhebung vornehmer Stadtrömer.[76] Einen späten außenpoliti-
schen Erfolg hatte der Papst: Er konnte die italienische Liga fördern, die
Mailand und Venedig, Florenz und Neapel zu einem Schutzbündnis zu-
sammenschloß (1455).

Zum kulturellen Umkreis Nicolaus V. gehörten außer dem Kardinal
Albergati, der ihn gefördert hatte, Leon Battista Alberti[77] und der Humanist Giannozzo Manetti (1396 – 1459), der ein Schüler Traversaris
gewesen war und um die Jahrhundertmitte das Buch *De dignitate et ex-
cellentia hominis* schrieb, *Über die Würde des Menschen*; ferner Poggio
Bracciolini, von dem schon die Rede war; der lombardische Humanist
und Historiker Pier Candido Decembrio[78]; der Florentiner Buchhändler
Vespasiano da Bisticci, dem wir auch eine biographische Skizze des Cusanus verdanken.[79] Nicolaus V. lud Filelfo nach Rom ein[80], und er wollte
Lorenzo Valla als Sekretär einstellen, nachdem Cusanus und Bessarion

---

[76] Zur geschichtlichen Bedeutung des Porcari-Aufstandes vgl. M. Miglio, Viva la libertà et
populo di Roma . . Stefano Porcari, in: AA. VV., Palaeographica, Diplomatica et Archivisti-
ca. Studi in onore di G. Batelli, Band 1, Rom 1979, S. 381–S. 428. Die Reden des Porcari
wurden fälschlich als die des Buonarcorso da Montemagno ediert, Rom 1874.

[77] C. Grayson (Ed.), L.B. Alberti, *Opere vulgari*, Bari 1960; E. Garin (Ed.), L.B. Alberti,
Intercenali inedite, Florenz 1965; G. Orlandi (Ed.), L. B. Alberti, De re aedificatoria, 2 Bän-
de, Mailand 1966.
    Über ihn G. Mancini, Vita di L. B. Alberti, 2. Auflage, Florenz 1911; C. Grayson im
DBI I, Rom 1960. Seine Autobiographie edierte R. Fubini, in: Rinascimento, 2. serie, Band
12, Florenz 1972. Im Auftrag der Stadt Mantua edierten J. Rykwert und Anne Engel: L.B.
Alberti, Mailand 1994, dort und bei Rossi, S. 260–S. 266 neueste Editionen und Literatur.
Vgl. aber insbesondere G. Santinello, Niccolò Cusano e L. B. Alberti, Florenz 1962; ders.,
Niccolò Cusano e L. B. Alberti, in: Niccolò da Cusa. Convegno Bressanone 1960, Florenz
1962, S. 147–S. 178: G. Barbieri, Giudizio, misura. L.B. Alberti, Niccolò Cusano e l' archi-
tetto come intellettuale, in: Museum Patavinum, 3 (1985) S. 51–S. 74.

[78] Vgl. Rossi, S. 50–S. 51 und S. 110–S. 111.

[79] Vespasiono da Bisticci, *Le vite*, ed. A. Greco, 2 Bände, Florenz 1970 – 1976. Nächst den
Briefen Poggios (ed. H. Hardt, 3 Bände Florenz 1984 – 1987), Traversaris (Nachdruck Bologna 1969) und den Kommentaren des Enea Silvio (dazu unten Anm. 83 und 85) geben
diese Lebensbeschreibungen den lebendigsten Einblick in das Gewimmel der Genies um
die Jahrhundertmitte. Über ihn Lit. bei Rossi, S. 102–S. 103.
    Die Beschreibung des Cusanus fällt kurz aus (I p. 185), aber um so detailreicher sind die
Biographien Cosimos (II p. 167–211), Nikolaus' V. (I p. 29–81), des Giuliano Cesarini (I
p. 137–158), des Ambrogio Traversari (I 449–461), des Leonardo Bruni (I 463–484) und
des Poggio Bracciolini (I 539–552).

[80] Filelfo, 1398 – 1481, hatte in Padua studiert, ging 1417 nach Venedig, von dort nach
Konstantinopel. Als er 1427 zurückkam, mit vielen griechischen Büchern, lehrte er zuerst
in Bologna, dann, ab 1429, in Florenz. Als Gegner der Medici mußte er die Stadt 1434 ver-

für ihn beim Papst interveniert hatten. Dies war selbst für den Papst nicht einfach. Schließlich hatte Valla bewiesen, daß die weltliche Herrschaft des Papstes auf der Fälschung der Konstantinischen Schenkung beruhte. Valla hatte in der Kurie wenige Freunde; die Anstellung erfolgte erst unter Kalixt III.[81] Nicolaus V. wurde der eigentliche Begründer der Vatikanischen Bibliothek; die Büchersammlung der Päpste von Avignon war nicht nach Rom gekommen. Als er sein Amt antrat, zählte die Bibliothek 340

lassen, ging nach Siena, dann von 1439 – 1481 nach Mailand. Werke: *Epistolarum familiarum libri XXXVII,* Mailand 1483- 1484; *De morali disciplina,* Venedig 1552; Convivia mediolanensia, Mailand 1477 und 1483, auch Köln 1537; *De paupertate,* bei Garin, Prosatori latini, S. 493–S. 517; E. Legrand (Ed.), Cent-dix lettres grecques de F. Philelphe, Paris 1892; dazu auch J. Kraye, F. Filelfo's Lost Letter De ideis, in: Journal of the Warburg and Courtauld Institutes 42 (1979).

Über Filelfo: E. Garin, La cultura milanese nella seconda metà del secolo XV, in: Storia di Milano, VII, Mailand 1956, S. 541–S. 597; J. Kraye, Francesco Filelfo on Emotions, Virtues and Vices. A Re-examination of his Sources, in: Bibliothèque d' Humanisme et Renaissance 43 (1981) S. 129–140; V.R. Giustiniani, Philosophisches und Philologisches in den lateinischen Briefen Francesco Filelfos, in: F.-J. Worstbrock, Der Brief im Zeitalter der Renaissance, Weinheim 1983, S. 100–S. 117; C. Bianca (Ed.), Francesco Filelfo nel quinto centenario della nascita, Padua 1986; D. Robin, Filelfo in Milan. Writings 1451–1477, Princeton 1991. Vgl. Rossi, S. 51–S. 52 und S. 107–S. 110.

[81] L. Valla, *Opera omnia,* Nachdruck der Ausgabe Basel 1540 mit Vorwort von E. Garin, 2 Bände Turin 1962. Dort I p. 340 der Brief des Cusanus an Valla. Einzelne wichtige Neuausgaben:

De vero falsoque bono, ed. M. De Panizza Lorch, Bari 1970; *Collatio Novi Testamenti,* ed. A. Perosa, Florenz 1970; *Repastinatio dialecticae et philosophiae,* ed. G. Zippel, 2 Bände, Padua 1982; *Epistolae,* ed. O. Besomi-M. Regogliosi, Padua 1984; *De libero arbitrio* – Über den freien Willen, lat.dt. von E. Keßler, München 1987; *Le Postille all' Institutio Oratoria di Quintiliano,* ed. L. Cesarini – A. Perosa, Padua 1996. Weitere Textausgaben und Literatur verzeichnet Rossi, S. 175–S. 183. Vgl. besonders S.I. Camporeale, L. Valla, Umanesimo e teologia, Florenz 1972 und ders., Lorenzo Valla, „Repastinatio, Liber primus": retorica e linguaggio, in: O. Besomi – M. Regoliosi, (Ed.), L. Valla e l' umanesimo italiano, Atti del convegno Parma 1984, Padua 1986, S. 217–S. 240; ders., Lorenzo Valla, The Transcending of Philosophy through Rhetoric, in: Rinascimento, s. II 30 (1990) S. 269–S. 284; ders., Lorenzo Valla; etica umanistica e prassi cristiana, in: Memorie domenichane 22 (1991) S. 345–S. 380; über Cusanus und Valla vgl. Vanstenberghe, S, 31s., darüber hinaus sind wichtig: M. Fois, Il pensiero cristiano di Lorenzo Valla nel quadro storico-culturale del suo ambiente, Rom 1969; P. Giannantonio, Lorenzo Valla, filologo e storiografo dell' Umanesimo, Neapel 1972; M. De Panizza Lorch, A Defense of Life. Lorenzo Valla's Theory of Pleasure, München 1985, dazu B. Vickers in: Viator 17 (1986) S. 272–S. 320; M. Lanfranchi, Il rinnovamento della filosofia nella ‚Dialettica' di Lorenzo Valla, in: Rivista di Filosofia neoscolastica 84 (1992) S. 13–S. 60; ders., Verità ed etica nella ‚Dialettica' di Lorenzo Valla, ib. 86 (1994) S. 44–109; M. Regoliosi, Nel Cantiere del Valla. Elaborazione e montaggio delle „Elegantiae", Rom 1993.

Bände; nach acht Jahren hatte er ihren Bestand mehr als verdreifacht.[82] Mit besonderem Eifer förderte er Übersetzungen aus dem Griechischen, und zwar nicht nur theologische; insbesondere wollte er den Homer, den Archimedes und den Thukydides übersetzt haben. Er sah, daß die Wiedergewinnung der Antike die Griechen einbeziehen müsse; er übernahm damit im großen Maßstab eine kulturpolitische Initiative, die seit Boccaccio, seit der Errichtung des ersten Lehrstuhls für Griechisch in Florenz (1397) und insbesondere seit Ambrogio Traversari am Arno heimisch war und die durch die griechischen Gelehrten seit dem Unionskonzil und dem Vordringen der Türken verstärkt wurde. Er begann mit der Restaurierung der antiken Stadtmauer; er befahl, die alte Peterskirche abzureißen; er baute den Vatikan als bevorzugten Sitz des Papstes aus; er zog ihn dem Lateran vor, auch um sicher zu sein vor dem römischen Stadtbürgertum; dazu befestigte er die Engelsburg neu. Er nahm Anregungen von Leone Battista Alberti zum Neubau der Peterskirche, des Vatikans und der Leostadt auf, konnte sie aber nicht mehr ausführen. Er beauftragte Piero della Francesca; er rief Fra Angelico nach Rom, der ihm die Laurentius- und die Stefanuslegende malte.

Pius II.

In den Jahren 1455 – 58 regierte Kalixt III. Im Konklave hatte Kardinal Bessarion Aussichten, Papst zu werden; aber gegen den Griechen erhoben sich Einwände. So kam der spanische Rechtsgelehrte Alonso de Borja – wir kennen den Clan besser unter dem Namen „Borgia" – auf den Thron, der seinen Neffen Rodrigo Borja zum Kardinal machte, den späteren Papst Alexander VI.[83] Er widmete sich fast ausschließlich dem Türkenkrieg. Die Förderung der Wissenschaften und der Kunst lag ihm fern. Hier zeigt sich, welch prekären Stand die kulturelle Erneuerung in Rom hatte. Sie war bedroht durch innere, kirchenpolitische Spaltungen, durch die Fortdauer alter Denkgewohnheiten, durch den Nepotismus der Päp-

---

[82]   Einen Überblick über die lateinischen Bücher seiner Bibliothek gibt jetzt A. Manfredi, I codici latini di Nicolò V. Edizione degli inventari e catalogazione dei manoscritti, Rom 1994.
[83]   S. Schüller-Piroli, Die Borgia Päpste. Kalixt III. und Alexander VI., München – Wien 1980.

ste, durch den Konflikt der römischen Adelsfamilien Colonna und Orsini und nicht zuletzt durch die Türkengefahr.

Pius II. (Enea Silvio Piccolomini, 1458 – 1464) war Verfasser von Romanen, Komödien und Gedichten; er hatte die Geschichte des Baseler Konzils und noch heute lesenswerte Memoiren (*Commentarii)* geschrieben. Diese „Kommentare" geben ein fesselnd-lebendiges Bild nicht nur von der Persönlichkeit des Papstes, sondern auch von der politischen und kulturellen Umwelt des Cusanus. Enea Silvio war Jurist, Geograph und Literat, ein Schüler Poggios und Filelfos.[84] Als Papst mußte er den Konziliarismus verurteilen, dem er zuvor angehangen hatte. 1460 erklärte er mit der Bulle *Execrabilis* den Vorrang des Papstes vor dem Konzil und verwarf künftige Appelle an ein Konzil. Pius verurteilte in der Bulle *Execrabilis* vom 18.1.1460 die Ansichten des Enea.[85]

Er übernahm von seinem Vorgänger als wichtigstes Projekt den Türkenkrieg. Allerdings schrieb er auch dem Sultan einen Brief, in dem er ihn aufforderte, sich zu bekehren; das Christentum sei nicht so, wie der Sultan es sich vorstelle.[86] Der Papst bekam nie eine Antwort, und die Türken drangen weiter vor auf dem Balkan, 1480 eroberten sie Otranto.

Pius II. konnte die finanzielle Lage des Kirchenstaates verbessern. Denn 1460/62 wurde in Tolfa bei Civitavecchia Alaun entdeckt, das un-

---

[84] Der von mir besorgte Nachdruck der Ausgabe von 1584 seiner *Commentarii* erschien Frankfurt 1974; wertvolle Neuausgaben: Lat. ital. mit Kommentar ed. L. Totaro, 2 Bände, Mailand 1984; besserer Text ed. I. Bellus – I. Boronkai, *Commentarii*, Budapest 1993. Über Cusanus vgl. insbesondere Buch VII 9 p. 350–352 Bellus-Boronkai.
De gestis concilii Basiliensis commentariorum libri II, ed. D. Hay – W.K. Smith, 2. Auflage, Oxford 1992.
Über ihn außer dem Genannten vgl. B. Widmer, Enea Silvio Piccolomini, Papst Pius II. Biographie und ausgewählte Texte aus seinen Schriften, Basel 1960; E. Garin, Ritratto di Enea Silvio Piccolomini, in: Ritratti di umanisti, Florenz 1967, S. 9–S. 39; D. Maffei (Ed.), Enea Silvio Piccolomini. Atti del Convegno, Siena- Verona 1968; G. Bernetti, Saggi e studi sugli scritti di Enea Silvio P., Florenz 1971; F.-R. Hausmann, Enea Silvio Piccolomini ‚poeta‘ und die Rezeption der heidnischen Antike, in: Bibliothèque d'Humanisme et de la Renaissance 25 (1973) S. 441–461; L. Totaro, Pio II nei suoi Commentarii, Bologna 1978; A. Esch, E.S. Piccolomini als Papst Pius II: Herrschaftspraxis und Selbstdarstellung, in: H. Bookmann et al. (Hg.), Lebenslehren und Weltentwürfe im Übergang vom Mittelalter zur Neuzeit, Göttingen 1989, S. 112–S. 140; L. Rotondi Secchi Tarugi (Ed.), Pio II e la cultura del suo tempo, Atti del I Convegno internazionale, 1989, Mailand 1991; E. Meuthen, Pius II., in: TRE 26 (1996) S. 649–652.
[85] Text bei Mirbt – Aland Nr. 478 S. 490–491.
[86] Ed. G. Toffanin, Neapel 1953. Vgl. F. Gaeta, Sulla lettera a Maometto di Pio II, in: Bollettino dell' Istituto storico italiano per il medio evo 77 (1965) S. S. 127–S. 227 und A. R. Baca, Epistle to Mohammed II, New York – Bern – Frankfurt 1990.

entbehrlich war für die Textilindustrie[87]; aber für den Türkenkreuzzug blieb der Papst auf die widerstrebenden Fürsten und Städte angewiesen; weder Venedig noch Florenz waren zu gewinnen; Frankreich und der Kaiser zeigten sich desinteressiert; nur Ungarn und Burgund zogen mit, als der Kreuzzug schließlich zustande zu kommen schien. Der Papst war schon krank, als er nach Ancona reiste, dem Sammelort der Kreuzfahrer; Venedig zögerte immer noch, in der Sommerhitze wüteten Seuchen im Heer – da starb Pius II. am 15. August 1464. Cusanus war vier Tage zuvor, auch auf dem Weg nach Ancona, in Todi gestorben.

[87] Zippel, G., L' alume di Tolfa e il suo commercio, in: Archivio della Società Romana di Storia Patria 30 (1907) S. 5–S. 51 und S. 389–S. 492.

III.

AUSBLICK

Zum Schluß möchte ich für einen Augenblick heraustreten aus dem chronologischen Rahmen, um einen Ausblick zu tun auf die weitere Entwicklung nach dem Tod des Cusanus im Jahre 1464. Nördlich der Alpen repräsentierte Rudolf Agricola (1444 – 1481) die folgende Generation. Er war in Pavia und Ferrara ausgebildet und wurde der Begründer des Humanismus im Reich. Cusanus hatte zu starke philosophische, naturwissenschaftliche, mathematische und politische Interessen, um zum Philologen zu werden. Rudolf Agricola war auf andere Weise mehr als nur ein Philologe; er schuf eine neue philosophische Einleitungswissenschaft im Geist des Humanismus. 1476/1479 schrieb er sein folgenreiches Werk *De inventione dialectica*. Das war wie bei Cusanus der Entwurf einer *ars generalis,* aber jetzt im Sinne einer sprachbezogenen Reform der Dialektik. An dieser Art von Philosophie hatte Valla gearbeitet; Erasmus wird sie über ganz Europa verbreiten.

Werfen wir noch einen letzten Blick auf das Papsttum: Ein Jahr nach dem Tod des Cusanus begann der Konflikt Pauls II. (Papst von 1464 bis 1471) mit den Humanisten am Hof; er ließ die Akademie schließen und 1468 einige Autoren, darunter Platina, verhaften. Bussis Widmungen der römischen Erstdrucke las er zwar nicht, aber er stellte Bussi Handschriften für seine Drucke zur Verfügung.

Sixtus IV., Papst von 1471 bis 1484, hat Verdienste um die Vatikanische Bibliothek, um die Sixtinische Kapelle und um die nach ihm benannte römische Brücke[88], aber die schamlose Begünstigung seiner Verwandten brachte diesen Franziskanerbruder in Konflikte mit fast allen italienischen Herrschern und lähmte die Abwehr gegen die Türken; er war verwickelt in die Pazzi-Verschwörung gegen die Medici. In seiner Zeit wurde es in Rom wieder üblich, die Kirche als Monarchie zu denken; die konziliare Demokratisierung war endgültig vorbei, in der theologischen Theorie wie in der Praxis. Gleichzeitig wurden die konziliaristischen De-

---

[88] Vgl. J. Ruysschaert, Sixte IV, fondateur de la Bibliothèque Vaticane, in: Archivum Historiae Pontificiae 7 (1969) S. 513–S. 524; E. Lee, Sixtus IV and Men of Letters, Rom 1978.

krete von Konstanz und Basel in mehreren Frühdrucken verbreitet; eine Dissoziation der öffentlichen Ansichten über die Kirche bahnte sich an.

Seit 1484 regierte Papst Innozenz VIII. (1484 – 1492), über den wir durch das *Diarium* des päpstlichen Zeremonienmeisters Johannes Burckardt [89]zusätzlich unterrichtet sind: Er war der erste Papst, der seine Töchter und Söhne öffentlich auftreten ließ. Der Nepotismus grassierte; Fürsten und Bankiers bestimmten die kommenden Papstwahlen. Die düstersten Einsichten des Cusanus bewahrheiteten sich: Diese Kurie war nicht zu reformieren; die sachlichen Gründe für seinen Wechsel zur Papstpartei waren dahingeschwunden. Innocenz VIII. sanktionierte 1484 mit seiner Bulle *Summis desiderantes* die Hexenjagd, die vor allem in Deutschland im Gange war. Sie war damals durchaus umstritten.[90] Der Papst stellte sich auf die Seite der Verfolger und sicherte deren Ansichten die päpstliche Autorität. 1487 erschien der für die Hexenverfolgung maßgebliche *Hexenhammer, Malleus maleficarum,* von Heinrich Institoris (Krämer) und Jakob Sprenger. Im selben Jahr wurde Martin Luther geboren.

1492 starb Lorenzo de' Medici, il Magnifico. Die Glanzzeit von Florenz ging zu Ende. Im selben Jahr wurde Granada erobert und Amerika entdeckt.

1494 zog Karl VIII. nach Italien. Das war das Ende der Priorität der Städte. Es begann die Zeit der Imperien. Das oligarchische Venedig wahrte am längsten seine Sonderstellung. Die Medici wurden aus Florenz vertrieben, Savonarola wurde 1498 verbrannt. 1499 starb Marsilio Ficino. Der französische König Ludwig XII. eroberte Mailand.

1500 wurde Karl V. geboren. Die Weltgeschichte schlug eine neue Seite auf.

Was blieb von Cusanus in dem neuen Zeitalter der Nationalstaaten, des Konfessionalismus und der Kolonisation? In Kues stand sein Hospital und seine Bibliothek, deren Wert den italienischen Gelehrten bekannt war; Pico hat sie besucht. In Rom stand sein Grabmal in der Kirche San Pietro in Vincoli, die fast jeder Rombesucher betrat. Vespasiano da Bisticci schuf ihm ein kleines, aber intensives literarisches Denkmal in seinen Lebensbeschreibungen (*Vite*). Er pries die bescheidene Lebens-

---

[89]　= Jean Burchard, dessen Tagebuch zuerst Leibniz in Teilen herausgegeben hat. Neuausgabe durch J. Turmel, Paris 1932.
[90]　Text bei Mirbt – Aland Nr. 780 S. 492–493.

führung des Cusanus, der ihm „sehr arm" vorkam – verglichen mit den Kunden aus der Familie Medici und mit den anderen Kardinälen, die sich ganzer Landstriche bemächtigten. Vespasiano hob außerdem hervor, Cusanus sei ein Platoniker und ein Kritiker des Aristoteles gewesen. Platoniker oder Aristoteliker – das waren die Parteinamen der Gelehrten in Florenz und in Rom; auch die kürzeste Charakteristik eines Schriftstellers mußte mit der Zuordnung zu einer von ihnen enden.

1488 erschienen die Werke des Cusanus in einem Straßburger Druck, dem bis zur Baseler Ausgabe von 1565 weitere Ausgaben folgten, vor allem die Pariser von 1514. Aus all diesen Gründen konnte das Denken des Cusanus im konfessionellen Zeitalter zwar überlagert, nicht aber vergessen werden. Dennoch wurde das Vergessensein des Cusanus zu einem Topos der Cusanusliteratur – besonders bei Autoren, die alte Bibliotheken nicht besuchen und sich um faktische Details der Literarhistorie nicht kümmern. Die Legende war immer falsch. Dafür gibt es einen weiteren Grund: Von Cusanus war ausdrücklich in den ältesten Druckwerken die Rede, die auf italienischem Boden geschaffen worden sind. Sie waren zwar nur in geringen Auflagen – etwa 200 oder 300 Exemplare pro Titel – verbreitet; aber sie erregten das Interesse der Gebildeten. Ich will dies zum Abschluß etwas erläutern.

Es ist wahrscheinlich, daß Cusanus spätestens auf seiner Legationsreise Kenntnis erhielt von der neuen Kunst des Buchdrucks.[91] Gutenberg war gelernter Goldschmied, kein Abschreiber; seit etwa 1440 hatte er mit beweglichen Metallettern experimentiert. Zwischen 1450 und 1455 schuf er die Gutenberg-Bibel, und es waren zwei Drucker, beide Kleriker, Konrad Sweynheim aus der Diözese Mainz, und Arnold Pannartz aus Köln, die den Buchdruck in Italien einführten. Sie verließen Mainz nach der Kriegszerstörung von 1462 und ließen sich zunächst in Subiaco nieder; sie druckten dort einen Cicero, *De oratore,* der undatiert blieb, aber wohl vor September 1465 entstanden ist. Sie druckten in Subiaco nur noch zwei Werke, einen Laktanz, *De divinis institutionibus,* und Augustinus, *De civitate Dei.* Dann verlegten sie ihre Druckerei nach Rom. Dort begann 1467 ihre Zusammenarbeit mit Giovanni Andrea dei Bussi, der von 1458 bis 1464 Sekretär des Cusanus gewesen war und dem wir als Partner in Dialogen des Kardinals mehrfach begegnen werden. Bussi rühmt in der

---

[91]   A. Kapr, Johannes Gutenberg. Persönlichkeit und Leistung, München 1988, S. 57–S. 60 rechnet sogar mit einer früheren Bekanntschaft zwischen Cusanus und Gutenberg.

Vorrede zu seiner Hieronymusausgabe (Rom 1470) die Erfindung Gutenbergs als *sancta ars* und berichtet, Cusanus habe diese Kunst in
Deutschland entstehen sehen und gewünscht, sie solle nach Rom gebracht werden.[92] Die Verbindung zwischen Bussi und den Druckern ist
nach dem Tod des Cusanus zustande gekommen; die näheren Umstände
kennen wir nicht; jedenfalls übernahm Bussi die wissenschaftliche Leitung der ersten Druckerei in Italien und schuf zwischen 1468 und 1472
eine Reihe von Editionen, die ein kulturelles Programm zeigen. Hartmann Schedel hat eine Art von erstem Verlagskatalog, übrigens mit Preis-
angaben, überliefert, der zeigt, was der erste Verlag in Rom verkaufte:
Antike Klassiker, in gereinigten Texten und guten Übersetzungen aus
dem Griechischen, den unvermeidlichen Cicero, aber auch neuplatonische Texte (Apuleius, *Der Goldene Esel*, *De Deo Socratis*, *De dogmate
Platonis*), den Trismegistus und Gellius, *Noctes Atticae*, die Kirchenväter
(Hieronymus, Augustinus, Leo der Große, Laktanz und, eher beiläufig,
Cyprian). Unverkennbar ist das humanistische Interesse an der Antike:
Bussi edierte antike Geschichtsschreiber (Livius, Caesar, Sueton) und
Naturforscher (Strabo in lateinischer Übersetzung und Plinius d. Ä.),
aber ebenso die lateinische Dichtung (Vergil und Ovid). Gegen Ende der
intensivsten Produktionszeit, 1472, als eine ökonomische Krise des Ver-
lags in Sicht kam, druckte er noch den großen Bibelkommentar des

---

[92] *Ioannis Andreae episcopi Aleriensis ad Paulum II in Epistolarum divi Hieronymi primi
voluminis recognitionem epistola*, ed. M. Miglio, Prefazioni alle edizioni di Sweynheym e
Pannartz prototipografi romani, Mailand 1978, p. 4: *Hoc est quod semper gloriosa et coelo
digna anima Nicolai Cusensis, cardinalis Sancti Petri ad Vincula, peroptabat, ut haec sancta
ars, quae oriri tunc videbatur in Germania, Romam deduceretur.*
    Ausführlicher spricht Bussi von den wissenschaftlichen Interessen des Cusanus, von sei-
ner Neigung zu Platon, in der Vorrede zu seiner Ausgabe des Apuleius (Rom 1469), ed.
Miglio p. 17–18. besonders p. 18: *Philosophiae Aristotelicae acerrimus disputator fuit; theologiae vero christianae summus interpres et magister et caelestis arcani antistes sapientissi-
mus. At Platonis nostri et Pythagoraeorum dogmatum ita cupidus atque studiosus ut nemo
magis illi scientiae putaretur intendisse.* Es folgt der Bericht über das Drängen des Cusanus
auf Proklosübersetzungen und dann das erste Vorkommen des Ausdrucks „Mittelalter" anläßlich der Behauptung über Platon... *quem prisci omnes, quem veteres, quem **mediae tem-
pestatis** homines, quem nostrae aetatis maximi* (das sind Bessarion und Cusanus*), quem
Greci, quem barbari, quem christiani omnes eruditissimi, oraculi vice colant, obervent et
predicent.* Es kommen in dieser Vorrede zusammen – das Bewußtsein, in einem neuen Zeitalter zu leben, in dem der Rückgang auf antike Quellen in gereinigter Form möglich ist, in
dem die Druckkunst das Wissen leichter verbreitet und in dem die Christen eine neue kulturelle Orientierung suchen sollen, *christianisque et Platonis simul radiis et humanitate illu-
strati* (Miglio p. 19).

Nikolaus von Lyra. Bussi versah seine Ausgaben mit ausführlichen Vorreden, die seine Intentionen in aller Klarheit aussprechen: Bessarion und
Cusanus hätten den Vorrang Platons erwiesen; sie hätten ihn als *secretari-*
us divinitatis, als „Sprecher der Gottheit", angesehen; sie hätten Reinigung der Texte und Orientierung an der Antike empfohlen; Cusanus sei
ein hervorragender Kenner der Geschichte des Altertums und des Mittelalters gewesen, nicht obenhin, sondern im Detail aus den Dokumenten,
non summatim, sed per capita singula; in der Mathematik habe ihn zu
seiner Zeit niemand übertroffen, aber er habe auch die Poesie geliebt,
wenn er dies auch eher verborgen habe (*Poetas et oratores dissimulabat*
sane, verum, ut erat ingenio peramoeno, nequaquam ignorabat).[93] Bussi
schrieb seine Vorreden für Papst Paul II., obwohl er – wie er später allen
mitteilte – wußte, daß dieser sie nicht las. Aber die dem Papst gewidme-
ten *Praefationes* dienten der Empfehlung der Drucke; sie erklärten die
Editionskriterien und verschafften der cusanisch-bessarionischen Inspi-
ration des Programms eine Art kirchlicher Legitimation. Denn es war
nicht unumstritten; die Zeit Nikolaus V. und Pius II. war vorbei. Bussi
wurde wegen seines Lobpreises auf Platon als paganisierend angegriffen;
dieser Über-Platoniker (*platonicissimus*), schrieben seine Gegner, untergrabe mit seinen platonisierenden Texten das Christentum; es sei unbegreiflich, wie ein Bischof (Bussi war Bischof der kleinen und armen Diözese von Aleria auf Korsika, lebte aber in Rom) platonische Dogmen
und heidnische Unsitten mit seinen Drucken verbreite.[94]

In Rom war der Kampf zwischen Platon und Aristoteles noch nicht
ausgetragen, und die ersten Drucker auf italienischem Boden standen mit
ihrem Herausgeber Bussi inmitten dieser Polemik.

---

[93] Miglio p. 18.
[94] Miglio, p. XLVII.

ZWEITER TEIL

SÜDLICHES LICHT – „DIE WAHRHEIT SCHREIT AUF DEN STRASSEN"

I.
DIE LEICHTIGKEIT DER SCHWIERIGEN DINGE
DER LAIENPHILOSOPHIE ERSTER TEIL:
DE SAPIENTIA

1. Der Laie und das Buch der Natur

Vor der Trockenlegung der pontinischen Sümpfe war das römische Klima ungesund. Hinzu kam die Pest. So flohen der Papst und seine engste Umgebung trotz des Jubiläumsjahres im Sommer 1450 in die Marken. Cusanus hatte einige Monate Muße, danach mußte er wieder reisen; von Anfang 1451 bis März 1452 war er auf der großen Legationsreise nach Deutschland[1]. Am 15 Juli 1450 schrieb er in Rieti an einem Tag den ersten Dialog *über die Weisheit, De sapientia*; an zwei Augusttagen verfaßte er in Fabriano den zweiten Dialog *Über die Weisheit*. Beide Schriften zusammen bilden den ersten Teil eines Triptychon. Dessen Mittelstück oder zweiten Teil stellt der Dialog über den Geist *(De mente)* dar; er ist im Kloster Valle Castro bei Fabriano geschrieben. Das rechte Flügelstück oder der dritte Teil, wieder in Fabriano verfertigt, bringt ein Gespräch über *Versuche mit der Waage, De staticis experimentis*. Diese Schriften werden dadurch zusammengehalten, daß es sich um drei Unterhaltungen handelt, die ein *Idiota* führt. Ein *Idiota* hieß damals ein Ungebildeter oder ein Laie. Cusanus verbindet die drei Themen nicht durch eine systematische Konstruktion; er sagt nicht etwa, „Weisheit", Erkenntnislehre und Naturforschung müßten wir in ihrem Zusammenhang sehen; er behandelt drei verschiedene Fragen, die 1450 interessieren konnten. Es stellt sich die Frage nach dem inneren Zusammenhang der drei Problemkreise; fürs erste wirken die Themen disparat. Die dreiteilige Gesamtschrift des

---

[1] Zum Aufenthalt in Rieti und Fabriano vgl. AC I 2 Nr. 916 p. 638 und Nr. 923 p. 640. Zur Legationsreise vgl. ib. I 3 a Nr. 963 p. 669. Grundlegend für alles Biographische bleibt: Vansteenberghe, p. 87–139.

Idiota hat etwas Zerklüftetes, zufällig Zusammengestelltes, verglichen mit der geschlossenen Form von *De coniecturis* oder dem einheitlichen Ductus von *De docta ignorantia.*

Die Schrift *Uber die Weisheit* besteht aus zwei Büchern. Daher umfassen die Idiota-Schriften des Cusanus insgesamt *vier* Bücher. Ich spreche lieber von *drei* Teilen, denn die Einteilung der beiden Bücher von *De sapientia* ist weder argumentativ noch thematisch erzwungen. Die Zweiteilung verdankt sich wohl dem Umstand, daß Cusanus den zweiten Teil drei Wochen später verfaßt hat. Den viel umfangreicheren Text über den Geist hat Cusanus nicht mehr in Bücher, sondern in 15 Kapitel unterteilt.[2]

De sapientia ist nicht der erste Dialog, den Cusanus geschrieben hat. Seit der Fertigstellung von *De coniecturis* drängte es ihn zu dieser Form; *De deo abscondito* von 1445 und *De Genesi* von 1447 waren bereits Dialoge. Aber sie hatten keinen Ort in der sichtbaren Welt. *De sapientia* hingegen spielt auf dem Marktplatz in Rom, dem *forum Romanum.* Dieses „Forum" war gewiß nicht das altrömische Zentrum mit den Tempeln und

---

[2]   Die *Idiota*-Shriften werden in fast allen Büchern erörtert, die allgemein von der Philosophie des Cusanus handeln. Vgl. die in Teil 1 Anm. 139 zitierten Werke und darüber hinaus insbesondere: E.F. Rice, Nicholas of Cusa's Idea of Wisdom, in: Traditio 13 (1957) S. 345–S. 368; J. Hirschberger, Gegenstand und Geist bei Nikolaus von Kues, in: Studium generale 21 (1968) S. 274–S. 284; N. Henke, Der Abbildbegriff in der Erkenntnislehre des Nikolaus von Kues, Münster 1968; K. Jacobi, Die Methode der Cusanischen Philosophie, München 1969; W. Schwarz, Das Problem der Seinsvermittlung bei Nikolaus von Kues, Leiden 1970; Nikolaus von Kues in der Geschichte des Erkenntnisproblems, MF 11 (1975); N. Herold, Menschliche Perspektive und Wahrheit. Zur Deutung der Subjektivität in den philosophischen Schriften des Nikolaus von Kues, Münster 1975; Th. van Velthoven, Gottesschau und menschliche Kreativität. Studien zur Erkenntnislehre des Nikolaus von Kues, Leiden 1977; M.L. Fuehrer, Wisdom and Eloquence in Nicholas of Cusa's Idiota de sapientia and de mente, in: Vivarium 16 (1978) S. 142–S. 155; J. Hirschberger, Die Stellung des Nikolaus von Kues in der Entwicklung der deutschen Philosophie, Wiesbaden 1978; K. Kremer, Erkennen bei Nikolaus von Kues. Apriorismus – Assimilation – Abstraktion, in: MF 13 (1978) S. 23–S. 57; R. Steiger, Die Lebendigkeit des erkennenden Geistes bei Nikolaus von Kues, in: MF 13 (1978) S. 167–S. 181; P. Moffitt Watts, Nicolaus Cusanus. A Fifteenth Centruy Vision of Man, Leiden 1982, S. 117–S. 152; M. Stadler, Zum Begriff der mensuratio bei Cusanus. Ein Beitrag zur Ortung der cusanischen Erkenntnislehre, in: A. Zimmermann (Hg.), Miscellanea Medievalia 16/ 1, Berlin 1983, S. 118–S. 131; F. Nagel, Nicolaus Cusanus und die Entstehung der exakten Wissenschaften, Münster 1984; K. Kremer, Weisheit als Voraussetzung und Erfüllung der Sehnsucht des menschlichen Geistes, in: MF 20 (1992) S. 105–S. 141; G. Santinello, Weisheit und Wissenschaft im cusanischen Verständnis. Ihre Einheit und Unterschiedenheit, in: MF 20 (1992) S. 57–S. 67 und S. 97–S. 104; J. Hopkins, Nicholas of Cusa on Wisdom and Knowledge, Minneapolis 1996.

der Curia, das wir heute wieder so nennen; es war vielmehr ein Markt der mittelalterlichen Stadt, wohl der *Campo dei Fiori*. Dort also trifft ein Laie einen *orator*; sie ziehen sich vom Marktlärm ein wenig zurück in eine Friseursstube, um sich besser unterhalten zu können über das, was sie sehen. Das Markttreiben verschwindet dann schnell aus der Unterhaltung. Die konkrete Umgebung war nur Staffage; immerhin, einen Schritt auf eine reichere Dialogform hin hat Cusanus getan. Die Dialogpartner sind Typen, keine Individuen. Der Idiota ist Laie, d.h. er ist kein Kleriker, er hat nicht studiert. Er ist ein Selbstdenker im Unterschied zu den Büchergelehrten. Die Weisheit, *sapientia*, bedeutet ein Schmecken, *sapere*, der Wahrheit. Schmecken muß man selbst. Die Wirklichkeit müssen wir selbst erfahren; hier genügen das bloße Hörensagen und die Bücher-Lektüre keineswegs.[3] Ein Gegensatz zur Kirche liegt in in seiner Laienrolle nicht; sein Dialoggegner, der zunehmend zum Dialogpartner wird, ist ein *Orator*. Darunter dürfen wir uns keinen Lehrer der Redekunst vorstellen, sondern einen rhetorisch ausgebildeten Beamten im Dienst eines Fürsten oder einer Stadt, dessen Aufgabe es war, Staatsschreiben antikisierend zu stilisieren und bei feierlichen Anlässen Festreden zu halten. Seit dem 14. Jahrhundert hatte sich, von Italien ausgehend, das Bewußtsein verstärkt – ich sage verstärkt, denn es fehlte vorher nicht völlig –, mit elegantem Stil lasse sich Staatspropaganda wirksamer gestalten. Wir müssen uns also einen hohen Kanzleibeamten vorstellen, eine typische Figur des italienischen Quattrocento, einen Diplomaten und steinreichen Mann; der Autor stellt ihn als Kontrastfigur dem armen Nicht-Studierten gegenüber.

Der Laie tritt anfangs mit schroffem Selbstbewußtsein dem aufgeblasenen Gelehrten entgegen. Im fast prophetischen Ton: Ich aber sage dir![4] diagnostiziert er dessen Hochmut und Befangenheit. Ein Büchergelehrter sei wie ein Pferd, das an eine Krippe festgebunden ist; es frißt nur, was ihm vorgesetzt wird. Seine Büchernahrung sei dem Menschengeist keineswegs „natürlich"; der Orator müsse sich losreißen von diesem Halfter.

[3] Cusanus, *De sapientia*, h V, nn. 1–3 p. 3–5; n. 19, 1–14 p. 41–42; n. 27, 1–2 p. 55. Ich zitiere nach der zweiten Auflage, besorgt von Renate Steiger, Hamburg 1983.
[4] Cusanus, *De sapientia*, h v, I nn. 1–2 p. 3–5.

Der Laie weiß von dem Orator, daß er unermüdlich unzählige Bücher wälzt[5], daß er eine ungeheure Mühe auf sich nimmt, aber dabei die wahre Einsicht und die wahre Freude verfehlt. Der Akzent liegt zunächst auf der Vergeblichkeit und Freudlosigkeit seiner Anstrengungen. Sein Geist ist „gefesselt", er bekommt nicht die „natürliche", die seinem Wesen gemäße Nahrung, nämlich die direkte Erkenntnis der Sachen selbst. Worte und Bücher sind zwischen die Sachen und ihn getreten; ohne eine Umkehr, ohne bewußtes Losreißen von den Autoritäten kommt er nicht zur Weisheit. Der Orator ist die Symbolfigur für das von der Tradition gefesselte Denken; nur weil er noch Sehnsucht hat nach der Wahrheit, kann er befreit werden.

Der Laie erklärt schroff, die Autoritäten *täuschten*.[6] Er nimmt ein Thema auf, das wir aus der *Apologia* schon kennen. Cusanus hat den Laien erfunden, um seine Distanz zum Universitätswissen zu markieren und zu entwickeln. Aber der Laie greift nicht allein die eingeschliffene Tradition der aristotelisierenden Universitätstradition an; er wendet sich ebenso gegen das neue Unwesen der Überschätzung der Rhetorik, gegen die *oratoria volumina*.[7] Was ihn stört, ist die Breite und die überflüssige Ausschmückung. Die „ausgeschmückten Bände",[8] gegen die er spricht, sind mit Redefiguren, vielleicht auch mit teuren Miniaturen verziert; er sucht hingegen die Kürze, das Einfache, das Klare. Er will sich an die Natur selbst wenden, nicht an die Bücher. Die Natur ist das Buch Gottes[9]; in ihm sollen wir lesen.

Diese Metapher wurde zur Kampfparole bei der Ablösung von der aristotelischen Philosophie zwischen dem 15. und dem 17. Jahrhundert. Sie sprach nicht einfach die Intelligibilität des Universums aus; sie behauptete mehr als nur die „Lesbarkeit der Welt"; sie war ein scharf gezielter Aufruf zur Abkehr vom Universitätsaristotelismus und von der neuen rhetorischen Manieriertheit; sie hatte eine polemische Spitze. Dies zeigt die Art, wie Cusanus die Metapher in unserem Dialog einsetzt: Der Laie lobt diejenigen Denker, die noch keine Tradition vor sich hatten. Sie mußten sich an die Dinge selbst wenden, weil es Bücher noch nicht gab. Sie wuchsen mit „naturgemäßer Nahrung" auf. Um das Denken und Leben

[5]   ib. I n. 1, 5–6 p. 3.
[6]   ib. n. 3, 9 p. 5: *Hoc est quod aiebam, scilicet te duci auctoritate et decipi.*
[7]   ib. n. 8, 14 p. 15.
[8]   ib. n. 7, 3 p. 12.
[9]   ib. n. 4 p. 6–7.

zu erneuern, müssen wir zurück zu den Vorsokratikern, zu Pythagoras und Parmenides. Dies war das Kulturprogramm des Cusanus; man hat vielleicht doch zu wenig darauf geachtet, daß er schon in *De docta ignorantia* Pythagoras als den ersten und den bedeutendsten Philosophen bezeichnet hat. Die Abkehr vom Schularistotelismus hatte zugleich den Sinn, die ersten Denker, die Aristoteles verständnislos kritisiert hatte, als die wichtigsten auszuzeichnen. Ihnen folgen wir nur nach, indem wir uns an die Natur der Dinge selbst wenden.

Aber der Laie forciert noch einen anderen Gegensatz: Die Schulwissenschaft ist umständlich, mühselig, dornenvoll; die Weisheit ist leicht, direkt und voller Freuden. Die Wahrheit ist beseligend, und sie ist leicht zu finden. Sie schreit auf den Gassen *(Sprüche* 1, 20). Die Laienphilosophie bedeutet ein Ende des Sich-Quälens. Unser Intellekt ist ein Auge für das Wesentliche, aber in der herkömmlichen Wissenschaft bekam er nichts zu sehen und war daher leer und unglücklich. Der Genuß besteht für ihn im Sehen, aber er bekam nichts zu sehen und war deshalb *in aerumna et cruciatu*.[10] Es bedeutet endlose Qual, ein Intellekt zu sein und seine richtige Erkenntnis nicht gefunden zu haben.[11]

Der Laie ist eine literarische Figur des Cusanus, die es ihm ermöglicht, das spätmittelalterliche Denken als unglückliches Bewußtsein zu charakterisieren. Damit hält er den Gegensatz zweier Kulturen fest. Der Orator wundert sich zunächst über die Ansprüche des ungebildeten Laien; er hebt das Befremdliche der Lehren des Idiota hervor[12], aber er hat den *affectus* zur Weisheit, er sehnt sich nach dem Glück der Einsicht; er will eingeführt werden in das Wissen des Nicht-Wissens, in die *scientia ignorantiae*.[13] Der anfänglich schroffe Gegensatz baut sich im Laufe der Unterhaltung ab; in n. 7, 12 p. 13 nennt der Laie den Orator seinen „Bruder". Der Laie wiederholt gegenüber den Sophisten des 15. Jahrhunderts die Rolle des Sokrates; er *verkörpert* den Sokrates, den Cusanus gleich zu Beginn von *De docta ignorantia* die Einsicht in unser Nicht-Wissen als das wahre Wissen auszeichnen ließ.[14] Der Sokratismus, den der Orator zu

---

[10]   ib. n. 13, 4–6 p. 29.
[11]   ib. n. 13, 9–10 p. 30: *Et hic est cruciatus interminabilis, intellectuale esse habere et numquam intelligere.*
[12]   ib. n. 7, 15 p. 13: *Mira dicis et absona.*
Später, n. 14, 1 p. 30, gesteht er zu, der Laie sage *pulchra atque rara.*
[13]   ib. n. 4, 5 p. 6.
[14]   *De docta ignorantia* I 1 p. 6, 21–22, auch *De deo abscondito* n. 6, 2.

gewinnen hat, besteht in der Kritik am Verbalismus[15], in der Überwindung des Satzes vom Widerspruch[16], zuletzt in der Einsicht in das Scheitern des gewöhnlichen Wissens bezüglich der unendlichen Einheit. Indem der Laie diese prinzipielle Einsicht, die wahre *docta ignorantia*,
erklärt, faßt er rückblickend und vereinfachend wichtige Gedanken von
De docta ignorantia zusammen; für unsere *genetische* Betrachtung hat
dies den Vorteil, daß er 1450 markiert, was von den Einsichten des Jahres
1439 noch gilt. Ich habe von Anfang an zu zeigen versucht, daß es sich
prinzipiell, sozusagen a priori, nicht darum handeln kann und daß es auch
de facto nicht der Fall ist, daß *alles* sich verändert. Die *fortwährende*
Wahrheit von *De docta ignorantia* erläutert der Laie an einem Gedanken-
spiel, das freilich in der früheren Schrift noch nicht vorkam und auch
noch nicht vorkommen konnte. Er sagt: Denke dir, du wirst porträtiert.
Alle Darstellungen deines Gesichtes sind nur insofern wahr, genau und
richtig, als dein Gesicht ihr Urbild ist. Aber nehmen wir an, es werden
viele Porträts gemalt. Dann kann keines genau wie das andere ausfallen.
(Wir sind 1450 noch nicht im Zeitalter der technischen Reproduzierbar-
keit des Kunstwerks.) Aber bei allen Verschiedenheiten der vielen Bilder
bleibt dein Gesicht ihr einheitlicher Grund und ihr Vorbild. Dabei betont
der Laie – und jetzt biegt er in Gedankenbahnen von *De docta ignorantia*
ein –, daß das wirkliche Gesicht zwar das einzige Maß der vielen und
immer abweichenden Porträts ist, daß es aber unmöglich ihr *genaues* Maß
sein kann. Die *praecisio*, die genaue Gleichheit und Übereinstimmung,
gehört nicht in die sichtbare Welt. In ihr gibt es kein genau angemessenes
Maß, keine exakte Ähnlichkeit. Die räumliche Größe gehört nicht zum
Wesen des Urbildes, des *exemplar*. Ein Berg, den ein Maler wiedergibt,
und eine Ameise, die er abbildet, sind im gleichen Sinne sein Urbild; die
Ameise ist nicht weniger *exemplar* als der Berg. Das Urbild-Sein mußt du
aus den Quantitätsbestimmungen herauslösen. Dann denkst du das Urbild *abgelöst*, dann erfaßt du das *exemplar absolutum*. Es nimmt keine
quantitativen Größenbestimmungen auf; es kennt kein räumliches Mehr
oder Weniger. Ein absolutes Urbild, das keine Quantitäten an sich hat,
kann allein das genaue Maß jedes Quantum sein. Es ist dessen genaue
Entsprechung; es ist dessen *praecisio* und Wahrheit, gerade weil es kein
Größer und kein Kleiner kennt. Es ist dem Nachgebildeten exakt gleich.

---

[15] *De sapientia* n. 10, 7–9 p. 17s.
[16] ib. n. 8, 2–3 p. 14: *Admiraris me dixisse sibi contradicentia. Audies et gustabis veritatem.*

Weil es nicht kleiner sein kann, ist es die größte Steigerung an Kleinheit, also das Minimum; weil es nicht größer sein kann, ist es das Maximum, also die größte Steigerung des Großen.

Wie der Laie erklärt, geht es darum: Wir müssen lernen, die Größtheit, die *maximitas*, gedanklich abzulösen von dem am meisten Kleinen und dem am meisten Großen. Wir müssen *das Größtes-Sein selbst* sehen, nicht sofern es eingeschränkt ist auf eines der Gegensatzpaare von Groß oder Klein, sondern als abgelöste Größtheit, *maximitas*, die unabhängig – ontologisch primär – ist gegenüber Groß oder Klein. Diese Größtheit kann nicht größer oder kleiner sein. Sie ist das Maximum, das mit dem Minimum zusammenfällt.[17]

2. Die Koinzidenz von Schwer und Leicht

Der Laie lehrt uns, reine Gedankenbestimmungen festzuhalten und das absolute *exemplar* zu denken. Es ist das Urbild, das *abgelöst*, herausgearbeitet ist aus allen Gegensätzen. Er erklärt das *absolvere*, den Sinn von *absolutum* und den Zusammenfall von *maximum* und *minimum*. Aus der von ihm resümierten Argumentation folgen die weiteren Bestimmungen:

Überall in der Erfahrungswelt gibt es Differenzen, gibt es ein Größer und Kleiner; allein das Maximum, das zugleich das Minimum ist, nimmt kein Mehr oder Weniger an.[18] Die durchgängige Andersheit der Erfahrungswelt, ihr Widerstand gegen apriorische Ausgleichung ist damit ausgesprochen.[19]

Der Laie greift auch, allerdings erst in zweiter Linie, wieder auf die mathematico-theologische Argumentation von *De docta ignorantia* zurück. Allerdings vereinfacht er die Betrachtungen über die Identität eines als unendlich gedachten Kreises mit einer unendlichen Linie.[20] Der argumentative Ort dieser Überlegungen, die in den Opuscula ganz zurückgetreten waren, hat sich verschoben. Sie *illustrieren* die Hauptlinie der Beweise; sie sind nicht selbst die Hauptbeweise. Der unendliche Kreis, wenn

---

[17] ib. II nn. 40, 7–41, 10 p. 73–74. Die Nähe zu der Koinzidenzargumentation von *De docta ignorantia* I 4 n. 11 p. 10, 4–15 ist unübersehbar, andererseits auch der neue Zusammenhang des Nachdenkens über das Porträt.

[18] ib. I n. 38, 1–6 p. 41.

[19] ib. II n. 39 p. 72.

[20] ib. nn. 42–44 p. 74–77.

es ihn gäbe, wäre das genaue Urbild aller eingeschränkten und immer ungenauen Kreise, und er würde mit der unendlichen Linie, wenn es sie gäbe, koinzidieren.

Nachdem der Laie dies ausgeführt hat, ruft der Redner aus: *O miranda facilitas difficilium!*[21] Dies ist der neue Akzent der Schrift von 1450. Nicht die Schwierigkeit, sondern die Leichtigkeit der schwierigen Dinge rückt nach vorne. In *De docta ignorantia* konnte Cusanus von *einzelnen* Überlegungen sagen, sie seien leicht zu vollziehen. Aber hier geht es um die Koinzidenz von Schwer und Leicht; jetzt charakterisiert Koinzidenz unsere menschliche Erfahrung von Erkenntnis. Es ist das Charakteristische der Schwierigkeit des philosophischen Nachdenkens über Gott, daß sie mit der Leichtigkeit koinzidiert: *quam facilis est theologica difficultas!*[22] Gott ist die Leichtigkeit, nicht die Schwere! Cusanus hatte seine Philosophie der göttlichen Leichtigkeit erstmals in *De coniecturis begründen* können.[23] Jetzt, 1450, kann er sie *entfalten*, auf jene Grundlegung zurückgreifend. Wie in Gott die Vielheit die Einheit ist, so geht in ihm die Schwierigkeit in Leichtigkeit über; die *difficultas* kommt ihm in keiner Weise zu.[24] Der Laie gibt dafür das entscheidende Argument. Wir kennen es aus *De coniecturis,* nicht aus *De docta ignorantia,* und es lautet:

Es gibt über das Unendliche keine *quaestio*, weil Antwort und Frage bezüglich seiner koinzidieren. Hat jemand einen Zweifel in bezug auf es, so enthält dieser Zweifel schon die Gewißheit.[25] So setzt die Frage, ob es existiere, den Sinngehalt von „Existieren" bereits voraus; Gott – das ist die aus allen Einzelfällen herausgelöste Voraussetzung von allem, die *absoluta praesuppositio omnium*.[26] Je leichter uns daher Frage und Antwort kommen, um so näher sind wir der wahren Erkenntnis. Der Laie führt diese Erkenntnis auf eine neue Weise vor. Wenn der Orator fragt, wie er einen Begriff von Gott bilden könne, dann antwortet der Laie: *Wie vom Begriff.*[27] Das heißt: Du hattest schon, was du suchtest. Wenn du weißt, was „Begriff" heißt, hast du einen Begriff von Gott, du mußt ihn nur

[21] ib. n. 45, 1 p. 77.
[22] ib. n. 30, 12 p. 61.
[23] *De coniecturis* I 5 n. 20 p. 25.
[24] *De sapientia* II n. 30, 10–17 p. 61–62.
[25] ib. n. 31 p. 62–63.
[26] ib. n. 30, 10 p. 61.
[27] ib. n. 28, 13–14 p. 59.

noch ablösen vom Dies und Das. Dann hast du den absoluten Begriff erkannt, und das ist Gott. Gott ist der Begriff der Begriffe, *conceptionum conceptus*,[28] oder er ist der *conceptus absolutus*.[29]

3. Was heißt: Der absolute Begriff?

Es ist immer riskant, von etwas zu behaupten, es komme in der Weltgeschichte zum ersten Mal vor. Ein neuaufgefundenes Manuskript kann die These widerlegen. Aber bis dahin bleibe ich überzeugt, hier, im Munde des Laiendenkers, komme zum ersten Mal der Ausdruck „absoluter Begriff" als Gottesname vor. Machen wir eine Reflexionspause und fragen wir, was das bedeutet.

Die Spezialisten für Begriffsgeschichte vom *Historischen Wörterbuch der Philosophie* haben unter dem Stichwort „Begriff" kein Wort über die Etappe verloren, die die Bildung des Begriffs „absoluter Begriff" für die Geschichte des Begriffs und nicht nur für sie bedeutet. Sie machen zwar in Band 1, Spalte 14 auf „das Absolute" bei Cusanus aufmerksam, aber die Neuerung der Laienphilosophie ist ihnen entgangen, vermutlich, weil sie wie viele andere Spezialisten als gewiß voraussetzen, der Terminus „absoluter Begriff" stamme erst von Hegel. Ich weiß auch keine geschichtliche Vorlage für diesen Gedanken und Sprachgebrauch des Cusanus; Augustin, Eriugena und Meister Eckhart haben ihm zwar durch die Fortführung der antiken Logos-Metaphysik generell den Weg gewiesen, aber nicht terminologisch vorgearbeitet. Doch handelt es sich um eine originale Theorie des Cusanus; wir nähern uns ihr, indem wir die beiden Bestandteile „Begriff" und „absolut" durchdenken.

Bevor ich darauf näher eingehe, halte ich noch einmal die Situation fest, in welcher der Gedanke in *De sapientia* auftritt: Jemand fragt nach Gott und meint, er müsse erst von einem *anderen* über ihn belehrt werden aufgrund einer *anderen* Einsicht, aber der Laie verweist ihn auf sich selbst zurück, nicht im allgemeinen und im Hinblick auf seine Geistseele, sondern zurück auf seine eigene Frage. Wer nur igendeinen Begriff hat, wer nur irgend etwas als wahr erkennen will, wer nur irgendetwas „richtig" machen oder im Namen des Richtigen als falsch verwerfen will, hat

---

[28] ib. n. 34, 3 p. 66.
[29] ib. n. 34, 12 p. 67.

bereits den absoluten Begriff in Anspruch genommen. Außerhalb seiner existiert kein Begriff, auch nicht die Frage nach dem Begriff, auch nicht der Zweifel am Begriff, auch nicht die Verneinung aller Begriffe. Außerhalb seiner kann man auch nicht sagen, daß es den absoluten Begriff überhaupt nicht „gibt".

Doch durchdenken wir „Begriff" und „absolut": Schon in der Stoa, insbesondere aber seit der Aristoteles-Rezeption des 13. Jahrhunderts, ging die ältere philosophische Theologie von der Physik oder doch jedenfalls von der Natur aus. Gott, sagte sie, wird erkannt aus dem, was sichtbar ist. Demgegenüber erscheint es dünn und gewagt, sich für die Entwicklung eines philosophischen Gotteskonzeptes auf den Begriff stützen zu wollen. Gibt Cusanus nicht das Feste preis? Aber Cusanus könnte sich verteidigen: ‚Du redest von Natur, hast aber die Natur auch nur in deinen Konzepten. Dann wende ich mich an die Konzepte als an das Unvermeidliche, insofern Sicherere. Deine Naturdinge sind auch nicht wirklich fest. Sie wandeln sich dauernd; wenn wir von ihnen reden, sind wir Täuschungen ausgesetzt. Prüfst du nach, ob du dich über die Natur täuschst oder nicht, geschieht das im Medium von Begriffen. Also bleibe ich lieber gleich bei den Begriffen als dem Ausgangspunkt der Gotteserkenntnis. Gott – darunter verstehe ich das Begriffsein der Begriffe, also das, was Begriffe zu Begriffen macht, nicht in der Form äußerer Bewirkung oder hoher Willensenergie, sondern als innere Form des Begriffs, die als solche alle Begriffe umfaßt. Der Begriff des Begriffs verliert eo ipso jeden speziellen Inhalt; insofern können wir nie sagen, was der Begriff des Begriffs ist. Wir vollziehen ihn; wir legen ihn nicht fest.'

Wenn Cusanus von „Begriff" spricht – ich rede immer nur von *De sapientia,* in anderen Schriften mag es anders sein –, setzt er voraus, „Begriff" sei mehr als eine versuchsweise Konstruktion, mehr als eine subjektive Zurechtlegung, mehr als ein blasser Nachschein der Realität. Will man die Cusanische Bestimmung Gottes als „Begriff der Begriffe" kritisieren, kann man es am ehesten von dieser Seite her tun: Cusanus stellt den „Begriff" hoch; er nimmt ihn, als habe er Welt, als sei er inhaltsreich und kein bloß versuchsweises Konstrukt, kein bloßes *figmentum.* Er unterstellt, er habe den Nominalismus mit Gründen hinter sich gelassen.

Doch ist hier sofort eine Präzisierung nötig: Seit *De coniecturis* hat Cusanus den Begriff auch als Konstruktion, als rationales Produkt untersucht. Er hat selbst die Kategorien, die *vor* dem Nominalismus der Ausweis realen Seins waren, als Werk der *ratio* eingestuft; er hat also nicht

alle Konzepte für eo ipso realitätshaltig angesehen. Seine Philosophie des
Begriffs hat auch diese eher relativierende Seite. Nur tritt sie in *De sapientia* zurück. Nicht, als fehle sie in ihr völlig; der Dialog beginnt ja mit
ihr. Laie und Orator sehen vom Friseur aus auf das Markttreiben. Sie fassen zusammen, was dort geschieht: Es wird Geld gezählt, es wird gemessen, es wird gewogen. Dies alles ist das Werk der *ratio*. Ihr Vorgehen
beruht in allen drei Hauptformen auf der Unterscheidung, auf der *discretio*.[30] Maß, Zahl und Gewicht, das sind nach *Sapientia* 1, 20 die Kennzei-
chen des göttlichen Schöpfers in der sinnlichen Welt. Bei Cusanus sind es
zunächst einmal Produkte des Verstandes, also unserer *ratio*. Der Verstand organisiert die sinnliche Welt nach Zahl, Maß und Gewicht; seine
Begriffe sind weltzugewandt und berechnend, zehren aber von den Erst-
einheiten, die er voraussetzt und anwendet. Es gibt Begriffe des *Verstandes*, und es gibt Begriffe der *Vernunft*. Diese Unterscheidung konnte jeder aus Boethius, *Consolatio* V 3–5, entnehmen. Allerdings gab Cusanus
der tradierten Unterscheidung eine neue Wendung. Die Vernunftkonzepte gehen auf die ersten Voraussetzungen; die Verstandesbegriffe ordnen
die Sinnesdaten. Vernunftkonzepte können nicht anders als Realitätsgehalt voraussetzen. Noch wenn wir diesen in Frage stellen und diskutieren, setzen wir ihn voraus; wir meinen doch, vom Realitätsanspruch der
Begriffe, also aller Begriffe, nicht-willkürlich, also objektiv, zu sprechen,
wenn wir fragen, ob wir ihn zurecht gebrauchen.

Dennoch, voraussetzungslos ist sie nicht – die Theorie des Cusanus
über den Begriff und damit über Gott als den Begriff des Begriffs. Je
näher wir sie betrachten, um so mehr Verflechtungen mit anderen Theoremen treten hervor. Zum Beispiel ist sie schwerlich ablösbar von der
Cusanischen Unterscheidung von *ratio* und *intellectus*. Sie hängt auch
eng zusammen mit seinem Begriff von *mens*. Sobald der Orator begriffen
hat, daß Gott der Begriff der Begriffe ist, fragt er zurück: *Ist es nicht die
mens, die begreift?*[31] Doch, wo Begriffe sind, da ist eine *mens*, die sie konzipiert. Wo der absolute Begriff ist, ist es die *ars*, der Gestaltungsgehalt
des absoluten Geistes, der konzipiert. Und die *ars* des göttlichen Geistes
erklärt der Laie dann als die ideale Form aller Dinge im göttlichen Geist,
d.h. er erläutert die These von Gott als dem absoluten Begriff aus der
Tradition des Logosbegriffs. Der absolute Begriff ist nichts anderes als

[30] ib. n. 5, 6–7 p. 8.
[31] ib. n. 34, 4 p. 66.

die ideenhafte Gestalt aller Dinge. Die These von Gott als absolutem Begriff ist eine Neufassung der neuplatonischen Ideen- und Logoslehre. Das
nimmt ihr nicht den Charakter einer Neuerung. Es ist geschichtlich etwas anderes, ob ich sage, Gott ist der Logos aller Wesen, oder ob ich sage:
Gott, das ist der absolute Begriff. Aber der Laie weiß, daß er das letztere
nicht hätte sagen können, wäre das erstere nicht längst gesagt. Die Lehre
vom absoluten Begriff zeigt sich also wiederum mit Traditionellem verknüpft.

Dies gilt noch in einem weiteren Sinn: Unser Dialog handelt von der
Weisheit, die Weisheit aber ist die „Nahrung" des Intellektes. Es besteht
eine wesenhafte Zuordnung von Intellekt und Weisheit. „Weisheit", das
ist ein anderes Wort für den absoluten Begriff oder für die Gleichheit der
weltbegründenden Einheit mit allem. Der Intellekt, der nicht elend ist, ist
in der Weisheit und ist in ihr lebendig, d.h. aus sich heraus tätig, und
glückselig. Cusanus verknüpft aufs engste Intellekt, Weisheit und Glück.
„Jeder Intellekt erstrebt sein Sein. Sein Sein ist aber Leben, sein Leben ist
aber sein Einsehen, sein Einsehen ist aber das Ernährtwerden von der
Weisheit und der Wahrheit".[32] Diese Verbindung: Intellekt – Weisheit –
Leben – Glückseligkeit drückt der Laie auch aus, indem er sagt, der Intellekt oder die *mens* sei Bild, *imago*, und der Intellekt finde keine Ruhe und
keine Befriedigung, wenn er sich nicht auf sein Urbild hin bewege; dies
Urbild, der absolute Begriff oder die Weisheit, sei *seine* Wahrheit.[33] For-
mell gesprochen ist nicht vom Menschen die Rede. Der *intellectus* als
imago, nicht: der Mensch, ist das, was die Weisheit sucht;[34] der *intellectus*
ist als Bild zu denken. Aber dieses Bild bleibt im Alltagsleben wie im
Universitätswissen verdeckt; es versteht sich selbst nicht, aber der Laie
leitet an, es zu befreien und wiederherzustellen. Ohne Umkehr entsteht
aus dem Lebensimpuls des Intellekts nur Unglücksbewußtsein.

Der Orator ist der Typus des Menschen, der befreit werden *kann*. Er
hat Sehnsucht nach Wahrheit; nach anfänglicher Überheblichkeit gerät er
ins Schwanken, dann ins Fragen; schließlich ist er es, der weiterdrängt.
Der Laie erklärt ihm diese Erfahrung: Der Orator hätte nicht anfangen
können zu fragen, hätte er als Intellekt nicht einen Vorgeschmack, eine
praegustatio der Weisheit. Der Dialog assoziiert ständig die Ausdrücke:
sapientia, sapere, gustus und *praegustatio, pastus* und *dulcedo*; er ist eine

---

[32]   ib. n. 13, 1–2 p. 26s.
[33]   ib. n. 18, 1–12 p. 37–40.
[34]   ib. n. 16, 1 p. 32. Vgl. ib. n. 13, 1 p. 26.

Variation über die Metaphernfolge: Schmecken, Selbst-Schmecken und Kosten, Vorgeschmack haben und Gesättigtwerden von der richtigen Nahrung. Im Intellekt liegt ein unzerstörtes Vorwissen und Vorwegnehmen. Hätten wir dies nicht, würden wir uns nicht auf den Weg machen, und wenn wir das Gesuchte fänden, wüßten wir nicht, daß wir das Gesuchte gefunden haben.[35] Intellekthaften Vorgeschmack Haben, Sichbefreien von Traditionsgängelung, den Weg zur Weisheit und zum Glück Nehmen, in der Beseligung Sein, dies sind die Stationen des Weges. Der Laie arbeitet dabei zwei konträre Aspekte heraus: Einmal insistiert er auf der Gewißheit und Sicherheit dieses Weges. Die ewige Weisheit ist überall und überall zu finden; sie ist die Freude in allem Erfreulichen; sie ist die Schönheit in allem Schönen.[36] Von ihr zu leben, entspricht unserem Intellekt-Wesen und unserer Sehnsucht. Nicht daß es Intellektual-Glück gibt und daß wir es finden können, ist schwer zu erklären, sondern daß dies als schwierig erfahren wird und daß viele bei der Suche nach ihm unglücklich werden. Der Laie erklärt dies offenbare Mißverhältnis nicht mit moralischen Mängeln oder gar mit der Erbsünde, sondern damit, daß wir uns nicht über den Satz vom Widerspruch erheben; nur *in altissimo intellectu super omnem oppositionen* erfassen wir die einfachste Unendlichkeit.[37] Die Schwierigkeit ist eine vermeintliche; sie liegt auf Seiten dessen, der in Koinzidenzüberlegungen noch wenig geübt ist:

Qui parum in his theologicis speculationibus versatus est, difficillimum istud opinatur, sed mihi nihil facilius delectabiliusque esse videtur.[38]

Dies ist ein Rückblick des Cusanus auf seine eigenen Anfänge. In *De docta ignorantia* hatte er noch seine Mühe hervorgehoben. Jetzt erweist sie sich als scheinbar, als in Freude verwandelt. Hier tritt nun der zweite Aspekt ein, den der Laie hervorhebt: Die Weisheitsfreude ist unendliche Freude, da sie Freude im Unendlichen ist, aber das Unendliche ist nur auf unerreichbare Weise zu erreichen, ist nur auf nicht-genießende Weise zu genießen, ist nur auf nicht-erkennende Weise zu erkennen. Der Vorgeschmack auf Weisheit ist das Verlangen nach einem Nicht-zu-Schmekkenden. Die höchste Weisheit besteht im nicht-berührenden Berühren des Nicht-Berührbaren. Aber der Laie legt alles darauf an, daß diese Ein-

---

[35] ib. n. 11, 1–6 p. 19–20 und n. 16 ganz p. 32–34.
[36] ib. n. 14, 2–5 p. 30.
[37] ib. n. 24, 2–3 p. 50.
[38] ib. n. 39, 2–5 p. 71.

sicht nicht als Einwand gegen die soeben behauptete Leichtigkeit erscheint. Er zeigt vielmehr, daß es gerade die Unendlichkeit, die Unaus-
schöpfbarkeit des Unendlichen ist, die eine unendliche Steigerung der
Freude bedeutet. Wer einen unendlichen Schatz findet, hat mehr Grund
zur Freude, als wer nur einen begrenzten Wert entdeckt. Daher ist die
Freude über die unendliche Weisheit größer als jede andere. Der Laie
bricht in einen Jubel aus über die Idee der Faßbarkeit der Unfaßbarkeit,
also über die verwandelte Idee der *docta ignorantia*, über das nicht-
berührende Berühren des Nicht-Berührbaren:

Et haec est gaudiosissima comprehensio amantis, quando incomprehensi-
bilem amabilitatem amati comprehendit.

Freudigstes Erfassen – das ist mehr als die Erfahrung der Grenzen des
Wissens, das ist das Wissen eines unendlichen Glücksfundes:

Haec est gaudiosissima incomprehensibilitatis comprehensibilitas.[39]

Die höchste Form der Freude beruht auf dem Verstehenkönnen. Die
Unfaßbarkeit des Unendlichen bedeutet 1450 die Maßlosigkeit der Freude. Der Laie beschreibt sie in immer neuen Wendungen.[40] Er verspricht
dem Orator, er werde in Freuden leben und sterben.[41] Das beglückende
Erfassen des Unfaßbaren hat – ähnlich wie im platonischen *Phaidros*
(249 d–250 a) – den Charakter des selbstvergessenen Rausches, ja des
göttlichen Wahnsinns, *raptus*.[42]

Neu ist nicht, daß der Laie das nicht-berührende Berühren des Unbe-
rührbaren als die letzte Stufe erkennt. Dies war schon das Ergebnis in *De
docta ignorantia*. Aber jetzt erfaßt der Laie: Es ist die unendliche Erfüllung einer unendlichen Bewegung des Intellektes und des Affektes; es ist
das Selberschmecken der wesensgemäßen Speise des Intellektes und unendliche Seligkeit.[43]

Der Laie entwickelt die affektiven Valeurs der *docta-ignorantia*-Philo-
sophie. Er eröffnet damit neue sprachliche Felder, die wir auf der Er-

---

[39] ib. n. 11, 18–23 p. 22.
[40] *vita gaudiosa*, n. 14, 13 p. 31;
vita felix n. 15, 2 p. 31;
desiderium, dulcedo n. 16, 1–18 p. 32–34; n. 18, 1–12 p. 37–40;
motus desiderosus n. 17, 3–4 p. 35.
[41] ib. n. 27, 11–14 p. 57: *indicibili laetitia vives, morieris …*
[42] ib. n. 17, 4–9 p. 35–36.
[43] als *summa sapientia* ib. n. 7, 13–14 p. 13.

kenntnisstufe von 1440 nicht angetroffen haben. Er greift zurück auf ältere Metaphern direkter Erfahrung. Dazu gehört das Bild des nicht-berührenden Berührens, das wir aus Platons *Parmenides* (148 d–149 a) und aus Augustins *Confessiones* (IX 10, 24) kennen. Wir verwechseln also nicht die Freisetzung der Sprache des Affektes mit einem Zurückdrängen des Intellektes. Auch deswegen müssen wir bei Ausdrücken wie „Berühren" den philosophischen Ursprung mitbedenken.

Ich habe zu zeigen versucht, wie eng die unendliche Freude verbunden bleibt mit dem theoretischen Charakter der Cusanischen Spekulation über *intellectus, imago* und denkende Überwindung jeder *oppositio*. Der Laie dieser Schrift ist theoretisch hoch motiviert; er ist ein Schein-Laie, der die schwierigsten Probleme zu lösen sich zutraut. Er sagt uns auch genauer, wie das nicht-berührende Berühren des Nicht-Berührbaren zu denken ist, nämlich als unendliche Annäherung, als ständiges Fortschreiten ins Unendliche, *continue ascendere*.[44] Der Laie beschränkt sich keineswegs darauf, die Unfaßbarkeit des Unendlichen zu bestaunen oder als *gaudiosa und optatissima comprehensio*[45] zu empfehlen. Wabernden Mystizismus verschmähend, betont er, nichts werde geliebt, wenn es nicht zuvor erkannt sei.[46] Er verwandelt seine Einsicht in ein *methodisches* Programm. Er fordert ein einheitliches methodisches Vorgehen, er erhebt den Anspruch auf eine universale Vernunftbetrachtung der Welt, einen *modus universalis ad omnes quaestiones de deo formabiles*[47]; er bleibt nicht stehen bei der philosophischen Theologie; er gibt Forschungsanweisungen, universale Konsequenzen abzuleiten: *ex uno ad omnia tibi aditus pateat*.[48]

Was das Ganze der philosophischen Gotteserkenntnis angeht, beschreibt er deren geordneten dreifachen Weg in folgender Weise:

Die *affirmative* Theologie antwortet auf die Frage, *ob Gott ist*, mit Ja, denn er sei das Sein, die *entitas*. Wahrer als diese Antwort ist die *negative* Theologie. Aber dann gebe es noch eine dritte philosophische Gotteslehre, die weder affirmiert noch negiert, sondern sich über Position und Negation hinaus erhebt; sie negiert sowohl die Affirmation wie die Nega-

---

44 ib. n. 11, 6 p. 20.
45 ib. n. 11, 14 p. 21.
46 ib. n. 15, 8–9 p. 32.
47 ib. n. 32, 6–7 p. 63s.
48 ib. n. 36, 2–3 p. 68.

tion; sie negiert auch deren Verbindung (*copulatio*).[49] In der *Apologia* hatte Cusanus von seiner Philosophie behauptet, sie *vereine* die positive und die negative Theologie in einer dritten, höheren Erkenntnisweise. Dieses Motiv nimmt der Laie auf; er ordnet der affirmativen und der negativen Theologie seine *absolute* Theologie vor. Damit führt er die Reflexion von *De coniecturis* I 4 weiter, aber verändert sie zugleich, denn es fehlt die Theorie der *mens ipsa*. Darin liegt eine Reduktion der spekulativen Geistphilosophie.

4. Theorie der Armut bei Cusanus und Eckhart

Blicken wir noch einmal zurück auf *De sapientia*. Der Laie ist das Sprachrohr des Cusanus auf der *Apologia*- und *De coniecturis*-Stufe. Er kennt Koinzidenz nicht nur als Privileg der unendlichen Einheit; er notiert Koinzidenzen in der Alltagssprache und beruft sich auf sie: *haec, de quibus nunc sermo, experimur* in nostro communi sermone *coincidere*.[50] Er trägt keine Laienphilosophie vor, sondern er theoretisiert den Drang zur Vereinfachung und Verkürzung, den Bruch mit spätmittelalterlichen Kompliziertheiten, den Cusanus zuvor intendiert hatte, aber nicht so einfach darstellen konnte wie 1450. Der Laie entfaltet die Lebens- und Seligkeitsaspekte, die in der bisherigen Entwicklung der cusanischen Philosophie zu kurz gekommen waren. Er erklärt uns, wie das Ablösen, das *absolvere*, vorgeht und öffnet damit den Zugang zur Bedeutung von „absolut", *absolutus*. Er versteht Absolut-Sein nicht als blockhafte Unabhängigkeit, sondern als Herausgelöstsein aus Gegensätzen, und fordert uns auf, in dieser Weise den neuen Gottesnamen des *absoluten Begriffs* zu begreifen.

Die Schrift *De sapientia* liegt seit 1983 in zweiter Auflage kritisch ediert vor. Die Neuauflage durch Renate Steiger zeichnet sich durch einen extensiven Quellenapparat aus, der zu vielen weiteren Analysen anregt. Er dokumentiert die dichte Präsenz der Tradition in diesem antitraditionalistischen Dialog. Cusanus insistiert auf der Notwendigkeit eines Neuanfangs; er bedient sich sorgsam ausgewählter Autoren der Tradition, die ihn in dieser Absetzbewegung unterstützen konnten. Er steht in Traditionen, indem er gegen die überwuchernden Denkgewohnheiten

---

[49] ib. n. 32, 10–25 p. 64–65.
[50] *De sapientia* II n. 36, 9–10 p. 68.

des späten Mittelalters anti-traditionalistisch polemisiert. Ich werfe ihm nicht vor, er habe seine eigene geschichtliche Bedingtheit verkannt oder versteckt; er hat sie diplomatisch eingesetzt und schriftstellerisch geschickt instrumentiert. Er hat sich seine eigene Tradition erst schaffen müssen, durch Rückgriff auf Außenseiter und Verurteilte. In *De sapientia* tritt Lull – im Vergleich zu *De coniecturis* – zurück; es ist die Stunde Eckharts und Eriugenas. Natürlich erwähnt der Laie keinen dieser Verurteilten; gleichwohl sind sie präsent, oft in subtil dosierter Weise.

Dies möchte ich am Beispiel Eckharts zeigen. Das Thema der ‚Weisheit‘ ist antik und allgemein-mittelalterlich, aber Eckhart hat ihm besondere Akzente gegeben, die Cusanus aufgriff. Ich wiederhole hier nicht die Nachweise, die im Quellenapparat stehen. Wie gesagt, der Laie *nennt* Eckhart nicht. Aber er bezieht sich auf ihn in mindestens drei Hinsichten:

Erstens: Die Weisheit, die es als die wesensgemäße Nahrung des Intellektes zu fassen gilt, ist die ungeschaffene, die göttliche Weisheit. Sie ist Gott selbst. Cusanus nennt sie auch die „ewige Weisheit“. Aber er läßt sich auf die Frage nicht ein, ob es „daneben“ oder „außer ihr“ eine geschaffene Weisheit gibt. Selbstverständlich ist das ja nicht, ganz abgesehen von der Unangemessenheit räumlicher Vorstellungen, wenn von der reinen Unendlichkeit die Rede ist. Eckhart war es, der gelehrt hatte, es habe keinen Sinn, die Weisheit sich als geschaffen vorzustellen. Weisheit, lehrte Eckhart, sei ihrem Wesen nach etwas, was als geschaffen überhaupt nicht gedacht werden kann; Geschaffensein widerspreche ihrem Wesen: *Sapientia non habet rationem creabilis.*[51] Weisheit sei wie Einheit und Seiendheit, *entitas,* zwar erzeugt oder hervorgebracht, *producta,* aber nicht „gemacht“ und nicht „erschaffen“, *non facta nec aliud nec creata.*[52] Auch Cusanus zufolge ist die Weisheit nicht von dieser Welt. Die wahre Weisheit ist der absolute Begriff. Aber Cusanus geht nicht so weit wie Eckhart in der scharfen Verwerfung der Vorstellung, es könne auch eine *geschaffene* Weisheit geben. Wenn es um die All-Einheit geht, formuliert sein Laie vorsichtig. Cusanus hat die Debatte mit Wenck nicht vergessen. Wenck hatte auf die *Apologia* noch einmal geantwortet; leider ist die Schrift nicht erhalten oder bis jetzt nicht wieder aufgefunden; wir wissen nur, daß Wenck sie dahin zusammenfaßte, Cusanus zerstöre alles Univer-

---

[51] Eckhart, *Quaestio Parisiensis* I n. LW 5, 41.
[52] Eckhart, *Liber parabolarum Genesis* n. 11, 6 LW 1, 483.

sitätswissen.[53] Cusanus hatte Gründe, vorsichtig, diskret, um nicht zu sagen: diplomatisch umzugehen mit dem Erbe Eckharts. Das Motiv der
Gottessohnschaft, das er zuvor ausführlich behandelt hatte, kommt in *De
sapientia* nicht vor. Dabei hätte es nahegelegen, mit Eckhart zu sagen: Die
unendliche Einheit erzeugt den Weisen als ihren Sohn; sie erschafft nicht
die Weisheit.

Einen zweiten Bezug auf Eckhart sehe ich in dem Motiv der Armut.
Daß Weisheit und Armut zusammengehören, ist nicht nur ein mittelal-
terlich-franziskanisches, sondern schon ein antik-philosophischer Gedanke. Albert hatte von geistiger Armut gesagt, sie bestehe darin, an keinem Geschaffenen Genüge zu finden, sei es außen oder innen. Aber
Eckhart hatte die Forderung nach Armut darüber hinaus getrieben und
im Sinne der verurteilten und öffentlich verbrannten Marguerite Porete
den geistig Armen definiert als den, der nichts will und nichts weiß, der
auch kein Gottverhältnis mehr hat.[54] Sehen wir nun zu, wie das Motiv der
Armut in *De sapientia* auftritt. Schon die ersten Zeilen des Dialogs schlagen es an. Cusanus hebt hervor, es sei ein steinreicher Orator, der den
armen Laien trifft. Dies läßt erraten, das Thema Armut werde zentral.
Aber der Laie berührt es nur ein einziges Mal. Er spielt auf das neutesta-
mentliche Gleichnis vom Kaufmann an, der all seine Habe verkauft, um
die kostbare Perle zu erwerben, und lehrt, alles sei fortzugeben: *Oportet
omnia sua vendere et dare.*[55] Er erklärt diese Forderung damit: Alles, was
wir von uns aus besitzen, ist der Mangel und sind die Laster; alles Gute
kommt von der ewigen Weisheit. Dafür hätte er sich auch auf Eckhart
berufen können; aber das Spezifische der Eckhartschen Armutslehre hätte er damit noch nicht erreicht. Die Motive innere und äußere Armut
werden nicht differenziert. Dabei ist klar, daß der Laie von innerer Armut spricht, aber er erreicht nirgends die Radikalität der deutschen Predigt Eckharts Nr. 52 *Beati pauperes spiritu.*

Einen dritten Bezug auf Eckhart sehe ich in den wiederholten Bemerkungen des Laien, nicht alle Wahrheit sei für alle bestimmt; die Geheimnisse der Weisheit dürften nur denen eröffnet werden, deren Affekt ihnen

---

[53]   AC I 2 Nr. 846 p. 601.
[54]   Besonders in der Predigt *Beati pauperes spiritu*, Predigt 52 bei Quint, DW II, 498 ff.
Dazu vgl. meine neue Übersetzung und Erklärung in: G. Steer – L. Sturlese, Lectura Eckhardi, Stuttgart 1997, S. 163–S. 199.
[55]   Cusanus, *De sapientia* n. 20, 1 p. 43.

zugewandt sei.[56] Cusanus hatte in der *Apologia* mit Berufung auf Dionysius und Hermes den esoterischen Charakter der Einsichten Eckharts betont. Entsprechend erklärt der Laie, er sei sich nicht sicher, ob es erlaubt
sei, derart verborgene Einsichten aufzudecken.[57] Er deckt sie dann doch
auf. Aber in seinem Mund klingt das Geheimhaltungsgebot seltsam, denn
er ist doch der Sprecher einer einfachen und einer geradezu unvermeidlichen Gotteserkenntnis. Die Weisheit, sagt er, schreie auf den Gassen, aber
schreit sie dort nicht für alle? Wie gesagt, er hält sich nicht an die Schwei-
geverordnung. Daß er sie erwähnt, hat nur den Sinn: Jeder muß seine eigene Erfahrung mit der Nahrung seines Intellektes gewinnen, und dann
erst ist es sinnvoll, mit ihm darüber zu reden. Andererseits beweist der
Dialog, daß der Orator nur durch die Reden des Laien auf die höhere
Einsicht, die ihm anfangs absurd vorkam, geführt werden konnte. Der
Laie hätte sein Liebäugeln mit einer philosophischen Arkandisziplin auch
lassen können: Im Ganzen seiner Reden erscheint sie wie eine Floskel,
die bei Eckhart nicht vorgekommen wäre. Die seit 1320 veränderte kulturelle Situation spricht sich darin aus: Cusanus wollte vorsichtiger sein;
er glaubte nicht, kurzfristig eine gesamtkirchliche und gesamtkulturelle
Erneuerung erreichen zu können. Er genoß die Freundschaft des Papstes,
aber wie sein Brief an Valla beweist, den er gerade in diesem Jahr 1450 mit
dem Ausdruck höchsten Respektes und freundschaftlicher Nähe an Lorenzo gerichtet hatte – er hatte Valla angeredet: *Doctissime vir, amice sin-
gularissime!* – mußte der Papst bei seinen Erneuerungen auf viele Behar-
rungseifrige Rücksicht nehmen. Die studierten Alltagsdenker hatten ihr
Credo und blieben bei ihren Buchstaben. Für eine allgemeine Rezeption
Eckharts sah Cusanus keine Chance. Eckharts Einsichten schienen ihm
unentbehrlich, aber er reservierte sie für wenige. Es bedarf jeweils einer
individuellen Hinführung; Universitätswissenschaft ist daraus nicht zu
machen. Der Laie betonte zwar mit Aristoteles, alle Menschen verlangten
nach Wissen und nach Weisheit, aber er fügte hinzu: Sagt es niemand, nur
den Weisen. Genau diese Einschränkung hatte Eckhart verworfen. Cusanus fügte dem Denken Eckharts ein Element hinzu, das Eckhart fremd
war: Rücksicht auf den status quo, Rückzug ins Esoterische und Diplomatie. Indem er dies allerdings noch aussprach und allen Lateinlesenden
offenlegte, bezog er sich auf *seine* Zeit, wie Eckhart sich auf *seine* Jahrzehnte bezogen hatte.

---

[56] ib. n. 7, 5–6 p. 12.
[57] ib. n. 7, 10 und n. 8, 1 p. 13.

II.
„GEIST"
DER LAIENPHILOSOPHIE ZWEITER TEIL: DE MENTE

1. Ein Laie als Lehrer der Philosophen

Cusanus hat die Schrift *De mente,* deren Titel ich vorläufig übersetze mit: *Geist,* am 23. August 1450 vollendet; sie ist also wenige Tage nach dem Dialog über die Weisheit geschrieben. Sie ist zwar auch in einem Zug verfaßt, beim Ferienaufenthalt in den Marken, im August 1450, aber von einer Vielfalt der Themen, die es ausschließt, daß ich ihre Argumente so textnah vorführe, wie bei den beiden Büchern über die Weisheit. Vollständig war unser Durchgang durch *De sapientia* auch nicht. Einige Motive habe ich ausgelassen, so das Nachdenken über die Rolle der Zahl – und dabei erreichen wir das Eine doch nur über die Zahl[58] –, ferner die trinitätsphilosophische Konstruktion, in die Cusanus seine *sapientia*-Spekulation einfügt: *per sapientiam – ex ipsa – in ipsa*[59]. Ich bin auch nicht eingegangen auf die Diskussion über die Seelenunsterblichkeit, die sich ankündigt[60]. Aber diesen Themen werden wir bald in ausführlicherer Form begegnen.

Ich denke gezeigt zu haben: Cusanus entwickelt 1450 seine Dialogschriftstellerei weiter; er wird künstlerisch anspruchsvoller; sein Laien-Buch kontrastiert *seine* rhetorisch-kunstvoll dargestellte Philosophie der formalistischen Tendenz der neuen rhetorischen Kultur Italiens. Er nimmt dabei die Schönheitsphilosophie des platonischen *Symposion* und den Konflikt zwischen Philosophie und Rhetorik aus dem platonischen *Phaidros* wieder auf, stellt sich aber nicht allein gegen den Kult der *ars oratoria*[61], sondern auch gegen alle formale Artistik und alles bloße Bücherwissen.

De mente ist ein Dreiergespräch. Cusanus datiert und lokalisiert es. Er setzt es in seine unmittelbare Gegenwart, verschweigt allerdings, daß der

---

[58] Cusanus, *De sapientia* I n. 6, 11–13 p. 11. Vgl. ib. n. 24 p. 50–51.
[59] ib. n. 10, 10–11 p. 18. Vgl. auch n. 22 ganz p. 44–47.
[60] ib. n. 17 p. 37.
[61] ib. n. 27, 2 p. 55.

Papst und er soeben ihr entflohen sind. Es findet in Rom 1450 statt; wegen des Jubiläumsjahres drängen sich viele Fremde in der Stadt. Die Trubelschilderungen des Cusanus sind wörtlich zu nehmen: Nikolaus V. stand auf dem Höhepunkt seines Pontifikates; er hatte den Konziliarismus besiegt; der letzte Gegenpapst war 1449 zurückgetreten; der Papst hatte seinen Konflikt mit Neapel beigelegt und 1448 mit dem Kaiser das Konkordat geschlossen. Daher hatte er für 1450 ein Jubiläum ausgeschrieben, das jedem Rompilger einen vollkommenen Ablaß zusagte. Eine Art Völkerwanderung war die Folge; am 19. Dezember gab es auf der Brücke zum Petersdom, wo das Schweißtuch Christi gezeigt wurde, ein solches Gedränge, daß es zu einer Katastrophe kam. Etwa 200 Tote waren zu beklagen.[62]

Der Orator erkennt den Philosophen in der Volksmenge an seiner bleichen Hautfarbe – der Büchernarr kommt kaum ins Freie –, an seiner wallenden Toga und seinen ernsten Gebärden. Der Philosoph erzählt, er sei durch die ganze Welt gereist, um bei weisen Männern Gewißheit über die Seelenunsterblichkeit zu erhalten. Das delphische Orakel fordere auf zur Selbsterkentnnis, *ut ipsa se mens cognoscat*; es verlange von uns, die Verbindung unserer *mens* mit der göttlichen *mens* zu erfassen, aber er habe nirgends darüber befriedigende Auskunft bekommen, deshalb sei er nach Rom gekommen, denn er habe gehört, auf dem Kapitol gäbe es seit der Antike einen Tempel der *mens* mit einer Sammlung von Schriften *De mente*.

Der Philosoph verehrt die Antike, und er hat Probleme mit der Seelenunsterblichkeit; er ist wie der Orator eine typische Figur des italienischen Quattrocento. Er sucht Bücher, wie die Humanisten und wie Cusanus als einer von ihnen Bücher suchten. In der Kritik am Orator wie am Philosophen klingen Elemente der Selbstkritik des Cusanus an. Sowohl der Orator wie der Philosoph sehen ihm ähnlich, in Einzelzügen freilich nur, denn der Orator merkt sofort: Unser *Philosoph* ist Peripatiker. Sein Problem ist die Unsterblichkeit. Er bekennt, darüber keine Klarheit gewonnen zu haben. Deshalb schlägt ihm der Redner vor, mit ihm zu dem Laien zu gehen, um sich mit ihm darüber zu unterhalten. Die Erinnerung an die Antike erfolgt nicht zufällig, aber der Orator bemerkt, es habe zwar einen Tempel gegeben, der dem Geist gewidmet war, aber nach so

[62] Vgl. L. Pastor, Geschichte der Päpste seit dem Ausgang des Mittelalters. Band 1: Geschichte der Päpste im Zeitalter der Renaissance bis zur Wahl Pius II., 3. und 4. Auflage Freiburg 1901, S. 437–441.

vielen Verwüstungen Roms seien dort keine Bücher mehr zu finden. Statt antiquarischer Recherchen will Cusanus gegenwartsbezogene Selbstvergewisserung, die den geschichtlichen Bruch, der zwischen dem Altertum und uns auch besteht, nicht überspringt. Also gehen sie zum Laien. Sie treffen ihn beim Löffelschnitzen an. Der Orator erklärt geniert, er bringe einen hochbedeutenden Philosophen mit und nun treffe er ihn bei einer so niedrigen Arbeit an. Der Laie erwidert, er verrichte diese Arbeit gern. Er lebe von ihr, körperlich und geistig, und wenn der mitgebrachte Gast wirklich ein Philosoph sei, dann werde er ihn nicht verachten, weil er sich dem Handwerk, der *ars*, des Löffelschnitzens widme.[63] Löffel und Löffelschnitzen, *ars* im Sinne von Handwerk und Kunst, spielen eine wichtige Rolle in der folgenden Unterhaltung; immer wieder einmal nimmt der Laie einen Löffel in die Hand und erklärt an ihm seine philosophischen Ansichten. Das neue und lebhaft vertiefte Interesse am Affekt, das wir in *De sapientia* antrafen, suchen wir in *De mente* vergebens. Ein Handwerker ist jetzt zum Professor der Professoren geworden; ein Laie spricht für Cusanus die Bewertung der Hauptthemen der Philosophie seiner Zeit aus. In dieser – literarischen – Tatsache oder Fiktion kulminiert eine Entwicklung im Verhältnis der mittelalterlichen Philosophie zu den Laien, die Ruedi Imbach als erster näher untersucht hat.[64]

Die drei Männer – undenkbar, daß eine Frau dabei wäre, aber das wird unter Philosophen bis ins hohe 19. Jahrhundert noch so bleiben – nehmen in einfachster Umgebung Platz. Der Philosoph erzählt, normalerweise eröffne er eine philosophische Unterhaltung, indem er Bücher aufschlage und schwierige Passagen zur Diskussion stelle, aber so könne er dem Ungebildeten nicht kommen. Der Laie erwidert, nichts sei leichter, als ihn zum Sprechen zu bewegen (mit der Esoterik hält er's doch nicht so konsequent); der Philosoph stellt sich rasch um, nun gut, dann komme er eben direkt zur Sache. Er bittet noch den Redner, er solle mal eine Weile den Mund halten, und fragt dann unvermittelt den Laien, ob er eine Ansicht, eine *coniectura*, über den Geist, *De mente*, habe.[65] Ich werde gleich sagen, was der antwortet und wie sich das Gespräch weiterentwickelt, aber zuvor noch eine Zwischenbemerkung.

[63] Cusanus, *De mente* nn. 51–54 h V in der zweiten Auflage, besorgt von R. Steiger, Hamburg 1983, p. 85 89.
[64] R. Imbach, Laien in der Philosophie des Mittelalters, Amsterdam 1988; ders., Dante, la philosophie et les laïcs, Initiations à la philosophie médiévale 1, Fribourg 1996.
[65] ib. nn. 54–57 p. 88–90.

2. De mente *als Schlüsseltext*

Sie betrifft *De mente* als ganzen Text, aber sie ist wenig „wissenschaft-
lich", denn ich möchte einmal darüber nachdenken, was gewesen wäre,
hätten die Cusanusdeuter in den letzten 50 Jahren ihre Cusanuslektüre
nicht regelmäßig mit *De docta ignorantia,* sondern mit *De mente* begonnen. Dies ist eine hypothetische Frage, gewiß. Dennoch läßt sich mit Sicherheit sagen: Dann hätten andere Fragen und andere Einstellungen das
Cusanus-Bild bestimmt.

Es wäre zum Beispiel die Belastung weggefallen, die für jeden, der ins
Denken des Cusanus eintreten will, die mathematico-theologischen Ausführungen von *De docta ignorantia* darstellen. Sie dienen heute nicht
mehr der Einführung; sie erschweren den Zugang. In *De mente* kommen
sie gar nicht vor. Cusanus konnte seine Philosophie 1450 auch ohne sie
darstellen.

Weggefallen wäre dann die Tendenz, die cusanische Idee der *docta
ignorantia* als ein Scheitern des Verstandes vor dem Geheimnis Gottes zu
stilisieren, und sich dann bei dem Wort „Gott" irgendetwas Vatikanisches
oder etwas Irrationalistisches vorzustellen (zwei Varianten, die auseinan-
derzuhalten sind), aber nicht der philosophischen Gottesidee des Cusanus zu folgen. In *De mente* spielt die unendliche Einheit eine tragende
Rolle, die *mens* findet sie in sich und denkt über ihre wesenhafte, nicht
zufällige Verbindung zu ihr nach, aber die Wahrheit schreit jetzt auf den
Plätzen; es kommt keine Atmosphäre der Skepsis auf und schon gar nicht
eine fromme Skepsis. Nicht, als habe Cusanus das Programm der *docta
ignorantia* aufgegeben, aber das Wort *ignorantia* in der terminologischen
Fassung des Buches *De docta ignorantia* von 1440 kommt überhaupt
nicht mehr vor. Da ist eine thematische Verschiebung eingetreten, die nur
eine genetische Betrachtung freilegen kann. Nicht, als enthielte *De mente*
die gesamte Philosophie des Cusanus; die Schrift konfrontiert einen umfassend gebildeten Philosophen norditalienischer Ausbildung mit dem
cusanischen Denken; sie erörtert *dessen* Themen, und zu ihnen gehört
zum Beispiel nicht die negative Theologie oder gar die Inkarnationsphilosophie. Seine Philosophie hat andere Textbücher als den Sentenzenkommentar des Petrus Lombardus, folglich hat sie andere Schwerpunkte. Unser Philosoph hat Aristoteles und die Aristoteleserklärer studiert;
er kennt die Platon-oder-Aristoteles-Dispute und hat das Problem, wie
er die peripatetische Philosophie mit derjenigen Platons vereinen könnte;

in der Schrift werden die *Platonici* genausooft erwähnt wie die *Peripatetici*, nämlich sechs Mal. Pythagoras spielt eine Hauptrolle, auch Boethius. Hermes wird genannt, natürlich hat unser Philosoph Macrobius gelesen; er nennt auch einmal den Areopagiten, Augustinus nie. Der Laie hat angeblich gar nichts gelesen, aber wir sehen sofort oder erfahren es aus dem Quellenapparat von Ludwig Baur und Renate Steiger, wo er seine Weisheit her hat, nämlich von Proklos, aus dem *Liber de causis,* von Johannes Eriugena, von Thierry von Chartres und Eckhart; Lull ist nur andeutungsweise präsent. Cusanus läßt in *De mente* die hochentwickelte italienische Tagesphilosophie von 1450 mit seinen bevorzugten Autoren aufeinandertreffen; er legt alles darauf an, die Integrationskraft von deren Ansätzen nachzuweisen. Alle wesentlichen Fragen der Universitätsphilosophie von Padua, alles, was sie an Erkenntnisgewinnen bietet, z. B. bezüglich der Physiologie menschlicher Sinneserkenntnisse, hat in seiner Philosophie Platz. Der Laie nennt keine Namen, aber er ist de facto die Integrationsfigur, die mit den Konzepten von Eriugena, Thierry und Eckhart die Konflikte der Universitätsphilosophen löst. Die Pariser Theologie bleibt fern; natürlich ist Albert präsent, sogar mehr als im Quellenapparat sichtbar wird, aber nicht als Theologe, sondern als der Autor von *De intellectu et intelligibili,* als Mann einer *intellectus*-Spekulation, die Jean Gerson als häresieverdächtig kritisiert und als potentiell beghardisch-eckhartistisch denunziert hatte. Aber das Paris des 15. Jahrhunderts liegt jetzt weit weg; auch Wenck scheint vergessen.

Hätte *De mente* im Mittelpunkt der Cusanus-Studien unseres Jahrhunderts gestanden, wäre Cusanus als Zeitgenosse, Cusanus als Denker der italienischen Jahrhundertmitte in den Mittelpunkt gerückt; seine Suche nach einem Selbstbegriff des Menschen wäre ein zentrales Thema geworden; ein Versuch, ihn thomistisch zurückzudatieren, wäre von vornherein nicht aufgekommen; nicht nur sein Interesse an Handwerk und Kunst, dann auch an messender Naturbetrachtung hätte dies von vornherein ausgeschlossen.

Ernst Cassirer hatte 1926 seinem Buch *Individuum und Kosmos in der Philosophie der Renaissance* die Schrift *De mente* beigegeben; der junge Philosoph Joachim Ritter hatte sie besorgt. Aber die Cusanus-Forschung der Nachkriegszeit in Deutschland fand eher unter neuscholastischen Prämissen als im Namen Cassirers statt. Hans Blumenberg ging seine eigenen Wege; er legte denn auch den Akzent auf *De mente,* insbesondere auf die Technikphilosophie des Löffelschnitzers. Erst Pauline Moffitt Watts hat in ihrem *Nicolaus Cusanus. A Fifteenth-Century Vision of Man,* Leiden 1982, ihr Cusanus-Bild auf die Laienphilosophie konzentriert.

Verstehen wir uns recht: Es kann nicht darum gehen, *De docta ignorantia* abzuwählen. Nur darf nicht eine einseitige Rezeption den Reichtum der Ansätze, das Tempo der internen Entwicklung und das italienisch-humanistische Umfeld des Cusanus verdecken. Und Sie dürfen die Geschichte des zwanzigsten Jahrhunderts nicht vergessen, wenn wir vom fünfzehnten reden: Ernst Cassirer und Raymond Klibansky waren in der Emigration; Josef Koch und Rudolf Haubst haben ihre neuscholastische Herkunft nie verleugnet; bei Paul Wilpert und Josef Stallmach blieb sie wirksam und hat, wenn nicht die Einzelergebnisse, so doch die Deutungskategorien und Themenpräferenzen festgelegt. Wenn sie die Koinzidenz erörterten, plagte sie die Pantheismussorge; sie interpretierten *De docta ignorantia,* nicht *De mente,* wo Koinzidenz wenig mit „Theologie" (im modernen Wortsinn), aber viel mit *mens*-Philosophie und Zahlentheorie zu tun hat. Was Philosophen anderer Orientierung ihnen an Cusanusdeutung entgegensetzten – ich denke an Jaspers und an Volkmann-Schluck –, war peripher und dilettantisch; dies konnte das Gesamtbild nicht verschieben. Doch kommen wir zum Text. Ich gehe so vor, daß ich zunächst eine Art Katalog der Fragen gebe, die der Philosoph dem Laien vorlegt; dann werde ich einige Antworten des Laien näher charakterisieren. Auf alle einzugehen, das würde einen Kommentar zu *De mente* ergeben, was hier nicht in meiner Absicht liegt.

3. *Was heißt* mens?

Der Philosoph fragt also den Laien, ob er einen Begriff von *mens* habe. Der Laie antwortet, es gebe wohl keinen erwachsenen Menschen und habe wohl auch nie einen gegeben, der nicht irgendeinen Begriff von *mens* gehabt habe. Menschliches Leben, wo immer es statthat, ist mit einem Selbstbegriff verbunden. Und so habe auch er einen Begriff von *mens: mens* sei das, woher der abgrenzende Begriff und das Maß, *terminus* und *mensura,* aller Dinge stamme. *Mens* komme von *mensurare, messen.* Sie messe allen Dingen die begriffliche Bestimmung, *terminus,* zu;

daher sei sie das Maß aller Dinge.[66] Diesen letzteren Ausdruck müssen wir festhalten. Denn daß *mens* mit *messen* zusammenhänge, das steht auch bei Albert und bei Thomas von Aquino. Die Frage ist, wer was mißt und was „messen" bedeutet. Heißt es: das Maß vorgeben? Oder nur: Das vorhandene Maß ablesen? Der Laie gibt mit seiner ersten Antwort eine Richtung vor: Die *mens* ist das, woher die Abgrenzung oder der Begriff, der *teminus* und das Maß aller Dinge kommen. Das klingt nicht danach, als sollte der Geist sich nach den Dingen richten und von ihnen sein Maß hernehmen. Doch lassen wir dies vorerst offen. Der Laie muß *mens* genauer bestimmen. Ist *mens* dasselbe wie „Seele"? Seine Antwort gerät so kompliziert, daß der Leser von Anfang an weiß, er wird die Rolle eines *Laien* nicht durchhalten können. Denn der Laie gibt zu, d.h. er *konzediert,* daß im Menschen der Geist auch die Seele ist, aber Geist ist er *per se*, seinem Wesen nach, durch sich selbst, „Seele" ist er nur vorübergehend, auftragsgemäß, *ex officio*.[67] Ich gebe seine Ausdrücke lateinisch wieder, sie zeigen, wie fachmännisch er sich ausdrückt. Ich habe noch nicht einmal alles Spezialistische genannt, denn der Laie definiert *mens* zunächst als *in se subsistens,* die *Seele* hingegen als etwas, was im Körper existiert, so daß Seele und Geist als *verschieden* erscheinen; nur im Menschen nimmt *mens* eine Doppelfunktion an, und nur insofern *konzediert* der Laie, daß im Menschen der Geist zugleich die Seele sei.

Auffällig ist hier nicht in erster Linie, daß der Laie in professioneller Terminologie spricht, gestochen scharf: Der Geist subsistiert in sich, die Seele im Körper als Funktion. Dies zeigt, daß unser „Laie" eine schlecht verhüllte Maskerade für einen Super-Philosophen darstellt, der einen gewöhnlichen Philosophen belehrt. Wichtiger ist, wie wenig erfahrungsnah die Überlegung einsetzt. Der Laie strengt sich später an, die hochspekulative Geistphilosophie zu veranschaulichen, aber er ist nicht von der Anschauung ausgegangen: Er setzt einen erfahrungsüberlegenen Begriff von *mens* voraus und teilt ihn sofort ein: Es gibt erstens *mens in se subsistens* und zweitens *mens in alio*, dann ist sie Seele. *Mens in se subsistens* gibt es wiederum in zwei Formen: erstens als unendlichen Geist, zweitens als dessen Bild.

Dies alles legen die ersten zwei Zeilen der Antwort des Laien fest.

Er geht davon aus, daß ein in sich existierender Geist die ursprüngli-

---

[66] ib. n. 57, 1–6 p. 90.
[67] ib. c. 1 n. 57, 8–13 p. 91.

che, die wesenhafte Gestalt von *mens* ist und daß wir in einer Art Einteilung, einer platonischen Dihairesis, uns von oben herab der Seele und dann dem beseelten Leib nähern können. Das ist Prinzipientheorie, nicht Erfahrungsphilosophie, so sehr sie sich bemüht, sich in der Erfahrung wiederzufinden. Ich tadle das nicht als unphilosophisch – Philosophen gehen oft, gar durchweg so vor –; ich sage nur, es sei nicht laienhaft und es sei traditionsbedingt, allerdings nicht durch die 1450 herrschende Universitätstradition.

Mens erscheint hier als Oberbegriff für Gott, den Menschengeist und die Menschenseele; die Unterschiede dieser drei Instanzen werden von dem Laien folgendermaßen angegeben: erstens unendlicher Geist – das Wort „Gott" fällt nicht –; zweitens Bild des unendlichen Geistes, also *mens in sich*; drittens temporär körperverwaltender Geist, also Seele.

Der Laie sagt nicht etwa: Unendlicher Geist, also Gott, zweitens endlicher Geist, also Menschengeist. *Unendlich* nennt er den Geist in jeder seiner beiden Gestalten. Er sagt auch nicht, der Menschengeist sei gemacht oder geschaffen. Er *identifiziert* ihn andererseits nicht mit dem göttlichen Geist. Aber er sieht die Differenz im Bild-Sein innerhalb der gemeinsamen Unendlichkeit. Es ist wichtig, hier die Ausgangsbestimmungen festzuhalten: *Mens* ist allemal unendlich; Differenzen deuten sich an, aber als Bildsein einerseits und als vorübergehende Leibgestaltung andererseits. Wir werden vor allem fragen müssen, was „Bild" heißt. Und wir sehen voraus, daß die *mens*, die nur *ex officio* im Leibe ist, mit dem Leib nicht zugrunde gehen kann, daß also die Frage des Philosophen nach der Seelenunsterblichkeit schon mit dem ersten Satz des Laien beantwortet ist, obwohl er dies erst im fünfzehnten Kapitel ausdrücklich sagen wird. Der Laie hat gleich zu Beginn die Grundrisse seines philosophischen Denkens gezeichnet:

der unendliche Geist,
das Bild des unendlichen Geistes,
dieses entweder als das *per se* subsistierende Bild des unendlichen Geistes, oder als
das als Körperform fungierende Bild des unendlichen Geistes,
der Körper.

Diese Vierstufenfolge kennen wir aus *De coniecturis*; sie steht dem Denken des Proklos nahe, unterscheidet sich aber dadurch, daß die oberste Instanz „Geist" heißt, nicht das Eine, jenseits des Geistes.

4. Der Aufbau der Schrift

Doch gehen die Fragen des Philosophen, die den Aufbau der Unterhaltung bestimmen, zunächst nicht auf dieses Ganze, sondern sie führen im zweiten Kapitel zu einem Exkurs über das Benennen und die Vokabeln. Das Problem des Benennens – ich würde dies nicht, wie man gewohnt ist, als das „Problem der Sprache" bezeichnen –, stellt sich hier erstmals in seiner Allgemeinheit dar, nicht in der theologischen Applikation auf die Gottesprädikate, sondern es wird ausgelöst durch die Definition, die der Laie von *mens* als Maß und Messendes gibt. Eine wichtige Neuerung.

Der Philosoph erklärt, diese Definition der *mens* habe er noch nie gehört; er wolle wissen, wie der Laie auf diesen Ausdruck komme.

Der Laie antwortet, eine *eigentliche* Benennung der *mens* könne es nicht geben, denn sie sei jene Kraft *(vis)*, die die Urbilder aller Dinge auf begriffliche Weise in sich eingefaltet enthalte, *omnium rerum exemplaria notionaliter complicans.*[68] Dies ist zugleich eine neue Definition von *mens.* In ihr ist jedes Wort wichtig: Einfalten, *complicare*, das war bei Thierry von Chartres das Eigentümliche der göttlichen Einheit. 1450 bei Cusanus ist die *mens* eine Einfaltung, eine *complicatio.* Was sie eingefaltet in sich hält, sind die *exemplaria,* die Urbilder. Hat sie den platonischen Ideenhimmel in sich eingefaltet? Ja, aber *notionaliter,* auf begriffliche Weise. Wir wollen wissen, was das heißt. Aber zunächst geht es um die Theorie der Vokabeln, was den Laien zu einer Philosophie der *ratio* und zu einer Aufwertung seines eigenen Handwerks führt. Auch darauf müssen wir zurückkommen; ich gebe vorerst nur einen Überblick.

Der Philosoph lobt die Überlegungen des Laien und macht ihm das Kompliment, er habe gut das Dictum des Hermes Trismegistus erklärt, Gott werde mit dem Namen aller Dinge und alle Dinge würden mit dem Namen Gottes benannt. Der Laie antwortet, der Philosoph müsse nur Nennen und Benanntwerden in höchster Vernunfteinheit zusammenhalten, dann werde dies klar.[69] Die Einfachheit des göttlichen Geistes sei die Einfaltung aller Dinge; die *mens* sei das Bild, *imago,* dieser einfachen Einfaltungseinheit, *simplicitas divina omnium rerum est complicativa. Mens est huius complicantis simplicitatis imago.*[70] Cusanus denkt die *mens* nicht als *explicatio,* sondern als *Bild* der göttlichen *complicatio.* Wir sollen kau-

---

[68] ib. c. 2 n. 58, 10–11 p. 92.
[69] ib. c. 3 n. 69, 9–10 p. 100.
[70] ib. c. 3 n. 72, 1–2 p. 108.

sale Vorstellungen – der effizienten und der finalen Ursächlichkeit – von der *mens* fernhalten. Wir sollen Gott und Geist als *exemplar* und dessen *imago* nicht als *complicatio* und deren *explicatio* deuten. Daraus ergibt sich eine neue Bestimmung von *mens*: Sie ist das Begriffsuniversum, *notionum universitas*. Alle Realität ist geistige Tätigkeit: Das Konzipieren des göttlichen Geistes ist die Hervorbringung der Welt, die konzipierende Tätigkeit unserer *mens* ist der Begriff der Dinge,

conceptio divinae mentis est rerum productio; conceptio nostrae mentis est rerum notio.[71]

Der Laie bezeichnet damit die Differenz zwischen dem göttlichen Geist und „unserem" Geist. Wir produzieren nicht die Dinge, sondern die Begriffe der Dinge. Dann fragt sich, wieso unsere *mens* ihre *mensura* und ihr *exemplar* sein kann. Der Laie sieht, daß er dies erklären muß, und er sagt: Das Wissen Gottes oder sein Gesicht *(facies)* steigt einzig in die Natur des Geistes hinab; weiter nach unten in der Weltskala steigt es nur durch den Geist. So ist denn die *mens* das Bild Gottes, aber zugleich das Urbild aller nachgeordneten Bilder:

Dei notitia seu facies non nisi in natura mentali, cuius veritas est obiectum, descendit, et non ulterius nisi per mentem, ut mens sit imago dei et omnium dei imaginum post ipsum exemplar.[72]

Sätze von ungewöhnlicher Tragweite sind dies. Die Geistnatur ist der einzige Weg des welterschaffenden Geistes zur Welt. Er allein ist das herabgestiegene Selbstwissen Gottes oder sein Gesicht, sozusagen seine weltzugewandte Seite. Daher kann unser Geist als *imago* auch *exemplar* sein; er ist *imago* des weltproduzierenden Geistes und eben dadurch Urbild der Weltdinge. Dann sammelt unser Geist seine Bilder der Welt nicht von Dingen ein, die von ihm unabhängig existieren würden und denen er sich im Erkennen anpassen müßte. Sie sind nicht sein Maß, sondern er ist ihre *mensura*.

   Dies ist keine „Erkenntnistheorie"; es ist eine Weltentstehungstheorie aus der unüberspringbaren Vermittlungsrolle des Geistes, der alle Folgewirklichkeit in sich enthält. Unser Laie redet, als habe er Plotin gelesen; wir wissen, daß sein Erfinder der Autor von *De coniecturis* ist.

---

[71] ib. c. 3 n. 72, 6–7 p. 109.
[72] ib. c. 3 n. 73, 6–9 p. 112.

Das vierte Kapitel bringt die ausdrückliche Abwehr der Vorstellung, unser Geist sei *explicatio*. Er ist nicht Entfaltung, sondern *Bild* der unendlichen Einfaltung, *non est explicatio, sed imago complicationis aeternae*. Wir müssen äußerliche Vorstellungen, die man sich von der Welterschaffung gebildet hat, von ihm methodisch fernhalten; sonst begreifen wir nie, was Geist ist. Selbst eine philosophisch gereinigte Theorie der Erschaffung, wie sie den Bildern von *complicatio* und *explicatio* zugrunde liegt, verletzt die Würde der *imago* der ewigen Einfaltung. Gott ist die Einfaltung aller Einfaltungen, *complicationum complicatio*, nicht einfache Einfaltung, und seine *imago* ist das Bild der Einfaltung aller Einfaltungen:

deus est complicationum complicatio, sic mens, quae est dei imago, est imago complicationis complicationum.[73]

Unser Philosoph vertieft solche Bestimmungen nicht; er fragt den Denker atemlos ab. Er will möglichst viel an thesenartigen Antworten mit nach Hause nehmen. Dadurch entwickelt der Laie seine Philosophie nicht in Ruhe; sein Interviewpartner springt von Autorität zu Autorität und ist froh, wenn er etwas wiedererkennt, was er gelernt hat. Dabei gibt er uns wertvolle Hinweise. So, wenn er – damit leitet er das vierte Kapitel ein – zum Laien sagt: Du redest von *mens*, aber die Peripatetiker sprechen von *intellectus*. Sie deuteten, fügt er hinzu, den *intellectus* als Seelenvermögen und Einsehen als ein Akzidens an einer Substanz. Er, der Laie, denke aber offenbar anders.[74]

In der Tat denkt der Laie anders vom Geist. Er lehnt es ab, geistige Einsicht als ein Akzidens an einer Seelensubstanz zu denken; er verwirft die Einteilung der Seele in „Vermögen". Machen wir uns klar, was das bedeutet: Wenn der Intellekt nicht eine *Substanz* ist, die für alle Menschen *eine* ist, dann muß man ihn als Potenz der Geistseele deuten. Dies war das Ergebnis der Auseinandersetzung, die Albertus Magnus und Thomas von Aquino gegen die Averroisten geführt hatten. Und genau dieses Resultat verwirft unser Laie, denn seine *mens* ist eine lebendige Substanz, die mit ihren Tätigkeiten identisch ist. Er wird später – denn diese Frage konnte der aristotelisch gebildete Philosoph gar nicht unterlassen – präzisieren, daß er auch nicht die Einheit des Intellektes für alle

---

[73]   ib. c. 4 n. 74, 19–21 p. 114.
[74]   ib. c. 5 n. 80, 5–8 p. 121.

Menschen annimmt. Aber vor allem muß er klarstellen: Wir können die *mens* nicht denken, als ruhe sie erst in sich und gehe sekundär in erkennende Tätigkeit über. Dann wäre sie tote Substanz; sie ist aber *viva substantia*[75]. Dies sind die orginal-aristotelischen Bestimmungen des *Nus* aus dem 12. Buch der *Metaphysik*. Ginge die *mens* erst sekundär in Tätigkeit über, dann wäre sie wesentlich in der Zeit. Dann wäre sie keine wesenhafte Forma und keine substantielle Einfaltung; sie ist aber ein göttlicher Samen, der die Urbilder der Dinge begrifflich aus sich selbst ausfaltet, *divinum semen sua vi complicans omnium rerum exemplaria notionaliter*.[76] Die *mens* ist selbst „Kraft", also kann sie kein Seelenvermögen sein.

Der Philosoph macht einen weiteren Sprung; er nimmt Andeutungen des Laien über die Zahl zum Anlaß, ihn nach seinem Verhältnis zu den Pythagoreern zu fragen. Der Laie lehnt es ab, nach irgendeiner Philosophenschule benannt zu werden, aber er erläutert im sechsten Kapitel das Wesen der Idealzahlen, also von Zahlen, die der Ursprung von Dingen sind, und das Verhältnis der *mens* zu ihr; er gibt eine neue Bestimmung der *mens* als einer sich selbst bewegenden Zahl. Er bestimmt das Wesen der Zahl als eine Koinzidenz von Einheit und Vielheit.[77] Wieder einmal zeigt sich, wie wenig bei Cusanus, wenn wir aufs Ganze seiner Schriften sehen und nicht nur auf *De docta ignorantia*, das Motiv der Koinzidenz sich auf seine theologische Anwendung beschränkt. Die welthaften Koinzidenzen wurden neuerdings – bei Giordano Bruno war das anders – oft übersehen. Gewiß schreibt Cusanus auch hier eine philosophische Theologie; er kann nicht von *mens* reden, ohne ihr Urbild mit zu erforschen. Die Zahlen sind konstitutiv, schreibt er, weil der ewige Geist die Welt zahlenhaft begründe – wie ein Musiker komponiert.[78] Es ist der Geist als Geist, der die Zahl und damit alles andere begründet: *Ex mente igitur numerus et omnia*.[79] Die Welt ist die Musik des ewigen Geistes; diese begründet die Proportionen und damit die Schönheit der Weltdinge, aber der Philosoph will die Rolle des menschlichen Geistes präzisiert haben: Gibt es, wenn alle Zahl aus der *mens* entspringt, etwa ohne die Betrachtung unseres Geistes keine Vielheit der Weltdinge? Doch, die gibt es, antwortet der Laie, aber als das Werk des göttlichen Geistes. Dann

---

[75] ib. c. 5 n. 80, 8 p. 121.
[76] ib. c. 5 n. 81, 6–7 p. 123.
[77] ib. c. 6 n. 91, 3 p. 135.
[78] ib. c. 6 n. 92, 12 p. 137.
[79] ib. c. 6 n. 92, 19 p. 138.

macht er einen Versuch der zusammenfassenden Formulierung:

Unde sicut quoad deum rerum pluralitas est a mente divina, ita quoad nos rerum pluralitas est a nostra mente.[80]

Vielleicht darf ich zu diesem Satz, den ich gleich erklären werde, eine persönliche Geschichte erzählen: Ein solcher Satz hat mich bei meinen früheren Cusanusstudien fasziniert und geärgert. Die Faszination muß ich nicht weiter erklären, wohl aber den Ärger. Cusanus sagt: Es gibt die Vielheit der Weltdinge, auch ohne daß wir sie sehen. Sie ist das Werk des göttlichen Geistes. Aber für uns, *quoad nos,* gibt es sie als das Werk des menschlichen Geistes. Mit meinen Worten: Wir produzieren ein Begriffsuniversum, wie Gott ein Real-Universum produziert hat.

Was mich an einer solchen Auskunft geärgert hat, war dies: Wie kann Cusanus denn wissen, wie Gott die Vielheit der Weltdinge sieht, *quoad Deum*? Der Laie müßte doch sagen, das wisse er nicht. Denn der Laie ist doch gerade dabei, einen Unterschied zu setzen zwischen dem, was Gott wissend hervorbringt, und dem, was unser Geist wissend hervorbringt. Er übersieht, daß *er* es ist, der sagt, wie sich die Weltvielheit zu Gott verhält. Er nimmt im Vollzug des Satzes die Unterscheidung zwischen Gottesgeist und Menschengeist wieder zurück, die er ausspricht.

Heute regt mich dieser Satz nicht mehr auf. Ich verlange von Cusanus keine konsequente Theorie der menschlichen Erkenntnis. Innerhalb einer solchen Theorie könnte ich nicht erst etwas über Gottes Weltbegründung sagen, um dann die menschliche Erkenntnis zu untersuchen. Der Laie trennt diese Untersuchungen ja auch nicht durchgängig; aber in dem zitierten Satz spricht er, als handle es sich um zwei Kapitel in einem Buch über die Grundlegung des menschlichen Wissens. Aber er hat offenbar nicht die Absicht, eine zusammenhängende Begründung der Wahrheit unserer Erkenntnis zu geben, auf die er dann eine Metaphysik aufbauen könnte; dies geht aus der Formulierung des Laien hervor, die kein Kantleser durchgehen lassen kann. Aber ich lese Cusanus nicht mehr als Vorläufer der Transzendentalphilosophie. Wenn ich Transzendentalphilosophie suche, lese ich Kant und Fichte. Allerdings war es nicht sinnlos, in der Zeit der Vorherrschaft neuscholastischer Cusanuszurechtlegungen von „Transzendentalphilosophie" bei Cusanus zu reden. Ein so besonnener Forscher wie Johannes Hirschberger hat dies getan, und er hatte inso-

---

[80]   ib. c. 6 n. 93, 3–5 p. 138.

fern recht, als er Cusanus vom neuscholastischen und jedem anderen „Realismus" abheben wollte. Denn zweifellos stand Cusanus dem ge- wöhnlichen „Realismus" ferner als der Transzendentalphilosophie; aber beide Arten der Annäherung sind überflüssig oder haben höchstens ein- leitend-didaktischen Charakter. Als solche könnte man sie stehenlassen, wenn sie nicht die fatalen Assoziationen vom „Vorläufer" unterstützen würden.

Unser Philosoph im Gespräch mit dem Laien hatte keine kantiani- schen Einwände. Er hatte Dionysius gelesen, nicht Kant, und so fragt er denn anschließend, ob die These des Dionysius zu recht bestehe, daß die Wesenheiten unzerstörbar seien. Der Laie bejaht und korrigiert auf diese Weise die schularistotelischen Begriffe von *essentia* als *substantia*.

Auch diese Frage wird nicht zu Ende erörtert; der Philosoph will dem Laien andere Traditionsstücke zur Prüfung vorlegen; er eröffnet das sieb- te Kapitel, indem er den Laien konfrontiert mit einer Liste von tradierten *mens*-Definitionen: Der Geist als Harmonie, als sich selbst bewegende Zahl, als Einheit von Identisch und Verschieden, als lebendige, göttliche Zahl. Der Laie zeigt, daß diese verschiedenen Ausdrucksweisen einander nicht widersprechen, sondern aus den entwickelten Einsichten sich erge- ben. Doch hierbei verliert der Orator, der lange geschwiegen hat, die Ge- duld. Er will auch einmal etwas sagen und fragt nach den Modalitäten der Sinneserkenntnis.[81] Das Thema war unter Ärzten und Aristoteleserklä- rern im 15. Jahrhundert aktuell; Cusanus greift es im achten Kapitel noch einmal auf und bemerkt ausdrücklich, er gebe hier die Erklärung der Ärz- te und Naturforscher, *secundum physicos*. Der Philosoph bekommt dazu das Wort; er freut sich, etwas Gelerntes vortragen zu dürfen. Wir sehen daran, daß er eine breite philosophische Bildung besitzt; er kennt nicht nur Aristoteles und Platon, Boethius und Dionysius, sondern auch die aktuellen Theorien zur Physiologie der Sinneserkenntnis.

Nach diesem Exkurs drängt die Zeit. Aber der Philosoph möchte noch die Eingangsbehauptung des Laien erklärt haben, die *mens* messe alles. Der Laie erläutert ihm das, im neunten Kapitel; er erklärt ihm in der tra- ditionell-platonischen Weise, wie die Körperwelt aus Punkt, Linie und Oberfläche entstanden zu denken sei; er vertieft diese *Timaios*-Erklärung, indem er die Natur der *complicatio* erklärt. Die *mens*, sagt er, entfaltet aus sich die reinen Formen, also die Ideen, die ihrerseits *complicationes* sind;

---

[81] ib. c. 7 n. 99, 8–101 p. 150–152.

sie erweist sich als *complicatio complicationum*. Der Philosoph will wissen, woher die *mens* diesen Eifer des Weltmessens hat. „Messen" hat hier nicht die moderne Bedeutung des Wortes, sondern besagt: begriffliches Bestimmen. Aber warum geht die *mens* überhaupt in Aktionen über? Der Laie antwortet:

Ut sui ipsius mensuram attingat. Nam mens est viva mensura, quae mensurando alia sui capacitatem attingit. Omnia enim agit, ut se cognoscat. Sed sui mensuram in omnibus quaerens non invenit, nisi ubi omnia sunt unum.[82]

Die *mens* bestimmt alles, um ihrer eigenen Bestimmung inne zu werden. Sie ordnet sich die Welt, um ihre eigene Kapazität kennenzulernen. Sie muß sich ihren Überschuß an Maß gegenüber allem Gemessenen zur Erfahrung bringen; nur so erkennt sie sich selbst und erfaßt, daß ihr Maß nicht in der Außenwelt liegt. Ihr Maß, das sie sucht, liegt einzig dort, wo alles eins ist.

Als sich selbst bewegende Zahl ist sie potenziertes Koinzidenzgeschehen: Sie geht nach außen, um nach innen zu kommen. Sie mißt die Weltdinge, d.h. sie bestimmt sie begrifflich, um sich selbst zu „berühren"; sie sieht das Paradoxe ihres Vorgehens und erfährt, daß sie sich nur in der allumfassenden Einheit selbst finden kann. Aber diese Erfahrung zu machen ist ihr Wesen. Sie ist in dem, was sie bestimmt, und sie nimmt sich daraus zurück. Sie ist absolutes Maß, *absoluta quaedam mensura*.[83] Sie ist nicht das unendliche absolute Maß; sie ist nicht das Eine, das alles ist, aber sie ist das Zugleich des Hinausgehens in die Welt, das die Dinge „bestimmt", und des Zurückgehens in sich als in das unbestimmbare, daher auch unbenennbare Bestimmen. Sie sucht sich; sie will sich „berühren". Dieser auch in der mystischen Sprache gebräuchliche Ausdruck bezieht sich hier auf den Selbsterfassungsdrang der *mens*. Um die *mens* in dieser Bewegung zu beschreiben, kommt der Laie auf folgenden Vergleich:

Denke dir ein Gesicht, *facies,* das abgelöst wäre von allen Abbildungen dieses Gesichtes, dann begreifst du, daß es gerade aufgrund dieser Ablösung das Maß aller anderen Gesichter ist. Merken wir uns diese Ausdrücke: *facies absoluta, mensura quaedam absoluta.* Wir werden ihnen in *De visione Dei* wieder begegnen; daher ist ihre Herkunft wichtig. Cusa-

---

[82]   ib. c. 9 n. 123, 5–8 p. 177.
[83]   ib. c. 9 n. 124, 4–5 p. 177.

nus hat, wie gezeigt, in *De sapientia* II n. 39 p. 72 über Gesicht und Porträts nachgedacht. Hier kehrt das Thema, wie schon im dritten Kapitel, wieder, und wiederum ist der Zusammenhang nicht zuerst die Gotteserkenntnis, sondern die Selbsterfassung der *mens*.

Unser Philosoph muß morgen abreisen; er packt in die Unterhaltung, so viel er kann. So bittet er den Laien, ihm das Dictum des Boethius zu erklären, die Erkenntnis der Wahrheit beruhe auf dem Erfassen von Vielheit und Größe, *multitudo* und *magnitudo*. Natürlich kommt es auf die Bedeutung an, die wir diesen Ausdrücken geben. Aber verstehen wir „Vielheit" als genaue Unterscheidung, als *discretio*, und „Größe" als Ganzheit oder Gesamtheit, als *integritas,* dann ergibt sich die These des Boethius. Es folgt dann aber auch, daß nichts gewußt wird, wenn nicht alles gewußt wird.[84] Auf der *De docta ignorantia*-Stufe hätte Cusanus daraus gefolgert: Also besteht das wahre Wissen im Nicht-Wissen. An dieser Erkenntnis führt hier der Laie vorbei. Er vermeidet diese Konsequenz, indem er zeigt: Wir wissen auch das Ganze. Um irgendetwas zu wissen, ist es notwendig, daß ein Wissen des Ganzen und seiner Teile vorausgehe:

necesse erit, ut ad scientiam unius praecedat scientia totius et partium eius.[85]

Der trockene Philosoph unterbricht diese Fülle der Gesichte. Er hat wieder eine Frage aus dem Vorrat seines Bildungsplunders; er will vom Laien wissen, ob man ohne das Quadrivium philosophieren könne.[86] Aber der Laie, der die Frage bejaht, führt sie zurück zur Analyse von *magnitudo* und *multitudo*. Weil alles Erkennen auf Zahl, auf Unterscheidung und Ganzheit beruht, brauchen wir das Quadrivium. Der Laie verteidigt die vierfach gestufte Bildungsleiter, die er selbst nicht bestiegen hat, als unerläßlich für das Philosophieren. Aber dann wendet er sich wieder der *mens*-Analyse zu. Im elften Kapitel vertieft er seine früheren Bemerkungen[87], die *mens* gehe drei-einig vor, wie die göttliche Trinität.[88] Ich werde darauf zurückkommen; doch zuvor beende ich meinen Überblick über die Schrift *De mente*.

---

[84] ib. c. 10 n. 127, 2 p. 179.
[85] ib. c. 10 n. 127, 10–11 p. 180.
[86] ib. c. 10 n. 127, 15–128, 15 p. 180–181.
[87] ib. c. 6 n. 95 p. 141–142; c. 7 n. 97, 8–99 p. 146–150; c. 9 nn. 124–125 p. 177–178.
[88] ib. c. 11 ganz p. 181–193.

Der Philosoph will wissen, was der Laie von der These einiger Peripatiker halte, es gebe nur *einen* Intellekt für alle Menschen, und ob er den Tod als Rückkehr der Einzelseele zur Weltseele denke. Der Laie bestätigt ihm, er halte *mens* und *intellectus* für gleichbedeutend,[89] lehnt aber die Einheit des Intellekts für alle mit der Begründung ab, es bestehe zwischen Intellekt und menschlichem Leib eine Proportion, die nicht übertragbar sei. Aber da mit der Ablösung von allem Stoff der Intellekt aufhöre, etwas Zählbares zu sein, sei auch die Theorie der Platoniker zu verstehen, daß wir in die Weltseele zurückkehren. Er glaube diese Theorie aber nicht, denn die Schwierigkeit, welche die Platoniker mit der Rückkehr zur Weltseele zu lösen suchten, sei doch, daß wir keine stofffreie Vielheit denken können. Wir *können* sie auch nicht denken. Wir müssen sagen, die Zahl der reinen Geister sei weder gerade noch ungerade; sie ist für uns nicht in höherem Maße Zahl als Nicht-Zahl. Aber so, wie wir in einem Saal mit vielen Kerzen die einzelnen Kerzen nicht abzählen könnten und doch gewiß seien, daß es viele Kerzen gebe, so sei es mit den körperlosen Geistern.[90] Der Laie übersieht bei seinem poetischen Beispiel, daß wir in diesem Fall aber nicht, wie bei den reinen Geistern, von der Zahl behaupten, sie sei weder gerade noch ungerade und sie sei im selben Maße Nicht-Zahl wie Zahl.

Das dreizehnte Kapitel behandelt die Weltseele, und der Laie stellt richtig fest, der *Physis*-Begriff des Aristoteles sage dasselbe wie die *Weltseele* Platons.[91] Aber es bedürfe zur Welterklärung keiner von Gott zu unterscheidenden Weltseele oder Natur; die unendliche *ars* sei unmittelbar ihre Verwirklichung. Gott ist *ars absoluta et infinita*[92]; er ist wesenhaft allmächtig. Unser Geist ist auch darin Gottes *imago*, daß er die wesenseigene Kraft hat, sich der Aktualität der göttlichen *ars* immer gleichförmiger zu machen; in seinem einheitlichen und einfachen Wesen koinzidieren Macht, Weisheit und Willen. In ihm fallen Träger und Inhalt, *magister* und *magisterium* zusammen.[93] Die *mens* ist Koinzidenz, dies steht für Cusanus seit *De coniecturis* fest. Das können wir um so sicherer behaupten, als er in c. 11 n. 142, 13 die Gleichbedeutung von *mens* und *intellectus* ausgesprochen hat. Die *mens* ist wie die Zahl eine

[89] ib. c. 12 n. 142, 13 p. 194: *Ego mentem intellectum esse affirmo.*
[90] ib. c. 12 n. 143 p. 195–196.
[91] ib. c. 13 n. 145, 6–7 p. 198.
[92] ib. c. 13 n. 147, 12 p. 201.
[93] ib. c. 13 n. 149, 16–19 p. 205.

Koinzidenz; sie ist eine lebendige Bewegung des Koinzidierens: *mens est coincidentia unitatis et alteritatis ut numerus.*[94]

Ich habe mit diesem Zitat aus dem fünfzehnten Kapitel meinem Referat vorgegriffen. Im vierzehnten Kapitel will der Philosoph erklärt haben, was die Philosophen damit meinen, daß die Seelen vom Sternenhimmel kommen und dorthin zurückkehren. Das hat der Philosoph im *Somnium Scipionis* Ciceros und im Kommentar des Macrobius zu diesem Werk gelesen. Der Laie versichert, er kenne die Texte nicht – *ignoro scripturas* –, erklärt aber dann Abstieg und Aufstieg der Seelen so, daß alle Philosophen darin übereinstimmen.[95] Der Philosoph wird immer hektischer mit seinen Fragen und schiebt ein neues Problem nach: Wieso auch für unsere Erkenntnis Gottes und des ersten Weltstoffs, der *materia prima*, die These gelte, alle unsere Erkenntnis bestehe im Erfassen von *substantia* und *accidens*.[96] Der Laie kann nur knapp antworten, denn der Philosoph will noch schnell wissen, ob die himmlischen Geister nach Stufen geordnet sind und ob die körperfreien Geister unverlierbare Erkenntnisse haben. Der Laie bejaht das, bestätigt die Theorie des Dionysius von den neun Chören und behauptet, die Seelen im Himmel behielten ihre Einsichten aus dem Erdenleben.[97]

Das letzte, das fünfzehnte Kapitel gilt dann der Ausgangsfrage: Sind unsere Seelen unsterblich? Der Laie zweifelt nicht daran: Wir haben den Geschmack für die Weisheit und damit für das Unsterbliche. Er variiert das aus Avicenna und Dominicus Gundissalinus bekannte Argument für die Unsterblichkeit aus dem Unsterblichkeits*verlangen*.[98] Aber er stellt dieses Argument in einen Cusanischen Zusammenhang: Die *mens* ist unbestimmtes Bestimmen; sie ist das Sich-Ablösen von aller Variabilität, eine zeitüberlegene Selbstbewegung. Als Koinzidenz von Entfalten und Einfalten[99] – wiederum ist die *mens* als Koinzidenz bezeichnet! – ist sie so sehr aller Dinglichkeit entzogen, daß sie auch *über* der Zeit und aller Vergänglichkeit steht. Mit dieser Einsicht endet das Gespräch. Es ist Nacht geworden. Der Philosoph verabschiedet sich. Dies war, sagt er, der glücklichste Tag meines Lebens.

---

[94] ib. c. 15 n. 158, 1 p. 215.
[95] ib. c. 14 n. 152–153, 7 p. 207–208.
[96] ib. c. 14 nn. 153, 8–120.
[97] ib. c. 14 nn. 154–155 p. 209–211.
[98] ib..c. 15 nn. 156–158 p. 211–216.
[99] ib. c. 15 n. 158, 5 p. 215.

5. Das Konkordanzprogramm – Sichtung des Traditionsbestandes

Mehrfach schon habe ich vor den Gefahren gewarnt, die im Gebrauch des Wortes „Hauptwerk" liegen. Aber wenn wir es schon auf die Schriften des Cusanus beziehen, dann müssen wir von *vier* Hauptwerken reden: *De concordantia catholica, De docta ignorantia, De coniecturis, De mente.* De mente gehört in diese Reihe; daher befassen wir uns eingehend mit diesem Buch. Dafür spricht sein Umfang, das Gewicht seiner Themen, der Schub neuer Motive. Cusanus eignet sich in diesem Text den ganzen Reichtum der im 15. Jahrhundert noch oder wieder lebendigen Seelentheorien an, von der Erkenntnisphysiologie der Ärzte zu Padua über die Intellektspekulationen der *De anima*-Erklärer in Cordoba und in Paris bis hin zu *Timaios-* und *Somnium Scipionis*-Deutern und zu christlichen Theoretikern des Geistes als Bild. Ich bin bisher dem Text gefolgt, der es so darstellt, als sei es der Philosophus, der mit einer gewissen Hektik immer neue Themen aufwirft und den Laien wie im Examen-Staccato abfragt, aber natürlich ist es Cusanus, der drängt. Nicht der Philosoph, sondern *er* weiß, daß er bald abreisen muß, daß seine Sommerpause in Fabriano zu Ende geht und daß er vorher beweisen will, seine Philosophie integriere die verschiedensten *mens*-Theorien. Dazu reichen Stichworte, welche die Richtung andeuten. Nicht der Laie hat keine Zeit, sondern sein Erfinder; nicht der Philosoph quillt über an Lektüre-Erinnerungen, sondern Cusanus. Er muß sich das Gesamtfeld der Seelenlehre aneignen; er muß auf viele drängende Fragen der Jahrhundertmitte antworten, insbesondere auf die Frage nach der Seelenunsterblichkeit, die um so problematischer wurde, je mehr Ärzte *secundum physicos* die Körperabhängigkeit des menschlichen Erkenntnisapparates untersuchten. Es kommt in dem Dreiergespräch zu keiner Erschütterung der Unsterblichkeitsgewißheit, da Cusanus von vornherein, genau genommen von c. 1. n. 57 p. 91 an, einen spekulativen *mens*-Begriff zugrunde legt, von dem leichter zu begreifen ist, daß er zeitüberlegen als daß er vergänglich wäre. Sein *per se*-Sein gehört zu seiner Ausgangsdefinition; Schwierigkeiten macht eher sein Körperbezug. Diese Konzeption von *mens* entwickelt Cusanus in unserer Schrift nicht von den ersten Fundamenten her; er greift auf die *mens*-Metaphysik von *De coniecturis* zurück. Insofern macht Cusanus hier nicht alles neu. Aber neu ist die Integration eines gewaltigen Traditionsstoffes und die Bezugnahme auf aktuelle Diskussionen. Der Laie ist es, der den Nachweis erbringen muß, daß diese viel-

fältigen Debatten die Einheit der Weisheit nicht zerstören, an der das
Glück der *mens* hängt; er führt umrißhaft vor, daß die neuesten wie die
ältesten Seelentheorien die Verbindung der *mens* als *imago* zu ihrem Urbild bestätigen oder jedenfalls nicht zerstören. Er zeigt, daß 1450 noch
einmal eine Harmonie von Weltbetrachtung, Erfahrungsneugier, Selbstbewußtsein und persönlicher Frömmigkeit gewonnen werden kann.
Dazu skizziert er eine *pia philosophia* und beendet beide Gespräche, das
über die Weisheit und das über den Geist, mit einem Gebet und einem
abschließenden *Amen!* Je größer die Divergenz der Themen und Thesen,
um so siegreicher erweist sich die Einheitskonstruktion einer neuen
christlichen Kultur und Philosophie.

Die philosophische Schriftstellerei des Cusanus war 1450 kein rein pri-
vates Vergnügen; sie floß ein in die Gespräche am päpstlichen Hof und
entsprach den kulturpolitischen Zielsetzungen des befreundeten Papstes.
Etwa 200 Jahre zuvor war Albertus Magnus an den päpstlichen Hof gereist, um die Notwendigkeit einer Rezeption des Aristoteles samt seines
arabischen Kommentators durchzusetzen; der Verfasser des *Idiota* zeigt,
daß eine philosophisch-kulturelle Neuorientierung möglich und nötig
war. Er polemisiert nicht mehr wie in der *Apologia* des Vorjahres gegen
die veraltete aristotelisierende Tradition, die Albert grundgelegt hatte; er
zeigt, wie Neuland zu gewinnen und alles Vergangene einzuschmelzen
wäre. Er schreibt keinen Kommentar zu *De anima;* er verfaßt kein Handbuch der neuen Seelenlehre; er skizziert großzügig – daher die Eile des
Philosophus – den Ausweg aus komplizierten und vielfältigen Debatten
über die Seele; er läßt die Lösungen entwerfen durch einen Laien, der in
der jubelnden Erkenntniszuversicht spricht, die er in *De sapientia* begründet und künstlerisch gestaltet hat; die Neuheit in Ton und Thema ist
insbesondere gegenüber *De docta ignorantia* unübersehbar. Cusanus *vermeidet* jetzt das Thema und das Wort *ignorantia;* wo es sich geradezu
aufdrängt, wie in c. 10 n. 127 p. 179/180, lenkt er das Gespräch von ihm
weg. Der Laie hat keine Bedenken, uns eine Schau der absoluten Wahrheit, *intuitio veritatis absolutae,* zuzuschreiben.[100] Gegenüber *De coniecturis* ist der Gestus des Anknüpfens an mannigfaltige Gegenwartsposi-
tionen in der Seelenphilosophie neu; *De mente* bietet im Lichte der
Cusanischen Philosophie eine Durchsicht des spannungsreichen Traditionsbestandes, den die humanistische Gelehrsamkeit noch vermehrt und

---

[100] ib. c. 7 n. 106 p. 158. Vgl. n.105, 12 p. 157.

differenziert hat. Der Laie stellt Konkordanz her. Er beweist dem Philosophen, daß seine Sorgen wegen der Widersprüche in den vorhandenen Seelentheorien unbegründet sind. Wer das Unendliche zu denken gelernt hat, kann die verschiedenen Sichtweisen zur Übereinstimmung bringen. Er kann es *leicht*. Dies zu zeigen, ist das Programm des Laien.[101] Was den Philosophen grundlos besorgt macht, sind nur verschiedene Ausdrucksweisen, *modi dicendi*. Mögen diese sich widersprechen, das Intendierte, zeigt der Laie, ist immer dasselbe.[102]

Soviel zur generellen Charakteristik von *De mente*. Ich kann nicht auf alle seine philosophisch bemerkenswerten Theorien eingehen; ich greife einige Hauptthemen heraus, immer in genetischer Perspektive.

6. Was heißt nun mens?

Ich zögere, *mens* zu übersetzen. Ich hatte darum gebeten, das Wort wie ein Fremdwort einfach zu behalten. Die Übersetzungen übertragen es in eine ihm fremde Welt. *Mens in se subsistens – mens ex officio* , der „Geist, der in sich selbst subsistiert" – der „Geist", der im Körper als „Seele" lebt – diese merkwürdig antikisierende Distinktion trägt alle weiteren Argumentationen der Schrift bis hin zum Unsterblichkeitskapitel am Ende. Die Ciceronianische Vorstellung, die Geistseele komme aus der Sternenheimat und kehre dorthin zurück – Cusanus kann sie integrieren. Auch die starken boethianischen Elemente dieser Schrift, die ausdrücklich wiederum auf Pythagoras verweisen, also die Spekulationen über Zahl, *magnitudo* und *multitudo* sowie das Motiv der göttlichen Weltmusik, verstärken die antikisierenden Momente in dieser Konzeption von *mens*. Dies alles könnte Leibniz noch in seine Sprache übersetzen, aber wenn *wir* „Geist" sagen, meinen wir entweder etwas Verwaschenes oder das, wovon in Hegels *Phänomenologie des Geistes* die Rede ist. Beides können wir Cusanus nicht antun. Um die Andersartigkeit seines Begriffes von *mens* zu erfassen, müssen wir historisch weiter zurückgehen. Wir werfen am besten einmal einen Blick in einen der vielen antiken, arabi-

---

[101] c. 1 n. 67, 1–2 p. 103.
[102] Immer wieder zeigt der Laie die Konkordanz, z.B. c. 3 n. 71, 1–2 p. 107; c. 4 n. 77, 1–4 p. 116; c. 7 n. 99, 3–5 p. 149; c. 9 n. 121, 4–9 p. 175; c. 13 n. 145, 6–12 p. 198; c. 14 n. 152 p. 207.

schen und lateinisch-mittelalterlichen Traktate *De intellectu et intelligi-bili.* Cusanus sagt ja selbst, er verstehe unter *mens* das, was andere *intellectus* genannt haben. *Ego mentem intellectum esse affirmo*[103]. Schlagen *wir* also Alberts Traktat *De intellectu et intelligibili* auf, den wir noch immer im neunten Band der wenig verläßlichen Borgnet-Ausgabe, p. 477–521 lesen müssen. Dort finden sich:

– die charakteristische Verbindung von averroistischer *intellectus*-Philosophie mit dem hermetischen Motiv, der menschliche Intellekt sei *nexus Dei et mundi,* II 9 p. 517 b. Dies zeigt: Das Interesse an Hermes Trismegistus bestand auch im 13. Jahrhundert; es ist kein Privileg der sog. „Renaissance";

– die Idee des Abstiegs der reinen Formen vom Ursprung aller Formen in den Intellekt; die Materialisierung ist sekundär. Der Intellekt bedarf keiner ontologischen Stütze, *non indiget aliquo,* II 12 p. 520 b;

– die Weigerung, den Intellekt als ein Akzidens in einem Träger zu deuten, I tr. 3 c. 1 p. 499 a. Dies ist besonders wichtig, da es Cusanusinterpreten gibt, welche die Lehre von der Substantialität des Intellektes als eine moderne Erfindung, als eine Rückdatierung der Theorien Fichtes, vom „Mittelalter" fernhalten wollen, um Cusanus an Thomas von Aquino anzunähern. Sie kennen Dietrich von Freiberg nicht, und sie haben Aristoteles in einer einseitigen Auslegung gelesen.

Es gibt noch mehr Gemeinsames, aber ich will hier keine vollständige Quellenanalyse treiben, sondern einzig auf die Differenz von *mens* zu unserem „Geist" zuspielen. Haben wir dies realisiert, dann können wir mit der Terminologie wieder großzügiger umgehen und für *mens* auch wieder „Geist" sagen und die Differenzen mitdenken. Schon Albert antikisierte, wenn er vom Intellekt sprach; er verband aristotelische Theoreme mit Averroes und mit Hermes. Cusanus hatte dabei noch andere wichtige Anreger, z. B. Proklos, den *Liber de causis,* Eckhart. Cusanus nahm auch bestimmte Themen Alberts demonstrativ nicht auf, z.B. strich er all die subtilen Unterscheidungen von *intellectus possibilis, agens, adeptus* etc. Für diesen Schulkram hatte sein *Idiota* keinen Sinn mehr; die Zeit dieser Debatten war abgelaufen; sie war es schon für Eckhart. Auch hatten die Intelligenzen bei Albert eine wichtigere Funktion als die neun Chöre der Engel, auf die der *Idiota* sich beiläufig bezieht. Von einer Her-

[103] ib. c. 12 n. 142, 13 p. 194.

leitung des Cusanus aus einer einzelnen „Quelle" kann nicht die Rede sein; nur sei vor Rückübertragungen moderner Konzepte gewarnt.

7. Neuerungen

Dies heißt nun wiederum nicht, daß wir weitertreibende Motive übersehen dürften. Ich nenne, auswählend, deren drei:

Erstens: Cusanus sieht Handwerke und Künste als das Leben des Geistes. Die *artes*, insbesonder auch die mechanischen *artes* wie die Löffelschnitzerei unseres Laien, stehen in enger Verbindung zur *mens*.[104] Die *mens* des *Idiota* lebt nicht in einer rein theoretischen Sphäre, oder vielmehr, sie beschränkt sich nicht auf diese. Mit der Theorie der *artes,* auch der handwerklichen, öffnet sich die *mens*-Philosophie der realen Welt des 15. Jahrhunderts und der überragenden Bedeutung, welche Künste und Technik in ihr hatten. Sie reflektiert die neuen Erfahrungen, die Cusanus in Italien hat machen können.

Zweitens: Cusanus konzipierte das mentale Leben als Tätigkeit, als subtantielle Aktivität, die ein ständiges Fortschreiten mit sich bringt. Schon in *De sapientia* war vom kontinuierlichen Aufsteigen, vom *continue ascendere*,[105] die Rede; in *De mente* kommt die unendliche Perfektibilität des menschlichen Geistes stärker zum Ausdruck.[106] Ich sage nicht, Cusanus sei der „Vorläufer" der Idee des „Fortschritts". Seiner *mens*-Philosophie fehlt jeder Blick auf die Geschichte, im Unterschied zu derjenigen Hegels. In *De docta ignorantia* hieß es, wir könnten das Vieleck dem Kreis immer ähnlicher machen. Der Ton lag damals auf der bleibenden Differenz und unüberbrückbaren Insuffizienz. Jetzt, 1450, entsteht daraus ein Pathos der unendlichen Selbstvervollkommnung der *mens*.

Drittens: Daß alles auf Selbsterkenntnis ankomme, das hat die sokratisch-platonisch-neuplatonische Geistphilosophie immer wieder gesagt. Auch Cusanus sagt das, aber er sagt es mit neuen Akzenten. Die *mens*, sagt der Laie, mißt, d.h. sie bestimmt begrifflich alle Dinge. Sie tut das, um mit sich selbst bekannt zu werden.[107] Sie wendet ihre Bestimmungs-

---

[104] *De mente* c. 7 n. 102, 11–20 p. 153–154; ib. c. 13 n. 148 p. 203.
[105] *De sapientia* I n. 11, 6 p. 20.
[106] *De mente* c. 13 n. 149 p. 203–204.
[107] ib. c. 9 n. 123, 5–9 p. 177.

kraft auf die Welt an, um sich selbst kennenzulernen. Das ist etwas anderes als die augustinische Rückkehr ins eigene Innere, wo die Wahrheit
allein wohne. Das bestimmende Hinausgehen in die Welt ist bei Cusanus
kein Verlust, sondern die Bedingung der Selbstgewißheit der *mens.* Sie
muß hinaus, um zu erfassen, daß sie der Grund einer Mentalwelt ist.
Cusanus sagt nicht, sie müsse hinaus in die Geschichte. Aber sie muß hinaus in die begriffliche, die mathematisierende und die praktisch-tech-
nisch-künstlerische Formung der Sinnenwelt. Sie, die *mens,* kann sich nur
im Anderen ihrer selbst „berühren". Sie findet sich, indem sie sich zum
Urbild von allem anderen macht. Sie hat eine vitale Energie, diese Bewegung zu vollziehen, um sich selbst im Anderen – nicht in anderen Personen, die kommen in *De mente* nicht vor; diese Mental-Metaphysik bleibt
monologisch – , im geordneten Weltstoff als dessen Ordnungsgrund zu
erfahren.

8. Die Absolutheit der mens

Die Mental-Philosophie von 1450 wirft viele Fragen auf. Ein mitdenken-
der Leser fragt sich: Wie verhält sich unsere *mens* zur ewigen *mens?* Mit
dieser Frage beziehe ich mich nicht auf den Pantheismusverdacht. Die
Unterscheidung von Urbild und Bild schließt ihn aus. Er hat dennoch die
Cusanusinterpreten lange, allzu lange beschäftigt. Dabei brauchte jemand, der diesen Verdacht hätte, nur Plotins *Enneade* I 6 zu lesen. Dieser
Text allein beweist schon, daß der Pantheismusvorwurf nicht zur Sache
gehört, wenn von Plotin oder Proklos, von Eriugena, Eckhart oder Cusanus die Rede ist. Ich wiederhole also nicht die besorgte Frage, ob es bei
Cusanus nicht zu einer Vermischung von Gott und Geist gekommen sei.
Ich frage nach dem genauen Verhältnis des menschlichen Geistes zu seinem Urbild. Diese Frage legt Cusanus nahe. Denn es fällt auf, daß er in
De mente, wenn von Geist und Gott die Rede geht, eine Reihe von Ge-
schöpflichkeitsprädikaten vermeidet, die in der Tradition üblich waren
und die er früher auch selbst zum Teil gebraucht hatte, um Gott und *mens*
zu unterscheiden. Wenn ich nicht irre, hat Cusanus in unserer Schrift
zwar gesagt, unsere *mens* sei erschaffen, aber er hat kein einziges Mal geschrieben, der ewige Geist habe den menschlichen Geist *gemacht* oder
verursacht. Er spricht, als wolle er effiziente Ursächlichkeit von unserer
mens fernhalten, wie dies Averroes und Dietrich von Freiberg getan ha-

ben.[108] Cusanus spricht das nicht aus; aber sein Vermeiden des Terminus *causa* legt nahe, auch bei ihm eine derartige Theorie der nicht effizient-kausalen Weltbegründung zu vermuten.

Cusanus streicht tradierte Geschöpflichkeitsprädikate noch offen-sichtlicher: Er sieht den Unterschied zwischen Gott und Geist *nicht* mehr in der Differenz von unendlich – endlich, von *complicatio* – *explicatio*, von *absolutum* – *contractum*. Dies hat einschneidende Folgen, die er her-vorhebt: Wir müssen zwischen *imago* und *explicatio* unterscheiden.[109] Bei Thierry von Chartres war die *explicatio* das gemeinsame Charakteristi-kum aller Geschöpfe. Aber für Cusanus ist unsere *mens* nicht *explicatio*. Sie ist Bild der absoluten Einfachheit. Sie steht jetzt sogar über jeder *com-plicatio*. Sie ist *Bild* der *complicatio complicationum*.[110] Unsere *mens* ist nicht *contracta*, sondern *incontracta*.[111] Der Gegensatz von *absolutum* und *contractum* markierte in *De docta ignorantia* die Differenz der un-endlichen Einheit zur Welt. 1450 ist die *mens* nicht-kontrahiert und inso-fern absolut. Allerdings heißt in *De sapientia* II n. 34, 7 und 9 p. 67 der göttliche Geist „absoluter Geist"; er heißt ja auch „absoluter Begriff". Aber daß er ein nicht-kontrahiertes Bild hat, nimmt ihm nichts; seine unangefochten-primäre Stellung bleibt ihm, da er Urbild der *imago* ist. Aber noch diese Vorrangstellung Gottes schlägt in *De mente* zur Ranger-höhung unserer *mens* aus; denn jetzt heißt sie *exemplar* aller Dinge, die nach ihr kommen. Bevor wir fragen, was das heißt, mache ich auf eine andere Rücknahme eines traditionellen Geschöpflichkeitsmerkmals auf-merksam: Unser Geist, behauptet der Laie, ist *substantielle* Tätigkeit.[112] Einem modernen Leser mag das eine innerphilosophische Finesse er-scheinen. Ein Leser von Augustins *De trinitate* könnte gar darauf verwei-sen, daß Augustin ähnlich gedacht hat; für ihn waren Erinnern, Einsehen und Lieben unsere *substantia*. Aber zwischen Augustin und Cusanus la-gen Jahrhunderte, in denen Theologen immer wieder darauf bestanden hatten, bei Geschöpfen könne die Tätigkeit keine Substanz sein; sie müs-

---

[108] Vgl. K. Flasch, Procedere ut imago. Das Hervorgehen des Intellekts aus seinem göttli-chen Grund bei Meister Dietrich, Meister Eckhart und Berthold von Moosburg, in: K. Ruh (Hg.), Abendländische Mystik im Mittelalter. Symposion Kloster Engelberg 1984, Stuttgart 1986, S. 126–130; ders., Aufklärung im Mittelalter? Die Verurteilung von 1277, Mainz 1989, S. 144.

[109] *De mente* c. 4 n. 74, 12 p. 113.

[110] *De mente* c. 4 n. 74, 19–21 p. 114.

[111] ib. c. 9 n. 125, 10–11 p. 178.

[112] ib. c. 5 n. 80, 5–8 p. 121.

se vom Wesen des Geschöpfs *verschieden*, also Akzidens sein. Dies war die Lehre des heiligen Thomas; aber es war nicht seine Sonderlehre. Im 13. Jahrhundert dachten viele ähnlich. Als anno 1277 Bischof Tempier von Paris 219 radikal-philosophische Thesen verurteilte, verwarf er auch die Lehre, die wissende *Tätigkeit* reiner Geister sei mit ihrem *Wesen* identisch.[113] Der Laie des Cusanus nimmt für den menschlichen Geist in Anspruch, was Thomas Aquinas und Bischof Tempier selbst den reinen Geistern verweigert hatten. Ich sage noch einmal, das bedeutet keinen Pantheismus. Wohl aber stehen wir vor einer neuen geschichtlichen Stufe im Verhältnis des Geistes zu Gott, auch wenn es ein Wiederaufnehmen der Trinitätsphilosophie Augustins und eine Fortführung der Linie Aristoteles – Averroes – Dietrich von Freiberg war. Wir dürfen die Lehre von der substantiellen Tätigkeit des Geistes nicht isoliert nehmen; sie steht im Zusammenhang mit der Rücknahme anderer Prädikate der Geschöpflichkeit. So gesehen war sie kein Rückgriff, sondern eine Neuerung, auch im Vergleich zu *De docta ignorantia*.

9. Geist als Urbild aller Dinge

Unser Geist ist also unendlich, nicht-kontrahiert, Bild der absoluten Einfachheit und Einfaltung. Aber was heißt es dann, er sei Urbild, *exemplar* aller anderen Dinge? Das Urbild aller Naturdinge ist die unendliche Form oder die *ars* des göttlichen Geistes.[114] Der menschliche Geist als Bild ersetzt nicht das göttliche Urbild der Naturdinge. Aber inwiefern ist er dann ihr Urbild? Der Zusammenhang dieser These war, daß er *mensura* ist. Er bestimmt die Naturdinge. In *De coniecturis* I 4 nn. 12–14 p. 18–19 hatte Cusanus dazu eine „starke" These entwickelt: Die *mens sieht ihre eigene Einheit* in den vier Einheiten, Gott, Intelligenz, Seele, Körperwelt, und sie erkennt dabei, daß es außerhalb ihrer keine Realität geben kann. Jetzt, in *De mente* c. 3, trifft Cusanus folgende Bestimmungen:

Der göttliche Geist ist die Gesamtheit der Wahrheit der Dinge,

---

[113] These 85, Zählung nach Denifle. Vgl. K. Flasch, Aufklärung im Mittelalter (wie Anm. 108), S. 171. Über diese These bei Siger von Brabant und Dante vgl. R. Imbach, Notule sur le commentaire du Liber de causis de Siger de Brabant et ses rapports avec Thomas d'Aquin, in: Freiburger Zeitschrift für Philosophie und Theologie 43 (1996), S. 320–S. 321.
[114] *De mente* c. 2 n. 67, 4–6 p. 103.

der menschliche Geist ist die Gesamtheit der Anähnlichung, *assimila-tionis*, der Dinge.

Die konzipierende Tätigkeit des göttlichen Geistes ist die Hervorbrin-gung der Dinge; das Konzipieren unseres Geistes ist deren Begriff, *notio*. Gottes geistige Tätigkeit ist die Erschaffung, *creatio;* unsere Tätigkeit ist die Anähnlichung der Dinge. Wie alles im göttlichen Geist seine Wahr-heit hat, so geschieht in unserem Geist die Ähnlichkeit aller Wahrheit. Alles ist in Gott. Was in Gott ist, sind die Urbilder, *exemplaria*, der Din-ge. Was in unserem Geist ist, sind die Ähnlichkeiten, *similitudines*, der Dinge. Dann möchte der Leser folgern, also haben wir Abbilder der Din-ge in uns, nicht ihre Urbilder. Aber der Laie insistiert: Wäre in einem Land der König unbekannt, es gäbe aber von ihm ein erstes und einziges Bild, dann wäre dieses Bild das Urbild aller anderen Bilder. Gottes Wis-sen oder sein Gesicht findet sich nur in der Geistnatur und breitet sich allein mittels des Geistes auf die nicht-menschliche Natur aus, so daß un-sere *mens* das Bild Gottes und das Urbild aller Bilder Gottes ist, die es sonst noch gibt.

Hier zeigt sich der Zusammenhang von negativer Theologie und der Schlüsselrolle der *mens.* Andererseits sind diese Sätze schwer aus-zulegen. Sie enthalten, scheint mir, zwei Thesen; erstens: Alle Naturdinge unterhalb des Menschen – Cusanus dachte das Universum anthropozen-trisch-hierarchisch, nicht naturgeschichtlich, nicht evolutionstheoretisch – sind von Gott im Blick auf unsere *mens* strukturiert, so daß wir, wenn wir auf die *mens* blicken, erkennen, daß Tiere, Pflanze und Steine ab-gestufte Nachbilder des Menschen als der allgemeinen Kreatur sind. Die *mens* kann sich in ihnen wiederfinden, in ihrem realzahlenhaften Aufbau, in ihrer begrifflichen Bestimmbarkeit, in ihren internen Propor-tionen.

Zweite These: Der menschliche Geist ist eine substantielle Bewegung der Anähnlichung. Er ist es aber im doppelten Sinne: Einmal, sofern er in sich die Ideen vorfindet, nach denen die Dinge gemacht sind und beur-teilt werden müssen. Er ist das Wesen der Regeln. Die Ideen sind die *complicatio* der Ideate. Gott ist die *complicatio* der *complicationes*. Der Geist ist das Bild der *complicatio* der *complicationes*. Die Assimilationsbewe-gung der *mens* bedeutet nicht primär Abhängigkeit von Außenweltdin-gen. Dagegen spricht schon, daß die *mens* das Maß dieser Dinge ist. Bei Thomas von Aquino waren die Dinge das Maß unserer Erkenntnis. Bei

Cusanus sind wir das Ur-Bild ihrer Wahrheit. Unser Erkennen besteht
nicht primär im Nachbilden von Körperdingen. Ich sage: nicht primär,
denn der Geist enthält in sich eingefaltet verschiedene Tätigkeitsweisen.
Er ist intellektuelle, vernünftige Einsicht, d.h., Wissen der in ihm vorfindbaren *exemplaria*. Er ist rationale Bearbeitung der sinnlichen Welt,
d.h., er „fabriziert" Begriffe. Und er ist sinnliche Anschauung. Diese allein gleicht sich den Außendingen an. In ihr überläßt der Geist sich der
Einwirkung von Außendingen. „Außendinge" sind sie allein für die Sinne, nicht für den Intellekt.

Damit sind nicht alle Fragen nach dem Erkennen unserer *mens* gelöst.
Aber es ist klar, was ihr *exemplar*-Charakter bezüglich der außermenschlichen Natur ist. Nicht die *mens* macht die Dinge als Abbilder ihrer
selbst. Gott hat die Weltdinge im Hinblick auf die Universalkreatur
Mensch geschaffen. Unser Geist sieht die Urbilder in sich als die Leitideen; er ordnet im Licht dieser Leitideen seine sinnliche Erfahrung begrifflich, d.h. er begibt sich in eine Phase des Abstrahierens und expliziert
sich *notionaliter*.

Damit beweist der Laie in c. 4 die bewunderungswürdige Kraft unseres Geistes. Seine Kraft, *vis*, in der alles zusammengefaltet ist, ist die Tätigkeit, sich anzugleichen an andere *complicationes*. Diese *complicationes*
dürfen wir nicht verwechseln mit Dingen der Außenwelt. Diese sind keine *complicationes*, sondern *explicationes*. Der Geist assimiliert sich selbst
den Prinzipien, aus denen die Körperwelt aufgebaut ist. Er findet in sich
die Entfaltungskraft des Punktes; daher kann er sich allen Größen angleichen. Das Wort „Größe" hat hier die volle Bedeutung, die ich aus Boethius vorgetragen habe. Der Geist trägt in sich die Weltprinzipien mathema-
tisch-metaphysischer Art. Er ist *exemplar*, weil Weltinhalte nach ihnen,
die er in sich eingefaltet findet, aufgebaut sind. Er ist zusammenfaltende
Einheit und kann sich kraft ihrer alle *Vielheit* ausfalten; er kann sich als
zusammenfaltende Kraft das *Jetzt* ausfalten und damit die *Zeit* – als eine
Abfolge, als eine Vielzahl von Jetzt – ausfalten. Er ist selbst die Idee der
Einfachheit, der *Identität* und der *Verbindung* und kann kraft dieser Ide-
en alles *Zusammengesetzte*, alles *Verschiedene* und *Unverbundene* aus
sich ausfalten. Als Bild der absoluten *Zusammenfaltung* kann er sich jeder *Ausfaltung* angleichen.[115]

Unser Laie erklärt an dieser wichtigen Stelle, c.4 n. 75, die Korrespon-

---

[115] ib. c. 4 n. 75, 1–10 p. 114–115.

denz von Geist und Welt und damit die Möglichkeit *wahrer* Erkenntnis.
Er korrigiert transformierend die anthropomorphe Vorstellung, Gott
habe die Naturdinge im Blick auf den Menschengeist so geschaffen, daß
dieser ihn daran erkennen könne. Die Korrespondenz, sagt unser Abschnitt, läßt sich subtiler erklären: Der Geist ist die Kraft, *vis*, ein Netz
von Erstbestimmungen, das in ihm noch eingefaltet ruht, in Assimila-
tionsbewegungen ausfaltet. Diese Erstbestimmungen sind Einheit, Jetzt,
Ruhe, Einfachheit, Identität, Gleichheit, Verbindung. Der Geist findet sie
in sich und geht mit ihrer Hilfe in die Erfahrungswelt, indem er die jeweils gegenteiligen Bestimmungen mitentwickelt. Diese gegensätzlichen
Erstbestimmungen sind die Erstbausteine auch der empirischen Welt.
Einheit, Gleichheit, Jetzt, Ruhe – das sind Beispiele für *exemplaria*. Wir
können auch sagen: für *Ideen*. Unser Laie hat sie neu entdeckt, aber es
sind zufällig die Erstbestimmungen, die wir aus dem Platonischen *Parmenides* kennen und die in dem Parmenideskommentar des Proklos ab-
gehandelt sind. Es gibt noch andere Ideen, aber die genannten haben in
ihrer formalen Allgemeinheit den Vorzug, allumfassend zu sein: Es kann
keine Realität gedacht werden, in denen sie nicht enthalten wären. Und
dies ist hier der entscheidende Punkt. Die Welt ist aufgebaut aus Erstbestimmungen, die Gegensatzpaare bilden. Daher stehen wir nicht zufällig
vor der Welt; wir gehen nicht in sie hinaus wie zu etwas ganz Fremdem.
Eine gewisse Fremdheit ist gleichwohl gegeben: Das genaue Maß der
Abwandlung von Einheit und Vielheit, von Ruhe und Bewegung müssen
wir jeweils empirisch, faktisch, aufnehmen. Der Geist ist nicht leer, die
Welt ist ihm nicht das ganz Andere, und doch oder gerade deswegen muß
er aus sich herausgehen. Deswegen kann er noch lernen, deswegen kann
er sich noch assimilieren und damit seine Kapazität erproben.

10. Der Geist und die Stammbegriffe

Wir können jetzt sagen, was in *De mente* „Geist" ist. Als „unser Geist"
ist er das aktive Haben reiner Maßstäbe. Diese treten in der Welt stets mit
ihrem Gegenteil verbunden in wechselnden Proportionen auf. Der Geist
ist die „Kraft", seine reinen Maßstäbe ins „Unreine", in die gegensatz-
durchzogenen Zonen hinein zu entfalten und dabei ihre Mischungsverhältnisse genau zu bestimmen. Als das Wesen reiner Maßstäbe ist der
Geist Intellekt oder Vernunft; sofern er Mischungsverhältnisse präzis be-

stimmt, ist er Verstand. Er ist auch sinnliche Erkenntnis. Als solche bringt er sich die ideengewirkten, je anderen Mischprodukte als außerhalb seiner stehend zur Anschauung oder zu Gehör usw. Auf diesem Feld ist die Assimilation ein Sich-nach-außen-Wenden. Gleichwohl ist er auf allen drei Stufen des Erkennens Maß und Urbild.

Wir müssen uns das Gesagte an einem Beispiel verdeutlichen. Nehmen wir „Identität". In der sichtbaren Welt ist immer auch alles anders. Ein Haus ist auch ein Nicht-Haus, wenn es zum Beispiel hereinregnet. Oder, subtiler: Um zu sagen, was ein Haus ist, muß ich in vielen Formen sagen, was es nicht ist. Das Nicht-Sein des Hauses ist im Haus in vielen Formen anwesend. Doch dies kann ich nur sagen, weil ich die reine Bestimmung „identisch" zu bilden imstande bin. Diese Bestimmung, als reine Identität, kommt in der Welt nicht vor. Wenn wir über sie nachdenken, müssen wir sagen, sie sei nicht von dieser Welt. In dieser Welt rutscht immer alles aus seiner Bestimmung heraus. Aber dies kann ich wiederum nur sagen, indem ich die Bestimmung „Wegrutschen" festhalte. „Denken" heißt, daß die reine Bestimmung erinnert und dann auch entfaltet, also angewendet und verunreinigt wird. Die These, in der Welt seien die reinen Bestimmungen immer nur verunreinigt anzutreffen, dies nenne ich den gewöhnlichen Platonismus. Ich nenne ihn „gewöhnlich", weil in den Schriften Platons, vor allem im *Sophistes* und im *Parmenides,* ganz andere Dinge über die reinen Bestimmungen stehen. Aber diese Kontrastbetrachtung: reine Bestimmung – unreine Welt, die wir aus dem Platonischen *Phaidon* kennen, wurde die Standardfassung des Platonismus. Auch Cusanus ist in ihr zu Hause. Wenn er sagt, überall mangele die „Präzision", dann ist das nicht im Sinne modern-technischer Präzision zu verstehen, sondern als das Gebrochensein der reinen Maßstäbe. Überall bricht Differenz ein. In dieser Welt gibt es weder die reine Entsprechung zu den reinen Maßstäben, noch die *rectitudo,* noch die Wahrheit, weder die Gerechtigkeit noch das Gut-Sein: *in hoc mundo non est nec praecisio nec rectitudo nec veritas nec iustitia nec bonitas.*[116]

Aber das ist nur die *eine,* die vulgärplatonische Seite der Sache. Die andere wird in *De mente* zum Thema: Die reinen Maßstäbe sind in sich gegensätzlich; sie verlangen ihre Ausfaltung bis in ihr reines Gegenteil. Wir müssen die reine Identität bis an die Grenze der reinen Diversität verfolgen, um den genauen Platz eines Weltdings in der Skala der Vermi-

---

[116] *De sap.* II n. 38, 7–8 p. 70.

schung dieser Gegensätze festzusetzen. Der Geist hat aktiv diese Maßstäbe; er *ist* sie. Insofern ist er Urbild aller Weltdinge, denn er baut sie sich – parallel zur göttlichen Erschaffung – aus denselben reinen Prinzipien auf und bestimmt den Grad ihrer „Verunreinigung". Dies heißt, er ist Bild der *complicatio complicationum.* Das Verhältnis Maßstab – Ding ist die *complicatio* der dinghaften Entfaltungen. Der Geist ist nicht einfach die Einfaltung, *complicatio,* sondern er ist zuerst in sich selbst die energische Vereinigung der reinen Maßstäbe, die er dann auch zu ihrer Ausfaltung begleitet. Deswegen heißt er *complicatio complicationum.* Er ist der eingefaltete, substantiell-tätige Ideenhimmel. Dies ist nicht mehr der gewöhnliche Platonismus, sondern es ist die mental-philosophische Transformation des gewöhnlichen Platonismus.[117]

Aber es ist auch nicht exakt dieselbe Position wie in *De coniecturis* I 4. Dort schaute die *mens* sich selbst in allen ihren vier Ausformungen an. Hier, in *De mente,* weiß sie sich als Bild der Zusammenfaltung aller Zusammenfaltungen und schaut sich in ihren rationalen Bestimmungen und in ihren sinnenhaften Explikationen an. Gemeinsam ist allerdings die Folgerung, daß es nichts geben kann, was außerhalb ihrer wäre. Sie erfaßt in sich ihr Urbild, indem sie sich selbst als Bild begreift, und sie fungiert als Urbild, indem sie rationale Bestimmungen und sinnliche Manifestationen als ihre eigene Ausfaltung erkennt.

Ich möchte noch auf eine weitere Konsequenz aufmerksam machen: Die *mens* hält in sich das *Jetzt* eingefaltet. Sie faltet es aus zum Zeitfluß, den Cusanus unter das Joch der Identität beugt, indem er ihn als *Bewegung von Jetztpunkten* interpretiert. Daraus ergibt sich das Gewünschte: Die *mens* steht als solche außerhalb oder oberhalb der Zeit. Eine ursprüngliche Zeitigung finden wir an ihr nicht; sie ist der nicht-zeitliche Ursprung aller Zeitentwicklungen. Daher ist sie unsterblich. Dieses Thema, das den Philosophen beunruhigte, löst der Laie mitfolgenderweise. Das mehr weltanschauliche Problem der Seelenunsterblichkeit dominiert nicht das Dreiergespräch; seine Lösung ergibt sich aus der genuin philosophischen Bestimmung der *mens* als der *complicatio* der Stammbegriffe, zu denen auch das Jetzt in seinem immanenten Gegensatz zum Zeitfluß gehört.

Wenn wir das Wort „Zahl" nicht in seiner modern-abstrakten Bedeu-

---

[117] Vgl. dazu insbesondere *De mente* c. 9 n. 122, 8–15 p. 176 und c. 7 n. 103 p. 154–155.

tung nehmen, können wir mit Cusanus die *mens* auch traditionell als sich selbst bewegende Zahl definieren. Sie ist eine Zahl, die sich selbst auszählt, eine Koinzidenz von Identisch und Nicht-Identisch, die sich den zahlenhaften Weltverhältnissen assimiliert.[118]

Es empfiehlt sich kaum, diese Philosophie der *mens* als Vorläufer der Transzendentalphilosophie Kants zu lesen. Wir werden an ihr nicht bemängeln, sie könne das erkenntnistheoretische Problem späterer Jahrhunderte nicht lösen, weil sie bereits einen Gesamtüberblick über das Universum zu haben behauptet, bevor sie die Erkenntnisstufen darin einordnet. Die *De-mente*-Philosophie des Cusanus ist nicht die „Vorstufe" von irgend etwas anderem, weder von Kants Vernunftkritik noch von Hegels Dialektik. Dennoch enthält sie Elemente, die zu einer transzendentalphilosophischen Theorie der Erkenntnis bzw. zu einer dialektischen Theorie der Stammbegriffe weiterentwickelt werden könnten. Immerhin versteht Cusanus die *mens* als tätiges Beieinander entgegengesetzter Erstbestimmungen. Er redet von Einheit und Vielheit, Identität und Verschiedenheit, Ruhe und Bewegung als von Bestimmungen, die zugleich die des Denkens und der Sachen sind. Wir werden darüber die pythagoreisierenden Momente nicht vergessen: der Geist als sich selbst auszählende Zahl. Es sind auch Einschränkungen in der Interdependenz zu notieren. Im Netz der Stammbegriffe besteht eine einseitige Abhängigkeit, keine strikte Wechselbestimmung. So sah Cusanus die Zeit als Abfolge von Jetztpunkten, die Bewegung als „Abfall" von der Ruhe.[119] Er präparierte den Begriff von *essentia* so, daß er frei von *alteritas* sein sollte.[120] Damit blieb das „Wesen" der Dinge allem Verfall und allem Verderb entzogen. Die „dialektischen" Elemente seines Denkens moderierte Cusanus also so sehr, daß ihm Veränderung als Abfall erschien und eine platonistisch konzipierte Galerie ewiger Wesenheiten über dem Weltlauf thronte.

Was die Theorie der Erkenntnis angeht, so wies ich schon darauf hin: Cusanus hatte nicht die Sorge, wie er von einem gnoseologischen Nullpunkt aus das Universum menschlicher Erkenntnis aufbauen und in seiner Wahrheit sichern könnte. Gleichwohl bringt er in *De mente* beträchtliche Beiträge zur Philosophie des Erkennens. Ich kann dies hier

---

[118] ib. c. 15 n. 157 p. 213.
[119] Zu Zeit und *motus:* ib. c. 9 n. 121–122 p. 175–176.
[120] ib. c. 6 n. 96, 12 p. 144.

nicht in der nötigen Breite entwickeln; ich nenne nur die Gesichtspunkte, welche die Stufe von 1450 charakterisieren.

Da besteht eine gewisse Spannung zwischen folgenden zwei Aussagenreihen: Einerseits soll die *mens* das Urbild aller anderen Dinge sein – das einzige Porträt des unbekannten Königs des Universums. Dies habe ich zu erklären versucht: Der Geist ist die Dynamik der Entfaltung der allesumfassenden, gegensätzlichen Stammbegriffe. Dies macht begreiflich, daß es keine Realität außerhalb des Geistes geben kann; auf diese *Notwendigkeit* kommt es an; das bloße Faktum würde nicht genügen. Aber dann gibt es in *De mente* eine zweite Aussagereihe. In ihr erscheinen die Weltdinge als „draußen", und die Erkenntnis besteht dann darin, daß der Geist sich ihnen angleicht. Zuerst waren die Dinge die Ergebnisse der Selbstentfaltung der *mens,* zuletzt sind sie Ziel einer außengewandten Bewegung der *mens.* Zuerst gibt, so scheint es, Cusanus eine geistphilosophisch-dialektische, zuletzt eine naiv realistische Beschreibung der menschlichen Erkenntnis. Wir müssen beide Seiten sehen; sie sind beide in *De mente* vorhanden. Die Spannung, scheint mir, hat in *De mente* zugenommen gegenüber *De coniecturis.* 1450 stellt Cusanus neben die geistphilosophische Selbstdarstellung die Außenwelt-Perspektive, die Sehweise der Ärzte. Ich spreche hier nicht von einem Widerspruch; ich kritisiere nichts. Aber die Frage, wie wir die beiden Seiten vereinen sollen, stellt sich schon. Dazu müssen wir uns erinnern: Unser Geist erschafft die Dinge nicht. Er bildet ihren Aufbau aus Prinzipien nach und entnimmt diese Grundstruktur nicht der Außenwelt, sondern sich selbst. Dies heißt, er ist Urbild, *exemplar,* der Dinge. Sodann betont Cusanus, daß wir eine Begriffswelt aufbauen; ich nannte dies die Theorie der Parallelaktion. Dieses Theoriestück, isoliert genommen, könnte nie die Wahrheit unserer Erkenntnisse einleuchtend machen, denn wir könnten ja unsere Begriffskonstruktion beliebig weit weg von der Realkonstruktion Gottes aufbauen. Aber sehen wir weiter zu.

11. Der Geist in der sinnlichen Wahrnehmung

In *De mente* geht Cusanus recht weit in der Betonung des konstruktiven Charakters unserer Begriffsbildung; kapitelweise dominiert die Vorstellung einer Parallelaktivität von göttlich-kreativem und menschlich-begriffsbildendem Geist. Begriffe herzustellen, *notiones fabricare,* das erscheint dann als Beschreibung des Denkens.[121] Diese Aussage ist aber zu lesen auf dem Hintergrund der Entfaltungskraft des Geistes kraft seiner stammbegrifflichen Dynamik; sie ist ferner in Zusammenhang mit dem Verhältnis *intellectus-ratio* zu denken, und sie ist mit der Theorie der sinnlichen Erkenntnis in Verbindung zu bringen.

Um dies in Kürze vorzustellen:

Die *ratio* stellt Begriffe her. Aber dies kann sie nur, weil die *mens* als *intellectus* die Welt mit dem Denken vorgängig zusammengeschlossen hat: Identität und Verbindung, zum Beispiel, sind in uns und in der Welt dasselbe. Sie sind das, was die *mens* überall findet und worin sie sich selbst anschaut. Unter solchen Leitbestimmungen erst kann der Verstand seine Begriffe herstellen. Und was er „herstellt", sind Rahmen zur Vereinheitlichung sinnlicher Eindrücke. Sie gliedern uns die Vielfalt der sinnlichen Welt.

Ich habe soeben die Ideenleitung des Verstandes als das Haben der Maßstäbe beschrieben. Ich habe als Beispiele Identität und Verbindung genannt. Aber Cusanus kennt andere Ideen, die in der Welt als solche nicht zu finden sind, die der Geist allein in sich selbst anzutreffen vermag, zum Beispiel Gutsein oder Gerechtigkeit. Die Begriffsfabrikation des Verstandes bedarf der Leitung durch solche Ideen. Vernunft, *intellectus*, ist das Haben derartiger Stammbegriffe; Verstand, *ratio,* ist die einteilende Bearbeitung sinnlicher Mannigfaltigkeiten im Lichte solcher Ideen. Aber in *De mente* tritt als neues Element zu dieser Theorie, die auch schon in *De coniecturis* stand, das Konkordanzprogramm. Die divergierendsten Philosophien sollen in ihrer Übereinstimmung vorgeführt werden. Dies heißt für unseren Zusammenhang: Der Laie muß den Konflikt zwischen Aristoteles und Platon bezüglich der Ideen einvernehmlich schlichten. Er muß entscheiden, was Vernunft als das Haben von Ideen bedeuten kann, wenn Aristoteles den Geist auch als *tabula rasa* ansehen konnte. Cusanus wußte, daß er nicht alles sagte, was über den *nus* bei Aristoteles zu sagen ist, wenn er von *tabula rasa* sprach. Aber er spitzte den Konflikt zwischen Apriorismus und *tabula-rasa*-Theorie zu, um die Schlichtung durch den Laien profiliert hervortreten zu lassen. Dessen Lösung besteht darin, die Vernunft als Urteilsvermögen, als *vis judiciaria,* zu denken.[122] Es gibt keine selbständig für sich bestehenden Ideen.

---

[121] ib. c. 9 n. 97, 11 p. 146.
[122] ib. c. 4 n. 77, 23 und n. 78, 7–9 p. 119.

Die Regeln sind Weltmaßstäbe, die das *Bild* des göttlichen Geistes mit diesem verbinden und die der menschliche Geist als das erste und einzige Bild des unbekannten Weltkönigs seinen Begriffsherstellungen zugrunde legt. Daß der Verstand sich abtrennen könnte von diesen Regeln, daß er die sinnliche Welt gegen die Regeln der Gerechtigkeit anordnen könnte, daß er dabei seine gottlose Konsequenz und seine Herrschermacht demonstrieren könnte, dies ist Cusanus nicht in den Sinn gekommen. Nicht nur die begriffliche Herstellerkraft, auch die mechanische, die handwerkliche und die künstlerische Produktion erscheint bei ihm als folgsame Ausführung dessen, was die Vernunft als Ordnungmacht und Urteilskraft anordnet. Der weltgestaltende Verstand erscheint unschuldig. Cusanus kennt ihn als Zentrum des Widerstandes gegen das Denken der Unendlichkeit. Der Verstand beharrt auf seinen Unterscheidungen und Abteilungen; er will beim Endlichen verweilen und darin herrschen. Er verweigert das Unendliche. Er sperrt sich gegen die Erfahrung der Koinzidenz und gegen die Einsichten der Koinzidenzphilosophie. Aber daß er sich in seiner Formung der sinnlichen Welt verselbständigen und, böse geworden, gegen die Ideen wenden könnte, das sieht Cusanus nicht vor. Er steht in der Bewunderung der Verstandeskraft, der mechanischen und der anderen *artes* am Anfang einer Entwicklung, an deren Ende wir im 20. Jahrhundert angekommen sind, so daß uns seine Harmlosgkeit naiv vorkommen muß.

Andererseits hat Cusanus sich bemüht, den Ort der sinnlichen Erkenntnis im Ganzen des mentalen Lebens neu zu bestimmen. Der Laie drückt dies volkstümlich aus und sagt: Wenn Gott unseren Geist in einen Körper eingepflanzt hat, dann wird dies wohl dem Geist zum Nutzen gereichen. Damit wendet er sich gegen die Vorstellung, die Geistseele sei in den Körper verbannt oder in die Sinnenwelt gestürzt, also gegen Origenes. Der Laie löst die volkssprachlich-religiöse Eingangswendung im weiteren Fortgang philosophisch ein und drückt sie theoretisch folgendermaßen aus: Die unserer Geistnatur eigene Urteilsfähigkeit, die *vis judiciaria*, braucht den Körper, um in Funktion treten zu können. Sie braucht Außen-Erfahrung, Widerstand, sinnlichen Stoff. Dazu wiederum braucht sie einen gegliederten und fein organisierten Körper, damit sie sich die Wahrnehmungen verschaffen kann, ohne die ihr Urteilsvermögen nicht zu agieren beginnen könnte. Insofern bringt sie keine angeborenen Ideen mit; insofern hat Aristoteles mit seiner Platon-Kritik recht. Aber die Vernunft *urteilt*, wenn der Erkenntnisprozeß einmal angeregt ist, über die Gründe des Verstandes. Sie sieht, ob sie stark oder schwach sind. Und diese Urteilskraft stammt nicht von den Dingen der Außenwelt, und Platon hatte nicht unrecht, wenn er sie als Mitbringsel der Geistseele aus der Ideenwelt ansah.

Indem der Laie sich mit der Vielfalt der philosophischer Ansichten befassen muß, um sein *concordia*-Programm vorzuführen, präzisiert er den Begriff der *mens* auf neue Weise, neu gegenüber *De coniecturis*. Er faßt als sein Ergebnis zusammen: Der Geist ist eine lebendige Kraft, die zunächst gar keinen begrifflichen Inhalt mitbringt und insofern „leer" ist, die aber, einmal angeregt durch sinnliche Erfahrung, sich jeder Wesensgestalt angleichen und prinzipiell für alle Wesen Begriffe „machen" kann.[123] Er gestaltet sich aus zu einem Begriffsuniversum.[124] Er ist die Einfaltung, *complicatio*, aller Begriffe. Aber diese Begriffe sind, wie wir gesehen haben, nicht nur die Einteilungsrahmen der Sinneseindrücke, sie sind die Urbilder, die Normen, die stammbegrifflichen Erstbestimmungen, die Gedanken und Dinge gemeinsam haben. Daher kann der Laie den Geist auch bezeichnen als einen göttlichen Samen, der mit seinen Begriffen die Urbilder *aller* Dinge – auf diese Ausnahmslosigkeit kommt es an! – in sich einfaltet: *divinum semen sua vi complicans omnium rerum exemplaria notionaliter*. Deswegen könne er das Universum *notionaliter* aus sich ausfalten.[125]

Der Geist hat, wie wir gesehen haben, keine Eigenschaften und keine Seelenvermögen. Er ist substantielle Tätigkeit, und dies kommt der Theorie der sinnlichen Erkenntnis zugute. Denn die seelische Aktivität der Sinneserkenntnis ist der Geist selbst. Die Wahrnehmungshandlung ist Geistesfähigkeit und daher selbst Geist: *vis sentiendi in nobis est vis mentis et hinc mens*.[126] Der Geist ist in der Wahrnehmung vermittels der Verstandeserkenntnis: Als Urteilskraft entscheidet er unterscheidend über die Verstandesgründe, als Verstand unterscheidet er Sinneseindrücke und Phantasievorstellungen.[127] Der Geist ist die einfache, aber lebendige Zahl, die aus sich alle Zahlen, also alle sinnlichen, rationalen und intellektualen Proportionen, hervorbringen kann.[128] Das heißt: Unbeschadet der Tat-

---

[123] ib. c. 4 n. 78, 7–9 p. 119.
[124] ib. c. 3 n. 72, 7–8 p. 109.
[125] ib. c. 5 n. 81, 6–10 p. 123.
[126] ib. c. 11 n. 141, 9 p. 193.
[127] ib. c. 5 n. 84, 13–14 p. 127.
[128] ib. c. 7 n. 148, 1–11.

sache, daß er ohne sinnliche Anregung nicht aktiv wird, bringt er aus sich heraus auch die sinnlichen Proportionen hervor. Assimilitativ, nicht kreativ, gewiß, aber die Assimilation besteht nicht in seiner Unterordnung unter eine selbständig bestehende Außenwelt, sonst wäre er nicht deren *exemplar*.

Es ist nicht einfach, den theoretischen status dessen, was man im 19. Jahrhundert die „Außenwelt" nannte, bei Cusanus zu bestimmen. Der Geist geht „hinaus". Er gleicht sich den sichtbaren Dingen durch Wahrnehmung an. Durch Verstandesunterscheidungen paßt er sich den verschiedenen Wesen und ihrem status an, aber dann urteilt er aus Eigenem, aus den Urbildern. Wir müssen beides zusammen denken, die Assimilation und die Beurteilung. Für die Assimilation, insbesondere für die der Sinneserkenntnis, machte sich Cusanus die Theorie zu eigen, daß sie durch Erkenntnisbildchen zustande komme, die auf bestimmte, spezifische Organe aufträfen und so die sinnliche Erkenntnis zustande brächten.[129] Diese *species*-Theorie der sinnlichen Erkenntnis hat Cusanus interessiert; er sah die geistige Erkenntnis auch in ihrem physiologischen Zusammenhang. Aber er unterschied die Affektion oder das sinnliche Beeindrucktwerden vom geistigen Akt der Sinneserkenntnis; die *passio* ist Anfang, aber nicht Vollzug der geistigen Aktivität, deren *modus* die Sinneserkenntnis ist.[130] „Außen", „Außenwelt", das gibt es nicht wirklich für den Geist, der voraussetzen *muß*, daß außerhalb seiner nichts existieren kann. Ein „Außen" erfährt die sinnliche Erkenntnis, die der Geist auf seine aktive Weise zum Anlaß nimmt, in dem anfänglichen Außen seine eigenen zahlenhaften Proportionen wiederzusehen, indem er sie aus sich hervorbringt, sie, die nach demselben Baugesetz wie er konstituiert sind.

12. Zwischentext über den Unfug der „Parallelstellen"

Es fehlen uns aus dem reichen Panorama von *De mente* noch zwei Ideenkomplexe – die Theorie der Benennungen aus Kapitel 2 und die Erforschung des dreigliedrigen Vorgehens des menschlichen Geistes aus Kapitel 11. Ich werde das sogleich näher erläutern. Doch zuvor möchte ich eine allgemeinere Vorbemerkung zu meiner Verfahrensweise einschieben:

---

[129] ib. c. 7 n. 100, 10 p. 151 ; n. 101, 1–9 p. 152; vgl. das achte Kapitel ganz, bes. n. 110 p. 163, ferner c. 9 n. 117 p. 172.
[130] ib. c. 8 n. 110 p. 163–164.

Mein neuer Versuch, die Philosophie des Cusanus genetisch zu entwickeln, soll zwei Extreme vermeiden – eine thesenorientierte Präsentation einerseits, eine Paraphrase einzelner, nur nach subjektivem gusto
ausgewählter Schriften andererseits. Auf der einen Seite sehe ich philosophiehistorische Darstellungen, die ein „Problem" herauslösen und die als
umso gelehrter gelten, je mehr Parallelstellen sie in den Fußnoten aufweisen. Auf der anderen Seite sehe ich die Feinschmecker, die eine einzelne
Schrift oder drei Passagen aus zwei Schriften auswählen und paraphrasie-
rend an ihnen entlanggehen. Aus beiden Extremleistungen läßt sich lernen, gewiß, aber keine von beiden möchte ich nachahmen. Denn ich halte
die Manie der Parallelstellen für Wissenschaftsaberglauben: Sie unterstellt
mehr oder weniger klar, ein philosophischer Schriftsteller habe ein Bün-
del von Thesen und stelle es im Laufe seines Lebens mehr oder minder
gleichförmig dar; und die sogenannten „Parallelstellen" zeigten die über-
einstimmende Lehre des Autors in seinen verschiedenen Büchern. Ich
lade dazu ein, über diese Überzeugung und die ihr entsprechende öffentliche Entleerung von Zettelkasten einmal nachzudenken. Es gibt viele
Einwendungen gegen sie. Dabei gestehe ich zu, daß sie Fleiß beweist.
Aber Fleiß ist keine Garantie für Einsicht; es gibt Menschen, die Nichtig-
keiten fleißig bearbeiten. Gewiß erzeugen viele Parallelstellen den Eindruck einer beständigen Wahrheit auf der Seite des zu behandelnden Autors. Aber ist es denn auch nur wahrscheinlich, daß ein Schriftsteller, der
ernsthafte Lebensaufgaben hat, sich hinsetzt, um nach zehn Jahren noch
einmal zu sagen, was er vor zehn Jahren bereits zum Ausdruck gebracht
hat? Selbst wenn er es wollte, könnte er es? Verwandelt sich nicht auch
eine Betrachtungsweise, wenn ihr Urheber sie auf einer früheren Stufe
festhalten will? Läßt sich nicht nachweisen, daß sie sich mit der Zeit verschiebt, zuweilen *contre cœur* des Autors? Und unternehmen wir nicht
philosophiehistorische Forschungen gerade deswegen, weil Einsichten
etwas mit der Zeit zu tun haben, also gerade nicht felsenhaft feststehen,
während die Zeit verrinnt? Und was heißt überhaupt „Parallelstellen"?
Der Ausdruck ist merkwürdig genug. Er suggeriert, Einsichten und ihre
sprachliche Form könnten wie geometrische Linien zeitunabhängig „parallel" laufen. Liegt nicht ein Mangel an sprachlicher und an philosophischer Kritik darin, sich vorzustellen, philosophische Theorien können
„parallel laufen"? Im „Duden" kommt das Wort „Parallelstelle" hinter
dem elektrotechnischen Ausdruck „Parallelschaltung". Dort gehört es
auch hin. Es bleibt untersuchenswert, wie es in die Ideengeschichte ein-

dringen konnte. Ich möchte, obwohl im Besitz eines stattlichen Zettelka-stens, die Philosophie des Cusanus darstellen ohne Parallelstellen. Es sei denn, Cusanus käme in ein und demselben Buch mehrmals auf ein The-ma zurück. Ansonsten geht es mir um die Zeitstelle einer Theorie, nicht um die grobe Vorstellung, er habe eine These besessen und mehrfach wie-derholt. Natürlich kann ein Bearbeiter das Raster so abstrakt und so all-gemein anlegen, daß alle zeitlichen Veränderungen seines Autors durch dieses Raster durchfallen und insofern „Parallelstellen" ergeben. So kann jemand die Frage stellen, ob Aristoteles Metaphysik für möglich gehalten hat und kann, um die Frage zu bejahen, einen Sack mit „Parallelstellen" ausleeren. In der Tat hat der frühe und hat der späte Aristoteles Metaphy-sik für möglich gehalten. Aber die Vielzahl der Belegstellen beweist nur, daß der Bearbeiter eine *abstrakte* Frage aufgeworfen und eine banale oder *triviale* Antwort gegeben und mit wissenschaftlichem Dekor versehen hat.

Gegen das zweite Extrem, das Herauslösen einzelner Passagen und ihre Paraphrase, brauche ich nicht viel zu sagen. Diese Behandlungsart wurde erst nach dem Zweiten Weltkrieg bei uns salonfähig. Sie ist eine andere, eine *impressionistische* Weise, die Geschichte des Denkens so zu betreiben, als spiele *Zeit* dabei keine Rolle. Ein Autor, der so vorgeht, unterstellt, *er* stehe direkt zur gemeinten *Sache*. In Deutschland hat sich diese Manier im Anschluß an Heidegger und Gadamer breit gemacht. Sie gilt als nachdenklich, sachbezogen und tief. In der Cusanusforschung hat sie nur Redensarten hervorgebracht, die das Thema *Ein Mann im Über-gang vom Mittelalter zur Neuzeit* umkreisen. Im Vergleich dazu sind die Aufsätze der Parallelstellensammler noch informativer, obwohl ihre Ver-fasser sich jetzt spätestens eingestehen müßten, daß Computer heute ihre entsagungsreiche Arbeit besser verrichten. Wir haben CD-Roms mit rie-sigen Textmassen; sie spucken „Parallelstellen" in beliebiger Menge aus.

13. Theorie der Vokabeln

Soweit meine Vorbemerkung; jetzt gehen wir zu den beiden Themen über, die in *De mente* eine Neuerung darstellen und die uns noch fehlen.

Da ist zunächst die *Vokabeltheorie* aus dem zweiten Kapitel. Ich sagte schon: Eine Theorie der *Sprache* ist das nicht. Manche Autoren drücken sich zwar so aus, aber ihnen wird niemand folgen, der sich einmal klar gemacht hat, daß eine Benennungstheorie noch keine Sprachphilosophie ist. Schon der Platonische *Kratylos* kann diesen Unterschied klarmachen: Sprechen heißt: Sätze bilden und aus Sätzen eine Rede formen. Wir verstehen nicht, was *logos* heißt, wenn wir nur von Vokabeln sprechen. Der *Kratylos* führt vor, wie Theorien notwendigerweise scheitern, die das Sprechen nur als Vokabelbildung untersuchen. Der *Kratylos* ist nicht leicht zu verstehen.[131]

Doch kommen wir zu Cusanus, *De mente* c. 2. Ich kann mich kurz fassen. Neu ist, daß Cusanus das Problem der Benennung in seiner Allgemeinheit angeht. Benennen – das ist das Werk des abteilenden, des trennenden und verbindenden Verstandes, daher gibt es weder für die *mens* noch für ihr Urbild einen passenden Namen. Die Originalität der Worttheorie von c. 2 ergibt sich aus folgenden Nuancen:

Erstens durch die Verbindung mit der Philosophie der *mens* als der *complicatio* aller Urbilder (nicht: der Außenweltdinge). Zweitens durch die allgemeine Theorie der *ars,* die der Laie an seiner Löffelschnitzkunst erläutert. Damit ist eine Aufwertung der hervorbringenden, nicht nur der nachahmenden *artes* verbunden. Diese Aspekte haben wir schon besprochen. Aber neu ist der dritte: Der Gesprächspartner des Laien bewegt sich innerhalb der Alternative, eine Benennung sei entweder naturhaft vorgegeben, *naturale,* oder willkürlich festgesetzt, *ad placitum institutum.* Der Laie muß ihm zeigen, daß er diese traditionelle Unterscheidung unterläuft: *Volo, ut me profundius intelligas.* [132]

Der Löffelhersteller gibt seiner Idee des Löffels eine sinnliche Form; er kann sie frei variieren, wenn er sie sinnlich darstellt. Sie darstellen, das heißt, eine sinnenhafte Proportion schaffen, welche die Ideenform *darstellt.* Kein einzelner Löffel, kein Schema seiner Herstellung erschöpft die Kunst des Löffelschnitzens. Wenn wir ein bearbeitetes Holzstück „Löffel" nennen, dann deswegen, weil wir die Gestalt des Löffels an ihm verwirklicht sehen; insofern benennen wir nicht willkürlich. Dennoch hätten wir auch einen anderen Namen dafür einsetzen können; insofern benennen wir nach freier Wahl, *ad beneplacitum.* Dennoch besteht zwischen der tatsächlichen Gestalt dieses Holzstückes und dem Namen eine sachliche Beziehung. Der naturhaft „richtige" oder der „natürliche" Name ist in den sprachlich je verschiedenenen Benennungen des Löffels

---

[131] Vgl. die von mir angeregte Dissertation von R. Rehn, Der logos der Seele, Hamburg 1985.
[132] ib. c. 2 n. 59, 5 p. 93.

gegenwärtig. Er leuchtet in ihnen auf, mit einem breiten Spiel von Varianten. Die Namensgebung ist das Werk des Verstandes, der *ratio*. Der Verstand begründet die Differenzen und die Gemeinsamkeiten. Cusanus beschreibt die Kompetenz des Verstandes mit weitgehenden Ausdrücken: Namen betreffen Dinge, die sinnlich erfahrbar sind, und es ist der Verstand, der die Unterscheidungen macht, *facit*; er legt Übereinstimmung und Differenz der sinnlichen Dinge fest. Hier gilt, sagt der Laie, daß nichts im Verstande ist, was nicht zuvor in den Sinnen war. Aber in der Sinnenwelt kommen die reinen Formen immer nur abgeändert und gebrochen vor; daher vollzieht sich auch die Namensgebung im Ungefähr. Die logischen Einteilungen der Tradition, *genera* und *species,* sind Mittel des Verstandes, die Sinneseindrücke zu ordnen. Sie sind keine Naturbestände, sondern Gedankendinge, *entia rationis*. Insofern gilt die nominalistische Lösung des Universalienproblems. Gäbe es keine Sinnesdinge, fielen auch ihre Namen weg. Aber wir müssen *intellectus* und *ratio* unterscheiden. Wenn es wahr ist, daß nichts im Verstande ist, was nicht zuvor in den Sinnen war, dann gilt dies nicht ebenso für den Intellekt. Wer vom Intellekt redet, wie man von der *ratio* reden muß, der wird alle Aufmerksamkeit auf die Vokabeln und deren Bedeutung verwenden. Solche Untersuchungen sind dem Menschen angenehm; er kann sich bei der Macht seines Verstandes über die Sinnensphäre aufhalten. Unter diesen Voraussetzungen muß er die Existenz von Ideen, von selbständigen Wesensgestalten der Dinge, bestreiten; er muß Urbilder und Ideen für bloße Verstandesdinge erklären. Wer aber dem Intellekt als Intellekt einen eigenen Inhalt zugesteht, nämlich eine urbildhafte Gestalt aller Dinge, die in den Sinneninhalten widerleuchtet, der muß sagen, die Urbilder, die im Intellekt sind, gingen ihnen voraus. Die Metaphysik solcher Denker wird also folgende Realitätsweisen anerkennen:

Erstens, das Menschsein, rein für sich betrachtet, ohne Stoff,
zweitens, der konkrete Mensch, den das Menschsein zu dem macht, was er ist, und der benennbar ist,
drittens die logische Ordnung der *species* „Mensch", die allein im Verstande existiert und die der Verstand aus der Ähnlichkeit konkreter Menschen herausgelöst, abstrahiert, hat.

Wessen Ontologie nur die zweite und die dritte Stufe zuläßt, wird alles Reale für benennbar halten. Er wird die Existenz von allem bestreiten, was nicht benennbar ist. Aber Verstand und Logik haben es nur mit den

Abbildern der wahren Formen zu tun; daher kann das Denken bei ihnen
nicht stehenbleiben. Der Laie gebraucht für dieses Hinausdrängen über
die nur-verstandesgebundene und nur-logische Betrachtungsweise einen
auffälligen Ausdruck. Er sagt von denen, die hinauswollen über die Wortbedeutung, also über die verständig geordnete Sinnenwelt und deren
logische Schematisierung, sie versuchten „theologisch einzusehen" *theologice intueri conantur*.[133] Sich um „theologische Einsicht bemühen", das
heißt: die Ideenlehre denken. Die Ideen, die im göttlichen Urbild und in
dessen irdischem Abbild als in seinem ersten und einzigen Bild zu erkennen sind. Dieser Text belegt, wie wenig wir bei Cusanus einen modernen
Begriff von „Theologie" einsetzen dürfen. Auch das Konzept von „Theologie" ist zu historisieren. Platon und Proklos waren für Cusanus „Theologen"; die beste Einführung in diese heute fremde Denkweise ist die
Lektüre der „Platonischen Theologie" des Heiden Proklos. „Theologische Spekulationen", das sind bei ihm Untersuchungen, die das Verhältnis von Urbild, komplikativem Bild des Urbildes und Explikation
klarstellen.[134] Was heißt das für das Benennen? Die Vokabel ist zum Auseinanderhalten da. Mit ihr gliedert die *ratio* die Sinneswelt. Aber in den
Wesensgestalten, *formae*, der Sinneswelt leuchtet, wie beim Löffel, die
Idee auf, *relucet*. Diese Formen sind Bilder ihrer Urformen. Aber die Ver-
standesbenennung blendet diesen Zusammenhang ab. Sie nimmt die sinnlichen Dinge als in sich selbständig und koordinierbar nach logischen
Aspekten. Doch der unnennbare Name der Urform und der *mens* als ihres Bildes scheint in den Benennungen durch, und so ist, auf indirekte
Weise, der wahre, unbekannte Name, der nicht-sinnliche und nicht-
rationale Ideenname, in den selbstgemachten und ungefähren Namen enthalten. In diesem Sinne bestätigt sich das Dictum des Hermes Trismegistus, Gott werde mit den Namen aller Dinge genannt und alle Dinge
würden mit dem Namen Gottes genannt.[135]

Diese Vokabeltheorie wendet die allgemeinen Bestimmungen von Vernunft und Verstand auf die Wörter an. Sie beschreibt die abgrenzende
Funktion des Benennens und findet im Begrenzten einen Widerschein
des Unbegrenzten. Sie deckt in der Virtuosität der Verstandesbenennun-
gen das Weiterstreben nach dem Unbenennbaren auf. Für die Präsenz des
Unnennbaren im Benennen bietet sie uns allerdings nur eine Metapher

---

[133] ib. c. 2 n. 66, 16 p. 102.
[134] In diesem Sinne auch ib. c. 7 n. 106, 12 p. 160.
[135] So resümiert der Philosoph in c. 3 n. 69, 6–8 p. 105–106.

an: Widerleuchten, *relucere*. Das ist wenig innerhalb einer Betrachtung, die den Selbstbehauptungseifer des Verstandes und die Abschließungstendenz des Begrenzten ausdrücklich zum Thema macht. Ein aufmerksamer Leser wird die Metapher des Widerleuchtens als Verweis auf die ausführlichen Analysen zur Entstehung des Verstandes aus der Vernunft aufnehmen. Für unsere genetische Untersuchung ist wichtig, daß Cusanus hier in der Vokabeltheorie weit über das hinausgeht, was er in *De coniecturis* geschrieben hat und was er, den Intellekt und die *ratio* betreffend, ansonsten voraussetzt. Die Worte drücken nicht das wahre Wesen der Dinge aus und sind doch keine rein willkürlichen Setzungen, da sie indirekt und als „Widerleuchten" die Idee im Rücken haben. Sie haben ihren Grund in der *mens* als Zusammenfaltung der Ideen, gehen dann aber von dem weg, was sie ermöglicht.

Diese allgemeine Theorie der Wörter war in *De coniecturis* angelegt, wird aber erst in *De mente* als allgemeine entwickelt. Neu an ihr ist insbesondere der ausdrückliche Bezug auf die Meinungsverschiedenheiten über die Vokabeln und die Ideen. Der Laie trägt seine Überlegung vor als die Beendigung des Streites über Konventionalität oder Nicht-Konventionalität der Wörter, über Existenz oder Nicht-Existenz von Ideen. Er erklärt den Universalienstreit für beendet. Die entgegengesetzten *viae* haben einen Anteil an Recht. Keine von ihnen gibt die erforderliche Gesamtbetrachtung. Ich finde dies einen schönen Kunstgriff: Ein Laie erklärt den jahrhundertealten Klerikerstreit über Begriffe und Realität, über die Sonderexistenz von *genera* und *species* für unnötig und aufgehoben. Der Laie spricht in dem Bewußtsein, eine neue Zeit und eine neue Denkweise hätten begonnen. Die Toten sollen ihre Toten begraben. Und ein einzelner Philosoph läßt sich in die neue Vernunftansicht einführen. Insofern besteht Hoffnung.

14. Mentalmetaphysik als Trinitätsphilosophie

Ich habe erklärt, was in *De mente* „theologisch" heißt. Es bezeichnet den Versuch, die Welt als Widerschein der Idee zu denken. Ich wollte damit nicht sagen, daß die philosophische Gotteskonzeption keine Rolle spielt. Wie sollte dies möglich sein, da Gott die *complicatio complicationum,* also der konzentrierte Ideenkosmos, und unser Geist sein Bild ist? Insofern interpretiert der Laie das Wort „theologisch", ohne dessen Bedeutung einzuschränken. Dennoch hat sich etwas verändert in der intellektuellen Arbeit des Cusanus an den Inhalten des christlichen Glaubens. Cusanus bringt in *De mente* keine Inkarnationsphilosophie mehr und erst recht keinen Anhang über die Kirche. Er zeigt die Unsterblichkeit der Seele als impliziert in seiner Theorie der *mens* als *per subsistens*. Er arbeitet, in knappen Strichen, an einer moderierenden Auslegung der göttlichen Allmacht, die immer mit Weisheit verbunden sei.[136] Die religionsphilosophische Domestizierung wilder theologischer Allmachtsphantasien hatte seit dem 11. Jahrhundert immer auch eine kirchen- und kulturpolitische Seite. Cusanus wußte, daß er keine neue christliche philosophische Kultur begründen konnte, ohne die buchstäblichen Allmachtsvorstellungen philosophisch zu neutralisieren: Gottes Allmacht besteht für ihn darin, daß der absolute Begriff alles Mögliche, alles Wirkliche und die Verbindung beider bestimmt. Dies brauchte Cusanus auch in *De mente*. Aber wieviel weiter war er in *De docta ignorantia* III anderen, spezielleren christlichen Glaubensinhalten entgegengegangen. Sein theoretisches Interesse bestand darin, den Glauben (diesmal nicht: das unendliche Maximum) als Koinzidenzerfahrung darzustellen:

Saepissime in antehabitis replicatum reperitur minimum maximo coincidere. Ita quidem et in fide.[137]

Dabei hatte er sich weit in die *Mysteria fidei* vorgewagt. Er hatte die Auferstehung der Leiber, dieses alte Philosophenärgernis, als vernünftig und plausibel verteidigt mit der Begründung, die Vollendung des Universums könne ohne die Auferstehung nicht erreicht werden, wenn alles Werden und Vergehen aufhöre, was ja auch einleuchtend ist.[138] Er hatte den *intellectus* als Entfaltung, *explicatio,* des Glaubens, der *fides*, die der Anfang sei, bezeichnet.[139] Er hatte von Weltgericht und Höllenfeuer gesprochen; er hatte zum Beispiel zu wissen behauptet, warum es nicht nötig sei, daß die Tiere auferstehen und das Himmelreich erlangen. In den Schlußkapiteln von *De docta ignorantia*, mehren sich die Beispiele lockeren Übergangs ins Dogmatische. In *De mente* ist Cusanus zurückhaltender. Dies ergibt sich daraus, wird man einwenden, daß sein Gesprächspartner ein Philosoph ist. Aber da ist auch noch der Orator; und der tritt in *De men-*

---

[136] *De mente* c. 13 n. 147, 1–5 p. 200.
[137] *De docta ignorantia* III 11 p. 154, 20–21.
[138] ib. III 8 p. 144, 21–22.
[139] ib. III 11 p. 151, 26 und p. 152, 4.

te anfangs auf als ein Bewunderer der Gewißheiten der gläubigen Rompilger, die an der Seelenunsterblichkeit keine Zweifel haben.[140] Er hätte
recht gut den Laien bitten können, über spezifisch christliche Inhalte wie
die Inkarnation zu sprechen. Er tut es nicht. Der Laie kommt hingegen
am Ende auf Religion zu sprechen. Aber was er sagt, klingt versöhnlicher
als die Schlußkapitel von *De docta ignorantia* mit ihrer schroffen Abfer-
tigung der Juden und des Islam: *Saracenorum credulitas...obcaecati
sunt... asserunt impossibile.* Über die Religion Mohameds hieß es dort,
sie ziele auf die Verheißung sinnlicher Genüsse, *quae non aliud quam vo-
luptatis desideria implere promittit.* Die Juden, hieß es, sind von satani-
scher Verblendung geschlagen, *diabolica caecitate detenti.*[141] Der Laie
blickt jetzt auch, wie der Orator zu Anfang, auf die vielen Gläubigen, die
zum Jubiläum 1450 nach Rom gekommen sind; und er kommentiert diesen Volksauflauf: Es ist die der menschlichen Natur eingeborene Religion, *connata religio*, welche die Menschen nach Rom geführt hat. Diese
Religion ist nicht im ersten Jahrhundert entstanden; sie war immer in der
Welt; sie ist hervorgetreten in der Verschiedenheit ihrer Formen, *quae
semper in mundo in modorum diversitate apparuit.* Zu dieser allgemein-
menschlichen Überzeugung gehöre auch die Überzeugung von der Unsterblichkeit des Geistes. Wir könnten ihrer so gewiß sein wie der Tatsache, daß wir Menschen sind, denn sie sei allgemein-menschlich.[142]
Dieser Ausklang mit dem Lobpreis der natürlichen Religion, die es immer gab, ist charakteristisch anders als in *De docta ignorantia.* Um so
wichtiger ist dann aber: *De mente* nimmt die Trinitätsphilosophie von *De
docta ignorantia* auf, führt sie aber auf charakteristische Weise weiter.
Denn jetzt analysiert Cusanus detailliert die dreigliedrige Tätigkeit der
mens als Erweis ihres *imago*-Charakters. Auf diese Details kommt es an,
auch wenn ich ihnen hier nicht bis in die feinen Verästelungen folgen
kann. Der Laie erklärt:

    Die unendliche Einheit geht aller Vielheit voraus; sie ist einende Ein-
heit, *unitas uniens.* In ihr ist alles eins. Ihre immanent bleibende Entfaltung ist die Vielheit der Ideen. Ihre Selbstentfaltungskraft ist das wahre
Sein aller Dinge, sofern sie herausgetreten und präzis bestimmt sind. In
dieser Funktion ist die unendliche Einheit die Gleichheit mit allem, das
präzise Maß jedes Einzelnen. Wir haben also die beiden Momente, das

---

[140] *De mente* c. 1 n. 52, 1–7 p. 86.
[141] *De docta ignorantia* III 88 p. 144, 2–16.
[142] *De mente* c. 15 n. 159, 6–14 p. 217.

wahre Sein oder die Seiendheit der Dinge und die genaue Gleichheit mit ihnen. Die unendliche Einheit ist zugleich die substantielle Verbindung dieser beiden Momente.

Unsere *mens* ist das Bild dieser dreigliedrigen Einheitstätigkeit:

Sie ist *einigende* Einheit vor jeder Vielheit; sie geht heraus zur Vielheit und ist die Gleichheit mit der Vielheit ihrer Inhalte, und sie vereinigt die Ausgangseinheit mit der Inhaltsvielfalt in substantieller Verknüpfungstat. So ist ihre Tätigkeit das Bild der unendlichen Einheit, Gleichheit und Verknüpfung.[143]

Diese Trinitätsphilosophie unterscheidet sich deutlich von derjenigen Augustins. Sie stützt sich nicht auf Erinnern, Einsehen und Lieben. Sie analysiert die formalen Momente intellektueller Aktivität: Auf tätige Weise einende Einheit überhaupt zu sein, Selbstentfaltung in die geeint gehaltene Vielheit, substantiell-aktive Verbindung der Ersteinheit mit der von ihr entfalteten Mannigfaltigkeit. Doch sehen wir noch genauer zu:

Jeder Geist ist eine lebendige, Unterscheidungen schaffende Zahl. Er setzt Unterschiede, er tut dies als einende Einheit in einem dreigliedrigen Rhythmus. Er sieht alle Dinge in ihrer inneren Möglichkeit, als absolutes *posse fieri*. Er sieht sie zweitens in ihrem aktiven Ermöglichungsgrund, im *posse facere*. Und er sieht sie drittens in ihrem faktischen Verwirklichtsein, also in dem Vereintsein der beiden vorher genannten Momente. Intellektuell die Welt erfassen, das heißt demnach: Sie in der tatsächlichen Verbindung von Ermöglichung und Verwirklichung denken, also die Dreiheit der Momente sehen. Damit etwas werden kann, muß es möglich sein. Dies ist das Grundlegende, insofern die Einheit. Zweitens muß das Machenkönnen zum Werdenkönnen hinzutreten. Es muß die genaue Gleichheit des zu Machenden sein. Die wirkliche Welt ist der *nexus* der beiden Momente.[144] Entsprechend dreigliedrig geht unsere *mens* vor, und zwar sowohl in ihrer Selbsterkenntnis wie in ihrer Welterkenntnis. In ihrer Selbsterkenntnis ist sie sowohl ein Sich-Angleichen wie ein durch Angleichen Erreichtwerden, und sie ist die Verbindung beider Momente, *posse assimilari et posse assimilare et nexus utriusque in essentia unum sunt et idem*[145]. Das Erkennen, das Erkannte und die Verbindung beider als nicht-eigenschaftliche, als substantielle Tätigkeit, das ist unser Geist. Ich sage nicht, er sei die Einheit von Subjekt und Objekt und das wissen-

---

[143] ib. c. 6 n. 95 p. 141–142.
[144] ib. c. 11 n. 131, 11–18 p. 185.
[145] ib. c. 11 n. 133, 2–5 p. 186.

de Haben dieser Einheit. Diese Terminologie gehört einer anderen sprachlichen und geschichtlichen Welt an. Aber eine Parallele besteht: Inhaltliche Bestimmtheit, also Erkanntwerdenkönnen, und tätige Angleichung an diesen Reichtum und einigende Einheit von dieser Möglichkeit und dieser Wirklichkeit, dies ist unser Geist in der Analyse des Laien. Treten wir nun mit ihm auf die Seite der Welterkenntnis:

Auch hier ist unser Geist das Verbinden von Möglichkeit und Wirklichkeit. Immer wenn er sich bewegt, legt er zuerst etwas als möglich oder in der Weise des Bestimmtwerdenkönnens (und in diesem Sinne als seine Materie) zugrunde. Dann fügt er ihm eine aktive Gestalt oder Kraft zu. Er baut seine Welt auf aus Stoffgrund und Formprinzip. Aber er muß diese beiden Momente auch zur Einheit verbinden. Er muß so etwas wie ein Kompositum bilden.[146] Der Laie besteht auf der Ausnahmslosigkeit und damit auf der Notwendigkeit dieses Drei-Phasen-Rhythmus. Alles, was in unserem Geiste überhaupt sein kann, muß in ihm in der Weise des Zugrundeliegenden (des Stoffes), der prägenden Gestalt (der Form) und des Zusammengehörigen (des Kompositum) sein. Der Laie erklärt dies am Beispiel der logischen Subsumption: Wir legen das *genus,* zum Beispiel „Lebewesen", zugrunde; wir betrachten das Menschsein als hinzukommende, prägende Form; wir denken den Menschen als Kompositum des aufnehmenden und des gestaltenden Momentes.[147] So sei es bei allen Inhalten unseres Geistes: *Pariformiter in omnibus.*

Der Laie versichert, es handle sich um ein allumfassendes Gesetz, das Notwendigkeit mit sich führe. Selbst wenn die Struktur nicht so deutlich sei wie bei „Lebewesen" und „Menschsein", bilde unser Geist diese dreigliedrige Bewegung und lege sie seinen Inhalten bei. Wir können gar nicht anders denken als uns eine Einheit herzustellen aus Bestimmbarem und Bestimmen; nur so gibt es für uns Bestimmtes, d.h. eingesehene Wirklichkeit.

Diese Selbstuntersuchung der geistigen Erkenntnis muß auf ihrer Allgemeingültigkeit und ihrer Notwendigkeit bestehen. Insofern kennt sie nur *einen Geist.* Das Buch des Cusanus heißt nicht: *De mentibus,* sondern *De mente.* Die Stoff-Form-Verbindung-Struktur ist für jeden Geist verbindlich; sie spricht die Natur des Denkens aus. Auf diesem sicheren Grund baut Cusanus seine Trinitätsphilosophie, oder genauer: Dies *ist*

---

[146] ib. n. 133, 8–10 p. 187.
[147] ib. n. 134 p. 187–188.

eben seine Trinitätsphilosophie. Sie tritt nicht auf, als wolle sie den christlichen Glauben an die Dreieinigkeit verständlich oder plausibel machen. Sie versteht sich als Beweis, der aller Logik und aller Wissenschaft, aber auch jeder anderen geistigen Tätigkeit immanent ist.

Aber wie alles, was der Laie vorträgt, hat auch diese Untersuchung ihren Traditionsbezug: Sie erklärt die Unentbehrlichkeit des hylomorphischen Modells. Sie zeigt zugleich seine Mängel; ihm fehlte das dritte Prinzip. Der Laie spricht zwar, als habe er die Dreiheit von Stoff, Form, Kompositum direkt aus der Natur des Geistes gewonnen. Aber es sind Schulinhalte der Aristotelischen Philosophie, die er entwickelt und die er in einer bestimmten Weise interpretiert. Vor allem schärft er ein, wir dürften nicht, wie fast alle christlichen Aristoteliker des Mittelalters, den Geist dem Schema von Substanz und Akzidens unterwerfen: Seine Erkenntniskraft und seine Erkenntnisakte können keine Akzidentien sein. Das steht auch bei Aristoteles, *De anima* III 5, wo es vom *Nus* heißt, er sei seiner *usia,* seinem Wesen nach Tätigkeit, *energeia.* Aber das dritte Prinzip war bei Aristoteles unbefriedigend bestimmt. Denn das Wort *Compositum* deutet zwar auf es hin, bezeichnet es aber nicht befriedigend, denn es geht um die einigende Tätigkeit, um den *nexus* als dritten substantiellen Modus einer tätigen Geistsubstanz. Und der kommt in der aristotelischen *Physik,* der das Schema entnommen ist und wo es allgemeinste Ontologie, nicht nur die der Natur, prätendiert, nicht vor. Der Laie nimmt auf Aristoteles zwar nicht explizit Bezug; er ist kein Büchermensch. Aber er zitiert als Bestätigung seiner Trinitätsphilosophie die Stelle aus dem Platonischen *Timaios* 35 a, wonach unser Geist die Vereinigung der *ungeteilten* mit der *geteilten* Substanz sei, und das zeige sich an der Weise, wie der Geist begreift. Die Trinitätsphilosophie des Laien – das ist nichts anderes als die Analyse der geistigen Erkenntnis. *De mente,* insbesondere das monumentale Kapitel 11, führt sie erstmals aus – als Untersuchung des *modus comprehendendi,* als Selbsterforschung der erkennenden Tätigkeit des menschlichen Geistes. Genauer: Als Untersuchung des drei-einen Könnens, das alles umfaßt und das wir von seinem einzigen Bild, dem Geist, her kennen. Das ist eine neue Akzentsetzung gegenüber *De docta ignorantia.* Wir werden sehen, wie stark sich das Motiv des *Könnens* in den kommenden Schriften entfalten wird.

III.
ALLES WIEGEN
DER LAIENPHILOSOPHIE DRITTER TEIL:
DE STATICIS EXPERIMENTIS

1. Ziemlich reine Empirie

Die Gespräche des Laien umfassen drei Teile: einen Dialog über Weisheit in zwei Büchern, die Unterhaltung mit dem Philosophen über universitäre Ansichten vom menschlichen Geist und drittens den Dialog über Versuche mit der *statera. Statera* heißt *die Waage*, und es geht buchstäblich um das Wiegen. Die dritte Schrift ist die kürzeste.

Ich möchte mit einem Gedankenexperiment beginnen. Stellen Sie sich vor, der dritte Teil des Werkes von Cusanus wäre verlorengegangen und wir müßten Vermutungen anstellen, was darin gestanden hätte. Wir brauchen nur wenig Phantasie, uns vorzustellen, was vorgebracht würde: Der Kardinal hat über das Bibelwort geschrieben, Gott hat alles nach *Maß, Zahl und Gewicht geordnet.* Oder: Es fehlt in der Trilogie noch die Philosophie des Christentums, die dem dritten Buch von *De docta ignorantia* entspräche. Von *Mysteria fidei* war in den beiden ersten Teilen des *Idiota* noch nicht die Rede. Es könnte auch jemand vorschlagen, jetzt müsse Cusanus endlich zu seiner Geometrico-Theologie kommen; aufgegeben habe er sie ja nicht, wie die Andeutungen in *De sapientia* beweisen. Wenn er sie als das einzig Gewisse der menschlichen Erkenntnis bewertet – und das hat er in *De docta ignorantia* behauptet –, dann könne er kein großes Buch geschrieben haben, in dem sie nicht vorkommt.

Zum Glück ist das kleine Buch über Experimente mit der Waage erhalten. Wir hätten uns sonst alle blamiert. Es steht wie ein erratischer Block in der Cusanischen Landschaft, und wir haben es zu nehmen, wie es ist. Je überraschender, um so belehrender.

Der Orator hat den Laien nach der ersten Unterhaltung noch häufiger aufgesucht, um von ihm zu lernen, heißt es eingangs. Und eines Tages sei der Redner auf die Waage zu sprechen gekommen; er habe sie gepriesen als ein Symbol der Gerechtigkeit und als unentbehrlich für jedes Gemeinwesen. Der Laie hat anderes im Sinn. Er liebt nicht diese rhetorischen

Ausuferungen; er will Tatsachen. Er kennt den Orator als einen Buchgelehrten und fragt ihn, ob denn noch keiner ein Buch mit Gewichtstabellen der verschiedenen Substanzen geschrieben habe. Der Redner kennt kein derartiges Buch. Der Laie hat bisher alles darauf angelegt, den Eindruck zu erwecken, als habe er mit Büchern nichts im Sinn. Aber jetzt überrascht er uns damit, daß er das Fehlen eines Buches beklagt. Gäbe es ein solches Buch mit Gewichtsbestimmungen, dann würde er es vielen anderen Büchern vorziehen.[148]

Das ist ein anderer Denker als der Laie von *De sapientia.* Cusanus hat die drei Schriften innerhalb weniger Monate zusammenhängend niedergeschrieben, genaugenommen zwischen dem 15. Juli und dem 13. September 1450. Dazwischen eine „Entwicklung" anzunehmen empfiehlt sich nicht; dies würde zu einer derart üppigen Hypothesenbildung führen, daß es den Begriff einer genetischen Analyse ruinierte. Zu einer solchen Untersuchung gehört auch die Aufmerksamkeit darauf, daß verschiedene Denkmotive gleichzeitig koexistieren können. Allerdings sollen wir uns erinnern: Schon in *De docta ignorantia* war Cusanus an methodischen Fragen interessiert. Er gab eher Forschungsanleitungen als fertige Resultate. In *De coniecturis* entwickelte er eine *ars generalis*, also eine Erforschung der sichtbaren Welt nach einheitlichen Regeln. Und in der „frommen" Schrift *über die Weisheit* beharrte er darauf, es müsse einen einheitlichen *modus universalis* für die Art unserer Fragestellungen geben; allerdings redete er dabei von der philosophischen Theologie.[149]

Gibt es also gar keinen Zusammenhang zwischen dem Interesse des Laien an einer Tabelle der spezifischen Gewichte und der Philosophie des Cusanus? Versucht der Autor keinerlei Übergang? Doch, aber nur in knappsten Strichen. Der Laie greift auf die These zurück, in der sichtbaren Welt erreiche kein Ding eine exakte Entsprechung zu einem anderen; es gebe in ihr keine *praecisio.* Kein Weltding verwirklicht rein seine Bestimmung. Wir kennen das aus *De docta ignorantia* II 1, auch aus *De coniecturis* II 1. Wir haben dieses Motiv auch in *De sapientia* angetroffen; ich nannte das den „gewöhnlichen Platonismus". Wenn aber kein Wesen seine ideale Form „berührt" – wiederum dieser Fachausdruck des *attingere*, wiederum in nicht-mystischer Verwendung –, dann könnte jemand

---

[148] *De staticis experimentis* n. 161, 12–13. Ich zitiere diese Schrift nach h V, in der 2. Auflage. Der Text nach L. Baur.
  Vgl. auch E.A. Moody – M. Clagett, The Medieval Science of Weights, Madison 1952.
[149] *De sapientia* II n. 32, 6 p. 63.

auch folgern, unser Wissen tauge nicht viel, es sei lediglich „Vermutung". Der Laie setzt den Akzent anders: Gewiß haben wir nur Konjekturen, aber wir können sie immer weiter verbessern. Der Laie nimmt also das Motiv der *Perfektibilität*, nicht das der *Ignoranz* auf. Gerade weil in der sichtbaren Welt immer alles anders ist, wäre es wichtig, die Gewichte aller Dinge zu bestimmen und schriftlich festzulegen. Die Fixierung im Buch ist hier wichtig; sie würde die Zone des Zufälligen vermindern. Sie böte Konstanten, die den Zufall, der die Dinge immer wieder in verschiedenen Situationen verschieden macht, selbst noch einmal präziser zu bestimmen gestatten. Wir könnten die Bandbreite der Zufälligkeiten präzisieren. Dem Terrain des Unvorhersehbaren würden statistische Regeln abgewonnen.

Der Laie nimmt das Mißverhältnis von Ding und reiner Gedankenbestimmung zum Anlaß, dieses Verhältnis in einer Serie von einheitlich-konzipierten und schriftlich fixierten Untersuchungen wenigstens nach empirischen Regelmäßigkeiten zu bestimmen. Wir könnten tiefer in die Geheimnisse der Dinge vordringen und unsere Mutmaßungen wahrer machen. Für unseren Laien lag keinerlei Abwertung darin, Naturerkenntnisse als *Mutmaßungen* zu beurteilen. Er sprach aus der Erkenntniszuversicht, die wir seit *De sapientia* kennen. Die Wahrheit schreit auf den Gassen, und unsere Mutmaßungen können bewunderungswürdig werden, *mirabiles coniecturae*.[150] Jetzt fällt dem Orator dazu auch ein Bibelwort ein: Waage und Gewicht gehen auf die göttliche Weisheit zurück, die alle Dinge *nach Maß, Zahl und Gewicht* geordnet habe.[151] Der Laie hält sich mit solchen Allgemeinheiten nicht auf, sondern wendet seine Ausgangsüberlegung konkret an: Wenn „Wasser" an verschiedenen Orten verschieden ist, dann werden wir diese Verschiedenheit mit der Waage *und* den Sinneseindrücken zusammen besser bestimmen können als mit den Sinneseindrücken allein. Auf diese Verbindung des Wiegens mit der unmittelbaren Sinneserfahrung kommt der Laie öfter zurück: Wir können Früchte, Kräuter, Heilpflanzen und Säfte besser beurteilen, wenn wir sie sowohl nach ihrem Gewicht bestimmen wie nach ihrem Geschmack. Wir wissen mehr über Blut und Urin, wenn wir sie wiegen und mit Gewichtstabellen vergleichen, als wenn wir uns auf das Tasten der Venen und den Farbeindruck allein verlassen.[152] Der Laie geht die ver-

---

[150] *De staticis experimentis* n. 166, 12 p. 224.
[151] *De staticis experimentis* n. 162, 3–6 p. 222. Verweis auf *Sap.* 11, 21 s.
[152] ib. nn. 164 und n. 165 p. 223.

schiedenen Wissensfelder durch – Medizin und Pharmazie, Metallurgie und Meteorologie, Astronomie/Astrologie, Musik und Biologie. Daß er Astronomie/Astrologie behandelt, wundert uns nicht. Astronomische und allgemein kosmologische Interessen zeigte schon der Verfasser von *De docta ignorantia*; neu ist, daß er die Astronomie nun erstmals empirisch betreibt; früher hatte er allgemeinste Spekulationen über den Weltaufbau vorgetragen. Was die Astrologie angeht, so war sie von der Astronomie nicht völlig zu lösen, und Cusanus hat – wie fast alle Zeitgenossen – schon früh, 1425, sein Interesse an ihr dokumentiert.[153] Der Laie warnt zwar allgemein vor einer Zeichenleserei, bei der man eigene Erwartungen und Andeutungen zurechtbiegt – für so etwas sollte ein weiser Mann seine Zeit nicht verschwenden –, aber gegen den Einfluß von Sternbewegungen auf Menschen wendet er sich nicht. Er glaubt an astrologisch gestützte Voraussagen, wenn er auch eingesteht, dafür keine befriedigende Erklärung zu haben. Wer auch nur einmal die Bibliothek des Cusanus betreten oder ihren Katalog studiert hat, kann sich darüber nicht wundern, denn dort finden sich eine ganze Reihe astrologischer Werke.[154] Eher überrascht uns, daß er sogar in der Geometrie durch Wiegen weiterzukommen hofft. Er verspricht sich bessere Annäherungswerte für das

---

[153] AC I 1 Nr. 23 und 24 p. 8–9.

[154] Dieser Aspekt wird oft vernachlässigt. Die Codices 207 bis 216 der Bibliothek des Kardinals enthalten astrologische Texte. Sie zeigen allerdings nicht die Spuren intensiver Durcharbeitung wie die Codices 21 (Eckhart), 83/85 (Lull), 96 (Albert zu Dionysius), 106 (Heymericus), 184 (Aristoteles, Metaphysik in der Übersetzung des Bessarion) oder 185/186 (Proklos).
Vgl. Marx, S. 193–S. 212, aber auch W. Gundel – H.G. Gundel, Astrologumena. Die astrologische Literatur in der Antike und ihre Geschichte, Wiesbaden 1966. Ich nenne einige dieser astrologischen Bücher:
Cod. 207,1 Haly, *De iudiciis astrorum*,vgl. Cod. 208,10
d.i. Abenragel, gedruckt Venedig 1485, Basel 1551
Cod. 208,10 ders., *Commentum super centum verba Ptolemei*
Cod.209, 19 Albertus Magnus, *Speculum astronomiae*
Cod. 208,5 Albumasar, *Introductio ad iudicia*
Augsburg 1480 ; Cod. 208, 12 ders., *Liber coniunctionum*
Augsburg 1489; Cod. 208 , 14 ders., *Liber florum*
Augsburg 1489
Cod. 208, 16 *Tractatus in revolutione annorum mundi*
Cod. 208, 17 Alcabitius, *Introductorium ad iudicia astrorum*
Lyon s.a., Venedig 1485, Paris 1521, Köln 1560
Cod. 208, 4 Alfraganus, *De triginta differentiis*
Nürnberg 1539

Problem der Quadratur des Kreises: Fertige ein zylinderförmiges Gefäß
an, baue einen Würfel von demselben Durchmesser und derselben Höhe,
fülle beide Gefäße mit Wasser und wiege die Wassermengen; ihr Verhältnis ist das von Quadrat zu Kreis.

Unserem Laien kommt gar nicht in den Sinn, daß seine quantifizieren-
de Betrachtung die sinnliche Erfahrung verdrängen könnte oder sollte.
Er denkt praktisch; er entwirft keine Methodenlehre einer neuen Physik.
Der Arzt soll den Urin nach Farbe *und* nach Gewicht beurteilen. Daß
ihn dies vor eine Alternative stellen könnte, liegt außerhalb des Gesichtskreises unseres Buches. Das „Weltbild" war 1450 noch nicht „mechani-
siert". Den Urin nur nach dem Augenschein ärztlich zu beurteilen war
noch die Regel. Cusanus will dieses Vorgehen durch das quantitative
Messen ergänzen, nicht es verdrängen. Aber zu „laienhaft" dürfen wir
uns das Vorgehen unseres Idiota auch wiederum nicht vorstellen. Er hat
ein klares Programm: Bisher ist eine wichtige Chance vertan worden, unsere Erkenntnisse der *praecisio* näherzubringen. Er hebt den allumfassenden Charakter seines Methodenvorschlags hervor; es geht ihm um alles
Wißbare, *omne scibile*.[155] Auf allen Gebieten, *in omnibus,* will er mit der
Waage weiterkommen.[156] Cusanus setzt voraus, das Unendliche sei nicht
wißbar, sondern im Wissen des Nicht-Wissens erfaßbar; alles Wißbare sei
auch meßbar. Selbst Zeiteinheiten will der Laie mit der Waage messen; er
wiegt das Wasser, das aus einer Wasseruhr ausgeflossen ist. Wenn wir *alles*
messen, können wir der Randbedingungen einigermaßen Herr werden.
Der Laie unseres Dialogs führt kleine Experimente aus; er ist manuell
geschickt und führt an Holz vor, daß größere Holzstücke rascher aus

---

Cod. 208, 9 Alkindi, *Liber de impressionibus aeris*; Cod. 212, 19 ders., *Liber de pluviis*; Cod.
212, 33 ders., *De combustionibus planetarum*
Cod. 208, 3 Messeallae, *Epistula de eclepsi lunae*
Cod.208, 11 *De interrogationibus*
Cod. 208, 7 Omar, *De nativitatibus*
Petrus d' Abano, *Lucidator astronomiae*
Cod. 208, 8 Ptolomaeus, *Liber introductorius in Almagest* ; Cod. 209, 1 ders., *Iudicia Ptolo-
maei*
Cod. 208, 1 Zehel (Zahel), *Introductorium*
Cod. 208,2 ders. *Liber electionum.*
Auch alchimististische Schriften besaß Cusanus. Vgl. dazu J. Hallauer, in MF 15 (1982)
S. 43–S. 56, ferner in MF 15 (1982) S. 43–S. 56 und in MF 19 (1991) S. 67–S. 82. Vgl. auch
G.v. Bredow, Nikolaus von Kues und die Alchemie, in: MF 17 (1986) S. 177–S. 187.
[155] *De staticis experimentis* n. 164, 10 p. 223.
[156] ib. n. 176, 3 p. 230.

Wasser auftauchen als kleine.[157] Er stellt einfache Fragen: Warum schwimmt Holz im Wasser? Immer betont er den praktischen Nutzen solcher Untersuchungen: Ärzte könnten Krankheiten exakter bestimmen; wir könnten Mischungsverhältnisse bei Metallen erkennen; Münzfälschungen ließen sich leichter feststellen; wir könnten sophistische Elemente der Alchimie erkennen.[158] Auch wenn wir die genaue *praecisio* nicht erfassen oder vielmehr gerade deswegen, gibt es einen Erkenntnisfortschritt. Was wir in *De docta ignorantia* I 11 p. 22–23 von der Mathematik lasen, daß es ohne sie keine gewissen Erkenntnisse geben werde, sagt der Laie von seinen Experimenten mit der Waage. Die Disproportion von Ding und ideenhafter Bestimmung wird jetzt ein Anreiz zur Präzisierung; sie motiviert nicht mehr das Zurückweichen vor der Instabilität der sinnlichen Welt. Der Laie ist sich im klaren, daß nie ein einzelner alle Weltdinge erforschen kann; es braucht eine organisierte Zusammenarbeit, und es braucht die Schrift. Immer wieder fordert der Laie für seine Experimentalwissenschaft das Buch.[159] *Experimentalis scientia latas deposcit scripturas.*[160] Wir brauchen Tabellen; wir brauchen Berichte über Messungen, z.B. auch von Fallgeschwindigkeiten, wenn jemand etwas von einem hohen Turm herunterwirft. Wir könnten die Tiefe des Meeres erforschen und die Schiffsgeschwindigkeit bestimmen.[161] Wir könnten die Kraft von Geschossen messen und die Stärke eines Menschen präzis angeben. Wir könnten einen Menschen lebend und dann tot wiegen und könnten so dem Problem des Lebensgeistes, *spiritus*, näherkommen.[162]

Der Laie ist nicht frei von Überschwang in seinen Erwartungen. Er erwartet viel von seiner Waage: Den Sonnenkörper will er bestimmen, die Sternbewegungen präziser angeben, die Astronomie erneuern, die Musik, besonders das Glockengeläut, nach Gewichten bestimmen. Er analysiert das Gewicht allgemein als zahlenhafte, harmonische Proportion; er hofft, er könne durch Wiegen die Sympathie und Antipathie von Tieren und Menschen erforschen; er will Übereinstimmungen und Unstimmigkeiten wiegend erforschen, Gesundheit und Krankheiten mit dem Gewicht in Verbindung bringen und zuletzt sogar Klugheit und Einfalt wie-

---

[157] ib. n. 168 p. 225.
[158] ib. n. 171 p. 227.
[159] ib. n. 174, 25 p. 228.
[160] ib. n. 178, 16 p. 231.
[161] ib. nn. 181–182 p. 233.
[162] ib. n. 183 p. 234.

gen.[163] Derartige Untersuchungen müßten zusammenhängend und an vielen Orten unternommen werden; ihre Ergebnisse müßten verzeichnet und miteinander verglichen werden. Solche Forschungen müßte man den Mächtigen empfehlen. Ihr Nutzen sei außerordentlich, und sie würden „leichter" zu verborgenen Dingen führen.[164]

Unser Laie faßt geradezu die Idee einer naturforschenden Gesellschaft oder einer internationalen Akademie; er, der illiterate Löffelschnitzer – *uomo sanza lettere*, wie Leonardo sich bezeichnen wird – wünscht die Meßergebnisse zusammengestellt und allen zugänglich gemacht. Als der Laie das sagte, experimentierte in Mainz schon der Goldschmied Gutenberg an seinen beweglichen Lettern. Der Austausch, den der Laie für notwendig erklärte, war auf der Basis handschriftenvermittelten Wissens nicht überregional durchführbar. Seine neue *scientia experimentalis* erforderte neue Instrumente des Messens und der Kommunikation. Rückschauend können wir sagen: Der Dialog endet, indem sein Autor um einen Gutenberg von innen bittet: *in diversis provinciis consignentur et comportentur in unum, ut ad multa nobis occulta facilius perducamur. Egoque non cessabo undique ut fiat promovere* – dies sind die letzten Worte. Cusanus will das neue Wissen politisch und technisch in die Welt einbringen.

2. „Zwischen Mittelalter und Neuzeit"?

De staticis experimentis gibt zu allgemeineren Untersuchungen Anlaß. Die Schrift ist nur durch ein einziges Argument mit den philosophischen Schriften des Cusanus verknüpft: Weil wir den absoluten Maßstab nicht erreichen, sollen wir methodisch unseren relativen verbessern. Im Hintergrund steht die Entwicklung von *De docta ignorantia* zur Laienphilosophie mit ihrem Zuwachs an Zuversicht. Aber kein einziges Mal erinnert der Laie daran; er bezieht sich nie auf das Ganze der Laienschrift oder auf ein anderes Werk des Cusanus. Es ist, als habe Cusanus die philosophisch-argumentative Verbindung bewußt abgeschnitten, um der kleinen Schrift eine Sonder-Rezeption zu ermöglichen. Dies ist dann auch eingetreten. Ich weiß nicht, ob dies die Intention des Cusanus war. Jedenfalls hat er vermieden, über das Gesagte hinaus die These des Laien philo-

---

[163] ib. n. 193 p. 239.
[164] ib. n. 195 p. 240–241.

sophisch zu fundieren. Es hätte nahegelegen zu sagen: Jetzt müssen wir sehen, wie der Verstand in der Ordnung der sinnlichen Erfahrung vorzugehen hat. Nichts davon. Der Laie macht keinen Versuch, die beiden entscheidenden Grundlagen zu beweisen: Erstens, daß alles, ausnahmslos alles, gewogen werden muß, bis hin zum Lebensgeist und zur *prudentia* der Menschen; zweitens, daß es eines geordneten Verfahrens bedarf, daß also die Experimente nicht im bloßen Probieren bestehen können, sondern, wie es einmal heißt, *seriatim et multipliciter* stattfinden müssen.[165] Tun wir recht, dieses *seriatim* zu pressen, so daß ein „methodisches Vorgehen" herauskommt? Oder heißt es nur: reihenweise, oft, immer wieder? Es hat nicht an Versuchen gefehlt, Cusanus als Vorläufer des Cartesius zu deuten. Und etwas daran scheint richtig: Der Laie gibt Forschungsanleitungen, äußert seine Überzeugung universaler Anwendbarkeit seiner Regeln, betont Gewißheit und Nützlichkeit seiner Forschungen. Aber von „systematischem" Wissensaufbau fällt kein Wort. Die philosophischen Voraussetzungen macht er gerade nicht zum Thema. Er sagt nicht: Nur wenn ihr die Idee der *docta ignorantia* teilt, könnt ihr in Zukunft Münzfälschungen und alchimistischen Schwindel sicher aufdecken. Er stellt ein theoretisch isoliertes Modell gegen die abstrakte Naturphilosophie der Schulen auf. Es geht ihm um Praxis, um Anwendbarkeit, fast möchte man sagen: unter Umgehung spekulativer Debatten. Nicht einmal die Differenz von Intellekt und Verstand nimmt er als Prämisse in Anspruch. Die Aufgabe einer philosophiehistorischen Interpretation dieser Schrift besteht nicht darin, ihr einen philosophischen Hintergrund zu konstruieren oder auch zu „rekonstruieren"; der historische Cusanus hat ihn geradezu abgeblendet, und wir haben nur die Tatsache aufzunehmen, daß Cusanus seine Mechanikbegründung bewußt theoriearm, im Handwerkermilieu und im Blick auf allgemeinen Nutzen, vollzogen hat; wir sollen nicht nachträglich verbinden, was er getrennt hat.

Dadurch steht die Schrift vereinzelt im Ganzen des Werkes des Cusanus. Welch ein Abstand hält dieses Programm einer neuen Mechanik zu den metaphysischen Überlegungen von *De sapientia* oder zu der Trinitätsphilosophie in *De mente*! Cusanus betrachtet die Natur, den Menschen eingeschlossen, unter dem Gesichtspunkt der Quantifizierbarkeit. Fast möchte man sagen: weltanschauungsneutral. Ich sage „fast", denn die Differenz von *praecisio* und Erfahrung liegt gleichwohl zugrunde,

---

[165] ib. n. 195, 24 p. 240.

ebenso die Annahme eines ständigen Wissensfortschrittes. Aber hätten
wir nur diese eine Schrift, dann würden wir von ihrem Autor sagen, er
betrachte die natürliche Welt, den Menschen eingeschlossen, mit den Augen eines Naturforschers des 17. Jahrhunderts. Er analysiere die Natur
nur in der Form der Schweremessung. Sie werden mich fragen: Ist das
nicht doch renaissancehaft, frühneuzeitlich? Ich hatte anfangs angekündigt, Sie würden von mir die Phrase nicht zu hören bekommen, Cusanus
stehe zwischen Mittelalter und Neuzeit – muß ich sie angesichts der inneren Spannweite des *Idiota* nicht doch wieder aufgreifen? Steht nicht *De
sapientia* wie rückwärtsgewandt in der Eckhart-Nachfolge, und zeichnet
De staticis experimentis nicht doch den Weg zu Galilei? Kennzeichnet
diese Bewegungsrichtung nicht einen Übergang? Steht die dreiteilige
Idiota-Schrift nicht, doch zwischen Mittelalter und Neuzeit?

Ich bleibe dabei: Diese Redensart zeigt nichts und verdeckt viel. Alle
historischen Phänomene sind ein Übergang. Aber sie sind nicht immer
ein Übergang zwischen abstrakten Epochentiteln wie „Mittelalter" und
„Neuzeit". Da bringt es schon mehr an Erkenntnis, Cusanus als einen
Mann des 15. Jahrhunderts zu charaktersisieren, der in Italien gelernt hat
und in Italien lebte. Aber auch dies muß konkretisiert und auf den Text
zurückbezogen werden, z. B. indem wir mit Giovanni Santinello beobachten, daß in *De staticis experimentis* zweimal Vitruv zitiert wird, einmal wegen der Wasserqualitäten, sodann wegen des verschiedenen Gold-
gewichtes. Die kirchliche Führungsschicht der Jahrhundertmitte hatte
Interesse an antiker Architektur und deren Theoretikern; sie interessierte
sich für Wasserleitungen, Brunnen und Münzfälschungen. Sie beließ es
nicht bei der Pariser Scholastik des Jahres 1430. Ihre Neuorientierung war
Übergang, gewiß. Gerade für das Jahr 1450 ist eine Zusammenarbeit mit
Leon Battista Alberti höchst wahrscheinlich, der eine verlorene Schrift
über Gewichte (*De motibus ponderis*) geschrieben hat und in dessen *Ludi
matematici* ähnliche Fragen behandelt sind.[166] Aber es war nicht typisch
für die sogenannte „Renaissance", ein Naturphänomen isoliert zu studie-

---

[166]   G. Santinello, Niccolò Cusano e Leon Battista Alberti: pensieri sul bello e sull' arte, in:
Niccolò da Cusa. Relazioni tenute al convegno di Bressanone nel 1960, Florenz 1962,
S. 147 - S. 183; ders., L.B. Alberti, una visione estetica del mondo e della vita, Florenz
1962; R. Gavagna, Un abbinamento editoriale del '500: Vitruvio e Cusano, in: Rivista critica
di storia della filosofia 1975, S. 400–410; ders., Cusano e Alberti a proposito del „De archi-
tectura" di Vitruvio, in: Rivista critica di storia della filosofia 34 (1979) S. 162–S. 176; L.B.
Alberti, *Ludi matematici,* ed. R. Rinaldi, Mailand 1980.

ren; Pulsmessungen und Urinuntersuchungen kannten auch die arabischen Ärzte des Mittelalters. Was falsch ist an dem Spruch – Cusanus zwischen Mittelalter und Neuzeit – ist die Kleinigkeit, daß Titel wie „Mittelalter" und „Renaissance" nur Gewohnheiten voraussetzen, sonst nichts, und daß sie den Wissensstand von Vorgestern befestigen, indem sie den Anschein einer Erklärung bieten. Sie laden nicht ein, selbst nachzulesen, wie arabische Forscher die Grade von Feuchtigkeit bestimmt haben. Nehmen wir das Etikett „Mittelalter". Es ist nicht richtig, daß das 13. Jahrhundert keine immanent-naturphilosophische Erklärung der Natur gekannt hätte. Albertus Magnus hatte der methodischen Selbständigkeit einzelner Disziplinen den Weg geöffnet. Dietrich von Freiberg hat eine Schrift über den Regenbogen, *De iride* verfaßt. Wer sie liest, findet schnell, wie anders sie ist als viele sich eine „mittelalterliche" Schrift über den Regenbogen vorstellen. Kein Wort von seiner symbolischen Bedeutung. Kein Versuch einer theologischen Applikation. Im ganzen Buch nichts als Optik. Wenn wir die entgegensetzende Charakteristik von „Mittelalter" und „Neuzeit" festhalten wollen, dann ist Kaiser Friedrich II. ein „moderner" Politiker, dann ist Dietrichs Schrift *De iride* eine frühneuzeitliche Schrift, dann müssen wir mit Jakob Burkhardt die *Carmina Burana* als „renaissancehaft" bezeichnen, auch wenn sie dem zwölften Jahrhundert entstammen. Je näher wir kommen, um so mehr lösen sich die Epochentitel auf. Der programmatische Titel des neuen Laienwissens heißt *scientia experimentalis*. Statt uns mit Epochenbildern von Mittelalter und Neuzeit aufzuhalten, studieren wir besser Roger Bacons *Opus maius*, dessen sechster Teil als *scientia experimentalis* überschrieben ist.[167] In diesem Buch des dreizehnten Jahrhunderts finden sich bereits Versuche mit der Waage. Dort steht eine ausdrückliche Theorie, daß *argumentum* und *experimentum* zusammenkommen müssen.[168] Ich behaupte hier nicht den faktischen Zusammenhang der Schrift des Cusanus mit Dietrich oder mit Roger Bacon. Dies sind Einzelfragen, die den gegenwärti-

---

[167] Roger Bacon, *Opus maius*, ed. J.H. Bridges, 2 Bände, Oxford 1897.
[168] Roger Bacon, *Opus maius,* ed. J.H. Bridges, Band 2, Oxford 1897, p. 167.
Vgl. Th. Ibel, Die Waage im Altertum und Mittelalter, Diss., Erlangen 1908; H. Bauerreiß, Zur Geschichte des spezifischen Gewichtes im Altertum und Mittelalter, Erlangen 1914; R. Creutz, Medizinisch-physkalisches Denken bei Nikolaus von Cues, Heidelberger SB, Histor.-Philos. Klasse 1938/39; sowie die Anmerkungen von Hildegund Menzel-Rogner zu ihrer Übersetzung von Nikolaus von Cues, Der Laie über Versuche mit der Waage, 2. Auflage Leipzig 1944, S. 47; F. Nagel, Nicolaus Cusanus und die Entstehung der exakten Wissenschaften, Münster 1984.

gen Rahmen übersteigen würden und die heute in die Kompetenz der Historiker des Naturwissens gehören. Es genügt mir zu zeigen: Das Mittelalter und die Waage, das sind nicht allein und nicht primär die Skulpturen und Gemälde, die den Erzengel Michael mit der Seelenwaage darstellen. Davon finden wir bei Cusanus nichts. Dennoch hat seine Überlegung *auch* eine mittelalterliche Seite; sie besteht im Bezug auf Albert, Roger Bacon und die Araber. Wir lernen solche Einzelheiten, die über folkloristische Vorstellungen vom Mittelalter hinausgehen, erst kennen, wenn wir die „geisteswissenschaftlichen" Epochenbilder suspendieren.

Wir brauchen nicht die literarische Fiktion zu fixieren, es spräche ein Laie zu uns, der soeben auf gänzlich neue Gedanken gekommen wäre. Wir müssen nach den Bedingungen fragen, unter denen er seine Gedanken entwickeln konnte. Er setzt einen bestimmten Stand der Technik von Waagen voraus, ohne darüber zu sprechen. Er war nicht der erste, der derartige Vorschläge machte. Wir können die Bücher ermitteln, die er verschweigt. Arabische Gelehrte wie Al-Khâzinî mit seiner „Waage der Weisheit" und – vor ihm – Al-Bîrûnî hatten schon Tabellen der spezifischen Gewichte angelegt. Es scheint, als hätten sie die Frage auf den speziellen Zusammenhang von Gewicht und Volumen bei Gold und Edelsteinen eingeengt behandelt, während Cusanus durch alle Wissensgebiete hindurchgeht. Um die Originalität des Cusanus brauchen wir nicht besorgt zu sein. Ich weiß nicht viel über die Geschichte der Mechanik bei den Arabern. Aber ich weiß, daß es besser ist, dieses Nichtwissen einzugestehen als über „Mittelalter" und „Renaissance" globale Reden zu halten. Dietrichs *De iride* beweist, daß es schon um 1300 eine von der spekulativen Philosophie unabhängige Naturforschung nach arabischem Vorbild gab. Die Spannung zwischen *De sapientia* und *De staticis experimentis,* die wir gerne als Übergangsphänomen zwischen Epochen auslegen würden, war so neu nicht, wie sie beim ersten Lesen erscheint.

Dazu kommt ein weiteres Argument: Verlassen wir einmal Cusanus für einen Augenblick. Bücher über andere Autoren des 14., des 15. und selbst noch des 16. Jahrhunderts, versichern uns immer wieder, ihr Autor oder ihre Künstler bildeten den Übergang vom Mittelalter zur Neuzeit. Oft leiten sie sogar aus dieser Charakteristik ab, was ein Autor hat sagen können und was er gemeint haben müsse. Wie oft habe ich gelesen, Boccaccio stehe zwischen Mittelalter und Neuzeit. Kann man das auch von Petrarca sagen? Gewiß. Und von Giotto? Und von Rogier van der Weyden? Und von Kaiser Maximilian? Und vom jungen Luther? Nicht auch von Ignatius von Loyola? Aber was genau sagt dann die beliebte Wendung noch? Ich denke, sie stört die genaue Analyse; sie ist ein Ersatz für eine genauere Beschreibung der Tatbestände. Daher verzichte ich auf sie und frage mich, wie konnte man um 1450 das Programm einer relativ kohärenten „empirischen" Erforschung der Natur entwickeln? Die Antwort scheint mir klar: Nachdem Albertus Magnus eine programmatische Möglichkeit eröffnet hatte, Naturforschung ohne theologische Intervention zu betreiben, war ein erster Weg geöffnet. Die ständige Präsenz der arabischen Medizin, Optik und Naturphilosophie war damit gesichert. Um die Mitte des 15. Jahrhunderts war aber in Italien eine neue Situation enstanden. Die Texte der Antike wurden nicht nur aus isoliert-philologischen Motiven heraus neu studiert. Die Humanisten wollten Lebensorientierung; sie versprachen sich und ihren Lesern Nutzen aus dem Studium der antiken Mechanik, Medizin und Architekturtheorie. In diesem Zusammenhang steht Cusanus seit seiner Studienzeit in Padua. Im Blick darauf können wir sagen: Der Autor des *Idiota* hat Heidelberg intellektuell verlassen. Er hat sich mit den philosophischen Neuinteressen von Padua und Bologna auseinandergesetzt; er hat sie soweit rezipiert, als sie seine ebenfalls antik-philosophische Überzeugung von der *per-se*-Subsistenz der *mens* nicht zerstörte. *Danach* konnte er auch eine Zone rein empirisch rationaler Naturquantifizierung empfehlen. Sie konnte sich auf Albert, auf Roger Bacon, auf die Präsenz der arabischen Physiker und auf die neuentdeckten antiken Naturforscher stützen – ganz abgesehen davon, daß es jetzt gesamtkulturell möglich geworden war, daß ein isolierter und traditionsloser Einzelner sich das Privileg der Weltauslegung aneignen konnte, wie gerade unser Löffelschnitzer beweist. Seiner geschichtlichen Wirkung verschlägt es nicht nur nichts, sondern kommt es sogar zugute, daß es sich um eine Buchfigur handelt.

IV.
RELIGIONSFRIEDEN

1. Krieg auf Erden

Sultan Mohamed II. (1432 bis 1481) trägt den Ehrentitel „der Eroberer". Er unterwarf große Teile Serbiens, scheiterte allerdings 1456 vor Belgrad. Er drang nach Bosnien vor, das er 1463/64 überrannte und auf Dauer islamisierte; er eroberte Athen. Er beschnitt das venezianische Herrschaftsgebiet an der Adria; er zerstörte die Handelsniederlassungen der Genuesen im Osten. Sein spektakulärster Erfolg aber war: Der Sultan eroberte am 29. Mai 1453 die Stadt Konstantinopel.[169] Damit beendete er einen politischen und kulturellen Zustand, der über 1100 Jahre gehalten und als Inbegriff der Kaiserherrlichkeit, der feinen Lebensart und der Kultur gegolten hatte. Mohamed II. wollte die Stadt keineswegs vernichten; er stellte Wälle und öffentliche Gebäude wieder her; er siedelte Gruppen von Muslimen, Christen und Juden aus anderen Reichsteilen in die Hauptstadt um. Heutige Historiker versichern uns, er sei ein Förderer der Kunst und der Wissenschaften gewesen. Aber der lateinische Westen sah ihn als ungeheure, als apokalyptische Bedrohung; dem jungen Eroberer wurden Grausamkeiten aller Art zugeschrieben; Flüchtlinge berichteten, er bereite eine Flotte zur Eroberung Italiens vor; er wolle seine Invasion in Brindisi beginnen, Rom zerstören und das Christentum vernichten. Er strebe die Weltherrschaft an. Enea Silvio Piccolomini schrieb am 12. Juli 1453 an Papst Nicolaus V., die Hand zittere ihm, während er dies schreibe... Er könne vor Schmerz nicht reden. „Welch ein Unglück für die Christenheit!" Aber dann kann Enea, der Rhetor, doch reden: Die Türken werden gegen die Christen wüten. Der Humanist denkt sofort an die Bücher, die in Byzanz noch lagen und für den Westen nun unbekannt

---

[169] S. Runciman, The Fall of Constantinople 1453, London 1965; E. Meuthen, Der Fall von Konstantinopel und der Westen, in: Historische Zeitschrift 137 /1983) S. 1–S. 35; A. Pertusi (Ed.), La caduta di Costantinopoli, 2 Teile, Mailand 1976 (umfangreiche Dokumentensammlung); ders., Fine di Bisanzio e fine del mondo. Significato e ruolo storico delle profezie sulla caduta di Costantinopoli in Oriente e in Occidente. Edizione postuma a cura di E. Morini, Rom 1988.

bleiben werden. Der Quell der Musen sei erloschen, klagt er. Das sei der zweite Tod Homers und Platons.[170]

In dieser Situation betrieben der Papst und seine Nachfolger die gemeinsame politisch-militärische Aktion des Westens; bei der bestehenden Interessenvielfalt allein schon innerhalb Italiens hatte sie wenig Chancen auf Verwirklichung. Aber der Versuch dazu dominierte die päpstliche Politik der nächsten Jahre, zögerlich unter Nikolaus V., energisch unter Kalixt III., hektisch und rhetorisch, aber zuletzt doch sehr ernsthaft unter Pius II.: Ein Präventivkrieg, „Türkenkreuzzug" genannt, sollte die Bedrohung Italiens und der Christenheit abwenden.[171]

Im Juni 1453 ritt Cusanus von Rom nach Brixen. Als er am 28. Juni in seiner Bischofsstadt ankam, erhielt er die Nachricht vom Fall der Stadt

---

[170] Vgl. die folgende Anmerkung. Der Brief des Enea bei R. Klibansky, h VII, p. IX.

[171] Raymond Klibansky hat Entstehung und Fortwirkung von *De pace fidei* erforscht und klargestellt. Ich folge der Praefatio seiner Ausgabe, h VII, Hamburg 1959, die ich – wie ihr Herausgeber – nach Seite und Zeile zitiere, also unter Auslassung der Paragraphenzählung. Vgl. MF Band 16, Trier 1984 und dort insbesondere den Beitrag von Klibansky.

Vgl. auch E. Gilson, Les métamorphoses de la Cité de Dieu, Louvain – Paris 1952, S. 154–S. 181; B. Decker, Nikolaus von Kues und der Friede unter den Religionen, in: J. Koch (Hg.), Humanismus, Mystik und Kunst in der Welt des Mittelalters, Leiden – Köln 1953, S. 94–121; ders., Die Toleranzidee bei Nikolaus von Kues und in der Neuzeit, in: Nicolò da Cusa. Convegno internazionale di Bressanone 1959, Florenz 1962, S. 197–216; C. Vasoli, L'ecumenismo di Nicolò da Cusa, in: Cusano e Galileo, ed. C. Vasoli et al., Archivio di filosofia Band 33, Heft 3, Padua 1964, S. 1–51; M. Watanabe, Nicholas of Cusa and the Idea of Tolerance, in: Nicolò Cusano agli inizi del mondo moderno, Florenz 1970, S. 409–S. 418; M. de Gandillac, in: MF 9 (1971) S. 92–S. 1o5; G. von Bredow, in: ebda., S. 185–S. 189; G.H. Mohr, in: ebda S. 166–S. 184; R. Imbach, Einheit des Glaubens. Spuren des Cusanischen Dialogs De pace fidei bei Heymericus de Campo, in: Freiburger Zeitschrift für Philosophie und Theologie 27, 1980, S. 5–S. 23; L. Hagemann, Nikolaus von Kues im Gespräch mit dem Islam, Altenberge 1983; J.E. Biechler, Three Manuscripts on Islam from the Library of Nicholas of Cusa, in: Manuscripta 27 (1983) S.–S. ;W. Heinemann, Einheit und Verschiedenheit. Das Konzept eines intellektuellen Religionsfriedens in der Schrift De pace fidei des Nikolaus von Kues, Altenberge 1987; W.A. Euler, Unitas et pax. Religionsvergleich bei Raimundus Lullus und Nikolaus von Kues, Würzburg 1990; J. Hopkins (Ed.), Nicholas of Cusa's De pace fidei and Cribratio Alkorani. Translation and Analysis, Minneapolis 1990; G. Federici – Vescovini, (Ed.), Nicolo Cusano, La pace della fede. Traduzione, introduzione e note, San Domenico di Fiesole 1993; Colomer, E., Nikolaus von Kues und Ramon Llull. Ihre Begegnung mit den nichtchristlichen Religionen, Trier 1995; Ch. Lohr (Hg.), Anstöße zu einem Dialog der Religionen: Thomas von Aquin – Ramon Llull – Nikolaus von Kues, Freiburg 1997.

Konstantinopel. Am 29. Juni war das hohe Fest Peter und Paul, und Cusanus predigte in seiner Domkirche. Es ist die Predigt Nr. 126 (der neuen Zählung) über das Thema: *Tu es Petrus.* Gott, der Vater, hat es Petrus und Petrus hat es uns enthüllt: Christus ist der „Eckstein". Dies motiviert den Prediger zu einem religionsgeschichtlichen Rückblick:

Die jüdische Religion hat Gott erfaßt als losgelöst von allem Sichtbaren. Die Juden haben Gott als den absoluten verehrt: *Deum absolutum ab omni quod videtur venerabantur.*[172] Die polytheistischen Heiden verlachten die Juden, da diese etwas verehrten, was sie weder mit den Sinnen, noch mit der Vorstellungskraft, noch mit dem Intellekt erkannt hätten. Die Heiden ihrerseits verehrten Gott, wie sie ihn sinnlich in seiner Güte und Macht erkannt hätten. Aufgrund seiner verschiedenen Werke gaben sie ihm je verschiedene Namen: Saturn, Venus, Juno usw. Da die Juden Gott nur als *abgelöst* von allem Erkennbaren (*absolutum ab omni quod concipi potest*) verehrten, die Heiden aber Gott nur verehrten, sofern er ihnen in sichtbarer Weise entgegentrat (*nisi ut contracte relucet in rebus),* verspotteten sich die Religionsgruppen gegenseitig. Die Juden hatten Grund, sich zu mokieren, weil die Heiden etwas anbeteten, was vergänglich war; die Heiden spotteten, die Juden verehrten etwas, das sie nicht kennten.

Beachten wir: Das Verhältnis der Juden zu den Heiden entsprach der Beziehung Absolutes-Kontraktes. Aber dann kam Jesus. Er kam als der Vermittler, *mediator.* Er vereint in sich das jenseitige Wesen, das die Juden anbeteten, mit der vergöttlichten sinnlichen Natur, welche die Heiden verehrten. In ihm kommt also zusammen, was Juden und Heiden je getrennt verehren. Da die Juden in ihm das wiederfinden konnten, worauf ihre Religion sich gerichtet hat, nämlich das Wesen, von dem allein alles herkommt, und da auch die Heiden an ihm dessen gewahr wurden, was sie verehrten, nämlich eine sinnliche Natur, weil sie eine solche für das Leben als unentbehrlich erkannten, soll Christus sowohl von Juden wie von Heiden verehrt werden: *Christus coli debet tam per Judaeos quam gentiles.* Die Rechtfertigungsgründe der je verschiedenen Kulte sind in Christus (Cusanus sagt nicht: im Christentum) vereint. Das Wesentliche, das Vernünftige dieser Religionen findet sich in Christus wieder: *Omnis enim ratio culturae in Christo reperitur.*[173] Wir müssen hier

---

[172] *Sermo* 126 n. 4, 1–11, h XVIII, 1 p. 21.
[173] ib. n. 5, 13–14 p. 22.

auf jedes Wort achten: Die jüdische Religion wird gerechtfertigt – aber durch das Enthaltensein ihres Rechtfertigungsgrundes in Christus. Dasselbe gilt für die heidnische Gottesverehrung. Beide, Juden und Heiden, haben den Spott nicht verdient, den sie sich gegenseitig zufügen. Aber daraus folgert Cusanus nicht die schlichte Anerkennung ihrer Verschiedenheit. Denn, argumentiert er, alle Vernünftigkeit, die je im jüdischen oder im heidnischen Kult vorhanden war, findet sich in Christus. Wenn also ein Jude oder ein Heide sich weigert, Christ zu werden, dann verläßt er den wahren Kern *seiner eigenen* Religion. Cusanus formuliert dies in der Predigt sorgfältig:

Unde si est aliqua ratio culturae Judaeorum aut gentilium, illa reperitur in Christo Jesu, ita quod, si quis est ex Judaeis, qui Christum non recipit, hic a vero cultu Judaeorum longe abest.[174]

Auffälligerweise verliert Cusanus mitten in diesem seinem Satz den Bezug auf die Heiden; er redet nur noch von den renitenten Juden. Sie fallen durch ihre Verweigerung des christlichen Glaubens von ihrer eigenen Religion ab. Cusanus präzisiert: Wenn ich dies behaupte, spreche ich vom „*wahren* Kult der Juden", also von seiner Idee, von seinem Wesen, von seinem vernünftigen Gehalt, den Juden verleugnen, indem sie sich weigern, Christen zu werden.

Wir sehen hier den platonistischen Anspruch auf Wesenswissen in der Religionsphilosophie am Werk. Cusanus definiert, was der *wahre* jüdische Kult sei, und bedient sich dieses Maßstabs, um Juden, die bei ihrem Glauben bleiben wollen, zu belehren, sie verleugneten das wahre Wesen *ihrer* Religion. Cusanus weiß, was er tut: *Loquor de* vero *cultu*. Im faktischen Religionswesen sowohl der Juden wie der Heiden, fügt er hinzu, gab es viele Täuschungen. Die cusanische Rechtfertigung des jüdischen wie des heidnischen Kultes bezieht sich auf deren Idee. Und diesen idealen Gehalt haben beide Religionen durch das Erscheinen Christi verloren. Mit ihm ist in die Welt getreten, was Juden und Heiden auf konträren Wegen gesucht haben. Da Cusanus behauptet, die objektive *ratio* der jüdischen Religion zu wissen, ist der Bewußtseinszustand der einzelnen Juden gleichgültig; jeder Jude glaubt, ob er will oder nicht, an Christus: *Credit igitur, sive velit, sive nolit, Christum.* Denn Christus ist nichts anderes als die Vereinigung unserer Natur mit dem unsterblichen göttlichen

---

[174] ib. n. 7, 1–5 p. 22.

Wesen. Jede Religion intendiert eine derartige Vereinigung, also *impliziert* sie den Glauben an Christus.[175]

In dieser Überlegung liegt einerseits eine Rechtfertigung anderer Religionen. Sie sind vernünftiger, als ihre jeweiligen Kontrahenten sehen. Auffällig ist allerdings, wie Cusanus Juden und Heiden als gleichberechtigt behandelt. Beide versteifen sich auf je einen Aspekt im Verhältnis von Absolut und Kontrakt. Zu erwarten wäre doch, daß die Juden, die Gott als den Herausgelösten dachten, einen wesentlichen Vorrang hätten. In der antiken Kirche, die noch gegen den Polytheismus zu kämpfen hatte, verstand sich dieser Vorrang der Juden von selbst. Er ergab sich auch aus der Nähe der Juden zum Monotheismus der Philosophen. Cusanus sah hingegen im Polytheismus ein ebenso wahres Moment wie im jüdischen Monotheismus; sie stehen sich wie Thesis und Antithesis gegenüber; beide verlangen von sich aus nach ihrer Synthese. Diese ist ihre Legitimation. Doch wenn Cusanus beide Religionen, die jüdische wie die heidnische, legitimiert, so geschieht das unter Einschränkungen. Die Legitimierung bezieht sich nur auf die Vergangenheit, und auch da nur auf den idealen Wesenskern. Die Religionen hatten eine Wesens-Finalität auf Christus hin; die Inkarnation hat ihnen diese Rechtfertigung genommen. Das Christentum hat allen Vernunftgehalt absorbiert; es vereint in sich, was in ihnen sich konträr gegenüberstand. Das Christentum ist die Vollkommenheit und die Vermittlung der Gegensätze; ihm gegenüber stehen Judentum und Heidentum als vernunftverlassene Ruinen da. Unsere Predigt ist geschrieben wenige Tage bevor Cusanus sein Buch über den Religionsfrieden begonnen hat. Im August und Anfang September hat er daran gearbeitet. Wir fragen uns, ob er unter den Prämissen seiner Petrus-Predigt eine Philosophie der Toleranz hat entwickeln können.

Andererseits werden wir den Gesichtspunkt der philosophischen Konsequenz nicht überfordern. Wir können die Schriften des Cusanus dieser Jahre nicht lesen wie die Produkte eines deutschen Professors im 19. Jahrhundert. Seine Arbeitsbedingungen haben sich abgezeichnet. Als Diplomat, Kardinal und Fürst-Bischof konnte er sich nur gelegentlich der philosophischen Schriftstellerei widmen: 1437/38 reiste er nach Byzanz und

---

[175] ib. n.7, 43–48 p. 23: *(Judaeus) Credit igitur, sive velit, sive nolit, Christum. Non est enim aliud Christus quam unio naturae nostrae cum natura immortali... Et ob hoc fides Judaica implicite semper Christum continebat.*

nach Ferrara. Die zehn Jahre zwischen 1438 und 1448 war er fast ununterbrochen in Deutschland unterwegs. Es gab nur wenige Ruhepausen des politischen Geschäfts, in denen er zum Schreiben gekommen ist. So verfaßte er in den Sommermonaten 1450 die Trilogie des *Idiota*. Seit Anfang 1451 war er auf der großen Legationsreise in Deutschland; erst ab Juli 1453 kam er wieder zum Schreiben. Jetzt verfaßte er rasch hintereinander die Schrift über den Religionsfrieden *(De pace fidei)*, die er im September 1453 beendete, ferner die mathematischen und die theologischen „Ergänzungen", *De mathematicis complementis* Buch I; Buch II hat er erst am 24. November 1454 beendet, während er *De complementis theologicis* noch im September abschließen konnte. Es war ein erntereicher Herbst: Am 8. November 1453 beendete er die Schrift über das *Sehen Gottes (De visione Dei)*. Im Herbst 1453 ist also ein ganzer Block von Schriften entstanden, deren interne Verbindungen nur eine genetische Analyse herausarbeiten kann. Der Herbst 1453 war seine fruchtbarste Zeit; danach hat er nur noch sporadisch geschrieben. Ab Winter 1453 erfuhr seine Schriftstellerei eine Unterbrechung von vier, fast fünf Jahren. Die Türkengefahr, die aussichtslose Kirchenreform und die Auseinandersetzungen im Bistum Brixen bestimmten die letzten elf Jahre seines Lebens. Der Türkenkreuzzug beschäftigte die Päpste und damit auch den befreundeten Kardinal; 1454 wurde Cusanus mit der diplomatischen Vorbereitung des Türkenkreuzzugs beauftragt; gegenüber dem Freund Johannes von Segovia klagte er, er hätte eine intellektuelle Auseinandersetzung mit dem Islam dem Krieg vorgezogen.[176] Aber Cusanus konnte sich nicht heraushalten aus der päpstlichen Türkenpolitik; zudem war Nikolaus V. von 1453 bis 1455 krank; ihm folgte Kalixt III. – mit seinem kurzen Pontifikat von 1455 bis 1458 –, der den Kreuzzug energischer betrieb. Dessen Nachfolger war Enea Silvio Piccolomini als Pius II.; er sah seine Lebensaufgabe in der Vorbereitung des Türkenkrieges. Derartige Lebensumstände schlossen eine ruhige Schriftstellerei aus. Zu einem so großen Buch wie dem *Idiota* oder *De coniecturis* ist Cusanus nie mehr gekommen.

Wir haben Cusanus als Autor des Laienbuches bei seinem Sommerurlaub in den Marken zurückgelassen. Vom September 1450 bis zum Sommer 1453 – das waren drei ereignisreiche Jahre. Die Welt hatte sich verändert: Die Kirchenunion mit Ostrom war teils zusammengebrochen, teils

---

[176] Zitiert bei R. Klibansky, h VII, p. 94, 7.

hinfällig geworden; die Türken waren immer weiter vorgedrungen und
hatten zuletzt Byzanz erobert. Cusanus hatte als päpstlicher Legat
Deutschland und die Niederlande durchquert: Papst oder Konzil, Kirchenreform, zahllose Rechtsfälle – das waren dabei seine Themen. 1452
hatte er sein Bischofsamt in Brixen angetreten – gegen den Widerstand
des Herzogs Sigmund von Österreich. Damit begann eine neue Serie von
Konflikten, die sich hinzogen bis 1460. Seitdem lebte Cusanus in Rom;
dort nahm er die geistige Auseinandersetzung mit dem Islam wieder auf.
Aber er, der zu bedenken gab, wer das Schwert ergreife, werde durch das
Schwert umkommen, mußte sich gleichwohl mit den politisch-militäri-
schen Türkenplänen der Päpste befassen. Er hatte dabei so wenig Erfolg
wie mit den Anläufen, die römische Kurie zu reformieren

Doch gehen wir zurück in den August/September 1453, zur Friedensschrift. Sie gestaltet eine literarische Fiktion. Man kann sie auch mit dem
Autor eine *visio*[177] nennen; das kommt auf dasselbe heraus: Ein Mann,
den die Grausamkeiten beim Fall Konstantinopels in Gedanken beschäf-
tigten und der Gott beschwört, er möge die Kämpfe mildern, die jetzt
mehr als sonst wegen der verschiedenen Art der Gottesverehrung in den
Religionen (*ob diversum ritum religionum*) toben – ein Mann, der selbst
schon einmal in Byzanz war und in dem wir also leicht den Bischof von
Brixen erkennen –, ein solcher Mann hatte eine „Vision", d.h., er sah, daß
es nur einer Versammlung von wenigen weisen Männern bedürfte, die
aus den verschiedenen Religionen herkommen, um „leicht" (wir hören
den Nachklang von *De sapientia*, wundern uns dennoch) Eintracht in
Religionsfragen herzustellen und „ewigen Frieden" zu sichern. Um diese
Aussicht den Führern der verschiedenen Religionen bekannt zu machen,
habe er seine *visio* in diesem Buch aufgeschrieben.

Dieser Mann wurde „entrückt in eine gewisse intellektuelle Höhe":
Raptus enim est ad quandam intellectualem altitudinem.[178] Dort sah er
hohe Geistwesen. Die Engel der verschiedenen Völker standen zusammen und prüften die Möglichkeit der Konkordanz; sie bildeten ein Konzil, dessen Präsident der Allmächtige war. Der König des Himmels und
der Erde eröffnete die Versammlung, indem er erklärte, seine Boten hätten ihm traurige Nachrichten von der Erde zugetragen; er habe das Stöhnen der Bedrängten vernommen, die mit Waffen gezwungen würden, ihrer alten Religion abzuschwören oder den Tod zu erleiden. Dann ergriff

---

[177] *De pace fidei* p. 3, 9.
[178] ib. p. 4, 8.

einer dieser hohen Geister das Wort und sagte zu Gott: Gott habe dem Menschen die intellektuelle Kraft gegeben. Ihr Denken sei zwar von Schatten umschlungen, ermögliche es aber dennoch dem Menschen, die Augen seines Geistes, vom Erstaunen über sinnliche Dinge angeregt, zu Gott zu erheben und sich mit ihm in Liebe zu vereinen. Aber Gott wisse doch – eine große Anzahl von Wesen bewirke auch große Unterschiede. Zudem seien die meisten Menschen gezwungen, ihr Leben im Elend und unter großen Mühen zuzubringen. Überdies lebten sie in knechtischer Abhängigkeit von ihren Herrschern. Daher erhielten nur wenige die Muße, von ihrer Willensfreiheit auch Gebrauch zu machen und zu der Erkenntnis ihrer selbst zu gelangen. Körpersorgen und Dienstleistungen lenkten sie ab; daher kämen sie nicht dazu, den verborgenen Gott zu suchen. Deshalb habe Gott Propheten gesandt, um bei den Völkern Gottesverehrung und Gesetze, *cultum et leges*, einzurichten und um die Ungebildeten zu unterrichten. Diese „Rohen" und Ungebildeten, *rudes,* hätten die Prophetengesetze und -lehren so buchstäblich aufgenommen, als habe Gott selbst sie ihnen von Angesicht zu Angesicht gegeben. Die Völker glaubten schließlich, sie hörten in ihnen Gott selbst – und nicht ihre Propheten. Diese müßten sich unterscheiden, denn Gott habe den verschiedenen Völkern zu verschiedenen Zeiten verschiedene Propheten geschickt. Doch hätten die Menschen es so an sich, eine lange Gewohnheit mit der Wahrheit zu verwechseln und sie dann mit ihrem Leben zu verteidigen. Daher entstünden Streitigkeiten; jede Gruppe halte *ihren* Glauben für besser als den der anderen.[179]

Ich wage nicht, diese Engelrede mit einer längeren Zwischenbemerkung zu unterbrechen. Auffällig ist der Abgrund zwischen Gebildeten und Ungebildeten, den sie voraussetzt, ferner das illusionslose Bild von politischer Herrschaft, das Cusanus zeichnet. Kein Wort mehr von Konsensustheorie der Macht. Und dann: Die Propheten sind für die *rudes* gekommen. Sie bringen nicht nur den Kult, sondern auch die unlösbar mit ihm verbundenen *Gesetze.* Ihre Offenbarungen werden mißverstanden – als seien sie die Stimme Gottes selbst. Dies führt zur Verwechslung von Wahrheit und Gewohnheit und damit zur Gewalt. Doch lassen wir den Engel fortfahren:

Alle Menschen suchten das Gute, alle intellektuelle Anstrengung gelte dem Wahren. Gott *sei* das Gute und das Wahre. Alle Wesen suchen also

---

[179] ib. p. 4, 8–6, 8.

Gott, nur nennen sie ihn mit verschiedenen Namen. Dabei sei der wahre
Name Gottes unbekannt und unaussprechbar, *incognitus et ineffabilis*.
Kein Geschöpf kann den Schöpfer begreifen, weil es zwischen dem Endlichen und dem Unendlichen keine Proportion gebe, *cum finiti ad infinitum nulla sit proportio*. Gott möge sich nicht weiter verborgen halten. Er
möge sein Angesicht zeigen, d.h. die wahre Gotteserkenntnis geben.
Denn nur aus Unkenntnis gehen die Menschen von Gott weg.

Ostende faciem tuam[180]: Das Gesicht oder das Wissen Gottes finden,
dies war ein Motiv der Geistphilosophie von *De mente*; im Herbst 53
wird die Suche dringlicher; wir werden sehen, wie das Leitmotiv *facies*
wiederkehrt.

Der Engel fleht Gott an, er möge sich der Menschen erbarmen, dann
werden Krieg und Haß aufhören. Zeigt Gott sein Gesicht, dann werden
alle erkennen, daß es nur *eine* Religion in der Verschiedenheit der Vereh-
rungsformen gebe, *cognoscent omnes quomodo non est nisi religio una in
rituum diversitate*. Wenn schon die Verschiedenheit der Verehrungsfor-
men nicht beseitigt werden könne, dann solle jeder die Verschiedenheit
der Riten zum Anlaß vertiefter Frömmigkeit nehmen. Möge ruhig jede
Region *ihre* Riten als die gottgefälligeren ansehen, wenn sie nur Gott um
so mehr in ihnen verehre. Auf diese Weise gebe es *eine* Religion, so wie es
nur *einen* Gott gebe.[181]

Der Himmelskönig, der auf dem Throne sitzt, antwortet darauf: Er
habe dem Menschen den freien Willen gegeben, damit er sich selbst bestimme. Dadurch habe er ihn befähigt, Gemeinschaft mit Gott zu haben.
Aber der tierhafte und irdische Mensch stehe unter der Herrschaft des
Fürsten der Finsternis. Dieser halte ihn in Unwissenheit; daher richte der
Mensch sich in den Bedingungen des sinnlichen Lebens ein, das zur Welt
des Fürsten der Finsternis gehöre. Deshalb habe er, Gott, den Menschen
immer wieder Propheten geschickt, die – im Vergleich zu den anderen
Menschen – „Sehende" waren. Aber schließlich hätten alle diese Propheten es nicht vermocht, den Fürsten der Finsternis zu überwinden, und da
habe er sein eigenes *Verbum* gesandt. Es habe das Menschsein angenommen, um den Menschen zu erleuchten und um ihm zu zeigen, er solle
nicht nach dem *äußeren* Menschen wandeln, sondern gemäß dem inneren
Menschen; so werde er zurückkehren zur Süßigkeit des unsterblichen

---

[180] ib. p.7, 5.
[181] ib. p. 6, 9–7, 19.

Lebens. Das *Verbum* nahm einen sterblichen Menschen an und bezeugte mit seinem Blut die Wahrheit. Diese Wahrheit bestehe darin: Der Mensch ist des ewigen Lebens fähig; dazu müsse er nur das sinnenhafte und tierartige Leben für nichts achten. Ferner sagt sie, dieses ewige Leben sei das eigentlich Ersehnte; es sei die Wahrheit, die gesucht werde und die als ewige den Intellekt ewig nähre. Die Wahrheit, die den Intellekt nähre, sei das *Verbum* selbst, in dem alles eingefaltet ist und aus dem alles entfaltet wird, *in quo complicantur omnia et per quod omnia explicantur*. Das göttliche Wort hat die menschliche Natur angenommen, damit jeder Mensch sicher sein könne, gemäß seiner freien Willensbestimmung in Christus, also in diesem Menschen, der zugleich das *Verbum* ist, die unsterbliche Nahrung der Wahrheit auch erreichen zu können.[182]

Gottes Rede endet mit der Frage, was er noch sonst hätte tun können und was er nicht schon getan habe. Darauf antwortet das göttliche Wort an der Stelle aller Himmelswesen:

Gewiß habe Gott alles aufs Vollkommenste bestellt, aber da er den Menschen in die Hand seines freien Willens gegeben habe und da in der sinnlichen Welt nichts Stabiles zu finden sei, entstehe eine große Mannigfaltigkeit; es gebe die verschiedensten Ansichten und Mutmaßungen, Sprachen und Auslegungen. Angesichts dieser Vielfalt bedürfe die Menschheit wiederholter göttlicher Belehrung, *indiget humana natura crebra visitatione*, damit die Irrtümer nicht überhand nähmen und damit die Wahrheit dauerhaft leuchte. Da die Wahrheit nur *eine* sei und durch jeden freien Intellekt mit Notwendigkeit erfaßt werde, *cum sit una et non possit non capi per omnem liberum intellectum,* soll die gesamte Vielfalt der Religionen zu einem einzigen rechten Glauben hingeführt werden, *perducetur omnis religionum diversitas in unam fidem orthodoxam.*

Dem Himmelskönig gefällt dieser Vorschlag. Er befiehlt den Engeln, aus allen Religionen *einen* Weisen herbeizubringen. Die Engel gehorchen und bringen die ernsthaftesten Männer dieser Welt, die wie in Ekstase hingerafft sind, vor das göttliche Wort. Dieses wendet sich mit einer Rede an sie:

Der Herr des Himmels und der Erde hat das Stöhnen der Getöteten und der Versklavten vernommen, die unter der Verschiedenheit der Religionen leiden. Da alle, die andere verfolgen, dies nur deshalb tun, weil sie glauben, damit ihrem Gott einen Gefallen zu tun, habe sich Gott des Vol-

---

[182] ib. p. 8, 1–9, 12.

kes erbarmt; daher beauftrage er die weisen Männer, die gesamte Vielfalt aller Religionen mit der Zustimmung aller Menschen auf eine einzige Religion zurückzuführen, die dann für immer gelten solle, *omnem religionum diversitatem communi omnium hominum consensu in unicam concorditer reduci amplius inviolabilem.* Die Weisen sollen, von den Engeln geführt und geschützt, in Jerusalem sich versammeln und dort den Auftrag ausführen.[183] Damit beginnt das Religionsgespräch, immer unter dem Vorsitz des göttlichen *Verbum*.

2. *Grundzüge einer Philosophie der Religionen*

Ich habe die Eingangsszenerie des Buches über den Religionsfrieden geschildert. Ich möchte ein wenig über sie nachdenken.

Da werden Philosophen „entrückt". Von *raptus* oder *quasi-extasis* ist die Rede.[184] Der Autor macht uns zu Ohrenzeugen der Reden Gottes, des Vaters, des göttlichen Wortes und des Wortführers der Völkerengel. Doch die mystisch-traditionelle Sprache darf uns nicht täuschen. Es sind die *Philosophen* der Völker, die „entrückt" werden. Und ihr Auftrag besteht darin, argumentativ die Einheit der Religion in der Vielfalt der Religionen reduktiv herzustellen. Gottes Befehl lautet, einen allgemeinen Konsensus herzustellen, eine Übereinstimmung nicht nur der mystisch Begnadeten, nicht nur der Christen, sondern aller Menschen, *omnium hominum*. Am Anfang steht die Vielzahl der Religionen, im Plural. Aber der Engel nimmt das Gesprächsergebnis zeitüberlegen vorweg: Es wird nur eine Religion geben. Von den zurückkehrenden Philosophen belehrt, werden alle Menschen begreifen, daß die bestehenden Religionen nur verschiedene Riten innerhalb der *einen* Religion sind. Damit bezeichnet der Engel das Beweisziel.

Wir erfahren auch, daß die gesamte Unternehmung einem konkreten Zeitpunkt entspricht. Der Autor fingiert keine zeitlose Wahrheit, sondern bezieht sich auf die Leiden, die der Fall Konstantinopels verursacht hat. Sie bewegen Gott den Vater. Gott hat das Stöhnen der Ermordeten und der Versklavten gehört. Er, der sich bestätigen läßt, daß er alles Erdenkliche für die Menschen getan hat, läßt sich zu einer erneuten Inter-

---

[183] ib. p. 9, 14–10, 22.
[184] ib. p. 4, 8 und 10, 10.

vention bewegen. Das göttliche Wort schliddert knapp an einer Häresie vorbei, indem es – nach seiner Menschwerdung – noch eine weitere Visitation der Menschen fordert, damit die göttliche Wahrheit in der verwirrenden Vielzahl der Stimmen für immer leuchte. Jetzt endlich soll die Belehrung definitiv sein. Das Philosophengespräch soll ein bleibendes Selbstverständnis der Religionen schaffen. Cusanus sagt es selbst: Es geht um ein Konzept vom „ewigen Frieden".[185]

Wir blicken von der Höhe des Intellektualhimmels auf die verschiedenen Religionen herab. Von dort her gesehen, erscheinen alle bisherigen Religionen in zweideutigem Licht. Der Religionskrieg kommt nicht von ungefähr; er entspringt einem bisher unentdeckten Fehler im Selbstverständnis der Religionen. Der Engel diagnostiziert in seiner Anrede an Gott zwei bislang unvermeidliche Mängel der bisherigen Religionen:

Erstens: Sie machen keinen Unterschied zwischen ihren Religionsstiftern und Gott selbst. Sie hören auf ihre Propheten, als seien diese Gott selbst. Gott hat nicht mit ihnen von Angesicht zu Angesicht gesprochen. Aber die Völker mußten bislang ihre Propheten in diesem Sinne mißverstehen, als habe Gott das unvermeidliche Mißverständnis bei seinen Offenbarungsversuchen nicht vorhergesehen oder nicht abstellen können. Dadurch hielten die von den Propheten Belehrten ihre Ansichten für die Weisheit Gottes selbst und bekämpften jeden, der, wie sie meinten, der Stimme Gottes Widerstand leistete. Sie glaubten dabei, für die Wahrheit zu kämpfen – und an diese Überzeugung können Philosophen anknüpfen.

Zweitens: Sie haben ihre lange Eingewöhnung in bestimmte Traditionen mit der Wahrheit verwechselt. Dieses Motiv kennen wir aus der *Apologia*. Aber damals bezog Cusanus es auf die Universitätslehren, speziell den Aristotelismus. Jetzt bezieht er es auf alle Religionen. Das Stöhnen der Ermordeten und Versklavten fordert eine Neubesinnung.

Die erforderliche Selbstkorrektur aller Religionen liegt im Interesse der einfachen Menschen, der *rudes*, auch wenn sie sich, weil sie die Gewohnheit für die Wahrheit halten, dagegen wehren.

Der hohe Engel spricht bewegende Worte des Mitleides mit dem Los der Armen und Unterdrückten. Er macht den Verblendeten und Unterjochten keinen Vorwurf; er findet keinen Tadel für den Fanatismus der Religionskrieger. Sie wissen alle nicht, was sie tun. Die tägliche Not, die

---

[185] ib. p. 4, 4.

Armut und die politische Unterdrückung verwehren ihnen die Selbsterkenntnis und damit die Erkenntnis Gottes.

Auffällig sind zwei Prämissen dieser Beschreibung der Lage der
Menschheit:

Einmal der anthropologische Dualismus zwischen innerem und äuße-
rem Menschen. Der innere Mensch, das ist der intellektuelle Kern der
Menschen, den die Weltsorgen gewöhnlich verdecken. Dieser Kern ist
freizulegen; dann entwickelt er die ihm angeschaffene Dynamik. Dann
sucht er seine Nahrung – die unvergängliche Weisheit. Hier leben die
Motive aus *De sapientia* wieder auf. Das glückselige Leben ist nichts anderes als der ewige Genuß der ewigen Wahrheit durch den Intellekt, der
allein zu ihrer Aufnahme befähigt ist. Die wahre Weisheit, das ist das
göttliche *Verbum* selbst, die alles in sich eingefaltet enthält und in der
alles entfaltet und erklärt wird. Hätten die Menschen Zeit und Muße zur
Selbsterkenntnis, fänden sie den rechten Weg. Die Propheten werden zu
den Ungebildeten, *rudes*, geschickt; sie brauchen himmlische Hilfe.

Die zweite überraschende Nuance ist die Hervorhebung des freien
Willens. Fast mehr noch als die Zugehörigkeit des Menschen zur Intellektualwelt steht die Tatsache im Mittelpunkt, daß Gott den Menschen in
die Macht des freien Willens gegeben hat.[186] Auch vom Intellekt hebt das
Verbum hervor, daß er frei sei. Es lehrt: Die wahre Religion ist nur eine,
und sie bietet sich dem *freien* Intellekt unausweichlich an. Jeder *freie* Intellekt kann nicht anders als sie erkennen und bejahen.

Welchen Sinn hat dann das Christentum? Wir erhalten aus göttlicher
Sicht Auskunft über den Sinn der christlichen Relgion:

Die Menschen sind an sich zur Gotteserkenntnis und zur Gottesliebe
fähig. Aber im Zusammenhang seiner dualistischen Anthropologie erklärt Gott selbst, die Menschen hätten sich in der Sinnenwelt eingerichtet, hätten die Intellektualwelt verlassen und seien in den Herrschaftsbe-
reich des Satan geraten. Näheres erfahren wir über den Sündenfall nicht.
Sie haben den intellektuellen, den inneren Menschen aufgegeben, doch
die Propheten, zuletzt das inkarnierte *Verbum* haben sie „zurückgeru-
fen“. Der Sinn der Inkarnation ist es, den Menschen zu seinem eigenen
Wesen zu befreien. Er soll nicht daran verzweifeln, die ewige Nahrung
seines Intellektes auch wirklich zu erreichen. Jesus hat sein Leben hingegeben, um die Wahrheit zu bezeugen. Welche Wahrheit? Daß die Men-

---

[186] Vgl. besonders ib. p. 8, 4 und 9, 18.

schen fähig sind, das ewige intellektuelle Leben zu erreichen, das sinnenhafte Leben zu verachten und kraft freien Willens die ersehnte ewige Nahrung des Intellektes auch zu erlangen.[187] Von der Versöhnung Gottes durch Blut ist nicht die Rede, sondern nur von der Bezeugung einer Wahrheit, deren jeder Intellekt fähig ist. Das göttliche *Verbum* lehrt Vernunftwahrheiten, nicht faktische Gegebenheiten. Es verscheucht die Finsternis des Herren dieser Welt, indem es dem Intellekt das richtige Selbstverständnis wiedergibt, der intellektuellen, nicht der sinnlichen Welt anzugehören.

Das Argumentationsziel der bevorstehenden Unterhaltung über die Religionen ist es, die Religionskriege zu beenden. Aber die himmlischen Abgesandten kennen die Menschen; sie erwarten nicht, daß sie ihre Religionen abschaffen zugunsten einer einzig wahren. Die Vielfalt der Religionen kann nicht beseitigt werden; es kommt darauf an, sie zu interpretieren, und zwar als Differenz nur der Riten. Dies ist die Zumutung, welche die himmlischen Wesen den frommen Menschen abverlangen: Sie sollen ihre religiösen Differenzen als die Unterschiede bloßer Riten abwerten. Sie sollen sie nicht für die Stimme Gottes ausgeben. Sie sollen sich klarwerden: Der wahre Name Gottes ist ihnen allen unbekannt und deswegen unaussprechlich, *incognitus et ineffabilis*.[188] Die Menschen verfallen unweigerlich der Idolatrie, wenn sie zwischen ihrer religiösen Gebrauchssprache und dem unbekannten Namen Gottes keinen Unterschied machen, denn dann behandeln sie den Schöpfer, als wäre er ein Geschöpf.[189] Dieses Motiv war schon 1430 für Cusanus maßgebend in der Bewertung anderer Religionen; Cusanus brauchte es nur zu aktivieren. Er tat dies mit Hilfe des Axioms, das er bei Albert, Bonaventura, Thomas von Aquino und Johannes Duns Scotus las und das wir aus frühen *Sermones* und aus *De docta ignorantia* kennen: Es besteht zwischen dem Endlichen und dem Unendlichen keine Proportion. Wir haben gesehen, wie Cusanus in der Zwischenzeit dieses Axiom moderiert, nicht aufgegeben hat. Aber *De pace fidei* wendet sich an breitere Leserkreise. Es verfolgt andere Zwecke als die bloße Selbstdarstellung einer neuen Philosophie; es zeigt die Fruchtbarkeit ihrer Anwendung, wobei es auf Details der Begründung nicht ankommt.

---

[187] Vgl. besonders ib. p. 8, 13–9, 12.

[188] Vgl. besonders ib. p. 6, 17.

[189] *De docta ignorantia* I 26 p. 54, 14–18. Vgl. dort auch I 25 p. 53, 1–20, über die mangelnde Proportion aller endlichen Namen zu dem einen, unbekannten und unendlichen Namen.

In der himmlischen Versammlung wird zwar die Cusanische Lehre von der Notwendigkeit der negativen Theologie vorgetragen, die allein die Religion davor bewahrt, in Götzendienst abzugleiten. Einmal heißt es auch in cusanisch-chartrensischer Diktion, das göttliche *Verbum* sei die *complicatio* von allem und aus ihm geschehe die *explicatio* von allem[190]. Aber sonst hören wir im Himmel keine Cusanische Sonderlehre. Es fehlt die seit *De docta ignorantia* entwickelte Problematisierung des Axioms von der mangelnden Proportion zwischen Endlich und Unendlich. Von Koinzidenz war im Himmel nicht die Rede. Dabei wird es auch im Ganzen des Buches bleiben – eine diskrete Anspielung ausgenommen.[191] Der Engel erklärt zwar, der menschliche Geist sei das Bild der unaussprechlichen Kraft Gottes.[192] Aber die spezifische imago-Lehre aus *De sapientia* und *De mente* (als Bild der *complicatio complicationum*) fehlt hier. Cusanus konzentriert sich auf die exoterisch verwertbaren Aspekte seiner Philosophie. Wer die Koinzidenz zum „Wesen" des Cusanischen Philosophierens machen will, findet in *De pace fidei* wenig Brauchbares.

Dieses Beispiel zeigt, was eine genetische Analyse der Cusanischen Philosophie ist und was sie nicht ist. Sie schließt keineswegs die Behauptung ein, Cusanus habe eine bestimmte These *aufgegeben*, nur weil er sie in einer bestimmten Schrift zurückhält. Unter einer „entwicklungsgeschichtlichen Untersuchung" verstehe ich schlicht die Aufmerksamkeit für solche literarischen Inszenierungen. Cusanus hat die Koinzidenztheorie und die Idiota-Analyse der *mens* – nicht als einer *explicatio*, sondern als eines Bildes der *complicatio* – nie aufgegeben. Das werden wir bald sehen. Aber er konnte seine Philosophie strategisch stilisieren. Hinderte ihn eine gewisse fromme Scheu, seine eigene Philosophie in ihren exponiertesten Aspekten dem göttlichen *Verbum* selbst in den Mund zu legen? Das nehme ich nicht an. Jeder Leser war sich im klaren, daß er es mit einer literarischen Fiktion des Nikolaus von Kues und nicht mit einem Dialog von Gott Vater und Gott Sohn zu tun hatte. Solche Unterhaltungen innerhalb der Dreieinigkeit finden sich schon in den frühen Predigten des Cusanus; sie waren ein literarischer Kunstgriff und wurden nicht als irreligiöse Anmaßung bewertet. Das Zurückhalten der Koinzidenzlehre und der entwickelteren *mens*-Philosophie erklärt sich aus dem

---

[190] ib. p. 9, 7–8.
[191] ib. p. 31, 1.
[192] ib. p. 5, 3.

Zweck der Friedensschrift; sie handelt von der Erziehung der *rudes* zu einer neuen Einsicht in ihre jeweilige Religion. Sie sollen nicht länger ihre Propheten mit Gott selbst verwechseln; daher kommt immer wieder die Rede auf ihre bedrückte Lage, ihren Mangel an Muße, ihre Neigung zur Erstarrung.[193] *De pace fidei* ist eine religionsphilosophisch-pädagogische Schrift: Gott führt die *rudes* zur Selbsterkenntnis; er klärt sie auf über die Differenz der vielen menschlichen Gottesnamen zu dem einen, unbekannten und unendlichen Gott und erzeugt dadurch eine neue Sicht der Religionsvielfalt. Aus Erbarmen mit den Opfern von Religionskriegen übernimmt Gott selbst diese Aufgabe; er zeigt sein Angesicht, d.h., er bereitet die Philosophen vor auf ihre volkserzieherische Aufgabe. Die himmlischen Lehrer erklären ihnen das hierzu Nötige im Blick auf die Fassungskraft der Völker; die Sache eilt, und der göttlich installierte Schnellkurs vermittelt ihnen nur das ad hoc Notwendige; die Subtilitäten der Koinzidenzspekulation gehören nicht dazu.

3. Das Vorausgesetzte erforschen

Das Religionsgespräch beginnt, indem der älteste der versammelten Philosophen, ein Grieche, vortritt und fragt: Wie sollen wir denn die große Vielfalt der Religionen auf eine Einheit zurückführen? Die Völker haben bisher ihre jeweilige Religion bis aufs Blut verteidigt; sie werden schwerlich bereit sein, auf unsere Empfehlung hin eine neue Einheitsreligion anzunehmen.[194]

Darauf antwortet das göttliche *Verbum*: Ihr sollt keinen neuen Glauben einführen. Sondern ihr sollt begreifen und dann den Völkern zeigen, daß die eine wahre Religion in allen Religionen *vorausgesetzt* ist.[195]

Damit ist der Gang der Erörterung vorgegeben: Die Philosophen sollen keine künstliche Neukonstruktion von Religion schaffen – ein Esperanto des Glaubens sozusagen –, sondern sie sollen die einheitlichen Prämissen aller Religionen sehen und dann erzieherisch zur Geltung bringen.

Danach läßt das göttliche Wort sich in ein sokratisches Frage-Ant-

---

[193] Die Beschreibung der bedrückten sozialen, politischen und mentalen Situation des zu erziehenden Volkes spielt in *De pace fidei* ständig eine große Rolle; ich verweise nur auf p. 5, 11–6, 8, ferner auf p. 11, 9–10; p. 17, 19; p. 18, 8–20, 8; p. 21, 16–17.

[194] ib. p. 11, 1–10.

[195] ib. p. 11, 11–14.

wortspiel mit dem Griechen ein: Ihr alle heißt doch „Weise" oder Freunde der Weisheit, also „Philosophen". Damit setzt ihr doch alle voraus,
daß es Weisheit gebe und daß es nur *eine* Weisheit geben könne.

Darin stimmen alle Philosophen überein. Ihre Prämisse ist die platonisierende Konzeption einer einheitlichen Weisheit, die in sich ungeteilt
bleibt, wenn einzelne Menschen an ihr Anteil erhalten. Das Stichwort
heißt Teilhabe, *participatio*. Die Teilhabe verbindet Erfahrung der Vielheit mit der Einsicht einer in der Vielheit vorausgesetzten Einheit.

Der schlichte Ausgangspunkt war, daß alle Versammelten sich „Philosophen" nennen. Das göttliche Wort führt die einheitliche Bezeichnung
auf eine einheitliche Realität zurück, auf die *eine* Weisheit. Es gilt die Vokabeltheorie aus *De mente*. Bei der näheren Beschreibung der *einen*, gesuchten Weisheit greift Cusanus auf Motive aus *De sapientia* zurück: Die
Weisheit ist anlockend, „süß". Wir beginnen sie zu suchen, wenn wir etwas bewundern, was wir in der sinnlichen Welt vorfinden. Das göttliche
Wort korrigiert hier stillschweigend die dualistischen Töne, die Gott der
Herr kurz zuvor[196] angeschlagen hatte. Gott Vater hatte einen schroffen
Kontrast von Sinnenwelt und Intellektualwelt gezeichnet. Er sah die Sinnenwelt als Reich der Finsternis, in dem der Teufel herrscht. Ansonsten
nimmt der Satan keinen besonders hervorgehobenen Raum in den Schriften des Cusanus ein. Und im Gespräch des Griechen mit dem *Verbum*
moderiert sich auch der Kontrast von Sinnenwelt und Idealwelt. Die Sinnenwelt führt uns auf dem Weg über das Erstaunen weiter: Wir sehen in
ihr die *eine* Weisheit wirksam. Das gilt insbesondere für den menschlichen Leib, mehr aber noch für den rationalen Geist. Im Stil des Löffelschnitzers redet der Grieche begeistert von unserem *spiritus rationalis*: Er
ist vieler Handwerke und Künste fähig; er ist *capax artium mirabilium*; in
ihm erkennen wir die Weisheit als in ihrem nächsten Bilde. Darauf singt
der Grieche ein Loblied auf die Perfektibilität des menschlichen Geistes:
Wendet er sich einmal zur Weisheit, dann nähert er sich ihr mehr und
mehr. Zwar *berühren* wir niemals die absolute Weisheit, wie sie in sich
selbst ist, aber wir nähern uns ihr immer mehr an. Sie schmeckt uns immer mehr, und sie wird zu unserer unvergänglichen Speise.[197] Mit diesen
Einsichten ist der Ausgangspunkt für alles Kommende gefunden. Das
Verbum hebt dies ausdrücklich hervor: Die Einheit ist gesichert; der Be-

---

[196] ib. p. 8, 5–11.
[197] ib. p. 12, 12–13, 12.

zug des Geistes auf Weisheit und Wahrheit als grundlegend anerkannt;
die Teilhabe vermittelt zwischen dem Einen und dem Vielen und schließt
in ihrer Vermittlungskraft die sinnliche Welt mit ein.

Der Ytalus führt das Gespräch mit dem *Verbum* fort. Er hebt hervor,
die unendliche Weisheit umfasse alles. Daher sei es dasselbe, ob jemand
sage, alles sei *in Weisheit* geschaffen oder alles sei durch das *Verbum* geschaffen. Dies sei nur ein Unterschied in der Ausdrucksweise, nicht im
sachlichen Urteil, *diversitas in dictione, idem in sententia.* Die Weisheit
ist *eine,* ist ewig, ist der Grund von allem; so zeigt denn das *Verbum* den
Philosophen, daß sie, wenn sie die Weisheit suchen, voraussetzen, daß es
einen Gott gibt, der die Weisheit ist.[198]

Jetzt erhebt sich der Araber zustimmend: Die Weisheit ist das, wovon
jeder Intellekt lebt; es ist seine Lebensbedingung, daß er sie sucht und
sich von ihr ernährt. Das *Verbum* insistiert: Dies gilt für *alle* Menschen?
Ja, antwortet der Araber; dem muß jeder Denkende zustimmen. Und
jetzt erst, nachdem die Einheit der Weisheit feststeht, nachdem die Prämisse jeder Philosophie als solche sichtbar gemacht ist, lenkt das *Verbum*
die Rede auf die Religionen zurück: Wenn der Bezug auf eine einzige
Weisheit im Wesen des Intellektes liegt, dann gibt es auch nur *eine* Religion und eine Gottesverehrung für alle Intellekt-Wesen. Sie wird in aller
Differenz der Riten vorausgesetzt.[199]

Sie sehen, wie das göttliche Wort die Rede anlegt. Es hält die Philosophen an, das je Vorausgesetzte zu erforschen. Philosophie als Suche des
Vorausgesetzten – dies ist platonisch, ebenso wie die Teilhabe und die
doppelte Bewertung der sinnlichen Welt als Hindernis wie als Aufstieg.
Das göttliche Wort hat bisher von den Religionen nicht geredet. Es hat
die Philosophen als Denker angesprochen, nicht als Mitglieder einer je
verschiedenen religiösen Gruppe. Erst nachdem ihnen feststeht, daß sie
eine einheitliche Weisheit voraussetzen müssen, wenn sie überhaupt
Weisheitsliebende sein wollen, kommt das *Verbum* auf die Religionsdifferenzen zu sprechen: Als Intellekt seid ihr immer schon beim *einen* Gott
und habt ihr immer schon eure einheitliche Gottesverehrung, *cultus.* Ihr
müßt euch nur diese Voraussetzung bewußt machen. Ihr müßt die Sonderreligionen von dem her begreifen, was euch mit allen Menschen verbindet, vom Intellekt her, der in allen Menschen ist und der ein wesenhaf-

---

[198] ib. p. 13, 14–14, 26.
[199] ib. p. 15, 1–17.

ter Bezug zur einen weltbegründenden Weisheit ist. Der Araber folgert daraus, daß der Polytheismus unwahr ist. Es liege, sagt der Araber, im Wesen der Philosophie, nur einen einzigen Gott anzuerkennen. Das *Verbum* vertieft dies: Alle, die von vielen Göttern gesprochen haben, setzten voraus, daß jeder einzelne Gott am Gott-Sein Anteil hatte, so wie die vielen weißen Dinge weiß sind durch das *eine* Weiß-Sein. Wer also von vielen Göttern spricht, setzt voraus, daß es ein einheitliches Prinzip gibt, das sie alle zu Göttern macht. Dies ist wiederum das Teilhabe-Argument in der Form, die wir aus Platons mittleren Dialogen kennen. Das göttliche Wort spricht, als komme es frisch von der Lektüre des platonischen *Phaidon*. Es folgert: Es gab nie ein Volk, das so dumm war, den Polytheismus in dem Sinne zu verstehen, als sei jeder der vielen Götter der erste Einheitsgrund des Universums.[200]

Die Argumentation des *Verbum* und des *Arabs* gegen den Polytheismus besteht in der einfachen Anwendung des Partizipationsmodells des mittleren Platon auf die vielen Götter. Wenn antike Götter mit der antik-philosophischen Arche-Frage angegangen werden, verschwinden sie. Das *Verbum* holt den geschichtlichen Triumpf des philosophischen Monotheismus über die antiken Volksreligionen nach. Es hebt ausdrücklich hervor, dies sei ein Beispiel für die von ihm empfohlene Suche nach dem von allen Vorausgesetzten. Die friedenbringende neue Einheit der Religionen besteht nicht in einem neuen Glauben, sondern in dem, was die Vernunft selbst allen sagt, die auf ihre Prämissen einmal aufmerksam gemacht worden sind. Die Philosophen brauchen sich nur darüber klar zu werden, was die Vernunft selbst sagt, *ratio ipsa dictat*.[201] Doch der Araber gibt zu bedenken, das Volk werde sich nicht leicht von seinen vielen Untergöttern abbringen lassen, es verspreche sich in den verschiedenen Notlagen des Lebens von ihnen Hilfe. Der Araber spricht von den polytheistischen Völkern, als habe er die katholische Heiligenverehrung im Sinne, und das göttliche *Verbum* nimmt diesen Faden auf – eine gewisse Verehrung derer, die als heilig gelten, eine *dulia*, die nicht zur *latria* werde, sei harmlos. Solange das Volk den Heiligen nichts zuschreibe, was allein dem wahren Gott zukomme, könne man es ruhig gewähren lassen. Wenn es Einzelne als Freunde Gottes verehre und ihr Leben als nachahmenswert preise, sei das kein Widerspruch zur wahren Religion. Dies

---

[200] ib. p. 16, 6–15.
[201] ib. p. 17, 1.

sollten die Philosophen dem Volk sagen, dann werde es sich leicht beruhigen.[202]

Bis jetzt haben gesprochen: der Grieche, der Italer, der Araber und immer das göttliche *Verbum*. Es hat die Rolle des Idiota übernommen; es führt zur Einsicht in die Konkordanz der divergierenden Religionen, so wie der Laie die Übereinstimmung der zerstrittenen Philosophien aufzeigte. Von „Religionsgespräch" kann in dieser Schrift nicht die Rede sein in dem Sinne, daß die Vertreter der divergierenden Religionen *untereinander* über ihre jeweilige Religion sprächen. Die Weisen verschiedener religiöser Herkunft werden vom *Verbum*, später auch durch die Apostel Petrus und Paulus belehrt, aber nicht in autoritativer Weise, nicht durch die Aufforderung, sie müßten dem göttlichen *Verbum* glauben, sondern durch den rationalen Aufweis des von allen Vorausgesetzten. So sei gewaltfreier Konsens zu erreichen. Alle sollen lernen, ihre Religion philosophisch zu interpretieren, sie als Symbol oder Variante der christlich-platonisierenden Wahrheit zu fassen. Die Übereinstimmung wird argumentierend hergestellt, indem das Trennende entweder widerlegt wird – wie der Polytheismus – oder als indifferent und tolerabel erscheint – wie die Heiligenverehrung. Das göttliche *Verbum* unterwirft alle faktisch bestehenden Religionen einem philosophisch-allgemeinmenschlichen Apriori und leitet die Philosophen an, diesen allgemein-menschlichen Grund – die wesenhafte Beziehung des Intellektes zur einen Weisheit – als in den Religionen immer schon enthalten, aufzuweisen. Das Ergebnis ist eine einheitlich-platonisierende Sicht der Welt, deren einziges Prinzip auf dem Weg der Teilhabe die entfalteten Vielheiten in sich enthält. Das Ergebnis soll aber keine neue Einheitsreligion und auch keine Uniformierung der bestehenden Religionen sein. Wer eine zu weitgehende und zu buchstäblich gefaßte Einheit schaffen will, der gefährdet den Frieden.[203]

Die Anlage der Schrift zeigt, daß sie auf den Islam blickt. Griechen, Italiener, Araber kommen zuerst zu Wort. Das Judentum ist noch nicht erwähnt worden. Es war Cusanus 1453 weniger wichtig, und er sagt auch, warum. Die Juden sind nicht so zahlreich wie die Araber. Sie leisten Widerstand gegen christliche Bekehrungsversuche, aber ihre *resistentia* bildet nicht wie das Vordringen des Islam eine akute Gefahr.[204] Dennoch

---

[202] ib. p. 17, 9–19.
[203] ib. p. 61, 14–15.
[204] ib. p. 39, 13–15; p. 42, 12–18.

wird die Linie, wie mit ihnen gesprochen werden sollte, klar: Widerlegung ihrer Einwände gegen die Trinität und die Inkarnation, im übrigen Großzügigkeit gegenüber ihren Riten und Gebräuchen. Cusanus konnte sich vorstellen, daß künftig in einer erneuerten Christenheit alle die Beschneidung übernähmen.[205]

Ich unterbreche für einen Augenblick die Analyse der Friedensschrift. Denn ich kann nicht verschweigen, daß Cusanus in der irdischen Welt die Juden rigoros-unfreundlich behandelt hat. Es gibt nicht viele Themen – nach dem Ablaßwesen –, die in den *Acta Cusana* so zahlreich belegt sind wie die einschränkenden Auflagen für die Juden. Er ordnete an, daß sie an der Kleidung von weitem erkennbar sein müßten. Er verlangte einen gelben Kreis, eine Art Judenstern. Er verbot den Juden den „Wucher". Seine anti-jüdischen Anordnungen fanden in der Stadt Nürnberg Widerspruch; auch Bischöfe und zuletzt der Papst stellten sich nicht auf die Seite des Legaten in dieser Sache. Cusanus begründete meist seine Anordnung damit, die kanonischen Gesetze schrieben dies vor (was zutrifft, seit 1215)[206]; in Rom werde es ebenso gehalten. Aber mindestens einmal ging er in seiner Begründung weiter: Er rühmte Bremen, weil es dort durch die Gnade Gottes keine Juden gebe. Weise Menschen wüßten, wie gefährlich die Lebensführung der Juden und insbesondere ihre Habgier sei; *sie duldeten sie daher nicht*. Cusanus schrieb am 25. Juli 1451 aus Hannover: Wenn die Juden von Nürnberg keine sichtbaren Zeichen an ihrer Kleidung trügen, spreche er das Interdikt aus. Und dann begründet er:

Accedimus ad provinciam Bremensem, in qua nullus est Iudeus per dei graciam. Sapientes homines cognoscunt Iudeorum periculosissimam vitam et usurarum voraginem nec paciuntur eos.[207]

Es gab Bischöfe, die ihm widersprachen. Der Rat der Stadt Nürnberg und der König waren nicht einverstanden. Es entspann sich eine lange Diskussion. Cusanus wiederholte gleichwohl seine Anordnung in den verschiedenen Städten. Die Sache ist wichtig; es zählen die Dokumente, die seit 1996 in den Acta publiziert sind.[208]

---

[205] ib. p. 55, 16–56, 19.
[206] W. Pakter, Medieval Canon Law and the Jews, Ebelsbach 1988; Fr. Niewöhner (Hg.), Religionsgespräche im Mittelalter. Wolfenbütteler Mittelalter-Studien 4, Wiesbaden 1992.
[207] AC I 3 a Nr. 1525 p. 1017.
[208] AC I 3 a Nr. 1021 p. 742; Nr. 1168 p. 813; Nr. 1181 p. 818;

Der Markgraf von Brandenburg protestierte gegen das Judendekret des Cusanus am 25.11.1451 beim Papst.[209] Cusanus verkündete gleichwohl sein Gesetz in den judenreichen Erzbistümern Mainz[210] und Köln.[211]

Die Anzahl und die bürokratische Härte dieser Dokumente ist geeignet, etwas Wasser in den Wein der Begeisterung über die „Religionsgespräche" des Cusanus zu gießen.

Nun, dies waren Vorkommnisse in der irdischen Welt. Wie weit ging die Duldsamkeit oben, im Himmel der *ratio*? Auch dort dachte Cusanus nicht daran, die anderen Religionen, so wie sie sind, einfach zu tolerieren. Er wollte sie im Namen eines platonisierend-christlichen Gesamtkonzeptes dahin führen, diese Wahrheit als in ihnen vorausgesetzt anzuerkennen. Das gehe leicht, dazu müßten nur ein paar störende Einwände beiseitegeschafft und ein paar Äußerlichkeiten als weniger wichtig eingestuft werden. Damit ist der Gang der himmlischen Belehrungsrunde vorgezeichnet: Die versammelten Weisen machen von da an einen religionsphilosophischen Durchgang durch die Hauptlehren des Christentums; dabei werden die Einwände der Muslime und der Juden widerlegt. Es war zu zeigen, die christliche Lehre von der Trinität verletze nicht die Einheit Gottes und die christliche Lehre von der Inkarnation bedeute keineswegs, daß ein körperliches Einzelwesen als Gott verehrt werde. Es wird ein philosophisches Konzept der Glückseligkeit entwickelt, das die Natur des Intellektes als Ausgangspunkt nimmt, das folglich die islamischen Paradieserzählungen mit den sexuellen Vergnügungen der verdienten Krieger entweder widerlegt oder als bildlich gemeint toleriert. Die Taufe allerdings will Cusanus als unerläßliche Heilsbedingung erweisen; außerdem will er zeigen, daß die Abendmahlslehre des 12. und 13. Jahrhun-

---

Nr. 1252 p. 852–854; Nr. 1284 p. 876; Nr. 1293 p. 880; Nr. 1306 p. 885–886; Nr. 1311 p. 887–888; Nr. 1313 p. 889; Nr. 1346 p. 910–911;
Nr. 1404 p. 946; Nr. 1412 p. 951–951; Nr. 1417 p. 955–956; Nr. 1443 p. 975; Nr. 1445 p. 976; Nr. 1525 p. 1017; Nr. 1531 und 1532 p. 1020;
Nr. 1525 p. 1017 (oben zitierter Brief an den Bischof von Bamberg); 1563 p. 1038–1039.
Dies sind nicht alle Dokumente. Der Streit mit Nürnberg zog sich hin, AC I 3 b Nr. 1810 p. 1168–1168; Nr. 2013 p. 1293; Nr. 2101 p. 1360–1361; Nr. 2282 p. 1459; Nr. 2296 p. 1466; Nr. 2448 p. 1556–1557.
[209] AC I 3 b Nr. 2036 p. 1303.
[210] AC Nr. 2143 p. 1382–1383.
[211] AC Nr. 2343 p. 1499, Zeile 45–48.

derts mit ihrer These von der Transsubstantiation einer spirituellen Deutung nicht widerspricht.

Ich kann diese Theorien nicht alle im einzelnen darlegen; ich beschränke mich auf folgende Themen und auch auf sie nur unter dem genetischen Gesichtspunkt:

Trinität
Inkarnation
Glückseligkeit
Sakramente.

Das Beweisziel des Cusanus habe ich schon genannt. Von allen vier Komplexen wird in der Philosophenversammlung bewiesen: Alle Religionen enthalten in sich selbst als ihre immanente Voraussetzung die Wahrheiten, welche die philosophisch bereinigte christliche Lehre meint mit ihren Aussagen über Trinität, Menschwerdung, ewiges Glück und heilsnotwendige äußere Zeichen – wie das Wasser der Taufe oder das Brot des Abendmahls. Schauen wir uns die himmlischen Argumente näher an, denn die genetische Analyse geht – im Unterschied zu einer nur „weltanschaulich" interessierten Feststellung thesenhafter *Positionen* – von faktisch vorliegenden philosophischen *Argumenten* aus.

4. Trinitätsphilosophie

Beginnen wir mit der Dreieinigkeit. Das Gespräch des Griechen, des Italers und des Arabers hat die parmenideisch-proklische Einsicht bestätigt: Vor aller Vielheit ist die Einheit, *ante omnem pluralitatem unitas.*[212] Die Welt hat ein einheitliches Prinzip, das sich im Universum als absolute Weisheit anzeigt; der allgemein-menschliche Intellekt repräsentiert diesen Einheitsgrund als dessen nächstes, einzig zugängliches Bild.

Im Licht dieser Einsicht können der Inder und das *Verbum* sich rasch darüber einigen, was von Götterbildern und sprechenden Orakelstatuen zu halten ist: Sofern sie zur Erkenntnis des einen Gottes hinführen, sind sie zu dulden; sofern sie göttliche Verehrung beanspruchen oder mit Teufelsspuk verbunden sind, sind sie abzulehnen. Die griechisch-römischen Philosophen und die Araber insgesamt haben sie daher verworfen. Aber

---

[212] ib. p. 16, 20.

dann stellt sich dem Inder das schier unüberwindliche Problem, das aller *concordia* entgegenstehe: Wenn von Trinität die Rede ist, dann muß es im ersten Prinzip *drei* geben. Dann gibt es in der Gottheit Vielheit, aber unsere gesamte Überlegung lief doch darauf hinaus, Vielheit gebe es nur bei den Partizipierenden, nicht aber im Grund der Partizipation.

Das *Verbum* antwortet darauf: Gott ist in zweifacher Weise zu denken – einmal als Erschaffer der Welt und sodann als unendlich. Dreieinig ist er als Erschaffer der Welt. Als Unendlicher ist er weder einer noch viele noch trifft auf ihn irgendein Prädikat zu. Prädikate sind von den Geschöpfen her genommen; Gott in sich selbst ist unsagbar. Aber diejenigen, die Gott religiös verehren, sollen sich an die Weltbeziehung Gottes halten, *Deum colentes ipsum adorare debent tamquam principium universi.* Die Religion bezieht sich nicht auf Gott in seiner Unendlichkeit, sondern auf seine Schöpferrolle. Erst die negative Theologie, sofern sie Volksvorstellungen von Gott abwehrt, denkt Gott als den unendlichen; sie läßt die Trinitätslehre hinter sich.

Nun könnte ich es nimmer wagen, die Kompetenz des göttlichen *Verbum*s anzuzweifeln, über die Rolle der Religion und über den vorläufigen Charakter der Trinitätsprädikate zu urteilen, aber wundern muß ich mich schon: Die Religion geht neben der Religionsphilosophie ihren eigenen ungestörten Gang. Sie hält Gottes Unendlichkeit von sich fern. Nach den Analysen von *De coniecturis* hieße das: Die Religion ist eine Verstandessache; die negative Theologie beendet sie, sofern sie eine weltbezogene Verstandessache ist, und führt sie über zur Vernunfteinsicht. Noch erstaunlicher ist die göttliche Belehrung, daß die Trinität zur weltbezogenen Betrachtung gehört. Das *Verbum* führt näher aus, wie die Trinitätsprädikate aus der Weltbetrachtung hervorgehen: Das Universum hat, wie wir gesehen haben, einen einheitlichen Grund. Zugleich aber finden wir in ihm Vielheit, Ungleichheit und Trennung. Vielheit zeigt sich in der hohen Anzahl der Sterne, der Bäume und der Menschen; aber alle Vielheit fordert eine Einheit als ihren Grund. Wir finden weiter in der Welt eine Ungleichheit der einzelnen Teile. Kein Weltding ist wie das andere. Aber alle Ungleichheit ist ein Abfall von der Gleichheit der Einheit. Sie hat in der Gleichheit ihren letzten Grund, also gibt es vor aller Ungleichheit eine ewige Gleichheit. Wir finden drittens in dem *einen* Universum Unterscheidung und Getrenntsein der Teile, aber alle Trennung verweist auf Ungetrenntsein, also gibt es vor allem Unterschiedenen eine ewige Verbindung. Fassen wir dies zusammen, so müssen wir sagen: Das

Universum verweist auf einen ewigen Grund, der zugleich Einheit, Gleichheit der Einheit und die Verbindung der Gleichheit mit der Einheit ist. Der Weltgrund faltet in sich die drei Aspekte ein, die wir ausgefaltet im Wesen aller Weltdinge antreffen.[213]

Da ergreift der Chaldäer das Wort. Er verweist wieder auf das Volk, dem er das erklären soll. Er habe ja wohl richtig verstanden, daß die Trinitätslehre nicht besage, daß es drei Götter gebe, sondern nur einen einzigen Gott, der dreieinig sei. Ob man aber auch sagen könne, er sei dreieinig bezüglich der Wirkkraft, *virtus*? Diese Frage gibt dem *Verbum* Gelegenheit, weiter auszuholen:

In Gott gibt es keinen Unterschied zwischen Wirkkraft und Wesen. Wenn seine Wirkkraft dreieinig ist, dann ist es auch sein Wesen. Die Trinität ist ein Modus der Weltbegründung, und wir vermeiden den Vorwurf, die göttliche Einheit absurderweise zu zerstören, wenn wir die trinitarische Weltbegründung folgendermaßen interpretieren: Gottes Allmacht ist seine Einheit, die zugleich Gleichheit und Verbindung ist. Als Einheit vereint sie alles und gibt dadurch allem sein Wesen, denn alle Dinge sind nur, sofern sie eines sind. Als Macht der Gleichheit gleicht sie alles an, d.h., sie prägt alles in seinem genauen Sosein, so daß es weder mehr noch weniger ist, als seine prägende Form für es festsetzt. Wäre das Ding mehr oder wäre es weniger als es ist, verlöre es bereits sein Wesen. Die unendliche Allmacht als Verbindung vereint alles oder bringt es in Verbindung. Daher können wir sagen: Die Allmacht ruft – erstens – in der Wirkkraft (*virtus*) der Einheit alle Dinge zum Sein, überwindet sozusagen das Chaos der Gestaltlosigkeit und macht das Ding fähig, die Seinsgestalt oder Forma aufzunehmen. Diese Formung vollbringt – zweitens – die allmächtige Einheit kraft der Wirkkraft der Gleichheit. Drittens verbindet sie als Vereinungskraft alles Geformte.

Das göttliche Wort erläutert diesen dreigliedrigen Prozeß mit Hilfe eines Lullistischen Beispiels: Du siehst diese Art der Weltbegründung am Wesen der Liebe. Es besteht darin: Das Lieben verbindet den Liebenden mit dem Liebenswürdigen.

Dabei gebe es eine Abfolge der Begründungsverhältnisse. Zuerst muß die Einheit eines Dings gegeben sein. Alle weiteren Bestimmungen bauen auf ihr auf. Denn nichts kann sein oder andere Bestimmungen tragen, wenn es nicht *eines* ist. Aber die Einheit ist spezifisch bestimmt. Sie ist z. B.

---

[213] ib. p. 20, 9–21, 14.

die Einheit eines Menschen und nicht die eines Löwen; sie ist dies aufgrund der Gleichheit mit ihrer Wesensgestalt oder Forma. Gleichheit muß aber von der Einheit herkommen, denn nicht die Andersheit kann Gleichheit hervorbringen, sondern allein die Einheit oder Identität. Gleichheit ist nichts anderes als Gestaltentfaltung im Raum der Einheit, *explicatio formae in unitate*. Sind Einheit und Gleichheit begründet, folgt damit auch Verbindung oder Liebe. Liebe und Gleichheit implizieren die grundlegende Einheit: Die Gleichheit ist die Gleichheit der Einheit, und Verbindung ist das Band zwischen Gleichheit und Einheit. Daraus ergibt sich als wichtige Folgerung: In der Dreieinheit gibt es keine wesenhafte Verschiedenheit. Unter „wesenhafter Verschiedenheit", erklärt das göttliche Wort, verstehe es eine Verschiedenheit, bei der ein Wesen ohne das andere existieren kann. Wesenhafte Verschiedenheit ist prinzipielle Abtrennbarkeit und damit Zählbarkeit. Die Einheit ist etwas anderes als die Gleichheit und als die Verbindung, aber dieses Anderssein betrifft nicht das Wesen, sondern die Beziehung. Die Zwei ist denkbar ohne die Drei, aber die Gleichheit nicht ohne die Einheit. Bei der göttlichen Dreieinheit gibt es daher nichts zu zählen. Die weltgründende Einheit ist drei-einig. Das heißt nur: In ihrer absoluten Einfachheit hat sie die drei genannten Begründungsmodi.

Der Chaldäer, wie betäubt von der Beredsamkeit des Wortes, gesteht: Er glaube, daß kein vernünftiges Wesen diesen Einsichten widersprechen könne.[214] Gegen diese prinzipientheoretische Analyse der Trinität sieht er keine möglichen Einwände, zumal sie alle Zählbarkeit beseitigt, aber, sagt er, die Araber und viele andere mit ihnen wehrten sich dagegen, daß Gott einen Sohn und einen Mitteilhaber der Gottheit habe. Das göttliche Wort muß erneut einsetzen. Doch bevor ich die zweite Argumentationsrunde referiere, halte ich folgende Gesichtspunkte fest:

Erstens: Es geht immer nur um die Außenbeziehung der Gottheit. Einheit, Gleichheit, Verbindung sind weltbezogene Begründungsmodi, nicht das innere Leben des Unendlichen in sich selbst.

Zweitens: Die Argumentation des *Verbum* kennen wir aus Thierry von Chartres. Die Termini *unitas, aequalitas, conexio* stehen schon bei Augustinus, *De doctrina christiana* I 5, und waren in der Scholastik seit Petrus Lombardus mehrfach kommentiert worden.[215] Eine gelegentliche Anleihe bei Lullus über die Einheit von Liebendem, Lieben und Geliebtem kommt unterstützend hinzu.

---

[214] ib. p. 22, 1–24, 22.
[215] Zitate bei Klibansky-Bascour in h VII p. 76 Anm. 18.

Drittens: Das Wort referiert die traditionelle Trinitätslehre, wie sie Augustin und Boethius festgelegt haben: Gott ist Einheit im Wesen, Differenz nur in der Relation. Aber bis jetzt hat das göttliche *Verbum* das Wort „Person" gemieden. Es sagt nicht: Seht her, ich bin die zweite Person der Gottheit. Vielmehr bestreitet es prinzipiell jede Zählbarkeit. Auch wenn jemand, wie der Chaldäer, von den Wirkkräften ausgeht, trifft er die einfachste Einheit, nichts Zählbares. Das göttliche Wort verwandelt die Trinitätslehre in einen Vernunftglauben, dem, wie ausdrücklich gesagt wird, kein denkendes Wesen widersprechen kann.

Doch indem der Chaldäer den Widerstand der Araber „und vieler anderer" – wir dürfen an die Juden denken – gegen die Vorstellung eines Sohnes Gottes und eines Teilhabers an der Gottheit erwähnt, regt er das göttliche Wort zu einer neuen Antwort an. Sie bedeutet nicht mehr und nicht weniger als eine subtile Distanzierung von der kirchlichen Trinitätslehre:

„Einige Leute", sagt das göttliche *Verbum*, nennten die Einheit „Vater", die Gleichheit „Sohn" und das Band „Heiligen Geist". *„Aliqui"* nennt das Wort seine Kirchenlehrer und hält sie damit von sich in gebührendem Abstand. Die von ihnen bevorzugten Ausdrücke träfen zwar nicht im eigentlichen Sinne zu, bezeichneten aber das mit *unitas, aequalitas* und *conexio* Gemeinte. Denn die Gleichheit gehe aus der Einheit hervor wie ein Sohn aus dem Vater. Aber besser wäre es, „einfachere Termini" – das Wort meint: abstraktere Ausdrücke als die biologischen Metaphern – zu finden, z. B. *Einheit, Diesheit* (im Sinne von: Gestalt, Wesensform, nicht von empirischer Individualität) und *Identität*. Solche Termini würden die fruchtbare Einheit des einfachsten Wesens besser kennzeichnen als „Vater" und „Sohn".

Das göttliche Wort gibt Empfehlungen zur Reform der Trinitätsterminologie. Rückblickend können wir sagen, daß es sich damit gegen die Tradition des fünften und sechsten Jahrhunderts nicht mehr hat durchsetzen können, obwohl es sich eines Kardinals als Sprachrohr bediente und klarstellte, daß daran die Verständigung mit dem Islam und dem Judentum hänge. Das *Verbum* sieht selbst, daß seine Umschreibung der Trinität mit den Termini *unitas, iditas, idemptitas* unkonventionell ist und einer weiteren Erläuterung bedarf. Es schickt ein Beispiel nach, um die Fruchtbarkeit einer Einheit zu zeigen: Unser Geist ist Einheit, aber eine nicht-leere und dynamische und entläßt aus sich heraus Wissen und Liebe oder auch Weisheit und Willen. Mit diesem Augustinischen Beispiel aus *De trinita-*

te IX 4 und X 11 erläutert das Wort die universale Präsenz der dreifunk-
tionalen Einheit in allen Weltdingen. Die Einheit, die jedes Ding darstellt,
ist auf abgewandelte Weise aktiv und fruchtbar, sonst wären die Dinge
nicht auf die beste Weise, die ihnen möglich ist.[216]
Der Jude kommt daraufhin zu Wort. Er bestätigt, eine auf diese Weise
interpretierte Trinität könne von niemandem geleugnet werden. Sie ist
eine Vernunftwahrheit. *Negari nequit.* Die Juden lehnten die Trinität nur
deswegen ab, weil sie fürchteten, damit würde in Gottes Wesen eine Vielheit eingeführt. Verstünde man hingegen die Trinität als Analyse der
Fruchtbarkeit eines höchst einfachen Wesens, dann könnten auch Juden
dieser Auffassung zustimmen. In diesem Sinne, bestätigt das göttliche
Verbum, lehrten auch die Araber die Trinität, auch wenn die meisten von
ihnen dies nicht bemerkten, *licet plerique ex ipsis non advertant.*[217]
Diese auffällige Formulierung – sie glauben es, achten aber nicht darauf – kam schon in den ersten *Sermones* vor. Das Interesse an der Einheit
der monotheistischen Religionen ist bei Cusanus nicht erst mit dem Fall
Konstantinopels erwacht. Es rückte aus gegebenem Anlaß 1453 in den
Mittelpunkt und trieb Cusanus zu neuen Formulierungen. Diese dienten
insbesondere der Reparatur vorstellungsgebundener und irreführender
Vorstellungen. Ohne Augustinische und Lullistische Ternare zu mißach-
ten, zieht das göttliche Wort die Ausdrücke *unitas, aequalitas, conexio*
vor und rät zu weiteren Reformen der Konzepte. Je abstrakter die
Begriffsbildung sei, je abgezogener sie von der Sinnenwelt und je allgemeiner sie sei, umso besser drücke sie zugleich die Einfachheit, die
Fruchtbarkeit und Universalität des triadischen Weltaufbaus aus. Der
letzte Vorschlag in diesem Sinne lautet: *unitas, iditas, idemptitas.*

5. Der argumentative und historische Ort der Trinitätsphilosophie

Lassen Sie uns hier wieder einmal eine Pause zum Nachdenken einlegen.
Die Trinitätsphilosophie beschäftigt uns seit dem ersten *Sermo* des Cusanus. Cusanus hat immer wieder an ihr gearbeitet und ihr in *De pace fidei*
eine konzentrierte Form gegeben und eine göttliche Bestätigung für sie
literarisch fingiert. Um ihr historisch gerecht zu werden, sind vielleicht
einige Hinweise nützlich:

---

[216] ib. p. 25, 1–26, 2.
[217] ib. p. 27, 14.

Sie ist keine Theologie im Sinne von Offenbarungswissenschaft. Das Neue Testament, in dem die Trinitätstheologie des vierten und fünften Jahrhunderts sich nicht findet, spielt bei unserem Religionskonzil keine Rolle. Es ist auch nicht so, als sagte das *Verbum*: Ich habe euch über die Trinität diese und jene Wahrheit offenbart, jetzt wollen wir einmal versuchen, sie zu verstehen, so weit dies bei einem solchen Geheimnis menschenmöglich ist. Die Argumentation in *De pace fidei* läuft *prinzipiell* anders: Zuerst gewinnt sie den Monotheismus als allgemeingültigen Vernunftinhalt, dem kein denkendes Wesen widersprechen kann, danach wendet sie das Ausgangsargument – der Vorrang des Einen vor dem Vielen – dahin, dieses erste Eine könne nicht leer, nicht unfruchtbar gedacht werden. Die Formeln der Trinitätslehre werden soweit gerechtfertigt, als sie Ausdrucksweisen der Fruchtbarkeit der ersten Einheit sind. Ich glaube nicht, daß der Vorwurf berechtigt wäre, Cusanus versuche eine philosophische Rechtfertigung der seit dem fünften Jahrhundert de facto festgesetzten christlichen Glaubenslehre um jeden Preis oder er habe Philosophie und Theologie vermischt. Er folgte einem einheitlichen Gedankengang, wenn er von der Einheit und wenn er von der Dreieinheit sprach. Er verband das argumentative Gewicht zweier philosophischer Traditionen: Einmal der Einheitsspekulation des Parmenides in der neuplatonischen, speziell proklischen Version, sodann der Logoslehre. Beide Hauptmotive entstammen der antiken Philosophie, nicht den neutestamentlichen Schriften, und beide hatten christliche Denker schon in der Antike zu verknüpfen gesucht. Die Trinitätsphilosophie macht beide Thesenkomplexe an der obersten Einheit fest und erreicht insofern eine auch im antiken Denken intendierte hochgradige Einheitlichkeit der Konzeption. Cusanus distanzierte sich von den antik-philosophischen Vorlagen einzig insofern, als diese immer noch dualistische Elemente in sich trugen, also einen unausgeglichenen Gegensatz von Stoff und Form stehengelassen hatten. Diese Verbesserung der antik-philosophischen Systematik sah er als die einsichtige Wahrheit an, die in den kirchlichen Trinitätsformeln auf anschauliche und daher auf uneigentliche Weise zum Ausdruck komme. Die Trinitätsphilosophie baut auf genuin-philosophischem Boden, bezieht sich dann aber auf die kirchliche Tradition und nimmt sie teils umwandelnd auf, teils erklärt sie sie für irreführend oder unhaltbar. Ignoriert jemand diesen letzteren, den kritischen Aspekt der Cusanischen Trinitätsphilosophie, dann mißversteht er ihr argumentatives Vorgehen und ihre geschichtliche Situation. Sie erscheint dann als eine

verschleierte, ins Abstrakte umgeschriebene Theologie, was sie nicht ist.
Daher halte ich noch einmal fest:
  Die Ausdrücke „Vater" und „Sohn" sind nach dem Urteil des göttlichen *Verbum* zwar brauchbar, aber treffen nicht „eigentlich" zu. Besonders gravierend ist, daß zwei Elemente der kirchlichen Trinitätstheologie im Munde des *Verbum* nicht auftauchen: Das Wort „Person" und die Zahl „drei". Das göttliche Wort schärft im Gegenteil ein, von einer numerischen Zusammensetzung könne in der Trinität keine Rede sein. Der Apostel Petrus nimmt diese Belehrung wenig später auf und erklärt, wenn wir die Vorstellung „numerisch verschiedener Supposita" – dies ist nur ein anderes Wort für „Person" – nicht aufgäben, kämen wir in der Sache nicht weiter.[218]
  Die Schwierigkeit, Zahlbegriffe innerhalb der einen Gottheit anzuwenden, war früheren Denkern nicht entgangen. Sie sprachen es aus: Gezählt werden können nur Wesen, die eine gemeinsame Spezies haben. Doch wollten sie den Tritheismus vermeiden; sie mußten also dem Zahlwort „drei" eine abgeschwächte oder irgendwie übertragene Bedeutung geben. Die Frage war nur, was „drei" dann noch bedeute. Augustinus laborierte in *De trinitate* V an diesem Problem herum. Er erreichte kein klares Resultat. „Drei sind es jedenfalls", schrieb er; an der Abzählbarkeit wollte er also festhalten. Aber er fuhr fort: Wenn man fragt: „Was für drei?", dann zeigt sich die Dürftigkeit der menschlichen Sprache. Er wollte nicht bedenkenlos antworten, es seien drei „Personen". Er sah also stärkere Einwände gegen den Personbegriff als gegen die Verwendung von Zahlen. Aber er entschloß sich dann doch zu der kirchlichen Diktion, es seien *drei Personen.* Aber er fügte hinzu: Von „drei Personen" wird geredet, „aber nicht, als sei damit eben dies behauptet, sondern nur, damit nicht geschwiegen werde".[219] Ich sehe erstens nicht, wieso das Schweigen in einem solchen Falle derart schlimm wäre, daß es auf alle Fälle vermieden werden müßte, und zweitens stelle ich fest: Das göttliche *Verbum* in *De pace fidei* schweigt de facto auf die gestellte Frage.

---

[218] ib. p. 34, 7. Dasselbe sagt das Verbum p. 24, 6–10.
[219] Augustinus, *De trinitate* V 9, ed. W. J. Mountain, CC Series Latina Band 50, 217.

6. Philosophie der Menschwerdung

Nach einer kurzen Intervention des Skythen nimmt der Franzose das Wort. Er bringt die größte Schwierigkeit zur Sprache, die das Christentum den Nicht-Christen bietet. Es ist die Menschwerdung Gottes. Sie löst in der Welt den heftigsten Widerspruch aus.[220] Wie soll der Unwandelbare Mensch werden? Wie kann der Schöpfer zum Geschöpf mutieren? Diese Fragen müssen gelöst werden, bevor die volkserziehenden Philosophen zu ihren Völkern zurückkehren. Taktvollerweise zieht das *Verbum* sich zurück bei dieser Erörterung, bei der es um seine Menschwerdung geht; der Apostel Petrus übernimmt seinen Part.

Daß die Inkarnation für Philosophen ein Problem bildet, darüber war sich Cusanus früh klar. In *De docta ignorantia* hatte er zwei Auswege aus dem Dilemma zugleich benutzt: Er hatte Christus als maximale Koinzidenz vorgestellt. Und er hatte die Vereinigung von Gott und Mensch universalisiert: Christus stellt die maximale Einheit Gottes mit der Menschheit als der universalen Kreatur dar und vollendet insofern die Schöpfung. In *De pace fidei* verzichtet Cusanus auf die Idee der Koinzidenz, um die Menschwerdung plausibel zu machen. Er läßt den Apostel einmal wie nebenbei das Wort gebrauchen: *habere in Deo coincidit cum esse.*[221] Aber damit formulierte der heilige Petrus nur cusanisch einen traditionellen Gedanken. Nirgends sagt er, wie in *De docta ignorantia,* das *maximum absolutum* koinzidiere mit dem *maximum contractum.* Der Gedanke, der Mensch sei die Universalkreatur, kommt zwar vor[222], verliert aber, wenn ich mich nicht täusche, die tragende Funktion, die er im dritten Buch von *De docta ignorantia* hatte. Der Apostel Petrus argumentiert mit dem Konzept: Christus ist das Maximum, aber nicht mehr damit, daß das *maximum* zugleich das *minimum* sein müsse. Hier hat eine Verschiebung stattgefunden, zumindest eine argumentationsstrategische.

Doch kommen wir zu der Belehrung, die der Apostelfürst dem Perser erteilt. Er entwickelt eine philosophische Christologie für Nicht-Christen. Seine Argumentation folgt einem Typus, der sich gut mit dem leibnizianischen Ausdruck der *lex melioris* bezeichnen läßt. Ich muß zunächst diese Formel erklären.

---

[220] Cusanus, *De pace fidei* p. 30, 8–11.
[221] ib. p. 31, 1.
[222] ib. p. 35, 8–10 und p. 41, 18–21.

Beim Nachdenken über den Aufbau des Universums spielt es eine große Rolle, welchen Grad von Rationalität wir dabei unterstellen können, ohne ihn bereits nachgewiesen zu haben. Würden wir einen minimalen Grad von Vernunftentsprechung voraussetzen – oder gar keinen –, dann würden wir wohl mit einer rationalen Untersuchung nicht erst beginnen. Hätten wir Anlaß zu unterstellen, die Natur spiele verrückt oder mache lauter Sprünge, wäre es unvernünftig, mit einer Erforschung der Vernünftigkeit der Welt anzufangen.

Der philosophische Begriff von Gott als dem ersten Vernunftprinzip der Welt hat daher in der Vergangenheit immer auch dazu gedient, die Vernünftigkeit der Welt als im Prinzip gegeben zu unterstellen, um dann in der Physik den detaillierten Nachweis nachzuholen. Die vorausgeschickte Rationalitätsvermutung wurde zuweilen expansiv, zuweilen restriktiv gehandhabt. Der Gottesbegriff selbst, nun in seiner religiösen Form, enthält voluntaristische Allmachtsvorstellungen, die den Glauben, es gehe in der Welt mehrheitlich „vernünftig" zu, einschränken oder völlig aufheben können. In dieser Spannung von Irrationalitätserfahrung und Rationalitätsunterstellung hat sich die antike und die mittelalterliche Philosophie bewegt. Es war nicht erst Leibniz, der als Regel aufstellte, in zweifelhaften oder sonst unentscheidbaren Fällen hätten wir Grund zu der Annahme, der weltbegründende Gott habe die *bessere* Lösung gewählt. Dies schließt ein, daß menschliches Denken wissen könne, was in den Augen Gottes die bessere Lösung ist. Berühmt wurde die Leibnizsche Fassung dieser Zuversicht, aber, wie gesagt, sie findet sich auch in Antike und Mittelalter. Augustin, der auch die Gegenmotive, also die des unvorgreiflichen Willens Gottes, entwickelt hat, konnte gleichwohl auch die Regel aufstellen, es entspreche der Weisheit Gottes, wenn wir annehmen, er habe sich jeweils für die vernünftigere Lösung eines Weltproblems entschieden. Die *lex melioris* erlaubte also in einem gewissen Umfang, Tatsachen zu erschließen oder Sinnzusammenhänge zu behaupten, die zuvor strittig oder unerkannt waren.[223]

---

[223] Ich widerstehe der Versuchung, hier der Geschichte der *lex melioris* nachzugehen. Sie geht auf den platonischen *Timaios* zurück, hat bei Augustin, bei den verschiedenen mittelalterlichen Denkern und bei Leibniz eine recht verschiedene Funktion; meine zusammenfassende Bezeichnung als *lex melioris* löst sich bei näherer Betrachtung wieder auf. Ich nenne nur *eine* mittelalterliche Position, die sich auf Augustin zu stützen sucht, nämlich diejenige Dietrichs von Freiberg, *De animatione caeli* 5. 3 ed. L. Sturlese, Opera omnia, Band 3 = CORPUS PHILOSOPHORUM TEUTONICORUM MEDII AEVI II 3, Hamburg 1983, S. 16–17.

Ein derartiges Unternehmen trägt theoretisch hohe Risiken in sich. Zumindest ist es umwegig, denn es setzt bestimmte Annahmen über Gott und über die Proportion menschlichen Wissens zu Gott und damit auch zur Welt als seinem Produkt voraus, um von da aus bestimmte Einzelfragen entscheiden zu können, sozusagen ohne erneut in die Empirie zu gehen. Meine Bemerkungen wollten nur zeigen: Diese Art von Raisonnement gehört nicht nur zu dem, was man den Optimismus oder Rationalismus Leibnizens nennt. Die europäische Philosophie hat seit Anaxagoras ähnliche Prämissen ausgesprochen; sie hat nur nicht immer denselben Gebrauch von ihnen gemacht. Aber selbst die entschränkte Anwendung der *lex melioris* bei Leibniz besagt keineswegs, daß er sich unabhängig von jeder Erfahrung allen möglichen Spekulationen habe überlassen wollen, geht es doch um Erstannahmen, die der empirischen Forschung vorausgehen oder die in empirisch unentscheidbaren Fällen eine gewisse Orientierung gestatten.

Ich habe einen weiten Umweg gemacht, um zum Apostel Petrus und seiner Argumentation für die Einsichtigkeit der Menschwerdung zurückzukommen. Petrus begründet die Inkarnation mit Hilfe der *lex melioris*, die gebietet, die jeweils bessere Lösung als die tatsächlich gewählte zu unterstellen. Sehen wir näher zu, wie er das macht:

Er beginnt mit einer hypothetischen Argumentation, indem er sich an Muslime wendet: Ihr nennt doch mit dem Koran Christus das „Wort Gottes", aber Gott, der wesenhafte Vernunft ist, muß ein Wort haben, das er *ist*. Das Wort Gottes muß mit Gott wesenhaft identisch sein; es ist selbst Gott.[224]

Dieses Argument löst nicht die Frage, wie der unwandelbare Gott zu einem wandelbaren Menschen hat werden können, und Petrus muß neu einsetzen:

Wir haben zwei Prämissen gemeinsam. Erstens: Christus war ein Mensch, und die menschliche Natur war in ihm vollkommen. Zweitens: Das Ewige kann nicht das Zeitliche, das Unendliche kann nicht ein Endliches werden. Die menschliche Natur kann nicht die göttliche sein. Petrus steuert auf die Unterscheidung der beiden Naturen zu, die schon seit der christlichen Antike dazu gedient hat, das Wesen Christi zu fassen, ohne in Widersprüche zu geraten. Petrus zeigt sich nicht an Koinzidenz, sondern an Vermeidung von Widersprüchen interessiert.

---

[224] *De pace fidei* p. 30, 17–31, 9.

Dann bewegt Petrus den Muslim, die hohen anerkennenden Prädikate zu nennen, die der Koran Christus zuerkennt. Sie laufen darauf hinaus, daß er der größte Prophet war, den Gott mit der wichtigsten Sendung betraut habe. Er hatte unter allen Menschen die größte Gnade. Der Fischer vom See Genezareth ist inzwischen ein gewitzter Dialektiker geworden, der übrigens nie mit der Bibel argumentiert. Mit den muslimischen Zugeständnissen – Jesus als der *beste* Bote Gottes, als Erwählter der *höchsten* Gnade – hat er sich die Voraussetzungen geschaffen, die *lex melioris* anzuwenden. Dabei will Petrus die Voraussetzung festhalten, der Vater und der Sohn seien nicht zwei Wesen. Die Vorstellung zahlenmäßiger Verschiedenheit von Bestimmungsträgern (*diversitas numeralis suppositorum*) muß fallen. Petrus erklärt dem Muslim: Wenn du die Vorstellung dinghafter Verschiedenheit aufgibst und dennoch an einer gewissen Unterscheidung von Gott und seinem Wort festhältst, was jeder Muslim tut, dann mußt du sagen: Die Macht dieses Königs ist dieselbe in ihm und in seinem Sohn. Im König ist sie auf ungezeugte, in seinem Sohn auf gezeugte Weise. Das Bild des Königs, der seine unteilbare(!) Herrschaft mitteilen will, beherrscht die weitere Überlegung des Petrus: Es besteht eine Differenz innerhalb der absolut einfachen Gottheit, aber sie darf nicht in der Form zweier Supposita gedacht werden, sondern als das Ungezeugtsein und Gezeugtsein desselben Wesens. Nur wenn das gezeugte göttliche Wesen, der Sohn, eine menschliche Natur in sich aufnimmt, kann die menschliche Natur in die ungeteilte Königsherrschaft aufgenommen werden. Die menschliche Natur wird in Christus also nicht die göttliche. Dies ist unmöglich. Aber sie wird unlösbar mit ihr verbunden, in einem einzigen ontologischen Prinzip, *in eadem ypostasi.....personatur*.[225]

In diesem – dem christologischen – Zusammenhang gebraucht Petrus die seit dem fünften Jahrhundert feststehenden Formeln von zwei Naturen in *einer* göttlichen *hypostasis*; er umschreibt sie und erklärt sie durch das Beispiele vom König und seinem Sohn. Christus ist demnach zu denken als maximale Einheit von Gottwesen und Menschenwesen in einer göttlichen Hypostase.

Der Perser behauptet, er habe das verstanden, er wolle nur noch ein Beispiel hören. Petrus setzt erneut ein: Ist Weisheit eine Substanz oder ein Akzidens? Sie ist in sich eine Substanz, erwidert der Perser, als habe er

---

[225] ib. p. 34, 20–35, 10.

De sapientia gelesen. Nur sofern sie in einem anderen ist, ist sie Akzidens. Petrus baut dies Zugeständnis aus: Es gibt verschiedene Grade der Weisheit. Der Weisere ist näher bei der in sich bestehenden Weisheit als der weniger Weise. Wir kennen seit *De docta ignorantia* diese Art der Beschreibung der Erfahrungswelt: In ihr ist jedes Ding anders als das andere. Alles ist diversifiziert; es gibt kein Maximum. In *De docta ignorantia* diente diese Überlegung der Hinführung zu der koinzidentalen Einsicht, daß das einzig reale Maximum auch zugleich das Minimum ist. Nicht so im Munde des Petrus. Er sagt: Jeder Mensch kann immer noch weiser sein, als er ist. Zwischen kontrakter Weisheit und absoluter Weisheit bleibt ein unendlicher Abstand, der in immer weiterer Annäherung verringert, aber nie aufgehoben werden kann. Daß Cusanus die menschliche Weisheit in *De sapientia* auch als absolute und in *De mente* den Geist als *nicht-kontrakt* beschrieben hat, daran denkt Petrus hier nicht. Sein Argumentationsziel ist ein anderes, eben die Anwendung der *lex melioris*: Wenn es einen Menschen gäbe, der im höchsten Maße weise wäre, dann wäre er mit der absoluten Weisheit auf unlösbare Weise verbunden. *Auf höchste Weise*, erklärt Petrus, darunter verstehe er eine Art, über die hinaus Größeres, also Vollkommeneres nicht gedacht werden könne. Die Anspielung auf die Formel Anselms ist unüberhörbar: Es geht nicht um das faktisch Höchste, sondern um das Höchste, bei dem keine Steigerung zu denken möglich wäre. Unter Menschen gibt es unzählige Differenzen und Abstufungen, nicht nur an Weisheit, sondern ebenso an Klugheit, Kennerschaft, auch an Gnade. Wenn der Muslim also zugesteht, daß Christus die *größte* Gnade hatte, dann muß er nur weiterdenken: Die größte Gnade ist die, über die hinaus Vollkommeneres nicht gedacht werden kann. Eine solche wahrhaft maximale Gnade, Weisheit, Kennerschaft kann nur eine einzige sein, und wenn Christus ein Mensch war, was der Mulim ebenfalls zugesteht, dann muß in diesem einzigen Falle die menschliche Natur mit der Gottheit in einem einzigen Suppositum aufgenommen sein. Daher ist Christus Gott und Mensch zugleich. In ihm ist die Einheit von Gott und Mensch auf die denkbar beste Weise verwirklicht, nicht als bloßer Prophet oder Gottesbote, sondern als gezeugter Gott, der die volle menschliche Natur hat.[226]

Das Argument vermeidet die Koinzidenz. Es erklärt nicht, ob Selbstbewußtsein, das zur menschlichen Natur gehört, im göttlichen Bewußt-

---

[226] ib. p. 35, 11–38, 2.

sein verschwindet oder neben diesem existiert. Aber es bezieht sich auf die Einwände von Muslimen. Es nimmt deren anerkennende Worte für Jesus als den größten Propheten auf und steigert dann die maximale Größe zur maximal denkbaren Größe und identifiziert diese mit der göttlichen Weisheit. Wenn schon Gott eine Menschenteilnahme an seiner unteilbaren Königsherrschaft gewollt hat, dann war dies die allein Gott angemessene Weise der Verbindung von Gott und Mensch. Es genügt zu beweisen, daß die Christus-Prädikate der Orthodoxie die Einheit Gottes nicht antasten, um die Muslime besonders besorgt sind, wie der Perser eigens hervorhebt.[227]

Die Natur dieses Argumentes für den Perser wird klargeworden sein. Es wendet sich nicht an Christen, die eine nachträgliche Plausibilität dessen gewinnen wollen, was sie ohnehin glauben. Petrus führt keinen „Konvenienzbeweis" in dem Sinne, daß er das Faktum der Menschwerdung voraussetzt und dann zeigt, daß es Gott angemessen ist. Ein Konvenienzbeweis hätte gegenüber dem Perser keinen Sinn; es handelt sich um eine Art von Postulat, das nur insofern einen faktischen Ausgangspunkt hat, als Muslime bereitwillig anerkennen, daß Jesus ein Gesandter Gottes und ein großer Prophet war. Das übrige beweist Petrus mit der Steigerung von Groß zu Größter und zu „Worüber hinaus Größeres nicht gedacht werden kann". Alle Religionen setzen voraus, daß Gott die Verbindung mit den Menschen will. Es muß allen Menschen gezeigt werden, daß die Inkarnation die bestmögliche Verbindung von Gott und Menschheit darstellt und in diesem Sinne Gott allein angemessen ist. Ich bestreite nicht, daß das Wort „angemessen" vorkommt. Nur bedeutet bei Cusanus diese Angemessenheit Notwendigkeit; Cusanus versteht sie als einsehbare vernünftige Verknüpfung von Gott, seiner Weisheit und Güte, mit der Person Christi. Gott mußte Mensch werden, weil die *lex melioris* für ihn gilt. Von Überwindung der Teufelsherrschaft, von Erbsünde und Gnadenwahl war nicht die Rede.

Petrus erläutert gegenüber dem Syrer einen zweiten Aspekt seines Vernunftpostulats der Menschwerdung Gottes. Er läßt sich bestätigen, daß Juden, Araber und Christen an eine unlösbare Verbindung der Menschen mit Gott glauben. Diese Verbindung muß zeitüberlegen sein; sie darf durch den Tod nicht abgebrochen werden, also muß der Mensch unsterblich sein. Dieser Maßstab einer den Tod überdauernden Verbindung von

---

[227] ib. p. 38, 3–6.

Gott und Mensch kann kein bloßer Einfall von Menschen sein. Er muß real sein. Der Glaube aller genannten Religionen an Unsterblichkeit setzt also notwendigerweise voraus, daß die Menschheit unlöslich mit der Gottheit verbunden ist; die Unsterblichkeit aller Menschen setzt voraus, daß Christus die gesamte Menschheit mit Gott verbunden hat und ihnen somit Unsterblichkeit gewährt.[228]

Petrus redet, als ob es keine Hölle gäbe, als seien die Seelen der Bösen nicht auch unsterblich. In *De mente* war die Seelenunsterblichkeit ein Problem zeitgenössischer Universitätsphilosophen. Es wurde dort gelöst, indem wir vom Laien lernten, auf die Natur des Intellektes, wie er in sich ist, zu achten. Petrus argumentiert anders: Er folgert aus der Natur menschlichen Glücksverlangens, das nicht täuschen könne, da es im Wesen des Intellektes liege, die Notwendigkeit der Auferstehung, und aus dieser wiederum postuliert er die unlösliche Verbindung der gesamten Menschheit mit Gott in Christus. Wer immer dauerhafte Glückseligkeit erhofft – und immer glücklich zu machen, ist der Sinn von Religion –, setzt Auferstehung voraus. Und wer Auferstehung voraussetzt, setzt voraus, diese glückselige Verbindung von Gott und Mensch sei realisiert, in einem Menschen, für die gesamte Menschheit.[229] Immer wieder fällt der Ausdruck: Wer x annimmt, muß auch y voraussetzen.[230] Diese Abfolgeverhältnisse setzen ihrerseits die Annahme eines einheitlichen Ursprungs in Weisheit und Güte voraus, also den philosophischen Monotheismus, den Cusanus den drei mittelmeerischen Religionen zuschreibt; sie implizieren ferner die naturhafte Beziehung des Intellektes auf Weisheit und Glück. In diesem Zusammenhang kommt es zur Proklamation einer natürlichen Religion. Es ist die Religion aller Menschen, die sich aus ihrem geistigen Wesen und ihrem „angeborenen" (*connata*) Glücksverlangen ergibt. Im Namen der natürlichen Religion ist die Menschwerdung ein Vernunftpostulat: Die Menschheit braucht einen Erstgeborenen, der ihr Lehrer und Mittler wird und der die höchste denkbare Vollkommenheit verwirklicht, auf der unser Vollkommenheitstreben beruht, das mit unserem Wesen mitgegeben ist.[231]

Die Juden freilich fallen aus dieser Konkordanz heraus, nicht, weil sie die Vernunftidee eines Gottmenschen nicht erfaßten, sondern weil sie das

---

[228] ib. p. 40, 3–22.
[229] ib. p. 40, 9–41, 24.
[230] ib. p. 40, 13; p. 41, 23; p. 42, 1 und p. 42, 12.
[231] ib. p. 41, 25–42, 12.

Kommen eines solchen vollkommenen Menschen erst für die Zukunft erwarten.

Auf diesen Einwand des Syrers antwortet knapp der Jude Petrus: Araber und Christen und andere hätten mit ihrem Blut bezeugt, daß Jesus die Weissagungen der Propheten erfüllt habe und Werke bewirkt habe, die über die Kraft eines Menschen gehen.[232] Aber diese Faktenbeweise aus Prophezeiungen und Wundern, also aus den Standardargumenten der christlichen Polemik, spielen in unserer Religionsbelehrung für Philosophen nur eine Randrolle; sie taugen allenfalls für die antijüdische Polemik, die Cusanus 1430/31 wichtiger war als 1453. Petrus betont, die Erzählungen der Glaubenszeugen seien glaubwürdig; sie hätten ihr Leben für die Wahrheit hingegeben. Aber er selbst, Petrus, argumentiert nicht mit Fakten, sondern mit Sinnzusammenhängen. Er will z. B. die Jungfrauengeburt, an die Araber und Christen glaubten, beweisen, indem er zeigt: Christus konnte anders nicht geboren werden, wenn er denn die äußerste Vollendung des Menschseins ist und im höchsten Maße mit allen Menschen verbunden sein sollte.[233] Petrus weiß auch den Vernunfgrund des Kreuzestodes: Besser konnte das jenseitige Glück der vernünftigen Wesen nicht bewiesen werden als durch das Zeugnis des Blutes.[234] In *De docta ignorantia* war der Kreuzestod ein Lehrbeispiel der Koinzidenz. Am Kreuz fielen die tiefste Erniedrigung und die höchste Erhöhung ineins. Der schändlichste Tod war das glorreichste Leben:

Coincidunt enim minima maximis, ut maxima humiliatio cum exaltatione, turpissima mors virtuosi cum gloriosa vita, et ita in ceteris, ut omnia ista nobis Christi vita, passio atque crucifixio manifestant.[235]

Dreizehn Jahre später tritt die *lex melioris* an die Stelle der Koinzidenzlehre als Leitidee. Die Kreuzigung hat in dieser neuen Vernunftreligion die Aufgabe moralischer Belehrung; sie lehrt, das sinnliche Leben für nichts zu erachten; sie befreit die Menschen von der Unwissenheit *(ignorantia)*, in der sie das sinnliche Leben dem geistigen vorziehen. Petrus will den Arabern beweisen, daß Christus seinen Lebensweg und insbesondere seinen Tod auf die bestmögliche Weise dem Sinn seiner Sendung

---

[232] ib. p. 42, 12–18.
[233] ib. p. 43, 6–17.
[234] ib. p. 44, 8–21.
[235] *De docta ignorantia* III 6 p. 139, 1–4.

angepaßt hat, *omnia meliori modo quo fieri possent.*[236] Hier kommt sie
auch sprachlich zum Ausdruck, die *lex melioris.* Die Schmach des Kreuzestodes ist den Arabern schwer begreiflich zu machen; aber sie brauchten nur zu bedenken, daß es Jesu größer Ruhm ist, für die Wahrheit und
im Gehorsam gegen den Vater zu sterben.[237] Diese Sätze zeigen, wie Petrus die naheliegende Koinzidenz geradezu umgeht. Seine Absicht ist eine
andere als die Exemplifikation der Koinzidenzlehre in *De docta ignorantia* III: Christus erfüllt alle Vollkommenheitsnormen der allen Menschen
konnaturalen Religion. *Perfectior esse non potuit.*[238] Petrus gibt eine methodische Regel über alle Aussagen über Christus: Wer annimmt, Christus habe auf die vollkommenstmögliche Weise den Willen des Vaters erfüllt, der muß alles das behaupten, was den Weg Christi als den denkbar
vollkommensten erweist.[239] Christus öffnete den Himmel. Von Erbsünde
und von Beschwichtigung des erzürnten Gottes ist in diesem Buch nicht
die Rede, das eröffnet wurde mit dem Mitleid Gottes und mit der Behauptung, Gottes Zorn *sei* seine Güte.[240] Christus öffnete den Himmel
für die Menschen, indem er durch seinen Tod die Sterblichkeit der
menschlichen Natur ablegte. Die Sterblichkeit ablegen kann der Mensch
nur, indem er stirbt. Der Tod hat keine definitive Gewalt mehr über die
Menschen, denn die menschliche Natur ist jetzt als mit Gott auf die
engstmögliche Weise verbunden in die ewige Seligkeit hineingeführt. Jeder, der von den Heiligen sagt, sie seien in der ewigen Seligkeit, setzt voraus – wieder dieses *praesupponit*, das Petrus im Gespräch aufdeckt –, daß
Christus gestorben und in den Himmel aufgefahren ist.[241]

7. Glückseligkeit

Damit berührten wir bereits das dritte große Thema der Darlegung der
konnaturalen Religion aller Menschen. Es ist die Glückseligkeit. Darüber
unterhält ein Deutscher sich mit Petrus. Die Erörterung fällt wesentlich
schlichter aus als die vorhergehenden. Die Religion der Juden und Musli-

---

[236] *De pace fidei* p. 45, 11.
[237] ib. p. 45, 13–22.
[238] ib. p. 46, 5.
[239] ib. p. 45, 5–7.
[240] ib. p. 7, 16: *ira tua est pietas.*
[241] ib. p. 47, 1–3.

me verspricht nur ein sinnliches Glück; die Lehre des Evangeliums verspricht Engelgleichheit, ohne Fleischlichkeit. Die Aufgabe, die daraus erwächst, ist einfach: Die Gleichsetzung von Glück und sinnlichem Glück ist zu widerlegen. Wir kennen schon aus *De sapientia* den wesenhaften Zusammenhang von Intellekt, Weisheit und Glückseligkeit. Aber er ist nun dazulegen gegen die sinnlichen Glücksversprechungen des Koran. Petrus empört sich, daß in Mohameds Paradies Flüsse nicht von Milch, sondern von Wein und Honig fließen und daß eine Menge Mädchen, *virginum multitudo*, die glaubensstarken Männer beglücken. Das seien doch Vergnügungen, die schon in dieser Welt nicht jeder haben will. Was sollen denn die machen, die dort etwas bekommen, was sie hier schon nicht wollen? Verständnisvoll wendet sich der heilige Petrus an den deutschen Mann: Der Koran sage, diese wunderschönen Mädchen seien Schwarze; und kein Deutscher, sei er noch so sinnengierig, wolle doch so etwas haben. Also müsse man diese Verheißungen bildlich verstehen. Die Muslime verböten den Beischlaf in den Moscheen – soll es denn im Paradies etwas geben, das in einer Moschee verboten ist?

Offenbar senkt der heilige Petrus für seinen deutschen Gesprächspartner das argumentative Niveau. Der Koran, sagt er, nehme Rücksicht auf das einfache Volk, wenn er sich so ausdrücke. Er verheiße Sinnenglück, nur damit das rohe Volk, das die intellektuellen Genüsse nicht kenne, die Verheißungen nicht verachte. Die ganze Aufmerksamkeit des Korans sei darauf gerichtet, das Volk vom Götzendienst abzuwenden, und diesem Zweck dienten auch jene Versprechungen. Indem er das Evangelium nicht nur nicht verwerfe, sondern sogar lobe, gebe der Koran selbst zu verstehen, wo die wahre Glückseligkeit liege. Und auch die arabischen Philosophen hätten die Glückseligkeit in der intellektuellen Schau gesucht, nicht in sinnlichen Vergnügungen. Dies beweise Avicenna.[242]

Abschließend fragt der Deutsche nach den Juden. Was wird aus ihnen, die doch nur zeitliche Belohnungen erwarten? Petrus antwortet: Oft gäben Juden ihr Leben hin für ihr heiliges Gesetz und seine Vorschriften. Damit bewiesen sie, daß sie an ein Leben nach dem Tode glauben, denn sie stellen den Eifer für das Gesetz über die Erhaltung ihres irdischen Lebens. Wer nicht an ein ewiges Leben glaubt und daran, daß er es erreichen kann, gibt sein irdisches Leben nicht hin wegen der Religion. Diese frommen, todbereiten Juden glauben also an das ewige Leben. Sie erwarten es

---

[242] ib. p. 48, 6–49, 20.

nicht als Lohn für die Erfüllung des Gesetzes, denn ihr Gesetz verspricht das gar nicht, sondern sie erwarten es aus einem allgemeinmenschlichen Glauben heraus, der auf die zuvor gezeigte Weise Christus voraussetzt.[243]

8. Taufe und Abendmahl

Zuletzt kommt das Gespräch auf die Sakramente. Jetzt tritt Paulus an die Stelle des Petrus. Ich gebe nur einige Proben aus den Unterhaltungen mit ihm; schon bei der Erörterung der Glückseligkeit war deutlich zu erkennen, daß das Interesse des Autors erlahmt. Die versammelten Philosophen sind primär Theoretiker; sie interessieren sich vor allem für die Trinitäts- und die Inkarnationsphilosophie. Doch jetzt kommt die Ethik ins Spiel. Ein heutiger Leser hat sich bis dahin längst gewundert, eine wie geringe Rolle bislang die Moral in dieser Skizze der Vernunftreligion gespielt hat. Paulus entwirft eine naturrechtliche Ethik. Die uns eingepflanzte Religion betrachtet die Inhalte, die im Lichte der Vernunft verpflichten, als göttliche Gebote. Diese Gebote sind höchst einfach und sind allen Menschen bekannt; sie sind allen Völkern gemeinsam; sie sind mit der Verstandesseele zusammen geschaffen.[244] Der Inhalt dieses Vernunftgesetzes ist rasch anzugeben: Im Lichte unserer Vernunft spricht Gott zu uns, und er sagt, wir sollten ihn, dem wir unser Sein verdanken, lieben und wir sollten dem Anderen nichts antun, was wir selbst nicht angetan haben wollen. Das sind die Hauptgebote; auf sie sind alle Gesetze zurückzuführen.[245] Dies heißt nicht mehr und nicht weniger als: Die beiden christlichen Hauptgebote sind die Stimme Gottes, die in jeder Vernunft spricht. Doch steht diese Erklärung des Völkerapostels in einem weiteren Zusammenhang:

Paulus erklärt dem Tartaren, zuerst wolle er beweisen, daß die Rettung der Seele aus dem Glauben, nicht aus den Werken geschehe. Das klingt wie bei Luther, bedeutet aber etwas anderes. Paulus unterscheidet die äußeren Riten und Gebräuche vom Glauben, um die Indifferenz der äußeren Religionseinrichtungen hervorzuheben. Und der Glaube bezieht sich, wie er ausdrücklich sagt, auf die Gewißheit, daß die Gerechten das ewige Leben haben werden. Abraham ist das Vorbild aller Gläubigen, aber

---

[243] ib. p. 50, 3–12.
[244] ib. p. 55, 10–12
[245] ib. p. 55, 12–15.

nicht, weil er Absurdes auf sich nahm und bereit war, seinen Sohn zu töten, sondern weil er von Arabern, Juden und Christen gleichermaßen verehrt wird. Die Segnung, die dem Abraham gilt, ist die Verheißung ewiger Glückseligkeit. Wir müssen glauben, wie Abraham geglaubt hat – das heißt, daß Gott das Gute für uns ist und daß dieses Gute alles andere Gute in sich einfaltet.[246] Cusanus läßt Paulus genau die Elemente der Abrahamsgeschichte vernachlässigen, die Luther und dann – in wieder anderer Weise – Kierkegaard an ihr faszinierten. Der Glaube bei Cusanus ist das feste Vertrauen, daß Gott die Verheißung des ewigen Lebens nur für diejenigen wahr macht, die ihr Leben darauf setzen, daß Gott ihr ewiges intellektuelles Glück ist. Der Glaube, von dem er behauptet, er sei unerläßlich, ist die lebendige und tätige Überzeugung, die einzigartige, unlösbare Verbindung, die Gott und Mensch in Christus eingegangen sind, werde sich auf alle ausdehnen, die die göttlichen Vernunftgebote halten. Die Riten sind demgegenüber Gesetzeswerke, die Zeichencharakter tragen, die zeitlich und räumlich variieren und je nach Situation entbehrlich sind. Sie unterliegen als solche der faktischen Disposition der Glaubensgemeinschaften. Dies hebt Paulus dem Böhmen gegenüber hervor, genau wie es Cusanus zwanzig Jahre zuvor den Böhmen geschrieben hatte: Diese Anordnungen sind kontingent, aber als solche zu respektieren, sie verdienen es nicht, zum Kriegsanlaß zu werden. Äußere Gebräuche wie die Beschneidung sollten die Religionsgemeinschaften wechselseitig übernehmen – wenn dies psychologisch möglich wäre –, weil dies den Frieden fördern würde. Worauf es jedenfalls ankommt, ist der zuvor entwickelte Vernunftglaube und die jeder Geistseele eingeschaffene Ethik. Denn ein Glaube ohne Werke ist tot. Paulus korrigiert den Tartaren, der berichtet, die Juden glaubten, sie hätten ihre Gebote durch Moses, die Mohamedaner behaupteten dies von Mohamed und die Christen von Jesus. Nein, antwortet Paulus, die Gebote sind allen Völkern gemeinsam; sie stammen nicht von den Religionsstiftern, sondern sind mit der Geistseele mitgeschaffen.

Die Beschneidung bringt nicht das Heil, sondern allein der Glaube. Wenn Menschen den Glauben haben, können sie gerettet werden, auch wenn sie die Taufe nicht empfangen können. Wo sie die Taufe empfangen können, können sie nicht wohl „Gläubige" heißen, wenn sie dieses Zeichen der Wiedergeburt an sich nicht vollziehen lassen wollen. Zumal

---

[246] ib. p. 51, 12–53, 28.

Araber und Juden ein ähnliches Zeichen der Abwaschung der Sünden kennen.[247]

Ein Hindernis der Religionseinheit bildet das *Abendmahl*. Dem Tartaren kommt das Opfer seltsam vor, das die Christen vollziehen: Sie essen denjenigen auf, den sie anbeten.[248] Der Böhme hat Schwierigkeiten mit der seit 1215 dogmatisierten Vorstellung, die Substanz des Brotes werde in die Substanz des Fleisches Christi verwandelt, also mit der *transsubstantiatio*. Paulus überrascht uns, indem er den Glauben an die Transsubstantiation für heilsnotwendig erklärt.[249] Er sieht, daß er sie vernünftig erklären muß, und er macht dazu zwei Anläufe: Zuerst verweist er auf die Allmacht Gottes: Gott ist kein Ding unmöglich. Der Böhme findet das nicht befriedigend, Paulus legt nach: Der Vorgang sei ein rein spiritueller. An den Akzidentien ändere sich nichts. Nur der Geist, die *mens*, könne hier urteilen, und sie sage, die Substanz *sei*, sie sage nicht, *was* sie sei.[250] Ich weiß nicht, wie streng dieser Ausspruch des Völkerapostels zu nehmen ist. Denn ein Gläubiger, der sagt, das Brot werde zu Fleisch Christi, sagt doch, *was* für eine Substanz jetzt auf dem Altar liegt. Paulus geht nicht weiter auf die Frage ein. Er greift auch nicht das Problem auf, das seit Berengar von Tours immer wieder als schwierig bezeichnet worden war, wie nämlich die Akzidentien des Brotes ohne ihre Substanz fortexistieren können. Paulus konzentriert sich auf den *geistigen* Charakter der Brotverwandlung: Es gibt nur eine einzige Substanz des Leibes Christi; das Fleisch nimmt durch weitere Wandlungen nicht quantitativ zu; es wird nicht zahlenmäßig multipliziert, d.h., es hat keinen Dingcharakter.[251] Paulus wirft das scholastische Wort „Transsubstantiation" hin, erklärt es für unentbehrlich, geht aber nicht auf die Schwierigkeiten ein, die es einem aristotelisch Geschulten bereitet, Substanz und Akzidentien gegen ihre Definition zu trennen.

Damit sind die Erörterungen abgeschlossen. Die *eine* Religion in der Vielfalt ihrer Gestalten ist herausgearbeitet. Die Möglichkeit eines Konsenses aller Menschen ist nachgewiesen, indem gezeigt wurde, daß alle Menschen implizit diese Voraussetzung machen. Paulus sagt abschließend zu dem Engländer: Jedes Volk mag nun seinen Ehrgeiz darein set-

---

[247] ib. p. 56, 21–58, 2.
[248] ib. p. 51, 6.
[249] ib. p. 59, 19–24.
[250] ib. p. 60, 1–8.
[251] ib. p. 59, 9–61, 9.

zen, seine Religionsübungen noch glanzvoller zu gestalten und sie noch genauer zu nehmen als die konkurrierenden Religionen. Auf diese Weise vermehrt die Verschiedenheit der Religionen die Frömmigkeit.

Etienne Gilson hat sich über die Schrift *De pace fidei* gewundert. Cusanus gehe es darin mehr um den Frieden als um den Glauben. Die cusanische Umwandlung des Kirchenglaubens in einen Vernunftglauben, diese „Intellektualisierung des Glaubens" solle *vereinen*, was die verschiedenen Glaubensüberzeugungen *teilen*. Gilson fand, an diesem Buch sei zweierlei erstaunlich: Einmal, daß es geschrieben wurde, gar von einem Kardinal, zweitens, daß die Kirche es noch nicht verurteilt habe. Aber auch „Orthodoxie" ist nicht zeitlos; in der Mitte des fünfzehnten Jahrhunderts war möglich, was Gilson im Namen einer zeitüberlegenen Rechtgläubigkeit für unmöglich hielt. Neuscholastische Interpreten haben die Abweichungen vom wahren Glauben präziser benannt: Vor allem diese, daß Cusanus beweisen wollte, was striktes Glaubensgeheimnis sei. Bruno Decker sprach von einer Reduktion des Christentums auf die Vernunft. Er tadelte, daß Cusanus die Trinität beweisen wollte; er warf ihm vor, den „realen Unterschied der drei göttlichen Personen" zu vernachlässigen; er kritisierte, daß Cusanus die Sakramente als bloße *Zeichen*, nicht als Wirkursachen angesehen und sie zu den „Riten" gezählt habe; er vermißte die kirchliche Hierarchie und den päpstlichen Primat. Wenn Cusanus die Beschneidung zu tolerieren bereit war, habe er wohl vergessen, daß das Unionskonzil von Florenz sie strikt verboten habe; er scheine auch zu übersehen, daß das vierte Laterankonzil die jährliche Osterkommunion „zur strengen Pflicht gemacht hat".

Ich gehe auf diese Vorwürfe nicht im einzelnen ein. Als geschichtliches Phänomen halte ich fest: Die theologische Verhandlungsmasse hat sich zwischen 1450 und 1950 stark vermindert und ist nach 1960 durchweg auf Kosten der Klarheit vermehrt worden.

Das Ende der Schrift des Cusanus ist überaus beachtenswert. Nachdem die Erörterungen in der skizzierten Form abgeschlossen sind, beginnen nämlich die versammelten Philosophen, die sich in der angegebenen Weise geeinigt haben, einen zweiten Arbeitsgang, den Cusanus nur kurz referiert, obwohl er mindestens ebenso viel Zeit in Anspruch genommen haben muß wie die religionsphilosophische Diskussion. Denn die Weisen aller Völker machen sich gemeinsam an das Studium der Religionsgeschichte. Sie schaffen Bücher herbei, in denen die Religionsgebräuche aller Völker beschrieben sind. Sie studieren die religionsgeschichtlichen

Klassiker aller Völker – Varro für das antike Rom, Eusebius für die Griechen – unter dem Gesichtspunkt, wie die tatsächlich vorfindbaren historischen Religionen sich zu der einen Vernunftreligion faktisch verhalten. Cusanus gibt nur das Ergebnis dieser empirischen Erforschung der Religionen im Lichte der einen Vernunftreligion wieder: Die Verschiedenheiten der Religionen beziehen sich auf die äußeren Rituale. Die religionsgeschichtlichen Werke, so Cusanus, bewiesen, daß alle immer den *einen* Gott gemeint und die Einheit Gottes vorausgesetzt haben, *praesupposuisse.* Wie so oft in der vorausgehenden Belehrung, wendet sich der Blick noch einmal auf das einfache Volk: Es hat diese einfache Intention aller Riten nicht immer verstanden. Von der Macht des Fürsten der Finsternis verführt, hat die Einfalt des Volkes, *simplicitas popularis,* nicht immer gewußt, was sie tat.[252]

Danach werden die Weisen nach Hause entlassen. Sie sollen ihre Völker belehren und später mit allen Vollmachten nach Jerusalem zurückkommen. Dort sollen sie in aller Namen „den *einen* Glauben annehmen und den ewigen Frieden" auf Erden schließen.

9. De pace fidei *in der Denkentwicklung des Cusanus*

Die Schrift *De pace fidei* steht in einer imposanten Reihe zwischen Abaelards *Dialogus,* Lulls Religionsgesprächen[253], Jean Bodin und Lessing. Ihre Stellung in der Vorgeschichte der Toleranzidee und ihre Nachwirkung ist insbesondere durch Raymond Klibansky erforscht und dargestellt worden; ich verweise auf seine Einleitung zur Ausgabe von *De pace fidei,* Hamburg 1959, auf seinen Aufsatz in Band 16 der MF 1984 und auf Stephan Meier-Oeser, Die *Präsenz des Vergessenen. Zur Rezeption der Philosophie des Nicolaus Cusanus vom 15. bis zum 18. Jahrhundert,* Münster 1989.

Ich möchte zur Wirkungsgeschichte nur folgenden Hinweis geben: Nachdem Ernst Cassirer in seinem Buch *Individuum und Kosmos in der Philosophie der Renaissance* Cusanus zum Ideengeber für das italienische Quattrocento erhoben hatte, gab es eine harte Reaktion der besten italie-

---

[252] ib. p. 62, 9–18.
[253] R. Llull, *Libre del gentil e dels tres savis.* Nova edició de les obres, vol. 2, ed. A. Bonner, Palma de Mallorca 1993; *Liber de quinque sapientibus* in der Mainzer Ausgabe, Band 2, Mainz 1740.

nischen Forscher. Sie verwiesen darauf, wie verschieden die kulturelle
Welt Ficinos von der des Cusanus gewesen sei; sie forderten handschrift-
liche Beweise für die italienische Präsenz des Cusanus im letzten Drittel
des Jahrhunderts.[254] Ohne zu der globalen Behauptung von Cassirer zurückzukehren, haben inzwischen die maßgebenden italienischen Gelehrten – Eugenio Garin und Cesare Vasoli – eine weniger skeptische Hal-
tung eingenommen; sie haben meinem Nachweis der Cusanuslektüre
durch Pico schon vor dessen Veröffentlichung ausdrücklich zugestimmt;
sie sehen auch das Verhältnis Cusanus-Ficino heute enger als 1960.[255] Die
individuelle Denkarbeit Cusanus' und Plethons, Bessarions, Ficinos und
Picos läßt sich nicht mehr unter dem Sammelbegriff „Platonismus des 15.
Jahrhunderts" zusammenfassen, aber immerhin findet sich das Thema der
einen natürlichen Religion auch bei Ficino, besonders am Anfang seiner
Schrift *De christiana religione* von 1473. Bei Ficino ist immer auch an
Plethon und Bessarion zu denken; ich behaupte keine einsträngige Abhängigkeit von Cusanus, wenn ich feststelle: Die Formulierungen Ficinos stehen denen des Cusanus nahe. Die Religion, schreibt Ficino, ist
dem Menschengeist so naürlich, daß die göttliche Vorsehung keine Region der Welt ohne Religion sein läßt; sie erlaubt nur, daß die Riten nach
der Verschiedenheit der Orte und der Zeiten variieren, *quamvis permittat
variis locis atque temporibus ritus adorationis varios observari*. Ficino
spitzt das Verhältnis von Einheitsreligion und Ritenvielfalt noch weiter
zu, indem er lehrt, die Vielfalt der Riten gehe auf die Anordnung Gottes
selbst zurück und vermehre die Schönheit des Universums. Dem König
der Welt gehe es darum, von den Menschen geehrt zu werden, aber es sei
ihm gleichgültig, mit welchen Gesten sie ihre Verehrung ausdrücken. Die

---

[254] E. Garin, Cusano e i platonici italiani del Quattrocento, in: Niccolò da Cusa. Relazioni
tenute al Convegno di Bressanone 1960, Florenz 1962, S. 75–S. 100. Vorsichtig, gegen Cassirer, auch P.O. Kristeller, The Scholastic Background of Marsilio Ficino, in: P.O. Kristeller,
Studies in Renaissance Thought and Letters, Rom 1969, bes. S. 36.
[255] Vgl. C. Vasoli, Considerazioni sul De raptu Pauli di M. Ficino, in: G. Piaia (Ed.), Concordia discors. Studi su Niccolò Cusano e l' Umanesimo europeo, offerti a Giovanni Santinello, Padua 1993, S. 377–404; Mein Nachweis zu Pico findet sich in den MF 14 (1980)
S. 113–S. 120.

einzig wahre Gottesverehrung bestehe im ethischen Handeln.[256] Das ist nicht exakt das, was Cusanus gesagt hat. Aber der Gott, dem die Vielheit der Religionen gefällt, weil sie der Einheit der natürlichen Religion nicht widerspricht, da die Vielfalt sich auf Gesten und Riten bezieht, das ist der Gott von *De pace fidei.* Ficino betrachtete denn auch wie Cusanus die Muslime als eine Art von Christen.[257] Die Parallelen ließen sich weiter ausziehen, aber ich breche hier ab. Zwar ist nicht schon alles so gesagt, daß es nicht noch besser gesagt werden könnte, aber mein Interesse ist hier nicht die Rezeptionsgeschichte, sondern die genetische Analyse der Cusanischen Philosophie. Dazu möchte ich abschließend noch einige Bemerkungen machen:

Erstens: Das Thema der Vielfalt der Religionen und Gottesbegriffe hat Cusanus bereits 1430 beschäftigt. Die Gespräche mit Plethon und der Fall von Konstantinopel haben sein Projekt der Einheit der Religion nicht geschaffen, sie werden es aber verstärkt haben. Schon 1430 verband Cusanus die negative Theologie mit einer Art von ethnologischem Interesse. Schon damals sprach er von der Religion der Tartaren, sprach er vom Christentum derjenigen, die es nicht bemerken, daß sie christlich denken. Dieses frühe *licet.. non advertant* kehrt in *De pace fidei* wieder.[258] Schon die bloße Wiederholung eines frühen Motivs wäre genetisch von Interesse, als Verstärkung und Bestätigung der Wichtigkeit. Aber jetzt, 1453, sind aus den exotischen Namen sprechende Personen geworden, die von ihrer Seite her das Christentum sehen. Sie sind eine Projektion aus dem Christentum heraus, aber ihr Autor versucht, *ihre* Sicht auf das Christentum auszudrücken, zuweilen recht distanziert, so wenn er den Tartaren sagen läßt, die Christen verschlängen den, den sie anbeten, *devorant eum quem colunt.*[259] Cusanus versucht den Christen zu sagen, wie sie von au-

---

[256] M. Ficino, *De christiana religione* c. 1 Opera, Basel 1576, p. 2: *Naturalis autem communisque opinio de Deo inserta nobis est a Deo communi origine ac principe naturarum.* ib. c. 4 p. 4:
   Idcirco divina providentia non permittit esse aliquo in tempore ullam mundi regionem omnis prorsus religionis expertem, quamvis permittat variis locis et temporibus ritus adorationis varios observari. Forsitan vero varietas huiusmodi, ordinante Deo, decorem quendam parit in universo mirabilem... Regi maximo magis curae est revera honorari, quam his aut illis gestibus honorari. ...Illi igitur Deum prae cateris, immo soli syncere colunt, qui eum actione, bonitate, veritate linguae, mentis claritate, qua possunt et caritate qua debent, sedulo venerantur.
[257] ib. c. 12 p. 17: *Mahumethenses Christiani quodammodo esse videntur, quamvis haeretici.*
[258] ib. p. 27, 14.
[259] ib. p. 51, 6.

ßen gesehen werden, ein riskantes Verfahren, aber jedenfalls ein neues, durch den Schock von 1453 ausgelöstes, freilich lange vorbereitetes Denkexperiment.

Dessen Ertrag wird zunächst den Christen serviert. Sie sollen bei sich zuerst und dann auch bei anderen unterscheiden zwischen *religio* und *ritus*. Sie sollen Distanz zu sich selbst gewinnen und liebgewordene Formeln wie „Vater" und „Sohn" in der Trinitätslehre als uneigentlich eingestehen. Sie sollen ihr Denken elastisch machen, um mit anderen Religionen sprechen und Frieden herstellen zu können. Denn unser Buch gehört nicht nur in die Vorgeschichte der Toleranzidee, sondern auch in die Literatur zum Ewigen Frieden. Zeichen sind veränderbar, müssen nach Gegenden und Situationen variieren, um das bleibend Gemeinte anzuzeigen.

Zweitens: Das bleibend Gemeinte ist der einheitliche Grundbestand, der in allen Religionen erhalten ist. Zuerst weist das göttliche Wort, dann weisen die Apostel Petrus und Paulus die Religionsvertreter auf ihre eigenen immanenten Voraussetzungen hin. Es kommt eine Rangabstufung der Inhalte zum Ausdruck. Das göttliche *Verbum* legt die religionsphilosophischen Grundlagen; die Apostelfürsten klären konkrete Details.

Nicht ein lebender Mensch wie der *Laie* trägt jetzt Elemente der Cusanischen Philosophie vor, sondern das göttliche Wort, unterstützt von den Apostelfürsten. Das göttliche Wort macht wie der Prediger von 1430 die negative Theologie geltend und erklärt die Vielfalt der Gottesnamen damit, daß der wahre Gottesname unbekannt sei. Das *Verbum* adoptiert selektiv Motive aus *De docta ignorantia*. Dazu gehörten:

- die Unaussprechlichkeit des göttlichen Wesens,
- der Mangel an Proportion zwischen Endlichem und Unendlichem[260],
- die Nicht-Stabilität der sinnlichen Welt[261],
- die chartrensischen Formeln von *complicatio-explicatio* auf der *De docta ignorantia*-Stufe ihrer Rezeption.

Andererseits bestehen auffällige Unterschiede zu *De docta ignorantia*: Die Beweise für die Trinität folgen nicht dem lullistischen Vorbild. Die Geometrico-Theologie fehlt völlig. Die Inkarnationsphilosophie mußte neu entwickelt werden. Das Hauptmotiv von *De docta ignorantia*, die

---

[260] ib. p. 7, 2
[261] ib. p. 9, 18.

Koinzidenz, fehlt gänzlich. Die in *De coniecturis* und in den *Opuscula* der vierziger Jahre nachweisbare Problematisierung der negativen Theologie findet keinerlei Echo. Die negative Theologie wird wie am Ende des ersten Buches von *De docta ignorantia* gebraucht; sie befreit die Religionen von der ihnen innewohnenden Tendenz zum Götzendienst, zur Idolatrie. Weiter geht die Reflexion diesbezüglich nicht. Es ist, als sei *De coniecturis* nie geschrieben.

Aus der Stufe der *Idiota*-Schriften kehrt vor allem das Motiv des Intellektes und seiner wesenhaften Beziehung zu Weisheit und anhaltender Glückseligkeit wieder. Die Weisheit ist das, wovon der Intellekt lebt; sie ist seine wesensgemäße Nahrung. Ganz im Sinne des Löffelschnitzers wird dann auch unsere *mens* als Grund von Kunst und Techniken bewundert, *capax artium mirabilium*.[262] Das seit den vierziger Jahren entwickelte und in der Laienphilosophie so wichtige Motiv der *Leichtigkeit* der Einsicht klingt nur einmal zaghaft an[263]; insgesamt gibt der Autor seinen Lesern nicht das Gefühl, die Verständigung über die von allen implizierte *eine* Religion werde leichtfallen. Das Kapitel über die Inkarnation, das ohne die Idee der Koinzidenz des *maximum absolutum* und des *maximum contractum* auskommen muß, ist besonders kompliziert ausgefallen; die Kapitel 11 bis 13 (p. 30–42 der kritischen Ausgabe) kommen schwerfällig daher.

Bestimmte Einsichten, die der *Idiota* ausgesprochen hatte und die man hier erwarten könnte, kehren in *De pace fidei* nicht wieder: Der Intellekt ist *imago*, aber jetzt heißt die *mens* wieder *contracta*[264], nicht mehr: Bild der *complicatio complicationum*. Nicht-Kontrakt-Sein oder Absolut-Sein erscheint (wieder) als das Privileg Gottes. Die *mens*-Metaphysik von *De coniecturis* I 4 wird nicht aufgegriffen; es wird keine Unterscheidung von *intellectus* und *ratio* getroffen. Wäre Cusanus nach Fertigstellung von *De pace fidei* gestorben, müßten wir sagen, er habe in seinem letzten Werk die Kühnheiten der vorausgehenden Jahre weitgehend zurückgenommen. Die Quasi-Absolutheit des Geistes verschwindet. Die Koinzidenztheorie scheint jetzt entbehrlich. Die Inkarnationsphilosophie baut auf die *lex melioris*, nicht mehr auf die Koinzidenz. Vom *Maximum* ist weiter die Rede, aber es wird nicht mehr als das *Minimum* erwiesen, was besonders fühlbar wird bei der Deutung des Kreuzestodes. Die Notwendigkeit, von

---

[262] ib. p. 12, 19.
[263] ib. p. 4, 3.
[264] ib. p. 36, 5–9.

der negativen Theologie zur absoluten Theologie überzugehen, scheint nicht mehr zu bestehen. Merkwürdigerweise greift Cusanus auch sein Dreiphasenschema der Religionsgeschichte (Judentum als These, Heidentum als Antithese, Christentum als Synthese) aus der Predigt vom 29. Juni 1453 nicht wieder auf.

Wie könnten wir diese Bewegung oder diese Risse im Denkgebäude erklären? Cusanus ist nicht auf die Stufe der ersten *Sermones* und des ersten Buches von *De docta ignorantia* zurückgegangen. Der religionsphilosophische Gesamtentwurf, insbesondere die darin entscheidenden *praesuppositio*-Analysen sind innovativ. Der Versuch, die christliche Denkwelt mit den Augen der anderen zu sehen, ist als Versuch ein belangvolles Novum, auch wenn die Durchführung mißlungen ist, denn die Tartaren und Skythen kommen keineswegs mit ihren Besonderheiten zu Wort; sie sind Statisten zum Belehrungsempfang, sonst nichts. Aber Rückkehr zu alten Positionen ist das nicht. Die Inkarnationsphilosophie mußte neu entworfen werden und zeigt noch die Spuren der Mühsal ihrer Ausarbeitung. Wir werden auch bald sehen, daß Cusanus seine *intellectus-ratio*-Spekulationen, seine Koinzidenzlehre und seine Neu-Situierung der negativen Theologie keineswegs aufgegeben hat. Er hat sie in *De pace fidei* zurück*gehalten,* nicht zurück*genommen.* Dies kann erst eine genetische Analyse zutage bringen: Die Schrift ist ein strategisches Meisterwerk gerade in den Elementen, die sie zurückhält. Sie beschränkt sich auf das Vorliegende und auf das taktisch Mögliche im Gespräch mit den Religionsvertretern. Sie geht zwar nicht ernsthaft von deren Prämissen aus. Aber sie zeigt in den angenommenen Bildern dieser Religionen die von den Frommen jener Religionen nicht beachteten Voraussetzungen. Dazu muß Cusanus sich allgemein anerkannter Regeln der Argumentation bedienen; er kann nicht auch noch – wie es die Koinzidenztheorie tut – diese Regeln in ihrem Verhältnis zur unendlichen Einheit thematisieren. Eine solche Untersuchung des Zusammenpassens von Denkweise und Denkinhalt gehört in einen Meta-Diskurs. Er fordert nach der Überzeugung des Kardinals auch eine private Hinführung in einer vertrauten Atmosphäre. Die feierliche Versammlung der Weisen der Völker unter Vorsitz des *Verbum* ist dafür nicht geeignet; sie kann nur die exoterische Seite darbieten. Wie bezeichnend ist es, daß in *De pace fidei* sowohl die Lullistische Korrelativenlehre wie die Eckhartsche Weisheitslehre fehlen, obwohl die Trinitätsphilosophie die Argumente Lulls und die *filiatio-Dei*-Überlegungen der Metaphysik Eckharts leicht hätte verwenden können. Die Selbst-Rücknahme des Cusanus in *De pace fidei* hat strategisch-schriftstellerischen Charakter. Cusanus sah, daß er nicht gleichzeitig mit siebzehn Vertretern verschiedener Völker über Religion reden und auch noch die Denkformen der Philosophie reformieren konnte.

Cusanus selbst hat ausgesprochen, daß die Diskussionen seiner Friedensschrift sich auf die *ratio*-Ebene beschränken, ohne die koinzidentale *intellectus*-Reflexion zu erreichen. Am Ende des Buches resümiert er:

Conclusa est igitur in caelo rationis concordia religionum modo quo praemittitur.[265]

Dieser Satz wurde verschieden übersetzt. F. A. Scharpf verstand ihn so: Im *Himmel der ratio* ist die Religionseintracht beschlossen worden.

Ludwig Mohler monierte, das Wort *ratio* beziehe sich nicht auf „Himmel", sondern auf *concordia*. Dann besagt der Satz: Im Himmel ist die Verstandeseintracht bezüglich der Religionen beschlossen worden.[266]

Ich neige mehr zur Übersetzung von Scharpf. Ihr läge die Vorstellung verschiedener Himmelssphären zugrunde, in die sich das Denken stufenweise erhebt. Diese Vorstellung war traditionell; sie findet sich auch bei Augustinus und Albert; Cusanus hat sie in De *coniecturis*, II 1 n. 75, 12 h III p. 74, und in *De Beryllo* n. 5, 7–8 h XI 1 p. 7 ausgesprochen. Die Metapher besagt: Es gibt verschiedene geistige Himmelssphären. Über dem Verstandeshimmel kommt der Vernunfthimmel. Die Cusanische Friedensversammlung der Weisen hätte demnach im Verstandeshimmel stattgefunden. Die Übersetzung von Scharpf spielt auf diese Metapher an, die sich bei Cusanus belegt findet; ich ziehe sie daher vor. Aber auch in der Version von Mohler sagt der Satz: Es ist die *ratio*, die diese Eintracht hergestellt und diese *concordia* aufgezeigt hat.

Um Frieden auf Erden herzustellen, genügt schon der Verstand. Ich meine damit die *ratio* im präzisen cusanischen Sinne. Es ist der Verstand, der in den Überzeugungen anderer Religionen die gemeinsame Grundlage beweist. Die allen gemeinsame Ethik ist der *anima rationalis* wesenseigen.[267] Um den Arabern zu sagen, daß sie ihre Ethik nicht von Mohamed haben, um den Christen zu zeigen, daß sie ihre Ethik nicht von Jesus haben *können,* dazu genügt der Verstand. Dann hat es seinen strategi-

---

[265] ib. p. 62, 19–20.
[266] Nikolaus von Cues, Über den Frieden im Glauben, dt. v. L. Mohler, Leipzig 1943, S. 227 Anm. 175.
[267] ib. p. 55, 12.

schen Sinn, die negative Theologie schroff der naiven Setzung von Got-
tesprädikaten entgegenzusetzen. Nur so übt die negative Theologie ihre
unerläßliche reinigende Funktion aus. Um die Idolatrie zu widerlegen,
genügt der Verstand. Die Ausführungen des *Verbum* werden getragen
von der Tradition der Philosophie, die den Vorrang des Einen vor dem
Vielen und das Enthaltensein aller Formen im Logos als der Form der
Formen aussprach. So werden der Monotheismus und die Trinitätsphilosophie begründet. Auch das waren Verstandeseinsichten, von denen
Cusanus sehr wohl wußte, daß sie ohne die Koinzidenzlehre zustandege-
kommen waren. Nach der Ausbildung seiner Koinzidenzlehre und nach
der Präzisierung seiner Distinktion von *ratio* und *intellectus* war es eine
methodische Neuerung, diesen Thesenbestand der parmenideisch-
proklischen Metaphysik und der Logoslehre einmal separat (ich meine:
unabhängig von der persönlichen Spekulation der Koinzidenz) zu entwickeln, um sie in dieser eher verallgemeinerungsfähigen Form der inter-
religiösen Öffentlichkeit vorzulegen.

10. Rückblick auf De pace fidei

Die Schrift stellt einen sympathischen Versuch dar, die Hauptideen des
Christentums einmal von außen zu sehen. Für die genetische Betrachtung ist dies das wesentlich Neue, aber ich behaupte nicht, der Versuch
sei gelungen. Der einheitsphilosophische Ansatz dominiert alles, auch
wenn er sich siebzehn verschiedene Zuhörer und damit Abspiegelungen
verschafft. Der empirische Nachweis, daß es keinen Polytheismus in den
Religionen je gegeben habe, wird von Cusanus postuliert, nicht erbracht,
wobei es überaus bedeutsam bleibt, daß er einen zweiten, einen philolo-
gisch-historischen Durchgang durch die philosophisch erörterten The-
mata immerhin gefordert hat. Hätte er ihn durchzuführen versucht – so
wie der Verfasser von *De concordantia catholica* die historischen Verhältnisse von Papst, Kaiser und Konzil historisch-empirisch studiert hat, –
das Ergebnis wäre unabsehbar geworden; die Relativität der griechisch-
westlichen Welt mitsamt ihrer Einheits- und Logosidee wäre unleugbar
geworden. Der Religionsdialog wäre unter völlig neue Bedingungen
geraten – eben nicht mehr unter die Ägide der Einheits- und Logosmetaphysik des Neuplatonismus. Das göttliche Wort spricht im Sinne der europäischen Einheits- und Logosmetaphysik. Wir werden das dem Logos

nicht vorhalten können. Er ist nun einmal ein griechisch-westliches Produkt, gezeugt nicht von Gott Vater, den Cusanus hier nicht viel mehr
sagen läßt, als daß ihm die Menschheit wegen der Religionskriege leid
tut, sondern von Parmenides in der Deutung des Proklos. Das argumen-
tationsfreudige *Verbum* ist *eines Wesens* – nicht mit dem uns unbekannten Gott, sondern mit der europäischen Metaphysik. Zuweilen bringt es
recht schwache Argumente vor. Seine Rolle als weltgestaltender Logos
und Form der Formen kann es gut erklären, aber seinen eigenen Status als
Mensch beschreibt es entweder dogmatisch-formelhaft, so daß Perser es
nicht verstehen, oder er bleibt unklar. Das kommt vor allem daher, daß
Gottes *Verbum* die dogmatischen Formeln des vierten und fünften Jahrhunderts (Natur, Hypostasen, „*Persona*" läßt es ja weg) oder auch einen
Konzilsbeschluß von 1215 (Transsubstantiation) mit den Mitteln der platonisierenden Philosophie verteidigen muß, für die sie nicht geschaffen
sind. Einerseits distanziert es sich von den dogmatischen Vorstellungen –
wenn es nie von „Personen" in der Trinität redet und sagt, „einige" hätten
von Gott Sohn und Gott Vater geredet, aber man solle bessere Bezeichnungen erfinden –, andererseits denkt es in der tradierten spätantiken Be-
griffsspur von „Natur" und „Hypostase" oder „suppositum". Dadurch
ist der in *De pace fidei* neu entwickelte Ansatz der Inkarnationsphilosophie mit neuen Problemen belastet. Seine innere Kohärenz steht in Frage.
Es ist ferner zu fragen, ob dogmenorientierte fromme Christen damit einverstanden sein können, daß sie vom göttlichen Wort ermahnt werden,
nicht mehr von „dreien" und nicht mehr von „Personen" zu sprechen
und die Vorstellung der Abzählbarkeit von *supposita* abzustreifen. Vielleicht zweifeln auch einige Christen, ob die aus der spätantiken Metaphysik entwickelte *lex melioris* den Kreuzestod ihres Religionsstifters wirklich plausibel machen kann.

V.
GOTT SEHEN

1. Herbst 1453

Es gibt überhaupt nichts auf der Welt, das so tiefsinnig oder so schön wäre, daß es nicht zuerst datiert und lokalisiert werden müßte. Beginnen wir also damit, die schöne Schrift *De visione Dei*, die schon im 15. Jahrhundert zu den meistgelesenen des Cusanus gehörte, zu datieren. Am 14. September 1453 berichtete Cusanus aus Pranzol bei Bozen dem Abt und den Mönchen von Tegernsee über seine Beschäftigung der letzten Tage. Er habe, schreibt er, ein Buch über die *Mathematischen Ergänzungen* (*De mathematicis complementis*) geschrieben, ein Buch, dessen Wert er sehr hoch einschätze, es sei höchst kostbar, *rarissimus,* denn es löse alle bislang in der Mathematik ungelösten Probleme, *omnia actenus incognita manifestat in mathematicis.*[268] Ferner habe er in diesen Tagen ein Buch geschrie-

[268] Cusanus an Abt und Mönche von Tegernsee, Brief vom 14.9.1453, ed. E. Vansteenberghe, Autour de la docte ignorance. Une controverse sur la théologie mystique au XVe siècle, Bäumkers Beiträge Band 14, Heft 2–4, Münster 1915, S. 116. Von jetzt an zitiert als Vansteenberghe, Autour.
   Beachtenswert die ausführliche Kommentierung und die Einleitung von E. Bohnenstaedt zu ihrer Übersetzung: Von Gottes Sehen, Leipzig 1944; ferner J. Hopkins, Nicholas of Cusa's Dialectical Mysticisme. Text, Translation and interpretative Study on De visione Dei, 2. Auflage Minneapolis 1988. Nach diesem Text zitiere ich auch.
   Zu *De visione Dei* vgl: Th. van Velthoven, Gottesschau und menschliche Kreativität, Leiden 1977; Helander, B.H., Die visio intellectualis als Erkenntnisweg und -ziel bei Nicolaus Cusanus, Stockholm 1988; R. Haubst (Hg.), Das Sehen Gottes nach Nikolaus von Kues. Akten des Symposions in Trier vom 25. bis 27. September 1986, MF Band 18, Trier 1989, darin besonders W. Beierwaltes, Visio facialis – Sehen ins Angesicht. Zur Coincidenz des endlichen und unendlichen Blicks bei Cusanus, ebda., S. 91–124. Ferner: G. Wohlfart, Mutmaßungen über das Sehen Gottes. Zu Cusanus' De visione dei, in: Philosophisches Jahrbuch 93 (1986) S. 151–S. 164; A.M. Haas, Deum mistice videre in caligine coincidencie. Zum Verhältnis Nikolaus' von Kues zur Mystik, Basel 1989; W. Haug, Die Mauer des Paradieses. Zur mystica theologia des Nicolaus Cusanus in De visione Dei, in: Theologische Zeitschrift (Basel) 45 (1989) S. 216–S. 230; D. Bormann-Kranz, Interpretation der bisher unbekannten Zweitfassung des 12. Kapitels im Complementum Theologicum. Codex Bruxellensis bibliotheca regiae 11. 479–484, in: L.Hagemann und R. Glei (Hg.), EN KAI PLETHOS. Einheit und Vielheit. Festschrift für K. Bormann, Würzburg 1993, S. 25–S. 55; M.L. Führer, The Consolation of Contemplation in Cusanus, De visione Dei, in: Medioevo 20 (1994) S. 205–S. 231.

ben, das die geometrischen Erkenntnisse auf die göttliche Unendlichkeit übertrage und das er daher *De theologicis complementis* genannt habe. Diesem Buch habe er ein Kapitel – es ist das zwölfte – eingefügt über das Bild eines Sehenden, der alles und jedes einzelne Ding zugleich anblicke. Ein solches Bild führe in sinnenhafter Erfahrung, *sensibili experimento,* ein in die *theologia mystica.* Es gebe uns durch Anschauung Gewißheit darüber, daß der unendliche Blick alles zugleich sehe, und zwar so, daß er jeden Einzelnen anblicke und daß er jeden mit solcher Liebe umfange, als kümmere er sich nur um diesen einzigen Angeblickten. Jeder müsse annehmen, der unendliche Blick gelte ausschließlich ihm. Cusanus fährt fort, er werde den Mönchen bald sein demnächst abgeschlossenes kleines Buch, *De visione Dei,* zuschicken, das sich aus jenem Kapitel entwickelt habe, zusammen mit einem derartigen Gemälde.

Cusanus spricht in diesem Brief von der Arbeit der letzten Tage. Er erwähnt nicht mehr *De pace fidei,* das er anfangs, spätestens Mitte September 53 abgeschlossen hatte. Er nahm wohl auch an, daß dieses Buch die Mönche vom Tegernsee weniger interessiere. Ihre Diskussionen betrafen, wie Briefe des Abtes an Cusanus vom Sommer 52 beweisen, das Verständnis der *theologia mystica.* Sie debattierten, ob der Aufstieg zum göttlichen Einen durch Einsicht oder durch Affekt vollzogen werde und ob er von Einsicht begleitet oder in völliger Selbstvergessenheit stattfinden müsse. Die Frage hieß konkret, wie die Schriften des Dionysius Areopagita auszulegen seien und ob insbesondere die Dionysius-Deutung des Pariser Kanzlers Jean Gerson zutreffe.[269] Dessen Dionysius-Deutung war nicht ganz einhellig: Machte er die Erkenntnis zur Vorbedingung des Aufstiegs oder erklärte er, die affektive Einung sei selbst auch Erkenntnis? Diese Frage beschäftigte die Mönche, und dabei ging es zugleich um die Frage, welchen Wert die universitäre Philosophie und Theologie für sie hatten.[270] Das Türkenproblem lag für die bayerischen Mönche weit weg. Wie Cusanus einmal in einem anderen Zusammenhang beklagte, waren selbst deutsche Fürsten der Ansicht, die Türkengefahr gehe zunächst einmal die Italiener an, und es sei deren Sache, ihr militärisch zu begegnen. Noch

---

[269] Vansteenberghe, p. 188–113.
[270] Die wichtigsten Texte von Jean Gerson in Oeuvres complètes, ed. P. Glorieux, 10 Bände, Paris 1960 – 1973, darin besonders *Collectorium super Magnificat,* Band 8, Paris 1971, S. 163–534; ders., *De Mystica Theologia,* ed. A. Combes, Lucani 1958; ders., *A Deo exivit, Contra curiositatem studentium, De mystica theologia speculativa,* ed. Stephen E. Ozment, Leiden 1969.

standen die Türken nicht vor Wien. Damit ist der kulturell-geographische Raum angezeigt, in den *De visione Dei* gehört: Es ist das Benediktinerkloster nördlich der Alpen, das sich der Notwendigkeit der Reform nicht verschließt, das zwischen der Wiener Universitätstheologie, den Impulsen aus Paris und der Entwicklung einer eigenen spirituellen Welt nach Orientierung sucht.

Um noch einmal an die Chronologie zu erinnern: Nachdem *De pace fidei* fertiggestellt war (Anfang, spätestens Mitte September 1453), ging Cusanus seinen mathematischen Interessen nach, die er aus *De pace fidei* herausgehalten hatte. Noch in den September 1453 gehören die *Theologischen Ergänzungen,* aus denen heraus sich *De visione Dei* entwickelte, das er am 8. November 1453 beendete. Cusanus entfaltete also von Juli 53 bis Anfang November 53 eine fieberhafte Aktivität; sie umfaßte die Friedensschrift, die wiederaufgenommene, aber separat gehaltene Geometrico-Theologie und die anschauliche Darstellung der Cusanischen Lösung der Dionysius-Gerson-Debatte. Eine so fruchtbare Zeit wie der Sommer/Herbst 53 war Cusanus später nie mehr vergönnt; innerhalb weniger Monate gestaltete er schriftstellerisch seine Theorien zu drei umfassenden Ideenkomplexen: 1. Religionsfrieden, besonders im intellektuellen Ausgleich mit dem Islam, 2. Endlichkeit und Unendlichkeit, Kreisquadratur in Mathematik und spekulativer Theologie, 3. die Rolle der Vernunft im Aufstieg zum Einen und die richtige Interpretation des größten aller Theologen, Dionysius.

2. De visione Dei *und* De pace fidei

De visione Dei ist der poetischste Text des Cusanus. Er beschreibt eine Erfahrung, um die Selbsterfahrung der Mönche von Tegernsee anzuregen. Er will nicht nur ein abstraktes Problem lösen. Nie ist seine Sprache leichter geflossen als bei dieser Bildmeditation. Lesen Sie nach *De visione Dei* noch einmal ein Kapitel aus *De docta ignorantia,* und achten Sie auf die Diktion, auf Wortwahl und Satzbau. Vergleichen Sie einmal, wie verschieden er selbst vergleichbare Gedanken ausdrückt, z. B. wenn er in *De docta ignorantia* II 2 p. 68, 24–30 ausspricht, daß alles Geschaffene mit sich zufrieden ist, daß es in seiner eigenen Vollkommenheit zur Ruhe kommt und daß es sein Selbstsein dem Sein aller anderen Dinge vorzieht. Diese Metaphysik der Egozentrik kehrt in *De visione Dei* als Leitmotiv wieder; wir kennen sie schon aus dem brieflichen Resümee vom 14. September 1453, aber jetzt ist alles anschaulicher, direkter, persönlicher und – sit venia verbo – „existenzieller". Das ist nicht nur eine Frage des Stils, oder vielmehr: Dieser Stil ist selbst nicht nur eine Sache des Stils. Nie hat Cusanus weniger „scholastisch" geschrieben als hier; auch das war eine Botschaft: Dieser Text sollte nicht mit den Büchern der Wiener Professoren verwechselt werden können. Die Schrift war bei ihrer Übersendung verbunden mit einem gemalten Bild. Cusanus wollte bildhaft, erfahrungsnah zeigen, wie Gott gedacht werden müsse, um die Distinktionen der scharfsinnigen Scholastiker zu verlassen, ohne in den Rausch einer denkfeindlichen frommen Raserei zu fallen. Jetzt wollte er beweisen, ad oculos, daß seine neue Philosophie die Kraft hatte, sowohl die abstrakte Schulphilosophie als auch die Intentionen der Unmittelbarkeitsmystiker in sich transformierend aufzunehmen. In *De pace fidei* gab es noch ein recht holpriges Kapitel; ich meine das über die Christologie, in dem er auf neuen Wegen zwei alte, abstrakte Formeln der spätantiken Metaphysik – zwei Naturen, ein Suppositum – rechtfertigen mußte; in *De visione Dei* tritt ein solches apologetisches Interesse nicht dazwischen; daher wurde *De visione Dei* das *schönste* Buch des Cusanus.

Platon zufolge – und in Wahrheit – kann man nur unter Freunden philosophieren. Sonst treten kluger Selbstschutz und strategische Selbststeuerungen dem reinen Fluß des Denkens in den Weg. *De visione Dei* ist für Freunde geschrieben und hat wohl gerade deswegen, weil es eine intime Schrift ist, so viele Leser gefunden. *De pace fidei* fand vor dem versammelten himmlischen Hofstaat und als religionsphilosophischer Weltkongreß am Mittelpunkt der Erde, in Jerusalem statt. Es wurde eingeleitet durch einen Hinweis auf die soeben erfolgte Eroberung von Byzanz, und Cusanus vergaß nicht zu erwähnen, daß er selbst schon dort gewesen war. Wenige Wochen später gestaltet er seine religionsphilosophische Bildbetrachtung in einem Klosterraum, in dem „Brüder", jeder für sich, nicht in kollektiver, liturgischer Formation, das Bild sehen mit dem alles-sehenden Auge.

De visione Dei ist in engem zeitlichen Zusammenhang mit *De pace fidei* entstanden, aber es dauerte bis 1995, bis ein Aufsatz erschien, der sich auf wenigen Seiten den Zusammenhang beider Texte zum Thema machte.[271] Vielleicht ist mir trotz Suchens Wichtiges entgangen, mein Ein-

---

[271] W.A. Euler, Die beiden Schriften De pace fidei und De visione Dei aus dem Jahre 1453, in: MF 22 (1995) S. 187–S. 293.

druck ist jedenfalls dieser, daß beide Schriften eher isoliert behandelt werden und sozusagen ihre je eigene Klientel haben. Toleranzfreunde stützen sich auf *De pace fidei*, Erlebnisverehrer und dilettierende germanistische Mystikfreunde „interpretieren" oder vielmehr paraphrasieren gern *De visione Dei.* Wir kommen weiter, wenn wir die Frage nach dem Verhältnis der beiden Schriften zueinander zu beantworten suchen; sie ist durch ihre zeitliche Nähe unabweisbar. Daran können Sie – wieder einmal – sehen, was eine genetische Untersuchung erbringt: Sie thematisiert zeitliche Zusammenhänge. Sie unterstellt nicht, ein Autor habe immer dasselbe gesagt. Das setzt sie gerade auch dann nicht voraus, wenn zwischen der Abfassung zweier Bücher nur wenige Wochen liegen. Sie unterstellt auch nicht, die verschiedenen Texte seien unvereinbar. Sie untersucht; sie fragt; sie will Neues aufdecken. Sie hält das Bewußsein wach, daß es zeitlich und regional begrenzte Denklandschaften gibt, in denen es unterschiedliche Themen, verschiedene Dringlichkeiten und unterschiedliche Regeln zur Entscheidung von Streitfragen gibt.

Die Eigenart von *De visione Dei* wird deutlicher, wenn wir uns erinnern, daß in *De pace fidei* die Friedensschrift die typisch cusanischen Theoreme nicht vorkommen

Wie läßt es sich erklären, daß Cusanus in *De pace fidei* die Hauptinhalte seiner bisherigen Denkarbeit ausspart? Wir können ausschließen, daß er seine zentralen Ideen – vom Wissen des Nicht-Wissens, vom Zusammenfall der Widersprüche, vom Hervorgang des Verstandes aus der Vernunft, vom nicht-explikativen Charakter des menschlichen Geistes – aufgegeben hätte; wir werden ihnen bald in *De visione Dei* wieder begegnen, und sie stehen auch in seinem Brief vom 22. September 1452 an den Abt von Tegernsee.[272] Also hat Cusanus sie zurückgehalten, weil sie in sein Konzept der Friedensschrift nicht paßten. *De pace fidei* sollte in rationaler Argumentation den Vertretern anderer Religionen zeigen, daß *sie selbst* die eine wahre Religion – eine platonisierend interpretierte Version des Christentums – voraussetzen. Diese Voraussetzung war zu zeigen, ohne eine weitere Voraussetzung zu machen, die den Gang der Argumentation nur gestört und die Herstellung des Religionsfriedens nur verzögert oder verhindert hätte. Cusanus wollte nicht voraussetzen, daß alle in Jerusalem versammelten Weisen seine Schriften gelesen hätten, während die Brüder vom Tegernsee sich an ihn wandten, gerade *weil* sie seine

---

[272] Vansteenberghe, Autour , p. 112.

Schriften gelesen hatten. Die äußere wie die intellektuelle Situation der
Adressaten und damit das Beweisziel waren daher verschieden anders.

Wir können versuchen, diese Differenz mit den Begriffen des Cusanus
selbst zu umschreiben. Er hat dazu Winke gegeben: *De pace fidei* zeigt
die *concordia rationis* oder die *concordia religionum* im Feld der *ratio*.[273]
Um den Krieg der Religionen auszuschließen, brauchen wir nicht die
Herkunft der *ratio* zu erforschen, wir müssen sie nur anwenden, um den
Kontrahenten zu zeigen, daß sie nicht so weit auseinander sind, daß sie
im Namen Gottes zu den Waffen greifen müßten. Den Freunden in Tegernsee hingegen mußte er zeigen, wieso die wahre Kenntnis Gottes im
Wissen vom Nicht-Wissen besteht, daß dieses Nicht-Wissen weder Skepsis noch Resignation bedeutet. Er mußte ihnen zeigen, wieso die „Weisen
dieser Welt", die anerkannten Philosophie- und Theologieprofessoren,
nicht den Schatz heben konnten, der im Bewußtsein jedes Gläubigen verborgen liegt. Er mußte von Koinzidenz sprechen, denn er wollte auf die
Frage der Mönche, ob der Aufstieg durch Einsicht oder Liebe geschehe,
antworten, daß Einsicht und Liebe koinzidierten. Er konnte ferner das
Motiv der Koinzidenz deswegen nicht ausblenden, weil ihnen zu beweisen war, daß Wissen und Nicht-Wissen in der *docta ignorantia* zusammenfallen. Diese Absicht hatte Cusanus, wie sein Brief vom 22. September 1452 zeigt, schon ein Jahr, bevor er *De visione Dei* schreiben konnte.
Der Fall von Byzanz kam dazwischen; Cusanus unterbrach, auch um
kirchenpolitisch eine Friedensstimme zur Geltung zu bringen, seine
Gedankenarbeit an der Vertiefung und Veranschaulichung – wenn ich so
sagen darf: an der laien-haften Präsentation – seiner philosophischen
Gotteslehre, die in der Idiota-Schrift nur andeutungsweise zur Sprache
gekommen war, und schrieb in scharfer Begrenzung auf das *rational* Erreichbare einen *exoterisch* gehaltenen Grundriß seiner Religionsphilosophie für Fremde. Dieses Konzept einer Zweistufigkeit der philosophischen Erkenntnis ist demokratischen Zeitaltern fremd geworden, aber Sie
erinnern sich, daß Cusanus es in der *Apologia* als das seine ausgesprochen
hat. Nicht nur Eckhart, auch Dionysius Areopagita wollte Cusanus der
allgemeinen Benutzung entzogen sehen.[274] Gewiß hat er nicht die Weisen
des universalen Friedenskonzils mit den verstockten Verteidigern der aristotelischen Universitätstradition identifiziert, aber er hielt es für mög-

---

[273] *De pace fidei* p. 62, 19.
[274] *Apologia* p. 25, 1–12 und 29, 11–30, 3.

lich, esoterische intellektuale Untersuchungen, die ohnehin immer in rationaler Form vorzutragen sind, von exoterischen, rein rationalen Analysen abgetrennt zu halten. Daß eine bloß rationale Betrachtung der christlichen Wahrheiten möglich und de facto vorhanden war, das lag vor aller Augen. Dies war die Voraussetzung dafür, daß Cusanus einen stufenweisen Vortrag seiner Überlegungen inszenieren konnte, als schriftstellerische Strategie. Daher sind *De pace fidei* und *De visione Dei* Komplementärtexte. Sie wollen im *Zusammenhang* gelesen und dabei in ihrer *Verschiedenheit* erfaßt werden. Ging es in *De pace fidei* um eine friedenssichernde Einigung auf dem Boden der ratio, so geht es in *De visione Dei* um das Übersteigen der *ratio* zum *intellectus*. Erreichte in *De pace fidei* das Denken allenfalls den Punkt, wo die negative Theologie Prädikate vom Unendlichen fernhält, so formuliert *De visione Dei* den Inhaltsreichtum des intellektualen Denkens, das die Entgegensetzung von positiver und negativer Theologie hinter sich läßt. *De visione Dei*, für Freunde, die außerhalb des universitären main-stream stehen, nicht für die interreligiöse Weltöffentlichkeit bestimmt, erklärt *esoterisch* die *theologia mystica* und erweist experimentell die Wahrheit der höchsten Einsichten, die Dionysius selbst nicht immer, sondern nur in der *Theologia mystica* ausgesprochen hat.

3. Kreisquadratur und Gottesschau – Der literarische Kontext

Es besteht eine Tendenz, dem Buch *De visione Dei* eine „mystische" Fasson zu geben, in dem Sinne dieses Wortes, den es in den Marktbedürfnissen der Gegenwart angenommen hat. Dagegen empfiehlt es sich, gerade diesen Text genetisch, in seinen geschichtlichen Entstehungsbedingungen, in seinem literarischen und theoretischen Kontext zu analysieren.

Den literarischen Kontext habe ich genannt; es ist das erste Buch von *De mathematicis complementis* und die Schrift *De complementis theologicis*, beide vom Herbst 1453.[275] Wir müssen uns zuerst mit diesen Büchern befassen; ich werde auf *De visione Dei* schon noch zurückkommen. Ich bitte um Geduld.

---

[275] Vgl. D. Bormann-Kranz, Interpretation der bisher unbekannten Zweitfassung des 12. Kapitels im Complementum theologicum (Codex Bruxellensis bibliothecae regiae 11.479-84), in: EN KAI PLETHOS. Einheit und Vielheit. Festschrift für K. Bormann, Würzburg 1993, S. 25–S. 55.

Auch hier gilt, was ich zu *De geometricis transmutationibus* vom Herbst 1445 gesagt habe: Zu einer mathematikgeschichtlichen Bewertung fehlt mir die Kompetenz; mich interessiert die kulturelle Funktion des Buches und seine Rückwirkung auf das philosophische Denken des Cusanus.

Beides erläutert der Prolog. Diesmal ist die Schrift nicht Paolo Toscanelli in Florenz gewidmet, sondern einem alten Freund, dem Humanisten Tommaso Parentucelli, der jetzt als Papst Nikolaus V. regierte. Cusanus beginnt mit einer rhetorisch hochstilisierten Eloge auf das Papsttum: Die Macht des Papsttums, schreibt er, sei so groß, daß eine größere Macht überhaupt nicht gedacht werden könne; sie komme der Macht gleich, die Quadratur des Kreises zu vollziehen. Das klingt, als wollte der Renegat des Konziliarismus seine Vergangenheit vertuschen. Aber abgesehen davon, daß dies bei Nikolaus V. nicht möglich war, war es überhaupt nicht nötig. Dies zeigt auch der Fortgang des Prologs. Denn die Macht des Papstes interpretiert Cusanus hier vorab als die Kompetenz zur kulturellen Führerschaft in der Zeit der Frührenaissance. Cusanus sagt dies explizit: Der Papst ist nicht nur der oberste Hierarch der Kirche; er ist der *magister omnium scibilium.* Es geht hier nicht nur und nicht primär um Theologie. Der Papst ist der Lehrer einer mit Hilfe der Antike erneuerten Welt. Er, der humanistische Papst, schreibt Cusanus, habe am meisten darauf hingewirkt, daß alle Texte sowohl der griechischen wie der römischen Schriftsteller auf die sorgfältigste Weise wieder zur Verfügung stünden: *id magnificentissime effecisti ut omnium tam graecorum quam latinorum scripta quae reperiri queunt tua mirifica diligentia in omnium nostrum notitiam accuratissime peruenerint.*[276]

Der Papst ist in den Augen des Cusanus der berufene Sachverständige für die Förderung der Antikerezeption, und dabei, hebt Cusanus hervor, schließe der Papst die Geometrie keineswegs aus. Der Papst habe ihm vor einigen Tagen die Werke des Archimedes übergeben, griechisch und in der lateinischen Übersetzung, für die der Papst gesorgt habe. Und seine Schrift sei eine Gegengabe, die das Werk des Archimedes ergänze, daher

---

[276] *De mathematicis complementis*, Prologus, Opera (Paris 1514) II 59 r. Vgl. J.E. Hofmann, Die Quellen der cusanischen Mathematik. I. R. Lulls Kreisquadratur, Heidelberg 1942; ders., Einführung, zu: Nikolaus von Kues, Die mathematischen Schriften, Hamburg 1942; ders., Mutmaßungen über das früheste mathematische Wissen des Nikolaus von Kues, in: MF 5 (1965) S. 98–S. 136. Vgl. auch MF 6 (1967) S. 55–S. 62 (N. Stuloff); MF 12 (1977) S. 116–S. 126 (W. Breidert).

der Titel *complementum*. Der Papst sei der einzige, der würdig sei, als erster eine Entdeckung zur Kenntnis zu nehmen, die seit Jahrhunderten verborgen gewesen sei und die durch den Papst allen Menschen bekannt werden sollte. Es gehe um die Quadratur des Kreises; aber daraus ergäben sich Ergänzungen für die gesamte Mathematik. Das Lob der päpstlichen Quasi-Allmacht entpuppt sich bei näherem Zusehen als die Anerkennung, der Papst habe die Archimedesrezeption entscheidend gefördert. Cusanus kündigt sodann an, er werde das Problem der Kreisquadratur lösen, dessen Lösung kein anderer so nahe gekommen sei wie Archimedes. Die wahre geometrische Kunst liege trotz Archimedes noch völlig im dunkeln. „Ich aber", *ego autem* – wieder diese selbstbewußte Formel, die auch in *De geometricis transmutationibus* vorkam –, werde das Rätsel zu lösen suchen. Cusanus erklärt, er wisse, wie viele daran schon gescheitert seien, aber er wolle das Problem lösen mit Hilfe der Koinzidenzen. Dieser Plural ist bemerkenswert; es gibt für Cusanus seit *De coniecturis* nicht nur *eine* Koinzidenz. Es gibt auch geometrische Grenzbetrachtungen, die auf Koinzidenzuntersuchungen zulaufen; er erwarte, schreibt er daher, daß die Theorie der Koinzidenzen sich in der Geometrie wie in anderen Wissenschaften, *uti in aliis scientiis*, bewähren werde.[277] Die Koinzidenzlehre präsentiert der Kardinal dem Papst als eine Einheitswissenschaft mit maximaler Erklärungskraft in allen Wissenschaften. Cusanus verspricht überdies, er werde seine Lösung so leicht faßlich darstellen, daß auch Leser, die in der Mathematik nicht bewandert seien, sie verstehen könnten.[278] Ich begleite, wie gesagt, Cusanus nicht in die mathematikgeschichtliche Sackgasse, in die wir ihn sich so zuversichtlich bewegen sehen; ich halte nur fest: Auch dieser Text beweist, daß Cusanus die theologische Einschränkung der Koinzidenztheorie nicht geteilt hat, wie sie seit den fünfziger Jahren die deutsche Diskussion beherrschte. Dieser Prolog zeigt Cusanus mit höchsten kulturpolitischen Ambitionen, einvernehmlich mit einem Papst, dem die Archimedes-Übersetzung am Herzen lag und der im gleichen Maße die griechischen wie die lateinischen Autoren schätzte. Dies war eine glückliche kulturelle Situation, von der wir wissen, daß sie nur noch zwei Jahre, bis zum Tode Nikolaus V., gedauert hat. Dabei ist geschichtlich charakteristisch, daß das, was ein Jahrzehnt zuvor noch die Spezialität des Florentinischen

---

[277] ib. fol. 59 r.
[278] ib. fol. 60 r.

Kreises um Toscanelli gewesen ist, nun an der Spitze der Weltkirche und
in Rom verhandelt wird. Auch die kulturgeographische Verschiebung ist
dabei charakteristisch; sie wird sich in den nächsten Jahrzehnten noch
verstärken.

Cusanus bringt seine Lösung mit ungebrochenem Selbstbewußtsein
ins Spiel. Die Welt hat auf ihn gewartet; der Papst in seiner All-Kompe-
tenz soll sich ihrer annehmen und sie verbreiten. Die koinzidentale Wahrheit schreit nicht nur auf den Gassen; sie erweist sich auch als die Lösung
der Frage, an der Archimedes gescheitert ist; sie ist auf dem Marktplatz
wie in den geometrischen Konstruktionen. Sie ist erfahrbar, auch als Koinzidenz erfahrbar, und auf dieser Gewißheit aufbauend wird Cusanus
sie auch in seinem Traktat über das Bild mit dem wandernden Blick als
sichtbar präsentieren.

Doch noch sind wir nicht soweit. Cusanus hat, nachdem er den ersten
Teil der *mathematischen Ergänzungen* fertiggestellt hatte, ein Buch über
die *theologischen Ergänzungen* begonnen und ebenfalls noch im September 1453 abgeschlossen. Wir müssen dieses Buch näher anschauen. Cusanus hat schließlich selbst geschrieben, das Werk über das Sehen Gottes sei
aus den *mathematischen* und den *theologischen Ergänzungen* herausge-
wachsen.

4. Mathematico-Theologie und mens-Metaphysik

Cusanus beginnt seine *Theologischen Ergänzungen*, indem er erklärt, es
passe nicht recht zu seiner kirchlichen Stellung und zu seinem Alter, dem
Papst ein rein mathematisches Buch, eben die *mathematischen Ergänzungen*, zu widmen, ohne die Fruchtbarkeit seiner mathematischen Entdek-
kungen für die philosophische Theologie ergänzend darzustellen; daher
versuche er nun, die mathematischen Figuren des ersten Buches in theologische umzuwandeln.[279]

Daß es sich für einen Kardinal nicht schicke, Bücher wie *De mathematicis complementis* zu schreiben, die rein mathematischen Charakter haben, das leuchtet uns heute wohl eher ein, als daß ein Dreiundfünfzigjäh-
riger erklärt, er sei wohl zu alt dazu. Aber Cusanus behauptet zu Beginn

---

[279] *De theologicis complementis*, h X Opuscula II, Fasciculus II a, ed. A.D. Riemann –
C. Bormann, Hamburg 1994, n. 1, 1–8 p. 3–4. Vgl. D. Bormann-Kranz, Untersuchungen
zu Nikolaus von Kues, De theologicis complementis, Stuttgart 1994.

seiner *Theologischen Ergänzungen* beides. Er steht auf dem Höhepunkt
seiner literarischen Produktivität; aber ihn beschäftigt sein Alter. In *De
pace fidei* spielt er einmal auf die Einsichten des Alters an, in dem das
Sinnenglück des muslemischen Paradieses seinen Reiz verliere[280]; in wenigen Wochen wird er *De visione Dei* beenden und zum Ausklang schreiben, er habe seinen irdischen Lauf fast beendet.[281] Jedenfalls will er jetzt
seinem Alter entsprechen und in *De theologicis complementis* zeigen, wie
in mathematischen Figuren die unendliche Wahrheit „widerleuchtet", *relucet*. Gott leuchtet wider in den Geschöpfen, dieses *relucere* kennen wir
seit 1449 als bildhaft-argumentatives Gegengewicht zu allen Transzen-
denzbehauptungen[282]; aber jetzt, 1453, will es Cusanus wieder auf die
mathematischen Gegenstände anwenden, die seit der Mitte der vierziger
Jahre dem philosophischen Modell der Analyse des Sehens gewichen waren und in eine Serie von mathematischen Traktaten ohne direkte philosophische Ambition ausgelagert waren. Cusanus kehrt also 1453 in einer
spiralförmigen Bewegung zu dem Verfahren zurück, das wir aus *De docta ignorantia* I schon kennen. Er begründet es – zunächst – auch ähnlich
wie in *De docta ignorantia* I 11 und 12: Die mathematischen Gegenstände sind dem Wechsel der sinnlichen Dinge entzogen; sie bieten also einen
höheren Grad an Gewißheit; daher leuchtet die unendliche Einheit in ihnen auf glänzendere Weise wider als in den Naturdingen. Cusanus erklärt, er wünsche daher, sein Buch über die *Theologischen Ergänzungen*
solle immer mit *De mathematicis complementis* zusammen abgeschrieben und veröffentlicht werden, eine Bitte, die ihm 1994 in der Ausgabe
der Heidelberger Akademie versagt geblieben ist; der Geist der Fächer-
trennung dominiert.

Cusanus kehrt nicht einfach zur Position von 1439 zurück. Zwar wiederholt er, die mathematischen Erkenntnisse seien gewisser als die physi-
kalischen. Aber es ist etwas anderes, ob ich – wie in *De docta ignorantia* –
Geometrie und philosophische Theologie zusammen präsentiere oder ob
ich zunächst ein mathematisches Buch schreibe, wie *De mathematicis
complementis*, und dann daraus Schlußfolgerungen ziehe für die spekulative Theologie. Aber wenn Cusanus 1453 die seit etwa 1444 eher ausein-
anderlaufenden Untersuchungsreihen von mathematischer und philosophischer Analyse wieder zusammenbringt, so tut er dies unter neuen

---

[280] *De pace fidei* n. 50 p. 48, 3.
[281] *De visione Dei* n. 118, 6 p. 268.
[282] *Apologia* p. 11, 23 und *De mente* c. 7 n. 106, 9 p. 159.

theoretischen Bedingungen. Es sind die Theoreme seiner *mens*-Metaphysik. Diese entwickelt Cusanus einleitend: Die mathematischen Gegenstände interessieren, ja faszinieren den Mathematiker nicht in ihrer stofflichen Konkretion, als hölzerne oder goldene Ringe, sondern als reine Gedankenbestimmungen, wie sie in sich sind. Und sie sind in sich, sofern sie in unserem Geist sind. Sie sind frei von sinnlicher Andersheit; und sie sind dies, weil sie in ihrem An-sich im Geist selbst sind. Unser Geist entdeckt in ihnen sich selbst als frei von „sinnlicher Andersheit", und dies erklärt die leidenschaftliche Liebe der Geometer zur Geometrie. Die spekulativ-theologische Transposition der geometrischen Figuren geht nicht direkt von diesen zur unendlichen Einheit; sie weiß sich als ein Akt der Selbsterfassung des Geistes. Cusanus erklärt dies zu Beginn seiner *Theologischen Ergänzungen*, und in diesem Buch kommt es mehrmals zu Hymnen auf die Souveränität unseres Geistes. Die hohe Rhetorik gipfelt in dem Satz aus Kapitel 9, 61–62 p. 46: *Es gibt nichts Edleres als den Geist, nihil enim mente nobilius.* Diesen Satz hat schon Rudolf Falckenberg als Motto seines Cusanusbuches *Grundzüge der Philosophie des Nicolaus Cusanus mit besonderer Berücksichtigung der Lehre vom Erkennen*, Breslau 1880, gewählt. Er bezeichnet eine markante Differenz zum ersten Buch von *De docta ignorantia*. Damit ist nicht behauptet, dies Buch stehe dazu im Widerspruch. Aber die Analyse des Cusanus verläuft jetzt anders; sie integriert seine Mathematico-Philosophie in die *mens*-Metaphysik. Die Geistphilosophie geht viel weiter. Sie sagt von der *mens* nicht nur, sie sei frei von jeder sinnlichen Andersheit, *libera a sensibili alteritate,* sondern sie behauptet, die *mens* trage das quasi-göttliche Prädikat der *Form der Formen, forma formarum*; sie sehe *omnia, alles,* also nicht nur die *mathematica,* in sich selber, in der *mens* leuchte das Licht der Wahrheit. Die geometrischen Figuren in ihrer Wahrheit sehen, das heiße für die *mens,* sie in sich selbst zu sehen.[283] Die Geometrico-Theologie ist vorab eine Selbsterforschung unser selbst.

Bei den geometrischen Inhalten, wie sie der Geometer untersucht, fällt alle „sinnliche Andersheit" weg. Cusanus hatte in *De coniecturis* „Konjektur" definiert als Erkenntnis der Wahrheit in der Andersheit. Das bedeutet: Die mathematische Erkenntnis ist keine Konjektur. Cusanus fügt zwar in *De complementis theologicis* c. 2, 27–28 p. 7 sofort hinzu, die *mens* sei nicht ganz ohne Andersheit. Aber zu beachten ist, wie er die

---

[283] *De theologicis complementis* c. 2 , 1–42 p. 5–9.

verbleibende Andersheit beschreibt: Die *mens* sieht die Wahrheit, aber sie sieht sie nicht in ihrer Unveränderlichkeit, da sie, die *mens*, veränderlich ist, und Cusanus nennt als Beispiel der Veränderlichkeit den Zorn, der uns hindern kann, die Wahrheit zu beurteilen. Die bleibende Andersheit besteht so lange, als die *mens* nicht ganz bei sich ist. Gehörte sie sich selbst, ließe sie sich, um bei dem Beispiel des Cusanus zu bleiben, durch Zorn nicht behindern, dann leuchtete die unveränderliche Wahrheit als solche in ihr.[284] Die mentale Andersheit erscheint als eine vermeidbare Außeneinwirkung auf die *mens*; wäre die *mens* ganz bei sich, wäre sie ganz bei der unveränderlichen Wahrheit. Jedenfalls folgert Cusanus: Der Geist sieht die geometrischen Figuren ohne jede Andersheit. Er sieht sie in sich, und er sieht sie dort, wo zugleich die Wahrheit des Geistes und seiner Inhalte ist. Die unveränderliche Wahrheit ist die Form des Geistes, und der Geist ist die Form aller geometrischen Formen. Geist – das ist eine je eigene und zugleich eine allumfassende Beleuchtung der Welt.

5. Das Sehen des Wolfes ist Licht: die Einheit von Daß- und Was-Erkenntnis

Cusanus erklärt uns das durch den Vergleich mit dem Wolf: Im Sehen des Wolfes ist ein Licht, durch das sein Sehen zustande kommt und in dem der Wolf alles sieht, was er sieht. Cusanus redet hier nicht von der Sonne, die ins Licht setze, was der Wolf zu sehen bekommt. Nein, er spricht von einem wolfsspezifischen Innen-Licht, von einer durch die Wolfsnatur geprägten Beleuchtung alles dessen, was der Wolf sieht. Wir würden sagen, Cusanus spreche von dem *Horizont,* den die Wolfsnatur bestimmt und vor dem der Wolf alles sieht, was er sieht. Aber besser noch als vom Horizont sprächen wir von der Wolfswitterung, die seinen Blick führt und die ihm wie in einem Scheinwerfer zeigt, was für ihn nützlich oder schädlich ist. Der Wolf sieht nicht alles, sondern das für ihn Notwendige; sein Wolfsein determiniert seinen Blick; es bestimmt, was ein Wolf überhaupt zu sehen bekommt und was er nicht sehen kann. Gott, sagt Cusanus, hat den Wolfsaugen ihr wolfseigenes Licht anerschaffen. Es bestimmt

---

[284] Der Text ib. c. 2 Zeile 35 und 36 p. 8 bereitet Schwierigkeiten. Klar ist die Aussage: Vom Zorn erregt und alteriert, sieht unser Geist die Wahrheit nicht in Unveränderlichkeit, sondern in seiner eigenen Veränderlichkeit. Müßte es nicht in Zeile 36 statt: *in sua inalterabilitate* heißen: *in sua alterabilitate?*

das Ausmaß des für den Wolf Sichtbaren und hält das konkrete Sehfeld in Proportion zu seinen Wolfsinteressen. Daher kann er zum Beispiel in der Nacht auf die Jagd gehen. Er hat von Gott seine eigene Art von Licht bekommen. Der Wolf hat seine angeborenen, ein-erschaffenen Wahrheiten.

Hier zeigt sich, wie wenig Cusanus von einem lehrbuchmäßigen Platonismus ausgeht. Angeborene Wahrheiten gibt es im Schulbuchplatonismus nur für Menschen, genau genommen, nicht für Menschen, sondern für den Nus. Cusanus will auch darauf hinaus; aber er führt durch Erfahrungswissen dorthin, daß unser Sein unser Bewußtsein bestimmt, wenn Sie mir diese altmodisch gewordene Wendung freundlicherweise noch einmal durchgehen lassen. Die Objekte des Sehens stehen nicht einfach herum; ihr Objekt-Sein ergibt sich im Lebenszusammenhang des Wesens, das sie sieht. So, fährt Cusanus fort, ist es auch bei unserem Geist. Wenn Gott dem Wolf das notwendige Lebenslicht miterschaffen hat, das seinen Lebens-Weg beleuchtet, so hat er erst recht dem Menschengeist das Notwendige nicht versagt. Nur ist das für den Menschen Notwendige die universale Wahrheit. Wie das Sehen des Wolfes seiner Natur und seiner Welt proportioniert ist, so das Sehen des Intellekts. Es fehlt dem Intellekt nichts. Das notwendige Wahrheitslicht, in dem er sich und die unveränderliche Wahrheit sieht, leuchtet ihm.[285]

Dies klingt, als überspringe Cusanus die Endlichkeit des menschlichen Sehens und Denkens. Als spreche er zwar beim Wolf von einem eingeschränkten, artspezifischen Sehen, stelle ihm aber das menschliche Erkennen als unbegrenzt gegenüber, als berühre Andersheit es nur gelegentlich und vermeidbar. Dies ist aber nur in einem gewissen Sinne der Fall: Die universale Wahrheit, die wir in uns und in der wir uns sehen, ist unser spezifisches Objekt. Aber Cusanus beeilt sich, Einschränkungen anzumelden und den Wegcharakter menschlichen Erkennens zu urgieren. Denn, sagt er, von dem notwendigen Wahrheitslicht, das in uns leuchtet, sind wir nur des Daß gewiß; wir kennen nicht sein Was.

Die Unterscheidung der Daß- von einer Was-Erkenntnis hat eine lange Tradition. Sie ist aristotelisch; aber sie fand schon bei Eriugena eine spekulativ-theologische Abwandlung, und auch Thomas von Aquino konnte sagen, wir wüßten von Gott zwar sein Daß, aber kennten nicht sein Wesen. Doch so ehrwürdig die Unterscheidung ist, sie hat ihre Pro-

---

[285] ib. c. 2, 39–46 p. 8–9.

bleme. Denn wenn ich das Dasein behaupte, spreche ich es einem irgendwie Bestimmten zu oder ab. Wenn ich von Gott sage, daß er *ist*, setze ich
bestimmte Umschreibungen seines Was voraus, sonst wird mein Satz
sinnlos. Aber folgen wir dem Cusanus: Wir berühren, sagt er, das Daß
eines Lichtes, ohne das wir so wenig geistig erkennen, wie wir ohne die
Sonne sehen. Diese Wahrheit ist in unserem Geist wie in einem unsichtbaren Spiegel, in dem wir alles Sichtbare sehen. Wieder entfaltet Cusanus
sein Pathos des Fortschritts in der Erkenntnis: Je genauer wir sehen, umso
gewisser werden wir und umso klarer sehen wir in diesem Spiegel der
Wahrheit alles. Das Licht der Wahrheit versetzt das Potentielle, das an
unserem Geist verblieben ist, mehr und mehr in Aktualität, und die Unbekanntheit des Was, weit entfernt davon, Anlaß des Jammers zu sein,
erregt die Bewegung des Geistes, die voller Freude ist, *gaudiosissima*. Die
affektiven Töne aus *De sapientia* klingen an: Diese Bewegung vom Daß
zum Was hat in sich eine höchste Art von Lust. Sie ist auch nicht von der
Art, daß das Ziel ihr immer nur vorschwebte, ohne je erreicht zu sein.
Das Ziel ist in ihr immer auch schon erreicht; daher ist die Bewegung
unseres Geistes immer auch schon eine Art Ruhe im ersehnten Ziel. Die
Bewegung unseres Geistes ist im gleichen Maße eine geradlinige und eine
kreisförmige – und damit treten wir ein in die philosophische Seite der
Quadratur des Kreises. Die Bewegung vom Daß zum Was ist geradlinig;
sie geht von der Erfahrung des Daß oder – in der Religion – vom Glauben aus und bewegt sich auf das Sehen und auf das Was zu. Dazwischen
liegt eine geradezu unendliche Distanz, aber die Bewegung des Geistes
geht dahin, erfüllt zu werden; sie will nicht ein bloßes Streben bleiben,
sondern sie will schon im Anfang ihres Weges dessen Ende und das Was
finden. Denn dieses Was ist das, wo das Daß liegt. Dies zeigt, wie Cusanus das Problematische der Unterscheidung von Daß und Was jetzt auf-
zufangen sucht. Wir brauchen in der Daß-Erkenntnis schon die Was-Ein-
sicht, und die geistige Bewegung will sich nicht in einem Entweder-Oder
verlaufen. Sie sucht nichts anderes als die Koinzidenz von Bewegungs-
anfang und Ziel, von Abwesenheitserfahrung der Wahrheit und dem
Anlangen bei ihr. Dieses Zusammenbringen von Anfang und Ende, dieses Zugleich von Aufbruch und Ankunft zeigt uns der *Kreis*. Daher ist
die geradlinige Bewegung des Geistes vom Daß zum Was zugleich eine
Kreisbewegung. Die spekulative Bewegung, d.h., die Bewegung, die wir
als der Spiegel der unsichtbaren Wahrheit immer schon vollziehen, hat
ihr Maß in einem höchst einfachen Zugleich von Gerade und Kreis.

Das Philosophische an der Quadratur des Kreises liegt nicht vor allem
darin, daß sie das Problem löst, an dem Archimedes gescheitert ist, sondern daß sie das Maß zeigt für die Bewegung unseres Geistes, die sowohl
geradlinig wie zirkulär ist, sofern sie eine unendliche Bewegung mit der
Voraussetzung des schon erreichten Endglücks koinzidental zusammen-
denkt. Aber der geometrische Nachweis, daß die Kreisquadratur gelingt,
gibt uns einen höheren Grad von Gewißheit bei unserer Spekulation, *nos
certos reddit sine haesitatione in theologicis.*[286]

6. Metaphysik der Kreisquadratur

Bekommt die spekulative Theologie ihre Gewißheit von der Mathematik? Ist die Geometrie des Verstandes gewisser als das Sehen des Intellektes? Jeder Leser der Aristotelischen *Metaphysik* kennt die Stelle im ersten
Buch, 995 a 1 ff., wo Aristoteles erklärt, die Metaphysik erreiche einen
höheren Gewißheitsgrad als die Mathematik. Cusanus versah im Codex
Cusanus 184 fol. 12 r 9 diese Stelle mit einer zustimmenden Anmerkung.
In *De theologicis complementis* c. 2, 80–85 p. 13 soll die, wie Cusanus
meint, gelungene Kreisquadratur von *De mathematicis complementis* uns
eine höhere Gewißheit verschaffen. Cusanus hat sich das Verhältnis von
mathematischer Argumentation und Spekulation wohl so gedacht, daß
die im Namen der Koinzidenztheorie gelungene Lösung eines als unlösbar geltenden mathematischen Problems uns zum Erstaunen und Weiter-
forschen antreibt. Wenn es schon in der Mathematik so ist, dann um so
mehr in der philosophischen Theologie und Kosmologie: *Si sic erit in
mathematicis, sic erit verius in theologicis.*[287] Die philosophische Untersuchung geht also doch ihren eigenen Gang und hat ihren eigenen argumentativen Grund; der Verstand erwächst aus der Vernunft, nicht umgekehrt; er „leuchtet" nur in dieser „wider". Nur will Cusanus in seiner
Mathematico-Theologie den Verstand auf seinem eigenen Gebiet aufsu-
chen und ihm seine Tendenz zur Selbstbehauptung und Absperrung als
schädlich nachweisen. So gibt er sich zunächst Rechenschaft, warum die
Alten – es ist wieder an Archimedes zu denken – nicht so weit haben
kommen können wie er. Er sah dafür zwei Gründe. Da ist einmal der
argumentativ-technische Grund: Die Alten gingen bei der Quadratur des

---

[286] ib. c. 2, 55–85 p. 10–13.
[287] ib. c. 3, 19–20 p. 14.

Kreises vom Kreis aus, um zum Quadrat zu kommen, sie hätten aber vom Quadrat ausgehen sollen.[288]

Ein zweiter Grund war philosophischer Natur: Die antiken Mathematiker achteten nicht darauf, daß sie sowohl bei ihrer Analyse des Quadrates wie bei ihrer Theorie des Kreises die Idee der Gleichheit, *aequalitas*, voraussetzten, die sowohl mit dem Kreis wie mit dem Quadrat gleich ist.[289] Das Verfahren des Cusanus besteht also darin, das jeweils Vorausgesetzte zu beachten; es ist, wie es bei Platon heißt, Erforschung der *hypothesis*, um zu dem zu kommen, was keine weiteren Voraussetzungen macht, dem *anhypotheton*. Weiterzugehen vom Abgeleiteten, aber für uns primär Gegebenen, zum Grund des Gegebenen – dies ist, sagt Cusanus, für uns Menschen das uns eingegebene Licht. Es prägt das menschliche Sehen, so wie die Lebensvollzüge des Wolfes dessen Sehen bestimmen.[290] Aber der charakteristisch menschliche Lebensvollzug wird gehemmt, weil die philosophische Tradition den Zusammenfall der Widersprüche ausschließt. Und dies ist der letzte Grund des Scheiterns der antiken Geometer: Der Verstand läßt die Koinzidenz nicht zu, und sie haben versäumt, *intellectualiter* über das Quadrat, den Kreis und das Vieleck nachzudenken.[291] Daher blieb ihnen verdeckt, was doch in ihren Annahmen enthalten war; die Cusanische Mathematico-Theologie will es ihnen zeigen.

Ich urteile, wie gesagt, nicht über das Mathematikhistorische. Mich interessiert die Genesis der Cusanischen Philosophie. Dazu gehört die Beobachtung, daß wir einen wichtigen Aspekt der Cusanischen Argumentation schon kennen aus *De docta ignorantia*: Denkst du den Kreis als unendlich, wird der Kreisumfang zu einer Geraden, und du kommst zur Koinzidenz im Unendlichen.[292] Aber die Vorgehensweise hat sich 1453 verändert. Sie ist die der platonischen *hypothesis*-Forschung, deren Programm *De coniecturis* entworfen hat und auf der insbesondere *De pace fidei* beruhte. Dem antiken Mathematiker will Cusanus *dessen* Voraussetzung nachweisen: *ad praesuppositum se convertat*, dies ist jetzt seine methodische Richtschnur.[293] Wer ein Dreieck konstruiert, argumen-

[288] ib. c. 11, 4–7 p. 54–55.
[289] ib. c. 4, 1–18 p. 20–21; c. 5, 32–34 p. 28; c. 6, 1–5 p. 29.
[290] ib. c. 4, 39–42 p. 23. Vgl. ib. c. 4, 1–21 p. 20–21.
[291] ib. c. 4, 22–28 p. 21–22.
[292] ib. c. 3, 30–31 p. 15–16.
[293] ib. c. 7, 35 p. 36.

tiert Cusanus, blickt auf dessen stoffloses Urbild, nicht auf ein empirisches dreieckiges Ding. Der Mathematiker hat ein unendliches Urbild in
Anspruch genommen; er hat beim Entwerfen seines Dreiecks darauf „ge-
blickt". Cusanus spricht von „Sehen", von *visio* und *intuitio*, aber vergessen wir dabei den Zusammenhang nicht; es sind die nicht-empirischen,
die reinen mathematischen Inhalte, die der Mathematiker „erblickt", und
von denen Cusanus uns eingangs versichert hat, daß wir sie *in* unserem
Geist „sehen". Ich sage dies, weil Ausdrücke wie *visio, intuitio* und *attingere*, die eine mystische Konnotation haben können, bei Cusanus oft in
einem mathematiktheoretischen Zusammenhang stehen; sie umschreiben
das Achten auf die Voraussetzungen. Die „Intuition" ist keine „Intuition" im Sinne des neueren Sprachgebrauchs, wenn sie dem reinen,
immateriellen Dreieck gilt.[294] Du zeichnest einen Kreis; beachte, daß du
dabei hinblickst auf die absolute Gleichheit des Seins: *circulum depin-
gis .. hoc faciendo ad aequalitatem essendi absolutam respicis.*[295] Das heißt:
Der Übergang zur philosophischen Theologie ist immanent, und wenn
von „Gott" die Rede ist, dann ist die absolute Gleichheit des Seins gemeint, kein vorstellbarer Himmelsherrscher.

Daher wird für Cusanus die Analyse des Kreises zur Trinitätsphilosophie: Wer den Kreis denkt, meint den ewigen Kreis mit seinem Mittelpunkt, seinem Durchmesser und seiner Peripherie. Die Linie ist die ewige Entfaltung des ewigen Punktes; der Umfang ist die Explikation des
Punktes und der Linie. „Der Mittelpunkt ist also in der Ewigkeit das Erzeugende oder Explizierende. Er erzeugt in seiner einfaltenden Kraft
etwas, das ihm gleichwesentlich ist, die Linie, und Zentrum und Linie
entfalten gemeinsam in der Ewigkeit den Umfang."[296] Die Trinitätsformeln des vierten und fünften Jahrhunderts klingen an: *Erzeugen, gleichwesentlich, consubstantialis.* Sie sind hier transformiert in Kreisanalyse;
Cusanus zufolge bezeichnen sie die Voraussetzung, die von den antiken
Mathematikern gemacht, aber nicht beachtet wurde.

Schauen wir uns diese unterkühlten Wendungen näher an, in denen
Cusanus von der Dreifaltigkeit spricht: Der Kreismittelpunkt ist das väterliche Prinzip, *principium paternum*; das Zentrum *zeugt* die Linie; sie
ist ein *Prinzip, das aus dem Prinzip* kommt, ein *principium de principio.*

---

[294] So z.B. ib. c. 5, 44 p. 28.
[295] ib. c. 6, 1–5 p. 29.
[296] ib. c. 6, 14–18 p. 30.

Sie ist Prinzip wie auch der Mittelpunkt, also ist sie die Gleichheit. Der Kreisumfang ist die Einung oder die Verbindung beider, *ut unitio seu nexus*[297]. Derartige Ausführungen sind in *De complementis theologicis* häufig. Daher ist zu fragen, welchen genauen Status sie in den Augen des Cusanus haben sollen. Es sind nicht bloß *Vergleiche*. Cusanus sagt nicht: Schaut euch den Kreis an, und ihr habt ein Bild der Glaubenswahrheit der Trinität. Er sagt: Wer einen Kreis denkt, um ihn zu zeichnen, blickt auf die ewige Gleichheit; er „sieht" den Logos. Wenn er genauer hinblickt, sieht er das konsubstantiale Abfolgeverhältnis von Punkt, Linie, Peripherie. Alles dies ist im ewigen Kreis ewig. Jeder kann es wissen, der auf seine Voraussetzungen achtet.

Der Kreis hat nicht nur den Status einer *Metapher*. Gewiß hat Cusanus gesagt, wir erblickten Gott nur in Bild und Gleichnis. Aber de facto geht die zitierte Überlegung weiter. Es ist vom ewigen Kreis die Rede, von der absoluten *aequalitas* in ihm. Es gibt für Cusanus nicht zwei oder mehrere Ewigkeiten und Gleichheiten. Zumindest besteht zuweilen bei ihm die Tendenz zu sagen: Blicke auf das Urbild deiner Kreise und du siehst den ewigen, dreieinig in sich bewegten Kreis, Gott. Ich sage: Es besteht eine Tendenz in diese Richtung. Die Theologie erscheint dann als das Wissen vom ewigen, drei-einen Ur-Kreis. Ich habe nicht die Aufgabe, diese Tendenz auszubügeln. Es geht dabei auch um die besondere Stellung der Mathematik: Wer auf ihren Grund, auf ihre immanenten Voraussetzungen blickt, ist schon bei der Trinität, nicht nur bei ihrem Bild. Wir blicken *durch* den gezeichneten Kreis. Dieser ist Bild und Gleichnis. Er führt den geistigen Blick auf den gedachten Kreis, und wenn wir diesen bedenken, zeigt er sich als das Urbild, als unendliche Gestaltungskraft und Schönheit.[298] Dies läuft darauf hinaus: Die Cusanische Theologisierung der Mathematik, die schon seinen Zeitgenossen als ein Bruch mit der Mathematik vorkam, war zugleich eine Mathematisierung der Theologie: Gott Vater als ewiger Punkt, Gott Sohn als ewige Linie, Gott Heiliger Geist als ewige Peripherie.

Hinzu kommt, daß Cusanus seine Version von Mathematik mit der Bemerkung vorträgt, sie werde alle theologischen Rätsel lösen. Er macht dabei nur ungenaue Einschränkungen. Er verspricht Ungeheures:

---

[297] ib. c. 6, 32–37 p. 32.
[298] ib. c. 7, 30–36 p. 36.

omne scibile theologice attingi potest, dico omne scibile perfectiori modo,
quo per hominem in hoc mundo sciri potest.[299]

Natürlich bleiben wir Menschen, wenn wir mit Cusanus diese Art von
Mathematico-Theologie treiben. Aber besser als das Wissen aller anderen
Menschen will sie schon sein. Sie verspricht, alles aufzudecken, was Theo-
logen und Forschern bisher verborgen war:

Omnia autem hactenus theologis occulta et ab omnibus inquisitoribus
ignorata per hanc circulationem quadrati modo praemisso sciri poterunt
modo, quo scibilia sunt homini.[300]

Diese Erklärungen des Cusanus werden selten zitiert. Sie klingen gar zu
unbescheiden. Aber sie sind Ausdruck eines kulturellen Programms und
eines Bewußtseins des Abstands von aller bisherigen Theologie und Philosophie. Sie sprechen ein Projekt der Erneuerung aus, von dem Cusanus
hofft, daß es der befreundete Papst sich zu eigen macht, ja, daß es nur
dessen Kulturpolitik ausspricht. Wozu sonst hat der Papst Archimedes
übersetzen lassen? Für uns heute liegen die Vorstellungen „Papst" und
„Archimedes" weit auseinander. Nicht so um die Mitte des 15. Jahrhunderts. Um diese geschichtliche Differenz sichtbar zu machen, müssen wir
die programmatischen Sätze einer mathematico-theologischen Erneuerung des gesamten Wissens genaunehmen. Gerade die *Theologischen Er-*
gänzungen hat Cusanus in dem Bewußtsein geschrieben, welch große
Gesamtverantwortung ein gereifter Mann und ein Kardinal in der nächsten Umgebung des Papstes hat. Er muß den Pariser Stil der Theologie
und den Philosophentypus von Padua sanft verdrängen. Er muß seine
Art des nichtwissenden Wissens als das vollkommenere Wissen darstellen und von ihm behaupten, es gehe – im Rahmen des Menschenmögli-
chen – *perfectiori modo* vor.

Aber wie verträgt sich diese durch Mathematik gesteigerte Sicherheit
der Spekulation mit der negativen Theologie? Dies war auch für Cusanus
ein Problem, gerade in *De complementis theologicis.*

---

[299] ib. c. 13, 58–60 p. 79s.
[300] ib. c. 14, 1–3 p. 80.

7. Das Schicksal der negativen Theologie

Das Problem, wie Cusanus die *theologia negativa* gedacht habe, beschäftigt uns seit dem ersten *Sermo*. Cusanus hat, so lange er schrieb, mit dem Problem gerungen, welche genaue Funktion sie habe; wir werden immer wieder mit ihm darauf zurückkommen müssen. Er hat nirgendwo eine systematisch zusammenfassende Position bezogen; er hat stets nach Gelegenheit, nach Adressat und letzten Lektüren den Akzent verschieden gesetzt. Eine genetische Darstellung bietet den Vorteil, ihm in dieser Beweglichkeit zu folgen; eine systematisch völlig einhellige Gesamtposition zu dem Problem der negativen Theologie hat Cusanus nicht vorgelegt, und sie läßt sich auch nicht entwickeln. Ich habe dies früher versucht, bin dabei gescheitert und nahm dies als einen der Indikatoren, der eine genetische Untersuchung nahelegt.

Ich muß etwas weiter ausholen. Die negative Theologie ist eine philosophische Position, auch wenn sie „Theologie" heißt und von Theologen rezipiert worden ist. Ihr Ursprung liegt im Platonischen Dialog *Parmenides*. Dort untersucht Platon, was eintritt, wenn jemand – wie Parmenides es getan hatte – über das *Eine* etwas behauptet. Bei dieser Platonischen Untersuchung spielt folgende Argumentation eine wichtige Rolle: Wenn du vom *Einen* behauptest, „es ist" oder auch „es ist der Grund von allem", dann fügst du dem *Einen* etwas hinzu. Du nennst es dann „das eine Sein" oder „den einen Grund". Aber durch diese Addition zum *Einen* ziehst du es in die Vielheit. Du sagst dann vom *Einen*: „Es ist das Eine *und* es ist das Sein." Damit widersprichst du dir. Das *Eine* rein und konsequent denken, dies verlangt, jedes Prädikat von ihm fernhalten. Du kannst nicht *„das Eine"* denken und dann *viele* schöne Worte über es machen. Andererseits führt der Platonische Dialog vor, daß Parmenides auch in größte Schwierigkeit kommt, wenn er vom *Einen* jede sprachliche Verknüpfung *fernhält*. Dann löst er es aus dem Zusammenhang menschlicher Rede und menschlichen Denkens und kann seine Position nicht mehr begründen. Denken und Sprechen heißt Verknüpfen. Es ist ein Hinzufügen von Prädikaten.

Das Ergebnis ist: Die negative Theologie ist nicht in aller Strenge durchzuführen, es sei denn, man entschlösse sich zum Schweigen. Jedenfalls zerstört die Sprache, wer Verknüpfungen verbietet. Sprechend denken heißt immer auch: Hinzufügen.

Diese platonische Diskussion bestimmte die Problemlage bei Plotin und bei Proklos, wobei zwischen diesen beiden Denkern Unterschiede zu beachten sind. Aber für unseren Zusammenhang mag es genügen festzuhalten, daß das Eine der Neuplatoniker den Schwierigkeiten nicht entgehen konnte, die Platons Dialog aufzeigt. Der Neuplatonismus ist eine Philosophie, die zwar sprachliche Verknüpfungen zuläßt, um uns zum Einen hinzuführen, die aber vom Einen selbst keine weiteren Prädikate gestattet, sofern sie von ihm selbst gelten sollten, denn *viele* Prädikate würden die *Einheit* zerstören.

Ich habe die geschichtlichen Zusammenhänge, die in Wirklichkeit verwickelter sind, auf wenige Linien zusammengezogen. Ich verweise auf den Platonischen *Parmenides* und dort auf die sog. Erste Hypothese. Platon untersucht dort, was eintritt, wenn jemand sagt, „das Eine ist".[301] Ich komme auf andere Aspekte noch zurück; bleiben wir zunächst bei *De complementis theologicis*.

Cusanus läßt hier, wie wir gesehen haben, die unendliche Linie der Annäherung an das Unerreichbare zusammenfallen mit der glückhaften Verknüpfung von Anfang und Ende in der kreisförmigen Denkbewegung. Das Unendliche ist immer schon bei uns, wenn wir nach ihm zu suchen beginnen und uns auf dem Weg vom Daß zum Was machen. Das bloße Daß zu wissen und von ihm alle weiteren Prädikate auszuschließen, dies wäre übrigens auch nur eine *relativ* strenge Handhabung der negativen Theologie; eine *radikale* wäre es auch nicht, denn von diesem Daß würde immerhin noch behauptet, daß es *ist* und daß es der *Grund* von allem ist, nur würden *alle weiteren* Prädikate von ihm ferngehalten. Doch ist dies nicht die Position des Cusanus in *De complementis theologicis*. Dies zeigt sich daran, wie er das Schlüsselstichwort der Debatte, nämlich die *additio*, also die Hinzufügung von Prädikaten zum Einen behandelt.

Cusanus stellt in c. 3 sein Verfahren wie folgt dar: Wir *sehen* das Unendliche als dreieinheitlich, *unitrinum*, wenn wir von den mathematischen Figuren aufsteigen. Der Aufstieg erfolgt, indem wir die geometri-

---

[301] Für den Übergang zum Neuplatonismus ist höchst informativ der Artikel von E.R. Dodds, The Parmenides of Plato and the Origin of the Neoplatonic „One", in: Classical Quarterly 22 (1928) S. 129–142. Hinzu kommen die entscheidenden Untersuchungen von Raymond Klibansky, Ein Proklosfund und seine Bedeutung, Heidelberg 1929 und: The Continuity of Platonic Tradition during the Middle Ages, zuerst London 1950. Unentbehrlich sind die Marginalien des Cusanus zum Proclus Latinus, die Hans Gerhard Senger und Karl Bormann 1986 publiziert haben.

schen Formen ins Unendliche steigern, indem wir also die Unendlichkeit hinzufügen, *per additionem infinitatis.* Beachten Sie hier schon das Stichwort: Hinzufügung, *additio.* Haben wir die Figuren ins Unendliche transformiert, müssen wir sie wieder fallenlassen, uns von ihnen lösen. Dieses *absolvere* führt zum Abgelösten, zum *absolutum* in anschaulicher Wortbedeutung. Was haben wir dann noch? Wir haben dann nur noch das Unendliche, aber als dreieines. Wer dies sieht, der sieht alle Weltdinge im Unum eingefaltet und das Eine in alle Inhalte ausgefaltet, *videt omnia unum complicite et unum omnia explicite.* Kurz: Er sieht die All-Einheit. Er sieht sie entweder als Einfaltung oder als Ausfaltung; allemal sieht er die unendliche Einheit. Es ist auffällig, mit welcher Erkenntniszuversicht Cusanus sein Verfahren vorstellt. Aber er fügt eine Bemerkung hinzu: Betrachtest du das Unendliche abgelöst von seinem Bezug zu den endlichen Wesen, isolierst du also dein Unendliches von der Welt, dann siehst du weder die Endlichkeit der endlichen Dinge noch erfaßt du deren Wahrheit und ursprüngliches Maß. Du mußt das Unendliche in seinem Weltbezug denken, dann denkst du es als dreieinig und erfaßt zugleich den Schöpfer und die Geschöpfe.[302]

Ich verstehe dies als die Forderung, das Unendliche als Unendliches nicht abgetrennt zu betrachten, sondern es in seinem Weltbezug und in diesem Sinne „trinitarisch" zu sehen, um damit zugleich die Wahrheit der Weltdinge zu denken. Kurz: Wir sollen die Ausfaltung mit der Einfaltung zusammendenken; dazu müssen wir zum reinen Einen oder zum völlig bestimmungslosen Unendlichen Prädikate hinzufügen. Wir werden dann z. B. vom Unendlichen sagen, es sei unendliches Wissen. Cusanus erklärt, was geschieht, wenn wir so reden. Dann begnügen wir uns nicht mit dem Beseitigen von Prädikaten, mit der *ablatio* und *remotio*, sondern fügen dem „Wissen" den Index der „Unendlichkeit" hinzu. Cusanus erklärt diese Operation: Diese Hinzufügung, *additio*, von „Wissen" zum „Unendlichen" bedeutet nichts anderes als die *Verneinung* des Terminus, den du hinzufügst. Du fügst zwar sprachlich *(per dictionem)* etwas hinzu. Du

[302] ib. c. 3, 75–83 p. 19–20: *Qui enim intuetur in ipsum unitrinum infinitum ascendendo de mathematicis figuris ad theologicas per* additionem *infinitatis ad mathematicas et de theologicis figuris se absolvit, ut infinitum tantum unitrinum mente contempletur, ille, quantum sibi concessum fuerit, videt* omnia unum complicite et unum omnia explicite. *Quod si ipsum infinitum sine respectu finitorum intuetur, finita nec esse nec earum veritatem seu mensuram deprehendit.* Non potest igitur creatura pariter et creator videri, si infinitum non affirmatur unitrinum.

grenzst also das „Unendlich" ein, indem du es als „Unendliches Wissen"
bezeichnest. Ich füge hinzu: Dann tust du das, was die strenge Fassung
der negativen Theologie dir verbietet, aber laß dich durch dieses Verbot
nicht abhalten, Termini des Nicht-Terminierten „hinzuzufügen", denn
nur so siehst du intellektuell das Unendliche oder Nicht-Terminierte. Du
entdeckst das durch die Bestimmung „Wissen" Eingeschränkte als entschränkt; du erkennst das *finitum infinite*. Dies erreichst du nur durch
die Addition von „Wissen" und „Unendlich". Und dies ist genau die Aussage der Koinzidenztheorie: Andersheit, Gegensatz, Einschränkung
erfolgt nur innerhalb des Umgrenzten, sprachlich Fixierten, da begriff-
lich-sprachliche Fassung, *terminatio*, nicht ohne Verschiedenheit und
Unterschied sein kann. Darauf beruht unsere Wortbildung. Sie dient der
Unterscheidung innerhalb des Begrenzten. Nimm diese Begrenzung weg,
nicht durch Verweigerung der Verknüpfung, sondern gerade, indem du
sprachlich verbindest, also z. B. vom Unendlichen als von „Wissen" redest. Nur indem du auf diese Weise das sonst Getrennte zusammen-
bringst, *geht* der Unterschied *über* in Nicht-Unterschied, *geht* die Rundheit *über* in die Gradheit, das Nicht-Wissen in Wissen, die Finsternis in
Licht. Du findest die Vielheit der Weltinhalte ohne Vielheit im einen unbegrenzten und daher namenlosen Grund.[303]

Cusanus kommt in *De complementis theologicis* auf das Problem der
Sagbarkeit des Unendlichen im elften Kapitel noch einmal zurück. Die
Aufgabe einer Vokabel ist es, etwas Bestimmtes zu bezeichnen, ein *ali-
quid*. Jedes Etwas ist dies und nicht jenes; es schließt etwas anderes von
sich aus; es ist begrenzt und endlich, *finitum et terminatum*. Das Unendliche ist aber kein Etwas. Daher kann ihm keine Vokabel zukommen.
Spricht jemand von „unendlicher Weisheit", dann meint er die absolute
Unendlichkeit selbst, und diese ist, wenn wir an der genauen Wortbedeutung von „Weisheit" festhalten, ebenso gut Nicht-Weisheit wie Weisheit.
Wenn wir von „unendlichem Leben" sprechen, meinen wir die absolute
Unendlichkeit selbst, die ebenso gut „Nicht-Leben" wie „Leben" heißen
kann, wenn wir auf die begrenzte Natur dieser wie aller anderen Vokabeln achten.

Einzusehen, daß die entgegengesetzte Vokabel ebenso gut zutrifft wie
die zuerst gesetzte, das heißt: die zuerst gesetzte Vokabel zu negieren.
Wer sie negiert, zieht damit die Konsequenz aus seiner Einsicht in die auf

---

[303] ib. c. 4, 42–56 p. 23–25.

Festumrissenes festgelegte Natur der Vokabel. Er will vermeiden, daß er das Unendliche verendlicht. Denn bei der sprachlichen Zusammensetzung, *additio,* entsteht der Anschein, die absolute Unendlichkeit werde auf ein bestimmtes Prädikat hin zusammengezogen, z.B. auf Wissen im Gegensatz zu Nicht-Wissen. *Videtur enim quod infinitas, quando additur vocabulo, contrahatur a sua absoluta infinitate ad rationem significandi vocabuli, et hoc non potest esse, cum infinitas absoluta sit omni ratione incontrahibilis.*[304] Ich schlage vor, diese Sätze so zu lesen: So lange du befürchtest, du könntest das Unendliche durch deine Prädikation verendlichen, so lange bist du noch befangen in der Gegensätzlichkeit von Vokabeln. In Wirklichkeit findet eine solche Kontraktion nicht statt; es entsteht nur dieser Anschein. *Videtur.* Wenn du bedenkst, was du bei dieser *additio* tust, dann verschwindet dieser Anschein. Die Unendlichkeit erweist sich dann als abgelöst von den Gegensätzen der Wortbedeutungen; sie ist also abgelöst von dem Gegensatz von Affirmation und Negation. Die Addition von „Wissen" und „Unendlichkeit" ist nur im ersten Aufstiegsstadium eine Zusammenfügung. Folgst du konsequent der Aufdeckung deiner Voraussetzungen, dann kommst du zu der Einsicht, daß Wissen und Nicht-Wissen zusammenfallen. Dein Begriff des Wissens verwandelt sich. Du lernst, diesen Terminus zu entgrenzen. Du lernst, Schöpfer und Schöpfung zugleich zu denken. Die *additio* hebt sich dabei auf; sie ist Vereinigung des Begrenzten, hier des Prädikates „Wissen", mit dem Unbegrenzten, durch den Zusammenfall von Wissen und Nicht-Wissen, von Finsternis und Licht.

Verstehen wir das 11. Kapitel von *De complementis theologicis* in der vorgeschlagenen Weise und definieren wir die strenge Fassung der negativen Theologie als Verbot sprachlicher Hinzufügung *(additio),* dann bedeutet dies: Cusanus hat 1453 die negative Theologie kritisiert. Cusanus zufolge verbietet sie die sprachliche Hinzufügung zum Einen, weil sie die Natur des Satzes mißversteht. Sie glaubt, die Einfachheit des Einen werde durch die Zweiheit von Subjekt und Prädikat angetastet, aber in Wirklichkeit wird die Natur des Prädikats verwandelt. Wenn wir sagen: „Das Unendliche ist Wissen", dann transformieren wir den Begriff des Wissens, indem wir ihm die Distinktheit nehmen und seinen Gegensatz zu Nicht-Wissen aufheben. Wir halten dabei nicht an einem gegenständlichen, an einem Verstandesbegriff von Wissen fest, den wir in der Tat

---

[304] ib. c. 11, 68–78 p. 68–69.

vom Einen fernhalten müßten, sondern wir folgen der Bewegung des Denkens, dieses Gegensatzpaar zu übersteigen. Die Attribute, die wir gebrauchen, sind je *andere*; in ihrem alltäglichen Gebrauch sind sie durch Ausschließlichkeit definiert; aber da es ausgeschlossen ist, daß die absolute Einheit durch sie kontrahiert würde, verwandeln wir durch die Anwendung dieser Termini auf das Absolute diese Termini in koinzidentale, in nicht-terminierte Termini. Das *additio*-Verbot mißversteht die Natur unserer Rede vom Einen; es setzt den Verstandesgegensatz von Bestimmt und Unbestimmt voraus, der für den gewöhnlichen Sprachgebrauch besteht, den es aber in unserer Rede vom Unendlichen aufzuheben gilt. Gälte diese Ausschließung von Bestimmt und Unbestimmt beim göttlich Einen, dann müßten wir es rein als unbestimmt denken. Aber dann entginge uns seine dreieine Natur als Einfaltung aller ausgefalteten Weltinhalte. Dann bliebe es für immer dabei, daß wir uns entweder der Welt zuwenden oder das unbestimmte Eine denken. Also *müssen* wir dem Unendlichen Prädikate geben und diese eben dadurch umgestalten; sonst sehen wir niemals das Eine und das Viele zugleich.

Nun behaupte ich nicht, Cusanus trage in c. 3–4 und c. 11 von *De theologicis complementis* genau dies vor. Er spricht sich knapper, weniger entschieden aus. Wir sehen ihn nachdenken über die Grenzen des *additio*-Verbotes. Er arbeitet an den Voraussetzungen der neuplatonischen Parmenidesdeutung; er will die durch Ausschließung definierten Vokabelbedeutungen eher umwandeln als sie vom Einen fernhalten; er zweifelt am theoretischen Vorsprung der negativen Theologie, den er am Ende des ersten Buches von *De docta ignorantia* selbst ausgesprochen hatte. Aber er sagt dies nur hinsichtlich des *additio*-Verbotes; er spricht es nicht generell aus. Diese Schrift ist nicht für wortgläubige Universitätstheologen verfaßt. Sie ist ein intimer Text für den befreundeten Humanistenpapst. Sie brauchte nicht unnötig deutlich zu werden. Unter Freunden war klar, daß Cusanus einen Hauptaspekt von *De docta ignorantia* korrigierte und daß er ein wesentliches Motiv der parmenideisch-proklischen Tradition aufnehmen und zugleich verwandeln wollte. Die Koinzidenzlehre sollte über das *additio*-Verbot entscheidend hinauskommen. Sie sollte dessen Tiefsinn sowohl erklären wie beenden. Cusanus sprach in *De complementis theologicis* eine Selbstkorrektur bezüglich der Theorie des Kreises und der Kreisbewegungen aus.[305] Aber die größere Distanz

---

[305] ib. c. 8, 28–30 p. 39 korrigiert *De docta ignorantia* II 12 p. 102, 23–26 und p. 104 ganz.

zu seinem Denkstadium von 1439 ist die, die er nicht voll ausformuliert – die neue Problematisierung der negativen Theologie und die Zurückweisung des Hinzufügungsverbotes.

Nun ist es genau die soeben referierte Stelle am Ende von c. 11, an der die Brüsseler Handschrift 11. 479–84 die erste Fassung von *De visione Dei* bringt.[306] Cusanus erzählt in seinem Brief vom 14. September 1453 an Abt und Mönche vom Tegernsee, er habe in *De complementis theologicis* einen ersten Entwurf von *De visione Dei* eingefügt. Hier können wir es greifen: Das Buch über die *Theologischen Ergänzungen* steht am Ursprung des Buches über unser Sehen Gottes.[307] Es waren insbesondere zwei Überlegungsreihen, die zu dem Bild mit dem allsehenden Blick geführt haben dürften. In der Mathematico-Theologie spielt es eine große Rolle, daß der Winkel *unser Blickwinkel* ist und daß jeder auf seinen beschränkten, aber nicht übertragbaren Sehwinkel festgelegt ist. Jeder kann nicht anders als aus seinem beschränkten Winkel blicken.[308] Der unendliche Winkel umfaßt alle endlichen Winkel; er steht jenseits der Alternative von größtem und kleinstem Winkel; er ermöglicht alle Einzelwinkel und gibt ihnen ihr Recht, angesichts des unendlichen Winkels als Ausgangspunkt zu blicken.[309]

Eine zweite Überlegungsreihe haben wir schon berührt. Es ist das Verhältnis von endlichen Bestimmungen zu unendlicher Einheit. Dies Thema durchzieht *De complementis theologicis*. Vokabeln sind auf das Festumrissene hin angelegt; sie bezeichnen ein Etwas, ein *aliquid*. Wenn wir uns denkend zum Unendlichen erheben, dann treten wir heraus aus dem sprachlich Bestimmbaren; wir nähern uns, von dem begrenzten Etwas der Vokabeln herkommend, eher dem Nichts als einem neuen Etwas. Dies war, wie Cusanus schon In *De docta ignorantia* I 17 p. 35, 9–10 hervorgehoben hatte, die charakteristische Theorie des Dionysius. So führte die Diskussion des Verhältnisses von Sprache und Unendlichkeit auf die Frage, wie Dionysius und seine negative Theologie auszulegen seien. Uns heute liegen Geometrie und *Mystische Theologie* weit auseinander, aber die Schrift über die *Theologischen Ergänzungen* zieht auf dem Weg über die Theorie des unendlichen Winkels in seinem Verhältnis zu den vielen endlichen Winkeln und im Nachdenken über die Bestimmbarkeit des

[306] Jetzt in h X, Opuscula II Fasciculus 2 a, Hamburg 1994, p. 70–75.
[307] Vansteenberghe, Autour, p. 116.
[308] *De complementis theologicis* c. 11, 34–51 p. 57–58.
[309] ib. c. 12, 20–25 p. 63.

Unendlichen die Verbindungslinie. Der Entwurf zu *De visione Dei* spricht als Ergebnis des Nachdenkens über das Bild aus, wir sollten an dem allsehenden Blick sehen, wie der *unnennbare* Gott *benannt* werden kann. Er kann mit allen Namen benannt werden; in ihm koinzidieren Benennbarkeit und Unbenennbarkeit. Die Aussprechbarkeit fällt mit der Unaussprechlichkeit zusammen. Die Meßbarkeit erfolgt stets aus einem begrenzten und begrenzenden Blickwinkel, aber wir sollen sie nicht schlicht fallenlassen, wie die negative Theologie anrät, denn sie, die Meßbarkeit, ist dasselbe wie die Unermeßlichkeit. Das Bild mit dem allesehenden Auge belehrt uns: Das Unsichtbare wird gesehen.[310]

8. Das Bild des Allsehenden

Das Unsichtbare wird gesehen. Dieser Widerspruch ist denkend festzuhalten. Wir dürfen ihn nicht durch die bequeme Unterscheidung von intelligibler und sinnlicher Welt beseitigen. Dies zeigt das Buch *De visione Dei*:

Eingangs sagt Cusanus, was er mit diesem Buch will. Er will die Leichtigkeit der mystischen Theologie beweisen, *facilitatem mysticae theologiae*.[311] Er nimmt also das Thema der Leichtigkeit der schwierigen Dinge aus dem *De sapientia-* Dialog auf und wendet es jetzt neu an auf das Allerschwerste, bislang Ausgeklammerte, nämlich auf die *theologia mystica* des Dionysius.

Was *theologia mystica* heißt, können wir nicht der heutigen gebildeten Umgangssprache entnehmen. Wir gebrauchen den Ausdruck vorerst als ein Fremdwort und sehen zu, wie er sich mit Bedeutung füllt.

Doch möchte ich zwei bequeme, also „leichte" Vorübungen empfehlen: Erstens die Lektüre der „mystischen Theologie" des Dionysius, um deren Auslegung es schließlich geht. Wir haben nun endlich einen verläßlichen griechischen Text und eine kompetente Übersetzung. Sie würden diese Wohltat besser zu schätzen wissen, wenn Sie wie ich früher die Schriften des Dionysius im dritten Band der *Patrologia graeca* des Abbé Migne hätten studieren müssen. Heute haben wir eine Textausgabe und

---

[310] ib. c. 12 nach der Brüsseler Handschrift, Zeile 80–85 p. 74.
[311] *De visione Dei,* Prologus n. 1, 3 p. 110 Hopkins. Wie gesagt, zitiere ich immer nach dieser Ausgabe in der 2. Auflage.

eine Übersetzung, beide besorgt von Anton Martin Ritter. Der kritische
Text erschien in Band 2 des *Corpus Dionysiacum,* Berlin 1991, S. 141 bis
150, die kommentierte Übersetzung des kurzen Textes publizierte Ritter
als Band 40 der *Bibliothek der griechischen Literatur,* Stuttgart 1994. Bei
Dionysius steht: Geht es um die Erkenntnis der göttlichen Einheit, dann
sollen wir den sinnlichen Wahrnehmungen den Abschied geben, ebenso
den Regungen unseres Verstandes. Aber worin besteht dann noch die *Erkenntnis?* Dies fragt sich ein heutiger Leser des Dionysius; dies fragten
auch die Mönche vom Tegernsee. Dionysius warnt gleich zu Anfang davor, von diesen höheren Einsichten zu Uneingeweihten zu sprechen.[312]
Wessen Denken an der Dingwelt hängenbleibt, wer über die Vorstellungskraft nicht hinauskommt oder wer ins Dunkel nicht hineinzugehen
wagt, ist ungeeignet für die Erkenntnis, um die es hier geht. Dionysius
erklärt die Unterscheidung von esoterischer und exoterischer Erkenntnis, von der ich oben gesprochen habe und die Dionysius auch an anderen Stellen, z. B. *De caelesti hierarchia* II 5 und *De divinis nominibus* I 8
ausspricht.

Ich möchte noch einen zweiten Weg empfehlen, der Umwege erspart.
Albert hat die *Mystische Theologie* des Dionysius kommentiert. Sie finden diesen ebenfalls kurzen Text in Band 37, 2 der Kölner Albertausgabe,
Münster 1978, p. 453 bis 475. Diese Schrift ist ein authentisches Dokument dafür, was ein großer Lehrer des 13. Jahrhunderts unter „mystischer Theologie" verstanden hat. Sie werden sehen, daß dies etwas anderes ist als das, was die Publikationen des Eugen Diederich-Verlags in Jena
seit der Jahrhundertwende als „Mystik" in Deutschland populär gemacht
haben. Ich widerstehe der Versuchung, die Schrift Alberts genauer zu
untersuchen. Ich empfehle, sie durchzugehen mit der Leitfrage: Ist „mystische Theologie" für Albert etwas anderes als „negative Theologie"? Es
geht uns hier um Cusanus, nicht um Albert, aber Cusanus hat die Schrift
Alberts, wie der Codex 96 seiner Bibliothek beweist, nicht nur studiert,
sondern auch mit Randbemerkungen versehen. Diese bilden einen kurzen Weg zu dem, was Cusanus unter „mystischer Theologie" verstanden
hat. L. Baur hat diese Bemerkungen des Cusanus zu Albert ediert.[313] Sie
zeigen Cusanus bei der Arbeit, und sagen in wenigen Zeilen, wie Cusa-

[312] Dionysius Areopagita, *De mystica theologia* I 2 Ritter p. 142–143, Übersetzung S. 74–75.
[313] Sitzungsberichte der Heidelberger Akademie, Philos.-histor. Klasse 1940/41 Abhandlung 4. Cusanus-Texte III 1, S. 112.

nus „mystische Theologie" verstanden hat. Er tadelt in der Randbemer-
kung Nr. 589 Albert, er lege Dionysius so aus, daß keine Widersprüche
entstünden. Aber Dionysius *sage* Widersprüchliches über Gott, weil
Gott allein jenseits des Zusammenfalls der Widersprüche steht. Deswegen, notiert Cusanus weiter, *„fallen lang und kurz, viel und wenig in Gott
zusammen, und dies ist die mystische Theologie"*. Dies ist nicht alles, was
zu sagen wäre, aber es ist klar. Die „mystische Theologie" ist für Cusanus
nicht wie für Albert die *remotio*, die Negation aller Prädikate. Sie ist ihm
nicht identisch mit der negativen Theologie, sondern sie ist ein anderes
Wort für die Koinzidenztheorie. Ich bringe dieses Cusanus-Zitat nur, um
unerfreuliche Debatten über das Konzept von „Mystik" im Mittelalter
abzukürzen; sie sind allein durch Quellenlektüre, nicht durch das Vorlegen selbgestrickter abstrakter Neu-Definitionen von „mystischer Theologie" zu einem fruchtbaren Ende zu bringen.

Doch nun zu *De visione Dei*. Das Buch ist eine Cusanische Meditation
über *Sehen*. Uns erstaunt dies, denn soeben lasen wir noch bei Dionysius,
wir müßten vor allem allen sinnlichen Eindrücken den Abschied geben.
Cusanus hingegen beginnt mit dem Sehen eines Gemäldes, beschreibt
dabei eine *Irritation* des Sehens und bedenkt dann diese Irritation des Sehens. Seine Meditation bezieht sich auf ein Gemälde, auf dem Christus
dargestellt ist, und zwar so, daß das Auge Gottes mitgeht, wenn der Betrachter sich bewegt. Das Sehen Gottes *bewegt* sich mit dem Betrachter;
es *steht still*, wenn er stillsteht. Steht der *eine* Betrachter still, während *der
andere* sich bewegt, steht das Sehen Gottes für den *einen* still und bewegt
sich mit dem *anderen*.

Diese Zugleichbewegung in konträre Richtungen kann die *imaginatio*
nicht fassen; sie gerät in Verwunderung oder Erstaunen, *admiratio;* sie
sieht sich irritiert, und die Irritation bringt das Denken in Bewegung: Wie
wird es mit ihr fertig? Die Bildübung des Cusanus hält uns an, dieses
Mitgehen des göttlichen Blicks, der mit dem *einen* Betrachter geht und
mit dem *anderen* steht, nicht als bloßen Schein, als Täuschung, als Illusion abzutun. Es ist nicht allein die Gewohnheit oder die Bequemlichkeit,
die uns dazu verleiten könnte. Es ist die Natur des Verstandes, der *ratio*
selbst, der, dem Satz vom ausgeschlossenen Widerspruch folgend, erklären muß, das göttliche Sehen stehe entweder still oder es bewege sich.
Beides zugleich könne nicht wirklich sein. Das Mitwandern des göttlichen Blicks – und dies bei entgegengesetzten Bewegungsrichtungen, wie
Cusanus immer wieder erinnert – ist für die Vorstellung unfaßbar, für

den Verstand ist es widersprüchlich und ist doch kein bloßer Schein, sondern ein Offenlegen, ein Enthüllen des Unendlichen. Nur so werden wir
durch sinnenhafte Erfahrung eingeführt in die heilige Dunkelheit, *in
sacratissimam obscuritatem.* Wir lernen das Ablegen von Vorstellungen
anhand eines sinnlich sichtbaren Bildes. Dies will Cusanus durchdenken.
Oder besser: Er will es praktizieren mit dem Leser; er will uns, mensch-
lich-sinnlich beginnend, zeigen, wie wir Erkenntnis gewinnen im Wissen, daß wir nichts wissen.

Dabei hebt er hervor, das Experiment beginne als das einer Gruppe:
Wir müssen uns gegenseitig glauben, daß der göttliche Blick mit jedem
mitgewandert ist und jedem Gehenden das Bewußtsein gegeben hat, er
allein werde ausschließlich angeblickt. Dadurch tritt der Betrachter in
Vereinzelung: Es ist, als gelte der göttliche Blick ausschließlich mir. Dieser Anschein, diese *apparentia*, ist kein bloßer Schein, so wenig wie das
Mitwandern des göttlichen Blicks: Das individuell beschränkte Sehen, das
perspektivengebundene Wahrnehmen, das keinen glatten, über-individu-
ellen Austausch durch den Verweis auf einen objektiven, jedem Sehenden
zugänglichen Gegenstand kennt, wird gerade in dieser Beschränktheit
zum Ort der Erfahrung von Licht, Wahrheit und göttlichem Blick. Aber
die Irritation, die der Vorbereitung der Koinzidenzerfahrung dient und
zuletzt auch über diese hinausdrängt, hinterläßt im Denkenden eine Spur.
Wir werden sie verfolgen.

9. Drei philosophische Prämissen

Cusanus schickt seiner Bildmeditation drei philosophische Prämissen
voraus. Die erste rettet den Augenschein vor der Abwertung und sagt:
Alles, was im Augenschein erfahren wird, ist auch, und zwar in wahrerer
Form, in Gott selbst. Ich übergehe die Frage, ob es von „wahr" eine
Steigerungsform geben kann – dies ist offenbar nur bei platonisierenden
philosophischen Erstannahmen möglich –, und hebe lediglich hervor:
Cusanus bestimmt Gott im Sinne Anselms als das, worüber hinaus Vollkommeneres nicht gedacht werden kann. Zu dieser höchstmöglichen
Vollkommenheit gehört, daß sie im sinnlichen Augenschein repräsentiert
wird. Sie leuchtet in der sinnlichen Wahrnehmung auf, allerdings unvoll-
kommen, und Cusanus fügt sogleich hinzu, im Begriff, *conceptus*, komme Gott als das absolute, das aus allen Beschränkungen abgelöste Sehen

reiner zum Ausdruck.[314] Das Sehen und der losgelöste Begriff, dazu die anselmianisch gestützte *lex melioris* – das sind die Ausgangspunkte der philosophischen Theologie seit den Opuscula der vierziger Jahre, insbesondere seit *De quaerendo Deum* und seit *De sapientia*. Aber die seit *De sapientia* entwickelte spezifisch-cusanische Akzentuierung des *absolvere* und des *absolutum* erreicht in *De visione Dei* einen ersten Höhepunkt: Die Bildbetrachter werden nicht nur eingeübt in das Ablösen, sondern sie lernen auch begreifen, daß Ablösen und Wieder-Einschränken dieselbe intellektuale Bewegung sind.

Zweite philosophische Voraussetzung: Im absoluten Sehen sind alle Arten des beschränkten Sehens enthalten. Das absolute Sehen umfaßt alle begrenzten Sehweisen; es ist ihr Maß und ihr Urbild. Keine Vereinzelung und keine Verschränkung des Sehens erschöpft das reine Sehen, aber die Beschränkungsformen stehen nicht außerhalb des absoluten Sehens, sondern sind in ihm; sie sind in ihm als unbeschränkte. Cusanus sagt dafür: Das abgelöste Sehen ist die Zusammenziehung der Zusammenziehungen, *contractio contractionum.*[315] Dies ist eine berühmt gewordene Formel. Es ist wichtig, sie genau zu nehmen und nicht für mystischen Wortschwall zu halten. Die Wendung sagt: Das Zusammengezogensein der reinen Bestimmungen oder des uneingeschränkten Sehens steht nicht unvermittelt neben oder auch „unter" dem absoluten Sehen, sondern das Zusammengezogensein, die Beschränkung des Beschränkten, ist selbst noch eine Seite des Unbeschränkten. Nur ist das Beschränkende auf nicht-beschränkte Weise im Unbeschränkten. Aber das heißt nicht, daß es darin verschwindet. Wo die *vereinzelnde* Vereinzelung – als aktives *Zusammenziehen* oder als Bestimmen, worauf das im Nominativ stehende Substantiv *contractio* sich bezieht – ihre reinste Form hat, dort ist sie die von aller Vereinzelung – also dem Kontrahierten, den vielen *contractiones*, worauf sich der Genitiv Pluralis von *contractio* bezieht – am meisten abgelöste. *Coincidit igitur simplicissima contractio cum absoluto.*[316] Sie sehen: Wir haben das Buch kaum aufgeschlagen, schon tritt uns die Koinzidenzlehre erneuert entgegen, die in *De pace fidei* ausgespart, aber im Brief an die Mönche vom September des Vorjahres schon als Gegenstand weiterer Darstellung angekündigt war. Zusammenziehen – Ablösen, beide Bewegungen sind in Koinzidenz zu denken, um das Unendliche intellektual

---

[314] *De visione Dei* c. 1 n. 7, 1–6 besonders 7, 2–3 p. 118–120.
[315] ib. c. 2 n. 8 p. 120.
[316] ib. c. 2 n. 8, 15.

zu sehen. Wir sollen nicht einseitig auf die Seite des Aufsteigens und Ab-
lösens treten, um daraus ein Konzept des Unendlichen zu bilden. Nur
über die Irritation des Denkens, das es aushält, Gott sowohl als Ent-
schränkung wie als bestimmende Beschränkung zu denken, kommen wir
zu einem Konzept Gottes.

Die dritte Prämisse spricht Gottes höchste Einfachheit aus. Gott ist
die Einfaltung, *complicatio,* aller Formen. Dies kennen wir aus *De docta
ignorantia;* es ist die Erbschaft des Thierry von Chartres. Aber Cusanus
spitzt dies jetzt zu: Die absolute Einfachheit bietet keinen objektiven
Anhalt für Unterscheidungen. Dies ist wiederum nur eine andere Formulierung für die Koinzidenz: In Gott gilt jedes Attribut von jedem Attribut; Cusanus wiederholt die Formel, die philosophische Gotteslehre
sei *in circulo posita.* Sein Sehen ist sein Hören, ist sein Schmecken, ist sein
geistiges Erfassen. Sein Haben ist sein Sein, d.h., zwischen Eigenschaft
und Wesen gibt es keine Unterscheidung. Aber Cusanus steigert das traditionelle Theorem koinzidental: Sein Sich-Bewegen ist sein Stillstand,
sein Laufen ist sein Ruhen, die Andersheit ist in ihm Einheit, die Verschiedenheit ist Identität. Die ideenhaften Gründe der verschiedenen
Dinge sind nicht verschieden, wie wir gewöhnlich „verschieden" verstehen; in der unendlichen Einheit ist die Verschiedenheit die Einheit. Nur
dürfen wir diese Einheit nicht einseitig-rational bloß als Einheit konzipieren, sondern müssen die Einheit dadurch als Fülle denken, daß wir sie
als die verwandelte, d.h., die in die Einheit übergegangene Andersheit und
als verwandelte Verschiedenheit denken.[317]

10. Das Losgelöste und das Zusammengezogene

Von c. 4 an wendet Cusanus sich an den *einzelnen* Betrachter, während er
in den Vorbereitungskapiteln die Mönchsgemeinde angeredet hatte. Die
direkte Anrede an den sehend-meditierenden Mönch geht immer wieder
über in eine betend-philosophierende Anrede an Gott selbst. Das absolute Sehen sehen, das heißt für das mitdenkende Sehen, sich dem Gegensatz
von Anreden und Angeredet-Werden entwinden. Die künstlerische
Gestaltung folgt dem: Der Betrachter lernt sinnenhaft, das aus den
Beschränkungen herausgelöste Sehen zu denken und wird dadurch

[317] ib. c. 3 n. 9 ganz.

zunehmend auch dem Gegensatz von Auf-den-*einen*-Sehen und Auf-den-*anderen*-Sehen enthoben. Von jetzt an durchdenkt der vereinzelte Betrachter seine Erfahrung. Er macht sich, von Cusanus angeleitet, klar:
Es ist zwar vom *Sehen* Gottes die Rede, aber bei der absoluten Einfachheit Gottes ist das Sehen nichts anderes als das Tasten, das Einsehen, das Sein, das Lieben und Wirken, ist doch in der *absoluta ratio* die Andersheit die Einheit selbst. Während Cusanus sich 1431 noch mit der skotistischen *distinctio formalis* hat anfreunden können, wendet er sich jetzt der Sache nach gegen derartige spätmittelalterliche Versuche, in der göttlichen Einheit dennoch Anhaltspunkte für eine sachhaltige Distinktion zu finden: Es gibt sie nicht. Sie fallen alle auf uns selbst zurück.

Cusanus entwickelt dabei eine metaphysische Rehabilitation der Individualität, gerade auch in ihrer Beschränktheit und, wenn man so sagen darf, in ihrem Egoismus: Jedes Wesen zieht sein Sein dem aller anderen vor, es ist wesentlich mit sich zufrieden und auf sich bezogen, und dies ist, Cusanus zufolge, kein moralischer Defekt, sondern die Folge der besonderen Anwesenheitsweise des göttlichen Blicks. Die gesamte Betrachtung war durch die Geometrico-Theologie ausgelöst worden, der zufolge jeder von uns nur seinen beschränkten Winkel haben kann und gerade auf diese Weise am unbeschränkten Winkel teilhat. Die Cusanische Bild-Philosophie gibt der Selbstbehauptung – ich verweise für diesen Problemkreis auf Hans Blumenberg, besonders auf seine Studie: *Säkularisierung und Selbstbehauptung*, Frankfurt 1974 – ihre metaphysische Sanktion: Das Einzelwesen bezeugt, indem es sich primär auf sich bezieht, die besondere Weise des göttlichen Anblickens, das den Angeblickten meinen läßt, er allein werde angeblickt und alles übrige habe seine Bestimmung darin, gerade diesem Individuum zu dienen, das sich auf quasi-exklusive Weise angeblickt sieht. Selbstbezogenheit, Ichbefangenheit, ja Instrumentalisierung der Mitgeschöpfe durch den Einzelnen erscheinen nicht nur als de facto unvermeidlich, sondern als Folge des göttlichen Sehens, das produktiv die Einzelnen sieht und sie als Einzelne will und liebt, denn Gottes Sehen heißt: Lieben: *videre tuum est amare*.[318] Das in *De docta ignorantia* II 2 nur eben berührte Motiv der gottgewollten Selbstbejahung erhält erhöhtes Gewicht, da Gott nicht einseitig nur als die Steigerung ins immer Allgemeinere, sondern als *contractio contractionis* gedacht wird.

[318] ib. c. 4 n. 11, 5 p. 124. Die Metaphysik der Selbstbevorzugung findet sich in c. 4 n. 10, 8–12 p. 124.

Ich hatte für den Ausdruck *lex melioris* um Nachsicht gebeten, weil ich den Import späterer Theorien in das cusanische Denken vermeiden möchte; ich möchte nun noch einmal einen späteren Begriff probeweise ins Spiel bringen; ich meine den Terminus „*Moment*". „*Moment*", jetzt nicht im Sinne des *Augenblicks* (diesen Terminus kennt Cusanus in *De non aliud* c. 16 h XIII, p. 40, 32 und 41, 6 aufgrund der Traversari-Übersetzung als Gottesnamen, aber mit anderen Assoziationen als den jetzt gemeinten), sondern im Sinne Hegels, der in dem Aufsatz „*Glauben und Wissen*" von 1802 den „*unendlichen Schmerz*" als „*Moment der höchsten Idee*", aber auch *nur* als ein Moment bezeichnet.[319] Ich behaupte: Cusanus denkt etwas, wofür ihm der Ausdruck „*Moment*" fehlt. Und in *De visione Dei* wird dieser terminologische Mangel wegen der Akzentuierung der Koinzidenz-Theorie besonders fühlbar. Ich gehe, zögernd, so weit zu sagen: Er hat etwas gedacht, was er nicht hat zum Ausdruck bringen können. Dies ist unter Historikern eine gewagte Behauptung; ich versuche sie zu begründen:

Die *contractio* oder auch die Individualität *ist* im absoluten Sehen, sagt Cusanus. Sie ist dort nicht als einfaches Kontrahiertsein, sondern als die Kontrahierung des Kontrahierten. Man könnte das die potenzierte Kontraktion nennen und daran denken, daß die unendliche Einheit als die Einfaltung, *complicatio*, aller Ideen auch die individuellen Bestimmungen umfassen muß, soll sie das Kontrahierte zum Kontrahierten machen und selbst seine aktiv-ideal-vorstrukturierende *contractio* sein. Aber wie ist denn nun das Kontrakte in der Ur-Kontraktion? Wie ist das Andere im Einen? Wie ist das Verschiedene in der Identität? Cusanus legt doch alles darauf an, daß wir nicht nur sagen sollen: Die Einheit *bewirkt* das Viele. Die Vorstellung der effizienten Kausalität reicht ihm nicht, noch weniger als sie Thierry von Chartres gereicht hatte, der sie mit dem Schema *complicatio-explicatio* hatte anreichern wollen. Bei Cusanus hat dies zur Folge, daß die Individualität im reinen Sehen enthalten ist, nicht in ihrer Unterschiedenheit, sondern als Einheit. Ich sage nun: Soll die Individualität nicht ertrinken in der allumfassenden Einheit, dann muß sie doch auch aufbewahrt sein; es muß etwas von ihr – oder genau genommen, sie muß als ganze in der Einheit die Einheit sein, und dies, scheint mir, läßt unser Denken immer wieder fallen, wenn es keinen Ausdruck findet, der

---

[319] Vgl. dazu T. Borsche, s.v. „Moment", in: Historisches Wörterbuch der Philosophie, Band 6, 1984, Spalte 105 bis 107 mit den Belegen.

das Nicht-Ertrinken des Kontrakten in der Ur-Kontraktion sichert. Und dafür scheint mir der Ausdruck „*Moment*" geeignet, um nicht ausnahmsweise und unhistorisch zu sagen: unentbehrlich. Denn: Ein *Moment* ist das Ganze; es ist kein Teil des Ganzen. Und es ist das Ganze auch nicht, denn im Ganzen sind immer auch andere Momente wirklich oder möglich. Die Koinzidenz von Ganzem und Teil erhielte mit dem Ausdruck „*Moment*" einen terminologischen Platzhalter. Ich sage nicht, Cusanus hätte ihn bilden müssen; ich dichte ihn nicht nachträglich dem Kardinal an. Ich sage nur: Er hielte *für uns* deutlicher fest, was gemeint ist, wenn Cusanus die Andersheit in die Einheit übergehen und dort als diese selbst sein läßt. Indem ich unterstreiche: *für uns*, glaube ich, den Verstoß gegen den historischen Takt vermieden zu haben.

11. Sehen als Gesehenwerden, Gesehenwerden als Sehen

Das göttliche Sehen ist das göttliche Sein, und mein Sein ist das Angeblicktwerden durch die kreative Zuwendung des göttlichen Blicks. Dieser Blick Gottes ist allumfassend, er kann nicht anders als mich wohlwollend ansehen. Das göttliche Sehen ist *bonitas illa maxima, quae seipsam non potest non communicare*[320]. Dies ist die Philosophie des platonischen *Timaios* und des Dionysius: Das schlechthin Gute teilt sich neidlos mit. Dieses Sehen kennt keinen Willkürvorbehalt; es liegt an mir, ob es sich mir mitteilt und wie weit es sich mir mitteilt. Das Sein, das sich mir durch Gottes Sehen mitteilt, ist in kontinuierlicher Entwicklung, ist bestimmt zu immer weiter führender Perfektibilität. Der freie Wille ist das lebendige Abbild der göttlichen Allmacht; er allein könnte die von sich her unbegrenzte Zuwendung der absoluten Gutheit begrenzen, und in deutlicher Gegenstellung zur Gnadenlehre des späten Augustin behauptet Cusanus, der freie Wille könne die Empfänglichkeit für die Gnade erweitern oder einschränken:

libera voluntas…per quam possum aut ampliare aut restringere capacitatem gratiae tuae.[321]

Diese Theorie ist hier nicht ganz neu; wir kennen sie aus *De pace fidei*,

---

[320] *De visione Dei* c. 4 n. 12, 1–2 p. 126.
[321] ib. c. 4 n. 12, 9–12 p. 126. Zum Thema Willensfreiheit vgl. auch c. 7 n. 27 p. 146 und c. 18 n. 81 p. 216.

p. 8, 1–17 und 9, 8, aber jetzt veranschaulicht Cusanus sie als das alle-
umfassende wohlwollende Ansehen und spitzt sie theoretisch zu. Wer das
Bild betrachtet, bestimmt – kraft der Willensfreiheit, die uns als dem *Bild*
des absoluten Sehens gegeben ist – die Art, wie das Bild ihn zurück anblickt.

Nach Cusanus weiß der Sehende (wie jeder Platoniker, nicht nur jeder
Augustinist), daß er nichts hat, was er nicht dem göttlichen Sehen verdankt. Cusanus kann natürlich auch von *gratia* in diesem allgemeinen
Sinne sprechen, aber sein absolutes Sehen ist allumfassend gütig, es trifft
keine willkürliche Auswahl. Dies folgt aus der absoluten Einheit und
Gutheit des göttlichen Sehens, das zugleich Sehen, Zuwendung, Selbstmitteilung und folglich Beseligung ist, *hortus deliciarum omnium*, Glück,
über das hinaus Größeres nicht gedacht werden kann.

Wir sehen im Bilde Gottes Sehen. Der Blick ist wechselseitig. Gottes
Sehen ist nichts anderes, als daß er von mir gesehen wird. In Gebetsform
spricht Cusanus dies Eckhartsche Motiv aus, das man später die Einheit
von Subjekt und Objekt nennen wird:

*videndo me, das te a me videri, qui es deus absconditus. Nemo te videre
potest nisi inquantum tu das ut videaris. Nec est aliud te videri quam quod
tu videas videntem te.*[322]

Dies ist die Einsicht, daß das Eine alles ist, daß nichts ihm gegenübersteht, also eine Einsicht, die wir seit den Anfangskapiteln von *De docta
ignorantia* kennen und von deren Anregern – Proklos, Dionysius, Thierry, Eckhart – immer wieder die Rede war. Aber in *De visione Dei* faßt
Cusanus die Idee der Alleinheit schärfer, genau genommen: Er legt es darauf an, sie als widersprüchlich zu erweisen, um uns zu zeigen, daß wir das
All-Eine verfehlen, wenn wir den Widerspruch vermeiden wollen. Widersprüchlich ist das All-Eine, sofern sein Sehen sein Gesehen-Werden
ist; widersprüchlich ist es, daß sein Sein sein Erschaffen und zugleich, wie
schon Eriugena formuliert hatte, sein Erschaffen-Werden ist.

Die unendliche Einheit ist ebensogut und ebensowenig Passivität wie
Aktivität. Sie ist ebensogut das *posse fieri* wie das *posse facere*.[323] Sie ist
Urbild ebensogut, wie sie Abbild ist. Das wirkliche Leben spielt, wie wir
seit *De mente* wissen, in der dreigliedrigen Einheit des Könnens selbst.

---

[322] *De visione Dei* c. 5 n. 15, 2–4 p. 130.
[323] ib. c. 15 n. 65 p. 192.

Daher hat das Zugleich von Wirken und Bewirktwerden auch den anderen Aspekt, daß wir Betrachter das Bild mitformen. Cusanus trägt dazu folgende in Gebetsform gehaltene Überlegung vor:

Der mitwandernde Blick Gottes läßt sich vom sehenden Menschen mitbestimmen. Er bietet sich dem Betrachter dar, als erhielte er von ihm das Sein, *quasi recipias ab eo esse*. Dieses *quasi* gibt Fragen auf: Handelt es sich um eine Täuschung? Sieht es nur für den Betrachter so aus, als gehe der Blick mit? Zeigt er uns nur *scheinbar* sein Angesicht? Betrügt uns Gott mit einer schein-gefälligen Nähe? Dazu nehmen die folgenden Sätze das Sich-Anpassen Gottes zu wörtlich: *conformas te …* Cusanus begründet die providentielle Logik dieser Gleichgestaltigkeit, die Gott für das Individuum inszeniert, indem er noch einmal auf seine Metaphysik der unvermeidlichen Selbstliebe zurückkommt: Wir können uns nicht selbst hassen. (Da war Pascal anderer Ansicht, rufe ich dazwischen, fahre aber gleich mit Cusanus fort:) Daher lieben wir, was uns ähnlich ist, und Gott nimmt an unserem Sein teil, *participat*, (in der platonischen Tradition war Partizipation immer eine Beziehung des Unvollkommenen zum Vollkommenen; hier ist es umgekehrt), damit wir ihn *als etwas von uns* liebend umfassen. Er zeigt sich uns, als sei er unser Geschöpf. Wieder kehrt das *quasi* zurück: *Ostendis te* quasi *creaturam nostram.* Dies sei Gottes Demut, fährt der Betende fort; auf diese Weise wolle Gottes Liebe uns an sich ziehen. Sie veranstaltet einen objektiven Schein, ein reales Anpassungsspiel der Liebe. Weil in Gott Erschaffen und Erschaffenwerden koinzidieren, schmeichelt er unserer unvermeidlichen Selbstbefangenheit und läßt sich *quasi* von uns erschaffen. Wir schaffen seine *similitudo*, und die weiterführende Reflexion zeigt, daß diese menschengeschaffene *similitudo* die Wahrheit ist, die uns hervorgebracht hat.[324] Aber dadurch wird die Selbstangleichung Gottes an den Menschen nicht bloßer Schein; deswegen sprach ich von einem göttlichen, einem objektiven Schein – etwas, wofür es in der tradierten Philosophie keine Kategorien gab. Daher verwundert es nicht, daß Cusanus mit seinem eigenen Gedanken nicht wohl zurechtkam. Seine Bild-Meditation beruht darauf, daß es kein bloßer Schein ist, daß Gottes Blick mit dem Betrachter mitgeht. Aber dann muß er uns doch sagen, daß Gott sich überhaupt nicht bewegt.

Cusanus nennt das göttliche Sehen eine *visio facialis*.[325] Werner Beier-

---

[324] ib. c. 15 n. 70, 1–13 p. 198.
[325] ib. c. 6 n. 19 p. 134.

waltes ist der Begriffsgeschichte von *visio facialis* nachgegangen; der Ausdruck scheint der Debatte um die *visio beatifica* zu entstammen, die Papst Benedikt XII. intensiviert hatte.[326] Freilich verändert sich bei Cusanus der Kontext:

> Gottes Sehen ist sein Gesicht,
> *Visus tuus, domine, est facies tua.* [327]

Dies dient Cusanus als Ausgangspunkt weitgehender Konsequenzen: Das göttliche Antlitz ist das genaue Maß und Urbild aller Gesichter. Wer es anblickt, findet daher in ihm sich selbst, sich selbst in seiner reinen und ursprünglichen Gestalt. Dies hat aber zur Folge, daß jedes Gesicht etwas vom Ur-Gesicht Gottes ausdrückt, das nur dieses einzelne ausdrücken kann. Jedes Gesicht ist daher nicht nur gezwungen, das Bild Gottes von sich selbst her zu nehmen, sondern es entspricht einer metaphysischen Realität, wenn es das Bild Gottes nicht durch Absehen von seiner Beschränkung, sondern als das genaue Maß und Urbild seiner Individuation sieht.

Gott sieht uns genau so an, wie wir ihn ansehen: Blicken wir fröhlich, blickt er freudig; sehen wir ihn liebevoll an, blickt er liebevoll zurück. Jedes Zufällige, jedes Relative hat hier sein göttliches Recht. Löwen müßten sich Gott löwenartig, Adler adlerartig, Menschen menschenartig denken: *Homo non potest iudicare nisi humaniter.* Die Anspielung auf Xenophanes' Fragment 21 B 14 ff. scheint unübersehbar, doch korrigiert Cusanus dessen anti-mythologische Tendenz, denn die Metaphysik der Individualität führt zu einer Aufwertung der nur subjektiv scheinenden Sehweisen: Sie sind nicht nur subjektiv, sondern stellen das jeweils besondere Bild des göttlichen Sehens dar. Das göttliche Urbild ist auf die präziseste Weise das Urbild des Einzelnen, auch in dessen Altersphasen, ob es jung ist oder alt, so, als könne es unmöglich auch das Maß eines anderen sein. Es ist *so* das Maß aller, daß es quasi-exklusiv (philosophisch eine merkwürdige Wendung, aber Cusanus gebraucht sie mehrfach) das Maß jedes Einzelnen ist,

et ita perfectissime cuiuslibet quasi nullius alterius.[328]

---

[326] Beierwaltes (wie Anm. 268) S. 102 Anm. 38.
[327] *De visione Dei* c. 6 n. 20, 5 p. 136.
[328] ib. c. 6 n. 21, 4 p. 136.

Die aus der Urbild-Abbild-Relation legitimierte Selbstprojektion ist freilich nicht die letzte Stufe der Erkenntnis: Die *facies facierum* wird in allen
unseren *facies* gesehen, aber, wie der wichtige Ausdruck lautet, „verhüllt", *velate*. Die *revelatio*, die Enthüllung des verhüllten Einen, geschieht durch das Wegnehmen aller Darstellungen. Die Wegnahme aller
Bestimmungen und Vorstellungen bedeutet Schweigen. Wie beim Hin-
einsehen ins Sonnenlicht erblinden wir. Wir treten ein in *caligo* und *tenebrae*. Die Negation ist die wahre Offenbarung:

ipsa autem caligo revelat ibi esse faciem supra omnia velamenta.[329]

Gerade das Geblendet-Sein, die Erfahrung des Nichts-Sehens, ist die
Erfahrung der Ent-Hüllung der unverhüllten Wahrheit des göttlichen
Allsehens. Aber die kreatürliche Erblindung ist nicht das letzte Wort,
sondern leitet zu der Einsicht weiter, daß Gott die Natur aller Naturen
ist, daß, wer seine *facies* sieht, alles sieht:

*omnia aperte videt, et nihil sibi manet occultum. Omnia hic scit, omnia
habet, domine, qui te habet.*[330]

Und dies ist kein Versprechen für die jenseitige Schau, sondern die Erneuerung unserer Welt-Ansicht und die Hinführung zur Naturphilosophie auf dieser Erde. Wir lernen den Nußbaum so sehen, daß wir ihn in
seinem Grund sehen.[331] Es liegt einzig an unserem freien Willen, daß Gott
sich uns ganz gibt und wir mit ihm alles haben, alles wissen. „Alles", das
heißt zunächst einmal alle Naturwesen. Cusanus faßt das Ergebnis der
Bild-Erfahrung dahin zusammen: Gott hat ihn zu der Einsicht geführt,
daß wir das Gesicht des von allen Gegensätzen abgelösten Sehens im Anblick aller Naturwesen erblicken.[332] Sein Gott sagt zum Menschen:

sis tu tuus, et ego ero tuus.[333]

Dieser Freiheitsspruch sagt, wie der Fortgang des Cusanus in n. 28 beweist: Der Mensch muß nur sich selbst zur Vernunftordnung bestimmen,
dann gibt Gott sich ihm, und Gott gibt sich, als unteilbarer, ihm ganz. Als

[329] ib. c. 6 n. 22, 7–8 p. 138.
[330] ib. c. 7 n. 26, 4–5 p. 144.
[331] ib.c. 7 nn. 23–24 p. 140–142.
[332] ib. c. 7 n. 26, 1–2: *O Deus, quorsum me perduxisti, ut videam faciem tuam absolutam
esse faciem naturalem omnis naturae.*
[333] ib. c. 7 n. 26, 15–16 p. 146.

das Gute ist er wesentlich Mitteilung. Nichts hält er verborgen: *Nihil se-creti tenes.*[334] Oft wird das alttestamentliche Motiv des *Deus absconditus* als ein Cusanisches Motto zitiert. Es ist auch ein Gedanke des Cusanus. Dies zeigt allein schon der gleichnamige Titel seines Opusculum. Aber man muß die Bücher auch durchdenken, nicht nur ihre gefälligen Titel zitieren. Denn die Verborgenheit Gottes ist seine Allmitteilsamkeit. Er hält uns nichts verborgen, wenn *wir* es uns nicht verborgen halten. Es sind *wir*, die seine Rätselhaftigkeit erzeugen. Er schaut unverständlich zurück, weil wir ihn unverständlich anschauen. Eine Speise, die unverdaubar wäre oder an die er nie herankäme, schreibt Cusanus, kann den Intellekt nicht sättigen. Er braucht eine unendliche Nahrung, *die er erreichen kann,* um die unendliche Freude weiterer Erkenntnis an ihr zu genießen.[335] Prononciert spricht Cusanus seine Erkenntniszuversicht aus. Immer wieder geht es darum, daß Gott enthüllt oder doch weniger verhüllt gesehen wird. Die Stichwort *velate* und *revelate*, die wir – wie zuvor: *additio* – für die Cusanische Bewertung der negativen Theologie behalten müssen, kehren ständig wieder.[336] Die einsichtigsten Philosophen, *doctissimi philosophi*, hätten sich den Weg versperrt, Gott enthüllt zu sehen, weil sie nicht sahen, daß die Unmöglichkeit die Notwendigkeit ist. Sie dachten nicht die Koinzidenz.

12. Trinitätsphilosophie

Cusanus spricht in *De visione Dei* die affektive Sprache, die wir insbesondere aus *De sapientia* kennen. Er läßt Augustinische Töne anklingen – *non quiescit cor meum*[337] –, aber immer verwandelt er das Tradierte, um den Leser durch die Koinzidenz hindurch zu dem zu führen, was jenseits der Koinzidenz steht. Er vereint – wie nie zuvor – sprachliche Wärme mit Subtilitäten der Koinzidenzlehre. Dies zeigt schön die spekulative Vater-Unser-Erklärung im achten Kapitel. Die Unendlichkeit ist nicht nur *mein* Vater oder *dein* Vater. Wir sagen „unser Vater", denn er ist im

---

[334] ib. c. 24 n. 113, 15 p. 266.
[335] ib. c. 16 n. 74, 9–15 p. 204.
[336] Um nur Beispiele zu nennen: c. 6 n. 22 p. 138–140; *minus velate* steht c. 9 n. 38, 8 p. 158 und vor allem c. 9 n. 39, 7 p. 160. Vgl. auch c. 17 n. 80, 11–22 p. 212–214 und c. 21 n. 94, 10–11 p. 234.
[337] ib. c. 8 n. 29, 4 p. 148.

gleichen Maße allgemeiner *und* singulärer Vater, *universalis pater pariter et singularis*.[338] Er ist so sehr individueller Vater, daß jedes Individuum den Gedanken faßt, es werde vom Vater aller allen anderen vorgezogen – wir kennen diese Theologie der Ichbezogenheit schon.

Das meditative Buch *De visione Dei* ist immer zugleich ein spekulatives; Cusanus nimmt in dieser Schrift zwei Hauptthemen aus *De pace fidei* noch einmal auf, die Theorie der Trinität und das der Inkarnation. Während er auf die Kirchensakramente nicht zu sprechen kommt, vertieft er noch einmal seine Philosophie der Trinität und der Inkarnation. Er unterbaut seine Analyse des Sehens im Sinne der lullistischen Korrelativenlehre und führt damit zur Einsicht in die Drei-Einheit. Das Sehen ist die Einheit von *visus videns, visibile* und *actus visionis*, von Gesichtssinn, Sichtbarem und Seh-Akt.[339] Eine Neufassung der Trinitätsphilosophie aus der lullistisch inspirierten Analyse des Sehens bringen die c. 17 und 18. Da das absolute Sehen Lieben ist, ist es die Einheit von *amor amans, amor amabilis* und dem *nexus* beider. Dies ist der Lullismus, den wir bei Cusanus seit den ersten *Sermones* antrafen, aber in *De pace fidei* vermißten. Das neue Argument, das Cusanus jetzt daraus entwickelt, ist dieses: Wäre Gott nicht in diesem philosophischen Sinne drei-einig, wäre er nicht die Beseligung des Menschen. Er muß in sich selbst *liebenswert, amor amabilis*, sein; ein intelligentes Wesen muß in ihm objektive Werthaftigkeit erkennen und lieben; sonst kann es nicht glückselig werden. Die Amabilität darf nicht nur für uns, sie muß am Geliebten selbst sein, sonst beseligt sie nicht.

Wieder ringt Cusanus mit der Frage der Zahlbestimmungen. Das, was mir als *drei* entgegentritt – die Unendlichkeit als liebend, als liebenswert und als Verbindung beider –, das sind nicht drei, sondern eines. Denn in der einfachen Gottheit gibt es nichts, was nicht die ganze Gottheit selbst wäre. *Non sunt igitur tria, sed unum*. Aber die göttliche Wesenheit wäre nicht sie selbst und wäre nicht die denkbar vollkommenste, gäbe es in ihr nicht die drei genannten Funktionen. Sie ist also eine dreieine Wesenheit, ohne daß in ihr drei wären. Es gibt da eine gewisse Vielheit, aber es ist eine Vielheit ohne numerische Pluralität. *Pluralitas trium est pluralitas sine numero plurali*. Denn numerische Pluralität setzt voraus, daß es ver-

---

[338] ib. c. 8 n. 29, 9 p. 148.
[339] ib. c. 8 n. 30, 17–21 p. 150.

schiedene Wesen sind, die wir zählen. Es gibt also in der Gottheit keine
numerische Distinktheit. Aber sie ist auch nicht numerisch *eine*. Sie ist
also weder numerisch *eine* noch *viele*. Sie steht über jeder Vielzahl und
Einzahl. Ich sehe dich, indem ich auf der Mauer des Paradieses stehe, in
dem du wohnst, wie in dir Vielzahl und Einzahl koinzidieren. Dies sehe
ich als notwendig ein, aber wie ist es möglich, *quomodo possim concipere
id possibile, quod video necessarium?*

Nun macht Cusanus einen neuen Anlauf zur Trinitätstheorie. Ich nenne ihn seine *Replikationstheorie.* Sie soll erklären, daß es im Unendlichen
eine nicht-numerische Vielheit gibt. Von „dreien" dürfen wir nicht sprechen, aber wir können *dreimal* sagen: das Eine. Wir zählen nicht, wir
sprechen die Replikation des Einen aus. Ohne einen Anhalt können wir
das Eine nicht dreimal das Eine nennen, aber *zählen* dürfen wir nicht.
Denn wo gezählt werden kann, da ist das Eine nicht das Andere. Zählen
heißt: Zum Einen ein Anderes hinzusetzen. Aber in der unendlichen Einheit gibt es keine Andersheit. Und doch gibt es in ihr eine Andersheit
ohne Andersheit, *alteritas sine alteritate.* Es ist eine Andersheit, die in
Identität übergegangen ist. Ich sehe jenseits der Mauer der Koinzidenz,
wie die Andersheit in Identität umschlägt. Ich sehe dort eine Unterscheidung, die mit der Nicht-Unterscheidung zusammenfällt. Die Mauer steht
meinem Intellekt entgegen; aber Cusanus läßt uns auf die Mauer des Paradieses steigen, und dort sieht das Auge des Intellekts hinüber ins Paradies. Dort sieht es, wie Unterschied und Nichtunterschied diesseits der
Mauer bleiben. Es sieht zugleich, daß die Mauer der Zusammenfall von
Verborgenheit und Offenbarkeit ist, *coincidentia absconditi et manife-
sti.*[340] Wir verstoßen gegen das koinzidentale Denken, sagt Cusanus, wenn
wir das Unendliche nur als verborgenen Gott denken. Was es zu denken
gilt, ist der Zusammenfall von Verborgensein und Unübersehbar-Sein.

Die Trinität ist also eine Formel für die Einheit von Bestimmbarkeit
und Unbestimmbarkeit des Unendlichen. Ich befinde nicht darüber, ob
diese Ansicht und ob die Replikationstheorie das christliche Glaubensbewußtsein befriedigen kann. Wenn man gegen sie einwendet, sie lasse
die Dreiheit zuletzt doch auf unseren Akt der Replikation zurückfallen,
könnte Cusanus erwidern, daß auch unsere Replikation nicht außerhalb
der unendlichen Einheit stehe und daß wir als liebende Menschen die
Drei-Einheit von liebend, liebenswert und dem Nexus beider erfahren:

---

[340] ib. c. 18 n. 77–78 p. 206–210.

Ego sum amans; ego sum amabilis; ego sum nexus.[341] Alle drei „Funktionen" sind meine substantielle Realität; sie sind nicht Eigenschaften an einer Substanz. Cusanus läßt keinen Zweifel daran, daß er die Trinität für denknotwendig hält. Zur vollkommenen Liebe gehören die drei Momente; dies kann nicht anders sein.[342] Wir können die Unendlichkeit nicht anders denken als das, worüber hinaus Vollkommeneres nicht gedacht werden kann; also können wir die Dreieinheit wissen. Das schließt nicht aus, daß sie zuerst geglaubt wird. Das war bei Anselm und bei Lull nicht anders. Sie setzten eine andere Definition des Glaubens voraus als die thomistische, die ein Zugleich von Glauben und Wissen ausschließt und die gegen jede Trinitätsphilosophie ins Feld geführt worden ist. Cusanus akzentuiert gerade in *De visione Dei* die Notwendigkeit des Glaubens als einer Disposition für die Einsicht.[343] Wenn ich von Trinitätsphilosophie spreche, schließt dies – vom Denken des Cusanus her beurteilt, das sich von Thomas Aquinas, erst recht von neuscholastischen Dogmatikern wie Matthias Scheeben unterscheidet – die Bedeutung des Glaubens nicht aus. Er ist die subjektive Voraussetzung der Einsicht. Aber die Einsicht hat ihre Notwendigkeit, die nicht zu verwechseln ist mit der Meinung, irgendeine Überzeugung sei plausibel.

13. Inkarnationsphilosophie

Der Schlußteil des Buches handelt von der Inkarnation. Wie in der Trinitätsphilosophie dominiert dabei jetzt der Aspekt der Beseligung. Wir können einzig dadurch glückselig sein, daß wir *subsistieren* – so schreibt Cusanus wörtlich – in der Einheit von Gottheit und Menschheit, also im Gottes- und Menschensohn. Der Geist jedes Glückseligen subsistiert im Gottmenschen, und es gelten von ihm kontradiktorische Sätze zugleich.[344] Daher konnten die Philosophen die Glückseligkeit nicht begreifen, weil sie vor der Koinzidenz zurückgeschreckt sind. Indem Gott sich mit einem Menschen vereinte, zog er die ganze Menschheit an sich. Der Gottmensch ist ein Widerspruch; daher sperren sich die Philosophen gegen ihn. Sie er-

[341] ib. c. 17 n. 79, 7 p. 210.
[342] ib. c. 17 n. 76, 8–10 p. 206 und c. 18 n. 82, 5–6 p. 216.
[343] ib. c. 21 n. 92, 15–19 p. 232; c. 24 n. 106, 3–4 p. 254 und c. 24 n. 108 p. 216.
[344] ib. c. 21 n. 94, 12–17 p. 236.

klären es für unsinnig, wenn wir von ihm sagen müssen, er sei zugleich
Schöpfer und Geschöpf, Endliches und Unendliches, wenn wir also wi-
dersprüchliche Aussagen über ihn machen.[345] Daher ist zuerst einmal der
Glaube nötig, der sich dann in Einzelnen mit Hilfe der Koinzidenzthorie
in nicht-wissendes Wissen verwandelt. Sie lehrt uns, die höchstmögliche
Einheit zu denken, und Jesus ist als Gottmensch die höchste Form von
Einheit. Der Logos ist der absolute Vermittler, *mediator absolutus*.[346] Das
hörten wir auch in der Petrus-Predigt vom 29. Juni 1453: Christus als der
Vermittler, in dem sich die Abgetrenntheit des jüdischen Gottes mit der
Sinnlichkeit des heidnischen Gottes verbunden hat. Er bringt seinem Wesen nach die vollkommenste Einung zustande. Die Menschheit ist im Unendlichen daher nicht nur als eingefalteter Weltinhalt, *non solum complicite sed ut attractum in attrahente et unitum in uniente et substantiatum in
substantiante*.[347] Es ist nicht leicht, diese Wendungen zu übersetzen. Es
geht darum, daß die Menschheit in der Person Jesu substantiell, nicht nur
als Einfaltung, in der unendlichen Gottheit subsistiert, ja ihre Subsistenz
erhält. Dies sei die *unio altissima,* die höchste Form von Einung. Nicht, als
existiere die Menschheit getrennt vom Unendlichen; sie subsistiert in der
Gottheit. Dies anzunehmen gebietet die *lex melioris.* Insofern handelt es
sich bei Cusanus um Inkarnationsphilosophie, nur haben die Philosophen, die auf diesem Weg bereits waren, wegen der Widersprüchlichkeit
eines Gottmenschen den Glauben an ihn verweigert; die Koinzidenztheorie beseitigt jetzt dieses Hindernis.

Cusanus hat auch Schwierigkeiten mit seiner Inkarnationslehre. Denn
im Unendlichen ist alles das Unendliche; es gibt keine distinkten Instanzen, aber die Menschheit soll in der höchsten Einung doch distinkt bestehen bleiben. Die Menschheit geht in der Person Jesu in die Gottheit ein;
sie subsistiert in ihr, sie geht aber nicht in sie über. Sie erfährt die höchstmögliche Einung, aber sie ist nicht die göttliche Einung selbst. Sie bleibt
menschliche Natur; sie bleibt endlich im Unendlichen, obgleich sie dem
Unendlichen auf die denkbar höchste Weise ähnlich und auf vollkommenste Weise geeint ist.[348] Cusanus nimmt also im Unendlichen eine Unterscheidung von *complicatio* und *attractio* an: Alle Weltdinge sind einge-

---

[345] ib. c. 21 n. 92, 3–7 p. 232.
[346] ib. c. 19 n. 86, 11 p. 222.
[347] ib. c. 19 n. 87, 7–9 p. 224.
[348] ib. c. 20 n. 88–89 p. 226–228.

faltet, *complicite*, in der unendlichen Einheit; die Menschheit ist in der Person Jesu, aber als endlich bleibend in die Gottheit hineingezogen und in ihr als menschliche Natur erhalten.

Eine andere Schwierigkeit, mit der Cusanus in *De visione Dei* ringt, ist die Erkenntnisweise Jesu. Viele lesen dieses Buch als einen erbaulichen Traktat, aber Cusanus problematisiert. Er will wissen: Wie erkennt ein Gottmensch? Dies gibt Gelegenheit, allgemein über das Wesen des Erkennens nachzudenken. Als Gott erkennt Jesus alles, und dieses Erkennen ist das Identisch-Sein mit allem, *hoc intelligere est esse omnia*. Als Mensch erkennt Jesus wie ein Mensch; sein Erkennen ist nicht Identität mit allem, sondern die Ähnlichkeit mit allem. Denn Menschen erkennen nicht aufgrund von Identität, sondern aufgrund von Ähnlichkeit. Denn ein Stein ist im menschlichen Intellekt nicht als in seinem Grund oder als in seiner Idee, sondern als Ähnlichkeit und Erkenntnisbild, *species.* Daß der Geist des Menschen *Exemplar* der Weltdinge wäre, wie es in *De mente* hieß, davon verlautet hier nichts. Menschliches Erkennen ist ein Anähnlichen, wie es in *De mente* ja auch hieß. Was bedeutet das für das Erkennen Jesu? Es ist zugleich Identisch-Sein mit allem und Sich-Anähnlichen an alles. Es ist zugleich die absolute Idee von allem und dessen Ähnlichkeitsbild.[349] Jesu Wissen ist zugleich das Urbild von allem und dessen Abbild, *veritas pariter et imago* – diesseits der Mauer der Koinzidenz läßt sich so etwas nicht denken, sagt Cusanus. Der menschliche Intellekt Jesu muß zudem als der vollkommenste alles erkennen, was zu erkennen menschenmöglich ist. Cusanus spitzt den Widerspruch zu. Er läßt den Gottmenschen alles auf zwei verschiedene Weisen erkennen, vielleicht gar auf drei, denn der Mensch Jesus hat auch sinnliche Augen, mit denen er die Außenseite der Dinge sieht, während seinem göttlichen Auge alles Innere offen daliegt. Cusanus arbeitet diese Paradoxie liebevoll heraus: Wie in jedem Menschen die intellektuelle Erkenntniskraft einem beseelten Körper mit seiner Sehkraft vereint ist, so ist in Jesus die göttliche Sehkraft der menschlich-intellektuellen vereint. Wie der Intellekt in jedem Menschen bewirkt, daß er nicht nur optische Eindrücke bekommt, sondern wahr-nimmt, unterscheidet und beurteilt, so bewirkt die göttliche Erkenntniskraft im Menschen Jesus, daß er alles zugleich durchschaut und äußerlich wahrnimmt.[350]

---

[349] ib. c. 20 n. 90, 1–15 p. 228.
[350] ib. 22 n. 96,14–28 p. 240.

Es ist eindrucksvoll zu sehen, wie Cusanus die traditionellen dogmatischen Vorstellungen aufnimmt, um darzulegen, wie sie allein durch die
Koinzidenzlehre der Einsicht geöffnet werden. Hatten die christlichen
Denker, insbesondere seit Anselm, immer wieder daran gearbeitet, die
christlichen Lehren, besonders die über Trinität und Inkarnation, als
nicht-widersprüchlich zu erweisen, so schlägt Cusanus hier – nicht in allen seinen Schriften, zum Beispiel nicht in *De pace fidei* – einen anderen
Weg ein. Er analysiert die christlichen Grundlehren so lange, bis etwas
Widersprüchliches herauskommt. Aber nicht, um sie dann dem bloßen
Glaubensgehorsam zu überlassen, sondern um ihre Denkbarkeit, ja
Denknotwendigkeit zu erweisen. Sie sind notwendig, weil sie unmöglich
sind. Ist der Satz vom auszuschließenden Widerspruch als Haupthindernis einmal weggeräumt, erschließt sich die Wahrheit des Geglaubten dem
denkenden Blick. Die Frage ist nur, ob wir Cusanus dabei folgen können.
Denn er verzichtet nicht auf den Satz vom Widerspruch. Soeben noch hat
er es als widersprüchlich und folglich als ausgeschlossen bezeichnet, daß
die menschliche Natur in die göttliche übergeht. Er verbietet uns, vom
göttlichen Erkennen Jesu das zu behaupten, was wir von seinem menschlichen Erkennen wissen. Auch dies kann er nicht sagen, ohne den Satz
vom Widerspruch vorauszusetzen. Und grenzt es nicht ans Absurde, was
Cusanus in seinem Bestreben, die Widersprüchlichkeit des Gottmenschen zu beweisen, über das Erkennen Jesu sagt? Welchen Sinn soll es
haben, daß Jesus alles zweimal erkennt? Oder besser: Cusanus hat Erkennen als Vereinigen analysiert, als Identisch-Sein oder als Anähnlichen.
Muß er nicht erst recht die beiden Erkenntnisweisen, die beide Vereini-
gungsakte sind, in Jesus als in *einem* Subjekt vereinigen? Es gibt doch
keinen Sinn, dem Menschen Jesus die Außenseite der Dinge als Erkennt-
nisobjekt zuzuordnen, wenn er als Gott die Innenseite und dann doch
wohl auch die Außenseite schon kennt. Welchen Sinn soll die menschliche Erkenntnisbewegung der Anähnlichung haben, wenn das Wesen der
Dinge in Jesus als in ihrer absoluten Idee schon ist?

14. Theorie des Sehens

Wir müssen noch über das Cusanische Konzept von „Sehen" nachdenken. Sehen – das ist bei ihm die optische Wahrnehmung, für deren Physiologie er sich knapp – ähnlich wie in *De mente* – interessiert.[351] Wie es
der Genesis des Buches entspricht, bedenkt Cusanus unser Sehen immer
als Winkelgebundenheit[352], aber Sehen ist auch der Blick der Vernunft auf
die Voraussetzungen des Verstandes, einer Vernunft, von der es heißt, sie
sei im Verstand *quasi in loco suo*[353]; Sehen ist schließlich das Denken, also
das Wesen Gottes. Diese ganze Skala ist zu beachten, vor allem natürlich
die Fassung Gottes als absoluten Sehens. Wieder erklärt Cusanus seinen
Sprachgebrauch von *absolutus:* Es ist das, was *abgelöst* ist von aller Begrenzung.[354] Gott ist *visus incontractus*[355], dies ist der Ausgangspunkt.
Gottes griechischer Name, sagt Cusanus, bedeute nichts anderes als „der
Sehende" – *theos* komme von *theorein.* Diese Etymologie ist platonisch
(Kratylos 397 d 2–5). Dionysius hatte sie aufgegriffen, Johannes Eriugena
dem Westen vermittelt. Albert, *Summa theol.* I tr. 13 9, 51, erwähnte sie,
Thomas nahm die Variante: *theos* von *theasthai, considerare* in die *Summa theologiae* I 13, 8 auf, Cusanus führte sie in *De quaerendo Deum* n. 19
h 15 mit der Wendung fort, der griechische Name für „Gott" komme von
„sehen" und von „laufen":

Theos dicitur a theoro, quod est video et curro.

Aber jetzt, 1453, entwickelt Cusanus sein Konzept des *absoluten* Sehens.
    Vergleichen wir, um uns der Reflexion des Cusanus zu nähern, das
Sehen mit den anderen Sinnen, etwa mit dem Hören oder Riechen. Das
Sehen zeichnet sich durch seine größere Distinktheit aus. Der Sehpunkt
wie das Gesehene stehen sich klar gegenüber und sind durch eine eindeutig zu bezeichnende Linie verbunden. Die Relation Sehendes-Gesehenes
ist von exemplarischer Übersichtlichkeit; sie ist mathematisierbar, und die
Perspektiventheoretiker des 15. Jahrhunderts haben sich um ihre Mathematisierung bemüht. Hier zeigt sich auch der Zusammenhang der cusanischen Bildmeditation mit den geometrischen Untersuchungen, aus denen

---

[351] ib. c. 22 n. 95 p. 236–238.
[352] Besonders ausdrücklich ib. c. 8 n. 32, 15–18 p. 152.
[353] ib. c. 22 n. 99, 4 p. 244.
[354] ib. c. 2 n. 8, 7 p. 120.
[355] ib. c. 1 n. 7, 1 p. 118.

sie seinem Selbstzeugnis zufolge hervorgegangen ist. Kurz: Das Sehen ist
das Rationalste, was es in der sinnlichen Erfahrung gibt. Was „Gegenstand" und was „Vergegenständlichung" heißt, läßt sich am Sehen am
besten demonstrieren: Wie diffus ist dagegen das Hören, wie opak das
Riechen.

Die cusanische Analyse des Sehens ist nun darauf angelegt, den rationalen Charakter des Sehens zunächst festzuhalten, also den Anteil des
Verstandes an der Sehwahrnehmung nachzuweisen – schon die Aufmerksamkeit auf das Gesehene und daß wir überhaupt *etwas Bestimmtes* sehen, ist der Tätigkeit der *ratio* zuzuschreiben –, dann aber eine optische
Erfahrung aufzusuchen, die den Verstand an seiner alltäglich gewordenen
Gestaltung des Sehens irremacht. Dies ermöglicht die Bilderfahrung des
wandernden Blickes. Sie hebt in mehrfacher Hinsicht die Distinktheit der
Relation Sehen-Gesehenes auf:

Wir blicken nicht nur, wir werden angeblickt. Die Einseitigkeit von
Sehen und Gegenstand weicht der Wechselseitigkeit; *videre coincidit cum
videri*[356];

nicht *einer* nur blickt, sondern es blicken mehrere. Sie tauschen ihre
Seherfahrungen aus; sie glauben sich gegenseitig ihre Wahrnehmungen.
Die eindeutige Raumbestimmtheit des Sehenden, seine Festgelegtheit auf
einen Raumpunkt öffnet sich zugunsten einer Sehzone; statt des *einen*
Sehpunktes haben wir mehrere. Es geht um eine kollektive Erfahrung,
die ohne Hören, Sprechen, Einander-Glauben nicht zustande käme.

Wir haben nicht nur viele Sehpunkte, sondern wir sehen sie in Bewegung, genauer: Die *einen* sind in Ruhe, die *anderen* sind in Bewegung; die
einen sind in rascher Bewegung, die *anderen* in langsamer; die *einen* bewegen sich von Nord nach Süd, die *anderen* in entgegengesetzter Richtung. Im gefächerten Erfahrungsraum entfaltet sich das Spiel der Gegensätze, es löst die Fixpunkte der Gegenstandsbeziehung auf, die der
Verstand konstruiert hat. Dies war die Irritation, die Cusanus methodisch
herbeigeführt hatte. Sie zeigt noch einmal den Anteil des distinguieren-
den Verstandes im gewöhnlichen Sehen und treibt den Verstand an seine
Grenze, denn er kann nicht zulassen, daß der göttliche Blick zugleich
ruht und sich bewegt, daß er quasi-ausschließlich mir gilt *und* allen anderen, daß er sich gleichzeitig in entgegengesetzten Richtungen bewegt. Der
Verstand muß, um nicht Widersprüche zuzulassen, das alles als Schein

---

[356] ib. c. 10 n. 41, 4 p. 162.

erklären oder auf jeweils verschiedene Zeit- und Gesichtspunkte beziehen, also ausdifferenzieren; er muß die Anthropomorphismen entlarven, die darin liegen, daß Menschen alles menschenartig, Löwen alles löwenartig sehen. Daher scheitert der Verstand an der absoluten Einheit, die keine Zeit- oder Gesichtspunkte zur Differenzierung enthält. So kommt der Verstand zur Vernunft: Das Denken, das bislang als *ratio* in der Sehwahrnehmung für Fixierung der Relationspunkte sorgte, findet nun, daß es in sich selbst zum Beispiel das klassische Gegensatzpaar der griechischen Philosophie von *stasis* und *kinesis* vereint und daß diese längst erreichte Einheit die Voraussetzung dafür war, daß es *in* der sinnlichen Wahrnehmung rationale Identitäten schuf. Das Denken macht in sich die Erfahrung der Koinzidenz und sieht dabei, daß es als Vernunft der Grund des Verstandes und der rationalen Durchgliederung der Sinneswelt ist. Die Koinzidenz ist hier also nicht das Privileg des jenseitigen Gottes, sondern die Eigenart des Denkens, das sich selbst als den Grund der Sphäre rationaler Distinktheit sieht. Das Sehen des gemalten Bildes mit dem wandernden Blick irritiert das Sehen, läßt es sich an den Verstand wenden, der aber zugeben muß, daß das göttliche Sehen sowohl bewegt wie unbewegt ist, so daß das Denken zu der Einsicht weitergeht, Gottes Sehen sei weder Ruhe noch Bewegung, es sei herausgenommen aus allem Gegensatz, aber nicht in räumlicher oder auch modaler Abtrennung, sondern so, daß es die *oppositio oppositionis* ist, wie es auch die *contractio contractionis* ist.

Das absolute Sehen als *oppositio oppositionis*: Es ist der den Gegensätzen entzogene Grund des Entgegengesetzten und wird als Grund *auch* oppositio, so wie es *auch* contractio ist, ohne ihr zu erliegen. Daß die Koinzidenz die Koinzidenz nicht nur konträrer Eigenschaften, sondern kontradiktorischer Verstandesbestimmungen bedeutet, ergibt sich dem Mitdenkenden von selbst, wird von Cusanus in c. 9 nn. 38–39 p. 158–160 aufs bestimmteste ausgesprochen: Dies bildet die anti-aristotelische und anti-scholastische Pointe der ganzen Analyse, die sich als die Wiederherstellung der mystischen Theologie des Dionysius Areopagita präsentiert, einer Theologie, die Gott *minus velate*, ja *revelate* zu denken gestattet, die auch immer vorhanden gewesen ist, nur daß sie unter Dominanz von Verstandesunterscheidungen über Vernunfteinsichten von den Kommentatoren, gerade von Albert und Thomas, malträtiert worden ist.

15. Die geschichtliche Stellung von De visione Dei

Der Text von *De visione Dei* ist nicht aus dem Himmel der Ewigkeit gefallen; er war durch jahrelange Denkarbeit vorbereitet und wurde am 8. November des Schicksalsjahres 1453 abgeschlossen. Zwei Monate zuvor hatte Cusanus mit seiner Schrift *De pace fidei* auf den Fall Konstantinopels reagiert. Das Buch ist im Herbst 53 kurz nach *De mathematicis complementis* und *De complementis theologicis* geschrieben und zeigt, in diesem Kontext gelesen, seinen genauen genetischen Ort. Dazu noch drei speziellere Hinweise:

Erstens: Die Bildbetrachtung von *De visione Dei* erweist sich als theoretische Konstruktion, die auf den Erkenntnisstufen Sinne-Verstand-Vernunft beruht, den traditionellen Gegensatz von *motus* und *quies* zur Grundlage hat und die mystische Theologie des Dionysius mit Blick auf die ungelösten Aporien der Scholastik aktualisiert. Diese theoretische Basis hat Cusanus in *De coniecturis* gegen 1442 geschaffen; sie findet sich keineswegs bereits in *De docta ignorantia*. Dies gilt insbesondere für die Konzeption der Koinzidenz als der Eigentümlichkeit der Vernunft, während Gott jenseits der Mauer der Koinzidenz wohnt und dort, also im Intellekt, durch Vernunftbetrachtung *minus velate* auch gesehen werden kann.

Die unendliche Einheit steht – anders als in *De docta ignorantia,* aber wie in *De coniecturis* – *über* der Koinzidenz der Gegensätze[357]. Die Koinzidenz ist unsere intellektuelle Erfahrung; von jedem glücklichen Menschen werden widersprechende Sätze wahr[358]. Sie ist – wie schon in *De docta ignorantia* – die Koinzidenz der Widersprüche, nicht nur der konträren Vollkommenheiten; sie zeigt sich als Zusammenfall von Wissen und Nicht-Wissen, von unserem Aufstieg und unserem Abstieg, von meinem Hineingehen ins Paradies, in dem Gott wohnt, und von meinem Hinausgehen.[359]

Die kleine, von Cusanus auch später immer hoch geschätzte Schrift *De quaerendo Deum,* im Januar 1445 in Mainz geschrieben, hatte zum ersten Mal auf eben dieser Grundlage die Analyse des Sehens in den Mittelpunkt gestellt. Auf die Frage: Wie ist Gott zu finden? lautete die Antwort: Indem du die Natur des Sehens findest:

---

[357] ib. c. 13 n. 54, 14–15 p. 180.
[358] ib. c, 21 n. 94, 15 p. 236.
[359] ib. c. 10 n. 47 p. 170.

Oportet igitur, ut naturam sensibilis visionis ante oculum visionis intellectualis dilatemus et scalam ascensus ex ea fabricemus, n. 19 p. 15 Zeile 12–14.

Hier haben wir schon das Programm einer Sehens-Analyse unter Vernunftaspekten, wie sie *De visione Dei* ausführt. Hinzugekommen ist, daß Cusanus 1453 den Akzent auf die Winkelbefangenheit menschlichen Sehens setzt, eine Folge der Beschäftigung mit der Geometrie, aber auch der Erfahrung kultureller Gegensätze.

Die Intellektual-Betrachtung sinnlichen Sehens schließt das Interesse für die Anwesenheit der rationalen Distinktionskraft *im* sinnlichen Sehen mit ein. Dies hatte *De coniecturis* breit entfaltet; die Schrift *De mente* vom Sommer 1450 vertiefte das Thema und verknüpfte es mit Erkenntnissen der Mediziner von Padua zur Physiologie der Erkenntnis. Die Anwesenheit der *ratio* im Sehen erläutert Cusanus in *De visione Dei* anhand der Aufmerksamkeit und des Bestimmens.[360] Mit der Physiologie des Seh-Aktes begann Cusanus auch in *De quaerendo Deum*:

Visio nostra ex quodam spiritu lucido et claro de summitate cerebri in organum oculi descendente et obiecto colorato in ipsum species similitudinis eius multiplicante concurrente luce extrinseca generatur, n. 20 p. 15, Zeile 1–4. Der Satz hat schon frühen Abschreibern Probleme bereitet; Cusanus hebt auf folgendes ab: Sehorgan, farbiges Objekt und Licht bringen das Sehen nicht ohne den Lebensgeist hervor, der Hirn und Auge verbindet, und das Sehen hat nichts von Farbe an sich. Farbigsein ist für die *Objekt*region charakteristisch, das Sehen ist aber, von der Gegenstandswelt her bedacht, das Nichts seiner Gegenstände. Es ist – Cusanus ist mit Eckhart auf den Spuren des Anaxagoras und des Aristoteles – „unvermischt", damit es alle Gegenstände sehen kann. Täuschungen kommen von außen; der Sehsinn ist *purus, absque omni macula visibilium*; das Sichtbare ist im Vergleich zum lebendigen Sehgeist, *spiritus visionis*, eher eine Finsternis und eine körperhafte Grobheit, n. 21, p. 16 Zeile 2–5. Der Akzent liegt in *De quaerendo Deum* auf der Tatsache, daß das Sehen ein Nichts des Gesehenen ist; so werden wir eingeführt, die Sprache der Objekte vom Sehen selbst fernzuhalten und zugleich zu begreifen, daß ohne das namenlose, farblose Sehen kein Sichtbares für uns existierte.

Zweitens: Mit *De pace fidei* hat die metaphysische Bildbetrachtung ein Interesse daran, die Perspektivengebundenheit des Sehens als nicht nur

---

[360] ib. c. 22 n. 98 p. 242–244.

unvermeidlich, sondern als in der Natur Gottes und seines Bildes begründet darzustellen: Wenn Gott in dem Sinne absolut ist, daß er die *contractio contractionis* ist, wenn ferner jeder Mensch Gott auf seine Weise sehen nicht nur *muß*, sondern *soll*, dann sind Religionskriege unberechtigt. *Homo non potest iudicare nisi humaniter*, diese Regel aus c. 6 könnte zu einer günstigeren Beurteilung der Vielfalt der Religionen führen. Aber von *De visione Dei* her gesehen gehört es zur Sonderstellung von *De pace fidei*, daß diese Motive dort nicht vorkommen.

Allerdings verleugnen die beiden Schriften nicht völlig ihre nahe Entstehungszeit: *De pace fidei* hebt hervor, die Offenbarungsgläubigen in jeder Religion glaubten, Gott habe sich ausschließlich an sie gewendet.[361] Diesen Eindruck, er allein sei angeblickt, haben auch die Betrachter des Bildes des Allsehenden[362]. Und ähnlich wie in *De pace fidei*[363] entfaltet auch *De visione Dei* ein Pathos der Willensfreiheit, das wir so in den früheren Texten nicht antreffen.[364]

Drittens: Von *De complementis theologicis* herkommend wird der Leser das Problem der Bestimmbarkeit des Unendlichen als das Leitmotiv von *De visione Dei* erkennen. Die gesamte Betrachtung zeigt: Gottes unendlicher Blick wird von meinem Sehen bestimmt, ohne dadurch kontrahiert zu werden. Ich muß meinen Sehwinkel behaupten, um des unendlichen Winkels gewahr zu werden. Nicht, indem ich mein Sehen einstelle, aus Furcht, das Unendliche einzugrenzen, kommt das Unendliche als Unendliches vor den denkenden Blick. Eingegrenzt zu werden, dabei aber die Grenze ins Unbegrenzte zu erheben, dies ist die Eigenheit des Unendlichen, die es zu begreifen gilt.

Was das Bild nahelegt, handelt Cusanus in c. 15 n. 65–67 p. 192–194 theoretisch ab: Gottes Sehen ist nicht festgelegt, daher *interminatus,* aber seine Unendlichkeit zeigt sich daran, daß er sich bestimmen läßt vom Blick des Betrachters; er erscheint *formabile* und *terminabile per omnem formam*. Aber wenn das Unendliche irgend etwas werden kann, dann ist dieses Werden und sein Agens das Unendliche selbst; die Bestimmbarkeit des Unendlichen ist das Unendliche selbst. Es ist alles, was sein kann. Die Hinzufügung, die wir vornehmen, ist ihm nichts Fremdes; sie ist das Unendliche selbst, das sich in dieser lebendigen Bewegung des Bestimmt-

[361] *De pace fidei* p. 6, 1–8.
[362] *De visione Dei,* Prologus n. 5, 15–19 p. 116.
[363] *De pace fidei* p. 8, 1–17 und p. 9, 18.
[364] *De visione Dei* c. 4 n. 12, 9–19 p. 126 und öfter.

werdens als es selbst zeigt. Wirklich eingeschränkt werden kann es ohnehin nicht, denn nichts steht ihm gegenüber. Es ist *forma formarum*, und wenn wir ihm eine Bestimmung zusprechen, zeigt es sich als die Form auch gerade dieser Form. Aber dazu müssen wir es auch bestimmen, sonst kommt es nicht zu diesem Erweis seiner selbst als eines lebendigen Spiegels. Dies heißt es, wenn wir das Unendliche als absolute Unendlichkeit, *absoluta infinitas*, bezeichnen. Es ist herausgelöst aus Bestimmen und Bestimmtwerden. Nichts ist außerhalb seiner; es umfaßt alles. Gäbe es etwas außerhalb der Unendlichkeit, wäre sie nicht die Unendlichkeit. Die Furcht, sie zu bestimmen, entspringt einem falschen Begriff von Unendlichkeit; sie realisiert nicht, was es heißt, daß sie alles einschließt und absolut ist, d.h. herausgelöst aus dem Gegensatz von „anders" und „identisch"; wir können ihr daher nichts Anderes und von ihr Verschiedenes zufügen, wenn wir Prädikate setzen. *Nihil addi potest infinito,* dies ist der philosophische Grundsatz, der in den Augen des Cusanus über das Schicksal der negativen Theologie entscheidet. Weil dieser Grundsatz wahr ist, kann das Unendliche nicht durch Prädikate verendlicht werden. Cusanus führt das an Beispielen aus:

Fügst du der Unendlichkeit das Prädikat „Gutheit" hinzu, dann siehst du: Die unendliche Gutheit ist nicht Gutheit, denn „Gutheit" bezeichnet einen begrenzten Inhalt, sondern sie ist Unendlichkeit. Sagst du: „unendliche Quantität", dann ist diese keine Quantität, sondern die Unendlichkeit selbst.[365] Das freigesetzte Prädikat kehrt in die Ursprungsunendlichkeit zurück. Es tastet die Würde des Absoluten nicht an, sondern erweist sie als absolut.

16. Ein unbeachtetes Dokument der Cusanischen Lehrentwicklung

De visione Dei enthält ein ausdrückliches, aber bisher (soweit ich sehe) unbeachtetes Zeugnis des Cusanus über seine Lehrentwicklung. Er beschreibt seinen Denkweg als Entwicklung, an deren Anfang er Gott nur als unendlich, unbestimmbar und unsichtbar gedacht habe. Später sei ihm aber klar geworden, daß Gott allen sichtbar ist, denn jedes Seiende existiere nur, weil Gott es anblickt. Es wäre nicht wirklich, wenn es nicht auf Gott blickte.

---

[365] ib. c. 13 n. 56 p. 182 und n. 58 p. 184.

Ich muß diese Stelle hierhersetzen, denn ihr Wortlaut hat zu Mißver-
ständnissen Anlaß gegeben:

Apparuisti *mihi, domine,* aliquando *ut invisibilis ab omni creatura quia
es deus* absconditus infinitus. *Infinitas autem est incomprehensibilis omni
modo comprehendendi.* Apparuisti deinde *mihi ut* ab omnibus visibilis
quia intantum res est, inquantum tu eam vides, et ipsa non esset actu nisi
te videret.[366]

Sehen wir einmal in die Übersetzungen. E. Bohnenstaedt gibt die Stelle
folgendermaßen wieder:

*„Bisweilen erscheinst du mir, Herr, als für jedes Geschöpf unsichtbar, da
du der verborgene, unendliche Gott bist. Die Unendlichkeit ist ja für jede
Weise des Erfassens unerfaßbar. Danach wieder zeigst du dich mir als für
alles sichtbar, da jedes Ding insoweit ist, inwieweit du es siehst, und da es
nicht wirklich wäre, wenn es dich nicht sähe."*[367]

Indem die Übersetzerin *apparuisti* zweimal als Präsens übersetzt, gewinnt die Aussage den Charakter zweier gleichzeitig gültiger Aspekte.
Die Zeitdimension wird zum Verschwinden gebracht; das *aliquando* und
das *deinde* verblaßt. Sie bezeichnen keine Entwicklungsstadien. Die
Übersetzerin hatte das Gefühl, sie müsse ihren Eingriff rechtfertigen und
fügte dem Satz folgende Anmerkung hinzu:

*„<Der verborgene Gott> (Jes. 45, 15) ehrfürchtiger Gläubigkeit und der
<unendliche Gott> religiös-philosophischen Drängens und Forschens ist
eins".*[368]

Ich fürchte, die Übersetzerin gibt als Synthese aus, was selbst der Erfinder der Koinzidenz nicht für synthetisierbar hielt. Gott wird gesehen,
invisibiliter videtur. Das ist die These des Buches des Cusanus, und sie ist
nicht vereinbar mit der These, er sei als Unendlicher prinzipiell unsichtbar. Unsere Existenz hängt, Cusanus zufolge, daran, daß wir Gott sehen.
Also muß Gott sichtbar sein. Die protestantisch-pastorale Diktion der
Anmerkung verdeckt geschichtliche Realitäten. Cusanus hatte auf der
Stufe von *De docta ignorantia* im Namen der Unendlichkeit den Vorrang
der negativen Theologie ausgesprochen. Gott darf nicht bestimmt wer-

---

[366] ib. c. 12, 3–7 p. 172.
[367] Vom Sehen Gottes, Leipzig 1944, S. 88f.
[368] ebda., S. 189 Anm. 1 zu Kapitel 12.

den. 1453 ist die neue Einsicht: Gott wird nicht bestimmt, ohne daß die Bestimmung sich nicht als das Unendliche selbst erwiese, das sich bestimmt, indem wir es bestimmen.

Jasper Hopkins übersetzt wie folgt:

Earlier, O Lord, You appeared to me as invisible by every creature since You are an infinite and hidden God. Infinity, however, is incomprehensible by every mode of comprehending. Later, You appeared to me as visible by all (creatures) because a thing exists insofar as You see it, and it would not exist actually unless it saw You.[369]

Hier ist das Perfekt korrekt wiedergegeben. Die zeitliche Abfolge zweier Stufen wird deutlich erkennbar. Es scheint, als habe die genetisch-historische Betrachtung über die theologisch-spekulative gesiegt. Aber es scheint nur so. Denn der sorgfältige Übersetzer fügte ebenfalls zwei Anmerkungen hinzu. In ihnen bezieht er das *Earlier* auf Kapitel 5 von *De visione Dei*; das *Later,* sagt er, beziehe sich auf Kapitel 10 von *De visione Dei.*[370] Der Erkenntnisfortschritt soll sich also auf den Gedankenfortgang in *De visione Dei* beziehen, nicht auf reale Entwicklungen im Denken des Cusanus. Sie sehen wieder einmal, welche Widerstände eine genetische Betrachtung auch bei Kennern auslöst. Aber der Verweis auf c. 5 von *De visione Dei* trifft nicht zu. Denn auch schon in c. 5 weiß Cusanus, daß sein Unendliches gesehen wird; dies weiß er von der ersten Seite an. Aber in c. 5 sagt er es noch einmal ausdrücklich: Das Sehen Gottes ist das von mir Gesehen-Werden. Daß Gott verborgen, *absconditus*, ist, legt Cusanus gerade so aus, daß ihn niemand sehen kann, wenn Gott ihn nicht anblickt. Aber Gott blickt uns an. Also können wir ihn sehen, sagt c. 5.[371]

Welche gedanklichen Barrieren müssen im Denken eines Gelehrten bestehen, der die überwundene Entwicklungsstufe, die c. 12 beschreibt, in c. 5 n. 15, 1–6 p. 130 wiederfindet, obwohl es dort heißt:

Quid aliud , domine, est videre tuum, quando me pietatis oculo respicis, quam a me videri? Videndo me das te a me videri, qui es deus absconditus. Nemo te videre potest nisi inquantum tu das ut videaris. Nec est aliud te

---

[369] J. Hopkins, Nicholas of Cusa's Dialectical Mysticism, 2. Auflage Minneapolis 1988, p. 173.
[370] ib. p. 353 Anm. 48 und 49.
[371] *De visione Dei* c. 5 n. 15, 1–6 p. 130.

videre quam quod tu videas videntem te. *Video in hac imagine tua* quam pronus es, *domine*, ut faciem tuam ostendas *omnibus quaerentibus te.*

Cusanus sagt in diesem Text nicht weniger als fünfmal, daß wir Gott *sehen*. Das ist das Thema seines Buches. Die Stelle in c. 12 n. 48, 1–6 kann unmöglich auf c. 5 n. 15, 1–6 zurückverweisen. Darauf deutet ja auch das *aliquando...* und dann das *deinde*. Cusanus datiert seine Entwicklungsstadien nicht. Er bezieht das *deinde* auch nicht etwa auf die vorliegende Schrift. Die Allsichtbarkeit Gottes ist ihm schon früher zum Thema geworden; im Anschluß an *De coniecturis*, in den Opuscula der vierziger Jahre und zuletzt in *De sapientia*. Aber jetzt, 1453, stellt er ausdrücklich klar: Gott auf nicht-sehende Weise sehen, das ist eine andere Philosophie als diejenige, die einseitig auf der Unsichtbarkeit besteht.

17. Selbstinterpretationen des Cusanus

Der Briefwechsel des Kardinals mit den Mönchen von Tegernsee erläutert die Intentionen von *De visione Dei*. Ich gehe erst jetzt genauer auf ihn ein, weil ich zuvor den Text unabhängig davon analysieren wollte. Es ist selten, daß wir eine so ausdrückliche Interpretation eines älteren Textes durch den Autor besitzen. Wir können jetzt zurückblickend unsere Auslegung noch einmal überprüfen. Der Brief vom 22. September 1452 nimmt Bezug auf die Diskussionen über das Verhältnis von Erkenntnis und Liebe in der mystischen Theologie und hält fest:

I. Liebe und Erkenntnis koinzidieren. Außerhalb der Koinzidenzlehre wird ihr Verhältnis immer nur einseitig beschrieben. Koinzidenz ist keine Besonderheit Gottes, sondern auch Signatur menschlicher Tätigkeit. Lieben und Wissen sind Koinzidenzphänomene.

II. In der Liebe ist eine intellektuelle Tätigkeit enthalten, denn sie strebt das Geliebte unter der allgemeinen Bestimmung an, daß es „gut" sei. Die allgemeine Bestimmung als „gut" nimmt nichts Einzelnes hinweg, und aufgrund ihrer inhaltlichen Offenheit machen wir in der Liebe zugleich die Erfahrung der Unbekanntheit des Geliebten. Es gibt daher in der Liebe eine Koinzidenz von Wissen und Nichtwissen. Der Zusammenfall von Wissen und Nicht-Wissen ist nicht auf die theologische Rede beschränkt.

III. Das „Berühren" des unendlichen Gutes setzt Glauben, *credere*, voraus. Der Inhalt des Glaubens ist, daß wir Christus glauben, daß es für uns ein unsterbliches Leben gibt, und daß wir es erreichen, indem wir dem göttlichen Leben anhangen, das sich mit der Menschheit verbunden hat in dem Gottes- und Menschensohn.

IV. Das Glauben ist der Ausgangspunkt der wahren Weisheit. Den Weisen dieser Welt bleibt sie verborgen. Vor jeder Schau, *visio*, bedarf es des Glaubens; der Glauben erweist sich, indem wir die Gebote halten. Es gibt auch Sondererfahrungen des *raptus*, des Hingerissenseins, aber diese sind gefährlich; sie sind mit vielen Täuschungen und Selbsttäuschungen verbunden.

V. Die Wahrheit ist der Inhalt des Intellektes. Sie wird auf nicht-sichtbare Weise gesehen. Darüber wäre viel zu sagen.[372]

Dieser Brief ist ein Jahr vor *De visione Dei* geschrieben. Der Brief vom 14. September 1453 steht unserem Text zeitlich näher. Er formuliert folgende Grundsätze:

I. Den Aufstieg im Nichtwissen, das *ignote ascendere*, von dem Dionysius in der *Mystischen Theologie* spricht, will Cusanus nicht im Sinne einer affektiven Einung verstanden wissen. Dionysius wolle nur sagen, daß, wer zur unendlichen Einheit aufsteigen will, über alle Inhalte seines Denkens hinaus aufsteigen muß, daß er sich selbst verlassen und in das göttliche Dunkel eintreten muß. Erst wenn er Abgrund und Dunkel erfährt, erfährt er Gott. So wie wir die Sonne erst erblicken, wenn sie uns blendet.

II. Selbst die tiefsinnigsten Denker (*doctissimi*) haben das göttliche Dunkel und die Rolle der negativen Theologie falsch bestimmt. Sie glaubten, Gott werde gefunden, wenn wir alle Prädikate *wegnehmen*. Sie sagten dem Suchenden, er habe Gott gefunden, wenn er sich dem Nichts mehr als einem Etwas genähert habe. Er, Cusanus, denke nicht, daß dies die rechte Weise sei, in den göttlichen Abgrund einzutreten, indem man sich allein auf die negative Theologie stütze. Die *affirmative* Theologie habe den Nachteil, daß sie Gott nur durch seine Nachahmungen, also *verhüllt*, zeige. Die *negative* Theologie habe aber auch einen Nachteil; sie nehme nur Bestimmungen weg; sie setzt keine Inhalte; sie zeigt Gott nicht unverhüllt.

III. Dionysius bewege sich in vielen seiner Schriften innerhalb der *Dis-*

---

[372] Bei Vansteenberghe, Autour p. 111–113.

junktion von affirmativer und negativer Theologie. Einzig in dem Buch über die *Mystische Theologie* springe er über diese Trennung hinweg. Dort bewege er sich auf die Vereinigung beider und auf die Koinzidenz zu. Hier erreiche er die Einsicht, die jenseits des Gegensatzes von Position und Negation liege:

saltat supra disiunctionem usque in copulacionem et coincidenciam, seu unionem simplicissimam que non est lateralis, sed directe supra omnem ablacionem et posicionem, ubi ablacio coincidit cum posicione, et negacio cum affirmacione.[373]

Das Eintreten in die göttliche Dunkelheit besteht nicht im Festhalten der negativen Theologie, sondern in der Einsicht, daß auch diese noch eine Einseitigkeit ist, die denkend zu überwinden ist. Die Philosophen mit der tiefsten Einsicht – wir dürfen an Parmenides-Platon-Proklos denken – sind beim Vorrang der negativen Theologie stehengeblieben, und selbst das Werk des großen Dionysius ist insgesamt nicht eindeutig. Die wahre Denkaufgabe besteht darin, den *Zusammenfall von negativer und positiver Theologie* zu vollziehen, und dazu gibt Dionysius allein in dem Buch über *Mystische Theologie* die richtigen Hinweise.

Diese Briefstelle verdeutlicht, was in c. 9 n. 39 p. 160 über die *doctissimi philosophi* gesagt ist, daß sie nämlich Gott nicht *revelate* zu denken imstande waren, weil ihnen unmöglich schien, daß die Unmöglichkeit die Notwendigkeit ist.

Die *disiunctio*, an die Dionysius sich in den meisten seiner Schriften hält, erscheint in *De visione Dei* c. 10 n. 47, 18–20 p. 170 als Mauer des Paradieses, hinter der Gott wohnt und die allein die Koinzidenztheorie übersteigt.

IV. Cusanus erklärt, warum die bisherige Philosophie diese Aufgabe nicht hat erkennen oder gar lösen können. Er sagt nicht, wie man aufgrund des vorhergehenden Briefes vermuten könnte, ihnen habe der Glaube gefehlt. Der Grund ihres Versagens war ein anderer: Sie dachten, wo Widersprüche auftreten, könne die Wahrheit nicht sein. Dies sei das gemeinsame Prinzip aller Philosophen, daß zwei widersprechende Sätze nicht zugleich wahr seien. Dadurch haben sie sich den Weg versperrt. Aber deswegen muß das Denken über alles Wissen hinausgehen, ja über sich selbst hinauskommen und sich in den göttlichen Abgrund werfen,

---

[373] ib. p. 114.

indem es sieht, daß das, was der Verstand, *ratio*, für unmöglich erklärt, daß nämlich Sein und Nicht-Sein zugleich sind, nicht nur wahr, sondern *notwendig* sei. Die Unmöglichkeit ist die wahre Notwendigkeit. Das Dunkel, in das der Suchende eintreten müsse, sei eben diese Unmöglichkeit.

V. „Im Nicht-Wissen" aufzusteigen zum Einen – das schließe ein Voraus-Wissen ein und könne nicht ohne intellektuelle Tätigkeit vollzogen werden. Das völlig Unbekannte könnten wir nicht lieben. Wer den Aufstieg rein im Affekt glaube vollziehen zu können, der setzte sich außerstande, davon Rechenschaft abzulegen; er kann gar nichts mehr sagen. Aber wenn von Aufsteigen die Rede sei, dann müßten *wir* es doch sein, die *sich bewegen*. Auch um uns über uns hinaus zu bewegen, sei unsere intellektuelle Tätigkeit unerläßlich. Nur geistige Kraft könne aufsteigen; nur sie könne erkennen, daß es das Gesuchte ist, was wir gefunden haben. Auch das Nicht-Wissen setze den Intellekt voraus; Wissen wie Nicht-Wissen seien einzig im Intellekt.

VI. „Mystische Theologie" das sei das intellektuelle Aufsteigen zur absoluten Unendlichkeit in der Koinzidenz der Widersprüche. Gott „mystisch schauen" könne man einzig in der Dunkelheit der Koinzidenz.[374]

Dieser Brief ist einer der wichtigsten Texte des Cusanus. Er sagt: „Mystische Theologie" ist einzig als Koinzidenztheorie möglich. Ansonsten ist sie allen möglichen Täuschungen ausgesetzt oder endet in völligem Schweigen. Ihre affektive Auslegung übersieht, daß der Intellekt tätig dabei sein muß, im Wissen wie im Nicht-Wissen. Er ist es, der aufsteigt. Niemand kann „Ich" oder „Wir" sagen, ohne dabei den Intellekt zu meinen. Die *wahre* Mystische Theologie besteht auch nicht in der einseitigen Verfolgung der negativen Theologie. In der Unendlichkeit dürfen unsere Prädikate nicht spurlos versinken. Gott wird „enthüllt", *revelate*, nur gesehen, wenn wir die Bestimmtheiten mit der Unbestimmtheit zugleich denken. Es genügt, diesem Brief zufolge, keineswegs, Dionysius an die Stelle des Aristoteles zu setzen. Zwar stellt Cusanus den anti-aristotelischen Charakter der Koinzidenzlehre klar, zurückgreifend auf die Theorie-Elemente von *De coniecturis*. Aber auch die Neuplatoniker und selbst Dionysius (in den meisten seiner Texte) haben das Entscheidende verfehlt.

---

[374] ib. p. 115–116.

Dieser Brief gibt wichtige Hinweise für die genetische Analyse:
Die rein affektive Deutung der mystischen Theologie lag Cusanus immer schon fern. Das Warten auf den *raptus* steckt voller Täuschungen. Es
spielte in den Schriften des Cusanus nie eine Rolle. Auch daß die Koinzidenz nicht bloß ein Zusammenfallen entgegensetzter Vollkommenheiten
sein kann, stand seit *De docta ignorantia* fest. Im Brief redet Cusanus nur
von den *contradictoria;* er spitzt die Koinzidenztheorie zu der neuen Formel zu: Wo die Unmöglichkeit ist, da ist die Notwendigkeit. Aber wichtiger noch ist sein Wort über die Mängel der negativen Theologie. Sie sind
nicht durch Zurückgehen auf die affirmative Theologie zu beheben.
Noch weniger durch ein unklares Nebeneinander beider. Sie müssen zur
Koinzidenz fortgetrieben werden. Und dieses Ziel haben selbst die besten
Philosophen verfehlt; hier ist selbst Dionysius nur ein schwankender
Führer. Dies erklärt, warum Cusanus selbst unsicher war in der Handhabung der negativen Theologie und daß seine Entwicklung in einer allmählichen Klärung ihrer Rolle bestand. In *De docta ignorantia* I hatte er
sich verhalten wie die *doctissimi,* die er im Brief vom 14. September 1453
kritisiert. Gott blieb verborgen. Erst die Durchführung der Koinzidenztheorie, angedeutet in der dreistufigen Spekulation der *Apologia,* ließ ihn
auch die negative Theologie noch als Verstandeseinseitigkeit diagnosti-
zieren und das Unsichtbare sichtbar werden. Erst seitdem schreit die
göttliche Wahrheit auf den Gassen.

I.
DIE BRILLE

1. Verzögerungen

1. Wir unterschätzen leicht das Ausmaß und die Lebensbedeutung der technischen Neuerungen im späten Mittelalter. Dabei haben Kompaß und Papiermühle die spätmittelalterliche Wirtschaft wie die Wissenschaft, den Alltag wie die Frömmigkeit umgewälzt. Die mechanisierte Uhr bildete eine Faszination; man stellte sie in Domen auf, und von dort aus revolutionierte sie den Alltag. Dem Bischof von Brixen diente sie anno 1453 auch dazu, den Mönchen vom Tegernsee den Begriff des Begriffs zu erläutern: Im Konzept der Uhr, schrieb er, komme die sechste Stunde nicht vor der siebten; die zeitliche Abfolge liege zeitüberlegen eingefaltet im Begriff des Konstrukteurs. Die Uhr schlage, wann es der Begriff des Meisters „befehle".[1]

Dies ergab einen subtilen Begriff des „Befehlens", der die Vorstellung von göttlicher Allmacht umzugestalten gestattete. Die Uhr diente dem Kardinal als Weltmodell; die technische Erfindung betrachtete er noch ohne Arg.

So bewunderte er auch den geschliffenen Beryll, der als Lupe oder als „Brille" diente; unser Wort „Brille" kommt von dem Halbedelstein, den man seit etwa 1300 als Sehhilfe benutzte. Unsichtbares sichtbar machen, das war es, was Cusanus daran zu denken gab, ihn, den Augenbeschwerden zuweilen am Arbeiten hinderten. „Die Brille" des Cusanus sollte den Freunden am Tegernsee helfen, die Koinzidenzlehre zu begreifen. Die Schrift über das Sehen Gottes beruhte auf der Koinzidenzlehre, entwikkelte sie aber nicht. Sie zeigte ihre Anwendung, nicht ihre Ableitung. So erbaten die bayerischen Freunde seit Januar 1454 den „Beryll", von dem

---

[1] *De visione Dei* c. 11 n. 45–46 p. 168 Hopkins.

Cusanus ihnen Andeutungen gemacht haben muß. Sie hätten Schwierig-keiten mit dem Buch *De docta ignorantia* und mit anderen Büchern des Cusanus. Ihre Schwierigkeiten bezögen sich vor allem auf die Koinzi-denz der Widersprüche und auf die Unendlichkeit des Weltraums, *praeci-pue de coincidencia contradictoriarum (sic!), de spera infinita etc.*[2] Die Mönche besaßen nun *De visione Dei,* aber ihre Verlegenheit war nicht geringer, sondern eher größer geworden. Auffällig ist, daß Cusanus ihnen nicht sein Buch *De coniecturis* zum Studium empfahl; er sah wohl selbst, daß es zu abstrakt-prinzipiell ausgefallen war. Seine Position und sein Stil hatten sich inzwischen verschoben; so versprach er ihnen den Beryll. Sie mußten lange warten. Am 12. Februar 54 entschuldigt er sich; eine Augenkrankheit habe ihn am Schreiben gehindert.[3] Die Brüder bitten inständiger: Wir brauchen vor allem den Beryll, *Beryllum pre omnibus habere desideramus.*[4] So geht es jahrelang hin und her.[5] Cusanus bittet um Geduld; er sei abgelenkt, er habe nicht die Konzentration, die das Werk fordere: *habete nunc pacienciam; distractus, non adsum totus ad componendum opus, quod me totum deposcit.*[6] Cusanus war in den Streit mit Herzog Sigmund von Österreich verwickelt. Er war oder fühlte sich an Leib und Leben bedroht; jedenfalls fand er die erforderliche Muße nicht. Allerdings hielt er 1455/56 die markanten *Sermones* 204–216, ins-besondere den *Sermo* 216 (*Ubi est qui natus est*), in dem er sich dreimal ausdrücklich auf Eckhart beruft (n. 4, 3 p. 83; n. 16, 2 p. 89; n. 18, 2 p. 90). Er mußte für ein ganzes Jahr auf eine Burg im südöstlichsten Winkel sei-nes Bistums fliehen, und dort, auf der Burg Andraz oder Buchenstein, vollendete er am 18. August 1458 die lang geplante Schrift. Von der Kon-zeption und den Lebensumständen her gehört das Buch noch in den Um-kreis des fruchtbaren Herbstes 1453. Der Schriftsteller Cusanus hat fast fünf Jahre verloren; man kann sich fragen, ob der *Beryll* ein charakteristi-sches Werk der letzten Lebenszeit des Cusanus ist oder ob er als ein nach-geholtes Werk nicht eher einem früheren Arbeitsabschnitt angehört. Für alle kommenden Schriften blieben Cusanus nur noch sechs Jahre Zeit.[7]

---

[2] Bei Vansteenberghe, Autour p. 120.
[3] ib. p. 122.
[4] ib. p. 123.
[5] Vgl. ib. p. 133, 139, 140, 142, 144, 150, 158, 160, 162.
[6] ib. p. 142s.
[7] Zur Spätphilosophie des Cusanus allgemein vgl. J. Uebinger, Die Gotteslehre des Nicol-aus Cusanus, Münster – Paderborn 1880; G.v. Bredow, Das Vermächtnis des Nikolaus von

Natürlich war Cusanus von 1454 bis 1457 als Forscher nicht untätig. Er besaß seit 1453 die *Metaphysik* des Aristoteles in der neuen, von ihm bewunderten Übersetzung des Bessarion (Codex Cusanus 184). Dies gab Anlaß, sich erneut mit Aristoteles zu befassen; insbesondere nutzte er die Nachrichten, die das erste Buch der aristotelischen *Metaphysik* über die vorsokratischen Denker enthält. Es gibt auch Anzeichen, daß Cusanus seine Albert-Studien fortsetzte, daß er Alberts Kommentare zu Dionysius, *De divinis nominibus* (Codex Cusanus 96), zur *Physik* und zu *De anima* (Codex Cusanus 193) und zur *Metaphysik* des Aristoteles durcharbeitete oder doch zumindest heranzog. Er befaßte sich mit Eusebius, *De praeparatione evangelica* (Codex Cusanus 41). Die Beschäftigung mit Proklos ging weiter. Den Text der *Platonischen Theologie* bekam Cusanus erst 1462 in lateinischer Übersetzung, aber der große Parmenideskommentar des Proklos hat ihn mehrfach beschäftigt. Wir können diese Handschriften des Kardinals in Kues noch in die Hand nehmen; die Proklostexte stehen in den Cusanischen Codices 185 und 186.

Die Jahre von 1453 bis 1459 waren für Cusanus besonders turbulent. Reisen, heftige diplomatische und zuweilen sogar militärische Konflikte, erfolglose Anstrengungen zur Klosterreform – das war nicht die Welt, in der große theoretische Entwürfe reifen. *De beryllo* zeigt Spuren der Unruhe; Cusanus schreibt selbst, das Buch sei nicht besonders gut gegliedert, *minus bene digestus*[8]. Darin gebe ich ihm recht, aber eine klare Kon-

---

Kues. Der Brief an Nikolaus Albergati nebst der Predigt in Montoliveto (1463), Cusanus-Texte IV. Briefwechsel, Heidelberg 1955; E. Meuthen, Die letzten Jahre des Nikolaus von Kues, Köln – Opladen 1958; Gerh. Schneider, Gott – das Nichtandere. Untersuchungen zum metaphysischen Grund, Münster 1970; A. Brüntrup, Können und Sein. Der Zusammenhang der Spätschriften des Nikolaus von Kues, München – Salzburg 1973; H. Schnarr, Modi essendi. Interpretationen zu den Schriften De docta ignorantia, De coniecturis und De venatione sapientiae von Nikolaus von Kues, Münster 1973; E. Meuthen, Peter von Erkelenz (ca. 1430 – 1494), in: Zeitschrift für den Aachener Geschichtsverein 84/85 (1977/79) S. 701–S. 744; C. Bianca, La biblioteca romana di Niccolò Cusano, in: M. Miglio (Hg.), Scrittura, biblioteche e stampa a Roma nel quattrocento, Rom 1983, S. 669–S. 708; P. Bolberiz, Philosophischer Gottesbegriff bei Nicolaus Cusanus in seinem Werk De non aliud, Erfurt 1989; G.v. Bredow, Participatio Singularitatis. Einzigartigkeit als Grundmuster der Weltgestaltung, in: Archiv für Geschichte der Philosophie 71 (1989), S. 216–S. 230; F.E. Cranz, The Late Works of Nicholas of Cusa, in: G. Christianson – T.M.Itzbicki (Eds.), Nicholas of Cusa in Search of God and Wisdom, Leiden 1991, S. 140–S. 160; Th. Leinkauf, Die Bestimmung des Einzelseienden durch die Begriffe contractio, singularitas und aequalitas bei Nicolaus Cusanus, in: Archiv für Begriffsgeschichte 37 (1994) S. 180–S. 211.

[8]   *De beryllo*, ed. I.G. Senger – C. Bormann, h XI 1, Hamburg 1988. Alle Zitate beziehen sich auf diese zweite Auflage.

zeption hat es dennoch: Es will einführen in die Koinzidenztheorie; es will ein anschauliches Hilfsmittel vorstellen – als Spiegel und Gleichnisbild –, mit dessen Hilfe der kranke und schwachsichtige Intellekt eines jeden Menschen sich bei den höchsten Gegenständen zurechtfinden kann, *quo se infirmus cuiusque intellectus in ultimo scibilium iuvet et dirigat.*[9] Das erste Ziel ist, den Intellekt zu stärken in seinem Kampf mit dem Verstand, der die Koinzidenz vermeiden will. Cusanus muß zeigen, daß die Koinzidenzlehre eine Erweiterung unserer Erkenntnis bringt, daß sie bisher Ungesehenes sichtbar macht, also nicht zu verwechseln ist mit der bloßen Feststellung der Schwäche unseres Denkens. Er mußte ihr Vorgehen als ein einheitliches und fruchtbares Verfahren beschreiben, nicht nur ihre Anwendung zeigen. Er mußte ihren universalen, also nicht nur spekulativ-theologischen Charakter verdeutlichen. Das zweite Ziel war, die Cusanische Position klarzustellen gegenüber den wichtigeren Theorien großer Denker, *doctissimorum.* Wir kennen diesen Ausdruck schon aus *De visione Dei* und aus dem Brief vom 14. September 1453. Aber in *De visione Dei* hatte Cusanus außer Dionysius und Augustinus so gut wie keine Namen genannt. Jetzt sah er, daß er sich deutlicher abgrenzen mußte. Es galt, Freund und Feind zu benennen. Damit hatte er in der *Apologia* begonnen, und in *De mente* hatte er die Schulautoritäten Revue passieren lassen, um ihre Konkordanz aufzuweisen.

Wegen beider Themenkreise ist *De beryllo* ein hervorragend wichtiges Zeugnis des Cusanischen Denkens. Es eignet sich weniger für modern-theologische Abzweckungen und mystische Vermarktung. Insofern ist es die geeigneteste Einführung in die Cusanische Philosophie in ihrem reifen Stadium. Wer in die Denkwelt des Cusanus eintreten will, sollte, meine ich, beginnen mit *De beryllo,* dann zurückgehen zu *De coniecturis* und sich für die harte Arbeit belohnen mit der Lektüre von *De visione Dei,* aber nur zusammen mit *De complementis theologicis.* Cusanus hat *De beryllo* geschrieben für Leser von *De docta ignorantia* und *De visione Dei,* die mit diesen Büchern nicht zurechtkamen. Wir sollten diese Gelegenheit nutzen.

---

[9]   ib. n. 1, 6–7 p. 3.

2. Vier Axiome

Schlagen wir das Buch auf. Über das hinaus, was ich über seine doppelte Zielsetzung schon gesagt habe, stellt es eingangs klar, daß die Koinzidenzlehre das Kriterium abgibt, wonach jeder beurteilen kann, wie weit ein Autor in der Erkenntnis der Wahrheit gekommen ist. Der Leser philosophischer Bücher soll zum Richter qualifiziert werden: *iudex fias*.[10] Cusanus pocht darauf, trotz des kleinen Umfanges befähige sein Buch den Leser, sich bei jedem hohen Problem (*in omni altitudine*) zur intellektuellen Einsicht *(visio)* zu erheben; das Buch solle zeigen, wie das Koinzidenzverfahren auf alle Wissensgebiete ausgedehnt und angewandt werden kann.[11]

Ich ermahne gern zur Vorsicht bei der rückwirkenden Anwendung moderner philosophischer Begriffe. Die Ausdrücke „System" und „Methode" sind cartesianisch imprägniert; ihre Anwendung auf die antike oder mittelalterliche Philosophie führt zu unhistorischen Modernisierungen. Aber diese Vorsicht dürfen wir nicht bis zur Begriffsstutzigkeit treiben. Es gab schon vor Cusanus die Einsicht, daß eine Änderung im allgemeinen Konzept von „Wissen" universale Folgen für alle Einzelformen des Wissens haben muß. Lull hatte eine *ars generalis* konzipiert; sie sollte eine Wissenschaftswissenschaft sein und in allen Einzelwisssenschaften durchgeführt werden. Seit *De coniecturis* hat Cusanus seine Koinzidenztheorie als *ars generalis* vorgestellt; schon im zweiten Buch von *De docta ignorantia* hatte er eine koinzidentale Kosmologie entwickelt, die seinem Leser den universalen Anspruch der Koinzidenztheorie vor Augen führte; er hat nie nur eine Reform der philosophischen Theologie intendiert. Aber jetzt, 1458, stellt er den Verfahrensaspekt in den Vordergrund; er zeigt uns die Koinzidenzlehre als „Brille", durch die hindurch wir auf alle Gegenstände blicken und bisher Ungesehenes entdecken können.

Der Anfang von *De beryllo* birst geradezu vor Zuversicht in den Erkenntnisfortschritt. Aber Cusanus modifiziert seinen Optimismus, indem er hinzusetzt, die höheren Einsichten, um die es hier gehe, schickten sich nicht gleichermaßen für alle. Mit Berufung auf Platons zweiten Brief und auf den „großen Dionysius" wiederholt er seine Unterscheidung von esoterischer und exoterischer Weisheit, die wir aus der *Apologia* kennen.

---

[10] ib. n. 1, p. 4.
[11] ib. n. 1, 10–14 p. 4.

Mit Einsichten höherer Art ist vorsichtig umzugehen; der „animalische Mensch" verhöhnt leicht, was er nicht versteht. Wer bereit ist zu lernen, und wer einen Menschen findet, der ihm die Sache im Gespräch erklärt, der kann innerhalb weniger Tage große Entdeckungen machen.[12]
        Doch zunächst stellt Cusanus die Lupe vor, mit deren Hilfe wir Ungesehenes sehen. Er erklärt den Beryll. Der Edelstein ist so geschliffen, daß er eine Form hat, die sowohl ein Maximum wie ein Minimum ist. Er ist ein Medium, *durch* das wir blicken. Mit seiner Hilfe „berühren" wir das Unsichtbare. Dies ist die entscheidende Klarstellung, die *De beryllo* vornimmt: Während es in *De docta ignorantia* darauf ankam, vom Maximum einzusehen, daß es als Maximum zugleich ein Minimum sein muß, faßt *De beryllo* das Maximum, das ein Minimum sein muß, als Erkenntnismedium. Die charakteristische Formel dafür lautet nun; Wir sehen *per maximum pariter et minimum*.[13] Die Koinzidenz ist die Brille; sie ist nicht das, was gesehen wird. Diese Verschiebung hin zum Medium der Erkenntnis war schon impliziert in der Kritik, die Cusanus in *De coniecturis* an *De docta ignorantia* geübt hat. Aber jetzt kommt sie unvergleichlich klarer zum Ausdruck; das Problem des *koinzidentalen Verfahrens* tritt in den Vordergrund. Die Frage nach einer koinzidentalen Betrachtung der Physik stellt sich. Selbst für die Erforschung gesellschaftlich-politischer Realitäten empfiehlt sich die „Methode" der Koinzidenz. Ein gänzlich neuer Aspekt der Koinzidenzlehre tritt zutage, wenn Cusanus die Regel formuliert, wir sollten, wenn wir Maxima studieren wollen, zunächst die Minima erforschen.[14]
        Das heißt nicht, die Methodendiskussion ersetze jetzt die Metaphysik. Dies anzunehmen, wäre die ungebührliche Modernisierung, gegen die ich argumentierte. Die Wendung des Interesses zur intellektuellen Vorgehensweise hat selbst metaphysische Voraussetzungen und Implikationen. Cusanus spricht sie in vier Grundsätzen aus, die er seinen weiteren Untersuchungen zugrunde legt:
        I. Das erste Prinzip muß *eines* sein.[15] Dieser parmenideisch-platonisch-proklische Grundsatz bestimmt das Denken des Cusanus vom ersten *Sermo* an. Er bestimmt den Grundriß der europäischen Metaphysik; er liegt dem Denken auch des Aristoteles zugrunde; Dionysius hatte ihn mit sei-

[12]   ib. n. 2, 1–12 p. 5.
[13]   Die Formel kommt oft vor, vgl. ib. n. 8, 5–6 p. 10 und öfter.
[14]   ib. n. 21, 1–2 p. 25.
[15]   ib. n. 4, 1 p. 6.

ner Autorität gestärkt, auch Augustin und Boethius hatten ihn ausgesprochen. An dieser Grundlage hat Cusanus immer festgehalten; da gab es nichts zu verändern. Aber da gab es etwas zu interpretieren. War das *eine* Prinzip jenseits von Sein und Nicht-Sein? Stand es jenseits des Intellekts oder war es selbst Intellekt? Cusanus hat seinen Erstsatz kaum ausgesprochen, und schon gibt er mit Berufung auf Anaxagoras seine vom Plotinismus abweichende Interpretation kund: Das Erste ist Intellekt. Aber Cusanus legt es darauf an, aus dieser These eine fruchtbare Betrachtungsweise, eben ein neues, universales Verfahren zu entwickeln, und zwar in folgendem Sinne: Wir müssen die Welt als Werk des allesbegründenden Intellektes betrachten. Cusanus spricht vom *conditor intellectus*, was dem Demiurgen des Platonischen *Timaios* in der Rezeption des Proklos entspricht. Der weltbegründende Intellekt, fährt Cusanus fort, hat die Welt auf ihren Zweck bezogen eingerichtet, und ihr Zweck ist, daß *er* sich in ihr zeige. Das Wesen des Intellektes ist es, sich mitteilen und sich zeigen zu wollen; deswegen erschuf der Schöpfer Geistwesen, die ihn erkennen können. Ihr Zweck ist, ihn zu sehen. Deswegen hat er alles so eingerichtet, daß er ihnen sichtbar werde.[16]

Indem Cusanus das Eine als Intellekt auslegt und den Intellekt durch seine Mitteilungslust definiert, gibt er der Einheitsmetaphysik eine spezifisch Cusanische Wendung: Sichzeigen und Gesehen-werden ist der Sinn der Weltveranstaltung. Gott ist sein Angesicht; er ist *facies;* er ist Sichzeigen. Er bezieht sich von sich aus auf uns. Wenn er sich zeigt, hören die Religionskriege auf, sagte *De pace fidei. De visione Dei* hatte Güte und Selbstmitteilung als das Wesen des Unendlichen ausgesprochen; der allsehende Gott wollte gesehen werden und wurde folglich auch gesehen; aber jetzt erscheint diese Überzeugung als der oberste Grundsatz der Cusanischen Philosophie, von dem Cusanus ausdrücklich versichert, in ihm sei alles enthalten, was sonst noch zu sagen sei. In *De visione Dei* hieß die Unendlichkeit ein „lebendiger Spiegel"[17]; die ganze Schrift bewegte sich in der Metaphorik des Sich-Enthüllens des schlechthin Guten, das nicht anders kann als sich mitzuteilen. Diese Überzeugung von der Unverborgenheit des ersten Grundes bekommt in *De beryllo* den Charakter eines Axioms. Man kann den Anthropomorphismus tadeln, der sich hier einschleicht; denn dieses Absolute sucht nichts so sehr wie Zuschauer. Aber

---

[16] ib. n. 4 , 1–9 p. 6–7.
[17] *De visione Dei* c. 8 n. 32, 9 p. 152; c. 12 n. 49, 6 p. 172; c. 15 n. 67, 5 p. 194.

dann sollte man zugeben: Wenn man schon eine philosophische Theologie entwickelt, um die Erkennbarkeit der Welt zu erklären – und dies war in der vor-kantischen Problemsituation schwer vermeidbar –, dann sprach eine Spiegel-Spekulation wie die genannte die Voraussetzungen deutlich aus, die andere undeutlich in Anspruch nahmen. War der Weltgrund Mitteilungsdrang, dann konnte weder die negative Theologie noch gar die Vorstellung eines absichtlich sich verbergenden Gottes das letzte Wort behalten. Dann war der Weg frei für eine vorbehaltlose Weltzuwendung als der Anschauung des weltbegründenden Geistes.

Dies heißt nicht, daß die positive Theologie der negativen vorzuziehen wäre. Mit Berufung auf Platon – den Platon des Proklischen Kommentars zum *Parmenides* – und auf den „großen Dionysius" schärft Cusanus im Gegenteil ein, die negative Theologie bilde die höhere Stufe der Erkenntnis des Prinzips. Platon negiere alle Bestimmungen vom Prinzip, und Dionysius ziehe die negative Theologie der affirmativen vor.[18] Sein angemessenster Name sei „das Eine". Darin stimmten Parmenides und Anaxagoras überein; kurz darauf ruft Cusanus dafür auch Hermes Trismegistus als Zeugen auf.[19] Cusanus evoziert jetzt gern diese antikisierende Atmopshäre; er hat seine Kenntnis der vorsokratischen Philosophie durch erneutes Studium der aristotelischen *Metaphysik* vertieft, und er hat seit 1453 sich erneut dem Einfluß des Proklos geöffnet; hinzu kam die Beschäftigung mit Dionysius und mit dem Kommenar Alberts zu dem Buch *Über die Göttlichen Namen.*[20] Von nun an verfügt Cusanus über die Proklische Terminologie: Das Prinzip ist das *Unum*, und zwar das herausgehobene, für sich genommene *Unum*, das er das *Unum superexaltatum* nennt und dem er alle anderen Weltinhalte gegenüberstellt. Auch sie sind ein *Unum*, aber ein *Unum mit Hinzufügung, unum cum addito.* Das Problem der *additio* hat uns anläßlich von *De complementis theologicis* beschäftigt. Cusanus knüpft nicht dort an, wo er aufgehört hat; er beginnt – wie so oft – ganz von vorne. So macht er zunächst einmal die Bedeutung der negativen Theologie stark; er erwähnt nicht seine Reserven gegenüber dem Vorrang der negativen Theologie (wohlgemerkt: nicht gegenüber der negativen Theologie, sondern gegen deren Primat) aus dem Brief vom 14. September 1453, sondern folgt passagenweise sei-

---

[18] *De beryllo* n. 12, 9–13 p. 15.
[19] ib. n. 13, 2 p. 16 und n. 13, 11–12 p. 17.
[20] Vgl. R. Haubst, Albert, wie Cusanus ihn sah, in: G. Meyer – A. Zimmermann, Albertus Magnus – Doctor Universalis, S. 167–S. 194.

nen neuplatonischen Vorlagen, die er dem Apostel Paulus ansinnt, um
diesem die These zu entnehmen, wir hätten gar kein anderes Wissen von
Gott als das negative. Wir können anhand der Randbemerkungen des
Cusanus zu Proklos-Texten verfolgen, wie Cusanus von dort die Termini
unum, unum exaltatum, addere, additio, negatio und ihren Zusammen-
hang aufnimmt.[21] Er kann seitenweise reden, als sei Proklos die höchste
Stufe der Erkenntnis, obwohl wir wissen, daß er an anderer Stelle die
Grenze der *doctissimi* herausgestellt hat. Diese Lockerheit, dieses ad hoc-
Sprechen unterscheidet Cusanus von nach-cartesianischen Systemphilo-
sophen, und wir haben diese Eigenheit zu respektieren. Cusanus verleibt
seinem Text ein, was ihm passend scheint und was er bei seinen neuen
Lektüren entdeckt. Er arbeitet mit Textbausteinen, auch wenn er, wie bei
De beryllo, eine knappe, straffe Präsentation in der Art der *Elementatio
theologica* des Proklos oder im Stil des *Liber de causis* versucht. Wir
könnten bei dieser Arbeitsweise auch von „Intertextualität" sprechen; das
genetische Verfahren opfert keineswegs offene Bezüge auf andere Texte
und damit verbundene Rückgriffe einem einlinigen Entwicklungssche-
ma. Es wäre grob-systematisierend gedacht, von Cusanus zu erwarten, er
dürfe nach seiner Distanzierung vom Primat der negativen Theologie, die
1453 allerdings unmißverständlich deutlich ausgefallen war, die negative
Theologie nur noch mit Einschränkungen erwähnen. Sie bleibt eine
Wahrheit, sogar die höhere gegenüber der affirmativen Theologie, in der
Cusanus seine Leser so sehr befangen vermutete, daß er ihnen die Unentbehrlichkeit der *theologia negativa* immer wieder einschärfte. Er selbst
ließ sich von ihr nicht abhalten, das Eine zugleich und vor allem als weltbegründenden Intellekt aufzufassen, obwohl diese Identifikation des
Einen mit dem Demiurgen der strengen neuplatonischen Konzeption
widerspricht. Ihr zufolge bin ich, wenn ich sage: Das „Eine ist Geist",
schon in die Zweiheit herausgetreten, denn ich habe dem Einen etwas
„hinzugefügt", also bin ich schon beim *unum cum addito*. Dies stört
Cusanus nicht. Sein Eines *will* etwas; es will von uns als Intellekt gesehen
werden.

Daß Gott die Welt seiner eigenen Glorie wegen erschaffen habe, dies
war eine Vorgabe der kirchlichen Dogmatik. Aber man konnte sie unter-
schiedlich auslegen. Noch Etienne Gilson sah ihren Sinn darin, daß sie

---

[21] Marginalien, *Theologia Platonis* Nr. 177 und 186 p. 78 Senger; zum Parmenideskommentar Nr. 36 p. 17 Bormann.

das Bewußtsein der Unabhängigkeit niederschlage.[22] Das war unverkennbar eine anti-moderne Stilisierung des mittelalterlichen Denkens, denn Gott könnte – wenn wir so reden dürften – seine größere Ehre darin sehen, selbständige Wesen zu erschaffen. Er könnte Prometheus lieben. Nur war der dogmatisch statuierte Selbstbezug Gottes nicht leicht zu vereinen mit der Vorstellung, die Welt sei für uns geschaffen, wenigstens dann nicht, wenn diese Vorstellung über das einfache Schema hinausging, wir sollten nach Gottes Willen die Natur, insbesondere die Tiere, für uns verbrauchen. Die Cusanische Überlegung, die übrigens in *De dato patris luminum* schon einmal angeklungen war[23], damals, 1445/46, aber mehr in der Perspektive der Eigenheit Gottes als von der Seite der menschlichen Erkenntnis her vorgetragen wurde, vollbringt genau diese Wendung: Nur indem die Welt dem menschlichen Intellekt konform ist, setzt sich der göttliche Selbstbezug bei der Weltgründung durch. Denn dieser Selbstbezug ist ein Bezug auf uns als erkennende Wesen. Daher folgt aus der Cusanischen Interpretation der Ehre Gottes, daß wir die Welt so betrachten sollen, als sei sie zum Zweck menschlichen Wissens konstruiert. Sie macht aus einem frommen Bild ein Axiom der Rationalitätsunterstellung.

II. Zweiter Grundsatz: Alles, was ist, ist entweder wahr oder dem Wahren ähnlich (*verisimile*).

Denn alles, was ist, ist entweder in sich oder in einem anderen. In sich selbst ist es wahr, in einem anderen ist es dem Wahren ähnlich.

Daß alles, was in sich ist, wahr ist, also Konformität zum Intellekt aufweist, begründet Cusanus nicht näher. Sein knappes axiomatisches Vorgehen gestattet ihm keine ausholende Begründung. Er mochte annehmen, seine Leser zweifelten wohl nicht an einem Grundsatz, der mit der platonisierenden Metaphysik gegeben und seit Augustin, insbesondere aber seit Anselm von Canterbury im lateinischen Westen installiert war. Das Dictum hat den Charakter einer Vorentscheidung für jede Metaphysik der Erkenntnis. Cusanus braucht nur noch die Arten des In-einem-Anderen-Seins nach den Stufen der Erkenntnis zu differenzieren, sinnlich, rational, intellektuell, wobei er die Terminologie für diese Stufung als wenig wichtig bezeichnet und verändert, indem er den Ausdruck „*intelligentialis*" einführt und sagt, dies tue er im Hinblick auf die „Intelligenzen". Der Hinweis auf diese neuplatonischen, aber auch schon aristoteli-

---

[22] E. Gilson, L'ésprit de la philosophie médiévale, 2. Auflage Paris 1969, p. 133.
[23] c. 2 n. 103 h IV Wilpert p. 77.

schen, Zwischenwesen dürfte ein Nachklang philosophischer Lektüren sein.

III. Dritter Grundsatz: Protagoras hatte recht, den Menschen als das Maß aller Dinge zu bezeichnen.[24] Begründung: Der Mensch mißt, was er erkennt. Er mißt mit den Sinnen die Sinnesdinge, mit dem Intellekt das Intelligible, im Überstieg, *excessus,* erreicht er, was über dem Intellekt liegt. Denn er weiß, daß seine Erkenntnis das Ziel der Erkenntnisinhalte ist.

Dies sind weitgehende Thesen, Konsequenzen aus dem ersten Axiom. Die Dinge haben eine immanente Finalität auf unsere Erkenntnis. Sie sind an sich so geschaffen, damit sie unserer Erkenntnis entsprechen. Wir können daher, wie Cusanus ausdrücklich sagt, aus der Natur unserer Erkenntniskräfte bemessen, wie die Dinge sein müssen, um von uns erkannt zu werden. Die Dinge haben in uns ihr Maß; sie sind alle in unserer *ratio* als in ihrem Maß.[25]

Was wir seit *De coniecturis* I 10 hörten, was in *De mente* ein wichtiges Thema war – *mens* komme von *mensurare* –, dies *erklärt* uns Cusanus hier und bringt die Maß-Rolle des Menschen in Harmonie mit der Tätigkeit des weltbegründenden Intellektes. Wir erfahren, worin genau es besteht, daß wir alle Realität messen. Darauf müssen wir zurückkommen. Gehen wir zunächst weiter zum

IV. Grundsatz: Der Mensch ist ein zweiter Gott. Für These 1 berief Cusanus sich auf Anaxagoras; Grundsatz drei stammte von dem Sophisten Protagoras, Axiom vier von Hermes Trismegistus. Insgesamt schaffen diese Verweise eine kulturelle Atmosphäre einer neuen Art des nicht mehr schularistotelischen Antikisierens. Cusanus hielt alle drei Philosophen für Vor-Sokratiker; er wußte, daß Anaxagoras und Protagoras von Aristoteles kritisiert worden waren und daß die mittelalterlichen Kommentatoren der *Metaphysik* diese Kritik nachgesprochen hatten. Er stellt sich gegen diese Tradition auf die Seite der Vor-Sokratiker, auch des verlästerten Sophisten Protagoras, von dem Aristoteles nur verächtlich gesprochen hatte. Die hermetische Tradition hatte Cusanus, wie wir anläßlich des ersten *Sermo* gesehen haben, früh aufgenommen. Er hatte in *De dato patris luminum*, also um 1445, auch die Wendung zitiert, der Mensch sei ein menschlicher Gott, *deus humanatus,* aber er hatte im sel-

---

[24] *De beryllo* n. 6, 1 p. 8.
[25] ib. n. 2, 6–8 p. 8.

ben Atemzug, auf Platons *Timaios* 92 c anspielend, hinzugefügt: so wie
die sinnliche Welt ein sinnenhafter Gott ist.[26] Von der Sonderstellung des
Menschen war dabei weiter nicht die Rede, obwohl Cusanus von ihr, in
milderen Formeln, schon in den ersten *Sermones* und dann insbesondere
im dritten Buch von *De docta ignorantia* gesprochen hatte. Dreizehn Jahre später, in *De beryllo* n. 7, bezeichnet er die Vorrangstellung des Menschen schroff, eindeutig und anti-aristotelisch, zumal im Zusammenhang
von n. 6 – bei der Rechtfertigung des *homo-mensura*-Satzes.

3. Neue Themen

Ich kann der Argumentation des Buches nun nicht weiter paraphrasie-
rend folgen, wie ich es für die Grundlagenkapitel tun mußte. Aber halten
wir fest: Cusanus präsentiert mit neuer Schärfe seine Koinzidenzlehre:
Sie ist eine Sehweise, die bislang fehlte, genauer: Sie ist eine Korrektur
unserer verfehlten Denkweise; sie bezieht sich auf *alles* Wißbare. Cusanus glaubte offenbar, für die Einführung in die Koinzidenzlehre seien
geometrische Beispiele geeigneter als seine ausführliche Analyse von Verstand und Vernunft aus *De coniecturis*; er argumentierte daher wieder mit
geometrischen Figuren, was eine veränderte Tonlage gegenüber dem
meditativen Text von *De visione Dei* ergibt, was uns aber nach *De complementis theologicis* nicht überrascht. Insgesamt vollzieht der Autor den
Rückgriff auf geometrische Figuren viermal, und es ist instruktiv zu
sehen, in welchen Zusammenhängen er dies tut.

Da zeigt er erstens durch eine Winkelbetrachtung, wie wir im Vielen
das *eine* Prinzip *sehen* können. Der Beryll soll uns das Unteilbare zu sehen gestatten.[27] Die zweite geometrico-theologische Untersuchung soll
die Trinität beweisen; auch sie wird mit Hilfe des Berylls von uns *gesehen*.[28] Ein drittes Mal greift der Autor auf die Geometrie zurück, um das
Dictum des Philosophen Avicebron zu erklären, die verschiedenen Grade der *reflexio*, des Rückbezugs auf sich, erzeugten die verschiedenen Stufen der Dinge.[29] Die vierte geometrische Hinführung findet sich beim
Problem der *species*. *Species* hat hier nicht den Sinn von „Erkenntnisbild",

---

[26] *De dato patris luminum* c. 2 n. 102, 10–13 p. 77.
[27] *De beryllo* n. 9–11 p. 11–13.
[28] ib. n. 33–34 p. 36–38.
[29] ib. n. 18–19 p. 22–24.

sondern von „Art"; es geht also um einen Rückblick auf das Universalienproblem, dessen koinzidentale Lösung Cusanus in *De visione Dei* nur eben gestreift hatte.[30] Die Themenerweiterung ist unübersehbar; Cusanus hat sich inzwischen neue Fragen gestellt; er hat neue Texte gelesen oder die alten neu meditiert.

Neu ist in *De beryllo* die Kritik an den dualistischen Tendenzen des Idee-Stoff-Schemas; Cusanus zeichnet jetzt Grundlinien einer nicht mehr hylemorphistischen Physik. Im zweiten Buch von *De docta ignorantia* hatte er bereits den Dualismus von Weltseele und Urstoff kritisiert, aber zugunsten einer trinitätsphilosophischen Argumentation, auf die damals alles hinzielte: Das richtig verstandene Unendliche, hieß es, erfülle alle Funktionen, welche die platonisierende Tradition den Zwischeninstanzen zuerteilt hatte. Jetzt, in *De beryllo*, geht es, wie wir bald sehen werden, um eine neue Physik.

4. Die Erkennbarkeit der Welt

Das theoretische Neuland, das Cusanus mit diesem Buch betrat, werden wir genauer erfassen, wenn wir im Blick auf eine genetische Analyse an den Text drei Fragen stellen:
Erstens: Warum ist die Welt erkennbar?
Zweitens: Wieso ist der Mensch, genau genommen, das Maß aller Dinge?
Dritttens: Wie stellt sich Cusanus, genau genommen, zur Tradition?
Beginnen wir mit der ersten Untersuchung. Es geht nicht um Erkenntnistheorie im nach-kantischen Sinne. Wie die beiden ersten Eingangsaxiome festlegen, erklärt Cusanus die Erkennbarkeit der Welt aus der Selbstmitteilung, die das Wesen Gottes, kein zufälliger Beschluß des Allmächtigen ist. Wieder bemüht Cusanus sich um die metaphysische Unterfassung des spätmittelalterlichen Allmachtsmotivs. Gott hätte uns nicht genausogut im Dunkel lassen können, wie er uns als Licht in allem begleitet, denn er ist in erster Linie *conditor intellectus,* der sich gespiegelt sehen will. Cusanus setzt also die neuplatonisch gefärbte *Timaios*-Philosophie ein, um rohe Vorstellungen göttlicher Willkür zu überwinden. Doch nimmt seine Untersuchung zugleich eine Wendung gegen diejenigen Philosophen, die am Ursprung des Universums nicht freie Intention,

---

[30] *De visione Dei* c. 9 n. 35 Hopkins p. 154.

sondern Naturnotwendigkeit sahen. Gott ist gut und muß sich seinem Wesen nach mitteilen, aber sein Wesen ist Freiheit, oder vielmehr steht er jenseits der Koinzidenz von Wesensnotwendigkeit und Freiheit. Daraus ergibt sich eine Gegenstellung gegen die aristotelisch-averroistische Philosophie, die Cusanus nun schroff ausspricht: Sie hat die Finalität des Universums, dessen immantes Ziel seine Erkennbarkeit durch uns sei, einem Notwendigkeitsdenken geopfert.

Ein anderer Aspekt dieser Cusanischen Erkenntnismetaphysik ist philosophisch origineller: Wir können aus den Bedingungen unserer Erkenntnisfähigkeiten folgern, wie die Welt sein muß. Wenn sie der göttlichen Intention entspringt, die auf das Sich-zeigen des Unendlichen gerichtet ist, dann müssen die Sinnesdinge zu unserem Wahrnehmungsvermögen, die Verstandesinhalte zu unserem Verstand, die intelligiblen Inhalte zu unserem Intellekt in immanent-nachweisbarer Proportion stehen. Diesen Nachweis will Cusanus in *De beryllo* erstmals erbringen. Er macht aus dem „weltanschaulichen" Globalentwurf eine detaillierte philosophische Forschung. Wie mußte Gott die Welt konstruieren und wie muß sie infolgedessen aussehen, damit sie unserer sinnlichen Erfahrung auf die beste Weise korrespondiert? Das ist die Anwendung der *lex melioris* auf die Erkennbarkeit der Welt. Die Antwort des Cusanus lautet: Die Sinnenwelt ist das Buch, in dem der *conditor intellectus* zu uns sprechen will. Wenn du über irgend etwas in der Welt eine Frage hast, dann findest du die Antwort, wenn du untersuchst, wieso dieses oder jenes der sinnlichen Erkenntnis proportioniert ist.

An dieser wichtigen Stelle – es ist n. 66 p. 76–77 – tritt die folgenreiche Metapher auf, die sinnliche Welt sei ein für uns bestimmtes *Buch*. Dieses Bild diente Cusanus seit 1447[31] und verstärkt seit 1450, seit dem Anfang von *De sapientia,* der Entgegensetzung des Cusanischen Denkens zur Universitätswissenschaft.[32] Campanella und Galilei, viele anti-aristotelische Aufrührer, die im 16. und 17. Jahrhundert das Universitätswissen umstürzen wollten, bedienten sich dieses Bildes: Nicht die universitären Textbücher, sondern die Natur ist unser Buch. Aber philosophisch entscheidend ist – hier in *De beryllo* – der *universale* Anspruch dieser Überlegung (*Si igitur dubitas de quacumque re*), die sich prinzipiell und aus-

---

[31] *De Genesi* IV nn. 171–173 Wilpert p. 121–123, mit wertvollem Quellennachweis zu n. 171, 3.
[32] Vgl. dazu Ernst Robert Curtius, Europäische Literatur und lateinisches Mittelalter, zuerst Bern 1948, und Hans Blumenberg, Die Lesbarkeit der Welt, Frankfurt 1981.

drücklich vornimmt, den Aufbau und die Eigenart der realen Welt aus der Natur unserer Sinneserkenntnis zu erklären. Cusanus bringt ein Beispiel für diese Art von Weltableitung, die nach der einmalig-ewigen göttlichen Gründungstat im einzelnen ohne weitere göttliche Intervention auskommt: Du fragst dich: Warum zeigt die sinnliche Welt so scharfe Kontraste? Die Antwort lautet: Ohne eindrucksvolle Kontraste könnte die sinnliche Erkenntnis keine Unterschiede wahrnehmen. Sie ist schwach im Unterscheiden, deswegen kommt ihr der Weltaufbau entgegen. Die Sinne fordern gegensätzliche Objekte – hart-weich, hell-dunkel –, um besser Unterschiede erfassen zu können. Dies, sagt Cusanus, lasse sich bei allen einzelnen Wahrnehmungen nachweisen, beim Sehen, Hören, Tasten usw.

Diese Art der Analyse setzt voraus, die Welt in sich sei auf unser Erkennen hin angelegt, so daß wir aus unseren Erkenntnisbedingungen auf die reale Welt schließen könnten. Dies ist eine metaphysische Prämisse, aber bei ihrer Anwendung etwa auf das Sehen oder Hören argumentiert Cusanus immanent. Er leitet die Eigenschaften der Dinge nicht von deren rein objektiv vorgestellten Eigenart ab, sondern von den Bedingungen menschlicher Erkenntnis. Dies ist – bei aller Kürze, deren Cusanus sich befleißigt – ein eindrucksvoller Anlauf zu einer „subjektiven Wende". Allein schon dieser Entwurf sichert dem Buch über die „Lupe" seine philosophiegeschichtliche Bedeutung. Die Dinge sind nicht mehr das Maß unserer Erkenntnis, sondern unsere Erkenntnisbedingungen bestimmen, wie die Welt beschaffen ist. Sie sind Mittel des weltbegründenden Intellekts, sich uns zu zeigen, und wir sehen ihnen diese Zweckbestimmung an, denn nach ihrem Ziel bestimmt sich ihre innere Natur. Sie sind nicht nur für uns; sie zeigen uns nicht nur eine Außenseite, hinter der sich ein unerkennbares Ding an sich verberge; sie sind *an sich für uns*. Sie sind, wie sie sind, weil wir sind, wie wir sind.

5. Der Mensch als Maß aller Dinge

Damit sind wir beim *homo-mensura*-Satz und bei unserer zweiten Frage: In welchem Sinne ist der Mensch das Maß aller Dinge? Mit diesem Problem hatten wir schon zweimal zu tun, nur hatte es noch nicht diesen Namen. Als Cusanus in *De complementis theologicis* den objektiven Wert der Bestimmungen untersuchte, die wir dem Unendlichen geben, war er schon bei der Sache. Deutlicher sprach er davon in *De visione Dei*, wo der Betrachter die Blickrichtung des Allsehenden bestimmt und es ausdrücklich hieß, es stehe in meiner Macht, den Wirkungsbereich der Gnade zu vergrößern oder zu verkleinern. Die Lösung in *De visione Dei* war die, daß wir durch die Erfahrung hindurchgehen müssen, Gott zu terminieren und ihm unsere Gestalt zu geben, und daß wir gerade dadurch erfassen, daß er die genaue Gleichheit mit allen Formen ist, daß wir also in ihm unsere Form aufdecken, da er die Form aller Formen ist. Indem wir ihn messen, erfassen wir, daß er unser Maß ist; er ist Form der Formen als ein lebendiger Spiegel, in dem wir unser Maß finden. Aber Cusanisch gedacht heißt das: Es ist unerläßlich, die Koinzidenz von Messen und Gemessenwerden zu erfassen. Gott ist so mein Schatten, daß er meine Wahrheit ist. Wir sprachen davon, daß, Cusanus zufolge, Gott sich uns so darbietet, als erhielte er von uns das Sein. Ich erinnere an das 15. Kapitel der Bildbetrachtung. Nur indem wir das Maß Gottes sind, lernen wir uns als sein Bild kennen.

Die Wahrheit wird von uns als von ihrem Bild gemessen. Zur Stärkung dieser subtilen Position führt Cusanus ein Argument an, das wir schon aus *De coniecturis* und aus *De mente* kennen: So wie Gott die wirkliche Welt produziert, so erschaffen wir die Welt der Begriffe. Cusanus scheut sich nicht, dasselbe Wort „erschaffen", *creare*, für diese Art göttlichen *und* menschlichen Hervorbringens zu gebrauchen. Er beschreibt die menschliche Begriffsbildung als kreative Tätigkeit.[33] Der Mensch übt sie aus als Bild; deswegen schaffe er, sagt Cusanus, Ähnlichkeiten der Werke des göttlichen Geistes, die ihrerseits dessen Ähnlichkeiten sind. Dies bildet eine zweite Überlegungsreihe, welche die Erkennbarkeit der Welt einleuchtend machen soll. Unsere Begriffsproduktion verläuft nicht willkürlich; sie bildet zwar nicht direkt die Dinge ab, wohl aber ahmt sie die göttliche Hervorbringung der Dinge nach. Eine Sicherung der Wahrheit unserer Theorien ist dies freilich nur in einem sehr generellen Sinn. Diese Argumentation wiederholt nur die Prämissen der vier Erst-Sätze, ja sie ist mit dem vierten Axiom identisch. Wenn es nur auf das parallele Hervorbringen ankäme, entspräche auch eine blinde Produktivität des menschlichen Denkens oder auch eine konstruktive Imagination ohne Realitätsanspruch dem göttlichen Urbild. Aber diesen Fall diskutiert Cusanus nicht, obwohl er die künstlerisch-technischen Herstellungen

[33] *De beryllo* n. 7, 1–11 p. 9.

sofort neben den von uns erzeugten Begriffswelten nennt. Der Mensch
ist ein „zweiter Gott". Selbstverständlich ist er nicht der aktive Grund
aller sinnlichen Dinge, und sein Erkennen ist ein Sich-Angleichen, eine
Assimilation. Er ist bei seinen Wissensentwürfen auf Bilder angewiesen;
aber er hat einen sehr scharfen Blick, mit dem er erkennt, ob ein Bild eine
Darstellung der Wahrheit ist, die in keinem Bild darstellbar ist.[34]

Der Mensch als Maß aller Dinge, die Kreativität menschlicher Begriffsbildung, das hohe Maß an Erkenntniszuversicht, das Interesse an einem
universal anwendbaren Methodenkonzept und die Anerkennung künst-
lerisch-technischer Produktivität – „Brillen" sind, wie die Löffel des Lai-
en von 1450, unser Produkt – dies sind Züge, die man lange schon als
charakteristisch „modern" beurteilt hat und die in *De beryllo* besonders
ins Auge fallen. Diese Züge sind wichtig und neu; wir registrieren sie
sorgfältig. Besonders der Gebrauch des Wortes *creare* für die menschlichen Hervorbringungen, und daß Cusanus dabei die technisch-künstleri-
schen mitbedenkt, das sind historisch wichtige Schritte. Sie artikulieren
Erfahrungen, die Cusanus unter den Genies der Jahrhundertmitte in Italien machen konnte; sie bringen auch literarisch neue Formen hervor, die
sich von scholastischen Traktaten unterscheiden wie die Florentiner
Domkuppel von einer gotischen Hallenkirche. Um dazu nur dies zu nennen: *De beryllo* hat immer noch die Form direkter Anrede an einen einzelnen Leser; der Autor nimmt einen materiellen Gegenstand – eine Lupe
– zum Ausgangspunkt; er erreicht durch Vereinfachung der geometrischen Beispiele und durch Anlehnung an die Axiomenform eine extreme
Konzentration; er stellt gleichzeitig eine esoterische Grundsatzerklärung
an den Anfang. Ich denke, es ist besser, solche Beobachtungen zu vermehren und zu verfeinern – auch die Lektürenachklänge weiter zu erforschen – als das Bild durch die Formel zu verkürzen, Cusanus sei der
Beginn der Moderne oder er stehe zwischen Mittelalter und Neuzeit.
Noch was „neuzeitlich" klingt, steht in älteren Kontexten, zum Beispiel
der Proklos- und der Dionysiusrezeption. *De docta ignorantia* sollte eine
Erneuerung der Philosophie des Pythagoras sein, Thierry von Chartres,
aber auch Lull kam eine Schlüsselrolle zu, und doch sollte das Ganze eine
persönliche Neukonstruktion sein, ein individueller Weltentwurf mit
ausgesprochenem Neuheitsbewußtsein. Es konnte um 1450 ein Kunst-
werk oder ein Text radikal neu sein und doch nicht dem entsprechen, was

---

[34] ib. n. 7, 11–13 p. 9–10.

wir unter „neuzeitlich" verstehen, z. B. wenn ein Künstler wie Leon Battista Alberti ein Heiliges Grab gestaltet. Ein Denkmotiv der Zeit um 1200 – il Santo Sepolcro – in den reinsten Renaissanceformen stört unsere Epochenvorstellungen eher, als daß es sie bestätigt. Um bei unserem Beryll zu bleiben: Cusanus skizziert die außerordentlich weitreichende Idee einer Rekonstruktion der Realwelt aus den Bedingungen menschlicher Erkenntnis. Das steht wirklich da und kann manchen an Kant erinnern, aber die Art, wie dieses Konzept mehr hingetupft als entwickelt ist, zeigt, daß der kulturelle Kontext ein anderer ist, kein scholastischer mehr, kein traditioneller, gewiß, aber noch weniger gibt Nikolaus einen Vorentwurf zu Kant. Charakteristisch ist, wie Cusanus in n. 18 den Terminus *reflexio* gebraucht. Wir können ihn nicht mit „Reflexion" übersetzen; wir würden ihn sonst modernisierend verzeichnen. Cusanus sagt, die erste *reflexio* füge zum Seienden das Lebendigsein hinzu, die zweite den Intellekt oder die Einsicht. Es gibt eine Selbstzuwendung des Seienden ersten und zweiten Grades, und dadurch ergeben sich Seinsstufen; die ganze Überlegung bezieht sich auf Avicebron, also auf den jüdischen Philosophen Ibn Gabirol, dessen Hauptwerk *Der Quell des Lebens (Fons vitae)* im lateinischen Mittelalter intensiv studiert wurde, z. B. auch von Berthold von Moosburg. Wir sind von einer Philosophie der Reflexion weit entfernt.

Auch beim *Homo-mensura*-Satz selbst zeigen sich für uns unerwartete Assoziationen. Cusanus dachte diesen Satz im Zusammenhang der neuplatonischen Hierarchie von *intellectus, anima, natura, corpus*. Der Intellekt ist von einfacher Universalität und Unteilbarkeit; keine sichtbare Darstellung kann ihn direkt repräsentieren. Deswegen teilt er sich erst der Seele, dann der Natur, dann dem Körper mit. Die Folge davon ist: Unsere Sinneserkenntnis ist eine Abbildung des Intellektes. *Cognitio enim sensitiva animae ostendit se similitudinem intellectus esse.*[35] Sie ist andererseits auch eine Angleichung an Körperdinge der Außenwelt, so daß Cusanus auch den Grundsatz anerkennt, nichts sei im Intellekt, was nicht zuvor in der Sinneserkenntnis war.[36] Aber die Sinneserkenntnis ist nicht außerhalb der Selbstdarstellungsbewegung des Intellektes zu denken. Der „empiristisch" klingende Grundsatz des *nihil est in intellectu, quod prius non...* gibt nur eine phasenweise Betrachtung wieder; er steht

---

[35] ib. n. 24, 7–8 p. 27.
[36] *De visione Dei* c. 24 n. 107, 14–15 p. 258.

in einem intellekttheoretischen Gesamtzusammenhang, dem zufolge die Sinnenwelt den unabbildbaren Intellekt abbildet. Dies bedeutet: Das Universum oder das, was wir heute die „reale Welt" nennen, ist nichts anderes als der Begriff des weltbegründenden Intellektes, der sich auf dem Weg über Intellekt und Seele im Menschen erweist, und zwar so, daß alles, was gestaltet ist, also eine *Forma* aufweist, insoweit existiert, als es dem Begriff konform ist.[37] Hier kommt es darauf an, beide Bewegungsrichtungen des Cusanischen Denkens zusammenzuhalten. Da ist einmal die starke Betonung der Empirie, ohne die nichts im Intellekt sein soll. In *De visione Dei* geht die Erfahrungstendenz so weit, daß die Koinzidenz selbst in der sinnlichen Welt „aufscheint". Sodann gibt es den Begriffsrealismus, der die Naturformen als Statthalter des Begriffs, des Intellektes und zuletzt des *conditor intellectus* liest. Der (göttliche) Intellekt lenkt die Natur; er bestimmt ihre Bewegungen; er hat die Sinnesdinge so angelegt, daß sie unserer Erkenntnis entgegenkommen. Cusanus hat sich um die Harmonisierung der beiden Aussagengruppen nicht pedantisch bemüht. Den Vorwurf des Eklektizismus hat er deswegen noch lange nicht verdient. Er hatte nicht die aus dem 18. Jahrhundert stammende Entgegensetzung von Empirismus und Idealismus vor sich und konnte diesbezüglich keine Erklärungen abgeben. Aber daß er zu dem Verhältnis von Erfahrung und Idee eine einheitliche Position auf dem Boden eines erneuerten Neoplatonismus, der aristotelische Elemente aufnehmen kann, bezogen hat, das scheint mir unleugbar. Es ist auch außer Zweifel, daß der Nachdruck bei Cusanus auf dem Begriffscharakter der Realität, auf ihrem Charakter als Intention und Wort des weltbegründenden Intellektes liegt.[38]

Worin besteht das Messen der Realität durch die menschliche Erkenntnis, wenn sie doch auf das sinnlich Entgegentretende angewiesen bleibt? Klarer als in seinen bisherigen Schriften, die dieses Problem vor allem seit *De coniecturis* und *De mente* berührt haben, antwortet Cusanus jetzt: Du mußt die Koinzidenz von Passivität und Aktivität und deren Abwandlung auf den Stufen der Welthierarchie beachten. Du mußt den Beryll zu Hilfe nehmen. Dann siehst du: Die Sinneserkenntnisse sind auf Erkenntnisbilder angewiesen, welche die allgemeine Wahrnehmungsfähigkeit spezifizieren und determinieren. Aber auch hier, wo eine Au-

---

[37] *De beryllo* n. 25, besonders 7–8 p. 28.
[38] Vgl. dazu besonders ib. n. 54 p. 61–62.

ßeneinwirkung erforderlich ist, also eine *passio* vorliegt, gibt es zugleich eine *actio*. Du mußt diese Gegensätze *vereint* sehen. Der Gesichtssinn zum Beispiel ist die Einfaltung aller sichtbaren Dinge; er enthält sie in sich. Nicht, als brauche er nicht die Außenwelt, aber wenn sich ihm Sichtbares von außen präsentiert, dann erkennt er es als in sich eingefaltet. Noch mehr gilt dieses Voraushaben für den Intellekt, der von viel höherer Einheit und Einfachheit ist als der Gesichtssinn. Der Intellekt ist voll von Ur-Gestalten, *plena formis,* er enthält eingefaltet in sich die Intelligibilia, die er kraft seines eigenen Wesens erkennt, aber erst dann, wenn sie ihm „nackt" entgegentreten. Für die Herausarbeitung dieser Formen aus der Vereinzelung und dem Stoff hat die aristotelische Tradition die Abstraktionstheorie entwickelt, die von der Abstraktionstheorie empiristischer Philosophen streng zu unterscheiden ist, weil sie selbst platonisierende Momente beibehält, und die als phasenhafte Wahrheit in die koinzidentale Theorie des menschlichen Erkennens aufzunehmen ist. Cusanus steigt in der Hierarchie weiter auf zu den Intelligenzen. Ich habe schon aufmerksam gemacht auf die Präsenz dieser Geister in *De beryllo*; sie bilden eine weitere Warnung vor ungebührlicher Modernisierung im Sinne des Hierarchieabbaus. Also: Cusanus weiß, wie die Intelligenzen erkennen. Sie sind nicht auf sinnliche Vorstellungen, *phantasmata,* angewiesen; bei ihnen entfällt die allmähliche Enthüllung der nackten Formen; sie sehen die Ideen ungetrübt. Und von ihnen steigt der Blick auf zum ersten Ursprung, dessen Erkennen darin besteht, daß er dem Erkannten das Dasein verleiht. Cusanus resümiert im Blick auf den *homomensura* -Satz: Überall ist das Erkennen ein *mensurare*, ein Maßsetzen. Das Maßsetzende ist „einfacher", ontologisch früher als das, was das Maß erhält, was gemessen wird. Aber das Maßgeben wandelt sich ab; im Beryll sehen wir zugleich den Vorrang des Maßgebenden und die stufenweise Vermischung mit abnehmender Rezeptivität. Ein reines Maßgeben, bei dem die Erkenntnis nur im Geben, ohne jedes Nehmen, bestünde, gibt es in unserer Erfahrungswelt nicht, auch wenn das Geben von der Sinneserkenntnis bis zu den Intelligenzen den Vorrang hat.[39]

[39] ib. n. 71 ganz, p. 82–84.

6. Stellung zur Tradition

Wir kommen zur dritten der aufgeworfenen Fragen: Wie stellt sich der Autor von *De beryllo* zur Tradition? Ich habe gezeigt, wie diskret, wie vorsichtig und wie diplomatisch Cusanus in *De docta ignorantia* und in *De coniecturis* seinen Traditionsbezug durchblicken ließ. Er bestand darauf, er sage unerhört Neues; er lobte auffällig Pythagoras und Boethius; er hob Dionysius hervor. Mit der *Apologia* wurde Cusanus deutlicher: Er suchte in den älteren Texten, was die Tradition gegen die jetzt herrschende aristotelische Sekte bereitstellte; jetzt erst bekannte er sich zu Eriugena, Thierry von Chartres, Eckhart und Lull, denen er längst gefolgt war und die er auch jetzt nur für den inneren Kreis der Wahrheitsfreunde bestimmt dachte. Insbesondere hob er den Dionysius hervor; gegen ihn konnte schwerlich etwas gesagt werden. Die immer dringlicher werdenden Zweifel an seinem apostolischen Alter und an seiner überragenden Autorität als Vermittler paulinischer Geheimlehren störten dabei nur; Cusanus schlug sie wacker nieder. *De mente* brachte einen neuen Leitfaden für den Umgang mit der bisherigen Geschichte des Denkens: Der Laie bewies die Konkordanz der zerstrittenen Schulautoritäten, vor allem Platons und Aristoteles', aber auch des Hermes Trismegistus.

De beryllo geht sorgfältiger auf ausgewählte Positionen ein. Die Vorsokratiker gewinnen mehr Profil; Cusanus kennt sie jetzt besser, nachdem er das erste Buch der aristotelischen *Metaphysik* in der neuen Übersetzung des Bessarion durchgearbeitet hat. Bezüglich des Protagoras weigert er sich, die Bewertung durch Aristoteles zu übernehmen.[40] Er kennt die entscheidende Anregung, die sowohl Platon wie Aristoteles durch die *Nus*-Lehre des Anaxagoras bekommen haben; er teilt beider Kritik am inkonsequenten Vorgehen des Anaxagoras, der von seinem richtigen Erklärungsgrund keinen Gebrauch gemacht habe.[41] Cusanus lobt aber Anaxagoras; er habe die Trinitätsphilosophie eröffnet. Die Philosophie der Trinität komme aus der Antike; in ihr stimmten Anaxagoras, Platon und Aristoteles überein. Die Trinitätsphilosophie Lulls hat eine solide antike Basis; dies arbeitet Cusanus jetzt in den nn. 35 bis 37 anhand von Zitaten heraus. Ich brauche kaum zu sagen, daß kein moderner Philosophiehistoriker diese Harmonisierung mehr teilt; so wie ja auch

---

[40] ib. n. 65–69 p. 75–80.
[41] ib. n. 35–10 p. 38–39. Tadel wegen der Inkonsequenz: ib. n. 67 p. 77–78.

niemand mehr – außer publizistischen Außenseitern wie Gerd-Klaus Kaltenbrunner, der sogar wieder zu erzählen weiß, worüber Dionysius mit Paulus gesprochen hat[42] – in Dionysius den Paulusvermittler sieht. Aber dies ist unsere, moderne Perspektive. Für Cusanus war wichtig, seiner erneuerten christlichen Philosophie eine antike Vorgeschichte zu verschaffen; er bestätigt sich seine Ansichten über die antike Trinitätsphilosophie mit Hilfe Augustins, der ebenfalls gelehrt hatte, die Platoniker hätten die Trinität und die Erschaffung aller Dinge durch Gott erkannt.[43] Schon Augustin war großzügig, was die dritte Person der Orthodoxie bei den griechischen Philosophen angeht; Cusanus hebt hervor, im Johannesprolog sei ja auch nicht vom Heiligen Geist die Rede.

Das Neue an *De beryllo* ist, daß Cusanus jetzt ein eingehendes philosophisch-historisches Interesse zeigt, Vorzüge und Nachteile der großen Denker differenziert zu beurteilen. Dies hatte er als zweites Hauptziel seiner Schrift von vornherein angekündigt; er führt es in detailreichen Analysen aus. Ich kann hier nicht auf alle Einzelheiten eingehen; ich folge ihm nur in seiner Beschäftigung mit Platon, mit Aristoteles und Albert. Von Dionysius und Augustinus, von Protagoras und Anaxagoras war schon die Rede.

Wie sah Cusanus 1458 Platon? Er las ihn mit den Augen des Proklos, dessen *Parmenides-Kommentar* ihm vor Augen lag. Parmenides-Platon-Proklos, das war die Filiation, die den Vorrang des Einen vor dem Vielen und die negative Theologie lehrte. Von Anaxagoras angeregt, aber dessen Schwächen vermeidend, erkannte Platon die Trinität.[44] Dies war nun wiederum die Augustinische Art der Platonismusdeutung, die auf die Logostheorie abzielte. Aber das Cusanische *Unum* sollte zugleich *intellectus* sein; daher sah Cusanus keinen Widerspruch und verband beide Platon-Bilder. Dadurch und durch die Ideenlehre bekam Platon eine hohe Rangstellung. Hinzu kam Platons Kritik an der Schriftlichkeit in der Philosophie. Sie kam Cusanus entgegen. Philosophie lernt man nicht aus Büchern, sondern durch individuelle Anleitung.[45]

Andererseits hat Cusanus Platon auch kritisiert. Es waren vor allem vier Einwände, die Cusanus gegen Platon erhob:

---

[42] G.K. Kaltenbrunner, Dionysius vom Areopag. Das Unergründliche, die Engel und das Eine, Zug 1996.
[43] ib. n. 42, 15–19 p. 49.
[44] ib. n. 35, 4 p. 39–37, 11 p. 42; n. 39, 1–5 p. 44.
[45] ib. n. 72, 1–3 p. 84s.

Erstens: Platons Denken war dualistisch geblieben. Er hatte den Gegensatz von Idee und Stoff nicht in einem dritten Prinzip überwinden können. Er hat – mit und nach Anaxagoras – die Trinitätsphilosophie begründet, aber nicht konsequent ausführen können.[46]

Zweitens hat er die Gegenstände der Mathematik hypostasiert. Er sah nicht, daß sie ihr wahreres Sein nicht in sich selbst, sondern im menschlichen Geist haben. Er hat sie in einer ideenhaften Schein-Objektivität aufgestellt, d.h. er hat sie abgelöst von der begründenden Kraft unseres Geistes.[47]

Drittens hat er die Größe des Menschengeistes unterschätzt. Aber diese Schwäche teilte er mit der ganzen bisherigen Philosophie: Weder Platon noch irgendein anderer Autor hat bisher die Wahrheit des Protagoras-Satzes eingesehen, daß der Mensch das Maß aller Dinge sei. Damit hing auch die falsche Philosophie der mathematischen Inhalte zusammen.[48]

Viertens verkannte Platon die Freiheit des ersten Prinzips. Sein Gott ist Notwendigkeit, nicht Freiheit. Auch diesen Fehler teile er mit der gesamten antiken Philosophie, insbesondere mit Aristoteles. Beide glaubten, der weltbegründende Intellekt erstelle die Welt aus Naturnotwendigkeit. Und dies war die Quelle aller ihrer Irrtümer. Zwar sei das Erschaffen in Gott kein hinzukommendes Akzidens, aber wenn es auch das göttliche Wesen selbst sei, sei es doch kein Naturvorgang.[49] Weil sie die intelligente Finalisierung der gesamten Welteinrichtung auf die menschliche Erkenntnis hin nicht erkannt haben, konnten sie die subjektive Wende, die ihre Philosophie forderte, nicht vollziehen.

Cusanus berichtet, er habe sich beim Studium dieser großen Philosophen, Platon und Aristoteles, gewundert: Zuerst tadelten sie den Anaxagoras, er habe aus seinem Nus als Prinzip der Welterklärung keine Konsequenzen gezogen, und dann verfielen sie in denselben Fehler wie er; sie forderten zwar im Prinzip eine geistphilosophische Welterklärung, führten sie aber nicht konsequent durch. Sie fielen in denselben Naturmechanismus zurück, den sie an Anaxagoras zurecht getadelt hätten.[50]

De beryllo ist für die Selbsteinordnung der Cusanischen Philosophie

---

[46] ib. n. 42 ganz p. 48–49.
[47] ib. n. 56, 16–26 p. 64.
[48] ib. n. 55, 6–7 p. 62.
[49] ib. n. 38 p. 43–44.
[50] ib. n. 67, 5–9 p. 78.

ein entscheidendes Dokument. Hier sagt Cusanus zum ersten Mal ohne Versteckspiel, wie er seine Philosophie interpretiert sehen will. Der Sache nach sagt er: Ich bin weder Platoniker noch Aristoteliker. Ich setze die geistphilosophischen Ansätze konsequent fort, die Anaxagoras, Platon und Aristoteles begonnen, aber nicht durchgeführt haben. Ich sehe einen prinzipiellen Gegensatz zwischen mir und allen bisherigen Philosophen in der Frage der Größe des Menschengeistes und in der Beurteilung des Protagoras. Ich zeige euch, wie ihr den Dualismus überwinden könnt, der sowohl in der Zweiheit von Idee und Stoff wie in der aristotelischen Prinzipienlehre zurückblieb.

Es wäre die Aufgabe eines heutigen Cusanuslesers, diese Platonkritik an Platons Texten zu überprüfen, an denen sie, wie ich finde, in mancher Hinsicht vorbeigeht. Ich kann dies hier nicht ausführen; es genüge, davor zu warnen, diese oder jede andere Platonkritik einfach nachzusprechen.

7. Cusanus und Aristoteles

Diese Ankündigungen werden deutlicher, wenn wir jetzt das Verhältnis zu Aristoteles in *De beryllo* betrachten. Darstellung und Kritik des Aristoteles erfolgen in dieser Schrift genauer und prägnanter als in allen vorhergehenden Texten. Cusanus ist jetzt mit sich ins Reine gekommen; er hat Aristoteles erneut studiert und bezeichnet jetzt scharf Größe und Mängel des „Meisters derer, die wissen". Die Diskussion des Cusanus mit Aristoteles in *De beryllo* ist eines der bedeutendsten und differenziertesten Textstücke der älteren philosophischen Literatur. Beginnen wir, leise intonierend, mit den Vorzügen, die der Stagirite in den Augen des Cusanus von 1458 besitzt:

Aristoteles, wie Cusanus ihn sah, hat richtig erfaßt, daß alle Menschen von Natur aus nach Wissen verlangen und darin ihre Glückseligkeit finden.[51] Cusanus sah Aristoteles zu dessen Vorteil noch im Bann der Philosophie des Parmenides. Aristoteles habe daher richtig gesehen, daß alles *ein* Prinzip hat und daß in diesem Prinzip alles eingefaltet enthalten ist.[52] Für diese Einheitsphilosophie gebrauche Aristoteles, Platon folgend, das schöne Gleichnisbild (*aenigma*) der Sonne.[53] Cusanus sah, wie erwähnt,

---

[51] ib. n. 64, 3–7 p. 75.
[52] ib. n. 39, 5 p. 44.
[53] ib. n. 27, 1–2 p. 30.

Platon und Aristoteles darin übereinstimmen, daß sie als Nachfolger des Anaxagoras intellekttheoretisch philosophierten und insofern Trinitäts-philosophie trieben. Aristoteles habe seine *Metaphysik* selbst als *Theologia* bezeichnet und habe darin vieles bewiesen, was mit der Wahrheit übereinstimme: Daß alles ein einziges Prinzip habe, daß dieses Prinzip der Intellekt sei, der alle seine Möglichkeiten immer verwirklicht habe, der völlig *in actu* sei, der sich selbst erkenne und der darin seine Glückseligkeit finde. Dies sagten die christlichen Theologen auch, lehrten sie doch, aus dem göttlichen Wesen gehe aufgrund seiner Selbsterkenntnis eine wesensgleiche Ähnlichkeit hervor.[54]

Ich fasse dies zu einem vorläufigen Gesamtbild zusammen: Cusanus sah Aristoteles als einen Platoniker, der wie Platon die Einheitsphilosophie des Parmenides fortsetzte, durch die Intellektphilosophie des Anaxagoras vertiefte und wie Platon schloß: Wo es eine abgestufte Vollkommenheit irgendwelcher Art gibt, da müssen wir von ihrem Mehr oder Weniger, von ihrem *magis* und *minus*, als von den Teilhabenden niederer Intensität zu deren Prinzip zurückgehen, in dem alle Vollkommenheiten dieser Art enthalten sind.[55] Cusanus drückt das diplomatisch-schonend aus und schreibt: Der Beryll blieb dem Aristoteles nicht völlig verborgen. *Nec hic modus berylli penitus fuit absconditus Aristoteli.* Das heißt: Aristoteles schloß zwar, trotz seiner Polemik gegen den Begriff der „Teilhabe", von den niederen Graden einer Vollkommenheit auf deren Maximum; er vollzog die von Parmenides gelehrte Reduktion des Vielen auf das Eine, aber die Identität des Maximum mit dem Minimum blieb ihm verborgen. Der Satz vom zu vermeidenden Widerspruch hat ihn vom Koinzidenzdenken abgehalten und ihm dadurch den weiteren Weg abgeschnitten. Zudem hat er wie Platon die Naturnotwendigkeit an den Anfang des Weltprozesses gesetzt und deshalb die Intentionalität der Weltdinge und ihren immanenten Bezug auf unsere Erkenntnis verkannt.[56] Dadurch wurden die Dinge für den Intellekt opak, oder ihre Korrespondenz zum Denken erschien als zufällig. Damit hängt zusammen, daß Aristoteles in seiner verfehlten Polemik gegen den Sophisten Protagoras die Größe des menschlichen Geistes unterschätzt hat.[57] Der Menschengeist müßte, ginge es konsequent aristotelisch zu, besorgt sein, ob und wie er sich der zufälligen Konstella-

---

[54] ib. n. 39, 5–12 p. 44–45.
[55] ib. n. 28, 8–15 p. 32.
[56] ib. n. 38, 1–3 p. 43, vgl. n. 68 ganz p. 78–79.
[57] ib. n. 55, 6–7 p. 62.

tion der undurchsichtig gewordenen Naturdinge versichern könnte; er könnte seiner Korrespondenz mit den Sachen nicht sicher sein; er müßte sich ihnen nachträglich anzupassen suchen. Dies sind erhebliche Konfliktflächen. Sie werden nicht dadurch geringer, daß Cusanus anerkennt, Aristoteles habe recht, wenn er behaupte, ohne Steine könne man keine Häuser bauen, materielle Dinge bestünden auch aus Stoff.[58]

Dennoch ist es eindrucksvoll zu sehen, wie Cusanus ein einfaches Ja oder Nein zur Philosophie des Aristoteles vermeidet. Er ist auch nicht damit zufrieden, Aristoteles nur als Denker des Verstandes zu charakterisieren. Er will ihm folgen, so weit es nur möglich ist, um dann über ihn hinauszugehen. Er zitiert anerkennend die *intellectus*-Theorie, betont ihre Entsprechung zur Logostheorie der christlichen Denker, fährt dann aber fort: Willst du in der Erkenntnis dieses Prinzips so weit kommen, wie es Menschen überhaupt möglich ist, dann brauchst du den Beryll, der dich anhält, im Minimum und im Maximum der *Prinzipiierten* die wahre Natur des *Prinzips* zu erfassen. Dann wirst du in diesem Prinzip die Trinität finden, die der Grund aller dreieinen Geschöpfe ist. Er, Cusanus, sehe die Dreieinheit in jedem Wesen und spreche vom *quo est*, vom *quid est* und von der Verbindung beider. *Quo est* ist das formale Prinzip in jedem Ding, *quid est* das konkrete Subjekt in der Einheit von Stoff und Form, *nexus* ist die Verbindung beider, die ein eigenes substantielles Prinzip wie Stoff und Form sei.

Diese Dreiergruppe soll sich in allen Wesen, geschaffenen wie ungeschaffenen, finden. Es geht um ein allgemein-ontologisches Gesetz. Dieser Ternar, angelegt bei Boethius, findet sich bei Albert, der in seinem Kommentar zu *De divinis nominibus* zwischen *quo est* und *quod est* unterscheidet, vom *nexus* aber nicht redet. Es ist die lullistische Weltansicht, die Cusanus im eigenen Namen vorträgt.[59] Sie untersucht die Dinge der sinnlichen Welt und findet in ihnen die Wesensform, den Stoff und das Kompositum, versteht aber unter „Kompositum" nicht das fertige Ding, sondern die Zusammenfügung oder den *nexus,* also ein eigenes substantiales Prinzip wie die Wesensform.

Damit sind wir wieder bei Aristoteles. Er kennt nur Form und Stoff als Wesensgründe sinnlicher Dinge. Cusanus anerkennt, Aristoteles habe

---

[58] ib. n. 56, 8–15 p. 63–64.
[59] ib. n. 39, 18–19 p. 45: *Et attende me in simplici conceptu principiati trinitatem unitatis essentiae exprimere per „quo est" et „quid est" et „nexum".*

seinen Prinzipiendualismus gefunden, indem er die Ansichten seiner Vorgänger über die Prinzipien harmonisiert habe. Dies ist im Blick auf das
erste Buch der *Metaphysik* und auch im Blick auf Buch Alpha der *Physik*
korrekt, und Cusanus hat es nicht als Kritik vorgetragen. Cusanus gesteht
weiter zu, Aristoteles sei ein überaus scharfsichtiger Forscher gewesen,
aber er – wie alle anderen Philosophen – habe vor allem in *einem* Punkt
versagt. Sie hätten erkannt, daß die Prinzipien gegensätzlich einander
gegenüberstehen. Sie hätten aber gemeint, es bedürfe keines dritten Prinzips, wie der Verbindung oder des *nexus*, weil sie es für ausgeschlossen
hielten, daß die entgegengesetzten Prinzipien eines Dinges in einem
dritten Prinzip zusammenfallen könnten, da sie sich ja gegenseitig aus-
schlössen. So folgere denn Aristoteles aus dem Grundsatz, daß widersprechende Sätze nicht zugleich wahr sein könnten, Entgegengesetztes
könne nicht zusammen existieren.[60] Der Prinzipiendualismus ist eine Folge der Realsetzung des Satzes vom ausgeschlossenen Dritten. Insofern
gesteht Cusanus Aristoteles Konsequenz zu. Er selbst folgert aus der
Zulassung widersprechender Sätze eine neue Drei-Prinzipien-Physik; er
teilt also mit der älteren Philosophie die Ansicht, der Satz vom Widerspruch präjudiziere die Prinzipientheorie der Physik.

Cusanus hat seine Kritik nicht auf Aristoteles allein beschränkt. Aristoteles hat nur den Grundsatz am klarsten ausgesprochen, den alle anderen Denker teilten. Schon in dem Brief vom 14. September 1453 hatte
Cusanus behauptet, die Nichtzulassung widersprechender Sätze sei der
gemeinsame Grundsatz der gesamten Philosophie, *principium commune
tocius philosophie*. Kein einziger Philosoph hat die Koinzidenz erkannt,
nullus philosophorum. Nur der einzige Dionysius, und auch dieser nur in
der *Theologia Mystica*. Und auch dort fällt nicht das Wort „Koinzidenz";
es findet sich kein Bezug auf den Satz vom Widerspruch. Wenn Cusanus
in Randbemerkungen zur *Theologia Platonis* notiert hat, sie handle *de
coincidentia contrariorum in uno*[61], so ist von den *contraria*, nicht von Widerspruch die Rede, und Cusanus macht auf eine von Parmenides-Platon-
Proklos nicht bemerkte oder nicht zugelassene Konsequenz aufmerksam;
er sagt nicht, Proklos habe die Koinzidenztheorie *ausgesprochen*. Er bleibt
dabei, *alle* hätten versagt. Dies ist wichtig, um seine Stellung zur Tradition

---

[60] ib. n. 40, 1–10 p. 46.
[61] Marginalien 2 Proclus Latinus. 2. 1 *Theologia Platonis*, ed. H.G. Senger (wie oben Anm.)
Nr. 302 p. 97.

richtig einzuschätzen. Wir müssen *contraria* und *contradictoria* unterscheiden. Wir müssen auseinanderhalten, ob vom Einen behauptet wird, von ihm seien alle, *auch entgegengesetzte* Sätze *fernzuhalten*, oder ob Cusanus behauptet, nur durch die Brille der Koinzidenz würde das Eine richtig erfaßt. Daß das Eine *vor allen gegensätzlichen* Behauptungen steht und daß *contraria* zusammenfallen, das macht noch nicht die spezifisch Cusanische Lehre aus, für die er immer die Urheberschaft beansprucht hat; das hatten manche Denker der Tradition zugelassen. Daß kontradiktorische Sätze ohne Distinktionen zugleich wahr sein könnten, das schloß das gemeinsame Prinzip aller Philosophen aus, auch wenn Cusanus sie dabei nicht immer für konsequent hielt.[62] Das charakterisiert den Cusanischen Umgang mit der antiken Tradition in unserem Entwicklungsstadium, daß Cusanus zeigen will, wie nahe die antiken Philosophen an die Wahrheit herangekommen sind, auch wenn sie zuletzt alle versagt haben. Aristoteles sah die Kontrarietät der Wesensprinzipien desselben Naturdings; er war also auch nahe an der Koinzidenz. Daher fährt Cusanus fort: Unser Beryll hilft uns, schärfer zu sehen. Er zeigt uns, wie die gegensätzlichen Wesensgründe im Verknüpfungsprinzip koexistieren, bevor sie zu ihrer Gegensätzlichkeit auseinandertreten, *antequam sint duo contradictoria*. Dafür bringt Cusanus eine Reihe von Naturbeispielen: Die kleinste Wärme und die kleinste Kälte, das Minimum an Langsamkeit und das Minimum an Schnelligkeit fallen zusammen. Cusanus bringt auch zwei Beispiele aus der Geometrie: Das Minimum an Kreisbogen und das Minimum an Sekante fallen zusammen. Dieses Beispiel, schreibt Cusanus, habe er in seiner Schrift *De mathematica perfectione* ausgeführt. Da diese Schrift erst im Oktober 1458 in Rom vollendet wurde, muß sich Cusanus hier auf einen Entwurf zu ihr beziehen. Im rechten Winkel, fährt er fort, fallen das Minimum des spitzen Winkels und das Minimum des stumpfen Winkels zusammen. Bevor sie als spitzer und stumpfer Winkel auseinandertreten in ihre Gegensätzlichkeit, sind sie im rechten Winkel zusammen. Und so sei es mit dem gesuchten dritten Wesensgrund aller Körperdinge, mit dem immanenten Verbindungsprinzip.[63]

---

[62] Zum Beispiel mit seiner Marginalie 46 in: Marginalien. 2. Proclus latinus. 2.2. *Expositio in Parmenidem Platonis*, ed. K. Bormann, p. 20. Er sagt nicht, Proklos habe *contradictiones* zugleich zugelassen, sondern der Sinn ist: hier mußte Proklos, *ohne es zu sehen*, die Koinzidenz zugeben. Ich verweise auf die wertvollen Texte zur Vorgeschichte der Koinzidenz und deren Diskussion in h XI 1 p. 93–100, der ich mit der angedeuteten Modifikation zustimme.
[63] *De beryllo* n. 47, 1–12 p. 47.

Für uns ist dieser Text von ungewöhnlichem Wert. Er belegt zunächst einmal den Zusammenhang zwischen der Neufassung der Koinzidenzlehre und der neuartigen Philosophie der Geometrie im Sinne des Übergangs zur Infinitesimalanalyse; denn daß die hier skizzierte Analyse der Winkel sich von der Zerdehnung der geometrischen Figuren in *De docta ignorantia* scharf absetzt, liegt auf der Hand. Der Text zeigt vor allem, wie Cusanus 1458 die Koinzidenztheorie verstanden wissen wollte. Sie betrifft nicht nur die philosophische Theologie. Sie ist der universale heuristische Grundsatz, in allen Dingen (nicht nur in „Gott" oder im Intellekt), also auch in der Natur das Zugleich von Gegensätzen zu beachten, die in einem dritten Prinzip zusammen sind, bevor sie als Gegensätze auseinandertreten. Der Diskussionszusammenhang ist die *Physik* des Aristoteles: Er war nahe daran, das Wahre zu finden, hat es aber – wie alle – verfehlt. Cusanus entwickelt in der Aristoteleskritik die Grundzüge einer neuen Naturphilosophie. Dies, und nicht nur die Experimente mit der Waage, sicherte ihm Aktualität, als es gegen 1600 um eine neue Physik ging. Gegen die einseitige Theologisierung der Koinzidenzlehre ließ sich Cusanus in n. 41, 1–5 p. 47 zitieren: Der Beryll bewirkt, daß wir die Gegensätze im Verbindungsprinzip, *in principio conexivo*, sehen, wie sie vor ihrer Zweiheit existieren, zum Beispiel bei den Minima konträrer Eigenschaften wie warm und kalt, und so sei es in *allen* Dingen, *et ita de omnibus*. Auf die Anwendbarkeit in allen Wissensgebieten kommt es jetzt an, ganz wie es Cusanus in der Einleitung n. 1, 12–14 p. 4 versprochen hatte. Für diese Ausweitungsdiskussion war Aristoteles der geeignete Ausgangspunkt. Deswegen, nicht aus philosophiehistorischen Interessen, diskutierte Cusanus die aristotelische *Physik*.

Cusanus fährt in seiner Aristoteleskritik fort: Aristoteles sprach zwar auch von einem dritten Prinzip der Naturvorgänge, nämlich von der *steresis*, der *privatio* oder *Beraubung*. Auch damit näherte er sich, Cusanus zufolge, der Wahrheit. Aber aus Furcht, er müsse zugeben, zwei Entgegengesetzte seien in demselben, entleerte er dieses Prinzip so sehr, daß es nichts mehr erklärt. Sein drittes Prinzip setzt nichts; es bezeichnet nur eine Abwesenheit. Nachdem Aristoteles diesen wertlosen Erklärungsgrund eingeführt hatte, kam er in der Naturforschung nicht mehr zurecht und führte die Theorie ein, die Naturformen hätten eine ihnen zugeordnete Prädisposition im Stoff. Diese Theorie von der *inchoatio formae* ist zwar, wie wir heute wissen, nicht echt aristotelisch, aber sie fand sich in manchen Kommentaren zur *Physik* des Aristoteles, und Cusanus war daran interessiert, diese Theorie als eine Art Ersatz für sein *nexus*-Prinzip zu deuten.[64] Immer wieder treibt er vorhandene Theorien durch seine Kritik weiter, so daß sie auf seine Koinzidenzlehre zulaufen.

Die Koinzidenzlehre von 1458 betrifft Geometrie und Naturphilosophie; sie beschränkt sich aber nicht auf die Reform der Physik. Von ihr geht Cusanus zur Trinitätsphilosophie über, indem er sagt: Alle Philosophen haben die „dritte Person" der Trinität, den Heiligen Geist, verfehlt. Über den Vater und den Sohn, also den Logos, haben sie vieles Gute gesagt, wie insbesondere Augustinus bezeuge. Der Grund für ihr Schweigen über den Heiligen Geist sei ihre falsche Physik und insbesondere der Mangel eines *nexus*-Prinzips.[65] Cusanus ermahnt uns, in allem auf die Wirklichkeit des dritten Prinzips zu achten: *Oportet te valde haec quae dixi de tertio notare principio.*[66] Anders könnten wir den Idee-Form-Dualismus der gesamten philosophischen Tradition nicht überwinden. Unter deren Prämissen könnten wir das philosophische Problem der *substantia* (hier im Sinne von: *Wesen*) nie lösen. Ein Körper werde geteilt, das Wesen, die *substantia* aber nicht. Das deutsche Wort „Substanz" paßt hier nicht, denn „Substanzen" sind teilbar. Ich kann hier der ausführlichen *Substantia*-Erörterung und der dabei geäußerten Aristoteleskritik nicht weiter nachgehen; ich hebe nur zwei Verdeutlichungen des Aristoteles-Bildes in *De beryllo* hervor:

Cusanus anerkennt, Aristoteles habe in der *Politik* das richtige Vorgehen beschrieben. Er habe nämlich gesagt, er wolle, um die Natur des Maximum, nämlich der Polis, zu erforschen, mit dem Minimum, nämlich der Familie, beginnen. Da habe Aristoteles eine ausgezeichnete Regel aufgestellt: Wer die Maxima erforschen will, muß sich je an die Minima der Entgegengesetzten wenden. Diesen richtigen Grundsatz habe Aristoteles aber in der *Metaphysik* fallenlassen, weil er dachte, das Krumme und das Gerade, also Kreis und Quadrat, ließen sich nicht ineinander überführen.[67] Cusanus generalisiert das Ergebnis dieser Aristoteleskritik und folgert: Jede Art von Prinzip – nicht nur das Unendliche – hat seine Art von Unteilbarkeit oder Einheit. Teilung und Vielheit findet sich auf Seiten des Prinzipiierten. Prinzipiiertes, das gegensätzlich gebaut ist – und das sind alle Naturdinge –, hat ein einheitlich-unteilbares Prinzip in sich. Mit die-

---

[64] ib. n. 42, 1–10 p. 48.
[65] ib. n. 42, 12–18 p. 48–49.
[66] ib. 43, 1 p. 49.
[67] ib. n. 45, 1–11 p. 51–52.

ser Einsicht könne jeder mit Hilfe des Beryll sich die Wissenschaften aufbauen. Überall gehe es darum, das Prinzip zu erfassen, das *vor* dem Gegensatz steht, und dann die Differenzen zu ermitteln. Denn es gebe bei
allen Wissensformen ein einheitliches Vorgehen: *Unus est enim in omnibus agendi modus.*[68] Ich halte nichts davon, den cartesianischen Begriff
von „Methode" auf die ältere Philosophie anzuwenden. Aber unbeschadet davon ist es eine Tatsache, daß Cusanus ein *Universalverfahren*
glaubte gefunden zu haben. Seine „Brille", glaubte er, zeige überall den
richtigen Weg. Er zeigt dies zunächst durch einen kurzen Ausblick in die
Theologie: Wir könnten mit Hilfe des Beryll dem „großen Dionysius"
nacheifern, der Gott viele Namen gebe. Wir könnten dieses Verfahren
nach Belieben ausdehnen und zum Prinzip jedes Gottsnamens vordringen. Alles, was menschlicherweise erkennbar sei, lasse sich auf diese Weise finden.[69] Wir kennen diese Art großer Versprechen schon. Sie sind kein
einmaliger Fall von Unbescheidenheit, sondern die Deklaration einer
Generalwissenschaft mit sicherem Erfolg: Alles, was menschenmöglich
ist, leistet der Beryll. Cusanus geht sofort weiter zum Gebiet der Naturphilosophie – der Kontext ist immer noch die Aristoteleskritik – und
entwirft das Programm einer koinzidentalen Physik. Was sehen wir mit
Hilfe des Berylls, wenn wir ein Naturding untersuchen? Wir sehen es
dann mit Hilfe einer Maximal- und zugleich Minimalbetrachtung, *per
maximum pariter et minimum.* Cusanus denkt in den Kategorien der vor-
cartesianischen Physik und unterstellt, ein Naturding zeige entgegengesetzte Qualitäten, also zum Beispiel Warm und Kalt. Die Anwendung
des Beryll besteht dann im gedanklichen Konstruieren einer maximalen
und minimalen Wärme. Das Prinzip der Wärme ist – wie jedes Prinzip –
einheitlich; es geht jeder Teilung voraus. Es ist weder warm noch kalt.
Denn ein Prinzip ist das Nichts der Prinzipiierten. Das Prinzip der Wärme ist nicht warm. Nicht-Wärme ist aber Kälte. Also sehe ich im Prinzip
der Wärme deren Gegensatz, und so ist es bei allen Entgegengesetzten,
ita de contrariis aliis. Ich empfehle, immer solche Ausweitungsformeln
zu beachten; sie deklarieren den Anspruch eines universalen Forschungs-
verfahrens. Das Ergebnis in unserem Beispiel ist: Wir sehen in *einem* der
Gegensatzpaare das Prinzip dieses Entgegensetzten *und seines Gegenteils.* Daraus werde verständlich, warum es in der Natur kreisartige

---

[68] ib. n. 45, 18 p. 52.
[69] ib.n. 46, 1–4 p. 52–53.

Umwandlungen und einen gemeinsamen Träger entgegengesetzter Bestimmungen gebe.[70] So könne Passives zu Aktivem, Nehmendes zu Gebendem werden. Dies erkläre das Ineinander von Rezeptivität und Aktivität bei der Sinneswahrnehmung: Die Sinne erleiden eine Einwirkung durch das Erkenntnisbild (*species*) des Objekts, aber sie gehen dadurch in ihre seelische Aktivität über und nehmen actu wahr.

Cusanus eröffnet dann ab n. 48 bis n. 54 eine längere Auseinandersetzung mit den sog. Substanzbüchern der *Metaphysik* des Aristoteles, also die Bücher VII bis IX. Ich hebe aus der komplizierten Debatte nur den zweiten Zug des Aristoteles-Bildes hervor, den ich angekündigt habe. Cusanus entdeckt hier Aristoteles als Aporetiker. Die Frage, was das Seiende und was die *usia*, also die *substantia*, sei, sei immer gestellt worden und werde immer gestellt. Cusanus beschreibt die Erörterungen des Aristoteles als ein Hin- und Herlaufen: Die Materie ist die gesuchte *usia* nicht, die Form aber auch nicht. Höchstens die Form, die das Compositum aktuiert und formt und die er als solche das Wesenswas, das *quod erat esse,* nennt und die er *species* nennt, sofern er sie getrennt betrachtet.[71] Hier zeigt sich der Zusammenhang von *substantia*-Untersuchung und *species*-Problem; beidesmal geht es um die Frage, was das Seiende sei. Cusanus arbeitet im einzelnen die Verlegenheiten heraus, in denen sich Aristoteles als Erforscher des Wesens oder der Substanz oder des *quod erat esse* befindet. „Er weiß nicht, woher es kommt und worin es subsistiert, ob es selbst das Eine ist oder das Seiende, ob es Gattung ist oder Idee". Er kann die Beziehung des Wesens zum Stoff nicht wirklich bestimmen und kann das Universalienproblem nicht entscheidend klären. Seine Auseinandersetzung mit der Ideenlehre Platons ist zu keinem klaren Endpunkt gekommen: Viele scharfsinnige Erörterungen ohne Ergebnis: *Per talia multa subtilissime discurrit nec se plene, ut videtur, figere potuit propter dubium specierum et idearum.*[72] Diese Kritik an Aristoteles war geschichtlich eine einschneidende Neuerung: Aus dem Meister derer, die wissen, wird ein Suchender, der nichts Definitives finden konnte, weil er den Beryll nicht besaß, weil er in der Ideenlehre nicht klar sah und weil er den ganzen Weltprozeß als Naturnotwendigkeit dachte, obwohl er doch behauptete, alles hänge am weltbegründenden Intellekt. In der wissenschaftspolitischen Situation der Jahrhundertmitte bedeutete dies: Es

---

[70] ib. n. 46, 6–15 p. 53.
[71] ib. 48, 1–20 p. 54–55.
[72] ib. n. 50, 1–2 p. 57.

ist nützlich, Aristoteles zu studieren. Aber es muß aus dem Abstand geschehen, der uns zuwächst, wenn wir sehen, wie Aristoteles sich vergeblich abgemüht hat. Durch bloßes Kommentieren, durch Klarstellen seiner Aussagen können wir das Wahre unmöglich finden. Erst wenn wir eine neue Gesamtkonzeption des Wissens gewonnen haben, können wir auch aus Aristoteles Nutzen ziehen. Bis dahin steigert er nur die Verwirrung.

Dies war neu in *De beryllo*: Cusanus war näher am Text des Aristoteles als je zuvor. Er wollte Größe und Grenze dieser Autorität exakt bestimmen und offen aussprechen. Nicht ohne Sympathie entdeckte er den Aporetiker Aristoteles, verschwieg aber nicht, daß Aristoteles als Führer zeitgemäßer Studien nicht mehr in Frage kam. Es sei denn insofern, als man an dessen scharfsinnigen Analysen lernen konnte, wie man es anders machen mußte. Für uns, im Rückblick, ist dies auch nur die halbe Wahrheit: Cusanus überschaute nicht ganz den Einfluß, den Aristoteles auch in den Cusanischen Distanzierungsbemühungen noch behielt. Sein philosophisches Instrumentarium war doch weitgehend aristotelisch: *ens* und *substantia, genus* und *species, materia* und *forma, intellectus* und *separatio*, das war immer noch die Terminologie des Aristoteles. Sie war freilich auch in den Texten der Neuplatoniker heimisch geworden, Augustin hatte sie in entscheidenden Passagen adoptiert. Cusanus konnte ihr nicht entgehen. Ein distanzierter Beobachter von heute muß von Cusanus sagen, was dieser von Aristoteles gesagt hatte: Er konnte sich nicht völlig klar entschließen, weil er die Auseinandersetzung mit Aristoteles nicht zu einem abschließenden Ergebnis gebracht hatte. Wir werden sehen, daß Cusanus selbst den Eindruck hatte, er müsse das Thema noch weiter vertiefen. Die Auseinandersetzung mit Aristoteles war noch nicht abgeschlossen.

7. Cusanus und Albertus Magnus

Die Aristotelesdiskussion nimmt in *De beryllo* nicht nur breiten Raum ein; sie bedeutet, philosophisch gesehen, dessen Höhepunkt. Die entscheidenden Beurteilungsgesichtspunkte des Cusanus stammen aber nicht von Aristoteles; sie kommen von den Texten her, die Cusanus beim Schreiben des Beryll ständig vor Augen hatte – vom Parmeniskommentar des Proklos, von Dionysius und von Alberts Kommentar zu *De divinis nominibus.* Von Proklos und Dionysius war bislang mehrfach die Rede; ich muß, um den Traditionsbezug des Beryll klarzustellen, noch ein Wort zu Albert sagen. Alberts Werk ist riesig; ich beziehe mich hier nur auf den Dionysiuskommentar. Wie die gelehrten Herausgeber im Quellenapparat nachweisen, hat Cusanus ihn nicht nur im Blick auf Dionysius benutzt; er entnahm ihm Hinweise auch zu anderen Philosophen. Fast immer, wenn Cusanus einen Philosophennamen nennt, ist es notwendig, einen Blick in Alberts Kommentar zu werfen. Cusanus hat dessen Text geradezu in seinen eigenen hineingeschoben.[73] Selbst für Gedanken und Bildmotive, die längst zum Cusanischen Grundbestand gehörten – wie die Geradheit, *rectitudo* als *aenigma*[74] – erscheint jetzt Albert als Autorität. Der Rückschluß vom Vielen auf das eine Prinzip, selbst die klassisch neuplatonische Abfolge von *unum, intelligentia, ratio, sensus,* all dies verbindet Cusanus jetzt auch mit dem Namen des Dionysiusinterpreten Albert.[75] Cusanus erwähnt in *De beryllo* keinen einzigen mittelalterlichen christlichen Philosophen außer Albert. Er zitiert Avicebron, Avicenna und Averroes, übrigens durchweg im Anschluß an Albert, aber keinen Bonaventura und keinen Thomas von Aquino, keinen Bernhard und keinen Johannes Duns Scotus. Dagegen immer wieder Parmenides-Platon-Proklos. Derartige Nennungen und erst recht die Nicht-Nennungen waren ideenpolitische Signale. Der Kardinal sagte damit, wie er sich die Erneuerung des christlichen Denkens dachte. Sie bestand nicht in einer Albert-Renaissance. Mit dem zeitgenössischen Albertismus wollte Cusanus nicht verwechselt werden, und dies hat er schroff bezeichnet. Er sprach von allen bisherigen Philosophen, als er schrieb: *Ihnen allen, so viele ich ihrer auch sah, fehlte der Beryll.*[76] Sie hielten sich an das gemeinsame Prinzip aller bisherigen Philosophie, an den Satz vom auszuschließenden Widerspruch. Sie alle – der „große Dionysius" an einigen Stellen seiner Werke immer ausgenommen. Aber die Kommentatoren des Dionysius – und hier ist an Albert zu denken – legten die koinzidentalen Aussagen des Dionysius disjunktiv aus. Sie wollten den Widerspruch vermeiden und brachten Unterscheidungen an, die in der unendlich einfachen Einheit keinen Anhalt haben.[77] Cusanus spricht mit Pathos: Es ist

[73] Vgl. ib. n. 30, 9–18 p. 34.
[74] ib. n. 27, 5–13 p. 30–31.
[75] ib. n. 29, 1–30, 18 p. 32–34.
[76] ib. n. 32, 1 p. 35.
[77] ib. n. 32, 21–11 p. 35–36.

etwas Großes, sich fest bei der Verbindung der Gegensätze aufhalten zu können: *Magnum est posse se stabiliter in coniunctione figere oppositorum.* Dann spricht er fast mitleidig-verständnisvoll über die Dionysiuskommentatoren, die sich dessen höchster Einsicht verweigert hätten: Sie sind zurückgeglitten in Verstandesgewohnheiten, aber so gehe es uns Menschen nicht selten. Selbst wenn wir wissen, wir müßten standhalten bei der Vereinigung der Gegensätze, fallen wir in die Disjunktion zurück; wir halten schwache Verstandesgründe schon für Vernunfteinsicht und verlieren so das Beste.

II.
GLEICHHEIT

1. Noch Mathematico-Metaphysik

Wir haben Cusanus auf seiner Fluchtburg in den Dolomiten zurückgelassen, wo er im Sommer 1458 seinen *Beryll* beschrieb. Wir treffen ihn
wieder an in Rom. Dort regierte sein Freund Enea Silvio als Papst Pius II.
Allein schon der Ortswechsel zeigt, welche Diskontinuitäten seine Medi-
tationen in Frage stellten. Aber jetzt ist er den Kampf um Brixen los. Der
Kardinal ist ein Mann der kirchlichen Zentrale. Dies wird die nächsten
fünf Jahre bestimmen, die ihm bis zum Tod noch bleiben.

Seine Schriftstellerei nahm er wieder auf mit einem geometrischen
Traktat. Erneut beschäftigt ihn die Kreisquadratur. Er glaubt, die Lösung
gefunden zu haben und präsentiert sie gleich im Oktober 1458 seinem
Kardinalskollegen Antonio da Cerdania unter dem Titel *De mathematica
perfectione*. Antonio hatte ihn gebeten, ihm mal wieder etwas Neues zu
schicken. Wir sehen, welcher kulturellen Neugier einige Kardinäle der
Jahrhundertmitte fähig waren. Cusanus antwortet, er könne ohnehin
nicht zum Papstpalast kommen; er habe einen kranken Fuß und müsse
für zwei Tage zu Hause bleiben, und so befasse er sich denn wieder mit
der Kreisquadratur, um die Bedeutung von Koinzidenzen (im Plural!) zu
verdeutlichen. Sie seien bislang unbekannt gewesen, aber er wolle sie auch
für theologische Spekulationen empfehlen. Zunächst einmal befasse er
sich mit Mathematik; mit Hilfe seiner Entdeckung ließen sich nämlich
sämtliche mathematischen Probleme lösen: *Omne scibile Mathematicum
ex ipsa... attingitur.*[78] (Schon wieder ein *attingere* im mathematischen
Kontext!) Welchen Wert diese Untersuchungen für die Gotteserkenntnis
hätten, das wisse der Empfänger als herausragender Theologe am besten.
Er, der Autor, spreche hier etwas aus, was die einsichtigsten Autoren zu

---

[78] *De mathematica perfectione*, Opera (Paris 1514) Band II mit der eigenen Folienzählung
des zweiten Teiles von Band 2, fol. 101 r. Beachte auch das: *attingitur*. Cusanus schließt den
Traktat fol. 112 r mit einer ähnlichen Behauptung: *quicquid scibile est humanitus in mathematicis, mea sententia hac via requiritur.*

schreiben sich gefürchtet hätten, *talia quae etiam a doctissimis scribi time-bantur.*[79] Wir kennen das Stichwort *doctissimi* aus dem Brief vom 14. September 1453 und aus *De visione Dei:* Was die neuplatonischen Philosophen nicht erreichten, was man aus Proklos nur gelegentlich herauslesen kann und was selbst Dionysius in seinen Schriften fast immer verschweigt, das will Cusanus darlegen.

Die mathematische Vollkommenheit, *perfectio*, besteht in der Umwandlung des Geraden in das Gekrümmte, des Quadrates in den Kreis. Dieses von vielen vergeblich Gesuchte wolle er, Cusanus, darlegen, und zwar ausgehend von der Einsicht, daß das Minimum der Sekante zusammenfällt mit dem Minimum des Kreisbogens. Dies ist die Minimum-Minimum-Betrachtung, die wir aus dem Programm der koinzidentalen Physik von *De beryllo* kennen. In den einander entgegengesetzten Minima erblicken wir das Prinzip, das diesem Gegensatz enthoben ist und das als das Nichts seiner Prinzipiierten nicht deren Eigenschaften, also auch nicht deren Gegensätzlichkeit, haben kann. Diese neue Forschungsregel macht begreiflich, daß Cusanus jetzt noch einmal das Thema der Kreisquadratur angeht. Johannes Uebinger hat hervorgehoben, wie neu diese Untersuchungsart gegenüber den früheren Cusanischen Versuchen zur Kreisquadratur war: Die Minimum-Minimum-Analyse ist nicht zu verwechseln mit der Mathematiksymbolik von *De docta ignorantia*; sie stellt ein *inner-geometrisches* Verfahren dar. Zugleich zeigt sich, was er unter *visus intellectualis* versteht, wenn er sagt, es bedürfe der intellektuellen Anschauung, eben des *visus intellectualis*, um den Zusammenfall des kleinsten Kreisbogens mit der minimalen Sekante zu *sehen*.

Ich kann den mathematikhistorischen Wert der kleinen Schrift nicht beurteilen. Ich hebe nur noch hervor, daß Cusanus sie mit ausdrücklichem Originalitätsbewußtsein vorträgt; *magna et prius intacta.*[80] So ist er seit *De docta ignorantia* aufgetreten, und alle noch so fleißig aufgelesenen Quellennachweise können dieses Neuheitsbewußtsein nicht dementieren. Cusanus hat vermutlich seine Neuerung überschätzt; er selbst hegte die Befürchtung, es sei so. Im Prolog an Antonio spricht er sie aus: *secreta quae mihi pretiosiora fortassis videntur quam existant.*[81] Das hat ihn nicht

---

[79] ib. fol. 101 r.
[80] ib. fol. 102 v.
[81] ib. fol. 101 r.

gehindert, abfällig von Archimedes und dessen Quadraturtheorie zu sprechen: *Archimedes hat von Mathematik nichts verstanden. Nihil de arte tetigit.*[82] Trotzdem blieb Archimedes sein Bezugspunkt; andere Namen, zum Beispiel derjenige Lulls, dem Cusanus viel verdankt, werden nicht genannt. Cusanus wollte an die Größten der Antike nicht nur anknüpfen; er wollte sie übertreffen. Und was sie aus Furcht verschwiegen hätten, das wolle er aussprechen.

2. Ein Schachtelsystem nachgeschickter Erklärungen

Bei seinen Untersuchungen zu Sekante und Kreisbogen sagt Cusanus, was er dabei mit der *visio intellectualis* erfasse, das sei ihre Gleichheit, ihre *aequalitas*.[83] Dies gibt uns einen Vorbegriff vom Cusanischen Konzept der *aequalitas*. Denn Quadrat und Kreis sind nicht identisch; die intellektuale Schau sucht ihre genaue Umwandelbarkeit oder ihre präzise Entsprechung. *Unitas, aequalitas, conexio,* das kennen wir bereits als Grundbegriffe der Trinitätsphilosophie. Bei Augustin finden sie sich in wenig betonter Stellung; Thierry von Chartres hatte sie zusammenhängend entwickelt. „Gott Vater" – das ist der biblische Ausdruck für die Einheit; „Gott Sohn" steht für die Gleichheit mit allem, die diese Einheit als die ideale Vorwegnahme von allem auszeichnet; „Heiliger Geist", das ist die wesenhafte, nicht bloß akzidentelle Verbindung von Einheit und Gleichheit. *Aequalitas*, Gleichheit, das war ein kurzer Ausdruck für die allumfassende Begründungsfunktion des Logos als der Einheit aller besonderen Ideen. Der Ternar *unitas- aequalitas – conexio* war Cusanus vom Anfang seiner Schriftstellerei geläufig: Die unendliche Einheit muß die exakte Gleichheit mit allem sein, weil sie das Wesen jeder einzelnen Sache so festlegt, daß diese weder *über* ihr Maß noch *darunter* gerät. Dies entsprach dem theoretischen Bedürfnis, die Philosophie des einen Prinzips mit der Logostheorie zu verbinden; nur so vernichtete das unendliche Eine nicht die Rationalität, sondern begründete sie. Wir kennen das seit *De docta ignorantia* I 7; wenn Cusanus zwanzig Jahre später, im Juni 1459, einen Traktat über die *aequalitas* schreibt, was wird er Neues sa-

---

[82]   ib. fol. 102 v.
[83]   ib. fol. 111 r 3–4.

gen? Die genetische Betrachtung beruht nicht auf der Erwartung, ein Autor habe jeden Tag etwas Neues gelehrt, aber wenn der Kardinalskollege von Nicolaus *aliquid novi* erwartete, dürfen wir Historiker dies auch. Sehen wir zu.

Die Schrift *De aequalitate* ist im Pariser Druck eingereiht unter die *Sermones*, und Cusanus selbst nennt den Text einmal einen *Sermo*. Insofern sind wir berechtigt, von einem *Sermo* statt von einem Traktat zu sprechen, aber darauf kommt es nicht an. Zu einem *Sermo* paßt, daß ein Schriftwort als Überschrift mitgegeben ist. Es ist wieder einmal der Johannesprolog, diesmal der Vers: *Das Leben war das Licht der Menschen. Vita erat lux hominum.* Die Erklärung erfolgt eher in der Art eines Traktates, der zur Einleitung in die *Sermones* dienen soll. Cusanus erklärt eingangs, er habe dem Empfänger, den er mit seinem Namen „Petrus" nennt – Vansteenberghe, p. 157 und 482 denkt an den Sekretär des Kardinals Peter Wimmer aus Erkelenz, aber es dürfte eher Pietro Balbi (auch: Balbo) aus Pisa sein, der 1462/63 für Cusanus die *Theologia Platonis* übersetzt hat, also mit Cusanus das Interesse für Proklos teilte – versprochen, etwas über *Aequalitas* aufzuschreiben, *aliqua de aequalitate conscribere*, das ihm zur Einführung in die *Sermones theologici* dienen könne. Seine kirchenpolitische Tätigkeit als Legat des apostolischen Stuhles habe ihn bislang davon abgehalten; er hole dies jetzt nach. Die Schrift ist nicht nur ein Lesetext zur Einleitung in die *Sermones*. Sie ist auch eine fortführende Erklärung von *De beryllo*. Cusanus erklärt seinem Freund, was es bedeutet, wenn es in *De beryllo* heiße, der Intellekt *wolle* erkannt werden.[84] Wir blicken hier in ein komplexes System nachgeschickter Erklärungen: *De aequalitate* erklärt *De beryllo*; *De beryllo* aber hatte die Fragen lösen sollen, die den Tegernseern aus *De visione Dei* geblieben waren, vor allem die Frage der Koinzidenz und der *sphaera infinita* (auf letztere Frage, die an die zweite Gottesdefinition im *Buch der XXIV Philosophen* denken läßt, aber zuerst an das zweite Buch von *De docta ignorantia*, war Cusanus nicht eingegangen[85]); *De visione Dei* wiederum hatte ihnen die Augen öffnen sollen für die Koinzidenz, um die Schwierigkeiten zu beheben, die

---

[84] ib. fol. 15 v 11–12.
[85] Zu den Assoziationen des Ausdrucks „*sphaera infinita*" vgl. auch K. Harries, The Infinite Sphere. Comments on the History of a Metaphor, in: Journal of the History of Philosophy 12 (1975) S. 5–S. 15. – Das *Buch der vierundzwanzig Philosophen* edierte F. Hudry, Corpus Christianorum, Continuatio medievalis CXLIII A, Turnhout 1997.

sie mit *De docta ignorantia* hatten. Cusanus hat nie eine geduldige, gar philologische Erklärung von *De docta ignorantia* gegeben; immer war er vorwärtsgeeilt und hatte das Alte mit neuen Theorien erklärt, die ihrerseits nach Klärung verlangten. So entstand ein verschachteltes Textgefüge von Selbsterklärungen, die sowohl die Dynamik des theoretischen Prozesses wie die Verlegenheiten der ersten Leser spiegeln. Doch kommen wir zu *De aequalitate*.

3. Die Andersheit verschwindet

Cusanus beginnt mit einer kurzen Paraphrase des Johannesprologs, den er dahin zusammenfaßt: Das Verbum ist das Sein und das Leben von allem; durch das Verbum gehen wir ins Sein hervor und wird unser Verstand erleuchtet; in ihm erfassen wir unseren Ursprung; in der Erfahrung dieses substantiellen Lichtes werden wir glückselig. Dies wird unser Leben in der jenseitigen Zukunft sein, aber dort wie hier gilt der Grundsatz: Das geistig Erkennende und das Erkannte sind nicht je etwas anderes und verschiedenes, *cum intellectum et intelligens non sint alia et diversa*. Halten wir diese Formulierung fest: *Non alia*. Geistige Erkenntnisinhalte sind Nicht-Andere. Dies hatte *De beryllo* gegen Platon und gegen alle geltend gemacht für die mathematischen Gegenstände, weil wir selbst deren Begründer sind, *quarum nos sumus conditores*.[86] Nun geht Cusanus weiter: Was der Intellekt erkennt, erfaßt er in sich selbst in seinem An-sich, *hoc intelligere est in se, cum intellectum et intelligens non sint alia et diversa*.[87] Damit schlägt *De aequalitate* einen neuen Ton an, der uns beschäftigen muß: Die Andersheit verschwindet in der intellektuellen Erkenntnis. Diese wichtige Neuerung müssen wir präzisieren, doch zunächst spricht Cusanus von der künftigen, jenseitigen Herrlichkeit:

Die Glückseligkeit wird darin bestehen, daß wir unseren ewigen Grund intellektuell „sehen"; wir werden dann das göttliche Verbum und durch es unseren Grund sehen. Erkennender, Erkenntnismittel und Erkenntnisinhalt werden eine Einheit sein.[88] Der Intellekt – immer ist er das Subjekt der Beseligung – wird dann in der Einheit des unendlichen Lichtes leben. Aber Cusanus bemüht sich sofort um eine kirchlich-korrekte

---

[86] *De beryllo* n. 56, 12–26 p. 63–64.
[87] *De aequalitate* fol. 15 r 45–46.
[88] ib. fol. 105 r.

Beschreibung dieser Einheit des Intellekts mit seinem Prinzip: Es wird nicht dieselbe Einheit sein, die das Wort mit dem Vater hat. Der Intellekt und sein Prinzip werden keine Wesenseinheit bilden; sie stehen nicht in einer Substanz-Einheit, nicht *in unitate substantiae.* Cusanus spricht, als wehre er sich gegen den Vorwurf des Eckhartismus; er besteht darauf, kein geschaffener Intellekt könne mit dem ungeschaffenen Intellekt eine Wesenseinheit bilden.[89] Hingegen sei eine Vereinigung der menschlichen Natur mit der menschlichen Natur Jesu möglich, und dies sei der Sinn der Menschwerdung Gottes.

Diese fast scholastische Distinktion ist genauzunehmen: Cusanus war nahe daran, den menschlichen Intellekt das göttliche Prinzip in ihm (dem Intellekt) selbst als in seinem An-Sich entdecken zu lassen. Cusanus hält diesen Gedanken fest, aber er differenziert ihn dahin: Die Einheit des Intellektes mit seinem göttlichen Grund ist nicht von der Art der Einheit des göttlichen Verbum mit seinem Prinzip. Die Differenz zwischen göttlichem und erschaffenem Intellekt müsse gewahrt werden. Aber dies ist nur der Ausgangspunkt der Überlegung; dies ist die Glaubenswahrheit, um deren intellektuelle Durchdringung, d.h., um deren Wissen, es ihm ging. Genau diese rationale Erfassung soll *De aequalitate* leisten. Cusanus nennt die Bedingung, unter der dies allein möglich ist: Dazu genügt nicht der schlichte Glauben, wir müssen vielmehr geübt sein in der Erfassung abgelöster Erkenntnisse und in der Einsicht in die Kräfte unserer Seele, *necesse est ut habeant exercitatum intellectum maxime circa abstractiones et animae nostrae vires.*[90] Vor allem müssen wir den Vorgang der intellektuellen Ablösung, der *absolutio* und der *abstractio,* durchschauen und einen Begriff von der Eigenart des Intellektes erarbeiten, um sichere Einsicht in das Geglaubte zu gewinnen.

Nach dieser Einleitung setzt die Cusanische Argumentation überhaupt erst ein (ab fol 105 v Zeile 10). Sie nimmt Bezug auf *De beryllo,* insbesondere auf die These, der göttliche Intellekt wolle erkannt werden. Wir sahen bereits: In *De beryllo* hatte Cusanus die These aus *De visione Dei* zugespitzt und in konkrete Forschungsanweisungen umgeformt, wonach die Welt erschaffen sei im Hinblick auf die Erkenntnisbedürfnisse der intellektuellen Natur.[91] Jetzt will er erklären, wieso dies wahr sei.

[89] ib. fol. 105 v 1.
[90] ib. 105 v 9–10.
[91] *De visione Dei* c. 25 n. 111, 9–10 p. 264, *De beryllo* n. 64, 14–21 p. 74–75 und n. 65, 12–16 p. 76.

Es sei im doppelten Sinne wahr, führt er aus: Der Intellekt will sowohl sich selbst erkennen als auch von anderen erkannt werden. Er will selbst erkennen, und er will, daß andere erkennen. Denn intellektuelle Erkenntnis ist sein Leben und ist seine Freude. Die Offenbarung bestätige dies, indem sie sage, die reinen Herzens sind, werden Gott schauen. Sehen ist Erkennen, Erkennen ist ein Sehen. Sehen und Gesehenwerden als göttliches Leben, dies war das Thema auch von *De visione Dei*, aber Cusanus erklärt, er wolle die Untersuchung des Sehens noch einmal aufnehmen: *Loquamur igitur de visione, quae cum cognitione hominis coincidit.* Bei dieser Untersuchung wolle er folgende Voraussetzung machen:

Alteritas non potest esse forma. Alterare enim est potius deformare quam formare. Id igitur quod videtur in aliis, potest etiam sine alteritate in se videri, cum alteritas non dederit ei esse. Visus autem qui videt visibile semota omni alteritate in se, videt se non esse aliud a visibili. Se igitur refertur tam ad visum quam visibile, inter quae non cadit alteritas essentiae, sed est identitas. Potest autem aliquid omni alteritate semota videri. Id autem quod sic videtur, omni caret materia.[92]

Ich muß den Text im lateinischen Original geben. Es hängt zu viel an ihm; wir werden sehen, er ist außergewöhnlich wichtig. Zunächst einmal ist klar: Die Prämisse für alles Weitere ist philosophischer Natur. Die Theorie der *alteritas* steht nicht in der Bibel. Die philosophische Einsicht sagt: Andersheit ist kein positives Prinzip; sie ist Prinzip der Deformation, nicht der Gestaltung, und wenn wir uns rein an die *forma* halten, besteht die Erkenntnis in der Überwindung jeder Andersheit. Auch die Cusanische Analyse des intellektuellen Sehens ist philosophisch, nicht theologisch. Sie sagt: Was wir in einem Anderen sehen, sehen wir auch in seinem An-sich. Was wir in einem Anderen sehen, erfassen wir *in seinem An sich auch in uns.* Das geistige Sehen bezieht sich zugleich auf sich selbst wie auf das Gesehene. Cusanus nimmt Motive aus dem dritten Buch *De anima* von Aristoteles auf: Der Erkennende ist das Erkannte. Zugleich sind dies Eckhartsche Überlegungen: Wo die Andersheit wegfällt, wie beim intellektuell Erkannten im Intellekt, da ist Identität. Soeben noch hat Cusanus eine Erklärung abgegeben, die ihn vor dem Vorwurf des Eckhartismus schützen könnte: Der geschaffene Intellekt kann nicht in die Wesenseinheit mit dem ungeschaffenen eingehen. Jetzt

---

[92] *De aequalitate* P II fol. 15 v 18–23.

bewegt Cusanus sich auf aristotelisch-eckhartscher Basis in eine andere Richtung. Ich rede nicht von Widerspruch und nicht von Taktik; ich folge seiner Argumentation: Die Andersheit kommt vom Stoff. Wo kein Stoff ist, da ist der Intellekt mit dem geistig Erkannten identisch. Das ist aristotelisch, entspricht dem zwölften Buch der *Metaphysik*. Daher, fährt Cusanus fort, sind die mathematischen Gegenstände intelligibler als Sinnendinge, und der Intellekt erfaßt sie in sich selbst. Naturformen können wir durch Verallgemeinerung erfassen und dabei die individuelle Materie abstreifen, aber einen Rückbezug auf Stoff haben sie, wie z.B. auch das Menschsein, allemal, denn zum Menschen gehören Fleisch und Knochen, wenn auch nicht *dieses* individuelle Fleisch und *diese* individuellen Knochen. Gut aristotelisch. Aber dann erklärt Cusanus die Erkenntnis des göttlichen Einen: Das absolut Seiende oder das Eine, *ens seu unum absolutum*, können wir noch besser sehen als die mathematischen Gegenstände, denn es ist frei von jeder Art von Quantität und Qualität. Wenn schon die geometrischen Figuren wahrer im Geist gesehen werden als auf der sinnlichen Tafel, dann treffen wir erst recht das absolute Eine im Geist selbst an. Er rede jetzt, sagt Cusanus, von dem Sehen, wie es der höchsten Einfachheit der Seele vorbehalten sei; er rede vom Sehen des Intellektes oder der *mens*. Der Intellekt hat die Kraft, die Andersheit abzuarbeiten; er ist das Beseitigen der *alteritas*.

Cusanus zeigt dies im einzelnen: Von allem, von dem wir sehen, daß es auf je andere Weise im Anderen ist, wissen wir aufgrund dessen, daß es im Intellekt ohne Andersheit ist. *Omne autem quod videtur in alio aliter, videtur per id, quod est in se idem cum anima videntis.*[93] Wir können von Verändertsein im Anderen nur sprechen, weil wir in uns selbst den Identitätsgehalt zuvor erfaßt haben. Cusanus hatte in *De coniecturis* die Konjektur definiert als die Erkenntnis des Wahren in der Andersheit. Jetzt, im Sommer 1459, sagt Cusanus: Wir könnten von Konjektur nicht sprechen, wären wir nicht mit unserem Intellekt über sie hinaus. Cusanus zeigt im Detail, wie die geistige Erkenntnis die Andersheit überwindet. Das gilt auch für die rationale Erkenntnis: Sie sieht, daß das Wahrgenommene im Gesichtssinn anders ist als im Hören. Sie sieht den Sinnengehalt abgewandelt in je anderen Wahrnehmungen, aber sie weiß auch, daß das Wahrgenommene selbst nicht derart zerstreut ist. Der Verstand, die *anima rationalis*, erfaßt, daß das Wahrgenommene ohne die zerstreuende

---

[93] ib. fol 16 r 6–7.

Andersheit in ihm selbst ist. Genauer: Der Verstand sieht, daß *er* selbst
das in den verschiedenen, je anderen Wahrnehmungen Wahr-genommene
ohne Andersheit ist. Dies sind Worte des Cusanus; ich bestehe darauf: *in
se videt sine illa alteritate esse idem cum anima rationali* (fol 16 r 8–9).
Schon der Verstand ist vereinheitlichende Beseitigung der Andersheit;
bereits er bezieht sich in der Wahrnehmung auf sich selbst. Er hat in sich
in Einheit und Identität das, was er draußen in Zerstreutheit und Andersheit anschaut. Dies war in *De beryllo* für die geometrischen Formen
schon erreicht, aber jetzt geht Cusanus weiter. Er setzt noch einmal bei
der Geraden oder vielmehr bei der Geradheit, *rectitudo*, an und sagt: Aufgrund der *rectitudo*, die in ihm selbst ist, sieht der Verstand die immer
abgewandelte, immer ver-änderte *rectitudo*. Aber Cusanus fährt fort: So
sieht er die formende Gestalt im Gestalteten aufgrund der Gestalt, die er
in sich hat, *formam in formatis per formam in se*. Er sieht die Gerechtigkeit in den einzelnen, je anderen Formen von Gerechtem aufgrund der
Gerechtigkeit, die in ihm selbst ist. Und dies gilt, Cusanus zufolge, in
allem: *et generaliter extrinsecum cognoscibile per intrinsecum consubstantiale.*[94] Bei diesem Satz ist auf zweierlei zu achten: Die Rückbeziehung
des Außen auf den inneren Maßstab gilt allgemein, nicht nur in der Geometrie. *Generaliter.* Es geht hier nicht um eine theologische These,
sondern um eine Theorie des vernünftigen Betrachtens der Welt. Wir
beziehen ganz allgemein die immer anders auftretende Welt auf innere
Maßstäbe. Und damit berühre ich den zweiten wesentlichen Punkt: Die
Maßstäbe sind weder im jenseitigen Himmel noch in einem rein abstrakten An-sich. Sie sind in uns. Die Gerechtigkeit ist ebenso in uns, wie es,
De beryllo zufolge, der wahre Kreis ist. Cusanus sagt das pointiert: Der
Maßstab ist das Innere, das Wesensgleiche, das *Consubstantiale. Consubstantialis,* das ist eine dogmatische Formel; sie erkärt den Logos als dem
Vater wesensgleich. Cusanus wandelt ihre Bedeutung dahin ab: Unser
Denken ist in sich fruchtbar und erzeugt aus sich ein wesensgleiches
Wort. Dieses Wort ist dem Intellekt wesensgleich und ist das genaue Maß
alles Außenerfahrenen. Es ist die Gleichheit mit allem. Der Intellekt ist
das Zugrundeliegende. Aber erzeugte er nicht aus sich eine Idealwelt, aufgrund deren wir das Außengesehene erkennen und bewerten könnten,
dann bliebe er steril; er bliebe sich und anderen unbekannt. Er will aber
erkennen, und er will erkannt werden. Deswegen erzeugt er ein wesens-

[94] ib. fol. 16 r 7–12.

gleiches Wort, das die genaue Entsprechung – und in diesem Sinne: *aequalitas,* Gleichheit – zum Erkannten ist. Cusanus erklärt also das Erkennen- und Erkanntseinwollen des Intellekts aus *De beryllo* mit Hilfe einer trinitätsphilosophischen Intellekttheorie. Der Intellekt geht aus sich heraus, und indem er das Draußen geistig erkennt, erkennt er es in seiner Nicht-Andersheit als sein eigenes Wesen. Er schließt sich auf dem Erkenntnisweg mit sich zusammen, nein, er ist der wesensgleiche Zusammenschluß mit sich.

4. Trinität und Syllogismus

Dies will Cusanus noch genauer zeigen. Die Drei-Phasen-Struktur muß sich in jeder geistigen Tätigkeit des Menschen zeigen, wenn die Welt auf das Sich-Zeigen des Intellektes hin gebaut ist. Cusanus erläutert dieses Projekt am rationalen Vorgehen eines Syllogismus, denn auch im Verstand leuchtet der Intellekt wider, *relucet.* Nehmen wir also an, die Seele wolle sich syllogistisch vergewissern, daß jeder Mensch sterblich ist. Wir heute finden diesen logischen Formalismus überflüssig. Aber Cusanus spricht in einem kulturellen Umfeld, das durch logische Formalismen geprägt war, und er wollte zeigen: Die Logik muß logos-entsprechende Strukturen aufweisen, gerade wenn sie diese in ihrem Vorgehen abblendet. Die Logik, das war die aristotelische, und Cusanus illustriert sie durch eine Analyse der ersten syllogistischen Figur, der wir uns, für einen Augenblick, anbequemen müssen, um seinen Beweis zu charakterisieren. Die erste syllogistische Figur argumentiert:

1. Jedes vernunftbegabte Lebewesen ist sterblich.
2. Der Mensch ist ein vernunftbegabtes Lebewesen.
3. Also ist der Mensch sterblich.

Satz 1 gibt die Voraussetzung oder das Zugrundeliegende an. Satz 2 wird erzeugt kraft des ersten Satzes. Er ist die Kundgabe, die rationale Ausformung seiner Fruchtbarkeit. Aus beiden ergibt sich als Satz 3 die intendierte Konklusion.

Betrachten wir die drei Sätze nach ihrem Umfang, so zeigen sie sich in gleicher Weise allgemein; keiner von ihnen ist allgemeiner als der andere. Die Universalität ist also gleich, *aequalis,* ohne Andersheit. Dieses Verschwundensein der Andersheit, das ist es, was hier interessiert.

Betrachten wir den wesentlichen Inhalt der drei Sätze, ihre *substantia* sozusagen. Gerade darin erweisen sie sich als „gleich": Denn nur der Mensch ist vernünftiges Lebewesen, alle drei Sätze umfassen jedes vernünftige Lebewesen, und alle drei treffen nur auf den Menschen zu. Wir haben also drei Sätze, aber keine drei Arten, allgemein zu sein. Wir haben drei Sätze, aber der Inhalt ist derselbe. Es herrscht durchgängige *aequalitas*, Entsprechung, zwischen den drei Sätzen. Gerade das, was moderne Betrachter eher stört, hebt Cusanus hervor: Wie wir es auch betrachten, ergibt sich hier keine Andersheit der Aussage, *non est alteritas substantiae in ipsis*, da jedes vernünftige Lebewesen ein Mensch ist. Und doch gibt es eine Abfolge, einen Dreier-Rhythmus zwischen diesen Sätzen: Der zweite Satz ist, ohne daß eine substantielle Andersheit einträte, nicht der erste. Der zweite Satz expliziert die Fruchtbarkeit des ersten, und zwar dessen ganzen Inhalt. Er enthüllt vollständig seine Fruchtbarkeit. Daher könnten wir den ersten Satz „Vater" nennen, den zweiten „Sohn", denn sie sind gleichen Inhalts, gleichen Wesens, aber doch in einer inneren Abfolge einander verbunden. Dasselbe gilt für den dritten Satz; er ist in Inhalt und Umfang den beiden ersten gleich.

Bewegung innerhalb der Identität, dies verbindet die drei Sätze des Syllogismus mit der Aktivität unseres Intellektes. Cusanus kehrt jetzt vom Syllogismus zum menschlichen Geist zurück. Auch er zeigt eine bewegte Dreieinheit. Zunächst ist er das Haben seiner Inhalte. Sozusagen die zugrundeliegende Einheit. Das Zusammenhalten des Verschiedenen. Cusanus nennt diese grundlegende Funktion im Anschluß an Augustinus *memoria*, Zusammenhalten der geistigen Inhalte. Die zweite wesensgleiche Tätigkeit ist die Einsicht. Sie ist der intellektuelle Vollzug der zusammengehaltenen Inhalte. Die dritte Funktion ist die willentliche Zuwendung zu sich selbst. Sie geht hervor aus der ersten und der zweiten Tätigkeit; sie ist deren wesensgleiche Zusammenfassung, vergleichbar der Konklusion im Syllogismus. Sie ist das Ziel der Gesamtbewegung, die allerdings in sich selbst verläuft, ohne äußere Abzweckung.

Es gibt also Abbildungsverhältnisse zwischen Logik und Geistseele. Die intellektuelle Seele schaut sich selbst in ihren Syllogismen. Sie entfaltet sich selbst hinein in die rationale Andersheit, aber sie sieht, was dort in Andersheit ist, in sich selbst ohne Andersheit, *videt in se sine illa alteritate*. Und durch diese Selbstanschauung sieht sie sich selbst in ihren rationalen Operationen, die als solche den Rückbezug auf die Seele ausschließen. Aufgrund eines solchen Beispiels sollen wir begreifen, notiert der Kardinal, wie die Geistseele auf dem Umweg über alle Weltdinge zu sich selbst hin unterwegs ist und wie sie sich selbst als Mittel der Welterkenntnis gebraucht, *ita habes, quomodo anima pergit per se ad omnia alia.*[95] Alles, was die Seele erkennt, findet sie in sich selbst vor. Alles, was sie findet, ist ihr ähnlich; alles hat in ihr eine höhere Wahrheit als draußen in sich; *ut omnia sint sua similitudo. Et in se verius omnia videt quam sunt in aliis ad extra.* Dies gilt jetzt nicht mehr nur für die geometrischen Figuren. Die Seele geht in die sinnliche Welt hinaus, um zu sich selbst zu kommen, und je mehr sie aus sich herausgeht, um so tiefer dringt sie in sich selbst vor: *et quando plus egreditur ad alia ut ipsa cognoscat, tanto plus in se ingreditur.*[96] Sie hat die Wahrheit aller ihrer Inhalte wahrer in sich, als sie draußen sind. Kraft der intelligiblen Inhalte, die sie wesensgleich ist, mißt sie alles andere, und sie vollzieht diese umwegige Bewegung, um ihr eigenes Maß zu ermessen. Sie mißt sich, die Welt ermessend, selbst. Während sie also in die Welt blickt, ersieht sie sich selbst. Denn sie ist die begriffliche Wahrheit aller ihrer Erkenntnisinhalte; sie ist keineswegs nur Gefäß zur Aufnahme der Weltdinge. Jetzt erklärt Cusanus, was in *De mente* und selbst in *De beryllo* nicht recht deutlich geworden war, wieso nämlich die *mens* das Maß aller Dinge sei. In ihrem Hinblicken erleuchtet sie alle Dinge; sie mißt sie; sie beurteilt sie kraft der Wahrheit, die sie selbst ist, wesensgleich. Cusanus sagt es noch genauer: Sie ist nicht die substantiale Gründungswahrheit aller Dinge, aber sie ist die begriffliche, die notionale Wahrheit von allem. Sie sieht hinaus und findet alles je anders. Dadurch wird sie veranlaßt, zu sich selbst zurückzukehren, um das, was sie sonst nur immer in Andersheit sieht, rein und ohne Andersheit in ihr selbst zu sehen. *Et iudicat per notionalem veritatem veritatem in aliis. Et per eam, quam in aliis comperit aliter, ad se revertitur, ut eam, quam in aliis aliter vidit, in se intueatur sine alteritate veraciter et substantialiter, ut in se quasi in speculo veritatis notionaliter omnia perspiciat et se rerum omnium notionem intelligat.*[97]

Die Seele ist die begriffliche Wahrheit von allem. Jeder Ausdruck hier will genaugenommen werden: Die Seele muß Begriffe, *notiones,* entfalten. Sie muß sich entwickeln zu bestimmten Begriffen, sonst kann sie nicht urteilen. Aber sie kann über schlechthin alles urteilen, denn von allem findet sie die substantiellen Normen eher in sich als in deren abge-

---

[95] ib. 16 r 39–46.
[96] ib. fol. 16 v 1–3.
[97] ib. fol. 16 v 5–12.

schwächten Realisationen. Damit ist der Begriff der Konjektur unterwandert. Wenn er überhaupt noch gilt, kann nur er noch eine Phase der Seelenbewegung bezeichnen. Kehrt die Seele, über die Bruchstückhaftigkeit aller Realisationen, durch Welterfahrung belehrt, in sich selbst zurück, entdeckt sie sich als das wahre Urbild, und um dieser Selbstentdeckung willen treibt sie den ganzen Aufwand. Die Wahrheit der Dinge ist ohne Andersheit in der Seele, die zu sich zurückgekehrt ist. Also nicht in der Seele, die den Herausgang scheut. Und sie ist in der Seele nicht als Ideenvorrat, nicht als zusätzliche Mitgift, sondern als wesensgleiche Aktivität, als energische *aequalitas*. Entwicklungsgeschichtlich entscheidend ist, daß Cusanus 1459 die Seele als jeder Andersheit substantiell überlegen zeichnet. Sie kann alle Andersheit beseitigen, weil sie in sich selbt das nicht-andere Bild von allem hat. Der Text hat Schlüsselcharakter; er ist für den Freund Petrus, nicht für die akademische Öffentlichkeit bestimmt. Er ist der Zugang zum Zugang, zu *De beryllo.*

Er enthüllt die Metaphysik der Enthüllung. Die Seele erfaßt sich als den Begriff von allem, in dem aller Weltinhalt eingefaltet ist. Sie ist – wie jeder Intellekt – substantielle Selbstenthüllung. Der Intellekt „enthüllt", *revelat*, den Seelengrund oder die *memoria,* der Wille offenbart den Intellekt. Die Seele sieht zu, wie sie sich in logischen Operationen wie in sinnlichen Wahrnehmungen entfaltet; sie lernt darauf achten, daß darin sie selbst zum Erscheinen kommt. Sie erkennt, daß sie ein unbegrenzter Terminus, *interminus terminus*, aller Dinge ist, daß sie die Wahrheit aller Dinge in sich hat und daß sie deswegen die Dinge terminieren kann, wie sie will. *Omnia ut vult terminat.*[98]

5. Trinität und Zeit

Als unbestimmte Bestimmungsmacht setzt die Seele zum Beispiel die geometrischen Figuren fest. Sie ist frei, deren Länge, Breite, Höhe festzusetzen. Sie gibt ihnen Namen, wie sie will; sie produziert Künste und Wissenschaften. Sie urteilt über dies alles aus sich heraus, *de omnibus per se iudicat.*[99] Aber das gilt nicht nur für die Geometrie, das Handwerk und die Technik. Auch die Gerechtigkeit ist in der Seele, und von ihr selbst aus, im Blick auf die ihr immanente, wesensgleiche Gerechtigkeit, urteilt

[98] ib. fol. 16 v 15.
[99] ib. fol. 16 v 20.

die Seele über Gerecht und Ungerecht. Sie ist ein konsubstantiales Verbum, das alle Dinge ausspricht. Sie gibt allen Dingen den Namen, und sie sieht, daß sie in allen Namen ihren eigenen unnennbaren Namen ausspricht. Das heißt: Sie findet in ihrem Weltbezug die Struktur der negativen Theologie vor: Unnennbar, wird sie in allem genannt. Sie sieht sich in ihren Produkten und löst sich doch von ihnen ab und weiß sich als *absoluta*.

Cusanus untersucht dann die Bestimmungskraft der Seele in ihrem Verhältnis zur Zeit. Sie sieht sich als die zeitlose Zeit. Sie sieht, daß alle Veränderungen in der Zeit verlaufen. Sie sieht die Zeit in allen Vorgängen; sie sieht sie darin je verschieden, *aliter et aliter*. Dann vollzieht sie den Rückgang in sich, und hier, in sich, findet sie die Zeit ohne die Andersheit. Das ist eine andere Art Zeit als die Weltzeit; es ist zeitlose Zeit. Zeit ist Zahl; die Seele sieht Zeit und Zahl in sich ohne Andersheit. Sie sieht die Zeit – kontrahiert in den Naturvorgängen, nicht-kontrahiert oder absolut findet sie die Zeit in sich selbst. Dabei sieht sie auch den Unterschied von Zeit und Ewigkeit, denn die Ewigkeit ist nicht, wie die Seelenzeit, kontrahierbar. Es gibt individuelle Abstufungen, also größere oder geringere Nähe der Seelen zur Zeit oder zur Ewigkeit, aber jede Seele bewegt sich, wie der *Liber de causis* sagt, auf der Grenzlinie zwischen Zeit und Ewigkeit.

Cusanus will es genauer wissen, wie die Seele die Zeit sieht. Er untersucht die *visio temporis*. Zu beachten ist, wie Cusanus den Ausdruck *visio* gebraucht. Es ist die intellektuelle Betrachtung der Zeit gemeint, die Selbsterfahrung der Seele mit der Zeit. Die Hebräer, beginnt Cusanus diese Untersuchung, behaupteten von der Zeit, sie habe ihren Ursprung in der Vergangenheit, auf die die Gegenwart folge, nach der die Zukunft komme. Wenn du auf Vergangenes blickst, sofern es vergangene Zeit ist, dann siehst du, daß es in der Gegenwart vergangen ist und daß es in der Zukunft vergangen sein wird. Blickst du auf die Gegenwart, so siehst du, daß sie in der Vergangenheit Gegenwart war und daß sie in der Zukunft Gegenwart gewesen sein wird. Blicke auf die Zukunft. Dann siehst du, daß sie in der Vergangenheit Zukunft gewesen ist, daß sie in der Gegenwart Zukunft ist und daß sie in der Zukunft Zukunft gewesen sein wird. Und das alles sieht die Seele in sich selbst als in einer zeitlosen Zeit. Die Seele ist *intemporale tempus*, zeitüberlegene Zeit.

Diese Zeitanalyse ist die Cusanische Version der Zeitanalyse Augustins im XI. Buch der *Confessiones*. Die Zeit ist in der Seele, sie ist dort in ihren drei Dimensionen in der Gegenwart vereint. Der besondere Akzent der Analyse des Cusanus liegt

a. auf dem koinzidentalen Konzept der Seele als zeitloser Zeit. Sie ist zugleich in die Zeiten kontrahiert und absolut;

b. auf der Bewunderung ihrer unbeschränkten Bestimmungsmacht;

c. auf dem Nachweis, daß die zeitlose Zeit der Seele alle Andersheit in sich beseitigt. Dies ist der Grundakkord in *De aequalitate*: Wir sind über alle Andersheit je schon hinaus. In der *ratio* ist nichts als die *ratio*. In ihr ist das Entgegengesetzte geeint. Bestimmen und Bestimmtwerden fallen in der *ratio* zusammen;

d. auf dem besonderen Interesse an der Dreistrahligkeit der Zeit – jede der drei Zeiten ist vollkommene Zeit, und keine ist je ohne die anderen – und an der Einheit dieser Dreiheit in der Seelengegenwart.

Diesen letzten Punkt, also die Trinitätsphilosophie der menschlichen Seele, verfolgt Cusanus weiter: Sofern die Seele die Zeit in der Vergangenheit sieht, ist sie Erinnern, *memoria*; sofern sie auf die Gegenwart blickt, ist sie Einsicht, *intellectus*, sofern sie sich auf die Zukunft richtet, ist sie Wollen, *voluntas*.[100] Cusanus versucht also, die Augustinische Dreieinheit der Geistseele aus den Zeitverhältnissen der Seele als einer zeitlosen Zeit allererst zu entwickeln. Die Seele hat in ihrer spezifischen Art von Zeitlichkeit drei *modi essendi*: Sie ist zugrundeliegendes Prinzip, das alles umfaßt; dies ist ihr Modus, „daß sie ist" oder daß alles in ihr ist: die *memoria*. Zweitens: Sie bestimmt sich zu einem Was. Das ist ihr Modus „was sie ist" oder was alle Dinge in ihrem Was sind: der Intellekt. Drittens: Alles ist in der Zukunft, erwartet und ersehnt; dieser *Modus essendi* ist das Wollen.

Was also ist die Geistseele? Sie ist intellektuelles Bild der ewigen Ruhe, und sie sucht diese ewige Ruhe. Zugleich produziert sie die Dreieinheit ihrer unzeithaften Zeit. Sie sieht die Vergangenheit die Gegenwart *erzeugen*; sie sieht aus Vergangenheit und Gegenwart die Zukunft *hervorgehen*; sie findet also in sich eine trinitarische Struktur, drei wesensgleiche Gestalten der Zeit. Diese bilden in ihr, der Seele, eine Einheit. Genauer: Sie existieren in ihr *ineinander*. Die Geistseele ist das Ineinandersein, die *inexistentia*, dreier Seinsweisen oder dreier Zeit-Hypostasen.

Cusanus insistiert bei derartigen Analysen regelmäßig auf der Universalität, mit der seine Behauptungen gelten sollen: *Alles* ist in der Zeit, *alles*

---

[100] ib.fol. 17 r 20–35.

ist in der Seele. In der Seele als Intellekt ist die Welt als begriffliche Universalität. Der Intellekt erfaßt, daß er die gesamte Welt begrifflich in sich einfaltet. Zugleich sieht er, daß er die Welt nicht hervorgebracht hat. Dies führt ihn weiter: Er lernt sich kennen als Bild der begründenden Einfaltung aller Dinge, der *causalis complicatio*, nicht nur der *notionalis complicatio*. Wie so oft, betont Cusanus auch hier die argumentationsinterne Notwendigkeit der trinitätsphilosophischen Erkenntnis. Denn es sei *notwendig*, argumentiert er, daß in der Ursprungseinheit von allem das genaue Maß, die adäquate *ratio essendi* jedes einzelnen Dinges und des gesamten Universums enthalten sei. Dies ist die absolute *aequalitas* oder der Logos. *Est necessario essentialis omnium causabilium aeterna complicatio.* [101] Die Seele begreift sich in ihrer dreistrahligen Zeitlichkeit als Bild der weltbegründenden „Gleichheit". Sie weiß, daß sie durch Betrachtung ihrer selbst das Urbild findet. Noch einmal charakterisiert Cusanus das Verfahren, das sie dabei einhalten muß:

Sie sieht, daß sie sich in allem sieht;
sie entfernt von allen ihren Inhalten die Andersheit;
sie sieht sich als die von Andersheit freie notionale Welt-Einfaltung;
sie steigt über sich als über ein Begründetes und als Bild auf zur begründenden Welt-Einfaltung, d.h. zu ihrem Urbild;
sie muß lernen, über sich hinauszukommen. Nur so ergreift sie den lebendigen Vernunftgrund ihrer Vernunft, *alioquin rationis meae vivam rationem non attingam.* [102]

6. Philosophie des Christentums

Erst nach diesen Vorbereitungen glaubt Cusanus, die Lebensfunktion des Evangeliums erklären zu können. Die Sendung Christi hatte den Sinn, uns zu verbürgen, daß es unser Lebensziel ist, Gott zu sehen. Er lehrt uns, diese Welt zu verlassen und über uns selbst hinauszusteigen.[103] Der Glaube besteht darin, diesem Versprechen zu vertrauen und unser Leben dareinzusetzen, daß es unser Lebensziel ist, Gott als die *ratio* unserer selbst, also unseren Wesensgrund, zu sehen. Erst wer über den Intellekt

---

[101] ib. fol. 17 r 41.
[102] ib. fol. 17 v 2–3.
[103] ib. fol. 17 v 3–6.

und über die *aequalitas* nachgedacht hat, kann aus dem Evangelium und aus den *Sermones* des Kardinals über das Johannesevangelium den rechten Nutzen ziehen. Die gesamte Überlegung ist die religionsphilosophische Einleitung zum Lesen des Johannesevangeliums. Am Ende des Textes kommt Cusanus darauf zurück und erklärt: Wir müssen zuerst über die Zeit, die Seele und den Syllogismus in ihrer Dreistrahligkeit nachgedacht haben, dann verstehen wir, was das Evangelium sagen will: *Convertas igitur te ad sacratissimum evangelium cum exercitato in praemissis* (d.h. in der Analyse von Zeit, Seele und Syllogismus) *intellectu*.[104] Dies ist der Grund, warum nach dem Willen des Cusanus die Schrift oder der *Sermo De aequalitate* allen *Sermones* als Schlüssel dienen soll. Der christliche Glauben braucht eine religionsphilosophische Grundlegung, denn wir sollen ihn als eine Weise der Selbsterklärung des unendlichen Intellektes begreifen. Der Intellekt will sich zeigen, dies ist die Prämisse für die Weltbetrachtung, für die Seelenanalyse, für die Bibellektüre, für das Verstehen der *Sermones* des Cusanus. Dazu muß man wissen, was der Intellekt ist und wie seine Selbstenthüllung aussieht. Der Glaube behält seinen Ort. Cusanus hat seine Spekulation nicht als Ersatz des Glaubens verstanden, sondern als dessen Entfaltung. Aber dies darf nicht dahin mißverstanden werden, als habe er die Einheit des Prinzips und seine „Gleichheit" mit allem, also die Logostheorie, nicht für beweisbar gehalten. Mag in vielen Individuen psychologisch-faktisch der fromme Glaube an die Trinität vorausgehen, so haben die trinitätstheoretischen Argumente doch nicht den Sinn, dieses „Dogma" plausibel zu machen. Nicht umsonst hat Cusanus immer wieder auf die *Denknotwendigkeit* der trinitätsphilosophischen Theoreme hingewiesen; nicht zufällig hat er die Trinitätsphilosophie der antiken Denker gelobt und deren Bezeugung durch Augustinus in *Confessiones* VII 9, 13–15 und in *De civitate Dei* X zitiert. Auch in unserem Text zielt Cusanus immer wieder auf die Denknotwendigkeit ab: Der *eine* Grund der Welt muß notwendigerweise ein Verbum oder eine Weltvernunft oder eine absolute *aequalitas* sein: *Patet quod necesse fuit deum patrem creatorem habere verbum rationale.*[105] Dies heißt keineswegs nur, daß der Logos mit Notwendigkeit aus Gott hervorgehe; es heißt ausdrücklich, daß wir Menschen *es mit Notwendigkeit behaupten müssen*. Wir *wissen* es also: *necessario affirmamus ipsum*

---

[104] ib. fol. 20 r 39–41.
[105] ib. fol. 20 v 16–17.

unitrinum.[106] Trinitätsphilosophie schließt den Glauben nicht aus; sie geht aber ihren eigenen argumentativen Gang. Sie ist kein sekundäres Plausibelmachen eines nur im Glaubensgehorsam angenommenen Dogmas. Sie ist allgemeingültige, jedem Denkenden zugängliche Einsicht. In ihr geht es um uns selbst und um unser Urbild.

Sie schafft erst die Voraussetzung für eine der göttlichen Selbstoffenbarungsintention entsprechende Lektüre des Evangeliums; sie ist die Prämisse auch der Predigten des Cusanus. Ein Weltgrund von der höchsten denkbaren Vollkommenheit muß die Welt *erkennend* hervorbringen. Diese Erkenntnis kann nicht eine Eigenschaft in ihm sein; sie muß er selbst sein, als die vollkommene Gleichheit mit ihm. Die „absolute Gleichheit" weiß sich, und sie weiß alles. Ihr „Wort" ist die Gleichheit ihrer selbst. Sie muß also die Gleichheit sein, welche die Gleichheit ihrer Gleichheit erzeugt. Diese erzeugte Gleichheit ist der zeugenden Gleichheit gleich; sie ist ihre substantiale Verbindung. Das ist der *aequalitas*-Beweis der Trinität.[107] Er vereinigt die augustinischen und chartrensischen Bestimmungen *unitas-aequalitas-conexio* in der dreieinen *aequalitas.* Sie tritt an die Stelle, die in früheren Ternaren die *unitas* eingenommen hat. *Aequalitas* ist in allem, je anders, abgestuft. Ohne „Gleichheit" wäre die Welt nicht begrifflich bestimmbar. *Gleichheit* – das bedeutet: prinzipielle Affinität der Welt zum Begriff. Gleichheit ist eine Weltstruktur: *Nihil igitur est expers aequalitatis.* Dies ist ein anderer Ausdruck für die Metaphysik der Formen. Die Formen haben ihre exakte Entsprechung im Logos, der die exakte Entsprechung des wesensgleichen Weltprinzips ist und mit dem ihn eine vollkommene Gleichheit substantiell vereint. Wir haben also dreimal die *aequalitas*: als erzeugende, als erzeugte und als hervorgehende Verbindung oder Gleichheit beider. Wiederum müht sich Cusanus ab, das Zahlenmoment zu beseitigen: Die Drei-Einheit der *aequalitas* sei nicht-zahlhaft, diese drei seien *vor* der drei. Die Zahl sei, wie bei der Zeitanalyse gezeigt, nichts anderes als unsere Seele. Cusanus sagt es noch schärfer: Die Zahl, schreibt er, sei *in se quoad nos* nichts anderes als die Seele. Damit rückt er Bestimmungen ineinander, die jahrhundertelang getrennt gehalten wurden: Entweder erfassen wir etwas *in se* oder *quoad nos*, sagte man seit dem Anfang der Aristotelischen *Physik.* Aber Cusanus bringt das Getrennte zusammen:

---

[106] ib. fol. 19 r 40–41.
[107] ib. fol. 19 r ganz.

Die Zahl ist in ihrem wahren Bestand, in ihrem ursprünglichen, reinen Wesen bei uns. Das Prinzip der Seele hat nicht die unzahlenhafte Zahlhaftigkeit der Seele. Deswegen gibt es bei der absoluten Gleichheit nichts zu zählen.

Cusanus nimmt dann wieder den Hauptgedankenfaden von *De aequalitate* auf: Der Intellekt ist das Verschwindenmachen der Andersheit. Es kann, wenn es schon im Intellekt keine Andersheit mehr gibt, im Urbild-Intellekt keine Andersheit geben. Cusanus folgert: Wenn wir also in den kirchlichen Dokumenten lesen, die Person des Vaters sei eine *andere* Person als die des Sohnes, dann müssen wir das richtig verstehen. Wir dürfen nicht annehmen, die eine Person sei aufgrund der Andersheit eine andre, *non potest intelligi quod sit alia per alteritatem.* Die unendliche Einheit ist *vor* aller Andersheit. Sie ist die eine, die unvermehrbare *aequalitas.* Wir finden in den göttlichen Personen nichts als die eine *aequalitas.*[108]

Das heißt: Die Andersheit verschwindet. Wir dürfen uns nicht an die Vokabeln halten, schärft Cusanus dabei ein; wir müssen auf die *mens* sehen lernen. Dann werden wir begreifen, was uns früher unzugänglich war. Ohne die *aequalitas*-Reflexion mitgemacht zu haben, mißverstehen wir die Trinitätslehre und das Evangelium. *Si tuum in his* (der Analyse der Seele, der Zeit und des Syllogismus) *exercitaveris intellectum, et non ad vocabula, sed ad mentem applicueris, multa praecisius* semper prius abscondita *penetrabis.*[109] Wieder einmal verspricht Cusanus nicht wenig. Wieder einmal schärft er ein, er lehre etwas, was früher noch nie gedacht worden sei. Seine Philosophie spricht etwas aus, was früher immer verborgen geblieben ist. Ohne sie, die vor allem das Wegarbeiten der Andersheit lehrt, nachzuvollziehen, verstehen wir weder die Welt noch unser Weltverstehen, noch das Evangelium nach Johannes.

7. Noch ein Dokument zur Lehrentwicklung des Cusanus

Ich muß zu *De aequalitate* noch eine letzte Bemerkung machen. Es ist, wie gezeigt, die Einführungsschrift in die Sammlung der *Sermones* des Cusanus, und sie *endet* mit einem weiteren Zeugnis des Cusanus über

---

[108] ib. fol. 20 r 18–27.
[109] ib. fol. 20 r 12–14.

seine Denkentwicklung. Seine verschiedenen *Sermones*, schreibt Cusanus, erklärten das Evangelium auf verschiedene Weise:

magis obscure dum inciperem in adolescentia et essem diaconus, clarius
dum ad sacerdotium ascendissem, adhuc ut videtur perfectius quando
Pontificis officio in mea Brixinensi ecclesia praefui et legatione apostolica
in Germania et alibi functus fui.[110]

Cusanus unterscheidet drei Entwicklungsstadien vor dem Sommer 59. Leider kennen wir das Datum seiner Priesterweihe nicht; es dürfte spät in den dreißiger Jahren gelegen haben. Dies vorausgesetzt, ergeben sich folgende Stadien:

> Erstens die Stufe bis 1437/38. Cusanus als Diaconus, ohne die Koinzidenzlehre, ohne die entscheidend neue Einsicht, die zu *De docta ignorantia* geführt hat, also die Epoche der ersten *Sermones;*
> zweitens die Zeit von *De docta ignorantia* bis zum *Idiota,* bis 1450, der ja auch nach dem Zeugnis von 1464 eine Zäsur darstellt;
> drittens die Legationsreise 1451/52 und die kurze fruchtbare Zeit in Brixen, um den Herbst 1453.

Im Lichte des Selbstzeugnisses von *De apice theoriae*, mit dem wir diese Vorlesungen begonnen haben, und im Zusammenhang mit dem Zeugnis in *De visione Dei c. 12 n. 48* beginnen die Ausdrücke zu sprechen, mit denen Cusanus seine Denkstadien charakterisiert:

Dunkler, *magis oscure*, habe er das Evangelium erklärt, als er damit anfing. Heller, deutlicher, *clarius,* als er dann Priester wurde, und noch vollkommener, *adhuc ut videtur perfectius*, als er Bischof in Brixen und päpstlicher Legat in Deutschland war. Cusanus sah eine aufsteigende Linie, einen Weg vom Dunkel zum Licht mit klar sich abzeichnenden Etappen. In dem Bewußtsein, die letzte Wegstrecke liege vor ihm, sammelt er nun seine *Sermones* und schreibt zu ihnen eine Einübung. Er mahnt, wir sollten auf die Unterschiede in seinen *Sermones* achten und wir sollten seine *Sermones* auch als Zeugnisse seiner Entwicklung lesen. Cusanus schließt, indem er auf sein Alter anspielt: Gebe Gott, daß er weiter fortschreite in der Zeit, die ihm noch verbleibt, *in ea quae superest et adhuc restat aetate.*

---

[110] ib. fol. 21 r.

III.
DER GRUND SPRICHT

1. Jesus und Proklos sagen dasselbe

Cusanus hat unmittelbar nach *De aequalitate* einen zweiten kurzen Ein-
leitungstext zu seinen *Sermones* verfaßt und am 9. Juni 1459 in Rom abgeschlossen. Er nannte ihn: *De principio, vom Grunde.*[111] Die Schrift hat
denselben Anredecharakter an einen Freund wie *De aequalitate*; wir können annehmen, daß es sich um denselben Adresssaten handelt. Dem Text
ist ebenfalls ein Bibelwort vorangestellt: *Tu quis es? Respondit eis Jesus:
Principium qui et loquor vobis.* Im Johannesevangelium 8. 25 fragen die
Zuhörer Jesus, wer er sei; er antwortet (oder jedenfalls liest Cusanus im
Anschluß an Augustin die Antwort so): *Ich bin der Grund, der zu euch
spricht.* Cusanus hat seinen Text als *Sermo* bezeichnet, genau wie *De
aequalitate*[112], aber seine Überlegungen sind zu spekulativ und zu persönlich in der zweiten Person Singular gehalten, als daß wir uns eine öffentliche Predigt vorstellen könnten.

Cusanus sagt mehrmals, wozu die Schrift dienen soll: *pro exercitatione
intellectus.*[113] Sie soll eine Übung in der intellektuellen Erkenntnis sein;
sie setzt die Anleitung fort, die *De aequalitate* begonnen hat. Cusanus
skizziert über *De aequalitate* hinaus einige weitere Elemente, die begriffen haben müsse, wer das Evangelium und die *Sermones* des Cusanus begreifen soll. Cusanus sagt nicht, er schreibe zur Stärkung des Glaubens.
Er will anleiten zur Einsicht, und er sagt gleich zu Beginn, daß er es im
Anschluß an den *Parmenideskommentar* des Proklos tut.[114] Es geht auch

---

[111] Cusanus, *De principio,* ed. C. Bormann – A.D. Riemann, h X Opuscula II, Fasciculus
2 b, Hamburg 1988. Vgl. auch die Übersetzung: *Über den Ursprung,* von Maria Feigl, mit
Vorwort und Erläuterungen von Josef Koch, Heidelberg 1949.

[112] *De principio,* n. 21, 4 p. 29 und n. 30, 20–21 p. 43.

[113] ib. n. 1, 1 p. 3.

[114] ib. n. 2, 1–7 p. 3. Der Verweis auf Proklos erfolgt mehrfach, so auch n. 6, 4 p. 5; n. 7, 5
p. 6 u.ö. – Der Text bei V. Cousin, Procli philosophi platonici opera inedita, Paris 1864, von
mir zum Nachdruck gebracht: Frankfurt 1962; französische Übersetzung: A.Ed. Chaignet,
Proclus, *Commentaire sur le Parménide,* 3 Bände, Paris 1900, nachgedruckt: Frankfurt
1962.

um Bibelauslegung[115]; aber um eine philosophierende Exegese. Sie will von einigen philosophischen Kernsätzen, die dem Neuen Testament ohne philologische Besorgnis entnommen sind, beweisen, daß sie mit Parmenides-Platon-Proklos übereinstimmen. Diese philosophische Einübung ins Christentum gilt einer proklisch gedeuteten Philosophie der Einheit, aber einer Einheit, die als Grund der Welt *sich ausspricht*, die also weltbegründender Logos ist. Es geht darum, die proklische Philosophie mit der Trinitätsphilosophie zu synthetisieren und zu zeigen: Jesus, Paulus und Proklos sagen dasselbe, wobei Cusanus zwischen Parmenides, Platon und Proklos nicht unterscheidet. Es geht um eine antikisierende Neufassung des christlichen Philosophierens und des Bibelverständnisses. Für die intellektuelle Atmosphäre des Traktates ist der enge, oft wörtliche Anschluß an Proklos charakteristisch, ferner die Tatsache, daß Cusanus außer einer beiläufigen Erwähnung Augustins keinen einzigen christlichen Denker nennt, selbst den Areopagiten nicht. Er will die Einsichten des Dionysius neu gewinnen durch eine eigene Deutung des Proklos.

Wir sind der Gegenwart des Proklos bei Cusanus seit *De coniecturis* öfter begegnet. Proklische Ideen waren, wie ich schon sagte, im Mittelalter auf verschiedenen Wegen bekannt, vor allem durch den *Liber de causis* und durch Dionysius – zu beiden gehört Alberts Kommentar –, sodann durch die *Elementatio theologica* des Proklos mit dem Kommentar Bertholds von Moosburg, denn mit dem Parmenideskommentar des Proklos hat Cusanus sich mehrmals befaßt; in seinen Randbemerkungen zeichnen sich drei Phasen ab, und eine dieser Phasen liegt in der Abfassungszeit von *De principio*, also im Sommer 1459. Das bedeutet: In der nun einsetzenden Reihe der späten Schriften des Cusanus ist mit einer verstärkten Proklosrezeption zu rechnen. Sie wurde noch intensiviert, als Cusanus von Pietro Balbi die langerwartete *Platonische Theologie* erhielt. Die wichtigsten Forschungen zu diesem Thema stammen von Raymond Klibansky und Josef Koch; ihnen folgten die Herausgeber der Cusanischen Marginalien K. Bormann und H.G. Senger; zur Interpretation förderlich sind das Proklos-Buch (zuerst Frankfurt 1965) und das „Denken des Einen" von Werner Beierwaltes (Frankfurt 1985).

---

[115] ib. n. 5 ganz p. 4–5 und n. 6 p. 5–6.

2. Axiome der Einheitsphilosophie

De aequalitate brachte wichtige Neuerungen, vor allem die Beseitigung der Andersheit durch die Kraft des Intellektes, alles *in se*, in sich selbst zu sehen. Da waren die Analysen zur Dreieinheit in Zeiterfahrung, Seelenstruktur und Syllogismus. Die ganze Trinitätsphilosophie war neu zu machen, gestützt auf das Konzept der *aequalitas*. Die Beseitigung der Zahlbestimmungen in der Trinität, *omnium difficilium difficillimum*, „das schwierigste aller Probleme"[116], erforderte besondere Anstrengung. In *De aequalitate* schien vergessen, daß Cusanus die „Leichtigkeit" der philosophischen Theologie versprochen hatte. Im Kontrast zu dieser konzentrierten, grundlegend programmatischen Denkarbeit hat *De principio* den Charakter einer eher lockeren Sammlung von Nachträgen. Allerdings geht es um die großen Probleme: Die Abhängigkeit aller Vielheit vom einen Prinzip, die Möglichkeit des Einen, zu uns zu sprechen, ohne ins Viele zu geraten. Wenn wir den Ursprung als sprechend denken sollen, wenn er nicht in erhabenem Schweigen verharren soll, wie ist das möglich, ohne seine Einheit anzutasten? Cusanus reformuliert, gestützt auf den Parmenideskommentar, die einheitsphilosophischen Hauptargumente, die auch der augustinisch-boethianischen Tradition nicht gefehlt hatten; er stellt die proklischen Motive zusammen, die er für wesentlich hält, und er versucht ihre Interpretation im eigenen Sinne, d.h. im Sinne der Koinzidenzlehre, der *intellectus*-Theorie und Trinitätsphilosophie auf der Stufe von *De beryllo* und *De aequalitate*, für die es wesentlich war, daß *das Eine* Intellekt ist, dessen Sichzeigenwollen nachweislich den Weltaufbau und seine Korrespondenz zu unseren Erkenntnisweisen bestimmt.

Cusanus beweist zunächst, daß es nur *ein* Prinzip gibt. Bei Platon und bei Aristoteles gab es noch eine Mehrheit von *archai*, von „Prinzipien", auch wenn „Prinzip" immer einen Einheitsgrund von Vielen bedeutete. Seit der Spätantike begann fast alle Philosophie – mit Ausnahme derjenigen der Skeptiker – mit dem Nachweis, daß es nur *ein* Prinzip gebe. Die christlichen Denker setzten diese Argumentation fort; sie wurde zu einer Art Gemeinplatz der jüdischen, arabischen und christlichen Philosophien. Cusanus hatte, wie wir gesehen haben, früh diese Reduktion des Vielen und des Einen aus der Tradition aufgenommen. Die Besonderheit sei-

---

[116] *De aequalitate* fol . 20 r 18.

ner Beweisart für die Einheit des Prinzips lief darauf hinaus, daß *das Eine* jenseits von Sein und Nichtssein stehe. Wir behaupten folglich seine Existenz auch, indem wir sie leugnen, da es genauso wahr ist, vom Einen zu sagen: „Es existiert nicht", wie zu behaupten: „Es existiert". Existenzbeweise sind der Natur des Einen unangemessen. Denn auch die Bestimmung „nicht sein" ist eine einheitliche.

Dies alles steht im Hintergrund, doch in *De principio* fängt Cusanus wie von vorn an. Er stellt sich die Axiome der proklischen Einheitsphilosophie zusammen, *zunächst* ohne besonders besorgt zu sein, wie sie zu seiner Philosophie des sich zeigenden Intellekts oder des Prinzips, das spricht, passen. Er nennt folgende Axiome:

I. Cusanus will als erstes untersuchen, ob alles aus *einem* Grund hervorgeht, und nennt als sein *erstes* Argument mit ausdrücklichem Verweis auf den *Parmenides* Platons und den Kommentar des Proklos folgendes Axiom: Alles Teilbare hat ein Unteilbares zum Grund.

Was teilbar ist, geht aus einem überlegenen Grunde hervor. Was teilbar ist, kann nicht durch sich selbst existieren, *non potest per se subsistere*. Diese Formel sagte dem scholastisch Gebildeten: Was teilbar ist, kann nicht Substanz sein. Körper können geteilt werden, „Substanzen" nicht. Denn der Ausdruck *per se subsistere*, durch sich selbst existieren, oder: durch sich selbst existieren können, definierte – mit einigen scholastischen Distinktionen, die uns hier nicht interessieren müssen – die „Substanz". Cusanus faßt also den *Substantia*-Begriff neu; er verändert die Definition von *per se subsistere:* Nur dasjenige existiert durch sich selbst – also nur dasjenige ist „Substanz" –, was alles das ist, was sein kann, *hoc est quod esse potest.* Etwas, das teilbar ist, kann auch anders sein als es ist. Es kann geteilt werden und sein Sein verlieren. Es ist nicht in dem vollen Sinne des Wortes eigenständig oder „*authypostaton*".[117] Cusanus gebraucht diesen griechischen Ausdruck, den die Übersetzung des Wilhelm von Moerbeke beibehalten hatte.[118] Er bezeichnet damit das wahrhaft Selbständige, also das, was nicht teilbar ist, weil es mit seinen Möglichkeiten vollständig übereinstimmt. Nicht die physische Un-Teilbarkeit ist der entscheidende Gesichtspunkt; die Unteilbarkeit gilt als Folge der vollkommenen Korrespondenz von Einzelwesen und Begriff. Durch sich selbst, *per se*, existiert, was alle seine Möglichkeiten verwirklicht hat. Es

---

[117] *De principio* n. 2, 1–7 p. 3.
[118] Proclus, *Commentaire sur le Parménide de Platon.* Traduction de Guillaume de Moerbeke, Liber tertius, ed. C. Steel, Band 1, Leuven – Leiden 1982, p. 135, 40–136, 71.

ist alles, was in seinen Möglichkeiten liegt, d.h., es gibt keine Differenz zwischen Wirklich und Möglich. Die irdische Welt insgesamt – erst recht jedes sinnliche Ding – steht unterhalb dieser Differenz.

Im wahren Sinne *wirklich* ist allein das, was alles ist, was sein kann. Dies war schon die Definition des Maximum zu Beginn von *De docta ignorantia*. I 2 und I 4. Auch Philosophen des 13. Jahrhunderts sahen das Geschöpfliche dadurch charakterisiert, daß es nie alle seine Möglichkeiten ausschöpft. Insofern war die Unterscheidung zwischen dem, was seine Möglichkeiten erschöpft hat und dem, was hinter ihnen zurückbleibt, traditionell. Aber seit 1459 nahm sie für Cusanus eine pointierte Bedeutung an: Es gibt nur *ein authypostaton*. Wir könnten das übersetzen: Es gibt nur ein einziges Wesen, das alles ist, was sein kann. Es existiert nur *eine* Substanz.

II. Das zweite Axiom oder das zweite Argument für die Einheit des Grundes: Der wahre Ursprung ist unsichtbar. Schon in der Natur ist das eigentliche Bewirkende – die Wärme oder die Kälte – unsichtbar. Erst recht beim ersten Ursprung, bei dem Wirkendes und Bewirktes identisch sind.[119] Dieser Überlegung liegt das Argument des platonischen *Phaidon* zugrunde: Die sichtbaren Wirkursachen wirken aufgrund einer allgemeinen, also unsichtbaren Struktur, hier durch „die Wärme", die, in dieser Allgemeinheit gefaßt, kein empirischer Faktor ist.

Mit Hilfe dieser Überlegung sollen wir üben, den Unterschied von sensibler und intelligibler Welt zu erkennen. Feuer ist sichtbar, Schnee auch; „die Wärme selbst", „die Kälte selbst" – sie sind unsichtbar.

Dies zweite Argument gibt keinen neuen Beweis für die Existenz des einheitlichen Grundes; es räumt nur den Einwand aus, man könne seiner nicht gewiß sein, weil man ihn nicht sehe. Antwort des Cusanus, nach Proklos: Du siehst auch die eigentlichen Agentien der Naturvorgänge nicht.

III. Das dritte Axiom lautet: Das Teilbare hat kein in sich stehendes Sein, *per se subsistens*. Sonst würde es zugleich existieren und nicht existieren, denn es müßte sich zur selben Zeit zu dem machen, was es jetzt nicht ist. Es müßte also sein, bevor es ist.[120]

Der Gedanke ist: Ein Teilbares entspricht je nach dem Stadium seines Geteiltwerdens verschiedenen Begriffen, ist also nicht das, was es sein

---

[119] *De principio* n. 3, 1–4 p. 4.
[120] ib. n. 4, 1–5 p. 4.

kann. Hier sind Paradoxien des Werdens im Spiel. Cusanus folgert: Ein Werdendes ist, da verschiedenen Bestimmungen zugeordnet, kein *authypostaton*. Ein *authypostaton*, dem noch Werden bevorstünde, entspräche zugleich einer anderen Bestimmung; das wäre ein Widerspruch.

Cusanus bringt hier nicht die Koinzidenz ins Spiel. Er hält sich an antike Überlegungen, die er schulmäßig strafft. Er sortiert Argumente und läßt andere zu Wort kommen. So folgt er hier dem Argument: Ein Teilbares, das sich verändert, wird von einem Anderen verändert. Nichts kann sich selbst aus der Möglichkeit in die Wirklichkeit überführen; diese Überführung muß von einem *actu* Wirklichen ausgehen. Dieses Axiom bezeichnete Cusanus schon in *De docta ignorantia* II 9 h 89, 28–28 als Gemeingut aller Philosophen. Die drei ersten Gottesbeweise bei Thomas von Aquino, *Summa theologiae* I 2, 3 hatten dieses Motiv mit Bestandstücken des achten Buches der Aristotelischen *Physik* verbunden. Bei Cusanus hat das Argument eine allgemeinere Form: Nichts verursacht sich selbst. Dem Teilbaren, insofern Vielen, liegt ein Unteilbares, Unsichtbares, Eines voraus.

IV. Axiom: Jedes Teilbare hat einen unteilbaren Grund. Jeder Körper ist teilbar; alles in der sinnlichen Welt ist teilbar. Deswegen ist nur das Ewige unteilbar und *authypostaton*; es hat alle seine Möglichkeiten verwirklicht; es kann ihm nichts hinzugefügt werden, *nihil adici potest*. Cusanus beginnt hier mit der Zweiheit von sinnlicher und intelligibler Welt, von Teilbarem und Unteilbarem, geht dann aber über zu dem Kontrast Endlich-Unendlich und legt die Unendlichkeit aus als vollendete Realisierung.

Vergessen wir nicht den argumentativen Ort dieser Überlegungen des Cusanus; er will zusammenstellen, was er für das Verständnis des Evangeliums als unerläßliche Voraussetzung ansieht. Ich wundere mich nicht, daß er die genannte proklische Argumentation in folgenden zwei Bibelstellen wiederzufinden behauptet: *Niemand kann seiner Gestalt auch nur eine Elle zufügen* (Lukas 12, 25) und Paulus, 1 Korinther 3, 7: *Gott allein gibt das Wachstum.*[121] Dies ist eine recht freie Auslegungskunst, ohne Philologie, aber kulturell höchst produktiv. Denn Argumentation und Terminologie, insbesondere der Rückschluß von den Teilbaren auf das Unteilbare, von den *partibilia* auf das *impartibile*, sind proklisch. Die Anmerkungen der Heidelberger Ausgabe belegen dies im einzelnen. Sie sind

[121] ib. n. 5, 1–13 p. 4–5.

für *De principio* besonders wertvoll: Thematik und Sprache sind durch
Proklos in der Übersetzung des Wilhelm von Moerbeke vorgeprägt.
Cusanus will diesem Denken in seiner Kirche Eingang verschaffen. Das
Neue Testament führt keine Gottesbeweise, aber Cusanus sucht aus ihm
Stellen heraus, die zeigen: Christus und Paulus bestätigen die Linie Parmenides-Platon-Proklos. Derartige Operationen waren eine gute mittelalterliche Gewohnheit, Origenes und Augustinus waren nicht viel anders
verfahren. Aber an dieser Stelle, am Anfang von *De principio*, bekommt
dieses Vorgehen exemplarische Bedeutung. Cusanus führt ein Muster vor,
wie er die Bibel und seine bibelbezogenen *Sermones* ausgelegt sehen will.
Die Grundlage bietet die Philosophie; das *Neue Testament* stärkt, appliziert und schmückt aus.

V. Es gibt nur *einen* Grund, nur *ein* Prinzip. Dies sei, schreibt Cusanus, die Lehre Christi, der zu Martha sage: *Du kümmerst dich um vielerlei, Eines nur ist notwendig*, Lukas 10, 41. Schon Eckhart hatte dieses *Eines nur ist notwendig* ausgelegt im Sinne von *Nur das Eine ist notwendig,
das Viele verwirrt*. Das einzig Notwendige des Neuen Testaments identifiziert Cusanus mit dem neuplatonischen *Unum*. Proklos, fügt er hinzu,
habe dies aus Vernunftgründen bewiesen mit folgendem Argument:

Gäbe es viele Prinzipien, dann kämen sie in ihrem Charakter als Prinzipien überein; sie hätten also eine übergeordnete Einheitsbestimmung
oder ein einheitliches Prinzip über sich. Sie hätten teil an der Bestimmung, „Grund" zu sein. Dann wäre aber das, woran sie partizipieren, der
eigentliche Grund. Die These einer Vielheit der Erstgründe hebt sich auf.
Auch wenn jemand die Vielheit völlig unkoordiniert denken will, also
ohne Teilhabe der vielen Gründe am Einen, läßt er sie eben darin über-
einkommen, daß sie nicht am Einen partizipieren. Auch dann setzt er
Einheit des Grundes voraus.[122] Viele unkoordinierte Prinzipien wären ein
Widerspruch in sich; sie wären als Prinzipien einander ähnlich und zugleich unähnlich. Ähnlich wären sie, weil sie einer höheren Einheit unter-
stünden; als unkoordinierte wären sie einander unähnlich. Cusanus vermerkt, dieses Argument des Zeno entspreche der Lehre Christi, nur das
Eine sei notwendig.[123]

Cusanus zufolge verwerfen Parmenides und Christus gleichermaßen
das Viele als formlose Unendlichkeit. Die Vielheit kommt von Anders-

---

[122] ib. n. 6, 1–13 p. 5–6.
[123] ib. n. 7, 1–11 p. 6. Ähnlich n. 25, 8–15 p. 36.

heit und bringt Verwirrung mit sich; sie ist nur dann nicht unbestimmt und chaotisch, wenn Einheit sie zur Ähnlichkeit in einem Einen führt. Das Eine ist die Notwendigkeit des Seins, *necessitas essendi*. Für einen Augenblick folgt Cusanus so eng der proklischen Vorlage, daß die Unendlichkeit als Formlosigkeit erscheint, n. 7, 9–11 p. 7, obwohl er kurz vorher, n. 5, 10 p. 5, die Unendlichkeit als das Ewige und Selbständige bezeichnet hatte.

Aus diesen proklischen Grundlagen ergeben sich nun eine Reihe von Bestimmungen und terminologischen Festlegungen, die Cusanus hier in *De principio* erstmals zusammenhängend entwickelt:

Axiom VI: *Unum necessarium*, das Eine, das allein notwendig ist, ist ein angemessener Name Gottes: *Unum necessarium vocatur Deus*.[124] Diesen Satz kennen wir schon aus *De beryllo* n. 13, 1 p. 16, und die späteren Werke des Cusanus werden dazu weitere Diskussionen erbringen. Ich sagte schon, daß Cusanus in *De principio* wenig tut, um seine Philosophie von der des Proklos zu unterscheiden. Wie sich sein Denken zu dem des Proklos verhalte, dieses Problem hatte er spätestens seit *De coniecturis*. Schon in De *filiatione Dei* c. 4 n. 78, 7 p. 57 hatte er von einem Prinzip gesprochen, das *jenseits* des Unum stehe. Das hieß: Auch „*Unum*" ist nicht Gottes Name. „*Unum*" führt noch den Gegensatz zum Vielen mit sich. Hier liegen Probleme. Lassen wir sie ruhig liegen und achten wir vorerst nur auf das argumentative Vorgehen des Cusanus in *De principio*. Es beruht auf folgendem Zusammenhang: Wir wissen als Proklosleser, daß die Vernunft nur das Eine als notwendig kennt. Haben wir dies eingesehen und die Widersprüchlichkeit einer Vielheit von Prinzipien als Grund der Ablehnung eines Prinzipienpluralismus akzeptiert, dann wissen wir, was das Wort „Gott" bedeutet. Die Auslegungsrichtschnur gibt uns die proklische Philosophie.

Axiom VII: Wir müssen unterscheiden, mit Proklos, zwischen dem für sich genommenen Einen und dem koordinierten Einen, zwischen dem *unum exaltatum* und dem *unum coordinatum*.[125] Das *herausgehobene Eine* ist das Eine, dem keine weitere Bestimmung beigelegt werden kann; es heißt daher *autounum*.[126] Seinen Namen *authypostaton* kennen wir schon.[127] Es kommt ihm die Einheit durch sich selbst zu; es ist Seins-

---

[124] ib. n. 8, 18 p. 9.
[125] ib. n. 28 ganz p. 40–41.
[126] ib. n. 8, 21 p. 9 und n. 26, 20 p. 39.
[127] Doch vgl. auch noch ib. n. 24 ganz p. 33–34.

grundlage für alles andere. Jede andere Bestimmung ist zusammengesetzt; sie *fügt* dem Einen *etwas hinzu*; sie sagt z. B. „ein Mensch" und fügt damit der Einheit die Bestimmung des Menschseins hinzu. Das *koordinierte Eine* ist die Welt der gewöhnlichen Erfahrung und unserer alltäglichen Benennung. Jedes gewöhnliche Reden ist eine Hinzufügung zum Einen, eine *additio* zum Unum.[128] Diese Theorie ist, wie wir bei *De complementis theologicis* gesehen haben, die Grundlage der negativen Theologie. Darauf komme ich gleich zu sprechen.

Axiom VIII: Das Eine ist vor dem Sein. Die Begründung lautet im Anschluß an Platon-Proklos: Nicht-Sein ist ebenso wie Sein eine einheitliche Bestimmung; folglich steht das Unum vor dem Auseinandertreten von Sein und Nicht-Sein.[129] Damit erklärt Cusanus die Axiome, mit denen er begonnen hat: Das *per se subsistens* oder das *authypostaton* ist nicht als ens *per se subsistens* zu denken, sondern als das, was dem *ens* wie dem *non-ens* vorausliegt.

Axiom IX: Das Eine ist nicht durch Teilhabe erreichbar; Teilhabe bedeutet immer schon einen Rückgang zum koordinierten Unum. Das Unum selbst ist nichts, woran ein anderes teilhaben könne. Dies schließt es seiner Definition nach aus. Es ist *imparticipabile*[130] Nun hatte Cusanus aber seit *De coniecturis* auch vom Zusammenfallen der Nicht-Teilnehmbarkeit mit der Teilnehmbarkeit gesprochen. Auch diesen Aspekt, der entwicklungsgeschichtlich wichtig war, blendet Cusanus zunächst einmal hier aus; er folgt widerspruchslos Proklos.

Axiom X: Das Prinzip ist das Nichts des Prinzipiierten. Es weist selbst nicht die Charaktere auf, die es begründet.[131]

Dieses Prinzip läßt sich in verschiedener Strenge auslegen. Genau genommen schließt es jede weitere Prädikation vom Unum aus. Es läßt sich aber auch folgendermaßen interpretieren: Das Prinzip besitzt in so ausnehmend überhöhter Form die Charaktere des Prinzipiierten, daß es im Vergleich zu diesen als ihr Nichts erscheint. Dies ist, scheint es, die Position des Cusanus in *De principio*.[132]

Axiom XI: Aus den Axiomen I–X folgt der Vorrang der negativen Theologie. Dies war schon in *De beryllo* n. 12, 12–13 p. 15 das Ergebnis

---

[128] ib. n. 39, 15–16 p. 55.
[129] ib. n. 33, 5 p. 45.
[130] ib. n. 29, 1–9 p. 41–42.
[131] ib. n. 17, 4 p. 21 mit den Quellennachweisen und n. 34, 1–10 p. 47.
[132] ib. n. 38, 15–16 p. 53.

der erneuten Befassung mit Proklos. Platon, hieß es im Kontrast zu der Synthese-Forderung vom 13. September 1453, war mit Dionysius darin einig, daß die negative Theologie den Primat haben muß.

Auf diese Cusanische These bezog ich mich vor allem, als ich sagte, Cusanus folge zunächst einmal so weit als eben möglich seiner proklischen Vorlage. Dies konnte er tun, weil *De principio* seine *zweite,* eine nachgeordnete Einleitung sein sollte. *De aequalitate* mit seinen starken Akzenten auf der Beseitigung der Andersheit, d.h. auf dem Ersehen des Prinzips im Intellekt, ist immer vorausgesetzt.

Im einzelnen führt Cusanus zur negativen Theologie aus: Platon – immer der Platon des Proklos – sah, daß Einheit in allen Einzelbestimmungen auftritt; wir sagen: *ein* Himmel, *eine* Erde. Daraufhin löste er die Bestimmung „Eines" ab von allen ihren Einschränkungen. Das „Eine" war damit abgetrennt von Sein wie von Nicht-Sein. Es war weder ein durch sich Subsistierendes noch ein Prinzip. Man konnte von ihm nicht mehr sagen, „das Eine ist das Eine", denn die Copula „ist" würde es in die Vielheit herüberziehen. Aber auch wenn wir die Copula weglassen und nur sagen „Das Eine, das Eine" geraten wir in Andersheit und Dualität, die wir vom Einen fernhalten müssen. Das Eine ist also unnennbar. Es ist nicht Grund, sondern der unnennbare Grund des nennbaren Grundes, *non... principium, sed... principii nominabilis innominabile principium.* Das Ergebnis dieser Ablösungsoperation ist: Wir sehen, daß widersprechende Sätze von ihm verneint werden. So daß wir von ihm sagen: Es ist weder noch ist es nicht. Es ist weder seiend und zugleich nicht-seiend noch unterliegt es der Alternative von Sein oder Nicht-Sein. Es steht über allem Sagbaren.[133] Dies ist eine Interpretation der negativen Theologie im Sinne der Koinzidenzlehre von *De coniecturis* I 5 n. 21, 10–14 p. 27s. Danach steht das Eine jenseits der Koinzidenz. Wir erreichen es weder mit unseren kopulativen noch mit disjunktiven Aussagen. Dies ist der durchgehende Ton der *Theologia-negativa*-Theorie in *De principio*: Das Eine steht vor jeder Negation und Affirmation.[134] Die Koinzidenztheorie umschreibt Cusanus wie in *De beryllo* als ein Sehen *durch* das Maximum und zugleich das Minimum.[135] Er bestätigt die These des proklischen

---

[133] ib. n. 19, 1–16 p. 25–27.
[134] ib. n. 24, 11–14 p. 35.
[135] ib. n. 34, 11–13 p. 47–48; n. 36, 1–4 p. 50. Das Prinzip ist vor jedem Maximum und jedem Minimum von Affirmationen.

„Platon", bezüglich des Einen täuschten uns Affirmationen wie Negationen.[136] Anders ausgedrückt: Das Eine steht vor dem Maximum wie vor
dem Minimum aller Affirmationen.[137] In diesem Zusammenhang erklärt
Cusanus, ohne Dionysius zu nennen, dessen *ignote ascendere*, das er mit
den Mönchen vom Tegernsee besprochen hatte, in folgendem Sinne: Das
intellectualiter Herangehen ist deswegen dem Einen nicht angemesen,
weil alle Wesen, nicht nur die Intellekte, das Eine anstreben und erseh-
nen.[138] Nehmen wir die genannten elf proklisch inspirierten Axiome zusammen, so ist Nicht-Wissen, *ignorantia*, das entscheidende Ergebnis,
aber in dem Sinne: Je mehr wir das Eine als unbestimmbar erfassen, um
so mehr nähern wir uns ihm mit unserem Wissen.[139]

3. Der bestimmungslose Grund bestimmt sich sprechend

Im Vorspruch zu *De principio* hieß es, das Eine sei der Grund, *der spricht.*
Wenn er spricht, muß er ins Viele treten, ohne sich darin zu verlieren.
Dann ist die negative Theologie zwar ein wesentliches Stadium unserer
Selbsterkenntnis, aber sie ist nicht das Ganze unserer Erkenntnis des
Grundes. Denn wenn der Grund spricht, dann sagt er etwas. Er sagt etwas Bestimmtes. Dann müssen wir realisieren, daß er über die Negationen genau so hinaus ist wie über die Affirmationen. Dies war die Position
von *De coniecturis*. Aber nach der erneuten Beschäftigung mit Proklos
kann Cusanus jetzt beide Seiten – die Unbestimmbarkeit wie die Bestimmung des Einen – schärfer fassen. Ich gebe dazu nur die wichtigsten Elemente aus *De principio:*
    Cusanus führt eine erneute Untersuchung zum Verhältnis von Einheit
und Vielheit. Hatte er zunächst den proklischen Platon gelobt, daß er das
Eine *abgelöst* habe von allen Einschränkungen, so gibt er doch auch zu
bedenken, daß *jede* Einheit eine gewisse Vielheit *mit sich führe*. Daß jede
Vielheit auf einer Einheit beruht, das hatte Cusanus oft genug mit Proklos und anderen gelehrt. Aber jetzt fordert er uns auf, jede Einheit in
ihrem Verbund mit dem Vielen zu denken. Das philosophisch Interes-
sante ist, daß das für jede Einheit gelten soll, omnem *unitatem habere*

---

[136] ib. n. 26, 10–11 p. 38.
[137] ib. n. 34, 11–12 p. 47.
[138] ib. n. 27, 6–11 p. 39–40.
[139] ib. n. 29, 9–12 p. 42.

aliquam sibi coniugam multitudinem.[140] Dann war die Ablösung des *au-tounum* von allem Vielen doch nicht der Weisheit letztes Wort. Dann müßten wir lernen, das Eine abzulösen – nicht nur von allen Vereinze-lungen, sondern vor allem von dem Gegensatz zwischen allen Vereinze-lungen und der vielheitslosen Reinheit. Wir kehren also von der Betrach-tung des Einen zurück in die Welt und sehen dort in der Einheit die Vielen und in der Vielheit das Eine, *in unitate multa et in multitudine unum.*[141] Wir sollen das bestimmungslose Eine nicht in der Weise betrachten, daß wir die Stufe der Koinzidenz folgenlos abstreifen.

Nun hat Josef Koch schon 1949 gezeigt, daß auch die Wendung *omnis unitas habet aliquam sibi coniugam multitudinem* von Proklos stammt und daß Cusanus dies in einer Marginalie festgehalten hat.[142] Wir können das Resümee des Cusanus als Marginalie 3 in der Ausgabe von Bormann S. 9f. und den Proklostext in der Moerbeke-Übersetzung lesen: Das Eine muß ein Seiendes und Vieles sein, denn jede Einheit führt eine ihr ver-bundene Vielheit mit sich:

Oportet quidem enim et unum esse ens et multa. Etenim omnis unitas habet aliquam sibi coniugam multitudinem.[143]

Diese Stelle steht gleich zu Beginn des Parmenideskommentars. Die Un-terscheidung von *unum exaltatum* und *unum coordinatum* ist noch nicht getroffen. Und wenn Proklos auch sonst ausdrücklich dazu anhält, das Viele nicht zu übersehen[144], so will er dabei doch zeigen, daß das Viele nicht ohne das Eine ist. Die zitierte Stelle nun sagt: Die Monas hat in ihrer Gesellschaft, in ihrer *systoicha*, als Koprinzip die Vielheit, und so wird denn auch das *Hen* zum *on* und zum *Vielen*.[145] Bei der Betrachtung der Welt kommt es darauf an, die Vervielfältigung des Einen ebenso zu sehen wie das Zusammengehaltenwerden durch das Eine. Doch liest man den Parmenideskommentar weiter, dann wird klar, daß Proklos prote-stiert gegen die Ineinssetzung des *Hen* mit dem Demiurgen.[146] So wichtig

---

[140] ib. n. 30, 15–16 p. 43.

[141] ib. n. 30, 18 p. 43.

[142] J. Koch (wie Anm. 111) S. 94.

[143] bei Steel, p. 5 Zeile 63–64.

[144] Proklos, *In Parmenidem* I ed. V. Cousin, Paris 1864 p. 708, 24–236.

[145] ib. I Cousin p. 620, 5–8.

[146] ib. VI Cousin p. 1070, 15ff. Vgl. dazu P. Hadot, Christlicher Neuplatonismus. Die theo-logischen Schriften des Marius Victorinus, Zürich – München 1967, S. 8.

also Proklos für Cusanus war – wegen des Nachweises, daß kein Vieles
ohne das Eine sein kann, daß das Eine jenseits von Selbig und Anders
steht sowie durch die ganze Reihe der einheitsphilosophischen Axiome –
so nimmt er doch mit der zitierten Stelle des Proklos eine anti-proklische
Wendung. Wir haben ihn soeben noch sagen hören, sein Gott sei *ante
ens*, vor dem Gegensatz der Bestimmungen von „seiend" oder „nichtsei-
end". Jetzt läßt er das Eine nicht nur seiend sein, sondern sogar viele. Dabei war ihm klar, daß Proklos sich gegen die Zulassung kontradiktorischer Sätze bezüglich desselben ausgeprochen hatte.[147] Aber Cusanus
wollte ein Prinzip denken, das spricht. Er wollte *ein Unbestimmtes* denken, das sich und alles *bestimmt*. Sein Eines mußte also auch Intellekt
sein. Und Cusanus kündigt seine Intention in *De principio*, also im Augenblick größtmöglicher Annäherung an Proklos, auch an: Sein *Unum*
erkennt sich selbst. Wir können von ihm nicht leugnen, daß es *intellectus*
ist. Warum nicht? Weil es so *besser* ist.[148] Mit Hilfe der *lex melioris*, die
gebietet, Gott so zu denken, daß Besseres nicht gedacht werden kann –
und das verlangte nicht nur Anselm, sondern eine alte Tradition, die in
der fünften Gottesdefinition des *Buches der XXIV Philosophen* zusammengefaßt ist – unterläuft Cusanus die strenge Fassung der negativen
Theologie.

Er unterlegt der proklischen Philosophie des Einen seine Trinitätsphilosophie, indem er argumentiert: Weil das Eine Intellekt ist, erzeugt es
von sich einen Wesensbegriff oder eine *diffinitio*, den Logos. Diese *Diffinitio* ist der Erkenntnisgrund, die *ratio*, in dem es sich als das eine Notwendige erfaßt und alles erkennt, was durch Einheit zusammengefaßt
und verwirklicht werden kann. Diese Selbstdefinition schließt die Welt-
definition mit ein; sie erzeugt das wesensgleiche Wort, das alles Bestimm-
bare, *diffinibile*, in sich einfaltet, denn ohne den Erkenntnisgrund, die
ratio, des *einen Notwendigen* kann nichts definiert werden.[149] Was Platon
das *unum* nenne, das sei ineins Prinzip, das prinzipiierte Prinzip und das
Prinzipiierte beider Prinzipien. Dazu stützt Cusanus sich auf die irdische
Vaterschaft, die Sohnschaft und die Liebe beider. Er sieht, daß er nicht
ohne weitere Begründung auf derart sinnlich-zeitliche Verhältnisse zurückgreifen kann, um das proklische Eine zu bestimmen, und hilft sich

---

[147] Proklos, *In Parm.* II Cousin 726, 12–17, Steel 87, 66ss und Marginalie 46 bei Bormann S. 20.

[148] Cusanus, *De principio* n. 9, 1 p. 10.

[149] ib. n. 9, 1–7 p. 10s.

mit dem neuplatonischen, auch proklischen Grundsatz, die Zeit sei das
Bild der Ewigkeit.[150] Aber daß es im Prinzip ein Prinzip, im Ursprung
einen Ursprung geben soll, das schafft Schwierigkeiten bei allen Philosophen, denn diese wesensgleiche Weltvernunft ist Prinzip der Welt, aber es
soll keine zwei Prinzipien geben, und es ist schwer einzusehen, wie das
Prinzip ein Prinzip haben kann, wenn die Überlegung nicht ins Unendliche führen soll. Cusanus löst sie: Das Ewige ist die Ewigkeit. Das *Unum*
ist die Fülle seiner Bestimmungen; es ist kein Fall seiner Bestimmungen.
Daher ist das Unum nicht nur ewig, sondern die Ewigkeit selbst. Daher
könne von ihm nicht mit minderem Recht behauptet werden, es sei Prinzip des Prinzips, als es sei Prinzip des Prinziiierten. Und die Unendlichkeit sei hier kein Einwand, denn das Eine sei die Unendlichkeit, und in
ihm sei das Contractum dasselbe wie das Absolutum.[151]

Cusanus hat seine Trinitätsphilosophie immer neu zu begründen gesucht. Er will den Einwand „aller Philosophen" zurückweisen, daß er ein
Prinzip im Prinzip annehme; dies zwingt zu neuen Überlegungen. Im
Unum ist das *contractum* das *absolutum*. Dies ist die Antwort. Der
regressus in infinitum schreckt ihn nicht; es gehe hierbei ja ums Unendliche.

Noch einmal wiederholt Cusanus seine Überzeugung, die Trinität, an
die die Christen glaubten, sei allgemeines Gut der denkenden Mensch
heit: Die Trinität sei Lehre der Platoniker, die sogar von mehreren Trini-
täten sprächen; die Peripatetiker beschrieben den ersten Grund als dreifachen Ursprung; auch die Juden und die Sarazenen verstünden das Unum
als zugleich Geist und Seele.[152]

Das so gedachte *Unum* definiert sich selbst und spricht. Es spricht,
wie jeder Grund im Begründeten sich mitteilt. Es spricht sogar sinnlich;
es spricht rational und intellektuell zu uns. Es *ist* seine Enthüllung, *reve-*
latio; es ist seine Rede, seine Darstellung, seine Manifestation. Der ganze
Weltprozeß ist die Enthüllung der Gründe und in ihnen allen die Offenbarung des ersten Grundes.

Diese Eckhartsche Argumentation bildet nun ein Gegengewicht zu der
strengen negativen Theologie. Das Prinzip spricht; es spricht zu allen
durch alles.[153] Damit ist gedanklich der Anschluß hergestellt an die Ent-

[150] ib. n. 11, 1–16 p. 13–15.
[151] ib. n. 13, 1–15 p. 15–16.
[152] ib. n. 14, 1–9 p. 16–17.
[153] ib. n. 16, 1–20 p. 19–21.

hüllungsphilosophie von *De aequalitate*. Denn die *aequalitas*, die alles formt, ist die Selbstdefinition des Einen, ja, Cusanus faßt *De aequalitate* rückblickend einmal dahin zusammen, die *aequalitas* stifte die Einheit und sei der Grund der Einung.[154] Auch im Text von *De aequalitate* bezeichnete Cusanus es als einen *Anschein*, die Einheit sei der „Vater" der *aequalitas*.[155] Er selbst hatte bisher mit der Tradition so gesagt; jetzt, Juni 1459, läßt er die *aequalitas* die *complicatio* der *unitas* sein und will in der *unitas* nichts sehen als die *aequalitas*. Dies heißt: Die Gottheit ist eine, weil sie Geist ist, und Cusanus hat – entgegen der Warnung des Proklos – auch keine Bedenken, das *Unum* mit dem Demiurgen, dem *intellectus conditor,* zu identifizieren.[156]

4. Einheitsphilosophie und Logoslehre

Denken wir noch ein wenig nach über die beiden Schriften *De aequalitate* und *De principio*. Sie sind zeitlich knapp nacheinander entstanden; sie bilden zwei Seiten einer programmatischen Einleitung. Ihre Analyse zeigt noch einmal, was eine genetische Betrachtung *nicht* ist: Sie forciert nicht den Entwicklungsgesichtspunkt; sie achtet nur auf neue Andersheit. *De principio* sagt Dinge, die Cusanus in *De aequalitate* nicht *gesagt* hat. Auf das Sagen oder das Schreiben kommt es an; über die geistige Innenwelt des Cusanus wissen wir außerhalb des Geschriebenen nichts. Die genetische Betrachtung ist also eine Textvergleichung mit besonderer Aufmerksamkeit auf schriftstellerische Regie. *De aequalitate* brachte eine neue Trinitätsphilosophie; sie war die Cusanische Fortführung der Ideen des *magnus Augustinus* (fol. 17 r 16) als Zeit- und Trinitätsphilosophen auf dem in *De beryllo* erreichten theoretischen Niveau. *De principio* versucht, diese Konzeption so weit als möglich mit der proklischen Philosophie auszugleichen. Dies bot für Cusanus zunächst einmal Gelegenheit, die Axiome der Einheitsphilosophie zusammenzustellen. Er fand in Proklos eine Reihe von Thesen klar formuliert, die in vielen anderen traditionellen Texten in Anspruch genommen, aber meist in der Form der Anwendung präsentiert waren. Jetzt konnte er sie einmal für sich betrachten und als Leitfaden der Bibelauslegung darstellen. Beide kleinen Traktate oder

---

[154] ib. n. 30, 20–22 p. 43.
[155] *De aequalitate* fol 19 v 34–37.
[156] *De principio* n. 21 ganz p. 28–30.

*Sermone*s sind Erklärungen des Johannesevangeliums. Sie gehen bei der Bibelauslegung aber sehr wählerisch und punktuell vor; man mußte die Johanneserklärungen Augustins, Eriugenas oder Eckharts vor Augen haben, um diese Art der Bibelerklärung nicht befremdlich zu finden. Dies ist jedenfalls die Tradition, aus der beide *Sermones* erwachsen sind.

Die philosophische Position beider Schriften ist die eines intellekttheoretisch verwandelten Parmenideismus. Es gibt nur *ein* für sich Bestehendes, und dies ist die Gleichheit, die in sich dreieinig ist. Es ist eine Drei-Einheit ohne Andersheit; sie ist der Grund aller Realität; sie ist die Realität aller Realität. Deswegen sagen, Cusanus zufolge, Christus und Paulus dasselbe wie Parmenides-Platon-Proklos. Cusanus ordnet sich in diese Linie ein, freilich mit ausgesprochenem Originalitätsbewußtsein. Die Philosophie des Aristoteles tritt in *De principio* nur als Quelle von Schwierigkeiten auf: Sie formuliert das Bedenken, die Argumentation gehe ins Unendliche, wenn wir ein Prinzip des Prinzips annehmen.[157] Cusanus verwirft die Argumente des Aristoteles gegen die Einheitsphilosophie des Melissus. Der Name des Aristoteles wird nur einmal erwähnt – gegen acht Erwähnungen Platons –, und zwar wegen der Einwendungen. Die Einheits-Philosophie sei so absurd nicht, wie Aristoteles sie darstelle, denn bei aller Erkenntnis sähen wir doch nichts als das Unendliche. Alles Wissen hat das Unbegrenzte zum Inhalt, das Unbegrenzte als begrenzend oder als begrenzt,[158] d.h., als Gott oder Welt. Auch eine solche Polemik war programmatisch; sie zog die Grenzen zwischen der parmenideisch inspirierten Einheitsphilosophie und der Annahme der Aristoteliker, es gebe viele Substanzen und das Unendliche sei nicht wißbar. Cusanus setzt dagegen: Es gibt das eine Unendliche als Inhalt allen Wissens; dieses Unendliche sehen wir in zwei Modi, aber immer ist das *eine* Unendliche das Gewußte.

Es wird im Nicht-Wissen gewußt. Aber dazu müssen wir das Nicht-Wissen als Wissen verstehen lernen. Dies stand für Cusanus seit *De docta ignorantia* als sein Programm fest. Doch Nicht-Wissen war verschieden interpretierbar. Selbst was Schweigen bedeutet, variierte. In *De principio* spricht der Grund. Das Prinzip und das Universum verhalten sich wie der Sprecher und ein sinnliches Wort. Zwar wiederholt Cusanus in diesem Zusammenhang das ältere Axiom, zwischen dem Sinnlichen und

---

[157] Vgl. n. 13, 1–4 p. 15, wo aber Aristoteles nicht eigens genannt ist.
[158] ib. n. 33, 1–3 p. 45.

dem Nicht-Sinnlichen bestehe keine Proportion. Aber das Prinzip ist dem Prinzipiierten nahe, so sehr, daß wir vom Grund weder sagen dürfen, er sei dasselbe wie das Begründete, noch er sei etwas anderes. Steht der Grund doch vor der Alternative von Identität und Andersheit. Von daher müssen wir die Negation und das Schweigen auslegen: Ein Wesen, das seiner Natur nach keine Farbe haben kann – etwa ein Gedanke –, ist weder weiß noch schwarz. Aber seine Farblosigkeit ist kein Mangel. Die Farben sind in ihm auf höhere Weise; sie sind in ihm als in ihrem Grund. So negieren wir von der Seele sowohl Stimme wie Schweigen. Aber wenn wir von ihr sagen, sie schweige, dann schweigt sie doch nicht, wie ein Stück Holz schweigt; sie erzeugt auch nicht Töne wie ein Stück Holz. Sie ist das Nichts des Redens, weil sie die Ursache ist sowohl fürs Reden wie für das Schweigen, und in diesem Sinne negieren wir alle Prädikate vom Grund, der spricht.[159] Der Grund ist die Substanz des Begründeten; wir dürfen von ihm nicht sagen, er sei vom Begründeten verschieden; daher spricht er im Begründeten. Wenn die Seele von ihm schweigt, schweigt sie nicht wie ein Stück Holz, sondern als Wissen ihres Nicht-Wissens. Die Seele – als Grund von Reden und Schweigen – schweigt auch, wenn sie redet.

---

[159] ib. n.38, 1–20 p. 53s.

IV.
DAS KÖNNEN IST

1. Das Problem des Übersetzens

Manche Autoren verwechseln ihr Gerüst mit dem Bau. Sie rücken ihre methodischen Probleme in den Vordergrund und lassen Themen und Texte dahinter zurücktreten. Ihr Methodenbewußtsein ist zu rühmen; ich finde nur ihre Lehrart oder ihre Darstellungsweise störend. Ich schiebe immer wieder methodische Reflexionen dazwischen und erläutere sie am Text und meiner Darstellung des jeweiligen Textes. Kein Autor redet rein nur von der Sache; er ist im Spiel, auch wenn er es nicht weiß.

An dieser Stelle muß ich ein methodisches Bedenken aussprechen, das von Anfang an diese Vorlesungen begleitet hat; es ist das des Übersetzens. Es fing schon an mit dem Wort „Sermo". Wir können „Predigt" dafür sagen, aber welche falschen Assoziationen weckt dieses Wort heute! Eine „Predigt" über Lulls Korrelativenlehre oder über Vorzüge und Nachteile der Philosophie des Proklos – ist das noch eine „Predigt"? Im Deutsch des ausgehenden zwanzigsten Jahrhunderts ist sie es offensichtlich nicht. Aber wie sollen wir sonst sagen: „Ansprache"? Das klingt nach Radiopredigten am Sonntag; damit hat Cusanus nichts zu tun. „Rede" wäre vielleicht noch das Beste, weckt aber wieder andere Assoziationen, die stören. Der Übergang von der Rede zum Traktat ist zudem, wie wir gesehen haben, fließend. Ich finde, diese Verlegenheit bei *Sermo* ist keine Nebensache; wer gar zu unbesorgt mit „Predigt" übersetzt, stützt damit eine theologisierende Cusanusdeutung, die den Texten nicht entspricht: Was sucht die Analyse der Triplizität des Syllogismus in einer „Predigt"?

Gravierender wird das Problem des Übersetzens, wenn es nicht nur um die Textsorte, sondern um Inhalte geht. Ich habe mehrmals empfohlen, einige Wörter als Fremdwörter zu behalten; dies galt für *ratio* und *intellectus,* besonders aber für *mens.* Ich habe dann zwar mit Übersetzungsversuchen gespielt, also für *ratio* „Verstand" gesagt und für *intellectus* „Vernunft", habe dabei jedoch immer den Abstand angedeutet, der zwischen Gesagtem und Gemeintem besteht. Maximal wird die Verlegenheit bei *mens* und *spiritus. Spiritus* ist geradezu aequivok. Es bezeichnet die biologischen Lebensgeister der alten Physiologie; es bezeichnet paulinische Motive, die zu übersetzen ich mir nicht zutraue, und es ist zuweilen gleichbedeutend mit „Engel" oder „Dämon". Darüber hinaus kann es auch für *mens* gebraucht werden, das wir mit unserem „Geist" mehr verfehlen als erreichen. Ich habe diese Übersetzung in einer Art kalkulierter Inkonsequenz zwar zunehmend einsickern lassen in meinen Text, aber nur im Vertrauen darauf, mit dem Fortgang unserer gemeinsamen Überlegungen könnte es zunehmend gelingen, unhistorische Assoziationen zu vermeiden.

Hätte ich gleich zu Anfang diese Schwierigkeiten in all ihrer Härte beschrieben, dann hätte ich mir vermutlich zugerufen, ich solle die Arbeit aufgeben. Etwas von dieser Skepsis bleibt, auch in meiner Leseerfahrung: Ich verstehe das Cusanische Latein allemal besser als die Übersetzungen. Ich kann mir ernsthaft nicht vorstellen, daß es ein Cusanusstudium nur aus den Übersetzungen gäbe. Damit kritisiere ich nicht die Übersetzungen. Aber sie bleiben inadäquat. Das gilt natürlich auch für meine Umschreibungen. Nur prätendieren diese keine wörtliche Wiedergabe; sie wandern frei in dem Raum zwischen lateinischem und deutschem Satz hin und her.

Einige Übersetzungsschwierigkeiten muß ich genauer ins Auge fassen:

Docta ignorantia. Doctus heißt weder „gelehrt" noch „belehrt"; es heißt „einsehend", „wissend". Die *doctissimi*, von denen Cusanus spricht, sind nicht die „Gelehrtesten" in unserem Sinne dieses Wortes, den Luther noch nicht kannte; er konnte noch vom Heiligen Geist sagen, er sei „gelehrt", weil das damals, wie das Grimmsche Wörterbuch belegt, noch bedeutete, er sei voller Einsicht. Die *doctissimi*, das sind *die Denkendsten*, die Männer mit der tiefsten Einsicht; es sind die Neuplatoniker, es sind Proklos und Dionysius. Für *docta ignorantia* sage ich denn „wissendes Nichtwissen". Damit mein Übersetzungsnotbehelf nicht terminologisch erstarre, variiere ich ihn zu: *Wissen des Nichtwissens. „Nichtwissen als Wissen"*, das wäre wohl die angemessene Übersetzung. Aber das wäre eine freie Umschreibung, keine buchstäbliche Übersetzung. Literaturwissenschaftler unterscheiden zwischen Übersetzung und Übertragung. „Übertragung" wäre die freiere sprachliche Neugestaltung. Hat Goethe Diderot übersetzt oder „übertragen"? Die mittelalterlichen Übersetzungen waren oft Übertragungen, wie z. B. *„principium, qui et loquitur"*. Andererseits haben wir andere philologische Standards als Wilhelm von Moerbeke.

Coniectura – dafür ist „Vermutung" zu wenig, denn so unsicher ist die Cusanische *coniectura* nicht. Sie ist keine „Ahnung". Deswegen hat sich die Übersetzung „Mutmaßung" eingebürgert; das klingt gewichtiger, aber was sich ein normaler Leser dabei denkt, weiß ich nicht. Vielleicht wäre es besser, wir ließen das Fremdwort *Coniectura* stehen, aber dann rückt es in die Nähe unseres Fachterminus „Konjektur", der eine Text-verbesserung durch Editionstechniker bezeichnet, also in eine andere kulturelle Welt als die Cusanische *coniectura* gehört.

Wir werden das Problem nicht los. Die mehr als fünfhundert Jahre, die uns von Cusanus trennen, haben unsere Sprache mehrfach umgewälzt; es gibt keinen einfachen Weg, diesen geschichtlichen Vorgang zu umgehen. Je fremder ein Ausdruck wirkt, um so wahrscheinlicher trifft er die Cu-sanische Nuance. Aber dies wiederum läßt sich nicht durchhalten. Um gelegentlich das Fremde aufleuchten zu lassen, müssen wir in heutiger Normalsprache sprechen und *innerhalb ihrer* Distanzerfahrung schaffen.

Der Übersetzer muß die Zumutung des Fremden immer auch mode-rieren; er darf nicht zuviel in die Übersetzung legen wollen. Nehmen wir den Buchtitel *De visione Dei*. Es hat sich die Übersetzung eingebürgert: *Vom Sehen Gottes*. Dies ist schön erdacht. Der Leser, der das Buch zur Hand nimmt, weiß nicht, ob *wir* Gott sehen oder ob Gott *uns* sieht, und am Ende des Buches soll er wissen, daß der genitivus obiectivus auch ein genitivus subiectivus ist, daß wir also Gott sehen, *weil* er uns sieht. Doch, meine ich, das gehöre noch nicht in die Übersetzung des Buchtitels. Cusanus selbst hat sich vor einer solchen Ballung des Tiefsinns klug ge-hütet. In seinem Brief vom 18. März 1454 an Bernhard von Waging um-schreibt er seinen Buchtitel mit: *De videndo Deum.*[160] Die Ausgangs-erfahrung ist, daß *wir* den unsichtbaren Gott sehen. Alles weitere ergibt sich später. Wer etwas Unbekanntes sucht, muß zuerst auf etwas Bekann-tes blicken, sagt Cusanus. Da es außerdem ein Latinismus ist, im Deut-schen bei einem Buchtitel die Präposition *De* mitzuübersetzen – *De prin-cipio* heißt in gutem Deutsch nicht: *Über* das Prinzip, auch nicht: *Vom Prinzip,* sondern einfach: *Das Prinzip –*, könnte die Übersetzung von *De visione Dei* am ehesten lauten: *Gott sehen.*

Abstandsbewußtsein zu fördern beim Übersetzen, ohne Überfrach-tung mit Interpretation – dies gelingt leichter, wenn Cusanus ein neues Wort geschaffen hat, das wir dann übernehmen, als Fremdwort. Das

---

[160] Vansteenberghe, Autour p. 132.

Wort „Koinzidenz" hat Cusanus zwar nicht erfunden, aber er hat es so imprägniert mit eigenem, daß wir es stehen lassen können. Wenn er ein völlig neues Wort gebildet hat, sollen wir, meine ich, den Anstoß weiterwirken lassen, den er damit intendiert hat. Terminologische Neuerungen waren in der mittelalterlichen Universitätswelt, zumal in der Theologie, keine so harmlose Sache, wie sie es heute bei uns wären. Wenn Cusanus neue Gottesnamen schuf, meine ich, wir sollten sie beibehalten. So sage ich denn für *Possest* gelegentlich „Können ist", lasse aber normalerweise den zusammengesetzten lateinischen Ausdruck stehen.

Zum Problem des Übersetzens noch eine letzte Bemerkung: Die größte Schwierigkeit liegt immer dort, wo sie *nicht* durch eine sprachliche Auffälligkeit auf sich aufmerksam macht. Dort glaubt der Leser zu leicht, mit seinen Lateinkenntnissen allein auszukommen; er stellt sich weniger als bei neuerfundenen Ausdrücken aufs Umlernen ein. Es ist wie beim Übersetzen aus dem Mittelhochdeutschen: Es ist schlecht für den Übersetzer, wenn es einen bestimmten mittelhochdeutschen Ausdruck auch heute noch gibt. So etwa bei dem Wörtchen „durch". Es scheint noch immer dasselbe Wort zu sein, aber im 14. Jahrhundert bedeutete es etwa: „um willen" , es sagte also gerade nicht dasselbe wie unser neuhochdeutsches Wörtchen „durch". Wenn wir *Deus* mit „Gott" übersetzen, *Universum* mit „Universum", begehen wir die meisten Ungenauigkeiten. Gerade dort, wo der Schein der Kontinuität gewahrt wird. Ich habe immer wieder versucht, mit Cusanus von den abstrakten Umschreibungen auszugehen, um das umgangssprachliche Wort „Deus" neu zu gewinnen. Nicht was *wir* volkssprachlich oder gar nach einem Studium der heutigen Theologien uns bei dem Wort „Gott" vorstellen, ist einzusetzen, sondern wir haben auszugehen von Bestimmungen wie

> das Maximum, das zugleich das Minimum ist,
> das, worüber hinaus Besseres nicht gedacht werden kann,
> das Prinzipium *vor* dem Seienden,
> der absolute Begriff,
> das *eine* Notwendige.

Erst wenn wir diese Bestimmungen denken, füllen wir die Vokabel „Deus".

Die Schrift *De Possest* handelt von einem Gottesnamen, der die erforderliche philosophische Transposition selbst anzeigt. Sie ist nicht genau datierbar. Es ist darin von großer Winterkälte die Rede; daher hat sie Vansteenberghe auf den Februar 1460 datiert und als Ort der Unterhaltung die Fluchtburg Buchenstein oder Andraz genannt, wo auch *De beryllo* entstanden ist. Dagegen hat sich kein ernsthafter Einwand erhoben; die relative Chronologie ist ohnehin unstrittig, d.h. *De Possest* ist nach *De principio* vom 9. Juni 1459 geschrieben und vor der *Cribratio Alchorani* vom Winter 1460/61, und auf diese Stellung kommt es in einer genetischen Analyse an. Dies gilt auch bei meinen anderen Datierungen. Ich habe versucht, dabei so genau wie möglich zu sein. Ich habe mich an die Biographien von Edmond Vansteenberghe und Erich Meuthen gehalten, habe die Einleitungen der Herausgeber der Heidelberger Ausgabe zugrunde gelegt und, soweit vorhanden, die *Acta Cusana* konsultiert. Für die *Sermones* halte ich mich an die Forschungen von M. Bodewig und R. Haubst. Selbst wenn sich noch geringfügige Präzisierungen der *absoluten* Chronologie ergeben sollten, steht doch die Abfolge der Schriften und ihre ungefähre Datierung fest.

De Possest hat den Charakter einer intimen Unterhaltung unter drei Freunden. Die Gesprächspartner heißen Bernhard und Johannes. Dies sind historische Personen. Es sind Bernhard von Kraiburg, der Kanzler des Erzbischofs von Salzburg, und Giovanni Andrea dei Bussi, Abt von St. Justina in Rom, dem wir schon als dem Herausgeber der ältesten Druckwerke Italiens begegnet sind.[161] Die Freunde nutzen, von Cusanus ermutigt, die seltene Gelegenheit, daß der Kardinal einmal Zeit hat, und wollen mit ihm über alle Hauptthemen sprechen, *de omnibus maximis*[162]. Konkret: Sie fragen nach der Bedeutung des neuen Gottesnamens *Possest*, nach dem Verhältnis des Possest zur Welt, nach seiner Beziehung zur Trinität und nach dem genauen Sinn der negativen Theologie.

---

[161] Zu Bernhard vgl. AC I 3 a Nr 993 p. 692. Zu Giovanni Andrea ib. I 2 Nr. 519 p. 375 und oben S. .

[162] Cusanus, *De Possest*, h XI 2, ed. R. Steiger, Hamburg 1973, n. 40, 3 p. 47. Zu De *Possest* vgl. auch die Übersetzungen von E. Bohnenstaedt, Vom Können-Sein, Leipzig 1947, von R. Steiger, Dreiergespräch über das Können-Ist, 3. Auflage Hamburg 1991; J. Hopkins, A Concise Introduction to the Philosophy of Nicholas of Cusa. 3. Auflage Minneapolis 1986.

2. Der neue Gottesname – Alles, was sein kann

Das Dreiergespräch kommt dadurch in Gang, daß die Freunde die Stelle im *Römerbrief* 1, 20 erklärt haben wollen, wonach unser Geist das Unsichtbare Gottes (genauer: *invisibilia*, im Plural, also: die unsichtbaren Dinge in Gott) aus der Anschauung der sinnlichen Welt erkennen kann. Diese Stelle galt im Mittelalter als autoritative Aufforderung, philosophische Theologie zu treiben. Die Freunde haben Probleme mit dem Text: Wie soll das Unsichtbare gesehen werden können? Was bedeutet der Plural? Damit ist das Thema gestellt: Es geht – wieder einmal, können wir hinzufügen – um unser Sehen Gottes und wie wir die Welt in ihm sehen. Und dann: Wenn wir Gott sehen – und die Welt in ihm –, wieso redet dann Dionysius von Dunkelheit und von der Notwendigkeit, über uns selbst hinauszusteigen? Cusanus hielt Dionysius noch für einen Schüler des Paulus; der Trialog gibt ihm Gelegenheit zu einer Paulusdeutung mit Hilfe des im Sinne der Cusanischen Philosophie gedeuteten Paulusschülers Dionysius. Cusanus sagt nicht mehr und nicht weniger, als daß Paulus die platonische Ideenlehre gelehrt habe; darauf beziehe sich der Plural *invisibilia*.[163] Er nennt aus der alltäglichen Erfahrung ein Bild, ein *aenigma*, für eine solche Art sinnlich-intellektueller Erkenntnis. Es ist das Lesen. Wir sehen mit den Augen die Buchstaben und erfassen mit dem Geist deren Sinn.[164] Beides gilt also: Wir *sehen* Gott, und: Unser Sehen Gottes ist das Eintreten in die *Dunkelheit.* Unüberhörbar ist der Anklang an die 1453 mit den Mönchen vom Tegernsee besprochenen Fragen. Doch will Cusanus die alten Fragen neu lösen. Dazu hilft ihm der neue Gottesname *Possest,* dann auch das Nachdenken über das Kreiselspiel der Kinder: Je kräftiger der Bub den Kreisel antreibt, umso schneller bewegt er sich, bis er zu stehen scheint und ein Bild der Koinzidenz von Ruhe und Bewegung abgibt.[165] Cusanus malt sein Ergebnis anschaulich in der Sigle IN[166], die er in einer Buchstabensymbolik nach lullistischem Vorbild ausdeutet.

Beginnen wir mit dem neuen Gottesnamen *Possest.* Cusanus beginnt keineswegs mit der Bestimmung „Gott". Er treibt zuerst eine philosophische Analyse und sagt: Alles was existiert, kann existieren. Es ist *actu* das, was es sein kann. Wir sehen also das Sein-Können und das Sein.

---

[163] *De Possest* n. 4, 9–5, 4 p. 6.
[164] ib. n. 2, 14–18 p. 4.
[165] ib. n. 18–19 p. 23–26.
[166] ib. n. 54–56 p. 65–68.

Und wie wir beim Anblick eines sichtbaren weißen Körpers in Gedanken aufsteigen zum nicht-sichtbaren Weißsein – platonisierend: vom Ding zur Idee –, so steigen wir auch vom aktualen Sein zur absoluten *actualitas* und vom Möglichsein zur absoluten Möglichkeit. Die absolute Actualitas umfaßt alles, was *actu* ist; die absolute Möglichkeit, *possibilitas*, umfaßt alles Können. Weder die *actualitas* noch die *possibilitas* hat einen Vorrang, denn wie könnte etwas actu sein, wenn nicht möglich wäre, daß es ist? Wie könnte etwas Mögliches aktuiert werden ohne Aktualität? Die absolute Möglichkeit und der absolute Akt sind also gleich grundlegend, gleich unveränderlich, gleich ewig. Da es nicht mehrere Ewige geben kann, sind sie eins. Sie sind so eins, daß Akt, Potenz und beider Verbindung, *nexus*, gleichwesentlich und ewig sind. Cusanus läßt sich erst noch einmal die Denknotwendigkeit dieses Resultates bestätigen – *mens dissentire nequit ... negare nequeo* –, um dann erst das Wort *Deus* einzuführen: Die philosophisch aufgezeigte Ewigkeit von Potenz, Akt und beider Verbindung – das nenne ich „Gott".[167] Gott ist also Potenz, Akt und deren Vereinigung. Bei allem, was nicht Gott ist, sehen wir einen Unterschied zwischen Möglich und Wirklich; Gott allein ist das, was sein kann. *Ita ut solus deus sit id quod esse potest.*[168] Potenz und Akt sind in ihrem Ursprung dasselbe – dies bezeichnet das Wort *Possest*. Die Sonne ist zwar auch *actu* das, was sie ist; aber sie ist nicht das, was sie sein kann, denn sie kann im nächsten Augenblick anders sein. Der Ursprung hingegen ist alles das, was überhaupt sein oder noch werden kann. Kein Geschaffenes ist *actu* alles das, was sein kann; es ist neben ihm immer noch anderes möglich. Es schöpft nicht alle Möglichkeiten überhaupt aus. Anders der Ursprung; er ist alles, was sein kann. Er ist also alles.

Man sollte diesen Gedanken weder abschwächen noch ihn modernisierend aktualisieren. Abgeschwächt hat Paul Wilpert ihn, indem er ihn auslegen wollte, als sage er: Der Ursprung ist alles das, was *er* sein kann. Als wäre von separaten Möglichkeiten des Ursprungs die Rede, neben denen es auch noch andere Möglichkeiten irdischer Dinge gäbe. Der Cusanische Gedanke zerstört diese Vorstellung eines eigenen Subjekts der Ursprungsmöglichkeiten. Der Ursprung ist schlechthin alles. Modernisiert wäre dieser Gedanke, würden wir die Modifikationen ignorieren, die Cusanus ihm beigab: Der Ursprung ist ausnahmslos alles, also nicht nur das, was *er* sein kann, aber er ist es auf die Weise der Einfaltung. Er ist

---

[167] ib. n. 6, 1–7, 2 p. 6–8.
[168] ib. n. 7, 6–8 p. 8.

alles, aber auf die Weise der *complicatio.* Dies ist keine Abschwächung, denn die *complicatio* ist keine nachträgliche Abstraktion, sondern der lebendige Ursprung, in dem die Dinge wahrer sind als in ihrer sinnlichen Erscheinung. Damit berühren wir eine zweite Modifikation, die der Gedanke der Alleinheit bei Cusanus hat. Die Differenz von sinnlicher und nicht-sinnlicher Welt, dieser Platonismus, ist immer mitzudenken. Zwischen Sinnlichem und Nicht-Sinnlichem besteht ein qualitativer Unterschied; Cusanus spricht sogar von unendlicher Distanz.[169] Dies nimmt dem Theorem der Alleinheit nicht die Klarheit: Im *Possest* ist *alles.* Es ist das Können schlechthin, *posse simpliciter,* und darin liegt, daß es *alles* Können ist. Neben dem realisierten Alles-Können gibt es *keine weitere Wirklichkeit.*[170] Dies sagt die neue Wortbildung: *Posse* und *esse* sind vereint, und gemeint ist das Können in seiner ganzen Allgemeinheit, jenseits der Alternative von Machen-Können und Werden-Können.[171] Machen und Gemachtwerden sind das Können selbst.[172] Was sonst noch nicht oder nicht mehr ist, ist in ihm die absolute Notwendigkeit. Daraus ergibt sich die koinzidentale Erklärung des Gottesnamens: *non-esse est essendi necessitas*[173].

Das Können ist; es umfaßt notwendigerweise alles, und es kann nicht anders sein, als es ist.[174] *Deus est omnia, ut non possit esse aliud.*[175] Cusanus nennt das *Possest* folglich auch die absolute Notwendigkeit; er kann von ihm auch sagen, es sei das Sein selbst, *ipsum esse.* Es ist das Sein in allem Möglichen und in allem Wirklichen. Es gibt nur dieses *eine* Sein, allerdings in verschiedenen *modi essendi.*[176]

Ähnlich steht es bei Boethius und bei Thierry von Chartres, auch bei Dionysius. Das Wort *Possest* ist zwar neu, aber der Gedanke ist in einer Reihe von Nuancen traditionell. Er ist auch nicht erst 1460 von Cusanus gefaßt worden. Er sagt selbst, was er hier vortrage, habe er seit langem

---

[169] ib. n. 10, 6–9 p. 12. Zur These, das Maximum sei alles das, was *es* sein könne, vgl. P. Wilpert, Das Problem der coincidentia oppositorum in der Philosophie des Nikolaus von Cues, in: J. Koch (Hg.), Humanismus, Mystik und Kunst in der Welt des Mittlalters, Leiden – Köln 1953, S. 39–55 und meine Kritik in: K. Flasch, Die Metaphysik des Einen, S. 168–171.

[170] *De Possest* n. 16, 1–8 p. 20.

[171] ib. n. 27, 1–6 p. 32.

[172] ib. n. 29, 6–17 p. 35.

[173] ib. n. 27, 24–25 p. 33.

[174] ib. n. 10, 17 p. 13 und n. 12, 1–2 p. 14.

[175] ib. n. 13, 9–10 p. 16.

[176] ib. n. 12, 1 -11 p. 14.

bedacht; es sei ein *conceptus diu pensatus*.[177] Daß nichts sich selbst aktuieren kann, ist eine Konstante im Denken des Cusanus[178], und daß das Unendliche die Koinzidenz von Akt und Potenz sei, das lasen wir schon in *De docta ignorantia* I 4.[179] Seit *De mente* haben wir die Dynamik des *Könnens* stärker hervorgehoben gefunden. Aber es ist eines, einen Gedanken als einzelnes Theorem auszusprechen, und etwas anderes, ihn zur Grundlage einer zusammenhängenden Argumentation in einer eigenen Schrift zu machen und ihm einen neuen prägnanten Namen zu geben. Die Einheit der Realität tritt jetzt ungleich stärker hervor. Cusanus interpretiert seine These vom Maximum, das alles ist, was sein kann, *omne id, quod esse potest*, D. Ign. I 4 h 10, 12 , in *De Possest* im Lichte zweier Neuerungen der Zwischenzeit:

Da ist zunächst die Verschärfung der Koinzidenzlehre, wie sie die Schriften von 1453 zeigen, nach denen das Nicht-Sein die absolute Notwendigkeit ist.

Da ist ferner die proklische Akzentuierung der Einheit als der Hypostase aller Hypostasen. Nie wäre das *omne id quod esse potest* im Sinne einer separaten Gottessubstanz gedeutet worden, hätte man es zusammengehalten mit der Lehre von *De principio* n. 33, 1–3 p. 45, wonach wir es immer nur mit der Unendlichkeit zu tun haben, entweder im Modus des Begrenzens oder im Modus des Begrenzten. Die Realität – das ist die *eine* Unendlichkeit, entweder als *infinitas finiens* oder als *infinitas finibilis*.

Cusanus kommt in *De Possest* zweimal auf *De docta ignorantia* zu sprechen. Sein erster Hinweis erfolgt ohne weiteren Kommentar: Die Materie ist der Grund dafür, daß immer alle Körperdinge anders werden und es zwischen ihnen keine exakte Entsprechung gibt.[180] Daran hat sich seit 1440 nichts geändert; Cusanus wiederholt das nur und verweist die Freunde auf das frühere Buch, wobei wieder auffällt, daß er nie auf *De coniecturis* verweist. Der zweite Rückverweis bezieht sich auf die Theorie von der unendlichen Linie in *De docta ignorantia* I 13. Cusanus schreibt sie um im Sinne der Possest-Theorie und der Koinzidenztheorie auf der Stufe von 1453:

Gäbe es eine unendliche Gerade, die *das ganze Können des Linie-Seins*

---

[177] ib. n. 1, 6–7 p. 3.
[178] ib. n. 6, 10–12 Quellenapparat.
[179] ib. n. 7, 7 Quellenapparat.
[180] ib. n. 60, 6 p. 72.

ausschöpfte, dann wäre sie das Urbild und das genaueste Maß aller Figuren. Aber gerade die Unmöglichkeit der unendlichen Linie beweist, daß
Gott unendlich ist, daß er allem Nicht-Sein vorangeht, denn bei ihm ist
die Unmöglichkeit die Notwendigkeit.[181] Dies ist die Koinzidenzlehre in
der Form von *De visione Dei*, auf das Cusanus auch verweist.[182]

3. Die Welt – die Sichtbarkeit Gottes.
Gott – die Unsichtbarkeit der Welt

De Possest hält uns nicht nur an, *De docta ignorantia* im Licht von *De
visione Dei* zu lesen. Es bringt auch gegenüber dem Buch von 1453 Neuerungen. Ich fasse sie in drei Komplexen zusammen:

> Erstens: Es zeigt nicht nur, daß wir *Gott sehen*, sondern daß wir *die
> Welt in Gott sehen*.
> Zweitens: Es präzisiert – endlich – die genaue Rolle der *theologia ne-
> gativa*.
> Drittens: Es bestimmt die Rolle der *Mathematik* in ihrem Bezug zur
> philosophischen Theologie neu.

Beginnen wir mit Punkt 1. Schon in der einleitenden Auslegung der Stelle
im Römerbrief 1, 20 hebt Cusanus ab auf das Enthaltensein der Welt in
Gott. Weil es in der Welt viele sichtbare Dinge (*visibilia*) gibt, sollen wir
denkend aufsteigen zu ihrem Wesensgrund, der Ursprung für jedes Einzelne von ihnen ist, der also einen Bezug auf ihre Vielheit behält.[183] Das
Viele hat ein Anrecht im Einen. Der philosophische Aufstieg besteht darin, in Gott intellektuell das zu erfassen, was wir in der Welt sichtbar vor
uns haben – ihre vielen ewigen Wesensgründe, die Paulus mit dem Plural
von *invisibilia* meine.[184] Cusanus findet in *De Possest* eindrucksvolle
Wendungen für das Enthaltensein der Welt in Gott und für das Erscheinen Gottes in der Welt. Schon indem er das Unendliche als das Sein bezeichnet, schafft er Raum für Teilnahmemöglichkeiten, die es nicht böte,
würde es nur als das *herausgehobene Eine* definiert. Etwas von der Weltvielheit muß im Unendlichen erhalten bleiben. Strikt genommen ist es

---

[181] ib. 59, 1–19 p. 70–71.
[182] ib. n. 58, 12 und 19 p. 69 und 70.
[183] ib. n. 4, 1–8, besonders Zeile 8, p. 5.
[184] ib. n. 4, 9–5, 4 p. 6.

daher weder Eines noch Vieles, sondern steht außerhalb dieser Alternative.[185] Das Possest ist auch das Viele, aber auf nicht-vielheitliche Weise; es ist *plura impluraliter*.[186] Wie die Dinge der sinnlichen Welt mit ihrer Vielheit unsinnenhaft und einheitlich im Intellekt sind, so sind die endlichen Dinge im Possest viele ohne Vielheit, zeitlich ohne Zeit: *temporalia intemporaliter, ... corruptilia incorruptibiliter, materialia immaterialiter, plura impluraliter, numerata innumerabiliter, composita incomposite, et ita de omnibus*.[187] Es geht beim Aufstieg von den Sinnen über den Intellekt zum Possest nichts verloren, denn das Possest umfaßt alles. Es ist gar nichts anderes als die Unsichtbarkeit der Welt, und die Welt ist nichts anderes als die Sichtbarkeit des Possest. Cusanus bewegt sich hier in der Metaphysik der göttlichen Selbstenthüllung, die er seit *De beryllo* entfaltet, und er schreibt:

Quid igitur est mundus *nisi* invisibilis dei apparitio? *Quid* deus *nisi* visibilium invisibilitas ...? *Mundus igitur* revelat *suum creatorem, ut cognoscatur, immo* incognoscibilis *deus se mundo in speculo et aenigmate* cognoscibiliter ostendit.[188]

Dies sind eindrucksvolle Wendungen der Wechselseitigkeit von sichtbarer und unsichtbarer Welt. „Gott", das ist nichts anderes als die Unsichtbarkeit der sichtbaren Welt; wie sollte er uns fern und unbekannt sein? Er bestimmt sich selbst zur sichtbaren Welt, wie sollte er das bestimmungslose Unendliche bleiben? Der Ursprung definiert sich selbst; er spricht in der Welt zu uns; die Welt ist seine Enthüllung. Sie ist seine Offenbarmachung oder seine *revelatio*. Diese starken Formulierungen zeigen, in welcher Denkrichtung Cusanus sich 1460 bewegt. Jetzt ordnet er die proklischen Motive, die er in *De principio* passagenweise unverwandelt übernommen hatte, ein in eine Koinzidenzphilosophie, welche die neuplatonische Philosophie des Einen weiterentwickelt im Sinne Eriugenas, Thierrys von Chartres, Lulls und Eckharts. Wir fragen uns, wie dies mit der Heraushebung des Einen und dem Primat der negativen Theologie vereinbar ist. Wie kann das herausgenommene Eine zugleich das Sein selbst sein? Wie gar kann es vieles sein, ohne Vielheit, zusammengesetzt ohne Komposition? Damit kommen wir zu Punkt 2.

---

[185] ib. n. 41, 4–8 p. 49s.
[186] ib. n. 71, 14 p. 83.
[187] ib. n. 71, 12–15 p. 83.
[188] ib. n. 72, 6–11 p. 84s.

4. *Die neue Ortsbestimmung der* theologia negativa

De Possest präzisiert die genaue Funktion der *theologia negativa*. Wenn es nach dem, was Cusanus dazu im Brief vom 14. September 1453, in *De visione Dei*, in *De beryllo* und in *De aequalitate* gesagt hat, auch nur einigermaßen konsequent weitergeht, muß Cusanus die negative Theologie neu interpretieren, und zwar in dem Sinne, daß die Erkenntnis des *Possest* nicht primär in der Negation bestehen kann. Nicht, als würde die negative Theologie zugunsten der affirmativen zurückgenommen; aber sie tritt zu ihr in ein neues Verhältnis.

Den Ausgangspunkt der Überlegung bildet die Koinzidenztheorie: Das *Possest* ist abgelöst (*absolutum*) von jeder Entgegensetzung (*ab omni oppositione*). Was sich uns als entgegengesetzt zeigt, das ist in ihm dasselbe. Die Negation steht in ihm der Affirmation nicht entgegen.[189] Seine Namenlosigkeit bedeutet, daß ihm auch nicht der Name des Einen oder des Vielen zukommt. In ihm gibt es nicht den Widerspruch von Sein und Nicht-Sein; es steht unaussprechlich oberhalb von Sein und Nicht-Sein.[190] Die Cusanisch gedachte Herausgelöstheit des Einen besteht nicht darin, daß wir von ihm alles negieren, sondern daß wir es herauslösen aus jeder Opposition, auch aus dem Gegensatz von Affirmation und Negation. Das Negieren bleibt insofern eine unvermeidliche Stufe der Einsicht, als alles, was benannt werden kann, im Gegensatz zu einem anderen steht und sich verändern kann. Alle Namen gehören zu etwas, das etwas sein könnte, was es *actu* nicht ist.[191] Insofern bleibt es dabei: Das *Possest* hat keinen Namen. Aber der Name *Possest* kommt ihm verhältnismäßig näher, weil er eben diese Namenlosigkeit anzeigt – nach menschlichem Begreifen.[192] Wir müssen uns ja einmal fragen, warum Cusanus es nicht belassen wollte bei den ehrwürdigen Namen der philosophischen Theologie: *unum superexaltatum, ipsum esse per se subsistens, actualitas absoluta, forma formarum*. Warum genügten sie ihm nicht? Sie schienen ihm noch zu sehr dem Gegensätzlichen anzugehören; sie brachten nicht von sich aus den Hinweis auf die Über-Gegensätzlichkeit zum Ausdruck. Wer „Gott" sagte, brachte ihn in Gegensatz zur Schöpfung, aber für Cusanus ist Gott ein anderer Modus der Schöpfung; er ist ihre *invisibili-*

[189] ib. n. 13, 13–16 p. 17.
[190] ib. n. 26, 1–11 p. 32.
[191] ib. n. 30, 9–11 p. 35.
[192] ib. n. 14, 7–8 p. 18.

tas, so wie die Welt ein anderer Modus Gottes ist, nämlich seine Sichtbarkeit. Ich erinnere an die These von *De principio* n. 33, 1–3 p. 45: Wir haben es allemal mit dem Unendlichen zu tun, einmal als begrenzend, *finiens*, einmal als begrenzbar, *finibilis*. Diese Einsicht hatte Folgen; eine davon ist der Name *Possest*. Eine andere ist eine neue Theorie der *theologia negativa*:

Gott ist als Possest der *absolute Begriff*. Cusanus deutet diesen seit *De sapientia* entwickelten *conceptus absolutus* nun aus der Natur des Possest, in dem Sinne, daß in ihm alle Begreiflichkeit aktualisiert ist. Schlechterdings alles Konzeptualisierbare ist in ihm erkannt, gibt es doch keine unrealisierte Möglichkeit in ihm. Deswegen hat er keinen Namen, weil Namen ein Wesen begrenzen. Unsere Vernunft begreift nichts so, wie es begriffen werden könnte. Das unterscheidet sie vom *Possest*; sie hat noch Spielraum, auch Fortschrittschancen, die Cusanus hervorhebt. Alles ist in ihr, aber jedes Einzelne ist in ihr als in seinem Anderen, *omne enim in alio aliter est*.[193] Zwar hatten wir in *De aequalitate* gelernt, was wir in Andersheit begreifen, das erfassen wir in unserem Intellekt auch in seinem An-sich. Aber dies beweist nur, daß die Andersheit in unserem Intellekt immer eine bezogene, eine begrenzte ist; es beweist nicht, daß es Andersheit, also ungenutzte Realisierungsmöglichkeiten in ihm nicht gäbe.

In diesem Zusammenhang spricht Cusanus von seinem langjährigen Nachdenken und seinen Lektüren. Er hielt sein Denkergebnis nicht für völlig ablösbar von seinem Denkweg. Vorangeht seine Bemerkung, vom Possest könne immer und auf die verschiedensten Weisen gesprochen werden; dies, nicht Schweigen, ist das letzte Wort und die Summe seiner Studien. Sein Selbstzeugnis lautet:

Multis enim valde et saepissime profundissimis meditationibus mecum habitis diligentissimeque quaesitis antiquorum scriptis repperi ultimam atque altissimam de deo considerationem esse interminam seu infinitam seu excedentem omnem conceptum.[194]

Das ist mit seinen vier Superlativen ein nachdrücklicher Satz: Cusanus blickt zurück auf seine Lebensarbeit. Sie war dem tiefsten Nachdenken und den gründlichsten Forschungen in den Schriften der Alten gewid-

---

[193] n. 40 ganz, besonders Zeile 16 p. 48.
[194] ib. n. 40, 8–12 p. 48.

met. Unter diesen Alten dürfen wir Platon und Proklos verstehen; wir dürfen an Sokrates, wir müssen auch an Paulus und seinen Erklärer Dionysius denken. Cusanus sagt hier ausdrücklich, daß er hinter die mittelalterliche Universitätswissenschaft hat zurückgreifen wollen. Daß er dies ohne Eriugena, Thierry, Lull und Eckhart nie gekonnt hätte, das sagt er auch diesmal nicht. Doch achten wir auf das Resultat seiner Lebensarbeit: Gott übersteigt jeden Begriff. Aber daraus folgert Cusanus nicht, daß wir ihn gar nicht erkennten oder ihn nur im Glauben erfaßten, sondern daß eine unbegrenzte Weiterarbeit des Denkens ansteht. Die Betrachtung, die dem Unendlichen einzig angemessen ist, ist selbst unendlich, *intermina et infinita*. Sie ist nie zu Ende. Denn unser Begriff ist im Unterschied zum absoluten Begriff des *Possest* nie der erschöpfende Begriff von allem. Und wegen dieser Unbeendlichkeit unserer Gotteserkenntnis nennen wir Gott unnennbar. Wir nennen nie *ihn*, auch nicht, wenn wir ihn den Einen oder den Dreieinen nennen; wir halten nur die Namen aller Nennbaren von ihm fern. Wer Gott begriffen zu haben glaubt, muß wissen, daß er irrt. Cusanus verweist auf das Wissen des Nicht-Wissens, deutlich auf Sokrates anspielend.[195] Dieses wichtige Motiv aus *De docta ignorantia* und aus der *Apologia* gilt weiterhin.

Aber auch die Inadäquatheit unserer Begriffe begründet Cusanus jetzt neu aus der *Possest*-Spekulation: Unser Begriff kann die Proportion von Können und Sein nicht erreichen, nicht präzise fassen. Für uns ist das Mögliche unendlich und unbestimmt, das Wirkliche endlich und bestimmt. Im Possest sind sie identisch; daher entgeht es unserem Begriff.[196] Gegen Ende des Trialogs insistiert der Gesprächspartner Giovanni: Von dem Unzähligen, was ich von dir hören wollte, fehlt mir jetzt vor allem noch dies: Was heißt es, wir berührten die allmächtige Forma besser negativ, *negative melius attingimus*?[197] Auch wir haben diese Frage. Und Cusanus beginnt seine Antwort mit einem Vorspiel über seine Terminologie: Wie zu Beginn von *De beryllo* unterscheidet er die Erkenntnisstufen, aber so, daß es oberhalb der *intelligentia* noch die Erkenntnisse der *intellectualitas* als höchster Stufe gibt. Das ist keine unbedeutende terminologische Verfeinerung: Was die *ratio* nicht faßt, begreift der *Intellekt*, was dem Intellekt entgeht, sieht die *intellectualitas* – dies eröffnet Auswege. Aber bleiben wir bei der negativen Theologie:

[195] ib. n. 41 p. 49–50.
[196] ib. n. 42, 12–18 p. 51.
[197] ib. n. 62, 7–9 p. 73.

Die Form gibt den Dingen ihr Sein und ihren Namen. Also enthält die Form aller Formen auch alle Namen, denn sie ist die Einfaltung aller Vollkommenheiten. Das *Possest* ist *actu* das ganze Schatzhaus des Seins, *essendi thesaurus.* Wenn Gott zu Moses gesagt hat: „Ich bin, der ich bin", so bezog sich das darauf. Er ist die *entitas;* er ist die *forma formarum* und in diesem Sinne *das Sein selbst;* er ist der Seinscharakter, die *entitas,* von allem; er ist die Vollkommenheit jeden Seins und die Einfaltung aller Formen. Nichts ist erstrebenswerter als das Sein; also ist er auch die Fülle des Guten.[198] Wenn wir nun die Negation untersuchen wollen, müssen wir mit der ersten aller Negationen beginnen, nämlich derjenigen, die das Nicht-Sein behauptet. Wir brauchen nur nach der Voraussetzung dieser Negation zu suchen. Damit nimmt Cusanus den Typus seiner *hypothesis*-Untersuchungen wieder auf, die wir aus *De coniecturis* und insbesondere aus *De pace fidei* kennen, und er argumentiert: Der Satz, der das Nicht-sein behauptet, setzt das Sein voraus und negiert es, *praesupponit esse et negat esse*[199]. Was aber vorausgesetzt wird, geht dem voraus, was auf dieser Voraussetzung beruht. Also geht Sein denknotwendig dem Nicht-Sein voraus. Dieses Sein ist ewig; wie käme sonst das Nicht-Sein zum Sein? Was die Negation verneint, hat zu sein begonnen, nachdem es Nicht-sein war. Denken wir uns – das ist jetzt *mein* Beispiel, die Ableitung des Cusanus ist schwierig –, jemand negiert von einem Busch, daß er ein Baum sei. Was bedeutet diese Negation? Ich setze das Baum-sein voraus und negiere von dem Busch, daß er das Vorausgesetzte ist. Doch jetzt ist vom Sein überhaupt die Rede. Wenn ich es von etwas negiere, sage ich, daß es nicht das Vorausgesetzte ist. Ich sage: Es ist ein Sein, das auf sein Nicht-Sein folgt. So etwas kann nicht ewig, es kann nicht das Possest sein. Blicken wir nun von dieser Einsicht aus auf die Welt. Dann müssen wir sagen: Ich kann sie nicht anders denken als verbunden mit Nicht-Sein. Insofern sehe ich sie auf negative Weise. Das heißt: Ich sehe sie von ihrem Nicht-Sein her. Ich sehe, daß sie nicht Gott ist. Ich sehe: Gott ist das Sein, das im Nicht-Sein vorausgesetzt war. Während ich die Welt *negative,* von ihrem Nicht-Sein her denke, sehe ich, daß von Gott kein Sein negiert wird, *nullum esse de ipso negatur.*[200] Was wir bei allen Negationen voraussetzen müssen, können wir nicht negieren. Wir können ihm kein Sein absprechen, denn sein Sein ist das ganze Sein aller Dinge, derer, die *actu*

---

[198] ib. n. 64–65 p. 75–78.
[199] ib. n. 66, 7 p. 78.
[200] ib. n. 66, 8–67, 9 p. 78–79.

sind, und derer, die möglich sind: *Esse igitur ipsius est omne esse omnium quae sunt aut esse quoquomodo possunt.* Dies zu erfassen, ist nur auf diesem Wege über die Analyse der Negation möglich. Einfacher und wahrer kann es nicht gesehen werden, denn durch den negativen Satz siehst du in einem einfachen Hinblick auf das Vorausgesetzte, daß es die Seiendheit, *entitas*, in jedem Sein ist und daß du von ihm nur negierst, was auf das Nicht-Sein folgt, was also anders ist als das *Possest*.[201]

Ich verweile bei diesen Textabschnitt, zunächst einmal, weil in ihm Mystikfreunde und Verehrer des intuitiven Denkens erfahren können, was Cusanus unter einem *simplex intuitus* versteht: Es ist der Blick auf das jeweils in der Negation Vorausgesetzte, beim Nicht-Sein also auf das Sein. Sodann erklärt er den Charakter der Negation. Sie negiert vom Possest das Nicht-Sein und das, was mit dem Nicht-Sein verbunden ist. Sie negiert kein Sein, denn das Sein in allem Dinghaften, das nach dem Nicht-Sein kommt, ist eben das Sein des Possest. Cusanus zieht nun die Konsequenz daraus, daß es das Wesen von allen Wesen, das ganze Sein von allen Seienden ist. Verneinen kannst du nur ein Sein, das mit dem Nicht-Sein verbunden ist, aber Sein voraussetzt. Ohne das vorausgesetzte Sein wäre das mit Nicht-Sein Verbundene ein reines Nichts. Du siehst den Himmel, und du siehst die Erde. Du begreifst, daß das eine nicht das andere ist. Damit hast du ihr Verbundensein mit dem Nicht-Sein gesehen.[202] Du siehst die Sonne. Denke dir die allgemeine Bestimmung: Sein, Sein der Sonne. Dannn nimm die Einschränkung „Sonne" wieder weg. Denke uneingeschränkt: Sein. Damit beseitigst du die Verneinung, denn die Sonne ist nicht die Erde. Sie ist nicht alles, was sein kann. Sie ist durchsetzt von Nicht-Sein. Du nimmst die Einschränkung weg. Damit negierst du die Negation, und du siehst ein, daß du nichts negierst. Und dabei siehst du das im Sonne-Sein eingeschränkte Sein entschränkt, entgrenzt. Du siehst: Es ist der Vermischung mit Nicht-Sein entzogen.[203]

Das Ergebnis dieser Untersuchung ist: Wir müssen negieren. Wir müssen vom Begrenzten die Begrenztheit negieren, um das Absolute zu erreichen. Ich muß das Nicht-Sein in jedem Gegebenen sehen und abstreifen. Dies, und nicht der Gegensatz zur Affirmation, ist jetzt für Cusanus das Entscheidende an der negativen Theologie. *Oportet de con-*

---

[201] ib. n. 67, 1–15 p. 79.
[202] ib. n. 68, 1–8 p. 80.
[203] ib. n. 68, 9–23 p. 80–81.

tracto contractionem negare, ut absolutum pertingamus. [204] Die negative
Theologie negiert die Negation. Das ist ihre wahre Funktion, wie sie in
dieser Schärfe erst jetzt, in *De possest*, heraustritt. Es ist kein Zufall, daß
der Vertraute des Cusanus, Giovanni Andrea dei Bussi, vor allem erklärt
haben wollte, wie denn nun die negative Theologie eine Erkenntnis sein
kann und was sie negiert.

Die Negation negiert vom Possest kein Sein, sagt Cusanus, sondern
nur dessen Einschränkung. Doch möchte ich dieses Resultat etwas näher
ansehen: Das Possest, zu dem der intellektuelle Aufstieg hinführt, ist weder das Eine noch der Dreieine, aber er ist die *forma* in allen Formen und
in diesem Sinne das Sein in allen Seienden. Dabei dürfen wir, nach Cusanus, den Weg nicht vergessen, den wir gegangen sind: Wir sind durch das
Nicht-Sein zum Sein gekommen. Schärfer, Cusanischer noch: Uns ist das
Nicht-Sein zum Sein geworden. Nur so wird das Nicht-Wissen zum vollkommenen Wissen. *Perfecta scientia* nennt Cusanus nun diese Art des
wissenden Nicht-Wissens. Und er folgert: Hier wird das Unsagbare zu
dem, was mit allen Namen ausgesagt werden kann.[205] Das Nichts-Sein ist
beim Possest das Alles-Sein: *Non esse est ergo ibi omnia esse.*[206] Gewiß
gibt Cusanus dabei die neuplatonische Theorie des Einen und die Trinitätsphilosophie nicht auf; aber er wandelt sie auf eine problematische
Weise um in eine Metaphysik der *entitas*. Dies widerstrebt allerdings dem
strengen plotinischen Konzept vom Einen; dies steht jenseits des Seins,
mit Gründen, die Cusanus selbst vorgetragen hat: weil sowohl Sein wie
Nicht-Sein einheitliche Bestimmungen sind. Die plotinische Überlegung
sagt: Ob du Sein oder Nicht-Sein denkst, immer setzt du das Eine voraus.
In den wichtigen Abschnitten n. 66–69 p. 78–82 von *De Possest* argumentiert Cusanus: Sieh deine Negationen an und du entdeckst, daß du dabei
das Sein voraussetzt. Giovanni hätte einwenden können: Sieh deine Affirmationen an, und du entdeckst, daß sie das Nicht-Sein voraussetzen.
In der Tat kommt die Präsenz des Nicht-Seins im Seienden auch in den
Analysen des Cusanus vor, nur eingeschränkt auf alles, was nicht das Possest ist.

Die Negation aller Einschränkungen führt zum unbegrenzten Sein.
Das ist der plotinische Typus des Aufstiegs in der Umformung Augu-

---

[204] ib. n. 69, 11–12 p. 82.
[205] ib. n. 53, 13–15 p. 64.
[206] ib. n. 25, 15 p. 31.

stins, wie wir ihn aus Augustins *De trinitate* VIII 3 und den *Confessiones* IX 10, 23–26 (sog. *Vision von Ostia*) kennen. Aber wie bei allen Quellennachweisen ist die Umwandlung mitzubedenken, die Cusanus vorgenommen hat: Er führt sein Argument vor als eine Untersuchung der Negation. Er macht darauf aufmerksam, daß es sich um eine Untersuchung des jeweils Vorausgesetzten handelt. Und am Ende steht das *Possest*, das *alles ist, was sein kann*, und nur koinzidental gedacht werden kann.

Dabei macht Cusanus gleich anfangs auf eine weitere Voraussetzung aufmerksam: Ich spreche, sagt er, hier in subjektfreien, allgemeinsten Bestimmungen, *in absolutis et generalissimis terminis*.[207] Wir überlesen solche Erklärungen leicht. Aber sie sagen Wichtiges: Können, Sein, das sind Ausdrücke, die sich nicht auf einen vorstellbaren „Träger" (wie man sagt) – wie z.b. die Sonne – direkt beziehen. Dennoch sind sie nicht bloß subjektive Rahmen, nicht bloß menschliche Erfindungen. Sie enthalten die Erhebung des Intellektes über die Vereinzelungen; sie lassen z. B. die Sonne als eingeschränkt und als mit Nicht-Sein vermischt denken. Diese nicht-nominalistische Voraussetzung und die daraus folgende Art der philosophischen Untersuchung hat sich durch die Beschäftigung mit Proklos verstärkt; gleichzeitig verstärkt das Reden *in absolutis et generalissimis terminis* das Bedürfnis nach einer anschaulichen Präsentation des Gedankens – im Kreiselspiel der Kinder, in der Sigle IN, bald auch im Kugelspiel. Aber über diesen bildhaften Veranschaulichungen dürfen wir nicht vergessen, daß wir in einer Untersuchung der Stammbestimmungen des menschlichen Denkens stehen, in einer Wiederaufnahme proklischer und indirekt spätplatonischer Forschungen über das Eine und das Andere, über das Möglichsein und Wirklichsein, über Identischsein und Verschiedensein.

Mein Verfahren hier besteht ja zunächst darin, jede Schrift des Cusanus für sich zu lesen, also kein Einheitssystem für alle seine Bücher zu postulieren oder zu konstruieren. Aber das schließt nicht aus, daß wir Gruppenbildungen beobachten; so bildet das Reden *in absolutissimis et generalissimis terminis* eine gemeinsame intellektuelle Atmosphäre der Cusanischen Spätphilosophie der Jahre 1459 bis 1464. Die Linie führt von *De principio* über *De Possest* zu *De non aliud*, von dort weiter zu *De apice theoriae*.

---

[207] ib. n. 8, 4 p. 8.

5. Die neue Rolle der Mathematik

Cusanus bestimmt in *De Possest* die Rolle der Mathematik neu. Er holt weit aus. Er schreibt darüber den großen Abschnitt n. 43–n. 50, p. 51–62. Die Diskussion entzündet sich daran, daß Bernhard, frühere Überlegungen zusammenfassend, behauptet, wir wüßten nichts *praecise* (ich kann es nicht recht übersetzen, „genau" ist hier ungenau), denn alles könne immer noch besser gewußt werden, allein das Wissen Gottes schöpfe alle Möglichkeiten aus und sei allein *praecise.* Dagegen wendet Giovanni ein: Aber daß zwei mal zwei vier ergibt, das wissen wir doch ganz gewiß. Also „berühre" (schon wieder das *attingere* in nicht-mystischer Verwendung!) unser Wissen doch die *praecise* Wahrheit. Dies nimmt der Kardinal zum Anlaß einer längeren Erklärung:

Es gibt verschiedene Grade der exakten Entsprechung, der *praecisio.* Die mathematischen Gegenstände sind in unserem Verstand, *ratio,* als in ihrem Prinzip und können mit rationaler Gewißheit gewußt werden, weil wir sie hervorbringen, um die Welt rational zu formen, um zu bauen, um zu messen usw. Dieser technische Bezug der Mathematik überrascht uns nach *De staticis experimentis* nicht mehr völlig, auch – nach *De beryllo* – nicht die Immanenz der mathematischen Gegenstände im Verstand. Beides ist antiplatonisch gedacht. Doch darauf liegt jetzt der Akzent nicht mehr; es geht um die Unterscheidung der begrifflich-rationalen *praecisio* von der göttlich-vollkommenen, die sich daraus ergibt, daß Gott die Realwelt hervorbringt wie wir die Inhalte der Geometrie. In exakter Entsprechung kann nur der etwas wissen, der eine Sache hervorbringt; dies klingt schon nach Vicos *verum et factum convertuntur.* Doch Cusanus will auf folgendes hinaus: Das exakt entsprechende Wissen besitzen wir nur von denjenigen Wesen, die wir hervorgebracht haben. Aber wir können uns helfen. Wir gehen von der Mathematik aus und bilden uns ein Gleichnis der Wesensform, die wir nicht kennen, mit Hilfe einer geometrischen Figur, die wir erzeugt haben. Alles aber, was keine Vielheit und keine Größe aufweist, bleibt bei einem solchen Vorgehen unerfaßt; von ihm sehen wir das Daß, nicht aber das Was.[208]

Bernhard folgert daraus: Wir haben in unserer Wissenschaft nichts Gewisses außer der Mathematik, und die großen Männer haben dann Bedeutendes gesagt, wenn sie von der Mathematik aus die Erkenntnis der

---

[208] ib. n. 43, 1–30 p. 51–54.

Werke Gottes gesucht haben. Der Kardinal stimmt zu. Das ist kein Wunder. Denn Bernhard wiederholt, was er in *De docta ignorantia* I 11, besonders h 22, 21–24, 9 gelesen hat. Wir finden also in der Hochschätzung
der Mathematik ein bedeutendes Kontinuitätsmotiv zwischen 1439 und
1460. Cusanus vertieft und verändert zugleich die christliche Geometri-
cotheologie, also seine mathematisierende Trinitätsphilosophie; sie werde einsichtig, wenn wir auf das dreieine Prinzip der Mathematik blickten,
auf das Eine, auf die diskrete Quantität und die kontinuierliche Quantität, deren erste Figur das Dreieck sei. Denn wir könnten ein Viereck auf
ein Dreieck zurückführen, nicht aber das Dreieck auf eine Figur von zwei
Winkeln oder einem Winkel. Blickten wir auf das Prinzip der Mathematik in seiner Reinheit, dann sähen wir, daß es dreieinig sei ohne Pluralität.
Die Eins, der Punkt, das Dreieck sind das einfache Prinzip, ohne das es
weder Zahl noch geometrische Figuren geben kann. Die Zahl gehört
schon in der Mathematik zum Abgeleiteten. Erst recht verschwindet sie,
wenn wir das dreieine Prinzip der mathematischen Gegenstände auf den
vollkommenen Ursprung aller Wesen übertragen.[209]

Giovanni ist irritiert. Er fragt zurück: Du sagst, die Trinität müsse
ohne Zahl gedacht werden, aber sind die drei Personen nicht aufgrund
einer Dreizahl drei Personen?

Keineswegs, erwidert Cusanus schroff. Die Zahl, von der du redest,
stammt aus unserem Geist und hat die Eins zum Prinzip. Aber die Trinität stammt nicht von einem anderen Prinzip, sondern ist selbst der Ursprung. Gäbe es in Gott Zahl, wäre sie von etwas anderem abgeleitet. Das
widerspricht dem göttlichen Wesen. „Du siehst den ersten Ursprung
dreieinig, aber ohne Zahl". Wir sehen ihn intellektuell und sind seiner gewiß, auch wenn wir nichts ohne Zahl erkennen können. Wir wissen, daß
wir zahlbefangen sind und können dies festhalten: Wir können den zahl-
freien Ursprung nicht begreifen, können ihn aber auch nicht leugnen und
glauben an ihn. Cusanus redet vom Intellekt und sagt: *Id tamen, quod
concipere nequit, videt supra conceptum negari non posse et credit.*[210]
Cusanus zufolge *sehen* wir zweierlei: Erstens, daß das dreieine Prinzip,
das alles begründet, in sich zahlfrei sein muß; zweitens, daß wir dies als
denknotwendig einsehen und daß zugleich daran unsere zahlorientierte
Denkweise erblindet. Das sieht der Intellekt, und dann *glaubt* er. Wir lernen hier eine wichtige Nuance des Cusanischen Konzeptes vom Glauben

---

[209] ib. n. 44–45 p. 54–56.
[210] ib. n. 46, 14–15 p. 57.

kennen. Wir dürfen *credere* bei Cusanus nicht aus dem Katechismus des Konzils von Trient erklären, noch weniger aus Karl Barth. Wir müssen *credere* Cusanisch denken lernen, als eingebettet in doppeltes intellektuelles Sehen, wovon das zweite Sehen das Wissen unseres Nicht-Wissens ist. Dann erst setzt der Glauben ein, der keineswegs in der Wiederaufnahme bloß rationaler Prädikate bestehen kann, sondern eine Lebensorientierung besagt. Andererseits will Cusanus keine bloß verbale Enthaltsamkeit: Wenn wir begriffen haben, warum wir alle mathematischen Vorstellungen weglassen müssen und daß es im Erstgrund nichts Zahlhaftes geben kann, dann mögen wir Gott ruhig dreieinig nennen, er bleibt dennoch ungesagt und unsagbar.[211]

Genau an dieser Stelle schlägt die Unterhaltung um, und Cusanus spricht nicht mehr vom Dreieck, sondern von der Rose. Die Mathematico-Theologie hat zur Unsagbarkeit hingeführt, aber Cusanus will jetzt etwas über Gott sagen. Er ist die Einheit von Können, aktualer Existenz und beider Verbindung. Er ist das Possest. Die drei Elemente sind in ihm eins. Wie uns dessen vergewissern? Betrachten wir die Rose: Die mögliche Rose – im Samen –, die aktuale Rose und die Rose, die zugleich in Möglichkeit und Aktualität steht, sie ist ein und dieselbe. Sie ist nicht je eine andere und verschiedene, *non alia et diversa,* wenn auch ihr Möglichsein nicht dasselbe ist wie ihre aktuale Wirklichkeit und wie die Verbindung, *nexus,* beider.

Die Rose zeigt, was eine Dreieinheit wäre: Ich sehe in ihr das Können. Denn könnte die Rose nicht sein, wie würde sie dann je wirklich? Ich sehe sie existieren. Denn wenn ich ihr das Sein abstreite, könnte sie nicht sein. Und ich sehe in ihr die Verbindung von Sein-Können und aktualer Existenz. Die aktuale Existenz geht hervor aus beider Verbindung.[212]

Das Prinzip ist das Nichts des Prinzipiierten. Diesen Eckhartschen Grundsatz kennen wir aus *De beryllo* und aus *De principio*: Gott ist also nicht wie die dreieine Rose. Aber alles, was in der Rose ist, ist in ihrem Ursprung. Es ist der eine Gott, von dem die potentielle Rose, und kein anderer, von dem die Aktualität der Rose kommt, denn es ist ja auch *keine andere* Rose, die möglich ist, und eine andere, die wirklich ist. Die Andersheit verschwindet schon in der Rose, erst recht in Gott. Aber, wendet wiederum Giovanni ein, ist denn dann nicht wahr, was die Chri-

---

[211] ib. n. 47, 1–3 p. 57. Weiteres zur Theorie des Glaubens ib. n. 34 p. 42–43, wo Glauben die Reinheit des Herzens meint.
[212] ib. n. 47, 4–20 p. 58.

sten sagen, wenn sie behaupten, Gott Vater sei eine *andere* Person als der Sohn? Cusanus antwortet, doch, sie sind je anders, aber nicht aufgrund einer Andersheit, *per aliquam alteritatem*. Gott steht vor jeder Andersheit. Andersein schließt Nicht-Sein ein, in Gott aber ist das Nicht-Sein die absolute Notwendigkeit.

Cusanus hält abschließend fest: Die Vollkommenheit des Ursprungs fordert beides mit gleicher Strenge: Daß der Ursprung *einer* sei und daß er dreieinig sei ohne Zahl und ohne Andersheit. Die Dreieinigkeit ist unsere Weise, die Vollkommenheit des Ursprungs auszudrücken. Eine zählbare Dreieinigkeit wäre nicht vollkommen. Cusanus gibt dafür die prinzipielle Erklärung:

Die Einheit, die wir Gott zuschreiben, ist keine mathematische, sondern sie ist eine wahre und eine lebendige Einheit, die alles eingefaltet in sich hält. Und auch die Trinität ist keine mathematische, sondern eine Lebenseinheit in Korrelation. Sie ist Leben, ein dreieines Leben, ohne das es keine immerwährende Freude und keine höchste Vollkommenheit gibt.

Non *enim unitas quae de deo dicitur est mathematica, sed est vera et viva omnia complicans.* Nec *trinitas est* mathematica, sed vivaciter correlativa. *Unitrina enim* vita est, *sine qua non est* laetitia sempiterna *et perfectio suprema.*[213]

Mit dieser Erklärung endet der Abschnitt über Mathematik und philosophische Theologie. Ich mußte ihn ausführlich zitieren, denn er läßt Wandlung und Kontinuität im Denken des Cusanus erkennen. Die Gewißheit der Mathematik war der Ausgangspunkt der Überlegung, wie in *De docta ignorantia.* Insofern herrscht Kontinuität. Doch im Laufe der Abhandlung verschiebt sich der Akzent: Das Lebendige wird zum Gleichnis; statt des Dreiecks die Rose. Die Rose als Bild des Possest führt zu weiteren Einsichten. Die Korrelativenlehre – ein weiteres Kontinuitätsmoment seit den ersten *Sermones* – tritt in den Dienst einer Philosophie des Lebendigen. Und zweimal stellt Cusanus schroff den *Gegensatz* von Mathematik und Lebendigem heraus: Weder die Einheit ist mathematisch, sondern sie ist Leben, noch die Trinität ist mathematisch, sondern sie ist Leben in seinem dreifachen Selbstbezug, den die Formel *Possest* ausdrückt. Es ist die unendliche Vollkommenheit des Lebens

---

[213] ib. n. 50, 4–8 p. 62.

selbst, welche die Dreieinheit ausdrückt; hier ist keine Geometrie mehr, sondern Liebe und unendliche Freude. Cusanus nimmt mit Hilfe des *Possest* die Freude-Motive aus *De sapientia* wieder auf, aber er vertieft sie durch eine Distanzierung von der Mathematico-Theologie, indem er das Wesen des Lebens im Licht des *Possest* neu bedenkt.

Auch als Cusanus das erste Buch von *De docta ignorantia* schrieb, blieb ihm das Problematische seiner Mathematico-Theologie nicht verborgen. Sie hat zwar einen unbezweifelbaren Ausgangspunkt, aber sie verläßt diesen durch die Ausdehnung der geometrischen Figuren ins Unendliche und sie weiß, daß sie auch noch die unendlich gesetzten geometrischen Figuren fallen lassen muß, um vom geometrisch Unendlichen zum realen Unendlichen zu kommen. Aber die Entgegensetzung der mathematischen Eins zur Einheit, der mathematischen Drei zur Trinität fällt in *De Possest* ungewöhnlich schroff aus. Distanziert er sich von sich selbst? Antwortet er auf eine zeitgenössische Kritik, die ihm vorgehalten hat, er überschätze den philosophischen Erkenntnisgewinn der Mathematik und er überlagere den christlichen Glauben mit seinen geometrischen Spekulationen? Sah er, daß er mit seiner Mathematicotheologie weder die Mathematiker befriedigen noch die Zustimmung der Theologen gewinnen konnte? Es gibt starke Indizien, die darauf hinweisen, Cusanus habe in *De Possest* seine frühere Position bezüglich der spekulativ-theologischen Verwendung der Mathematik geräumt; die Kontinuität, von der ich bezüglich der Mathematico-Theologie gesprochen gabe, bestünde also nur von 1439 bis 1460:

Es steht fest, daß Gregor von Heimburg, der gebildete Gegner aus der Konziliarismusdebatte und aus dem Streit mit dem Herzog von Tirol, Cusanus wegen seiner Vermischung der Mathematik mit Glaubensinhalten kritisiert hat. In seiner *Streitschrift gegen Nikolaus von Kues (Invectiva in Nicolaum de Cusa)* bezeichnet er Cusanus als eine theologische Fehlgeburt und wirft ihm vor, er habe die heiligen Inhalte der wahren Religion mit abergläubischen mathematischem Argumenten *beweisen* wollen: *Mathematicis superstitionibus putas verae religionis sacra demonstrare.*[214] Dies geht offenbar gegen die Trinitätsargumente von *De docta ignorantia*, wobei ich festhalte, daß auch Gregor Cusanus eine *Beweisabsicht* attestiert. Cusanus hat nach *De Possest* weder einen fachmathemati-

---

[214] Gregor Heimburg, *Invectiva in Nicolaum de Cusa*, in: M. Goldast, Monarchia S. Romani Imperii, Tomus 2, Frankfurt 1614, p. 1626.

schen Traktat noch eine philosophische Transposition geometrischer Argumente im Stil von *De docta ignorantia* I vorgelegt. Ich erkläre mir das so: Mit der geometrischen Minimum-Minimum-Analyse glaubte er das mathematische Problem gelöst zu haben; seine philosophische Entwicklung drängte ohnehin zu einer Philosophie des Lebendigen als der Philosophie der Trinität; zugleich entzog er sich auf diese Weise den öffentlich geäußerten, gefährlichen Anwürfen seines gebildeten Gegners, er weiche ab von den Regeln theologischen Sprechens, er wolle zuviel beweisen und dazu noch mit ungeeigneten Mitteln, nämlich mit dem Hokuspokus einer entstellten Geometrie (*mathematicis superstitionibus*).

V.
DAS NICHT-ANDERE

1. Nochmals: der Islam

Die genetische Betrachtung des philosophischen Denkens macht Voraussetzungen. Sie kann diese nicht vermeiden; sie kann sie nur möglichst gering halten und möglichst klar formulieren. Sie unterstellt einiges. Sie nimmt z. B. an, daß, wenn ein Philosoph ein Buch schreibt, daß es sich zu untersuchen lohnt, ob darin eine neue Theorie zum Ausdruck kommt. Die genetische Analyse unterstellt keineswegs, daß diese Prüfung positiv ausfällt, sondern nur, daß sie vorzunehmen ist. Der Philosoph könnte ja ein rein didaktisches Interesse gehabt haben, oder es könnte ihm – gegen seine Absicht – nichts Neues eingefallen sein. Selbst wenn ein Philosoph – wie Cusanus – mehrfach erklärt, er habe sich von dunkleren Anfängen zu größerer Klarheit entwickelt, setzt die genetische Untersuchung dieses Selbstverständnis nicht schon als berechtigt voraus. Denn es spricht ja auch einiges für die Vermutung, ein Philosoph habe durch eine neue Theorie zwar Schwierigkeiten zu lösen versucht, die ihm vorher unüberwindlich schienen, er habe sich aber dabei neue Schwierigkeiten eingehandelt, die eine weitere Theorienentwicklung erforderlich machten. Dies ist für uns nur eine Frage, eine Forschungsanleitung, keine faktische Voraussetzung; sie setzt nicht das Konzept einer fortschreitenden Höherentwicklung voraus; sie impliziert nicht die organisch-idealische Herausarbeitung einer individuellen oder anderen Norm. Wir rechnen mit Brüchen und mit Außeneinwirkungen; es gibt Ansätze, die von vornherein zum Scheitern verurteilt waren. Dann besteht die „Entwicklung" darin, den Zusammenbruch etwas hinauszuschieben oder zu kaschieren.

Eine genetische Untersuchung, wie ich sie verstehe, fragt also lediglich, ob ein neuer Text eine neue Theorie vorträgt. Doch auch dabei machen wir Voraussetzungen. Wir setzen voraus, wir wüßten, was Philosophie ist. Nicht jeder Text, den ein Philosoph schreibt, gehört in eine genetische Analyse seiner Philosophie. Wenn er einen Mietvertrag aufsetzt oder ein Gutachten verfaßt, gehört dies nur in begründeten Ausnahmefällen in eine Geschichte seiner philosophischen Entwicklung.

Schreibt er hingegen – wie Cusanus im Briefwechsel mit den Mönchen vom Tegernsee – über seine philosophischen Intentionen, dann bilden Briefe eine vorzügliche Quelle. Was Cusanus angeht, so empfiehlt es sich, einen relativ weiten Philosophiebegriff anzusetzen. Weder die neukantianische noch die neuscholastische Systematik reichen aus; dies zeigt sich insbesondere bei der Beachtung, der Nichtbeachtung, der Bewertung oder offenbarungstheologischen Umschreibung seiner Trinitätsphilosophie. Die „Philosophie" des Cusanus darzustellen, ohne die Trinitätsargumente einzubeziehen, das heißt sein Denken verstümmeln. Das bestätigt *De Possest*, indem einer der Mitunterredner zum Abschluß einer trinitarischen Argumentation erklärt, er sehe sie jetzt nicht nur als glaubwürdig, sondern sogar *als denknotwendig* ein.[215]

Ich habe auch die philosophischen Argumente zur Menschwerdung Gottes einbezogen; anders konnte ich ich die genetische Stellung von *De docta ignorantia* und von *De visione Dei* nicht beschreiben. Aber wenn Cusanus eine astrologisch inspirierte Skizze der weltgeschichtlichen Entwicklung schreibt, kommen wir in Schwierigkeiten. Hätte Cusanus diesen kleinen Text von 1425 mit theoretischen Argumenten verbunden und ihn veröffentlicht, hätte ich ihn besprochen; so aber habe ich ihn weggelassen, ohne damit die Purgierung der älteren Philosophie von allem Astrologischen unterstützen und an der Glättung des Cusanusbildes mitarbeiten zu wollen. Auch die kurze astrologische Passsage in *De Possest* n. 23, 14–20 p. 28–29 habe ich nicht erörtert; sie scheint mir zu beiläufig ausgesprochen und argumentativ zu wenig vernetzt. Ausgelassen habe ich alle Rechtsakte und alle rein kirchenadministrativen Entscheidungen des Kardinals, wie sie in den *Acta Cusana* vorliegen; mit größeren Bedenken habe ich die Böhmenbriefe von 1452 nur kurz behandelt. Im Sommer 1459 verfaßte Cusanus sein Projekt einer umfassenden Kirchenreform, die sog. *Reformatio generalis*, die kirchengeschichtlich zwar wenig folgenreich, aber für die Ideengeschichte der Kirchenreform wichtig ist. Doch für die Entwicklungsgeschichte seines philosophischen Denkens brauchen wir sie kaum zu erörtern; es gab für Cusanus, den Juristen, Lebensbereiche, die er rein pragmatisch, juristisch oder kirchenpolitisch zu entscheiden gedachte.

De Possest stammt aus dem Februar 1460; im darauffolgenden Winter 1460/61 studierte Cusanus den Koran und verfaßte ein Buch, das seine

---

[215] *De Possest* n. 24, 3–4 p. 29.

Sichtung des Korans darstellt. *Cribratio Alchorani, Siebung, Sichtung des Koran,* heißt das Buch. Der Plan war älter; er war ausgelöst durch den Fall von Konstantinopel; er sollte die intellektuelle Auseinandersetzung mit dem Islam fördern. Was Cusanus dabei im Sinne hatte, sprach er im Brief an Johannes von Segovia vom 28. Dezember 1454 aus: Das Christentum sollte sich mit Argumenten, nicht mit dem Schwert verteidigen. Wer mit dem Schwert kämpfe, komme mit dem Schwert um. Die *Prüfung des Korans* sollte Religionsgespräche mit den Gelehrten der Türken vorbereiten; dabei könne sich die Wahrheit zeigen zum Vorteil des Christentums.[216] Er selbst habe in Unterhaltungen mit Juden und selbst mit Türken die Erfahrung gemacht, man könne sie zur Einsicht führen, daß die Trinität die höchste Form des reinen Monotheismus sei. Die Menschwerdung Gottes hingegen sei immer problematisch gewesen und werde es im Gespräch der Religionen bleiben. Was den Koran angehe, so müsse man versuchen, ihn zugunsten des Christentums auszulegen. Wir fänden in ihm einiges, was den Christen dienlich sein könne, *quae serviunt nobis.* Anderes im Koran widerspreche dem Christentum; dies müsse man mit Hilfe dessen auslegen, was mit dem Christentum vereinbar sei.[217] Dabei dachte Cusanus an die Paradiesschilderungen des Koran, die er bildlich ausgelegt sehen wollte, wie es der Muslim Avicenna auch getan habe.

In diesen Zusammenhang gehört die *Cribratio Alchorani* von 1460/61.[218] Der Papst hatte auf dem Fürstentag von Mantua keinen Kreuzzug gegen die Türken zustandegebracht; die Türken drangen weiter vor. Konferenzen, hatte Cusanus 1454 geschrieben, seien besser als Krieg; aber Konferenzen müssen vorbereitet werden. Deswegen schrieb Cusanus zur Beratung des Papstes dieses Buch. Er vermerkte, er habe es aus Glaubenseifer verfaßt; er wolle darin zeigen, wie man den Irrglauben Mohameds *eliminieren* könne.[219] Mit Argumenten. Dazu suchte Cusanus eine Ko-

---

[216] *Epistola ad Ioannem de Segobia* II h VII p. 97, 5–15.
[217] ib. II p. 97, 25–99, 25.
[218] Cusanus, *Cribratio Alchorani*, ed. L. Hagemann, h VIII, Hamburg 1986; die Übersetzungen: Sichtung des Alkorans, von P. Naumann mit wertvollen Anmerkungen von G. Hölscher, Leipzig 1943, 2. und 3. Buch übersetzt von G. Hölscher, Leipzig 1946, aufgrund der kritischen Ausgabe neu übersetzt, lat.-dt. hg. v. L. Hagemann und R. Glei, 3 Bände, Hamburg 1989 – 1993. Vgl. F.H. Burgevin, Cribratio Alchorani. Nicholas Cusanus' Criticism of the Koran in the Light of his Philosophy of Religion, New York 1969; L.Hagemann, Der Kur'an in Verständnis und Kritik bei Nikolaus von Kues, Frankfurt 1976; und die oben zu *De pace fidei* zitierte Literatur.
[219] *Cribratio Alchorani*, h VIII n. 1, 4–10 p. 3.

ranübersetzung – sie stammte aus dem 12. Jahrhundert, noch Luther kannte keine andere –; er studierte die christlichen Bücher der Polemik gegen den Islam, insbesondere die Schrift des Ricoldus de Monte Crucis, *Contra legem Saracenorum* und des Dionysius des Kartäusers, *Contra legem Saracenorum*. Er griff zurück auf Thomas von Aquino, *De rationibus fidei ad Cantorem Antiochenum*; er studierte Johannes de Torquemada, *Contra principales errores perfidi Mahometi*. Schon diese Titel, auf die Cusanus im *Prologus* selbst verweist, verraten, in welch aggressivem Ton die anti-islamische Polemik geführt wurde. Die christliche Welt fühlte sich bedroht. Das lag an der militärischen Türkengefahr, aber nicht nur an ihr, sondern ebenso an ihren inneren Spannungen. Die Islam-Polemik hat zu vielen Frühdrucken geführt, aber ebenso die anti-jüdische Literatur, die mit keiner Bedrohung der Christenheit, wohl aber mit anti-jüdischen Pogromen verbunden war. Elf Jahre nach dem Tod des Cusanus kam es z. B. in seiner Nachbardiözese Trient zur Ausrottung der Juden von Trient, und es begann dort 1475 die Verehrung des heiligen Simon, dem angeblichen Opfer eines jüdischen Ritualmordes[220].

2. Grenzen des Cusanischen Ökumenismus

Die fachliche Bewertung der Auseinandersetzung des Cusanus mit dem Koran kommt, ähnlich wie bei seinen fachmathematischen Arbeiten des Cusanus, den Spezialisten – hier: den Orientalisten – zu; ich verweise auf die Arbeiten von Ludwig Hagemann und erlaube mir nur einige wenige Bemerkungen allgemeiner Art:

Ich habe den Eindruck, der Ökumenismus des Cusanus werde gelegentlich übertrieben. Er wollte aus dem Koran die Wahrheit des Evangeliums beweisen, *ut etiam ex Alkorano evangelium verum ostenderem*.[221]

Das ist etwas anderes, als den Koran als Zeugnis einer anderen Religion wohlwollend zu studieren; das ist Apologetik. Diese Zielsetzung schloß unter den kulturellen Bedingungen des 15. Jahrhunderts Philosophie, auch originale Philosophie, nicht aus. Aber Cusanus hält sich damit zurück. Die Worte *coincidere* und *coincidentia* kommen in dem umfangreichen Buch nicht vor. Gewiß gibt es einige philosophische Anläufe:

---

[220] R. Po-Chia-Hsia, Trient 1475. Geschichte eines Ritualmordprozesses, deutsch Frankfurt 1997.
[221] ib. Prologus n. 4, 9 p. 7.

Weil unser Intellekt auf die Sinne angewiesen ist, hat er zwar ein Wissen davon, daß er in der geistigen Welt zuhause ist, daß das Gute, das er sucht, kein sinnliches ist. Er weiß auch aus philosophischem Nachdenken, wozu er in dieser Welt ist, nämlich um sich als geeignet oder ungeeignet zu erweisen für die glückselige Ruhe in der intelligiblen Welt. Dies weiß der Intellekt. Aber die verschiedenen Religionen bieten ihm verschiedene Wege an, und alle scheinen sie etwas Gutes an sich zu haben. So fängt er an zu zögern und zu zweifeln, welcher dieser Wege ihn zu dem Ziel führt, das er aus der Natur des Intellektes erfaßt. Moses trat auf, aber nicht alle folgten ihm. Christus kam, aber viele blieben ungläubig. Mohamed habe denselben Weg zu zeigen versucht. Er habe ihn vereinfachen wollen, um die Menschen vom Götzendienst abzubringen.[222] Aber ein Mensch wie Moses oder Mohamed könne uns die letzte Sicherheit nicht verschaffen; nur ein Mensch, der ein Maximum war wie Christus, könne uns den Weg zeigen zu dem Guten, das wir suchen, und das zugleich das Maximum und Unum ist. Mohamed bezeuge selbst, der Weg Christi sei der vollkommenste. Wenn Mohamed davon abweiche, dann entweder aus Ignoranz oder aus verkehrter Absicht, *perversitas intentionis*. Mohamed habe bösen Willen gehabt, anders sei seine Verkennung Christi nicht zu erklären; er habe seinen eigenen Ruhm dabei gesucht.[223]

Cusanus erklärt damit noch einmal seine Absicht: Er will, die Wahrheit des Evangeliums voraussetzend, das Buch Mohameds prüfen und zeigen, daß auch dieses Buch das Evangelium in vielem bestätige. Weiche es von ihm ab, dann aus Unwissenheit und bösem Willen.[224]

Ich registriere, wie die gehässigen Töne Raum bekommen. Cusanus bleibt auf der Spur alter christlicher Polemik, wenn er die Juden bezichtigt, sie hätten Mohamed verführt, Christus herabzusetzen. Sie hätten nach Mohameds Tod den Koran verfälscht. Sozialpsychologisch ist dieser Griff der mittelalterlichen Polemiker, den auch Cusanus nicht ausläßt, bedenkenswert: Sie bekämpfen den fernlebenden Feind so, daß auch die nahewohnenden Gegner einen Schlag abbekommen. Es springt dabei etwas ab für den westlichen Hausgebrauch: Die Juden – auch Cusanus spricht von *perversi Iudaei*[225] als Werkzeuge des Teufels – sind mit schuld, daß die Türken so schlimm sind. Noch eine andere alte Waffe

[222] ib. n. 6 und 7 p. 8–10.
[223] ib. n. 8 und 9 p. 10–11.
[224] ib. n. 10 p. 11–12.
[225] ib. I n. 23, 11 p. 24.

nahm Cusanus auf: Der Islam sei ein Ableger der christlichen Irrlehre der Nestorianer.

Das Ergebnis: Der Koran könne unmöglich von Gott stammen; dazu enthalte er zu viele Ungerechtigkeiten, Lügen, Widersprüche und Schändlichkeiten; es sei eine Blasphemie, ihn Gott zuzuschreiben.[226] Der Koran könne nur vom Satan stammen, dem Gott dieser Welt.[227] Andererseits enthalte er auch Wahrheiten. Er habe den strengen Eingottglauben wiederherstellen und einem rohen Volk die Furcht vor dem letzten Gericht am Jüngsten Tag beibringen wollen. Er anerkenne die anderen Religionen. Cusanus schreibt ihm *seine* Lehre aus *De pace fidei* von der Identität des Glaubens in der Vielheit der Gesetze und der Riten zu.[228] Doch unter dem Vorwand, die Vielgötterei auszurotten, polemisiere Mohamed gegen die Gottheit Christi.[229] Aber allein der christliche Glauben könne den Satan besiegen. Neben diesen Tönen gibt es philosophischere Passagen: Cusanus verwendet die Terminologie und teilweise auch das philosophische Verfahren aus *De pace fidei*; er suche, sagt er, die Substanz und das Vorausgesetzte im Koran – dies ist zunächst das Alte Testament und die Anerkennung Jesu als des Wortes Gottes.[230] Die Juden hätten Mohamed daran hindern wollen, ein vollkommener Christ zu werden. Sie hätten ihm ihre Polemik gegen Christus beigebracht, als verehrten die Christen ihn als einen zweiten Gott.[231] Aus all dem ergebe sich: Das Evangelium sei dem Koran vorzuziehen.[232] Das Gute im Koran sei nur ein Lichtstrahl, der aus dem Evangelium auf ihn falle.[233] Läsen gebildete Araber das Evangelium, fänden sie bald, daß der Koran auch noch verderbe, was er Gutes aus dem Evangelium habe. Denn woher sonst habe er die Lehre, daß wir die gegenwärtige Welt verachten, die zukünftige Welt ihr vorziehen sollen, daß wir gerecht und barmherzig sein sollen, daß wir Gott und den Nächsten lieben sollen? Einige Weise unter den Moslems seien heimliche Verehrer des Evangeliums. Der Koran verwerfe Mord, Meineid, Zinsnehmen und Ehebruch; aber der schlüpfrige Mohamed habe diesen Glanz verdunkelt, indem er Sinnenlust im Paradies ver-

---

[226] ib. I n. 22 p. 22–23.
[227] ib. I n. 23, 1–2 p. 23.
[228] ib. n. 27, 9–16 p. 27–28.
[229] ib. n. 28 p. 28.
[230] ib. n. 30, 10 p. 30.
[231] ib. n. 31, 1–2 p. 31.
[232] ib. n. 35, 1–2 p. 33.
[233] ib. n. 41, 1–3 p. 37.

sprochen hat.[234] Mohamed sei verweiblicht und sinnengierig gewesen; daher habe er den Kern des Korans, die Einheit Gottes und die Anerkennung Christi als seines Boten, verdorben.[235] Dabei verwickle er sich in den Widerspruch, Christus als Propheten anzuerkennen, ihn sogar als „Wort Gottes" zu bezeichnen, aber zu bestreiten, daß er der Sohn Gottes sei.[236] Koran und Evangelium sprächen von Christus zwar in verschiedenen Diktionen; sie meinten aber dasselbe.

Das erste Buch der *Cribratio* zeigt aus dem Koran, daß das Evangelium ihm vorzuziehen ist; es endet mit einer anschaulichen Hinführung zur Trinität durch die Betrachtung eines Glasbläsers: Er bringt seinen Begriff von dem Gefäß in den Stoff: Sein Verstand und sein Wort werden verbunden durch die gleichwesentliche Bewegung, den Hauch, den Atem, das Bild des Heiligen Geistes.[237]

Das zweite Buch gibt im Blick auf den Koran einen Aufriß der christlichen Wahrheit; es bespricht zunächst die Trinität (c. 1–11) mit dem Ziel, auch Muslime müßten konsequenterweise die Trinität bekennen; sodann versucht es, die für den Islam anstößigen Seiten der Christologie zu beseitigen und zu zeigen, der Koran sei inkonsequent, wenn er die Gottheit Christi ablehne und den Kreuzestod als schmählich verwerfe (c. 12–17). Das zweite Buch handelt dann vom Paradies, dessen Huris die christlichen Denker besonders beunruhigt haben (c. 18), und kommt zu einem relativ versöhnlichen Gesamturteil über den Koran: Gottes Weisheit habe dafür gesorgt, daß zwischen Schmutzigem, Eitlem und Abscheulichem der Glanz der Wahrheit zuweilen hervorbreche.[238]

Das dritte Buch weist im einzelnen Unklarheiten des Korans nach. Worin Mohamed entschieden und klar sei, sei der Monotheismus und seine eigene Rolle als Prophet des *einen* Gottes. Aber was er sonst von seinem Gott behaupte, sei widersprüchlich; sein Gott befehle Unvereinbares; über Waffengewalt in Glaubensfragen äußere er sich widersprüchlich. Er behaupte, das Gesetz Abrahams wiederhergestellt zu haben, aber er habe es mißverstanden. Nach einem langen Traktat über Abraham wendet Cusanus sich direkt an den „Sultan von Babylonien" und an den „Kalifen von Bagdad". Der Sultan sei früher selbst Christ gewesen; er habe

---

[234] ib. n. 41 und 42 p. 37–38.
[235] ib. n. 44–46 p. 39–41.
[236] ib. n. 71, 4–6 p. 61.
[237] ib. n. 82–83 p. 69.
[238] ib. II n. 158, 4–8 p. 128.

sich zum Islam nur bekannt, um an die Macht zu kommen.[239] Aber es
werde die Zeit kommen, wo nur der Glaube Christi herrsche. Der Sultan
möge seinen Untertanen befehlen, sie sollten ans Evangelium glauben.
Er werde sich auf Erden unendlichen Ruhm und außerdem das ewige
Leben verdienen, wenn er auf diese Weise die Erde befriede.[240] Dem
„Kalifen von Bagdad" ruft Cusanus zu, er möge sich klar werden, daß
die Muslime von schlauen, perversen und gotteslästerlichen Juden betro-
gen worden seien; diese hätten nachträglich die Passagen über Abraham
in den Koran gebracht; sie erst hätten den Islam christusfeindlich gemacht.

Der Papst hat übrigens 1461 tatsächlich in diesem Sinne an den Sultan
geschrieben und ihn zur Bekehrung aufgefordert.[241] Er bekam nie eine
Antwort. Dieser Brief wurde zuweilen auf Ideen der *Cribratio* zurückge-
führt. Vermutlich zu Unrecht. Es sind wir, die im geschichtlichen Rückblick zu schnell die „Großen", also Cusanus und Pius II., miteinander in
Verbindung bringen und zu rasch andere höchst einflußreiche Theologen
vergessen, wie z. B. Johannes de Torquemada, der sich ebenfalls mit der
Islam-Polemik befaßt hatte und dessen Einfluß während der ganzen
Frühdruckzeit nachweislich stärker war als der des Cusanus. Schon
Georg Voigt hat in seiner großen Biographie des Enea Silvio die Ansicht korrigiert, der Brief des Papstes an den Sultan gehe auf Cusanus zurück.[242]

Ich sagte, die Offenheit des Cusanus gegenüber dem Islam sei nicht so
groß, wie manche es darstellen. Der Koran ist für ihn Teufelswerk, er enthält allerdings Wahrheiten, doch stehen diese viel besser in der Bibel.
Cusanus zeigt Verständnis für Mohamed als den Erzieher eines primiti-
ven Volkes. Wenn man den Türken zeige, daß in der richtig verstandenen
Trinität und in der Gottheit Christi keine substantiellen Hemmnisse für
die Bekehrung der Muslime liegen, kann man eine Verständigung finden.
Cusanus war nicht der erste, der solche Verbindungsmöglichkeiten sah;
Wilhelm von Tyrus und Ricoldus, vor allem Lull waren in dieser Richtung vorangegangen. Cusanus hat diese Anregungen aufgegriffen und sie
im Sinne von *De pace fidei* im Winter 1460/61 aktualisiert. Er mag mit
dazu beigetragen haben, daß der Papst bald darauf dem Erzfeind ge-

---

[239] ib. III n. 22o p. 174–175.
[240] ib. n. 223 p. 177.
[241] Pius II., *Epistola ad Mahometem*, ed. A.R. Baca, New York 1990.
[242] Bei Voigt Band III S. 658, bei Hagemann in h VIII, p. 195 neuere Diskussionen.

schrieben hat. Ich wundere mich allerdings, daß erfahrene Diplomaten wie Enea Silvio und sein Freund Cusanus eine derartige Aktion für aussichtsreich halten konnten.

3. „Mystische" und affirmative Theologie in der Koranauslegung

Wir suchen die philosophischen Entwicklungsschritte des Cusanus. Dazu müssen wir noch einmal auf den Anfang des zweiten Buches zurückkommen. Dort unterscheidet Cusanus zwei Arten von *theologia* – die mystische und die affirmative. Er handelt sie in dieser Reihenfolge ab, also in umgekehrter Reihenfolge wie in den c. 24 bis 26 Von *De docta ignorantia* I. Er will zeigen, in beiden Theologieformen bestehe eine Konkordanz zwischen Koran und Evangelium. Ausgangspunkt beider Arten von *theologia* (wieder ein Fremdwort, das ich stehen lasse, denn in der Diktion des Cusanus war Proklos ein *theologus*) sei die Überzeugung von der Einzigkeit Gottes. Dabei gibt Cusanus den Monotheismus des Neuen Testamentes wieder, als handle es sich um seine Schrift *De principio*:

Pluralitas quomodo esset principium, cum ante pluralitatem sit unitas seu singularitas, quae necessario est aeterna, cum sit purum principium, quod ideo aeternum esse necesse est, quia principium et non principiatum.[243]

Der Polytheismus mag eine bildliche Wahrheit haben, aber, buchstäblich genommen, ist er widersinnig. Er widerspricht nicht nur faktisch dem christlichen Glauben; er ist widersprüchlich. Bei solchen Nachweisen genügt es nicht, den Glauben vorauszusetzen. Was widersprüchlich ist, kann nur die theoretische Analyse zeigen. Cusanus trägt sie vor in der Art seiner Synthesen von Paulus und Proklos in *De principio*.

Danach kann es nur *ein* Prinzip geben. Aber, fährt Cusanus fort, wir können den ersten Grund auf zweierlei Weise betrachten: entweder *ohne* Bezug auf das, was er begründet, also getrennt von seinen *principiata,* oder als deren Grund. Durchdenken wir zunächst die erste Möglichkeit. Im ersten Sinne, dem der Separatbetrachtung, läßt sich vom Prinzip genausogut auch negieren, daß es Prinzip sei. Es ist nicht *mehr* Prinzip als Nicht-Prinzip. In diesem Sinne genommen, ist es gänzlich unendlich und

---

[243] *Cribratio* II c. 1 n. 88, 3–6 p. 73–74.

unbestimmt, unbegreiflich und unsagbar, *penitus infinitum et intermi-nium, incomprehensibile et ineffabile.*[244]

Das Prinzip, in diesem Sinne als Nicht-Prinzip genommen, hat keinerlei Prädikate. Es ist weder eines noch dreieines; es ist weder gut noch weise; es ist weder Vater noch Sohn, noch Heiliger Geist. Es steht, wie Dionysius zeige, über allen Prädikaten. Es ist die pure, bestimmungslose Unendlichkeit; es ist allen unbekannt, auch den Weisen, außer sich selbst. Es wird im Schweigen verehrt, und Cusanus findet diese bestimmungslose Gottheit auch im Koran.[245]

Diese Argumentation klärt, was hier „mystische Theologie" heißt. Es ist die negative Theologie in ihrer ganzen Strenge. „Mystische Theologie" heißt hier – anders als in anderen Schriften des Cusanus, aber wie bei Albert – „negative Theologie", und sonst nichts. Es ist nicht die Koinzidenzlehre; es ist nicht die Vereinigung von affirmativer und negativer Theologie; es ist die negative Theologie in Alternative zur affirmativen, von der Cusanus gesagt hat, daß sie in den meisten Schriften des Dionysius vorherrsche. Cusanus läßt hier alles weg, was er den Freunden vom Tegernsee auf verschiedenen Wegen klargemacht hat; er hält die Resultate seines kürzlich vollendeten *De Possest* zurück.

Cusanus geht in dieser Schrift den Problemen nicht nach, die ihm die negative Theologie gestellt hat. Zwei Fragen liegen allzu nahe:

Erstens: Wir führen „das Prinzip" ein in das Universum unserer Reden, um die Welt zu begreifen. Können wir dann das Prinzip auch genausogut als „Nicht-Prinzip" betrachten? Heben wir damit nicht den eigenen Ausgangspunkt auf? Muß es nicht zu Widersprüchen führen, wenn wir das, was allein als Weltgrund eine Erklärungsfunktion ausüben kann, auch einmal als Nicht-Grund ansehen?

Zweitens: Cusanus nennt hier die negative Theologie an erster Stelle. Er gibt kein Motiv an, warum wir von dem Weltgrund, der zunächst als namenlos und gänzlich unbestimmt nicht-wissend gewußt wird, zur affirmativen Theologie übergehen sollen oder wieso wir dies könnten. *Er* kann bei der rein negativen Theologie nicht stehenbleiben, schon aus dem faktischen Grund, daß sowohl im Evangelium wie im Koran ein Block affirmativ-theologischer Behauptungen vorliegt. Einen immanenten Übergang von der negativen Theologie zur positiven konstruiert Cusanus nicht.

---

[244] ib. n. 88, 6–9 p. 74.
[245] ib. n. 88, 10–89, 7 p. 74–75.

Diese rohe Juxtaposition muß den, der *De Possest* durchgearbeitet hat,
enttäuschen. Es wiederholt sich hier die Differenz von *De visione Dei* zu
De pace fidei. Die interne Spekulation taugt nicht für quasi-kirchenpoli-
tische Arbeitspapiere. Allerdings verschweigt Cusanus die Resultate von
De Possest nicht ganz. Denn jetzt kommt er zur affirmativen *Theologia.*
Über diese Reihenfolge kann sich der Leser von *De docta ignorantia* nur
wundern. Aber Cusanus bringt jetzt einen argumentativen Aufbau der
affirmativen Theologie. Sie betrachtet den Ursprung als Ursprung. Daraus ergeben sich ihre Bestimmungen. Sie sieht den Ursprung von Seiten
der Welt. Die sichtbare Welt kann anders sein, als sie ist. Sie ist also nicht
durch sich selbst. Wir hören den Anklang an Argumente von *De Possest.*
Die sichtbare Welt muß von einem höheren Grund herkommen.[246] Dieser Grund muß die Welt frei begründet haben; er war auf sie nicht festgelegt; er muß intellektueller Natur sein. Cusanus untersucht danach die
Operationen der intellektuellen Natur näher; er findet als Komponenten
jeder intellektuellen Tätigkeit: den Intellekt selbst, sein Wissen oder seine
ars, schließlich den Willen. Dies erfahren wir in uns selbst; Cusanus hebt
hervor, dies sei nicht nur de facto so, sondern das müsse notwendigerweise so sein, *illa sic esse necessaria.*[247]

Cusanus zeigt sich besorgt um den methodischen Aufbau seiner Argumentation. *Haec primo notabis,* sagt er, nachdem er die dreieine Natur
jeder mentalen Tätigkeit als notwendig analysiert hat. Er vertieft dies
noch einmal: Die *mens* und ihr Inhalt sind dasselbe, *comprehensio seu
mentionatum et mens idem sunt.* Auffällig ist das Wort *mentionatum;*
später hätte man von Objekt gesprochen und gesagt, Subjekt und Objekt
seien in der geistigen Tätigkeit eins. Der Akzent liegt auf der Einheit.
Dies ist die Aristotelische *Nus*-Theorie aus dem dritten Buch *Über die
Seele* und aus dem zwölften Buch der *Metaphysik,* die Eckhart transformierend aufgenommen hat. Diesen Vorrang der Identität des Geistes und
seines Inhaltes erfordert der weitere Aufbau der Argumentationskette,
denn Cusanus will zeigen, die Trinitätslehre zerstöre nicht den Monotheismus, sondern bringe ihn in seiner reinsten Gestalt zum Ausdruck.
Mens, Wissen und Wille sind wesensgleich. Aber die *mens ist* nicht das
Wissen und nicht der Wille. Diese drei sind *idem essentialiter, licet non
convertibiliter.*[248] Eine gewisse Differenz innerhalb eines geistigen Wesens

---

[246] ib. c. 2 n. 90 p. 75.
[247] ib. c. 2 n. 91, bes. Zeile 7 p. 76.
[248] ib. n. 92, 7–9 p. 77.

muß sein; dies fordert nicht der christliche Glaube, sondern die Vornehmheit der geistigen Natur, *nobilitas intellectualis naturae*.[249] Der Anklang an das neunte Kapitel der *Theologischen Ergänzungen* ist nicht zu überhören.

Geistige Wesen haben eine innere Fruchtbarkeit, die ihren Adel ausmacht, von ihrem Schöpfer; ihm müssen wir die Vollkommenheiten im höchsten Maße zuschreiben, die wir in unserem Intellekt finden. Damit er vollkommen und im höchsten Maße *nobilis* sei, müssen wir ihn als dreieinig denken.[250] Die Welt ist das Sich-Zeigen des weltbegründenden Intellekts; hier klingen *De beryllo*-Motive an.[251] Die Welt ist *sui ipsius ostensio*, hieß es in *De Possest* n. 31, 8 p. 36. Cusanus bringt weitere trinitätsphilosophische Argumente, um zu zeigen: Wer die Erschaffung der Welt lehrt, muß konsequenterweise auch die Cusanisch verstandene Trinität lehren. Ich hebe dieses „muß" hervor, *asserit necessario*, sagt Cusanus,[252] um gegen ein hartnäckiges Vorurteil noch einmal zu belegen: Cusanus wollte keineswegs bloß die *innere Plausibilität* oder die *Glaubwürdigkeit* der Trinität nahelegen; er wollte ihre *Denknotwendigkeit* beweisen. *Non solum credibilia, sed necessaria*, hieß es in De Possest n. 24, 3–4 p. 29. Dieser Anspruch auf eine *Philosophie* der Trinität durchzieht das gesamte Werk; es wäre eine bloß dogmatische Vorannahme, ungeschichtlich denkend, allein die thomistische Grenzziehung von Wissen und Glauben für „mittelalterlich" zu halten und Cusanus den Beweisanspruch seiner Trinitätsphilosophie zu bestreiten. Gott muß dreieinig sein, wenn er das intelligente Prinzip der Welt ist, wenn er sich weiß und wenn er die Liebe ist. Cusanus trug seit *De docta ignorantia* I 7–9 die Theorie von *unitas, aequalitas* und ihrer *conexio* als denknotwendig vor, und hier will er zeigen: Auch die Araber müssen sie mit logischer Notwendigkeit anerkennen; sie folgt aus dem islamischen Monotheismus. Natürlich setzt dies voraus, daß die Christen keine drei Götter behaupten; hier kommt das Cusanische Motiv zur Geltung, dem wir oft begegnet sind: *sine numero* muß die Trinität gedacht werden.[253] Gerade die ständige Bemühung des Cusanus, die Trinität von Zahlenvorstellungen

---

[249] ib. n. 93, 1 p. 77.
[250] ib. n. 94 p. 78.
[251] ib. n. 98, 1 p. 80.
[252] ib. n. 99, 2 p. 81.
[253] ib. n. 111, 15 p. 90. Wörtlich so in *De Possest* n. 46, 1 p. 56.

frei zu halten und dies als philosophische Notwendigkeit für jeden Denkenden nachzuweisen, machte sein Denken 1460 *aktuell* in dem Sinne, daß es die Möglichkeit eines theoretischen Ausgleichs mit dem Hauptmotiv des Islam, dem Monotheismus, erlaubte. Und zwar rein argumentativ, philosophisch, mit Denknotwendigkeit. Erstaunlich ist nur, daß die Trinität hier ganz auf die Seite der affirmativen Theologie fällt, daß die „mystische Theologie" mit ihr nichts zu tun hat. Cusanus argumentiert in der *Cribratio* oft theologisch-apologetisch, die Wahrheit des Evangeliums voraussetzend. Aber was die Trinität angeht, aktualisiert er Argumente seiner Trinitätsphilosophie. Keineswegs alle. Er beschränkt sich auf das, was er auch in *De pace fidei* davon ausgewählt hatte, und er bringt nur das, was im Feld der *ratio* unbestreitbar ist. Die tieferbohrenden Fragen nach der Vereinigung der negativen und der affirmativen Theologie läßt er weg.

Allerdings fällt auf, wie sehr er sich um eine bestimmte terminologische Klärung bemüht: Die *unitas,* die *aequalitas,* die *conexio* sind nicht *drei,* sondern *eines.* Damit ist die Zählbarkeit ausgeschlossen, gut. Aber Cusanus fährt fort: Die *unitas* ist nicht etwas Anderes als die *aequalitas;* sie ist *non aliud.* Dennoch ist die *aequalitas* nicht dasselbe wie die *unitas.* Cusanus folgert daraus: Wer auf solche Begriffsnuancen nicht achtet, kann die Trinität nicht denken. Wir müssen den Unterschied einsehen zwischen „nichts Anderes-Sein" und „Dasselbe-Sein". Wir müssen begreifen: *Non aliud* heißt nicht dasselbe wie: *idem;* und: *non idem* besagt nicht dasselbe wie: *aliud.*[254] Cusanus spricht, wie er in *De Possest* sagte, in *allgemeinsten Termini* und untersucht diese mit besonderem Interesse. Dies trägt er auch dem Papst für die Auseinandersetzung mit dem Islam als notwendig vor. Allerdings in Kürze. Er wird auf die Bestimmungen *idem* und *non aliud* bald zurückkommen.

4. Das Buch über das Nichtandere

Die nächste Schrift des Cusanus trägt den Titel: *De non aliud.* Wir können sie nicht genau datieren; aber es ist höchst wahrscheinlich, daß sie im Winter 1461/62 entstanden ist, jedenfalls *nach* der *Cribratio* und ein Jahr

---

[254] ib. n. 106, 9–107, 3 p. 86.

vor *De venatione sapientiae*.[255] Die absolute Chronologie könnte sich leicht verschieben; uns genügt im Zweifelsfall die relative; immer ist mitzudenken, in den letzten Lebensjahren des Kardinals zu stehen. Es sind Jahre der Resignation bezüglich einer Reform der Kurie und der Kirche insgesamt. Der Papst ist mit ihm befreundet, aber ist mit drei Themen überbeschäftigt: mit dem Türkenkreuzzug, mit dem Ausbau seines Geburtsortes zu einer Renaissance-Idealstadt namens Pienza (von Pius) und mit der Erfüllung der Ansprüche seiner Verwandten. Dies waren nicht gerade die Projekte, um derentwillen der Konziliarist Nicolaus zum Papalisten geworden war. Er wollte sein Amt aufgeben; mühselig überzeugte ihn der Papst zu bleiben. Der Papst gibt den Ausbruch des Cusanus mit folgenden Worten wieder:

„Wenn du die Wahrheit hören kannst: Nichts gefällt mir, was hier in dieser Kurie geschieht. Alles ist korrumpiert. Niemand tut ausreichend seine Pflicht; weder dir noch den Kardinälen geht es um die Kirche. Wo werden die Vorschriften des Kirchenrechts eingehalten? Wo werden die Gesetze respektiert? Wo gibt es Sorgfalt in der Liturgie? Allen geht es nur um Karriere und Habsucht. Wenn ich im Konsistorium von Reform spreche, werde ich ausgelacht. Ich bin hier überflüssig. Gestatte mir zu gehen! Ich kann diese Lebensart nicht ertragen. Ich bin alt und brauche meine Ruhe. Ich will in die Einsamkeit gehen. Wenn ich für das Gemeinwesen nicht leben kann, dann will ich für mich leben“. Nach diesen Worten brach er in Tränen aus.[256]

Cusanus blieb, aber er zog sich, soviel er konnte, auf seine Studien zurück; er las erneut den Dionysius. Er studierte die *Platonische Theologie*

[255] Zur Datierung vgl. R. Klibansky, mit neuen Argumenten in der Augabe von *De venatione sapientiae*, h XII p. XII und E. Meuthen, Rezension von h XII, in: Historisches Jahrbuch, 103, 1983, S. 447–448. – J. Monfasani, Pseudo-Dionysius the Areopagite in Mid-Quattrocento Rome, in: Supplementum festivum. Studies in honor of P.O. Kristeller, ed. J. Hankins – J. Monfasani – F. Purnell, Jr., Binghampton, N. Y., 1987, S. 197 Anm. 39 datiert auf November 1461 bis Januar 1462.

[256] Pius II., *Commentarii* VII 9, ed. Bellus-Boronkai, Vol. 1, Budapest 1993, p. 351: „*Si verum potes audire: nihil mihi placet, quod in hac curia geritur. Corrupta sunt omnia. Nemo suo satis officio facit; nec tibi nec cardinalibus Ecclesiae cura est. Quae observantia canonum? Quae reverentia legum? Quae diligentia divini cultus? Ambitioni et avaritiae omnes student. Si aliquando in consistorio de reformatione facio verba, irrideor. Frustra hic sum. Indulge, ut abeam! Non possum ferre hos mores! Quies iam seni necessaria est. Ibo in solitudinem, et quando reipublicae non possum vivere, vivam mihi*". *Quibus dictis illachrimatus est.*

des Proklos, die Petrus Balbus aus Pisa soeben für ihn übersetzt hatte. Und er fragte sich, wie die neuplatonischen Texte sich verhielten zu dem vom Aristotelismus bestimmten Universitätswissen der Ärzte und Naturforscher.

Die Schrift, deren vollständiger Titel *Directio speculantis seu de non aliud* heißt, ist ein Gespräch des Kardinals mit drei Freunden. Einen Mitunterredner kennen wir schon; es ist Giovanni Andrea dei Bussi. Der Abt war schon bei der Unterhaltung über das *Possest* dabei; er gehörte seit 1458 als Sekretär zur ständigen Umgebung des Kardinals. Der italienische Humanist, von dem ich schon erzählt habe, daß er die erste Druckerei Italiens in Subiaco einrichtete, tritt im Vierergespräch auf als Leser Platons, d.h., des Prokloskommentars zum Parmenides. Der zweite Mitunterredner ist Pietro Balbi, der schon erwähnte Übersetzer der *Platonischen Theologie* des Proklos, an den Cusanus vermutlich auch *De aequalitate* und *De principio* adressiert hatte.

Der dritte Gesprächspartner ist der portugiesische Arzt Ferdinandus Matim, der zusammen mit Paolo Toscanelli als Zeuge des Testamentes des Kardinals vorkommt. Er spricht im Sinne seiner aristotelisch orientierten Vorbildung. Dieser Arzt ist aller Wahrscheinlichkeit nach der Mann, dem Paolo Toscanelli 1474 schrieb, er solle sich an Kolumbus wenden und ihn auffordern, den Seeweg nach Indien in der Westrichtung zu befahren. Die Gesprächspartner des Cusanus haben gewechselt. Es sind nicht mehr die Mönche vom Tegernsee. Die Mathematiker, Architekten, Ärzte von Florenz, unternehmerische Humanisten in Rom, der befreundete Papst Pius II. und der Grieche Bessarion – sie bilden jetzt seine Umgebung. Rom ist ein Kulturzentrum geworden.

Die *Directio speculantis seu De non aliud* gibt einige philologische Fragen auf: Ist der Doppeltitel authentisch, oder ist vielleicht eine zweite Schrift verlorengegangen? Cusanus hat den Text nicht in die definitive Sammlung seiner Schriften in den beiden Cusaner Handschriften aufgenommen: Wollte er noch an ihm arbeiten? Er fehlt auch in den alten Drucken. Der heute wegen seiner *Weltchronik* noch weit bekannte Nürnberger Humanist Hartmann Schedel hat sich 1496 davon eine Abschrift gemacht; dadurch blieb der Tetralog erhalten. Die Handschrift liegt heute in München; sie hat einen Anhang mit zwanzig Thesen über die Bedeutung des Nichtanderen. Die zwanzig Lehrsätze stammen zweifellos von Cusanus, aber sie haben auch ihre eigene Textüberlieferung; der Humanist Conrad Celtis hat sie separat gedruckt.

Die Schrift geht auf schwierigste Fragen ein, ohne für alle eine völlig ausgeglichene Antwort zu geben. Ob dies auf einen unfertigen Zustand des Textes deutet, oder ob Cusanus theoretisch nicht weiter gekommen ist, wage ich nicht zu entscheiden. Die Schrift ist als innovative Konzeption von außerordentlicher Bedeutung. Cusanus entwickelt seine Philosophie in einer neuen Form und bestimmt von ihr her seine Stellung zur Tradition in neuer Deutlichkeit. Der Text ist eine weitere Aufforderung zu einer genetischen Darstellung des Cusanischen Denkens. Zugleich stellt er den Interpreten vor die Frage, ob er mit diesen abstrakten Erörterungen etwas anfangen kann. Mancher Ausleger hat sich geholfen, indem er die Elemente der Anschaulichkeit hervorhob, die auch hier nicht fehlen, zum Beispiel die Meditation über den Rubin im 11. und 12. Kapitel. Ein anderer Interpret, Paul Wilpert, dem wir viele Einzelinformationen verdanken, wollte die abstrakten Diskussionen von *De non aliud* als unbeholfenen Ausdruck für das „Erlebnis Gottes" lesen; er suchte „hinter" ihnen „das glühende Herz". Einen solchen Tiefenblick traue ich mir nicht zu; mich interessiert die Argumentation im Text und ihre genetische Stellung, sonst nichts. Und für beides ist *De non aliud* ein hervorragend wichtiges Dokument.[257]

5. Das Wissen, die Definition und die Selbstdefinition

Es scheint mir nicht richtig, diese Schrift vorzustellen, indem man damit beginnt, sie entwickle einen neuen Gottesnamen, eben den des Nichtanderen. Sie entwickelt in der Tat einen neuen Gottesbegriff, und Cusanus gibt zu verstehen, daß er sich seines Neuerungsschrittes bewußt ist. Aber wie in anderen Texten führt Cusanus den Gottesbegriff zunächst philosophierend ein. An dieser wichtigen Operation darf kein Interpret als an

---

[257] *Directio speculantis seu De non aliud*, h XIII, ed. L. Baur – P. Wilpert, Leipzig 1944; J. Uebinger, Die Gotteslehre des Nicolaus Cusanus, Münster und Paderborn 1888; P. Wilpert, Vom Nichtanderen, h XII Hamburg 1952, mit wertvollen Anmerkungen, aber auch, besonders auf den Seiten V–VIII, mit der Tendenz zur erbaulichen Sentimentalisierung, die mit einer bewunderungswürdigen philologischen Gelehrsamkeit einhergeht.
Vgl. die oben in Anm. 7 zitierte Literatur zur Spätphilosophie sowie W. Beierwaltes, Identität und Differenz, Frankfurt 1980, bes. S. 105 bis 175; ders., Der verborgene Gott. Cusanus und Dionysius. Trierer Cusanus Lecture Nr. 4, Trier 1997; D. Pätzold, Einheit und Andersheit. Die Bedeutung kategorialer Neubildungen in der Philosophie des Nicolaus Cusanus, Köln 1985.

einer philosophischen Umständlichkeit, die entbehrlich wäre, vorbeigehen. Cusanus beginnt, nachdem die Freunde von ihrer Lektüre erzählt
haben – Proklos, Dionysius, Aristoteles –, mit der Bemerkung, wir hätten bislang eine Einsicht *vernachlässigt*, die uns näher an das Gesuchte
heranführen könnte.[258] Das heißt: Wir müssen noch einmal neu anfangen,
und Nicolaus fordert Ferdinand auf, nichts gelten zu lassen, wozu ihn
der Verstand nicht zwinge.[259] Er will kein autoritätsorientiertes Wissen
aufbauen. Halten wir auch noch fest, daß der Autor Ferdinandus sagen
läßt, die Freunde wüßten, daß die Wahrheit zu finden sei, daß sie sich
überall finden lasse. Dieses Zeugnis der Erkenntniszuversicht – Cusanus
wird bald, in *De apice theoriae*, sagen, sie habe ihm früher gefehlt – sollten wir nicht überhören.

Cusanus eröffnet den argumentativen Teil mit der Frage: *Aufgrund
von was kommt unser Wissen zustande?*[260] Cusanus sagt also nicht: Wir
haben ein bestimmtes Gottesbild im Herzen und wollen es nun in einen
begrifflichen Rahmen fassen. Nichts davon. Noch weniger sagt er: Ich
habe ein Gotteserlebnis und will es begrifflich klären. Er sagt auch nicht:
Wir haben zusammen Proklos, Dionysius und Aristoteles gelesen und
wollen uns nun des perennen Bestandes dieser vortrefflichen Tradition
vergewissern. Nichts dergleichen. Er will wissen, wie Wissen zustande
kommt. Er erhält zur Antwort: Durch die Definition. Diese Antwort ist
schulgerecht; sie entspricht der sokratischen Fragestellung, die Platon wie
Aristoteles fortentwickelt haben: Wissen ist Wesenswissen, das in der
Definition zum Ausdruck kommt. So haben auch Albert und Thomas
Aquinas gedacht. Cusanus drängt weiter: Warum heißt sie *definitio*? Von
der Tätigkeit des Abgrenzens, vom Definieren, weil sie alles begrifflich
bestimmt. Was heißt hier „alles"? Alles, was zu einem bestimmten Begriff gehört? Nein, es bedeutet mehr: Alles, was es gibt, wird umgrenzt,
wird definiert. Das Definieren schließt nichts aus; es umfaßt alles. Daß
alles Wirkliche definierbar sein müsse, diese Voraussetzung ist uns heute
nicht selbstverständlich. Aber die vier Freunde setzen sie voraus, und
Cusanus folgert: Das Definieren definiert alles, also auch sich selbst. Das
Definieren, das alles, auch sich selbst, definiert, ist *nichts anderes* als das
Definierte.[261] Hier fällt zum ersten Mal das Stichwort: das *non aliud*. Das

---

[258] ib. c. 1 p. 3, 10–13.
[259] ib. c. 1 p. 3, 21–24.
[260] ib. c. 1 p. 3, 25–26.
[261] ib. c. 1 p. 4, 4–9.

allesdefinierende Definieren ist *nichts anderes* als sein Inhalt. Dieser
schlichte Ausdruck „nichts anderes als" ist das Gesuchte, an dem wir bisher in der Hitze der Jagd nach der Weisheit vorbeigelaufen sind. Wir müssen uns nur einmal auf die Bedeutung dieser Worte konzentrieren, um zu
sehen: Sie wandern bei jeder Begriffsbestimmung mit. Wenn wir nach irgendetwas anderem fragen, z. B. nach der Erde, dann sagen wir: Die Erde
ist nichts anderes als die Erde. Das Nichtandere tritt also in jeder Begriffsbestimmung auf. Es ist in allem Wissen das Bestimmende. Aber vor
allem: Wir sehen an ihm, wie es sich selbst bestimmt. Es zeigt vor aller
Augen, unübersehbar, daß es sich selbst definiert, denn das Nichtandere
ist nichts anderes als das Nichtandere. Unter allem, was menschlicherweise gewußt werden kann, ist diese für jeden Denkenden offensichtliche
Selbstdefinition der wahrste und genaueste Modus, *praecisissimus atque
verissimus.*

Dies sind extreme Sätze in der Sprache des Cusanus. Daß ein solcher
Superlativ der *praecisio* und der Wahrheit uns nicht zugänglich sei, daß
die göttliche *aequalitas* allein diesem Maßstab entspreche, das hat Cusanus immer wieder gesagt. Und jetzt findet er diesen Modus in jeder
Definition und damit in allem Wissen vor. Sofort taucht die Frage auf:
Hat das einer von unseren großen Denkern schon einmal gesagt? Nikolaus antwortet: Keiner. Aber Dionysius ist dem am nächsten gekommen.[262] Cusanus zitiert dann eine Stelle aus dem fünften Kapitel der *Mystischen Theologie,* die in der neuen Übersetzung von Anton Martin
Ritter lautet:

„Sie (die Allursache) ist auch nicht Geist in dem Sinne, wie wir diesen
Ausdruck verstehen, noch mit Sohnschaft oder Vaterschaft gleichzuset-
zen oder mit irgend etwas anderem, von dem wir oder irgendein anderes
Wesen Kenntnis besäßen."[263] Weder im griechischen Text bei Migne,
PG 3, 1048 A noch in der Ausgabe der *Theologia Mystica* durch G. Heil
und A. M. Ritter im Corpus Dionysiacum II, Berlin 1991, S. 149–150,
noch in den alten Dionysiusübersetzungen kommen wir von dieser
Dionysius-Stelle zum Cusanischen Nichtanderen. Und Cusanus behauptet ja auch nicht, er habe das Konzept des Nichtanderen bei Dionysius
gelesen; er beansprucht ausdrücklich, der Terminus stamme von ihm, und
er sei 1462 neu. Den Dionysius kannte er lange, spätestens seit 1438.

---

[262] ib. c. 1 p. 5, 6–19.
[263] Pseudo-Dionysius Areopagita, *Über die Mystische Theologie und Briefe.* Eingeleitet und
übersetzt von A. M. Ritter, Stuttgart 1994, S. 79 f.

6. Der neue Gottesname

Für das theoretische Konzept des *Non aliud* ist wichtig: Erst zu Beginn des zweiten Kapitels wird das *non aliud* als ein anderes Konzept für den ersten Ursprung bezeichnet, den alle „Gott" nennen.[264] Hier erst schließt Cusanus seinen spekulativen Gedanken vom immanenten Grund allen Wissens, also von dem sich selbst definierenden Definieren, zusammen mit dem Namen *Deus*. Ich habe schon mehrmals auf diese Art seines Vorgehens aufmerksam gemacht; es ergibt sich daraus, daß Cusanus zwar den Glauben als persönliche Disposition voraussetzt – vor allem als Orientierung aufs Ewige und damit als Reinigung des Herzens – , daß er aber die philosophische Argumentation als selbständiges Wissen ansieht, dessen Korrespondenz zum Geglaubten er in einem weiteren Schritt zeigt. Konsequenterweise handelt c. 2 von den Namen Gottes: Keiner ist adäquat, aber sie sind in ihrer Defizienz nicht gleichwertig; manche erreichen die exakte Entsprechung eher; sie leiten den Blick *praecisius*. Dann kritisiert Cusanus die bisherigen philosophischen Gottesnamen; sie leiten den Blick des Denkenden immer auf etwas Anderes. Wenn ich Gott zum Beispiel als das „Sein selbst" bezeichne, führe ich den Blick auf Anderes; ganz abgesehen davon, daß dem Sein das Nicht-Sein entgegensteht, das ebenfalls eine einheitliche Bestimmung ist und also das Eine voraussetzt. Einzig die Bestimmung „Das Nichtandere" lenkt nicht von dem ab, worauf der Name hinführen soll. Die anderen Namen führen auf Anderes. Aber jedes Andere ist nichts anderes als das Andere; d.h., in seiner Bestimmung ist das Nichtandere immer schon enthalten. Philosophieren besteht aber in der Aufdeckung des verdeckt Vorausgesetzten. So zeigt sich jetzt: Jedes Andere, zumal als Gottesname, wie z.B. das Sein, setzt das Nichtandere immanent voraus, und das Nichtandere kann durch gedankliche Analyse in jedem Anderen angetroffen werden. *Aliud... non aliud praesupponit*.[265] Nur bei dem Ausdruck *Non aliud* entsprechen sich Bezeichnendes und Bezeichnetes. Es gibt also keinen präziseren Namen Gottes, wenn Gott selbst auch keinen Namen hat. Das *Non aliud* ist ein Weg für uns; es ist nicht der Namen Gottes selbst, den wir nicht kennen. Später stellt Cusanus heraus: Das *Non aliud* ist nicht dessen Name, sondern der meines Begriffes von ihm.[266] Ein solches Eingeständnis bringt

[264] *De non aliud* c. 2 p. 5, 21.
[265] ib. c. 2 p. 6, 1–11, besonders Zeile 7–8.
[266] ib. c. 22 p. 52, 9–13.

neue Aporien mit sich. Denn die bisherige Argumentation beruhte auf der Entsprechung von Namen und Sachverhalten, vor-nominalistisch. Das Nichtandere, das als sprachlicher Ausdruck, als „Name" in allen Definitionen auftritt, soll doch die Darstellung des sich selbst definierenden Weltgrundes und der Möglichkeit allen menschlichen Wissens sein. Kann Cusanus es zurücknehmen auf eine bloße Bezeichnung seines, des Menschen, Begriff? Ich finde dies das Bewundernswürdige an der Schrift *De non aliud*: Sie läßt die Probleme liegen. Sie zeigt Wege, auch wenn ihr Ende nicht absehbar ist. Folgen wir also Cusanus noch ein wenig.

Denn kaum hat er das *Non aliud* als das kenntlich gemacht, was die Menschen sonst mit dem Wort „Gott" *meinen*, aber aufgrund philosophisch weniger tauglicher Konzepte theoretisch *verfehlen*, weitet er die Betrachtung wieder aus; er bleibt nie nur bei der philosophischen Theologie stehen: Alles ist je ein Anderes, und wenn wir es begrifflich bestimmen, sagen wir von ihm, es sei nichts anderes als … *ita de omnibus, quae qualitercumque dici possunt.* [267] Das *Non aliud* sehen wir allem vorangehen; nichts können wir bestimmen, ohne daß das *Non aliud* in ihm auftaucht. Und weil es so umfassend ist und sich überall als das Umfassende zeigt, kommt es dem unnennbaren Namen Gottes am nächsten. [268]

Einen viergliedrigen Vergleich Platons aufgreifend, untersucht Cusanus das Nichtandere als Licht des Wissens: So wie sich das sichtbare Licht ermöglichend zum Sehen des Auges verhält, so zeigt sich das Nichtandere als das, worin unser Geist *(mens)* alles definiert, denn sein Ziel ist ja, jedes in seiner Eigenheit – sofern es nichts anderes ist als es selbst – zu erfassen. [269] Wir brauchen einen sinnlichen Anhalt unserer intellektuellen Erkenntnis; das Licht führt uns zur Einsicht ins Nichtandere als der Bedingung jedes Wesens. Verschwände das Nichtandere, wäre auch jedes Einzelne und jedes Andere aufgehoben – das Wegdenken macht die Voraussetzungen deutlich, und in deren Untersuchung besteht die Philosophie.

---

[267] ib. c. 2 p. 6, 20.
[268] ib. c. 2 p. 6, 24–27.
[269] ib. c. 3 p. 7, 1–12.

7. Prämissen und Konsequenzen

An dieser Position ist zweierlei auffällig: Sie lebt vom Parallelismus von Denken und Sein. Was sich als Denkvoraussetzung zeigt, muß auch eine Voraussetzung der wirklichen Welt sein. Ohne einen solchen Grundsatz ist die ganze Schrift unbegreiflich, und ihre Bedeutung liegt auch darin, daß sie diese Prämisse, die mehr oder minder klar auch in früheren Schriften des Cusanus galt, scharf herausstellt. Nicht nur das Denken, auch unser Sprechen muß eine Parallelstruktur zu den ontologischen Begründungsverhältnissen aufweisen. Sonst könnten wir nie aus der sprachlichen Möglichkeit, in jede Definition ein „ist nichts anderes als" einzubauen, schließen, wir hätten den Grund allen Wissens entdeckt und den besten Namen unseres Gottesbegriffs gefunden. Durch die Klarheit, mit der Cusanus es ausspricht, er sehe im Nichtanderen den Grund allen Seins, allen Nichtseins und allen Erkennens, wird seine Prämisse zugleich prekär und diskutabel; ich erinnere an den Anfang von c. 22 p. 52, 9ss., wo Cusanus diese Prämisse zaghaft zurücknimmt oder einschränkt.

Noch eine zweite Bemerkung: Das Nichtandere gleicht dem Licht auch darin, daß wir im Licht das Nicht-Licht sehen. So sehen wir kraft des Nichtanderen jedes Andere. Nun hat Cusanus seit *De beryllo* und seit *De Possest* sein Absolutes als Sichzeigen bestimmt, *ostensio sui ipsius*.[270] So sagt er auch in *De non aliud*, das Nichtandere biete sich dar, *sese offert*.[271] Aber dieses Eckhartsche Motiv tritt hier im definitionstheoretischen Kontext auf. Das heißt: Das Nichtandere weist nicht auf sich, sondern auf das jeweils Andere, das wir im Licht des Nichtanderen wissen. Alles, was ist, ist jeweils das Andere eines Anderen. Deswegen geben wir dem *Non aliud* nicht die Bestimmung „Sein". Es ist dessen Grund und genaues Maß, und wenn es sich uns darbietet, wenn wir Seiendes bestimmen wollen, dann bestimmen wir doch es selbst nicht als Sein. Was wir im Licht des *Non aliud* suchen, ist Seiendes und jeweils Anderes; der letzte Ursprung geht allem Gesuchten voraus und wird als solcher nicht gesucht; er ist die Ermöglichung gegenständlicher Erkenntnis. Als solcher ist er kein Gegenstand der Erkenntnis, denn der Grund ist das Nichts seines Begründeten. Cusanus erschließt sich hier, mitten in der Diskussion des besten Gottesnamens, zugleich ein Feld innerweltlichen Wissens,

---

[270] *De Possest* n. 31, 8 p. 36.
[271] *De non aliud* c. 3 p. 7, 26.

indem er die Erkenntnis des Prinzips außerhalb dieses Feldes hält. Er geht noch weiter: Es ist nicht nötig, das Licht zu suchen. *Neque enim opus est lucem quaeri.* Es zeigt sich im Sichtbaren. *Se ipsam ostendit in visibili.*[272] Es zeigt sich, indem es von sich weg verweist. Am farbigen Abglanz haben wir sein Leben, nicht in direkter Annäherung.

8. *Was wird aus der* theologia negativa?

Cusanus kommt dann auf die Frage zu sprechen, wie sich das Verhältnis von affirmativer und negativer Theologie im Licht des *Non aliud* ausnimmt. Das Problem hat ihn nicht losgelassen; *De Possest* hatte eine gewisse Klärung gebracht, aber in der *Cribratio* war dann doch die affirmative Theologie begründungslos und bezugslos auf die negative gefolgt. In *De non aliud* wäre dies unmöglich. Das Nichtandere geht jedem Gedanken und jeder Aussage voraus; wir meinen dasselbe Identische, wenn wir von Gott sagen, er sei überwesentlich, oder wenn wir sagen, er sei ohne Wesen; *supersubstantialis* bedeutet dasselbe wie *sine substantia* oder vor jedem Wesen, *substantia ante substantiam.* Nur sind diese Ausdrücke umständlich und zeigen nicht direkt das Nichtandere; deswegen ist der Ausdruck „das Nichtandere" grundlegender, prinzipieller, besser. Deswegen, fährt Cusanus fort, dürfen wir auch das *Non aliud* nicht nur auf der Seite der Affirmation *oder* der Negation suchen; es steht *vor* dieser Alternative. Wieder einmal fügt Cusanus einen Rückblick auf sein Werk ein. Er fühlt sich alt, auch wenn philosophische Unterhaltungen ihn verjüngen.[273] Er blickt zurück. Er erklärt dabei, was er mit seiner Koinzidenztheorie gesucht habe, eben das Voraussein des *Non aliud* vor dem Gegensatz von affirmativer und negativer Theologie:

Ferdinandus: Visne dicere ‚non aliud' affirmationem esse vel negationem vel eius generis tale?
Nicolaus: Nequaquam, sed ante omnia tale; et istud est, quod per oppositorum coincidentiam annis multis quaesivi, ut libelli multi, quos de hac speculatione conscripsi, ostendunt.[274]

Im Zusammenhang des Neuheitsbewußtseins des *Non aliud* sagt dieses

[272] ib. c. 3 p. 8, 10–14.
[273] ib. c. 1 p. 3, 17–19.
[274] ib. c. 4 p. 9, 7–11.

Selbstzeugnis: Ich habe seit *De docta ignorantia* zeigen wollen, daß das *Non aliud vor* dem Gegensatz von Bejahung und Verneinung steht. Jetzt aber habe ich die Wendung gefunden, die das Gesuchte am besten zeigt. Cusanus fügt hinzu: Die Bestimmung „das Nichtandere" *setzt* weder ein Prädikat noch *nimmt* sie eines; sie steht vor der Alternative von Prädikatssetzung oder Behauptung, *positio* (die Cusanus zuvor unter dem Titel der Hinzufügung, *additio* diskutiert hat), und der Wegnahme, der *ablatio*.[275]

Ferdinand hebt hervor, jeder Denkende, der das mit Cusanus erfasse, müsse das einsehen. Wir sind im Bereich denknotwendiger Bestimmungen, denen sich kein denkendes Wesen entziehen kann. Und da wird klar, daß alle Gottesnamen, die Cusanus bisher gebraucht hat, hinter dem *Non aliud* zurückstehen müssen. Cusanus nennt jetzt ‚abgeleitet', was er zuvor als das Grundlegende bezeichnet hat. Er zählt auf: Das *Unum, das Sein, das Wahre, das Gute.* Alle diese Bestimmungen – die sog. Transzendentalien – sind begründet im Nichtanderen, wobei das *Unum* noch am nächsten an das Nichtandere heranreicht, was den Vorrang der platonisch-proklischen Philosophie erklärt. Aber das Unum ist *nichts anderes als* das Unum; es ist also immer noch etwas Anderes als das Nicht-Andere.[276]

Cusanus hat in dieser Schrift die Eigenheit, neben den Vorzügen seiner Neuentdeckung – das *Non aliud* sei *simplicius,* d.h., grundlegender als das *Unum* – die Neubestimmung seiner Position gegenüber der Tradition auszusprechen. So fügt er der These vom Vorrang des *Non aliud* vor dem Unum hinzu: Einige Theologen wie Platon (bei Proklos) und Dionysius hatten das Unum im Sinne des Nichtanderen verstanden und auf diese Weise die Einsicht gewonnen, daß es *vor* dem Widerspruch stehe. Aber was sie nicht gesehen hätten: Das Unum ist etwas Anderes als das non-unum. Es verharre im Gegensatz von Einheit und Vielheit. Deswegen führe das Unum unseren intellektuellen Blick nicht auf den ersten Ursprung. Dieser sei im Verhältnis zum Anderen oder auch zum Nichts nichts Anderes.[277]

Dies ist eine Anerkennung der neuplatonischen Philosophie – als einer wahren Theologie, wohlgemerkt – und zugleich eine Distanzierung von ihr. Es ist eine Weiterführung eigener früherer Philosopheme und zu-

[275] ib. c. 4 p. 9, 12 -13.
[276] ib. c. 4 p. 10, 1–6.
[277] ib. c. 4 p. 10, 8–14.

gleich eine Kritik an ihnen. Ihr Unum blieb gegensatzverhaftet, auch
noch, indem es jenseits der Gegensätze gesetzt wurde. Diese seine einseitige Natur führte zum *additio*-Verbot und damit zum Vorrang der negativen Theologie. Diesen hat Cusanus schon 1453 kritisiert. Aber jetzt,
mit Hilfe des *Non aliud*, glaubt er auch *sagen* zu können, was er vorher
nur *gemeint* hat. Schon lange arbeitete er, wie wir gesehen haben, an einer
Philosophie der Enthüllung, *revelatio*. Jetzt, 1462, glaubt er das Prinzip
der Enthüllung oder die wahre Philosophie der Offenbarung gefunden
zu haben: Das Nichtandere sehen wir in jedem Anderen. Das Andere ist
das Andere nur kraft der Anwesenheit des Nichtanderen. Dieses definiert sich, enthüllt sich, macht sich sichtbar. Jetzt, mit Hilfe dieser neuen
Bestimmung, geschieht seine Enthüllung deutlicher als je zuvor, *quia sese
definit, revelavit clarius quam antea.*[278] Noch einmal verweist Cusanus
auf seine früheren Bücher. Wir sollen dort auf das achten, was ihm bislang fehlte. Jetzt habe er einen fruchtbareren und deutlicheren Beweisgrund gefunden als zuvor – das sich selbst definierende Nichtandere.[279]

Cusanus spricht zu Freunden, die seine Bücher gelesen haben. Er hebt
dabei auf das *nunc autem* im Jahr 1462 ab. Meine genetische Untersuchung seiner Philosophie ist nichts anderes als der Vollzug dieser von ihm
erbetenen Blickrichtung. Cusanus verband sie mit dem Bewußtsein einer
Teleologie und eines Höchsten, das menschenmöglich erreicht werden
kann. Er ging sogar noch weiter. Er glaubte sich, mit diesem Beweisgrund
ausgerüstet, berechtigt zu der Hoffnung, daß sich ihm Gott dereinst ohne
vermittelnden Bildbegriff offenbaren werde.[280] Dies ist ein historisch cha-
rakteristisches Dictum. Es belegt die Eigenart dieses römischen Christentums in der besonderen Situation von 1462. Nach Augustin kommt in
den Himmel, wen Gott dazu aus der Masse der Verworfenen individuell
und grundlos auswählt. Andere glaubten, in den Himmel komme, wer
mit ganzen Herzen Gutes getan habe, Gott und den Nächsten geliebt
habe. Cusanus glaubte, auf die völlige Enthüllung Gottes hoffen zu können, weil er die Bestimmung des Nichtanderen gefunden habe. Halten
wir dies als eine kulturelle Besonderheit fest.

---

[278] ib. c. 5 p. 11, 39, doch vgl. Zeile 18 bis 35 ganz.
[279] ib. c. 5 p. 11, 35–12, 5.
[280] ib. c, 5 p. 12, 3–5.

9. Zwei Nachträge zur Trinitätsphilosophie

Nach seiner Erklärung, das Nichtandere sei der Weg zur Überwindung des Gegensatzes von affirmativer und negativer Theologie, kommt Cusanus auf die Trinitätsphilosophie zu sprechen. Mit ausdrücklicher Erinnerung, dazu habe er in seinen anderen Büchern schon vieles geschrieben, bringt er nur zwei Punkte zur Sprache:

Erstens: Wir müssen die Trinität ohne Zahlbestimmung denken. Die Trinität ist dies: Das Nichtandere ist nichts anderes als das Nichtandere. Diese dreimalige Wiederholung ist seine Selbstdefinition. Indem es sich definiert, zeigt es sich – fern aller Zahl und Zählbarkeit – als dreieines.

Wir stehen hier vor einem Prüfstein des Cusanusverständnisses. Ist es ein bloßes Wortspiel oder ist es der Gipfel der Cusanischen Philosophie, daß er die Dreieinigkeit darin bestehen sieht, daß das Nichtandere nichts anderes als das Nichtandere ist, daß die Wendung „non aliud" dreimal in einem einzigen Satz vorkommt? Ich sage: Dies ist der Höhepunkt der Cusanischen Philosophie. So führt er ihn hier ein, und ich sage: mit Recht, denn dies liegt in ihrer Gesamtanlage begründet. Denn der formale Charakter dieser Argumentation, bei dem weder Bibelsprüche noch mathematische Figuren irgendeine Rolle spielen, war seit *De docta ignorantia* I in der Cusanischen Philosophie grundlegend; nur kommt dies in *De non aliud* zu seiner Enthüllung.

Vielleicht darf ich hier eine persönliche Erzählung einflechten. Ich habe vor vielen Jahren zwei der bedeutendsten Cusanusforscher unseres Jahrhunderts nach ihrem Urteil über die Trinitätsphilosophie von *De non aliud* gefragt. Sie wollten mit der Sprache zuerst nicht recht heraus, aber ich gab nicht nach. Ich wollte es wissen. Was dann in freundlich-vertrautem Ton kam, lag auf der Linie: dialektische Spielerei, Mißbrauch der Philosophie in offenbarungstheologischer Absicht, Gefahr, das christliche Dogma der Dreieinigkeit auszuhöhlen, zumal bei dem vehementen Fernhalten der Zählbarkeit, während die christlichen Dogmen klar von drei Personen sprechen. Ich hingegen finde: Wer diese Argumentation verwirft, trennt sich insgesamt von der Philosophie des Cusanus. Dies steht jedem frei. Aber es scheint mir in ihrer Konsequenz zu liegen, daß sie die Selbstdefinition als trinitarischen Prozeß sehen muß. Das Nichtandere bewegt sich als die sich enthüllende Selbstbestimmung des absoluten Begriffs.

Cusanus bringt zur Trinität hier nur eine einzige weitere Bemerkung:

Er untersucht die möglichen Stufen der Betrachtung der Trinität anhand der Terminologie. Er nimmt sein Ergebnis insofern vorweg, als er erklärt: Das Geheimnis der Trinität haben wir im Glauben empfangen. Obgleich es jede Erkenntnisweise übersteigt, ist es doch zugleich die vorgängige Voraussetzung jedes Wissens. Und wenn wir im gegenwärtigen Leben Gott erforschen, dann kann es nicht anders und nicht entsprehender, *non aliter nec praecisius*, als mit Hilfe des Nichtanderen erklärt werden.[281] Das heißt: Auch wenn die Erkenntnis mit dem Glaubensgeschenk in unserer individuellen Entwicklung beginnt und auch wenn die Trinität alles Wissen überragt, so ist sie doch als dessen Ermöglichung in ihm als das Nichtandere anwesend, und dies ist auszusprechen, das ist die höchste, menschlich erreichbare Einsicht. Dann unterscheidet Cusanus folgende vier Stufen der Trinitätsbetrachtung:

I. Die Rede von Vater, Sohn und Heiligem Geist. Sie ist in der Bibel verbürgt und insofern verläßlich, aber sie ist *minus praecise*. Dies dachte Cusanus schon 1438: Von Vater und Sohn, also in biologischen Metaphern von Gott zu reden, das schien ihm die *distantissima similitudo*.[282]

II. Näher an das Gemeinte heran kämen die drei Begriffe *unitas, aequalitas, conexio*, wenn sie sich in der Bibel fänden. Cusanus sagt *nicht*, daß sie bei Augustin stehen, daß Thierry von Chartres sie weiterentwikkelt und daß er selbst seit *De docta ignorantia* I 10 immer wieder darauf zurückgekommen war, ohne sich daran zu stören, daß diese Begriffe nicht im Neuen Testament vorkommen. Er sagt nur: In ihnen zeige sich das Nichtandere deutlicher als in den drei erstgenannten Wörtern.

III. Noch grundlegender (*simplicius*) seien die Termini: *hoc, id, idem*, also: Dieses, Das, Dasselbe. Cusanus hatte diese Terminologie in *De docta ignorantia* I 9 gebraucht; einem Nachweis Klibanskys zufolge stammt sie aus einem Kommentar zu Boethius *De trinitate*, der fälschlich Beda zugeschrieben wurde[283]. Cusanus bemerkt zu dieser Terminologie: Sie zeige das Nichtandere deutlicher, sei aber wenig gebräuchlich.

IV. Vierte Stufe: Das dreimalige Vorkommen des Nichtanderen in dem Satz: Das Nichtandere ist nichts anderes als das Nichtandere.

Non aliud est non aliud quam non aliud.[284]

---

[281] ib. c. 5 p. 13, 1–4.
[282] *De docta ignorantia* I 9 p. 19, 9.
[283] PL 95, 400 B C.
[284] *De non aliud* c. 5 p. 13, 18.

Dies sei die am wenigstens gebräuchliche Ausdrucksweise, aber sie zeige am deutlichsten, *clarissime*, wie sich der Ursprung jenseits all unserer Erkenntnis uns zeige, indem er in einer Bewegung der Selbstbestimmung, *definitivo motu*, aus dem Nichtanderen das Nichtandere erzeugt, so daß die Selbstbestimmung oder die Definition aus dem Nichtanderen und aus dem *entsprungenen* Nichtanderen im Nichtanderen zum Abschluß kommt.[285] Mehr sagt Cusanus diesmal nicht zur Trinitätsphilosophie. Allerdings schärft er noch ein, die gegebenen Bestimmungen seien *denknotwendig*; kein denkendes Wesen kann es vermeiden, das Nichtandere als die Bedingung allen Sagens, allen Denkens und allen Seins denkend zu erfassen: *non igitur ipsum ,non aliud' potest non videri.*[286] Wir nehmen dies nicht nur als Dokument gestiegener Erkenntniszuversicht, die weiß, daß wir das Nichtandere nie übersehen könnten, sondern auch als einen weiteren Hinweis, daß die *Non aliud*-Spekulation inklusive der Trinitätstheorie einen für jedes Denken *unvermeidlichen* Charakter hat, daß also Cusanus ihre Notwendigkeit *beweisen* will.

10. Stellung zur Tradition: Dionysius

Das Denken des Cusanus in dieser Schrift ist neu, selbst dort, wo es Motive aufgreift, die wir seit *De docta ignorantia* kennen. Dabei entspricht das, was ich bisher daraus vorgetragen habe, ungefähr dem Inhalt der ersten fünf Kapitel. Es folgen noch neunzehn andere, dann noch 20 *Propositiones*. Ich sage dies, um zu zeigen: Es geht hier nicht einfach nur um einen neuen Gottesnamen. Es geht um eine neue Philosophie. Cusanus vertieft sie, indem er die Anwesenheit des Nichtanderen in jedem Anderen zeigt (c. 6), indem er die Art seiner Voraussetzungs-Forschung (*hypothesis*-Verfahren) erläutert (c.7), indem er das Konzept der Wesenheit (*quiditas*) im Lichte des Nichtanderen klärt (c. 8), indem er den Begriff des Universums untersucht und ineins damit das Konzept des Willens Gottes und damit der Allmacht von voluntaristischen Konnotationen befreit (c. 9). Er untersucht das Konzept der Teilhabe, *participatio*, was dringlich war, da Proklos vom Einen gesagt hatte, man könne an ihm nicht teilnehmen (c.10) – ein Problem, das Cusanus schon in *De coniectu-*

---

[285] ib. c. 5 p. 13, 14–21 p. 13.
[286] ib. c. 7 p. 16, 19–20.

ris beschäftigt hat. Dann illustriert Cusanus an einem anschaulichen Beispiel – dem Rubin, der von sich aus leuchtet – das Sichzeigen als Grund-
zug der Realität; er unterscheidet verschiedene Bedeutungen im Konzept
der Substanz, d.h., er synthetisiert die platonische und die aristotelische
Version des Universalienproblems (c. 11–13). Er setzt die in *De beryllo*
begonnene Analyse der ontologischen Strukturen, vor allem den Aufbau
der Substanz und der Akzidentien, in dem Sinne fort, daß er die ontologische Bauweise der Dinge als finale Konstruktion zum Zweck des Sich-
zeigens der Wesen und des Nichtanderen in den Wesen darstellt. Für die
genetische Untersuchung ist wichtig, daß Cusanus jetzt eine Konsequenz
ausspricht, die seit *De coniecturis* präsent war, aber überlagert wurde.
Denn im proklischen Aufbau des Universums ist alles, was in der niederen Stufe vorkommt, eminent in der höheren enthalten. So versteht es
sich, daß alles, was im Körper und was in der *ratio* auftritt, zuvor und in
höherer Weise im Intellekt war. Bei Cusanus trat bisher aber immer wieder der ältere Grundsatz dazwischen, daß nichts im Intellekt sein könne,
was nicht zuvor in den Sinnen war. Diesem Satz begegnen wir in *De mente* c. 2, wo er die Form hat: *ut nihil sit in ratione, quod prius non fuit in
sensu.* In *De visione Dei* c. 24 n. 107 Hopkins p. 258 wird dies sogar vom
Intellekt gesagt. *De non aliud* nimmt hierzu endlich die Perspektive ein,
die wir seit *De coniecturis* erwarten mußten: Nichts ist in den Sinnen, was
nicht zuvor im Intellekt war: *omnia quaecumque in sensu sunt, anteriori-
ter in intellectu reperies.*[287] Eine bemerkenswerte Verschiebung. Ich kann
auf sie nicht weiter eingehen, auch nicht auf die Verknüpfung von Zeittheorie und Partizipationstheorie in c. 16[288]; mir geht es nur um die
genetische Stellung der Philosophie von 1462. Cusanus hat sie klar als
Neuerung vorgestellt. Daher müssen wir dem neuen *Traditionsbezug*
nachgehen, der sich aus der veränderten philosophischen Gesamtlage
ergab.

Cusanus präzisiert im Gespräch mit den drei philosophisch gebildeten
Freunden seine Stellung zur bisherigen Philosophie. Er geht deutlich
über das hinaus, was er zuerst in der *Apologia,* sodann in *De beryllo* dazu
gesagt hat. Aber er geht auffallend selektiv vor. Wiederum kein Wort zu
Lull und zu Eckhart, zu Eriugena oder Thierry von Chartres. Auffallend
ist auch, daß Cusanus nie eine ausführliche und ausdrückliche Auseinan-

---

[287] ib. c. 13, 18–19 .
[288] Zur Zeittheorie vgl. auch die Epiphanie-Predigt von 1456: *Ubi est,* Cusanus-Texte I Predigten 2–5, n. 5 S. 90 und n. 23 S. 108 = Sermo CCXVI, h XIX p. 83–96..

dersetzung mit Augustinus schriftlich fixiert hat. Er folgt entweder Augustinus, dem Neoplatoniker und Trinitätstheoretiker, dann ist er der *Magnus Augustinus,* oder er ignoriert ihn als den Gnadenlehrer. Wie wenig Cusanus der Gnaden- und Erwählungstheorie abgewinnen konnte, das habe ich bei Gelegenheit von *De visione Dei* gezeigt; hierher gehört noch die Passage n. 229 im dritten Buch der *Cribratio* c. 19 mit dem fast wütenden Kommentar Hölschers.[289] Die frühe Auseinandersetzung mit *De civitate Dei* hat Cusanus nicht weitergeführt; eine bevorzugte Rezeption erfuhren die Passagen, in denen Augustinus die Nähe der Platoniker zur christlichen Trinitäts- und Erschaffungslehre hervorhob, also das VII. Buch der *Confessiones* und das X. Buch von *De civitate Dei.* Die Zeittheorie von *Confessiones* XI trafen wir in *De aequalitate* an. Aber eine direkte Auseinandersetzung mit Augustin hat Cusanus vermieden. Er hat wohl nach 1450 auch nicht mehr an eine Rehabilitierung Eckharts, und sei's eine esoterische, geglaubt; daher schwieg er in seinen Büchern von ihm wie von Eriugena auch, während er ihn in seiner Predigt vom 6. Januar 1456 (*Wo ist der neugeborene König der Juden?*) dreimal ausdrücklich nannte.[290] Thierry von Chartres, den er in der *Apologia* fast an die Spitze aller christlichen Denker gesetzt hatte, hat er, wenn ich nicht irre, nie mehr erwähnt. Cusanus sah, daß er sich auch in der aneignenden Deutung der Tradition konzentrieren mußte; er beschränkte sich auf die breite Proklos-Rezeption, verstärkt seit *De principio,* auf die Dionysiusauslegung und auf die Abgrenzung zu Aristoteles. Es ist auch kein Zufall, daß er die Berichte über Platons Geheimlehre noch einmal zustimmend aufnimmt.[291]

Cusanus hatte sich ein Dossier von Dionysiusstellen angelegt. Wir sahen, wie er sofort nach der ersten Exposition der Idee des *Non aliud* Bezug auf Dionysius nahm, der sich der Einsicht genähert, sie aber nirgends ausgesprochen habe.[292] Aber in c. 14 von *De non aliud* breitet Cusanus seine Sammlung von Dionysiuszitaten aus, um danach, c. 15 p. 38–39 noch einmal Nähe und Differenz zwischen dem *Unum* des Dionysius

[289] *Cribratio,* h 8, p. 181 und 182, dazu Hölscher, dort von Hagemann p. 260–261 zitiert.
[290] *Sermo* CCXVI, n. 4. *Sermones* IV ed. K. Reinhart et W.A. Euler, h XIX 3 Hamburg 1996, p. 83. Vgl. J.M. Machetta, Nicolás de Cusa. Perspectivas filosóficas en sus Sermones, in: Patristica et Medievalia (Buenos Aires) 1997, S. 97–S. 100.
[291] *De non aliud* c. 21 p. 51, 29–31.
[292] ib. c. 1 p. 5, 13–19. Vgl. dazu jetzt auch W. Beierwaltes, Der verborgene Gott. Cusanus und Dionysius. Trierer Cusanus Lecture Heft 4, Trier 1997.

und seinem *Non aliud* zu bestimmen. Wichtige Cusanische Motive, die er aus den Schriften des Dionysius belegt, sind vor allem:

Die wahre Gotterkenntnis als Nichtwissen,
das Voraussein des Einen vor Sein und Nichtsein,
die Überlegenheit des Einen gegenüber allen Gegensätzen, *ipsi nihil contrarium,*
Deus als *oppositorum oppositio,*[293]
das Fernhalten aller Zahlenbestimmungen vom Einen.

Mit Pietro Balbi, der soeben die *Theologia Platonis* des Proklos übersetzt hat, muß Cusanus etwas genauer über das Verhältnis Dionysius – Proklos reden. Auch Proklos habe sich dem *Non aliud* genähert, ohne es zu erreichen; aber seine Theorie des *unum ante unum* lasse sich so lesen. Es folgen lange Erörterungen über *unum* und *bonum* als Gottesnamen, denen *Non aliud* überlegen sei.[294] Grundlegend bleibt die proklische Hierarchie, die vom *unum* über den *intellectus* und die *ratio* zum Körper herabreicht; wichtig auch seine Theorie der *modi essendi.*[295] Aber es waren Wolken aufgezogen, die das Bild des größten Theologen, des Dionysius, hätten verdunkeln können. Lorenzo Valla hatte beobachtet, daß kein älterer Kirchenschriftsteller den angeblichen Paulusschüler erwähnt. Er hatte Zweifel an der Authentizität des *Theologus maximus* gesät. In seiner um 1443 vollendeten *Collatio in Novum Testamentum* – dies ist der Text, dessen überarbeitete Fassung Erasmus unter dem Titel *Adnotationes in Novum Testamentum* herausgab, womit die kritische Bibelwissenschaft begann – hatte er argumentiert, der Titel „Areopagite" deute nicht auf einen Philosophen, sondern auf einen Richter; die Sprache und die Argumentationsweise „schmecke" nicht nach dem ersten Jahrhundert; die dionysischen Bücher seien von den neutestamentlichen Schriften zu weit entfernt; die Sonnenfinsternis beim Tode Jesu, die Dionysius in seinem siebten Brief behauptet, beobachtet zu haben, war nur in Judaea zu sehen. Valla berichtete von griechischen Gelehrten, die behaupteten, der Verfasser der dionysischen Schriften sei kein anderer als der Häretiker Apollinaris.[296] Bessarion, dem Valla nahestand, verteidigte die Authenti-

[293] Dazu vgl. c. 19, p. 47, 9.
[294] ib. c. 23 p. 55.
[295] ib. c. 20–21 p. 48–51.
[296] L. Valla, Opera, Basel 1540, Band 1, p. 852 b. Vgl. S. Camporeale, Lorenzo Valla. Umanesimo e teologia, Florenz 1972, S. 428–429.

zität der Schriften, aber Pietro Balbi hatte Zweifel, und sein Freund Theo-
dor Gaza, der wiederum mit Bussi eng zusammenarbeitete, bestritt sie.
Cusanus konnte derartigen Unsicherheiten nicht ganz aus dem Wege gehen; Pietro Balbi war beunruhigt angesichts der inhaltlichen und wörtlichen Übereinstimmungen zwischen Dionysius und Proklos, die ihm als
Proklos-Übersetzer auffielen, aber Cusanus erklärte sie zugunsten seines
Patrons. Es stehe fest, sagt er mit forcierter Überzeugtheit, daß Dionysius zeitlich *vor* Proklos geschrieben habe. Ob Proklos den Dionysius
gelesen habe, das wolle er allerdings nicht behaupten. Die Übereinstimmungen ließen sich damit erklären, daß Proklos und Dionysius beide Platon nachahmten.[297] Weil Cusanus inzwischen sich darüber im klaren war,
daß er seine wichtigsten Anreger – Thierry, Lull, Eckhart – kirchlich nicht
mehr würde durchsetzen können, hielt er es für klüger, sie nicht einmal
mehr zu erwähnen und sich statt dessen auf den unbestreitbarsten aller
Theologen, nämlich Dionysius, zu stützen. In dieser Situation kamen ihm
Vallas Zweifel höchst ungelegen. Cusanus hat sie verscheucht, indem er
die zeitliche Abfolge umdrehte, ohne dafür ein Argument anzugeben. Er
wiederholte gegenüber dem Proklosübersetzer Pietro Balbi schlicht die
inzwischen bezweifelte Legende. Cusanus mußte komplizierte Argumente erdenken, um Dionysius noch als Autor des ersten Jahrhunderts
ansehen zu können. Die Prachthandschrift der Werke des Dionysius, die
Cusanus besaß[298] (Codex Cusanus 44), bringt gleich auf der Rückseite
des ersten Blattes eine Zusammenstellung von Texten, die Pietro Balbi
für Cusanus aus griechischen Schriftstellern gewonnen habe. Es enthält
folgende Argumente:

1. Die heidnischen Schriftsteller, darunter insbesondere Proklos, hätten ihre Sätze aus Dionysius abgeschrieben, hätten aber aus Ruhmsucht
deren Urheber verschwiegen. Sie wollten selbst als die Verfasser solcher
„göttlicher Reden" erscheinen. Der Teufel sei ein Dieb, dies habe schon
Basilius der Große gegen die heidnischen Philosophen vorgebracht.
Dann aber sei durch Eingriff der göttlichen Vorsehung der Text des Dionysius bekannt geworden, damit die Anmaßung der heidnischen Platoniker zunichte werde;

2. Wer die dionysischen Schriften dem Apostelschüler abspreche, müsse zu der absurden Hypothese greifen, ein so heiliger Mann habe uns

---

[297] ib. c. 20 p. 47, 23–26.
[298] Codex Cusanus 44 fol. 1 v. Vgl. Marx S. 39–S. 40.

durch eine Reihe von Lügen getäuscht. Es sei unangemessen, einen Menschen der Täuschung zu bezichtigen, der durch Sitten und Wissen ausgezeichnet gewesen sei, der die übersinnlichen Dinge erkannt, alle intellektuellen Schönheiten erschaut und dabei, soweit es Menschen möglich sei, Gott berührt habe.[299]

Andererseits bringt Balbi auch die Gegenargumente vor:

> Fingiert sei die Prophezeiung des Dionysius, mit der er dem verbannten Apostel Johannes die Rückkehr „vorhersagte";
>
> fingiert sei der Bericht von der Sonnenfinsternis, die er von Heliopolis aus bei dem Tode Jesu beobachtet habe;
>
> fingiert sei seine Behauptung, er sei mit den Aposteln beim Tode Mariens anwesend gewesen;
>
> fingiert sei, daß er Briefe und Sermones an die Apostelschüler gerichtet habe.

Cusanus selbst trug dazu folgende Notiz ein: Es sei darauf zu achten, welcher Autor den Areopagiten zitiere; er stellte fest, Ambrosius, Augustin und Hieronymus hätten Dionysius nie zitiert; erst Gregor I. und Johannes Damascenus hätten ihn gekannt.

Dies sprach eine erhebliche Beunruhigung aus. Die wichtigsten älteren Kirchenschriftsteller, mußte Cusanus zugeben, wußten nichts vom Areopagiten. Sein beschwichtigendes Votum in *De non aliud* konnte nicht das Ende der durch Valla und die Griechen aufgeworfenen Debatte sein.

10. Stellung zur Tradition: Aristoteles

Seit 1453/58 hatte Cusanus sich erneut mit Aristoteles befaßt. Die Anwesenheit des Arztes Ferdinandus im Vierergespräch gibt Gelegenheit, die Grenze zu Aristoteles über *De beryllo* hinaus schärfer zu ziehen. Nachdem Ferdinandus die Mühen, den Scharfsinn, kurz das Angestrengte in den Schriften des Aristoteles hervorgehoben hat, fragt er den Kardinal: *Was hat er gefunden?* Lakonische Antwort: *Ehrlich gesagt, ich weiß es nicht, ut ingenue fateor, nescio.*[300] Dies ist eine klare Herabsetzung der Autorität des „Meisters derer, die wissen". Schon *De beryllo* zeigte Ari-

---

[299] Vgl. J. Monfasani (wie oben Anm. 255), S. 198–S. 219, inbesondere S. 218–S. 219 der Text aus Codex Cusanus 44 fol. 1 v.
[300] ib. c. 18 p. 44, 1–8.

stoteles als aporetischen Denker, der tiefe Forschungen angestellt, aber das Wesentliche verfehlt habe. Jetzt, 1462, kommt ein Ton auf, der aus Bewunderung und Mitleid gemischt ist: Aristoteles, schreibt Cusanus, suchte die *usia,* von der er sagte, sie sei immer gesucht und nie gefunden worden. Es sind die sog. Substanzbücher (VII, VIII, IX), die Cusanus im Blick hat, vor allem die Diskussion *über on und hen,* ob sie etwas anderes seien, *utrum unum et ens, ut Pythagorici et Plato dicebat* (sic!) , non est aliud quidquam *sed entium substantia.* Cusanus nutzt diese Wendungen dahin aus: Er sehe, wie Aristoteles *gesucht* habe. Wenn Aristoteles frage, ob das Eine und das Seiende nicht je etwas anderes ist, sondern das Wesen der Dinge, dann sehe man, wie er mit Hilfe des Nichtanderen nach dem Wesen, der *usia,* geforscht habe. Er sah, daß das Wesen, die *substantia,* der Dinge *nicht etwas anderes* sein könne. Und wenn er dann an die verschiedenen Kandidaten für die *usia* gekommen sei, an das Eine, die Freundschaft, die Luft oder das Wasser, dann habe er gesehen, daß dies *je etwas anderes,* also nicht das Gesuchte ist. Er sah, daß das Wesen nur *eines* sein, *nicht etwas anderes* sein könne. Aber er blieb wie alle anderen Denker dabei stehen, *sicut alii homines cessavit.* Er sah, daß die *ratio* nicht ausreicht, das so ersehnte Wissen, das uns zu Weisen machen würde, zu erreichen. Aristoteles hat die unvermeidliche Aporie des Verstandes erfaßt. Er ist gescheitert, weil er, die Wesenheit der sichtbaren Dinge suchend, das Licht nicht beachtet hat, in dem allein er sie sehen konnte. Hätte er auf diese Ermöglichung aller Welterkenntnis geachtet, hätte er das Wesen nicht in einem Anderen gesucht. Er suchte mit der *mens* das Wesen der Dinge. Das Nichtandere begegnete ihm dabei unvermeidlich, er aber achtete nicht darauf, daß das Nichtandere nichts anderes war als das, was er suchte. So sah er im Licht des nicht-beachteten Nichtanderen immer nur das Andere; und da er immer nur das Andere suchte, fand er auch nichts anderes als das Andere. Er wäre nicht so weit vom Weg abgekommen, hätte er das Medium, in dem er alles suchte, auch zum Ziel seines Suchens gemacht. Dies hätte seine vielen Mühen, *tot labores,* abgekürzt. Er hätte sich nur zu sagen brauchen: Ich sehe ein, daß das Wesen der Dinge nicht ein Anderes sein kann. Das Andere sagt ja selbst, daß es nicht das Gesuchte, sondern das Andere ist.[301]

Aristoteles erscheint in dieser Skizze als ein Denker unglücklichen Tiefsinns. Er machte es sich unnötig schwer. In die Objektwelt verloren,

---

[301] ib. c. 18 p. 44, 9–45, 27.

konnte er das Licht nicht sehen, das Objekte ermöglicht. Dadurch hat er sich und uns ungeheuere Mühen gemacht. Beachten Sie: *Auch uns*. Die aristotelische Tradition war 1462 noch so lebendig, daß kein Studium der Philosophie ohne die Texte des Aristoteles denkbar war. Diese Texte sind mühselig und ergebnislos. Seine mühselige Logik, *logica loboriosa*, und all seine Definitionskunst haben ihm nicht helfen können. Er hat seine selbstgesetzte Aufgabe nicht lösen können und hat uns all die Debatten über die Ideen und die Arten hinterlassen.[302] Cusanus blickt hier zurück auf die spätmittelalterliche Geschichte des Aristotelismus. Sie bestand aus einem Chaos von immer subtiler werdenden Ansichten in der Universalienfrage und in unnützen Debatten der Ideenlehre. Diese ergebnislosen Diskussionen hat Aristoteles verschuldet. Die spätmittelalterlichen Verlegenheiten haben ihre Wurzeln in den nicht-durchschauten Mängeln der Philosophie des Aristoteles. Schroff setzt Cusanus diesen unglücklichen Kompliziertheiten seine neue *Non aliud*-Philosophie entgegen; sie redet nur von dem, was allem Zweifel entzogen ist; sie ist kurz; sie ist vollkommen, *perfecta,* und sie ist *fertig; kein Mensch kann ihr etwas hinzufügen, cui nihil addi per hominem est possibile.* Es gibt keine andere Tradition, die vergleichbar vollkommen, auf sich selbst stehend und vollständig wäre: *perfecta, absoluta et completa.* Sie ist der einfache Blick auf die Voraussetzungen, daher ist sie von äußerster Gewißheit. Aristoteles hat gesucht und gesucht, aber sich immer auf die *ratio* beschränkt; er konnte nicht finden, was der *ratio* verschlossen ist. Er hielt es für absolut sicher, daß zwischen Bejahung und Verneinung ein unauflösbarer Widerspruch bestehe und daß man nicht über dieselbe Sache zur gleichen Zeit zwei widersprechende Aussagen machen könne. Damit sprach Aristoteles die Natur des Verstandes aus. Hätte ihn jemand gefragt: Was ist das Andere?, dann hätte er wohl geantwortet: Es ist nichts anderes als eben das Andere. Hätte dann jemand weitergefragt: Warum ist das Andere ein Anderes?, dann hätte er antworten können: Weil es *nichts anderes* ist als ein Anderes. Dann hätte er erkennen können, daß das Nichtandere und das Andere sich nicht als unauflösbare Widersprüche entgegenstehen. Damit hätte er eingesehen, daß das Widerspruchsprinzip, das er als das erste Prinzip ansah, für die Untersuchungen der *mens* nicht das Höchste ist[303].

Cusanus kommt dann auf die Weigerung des Aristoteles zu sprechen,

---

[302] ib. c. 19 p. 45, 29–35.
[303] ib. c. 19 p. 46, 14–29.

ein *Prinzip des Prinzips* zuzulassen, weil sonst die Überlegung ins Unendliche gerate. Denn dann hätte er auch ein Prinzip des Widerspruchs, eine *contradictio contradictionis*, die *vor* der *contradictio* stehe, zulassen müssen. Mit dieser Weigerung hat Aristoteles sich den Weg zur Wahrheit verschlossen. Cusanus erfindet eine kleine Diskussion mit Aristoteles. Einer frage den Aristoteles: Siehst du in widersprechenden Sätzen den Widerspruch? Aristoteles hätte bejahen müssen. Nächste Frage an ihn: Siehst du das, was du in den widersprechenden Sätzen siehst, als ihnen vorgängig und als ihren Grund an? Aristoteles hätte sagen müssen: Ja. Dann siehst du also einen Widerspruch ohne Widerspruch, einen Widerspruch vor dem Widerspruch. Dies habe Dionysius gesehen, als er seinen Gott die *Opposition der Opposition* oder den gegensatzlosen Gegensatz genannt habe. Cusanus schließt mit einer versöhnlichen Bemerkung: Aristoteles hat versagt in der *prima seu mentali philosophia*, in der Metaphysik, d.h., in der Mentalphilosophie, aber er hat in Logik und Ethik Beträchtliches geleistet.[304] Damit hat Cusanus einen älteren Topos wiederholt, den wir bei Maimonides und Eckhart finden und der bei Bessarion und Ficino wiederkehren wird; aber er hat sein Beweisziel erreicht: Aristoteles kann zu Dionysius hinführen; wir müssen nur seine Grenzen klar bezeichnen. Er ist als Logiker und Moralphilosoph beachtlich; in der Ersten Philosophie, also in der Metaphysik oder in der „Geistphilosophie" (die Übersetzung von *philosophia mentalis* fällt mir schwer) können wir uns nicht an ihn halten.

---

[304] ib. c. 19 p. 46, 30–47, 14.

VI.
DAS KUGELSPIEL

1. Unterhaltungsphilosophie

Wenn der regierende Bayernherzog Johannes, soeben, 1460 nach dem Tod seines Vaters Albrecht III., ins Amt gekommen, nach Rom reist, um dem Papst und den Kardinälen seine Aufwartung zu machen, und wenn er dann einen Kardinal besucht, den sein Vater, als der Kirchenmann noch Fürstbischof von Brixen war, gegen den Herzog von Österreich unterstützt hatte, weil der Nachbar seines Feindes sein Freund war, dann kann die Unterhaltung des älteren Denkers mit dem jungen Aristokraten nicht den philosophischen Tiefgang gewinnen, den das Gespräch mit den beiden italienischen Humanisten und Proklosübersetzern im Beisein des philosophierenden Arztes im Jahr zuvor erreicht hatte. Der Verfasser der zwei Dialoge über das Kugelspiel stimmt auf alle Weise unsere Erwartungen herab; er betont das jugendliche Alter der beiden gebildeten, aber nicht fachlich versierten Besucher – der zweite Dialog bringt die Unterhaltung mit dem jüngeren Bruder des Herzogs Johann, mit Albrecht –; er läßt sie ihr beschränktes Fassungsvermögen und ihr begrenztes Interesse hervorheben: *Non cuncta profundari petimus.*[305] Cusanus schließt von vornherein für diese Unterhaltung bestimmte Themen aus; sie sind zu hoch für das, was wir jetzt untersuchen: *altiora sunt iis, quae nunc inquirimus.*[306]

Wir sind nun schon damit vertraut, daß Cusanus seine Texte nach Gelegenheiten stilisiert und modifiziert. Alles, dachte er, schicke sich nicht für alle. Dabei ist es gleichgültig, ob die Unterhaltung über das Kugelspiel in ähnlicher Weise stattgefunden hat oder ob es sich um eine literarische Fiktion handelt. Die Gesprächspartner bestimmen Themen und Argumentationsniveau mit, zumal wenn der Dialogautor so deutlich die

---

[305] Cusanus, *De ludo globi*, in: Opera (Paris 1514) I fol. 152 r 17. Übersetzt von G.v. Bredow, H 11, Hamburg 1952. Sie gibt in den Anmerkungen einige wenige Hinweise zur Textform aus der Cusaner Handschrift 219 und Krakau 682. Ihre Interpretationen jetzt in: dies., Gespräche mit Nikolaus von Kues, hg. von H. Schnarr, Münster 1995.
[306] ib. 156 r 28.

Grenzen betont. Vom Vater der beiden jungen Bayern ist einmal mit herzlicher Erinnerung kurz die Rede[307], aber Politisches kommt nicht vor. Gelegentlich hören wir als fernes Grollen die Türkengefahr: Nachdem Cusanus die Mittlerrolle Christi für die Glückseligkeit der Menschen geschildert hat, ruft Albrecht aus: „Was sagst du für große und schöne Dinge! Wenn doch die Feinde der Christen sie nur einsähen! Dann würden sie bald ihren Frieden mit Christus und den Christen schließen!"[308] Das ist ein Nachklang der *Cribratio,* die nun etwa zwei Jahre zurückliegt; *De ludo globi* ist 1462, vielleicht zum Teil erst 1463 geschrieben. Halten wir bei der Gelegenheit fest, daß auch jetzt der Ökumenismus des Cusanus nicht gar zu weit geht: Christus ist notwendig zur Erlangung des wahren Glücks: *sine ipso nemo felix esse potest.* Ohne ihn gibt es keine wahre Glückseligkeit. Immer wieder knüpft der Kardinal an das Glaubensbewußtein seiner Besucher an.

Aber zunächst zeigt und erklärt er ihnen das Kugelspiel, das er sich ausgedacht hat und das er bauen ließ. Es ist ein Spiel mit Holzkugeln, die auf verschiedene Weise ausgehöhlt sind. Sie eiern aufgrund der Unwucht. Ihre unvorhersehbare Unregelmäßigkeit muß der Spieler beherrschen lernen; er soll die Kugel spielerisch dem Ziel zuwerfen, dem Mittelpunkt, den 9 konzentrische Kreise umgeben. Die Kugel ist so konstruiert, daß sie keine *gerade* Bewegung vollziehen kann; der Spieler muß versuchen, sie in schlangenartiger oder spiralförmger Bewegung möglichst nahe an den Mittelpunkt zu bringen. Das Spiel hat symbolische Bedeutung, und der Kardinal, der sich gerade ermattet hingesetzt hatte, als der Herzog eintrat, erklärt die Bedeutung der Kugel, des Mittelpunktes, der neun Kreise und des Wurfs. Im Latein des Cusanus heißt das, es gehe um die *mystica sententia* des Kugelspiels; wir nehmen das als weiteren Hinweis auf die Wortbedeutung von „*mysticus*" bei Cusanus (und nicht nur bei ihm) zur Kenntnis.

Das Buch vom Kugelspiel gibt eine bildhafte Darstellung der exoterischen Seite der Philosophie des Cusanus. Trotz der wiederholten Erinnerung an Glaubensgehalte geht es um Philosophie. Das Spiel, sagt sein Erfinder, repräsentiere die Philosophie.[309] Das Ziel seiner Erklärung des Kugelspiels sei, bemerkt er einmal, die Selbsterkenntnis – natürlich nicht im Sinne psychologischer Selbsterforschung, sondern als Erfassen der

---

[307] ib. II 160 v 14–16.
[308] ib. II 162 v 7–9.
[309] ib. I 152 r 15.

wahren Natur des menschlichen Geistes. Doch weitet sich das Thema aus, besonders im zweiten Dialog: Wir können den Geist, der *imago* ist, nicht abgetrennt von seinem Urbild kennen; daher führt die Unterhaltung auf das Gebiet der philosophischen Theologie: Der Mittelpunkt, den wir auf schlingernden Wegen erreichen sollen, ist die Erkenntnis unseres göttlichen Urbildes. Aber auch die Kosmologie spielt eine nennenswerte Rolle; sei es, daß der Kardinal vermutet, sie interessiere die jungen Aristokraten noch am ehesten, sei es, daß er bei der Gelegenheit seine philosophische Überzeugung darlegen will, von der Erkenntnis einer kunstvollen Erfindung wie der des Kugelspiels führe der Weg auch zur Erkenntnis der Natur.[310] Denn die Kunst ahme die Natur nach. Dies war eine in Antike und Mittelalter verbreitete Überzeugung.[311] Er gab ihr im Laufe des Dialogs die Form, daß die Natur von der *Intelligentia* bewegt werde und insofern einem Kunstprodukt wie dem Kugelspiel entspreche.[312] Die Natur ist das Werk einer Intelligenz – dieser antik-mittelalterliche Gemeinplatz ließ sich nach verschiedenen Richtungen hin auslegen; aber bei Cusanus gehen wir kaum fehl, wenn wir ihn im Sinne des Weltaufbaus des Proklos und des *Liber de causis* verstehen. Dies wird in unserer Fürstenunterhaltung nicht präzisiert; der Name des Proklos fällt nicht. Dennoch empfehle ich als einführende Lektüre zum Kugelspiel außer dem Platonischen *Timaios,* der immer mitspricht, wenn zwischen Cicero und Galilei über die Natur (oder auch über den *conditor intellectus* oder auch über die Seele) geredet wird, die *Elementatio Theologica* des Proklos. Für die philosophischen Forschungen des Cusanus in den Jahren 1459 bis 1462 waren der *Parmenideskommentar* und die *Theologia Platonica* des Proklos von überragender Bedeutung. Darüber dürfen aber der *Liber de causis* und die *Elementatio Theologica* nicht in den Hintergrund rücken. Daher erinnere ich noch einmal an den *Timaios,* an die Tradition seiner Erklärer, aber auch an die *Elementatio Theologica,* von der wir seit ein paar Jahren die schöne Ausgabe von Helmut Boese haben.[313]

---

[310] ib. 152 v 45–46.
[311] Vgl. K. Flasch, Ars imitatur naturam. Platonischer Naturbegriff und mittelalterliche Philosophie der Kunst, in: Parusia. Festgabe für J. Hirschberger, hg. von K. Flasch, Frankfurt 1965, S. 265–S. 306.
[312] De ludo globi P 156 r 39.
[313] Proclus, *Elementatio theologica*, translata a Guillelmo de Morbecca, hg. von Helmut Boese, Leuven 1987.

2. Schlingerkurs und Philosophie der Differenz

Das lateinische Wort „*globus*" heißt auf deutsch: „*Kugel*", aber natürlich spielte Cusanus nicht mit dem, was wir heute einen „Globus" nennen, sondern mit ungleichmäßig ausgedrechselten Holzkugeln, die in seine Hand paßten. Den Schlingerkurs der Kugeln auf ein Ziel hinzuleiten, das in direkter Linie nicht zu erreichen war – dazu hätten die Kugeln gleichmäßig sein müssen –, das war die Aufgabe. Das Zusammenspiel von Abweichung und einzigem Mittelpunkt wurde daher zu einem theoretischen Leitmotiv der Gespräche. Das Welt-Spiel hat eine klare Zielbestimmung; es gibt eine eindeutige Hinordnung des Abbildes zum Urbild; es gibt eine kosmische Ordnung der Himmelsschalen, aber zugleich leben wir in unaufhebbarer Differenz. Wir sind verschieden, und wir nähern uns den Ordnungen und ihrem Mittelpunkt auf irreduzibel verschiedene Weise. Es gibt keine zwei Kugelbewegungen, die gleich wären, denn die Konstruktion der Kugeln ist verschieden, der Wurf fällt jeweils anders aus; die Unebenheiten des Bodens und der Wind machen sich bemerkbar, und dies soll uns lehren, daß es keine zwei Wesen geben kann, die keine Unterschiede aufweisen. Denn sonst wären sie identisch. Es ist schwer, hier nicht an Leibniz und an sein Gesetz der Identität der Nichtunterscheidbaren zu denken. Aber solche geisteswissenschaftlichen Parallelen haben nur Wert, wenn sie an Texten differenziert werden, schließlich sind zwei Ähnliche, wie wir bei Cusanus soeben gelernt haben, immer auch *verschieden.* Erkenntnis kommt nur zustande, wenn Gemeinsamkeit und Unterschied zusammen gezeigt werden. Allein dies wäre ein Thema für sich.

Bleiben wir beim Spiel mit den Kugeln: Jeder Wurf fällt nicht nur de facto anders aus; er *soll* anders ausfallen. Wer im Kugelspiel erfahren ist, kann die Abweichungen minimieren, verschwinden machen kann er sie nicht, selbst wenn man sie nicht mehr sieht. Die Lebensführung kann nicht in der Herstellung einer geraden Linie zum beseligenden Mittelpunkt bestehen. Ein zugespitztes Differenzbewußtsein spricht sich in der Spätphilosophie des Cusanus aus; es hat mindestens drei wichtige Aspekte:

Erstens: Kein Ding gleicht dem anderen. Schon in der Natur gibt es keine Wiederholungen. Gleichheit, *aequalitas,* ist ein Weltgrund; sie ist *der* Weltgrund, aber das reale Leben, also die irdische Ordnung, besteht in der Zusammenfügung von Ungleichen.

Cusanus knüpft ausdrücklich an *De docta ignorantia* an und lehrt, es könne keine zwei Dinge geben, die sich so ähnlich wären, daß sie nicht noch ähnlicher werden könnten und daß sie nicht noch an Ähnlichkeit verlieren könnten. Wir kommen in der Erfahrungswelt weder an ein Maximum noch an ein Minimum der Entsprechung. Dies nennt Cusanus seine „Regel"[314]; er spricht auch von der „Regel der *Docta ignorantia*".[315]

Zweitens: Das Bewußtsein der Differenz charakterisiert auch geistige Wesen. Jeder *denkt* auch anders. Doch wenn wir so sagen, müssen wir uns vor Modernisierungen hüten: Die Ergebnisse des Denkens sind allgemein. Die Welt hat eine erkennbare Ordnung, die alle sehen können. Aber jeder sieht die gemeinsame Ordnung aus einer anderen Perspektive. Geistige Wesen bestimmen sich selbst zum Denken, aber ob sie das tun und wie, liegt nur bei ihnen. Cusanus erläutert das an seinem Kugelspiel: Er selbst hat es ausgedacht, kein anderer. Denn: Jeder Mensch ist frei, zu denken, was er will. *quisque hominum liber est cogitare quaecumque voluerit.*[316] Das klingt wie ein liberales politisches Programm. Aber davon ist Cusanus weit entfernt. Er will sagen: Denken vollzieht sich in einem individuellen Kraftfeld von Tätigkeiten, und die Entscheidung, ob wir denken und ob wir etwas Bestimmtes bedenken wollen, liegt in unserer Freiheit. Ein Pathos der Freiheit spricht Cusanus hier gewiß aus. Aber die Freiheit bewegt sich innerhalb der Allgemeinverbindlichkeit des Denkens, die freilich immer in Differenzen vollzogen wird; der Akzent liegt auf dem Unterschied der freibestimmten Selbsttätigkeit des Menschen zur Festgelegtheit der Tiere.

Drittens: Auch für die Lebensführung gilt, daß sie individuell sein muß. Es kann nicht ethisch geboten sein, die Wege der anderen zu gehen. Cusanus hat mit dem Kugelspiel ethische Reflexionen verbunden. Einmal schreibt er sogar, sie seien die Hauptsache des Spiels, die *summa mysteriorum huius ludi.* Das Spiel lehrt, beide komplementären Aspekte festzuhalten: Die Kugeln haben eine vorgegebene Zielbestimmung auf den Mittelpunkt. Wir sollen unser definitives Glück finden, und dies kann nur darin bestehen, daß wir den lebendigen Grund unseres eigenen Lebens finden. Aber das heißt, daß wir ihn in dem je besonderen Maß unseres individuellen Lebens finden werden. Die Zieleinheit ist kein abstraktes Unum, sondern das genaue Maß jedes Individuums; sie ist kein

---

[314] *De ludo globi* 153 v 28–30.
[315] ib. II 165 v 3–4.
[316] ib. 156 r 34.

Schema, keine mathematische Einheit. Es gibt nicht neun Lebensringe oder Kugelwege zum Glück, sondern unendlich viele. Wir sollen am Ziel ankommen, das verlangt das Lebensspiel von uns. Wir müssen der zahllosen Abweichungen und Umschwünge Herr werden.[317] Die Abspiegelung kosmischer und himmlischer Harmonien bricht sich in der vielgestaltigen Sphäre unaustauschbarer Individualitäten.

Das Spiel mit den Kugeln soll eine einfache Denk- und Lebensanleitung geben, es streift dann aber doch die philosophischen Hauptprobleme und erbringt eine nicht straff geordnete Darstellung einiger Elemente der Cusanischen Philosophie. Eine gewisse Sprunghaftigkeit der Dialogführung läßt sich nicht leugnen; einmal sagt der Kardinal selbst, er wisse nicht mehr, wie sie auf dieses Thema verfallen seien. Die jungen Unterredner folgen in ihren Fragen freien Assoziationen, und es ist nicht leicht, ihre Interessen aus ihren Fragen zu erschließen, womit ich nur die Interessen der literarischen Figuren, nicht der historischen Bayernherzöge meine. Kosmologisches zieht sie an; die Wahrheit des Christentums sähen sie gern gegen Zweifel gesichert; insbesondere die Seelenunsterblichkeit möchten sie bewiesen haben. Der junge Herzog Johannes erklärt, ihm gefalle die Cusanische Theorie der Geistseele, die der Kardinal aus dem Kugelspiel entwickle, denn er sehe daran, wie falsch heute viele über die Seele dächten, *multos errasse circa animae considerationem.*[318] Ich weiß nicht, ob es in München oder in den bayerischen Bergen damals Zweifler an der Seelenunsterblichkeit gab. Es gab sie in Padua, und es gab sie in Rom. Es sieht so aus, als habe der Autor dem Bayernherzog eine Sorge um das Verhältnis von Philosophie und Rechtgläubigkeit in den Mund gelegt, die angesichts der inner-italienischen Dispute berechtigt war. Die Bayern sind im Dialog Statisten; sie geben Cusanus Gelegenheit zu einer vereinfachten Darstellung einiger Fragen, die er in den letzten Jahren eher vernachlässigt hatte. Einige Themen schließt der Autor ausdrücklich aus: Die Koinzidenz kommt nicht vor. Genauer: Sie wird so knapp angedeutet, daß nur der Eingeweihte sieht, hier gehe es um Koinzidenz, z. B., wenn Cusanus sagt, bei einer *vollkommenen* Bewegung – wie sie die uneben gebauten Kugeln auf irdisch-unebenem Boden nie vollführen können – sei das Bewegende zugleich das Bewegte, *esset movens pariter et mobile.*[319] Auch hier gebraucht Cusanus nicht das Wort

[317] ib. 158 v 30.
[318] ib. 154 v 36.
[319] ib. 155 r 25.

„Koinzidenz". Im zweiten Dialog geht Cusanus eher auf schwierige Themen ein, obwohl der Gesprächspartner gewechselt hat, es sich also nicht
um eine Fortsetzung des ersten Dialogs handelt. Hier erörtert Cusanus
die Trinität; er streift die Koinzidenz, wenn er sagt, im Zentrum bestehe
ein Zugleich, ein Maximum und ein Minimum von Bewegung: das Wort
„Koinzidenz" vermeidet er auch hier.[320] Im ersten Dialog spricht Cusanus
in auffälliger Kürze von der Trinität; dieses Thema, teilt er den Bayern-
prinzen mit, sei für sie zu schwierig.[321] Dennoch verzichtet Cusanus auch
hier (fol. 156 r) nicht darauf, mehrfach zu betonen, die Trinität sei denknotwendig; sie sei jedem Denken mit Notwendigkeit einleuchtend.[322] Es
sei Ignoranz – nicht Unglauben –, sich der Trinität zu verschließen. *Pro-
fecto ignorantes reputandi sunt qui spiritum perfectissimum, qui deus est,
negant unitrinum.* Auch hier also erst die philosophierende Ableitung der
Wortbedeutung von *deus* – als vollkommenster Geist – und dann die Folgerung, ein solcher, also Gott, könne nicht anders als dreieinig sein.[323]

Aber im Vergleich zu den subtilen Erörterungen, die wir in *De principio, De Possest* und *De non aliud* angetroffen haben, sind dies nur Skiz-
zen. Cusanus verweist auffallend oft auf seine eigenen früheren Werke,
zustimmend, nicht kritisierend. Er fordert seine Besucher zu deren Lektüre auf. Das Buch vom Spiel mit den Kugeln ist eine anschauliche Hinführung zu anderen Werken, zu *De docta ignorantia* und zu *De mente*
insbesondere. Zu *De docta ignorantia* führt das kosmologische Interesse,
zu *De mente* das Thema der Intellekttheorie zurück.

Doch haben die Rückverweise vor allem die Aufgabe, an die früher
behandelten Themen kurz zu erinnern, um den neuen Fragestellungen
Platz zu schaffen.[324]

Herzog Johannes verspricht dann auch wohl einmal, er werde die Bücher des Kardinals lesen.[325] Albrecht zeigt, daß er Cusanus studiert hat,
indem er den Kardinal erinnert, über diese Frage habe er anderswo ausführlich geschrieben; der Verweis bezieht sich wohl auf *De mente*.[326] Diese Rückverweise bedeuten nicht, der neuerungssüchtige Cusanus habe

---

[320] ib. II 161 v 29–32.
[321] ib. 156 r 27.
[322] ib. 156 r 15–16: *et in hoc vides intellectivam unitrinam virtutem de necessitate.*
[323] ib. 155 r 18–21.
[324] So z.B. ib. 154 v 23 und 157 r 44–46.
[325] ib. 158 r 25–26.
[326] ib. II 164 r 31. Vgl. ib. 163 v 20–21 und 167 r 17.

mit einer historischen Vergegenständlichung seiner selbst begonnen. Zu stark hat er die Neuheit seines Kugelspiels und die Originalität seiner Erfindung hervorgehoben. Andererseits legt er sich als Autor gewisse Grenzen auf, schließt bestimmte Themen aus und vermeidet eine detaillierte Exegese philosophischer Texte, wie wir das insbesondere aus *De non aliud* kennen. Nicht, als nenne er gar keine Autoritäten. Mehrfach nennt er Aristoteles, anknüpfend, nicht direkt kritisierend.[327] Umdeutend und ausweitend zitiert er *Metaphysik* XII 7 und lehrt, die Seele bewege, wie der Gott des Aristoteles, ohne verändert zu werden.[328] Wiederum zustimmend nimmt er die These des Aristoteles aus *De partibus animalium* (V 7, 788 a 13) auf, die Prinzipien seien ein Minimum an Quantität bei einem Maximum an Wirkkraft.[329] Diese Anknüpfung kennen wir schon aus *De beryllo* n. 26. Aber immer handelt es sich um einzelne Aristoteleszitate; es geht nicht wie in *De non aliud* prinzipiell um das Gesamtbild der Aristotelischen Philosophie. Die Benutzung ist mehr die konventionelle Art, sich Autoritäten anzuzeigen. Häufiger als Aristoteles wird Platon genannt; daneben gibt es namenlose *Timaios*-Anklänge. Die Seele als Selbstbewegung zu definieren, das bejaht der Kardinal mit dem Hinweis, dies sei platonisch gedacht.[330] Cusanus lobt Platon und Pythagoras wegen ihrer Philosophie der Zahlen.[331] Dionysius rühmt er wegen seiner Lehre von der Unvergänglichkeit der Wesen; Hermes Trismegistus zitiert er ebenfalls; im Buch über das Kugelspiel durfte der Spruch aus dem *Buch der 24 Philosophen* nicht fehlen, daß Gott ein Kreis sei, dessen Umfang nirgends und dessen Mittelpunkt überall sei.[332]

Diese Autoritäten und die Art ihrer Behandlung schaffen eine gewisse intellektuelle Atmosphäre, nicht die der Pariser oder Kölner Schulräume, sondern die eines christlichen Humanismus, der auf pythagoreisch-platonischer Grundlage die Konkordanz zwischen Platon und Aristoteles versucht, der sich den (von uns aus gesehen) Außenseitern Hermes und dem *Buch der 24 Meister* öffnet, der es vermeidet, scholastische Autoren zu nennen und der alles Universitäre im Gespräch mit den Herzögen umgeht. Beiläufig, anekdotisch wird Augustin einmal zitiert, *De civitate*

---

[327] ib. 156 v 24–26.
[328] ib. 165 v 16–18.
[329] ib. 166 r 39–40.
[330] ib. 154 v 34.
[331] ib. II 167 r 21–24.
[332] ib. II 163 v 30.

Dei XIV, 24, wo Augustin von einem Mann erzählt, der sich auf Wunsch von seinem Leib absentieren konnte und ihn so fühllos machte.[333]

Zuweilen klingt in diesen beiden Dialogen ein resignierter Ton an. Nicht, als komme es zu einer düsteren Bewertung des Menschen oder seiner Befähigung zur Erkenntnis. Cusanus schwankt auch nicht in der Bewertung des eigenen Lebenswerkes; er betrachtet es weiterhin als die Basis intellektuellen Fortschreitens. Wohl aber kommen ihm Zweifel an seiner weiteren Befähigung zur intellektuellen Innovation. Zwar freut er sich an seiner Erfindung. Bereitwillig deutet er sie den beiden jungen Leuten aus. Aber zum ersten (und zum einzigen) Mal nennt er seine früheren Bücher mit dem Vermerk, dort habe er etwas vielleicht besser gesagt als heute; jetzt sei er alt, die Kräfte ließen nach, das Gedächtnis sei schlechter geworden.[334] Dieses eine Mal schreibt er nicht, um das früher Gesagte zu verbessern, sondern um zu ihm hinzuführen. Was daran sich aus der Situation ergab – dem Besuch der jungen Aristokraten –, was daran schriftstellerische Pose oder pädagogischer Kompromiß war, das kann und brauche ich nicht zu entscheiden. Wir vergegenwärtigen uns statt dessen die argumentative Substanz der beiden Bücher.

3. Drei Welten

Das Buch über die Kugelspiele lädt geradewegs dazu ein, es interpretatorisch herunterzuspielen, also seinen philosophischen Gehalt und seine Innovationen zu übersehen zugunsten von Vorstellungsbildern oder christlichen Glaubensassoziationen. Es ist kein im neukantianischen Sinne des Wortes „streng" philosophisches Buch, sondern eine Einübung; es beschäftigt unsere Phantasie, damit wir lernen, bei philosophischen Prinzipienforschungen der Phantasie den Abschied zu geben.

Das Buch beginnt, nachdem die Kugel mit ihrer Unwucht, die Impulse in ihrer unaufhebbaren Verschiedenheit und die Außenumstände der Kugelbewegung mit ihren Unebenheiten und Unwägbarkeiten vorgestellt sind, mit dem Nachdenken über die Bestimmungen „rund" und „Rundheit". Cusanus beginnt mit einem Kurzkurs in konventionellem Platonismus, indem er zeigt: Die runden Dinge sind niemals exakt gleich;

---

[333] ib. II 165 r 31–33.
[334] ib. I 158 r 27–31.

wir brauchen, um sie als „rund" beurteilen zu können, einen nicht-empirischen Maßstab, eben die „Rundheit". Das ist die Lektion, die der platonische *Phaidon* am Beispiel der Hölzer erklärt: Wir nennen sie gleich,
obwohl jedes Holz vom anderen immer verschieden ist, indem wir auf
die Idee der Gleichheit blicken. Wir brauchen einen Archetypus, aufgrund dessen wir die Weltdinge ordnen können; wir brauchen *in* der sinnlichen Welt und *zugleich über* ihr die archetypische Welt. Cusanus erklärt
dies dem jugendlichen Besucher, er gebraucht den Ausdruck *mundus archetypus*.[335] Dies sind Elemente des gewöhnlichen Platonismus, aber
Cusanus transformiert sie sofort, mindestens im doppelten Sinne.

Erstens stellt er sie in den Dienst seiner *De beryllo*-Konzeption vom
absoluten Begriff, der sich zeigen will. *Ostensio sui ipsius* hieß das Stichwort. Das sinnliche Spiel kann nur deswegen ein philosophisches Lehr-
stück werden, weil der absolute Begriff sich auch sinnlich zeigt. Er will
uns seine Schönheit und seine Vernünftigkeit zeigen; dies ist der Sinn der
Weltveranstaltung.

Zweitens führt Cusanus am Beispiel der Rundheit der Kugel die
Elemente des Platonismus auf seine originelle und auf neuartig-argumen-
tierende Weise vor. Rund ist ein Körper, dessen Oberfläche vom Mittelpunkt genau gleich weit entfernt ist. Cusanus zeigt: Dieser Definition des
Runden entspricht keine Kugel und überhaupt kein empirisches Ding.
Vor allem weist er darauf hin: Die genaue Distanz zum Mittelpunkt be-
mißt sich nach einem *Punkt*. Ein Punkt aber ist unausgedehnt und unsichtbar. Wir sehen also nicht die Rundheit des Runden. Alles, was wir
sehen, ist ausgedehnt und teilbar; die Rundheit ist kein Quantum und ist
nicht teilbar, da punkt-bezogen. Und wer glauben mochte, das Buch über
das Kugelspiel bewege sich im Hergebrachten, den überrascht sein Verfasser mit der Fragestellung: Was sähe ein Beobachter, der von außerhalb
der runden Welt auf die Welt blicken könnte? Cusanus redet dabei nicht
von der Erde, sondern von der Welt als Universum. Er antwortet: Die
Welt wäre dem außerweltlichen Beobachter so unsichtbar, wie ein Punkt
unsichtbar ist.[336]

So lernen wir, das Runde von der unsichtbaren Rundheit zu unterscheiden, also von der sichtbaren Kugel zur Idee der Rundheit zu kommen. Kaum ist dies Resultat erreicht, verfällt der Kardinal in neues Grü-

---

[335] ib. 157 v 18–26.
[336] ib. 153 r ganz.

beln: Wenn die Welt als ganze rund ist, dann sehen wir die Welt nicht. Mit Berufung auf Hermes Trismegistus statuiert er: Die Welt als solche ist nicht sichtbar, weil sie rund ist. Was wir sehen, sind allein die in der Welt enthaltenen Dinge und Formen. Die Form der Welt ist eine unsichtbare Rundheit. Cusanus untersucht weiter: Ist Rundheit des Universums nur die faktisch größte Rundheit, oder ist sie die Rundheit, die exakter nicht gedacht werden kann? Wo es Steigerung und Minderung einer Bestimmung gibt, kommen wir an kein Maximum. Antwort: Die Rundheit der Welt ist nur faktisch die größte Rundheit; sie ist nicht der Inbegriff genau entsprechender Rundheit; sie ist also nur Bild der wahren Rundheit. Jede Kugel in unserem Spiel könnte runder sein, und auch alle runden Körper, selbst die runde Welt als ganze könnten runder sein; so lernen wir die Lektion von Teilhabe und reiner Bestimmung.[337]

Wer dies begriffen hat, der sieht, Cusanus zufolge, die Debatten der spätantiken und mittelalterlichen Denker über die Ewigkeit der Welt in neuem Licht. Der „Irrtum des Aristoteles" klärt sich auf. Der Kardinal hat seine Vorliebe für originelle Dicta nicht verloren und erklärt: Kein vernünftiger Mensch kann leugnen, daß die Welt ewig ist; sie ist allerdings nicht die Ewigkeit. *Non puto intelligentem negare mundum esse aeternum, licet non sit aeternitas.* „Ewig" ist die Welt in dem Sinne, daß ihr nicht – wie allen Weltdingen – Zeit vorausgeht. Es gilt aber, die Sonderstellung des Universums denken zu lernen; wir dürfen das Universum weder für dinghaft halten noch ihm Ewigkeit oder normative Gleichheit zuschreiben. Es nimmt eine mittlere Stellung ein; es vermittelt zwischen der Ewigkeit und den zeitlichen Dingen. Die Welt hat nicht in der Zeit begonnen. Die Welt kann ewig heißen, „weil sie aus der Ewigkeit fließt". Cusanus bezieht sich, ohne dies ausdrücklich zu sagen, auf Diskussionen über Ewigkeit und Einzigkeit der Welt, wenn er erklärt: Die Welt kann nur eine einzige sein; sie stellt das faktische, nicht das schlechthinnige Maximum an Rundheit dar, und sie ist ewig, ohne die Ewigkeit selbst zu sein. Cusanus nimmt die Universum-Spekulationen aus *De docta ignorantia* II auf; aber er gibt ihnen zugleich eine neue, eine freiere Wendung. Er wertet den Begriff der Welt, des *mundus*, auf, ohne ihn mit dem göttlichen Unum zu identifizieren; er leitet seine Schüler an, vom Universum alle Vorstellungen fernzuhalten, die für Einzeldinge gelten. Dies führt zu einer Reihe von intellektuellen Operationen, die einer Vergöttlichung des

---

[337] ib. 153 v ganz.

Kosmos nahekommen. Wir wunderten uns schon zuvor über das Interesse des Cusanus, die Welt als unsichtbar und ewig zu bezeichnen. Jetzt fährt er fort: Wir müssen sie auch „vollkommen" nennen, und wir dürfen „Welt" (wie in *De coniecturis* die Bestimmung *mens*) gar als eine Art Oberbegriff für Gott, das Universum und den Menschen verwenden; wir müssen von drei Welten oder besser von einer dreifachen Welt, vom *triplex mundus* im Singular, sprechen: Die kleine Welt, das ist der Mensch. Daher heiße er Mikrokosmos. Die größte Welt, das ist Gott. Die große Welt, das ist das Universum. Die größte Welt „leuchtet wider" in der großen, die große in der kleinen. Das Universum ist Gott, der Mensch dem Universum und Gott „ähnlich".

Da es in unserem Dialog, wie eingangs erklärt, um die menschliche Selbsterkenntnis geht, untersucht Cusanus insbesondere die Beziehung Mensch – Universum. Dies gibt ihm Gelegenheit, die Universumstheorie auszugleichen mit der Rangerhöhung des Menschen, die er seit *De docta ignorantia* vorgenommen hatte und die in *De beryllo* mit der Verteidigung des *homo-mensura*-Satzes ihren schärfsten Ausdruck gefunden hatte. Kann der Mensch, der selbst eine Welt ist, zugleich Teil des Universums sein? Wie das Menschsein anders „widerleuchtet" in unserer Hand, anders und vollkommener in unserem Kopf, so leuchtet das Universum in allen Einzelwesen wider, am meisten aber im Menschen als in seinem vollkommensten Teil. Weil sich die Vollkommenheit der Totalität des Universums am meisten im Menschen widerspiegelt, ist der Mensch eine „vollkommene Welt", *mundus perfectus*, und das bildet keinen Widerspruch zu seiner Beziehung auf das Universum, sondern ist deren Folge. Nur partikularisiert der einzelne Mensch die Vollkommenheit des Universums; daher braucht das eine, das vollkommene Universum viele und verschiedene Menschen, um sich in ihnen widerzuspiegeln; sie repräsentieren es und zeigen sein Bild. Auch hier reklamiert Cusanus den produktiven Sinn der Vielheit und der Differenzen. Die bleibende Einheit des Universums kommt in der Vielheit der vielen kleinen dahinschwindenden Welten – in den Menschen, deren Generationen einander ablösen – am besten zum Ausdruck. Der Mensch ist ein selbständiges, aber eingeordnetes Glied im Universum.

Der Mensch, schreibt Cusanus, ist in der Welt so, wie das Königreich Böhmen im Römischen Imperium ist. Wir müssen die Struktur des Alten Reiches, von dem das Bismarck-Reich nur den Namen usurpiert hat, vor Augen haben, um die Sonderstellung des Menschen bei Cusanus zu begreifen: Der König von Böhmen war der einzige König im Verband des Kaiserreiches. Bevor die Geistseele in den menschlichen Körper eintrat, gehörte sein Leib dem Reich des Universums; dann nahm er als König selbst davon Besitz. Er regiert darin selbständig und ist nur mittelbar dem Universum zugehörig. Stirbt er, wird sein Körper wieder unmittelbar vom Universum regiert. Der Akzent liegt hier auf der Selbständigkeit innerhalb der Weltbeziehung; der Mensch ist „ein eigenes, freies und vornehmes Königreich". Zu unserer Selbsterkenntnis gehört die Einsicht in diese Sonderstellung, in der wir mit allem ausgestattet sind, was wir dazu brauchen. Daher kann der Mensch, wenn er nur will, glücklich sein, und wenn er dies sieht, ist er mit sich höchst zufrieden, *optime contentus est.*[338] Das sind andere Töne als die Klagen über das Elend des Menschenlebens, die Papst Innocenz III. einst angestimmt hatte. Ein geschichtlicher Wandel von großer Tragweite zeigt sich an. Das menschliche Selbstverständnis, das Innocenz III. damals zum Ausdruck brachte, konnte auch im 13. Jahrhundert schon als einseitig-negatives kritisiert werden. Daher empfiehlt es sich nicht, mit dem Ende des Lamentos über das menschliche Elend den Übergang von „dem" Mittelalter zu „der" Neuzeit belegen zu wollen. Eine markante Zäsur an heiliger Stätte, in der ewigen Stadt, stellt die Reflexion des Cusanus dennoch dar. Sie zeigt übrigens auch: Es gibt im Denken des Cusanus der letzten zwei Jahre keine allgemeine Verdüsterung, auch wenn er persönlich sich alt wußte und die kirchliche Gesamtentwicklung skeptisch beurteilte.

4. Bewegung – Selbstbewegung – Unsterblichkeit

Wir haben die philosophischen Schätze des Cusanischen Boccia-Spiels noch lange nicht gehoben. Bleiben wir zunächst noch bei der Sonderstellung des Menschen im Kosmos. Die Bewegung der Kugel soll uns zeigen, was Selbstbewegung des Geistes ist. Der Übergang vom Kugelstoßen zum Selbstanstoß des Geistes kommt durch folgende Überlegung zustande: Die Rundheit der Kugel ist die optimale Bedingung ihrer Bewegung. Wäre die Kugel so rund wie nur möglich, und wären die Außenbedingungen regulierbar, käme es, bei entsprechendem Ausgangsimpuls, zu einer endlosen Bewegung. Die Rundheit der äußersten Himmelssphäre

---

[338] ib. 157 r ganz.

zeige, wie eine endlose natürliche (d.h. nicht-violente) Bewegung möglich ist. Gott hat die Fixsternsphäre, an deren Bewegung alle übrigen Bewegungen hängen, mit ihr zugleich geschaffen. Mit einer deistischen Wendung fährt Cusanus fort: Läuft die Welt-Kugel einmal, dann wird sie so wenig von Gott bewegt wie deine Holz-Kugel, wenn du ihr einmal den Impuls gegeben hast.[339]

Hier möchte ich eine erklärende Bemerkung einschieben. Ich sage nicht, Cusanus sei „Deist". Abgesehen davon, daß ich von solchen abstrakten Etiketten nichts halte, würde eine derartige Charakteristik ablenken von dem, was vor Augen liegt. Cusanus vergleicht die Bewegung der äußersten und wichtigsten Himmelsschale mit seiner Holzkugel. Daran ist vieles bemerkenswert, nicht nur die alte, ptolemäische Kosmologie: Hat Cusanus die negative Theologie abgeschrieben? Kann Gott nicht mehr eingreifen, nachdem er die Welt-Maschine angeworfen hat? Genau dies sagt Cusanus: Wenn die Kugel läuft, ist es zu spät. Dieser Gedanke wird nicht weiter systematisch entwickelt; Cusanus spricht hier nicht über Wunder. Er treibt Physico-Theologie. Aber das historisch Besondere an dem Text ist, daß er eine deistische Position ausspricht, ohne diese Theorie konsequent zu verfolgen. Ich tadle das nicht; ich stelle es nur fest. Cusanus überläßt in *De non aliud* und in *De ludo globi* sein Denken isolierten Motiven, die, konsequent weiterentwickelt und für sich genommen, zu anderen Konzepten führen würden. Diese beiden Schriften zeigen eine gewisse Disgregation der Ideen. Der historisch denkende Interpret wird derartige intellektuelle Epizyklen weder übersehen noch im Sinne eines „orthodoxen" Einheits-Cusanus glätten; schon gar nicht wird er sie zu einem „System" weiterentwickeln. Denn dann geriete aus dem Blick, was das Besondere ist: ein breitgestreutes Ideenfeld, das gerade, weil es wenig koordiniert ist, Anregungen nach allen Seiten bietet.

Der Gedanke des Cusanus geht dann über die Brücken der Ähnlichkeiten weiter. Ähnlich ist der Weltanstoß meinem Kugelwurf, ähnlich sind beide der Bewegung des Leibes durch die menschliche Seele. Wir empfinden den Text auch deswegen als locker gefügt, weil solche Übergänge, die sich auf Ähnlichkeiten stützen, in der nach-cartesianischen Wissenschaft eliminiert sind. Aber Cusanus nimmt den Ball auf: Ja, es

---

[339] ib. 154 v ganz, besonders 26–30: *Ioannes: Quomodo concreavit deus motum ultimae sphaerae? Cardinalis: In similiudine, quomodo tu creas motum globi. Non enim movetur sphaera illa per deum creatorem aut spiritum dei, sicut nec globus movetur per te quando ipsum vides discurrere nec per spiritum tuum, licet posueris ipsum in motum.*

gebe für die Erschaffung der Seele keinen besseren Vergleich als diesen Kugelanstoß, der eine selbständige Bewegung verleihe. Die Seele erschaffen, das heiße: eine selbständige Bewegung erschaffen; daher hätten die Platoniker die Seele als Selbstbewegung definiert. Die Kugel *bleibe*, wenn ihre Bewegung aufhöre. Dies zeige, daß die Bewegung in ihr akzidentell und „unnatürlich", d.h. violent, ist. Aber schon jedem Lebewesen wohne eine Bewegungskraft inne, die es immer bewegt, solange die körperliche Voraussetzung dazu besteht. Von sich aus höre die Lebensbewegung nie auf.

Auf diesen Gedanken müssen wir zurückkommen. Im Vorbeigehen halte ich fest: Seit *De Possest* zeigt Cusanus ein vertieftes Interesse am Phänomen des *Lebens*, aber für den Augenblick sucht er den Übergang zur Geistseele. Diese sei – im Unterschied zur Tierseele – in ihren Tätigkeiten nicht auf den Körper vollständig angewiesen; diejenigen ihrer Tätigkeiten, die vom Körper nicht abhingen, übe sie daher immer aus. Der Intellekt sei *substantielle* Selbstbewegung. Cusanus erklärt dies: Eine Bewegung, die nicht auf den Bewegenden selbst gerichtet ist, die also nach außen verläuft, ist ein Akzidens. Ein Wesen hingegen, das sich selbst bewegt, hat eine Bewegung, die sein Wesen ist. Ihm kommt die Bewegung nicht als Eigenschaft an einer Substanz zu; seine Bewegung *ist* seine Substanz. Intellektuelle Bewegung ist daher substanzhafte Selbstbewegung, *intellectualis motus est substantialis seipsum movens.* Darin unterscheide sie sich von der Belebung eines Leibes; die Beseelung ist immer auf den Körper als auf etwas anderes angewiesen; sie kann sich nicht wie die intellektuelle Bewegung auf sich selbst zurückbeziehen. Der Geist, *mens,* oder die Geistseele, *anima intellectiva,* hat im Menschen auch die Aufgabe, den Körper zu beleben. Versagt der Körper, dann *bleibt* die Geistseele; sie verliert nur die körpergebundenen Funktionen des Wahrnehmens und Vorstellens. Aber als substantielle Bewegung, in der Bewegendes und Bewegtes dasselbe sind, erliegt sie nicht dem Tode.[340]

Dem Herzog Johannes ist diese Auskunft höchst willkommen; er hat von Unsterblichkeitszweifeln gehört, oder sie haben ihn selbst erreicht. Cusanus beseitigt sie durch seine Theorie wesenhafter Selbstbewegung des Intellekts, dessen Tätigkeit nicht an Wahrnehmung und Vorstellung gebunden sei. Cusanus bemüht sich, seine Philosophie auch als Stärkung des Glaubens, als dessen Bestätigung auf einem selbständigen Wege dar-

[340] ib. 154 v–155 r.

zustellen. So unterläßt er es auch nicht, nachdem er die Unsterblichkeit der Seele glaubt bewiesen zu haben, auf Lohn und Strafe im Jenseits hinzuweisen. Die Seele übersteht den Zusammenbruch des Leibes, weil sie wesenhafte Tätigkeit ist, die nicht auf den Leib angewiesen ist. Wie kann sie dann, fragt ihn der Bayernherzog, vom Höllenfeuer leiden? Daran brauche er nicht zu zweifeln, versichert ihm der Kardinal. Die Seele hat ihren Körper nicht vergessen und hat noch die Affekte des Zornes und des Neides; sie kann also leiden. Aber kann sie Schmerzen erleiden von körperlichem Höllenfeuer? Cusanus gibt eine diplomatische Auskunft: *affligitur igne materiali ad hoc praeparato, ita ut ardoris laesionem sentiat. Nostro enim igne non posset affligi.* [341]

Auch hier blickt Cusanus auf heftige Debatten zurück, die das Mittelalter seit der Aristotelesrezeption beschäftigt haben. Die Geistseele ist unsterblich, weil sie, wie der aristotelische Nus, *apathés,* von körperlichem Leiden unerreichbar ist. Und doch soll sie in der Hölle angesengt werden und von materiellem Feuer Schmerzen leiden.[342] Wie verhält sich Cusanus in diesem Konflikt? Zuerst weicht er auf die Affekte aus, die der armen leiblosen Seele verblieben sind und die sie leidensfähig machen, so daß sie bestraft werden kann. Sodann erfindet er eine Art von Spezialfeuer, in dem die Seele Verbrennungsschmerz soll leiden können. Zugleich erklärt er: Mit gewöhnlichem Feuer, mit unserer Art von Feuer, wäre dies nicht möglich. Es muß laut Offenbarung materielles Feuer sein, aber kein irdisch-materielles Feuer, sondern ein eigens dafür von Gott erfundenes, aber immer noch körperliches Feuer. Cusanus hat sich große Schwierigkeiten eingehandelt, weil er mit seiner Philosophie der geistigen Selbstbewegung die kirchliche Lehre vom materiellen Höllenfeuer argumentativ subventionieren wollte. Seine Künstlichkeiten sind nicht geringer als die der Lehrer des 13. Jahrhunderts. Gewiß widmete er – im Unterschied zu diesen – der Frage nur zwei Zeilen. Aber weglassen wollte er sie in dem mehr volkstümlich gedachten Buch über das Kugelspiel auch nicht. Er schloß einen Kompromiß. Künftige Leser konnten herauslesen, was ihnen gefiel. Hatte der Kardinal nicht gelehrt, das gewöhn-

---

[341] ib. 155 r 30–31.
[342] Vgl. dazu K. Flasch, Die Seele im Feuer. Aristotelische Seelenlehre und augustinisch-gregorianische Eschatologie bei Albert von Köln, Thomas von Aquino, Siger von Brabant und Dietrich von Freiberg, in: M. J.F.M. Hoenen – A. de Libera (Hg.), Albertus Magnus und der Albertismus. Deutsche philosophische Kultur des Mittelalters, Leiden 1995, S. 107–132.

liche Erdenfeuer könne der abgetrennten Seele nichts anhaben? War es mit seinem Begriff von Gott vereinbar, daß Gott ein körperliches Sonderfeuer, ein speziell präpariertes Höllenfeuer erfand?

Lassen wir die Fragen auf sich beruhen. Kehren wir zurück zur Metaphysik der Seele. Lernen wir, sie nicht-dinghaft zu denken. Dazu hält der Kardinal uns an, wenn er sagt, die Seele sei *ganz* in jedem Körperteil. Er wußte, daß diese These neuplatonisch war; er sagt kurz, sie entspreche der „wahren Philosophie". Johannes will die Selbstbewegung der Seele unterbringen innerhalb der schulmäßigen sechs Arten von Veränderung, *motus*, von denen Aristoteles im vierzehnten Kapitel der Kategorienschrift spricht. Cusanus wehrt ab: Diese Selbstbewegung ist eine Bewegung anderer Art. Von ihr zeuge die Kraft der Seele, Neues zu erfinden. Die *inventio novi*, am Spiel mit der Kugel exemplifiziert, beweise die Andersartigkeit der Geistseele gegenüber den festgelegten Tieren. Unser Königsgeist wolle herrschen, wolle Neues und Individuelles hervorbringen, während die Tiere nur ein gegebenes allgemeines Gesetz vollziehen.

Daneben bringt Cusanus die konventionell-platonistischen Argumente für die Unabhängigkeit der Geistseele: Sie könne Unveränderliches denken, wie daß zwei mal zwei gleich vier sei, und sei deswegen unveränderlich.

Cusanus stellt diese Standardargumente in einen neuen Zusammenhang: Die Seele bewegt sich selbst, indem sie diese Inhalte nicht irgendwo im Ideenhimmel, sondern in sich selbst sieht. Die neue Theorie der mathematischen Gegenstände aus *De beryllo* wirkt sich hier anti-platonistisch aus und erhöht die Autonomie der Geistseele. Auch die Unterscheidung von intelligentialer und intellektibiler Erkenntnisfähigkeit, ebenfalls aus *De beryllo* übernommen, hilft dazu, daß die Seele alles, auch die höchsten Inhalte, in ihr selbst sehen kann. Ich sehe den Wesensgrund *aller Dinge* in mir, nicht nur die mathematischen Figuren, die anderswo kein wahres Sein haben als in der Geistseele. Cusanus folgert daraus: Die Seele sieht die immateriellen Wesen besser als die stofflichen. Denn das Unkörperliche sehe sie, wenn sie in sich selbst zurückgehe, das Körperliche sehe sie, wenn sie aus sich selbst herausgehe. Und in allen ihren Bewegungen suche sie nur das Eine, nämlich kraft ihrer eigenen Vernunftstärke, *per suam rationalem fortitudinem*, den Grund aller Dinge und ihrer selbst zu sehen und zu begreifen, *videre et comprehendere*.

Es geht hier um Nuancen: Die Seele sucht ihren eigenen Grund und den Grund aller Dinge. Sie sucht ihn zu begreifen und zu sehen. Keine

Spur von Erkenntnisresignation beim alt gewordenen Cusanus. Im Gegenteil: Er betont, dies wolle die Seele kraft ihrer eigenen Verstandesstärke, nicht auf dem Gnadenwege. Weiter: Die Seele findet den Grund von allem in sich selbst; ihren göttlich-lebendigen Wesensgrund, ihr *viva ratio* – wieder dieser Akzent auf der Lebendigkeit! – findet sie *in sich*. Sie kann nur glücklich werden, wenn sie sich weiß und den ewigen Grund in sich entdeckt, *in se ipsa, scilicet virtute rationali videat et sentiat*. Cusanus läßt sich hier von seinem Zuhörer zurufen, er sage große und staunenswerte Dinge. Albrecht sagt nicht, das alles habe er auch in *De docta ignorantia* lesen können. Er hört Neues, Großes. Auf das In-sich-Sehen des Weltgrundes kommt es an.[343]

Cusanus vertieft den Selbstbezug der Geistseele durch eine Überlegung, auf die ich schon bei seiner Aristotelesinterpretation angespielt habe: Die Seele, nicht nur Gott, bewegt alles wie das Geliebte. Sie verändert alles, ohne sich zu verändern. Sie ist nicht starr, sie ist der in sich bewegte Beweger. Diskret, ohne auffällige Deklamation, qualifiziert er die Geistseele durch ein weiteres Prädikat aus der philosophischen Theologie. Er hält es für nötig, auf die Seele zu übertragen, was Aristoteles von seinem Ersten Beweger gesagt hatte: Sie bewegt, ohne selbst verändert zu werden.[344] Sie ist Unbewegter Beweger. Was in *De docta ignorantia* noch das Vorrecht Gottes war, daß er *complicatio* war, gar *complicatio complicationum*, hatte Cusanus schon in *De mente* auf die *mens* übertragen; jetzt entwickelt Cusanus aus diesen quasi-göttlichen Prädikaten, deren Verwendung mit Pantheismus nichts zu tun hat, ein urgiertes Freiheitspathos bezüglich der sich selbst bewegenden menschlichen Seele. Sie hat nichts so sehr im Sinn als ihre Freiheit: *Nam penitus vult esse in sua libertate, ut libere operetur*.[345] Der Mensch, nicht Fortuna, bestimmt sein Geschick; der Mensch hat alles, was er braucht, um die wichtigen Entscheidungen zwischen Gerecht und Ungerecht, Gut und Böse selbst zu treffen.[346]

[343] *De ludo globi* II 166 r 1–18.
[344] ib. 165 v 16–18.
[345] ib. I 155 v 45–46.
[346] ib. 159 r ganz.

5. „Leben"

Wir sind noch nicht fertig mit dem Buch über das Kugelspiel; es enthält mehr an Philosophie als man wohl glaubt. Seine beiden Bücher stehen nicht auf dem gleichen Niveau; das zweite erhebt deutlich höhere Ansprüche. Beide Bücher verdienen eine ausführlichere, getrennte Untersuchung. Zwischen der Abfassung der beiden Bücher dürften mehrere Monate liegen; ich wende mich von jetzt an ausschließlich dem *zweiten* Buch zu, also der Unterhaltung des Kardinals mit Albrecht. Dabei beschränke ich mich auf folgende Themen: das Leben und die Weltseele, die Zeit und das Geld.

Buch I hat die Kugel, den Impuls und die weiteren Bedingungen des Werfens erklärt; Buch II deutet die neun Kreise. Cusanus beginnt mit einer philosophischen Grundsatzerklärung. Er betrachtet sie als das Prinzip alles Folgenden. Die *propositio generalis*, wie Cusanus sie fol. 166 v selbst nennt, lautet: Im Verhältnis zu dem Grund, der sich in allem findet und in dem alles ist, kann es nichts geben, das größer oder kleiner als er ist. Es gilt dabei auch, gleichwertig: Nichts kann kleiner sein als er. Daher ist er das Urbild von allem. Alles, was die Abbilder von ihm haben, findet sich in exakter Entsprechung in ihm; also kann das Urbild nicht kleiner sein. (Es ist also Maximum und Minimum zugleich, aber diese koinzidenztheoretische Konsequenz spricht Cusanus nicht aus). Da es das Urbild von allem ist und die Bestimmungen aller Wesen in sich enthält, kann im Vergleich zu ihm nichts Größeres gefunden werden. Alles kommt darauf an, das *wechselseitige* Enthaltensein von Urbild und Abbild zu denken. Dabei spielt uns, sagt Cusanus, die Phantasie einen Streich. Sie läßt uns die metaphysischen Wechselverhältnisse einseitig verräumlichen, als gehe es bei dem In-Sein um das Enthaltensein in einem Gefäß. Wir können uns vorstellen, ein Mensch sei in einem Haus. Wir können uns schwer vorstellen, das Haus sei in einem Menschen. Aber genau eine solche Wechselseitigkeit gilt es zu denken, denn sie herrscht zwischen Grund und Begründetem, und das Kugelspiel soll *in* der Vorstellungswelt uns aus der Vorstellungswelt herausführen. Dazu müssen wir beide Seiten des Gedankens festhalten: Es gibt nur *ein* Urbild der vielen Begründeten, *und* das Begründete ist ebenso im Grunde wie der Grund im Begründeten.

Cusanus trägt zunächst die Argumente für die Einheit des Urbildes vor, die wir als Beweise für die Einheit des Grundes vor allem aus *De principio* kennen: Gäbe es viele Urbilder, kämen sie in der Bestimmung

„Urbild" überein. Dann wäre diese gemeinsame Bestimmung das wahre und einzige Urbild. Das ist proklische Philosophie, für den Bayernsproß vereinfacht zusammengefaßt. Albrecht erklärt denn auch, er sehe jetzt ein: Allem Vielen liege das Eine zugrunde. Er *sehe* jetzt die Einheit als den Ursprung aller Abbilder.

In einem deutlich abgesetzten zweiten Schritt appliziert Cusanus diese Erkenntnis – er nennt sie einen *Schlüssel, clavis,* zu allem Weiteren – auf das Verhältnis von Sein (*esse*) und seienden Wesen. Die Seienden sind nicht ohne das Sein; das Sein ist in den Seienden; die Seienden sind im Sein. Die eingeschränkt Seienden sind nicht ohne das *esse absolutum.* Dieses sehen wir in ihnen – und dieses absolute Sein, das Urbild aller Seienden, ist das Wesen, an das Gläubige als an den Schöpfer aller Dinge glauben.[347] Hier findet sich wieder das für Cusanus charakteristische Verfahren: Er gibt zunächst eine philosophische Hinführung zu dem philosophischen Gehalt der Vokabel „Gott"; er führt den jungen Albrecht dorthin auf dem Weg über die Einheit des Prinzips, das auch die Seiendheit ist und in allem Seienden gesehen wird. In Buch I knüpfte Cusanus unmittelbar an das Glaubensbewußtsein an; jetzt, zu Beginn von Buch II, holt er die religionsphilosophische Grundlegungsarbeit nach. Er korrigiert die einseitigen Vorstellungen von Enthaltensein; er beschreibt die Neigung, metaphysische *Verhältnisse* wie Dinge zu betrachten, *an* denen oder *in* denen etwas anderes ist. Wir erliegen der Phantasie und stellen uns das Wesen wie eine Eigenschaft vor; wir verräumlichen die Beziehung des Prinzips zu den Prinzipiata; wir stellen uns das In-Sein als In-einem-Ort-Sein vor. Doch: Am-Ort-sein ist selbst nur eine Eigenschaft. Wesenhafte Beziehungen beginnen wir erst zu denken, wenn wir der Verräumlichungstendenz widerstanden haben.

Damit kommt Cusanus auf die Seele und auf das Konzept des Lebens zu sprechen. Die Seele ist im Leib enthalten wie der Leib in der Seele; gerade beim Begreifen von „Leben" täuscht uns die Vorstellung dinghaften Enthaltenseins, als befinde sich Leben im Leibe wie in einem Gefäß. Wo immer Leben ist, da ist das Lebende im Leben genau so wie das Leben im Lebenden ist. *Nam in omni vivente necesse est esse vitam et vivens in ipsa.* Die Kreise des Kugelspiels bezeichnen dieses In-sich-Zurückkehren des Lebens in sich selbst: *circulatio est motus vitae perpetuae et infinibilis.*

---

[347] ib. II 160 v–161 r, besonders 161 r 28–29: *Hoc est esse absolutum, quem creatorem omnium quae sunt credimus.*

Leben als Leben ist von Leben nicht verschieden. Leben als Leben ist auf sich selbst zurückbezogen. Leben als Leben ist eine Kreisbewegung, die, da sie in sich verläuft, von sich her kein Ende hat.

Die neun Kreise bedeuten daher Weisen, auf den Lebensmittelpunkt zu blicken, und ihre Vielzahl repräsentiert die Einheit des Lebensmittelpunktes angemessener als jede empirische oder nur rationale Einheit.[348]

Lebendige Korrelativität, keine bloß mathematische, dies suchte Cusanus seit *De Possest* im Bild der Rose zu denken. Hier gibt er weitere Erläuterungen zu seiner Philosophie des Lebens. Alles Cusanus-Verständnis hängt an dieser Einsicht: Zuerst entwickelt er sie in ihrer philosophischen Allgemeinheit; danach erst wendet er sie an auf das Insein Christi im Gläubigen.

6. Die Weltseele

Die Weltseele ist seit Platons *Timaios* ein oft wiederholtes Erklärungsprinzip der Kosmologie. Die Kreise des Kugelspiels bilden auch die Himmelssphären ab. Daher stellt sich das Thema ‚Weltseele‘ wie von selbst ein. Aber was Cusanus dazu vorträgt, ist neu und überraschend. Bisher hatte er öfter Gelegenheit, von der Weltseele als philosophischem Erklärungsgrund zu sprechen. Seit *De docta ignorantia* II 10 hatte er erklärt, die Bewegung des Universums und innerhalb des Universums, welche die antiken Philosophen nur mit der Annahme einer selbständigen Weltseele glaubten erklären zu können, begründe der richtig verstandene dreieine Gott; die Annahme einer selbständigen Weltseele sei überflüssig. Aber in *De ludo globi* I lesen wir: Die vegetativen und sensitiven Lebenskräfte gehen in der Geistseele in diese über und sind in ihr erhalten. Sie bleiben erhalten, auch wenn sie wegen physischer Umstände nicht wirken können. Wenn daher bei einem Menschen die Hand verdorrt, dann verdorrt deswegen nicht auch die Substanz seiner vegetativen und sensitiven Seele. Denn es bleibt seine unzerstörbare Seele, auch wenn die Wachstumskraft und die Wahrnehmungsfähigkeit seiner Hand ersterben.

Aber wie ist es bei den Tieren? Die Tiere haben nicht die ewige Fortdauer geistiger Wesen, aber, fährt Cusanus fort, er glaube nicht, daß sich ihr Wesen aufgrund einer Veränderung an ihrem Körper verändere, *non*

---

[348]　ib. 161 v–162 r ganz.

tamen puto aliquid de illis in substantia ex corporis varietate variari. Er denke daher, daß, wenn ein Baum verdorrt oder ein Tier stirbt, deren Wesen, also ihre Seele als vegetatives oder sensitives Lebensprinzip, sich nicht verändere, sondern nur ihre Tätigkeit nicht mehr ausüben könne wie zuvor. *Sic forte per mortem bruti et arefactionem arboris non perit substantia illa, quae dicitur anima sensitiva aut vegetativa, licet non exerceat operationem ut antea.*[349]

Cusanus gesteht eine gewisse Unsicherheit ein. Sollten einige Tiere doch die ewige Seligkeit erlangen können? Kurz zuvor hatte er das Dictum des Dionysius zitiert, die Wesenheiten der Dinge seien nicht zerstörbar. Aber diese Begründung genügt ihm nicht. Johannes fragt erstaunt: Wieso bleibt die Tierseele, wenn das Tier stirbt? Cusanus antwortet: Der Mensch heißt schließlich „Mikrokosmos", weil er eine Seele hat. Cusanus gerät ins Referieren. Aber offenbar hält er das Referierte für vernünftig. Er berichtet: *Sie* sagen, die Welt als ganze habe eine Seele. Manche nennen sie die „Natur", andere den Weltgeist, den *spiritus universorum,* der *alles von innen her nährt, verbindet, fördert und bewegt.* Dann geht Cusanus in direkte Aussage im eigenen Namen über: Diese *Weltkraft (vis illa mundi)* bewegt sich selbst und alle Dinge; sie ist immerwährend *(perpetua),* denn sie vollführt eine kreisförmige Bewegung, also eine Bewegung, die der Inbegriff aller Bewegung ist. Viele nennten diese Seele auch *necessitas complexionis,* die Notwendigkeit des Zusammenspiels; andere nennten sie das *Fatum,* das alle Dinge einer Ordnung nach entfalte. Nach diesem Rückverweis auf die antike, besonders aber auf die chartrensische Philosophie, fährt Cusanus, *im eigenen Namen sprechend,* fort: Die Körperwelt verhält sich zu dieser Seele wie der Leib des Menschen zur Menschenseele. Sie lebt als Elementarseele in den Elementen, als vegetative Seele in den Pflanzen, als sensitive Seele in den Tieren. Hört sie auf, in einem Baum vegetatives Leben oder in einem Tier sensitives Leben zu schaffen, so hört sie deswegen nicht auf, Seele zu sein, so wenig wie die Seele des Menschen. *Illa est sensitiva anima in sensitivis, vegetativa in vegetativis et elementativa in elementis. Quae si desinit vegetare arborem aliquam aut vivificare brutum, non tamen propterea desinit esse, ut de anima hominis dictum est.*

Ich bringe den lateinischen Text, um den Verdacht abzuwehren, ich hätte Paracelsus oder Campanella in Cusanus hineingetragen. Nein, es ist

---

[349] ib. I 156 v ganz, besonders 41–44.

Cusanus, der von einer Elementarseele redet. Er behauptet, die *eine* Seele lebe in Pflanzen und Tieren und gehe mit deren Tod nicht unter. In dieser Hinsicht sieht er für die Menschenseele keine Sonderstellung. Er gibt zu verstehen, er bewege sich in einer großen Tradition; und er macht sie sich hier zweifellos zu eigen. Er zeigt weniger dogmatische Bedenklichkeit, als er in *De docta ignorantia* gewesen war, doch hatte er schon in *De mente* c. 5 n. 83 den Tieren *ratio* zugestanden und damit einen historischen Rubikon überschritten. Er hakt noch einmal nach: Es gibt *eine* Seele in Baum und Tier.[350] Es gibt eine einzige Seele für alle Wesen; sie unterscheide sich *per accidens*. Er erklärt, was dieses *per accidens* bedeutet: So wie die Seele in der Sehkraft keine andere ist als in der Hörkraft – der Unterschied kommt nur von der Anwendung –, so unterscheidet sich die einzige Seele der Welt in verschiedenen Wesen. *Non est nisi una omnium anima, sed per accidens omnes differunt.*[351] Vergleichen wir diese Erörterung über die Weltseele mit den genannten Passagen in *De docta ignorantia II*: Jetzt, in *De ludo globi*, reduziert Cusanus das antike Theorem nicht mehr auf die Trinitätsphilosophie. Cusanus behandelt es mit leichter Distanz, aber er referiert mit sichtlichem Wohlwollen die verschiedenen Formulierungen für die Einheit der Seele und geht ohne dogmatische Bedenken zur Behauptung der einen Weltseele über. Er erlaubt sich ein stärkeres Antikisieren als zuvor.

7. Die Zeit

Kommen wir zum dritten der angekündigten Themen aus dem Kugelspiel, zum Problem der Zeit. Seit *De aequalitate* hat Cusanus sich intensiv mit der Analyse der Zeit befaßt; in *De non aliud* behandelte er in c. 16 den Augenblick, *momentum*, als das Wesen oder die *substantia* der Zeit. In *De ludo globi* I drängte die Nachwirkung des *Timaios* und die kosmologische Orientierung zu einer Neubefassung mit der Zeit. Ich sprach schon davon: Die Welt begann nicht mit der Zeit; sie muß daher „ewig" genannt werden.[352]

Das zweite Buch geht in der Untersuchung der Zeit deutlich weiter. Cusanus hat, noch über *De mente* hinausgehend, die Seele als *complicatio*

---

[350] ib. 156 v 45–157 r 15.
[351] ib. 157 r 11.
[352] ib. 154 r 13–14.

complicationis beschrieben und ihr damit ein göttliches Prädikat vindiziert: Die Seele sieht, daß sie alles mißt, alles bewertet. Insbesondere erfaßt sie sich als den Ursprung aller mathematischen Gegenstände; ohne die Seele gäbe es sie alle nicht. Das kennen wir aus *De beryllo*. Aber Cusanus geht jetzt weiter: Die Seele ist die begriffliche Einfaltung aller zehn Kategorien. Sie umfaßt in sich die fünf Universalien wie *genus, species* und Differenz, Proprium und Akzidens. Alle logischen Gegenstände und Regeln verdanken ihr Dasein der Seele. Dann fährt Cusanus fort: Ohne den Intellekt kann es keine *Zeit* geben. Cusanus definiert die Zeit aristotelisch als Maß der Bewegung. Sie ist *mensura motus*. Daher kann sie ohne vernünftige Seele weder sein noch erkannt werden. Das ist aristotelisch; dies haben mittelalterliche Autoren gelehrt; dies hat mit einer Annäherung des Cusanus an Kant nichts zu tun. Denn die Zeit ist die Wesensbestimmung *(ratio)* und die Zahl der Bewegung. Die Menschen erfinden neue Instrumente, um besser unterscheiden und messen zu können. Da die Zeit als Maß definiert ist, begründet die Seele die Zeit, ohne daß die Naturprozesse von ihr abhingen. Neuerungen wie die Leier des Orpheus kommen aus der Selbstbewegung der Seele; sie stammen nicht von außen. Auf ähnliche Weise sind Jahr, Tag und Stunde Instrumente des Menschen, vom Menschen erschaffen, *per hominem creatae*. Auch hier hat Cusanus keine Scheu, die Vokabel für den göttlichen Akt des Erschaffens, *creare,* vom Menschen auszusagen. Daher hängt das Wesen der Seele nicht von der Zeit ab, sondern die Zeit als Maß der Bewegung hängt von der Seele ab. Die Seele kann die Weltveränderungen nicht messen ohne die Zeit, aber sie selbst steht nicht unter der Zeit; ihre eigene Tätigkeit des Unterscheidens und Messens unterliegt nicht der Zeit. Sie ist also in ihren Aktivitäten zeitüberlegen, dauernd, *perpetua*. Der Wesensbegriff des Kreises liegt außerhalb der Zeit; und der Wesensgrund des Kreises hat kein anderes Sein als in der vernünftigen Seele, die ihn in sich erblickt und damit ihre eigene Zeitüberlegenheit erkennt.[353] Auf dem Boden des platonistischen Standardarguments, daß, wer das Zeitlose erfasse, der Zeit nicht erliegen könne, führt Cusanus in *De ludo globi* II einen neuen Beweis für die Seelenunsterblichkeit mit Hilfe der Zeitanalyse.

---

[353] ib. II 165 ganz. Zum Verhältnis Geist – Seele – Zeit in Antike und Mittelalter ist unentbehrlich: U.R. Jeck, Aristoteles contra Augustinum. Zur Frage nach dem Verhältnis von Zeit und Seele bei den antiken Aristoteleskommentatoren, im arabischen Aristotelismus und im 13. Jahrhundert, Amsterdam 1993; vgl. auch K. Flasch, Was ist Zeit? Augustinus von Hippo. Das XI. Buch der Confessiones. Historisch-philosophische Studie, Frankfurt 1993.

8. Das Geld

Neu ist in *De ludo globi* II auch die Philosophie des Geldes. Cusanus trägt sie vor im Zusammenhang einer Untersuchung der Werthaftigkeit. Das Sein – das bei ihm immer einen qualitativ bestimmten Inhalt bedeutet, da das Böse als Privation des Seins gilt – ist werthaft. Nichts, was ist, entbehrt völlig des Gutseins. *Non est valoris expers*, es entbehrt nicht des „Wertes", sagt die wörtliche Übersetzung. Aber *valor* ist nicht der „Wert", weder im Sinne der Wertphilosophie noch im Sinne der „Wertediskussion" unserer Politiker. Das Substantiv ist im Deutschen des 20. Jahrhunderts für unsere Zusammenhänge wertlos oder nur durch sprachliche Überlistung wieder zu gebrauchen. Wir können es mit einem Adjektiv versuchen und sagen: *Valor* ist der Grund dafür, daß uns etwas *wert* ist, daß wir es schätzen und erstreben. *Valor* ist das Gute oder das Sein unter dem Gesichtspunkt des Erstrebenswerten. Das Wort hatte aber schon bei Cusanus die banalere Bedeutung von „Preis". Cusanus fragt Albrecht zurück: Willst du, daß ich vom Geld, *de pecunia*, spreche? Abrecht bejaht das. Der Bayernherzog hat keine Hemmung, vom Geld zu reden, und Cusanus spricht vom Geld. Er beginnt: Alles was wir wertschätzen, müssen wir in seinem Wert erkennen. Das Gute ist in seinem Urbild. Dort ist es zu erkennen als das Gutsein, als das Sein der Dinge. Dies sagte schon der Eingangsgrundsatz des Buches. Der geistige Blick, der dies sieht, enthält in sich das Wertvollsein aller Dinge, jeden einzelnen Dinges. Er ist zwar nicht selbst das Wertsein aller Wertvollen. Denn nicht, weil die *mens* das Wertvollsein erkennt, ist etwas wertvoll. Der Geist ist nicht *valor valorum*. Er enthält zwar in sich den Wert von allem, aber nicht als dessen Wesen, sondern als Begriff. *Valor,* Wertvollsein, ist aber wirkliches Sein, *est enim valor ens reale*. *Valor* ist eben nicht ein seinsferner Maßstab; er ist das Schätzenswerte der Seienden. Er ist das Gegenteil des Wertbegriffs der Wertphilosophie des 20. Jahrhunderts. Er bezeichnet das Gutsein der wirklichen Welt. Gott ist das Wesen des Gutseins der Realität, *est essentia valoris*. Aber als begriffliches Sein ist das Wertvollsein auch in unserem Intellekt. Der Intellekt ist nicht der Grund des Wertvollseins der Dinge, aber er erkennt es. Doch ist das nicht wenig. Denn es liegt in der Kraft des Intellektes, alles Wertvolle zu erkennen und zu bewerten. Ohne den Intellekt würde kein Wert unterschieden oder geschätzt. Cusanus zieht die überraschende Folgerung: Ohne den Intellekt gäbe es nichts Wertvolles. Wenigstens kein wertvolles Geschöpf, schränkt Cusanus ein. Die geschaffene Wirklichkeit als wertvolle ist auf den Intellekt angewiesen. Denn ohne Wertschätzung gibt es kein Wertvolles. Früher hätten Gelehrte von der Subjektivierung des Wertkonzeptes gesprochen. Sie hätten untersucht, wie weit Cusanus dabei gegangen sei. Seine Wendungen sind ausgefeilt; er sah die Klippen:

Nam in ipso visu (sc. mentis) valor omnium et valores singulorum sunt, sed non ut in valore valorum. Non enim propterea quia mens videt id quod omnia valent, ideo ipsa omnia valet. Non enim sunt in ipsa valores ut in sua essentia, sed ut in sua notione, est enim valor ens reale.[354]

Albertus:.valor intellectualis naturae magnus valde est, quia in ipsa est discretio valorum, quae est mirabilis et cuncta discretione carentia excellens.

Cardinalis: Dum profunde consideras intellectualis naturae valor post valorem dei supremus est. Nam in eius virtute est deus et omnium valor notionaliter et discretive. Et quamvis intellectus non det esse valori, tamen sine intellectu valor discerni etiam quia est non potest. Semoto enim intellectu non potest sciri an sit valor. Non existente virtute rationali et proportionativa cessat aestimatio, qua non existente utique valor cessaret. In hoc apparet preciositas mentis, quoniam sine ipsa omnia creata valore caruissent.[355]

Der Geist – Cusanus wechselt zwischen dem Ausdruck *mens* und *intellectus* – ist die Einheit aller Wertbegriffe und damit die Ermöglichung jeder Wertschätzung. Er gibt den Dingen nicht ihre Schätzbarkeit, aber er schätzt sie ein. Ohne menschlichen Intellekt gäbe es keine Hochschätzung; dann gäbe es auch nichts Wervolles in der Welt. Weil Gott wollte, daß seine Welt geschätzt würde, mußte er intellektuelle Wesen erschaffen. Damit biegt diese neue Theorie ein in die Bahnen von *De beryllo* und der dort vorgetragenen finalen Betrachtung der Welt im Hinblick auf den Menschengeist. Doch jetzt entdeckt Cusanus das Geld als Weltmetapher: Gott ist der Souverän, der das Recht hat, Münzen zu schlagen, der Mensch ist der Geldwechsler, der den Wert der Münzen festsetzt. Gott gleicht einem allmächtigen Münzherren, dem *monetarius,* der einen Schätzer und Wertfestsetzer, einen *nummularius,* eingesetzt hat, der alles zählt und seinen Wert bestimmt. Cusanus endet mit einem Lobpreis der

[354] ib. 167 r 45–167 v 2.
[355] ib. 167 v 13–21.

Macht des Menschen, der mit seiner allesumfassenden Einschätzungs-
kraft den Wert aller Wesen bestimmt.[356]

Unser Überblick über das *zweite* Buch des Kugelspiels zeigt: Dieses
Werk dient nicht primär der rückschauenden Hinführung zu früheren
Schriften; es schneidet neue Themen an und trägt neue Thesen vor. Es
schließt bestimmte „höhere" Probleme aus der Erörterung aus; es diskutiert nicht fachlich einzelne philosophische Texte. Es hat exoterischen
Charakter. Dies ist bei seiner Auslegung zu beachten; es bietet nicht den
ganzen Cusanus; es hat eine reduzierte Aufgabe. Es vermeidet die Erörterung der Koinzidenz. Wenn es also einleitend zu Buch I heißt, es sei ein
Widerspruch anzunehmen, es könne zwei exakt gleiche Dinge geben,[357]
so besagt das nicht, wie jemand gefolgert hat, Cusanus wolle das Widerspruchsprinzip nicht aufheben.[358] Er will es aufheben für die intellektuelle Betrachtung; er wollte und konnte es nie beseitigen für die rationale
Hinführung zur Einsicht in die Voraussetzungen. Es ergibt sich nur, daß
dieser Dialog den Charakter einer ersten rationalen Hinführung hat. Die
genetische Betrachtung zeigt die verschiedenen Reflexionsebenen, auf
denen sich *De aequalitate, De principio* und *De non aliud* im Unterschied
zum Kugelspielbuch bewegen. Dies ist keine Abwertung von *De ludo
globi*; es zeigt nur seine Andersheit. Dieses Buch ist zugleich didaktisch
und innovativ.

[356] ib. 167 v 22–35.
[357] ib. 153 v 34–35.
[358] G.v. Bredow in ihrer Übersetzung, Vom Globusspiel, H. 13, S. 99 A. 10.

VII.
DIE JAGD NACH WEISHEIT

1. Das philosophische Testament

Um die Jahreswende 1462/1463 schrieb Cusanus sein philosophisches Testament.[359] Er nannte es: *Die Jagd nach der Weisheit*. Er meinte damit seine lebenslange Suche nach Wahrheit. In diesem Buch wollte er seine Jagdbeute kenntlich machen für die, die nach ihm kämen. Er will jetzt festhalten, was er gefunden hat. Im Prolog nennt er die zwei Umstände, die seinen Rückblick ausgelöst haben. Zunächst ist es sein Alter. Er ist jetzt gut einundsechzig Jahre alt; er denkt an den Tod. Er weiß nicht, schreibt er, ob ihm noch die Zeit bleiben wird, weiter nachzudenken und sein Denken zu verbessern.[360] Cusanus nennt einen zweiten Umstand: Er hat das Buch des Diogenes Laertius, *De vitis philosophorum*, gelesen, das Ambrogio Traversari, der Dionysiusübersetzer, 1433 ins Lateinische übersetzt hat. Wir besitzen noch die Handschrift, die Cusanus benutzt hat; es ist Codex Harleian. 1347 des British Museum in London. Der Diogenes-Text war für Cusanus wichtig; er erlaubte ihm zum ersten Mal einen Überblick über die Breite der antiken Philosophie. Vor allem: Jetzt war er für die Vorsokratiker nicht mehr nur auf die entstellenden Konstruktionen des Aristoteles von der Geschichte der Philosophie angewiesen; er konnte nun Neues über wenig bekannte, aber stets verlästerte Denker wie Epikur erfahren. Diese Vielfalt regte ihn an, seinen eigenen Beitrag zur Philosophie zusammenzufassen. Er trägt ihn diesmal nicht in dem strahlenden Selbstbewußtsein vor, Neues und Unerhörtes zu verkünden; er spricht mit Scheu, *timide verecundeque*. Aber er bringt sich mit den großen Denkern der Antike in Verbindung; er hält seine Ergebnisse für wertvoll und will sie der Nachwelt erhalten. Andere sollen mit ihnen weiterarbeiten.

Der Prolog umfaßt nur 17 Zeilen. Doch selbst auf diesem engen Raum

---

[359] Zur Datierung vgl. E. Meuthen, in: Historisches Jahrbuch 103 (1983) S. 447–S. 448.

[360] Cusanus, De venatione sapientiae, Prologus n. 1, 6–9, ed. R. Klibansky – I.G. Senger, h XII, Hamburg 1982, p. 3. Die Jagd nach Weisheit, lat.-dt. von P. Wilpert, H 14 Hamburg 1964.

hält es Cusanus für wichtig, über seine Entwicklung zu sprechen. Er hat nicht immer dasselbe gelehrt. Cusanus schreibt, er habe zuerst über die Suche nach Gott geschrieben, *de quaerendo Deum,* danach habe er Fortschritte gemacht und neue Mutmaßungen, *coniecturas,* ausgesprochen.[361] Diese Sätze sind nicht leicht zu interpretieren, weil Cusanus eigene Buchtitel nennt, sie aber in einem allgemeinen Sinne nimmt. Daher können wir die Stadien nicht genau auf die genannten Titel beziehen. Er sagt: Ich habe Gott gesucht, von Anfang an, habe dann aber Fortschritte gemacht und neue Mutmaßungen formuliert. Zu Datierungen reicht diese Formulierung nicht aus; der Satz, an prominenter Stelle ausgesprochen, belegt aber ein weiteres Mal das Bewußtsein des Wandels und der Dynamik des Denkens; Cusanus wollte nicht auf seine ersten Schriften festgelegt werden, auch nicht auf *De docta ignorantia,* das er nie verleugnet hat.

Es ist nicht das erste Mal, daß Cusanus an den Tod, an *seinen* Tod, denkt. Aber jetzt wird das Thema dringlicher. Er hält die Aussage Platons fest, Philosophieren heiße Sterbenlernen.[362] Aber er sammelt nicht nur Zitate. Das Thema Tod bewegt ihn: Wir jagen nach der Weisheit, um unsterblich zu werden. Aber keine Weisheit befreit uns von diesem schrecklichen leiblichen Tod, *cum nulla sapientia nos liberet ab hac sensibili et horribili morte.* Deswegen suchen wir nach der wahren Weisheit, die aus der Not des Sterbenmüssens eine Tugend macht.[363] Das ist noch nicht Pascals Einsicht, das christliche Leben bestehe darin, bei Jesus in seiner Agonie auszuhalten. Aber es ist doch ein neuer Ton christlichen Ernstes und einer gewissen Distanzierung von der spekulativen Verdrängung des furchtbaren Sterbens. Ich hebe dies hervor, weil es einen vibrierenden Cusanus zeigt, wie wir ihn noch nicht kennengelernt haben, aber keineswegs finden wir ihn jetzt in vor-lutherische oder in pascalianische Düsternis getaucht. Wir leben nicht in Kopenhagen, sondern in Rom. Wir stehen nicht mit Kierkegaard in der Hegelschen Götterdämmerung, noch regiert in Rom der Humanist Ena Silvio. Die Jagd nach Weisheit ist eine große Freude. *Gaudet intellectus in hac venatione laetissima.*[364] Die Erkenntniszuversicht des Kardinals ist ungebrochen: Alles ist auf die beste Weise eingerichtet; nichts entbehrt völlig der Weisheit; daher ist sie über-

---

[361] *De venatione sapientiae* n. 1, 9–11 p. 3: *Conscripsi dudum conceptum de quaerendo deum; profeci post hoc et iterum signavi coniecturas.*
[362] ib. c. 1 n. 8, 5–6 p. 8.
[363] ib. c. 32 n. 96, 13–15 p. 92.
[364] ib. c. 16 n. 46, 1 p. 44.

all zu finden. Und unser Intellekt schwankt nicht im Dunkeln, sondern erfaßt mit größter Sicherheit alles in Gott: Der Intellekt *sucht* nicht nur das schmackhafte Wissen; er erjagt es auch; er erschaut in Gott alles. Er sieht Gott selbst, der sich und alles definiert: *certissime intuetur haec omnia in aeterno simplicissimo deo ipsum deum se et omnia diffinientem.*[365] Die *intellectus*-Philosophie bleibt in Kraft; der Nachklang von *De non aliud* ist unüberhörbar.

2. Die vielen Jagdgründe und
die einzige philosophische Intention des Cusanus

De venatione sapientiae ist ein wichtiges Dokument. Es bringt die definitive Klarstellung der philosophischen Intention des Cusanus. Es enthält aufschlußreiche Selbsterklärungen. Es formuliert die letzte Stufe der Koinzidenztheorie. Es bestätigt und modifiziert frühere Theoriebildungen des Cusanus; es bringt klärende Nachträge zur Theorie des Intellektes und der Vokabeln. Es belegt eine konkretere historische Selbsteinordnung anhand eines reicher gewordenen historischen Materials.

Beginnen wir mit den Darstellungen seiner philosophischen Intention. Wenn ich sie auf die einfachste Formel bringen soll, so war es die Suche nach der Einheit. Cusanus bestätigt einen Satz des frühen Augustinus, alle Philosophie sei nichts anderes als Theorie der Einheit. Cusanus belegt das aus seinen eigenen philosophiehistorischen Kenntnissen: Pythagoras habe die Eins als den Ursprung angesehen; Platon – mit den Augen des Proklos gelesen – habe das Eine als Prinzip erfaßt; Boethius, dem Cusanus die Schrift des Dominicus Gundissalinus *De unitate et uno* zuschrieb, sei Platon gefolgt.[366]

Sein Ziel, erklärt Cusanus, sei es gewesen, den *einen* schöpferischen Grund von allem zu finden, der allem Werdenkönnen vorausgehe und es begrenze, der nicht benennbar sei und an dem kein Wesen teilhaben könne, dessen Ähnlichkeit aber in allem sei. Es gibt Teilhabende, sie haben zwar nur an der Ähnlichkeit teil, aber sie zeigen dem denkenden Blick die Einheit dieser Ähnlichkeit. Sobald wir sie als Teilhabende erkennen, erfassen wir ihren Einheitsgrund.[367] Das Motiv der Teilhabe ist eines der

[365] ib. c. 15 n. 44, 1–4 p. 42.
[366] ib. c. 21 n. 59, 1–10 p. 56–57.
[367] ib. c. 7 n. 16, 1–17 p. 17–18.

Kontinuitätsmomente, an denen unsere genetische Analyse ebenso interessiert ist wie an den Wandlungen.[368]

Aber das Eine ist in *De venatione sapientiae* nur *eines* der zehn Felder, auf denen Cusanus nach der Weisheit jagt. Die Einheit hat ihre Vorrangstellung abtreten müssen an das *Possest* und an das *Non aliud*. Das Höchste, was zu seiner privilegierten Stellung zu sagen ist: Es kommt dem *Non aliud* und dem *Possest* sehr nahe. Die Jagd nach der Weisheit kommt mit einem einzigen Jagdgebiet nicht aus. Das Jagdgelände ist zerklüftet. Wer nachrechnen würde, käme auf 30 Felder, denn, schreibt Cusanus, es gibt drei Regionen der Weisheit – erstens das Ewige, zweitens seine zeitlosdauerhafte Darstellung, *perpetua similitudo*, und drittens das Zeitliche. Und in diesen verschiedenen Regionen gibt es je zehn Felder – das Wissen des Nichtwissens, das *Possest*, das Nichtandere, das Licht, den Lobpreis, die Einheit, die Gleichheit, die Verbindung (*conexio*), die Grenze oder den *Terminus*, schließlich die Ordnung.[369]

Die Jagd findet also in einem reichgegliederten Gelände statt; wir verstehen, daß der Jäger lange Wege zurücklegen muß und zuweilen die Übersicht verliert. Das war das Schlingern im Kugelspiel. Doch übertreiben wir auch die Unübersichtlichkeit nicht: Es zeichnet sich klar eine Hierarchie ab. Uns überrascht nicht mehr, daß sie nicht nur aus dem Ewigen und dem Zeitlichen besteht, sondern dreigliedrig ist: Ewiges, Zeitüberdauerndes, Zeitliches. Das Bleibende, das aus der Ewigkeit fließt, aber nicht in der Zeit entsteht, ist das Universum. Cusanus drückt den hierarchischen Aufbau des Gesamt der Realität auf verschiedene Weise aus, und dabei handelt es sich nicht um bloß terminologische Unterschiede:

Er nennt als sein bevorzugtes Jagdergebnis die Unterscheidung zwischen dem Alles-Werdenkönnen, dem Alles-Machenkönnen und dem Gemacht-Wordensein. Das Werden-Können ist nicht zeitlich, sondern bleibend, dauerhaft, *aevum et perpetuum*. Aber es ist nicht ewig, wie das Machenkönnen; es ist die bleibende Stoffgrundlage, die vom Alles-Machenkönnen terminiert, gestaltet und damit begrenzt wird. Innerhalb dessen, was gemacht worden ist, gibt es noch einmal eine Hierarchie, die sich nach dem Verhältnis zum Werdenkönnen bestimmt: Ist das Werden-

[368] Zum Motiv der Teilhabe in den Texten *vor* 1450 vgl. M. Thomas, Der Teilhabegedanke in den Schriften und Predigten des Nikolaus von Kues (1430–1450), Münster 1996.
[369] *De venatione sapientiae* c. 11 n. 30, 1–10 p. 30.

können derart überformt, daß die Wesen alles *actu* sind, was sie ihrer Natur nach sein können, dann sind sie bleibend (*perpetua*), und dies sind die Intellekte und die Himmelskörper. Diejenigen Wesen hingegen, die zwar existieren, aber deren Möglichkeiten nicht alle realisiert werden, die also anders werden können, sind die zeitlichen und die sinnlichen Dinge.[370]

Zu beachten ist die Dreigliedrigkeit: Das Ewige, das Zeitüberlegene, *aevum*, und das Zeitliche. Dies ist die antike Kosmologie mit ihren Abstufungen: Der erste Grund, dann der Kosmos mit der Sonderstellung der Sterne und der Intellekte, schließlich die bewegte Vielfalt der zeitlichen Dinge. Das Pathos der Unendlichkeit, das nur die Unterscheidung einer begrenzenden und einer begrenzten Unendlichkeit kannte (*De principio*), tritt zurück gegenüber einem antikisierenden Ordnungsdenken, das neben dem Vorrang der Unendlichkeit seit *De docta ignorantia* vorhanden war. In diesem Dreierschema des Universums lag keine theoretische Neuerung, und doch kommt es 1462/63 zu einer neuen Akzentuierung. Sie hängt zusammen mit dem vertieften kosmologischen Interesse, das sich in *De ludo globi* kenntlich macht. Es hat zu einem verlorenen Buch *De figura mundi* geführt, von dem Cusanus berichtet, er habe es 1461 in Orvieto geschrieben, und das ich, Raymond Klibansky folgend, mit *De ludo globi* nicht identifiziere.[371]

Zur Hierarchisierung der Realität gebraucht Cusanus seit *De docta ignorantia* II die chartrensische Wendung von den *modi essendi*.[372] Allerdings läßt er seine Terminologie nicht erstarren; er spricht von der eigenen Seinsweise, dem *essendi modus*, des Intellektes.[373]

Ich hebe diese Einteilungen und Hierarchisierungen hervor; sie warnen uns vor einer modernisierenden Demokratisierung des Cusanus. Andererseits sind die Felder der Jagd nicht der Jäger, der sie durchstreift, also auch wieder verlassen hat. Über isoliert genommenen Ortsbeschreibungen, die sich gelehrt kommentieren lassen, vergißt der Interpret leicht die Unruhe des Suchenden. Um dessen Lebensbewegung geht es aber; er hat sich durch diese Felder hindurchbewegt und in ihnen das eine Gesuchte gefunden und nicht gefunden, so daß er weiter auf der Jagd bleibt.

---

[370] ib. c. 3 ganz, besonders n. 8, 1–8 p. 10.
[371] Vgl. dazu die Annotatio ib. p. 155–156.
[372] ib. c. 16 n. 48, 1–4 p. 45.
[373] ib. c. 17 n. 49, 10 p. 46.

3. Deutung der Koinzidenz

Doch gibt es Resultate. So bringt *De venatione sapientiae* eine autoritative Erklärung der Koinzidenzlehre. Cusanus bestätigt, wie gesagt, seine Schrift *De docta ignorantia*.[374] Aber er liest *De docta ignorantia* im Licht seines Buches über das *Possest*. Er schickt sofort, nachdem er *De docta ignorantia* erwähnt hat, einen Bericht über das Feld des *Possest* hinterher; hier, schreibt er, gebe es die lustreichsten Jagdzüge (*delectabilissimae venationes*).[375] Und in diesem Zusammenhang erklärt er noch einmal seine Koinzidenztheorie:

Jedes Ding und jedes Prädikat, das man vorzeigen könnte, könnte auch anders sein. Also ist es nicht Gott. Gott ist nicht klein. Denn was klein ist, kann groß werden. Gott ist nicht groß. Denn was groß ist, kann klein werden. Was Cusanus sucht, liegt *vor* allem, was anders werden kann; es liegt *vor* allem, was Differenzen aufweist. Es ist *vor* jeder Differenz. Es steht *vor* der Differenz von Akt und Potenz, von Werdenkönnen und Machenkönnen, vor dem Unterschied von Licht und Finsternis, ja vor dem Unterschied von Sein und Nichtsein, von Etwas und Nichts, sogar vor der Differenz von Indifferenz und Differenz. Hier sind noch einmal die wichtigsten Bestimmungen des *Possest* in der Sicht von *De venatione sapientiae*:

Est enim ante differentiam omnem: ante differentiam actus et potentiae, ante differentiam posse fieri et posse facere, ante differentiam lucis et tenebrae, immo ante differentiam esse et non esse, aliquid et nihil, atque ante differentiam indifferentiae et differentiae, aequalitatis et inaequalitatis, et ita de cunctis.[376]

Das heißt: Die Koinzidenzlehre ist das, was dagegen ist, den einen Grund der Welt einseitig von *einer* Seite der genannten Prädikate her zu beschreiben. Sie fordert, die entgegengesetzten Prädikate nicht einfach abzustreifen, sondern mitzudenken, um dann das Voraussein des Einen sowohl vor den affirmativen Prädikaten wie vor den negativen einzusehen.

Bisher habe ich bei der Darlegung der Philosophie des Cusanus wenig Bezug genommen auf den Vorwurf des Pantheismus, bzw. auf die zahlreichen Versuche, Cusanus von diesem Vorwurf freizuhalten. Der ent-

---

[374] ib. c. 12, n. 31–33 p. 31–34.
[375] ib. c. 13 n. 36, 1 p. 36.
[376] ib. c. 13 n. 35, 1–10 p. 35.

scheidende Grund für meine Gleichgültigkeit gegenüber Debatten dieser Art ist die Cusanische Kritik der dabei gebrauchten Termini. Es gibt, wenn wir die Koinzidenzlehre in der soeben beschriebenen Form denken, nicht mehr den unschuldigen Begriff des „Unterschiedes", mit dessen Hilfe wir behaupten könnten, Gott unterscheide sich von der Welt. Der kritiklose Gebrauch dieser Termini unterscheidet beide streitenden Parteien von Cusanus selbst. Gott ist vor der Differenz von Indifferenz und Differenz, das ist ihm der entscheidende Punkt.

Nehmen wir den Terminus „Sein". Auch Cusanus konnte es gelegentlich so darstellen, als bestehe die philosophische Prinzipienerkenntnis im Aufstieg vom teilhabenden Seienden zum reinen Sein. Aber das ist nur die Vorstufe der Erkenntnis. Cusanisch philosophieren, das heißt, die Überlegenheit des Grundes sowohl vor dem Sein (nicht nur vor den Seienden) wie vor dem Nichtsein zu erfassen. Daher ist die Übung unerläßlich, das Nichtsein des Grundes zu denken. Wer sie überspringt, fällt in die Einseitigkeit des verstandeshaften Seinsdenkens zurück; er wird sich einen Felsen reinen Seins vorstellen. Er kann nicht die in sich bewegte, lebendige Korrelativität denkend erfassen. Unter seinen Voraussetzungen hat er recht, daß es keine Trinitätsphilosophie geben könne.

Beachten wir bei der zitierten Koinzidenzerläuterung auch noch ihren Abschluß: *So ist es in allem. Ita de cunctis.* Es gibt keinen Ausweg außer dem der Koinzidenz. Es liegt an der Natur unserer Begriffe, daß wir nur über ihre Koinzidenz das Vorausein des Weltgrundes vor ihrer Gegensätzlichkeit erfassen können. Wir müssen das Zugrundegehen ihrer Grenzen *durchführen,* nicht ein für allemal *behaupten* und dann in der alten Einseitigkeit weiter prädizieren.

Soviel zur Erklärung der Koinzidenz im Feld des *Possest.* Cusanus greift das Thema noch einmal auf im Feld des *Nichtanderen.* Er legt alles darauf an, daß wir die Koinzidenz denken sollen zusammen mit den Korrekturen an *De docta ignorantia,* die zuerst zu *De coniecturis,* dann zum *Possest* und zum *Nichtanderen* geführt haben. Jetzt also lehrt er: Nur wer das Nichtandere denkt, entgeht dem Gegensatz von Affirmation und Negation. Dann die zurückgreifende Begründung: Der Ausdruck (um ihn geht es!) „das Nichtandere" steht nicht im Gegensatz zu dem Ausdruck „das Andere", denn er definiert ihn und geht ihm voraus. Das Andere ist nichts anderes als das Andere. Außerhalb des Nichtanderen steht die Affirmation im Gegensatz zur Negation. Außerhalb seines Feldes bewegen wir uns in dem Gegensatz von Unsterblich und Sterblich, und so

weiter. Gott außerhalb des Feldes des Nichtanderen zu suchen, ist vergebliche Jagdmühe, *vacua venatio est.*[377]

Damit distanziert Cusanus sich von der gesamten bisherigen philosophischen Theologie: Die Philosophen-Jäger haben dieses Feld nie betreten. Die Koinzidenzlehre – und zwar auf der Stufe der *Non aliud*-Speku-
lation – ist unerläßlich für eine Reform der philosophischen Gotteslehre.

Cusanus bringt noch eine weitere, eine entscheidend wichtige Erklärung der Koinzidenzlehre vor: Wir dürfen sie nicht einengen auf ein separat vorgestelltes Subjekt, das wir „Gott" nennen und das von der Welt
„verschieden" sein soll. Wenn die Koinzidenz – auf die erklärte Weise –
die Signatur des Unendlichen ist, dann ist sie überall. Denn die Welt steht
Gott nicht gegenüber. Das Endliche sehen wir im Unendlichen. Das Gesuchte ist die Einheit, nicht das Nebeneinander von Gott und Welt. Cusanus erläutert – diesmal im Jagdfeld der Einheit – die Koinzidenz noch
einmal, und er leitet seine Koinzidenzerläuterung in c. 22 n. 67 mit feierlichen Worten ein. Er will Aufmerksamkeit geradezu erzwingen. Er sagt,
er wolle jetzt von etwas sprechen, was staunenswerter sei als anderes, *super alia mirabile.* Er fährt fort: Alle Dinge *(omnia)* tragen nachweisbar
den Charakter eines Abbildes des Einen, das über der Koinzidenz steht.
Also nicht nur bei Gott müssen wir, wie Dionysius schon gesehen habe,
die gegensätzlichen Bestimmungen zugleich bejahen und verneinen. Wir
machen dieselbe Erfahrung bei allen Dingen: *Ita, si te* ad universa *conver-
tis, pariter comperies.* Die Koinzidenzlehre begreifen wir erst, wenn wir
sie als Weltschlüssel nehmen, nicht als Eigenschaft eines aparten Gottes.

Cusanus führt dies am Beispiel der Bestimmung „Einzeldinge" *(singularia)* vor: Sie sind als Einzeldinge sich in diesem ihrem Charakter ähnlich; zugleich sind sie sich als vereinzelte Dinge unähnlich. Aber auch
wenn wir auf die Seite der Unähnlichkeit treten, machen wir mit ihnen
dieselbe Denkerfahrung: Sie sind unähnlich, weil sie Einzeldinge sind,
und sie sind sich nicht unähnlich, weil sie Einzeldinge sind. Cusanus erklärt ausdrücklich, dasselbe gelte, wenn wir folgende Bestimmungen
durchdenken:

> das Selbe – das Verschiedene, *idem* und *diversum;*
> das Gleiche – das Ungleiche, *aequale – inaequale*
> (hier spielt das Problem der Übersetzung von *aequalitas* herein;
> gemeint ist hier: was sich aufgrund einer Bestimmung entspricht, im

---

[377] ib. c. 14 n. 41, 10–15 p. 40.

Unterschied zu *par – impar*, das Cusanus auch aufzählt, das wir mit
Gerade – Ungerade übersetzen könnten);
das Einzelne – das Vielfache, *singulare – plurale*;
das Eine – das Viele, *unum – multa;*
das Gleiche – Ungleiche im Sinne von *par – impar;*
Differenz – Übereinstimmung, *differentia – concordantia*.[378]

Alle vergleichbaren Grundbestimmungen finden sich ineinander, d.h.,
wenn wir sie in sich bedenken, gelangen wir auf die Seite ihres jeweiligen
Gegenteils. Dies zu denken ist überaus wichtig; nur so vermeiden wir
eine vorstellungsgebundene Juxtaposition von Gott und Welt, die in den
zuvor kritisierten Gebrauch der Grundbestimmungen zurückfällt und
innerhalb derer die Pantheismusdiskussion so unentscheidbar wie unvermeidlich ist.

Überblicken wir noch einmal die drei Koinzidenzerklärungen in *De
venatione sapientiae*. Sie gehen deutlich über *De docta ignorantia* hinaus.
Sie deuten die Koinzidenz im Sinne der philosophischen Entwicklung
des Cusanus in den Jahren 1460/61. Nicht die spezifische Fassung der
Koinzidenzlehre, wohl aber die sog. Regel des Wissens des Nichtwissens
und überhaupt das Konzept des nichtwissenden Wissens übernimmt
Cusanus aus *De docta ignorantia*. Dies zeigt Konstanten in der lebhaften
Ideenentwicklung des Cusanus. Dazu gehört vor allem das Axiom, das
Cusanus auch in *De ludo globi* II fol. 165 v 3–5 wieder aufgegriffen hatte:
Innerhalb der Wesen, die ihrer Natur nach einer Steigerung oder Vermin-
derung fähig sind, kann kein Maximum und kein Minimum angetroffen
werden.[379] Die faktischen Maxima und Minima sind nicht die prinzipiellen. In der Erfahrungswelt kann es nach oben und unten immer noch
weiter gehen, auch wenn es augenblicks nicht der Fall ist. Dies ist nur die
Kehrseite der Ideenlehre: Außerhalb der reinen Bestimmungen gibt
es nur zahlenhaft-rhythmisches Schwanken. Es ist kein chaotisches
Schwanken, aber es ist ein Bereich der Mischungen und der unscharfen
Grenzen. Kein Werden-können, das faktisch begrenzt ist, muß immer auf
dieselbe Weise begrenzt bleiben. Das Werden-Können ist in ihm ad hoc,
aber nicht prinzipiell und für immer zum Stillstand gekommen. Nur im
Possest ist das Werden-Können definitiv determiniert. Dies ist keine neue
Erkenntnis in *De venatione sapientiae*; Cusanus trägt sie vor und sagt: Er

---

[378] ib. c. 22 n. 67, 1–10 p. 65.
[379] ib. c. 26 n. 79, 1 p. 76.

habe sie sehr oft ausgesprochen, *saepissime,* denn sie bilde den gedanklichen Ausgangspunkt und die Rechtfertigung, die *ratio,* seiner Jagd.[380]
Hier nennt Cusanus selbst das, was den Denker von 1439 mit dem von
1462 verbindet.

4. Der Intellekt

Cusanus kann nie sich nur wiederholen. Er kann nie nur zurückblicken;
er bringt immer auch Neues. Ich beschränke mich auf zwei Aspekte, auf
die Philosophie des Intellektes und auf die Theorie der Vokabeln.

Die europäische Philosophie des Intellektes schwankte schon bei Aristoteles zwischen zwei alternativen Betrachtungsweisen: Einerseits betrachtete sie den Intellekt als ein menschliches Erkenntnisvermögen wie
das Sehen oder das Erinnern; sie untersuchte seine Einbindung in die
Funktionen und Bedürfnisse beseelter Organismen. Andererseits betrachtete sie ihn als ein göttliches Prinzip, das sie von der Erfahrungswelt
her nur negativ bestimmen konnte: Es war nicht vereinzelt, nicht leidensfähig, keine bloße Eigenschaft an einem Wesen. Der Begriff des Wissens
als eines Habens von Allgemeinem, Notwendigem und Ewigem verstärkte den nicht-empirischen Charakter des „Geistes"; das Interesse christlicher Denker an der Seelenunsterblichkeit bildete ein weiteres Motiv, dem
Intellekt eine extraterrestrische Herkunft und Zielbestimmung zuzuschreiben; die spätantike Philosophie hatte den christlichen Philosophen
in dieser Hinsicht vorgearbeitet.

Ich überspringe die mittelalterlichen Debatten zu dieser Frage. Nicht,
als seien sie philosophisch unerheblich; sie verdienten nur eine eigene
Darstellung. Gehen wir gleich zu Cusanus. Er kannte die aristotelischen
Bestimmungen des Nus; er fand im *Liber de causis,* später dann auch in
der *Elementatio theologica* des Proklos, eine Stellung des Intellektes als
reines Prinzip vor. In *De coniecturis* blieb er dieser Denkweise am nächsten: Der Intellekt als Ursprung des Verstandes und der Sinnenwelt, der
in den vier Einheiten sich selbst anschaut. In *De mente* war der Geist
einerseits Urbild aller Dinge, Gottes Bild, *complicatio complicationum.*
Andererseits war seine Produktivität auf die Begriffsbildung eingeschränkt; sie lief parallel zur göttlichen Hervorbringung der Welt und bil-

---

[380] ib. c. 37 n. 108, 1–23, mit Verweis auf die *regula* in Zeile 18.

dete sie nach, stand aber auch in einem Gewebe physiologischer Bedingungen. De *beryllo* brachte eine weitere Aufwertung des menschlichen Geistes als des Ursprungs der mathematischen Gegenstände und als des nachweisbaren Ziels des Weltaufbaus, dessen Struktur beweist, daß er eine Mitteilung an den Geist ist. Das Ergebnis dort war: Die Dinge sind so, wie sie sind, weil wir so sind, wie wir sind, oder: Die Welt ist so, wie sie ist, weil der Geist der Geist ist. Wenn ich *De aequalitate* richtig verstanden habe, findet dort der Geist alle Maßstäbe in sich selbst vor, ohne sie hervorgebracht zu haben. Er sieht in sich selbst nicht nur den Kreis an sich, sondern das Gerechte an sich, das Gute, die Einheit. Das An-sich-Sein ist in ihm. In *De ludo globi* II hatte Cusanus erklärt, die *mens* habe alle intelligiblen Gehalte (*intelligibilia*) in sich, damit sie alle erkannt werden können[381]; er hatte eine Art Wechselseitigkeit von Intellekt und Gutsein (*valor*) der Dinge beschrieben: Der Intellekt ist nicht das Wesen des Gutseins, aber ohne ihn wird nichts in seinem Wert geschätzt, verliert also den Wertcharakter.

Dies waren vielseitige Ansätze, die sich zu einem Gesamtbild schwer vereinen lassen. Am ehesten könnte man sagen: Ohne die empirische Bedingtheit der niederen Funktionen der *mens* uninteressant zu finden, sie gar zu leugnen, arbeitet Cusanus zunehmend die Selbständigkeit und Würde der *mens* heraus, und dies auch in den Phasen seiner assimilativen Tätigkeit, d.h., als Wahrnehmung und als datenordenden Verstand. Er koordiniert nicht die beiden Betrachtungsweisen, die er jede für sich auf originelle Weise vertieft hat. Sie waren für ihn nicht getrennt, denn sinnliche und rationale Erkenntnis sah er als Phasen des Intellektes. *De venatione sapientiae* ist seiner Anlage nicht das Buch, das diese für moderne Leser unklaren Verhältnisse in einer systematischen Konstruktion bereinigen könnte. Es ist zwar kein individualisierender Erfahrungsbericht, aber es argumentiert immer nur ad hoc und zu punktuell, als daß wir eine definitive Lösung von ihm erwarten könnten. Aber es setzt deutliche Akzente; es setzt sie auf neue Weise.

Cusanus knüpft an Proklos an, der in seiner *Theologia Platonis* I 3 lehre, die Geistseele finde Gott und alle Dinge in sich selbst und betrachte sie dort. Platon-Proklos zufolge sehe die Geistseele diejenigen Wesen, die ihr in der ontologischen Hierarchie nachgeordnet seien, als ihre Schatten. Was ihr vorgeordnet sei – also das göttliche Eine und Gute –, erblicke die

---

[381] *De ludo globi* II fol. 168 r 35.

Geistseele gewissermaßen bei geschlossenen Augen. Dies sei die göttliche Ansicht Platons: *Ecce divinum Platonis iudicium.*

Geschlossene Augen, das heißt: Nachdem die Seele ihre ersten Schritte in der Erfahrung der sinnlichen Welt getan hat, fängt sie an, diese zu beurteilen. Dabei besinnt sie sich auf sich selbst. In dieser Phase kann sie, da es um Normen geht, aus der Erfahrungswelt nichts aufnehmen. Schon gar nichts, wenn es um den Grund der Normen geht. Die Selbständigkeit der *mens* wird dadurch verstärkt.

Doch Cusanus gibt dem eine eigene Wendung: Alles, was im Intellekt ist, ist der Intellekt. Er hat keine Eigenschaften, keine äußeren Zusätze; er ist wesenhafte Tätigkeit. In ihm ist alles auf seine Weise, d.h., im Intellekt ist alles Intellekt. Dies gilt nun ausdrücklich nicht nur für die geometrischen Figuren in ihrer Reinheit; es gilt auch für die Güte, die Wahrheit, die Einheit, das *Possest*, das Nichtandere, kurz, für alle zehn Felder, die Cusanus auf der Jagd nach der Weisheit durchstreift. Cusanus fügt allerdings hinzu: Auch in den Sinnen sind alle diese Prinzipien; sie sind in den Sinnen als sinnliche. Anders wäre es nie möglich, die Koinzidenz bildlich, sinnenhaft darzustellen, wie im Gemälde mit dem wandernden Blick. Wieder gibt uns Cusanus einen Hinweis, seine zehn Felder nicht auf die philosophische Theologie eingeschränkt zu interpretieren. Sie sind in allem alles. Aber im Intellekt finden sie sich *intellectualiter,* auf intellekt-entsprechende Weise. Aber was heißt das? Cusanus erklärt: Sie sind es begrifflich und als Erkenntnis, *notionaliter sive cognoscibiliter.* Er erläutert weiter: Der Intellekt ist intellektuelle Einheit, Gutheit, Nichtanderssein; er schaut in sich als in einer eingeschränkten Einheit, Gutheit usw. die entgrenzte Einheit, Gutheit, das *Possest* und das *Nichtandere.* Er findet also in sich selbst die kontrahierte Weisheit und damit auch die nicht-kontrahierte Weisheit. So weiß er sich als Bild der reinen Einheit und Güte; er weiß sich als ein *lebendiger Spiegel.* Diese Metapher war Cusanus seit *De mente* c. 7 n. 87 besonders lieb. Wir finden sie in *De Possest* und in *De ludo globi* II fol. 168 r 43. Der Nachdruck liegt bei dieser Metapher auf der Lebendigkeit. Cusanus hat zunehmend versucht, das negativ bestimmte Prinzip des Intellekts als *lebendig* zu analysieren; er beginnt *De venatione sapientiae* c. 1 n. 2 mit der Beschreibung des Geistes als eines *lebendigen,* der wie jeder *vitalis spiritus* schmackhafte Nahrung braucht – eben die Weisheit. Aber wie sieht Cusanus die Aussenbeziehung des Geistes als eines lebendigen Spiegels? Unser geistiges Erkennen sei Assimilation, schreibt Cusanus. Dies war bei ihm ein durch-

gehendes Motiv, mit verschiedener Gewichtung ausgesprochen. Indem
der Geist in sich hineinblickt wie in einen Spiegel, sieht er die assimilier-
ten Inhalte. Doch bedeuten die Stichworte *notionaliter* und *assimilatio*
eine gewisse Einschränkung der Prinzipienfunktion des Intellektes als des
exemplar. Cusanus bestätigt seine Schrift *De mente* mit der These, die
mens messe alle Dinge: Die menschliche *mens* ist Bild der *mens absoluta*;
sie bestimmt sich frei zur Begriffsbildung – wir erinnern uns an das Freiheitspathos, daß jeder denken kann, was er will, aus *De ludo globi* I fol.
156 r 31–36 –; sie bringt geometrische Figuren, Handwerksprodukte und
Kunstwerke hervor und setzt dabei allem die von ihr gewünschte Grenze.[382] Aber wie verhält es sich mit den Wesenheiten der Dinge, gar mit
ihren Urbildern, die nach *De ludo globi* II fol. 166 r 1–10 doch in der
Geistseele sind? Die Formulierung an der zitierten Stelle aus dem Kugelspielbuch war nicht glasklar: War die Geistseele nun die Ideenwelt, also
der *mundus archetypus*, oder nicht? Was hieß es, sie sei die Einfaltung
aller Gehalte der intelligiblen Welt? Worin lag die Einschränkung, sie sei
es „auf begriffliche Weise", *notionaliter*? Hier nun schafft Cusanus in *De
venatione sapientiae* Klarheit: Die Geistsseele ist *nicht* die Ideenwelt. Sehen wir uns seine Argumentation an:
　　Unser Geist ist nicht das Prinzip der Dinge. Er determiniert vieles,
aber nicht die Wesenheiten der Dinge. Dies ist Sache des göttlichen Geistes. Er ist Prinzip seiner Tätigkeiten, und diese determiniert er. Seine
Kraft faltet alle Dinge in sich ein, als Begriffe, *notionaliter*. Jetzt ein skep-
tischer Blick auf die Geschichte der Philosophie: Viele, die nach der Weisheit jagten, haben sich vergeblich bemüht. Sie wollten die Wesenheiten
der Dinge erfassen, aber der Intellekt kann nur erfassen, was er in sich
selbst findet. Die Wesenheiten der Dinge sind aber nicht in ihm, sondern
nur die Begriffe der Dinge. Diese Begriffe sind Angleichungen und Ähnlichkeiten der Dinge, nicht diese selbst. Die Kraft des Intellektes besteht
darin, daß sie sich allen intelligiblen Inhalten (*omnibus rebus intelligibili-
bus*) angleichen kann. Aristoteles nennt sie daher den Ort der Erkenntnisbilder. Aber keineswegs ist sie das Wesen aller Wesen. Es ist daher vergeblich, wenn sie in ihrem Erkennen die Wesenheiten der Dinge sucht;
diese sind dort nicht.[383] Ein Leser von *De mente* konnte noch im unklaren sein, ob unser Geist nicht doch das Urbild aller Dinge oder aller Be-

---

[382] *De venatione sapientiae* c. 27 n. 82, 12–20 p. 79.
[383] ib. c. 29 n 86, 1–14 p. 82.

griffe ist. Denn dort, in c. 3 n. 73 , 7–11 p. 112, hieß es eindeutig, die *mens* sei das Urbild aller Dinge, die unter ihr stehen. Dies wäre nach *De coniecturis* nur kohärent. Aber auch in *De mente* verdankte sich die Vielheit der Dinge nicht der *mens*. Andererseits: Cusanus hat auch *nach* 1450 noch Erklärungen abgegeben, daß unser Geist nicht nur das Urbild aller *Begriffe* ist. Nach *De beryllo* bezieht sich die maßsetzende Tätigkeit des Menschen nicht nur auf mathematische Gegenstände und Begriffe; der menschliche Geist bestimmt auch das Maß der Naturdinge, da Gott die Naturdinge so geschaffen hat, daß sie für uns einsichtig sein sollen; somit können wir von uns aus ihr Maß bestimmen. Aber im Herbst 1462 entscheidet er schroff: Die *mens* ist nicht Urbild der Dinge, sondern „nur" der Begriffe, und er erklärt sich damit die vergebliche Suche der Philosophen – wir sollen an Aristoteles denken – nach dem Wesen der Dinge. Skeptischere Töne kommen auf: Die Wesensformen der Dinge liegen über unserem begrifflichen Vermögen; der Intellekt (die Unterscheidung von der *ratio* ist wie vergessen) kann sie nicht einmal berühren; er kann Konjekturen über sie bilden aufgrund dessen, was ihm begrifflich zugänglich ist. Allein Gott sieht die Formen der Dinge in sich selbst. Gottes Erkennen ist wesensbegründend; unser Intellekt kann sich nur angleichen. Menschliche Erkenntnis muß den Weg der Assimilation und der Abstraktion gehen. Sein eigenes Wesen kann der Intellekt nicht anders erkennen, als er das Wesen anderer Dinge erfaßt, nämlich indem er sich ihm angleicht, *assimilat*. Der Mensch hat eine geistige Erkenntnis seiner geistigen Erkenntnis, denn er sieht, daß er anderes geistig erkennt. Aber auf diese Weise erfaßt er nur, daß der Intellekt *ist;* er erfaßt nicht sein Wesen.[384] Ich sprach von skeptischen Tönen, nicht von Skeptizismus. Cusanus wurde, ausgehend von *De docta ignorantia*, zu oft in die Nähe des Skeptizismus gerückt, aber er hat mit der Klarstellung von *De venatione sapientiae* c. 29 nicht die Erkenntniszuversicht verloren; sie ist nicht einmal vermindert. Nur finden sich die Wesenheiten der Dinge nicht im menschlichen Intellekt. Sie sind noch zu erjagen. Aber auch da macht Cusanus zuversichtliche Andeutungen: Wir müssen die Wesensgründe der Dinge aus Einzelerfahrungen herauslesen und von sinnlichen Zufälligkeiten reinigen. Nur so erreichen wir die Vernunftbestimmung der Sachen, die *ratio rei*. Aber dies ist möglich, und haben wir das erreicht, dann sind Intellekt und Erkanntes dasselbe. Die Einheit von geistig Erkennen-

---

[384] ib. c. 29 n. 87, 7–24 p. 83.

dem und geistig Erkanntem bleibt nicht nur eine ferne Wunschvorstellung; sie ist, wie Aristoteles in *De anima* III 4 gesehen hat, die Realität des Intellektes.[385] Dann ist er „wahrer Intellekt", und es liegt im Wesen der *mens,* „wahrer Intellekt" zu sein und sich tätig immer dazu zu machen. Dies eben bedeutete es, wenn Cusanus schrieb, der Intellekt habe an den Feldern der Gutheit und der Einheit, des Nichtanderen und des *Possest* Anteil.

Ist dies eine befriedigende Lösung des Erkenntnisproblems? Ich zweifle daran. Aber noch mehr zweifle ich, ob ein Historiker des Denkens „das Erkenntnisproblem", wie es sich Ernst Cassirer zu Beginn unseres Jahrhunderts gestellt hat, den Cusanischen Überlegungen als Folie unterlegen sollen. Das Problem der Wahrheitssicherung stellte sich ihm gar nicht, da er die *mens* als Abbild des göttlichen Geistes ansah. In einem Kosmos voller Entsprechungen, durchwaltet von der allmächtigen *aequalitas,* ging es nicht darum, die Wahrheit unserer Erkenntnisse von den ersten Fundamenten an dem Zweifel abzugewinnen; d.h. die Problemsituation war nicht cartesianisch; die Alternative des 19. Jahrhunderts von Empirismus oder Idealismus berührt sie nicht. Trotzdem drängen sich Fragen an Cusanus auf, von seinen eigenen Voraussetzungen her. Denn geistige Erkenntnis ist, Cusanus zufolge, das Erfassen der reinen *ratio rei.* Im intellektuellen Akt sind Intellekt und *ratio rei* dasselbe. Da bleibt kein Zwischenraum für skeptische Bedenklichkeiten. Da wird der Intellekt nicht nur negativ erfaßt. Will Cusanus sagen, die reine *ratio rei,* die der Intellekt erfaßt, sei etwas anderes als das Wesen der Dinge? Welchen Sinn soll es haben, von der so erfaßten *ratio rei* zu sagen, sie sei aber „nur" ein Begriff, und wie es sich mit der Sache selbst verhalte, das wüßten wir nicht? Sie heißt *ratio rei,* weil sie das Wesen der Sache intellektuell enthält. Cusanus kehrt denn auch wieder zu Proklos und damit zu der Position zurück, das absolute Eine sei dem Intellekt konform; er brauche es nicht erst aus den Sinnesdingen abstrahierend zu ermitteln.[386] Auch an der bewunderten hohen Rangstelle des Menschen hat er nichts mehr geändert.[387] Vielleicht habe ich ein wenig zu viel gesagt, als ich behauptete, in *De venatione sapientiae* kläre Cusanus die Rolle des Intellektes definitiv. Vermutlich hat Sisiphos den Stein nur ein Stück weiter geschleppt.

---

[385] ib. c. 36 n. 106, 13–19 p. 100.
[386] ib. c. 36 n. 107, 1–14 p. 100–101.
[387] ib. c. 19 n. 53, 19–24 p. 50 und c. 32 n. 95, 9 p. 91.

5. Theorie der Vokabeln

Kommen wir zum Nachtrag, den *De venatione sapientiae* zum Problem
der Vokabeln erbringt. Bei dem Rückblick auf seine Jagdzüge hebt Cusanus hervor, die Jäger, also die Philosophen, hätten der Vokabel große Bedeutung zugemessen. Es ist hier, wie schon in *De mente*, von der *Vokabel*
die Rede; eine Philosophie der Sprache nenne ich das nicht; es handelt sich
um Vokabeltheorie. Sie allerdings war Cusanus wichtig; ohne über sie
nachzudenken, kann man die bisherige Philosophie und die eigenen Anstrengungen nicht bewerten. Denn Cusanus findet, die Philosophen hätten das Wort mit einer Sorgfalt behandelt, als sei es die exakt entsprechende Darstellung der Dinge selbst, *quasi vocabulum sit praecisa rerum
figuratio.* Sie hätten Wort und Sache zu nahe zusammengebracht. Nun
glaubte Cusanus allerdings, Adam habe, im Vollbesitz einer geistigen Erkenntnis und im direkten Umgang mit Gott, den Dingen ihren Namen
gegeben. Dies, könnte man meinen, sichere dem Wort Dignität und Sachgehalt. Aber Cusanus folgert aus dieser Prämisse, daß selbst die ungetrüb-
te Vernunft Adams keine Vokabeln haben finden können, die nicht der
Verbesserung fähig und bedürftig wären. Wir können und sollen Adam
übertreffen; die Entsprechung von Vokabeln und Sachen ist noch nicht
optimal. Sie ist kein Maximum und kann es nicht sein. Die Namensgebung
Adams erfolgte aus Vernunft; eben deswegen zeigen die idealen Bedingungen, unter denen Adam im Paradies agierte, die Grenzen der Vernunft.
Und um diese zu zeigen, ist von Adam überhaupt die Rede. Denn Cusanus will darauf hinaus, daß die Vokabeln zwar aus Vernunft hervorgegangen sind, daß aber die Vernunft in ihnen nur *ihre* Weise, die Dinge zu sehen, ausdrückt, nicht die Wesenheiten der Dinge selbst. Die
Vokabeltheorie von *De venatione sapientiae* korrespondiert der Intellekttheorie: Der Intellekt ist nicht die Wesenheiten der Dinge; die Vokabeln
geben zwar eine *ratio*, aber diese *ratio* ist nicht die *ratio* des Wesens der
Dinge. Dies führt zu terminologischen Komplikationen. Sie kommen in
dem Satz zum Ausdruck, unsere Vokabel gebe zwar eine *ratio* wieder, auch
eine *ratio* der Dinge, aber nicht die *ratio* der Wesenheit, die dem Ding ontologisch vorgeordnet ist. Unser Wort erfaßt nicht die *ratio* der Idee der Sache:

*Non enim ratio, quam homo concipit, est ratio essentiae rei, quae omnem
rem antecedit.*[388]

---

[388] ib. c. 33 n. 97, 1–9 p. 93.

Cusanus bewegt sich auf einem schmalen Grat. Die Vokabeln haben einen Bezug zur Idee, aber einen gebrochenen, indirekten, problematischen. Die Vokabeln sind wichtig, und Dionysius ist Platon darin gefolgt, sich mit den Namen gründlich zu befassen. Am meisten aber hat Aristoteles die Bedeutung der Vokabeln erforscht. Aristoteles hat sich verhalten, als sei der erste Namensgeber der Dinge deren bester Kenner gewesen und als sei es die Aufgabe des Philosophen, sich wieder auf die Erkenntnishöhe zu bringen, die der Namensgeber gehabt habe. Dabei gab doch selbst Adam nur die *ratio* wieder, die *er* erfaßt hatte, nicht das Wesen. Aristoteles hat die Richtigkeit der Namen überschätzt; er hat unterstellt, wir hätten alles erreicht, was in der Wissenschaft möglich ist, wenn wir das Wissen des ersten Namensgebers wieder erlangten. Damit hat Aristoteles die Wissenschaft vokabelabhängig konzipiert. Nach ihm besteht – kritisiert Cusanus – die Wissenschaft in der Definition, und die Definition ist die Worterklärung.[389]

Die Vokabeltheorie von *De venatione sapientiae* ist schwer zu fixieren, ähnlich wie die Theorie der *mens*. Die Namen sind keine willkürlichen Bezeichnungen, sondern sie gehen aus Einsicht hervor. Aber der Nachdruck liegt darauf, daß diese Einsicht *verbessert* werden kann und daß sie nicht die Wesens-*ratio* der Dinge wiedergibt. Cusanus anerkennt die Philosophen, die der genauen Wortbedeutung nachgegangen sind; auch die Distinktionen seien zu beachten, die sie dabei gefunden hätten; dafür lobt Cusanus neben Aristoteles auch den heiligen Thomas. Andererseits gibt er zu verstehen, Aristoteles habe den Sachgehalt unserer Wörter überschätzt; er habe die Verbesserungsfähigkeit unseres Wissens und unserer Diktionen unterschätzt. Dies hätte auch ein nominalistischer Kritiker der Metaphysik des Aristoteles sagen können. Aber die Position des Cusanus ist eine andere. Er sieht die Wesens-*ratio* der Dinge, die in unserer Vokabel-*ratio* nicht enthalten sei, gleichwohl in ihr aufleuchten. Er spricht sogar davon, die Denker seien in bezug auf die Wesensgründe der Dinge – jetzt nennt er sie die *substantifica ratio rerum* – alle einig; nur in ihrer verbalen Konfiguration gingen sie auseinander. Cusanus nahm also an, daß wir die Wesensgründe sehen, daß wir sie auch sprachlich ausdrücken, daß nur bei dieser Umsetzung ein Verlust eintritt. Wir müssen denkend wieder über die Vokabeln hinauskommen; wir brauchen sie nicht zu rekonstruieren in der Bedeutung, die sie im ersten Namensgeber

[389] ib. c. 33 n. 98, 1–5 p. 94.

gehabt haben mögen; wir müssen sie an den Wesensgründen messen, bereichern und verbessern. Das vokabel-orientierte Wissenschaftskonzept des Aristoteles erscheint demgegenüber als traditionalistisch befangen, und die biblische Figur Adams dient Cusanus dazu, diese Rückwärtsorientierung zu widerlegen: Adam konnte die Namen nicht in genauer Entsprechung zum Wesen der Dinge einsetzen. Die Worte sind mehr Notbehelf als ein Inbegriff des Wesens; bei der Jagd nach der ewigen Weisheit sind sie ohnehin nur vorläufig und Bruchstück, denn dabei werden sie für etwas verwendet, wofür sie nicht eingesetzt worden sind, nämlich für dessen Grund. Der aber ist das Nichts des Begründeten.

6. *Traditionsbezüge: Dionysius, Proklos*

De venatione sapientiae enthält aufgrund der Beschäftigung mit Diogenes Laertius eine reichere historische Selbsteinordnung der Cusanischen Philosophie als alle früheren Schriften des Cusanus. Nicht nur das Studium der antiken Philosophie ist der eigenen historischen Ortsbestimmung zugute gekommen. Der Rückblick auf die eigenen Jagdzüge ermöglicht einen neuen Blick auf Vorgänger und Mitjäger.

Cusanus kennt jetzt die Vorsokratiker besser. Er setzt mit einem Epicharm-Zitat ein; er kann sich jetzt, unabhängiger von den Berichten des Aristoteles, zu Thales, Pythagoras und Anaxagoras äußern, und er tut dies mit auffälligem Eifer. Die Linie Parmenides-Platon-Proklos-Dionysius ist immer noch die Achse, um die sein Nachdenken kreist; sie sind die am häufigsten erwähnten Autoren.

Platon hat einen gewissen Vorrang inne. Er hat die Bedeutung des göttlichen Verbum erfaßt, und er hat die richtige Ansicht von der Erschaffung der Dinge gelehrt. Platon und Moses stimmen, was die Weltentstehung angeht, überein.[390] Platon gehört in die breite antike Tradition der Trinitätsphilosophie, deren Bild Cusanus jetzt mit den Informationen des Diogenes zeichnen kann.[391] Dem begrifflichen Instrumentarium der Trinitätsphilosophie gibt Cusanus nach wie vor den Vorrang vor den kirchlichen Trinitätsnamen, die *minus proprie* seien.[392] Den Vorwurf des Aristoteles, die Ideen Platons seien von den Dingen getrennt, erklärt

---

[390] ib. c 9 n. 23–26 p. 24–28, bes. n. 23,4.
[391] ib. c. 9 n. 24 p. 25–26.
[392] ib. c. 24 n. 72, 1–2 p. 69.

Cusanus für offensichtlich falsch.[393] Die Auffassungen des Aristoteles von Naturprozessen und Zeit, *motus* und *tempus*, stünden zurück hinter denen Platons, der die Zeit als Bild der Ewigkeit definiert habe.[394] Das *Eine* habe den Vorrang vor dem Seienden; darin sei Platon gegen Aristoteles zuzustimmen.[395] Insgesamt bemüht sich Cusanus um Konkordanz zwischen allen Philosophen, auch zwischen Platon und Aristoteles. Aber er nimmt deswegen seine Aristoteleskritik nicht zurück: Er hat das Wesenswas der Dinge immer gesucht, aber nicht gefunden.[396] Dies ist das Bild des aporetischen Aristoteles, das *De beryllo* erstmals entworfen hatte. In *De non aliud* klang die Kritik härter: Aristoteles hat nichts gefunden, weil er sich selbst die Sicht versperrt hat. Jetzt, in *De venatione sapientiae*, ist das Scheitern des Aristoteles ein Zeugnis dafür, daß unser Wissen im Wissen des Nichtwissens besteht.

Der Größte ist Dionysius, *cunctis acutior*.[397] Cusanus muß noch einmal auf das historische Verhältnis Proklos-Dionysius zurückkommen; hier, glaubte er, müsse er jede Unsicherheit beseitigen. Er statuiert, energisch, ohne Argumente: Dionysius ist der Schüler des Apostels Paulus und erklärt dessen Lehre.[398]

Beachtenswert ist eine Kritik an Proklos, die diesmal über den Vorwurf hinausgeht, Proklos sei gegenüber dem antiken Polytheismus zu tolerant gewesen. Der Vorwurf lautet, Proklos habe Denken und Sein zu sehr parallelisiert. Genauer: Er habe gelehrt, was Gegenstand geistiger Erkenntnis sei, das müsse auch existieren. *Omne quod intelligitur, esse affirmabat*.[399] Cusanus erinnert dagegen daran, die Aristoteliker hätten geltend gemacht, was der Intellekt konstituiere, sei ein Gedankending, ein *ens rationis*, das reale Sein, *ens reale*, erreichten wir nicht.[400] Dies ist ein nominalistisches Bild der Peripatetiker. Cusanus urteilt an dieser Stelle nicht; er berichtet nur. Aber er gibt zu verstehen, an der nominalistischen Kritik sei etwas Wahres dran. Vielleicht läßt sich dieser Hinweis verbinden mit der Theorie, unsere *ratio rei* sei nicht die *ratio essentiae rei*.

---

[393] ib. c.1 n. 3 p. 5–6.
[394] ib. c. 9 n. 26 p. 27.
[395] ib. c. 21 n. 60, 1–5 p. 57s.
[396] ib. c. 12 n. 31, 14–15 p. 32.
[397] ib. c. 30 n. 89, 3 p. 85.
[398] ib. c. 30 n. 90, 1–6 p. 86.
[399] ib. c. 8 n. 21, 15 p. 22. Weitere Kritik an Proklos siehe c. 12 n. 31, 16–23 p. 32.
[400] ib. c. 8 n. 22, 1–2 p. 22.

Dies ist ein Wahrheitselement, das die Nominalisten, denen Cusanus im übrigen nicht folgt, gesehen haben.

Auffällig ist eine gewisse Verschiebung in der Beziehung des Cusanus zu Denkern des Mittelalters. Jetzt – wenn ich nicht irre: zum ersten Mal – trägt Cusanus die Dankesschuld ab, die er gegenüber Anselm von Aosta hat wegen der Gottesdefinition „worüber hinaus Größeres nicht gedacht werden kann".[401] Cusanus lobt zweimal Thomas von Aquino.[402] Das Lob bezieht sich auf die Sorgfalt im Unterscheiden von Wortbedeutungen, also auf einen untergeordneten Gesichtspunkt. Doch bleibt es merkwürdig, daß Cusanus jetzt Thomas lobt, Anselm erwähnt und Augustinus zweimal zitiert, aber die mittelalterlichen Autoren alle verschweigt, denen er am meisten verdankt: Eriugena, Thierry, Albert, Eckhart, Lull. Dies erklärt sich nicht durch die Diogenes-Lektüre. Hier hat eine Verschiebung stattgefunden, deren Gründe nicht sichtbar werden. Cusanus hat sich damit von diesen Autoren nicht entfernt; er wird noch im kommenden Jahr, im *Compendium*, verdeckt auf Lull hinweisen.[403]

---

[401] ib. c. 26 n. 77, 5–6 p. 74.
[402] ib. c. 26 n. 77, 6–10 p. 74 s. und c. 33 n. 99, 2 p. 94.
[403] Cusanus, *Compendium*, c. 7 n. 19, 9–11, ed. B. Decker – C. Bormann, h XI, 3, p. 14.

VIII.
AUFRISS

1. Die vorletzte Schrift – der letzte Gottesname

Die kleine Schrift *Compendium* führt einen einfachen Leser ein in die Philosophie. Cusanus redet ihn etwas schroff an: Da du wenig gebildet bist, *cum sis simplex.*[404] Vorbereitet durch *De ludo globi*, verstehen wir diesen Wink: Wir sollen der Schrift nicht das sachliche Gewicht von *De non aliud* abverlangen; wir sollen sie nicht gleichsetzen mit dem umfangreichen Buch über die *Jagd nach der Weisheit*. Andererseits: Es ist die vorletzte Schrift des Cusanus. Das Datum der Abfassung steht nicht mit letzter Sicherheit fest. Aber das *Compendium* zitiert *De ludo globi*, ist also nicht vor 1463 verfaßt.[405] E. Vansteenberghe[406] datiert es auf November/Dezember 1463. Es könnte sogar noch einige Monate später entstanden sein. Jedenfalls stehen wir im letzten Lebensjahr des Kardinals. Später verfaßt ist nur noch die kleine Schrift *De apice theoriae*.

Das Buch erhebt keine großen Ansprüche, aber Cusanus kann es nicht lassen, originell zu sein. Karl Bormann, der es mitherausgegeben und übersetzt hat, schreibt von ihm mit Recht, es sei „keineswegs nur retrospektiv", sondern „vornehmlich ein neuer Versuch, Sein und Erkennen zu deuten".[407] Ein *neuer* Versuch: Das Buch bezeugt tatsächlich noch einmal eine überraschende philosophische Entwicklung. Auffällig ist, daß Cusanus den Gottesnamen *Possest*, den er in *De venatione sapientiae* noch unentbehrlich fand, jetzt ersetzt durch die einfachere Bezeichnung:

---

[404] *Compendium* c. 9 n. 25, 3 p. 20.
[405] ib. c. 12 n. 37, 11 p. 29. Vgl. K. Bormann, Zur Frage nach der Seinserkenntnis in dem wahrscheinlich letzten philosophisch-theologischen Werk des Nikolaus von Kues, dem ‚Compendium‘, in: Archiv für Geschichte der Philosophie 50 (1968) S. 181–S. 188; J. Hopkins, Nicholas of Cusa on Wisdom and Knowledge, Minneapolis 1996, S. 59–S. 62 und S. 512–S. 520.
[406] Vansteenberghe, p. 276.
[407] K. Bormann, Nicolai de Cusa, *Compendium*. Kurze Darstellung der philosophisch-theologischen Lehren, H 16, Hamburg 1970, S. X.

das *Können, Posse*. Dieser Name ist nicht nur sprachlich weniger roh; er impliziert auch, daß das Können, das alles kann, selbstverständlich auch das Sein einschließt. Das *Sein* des Könnens verdient nicht die *bevorzugte* Beachtung, die ihm der Name *Possest* noch zuteil werden ließ. Dem Können geht nichts voraus, denn es müßte, was ihm vorausgehen sollte, sein können. Es gibt also nichts Mächtigeres als das Können; also ist „Können", *Posse*, der bevorzugte Name des ersten Grundes. Es steht *vor* Sein und Nichtsein; die damit angedeutete Koinzidenztheorie führt Cusanus in diesem schlichten Grundriß nicht aus. Alles, was irgendwie ist oder sein kann, ist eingefaltet im Können.

Als das Mächtigste erzeugt das *Posse* seine Gleichheit. Das Können, das sich ausgleichend selbst über Widersprechendes erstreckt, *quod se aequaliter ad contradictoria habet* – wieder ein Hinweis auf die Koinzidenzlehre, dem der Verfasser nicht weiter nachgeht –, übt seine Macht als Gleichheit und durch die Gleichheit aus. Können, Gleichheit und die Einheit beider, das ist die neue Formel der letzten Trinitätsphilosophie. Die Trinität, das ist die weniger passende Ausdrucksweise für die Einheit des Prinzips, das alles eint, alles einfaltet und alles ausfaltet.[408] Das Können bewirkt alles in der Gleichheit mit allem; es zeigt sich in der Gleichheit mit allem. Die *ostensio sui* ist das Wesen des Ursprungs. Das Sein der Welt und unsere Erkenntnis der Welt haben also denselben Ursprung, das Sich-Zeigen des Könnens in der Gleichheit. Daher ist alles, was nicht der Ursprung selbst ist, seine Ähnlichkeit. Können, Selbst-Erweis in der Gleichheit, allesdurchwaltende Ähnlichkeit, das sind die Ausgangsbedingungen der Wirklichkeit und unserer Erkenntnis.[409]

Innerhalb dieses nicht-nominalistischen und erst recht nicht-cartesianischen Rahmens formuliert Cusanus Bedingungen des menschlichen Erkennens. Auch die erkenntniseinschränkenden Hinweise haben nur innerhalb dieses theoretischen Gesamtkonzeptes ihr Anrecht; daher mindern sie die Erkenntniszuversicht nicht. Alles Erkennen, auch das sinnliche, hat seinen Anteil an der alldurchdringenden *Aequalitas,* die das Sichzeigen des Urgrundes ist. Die Stufen des Erkennens sind Stufen der Anteilhabe an der *Aequalitas.* Was wir sehen, was wir hören, dies alles ist die *Aequalitas.* Die Sinneserkenntnis erfaßt die Gleichheit in der Qualität, die Vorstellung erfaßt sie in der Quantität, der Intellekt in ihrem rei-

---

[408] ib. c. 10 n. 30 p. 24.
[409] ib. c. 10 n. 30–33 p. 24–26.

nen Fürsichsein. Noch einmal kommt es im Werk des Cusanus zum Lobpreis des Intellektes:
Er erfaßt die einfache (nicht-vereinzelte) Ähnlichkeit nackt, unverhüllt. Und in ihr sieht er die *Aequalitas*. Einzeldinge, *singularia*, sind ihre
Erscheinung, *apparitio*. Es gibt also nichts als das in der *Aequalitas* sich
zeigende Können und seine Erscheinung in der Ähnlichkeit. Die Sonderstellung des Intellektes zeigt sich darin: Er schaut diese Erscheinungen
des Könnens in sich selbst an; er ist die lebendige und einsehende Erscheinung der Gleichheit und damit des Könnens. Der Intellekt ist das
Zeichen (*signum*) jener Gleichheit; er ist die erste Erscheinung (*prima
apparitio*) der Erkenntnis, die der Urgrund selbst ist.

Daher erfaßt unsere *mens* naturhaft, von ihrem Wesen her (*naturali-
ter*) das Gute, das Ausgleichende und das Gerechte: Diesen „Glanz der
Gleichheit" zu erfassen, das ist ihre Nahrung. Davon lebt sie. Der Blick
der *mens* nimmt nichts anderes wahr als die Gleichheit und ihre Erscheinungen. Wäre die Gleichheit nicht, dann wäre auch die Wahrheit nicht.
Denn Wahrheit ist nichts anderes als die Angleichung der Sache an den
Intellekt oder das Gleichsein von Sache und Intellekt.[410]

Damit ist der Rahmen abgesteckt, innerhalb dessen sich die Neuent-
wicklungen und die neuen Akzentsetzungen des *Compendium* abspielen.
Ich nenne nur drei Themenschwerpunkte: Der *Lebenssinn des Erkennens*, die Theorie der *Zeichen* und das philosophische Interesse am Phänomen der *Schrift*.

2. Der Lebenssinn des Erkennens

Ich habe lange nicht von ihm geredet, aber ich hoffe, er blieb unverges-
sen, der Wolf, der uns in *De complementis theologicis* begegnet ist.[411] Er
lehrte uns, sein Erkennen als Funktion seines Lebens zu begreifen. Gott
hat dem Wolf ein Licht einerschaffen, in dem seine Augen sehen, was er
zu seinem Leben braucht. Sein Erkennen erklärt sich nicht einfach durch
das Auftreffen von Eindrücken auf ein Organ, sondern aus seiner Rolle
im Wolfsleben. Wir kennen den Lebensbezug der Weisheit – die ein Wissen ist, das nährt – seit *De sapientia*. Aber seitdem ist das *Leben* als The-

---

[410] ib. c. 10 n. 34 p. 26–27.
[411] Cusanus, *De complementis theologicis* n. 2, 40–46, h X, II a Fasc. 2, p. 9.

ma für Cusanus immer wichtiger geworden: Da war der prachtvolle Süd-
tiroler Nußbaum in *De visione Dei*; da stand die Rose als Gegeninstanz
zur Mathematisierung der Welt in *De Possest*. *De venatione sapientiae*
beginnt im ersten Kapitel mit dem Zusammenhang von Lebendigkeit und
Erkenntnis: Die Suche nach Weisheit ist unsere Lebensbewegung, unser
motus vitae. Cusanus zitiert Epicharm: Alles Lebendige hat an Begriffen
(*notiones*) und an Weisheit teil. Das Huhn weiß, was es mit den Eiern zu
machen hat, nämlich: sie ausbrüten. Ein Hund erkennt den anderen als
einen Hund, und er gefällt ihm. Dem Rind gefällt das Rind, dem Esel ein
Esel. Ein Schwein hält ein anderes Schwein für den Ausbund der Schönheit. Soweit Epicharm. Cusanus folgert: Ein jedes Lebewesen hat ein mit
seiner Natur mitgegebenes Wissen von dem, was ihm gut tut. Der
Mensch als ein Mängelwesen muß größere Anstrengungen unternehmen,
um das ihm Entsprechende zu finden. Aber er weiß es von Natur aus.[412]

Diese Quasi-Biologie der Erkenntnis akzentuiert Cusanus im *Compendium* mit auffallender Deutlichkeit:

Jedes Wesen ist radikal vereinzelt; es ist nicht multiplizierbar. Zu dem
Wohlbefinden eines Lebewesens ist es aber nützlich, daß es andere Wesen
erkennt. Fremde Wesen können als ganze, in ihrer physischen Realität,
nicht in es eintreten, also müssen sie – der *lex melioris* folgend – durch
ihre Bezeichnungen (*designationes)* vertreten werden. Deswegen muß es
– soll die Welt gut eingerichtet sein – zwischen dem Wahrnehmungsvermögen und dem sinnlichen Ding eine Vermittlung geben. Dieses Medium ermöglicht es, daß es von dem Sinnesding, das nicht vermehrbar ist,
ein Erkenntnisbild oder ein Zeichen (*species seu signum*) gibt, das vermehrbar ist, das also in das Lebewesen eintritt. Auch wenn der verursa-
chende Gegenstand vergeht, bleiben solche Zeichen, und es bleibt im
Lebewesen eine Kenntnis der Dinge zurück[413].

Das Zeichenwesen hat also eine biologisch-providentielle Grundlage.
Es hebt die Singularität nicht auf, aber es weitet deren Grenzen aus. Wo
reale Nicht-Mitteilbarkeit herrscht, können Zeichen vermitteln. Sie haben weiter den Lebensvorteil, daß sie dauern. Dieser Lebenssinn des Erkennens begrenzt es zugleich: Das Lebewesen verschafft sich nicht Information um ihrer selbst willen, sondern nur so weit als sie seinem Leben

---

[412] Cusanus, *De venatione sapientiae*, c. 1 n. 4, 1–5, 6, h XII p. 6–8.
[413] Cusanus, *Compendium*, ed. B. Decker – C. Bormann, h XI 3, Hamburg 1964, c. 4 n. 8,
12–20 p. 7–8. Vgl. J. Hennigfeld, Verbum – Signum. La définition du langage chez S. Augustin et Nicolas de Cues, in: Archives de Philosophie 54 (1991) S. 255–S. 268.

dient. Die Zahl und Art der Zeichen wechselt je nach den Lebensverhält-
nissen eines Tieres: Eine Ameise sammelt andere Informationen als ein
Löwe oder eine Kuh; die Erkenntnis ist vergleichbar den Nährstoffen;
verschiedene Pflanzen saugen aus derselben Erde verschiedene Nahrung.[414] Maulwürfe, sagt Cusanus, bedürfen keiner optischen Wegleitung,
denn sie bewegen sich im Dunkeln des Erdreiches. Für den Menschen
bedeutet diese Lebensbindung der Erkenntnis: Er hat Erkenntnisbilder
(species) nicht-sinnlicher Inhalte, sofern diese für sein menschliches Leben – sei es leiblich, sei es geistig – unentbehrlich sind. Zum angeborenen
Wissensstand zählte Cusanus unbesorgt fast die gesamte aristotelische
Tradition: die zehn Kategorien, die fünf Universalien, die vier Kardinal-
tugenden.[415] Was „angeboren" heißt, hatte Cusanus in *De mente* erklärt:
Um die Welt beurteilen zu können, hat der Geist nicht-empirisch begrün-
dete, aber lebensbezogene Erkenntnisbilder von den ethisch-ästhetischen
Normen, also vom Gerechten, vom Richtigen, vom Erfreulichen, vom
Guten und von ihrem jeweiligen Gegenteil.[416]

Die lebensverankerten Normen können, wie Cusanus platonisierend
hervorhebt, von uns fordern, auf das eigene Leben zu verzichten. Aber
auch in ihrer über-empirischen Strenge erwachsen sie der Empirie oder
vielmehr, sie bleiben auf sie bezogen. Der Wolf aus *De complementis
theologicis*, der Nußbaum in *De visione Dei*, die Rose aus *De Possest*, die
Schweine Epicharms in *De venatione sapientiae* und der Maulwurf aus
dem *Compendium*, sie alle sind Gegeninstanzen im Denken des Cusanus
gegen die Tendenzen des Cusanus

– zum Begriffsrealismus und zur Logifizierung der Naturprozesse,
– zur Bevorzugung der Mathematik als Weltschlüssel.

Ich enthalte mich einer Vermutung, welche intellektuellen Anreger Cusanus hatte für diesen in der Spätphilosophie besonders starken Akzent auf
dem Lebenszusammenhang der Erkenntnis. Bestimmte aristotelische
Motive mochten ihn dabei leiten; diese Art von Biophilosophie hatte
Marsilius von Padua an den Anfang seines *Defensor pacis* gestellt; im
Hintergrund steht auch die Aussage des Johannesevangeliums, der Logos
sei nicht nur die Wahrheit, sondern auch das Leben.

[414] ib. c. 6 n. 16, 2–11 p. 11–12.
[415] ib. c. 6 n. 16, 14–20 p. 12.
[416] ib. c. 6 n. 17, 14–18 p. 13.

3. Theorie der Zeichen

Kommen wir zum nächsten Themenschwerpunkt des *Compendium,* zur
Theorie der *Zeichen.* Der Funktion der Zeichen im Lebenszusammenhang sind wir schon begegnet; sie erweitern das nicht-multiplizier-
bare Leben der radikal vereinzelten Lebewesen. Sie überwinden in einer
zweiten Realitätsebene die Einengung des kontrahierten Lebendigen; sie
sind Lebenserweiterung und Lebenssteigerung. Doch zunächst sind Zeichen die Bedingung menschlicher Erkenntnis. Das *Compendium* beginnt
mit der These, die Erkenntnis, *cognitio, scientia*, sei auf Zeichen eingeschränkt.

Dies klingt nach radikaler Einschränkung: Nicht die Dinge selbst wissen wir, nur die Zeichen. Keine unserer Erkenntnisweisen – der Intellekt
ausdrücklich eingeschlossen – erreicht die Dinge in ihrer erkenntnisun-
abhängigen Natur. Dies ist eine Distanzierung von der Abbildtheortie des
Erkennens (von der „Abbildtheorie" im engen Sinne, nicht von Assimilation), aber es ist weder Skepsis noch Nominalismus, und zwar mindestens aus drei Gründen: Die Zeichen weisen ihrer Natur nach über sich
hinaus; sie sind nicht der *modus essendi* der Sache, aber sie deuten auf ihn
hin. Das reale Sein des Erkannten bleibt nicht außerhalb, es wird „bezeichnet". Allerdings wird es *nur* bezeichnet, nicht real hereingeholt,
illum priorem modum essendi tantum significant. Es tritt nicht mit seiner
physischen Existenz in den Erkennenden ein; es bleibt vereinzelt und
unabhängig. Zweitens: Die Dinge sind zwar in ihrem faktischen Dasein
als solchem unerreichbar, aber ihre Ähnlichkeiten haben wir. Und sie stehen in einem universalen System des Darstellens. Sie gehen aus Denken
hervor; sie sind die Weise, wie das *Können erscheint.* Drittens: Cusanus
unterscheidet von der zeichengebundenen „Erkenntnis" und „Wissenschaft" die geistige Sicht, den *visus mentalis.* Dieses Sehen höherer Art
ersieht den Unterschied von Zeichen und Sache selbst; es sieht, daß wir
die Sachen nicht sehen. Dies allerdings erblickt es mit aller Gewißheit.
Insofern ist es Wissen des Nichtwissens. Cusanus sagt: Dieser geistige
Blick sieht das, was aller Erkenntnis vorausliegt. Dieser Einblick ist nicht
in Einzelwissen umwandelbar; wer dies versucht, bemüht sich vergeblich.[417]

Cusanus hatte immer Mühe, Erkenntniszuversicht und Distanzbe-

---

[417] ib. c. 1 n. 1, 8–2, 4 p. 3.

wußtsein in einer Balance zu halten. Wir sahen, wie seine Erwartungen
an die menschliche Erkenntnis zunahmen. Jetzt vertritt er die These: Wir
bezeichnen den Modus essendi der Dinge, aber wir haben sie nie selbst.
Doch müssen wir diese Einleitungssätze des *Compendium* in dessen Ge-
samtaufbau zu denken versuchen. Und wir müssen die terminologische
Eigenart beachten, daß hier der geistige Blick, der *visus mentis*, nicht als
„Erkenntnis" oder als „Wissenschaft" gilt, wobei „Erkenntnis" und „Wissenschaft" die verstandesmäßige Ausarbeitung bedeuten. Wir *sehen* das
Licht, in dem wir alles sehen; aber wir haben das allesermöglichende Licht
nicht als einen fixen Gegenstand des Wissens und in diesem Sinne der
cognitio. Was wir im Lichte sehen, sind „Zeichen" des Lichtes. Wir nehmen also die Naturgegenstände schon von ihrer nicht-gegenständlichen
Ermöglichung her. Sie bleiben als Naturdinge zwar draußen. Aber wir
haben auch immer schon über ihr naturhaftes Sein hinausgeblickt. Und
in den Zeichen beziehen wir uns auf die Sachen selbst: Die Sache selbst,
sofern sie in unserer Kenntnis vorkommt, wird in Zeichen erfaßt. *Res
igitur, ut cadit in notitia, in signis deprehenditur*.[418] Dies ist die ausgewo-
gene Wendung, die Cusanus seiner Theorie vom Verhältnis von Sache
und Zeichen gibt. Sie enthält das Vorkommen der Sachen in unserer Erkenntnis und zugleich die Unüberspringbarkeit der Zeichen. Der Satz
sagt, daß „Sachen", von denen Menschen reden, nur in ihren Begriffen
und Zeichen vorkommen. Hier setzt bei Cusanus sofort wieder die lebensbezogene Betrachtung des Erkennens ein: Von allen Lebewesen
braucht der Mensch am meisten „Kenntnis", *notitia*, von der Welt, um
sich am Leben zu erhalten.[419]

Cusanus tritt dann in eine nähere Untersuchung der verschiedenen
Arten von Zeichen ein. An ihrem Zeichengebrauch, argumentiert er,
ließen sich die verschiedenen Weisen menschlicher Erkenntnis differenzieren. Zunächst spricht Cusanus von den sinnlichen Zeichen und teilt
sie – im Anschluß an Aristoteles, *Peri hermeneias* – ein in natürliche und
eingesetzte („konventionelle") Zeichen. Zu den ersteren gehören Schreie
der Freude und das Weinen, zu letzteren gehören Vokabeln und Schrift-
zeichen. An ihnen hängt alle Kulturvermittlung; daher müssen sie uns
besonders interessieren. Keine Fertigkeit ist dem Menschen natürlicher
und nötiger als das Sprechen; daher seien die Kinder, sobald sie artikuliert
reden können, der Kunst des Sprechens zugänglich.

---

[418] ib. c. 2 n. 3, 2 p. 4.
[419] ib. c. 2 n. 4, 5–7 p. 5.

Aber die Vokabeltheorie des Cusanus beruht nicht nur auf der Beobachtung dieser Lebenszusammenhänge. Wie in *De venatione sapientiae*
c. 33 führt er die Sprache auf Adam zurück. Gott habe Adam in aller
Vollkommenheit erschaffen, und dazu gehöre, daß er ihm auch das Wissen der Zeichen eingegeben hat. Adam – das sei der Mensch. Daher berichte die *Genesis*, Adam habe allen Wesen ihren Namen gegeben. Es gibt
keine Sprache, die der Mensch nicht verstünde. So würde Adam alle
menschlichen Sprachen verstehen. Die heutigen Sprachen seien nur Zer-
splitterungen der einen, sehr viel reichhaltigeren Sprache Adams.[420] Es
liegt ein Schimmer der überragenden Sachkenntnis Adams über allen
Sprachen; aber unsere Sprachen bringen ihn nicht mehr deutlich heraus.

Zeichen der Sinne und der Vorstellung (*imaginatio*) unterliegen der
Regel der *docta ignorantia*: Sie sind nie so genau, daß sie nicht verbessert
werden können. Vor allem kommt es darauf an, ihre Vagheit zu überwinden; sie also immer mehr zu spezifizieren. Dies geschieht durch die Schemata von Art und Gattung; daraus folgt, daß die Einzeldinge als Einzeldinge von uns nicht bezeichnet werden können. Goethe hat in einem
Brief an Lavater vom September 1780 die Weisheit des Spruches gerühmt,
individuum est ineffabile. Goethe zitiert dieses Dictum über die Unaussprechlichkeit des Individuums als eine ältere Ansicht, aus der er, Goethe, eine Welt ableite.[421] Nun erinnere ich mich nicht, diesen Satz in genau
diesem Wortlaut in einem mittelalterlichen Text gelesen zu haben. Seinem Sinn kommt Cusanus nahe, wenn er schreibt, es könne von der Ein-
zelheit, *singularitas*, die ein genau bestimmtes Maß hat, also kein Mehr
oder Weniger zuläßt, kein Zeichen geben. Zeichen bewegten sich immer
im Bereich des Mehr oder Weniger.[422] Durch die Vermehrung der Erkenntnisbilder, durch Verfeinerung unserer Unterscheidungen können
wir der Erkenntnis näher kommen, aber immer gilt auch für unsere Zei-
chensysteme, daß sie stets noch genauer werden können und daß niemals
zwei Individuen genau dasselbe mit denselben Zeichen verbinden. Es
bleibt immer eine individuelle Diskrepanz.[423]

Dennoch dachte Cusanus die Zeichenbildung nicht nur als zersplit-
ternde Individualisierung. Er sah in ihr ein Bild der Welterschaffung. Die
mens will sich zeigen; der eine Menschengeist zeigt sich in der Vielheit

[420] ib. c. 3 n. 6, 1–18 p. 6.
[421] J.W. Goethe, Gedenkausgabe (Artemis), Band 18, Zürich 1951, S. 533.
[422] *Compendium* c. 5 n. 11, 14–15 p. 9.
[423] ib. c. 6 n. 15, besonders 9–11 p. 11.

der Worte, und von der Wortbildung aus können wir uns ein Konzept
von der Weltbildung machen.[424] Denn nichts, was geworden ist, ist außerhalb des *Verbum* entstanden. Cusanus erfindet für das Verbum die schöne Wendung, es sei der Ausdruck des Ausdrückenden und des Ausge-
drückten, *expressio exprimentis et expressi*. Dies ist die sprachbezogene
Neuformulierung der aristotelisch gedachten Einheit des Erkennenden
und des Erkannten. Die Logos-Spekulation stellt die skizzierte Zeichen-
philosophie unter spezifische Bedingungen: Der Mensch als *mens* ist
selbst *das Zeichen* des Logos und seiner allesdurchwaltenden *Aequalitas*;
das intellektuelle Zeichen, vor allem der Intellekt selbst als Zeichen, sind
das Erste; daher findet der auf sich selbst zurückgewandte Geist in sich
selbst seinen Grund.[425]

Es ist offensichtlich, wie wenig die kleine Spätschrift eine bloße Wiederholung früherer Theorien ist. Gewiß hat Cusanus seit seinem ersten
Sermo eine Philosophie des Logos entwickelt. Aber sie bekommt im
Compendium einen neuen Kontext – durch die Theorie des *Posse*, das
sich in der *aequalitas* zeigt, und durch das neue Interesse an der Theorie
des Zeichens.

Noch überraschender ist im *Compendium* das wiederholte Auftauchen einer Philosophie der Schrift. Das letzte Prinzip des Cusanus ist ein
„Urprung, der spricht". Der Logos ist Wort; das Sprechen ist weltbegrün-
dend und traditionsermöglichend. Cusanus kannte die platonische Kritik
an der Schriftlichkeit und hat sie für die Übermittlung von Philosophie
geteilt; hinzu kommt seine Wiederaufnahme der Distinktion von exoterischer und esoterischer Weisheit. Unter solchen logozentrischen Prämissen entfaltet sich nicht leicht eine Theorie der Schrift.

4. Philosophie der Schrift

Und doch liegt im *Compendium* so etwas vor. Da die Zeichentheorie des
Cusanus auf Zeichenvermehrung und Zeichendifferenzierung setzt, da
sie Traditionsbildung als einen Aspekt der Lebenssicherung und Lebenserweiterung des Lebewesens „Mensch" bedenkt, da sie die skeptischen
Motive, die aus der Nichterreichung der Sachen selbst gefolgert werden

---

[424] ib. c. 7 n. 20, 9–21, 1 p. 16.
[425] ib. c. 8 n. 23 ganz p. 18–19.

könnten, durch eine Dynamik der Aequalisierung unter der allumfassenden *Aequalitas* auffängt, erhält die *Schrift* eine herausragende Wichtigkeit. Daß Adam und Abel große *Schriftsteller* gewesen seien, das dachte Cusanus schon 1430. Jetzt erklärt er uns, wieso er überzeugt ist, daß Adam die Schrift besaß und beherrschte:

Die Stammeltern waren vollkommen ausgestattet; daher konnte ihnen ein so wichtiges Hilfsmittel wie die Schrift nicht fehlen. Die Schrift setzt Abwesendes und Vergangenes gegenwärtig. Zuerst bezeichnen wir die Dinge mit Wörtern, die nur das Ohr wahrnimmt; danach schreiben wir Wörter auf, damit sie auch das Auge sehen kann. Das Sprechen ist unsere „erste Wissenschaft", das Schreiben unsere zweite. Das Schreiben entfernt sich weiter von der Natur; die Kinder erlernen es später, nämlich dann, wenn der Intellekt in ihnen zu herrschen beginnt. In der Spannung zwischen Natur und Intellekt steht die Schrift also dem Intellekt näher: *Plus igitur habet de intellectu.*[426] Diese Höherbewertung widerspricht dem traditionellen Bild, daß der reine Gedanke am Ursprung steht, daß er sich im sinnlichen Klang des Wortes materialisiert und daß er im geschrieben Wort zu einer toten Form gerinnt. Für Cusanus ist die Schrift vernunftnäher als das gesprochene Wort. Auch das Sprechen, ja das einfache Ausstoßen von Naturlauten kommt beim Menschen aus Vernunft hervor. Die Vernunft leitet an, die einfachen und unspezifischen Zeichen zu präzisieren und zu variieren, damit wir uns deutlicher mitteilen können. So hilft die Vernunft der Natur. Aber dieselbe Vernunft läßt uns auch die Nachteile des gesprochenen Wortes erfassen: Es vergeht schnell, und es erreicht nicht Menschen in der Ferne. Deswegen erfand der Intellekt eine andere Kunst, nämlich die des Schreibens, und ordnete ihre sinnlichen Zeichen dem Gesichtssinn zu.[427] Die Schrift gibt uns ein erklärendes Beispiel für das Wortgedächtnis, ohne das Sprechen nicht möglich wäre: In der Vorstellungskraft bleiben die Designationen der Zeichen zurück wie die Schriftzüge auf dem Papier.[428] Die Schreibkunst gibt uns ferner aufgrund ihrer Regelhaftigkeit eine Anschauung von der Präsenz einer einheitlichen Kunst in den verschiedensten Schreibern. Sie macht das Verhältnis von Einheit und Vielheit anschaulich.[429] Sie beweist die Erfindungskraft des menschlichen Geistes und deren Lebensnutzen: Er nimmt durch Ko-

---

[426] ib. c. 3 n. 7, 8 p. 7.
[427] ib. c. 3 n. 7, 8–18 p. 7.
[428] ib. c. 4 n. 9, 1–3 p. 8.
[429] ib. c. 5 n. 14, 7 p 11.

chen den Nahrungsmitteln die Rohheit; er überwindet Entfernungen schneller durch Wagen und Schiffe, die er erfindet, er schützt uns durch Kleider gegen Kälte. Vor allem: Er unterstützt durch die Schrift und durch damit verbundene entwickeltere *memoria*-Techniken das alltägliche Gedächtnis.[430]

Cusanus gibt seinem Eleven Ratschläge für den Fall, daß er eine Wissenschaft entdeckt habe und sie schriftlich niederlegen wolle. Er müsse auf die genaue Bedeutung seiner Vokabeln achten; er müsse darauf achten, ob die geschriebenen Worte genau seiner Einsicht entsprächen; er müsse sorgfältige Definitionen geben, denn die Definition sei die Ausfaltung dessen, was in den Vokabeln eingefaltet sei.[431] Cusanus hatte in *De venatione sapientiae* c. 33 dies als eine Überzeugung des Aristoteles angeführt und aus Distanz betrachtet. Jetzt, in der einfacheren Schrift, nennt er keine Philosophen und zeigt keine Distanz zu der Vorstellung, die Definitionen seien Entfaltungen des Wortgehaltes. Dies kleine Detail zeigt wieder einmal die schriftstellerische Strategie unseres Autors; er kann ad hoc etwas als sicher hinstellen, was er an anderer Stelle als eine nicht unproblematische Ansicht eines anderen hingestellt hatte. Jetzt beurteilt er auch die Distinktionen, die in *De venatione sapientiae* c. 33 als eine besondere Stärke des Aristoteles erschienen waren, die bei der Jagd nach der wahren Weisheit aber zurückzulassen seien, überwiegend positiv; sie helfen, die Übereinstimmung, die *concordia*, der verschiedenartigen Schriften herzustellen.[432] Der Empfänger der kleinen Schrift muß erst einmal in solche philosophischen Techniken eingeübt werden. Prinzipielle Bedenklichkeiten würden ihm in diesem Stadium nichts nutzen. Er muß lernen, wie man Bücher schätzt und wie man sie liest; die prinzipielle Kritik am geschriebenen Wort gehört in einen anderen Kontext. Cusanus hat sie durch sein Lob der Schrift nicht außer Kraft gesetzt.

---

[430] ib. c. 6 n. 18, 1–8 p. 13.
[431] ib. c. 10 n. 28, 1–8 p. 22.
[432] ib. c. 10 n. 28, 8–14 p. 22–23.

IX.
LETZTE STUFE

1. *Neuerungen bis zuletzt*

Wir kommen zum Ende. Die letzte Schrift des Cusanus, vier Monate vor seinem Tod, zu Ostern 1464 verfaßt, trägt den Titel: *De apice theoriae.*[433] *Apex* ist der Höhepunkt, der Gipfel. Darin liegt eine Bewertung, die wir nicht nachvollziehen müssen. Sagen wir also: Letzte Stufe der Theorie. Oder: Die späteste Philosophie des Cusanus. Der Text umfaßt nur wenige Seiten; er ist stilisiert als Unterhaltung mit Peter von Erkelenz, von dem es in der kleinen Schrift heißt, er habe nun vierzehn Jahre in der nächsten Umgebung des Kardinals zugebracht.

Dem Text ist eine Zusammenstellung von 12 Thesen beigegeben, die unter dem Titel *Memoriale apicis theoriae* zitiert wird. Auch schon zu seiner Schift *De non aliud* hatte Cusanus eine Thesensammlung verfaßt. Dies sind Versuche, die Dialogform durch eine axiomatische Darstellung zu ergänzen, deren Vorbild Euklid, die proklische *Elementatio theologica* oder der *Liber de causis* gewesen sein dürfte.

Zu Beginn der Unterhaltung wundert Peter sich darüber, daß der Kardinal vor Freude hingerissen ist, in diesen Tagen etwas Großes neu entdeckt zu haben, *quasi magni aliquid invenisses.*[434] Peter kann es nicht fassen, daß Nicolaus nach so vielen Bemühungen noch immer etwas Neues gefunden haben könne. Er hatte geglaubt, Cusanus sei an ein Ende seiner Spekulationen gekommen. Jetzt will er wissen, was das Neue ist, *quid id novi est,* das der Kardinal entdeckt hat.[435]

Ich entnehme daraus: Cusanus wollte gelesen werden als ein Denker in Entwicklung. Das Vorurteil des Petrus, es gebe für den Kardinal jetzt

---

[433] Cusanus, *De apice theoriae*, ed. R. Klibansky – I.G. Senger, h XII, Hamburg 1982; Nicolai de Cusa *De apice theoriae* – Die höchste Stufe der Betrachtung, hg. und übersetzt von Hans Gerhard Senger, H 19, Hamburg 1986, mit wertvollem Kommentar und Anmerkungen. Vgl. auch G. Santinello, Novità nel pensiero del tardo Cusano, in: L. Hagemann – R. Glei (Hg.), HEN KAI PLETHOS. Einheit und Vielheit. Festschrift für Karl Bormann, Würzburg 1993, S. 161–S. 173.
[434] *De apice theoriae* n. 1, 5–9 p. 117.
[435] ib. n. 2, 2 p. 117.

nichts Neues mehr zu entdecken, bildet einen von Cusanus intendierten Bestandteil des literarischen Textes; Cusanus wollte es bekämpfen. Allein schon diese Selbstinszenierung rechtfertigt meinen Versuch, eine Entwicklungsgeschichte des Cusanischen Denkens zu schreiben. Cusanus hatte das pointierte Bewußtsein, ständig weitergegangen zu sein, nicht nur in dem allgemeinen Sinne, daß alles immer noch besser gesagt werden könne, sondern als konkrete Verbesserung seiner jeweiligen philosophischen Position. Er insistierte, er habe jetzt, Ostern 1464, ein neues, höheres Stadium des Nachdenkens erreicht.

Mit diesem Text habe ich begonnen. Er enthält in den Abschnitten 4 und 5 p. 119–120 ein explizites Dokument zur Entwicklung des Cusanus. Er hebt, wie gezeigt, dabei hervor:

1. Auch nachdem er begriffen habe, daß das, was er suchte, allen Gegensätzen vorausliege – ich füge hinzu: also auf der Stufe von *De docta ignorantia* –, habe er es noch primär jenseitig verstanden. Er habe nicht darauf geachtet, daß es die Subsistenz aller Substanzen ist, die einzige *hypostasis* von allen Dingen.
2. Während er früher geglaubt habe, die Wahrheit sei eher im Dunkeln zu finden und schwer zu entdecken, habe er später eingesehen, daß die Wahrheit leicht zu finden sei. Sie sei Sichselbstzeigen.

Wir können diese Beschreibung seiner Entwicklung dahin zusammenfassen: Zwischen 1439 und 1464 hat Cusanus zunehmend die *Einheit* der Realität eingesehen. Die Vielheit ist ihm darüber nicht verschwunden; er hat sie aber als *Erscheinung* der Einheit denken gelernt. Im Zusammenhang damit begriff er zunehmend die Wahrheit als ihrem Wesen nach erreichbar. Er sah ein, daß sie *leichter* gefunden werden kann als zuerst angenommen; sie ist dem Denken *unvermeidbar*.

Die letzte Stufe dieses Erkenntniswegs ist die Erkenntnis, der Ursprung von allem sei das *Posse,* das Können. Können als Weltinbegriff, das hatte Cusanus schon kurz zuvor im *Compendium* erreicht. Aber dem Zweck des *Compendium* entsprechend hatte er die Bedeutung dieses letzten Schrittes nicht näher erklärt. Jetzt sagt er, worin das *Posse* sich vom *Possest* unterscheidet und warum er in dieser neuen Reflexion einen Fortschritt sieht. Das *Posse* ist das Einfachste, das Leichteste, das jedermann Zugängliche. Ein Kind, das sich zutraut, einen Ball werfen zu *können*, kennt bereits das *Können*. Nichts ist bekannter und gewisser als das Können. Es ist das, was in allem vorausgesetzt ist, denn nichts kann sein ohne das Können. Mit ihm endet jede hypothesis-Forschung im platonischen Sinn. Und dies ist der Fortschritt, auch gegenüber dem *Possest* von 1460. Cusanus kann sich nicht genug tun, den Fortschritt hervorzuheben: *longe aptius*, bei weitem geeigneter sei sein neuer Terminus.[436]

Das *Possest* nahm noch auf eine Frage Bezug, die dem Absoluten nicht angemessen ist. Diese Bezeichnung setzte noch voraus, es verdiene besondere Erwähnung, daß das Können auch *existiert*. Darin lag eine Unaufmerksamkeit, die Cusanus auf seiner letzten Reflexionsstufe zurücknimmt. Existenzbeweise für das *Posse* zu geben, entspringt einer *quaestio impertinens*, einer unsachgemäßen Frageweise. Denn wer fragt, ob das Können auch existiere, achtet nicht darauf, daß er so nur fragen kann, weil es das Können gibt. Das Können ist in seiner Frage als existierend vorausgesetzt. Jede weitere Frage, ob das *Posse* dieses sei oder jenes, setzt voraus, daß dieses oder jenes sein *könne*. Das Können zeigt sich also sowohl auf Seiten des Fragenden wie auf Seiten jeder weiteren möglichen Bestimmung als bereits anwesend. In jedem Zweifel ist es vorausgesetzt, damit jemand zweifeln *kann*. Wer es bezweifelt, bezweifelt es kraft des *Könnens*. Es erweist sich als allumfassend. Ihm kann nichts hinzugefügt werden. Damit erledigt sich die Voraussetzung des Vorrangs der negativen Theologie, die das Hinzufügen zum Einen verbot . Nichts kann vom Können abgetrennt oder weggenommen werden: Alle Bestimmungen sind seine Erscheinungen.

Schon in *De coniecturis* I 5 n. 19 hatte Cusanus die *quaestio* als unangemessene Form bezeichnet. Dies war ein Bruch mit der scholastischen Tradition und mit jeder Untersuchungsart, die das Absolute als distinktes Subjekt denkt, dem es die passenden Prädikate zuzuerteilen gälte. Diese Kritik hat Cusanus jetzt radikalisiert und sprachlich konkretisiert. Der Terminus selbst – *„Posse"*, „Können" – zeigt die Zurückweisung einer derartigen Frageweise an. Er sagt dem Fragenden: Du *kannst* fragen und zweifeln, wie kannst du da am *Können* zweifeln? – In den Ausdrücken *„Das Nichtandere, das Possest, das Können selbst"* soll die allumfassende Anwesenheit des Könnens sprachlich zum Ausdruck kommen. Der Terminus soll widerspiegeln, widerleuchten, *relucere*. Die Bezeichnung „Können" ist besser als die des *Possest*, weil es eine Leichtigkeit des Gefundenwerdens ausdrückt, die Cusanus zuvor noch nicht erreicht hatte.[437]

---

[436] ib. n. 5, 1–6 p. 120 und n. 6, 11–19 p. 121.

[437] ib. n. 14, 4–5 p. 126s.: *Hanc nunc facilitatem tibi pandere propono prius non aperte communicatam.*

Alle diese Erläuterungen sind neu, neu auch gegenüber dem *Compendium*. Cusanus gibt Peter von Erkelenz jetzt genaue Anweisungen, wie er die Bücher des Kardinals lesen solle: Er solle das Verfahren der *resolutio* üben. Die *Zurückführung* aller Erscheinungen auf das eine *Posse*, das ist das Entscheidende. Und mit diesem Verfahren, das in *De apice theoriae* erstmals vorgestellt wird, soll er die übrigen Schriften lesen. Dabei hebt Cusanus zunächst die Opuscula *De dato patris luminum* und *De quaerendo deum* hervor; sodann empfiehlt er *De icona sive visu Dei*, also *De visione Dei*.[438] Wir vermissen wiederum *De coniecturis;* diesmal fehlt auch *De docta ignorantia*. Cusanus hat Peter nicht allzuviel zugetraut. Aber alle besonders hervorgehobenen Schriften sind *nach* 1444 verfaßt, und Cusanus hebt ausdrücklich hervor, sie nützten dem Leser erst, wenn er sie im Sinne von *De apice theoriae* verstehe.

2. Neue Leichtigkeit

Der Gang der Unterhaltung setzt ein mit der Frage Peters an den Kardinal: „Was suchst du?" Der Kardinal antwortet nicht das, was manche erwarten würden. Er erwidert nicht etwa, er suche nach dem rechten Gottesnamen. Er sagt auch nicht, er suche den christlichen Glauben plausibel zu machen. All dies, was zu erwarten eine bestimmte Sorte der Cusanusdeutung uns anhält, sagt Cusanus nicht. Der Kardinal antwortet: „Das behauptest du mit Recht". Peter fühlt sich verspottet. Er hat gefragt, was der Kardinal suche, und der Kardinal hat geantwortet, er habe recht, während er doch nichts behaupte, sondern frage.

Sehen wir zu, was in folgendem einfachen Wortwechsel liegt:

Petrus: Quid quaeris?
Cardinalis: Recte ais.[439]

Das Spiel besteht aus vier lateinischen Wörtern. Cusanus mißversteht Peter absichtlich in dem Sinne, als habe Peter nicht gefragt, sondern behauptet: Du suchst das Quid, das Was, und Nicolaus antwortet: Damit hast du recht. Das Wort *Quid? Was?* gestattet dann, das Denkspiel fortzusetzen. Denn die lateinische Sprache des Mittelalters hatte aus *Quid*

---

[438] ib. n. 16, 1–10 p. 130. Beachte besonders die Zeilen 4–5: *(Libellus)... bene intellectus secundum praemissa.*
[439] ib. n. 2, 9–10 p. 118.

das Substantiv *Quiditas* gebildet. Dies entspräche unserem Kunstwort „Washeit" im Sinne von „Wesen". Die Frage Peters, als Behauptung genommen, besagt dann: Du suchst die Quiditas, das Wesen der Dinge. Das Wesen suchen, das erinnerte jeden, der im 15. Jahrhundert Philosophie studiert hatte, an die *Metaphysik* des Aristoteles VII 1 1028 b 2–4, wo Aristoteles seine Suche nach der Washeit, der *usia* der Dinge mit der Erklärung beginnt, die *usia* sei immer gesucht worden und werde immer gesucht. Wir sind diesem Dictum in der Spätphase der Cusanischen Philosophie schon begegnet; sowohl in *De non aliud* c. 18 n. 83 p. 44, 9 wie in *De venatione sapientiae* c. 12 n. 31 p. 31 war es das Stichwort gewesen, mit dem Aristoteles die Ergebnislosigkeit seiner Suche nach dem Wesen eingestanden hatte. Cusanus nimmt diese Wendung, in der er den aporetischen Charakter der *Metaphysik* des Aristoteles ausgedrückt sah, in die Selbstcharakteristik auf, die er Peter in den Mund legt. Sie bedeutet in diesem Kontext: Ich suche das Wesen, das Aristoteles vergeblich gesucht hat und von dem er – bei seinen Voraussetzungen zu recht – behauptet hatte, daß es nie gefunden, sondern immer weiter gesucht werde. Genau diesen Zusammenhang wollte Cusanus evozieren. Wir können dessen sicher sein, denn er läßt sofort darauf Peter fragen: *Glaubst du denn, daß das Was oder das Wesen der Dinge gefunden werden kann?*[440]

Cusanus bejaht das. Das muß er auch, wenn er die neue *Leichtigkeit* der metaphysischen Erkenntnis – *facilitas prius non communicata* – vorführen will. Indem er auf Aristoteles *Metaphysik* VII 1 anspielt, gibt er zu verstehen, *er* werde die Frage nach dem Quid *beantworten*, die Aristoteles gestellt, aber nicht befriedigend beantwortet habe. Er sagt: Wo Aristoteles aporetisch blieb, führe ich dich weiter. Mit größerer Zuversicht als Aristoteles verspricht er: Ich werde dir das Wesen der Dinge verdeutlichen. Es ist einfach zu finden und zu benennen. Es ist das *Können selbst*.

Es braucht dazu nur Aufmerksamkeit, *attentio*. Wir müssen nur auf das achten, was wir ständig voraussetzen. Dies war seit *De coniecturis* das Verfahrensstichwort des Cusanus: Achte auf das Vorausgesetzte. Damit hat er geglaubt, das Religionsgespräch in *De pace fidei* bestreiten zu können. Im Hinblick auf Platons *Republik* nenne ich es das *hypothesis*-Verfahren. Dabei ist die moderne Bedeutung von „Hypothese" fernzuhalten; es geht um das jeweils Vorausgesetzte, das aufzufinden ist. Die vielen alltäglichen Verwendungen von „Können" führen auf das eine Können

---

[440] ib. n. 2, 18 p. 118.

zurück. Cusanus nennt dies Vorgehen auch *resolutio.* Dies bedeutet: Wir achten auf das Einfache, das in vielgestaltigen und wechselnden Dingen sich durchhält. So kommen wir zum *einen* Können. Wir werden die Neuheit dieses Vorgehens nicht übertreiben. Es ist die neuplatonische Art des Rückgangs vom Vielen zum Einen, nur daß diese *reductio* jetzt auf das Können zurückführt. Ihr Ergebnis ist:

Wir sehen in allem das Können.

Bei diesem Satz kommt es auf jedes Wort an:

Wir sehen. In *De apice theoriae* kommt das Wort „sehen" häufig vor. Wir sollen nicht glauben, nicht ahnen, nicht schließen. Wir sollen auf das Vorausgesetzte achten und auf es hinblicken.

In allem. Es kann also nicht darum gehen, die Vielfalt der Welt zu leugnen. Indem wir das Können denkend sehen, verschwinden nicht die Differenzen, die zum Ausgangspunkt unseres Aufstiegs gedient haben. Das Können zeigt sich in Modifikationen. Es kommt in Modi vor. Das Ergebnis ist also nicht ein starrer Monismus. Doch dürfen wir die radikale Vereinheitlichung auch nicht abschwächen, welche die *resolutio* vollzieht. Das Viele, das uns vor Augen liegt und das nicht geleugnet wird, verwandelt sich in unserem Denken; es wird zu Erscheinungsweisen des einen Könnens, *modi apparitionis ipsius posse.*[441] Damit ist die aristotelische Weltsicht mit ihren vielen Substanzen und vielen Wesen nicht vereinbar, denn das Viele wird jetzt als Erscheinung gewußt. „Erscheinung" ist nicht „Schein". Mit Rückblick auf das aristotelische Universitätswissen sagt Cusanus es polemisch: Die *quiditas* kann nicht vielheitlich sein, denn sie ist das *eine* Können, das vielheitlich und je verschieden *erscheint.*[442] Cusanus sagt der Sache nach: Es gibt nur *eine* Substanz. Es gibt nicht verschiedene und vielfache Wesenheiten. Sein Gedanke ist klar: Die *quiditas* kann nicht eine je verschiedene sein: *quiditatem non posse variam esse.* Er vermeidet in diesem Zusammenhang das Wort *substantia*; er drückt sich diplomatisch aus und sagt: Es gibt nur eine *hypostasis.*[443]

Schon in *De venatione sapientiae* bevorzugte er diesen Ausdruck, der weniger festgelegt war. In *De apice theoriae* läuft alles auf diese Einzig-

---

[441] ib. *Memoriale* VIII n. 24, 6 p. 133.
[442] *De apice theoriae* n. 9, 1–9 besonders Zeile 7–9 p. 123: *Et non videbis varia entia nisi apparitionis ipsius posse varios modos; quiditatem autem non posse variam esse, quia est posse ipsum varie apparens.*
[443] ib. n. 4, 1–7 p. 119; ib. n. 8, 1 p. 122 und n. 8, 10 p. 122.

keit der *hypostasis* zu, und die Betrachtung der Welt, zu der Cusanus anleitet, besteht darin, das eine Können als die *hypostasis* von allem zu denken. Mit einem Einschlag von kultureller Fremdheit, den wir nicht übersehen sollten, sagt Cusanus in einer merkwürdigen Abstammungsmetaphysik: So wie wir in allen Menschen, den gewesenen, den gegenwärtigen und den zukünftigen, nichts anderes sehen als das „väterliche Können" des ersten Menschen, also die Potenz Adams, so sehen wir in allen Wesen nur die Macht des einen Könnens.[444]

Wir sehen in allem das *Posse.* Aber wir sehen es nicht, wie es in sich ist. Wir sehen es vielheitlich erscheinen; wir sehen, daß es das Können selbst ist, das erscheint. *Non igitur videtur, uti est, sed in visibilibus se manifestat.*[445] Insofern bleibt es bei der negativen Theologie. Das äußerste Können unseres Geistes zeigt sich daran, das unbestimmte Können, *interminatum posse,* in seiner Unerfaßbarkeit sehen zu können.[446] Doch die Propositiones I bis IV des *Memoriale* stellen klar, daß das Bedenken nicht begründet ist, zum *Posse* selbst würde bei Prädikationen etwas unberechtigt „hinzugefügt". Es gibt beim *Posse* keine *additio.* Wir brauchen nicht zu befürchten, es durch Prädikation einzuengen; es ist nicht zu kontrahieren. Das Können mit einem Prädikat, *cum addito,* ist nichts anderes als das Können selbst.[447] Dies zu erfassen, bereitet eine „ungeheure Freude".[448] Das sich manifestierende Können – das ist die Wahrheit, die auf den Straßen schreit.[449]

3. Nochmals: Die mens

Es ist die *mens* oder der *intellectus,* der das Können in allen seinen Erscheinungen erfaßt. Das Können und die *mens,* das ist die Achse, um die sich die letzte philosophische Einsicht des Cusanus dreht, ohne daß darüber das Naturinteresse verschwindet. Die relativ ausführliche These IX des *Memoriale apicis theoriae* entwickelt noch einmal eine trinitarische Naturphilosophie; Cusanus sieht in den drei Dimensionen der Körper

---

[444] ib. n. 7, 1–5 p. 121.
[445] ib. n. 8, 13–14 p. 123.
[446] ib. n. 11, 1–3 p. 125.
[447] ib. *Memoriale* I–IV n. 17–20 p. 130–132.
[448] ib. n. 4, 10–13 p. 119.
[449] ib. n. 5, 11–13 p. 120.

ein trinitätsphilosophisches Argument.[450] Aber auch hierbei hält er fest, es sei allein die *mens*, die das Können selbst im dreieinen Sein des Körpers erfasse; das *Sein* des Körpers, das kein Quantum sei, werde allein vom Intellekt erkannt.

Cusanus bleibt auf der seit *De coniecturis* entwickelten Linie, indem er die Sonderstellung der *intellectus* hervorhebt, auch wenn er den allumfassenden *mens*-Begriff nicht weiterverfolgt hat: Der Intellekt sieht sich. Er sieht sich in den sinnlichen Dingen; er sieht seine Überlegenheit ihnen gegenüber und erfaßt sich als Bild, *imago,* des unendlichen Könnens.[451] Er sieht sich als Dreieinheit; Cusanus beruft sich dafür auf Augustins Trinitätsuntersuchungen.[452] Einer der letzten Sätze, die Cusanus niedergeschrieben hat, hebt, ohne Lullus zu zitieren, in diesen Sinn hervor: Es gibt nicht drei Können; doch zeigt das eine Können sich als die Einheit von Bewirken, Bewirkbarkeit und der Verbindung beider.[453] Diese philosophische Überlegung im Geiste Lulls ist eine Konstante, die wir vom ersten *Sermo* des Cusanus bis zu seinen letzten Notaten – wir sind bei der *Propositio* X des *Memoriale apicis theoriae* – belegen können; eine gleichwertige Fortführung der Inkarnationsphilosophie, die wir auch schon im ersten *Sermo* angetroffen haben, läßt sich für die Spätschriften des Cusanus nicht konstatieren. Gleichzeitig greift Cusanus auf seine *De beryllo*-Überlegungen zurück, wonach der Weltbau nachweislich so eingerichtet sei, daß die *mens* ihr Können entfalten und zum Können-selbst sich bewegen kann.[454] Allein das unbegrenzte Können-selbst kann die Kapazität der *mens* erfüllen.[455] Aber das Besondere an der *mens* ist, daß sie das Können-selbst in sich, in der *mens*, erblickt. Sie, die *mens*, ist lebendiges intellektuelles Licht und schaut in sich *selbst* das Können-selbst an.[456] Cusanus hat nicht nur, wie wir in *De mente* und *De beryllo* gesehen haben, die Natur als lesbares Buch gedacht; er hat insbesondere den Menschengeist als ein „intellektuelles Buch" gesehen, das in sich selbst die Intentionen des Verfassers liest.[457] Die Intentionen des Weltbegründers, das sind die

---

[450] ib. *Memoriale* IX n. 25 p. 132.
[451] ib. *Memoriale* VIII n. 24, 1–8 p. 133.
[452] ib. *Memoriale* IX n. 25, 22–24 p. 135.
[453] ib. *Memoriale* X n. 26, 3–4 p. 135.
[454] ib. n. 11, 15–19 p. 125.
[455] ib. n. 12, 1–5 p. 125.
[456] ib. *Memoriale* VI n. 22, 4–6 p. 132.
[457] ib. *Memoriale* V, bes. n. 21, 6–7 p. 132.

Wesenheiten der Dinge, erfuhren wir in *De beryllo.* Und wenn die *mens* in sich selbst die Intentionen des weltbegründenden Könnens erfaßt, erfaßt sie ihr eigenes Können als die erste und wichtigste Erscheinung des Könnens. Sie *erfährt* sich als unsterblich. Der Intellekt hieß in der aristotelischen Tradition *choristós, separatus,* abgetrennt; Cusanus verbindet diese Seite der Geistphilosophie mit dem Pathos der Willensfreiheit, den Körper beherrsche, und mit dem Interesse an Erfahrung. So hebt er hervor, der Geist dirigiere die sinnliche Erfahrung; die geistige Tätigkeit nehme im Alter und bei Krankheit nicht ab, anders als Begierde und Wahrnehmungsfähigkeit. Lange schon, insbesondere seit *De mente* und speziell noch in *De ludo globi,* wollte Cusanus Zweifel an der Seelenunsterblichkeit widerlegen. Er versucht es noch einmal in seiner letzten Schrift: Der Geist ist der reinste Ausdruck des reinen Könnens. Aber Cusanus begnügte sich nicht mit dieser Auskunft. Er fügte einen Erfahrungsnachweis bei. Wir *erfahren* die Getrenntheit des Geistes, schreibt er, und das werde niemanden wundern, der gesehen hat, daß die Kraft von Kräutern in einem Alkoholdestillat, in einer *aqua vitae,* erhalten bleibe und weiter wirke.[458] Dieser ad hominem-Beweis aus dem Pflanzendestillat für das Weiterwirken „getrennter Substanzen" zeigt eher, unter welchem Beweisdruck Cusanus sich sah, als daß die *mens* im „abgetrennten" Zustand ihre wesentlichen Tätigkeiten weiter ausüben kann.

Aber auch unabhängig von diesem Argument aus der Kräuter-Apotheke sieht die *mens* sich selbst. In dieser Gewißheit kann Cusanus sein Konkordanzprogramm, das wir aus *De mente* kennen, noch einmal zusammenfassend vertiefen. Die Philosophien und Weltsichten sind verschieden, weil sie die verschiedenen Erscheinungen des *einen* Könnens vor Augen haben. Würden die Denker auf das Können und seine Selbstdarstellungen blicken, könnten sie alle Divergenzen vereinen. Die Meinungsunterschiede der mittelalterlichen und der antiken Philosophien verlören dann ihre Gegensätzlichkeit. Die Neuentdeckung von 1464 bezieht sich, genau genommen, nicht auf die Idee der Konkordanz, sondern auf die Leichtigkeit, die daraus entspringt, daß wir nur das Können mitsamt seinen nicht-addierenden Erscheinungen zu erfassen brauchen, um alle Meinungsgegensätze zu überwinden. Ich verzichte darauf, alle philosophischen Positionen zu beschreiben, deren Übereinstimmungen „leicht" zu zeigen sein sollen; ich mache nur darauf aufmerksam, daß

---

[458] ib. *Memoriale* VII n. 23, 1–16, p. 132–133, besonders Zeile 11–16 p. 133.

Cusanus auch einen Satz des Apostolischen Glaubensbekenntnisses – *credo in deum, patrem omnipotentem, creatorem caeli et terrae* – mit seiner Gegenthese zu konkordieren verspricht, gebe es doch nichts Mächtigeres als das Können, das in Himmel und Erde zur Erscheinung komme.[459] Das christliche Denken kommt zu seinem Recht, aber es ist vom Standpunkt der Könnensphilosophie aus mit seinem Gegenteil zu verbinden. Hier ist darauf zu achten, welche Rolle des Wort *Deus* in *De apice theoriae* spielt: Es kommt vor in den Einleitungsfloskeln oder in philosophisch anspruchslosen Alltagswendungen[460]; es kehrt wieder in dem Bericht über die Meinungsverschiedenheiten der Philosophen, also sozusagen im Munde anderer[461] bzw. in Buchtiteln, die Cusanus zitiert[462], und es kommt in eigener Regie des Autors erst in der letzten der zwölf Propositionen vor, die lehrt: Das *Posse ipsum,* das ist das, was mit dem Namen „der dreieine Gott" bezeichnet wird.[463] Dieses Verfahren, das wir in der Philosophie des Mittelalters öfter beobachten können, besagt: Ich habe euch einen selbständigen philosophischen Gedankengang vorgetragen, der sein argumentatives Eigengewicht auch dann hat, wenn er meiner persönlichen Glaubensüberzeugung, psychologisch gesehen, entsprungen ist. In seinem Resultat entspricht mein philosophisches Theorem, das der antiken Philosophie korrespondiert und auch von arabischen Denkern angenommen worden ist, genau dem, was Christen meinen, wenn sie ihren Gott den „dreieinigen Schöpfer des Himmels und der Erde" nennen, vorausgesetzt, sie können sich zu einer konzeptionellen Neufassung ihres Glaubens im Sinne meiner Könnensphilosophie entschließen. Dann können sie sogar festellen, sie stimmten mit den antiken Leugnern der Welterschaffung überein. Sie können es sogar „leicht". Aber dazu muß das Denken von Grund auf erneuert werden. Dann ergibt sich der Effekt meiner philosophischen Rückführungen: Alles wird leicht, und du steigst über jede Art von Differenz hinauf zur Konkordanz.[464]

Dies sind die letzten Worte der letzten Schrift des Cusanus. Sie resümieren die Denkarbeit eines Lebens; sie verknüpfen die von 1430 an nach-

---

[459] ib. n. 15, 13–16 p. 129.
[460] ib. n. 1, 14 p. 117 bzw. n. 16, 9 p. 130.
[461] ib. n. 15, 5 p. 128 und 15, 13 p. 129.
[462] ib. n. 16, 6 p. 130.
[463] ib. *Memoriale* XII n. 28, 1–4 p. 136.
[464] ib. n. 15, 19–20 p. 129.

weisbaren Motive – das der Konkordanz, der immer verbleibenden Differenz und das Interesse an deren Erklärbarkeit – mit der Entdeckung der Leichtigkeit, die Cusanus zurückblickend mit den *Idiota*-Schriften assoziativ verbunden hat. Der „Gipfel", den Cusanus in *De apice theoriae* zum Thema machte, gestattete die „leichte" Vereinigung vermehrt wahrgenommener Differenzen mit der nun radikal als allumfassend gedachten Einheit. Cusanus verstand unter dem „Gipfel" keineswegs seinen eigenen, 1464 endlich erreichten Standort, also nicht den höchsten Punkt seiner individuellen Entwicklung. Und doch gab er gerade jetzt in der Rückschau den entscheidenden Bericht über seine Lehrjahre: Die Wahrheit hatte immer auf den Plätzen geschrien. Aber er hatte sie lange Jahre im Dunkeln gesucht. Seit etwa 1442 (*De coniecturis*), besonders intensiv ab 1450 hatte er die Voraussetzungen revidiert, die das Durchbrechen des immer vorhandenen Lichtes verhindert hatten; meine Untersuchung hat seinen Bericht bestätigt. Sie hat aber auch die Umwege und Selbstkorrekturen namhaft gemacht, die Cusanus in seiner Fortschritts-Skizze von 1464 nicht erwähnt hat. Bei diesem Ostergespräch wollte der Lehrer seine Freude erklären und die Leichtigkeit der Wahrheitsfindung beweisen. Dazu brauchte er keinen Katalog seiner Wirrungen; es genügte die Skizze der Schwierigkeiten der Anfangsjahre. Denn sein Weg zur Leichtigkeit der schwierigen Dinge war gerade nicht „leicht". Davon sollte mein Buch einen Begriff verschaffen.

EPILOG

Von Blaise Pascal stammt die Bemerkung, ein Maler, der sein Werk besehen wolle, müsse ein wenig davon zurücktreten, dürfe sich aber auch nicht zu weit von ihm entfernen, sonst sehe er zu wenig. Daher versuche ich hier, aus mittlerem Abstand, auf die vorliegende Cusanus-Arbeit zurückzublicken, nicht, um sie zusammenzufassen – dies ist kaum möglich, denn sie ist trotz ihres Umfangs bereits eine Zusammenfassung –, nicht, um ihre Voraussetzungen zu beweisen – dies würde ein Buch zur Theorie der Philosophiehistorie erfordern –, sondern um ihre Machart zu charakterisieren, und zwar in einer vom Vorlesungsstil, der immer auch Einschränkungen mit sich bringt, befreiten Form. Die gedruckte Rede mag zur Einführung nützlich sein, hat aber auch etwas Fiktives an sich, denn wenn der Redner kein Automat war, klang seine Rede anders als das Geschriebene vorgibt; ich verzichte für diesen Epilog auf die didaktische Apparatur.

1. Dies ist ein *historisches* Buch. Nicht in erster Linie, weil es die Chronologie, zumal die relative, wichtig nimmt und durch Nennung von Jahreszahlen immer wieder an den Zeitfluß erinnert, sondern weil es quellenorientiert *erzählt*. Ich wollte, Texte in der Hand, berichten, was zwischen 1430 und 1464 geschah. Aber dabei ging es um Gedankenprozesse, nicht um Vorfälle in der physischen oder in der politisch-sozialen Welt. Außen-Ereignisse spielten zwar von Anfang an hinein in den Vorgang intellektueller Orientierung, denn Cusanus hat immer die Mächtigen aufgesucht – den Kurfürst, die Kardinäle, den Konzilspräsidenten, die Päpste –, aber mir ging es um seinen Weg der Gewinnung, Verschiebung und Abgrenzung theoretischer Positionen. Texte des 15. Jahrhunderts waren also nicht daraufhin zu untersuchen, mit welcher Verläßlichkeit sie über Ereignisse berichten; die Schriften, die ich zugrunde legte, enthalten bereits das Gesuchte, nämlich Theorien. Ich brauchte nichts zu tun, als Theorien in Texten zu *beschreiben*. So entstand ein deskriptiv-historisches Buch über philosophische Reflexionen, das auf Identifikationspathos, Hineinversetzen-Wollen und Horizontverschmelzungen verzichtet, da es seinen Gegenstand gänzlich im Kulturgeflecht des

15. Jahrhunderts beläßt und nichts davon für die Gegenwart zu retten prätendiert. Es handelt ausschließlich von Gewesenem, allerdings von gewesenen Gedanken, Debatten, Theorien, die ihren eigenen Modus des Gewesenseins haben. Ich glaube nicht, daß Cusanus eine einzige Frage unserer Gegenwart beantwortet; er hat die Fragen *seiner* Gegenwart zu beantworten gesucht, und dies zu sehen, führt einzig in *der* Weise in unsere Gegenwart zurück, als wir unsere intellektuelle Situation durch Differenzgewahrung genauer fassen.

Ich behaupte damit nicht, ich hätte nur *registriert.* Wie jede historische Darstellung geht auch die vorliegende von der Gegenwart aus und bezieht sich auf Methoden, Kenntnisstand und Interessen des ausgehenden zwanzigsten Jahrhunderts; sie verleugnet nicht ihre subjektiven Bedingungen und Vorgaben. Ich habe ja nicht nur referiert, was in den Texten des Cusanus steht; ich brachte die beschriebenen Stadien seines Nachdenkens zueinander in Verbindung; ich habe nicht nur paraphrasiert, sondern erzählte *vergleichend* im Hinblick auf eine *genetische Analyse.* Insofern paßt der zum Modeausdruck degenerierte Begriff des *Erzählens* nicht auf mein Vorgehen; jemand könnte von einer *Rekonstruktion* der Cusanischen Philosophie sprechen. Allerdings hätte auch diese Redeweise offenbare Nachteile: Sie macht ihren metaphorischen Charakter leicht vergessen; sie tendiert dazu, das zeitliche Geschehen philosophischen Denkens auf das Phantasiebild einer einheitlichen, optisch vorstellbaren Architektur zu reduzieren. In der Regel verwischt diese Phraseologie sowohl den Prozeßcharakter wie die prinzipielle Unanschaulichkeit philosophischer Reflexion; sie begünstigt es, komplexes Denken auf einen bloßen „Standpunkt" herunterzuinterpretieren. Ich habe es verschmäht, nach einem „Grundgedanken" des Cusanus zu suchen, der dann Folgegedanken zu „fundieren" hätte; ich habe versucht, cartesianische Verräumlichungen dieser Art zu vermeiden, zu denen auch noch die Dualität von „Basis" *oder* „Überbau", von Außenabhängigkeit *oder* Selbsttätigkeit, von Kontinuität *oder* Diskontinuität zählt; dies ist der Grund, weshalb ich den Zwischenteil über die geschichtliche Welt des Cusanus – durchaus mit dem Gefühl ästhetischer Beeinträchtigung – nicht an den Anfang stellen mochte, weil dies den Eindruck begünstigt hätte, er bilde die „Grundlage" der Geschichte einer Entwicklung des Denkens; das Schema von Substanz-Akzidens, von Substrat und Epiphänomen sitzt zuweilen sogar in den Köpfen braver Feldforscher fest; es tritt zutage, wenn sie sich die Kompetenz zumuten, öffentlich über meine historiographische Position zu urteilen, die mit jenen Alternativen nie, ich wiederhole: *nie* etwas im Sinne hatte. Mein Ziel war, die Denkentwicklung des Cusanus im Zusammenhang seines Jahrhunderts zu sehen, ohne sie aus Zeitumständen *ableiten* zu wollen; ich wollte sie als faktisches Geschehen aus den Texten ermitteln und mitdenkend verfolgen; insofern ging es nicht um Rekonstruktion, nicht um eine „These", sondern denn doch eher um ein Erzählbuch, dessen Widerlegung nicht in frontaler Bestreitung bestehen kann, sondern einzig darin, daß jemand von *seinen* Prämissen aus die gesamten Vorgänge neu und anders erzählt, was der „Cusanus-Forschung" nur gut tun könnte.

Ich habe analysiert, aber weder im Hinblick auf eine „fundamentale Intuition" noch auf ein „Hauptproblem"; ich habe kein „Erlebnis" des Cusanus hinter den Texten aufspüren wollen; nicht einmal die Einheit seiner Individualität habe ich zu kennen behauptet; vor mir lag nur eine Reihe von Texten, die seinen Namen tragen.

Ein analysierender Erzähler muß *auswählen,* und man kann ihn fragen, welches seine Kriterien der Relevanz waren. Diese sind keineswegs so beliebig, wie manche Cusanus-Deuter durch ihre Praxis unterstellen und wie prinzipielle Skeptiker behaupten. Es ist möglich, die Philosophie des Cusanus darzustellen und dabei zu versuchen, den Bericht nach den Gesichtspunkten zu strukturieren, die Cusanus selbst angegeben hat. Cusanus macht mehrfach in seinen Schriften darauf aufmerksam, worum es ihm gegangen ist; er hat Selbst-Interpretationen vorgelegt, die man – ähnlich wie bei Meister Eckhart – oft übersehen, meist übergangen und gelegentlich gar bestritten hat. Er hat seine Denkentwicklung beschrieben – als Abbau tiefsinniger Ansichten von der Unbestimmtheit Gottes, als wachsende Erkenntniszuversicht, als zunehmende Durchdringung der Erfahrungswelt, als immer konsequenteren Rückbezug des Vielen auf das Eine. Diesen Hinweisen bin ich gefolgt. Ich konnte sie nicht einfach übernehmen. Ich hatte sie an den Schriften zu überprüfen, ohne hinwiederum ein idealisch-morphologisches Konzept von „Entwicklung", gar von „Fortschritt" vorauszusetzen. Ich habe mich deskriptiv verhalten, ohne zu verhehlen, daß es mir einleuchtender klingt, die Wahrheit nicht im Dunkeln, sondern im gleißenden Licht der südlichen piazza zu erwarten; als Freund italienischer Lebensform, Malerei, Musik und Sprache hatte ich, zugegeben, auch ein individuelles Interesse, die Lehrjahre des Cusanus bis zu dem Punkt zu verfolgen, der es obsolet erscheinen läßt, ihn primär als transalpin-düsteren Denker des verborgenen Gottes zu cha-

rakterisieren, zuweilen mit dem Nebengedanken gar, ihn in die Nähe Luthers zu rücken und im Namen dieser Unreinlichkeit die Ökumene zu
fördern. Der Durchgang durch die Werke des Cusanus widerlegt diese
modernisierende Stilisierung und zeigt im einzelnen, worauf der Autor
zurückgekommen ist, was er an eigenen früheren Entwürfen und an herrschenden Denkgewohnheiten des 15. Jahrhunderts kritisiert hat oder was
er stillschweigend hat fallen lassen; dies ergab anschmiegsame Kriterien
der Relevanz beim Erzählen.

2. Dies ist ein *philosophisches* Buch, aber ich beeile mich zu sagen, in welchem Sinne es dies *nicht* ist:

Es verschafft dem Leser *nicht* das Gefühl, in Cusanus die Philosophie
wiederzufinden, die er anderswo gelernt hat. Weder neukantianische
noch neothomistische, weder heideggerianische noch katholisch-dogmatische oder postmoderne Umformungsversuche werden Cusanus gerecht.
Die *philosophische* Aufgabe bestand darin, diese Denkformen konsequent *fernzuhalten.*

Es hat nicht, wie mein erstes Buch über Cusanus, *Die Metaphysik des
Einen bei Nikolaus von Kues,* Leiden 1973, die Absicht, zu zeigen, Cusanus habe durch eine theoretisch riskante Innovation – die Koinzidenzlehre – die Krise zu überwinden gesucht, in welche die spätmittelalterliche Denkentwicklung die europäische Metaphysik gestürzt hatte. Dieser
Gesichtspunkt bleibt wichtig, aber diesmal habe ich mein Arbeitsfeld enger zugeschnitten; es ging mir um die interne Entwicklung des Cusanischen Denkens; damals war ich wie heute der Ansicht: Die Cusanische
Lösung der spätmittelalterlichen Aporien hat neue Ausweglosigkeiten
geschaffen, und diese waren es, die sein Denken in unruhiger Bewegung
gehalten haben.

Unter der Voraussetzung, eine philosophische Auslegung bestehe
darin, in einem historischen Komplex von reflektierenden Texten das
herauszuarbeiten, was davon heute noch als *lebendig* gilt, ist meine vorliegende Arbeit *kein* philosophisches Buch.

Die Debatte über Croces historiographisches Programm der Unterscheidung von Lebendigem und Totem in früheren Philosophien
erbrachte, denke ich, das Resultat, *philosophisch* sei der Umgang mit älteren philosophischen Schriften allein durch die Konsequenz, mit der er
die Unterscheidung von Totem und Lebendigem einer gewesenen Philosophie *vermeidet.* Warum? Die Qualifizierung einer Theorie als „leben-

dig" erfolgt in aller Regel nach dem subjektiven Dafürhalten von Interpreten, die „lebendig" nennen, was ihnen eingeleuchtet hat, was mit ihrem Denkansatz, ihrem eigenen ideengeschichtlichen Ort oder Kompensationsbedürfnis korrespondiert. Ihr vornehm klingender Anspruch, das Lebendige zu zeigen, führt dazu, daß sie vorliegendes, faktisch-historisches Gewebe zerreißen durch das subjektive Herauslösen einzelner Theoreme. Alle Philosophien der Vergangenheit, auch der jüngsten, sind *gewesenes* Denken, und zwar in allen ihren Teilen, ganz abgesehen davon, daß die Vorstellung abtrennbarer „Teile" einer Philosophie eine verdinglichte Konzeption philosophischen Denkens und seines spezifischen Modus von Ganzheit verrät. Jedem Leser steht es frei, sich von älteren Motiven zu eigener spekulativer Neubildung anregen zu lassen, und wenn dies auch zu bewunderungswürdigen Ergebnissen – wie die Augustin-Auslegung Wittgensteins – führen kann, so ist dies doch kein *historisches* Verhalten zu einem Text der Vergangenheit.

Historisch kann eine Betrachtung nur dann heißen, wenn sie die *gewesene Lebendigkeit* erforscht und darstellt, sowohl als gewesen wie als Lebendigkeit.

Gewesenes Lebendiges nennen die europäischen Sprachen „tot". „Tot" sind frühere Philosophien allemal, selbst wenn sie schulmäßig fortgeführt, gelehrt erforscht oder genial aktualisiert wurden und dadurch „präsent" geblieben sind. Aber auch Totes verdient die liebevoll-sorgfältige Analyse seines Gewordenseins, seiner Strukturen und seines Untergangs. Und dabei darf kein einzelnes Element abgesondert oder zurückgestuft werden, weil es „tot" sei. Denn „tot" ist die nicht-dinghafte Ganzheit früheren Denkens. Freilich läßt sie sich heute *darstellen* und in diesem Sinne im geschichtlichen Wissen als Kontrast *gegenwärtig* setzen, aber nichts läßt sich aus ihr herauslösen, schon gar nicht die zentralen Inhalte: Gott, Welt, Vernunft, Wahrheit, richtiges Leben. Sie sind in einen geschichtlichen Wandel hineingerissen, über den der Historiker sich Rechenschaft verschaffen muß und den er sich nicht verstellen darf durch *blockhaft-identisch imaginierte* „Traditionen", die „abendländische", die „christliche", die „neuplatonische". Je wesentlicher ein Lebensbereich ist, um so intensiver der Wandel, um so sichtbarer das Totsein des Gewesenen. Die *Darstellung* des *Werdens* des Gewesenen kann freilich durchaus „lebendig" sein, denn sie liegt in der Gegenwart. Niemand, der den letzten Teil dieser Arbeit gelesen hat, wird sich ihrer hämmernden Dynamik entziehen können; sie ist kein schriftstellerischer

Kunstgriff des Historikers, sondern liegt begründet in der energischen Abfolge immer neuer Ansätze des späten Cusanus selbst. Gewesenes hatte seine eigene Zeitstruktur. Die Spätphilosophie des Cusanus zeigt eine objektive Akzeleration; der Historiker braucht ihr nur zu folgen, um die *gewesene Lebendigkeit* eines früheren Denkens an einem Beispiel darzustellen.

Hingegen widerspricht es dem historischen Takt, einzelne Elemente einer älteren Philosophie so zu präparieren, daß sie als heute identifikationsfähig erscheinen. Ein Identifikationsbeflissener glaubte gegen mein radikal-historistisches Konzept philosophiehistorischer Forschung etwas Triftiges vorzubringen, indem er ihm vorhielt, es schlösse die Denker der Vergangenheit in einen historistischen „Glassarg" ein. Das Bild ist hübsch und rhetorisch wirkungsvoll, und es enthält immerhin das Kompliment, es gebe bei meiner Vorgehensweise etwas zu sehen und dann ja auch wohl etwas zu denken, wie beim Glassarg Schneewittchens oder bei den gläsernen Reliquienscheinen bayerischer Barockkirchen. So hat meine historistische Untersuchung zumindest folgendes gezeigt: Die Schriften des Cusanus bestätigen en detail seine Selbstcharakteristik, wonach er zuerst die Wahrheit eher im Dunklen gesucht hat.

Es gab Stufen seiner Denkentwicklung, die er verlassen mußte – so etwas nennt man Sackgassen –, z. B.:

den Konziliarismus der *De condordantia catholica*-Stufe, der nicht nur ein kirchenpolitisches Programm, sondern auch eine philosophische Position war,

die Koinzidenztheorie in der Fassung der *De docta ignorantia*-Stufe, die er, wie Josef Koch gezeigt hat, in *De coniecturis* kritisierte,

die *mens*-Spekulation in der weitgehenden Fassung von *De coniecturis* I 4, die er nicht wieder aufnahm;

den Versuch, rational-geometrisch die Kreisquadratur durchzuführen, deren Scheitern er in *De coniecturis* II 2 n. 82 für notwendig erklärte, was, wie schon Johannes Uebinger beschrieben hat, zu einer prinzipiellen Verschiebung des Verhältnisses von Mathematik und Philosophie und außerdem zu einer markanten geometrie-internen Entwicklung geführt hat;

das Konzept einer intellektuellen, also koinzidentalen und nicht-rationalen *Zahl* aus *De coniecturis* I 9 n. 40 hat Cusanus, wie Rudolf Haubst richtig gesehen hat, nicht wieder aufgegriffen, obwohl es zumindest dem Anschein nach die Zahlbestimmungen für die Trinität hätte retten können.

Gezeigt haben sich auch die Aporien, die Cusanus zu immer neuen Konzeptualisierungen getrieben haben:

Er sah den prekären Charakter einer Theorie des „herausgehobenen Einen", wenn dieses zugleich wesentliche Prädikate des christlichen Gottes erhalten sollte;

er arbeitete an der Schwierigkeit, die negative Theologie sowohl rein durchzuführen als auch sie denkend zu überwinden.

Das zweite übersinnliche Prinzip seiner Philosophie, die *mens* oder der *intellectus*, profitiert von seiner Reinheit sowohl wie es von ihr beeinträchtigt wird, wenn es zugleich das Ich des empirischen Menschen ausmachen sollte.

Meine Analyse zeigte außerdem: Es gab mindestens *drei historischfaktische* Voraussetzungen, die Cusanus für unvermeidlich hielt, um seinen Denkansatz durchzuhalten:

Die Konkordanz von Platon und Aristoteles als der beispielhaften Versöhnung eines Kontrastes, der alle anderen Divergenzen der verschiedenen Denker zur Harmonie zu führen lehrt;

daß Jesus und Proklos dasselbe lehrten;

daß Dionysius die geheime Lehre des Apostels Paulus übermittelt, daß also nicht *er* von Proklos, sondern Proklos von *ihm* abhängig sei.

Dies sind, scheint mir, Ergebnisse, die des Nachdenkens oder auch der Widerlegung wert sind. Wenn die Denker der Vergangenheit schon tot sind, dann sollen sie wenigstens in ihrer – gewesenen – Eigenart sichtbar werden; dazu treibe ich Geschichte der Ideen. Die Alternative dazu wäre doch einzig die, durch Herausnehmen einzelner Teile aus vergangenem Denken dessen Lebendigkeit vorführen zu wollen, aber gerade dieses Herausnehmen einzelner Elemente zerstört die Struktur und tötet endgültig, denn es behandelt das Gewesene als aufteilbar. Es realisiert ein technokratisches Konzept, das die Vergangenheit als verfügbar behandelt; es instrumentalisiert gewesenes Denken als intellektuelles Ersatzteillager für die Nöte der Gegenwart oder die subjektiven Tiefsinnsbedürfnisse des jeweiligen Auslegers. Statt dieser Art von Organentnahme, die mit einem Kotau vor der Lebendigkeit der klassischen Denker beginnt und mit einer eingreifenden Operation endet, empfiehlt sich die sorgfältige Präparierung des Glassarges. Im Zeitalter des historischen Bewußtseins, das sich verdrängen, aber nicht „überwinden" läßt, stehen die Zwerge nicht mehr auf den Schultern der Riesen; sie stehen vor deren Leichen, nur daß einige Zwerge das Seziermesser zücken, um für den eigenen

Gebrauch Teile zu entnehmen, während andere sich begnügen, das Gewesene zu betrachten und seine Bedingungen, seine Struktur und Folgen
zu analysieren. Zwerge sind sie allemal, nur sind die einen gewalttätig,
während die Unbewaffneten das Vergangene vergangen sein lassen, die
Zeitzäsur anerkennen und sich in ihrer Gegenwart nach Lebendigem
umsehen. Daß es um diese Zeitdistanz geht, dies verfehlt die Glassarg-
Metapher, da sie räumlich und optisch in einer einzigen Gegenwart zusammenbringt, was durch geschichtliche Abstände getrennt bleibt; sie
unterstellt das Problem als gelöst, das sie fördern will; außerdem sieht sie
für den Betrachter des Glassarges keinen Ort vor. Sie ist wenig mehr als
eine nette Redensart.

3. Ich verlasse den Vergleich, bevor er beginnt, schief zu werden und
komme zu Cusanus zurück: Wer einzelne Motive seines Denkens als
gegenwärtige Philosophie darstellen wollte – sagen wir seinen Begriff
Gottes, des Geistes oder der Natur –, muß eine Reihe von Konnotationen streichen, die bei Cusanus mit diesen Inhalten verbunden waren.
Er müßte übersehen, daß die Dynamik der Ideenentwicklung des Cusanus sich aus der Paradoxie des Ursprungsdenkens speist, das vom
Ursprung behauptet, er sei *nicht* wie das Begründete und das dennoch
von diesem Unbestimmten alles Bestimmte herleiten muß; es war,
wie meiner Erzählung entnommen werden kann, *diese* Schwierigkeit,
die das Denken des Cusanus zu immer erneuten Variationen über
das Thema der Intellekt-Verträglichkeit der *theologia negativa* getrieben hat. Cusanus hat ja – auch dies ein philosophisches Resultat meines historischen Berichtes – sich so weit vorgewagt, das Widerspruchs-
verbot als Wahrheitskriterium zu opfern, um den Widersprüchen der
Prinzipienphilosophie zu entgehen. Aktualisierende Cusanus-Darstellungen vernachlässigen regelmäßig, um beim Konzept *Deus* zu bleiben:
    daß der Gott des Cusanus weder ist noch nicht ist, daß er also alle
Unterscheidungen abweist; sie schichten dieses Unterscheidungsverbot –
mehr oder weniger klar – nach der Seite des Seins hin um;
    daß dieser Gott denselben Inhalt hat wie die Welt, deren unsichtbarer
Modus er ist.
Wer die Philosophie des Cusanus als lebendig und gegenwärtig beanspruchen wollte, müßte die hiermit aufgeworfenen Probleme lösen. Er müßte
außerdem beweisen, daß auch *wir* noch „Sein" definieren können als

Wahrheit oder als Annäherung an Wahrheit[1]; er hätte ferner zu zeigen, daß der zweite Pfeiler der Cusanischen Theoriebauten, der Intellekt, diese quasi-extraterrestrische Realitätsstufe, auch nur in einem minimalen Sinne den unvermeidlichen Forderungen an neurophysiologischer Einbettung und geschichtlicher Konkretheit des Denkens entspräche, wovon im Ernst trotz der Anleihen bei den Ärzten von Padua keine Rede sein kann; deshalb nutzt es auch nichts, die Philosophie des Cusanus als „Anthropologie" zu präsentieren, ganz abgesehen davon, daß das philosophische Konzept der „Anthropologie" schon vor zwei Menschenaltern berechtigter Kritik verfallen ist, nämlich in § 10 von *Sein und Zeit*.

Überspringt irgendein philosophisches Theorem des Cusanus die Zeitbarriere, die uns von ihm trennt? Charakterisiert es nicht sein Denken insgesamt, daß er, wie gezeigt, in der ganzen Menschheit nichts anderes sieht als die Ausfaltung der väterlichen Zeugungskraft Adams? Zeigt dieses Denkschema von Einfaltung und Ausfaltung nicht Züge, die zwar verbal reproduzierbar, auch historisch erklärbar, aber theoretisch heute nicht haltbar sind? Ist es vielleicht selbstverständlich, den Ursprung als gegenwärtig und als Maßstab zu setzen? Auf *Fragen* dieser Art führt mein Bericht (und die mit ihm verbundenen semantischen Untersuchungen über Begriffsverschiebungen, insbesondere zu den Begriffen „Gott", *ratio* und *intellectus*) hin – deskriptiv, skeptisch-sacht, ohne Zensur im Namen überzeitlicher Prinzipien. Ein historisches Buch wird, denke ich, philosophisch, indem es solche *Fragen* als unvermeidlich erweist. Dazu muß es allerdings die aus der alten Substanzontologie stammenden Alternativen von Abhängigkeit *oder* Produktivität, von Entwicklung *oder* Bruch hinter sich lassen; dann leitet es an zu einer Selbsterforschung, die untersucht, welche unhintergehbaren Entwicklungen in Stammbegriffen wie „Gott" und „Welt", „Wissen" oder „Natur" zwischen dem 15. und 20. Jahrhundert stattgefunden haben. In ihrer Gesamtheit bilden sie das, was ich die „Zeitbarriere" genannt habe.

Läßt sich die Cusanische Philosophie des Christentums, an deren spekulativer Bedeutung und Originalität niemand zweifelt, revitalisieren? Mögen Cusanus-Freunde dies in Zukunft argumentativ und nicht nur rhetorisch-affirmativ vorführen – mein Durchgang durch die Dokumente bekam in dieser Hinsicht zunehmend den Charakter des Abschieds.

---

[1] *De dato patris luminum* c. 4 n. 111, 17–18 Wilpert p. 81: *omnia, quaecumque sunt, in tantum sunt, in quantum vera sunt.*

Ich mußte beobachten, daß auch diejenigen Abschied nehmen, die es nicht so klar sagen. Wer z. B. nicht mehr wie Cusanus davon überzeugt ist, daß Jesus und Proklos dasselbe lehrten, daß Proklos ein „Theologe" war, es also ein offenbarungsunabhängiges Wissen von „Gott" gibt, oder daß die Schriften des Areopagiten die authentische Lehre des Apostels Paulus auslegen, wer diese ausdrücklichen Prämissen des Cusanus, die ihm wesentlich waren und die er mit Inbrunst verteidigt hat, nicht mehr teilt, der *verändert* den Begriff Gottes, den er den Büchern des Cusanus zu entnehmen vorgibt. Der Satz des Cusanus, man müsse *glauben*, um zur Einsicht *aufzusteigen*[2], gerät ins fideistische Abseits, wenn man ihn ablöst von der *platonischen Theologie*, von der Trinitätsphilosophie und von der Theorie des *intellectus*. Andererseits: Wer heute die denkende Orientierung am Naturkonzept des Cusanus empfiehlt, kann sich nicht einseitig auf die Seite der Weltseelen-Spekulation stellen; wenn er vom *historischen Cusanus* (und der *ganze* Cusanus ist historisch) reden will, darf er nicht die Schwierigkeit überspringen, die darin liegt, daß Cusanus sich als Erneuerer des Pythagoras verstanden und eine *rein quantitative* Analyse der Erfahrungsdaten, selbst des menschlichen Seelenlebens, gefordert hat. Wer seinen Begriff von „Gott" oder von Erschaffung bei Cusanus wiederzufinden glaubt, erschleicht sich dessen Zeugenschaft, wenn er die „Kleinigkeit" übergeht, daß Cusanus erklärt hat, er rede von Gott, Schöpfung und Gotteskindschaft nicht, weil er der christlichen Religion verbunden sei, *sondern weil ihm seine Vernunft anders zu denken verbiete, nec ex eo, quia Christianus aut legi astrictus, sed quia aliud sentire ratio vetat*[3]. Dies heißt doch, daß die Ausdrücke, die sowohl bei Cusanus wie in einem modern-offenbarungstheologischen Kontext vorkommen, bei Cusanus einen anderen argumentativen Ort haben, von dem sie nicht abgelöst werden können, ohne ihren spezifisch Cusanischen Gebrauch zu zerstören. Wer dies versucht, der vernachlässigt die einzigartige geschichtliche Situation um 1450, die das Denken des Cusanus ermöglicht hat und auf die der Mathematikhistoriker Helmuth Gericke witzig verwies, indem er, nachdem er von der Übersendung des Archimedes durch Nikolaus V. an Cusanus berichtet hat, sich die ironische Frage erlaubte, ob man sich heute einen Papst vorstellen könne, der

---

[2] *De filiatione Dei* c. 1 n. 53, 10–11 Wilpert p.40: *Qui enim non credit, nequaquam ascendet.*
[3] *De Genesi* II n. 158, 15–16 Wilpert p. 114.

einem seiner Kardinäle die Werke von Gauß schenkt. Wer von dieser Situation als von einer Nebensache oder einem bloß „historischen" Umstand absieht und nur den „Inhalt" herausarbeiten will, verletzt durch seinen Eingriff die vorliegende geschichtliche Struktur.

Aus der Cusanischen Theorie des *intellectus* läßt sich nicht das weltanschaulich erwünschte Resultat der Seelenunsterblichkeit herausklauben, ohne die Cusanische Besonderheit mitzubedenken, daß der *intellectus* alles umgreift, auch Gott: *Intellectus…ambit deum et omnia, ut nihil eum aufugiat aut extra ipsum sit* [4] Ebenso wenig läßt sich diese Theorie zum „Vorläufer" Kants oder Fichtes stilisieren, denn es ist offensichtlich, daß Cusanus die neuplatonische Stufenfolge von *ratio* und *intellectus* nachvollziehen und in sie den christlichen Weg der Seele aus dem Jammertal des Diesseits in die Einssichtsfülle des Jenseits hat eintragen wollen[5].

Wer das Denken des Cusanus so präpariert, als sei es ein Vorgriff auf Kant oder den Deutschen Idealismus, dabei aber das Motiv der Assimilation an Gegebenes wegläßt, oder wer es als einen etwas lockeren Abriß der katholischen Dogmatik entstellt, dabei aber die Koinzidenztheorie im Dunkeln läßt, redet nicht vom geschichtlichen Cusanus, auch wenn er noch so viele Cusanuszitate einfügt; außerdem muß er es mit dem katholischen Historiker Etienne Gilson aufnehmen, der sich angesichts eines Werkes des Cusanus über zweierlei gewundert hat: erstens, daß es überhaupt von einem Kardinal geschrieben wurde, zweitens, daß es die Kirche nicht schon längst verboten hat. Die Beispiele roher Modernisierungskunstgriffe, die gegen das historische Methodenminimum verstoßen, ließen sich vermehren; das vorliegende Buch möchte insofern ein *philosophisches* Buch sein, als es die Kohärenz und Bewegtheit des Cusanischen Denkens als eines radikal *gewesenen* im Detail aufzeigt und auf die Auszeichnung „aktueller" Theoreme konsequent verzichtet: Alles, auch das Tiefsinnigste in Cusanus, gehört dem 15. Jahrhundert an.

Dies heißt keineswegs, daß alles an ihm nur fremd, nur andersartig, nur nicht-assimilierbar wäre. Wir können uns das Gewesensein des fünfzehnten Jahrhundert detailliert *vergegenwärtigen*. Wäre das Denken des Cusanus im strikten Sinne „ganz anders", könnten wir nicht von ihm sprechen. Aber auf historisch-verantwortliche Weise von ihm sprechen heißt zeigen, daß in allem Verwandten Andersheit enthalten ist, daß also

---

[4] *De filiatione Dei* II n. 59, 4–6 Wilpert p. 45.
[5] Vgl. ib. c. 6 n. 85–87 Wilpert p. 61– 62.

z. B. die proklos-orientierte Gesamtkonzeption mitspricht, wenn Cusanus Fragen erörtert, die auch wir uns stellen, etwa zum Verhältnis der monotheistischen Religionen zueinander, welche Fragen aber heute unter radikal anderen intellektuellen und geschichtlichen Bedingungen stehen. Ich habe im Vorausgehenden versucht, die *Argumentationen* des Cusanus herauszustellen und zu zeigen, daß sie rational nachvollziehbar sind; ich wollte zeigen, warum er mit einigen seiner früheren Argumenten nicht zufrieden war und sie also aufgeben oder ersetzen mußte. Solche *argumentativen Prozesse* lassen sich rekonstruieren, gerade auch, wenn die Kontingenz ihrer Prämissen und damit ihrer *inhaltlichen Resultate* dabei zutage tritt. Doch bei näherem Eindringen zeigt sich, daß jede Bestimmung, die wir über einen Denker des 15. Jahrhunderts treffen, von historischer Andersheit tangiert ist: Der Unterschied nimmt zu. Dies trat im Laufe meiner Darstellung zumindest immer dann hervor, wenn die Problematik des Übersetzens zur Sprache kam.

Der Ideenhistoriker kann dem heutigen Betrachter Identitätsbrücken bauen, die ins Fremde führen und es besehbar machen, aber er muß wissen, daß *er* sie konstruiert hat. Es gibt keine problemlosen Spaziergänge in die Vergangenheit der Ideen als in eine in sich fertig vorliegende Natur. Wir können *übersetzen*, aber wie bei fremden Sprachen vergrößert sich der Unterschied, je besser wir sie kennen. Daher verbietet sich der verbreitete Gestus, die Lösung des Cusanus als Ausweg aus den Nöten der Gegenwart anzubieten und diesen Nutzen als den Gegenwartsbezug des lebendigen Philosophierens anzupreisen; derartige Aktualisierungen setzen nur den Herrschaftsgestus fort, der die Industriegesellschaft zunehmend charakterisiert: Sie kann nichts Gewesenes einfach sein lassen; sie restauriert es zu Tode; sie entfernt sich von ihm, indem sie es zugänglich macht und begehbar; ihre geisteswissenschaftlichen Auftragsarbeiter vollziehen diese Technokratie über das Gewesene, gaukeln uns dessen Lebendigkeit vor, statt in Selbstbesinnung die Gewalttätigkeit zu entlarven, die im selbstbezogenen Verfügbarmachen des Vergangenen liegt. Die anmaßendste Verleugnung des konstruierten Charakters unserer Identitätsbrücken äußert sich in dem Anspruch, zeitüberlegen auf die „Sachen selbst" zu blicken und von ihnen her geschichtsfrei beurteilen zu wollen, wie weit ein Denker gekommen sei. Diese Attitude, so ambitiös wie vergeblich, korrumpiert die Historiographie der Philosophie; sie kollidiert mit der Einsicht, daß wir auch als Denkende kontingent sind, daß wir als faktisch Argumentierende sprachbezogen und zeitgebunden denken. Wir wissen, daß wir nicht mehr wie weiland im zwölften Jahrhundert auf den Schultern der Klassiker stehen können; es bleibt der sokratische Verzicht auf Unmittelbarkeit zu geschichtsfreien „Sachen"; ein raffinierter gewordenes Selbstbewußtsein historischen Wissens kritisiert Verschmelzungshermeneutiken als technokratisch. Menschen, die heute über sich nachdenken, könnten mit Pascal wissen, daß die wahre Philosophie darin besteht, sich über die Philosophie zu mokieren. Sie stehen als Zwerge vor – im besten Falle – philologisch-professionell bereiteten Glassärgen der Großen, ratlos, suchend, sprach-verwirrt und nicht-wissend, aber dies eben können sie *wissen*, und zwar so genau, daß sie auch noch den Einfluß namhaft machen können, den politische Entwicklungen seit 1933 – die Vertreibung der jüdischen Gelehrten (ich denke besonders an Raymond Klibansky) und die Restauration der fünfziger und sechziger Jahre, das Zweite Vatikanische Konzil und der postkonziliare intellektuelle Zustand der Kirchen in Deutschland – auf die angeblich rein sachorientierte Cusanus-Deutung in der Bundesrepublik hatten.

Nichtwissende von dieser Art könnten bei eingeübtem und festgehaltenen Differenzbewußtsein und bei kohärentem Verzicht auf ewige Wahrheiten den *philosophischen* Charakter ihres historisch belehrten Nicht-Wissens auch dadurch anzeigen, daß sie es mit einem Ausdruck des Cusanus benennen: *docta ignorantia.*

BIBLIOGRAPHIE

Schriften des Cusanus

Gesamtausgaben

NICOLAI DE CUSA, Opera omnia, iussu et auctoritate Academiae Litterarum Heidelbergensis ad codicum fidem edita, Leipzig-Hamburg 1932ff.
Die einzelnen Bände werden jeweils beim ersten Zitat genau bezeichnet. Abgekürzt: h.

NICOLAI CUSAE OPERA, Band 1–3, ed. Iacobus Faber Stapulensis, Paris 1514, von mir besorgter Nachdruck: Frankfurt 1962. Abgekürzt: P.
SCHRIFTEN DES NIKOLAUS VON CUES in deutscher Übersetzung. Im Auftrag der Heidelberger Akademie der Wissenschaften hg. von E. Hoffmann, P. Wilpert, K. Bormann, Leipzig 1936ff. Abgekürzt: H.
ACTA CUSANA. Quellen zur Lebensgeschichte des Nikolaus von Kues, hg. von E. Meuthen und H. Hallauer, Hamburg 1976ff. Abgekürzt: AC.
Band 1 in 3 Lieferungen, die letzte in 2 Teilbänden: 1401 bis März 1452, Hamburg 1976 – 1996

CUSANUS-TEXTE, hg. von der Heidelberger Akademie der Wissenschaften, Heidelberg 1929ff.
I. Predigten
1. Dies sanctificatus vom Jahre 1439, ed. E. Hoffmann, R. Klibansky, 1929
2–5. Vier Predigten im Geiste Meister Eckharts, lat.-deutsch, J.Koch, 1937
6. Die Auslegung des Vaterunsers in vier Predigten, lat.-deutsch, J.Koch, H. Teske, 1940
II. Traktate
1. De auctoritate presidendi in concilio generali, ed. G. Kallen, 1935
2. De maioritate auctoritatis sacrorum conciliorum super auctoritatem papae, ed. E. Meuthen, 1977
III. Marginalien
1. L. Baur, Nicolaus Cusanus und Ps.Dionysius im Lichte der Zitate und Randbemerkungen des Cusanus, 1941
2. Proclus Latinus. Die Exzerpte und Randnoten des Nikolaus von Kues zu den lateinischen Überwsetzungen der Proclus-Schriften
2.1 Theologia Platonis – Elementatio theologica, hg. H.G. Senger, 1986
2.2. Expositio in Parmenidem Platonis, hg.K. Bormann, 1986

IV. Briefe
1. Briefwechsel des Nikolaus von Kues, 1944
2. Das Brixener Briefbuch des Kardinals Nikolaus von Kues, hg. F. Hausmann, 1952
3. Das Vermächtnis des Nikolaus von Kues. Der Brief an Nikolaus Albergati nebst der Predigt in Montoliveto, hg. G.v. Bredow, 1955
4. Nikolaus von Kues und der deutsche Orden. Der Briefwechsel des Kardinals Nikolaus von Kues mit dem Hochmeister des deutschen Ordens, hg. E. Maschke, 1956

Einzelne Werke des Cusanus (in chronologischer Folge ihrer Entstehung):

Sermones (ab 1430)
　　Opera omnia, Band XVII–XIX der Opera omnia = Sermones Band I - IV
　　Band 16, Sermones I–XXVI, ed. R. Haubst, M. Bodewig, W. Kremer, H. Pauli, Hamburg 1970 – 1991
　　Band 17, Fasc. I–III, Sermones XXVII –LVI, ed. R. Haubst, H. Schnarr, Hamburg 1983 – 1996
　　Band 18, Fasc. I, Sermones CXXII–CXL, ed. R. Haubst, H. Pauli, Hamburg 1995
　　Band 19, Fasc. I, Sermones CCIV–CCXVI, ed. K. Reinhardt, W.A. Euler, Hamburg 1996

De concordantia catholica (1433/1434)
　　ed. G. Kallen, Band XIV, 1 – 4 der Opera omnia, Hamburg 1959 – 1968

De docta ignorantia I–III (beendet 12.2.1440)
　　Opera omnia I, ed. E. Hoffmann, R. Klibansky, Leipzig 1932
　　Die belehrte Unwissenheit, lat.-deutsch, Philosophische Bibliothek Band 264 a–c, hg. und übersetzt von P. Wilpert, H.G. Senger, R. Klibansky, Hamburg 1964 – 1977

De coniecturis (um 1442)
　　Opera omnia III, ed. I. Koch, C. Bormann, I.G. Senger, Hamburg 1972
　　Mußmaßungen, lat.- deutsch, Philosophische Bibliothek Band 268, 2. Auflage Hamburg 1988

Opuscula I (um 1445 – 1447)
　　Opera omnia IV: De deo abscondito; De quaerendo deum; De filiatione dei; De dato patris luminum; Coniectura de ultimis diebus; De genesi, ed. P. Wilpert, Hamburg 1959
　　Drei Schriften vom verborgenen Gott, hg.v. E. Bohnenstädt, Philosophische Bibliothek Band 218, Nachdruck 1967

Mathematische Schriften (1445 – 1459)
De geometricis transmutationibus, De arithmeticis complementis, De circuli quadratura, Quadratura circuli, De mathematicis complementis I–II, De una recti curvique mensura, De caesarea circuli quadratura, De mathematica perfectione, Aurea propositio in mathematicis in P II 2. Hälfte mit eigener Foliozählung, fol. XXXIII r–CXIV v, die dort fehlenden mathematischen Texte in: Ioannes Regiomontanus, De triangulis omnimodis libri quinque, ed. J. Schöner, Nürnberg 1533
J. und J.E. Hofmann, Nikolaus von Cues, Die mathematischen Schriften, Philosophische Bibliothek Band 231 = H 112, Hamburg 1952

Apologia doctae ignorantiae (1449)
Opera omnia II, ed. R. Klibansky, Leipzig 1932

Idiota De Sapientia I–II, De mente, De staticis experimentis (1450)
Opera omnia V, ed. R. Steiger, L. Baur, Hamburg 1983
Der Laie über die Weisheit, lat.-deutsch R. Steiger, Philosophische Bibliothek Band 411, Hamburg 1988
Der Laie über den Geist, deutsch R. Steiger, Einleitung G. Santinello, Philosophische Bibliothek 432, Hamburg 1995

De pace fidei cum epistola ad Ioannem de Segobia (1453)
Opera omnia VII, ed. R. Klibansky, H. Bascour, Hamburg 1970

De theologicis complementis (1453)
Opera X/ 2 a = Opuscula II, Fasc. 2 a, ed. A.D.Riemann – C. Bormann, Hamburg 1994

De visione Dei (1453)
J. Hopkins, Nicholas of Cusa's Dialectical Mysticism, 2. Auflage, Minneapolis 1988

De beryllo (1458)
Opera omnia XI, 1 , ed. I.G. Senger, C. Bormann, Hamburg 1988
Über den Beryll, übersetzt von K. Bormann, Philosophische Bibliothek Band 295, 3. Auflage Hamburg 1987

De principio (1459)
Opera omnia X, 2 b = Opuscula II, Fasc. 2 b, ed. C. Bormann, A.D. Riemann, Hamburg 1988

De Possest (1460)
Opera omnia XI, 2, ed. R. Steiger, Hamburg 1973

Dreiergespräch über das Können-Ist, lat.-deutsch, hg. R. Steiger, Philosophische Bibliothek Band 285, 3. Auflage 1991

Cribratio Alkorani (1460/61)
Opera omnia VIII, ed. L. Hagemann, Hamburg 1986
Sichtung des Korans, deutsch v. L. Hagemann – R. Glei, Philosophische Bibliothek 420 a–c, Hamburg 1989 – 1993

De non aliud (1461/62)
Opera omnia XIII, Directio speculantis seu de non aliud, ed. L. Baur, P. Wilpert, Leipzig 1944
Vom Nichtanderen, deutsch P. Wilpert, Philosophische Bibliozthek Band 232, Hamburg 1952

De venatione sapientiae (1462/63)
Opera omnia XII, ed. R. Klibansky, I.G. Senger, Hamburg 1981
Die Jagd nach Weisheit, lat.-deutsch, P. Wilpert, Philosophische Bibliothek Band 263, Hamburg 1964

Compendium (1463/1464)
Opera XI, 3, ed. B. Decker, C. Bormann, Hamburg 1964
Compendium, lat.-deutsch, B. Decker, C. Bormann, Philosophische Bibliothek Band 267, Hamburg 1970

De apice theoriae (1464)
Opera omnia XII, ed. R.Klibansky, C.Bormann, Hamburg 1982
Die höchste Stufe der Betrachtung, deutsch, H.G. Senger, Philosophische Bibliothek Band 383, Hamburg 1986
Alle nicht aufgeführten Schriften sind nach der Ausgabe Paris 1514 zitiert.

Forschungsliteratur

Die Forschungsliteratur zitiere ich jeweils beim ersten Vorkommen genau. Weitere bibliographische Informationen geben folgende Publikationen:

J. Ritter, Die Stellung des Nicolaus von Cues in der Philosophiegeschichte. Grundsätzliche Probleme der neueren Cusanus-Forschung, in: Blätter für deutsche Philosophie 13 (1939) S. 111–S. 155.

R. Klibansky, Nicolas of Cues, in: R. Klibansky (Ed.), Philosophy in the Mid-Century. A Survey, Florenz 1959, S. 88–S. 94.

G. Gawlick, Neue Texte und Deutungen zu Nikolaus von Kues, in: Philosophische Rundschau 8 (1960), S. 171–S. 202 und 10 (1962) S. 20–S. 120.

Mitteilungen und Forschungsbeiträge der Cusanus-Gesellschaft
    Band 1 (1960) S. 95–S. 126
    Band 3 (1963) S. 223–S. 237
    Band 6 (1967) S. 178–S. 202
    Band 10 (1973) S. 207–S. 234
    Band 15 (1982) S. 121–S. 147.

G. Santinello, Introduzione a Niccolò Cusano. 2. Auflage, Bari 1987, S. 191–S. 221.

H.G. Senger, Nikolaus von Cues, in: G. Floistad (Ed.), Contemporary Philosophy. A New Survey Band 6/1: Philosophy and Science in the Middle Ages, Den Haag 1990, S. 563–S. 603.

R. Haubst, Streifzüge in die Cusanische Theologie, Münster 1991, S. 587–S. 604.

Th.M. Itzbicki, Nicholas of Cusa. The Literature in English through 1982, in: G. Christianson – Th.M. Itzbicki (Ed.)., Nicholas of Cusa. In Search of God and Wisdom, Leiden 1991, S. 259 – S. 281.

INDICES

I. Werke des Cusanus
(chronologisch)

II. Personen

Aufgenommen sind die im Text erwähnten Personen, nicht die der Fußnoten, auch nicht Nikolaus von Kues oder Cusanus.

III. Sachen